中外文**稀有版本**文献

《德意志意识形态》

①

德 文 版

【德】卡尔·马克思　【德】弗里德里希·恩格斯 ◎ 著

图书在版编目（CIP）数据

《德意志意识形态》中外文稀有版本文献：德文、英文、汉文 /（德）卡尔·马克思，（德）弗里德里希·恩格斯著；郭沫若等译. -- 北京：中央编译出版社，2024.6
ISBN 978-7-5117-4754-9

Ⅰ.①德… Ⅱ.①卡… ②弗… ③郭… Ⅲ.①《德意志意识形态》—马恩著作—德、英、汉 Ⅳ.① A121

中国国家版本馆 CIP 数据核字 (2024) 第 092671 号

《德意志意识形态》中外文稀有版本文献

策划统筹	张远航
责任编辑	郑永杰　宋　妍
责任印制	李　颖
出版发行	中央编译出版社
网　　址	www.cctpcm.com
地　　址	北京市海淀区北四环西路 69 号（100080）
电　　话	（010）55627391（总编室）　（010）55627319（编辑室） （010）55627320（发行部）　（010）55627377（新技术部）
经　　销	全国新华书店
印　　刷	廊坊市印艺阁数字科技有限公司
开　　本	710 毫米 × 1000 毫米 1/16
字　　数	1163 千字
印　　张	77.75
版　　次	2024 年 6 月第 1 版
印　　次	2024 年 6 月第 1 次印刷
定　　价	2160.00 元（全 4 册）

新浪微博：@中央编译出版社　　　微　信：中央编译出版社（ID：cctphome）
淘宝店铺：中央编译出版社直销店（http://shop108367160.taobao.com）（010）55627331

本社常年法律顾问：北京市吴栾赵阎律师事务所律师　闫军　梁勤
凡有印装质量问题，本社负责调换，电话：（010）55627320

前　言

《德意志意识形态》全称《德意志意识形态。对费尔巴哈、布·鲍威尔和施蒂纳所代表的现代德国哲学以及各式各样先知所代表的德国社会主义的批判》，是马克思和恩格斯共同撰写的阐述唯物史观和共产主义理论的重要著作。这部著作共分为两卷，第一卷批评了路·费尔巴哈、布·鲍威尔、麦·施蒂纳的唯心史观，阐发了唯物史观的基本原理，论述了共产主义和无产阶级的革命的理论；第二卷批判了当时在德国流行的所谓"真正的社会主义"或"德国社会主义"，揭示了这种假社会主义的哲学基础、社会根源和阶级本质；该书揭示了人类社会发展的一般规律，论证了共产主义取代资本主义的历史必然性，提出了无产阶级夺取政权、消灭私有制、建设共产主义新社会的任务。

《德意志意识形态》是马克思和恩格斯于1845年至1846年共同完成的一部巨著，原文是德文。由于普鲁士官方书报检查机关的阻挠以及出版商对书中部分内容的担忧，这部著作在出版的道路上命运多舛，一直未能全部出版，仅仅第二卷的第四章在《威斯特伐利亚汽船》杂志1847年8月号和9月号上发表过。前苏共中央马克思列宁主义研究院于1932年首次全文用德文出版，1933年用俄文出版。

《德意志意识形态》第一卷第一章"费尔巴哈"是未完成的手稿。在手稿中，这一章原来的标题是"一、费尔巴哈"。马克思逝世后，恩格斯在整理其遗稿时，在手稿第一章的结尾处写有"一、费尔巴哈。唯物主义观点和唯心主义观点的对立"，很显然这是他对原有标题所作的具体说明。

由于《德意志意识形态》原文公开出版较迟，其传入中国的时间也较晚。1930年4月，上海亚东图书馆出版了程始仁编译的《辩证法经典》一书，含有《唯物的见解和唯心的见解之对立》一文，即《德意志意识形态》第一卷的摘译。1932年5月，上海昆仑书店出版了杨东莼、宁敦伍翻译的《费尔巴哈论》（又名《机械论的唯物论批判》）一书，含有《观念论的见解与唯物论的见解之对立》一文，即《德意志意识形态》第一卷摘译。1937年2月，南京《时事类编》第五卷第三期刊载荃麟翻译的《社会意识形态概说》一文，即《德意志意识形态》第一卷摘译。

1938年11月，上海言行出版社出版了郭沫若翻译的《德意志意识形态》一书，内容包括"马克思所著《德意志观念体系》序文之初稿"即"《德意志意识形态》第一卷序言"、"费尔巴哈——唯物论与唯心论的见解之对立"即《德意志意识形态》第一卷第一章"费尔巴哈。唯物主义观点和唯心主义观点的对立"的片断、"费尔巴哈论纲"，以及"译者弁言"和李亚山诺夫写的"编者导言"。1947年3月、1949年4月，该版本两次重印。1941年7月，上海珠林书店出版了克士（即周建人）翻译的《德意志观念体系》一书，即《德意志意识形态》第一卷的摘译。1948年8月，上海大用图书公司出版了周建人翻译的《新哲学手册》一书，将《德意志观念体系》一文收录其中。

中华人民共和国成立后，中央编译局翻译的《德意志意识形态》全新译本最早收录于1960年12月人民出版社出版的《马克思恩格斯全集》第三卷，1961年《德意志意识形态》单行本出版，此后市面流通的版本，基本为中央编译局译本。为进一步推动《德意志意识形态》的研究，中央编译出版社此次整理出版了《德意志意识形态》在全世界传播较为广泛的德文版、英文版（节选），以及1949年前中国出版的几个中文节译本，向国内学者提供权威的版本资料。如有不当之处，敬请批评指正。

张远航

2024年4月

MARX · ENGELS

DIE DEUTSCHE IDEOLOGIE

BÜCHEREI DES MARXISMUS-LENINISMUS
Band 29

KARL MARX
FRIEDRICH ENGELS

DIE DEUTSCHE IDEOLOGIE

*Kritik der neuesten deutschen Philosophie
in ihren Repräsentanten
Feuerbach, B. Bauer und Stirner,
und des deutschen Sozialismus
in seinen verschiedenen Propheten*

DIETZ VERLAG BERLIN

1960

4. Auflage · 51.–60. Tausend
Dietz Verlag GmbH, Berlin · 1. Auflage 1953 · Printed in Germany
Alle Rechte vorbehalten · Gestaltung und Typographie: Dietz Entwurf
Verlagsbogen: 41,2 · Druckbogen: 45,5 · Lizenznummer 1
Gesamtherstellung: LVZ-Druckerei „Hermann Duncker", Leipzig, III 18 138
ES 1 C

Zur vorliegenden Ausgabe

Friedrich Engels berichtet in seiner Schrift „Zur Geschichte des Bundes der Kommunisten": „Ich war in Manchester mit der Nase darauf gestoßen worden, daß die ökonomischen Tatsachen, die in der bisherigen Geschichtschreibung gar keine oder nur eine verachtete Rolle spielen, wenigstens in der modernen Welt eine entscheidende geschichtliche Macht sind; daß sie die Grundlage bilden für die Entstehung der heutigen Klassengegensätze; daß diese Klassengegensätze in den Ländern, wo sie vermöge der großen Industrie sich voll entwickelt haben . . . wieder die Grundlage der politischen Parteibildung, der Parteikämpfe und damit der gesamten politischen Geschichte sind. Marx war nicht nur zu derselben Ansicht gekommen, sondern hatte sie auch schon . . . (1844) dahin verallgemeinert, daß überhaupt nicht der Staat die bürgerliche Gesellschaft, sondern die bürgerliche Gesellschaft den Staat bedingt und regelt, daß also die Politik und ihre Geschichte aus den ökonomischen Verhältnissen und ihrer Entwicklung zu erklären ist, nicht umgekehrt. Als ich Marx im Sommer 1844 in Paris besuchte, stellte sich unsere vollständige Übereinstimmung auf allen theoretischen Gebieten heraus, und von da an datiert unsre gemeinsame Arbeit. Als wir im Frühjahr 1845 in Brüssel wieder zusammenkamen, hatte Marx aus den obigen Grundlagen schon seine materialistische Geschichtstheorie in den Hauptzügen fertig herausentwickelt, und wir setzten uns nun daran, die neu gewonnene Anschauungsweise nach den verschiedensten Richtungen hin im einzelnen auszuarbeiten."

Die große gemeinsame Arbeit, die Marx und Engels auf dieser Grundlage in Angriff nahmen, war „Die deutsche Ideologie". Wie Marx im Vorwort zur „Kritik der politischen Ökonomie" ausführt, schrieben sie das Werk mit dem Ziel, „den Gegensatz unsrer Ansicht gegen die ideologische der deutschen Philosophie gemeinschaftlich auszuarbeiten, in der Tat mit unserm ehemaligen philosophischen Gewissen abzurechnen. Der Vorsatz ward ausgeführt in der Form einer Kritik der nachhegelschen Philosophie." In einem Brief an den Verleger Leske erklärt Marx: „Es schien mir nämlich sehr wichtig, eine polemische Schrift gegen die deutsche Philosophie und gegen den seitherigen *deutschen Sozialismus* der *positiven* Entwicklung *vorherzuschicken.* Es ist dies notwendig, um das Publikum auf den Standpunkt meiner Ökonomie, welche schnurstracks der bisherigen deutschen Wissenschaft sich gegenüberstellt, vorzubereiten."

Widrige Umstände verhinderten die Vollendung und Drucklegung des Werks. „Wir überließen", sagte Marx, „das Manuskript der nagenden Kritik der Mäuse um so williger, als wir unsern Hauptzweck erreicht hatten — Selbstverständigung."

Die deutsche Sozialdemokratie hat es nie für nötig befunden, das bedeutende Werk zu veröffentlichen; jahrzehntelang ruhte das Manuskript in ihrem Archiv. In vollem Umfange veröffentlicht wurde „Die deutsche Ideologie" erst 1932 im 5. Band der Ersten Abteilung der Historisch-kritischen Gesamtausgabe der Werke, Schriften und Briefe von Marx und Engels (MEGA). Diese wissenschaftliche Ausgabe ist heute sehr selten geworden.

Um einem breiten Leserkreis zu ermöglichen, sich mit diesem grundlegenden Werk von Marx und Engels vertraut zu machen, gaben wir — erstmalig im Jahre 1953 — „Die deutsche Ideologie" nach dem in der MEGA veröffentlichten Text heraus. Die letzte unveränderte (3.) Auflage erschien 1957. Seither ist ein überprüfter Text im Band 3 der Werke von Karl Marx und Friedrich Engels erschienen (1958), der die Grundlage für die vorliegende Ausgabe bildet.

Für diese 4. Auflage der Einzelausgabe gilt im wesentlichen dasselbe, was im Vorwort des Instituts für Marxismus-Leninismus beim ZK der SED zum Band 3 der Werke gesagt wird: Der Text wurde nach Originalen überprüft, ebenso die von Marx und Engels angeführten Zitate, soweit die Originale dafür zur Verfügung standen. Die von Marx und Engels angeführten Zitate werden — im Unterschied zu den bisherigen drei Auflagen unserer Einzelausgabe — zur leichteren Übersicht in kleinerem Druck gebracht. Fremdsprachige Texte und im Text vorkommende fremdsprachige

Wörter wurden in Fußnoten übersetzt. Alle Fußnoten, soweit sie nicht ausdrücklich als von Marx und Engels stammend bezeichnet werden, sind redaktioneller Natur.

Rechtschreibung und Zeichensetzung sind, soweit vertretbar, modernisiert. In Zweifelsfällen wurde die Schreibweise dem Original entsprechend beibehalten. Der Lautstand der Wörter in den deutschsprachigen Texten wurde nicht verändert. Alle in eckigen Klammern stehenden Wörter und Wortteile stammen von der Redaktion; jedoch wurden einige heute wenig gebräuchliche Abkürzungen ohne Kennzeichnung ausgeschrieben und offensichtliche Schreibfehler stillschweigend korrigiert. Auf die erläuternden Anmerkungen der Redaktion wird im Text durch hochgestellte Zahlen in eckigen Klammern hingewiesen. Um die Benutzung zu erleichtern, wurden ein Literatur- und ein Personenverzeichnis, ein Sachregister und eine Fremdworterklärung beigegeben.

Der Verlag

I. Band

[Kritik der neuesten
deutschen Philosophie
in ihren Repräsentanten Feuerbach,
B. Bauer und Stirner[1]]

德文版

Vorrede

Die Menschen haben sich bisher stets falsche Vorstellungen über sich selbst gemacht, von dem, was sie sind oder sein sollen. Nach ihren Vorstellungen von Gott, von dem Normalmenschen usw. haben sie ihre Verhältnisse eingerichtet. Die Ausgeburten ihres Kopfes sind ihnen über den Kopf gewachsen. Vor ihren Geschöpfen haben sie, die Schöpfer, sich gebeugt. Befreien wir sie von den Hirngespinsten, den Ideen, den Dogmen, den eingebildeten Wesen, unter deren Joch sie verkümmern. Rebellieren wir gegen diese Herrschaft der Gedanken. Lehren wir sie, diese Einbildungen mit Gedanken vertauschen, die dem Wesen des Menschen entsprechen, sagt der Eine, sich kritisch zu ihnen verhalten, sagt der Andere, sie sich aus dem Kopf schlagen, sagt der Dritte, und — die bestehende Wirklichkeit wird zusammenbrechen.

Diese unschuldigen und kindlichen Phantasien bilden den Kern der neuern junghegelschen Philosophie, die in Deutschland nicht nur von dem Publikum mit Entsetzen und Ehrfurcht empfangen, sondern auch von den *philosophischen Heroen* selbst mit dem feierlichen Bewußtsein der weltumstürzenden Gefährlichkeit und der verbrecherischen Rücksichtslosigkeit ausgegeben wird. Der erste Band dieser Publikation hat den Zweck, diese Schafe, die sich für Wölfe halten und dafür gehalten werden, zu entlarven, zu zeigen, wie sie die Vorstellungen der deutschen Bürger nur philosophisch nachblöken, wie die Prahlereien dieser philosophischen Ausleger nur die Erbärmlichkeit der wirklichen deutschen Zustände widerspiegeln. Sie hat den Zweck, den philosophischen Kampf mit dem Schatten der Wirklichkeit, der dem träumerischen und duseligen deutschen Volk zusagt, zu blamieren und um den Kredit zu bringen.

11

Ein wackrer Mann bildete sich einmal ein, die Menschen ertränken nur im Wasser, weil sie vom *Gedanken der Schwere* besessen wären. Schlügen sie sich diese Vorstellungen aus dem Kopfe, etwa indem sie dieselbe für eine abergläubige, für eine religiöse Vorstellung erklärten, so seien sie über alle Wassersgefahr erhaben. Sein Leben lang bekämpfte er die Illusion der Schwere, von deren schädlichen Folgen jede Statistik ihm neue und zahlreiche Beweise lieferte. Der wackre Mann war der Typus der neuen deutschen revolutionären Philosophen.

I
Feuerbach

Gegensatz von materialistischer
und idealistischer Anschauung

[Einleitung]

Wie deutsche Ideologen melden, hat Deutschland in den letzten Jahren eine Umwälzung ohnegleichen durchgemacht. Der Verwesungsprozeß des Hegelschen Systems, der mit Strauß begann, hat sich zu einer Weltgärung entwickelt, in welche alle „Mächte der Vergangenheit" hineingerissen sind. In dem allgemeinen Chaos haben sich gewaltige Reiche gebildet, um alsbald wieder unterzugehen, sind Heroen momentan aufgetaucht, um von kühneren und mächtigeren Nebenbuhlern wieder in die Finsternis zurückgeschleudert zu werden. Es war eine Revolution, wogegen die französische ein Kinderspiel ist, ein Weltkampf, vor dem die Kämpfe der Diadochen[2] kleinlich erscheinen. Die Prinzipien verdrängten, die Gedankenhelden überstürzten einander mit unerhörter Hast, und in den drei Jahren 1842—[18]45 wurde in Deutschland mehr aufgeräumt als sonst in drei Jahrhunderten.

Alles dies soll sich im reinen Gedanken zugetragen haben.

Es handelt sich allerdings um ein interessantes Ereignis: um den Verfaulungsprozeß des absoluten Geistes. Nach Erlöschen des letzten Lebensfunkens traten die verschiedenen Bestandteile dieses caput mortuum[1] in Dekomposition, gingen neue Verbindungen ein und bildeten neue Substanzen. Die philosophischen Industriellen, die bisher von der Exploitation des absoluten Geistes gelebt hatten, warfen sich jetzt auf die neuen Verbindungen. Jeder betrieb den Verschleiß des ihm zugefallenen Anteils mit möglichster Emsigkeit. Es konnte dies nicht abgehen ohne Konkurrenz. Sie wurde anfangs ziemlich bürgerlich und solide geführt. Später, als der deutsche Markt überführt war und die Ware trotz aller Mühe auf dem

---

[1] wörtlich: toter Kopf; in der Chemie gebräuchlicher Ausdruck für einen Destillationsrückstand; hier: Rückstände, Überreste.

Weltmarkt keinen Anklang fand, wurde das Geschäft nach gewöhnlicher deutscher Manier verdorben durch fabrikmäßige und Scheinproduktion, Verschlechterung der Qualität, Sophistikation des Rohstoffs, Verfälschung der Etiketten, Scheinkäufe, Wechselreiterei und ein aller reellen Grundlage entbehrendes Kreditsystem. Die Konkurrenz lief in einen erbitterten Kampf aus, der uns jetzt als welthistorischer Umschwung, als Erzeuger der gewaltigsten Resultate und Errungenschaften angepriesen und konstruiert wird.

Um diese philosophische Marktschreierei, die selbst in der Brust des ehrsamen deutschen Bürgers ein wohltätiges Nationalgefühl erweckt, richtig zu würdigen, um die Kleinlichkeit, die lokale Borniertheit dieser ganzen junghegelschen Bewegung, um namentlich den tragikomischen Kontrast zwischen den wirklichen Leistungen dieser Helden und den Illusionen über diese Leistungen anschaulich zu machen, ist es nötig, sich den ganzen Spektakel einmal von einem Standpunkte anzusehen, der außerhalb Deutschlands liegt.

A. Die Ideologie überhaupt, namentlich die deutsche

Die deutsche Kritik hat bis auf ihre neuesten Efforts den Boden der Philosophie nicht verlassen. Weit davon entfernt, ihre allgemein-philosophischen Voraussetzungen zu untersuchen, sind ihre sämtlichen Fragen sogar auf dem Boden eines bestimmten philosophischen Systems, des Hegelschen, gewachsen. Nicht nur in ihren Antworten, schon in den Fragen selbst lag eine Mystifikation. Diese Abhängigkeit von Hegel ist der Grund, warum keiner dieser neueren Kritiker eine umfassende Kritik des Hegelschen Systems auch nur versuchte, sosehr Jeder von ihnen behauptet, über Hegel hinaus zu sein. Ihre Polemik gegen Hegel und gegeneinander beschränkt sich darauf, daß Jeder eine Seite des Hegelschen Systems herausnimmt und diese sowohl gegen das ganze System wie gegen die von den Andern herausgenommenen Seiten wendet. Im Anfange nahm man reine, unverfälschte Hegelsche Kategorien heraus, wie Substanz und Selbstbewußtsein, später profanierte man diese Kategorien durch weltlichere Namen, wie Gattung, der Einzige, der Mensch etc.

Die gesamte deutsche philosophische Kritik von Strauß bis Stirner beschränkt sich auf Kritik der *religiösen* Vorstellungen. Man ging aus von der wirklichen Religion und eigentlichen Theologie. Was religiöses Bewußtsein, religiöse Vorstellung sei, wurde im weiteren Verlauf verschieden bestimmt. Der Fortschritt bestand darin, die angeblich herrschenden metaphysischen, politischen, rechtlichen, moralischen und andern Vorstellungen auch unter die Sphäre der religiösen oder theologischen Vorstellungen zu subsumieren; ebenso das politische, rechtliche, moralische Bewußtsein für religiöses oder theologisches Bewußtsein, und den politischen, rechtlichen, moralischen Menschen, in letzter Instanz „den Menschen", für religiös zu erklären. Die Herrschaft der Religion wurde vorausgesetzt. Nach und nach wurde jedes herrschende Verhältnis für ein Verhältnis der Religion erklärt und in Kultus verwandelt, Kultus des Rechts, Kultus des Staats pp. Überall hatte man es nur mit Dogmen und dem Glauben an Dogmen zu tun. Die Welt wurde in immer größerer Ausdehnung kanonisiert, bis endlich der ehrwürdige Sankt Max sie en bloc heiligsprechen und damit ein für allemal abfertigen konnte.

Die Althegelianer hatten Alles *begriffen*, sobald es auf eine Hegelsche logische Kategorie zurückgeführt war. Die Junghegelianer *kritisierten* Alles, indem sie ihm religiöse Vorstellungen unterschoben oder es für theologisch erklärten. Die Junghegelianer stimmen mit den Althegelianern überein in dem Glauben an die Herrschaft der Religion, der Begriffe, des Allgemeinen in der bestehenden Welt. Nur bekämpfen die Einen die Herrschaft als Usurpation, welche die Andern als legitim feiern.

Da bei diesen Junghegelianern die Vorstellungen, Gedanken, Begriffe, überhaupt die Produkte des von ihnen verselbständigten Bewußtseins für die eigentlichen Fesseln der Menschen gelten, gerade wie sie bei den Althegelianern für die wahren Bande der menschlichen Gesellschaft erklärt werden, so versteht es sich, daß die Junghegelianer auch nur gegen diese Illusionen des Bewußtseins zu kämpfen haben. Da nach ihrer Phantasie die Verhältnisse der Menschen, ihr ganzes Tun und Treiben, ihre Fesseln und Schranken Produkte ihres Bewußtseins sind, so stellen die Junghegelianer konsequenterweise das moralische Postulat an sie, ihr gegenwärtiges Bewußtsein mit dem menschlichen, kritischen oder egoistischen Bewußtsein zu vertauschen und dadurch ihre Schranken zu beseitigen. Diese Forderung, das Bewußtsein zu verändern, läuft auf die Forderung hinaus, das Bestehende anders zu interpretieren, d. h. es vermittelst einer andren Interpretation anzuerkennen. Die junghegelschen Ideologen sind trotz ihrer angeblich „welterschütternden" Phrasen die größten Konservativen. Die jüngsten von ihnen haben den richtigen Ausdruck für ihre Tätigkeit gefunden, wenn sie behaupten, nur gegen „*Phrasen*" zu kämpfen. Sie vergessen nur, daß sie diesen Phrasen selbst nichts als Phrasen entgegensetzen, und daß sie die wirkliche bestehende Welt keineswegs bekämpfen, wenn sie nur die Phrasen dieser Welt bekämpfen. Die einzigen Resultate, wozu diese philosophische Kritik es bringen konnte, waren einige und noch dazu einseitige religionsgeschichtliche Aufklärungen über das Christentum; ihre sämtlichen sonstigen Behauptungen sind nur weitere Ausschmückungen ihres Anspruchs, mit diesen unbedeutenden Aufklärungen welthistorische Entdeckungen geliefert zu haben.

Keinem von diesen Philosophen ist es eingefallen, nach dem Zusammenhange der deutschen Philosophie mit der deutschen Wirklichkeit, nach dem Zusammenhange ihrer Kritik mit ihrer eignen materiellen Umgebung zu fragen.

Die Voraussetzungen, mit denen wir beginnen, sind keine willkürlichen, keine Dogmen, es sind wirkliche Voraussetzungen, von denen man nur in der Einbildung abstrahieren kann. Es sind die wirklichen Individuen, ihre Aktion und ihre materiellen Lebensbedingungen, sowohl die vorgefundenen wie die durch ihre eigne Aktion erzeugten. Diese Voraussetzungen sind also auf rein empirischem Wege konstatierbar.

Die erste Voraussetzung aller Menschengeschichte ist natürlich die Existenz lebendiger menschlicher Individuen. Der erste zu konstatierende Tatbestand ist also die körperliche Organisation dieser Individuen und ihr dadurch gegebenes Verhältnis zur übrigen Natur. Wir können hier natürlich weder auf die physische Beschaffenheit der Menschen selbst noch auf die von den Menschen vorgefundenen Naturbedingungen, die geologischen, orohydrographischen, klimatischen und andern Verhältnisse, eingehen. Alle Geschichtschreibung muß von diesen natürlichen Grundlagen und ihrer Modifikation im Lauf der Geschichte durch die Aktion der Menschen ausgehen.

Man kann die Menschen durch das Bewußtsein, durch die Religion, durch was man sonst will, von den Tieren unterscheiden. Sie selbst fangen an, sich von den Tieren zu unterscheiden, sobald sie anfangen, ihre Lebensmittel *zu produzieren*, ein Schritt, der durch ihre körperliche Organisation bedingt ist. Indem die Menschen ihre Lebensmittel produzieren, produzieren sie indirekt ihr materielles Leben selbst.

Die Weise, in der die Menschen ihre Lebensmittel produzieren, hängt zunächst von der Beschaffenheit der vorgefundenen und zu reproduzierenden Lebensmittel selbst ab. Diese Weise der Produktion ist nicht bloß nach der Seite hin zu betrachten, daß sie die Reproduktion der physischen Existenz der Individuen ist. Sie ist vielmehr schon eine bestimmte Art der Tätigkeit dieser Individuen, eine bestimmte Art, ihr Leben zu äußern, eine bestimmte *Lebensweise* derselben. Wie die Individuen ihr Leben äußern, so sind sie. Was sie sind, fällt also zusammen mit ihrer Produktion, sowohl damit, *was* sie produzieren, als auch damit, *wie* sie produzieren. Was die Individuen also sind, das hängt ab von den materiellen Bedingungen ihrer Produktion.

Diese Produktion tritt erst ein mit der *Vermehrung der Bevölkerung*. Sie setzt selbst wieder einen *Verkehr* der Individuen untereinander voraus. Die Form dieses Verkehrs ist wieder durch die Produktion bedingt.[3]

Die Beziehungen verschiedener Nationen untereinander hängen davon ab, wie weit jede von ihnen ihre Produktivkräfte, die Teilung der Arbeit und den innern Verkehr entwickelt hat. Dieser Satz ist allgemein anerkannt. Aber nicht nur die Beziehung einer Nation zu anderen, sondern auch die ganze innere Gliederung dieser Nation selbst hängt von der Entwicklungsstufe ihrer Produktion und ihres innern und äußern Verkehrs ab. Wie weit die Produktionskräfte einer Nation entwickelt sind, zeigt am augenscheinlichsten der Grad, bis zu dem die Teilung der Arbeit entwickelt ist. Jede neue Produktivkraft, sofern sie nicht eine bloß quantitative Ausdehnung der bisher schon bekannten Produktivkräfte ist (z. B. Urbarmachung von Ländereien), hat eine neue Ausbildung der Teilung der Arbeit zur Folge.

Die Teilung der Arbeit innerhalb einer Nation führt zunächst die Trennung der industriellen und kommerziellen von der ackerbauenden Arbeit und damit die Trennung von *Stadt* und *Land* und den Gegensatz der Interessen Beider herbei. Ihre weitere Entwicklung führt zur Trennung der kommerziellen Arbeit von der industriellen. Zu gleicher Zeit entwickeln sich durch die Teilung der Arbeit innerhalb dieser verschiednen Branchen wieder verschiedene Abteilungen unter den zu bestimmten Arbeiten zusammenwirkenden Individuen. Die Stellung dieser einzelnen Abteilungen gegeneinander ist bedingt durch die Betriebsweise der ackerbauenden, industriellen und kommerziellen Arbeit (Patriarchalismus, Sklaverei, Stände, Klassen). Dieselben Verhältnisse zeigen sich bei entwickelterem Verkehr in den Beziehungen verschiedner Nationen zueinander.

Die verschiedenen Entwicklungsstufen der Teilung der Arbeit sind ebensoviel verschiedene Formen des Eigentums; d. h., die jedesmalige Stufe der Teilung der Arbeit bestimmt auch die Verhältnisse der Individuen zueinander in Beziehung auf das Material, Instrument und Produkt der Arbeit.

Die erste Form des Eigentums ist das Stammeigentum.[4] Es entspricht der unentwickelten Stufe der Produktion, auf der ein Volk von Jagd und Fischfang, von Viehzucht oder höchstens vom Ackerbau sich nährt. Es setzt in diesem letzteren Falle eine große Masse unbebauter Ländereien voraus. Die Teilung der Arbeit ist auf dieser Stufe noch sehr wenig entwickelt und beschränkt sich auf eine weitere Ausdehnung der in der Familie gegebenen naturwüchsigen Teilung der Arbeit. Die gesellschaftliche Gliederung beschränkt sich daher auf eine Ausdehnung der Familie: patriarchalische Stammhäupter, unter ihnen die Stammitglieder, endlich Sklaven. Die in der Familie latente Sklaverei entwickelt sich erst allmählich mit der Vermehrung der Bevölkerung und der Bedürfnisse und mit der Ausdehnung des äußern Verkehrs, sowohl des Kriegs wie des Tauschhandels.

Die zweite Form ist das antike Gemeinde- und Staatseigentum, das namentlich aus der Vereinigung mehrerer Stämme zu einer *Stadt* durch Vertrag oder Eroberung hervorgeht und bei dem die Sklaverei fortbestehen bleibt. Neben dem Gemeindeeigentum entwickelt sich schon das mobile und später auch das immobile Privateigentum, aber als eine abnorme, dem Gemeindeeigentum untergeordnete Form. Die Staatsbürger besitzen nur in ihrer Gemeinschaft die Macht über ihre arbeitenden Sklaven und sind schon deshalb an die Form des Gemeindeeigentums gebunden. Es ist das gemeinschaftliche Privateigentum der aktiven Staatsbürger, die den Sklaven gegenüber gezwungen sind, in dieser naturwüchsigen Weise der Assoziation zu bleiben. Daher verfällt die ganze hierauf basierende Gliederung der Gesellschaft und mit ihr die Macht des Volks in demselben Grade, in dem namentlich das immobile Privateigentum sich entwickelt. Die Teilung der Arbeit ist schon entwickelter. Wir finden schon den Gegensatz von Stadt und Land, später den Gegensatz zwischen Staaten, die das städtische und die das Landinteresse repräsentieren, und innerhalb der Städte selbst den Gegensatz zwischen Industrie und Seehandel. Das Klassenverhältnis zwischen Bürgern und Sklaven ist vollständig ausgebildet.

Dieser ganzen Geschichtsauffassung scheint das Faktum der Eroberung zu widersprechen. Man hat bisher die Gewalt, den Krieg, Plünderung, Raubmord pp. zur treibenden Kraft der Geschichte gemacht. Wir können uns hier nur auf die Hauptpunkte beschränken und nehmen daher nur das frappanteste Beispiel, die Zerstörung einer alten Zivilisation durch ein barbarisches Volk und die sich daran anknüpfende, von vorn anfangende Bildung einer neuen Gliederung der Gesellschaft. (Rom und Barbaren, Feudalität und Gallien, oströmisches Reich und Türken.) Bei dem erobernden Barbarenvolke ist der Krieg selbst noch, wie schon oben angedeutet, eine regelmäßige Verkehrsform, die um so eifriger exploitiert wird, je mehr der Zuwachs der Bevölkerung bei der hergebrachten und für sie einzig möglichen rohen Produktionsweise das Bedürfnis neuer Produktionsmittel schafft. In Italien dagegen war durch die Konzentration des Grundeigentums (verursacht außer durch Aufkauf und Verschuldung auch noch durch Erbschaft, indem bei der großen Liederlichkeit und den seltnen Heiraten die alten Geschlechter allmählich ausstarben und ihr Besitz Wenigen zufiel) und Verwandlung desselben in Viehweiden (die außer durch die gewöhnlichen, noch heute gültigen ökonomischen Ursachen durch die Einfuhr geraubten und Tributgetreides und den hieraus folgenden Mangel an Konsumenten für italisches Korn verursacht wurde) die freie Bevölkerung fast verschwunden, die Sklaven selbst starben immer wieder aus und mußten stets durch neue ersetzt werden. Die Sklaverei blieb die Basis der gesamten Produktion. Die Plebejer, zwischen Freien und Sklaven stehend, brachten es nie über ein Lumpenproletariat hinaus.

Überhaupt kam Rom nie über die Stadt hinaus und stand mit den Provinzen in einem fast nur politischen Zusammenhange, der natürlich auch wieder durch politische Ereignisse unterbrochen werden konnte.

Mit der Entwicklung des Privateigentums treten hier zuerst dieselben Verhältnisse ein, die wir beim modernen Privateigentum, nur in ausgedehnterem Maßstabe, wiederfinden werden. Einerseits die Konzentration des Privateigentums, die in Rom sehr früh anfing (Beweis das licinische Ackergesetz[5]), seit den Bürgerkriegen und namentlich unter den Kaisern sehr rasch vor sich ging; andrerseits im Zusammenhange hiermit die Verwandlung der plebejischen kleinen Bauern in ein Proletariat, das aber bei seiner halben Stellung zwischen besitzenden Bürgern und Sklaven zu keiner selbständigen Entwicklung kam.

Die dritte Form ist das feudale oder ständische Eigentum. Wenn das Altertum von der *Stadt* und ihrem kleinen Gebiet ausging, so ging das Mittelalter vom *Lande* aus. Die vorgefundene dünne, über eine große Bodenfläche zersplitterte Bevölkerung, die durch die Eroberer keinen großen Zuwachs erhielt, bedingte diesen veränderten Ausgangspunkt. Im Gegensatz zu Griechenland und Rom beginnt die feudale Entwicklung daher auf einem viel ausgedehnteren, durch die römischen Eroberungen und die anfangs damit verknüpfte Ausbreitung der Agrikultur vorbereiteten Terrain. Die letzten Jahrhunderte des verfallenden römischen Reichs und die Eroberung durch die Barbaren selbst zerstörten eine Masse von Produktivkräften; der Ackerbau war gesunken, die Industrie aus Mangel an Absatz verfallen, der Handel eingeschlafen oder gewaltsam unterbrochen, die ländliche und städtische Bevölkerung hatte abgenommen. Diese vorgefundenen Verhältnisse und die dadurch bedingte Weise der Organisation der Eroberung entwickelten unter dem Einflusse der germanischen Heerverfassung das feudale Eigentum. Es beruht, wie das Stamm- und Gemeindeeigentum, wieder auf einem Gemeinwesen, dem aber nicht wie dem antiken die Sklaven, sondern die leibeignen kleinen Bauern als unmittelbar produzierende Klasse gegenüberstehen. Zugleich mit der vollständigen Ausbildung des Feudalismus tritt noch der Gegensatz gegen die Städte hinzu. Die hierarchische Gliederung des Grundbesitzes und die damit zusammenhängenden bewaffneten Gefolgschaften gaben dem Adel die

Macht über die Leibeignen. Diese feudale Gliederung war ebensogut wie das antike Gemeindeeigentum eine Assoziation gegenüber der beherrschten produzierenden Klasse; nur war die Form der Assoziation und das Verhältnis zu den unmittelbaren Produzenten verschieden, weil verschiedene Produktionsbedingungen vorlagen.

Dieser feudalen Gliederung des Grundbesitzes entsprach in den *Städten* das korporative Eigentum, die feudale Organisation des Handwerks. Das Eigentum bestand hier hauptsächlich in der Arbeit jedes Einzelnen. Die Notwendigkeit der Assoziation gegen den assoziierten Raubadel, das Bedürfnis gemeinsamer Markthallen in einer Zeit, wo der Industrielle zugleich Kaufmann war, die wachsende Konkurrenz der den aufblühenden Städten zuströmenden entlaufnen Leibeignen, die feudale Gliederung des ganzen Landes führten die *Zünfte* herbei; die allmählich ersparten kleinen Kapitalien einzelner Handwerker und ihre stabile Zahl bei der wachsenden Bevölkerung entwickelten das Gesellen- und Lehrlingsverhältnis, das in den Städten eine ähnliche Hierarchie zustande brachte wie die auf dem Lande.

Das Haupteigentum bestand während der Feudalepoche also in Grundeigentum mit daran geketteter Leibeignenarbeit einerseits und eigner Arbeit mit kleinem, die Arbeit von Gesellen beherrschendem Kapital andrerseits. Die Gliederung von Beiden war durch die bornierten Produktionsverhältnisse — die geringe und rohe Bodenkultur und die handwerksmäßige Industrie — bedingt. Teilung der Arbeit fand in der Blüte des Feudalismus wenig statt. Jedes Land hatte den Gegensatz von Stadt und Land in sich; die Ständegliederung war allerdings sehr scharf ausgeprägt, aber außer der Scheidung von Fürsten, Adel, Geistlichkeit und Bauern auf dem Lande und Meistern, Gesellen, Lehrlingen und bald auch Taglöhnerpöbel in den Städten fand keine bedeutende Teilung statt. Im Ackerbau war sie durch die parzellierte Bebauung erschwert, neben der die Hausindustrie der Bauern selbst aufkam, in der Industrie war die Arbeit in den einzelnen Handwerken selbst gar nicht, unter ihnen sehr wenig geteilt. Die Teilung von Industrie und Handel wurde in älteren Städten vorgefunden, entwickelte sich in den neueren erst später, als die Städte unter sich in Beziehung traten.

Die Zusammenfassung größerer Länder zu feudalen Königreichen war für den Grundadel wie für die Städte ein Bedürfnis.

21

Die Organisation der herrschenden Klasse, des Adels, hatte daher überall einen Monarchen an der Spitze.

Die Tatsache ist also die: bestimmte Individuen, die auf bestimmte Weise produktiv tätig sind, gehen diese bestimmten gesellschaftlichen und politischen Verhältnisse ein. Die empirische Beobachtung muß in jedem einzelnen Fall den Zusammenhang der gesellschaftlichen und politischen Gliederung mit der Produktion empirisch und ohne alle Mystifikation und Spekulation aufweisen Die gesellschaftliche Gliederung und der Staat gehen beständig aus dem Lebensprozeß bestimmter Individuen hervor; aber dieser Individuen, nicht wie sie in der eignen oder fremden Vorstellung erscheinen mögen, sondern wie sie *wirklich* sind, d. h. wie sie wirken, materiell produzieren, also wie sie unter bestimmten materiellen und von ihrer Willkür unabhängigen Schranken, Voraussetzungen und Bedingungen tätig sind.

Die Produktion der Ideen, Vorstellungen, des Bewußtseins ist zunächst unmittelbar verflochten in die materielle Tätigkeit und den materiellen Verkehr der Menschen, Sprache des wirklichen Lebens. Das Vorstellen, Denken, der geistige Verkehr der Menschen erscheinen hier noch als direkter Ausfluß ihres materiellen Verhaltens. Von der geistigen Produktion, wie sie in der Sprache der Politik, der Gesetze, der Moral, der Religion, Metaphysik usw. eines Volkes sich darstellt, gilt dasselbe. Die Menschen sind die Produzenten ihrer Vorstellungen, Ideen pp., aber die wirklichen, wirkenden Menschen, wie sie bedingt sind durch eine bestimmte Entwicklung ihrer Produktivkräfte und des denselben entsprechenden Verkehrs bis zu seinen weitesten Formationen hinauf. Das Bewußtsein kann nie etwas Andres sein als das bewußte Sein, und das Sein der Menschen ist ihr wirklicher Lebensprozeß. Wenn in der ganzen Ideologie die Menschen und ihre Verhältnisse wie in einer Camera obscura auf den Kopf gestellt erscheinen, so geht dies Phänomen ebensosehr aus ihrem historischen Lebensprozeß hervor, wie die Umdrehung der Gegenstände auf der Netzhaut aus ihrem unmittelbar physischen.

Ganz im Gegensatz zur deutschen Philosophie, welche vom Himmel auf die Erde herabsteigt, wird hier von der Erde zum Himmel gestiegen. D. h., es wird nicht ausgegangen von dem, was die Menschen sagen, sich einbilden, sich vorstellen, auch nicht von den gesagten, gedachten, eingebildeten, vorgestellten Menschen, um davon aus bei den leibhaftigen Menschen anzukommen; es wird von den wirklich tätigen Menschen ausgegangen und aus ihrem wirklichen Lebensprozeß auch die Entwicklung der ideologischen Reflexe und Echos dieses Lebensprozesses dargestellt. Auch die Nebelbildungen im Gehirn der Menschen sind notwendige Sublimate ihres materiellen, empirisch konstatierbaren und an materielle Voraussetzungen geknüpften Lebensprozesses. Die Moral, Religion, Metaphysik und sonstige Ideologie und die ihnen entsprechenden Bewußtseinsformen behalten hiermit nicht länger den Schein der Selbständigkeit. Sie haben keine Geschichte, sie haben keine Entwicklung, sondern die ihre materielle Produktion und ihren materiellen Verkehr entwickelnden Menschen ändern mit dieser ihrer Wirklichkeit auch ihr Denken und die Produkte ihres Denkens. Nicht das Bewußtsein bestimmt das Leben, sondern das Leben bestimmt das Bewußtsein. In der ersten Betrachtungsweise geht man von dem Bewußtsein als dem lebendigen Individuum aus, in der zweiten, dem wirklichen Leben entsprechenden, von den wirklichen lebendigen Individuen selbst und betrachtet das Bewußtsein nur als *ihr* Bewußtsein.

Diese Betrachtungsweise ist nicht voraussetzungslos. Sie geht von den wirklichen Voraussetzungen aus, sie verläßt sie keinen Augenblick. Ihre Voraussetzungen sind die Menschen nicht in irgendeiner phantastischen Abgeschlossenheit und Fixierung, sondern in ihrem wirklichen, empirisch anschaulichen Entwicklungsprozeß unter bestimmten Bedingungen. Sobald dieser tätige Lebensprozeß dargestellt wird, hört die Geschichte auf, eine Sammlung toter Fakta zu sein, wie bei den selbst noch abstrakten Empirikern[6], oder eine eingebildete Aktion eingebildeter Subjekte, wie bei den Idealisten.

Da, wo die Spekulation aufhört, beim wirklichen Leben, beginnt also die wirkliche, positive Wissenschaft, die Darstellung der praktischen Betätigung, des praktischen Entwicklungsprozesses der Menschen. Die Phrasen vom Bewußtsein hören auf, wirkliches Wissen muß an ihre Stelle treten. Die selbständige Philosophie verliert mit der Darstellung der Wirklichkeit ihr Existenzmedium. An ihre Stelle kann höchstens eine Zusammenfassung der allgemeinsten Resultate treten, die sich aus der Betrachtung der historischen Entwicklung der Menschen abstrahieren lassen. Diese Abstraktionen haben für sich, getrennt von der wirklichen Geschichte, durchaus keinen Wert. Sie können nur dazu dienen, die Ordnung des geschichtlichen Materials zu erleichtern, die Reihenfolge seiner einzelnen Schichten anzudeuten. Sie geben aber keineswegs, wie die Philosophie, ein Rezept oder Schema, wonach die geschichtlichen Epochen zurechtgestutzt werden können. Die Schwierigkeit beginnt im Gegenteil erst da, wo man sich an die Betrachtung und Ordnung des Materials, sei es einer vergangnen Epoche oder der Gegenwart, an die wirkliche Darstellung gibt. Die Beseitigung dieser Schwierigkeiten ist durch Voraussetzungen bedingt, die keineswegs hier gegeben werden können, sondern die erst aus dem Studium des wirklichen Lebensprozesses und der Aktion der Individuen jeder Epoche sich ergeben. Wir nehmen hier einige dieser Abstraktionen heraus, die wir gegenüber der Ideologie gebrauchen, und werden sie an historischen Beispielen erläutern.

[1.] Geschichte

Wir müssen bei den voraussetzungslosen Deutschen damit anfangen, daß wir die erste Voraussetzung aller menschlichen Existenz, also auch aller Geschichte konstatieren, nämlich die Voraussetzung, daß die Menschen imstande sein müssen zu leben, um „Geschichte machen" zu können.[1] Zum Leben aber gehört vor Allem Essen und Trinken, Wohnung, Kleidung und noch einiges Andere. Die erste geschichtliche Tat ist also die Erzeugung der Mittel zur Befriedigung dieser Bedürfnisse, die Produktion des materiellen Lebens selbst, und zwar ist dies eine geschichtliche Tat, eine Grundbedingung aller Geschichte, die noch heute, wie vor Jahrtausenden, täglich und stündlich erfüllt werden muß, um die Menschen nur am Leben zu erhalten. Selbst wenn die Sinnlichkeit, wie beim heiligen Bruno, auf einen Stock, auf das Minimum reduziert ist, setzt sie die Tätigkeit der Produktion dieses Stockes voraus. Das Erste also bei aller geschichtlichen Auffassung ist, daß man diese Grundtatsache in ihrer ganzen Bedeutung und ihrer ganzen Ausdehnung beobachtet und zu ihrem Rechte kommen läßt. Dies haben die Deutschen bekanntlich nie getan, daher nie eine *irdische* Basis für die Ge-

---

[1] [Randbemerkung von Marx:] *Hegel.* Geologische, hydrographische etc. Verhältnisse. Die menschlichen Leiber. Bedürfnis, Arbeit.

24

schichte und folglich nie einen Historiker gehabt. Die Franzosen und Engländer, wenn sie auch den Zusammenhang dieser Tatsache mit der sogenannten Geschichte nur höchst einseitig auffaßten, namentlich solange sie in der politischen Ideologie befangen waren, so haben sie doch immerhin die ersten Versuche gemacht, der Geschichtschreibung eine materialistische Basis zu geben, indem sie zuerst Geschichten der bürgerlichen Gesellschaft, des Handels und der Industrie schrieben.

Das Zweite ist, daß das befriedigte erste Bedürfnis selbst, die Aktion der Befriedigung und das schon erworbene Instrument der Befriedigung zu neuen Bedürfnissen führt — und diese Erzeugung neuer Bedürfnisse ist die erste geschichtliche Tat. Hieran zeigt sich sogleich, wes Geistes Kind die große historische Weisheit der Deutschen ist, die da, wo ihnen das positive Material ausgeht und wo weder theologischer noch politischer noch literarischer Unsinn verhandelt wird, gar keine Geschichte, sondern die „vorgeschichtliche Zeit" sich ereignen lassen, ohne uns indes darüber aufzuklären, wie man aus diesem Unsinn der „Vorgeschichte" in die eigentliche Geschichte kommt — obwohl auf der andern Seite ihre historische Spekulation sich ganz besonders auf diese „Vorgeschichte" wirft, weil sie da sicher zu sein glaubt vor den Eingriffen des „rohen Faktums" und zugleich, weil sie hier ihrem spekulierenden Triebe alle Zügel schießen lassen und Hypothesen zu Tausenden erzeugen und umstoßen kann.

Das dritte Verhältnis, was hier gleich von vornherein in die geschichtliche Entwicklung eintritt, ist das, daß die Menschen, die ihr eignes Leben täglich neu machen, anfangen, andre Menschen zu machen, sich fortzupflanzen — das Verhältnis zwischen Mann und Weib, Eltern und Kindern, die *Familie*. Diese Familie, die im Anfange das einzige soziale Verhältnis ist, wird späterhin, wo die vermehrten Bedürfnisse neue gesellschaftliche Verhältnisse, und die vermehrte Menschenzahl neue Bedürfnisse erzeugen, zu einem untergeordneten (ausgenommen in Deutschland) und muß alsdann nach den existierenden empirischen Daten, nicht nach dem „Begriff der Familie", wie man in Deutschland zu tun pflegt, behandelt und entwickelt werden.[1] Übrigens sind diese drei Seiten der sozialen Tätig-

---

[1] Häuserbau. Bei den Wilden versteht es sich von selbst, daß jede Familie ihre eigne Höhle oder Hütte hat, wie bei den Nomaden das separate Zelt jeder

keit nicht als drei verschiedene Stufen zu fassen, sondern eben nur als drei Seiten, oder um für die Deutschen klar zu schreiben, drei „Momente", die vom Anbeginn der Geschichte an und seit den ersten Menschen zugleich existiert haben und sich noch heute in der Geschichte geltend machen.

Die Produktion des Lebens, sowohl des eignen in der Arbeit wie des fremden in der Zeugung, erscheint nun schon sogleich als ein doppeltes Verhältnis — einerseits als natürliches, andrerseits als gesellschaftliches Verhältnis —, gesellschaftlich in dem Sinne, als hierunter das Zusammenwirken mehrerer Individuen, gleichviel unter welchen Bedingungen, auf welche Weise und zu welchem Zweck, verstanden wird. Hieraus geht hervor, daß eine bestimmte Produktionsweise oder industrielle Stufe stets mit einer bestimmten Weise des Zusammenwirkens oder gesellschaftlichen Stufe vereinigt ist, und diese Weise des Zusammenwirkens ist selbst eine „Produktivkraft", daß die Menge der den Menschen zugänglichen Produktivkräfte den gesellschaftlichen Zustand bedingt und also die „Geschichte der Menschheit" stets im Zusammenhange mit der Geschichte der Industrie und des Austausches studiert und bearbeitet werden muß. Es ist aber auch klar, wie es in Deutschland unmöglich ist, solche Geschichte zu schreiben, da den Deutschen dazu nicht nur

---

Familie. Diese getrennte Hauswirtschaft wird durch die weitere Entwicklung des Privateigentums nur noch nötiger gemacht. Bei den Agrikulturvölkern ist die gemeinsame Hauswirtschaft ebenso unmöglich wie die gemeinsame Bodenkultur. Ein großer Fortschritt war die Erbauung von Städten. In allen bisherigen Perioden war indes die Aufhebung der getrennten Wirtschaft, die von der Aufhebung des Privateigentums nicht zu trennen ist, schon deswegen unmöglich, weil die materiellen Bedingungen dazu nicht vorhanden waren. Die Einrichtung einer gemeinsamen Hauswirtschaft setzt die Entwicklung der Maschinerie, der Benutzung der Naturkräfte und vieler andern Produktivkräfte voraus — z. B. der Wasserleitungen, der Gasbeleuchtung, der Dampfheizung etc., Aufhebung [des Gegensatzes] von Stadt und Land. Ohne diese Bedingungen würde die gemeinsame Wirtschaft nicht selbst wieder eine neue Produktionskraft sein, aller materiellen Basis entbehren, auf einer bloß theoretischen Grundlage beruhen, d. h. eine bloße Marotte sein und es nur zur Klosterwirtschaft bringen. — Was möglich war, zeigt sich in der Zusammenrückung zu Städten und in der Erbauung gemeinsamer Häuser zu einzelnen bestimmten Zwecken (Gefängnisse, Kasernen pp.). Daß die Aufhebung der getrennten Wirtschaft von der Aufhebung der Familie nicht zu trennen ist, versteht sich von selbst. [Anmerkung von Marx.]

26

die Auffassungsfähigkeit und das Material, sondern auch die „sinnliche Gewißheit" abgeht und man jenseits des Rheins über diese Dinge keine Erfahrungen machen kann, weil dort keine Geschichte mehr vorgeht. Es zeigt sich also schon von vornherein ein materialistischer Zusammenhang der Menschen untereinander, der durch die Bedürfnisse und die Weise der Produktion bedingt und so alt ist wie die Menschen selbst — ein Zusammenhang, der stets neue Formen annimmt und also eine „Geschichte" darbietet, auch ohne daß irgendein politischer oder religiöser Nonsens existiert, der die Menschen noch extra zusammenhalte.

Jetzt erst, nachdem wir bereits vier Momente, vier Seiten der ursprünglichen, geschichtlichen Verhältnisse betrachtet haben, finden wir, daß der Mensch auch „Bewußtsein" hat.[1] Aber auch dies nicht von vornherein, als „reines" Bewußtsein. Der „Geist" hat von vornherein den Fluch an sich, mit der Materie „behaftet" zu sein, die hier in der Form von bewegten Luftschichten, Tönen, kurz der Sprache auftritt. Die Sprache ist so alt wie das Bewußtsein — die Sprache *ist* das praktische, auch für andre Menschen existierende, also auch für mich selbst erst existierende wirkliche Bewußtsein, und die Sprache entsteht, wie das Bewußtsein, erst aus dem Bedürfnis, der Notdurft des Verkehrs mit andern Menschen. Wo ein Verhältnis existiert, da existiert es für mich, das Tier „*verhält*" sich zu Nichts und überhaupt nicht. Für das Tier existiert sein Verhältnis zu andern nicht als Verhältnis. Das Bewußtsein ist also von vornherein schon ein gesellschaftliches Produkt und bleibt es, solange überhaupt Menschen existieren. Das Bewußtsein ist natürlich zuerst bloß Bewußtsein über die *nächste* sinnliche Umgebung und Bewußtsein des bornierten Zusammenhanges mit andern Personen und Dingen außer dem sich bewußt werdenden Individuum; es ist zu gleicher Zeit Bewußtsein der Natur, die den Menschen anfangs als eine durchaus fremde, allmächtige und unangreifbare Macht gegenübertritt, zu der sich die Menschen rein tierisch verhalten, von der sie sich imponieren lassen wie das Vieh; und also ein rein tierisches Bewußtsein der Natur (Naturreligion).

Man sieht hier sogleich: Diese Naturreligion oder dies bestimmte

---

[1] Die Menschen haben Geschichte, weil sie ihr Leben *produzieren* müssen, und zwar müssen auf *bestimmte* Weise: dies ist durch ihre physische Organisation gegeben; ebenso wie ihr Bewußtsein. [Anmerkung von Marx.]

Verhalten zur Natur ist bedingt durch die Gesellschaftsform und umgekehrt. Hier wie überall tritt die Identität von Natur und Mensch auch so hervor, daß das bornierte Verhalten der Menschen zur Natur ihr borniertes Verhalten zueinander, und ihr borniertes Verhalten zueinander ihr borniertes Verhältnis zur Natur bedingt, eben weil die Natur noch kaum geschichtlich modifiziert ist, und andrerseits Bewußtsein der Notwendigkeit, mit den umgebenden Individuen in Verbindung zu treten, der Anfang des Bewußtseins darüber, daß er überhaupt in einer Gesellschaft lebt. Dieser Anfang ist so tierisch wie das gesellschaftliche Leben dieser Stufe selbst, er ist bloßes Herdenbewußtsein, und der Mensch unterscheidet sich hier vom Hammel nur dadurch, daß sein Bewußtsein ihm die Stelle des Instinkts vertritt, oder daß sein Instinkt ein bewußter ist. Dieses Hammel- oder Stammbewußtsein erhält seine weitere Entwicklung und Ausbildung durch die gesteigerte Produktivität, die Vermehrung der Bedürfnisse und die Beiden zum Grunde liegende Vermehrung der Bevölkerung. Damit entwickelt sich die Teilung der Arbeit, die ursprünglich nichts war als die Teilung der Arbeit im Geschlechtsakt, dann Teilung der Arbeit, die sich vermöge der natürlichen Anlage (z. B. Körperkraft), Bedürfnisse, Zufälle etc. etc. von selbst oder „naturwüchsig" macht. Die Teilung der Arbeit wird erst wirklich Teilung von dem Augenblicke an, wo eine Teilung der materiellen und geistigen Arbeit eintritt.[1] Von diesem Augenblicke an *kann* sich das Bewußtsein wirklich einbilden, etwas Andres als das Bewußtsein der bestehenden Praxis zu sein, *wirklich* etwas vorzustellen, ohne etwas Wirkliches vorzustellen — von diesem Augenblicke an ist das Bewußtsein imstande, sich von der Welt zu emanzipieren und zur Bildung der „reinen" Theorie, Theologie, Philosophie, Moral etc. überzugehen. Aber selbst wenn diese Theorie, Theologie, Philosophie, Moral etc. in Widerspruch mit den bestehenden Verhältnissen treten, so kann dies nur dadurch geschehen, daß die bestehenden gesellschaftlichen Verhältnisse mit der bestehenden Produktionskraft in Widerspruch getreten sind — was übrigens in einem bestimmten nationalen Kreise von Verhältnissen auch dadurch geschehen kann, daß der Widerspruch nicht in diesem nationalen Umkreis, sondern zwischen diesem nationalen Bewußt-

---

[1] [Randbemerkung von Marx:] Erste Form der Ideologen, *Pfaffen*, fällt zusammen.

sein und der Praxis der anderen Nationen[1], d. h. zwischen dem nationalen und allgemeinen Bewußtsein einer Nation sich einstellt.

Übrigens ist es ganz einerlei, was das Bewußtsein alleene anfängt, wir erhalten aus diesem ganzen Dreck nur das eine Resultat, daß diese drei Momente, die Produktionskraft, der gesellschaftliche Zustand und das Bewußtsein, in Widerspruch untereinander geraten können und müssen, weil mit der *Teilung der Arbeit* die Möglichkeit, ja die Wirklichkeit gegeben ist, daß die geistige und materielle Tätigkeit — daß der Genuß und die Arbeit, Produktion und Konsumtion, verschiedenen Individuen zufallen, und die Möglichkeit, daß sie nicht in Widerspruch geraten, nur darin liegt, daß die Teilung der Arbeit wieder aufgehoben wird. Es versteht sich übrigens von selbst, daß die „Gespenster", „Bande", „höheres Wesen", „Begriff", „Bedenklichkeit" bloß der idealistische geistliche Ausdruck, die Vorstellung scheinbar des vereinzelten Individuums sind, die Vorstellung von sehr empirischen Fesseln und Schranken, innerhalb deren sich die Produktionsweise des Lebens und die damit zusammenhängende Verkehrsform bewegt.

Mit der Teilung der Arbeit, in welcher alle diese Widersprüche gegeben sind und welche ihrerseits wieder auf der naturwüchsigen Teilung der Arbeit in der Familie und der Trennung der Gesellschaft in einzelne, einander entgegengesetzte Familien beruht, ist zu gleicher Zeit auch die *Ver*teilung, und zwar die *ungleiche,* sowohl quantitative wie qualitative Verteilung der Arbeit und ihrer Produkte gegeben, also das Eigentum, das in der Familie, wo die Frau und die Kinder die Sklaven des Mannes sind, schon seinen Keim, seine erste Form hat. Die freilich noch sehr rohe, latente Sklaverei in der Familie ist das erste Eigentum, das übrigens hier schon vollkommen der Definition der modernen Ökonomen entspricht, nach der es die Verfügung über fremde Arbeitskraft ist. Übrigens sind Teilung der Arbeit und Privateigentum identische Ausdrücke — in dem Einen wird in Beziehung auf die Tätigkeit dasselbe ausgesagt, was in dem Andern in bezug auf das Produkt der Tätigkeit ausgesagt wird.

Ferner ist mit der Teilung der Arbeit zugleich der Widerspruch zwischen dem Interesse des einzelnen Individuums oder der einzel-

---

[1] [Randbemerkung von Marx:] Religion. Die Deutschen mit der *Ideologie* als solcher.

nen Familie und dem gemeinschaftlichen Interesse aller Individuen, die miteinander verkehren, gegeben; und zwar existiert dies gemeinschaftliche Interesse nicht bloß in der Vorstellung, als „Allgemeines", sondern zuerst in der Wirklichkeit als gegenseitige Abhängigkeit der Individuen, unter denen die Arbeit geteilt ist. Und endlich bietet uns die Teilung der Arbeit gleich das erste Beispiel davon dar, daß, solange die Menschen sich in der naturwüchsigen Gesellschaft befinden, solange also die Spaltung zwischen dem besondern und gemeinsamen Interesse existiert, solange die Tätigkeit also nicht freiwillig, sondern naturwüchsig geteilt ist, die eigne Tat des Menschen ihm zu einer fremden, gegenüberstehenden Macht wird, die ihn unterjocht, statt daß er sie beherrscht. Sowie nämlich die Arbeit verteilt zu werden anfängt, hat Jeder einen bestimmten ausschließlichen Kreis der Tätigkeit, der ihm aufgedrängt wird, aus dem er nicht heraus kann; er ist Jäger, Fischer oder Hirt oder kritischer Kritiker und muß es bleiben, wenn er nicht die Mittel zum Leben verlieren will — während in der kommunistischen Gesellschaft, wo Jeder nicht einen ausschließlichen Kreis der Tätigkeit hat, sondern sich in jedem beliebigen Zweige ausbilden kann, die Gesellschaft die allgemeine Produktion regelt und mir eben dadurch möglich macht, heute dies, morgen jenes zu tun, morgens zu jagen, nachmittags zu fischen, abends Viehzucht zu treiben, nach dem Essen zu kritisieren, wie ich gerade Lust habe, ohne je Jäger, Fischer, Hirt oder Kritiker zu werden. Dieses Sichfestsetzen der sozialen Tätigkeit, diese Konsolidation unsres eignen Produkts zu einer sachlichen Gewalt über uns, die unsrer Kontrolle entwächst, unsre Erwartungen durchkreuzt, unsre Berechnungen zunichte macht, ist eines der Hauptmomente in der bisherigen geschichtlichen Entwicklung, und eben aus diesem Widerspruch des besondern und gemeinschaftlichen Interesses nimmt das gemeinschaftliche Interesse als *Staat* eine selbständige Gestaltung, getrennt von den wirklichen Einzel- und Gesamtinteressen, an, und zugleich als illusorische Gemeinschaftlichkeit, aber stets auf der realen Basis der in jedem Familien- und Stamm-Konglomerat vorhandenen Bänder, wie Fleisch und Blut, Sprache, Teilung der Arbeit im größeren Maßstabe und sonstigen Interessen — und besonders, wie wir später entwickeln werden, der durch die Teilung der Arbeit bereits bedingten Klassen, die in jedem derartigen Menschenhaufen sich absondern und von denen eine alle andern beherrscht. Hieraus folgt, daß alle Kämpfe innerhalb des Staats, der Kampf zwischen Demokratie, Aristokratie und Monarchie, der Kampf um das Wahlrecht etc. etc., nichts als die illusorischen Formen sind, in denen die wirklichen Kämpfe der verschiednen Klassen untereinander geführt werden (wovon die deutschen Theoretiker nicht eine Silbe ahnen, trotzdem daß man ihnen in den „Deutsch-Französischen Jahrbüchern" und der „Heiligen Familie"[7] dazu Anleitung genug gegeben hatte), und ferner, daß jede nach der Herrschaft strebende Klasse, wenn ihre Herrschaft auch, wie dies beim Proletariat der Fall ist, die Aufhebung der ganzen alten Gesellschaftsform und der Herrschaft überhaupt bedingt, sich zuerst die politische Macht erobern muß, um ihr Interesse wieder als das Allgemeine, wozu sie im ersten Augenblick gezwungen ist, darzustellen. Eben weil die Individuen *nur* ihr besondres, für sie nicht mit ihrem gemeinschaftlichen Interesse zusammenfallendes suchen, überhaupt das Allgemeine illusorische Form der Gemeinschaftlichkeit, wird dies als ein ihnen „fremdes" und von ihnen „unabhängiges", als ein selbst wieder besonderes und eigentümliches „Allgemein"-Interesse geltend gemacht, oder sie selbst müssen sich in diesem Zwiespalt bewegen, wie in der Demokratie. Andrerseits macht denn auch der *praktische* Kampf dieser beständig *wirklich* den gemeinschaftlichen und illusorischen gemeinschaftlichen Interessen entgegentretenden Sonderinteressen die *praktische* Dazwischenkunft und Zügelung durch das illusorische „Allgemein"-Interesse als Staat nötig. Die soziale Macht, d. h. die vervielfachte Produktionskraft, die durch das in der Teilung der Arbeit bedingte Zusammenwirken der verschiedenen Individuen entsteht, erscheint diesen Individuen, weil das Zusammenwirken selbst nicht freiwillig, sondern naturwüchsig ist, nicht als ihre eigne, vereinte Macht, sondern als eine fremde, außer ihnen stehende Gewalt, von der sie nicht wissen woher und wohin, die sie also nicht mehr beherrschen können, die im Gegenteil nun eine eigentümliche, vom Wollen und Laufen der Menschen unabhängige, ja dies Wollen und Laufen erst dirigierende Reihenfolge von Phasen und Entwicklungsstufen durchläuft.

Diese „*Entfremdung*", um den Philosophen verständlich zu bleiben, kann natürlich nur unter zwei *praktischen* Voraussetzungen aufgehoben werden. Damit sie eine „unerträgliche" Macht werde,

d. h. eine Macht, gegen die man revolutioniert, dazu gehört, daß sie die Masse der Menschheit als durchaus „Eigentumslos" erzeugt hat und zugleich im Widerspruch zu einer vorhandnen Welt des Reichtums und der Bildung, was beides eine große Steigerung der Produktivkraft, einen hohen Grad ihrer Entwicklung voraussetzt — und andrerseits ist diese Entwicklung der Produktivkräfte (womit zugleich schon die in *weltgeschichtlichem*, statt der in lokalem Dasein der Menschen vorhandne empirische Existenz gegeben ist) auch deswegen eine absolut notwendige praktische Voraussetzung, weil ohne sie nur der *Mangel* verallgemeinert, also mit der *Notdurft* auch der Streit um das Notwendige wieder beginnen und die ganze alte Scheiße sich herstellen müßte, weil ferner nur mit dieser universellen Entwicklung der Produktivkräfte ein *universeller* Verkehr der Menschen gesetzt ist, daher einerseits das Phänomen der „Eigentumslosen" Masse in Allen Völkern gleichzeitig erzeugt (allgemeine Konkurrenz), jedes derselben von den Umwälzungen der andern abhängig macht, und endlich *weltgeschichtliche*, empirisch universelle Individuen an die Stelle der lokalen gesetzt hat. Ohne dies könnte 1. der Kommunismus nur als eine Lokalität existieren, 2. die *Mächte* des Verkehrs selbst hätten sich als *universelle*, drum unerträgliche Mächte nicht entwickeln können, sie wären heimisch-abergläubige „Umstände" geblieben, und 3. würde jede Erweiterung des Verkehrs den lokalen Kommunismus aufheben. Der Kommunismus ist empirisch nur als die Tat der herrschenden Völker „auf einmal" und gleichzeitig möglich, was die universelle Entwicklung der Produktivkraft und den mit ihm zusammenhängenden Weltverkehr voraussetzt.[8] Wie hätte sonst z. B. das Eigentum überhaupt eine Geschichte haben, verschiedene Gestalten annehmen, und etwa das Grundeigentum je nach der verschiedenen vorliegenden Voraussetzung in Frankreich aus der Parzellierung zur Zentralisation in wenigen Händen, in England aus der Zentralisation in wenigen Händen zur Parzellierung drängen können, wie dies heute wirklich der Fall ist? Oder wie kommt es, daß der Handel, der doch weiter nichts ist als der Austausch der Produkte verschiedner Individuen und Länder, durch das Verhältnis von Nachfrage und Zufuhr die ganze Welt beherrscht — ein Verhältnis, das, wie ein englischer Ökonom sagt, gleich dem antiken Schicksal über der Erde schwebt und mit unsichtbarer Hand Glück und Unglück an die

Menschen verteilt, Reiche stiftet und Reiche zertrümmert, Völker entstehen und verschwinden macht —, während mit der Aufhebung der Basis, des Privateigentums, mit der kommunistischen Regelung der Produktion und der darin liegenden Vernichtung der Fremdheit, mit der sich die Menschen zu ihrem eignen Produkt verhalten, die Macht des Verhältnisses von Nachfrage und Zufuhr sich in Nichts auflöst und die Menschen den Austausch, die Produktion, die Weise ihres gegenseitigen Verhaltens wieder in ihre Gewalt bekommen?

Der Kommunismus ist für uns nicht ein *Zustand*, der hergestellt werden soll, ein *Ideal*, wonach die Wirklichkeit sich zu richten haben [wird]. Wir nennen Kommunismus die *wirkliche* Bewegung, welche den jetzigen Zustand aufhebt. Die Bedingungen dieser Bewegung ergeben sich aus der jetzt bestehenden Voraussetzung. Übrigens setzt die Masse von *bloßen* Arbeitern — massenhafte von Kapital oder von irgendeiner bornierten Befriedigung abgeschnittne Arbeiterkraft — und darum auch der nicht mehr temporäre Verlust dieser Arbeit selbst als einer gesicherten Lebensquelle durch die Konkurrenz den *Weltmarkt* voraus. Das Proletariat kann also nur *weltgeschichtlich* existieren, wie der Kommunismus, seine Aktion, nur als „weltgeschichtliche" Existenz überhaupt vorhanden sein kann; weltgeschichtliche Existenz der Individuen, d. h. Existenz der Individuen, die unmittelbar mit der Weltgeschichte verknüpft ist.

Die durch die auf allen bisherigen geschichtlichen Stufen vorhandenen Produktionskräfte bedingte und sie wiederum bedingende Verkehrsform ist die *bürgerliche Gesellschaft*, die, wie schon aus dem Vorhergehenden hervorgeht, die einfache Familie und die zusammengesetzte Familie, das sogenannte Stammwesen zu ihrer Voraussetzung und Grundlage hat, und deren nähere Bestimmungen im Vorhergehenden enthalten sind. Es zeigt sich schon hier, daß diese bürgerliche Gesellschaft der wahre Herd und Schauplatz aller Geschichte ist, und wie widersinnig die bisherige, die wirklichen Verhältnisse vernachlässigende Geschichtsauffassung mit ihrer Beschränkung auf hochtönende Haupt- und Staatsaktionen ist.

Die bürgerliche Gesellschaft umfaßt den gesamten materiellen Verkehr der Individuen innerhalb einer bestimmten Entwicklungsstufe der Produktivkräfte. Sie umfaßt das gesamte kommerzielle und industrielle Leben einer Stufe und geht insofern über den Staat und die Nation hinaus, obwohl sie andrerseits wieder nach Außen hin als Nationalität sich geltend machen, nach Innen als Staat sich gliedern muß. Das Wort bürgerliche Gesellschaft kam auf im achtzehnten Jahrhundert, als die Eigentumsverhältnisse bereits aus dem antiken und mittelalterlichen Gemeinwesen sich herausgearbeitet hatten. Die bürgerliche Gesellschaft als solche entwickelt sich erst mit der Bourgeoisie; die unmittelbar aus der Produktion und dem Verkehr sich entwickelnde gesellschaftliche Organisation, die zu allen Zeiten die Basis des Staats und der sonstigen idealistischen Superstruktur bildet, ist indes fortwährend mit demselben Namen bezeichnet worden.

[2.] Über die Produktion des Bewußtseins

In der bisherigen Geschichte ist es allerdings ebensosehr eine empirische Tatsache, daß die einzelnen Individuen mit der Ausdehnung der Tätigkeit zur Weltgeschichtlichen immer mehr unter einer ihnen fremden Macht geknechtet worden sind (welchen Druck sie sich denn auch als Schikane des sogenannten Weltgeistes etc. vorstellten), einer Macht, die immer massenhafter geworden ist und sich in letzter Instanz als *Weltmarkt* ausweist. Aber ebenso empirisch begründet ist es, daß durch den Umsturz des bestehenden gesellschaftlichen Zustandes durch die kommunistische Revolution (wovon weiter unten) und die damit identische Aufhebung des Privateigentums diese den deutschen Theoretikern so mysteriöse Macht aufgelöst wird und alsdann die Befreiung jedes einzelnen Individuums in demselben Maße durchgesetzt wird, in dem die Geschichte sich vollständig in Weltgeschichte verwandelt. Daß der wirkliche geistige Reichtum des Individuums ganz von dem Reichtum seiner wirklichen Beziehungen abhängt, ist nach dem Obigen klar. Die einzelnen Individuen werden erst hierdurch von den verschiedenen nationalen und lokalen Schranken befreit, mit der Produktion (auch mit der geistigen) der ganzen Welt in praktische Beziehung gesetzt und in den Stand gesetzt, sich die Genußfähigkeit für diese allseitige Produktion der ganzen Erde (Schöpfungen der Menschen) zu erwerben. Die *allseitige* Abhängigkeit, diese naturwüchsige Form des *weltgeschichtlichen* Zusammenwirkens der Individuen, wird durch diese kommunistische Revolution verwandelt in die Kontrolle und bewußte Beherrschung dieser Mächte, die, aus dem Aufeinander-Wirken der Menschen erzeugt, ihnen bisher als durchaus fremde Mächte imponiert und sie beherrscht haben. Diese Anschauung kann nun wieder spekulativ-idealistisch, d. h. phantastisch als „Selbsterzeugung der Gattung" (die „Gesellschaft als Subjekt") gefaßt und dadurch die aufeinanderfolgende Reihe von im Zusammenhange stehenden Individuen als ein einziges Individuum vorgestellt werden, das das Mysterium vollzieht, sich selbst zu erzeugen. Es zeigt sich hier, daß die Individuen allerdings *einander* machen, physisch und geistig, aber nicht sich machen, weder im Unsinn des heiligen Bruno, noch im Sinne des „Einzigen", des „gemachten" Mannes.

Diese Geschichtsauffassung beruht also darauf, den wirklichen Produktionsprozeß, und zwar von der materiellen Produktion des unmittelbaren Lebens ausgehend, zu entwickeln und die mit dieser Produktionsweise zusammenhängende und von ihr erzeugte Verkehrsform, also die bürgerliche Gesellschaft in ihren verschiedenen Stufen, als Grundlage der ganzen Geschichte aufzufassen und sie sowohl in ihrer Aktion als Staat darzustellen, wie die sämtlichen verschiedenen theoretischen Erzeugnisse und Formen des Bewußtseins, Religion, Philosophie, Moral etc. etc., aus ihr zu erklären und ihren Entstehungsprozeß aus ihnen zu verfolgen, wo dann natürlich auch die Sache in ihrer Totalität (und darum auch die Wechselwirkung dieser verschiednen Seiten aufeinander) dargestellt werden kann. Sie hat in jeder Periode nicht, wie die idealistische Geschichtsanschauung, nach einer Kategorie zu suchen, sondern bleibt fortwährend auf dem wirklichen Geschichts*boden* stehen, erklärt nicht die Praxis aus der Idee, erklärt die Ideenformationen aus der materiellen Praxis und kommt demgemäß auch zu dem Resultat, daß alle Formen und Produkte des Bewußtseins nicht durch geistige Kritik, durch Auflösung ins „Selbstbewußtsein" oder Verwandlung in „Spuk", „Gespenster", „Sparren" etc., sondern nur durch den praktischen Umsturz der realen gesellschaftlichen Verhältnisse, aus denen diese idealistischen Flausen hervorgegangen sind, aufgelöst werden können — daß nicht die Kritik, sondern die Revolution die treibende Kraft der Geschichte auch der Religion, Philosophie und sonstigen Theorie ist. Sie zeigt, daß die Geschichte nicht damit endigt, sich ins „Selbstbewußtsein" als „Geist vom Geist" aufzulösen, sondern daß in ihr auf jeder Stufe ein materielles Resultat, eine Summe von Produktionskräften, ein historisch geschaffnes Verhältnis zur Natur und der Individuen zueinander sich vorfindet, die jeder Generation von ihrer Vorgängerin überliefert wird, eine Masse von Produktivkräften, Kapitalien und Umständen, die zwar einerseits von der neuen Generation modifiziert wird, ihr aber auch andrerseits ihre eignen Lebensbedingungen vorschreibt und ihr eine bestimmte Entwicklung, einen speziellen Charakter gibt — daß also die Umstände ebensosehr die Menschen, wie die Menschen die Umstände machen. Diese Summe von Produktionskräften, Kapitalien und sozialen Verkehrsformen, die jedes Individuum und jede Generation als etwas Gegebenes vorfindet, ist der reale Grund dessen, was sich die Philosophen als „Substanz" und „Wesen des Menschen" vorgestellt, was sie apotheosiert und bekämpft haben, ein realer Grund, der dadurch nicht im Mindesten in seinen Wirkungen und Einflüssen auf die Entwicklung der Menschen gestört wird, daß diese Philosophen als „Selbstbewußtsein" und „Einzige" dagegen rebellieren. Diese vorgefundenen Lebensbedingungen der verschiedenen Generationen entscheiden auch, ob die periodisch in der Geschichte wiederkehrende revolutionäre Erschütterung stark genug sein wird oder nicht, die Basis alles Bestehenden umzuwerfen, und wenn diese materiellen Elemente einer totalen Umwälzung, nämlich einerseits die vorhandnen Produktivkräfte, andrerseits die Bildung einer revolutionären Masse, die nicht nur gegen einzelne Bedingungen der bisherigen Gesellschaft, sondern gegen die bisherige „Lebensproduktion" selbst, die „Gesamttätigkeit", worauf sie basierte, revolutioniert — nicht vorhanden sind, so ist es ganz gleichgültig für die praktische Entwicklung, ob die *Idee* dieser Umwälzung schon hundertmal ausgesprochen ist — wie die Geschichte des Kommunismus dies beweist.

Die ganze bisherige Geschichtsauffassung hat diese wirkliche Basis der Geschichte entweder ganz und gar unberücksichtigt gelassen oder sie nur als eine Nebensache betrachtet, die mit dem geschichtlichen Verlauf außer allem Zusammenhang steht. Die Geschichte muß daher immer nach einem außer ihr liegenden Maßstab geschrieben werden; die wirkliche Lebensproduktion erscheint als Urgeschichtlich, während das Geschichtliche als das vom gemeinen Leben Getrennte, Extra-Überweltliche erscheint. Das Verhältnis der Menschen zur Natur ist hiermit von der Geschichte ausgeschlossen, wodurch der Gegensatz von Natur und Geschichte erzeugt wird. Sie hat daher in der Geschichte nur politische Haupt- und Staatsaktionen und religiöse und überhaupt theoretische Kämpfe sehen können und speziell bei jeder geschichtlichen Epoche *die Illusion dieser Epoche teilen* müssen. Z. B. bildet sich eine Epoche ein, durch rein „politische" oder „religiöse" Motive bestimmt zu werden, obgleich „Religion" und „Politik" nur Formen ihrer wirklichen Motive sind, so akzeptiert ihr Geschichtschreiber diese Meinung. Die „Einbildung", die „Vorstellung" dieser bestimmten Menschen über ihre wirkliche Praxis wird in die einzig bestimmende und aktive Macht verwandelt, welche die Praxis dieser Menschen beherrscht und bestimmt. Wenn die rohe Form, in der die Teilung der Arbeit bei den Indern und Ägyptern vorkommt, das Kastenwesen bei diesen Völkern in ihrem Staat und ihrer Religion hervorruft, so glaubt der Historiker, das Kastenwesen sei die Macht, welche diese rohe gesellschaftliche Form erzeugt habe. Während die Franzosen und Engländer wenigstens an der politischen Illusion, die der Wirklichkeit noch am nächsten steht, halten, bewegen sich die Deutschen im Gebiete des „reinen Geistes" und machen die religiöse Illusion zur treibenden Kraft der Geschichte. Die Hegelsche Geschichtsphilosophie ist die letzte, auf ihren „reinsten Ausdruck" gebrachte Konsequenz dieser gesamten Deutschen Geschichtschreibung, in der es sich nicht um wirkliche, nicht einmal um politische Interessen, sondern um reine Gedanken handelt, die dann auch dem heiligen Bruno als eine Reihe von „Gedanken" erscheinen muß, von denen einer den andren auffrißt und in dem „Selbstbewußtsein" schließlich untergeht, und noch konsequenter dem heiligen Max Stirner, der von der ganzen wirklichen Geschichte nichts weiß, dieser historische Verlauf als eine bloße „Ritter"-, Räuber- und Gespenstergeschichte erscheinen mußte, vor deren Visionen er sich natürlich nur durch die „Heillosigkeit" zu retten weiß.[1] Diese Auffassung ist wirklich religiös, sie unterstellt den religiösen Menschen als den Urmenschen, von dem alle Geschichte ausgeht, und setzt in ihrer Einbildung die religiöse Phantasien-Produktion an die Stelle der wirklichen Pro-

---

[1] [Randbemerkung von Marx:] Die sogenannte *objektive* Geschichtschreibung bestand eben darin, die geschichtlichen Verhältnisse getrennt von der Tätigkeit aufzufassen. Reaktionärer Charakter.

duktion der Lebensmittel und des Lebens selbst. Diese ganze Geschichtsauffassung samt ihrer Auflösung und den daraus entstehenden Skrupeln und Bedenken ist eine bloß *nationale* Angelegenheit der Deutschen und hat nur *lokales* Interesse für Deutschland, wie zum Exempel die wichtige, neuerdings mehrfach behandelte Frage: wie man denn eigentlich „aus dem Gottesreich in das Menschenreich komme", als ob dieses „Gottesreich" je anderswo existiert habe als in der Einbildung und die gelahrten Herren nicht fortwährend, ohne es zu wissen, in dem „Menschenreich" lebten, zu welchem sie jetzt den Weg suchen, und als ob das wissenschaftliche Amüsement, denn mehr als das ist es nicht, das Kuriosum dieser theoretischen Wolkenbildung zu erklären, nicht gerade umgekehrt darin läge, daß man ihre Entstehung aus den wirklichen irdischen Verhältnissen nachweist. Überhaupt handelt es sich bei diesen Deutschen stets darum, den vorgefundenen Unsinn in irgendeine andre Marotte aufzulösen, d. h. vorauszusetzen, daß dieser ganze Unsinn überhaupt einen aparten *Sinn* habe, der herauszufinden sei, während es sich nur darum handelt, diese theoretischen Phrasen aus den bestehenden wirklichen Verhältnissen zu erklären. Die wirkliche, praktische Auflösung dieser Phrasen, die Beseitigung dieser Vorstellungen aus dem Bewußtsein der Menschen wird, wie schon gesagt, durch veränderte Umstände, nicht durch theoretische Deduktionen bewerkstelligt. Für die Masse der Menschen, d. h. das Proletariat, existieren diese theoretischen Vorstellungen nicht, brauchen also für sie auch nicht aufgelöst zu werden, und wenn diese Masse je einige theoretische Vorstellungen, z. B. Religion hatte, so sind diese jetzt schon längst durch die Umstände aufgelöst.

Das rein Nationale dieser Fragen und Lösungen zeigt sich auch noch darin, daß diese Theoretiker alles Ernstes glauben, Hirngespinste wie „der Gottmensch", „der Mensch" etc. hätten den einzelnen Epochen der Geschichte präsidiert — der heilige Bruno geht sogar so weit, zu behaupten, nur „die Kritik und die Kritiker hätten die Geschichte gemacht" — und, wenn sie sich selbst an geschichtliche Konstruktionen geben, über alles Frühere in der größten Eile hinwegspringen und vom „Mongolentum" sogleich auf die eigentliche „inhaltsvolle" Geschichte, nämlich die Geschichte der „Hallischen" und „Deutschen Jahrbücher" [9] und der Auflösung der Hegelschen Schule in eine allgemeine Zänkerei übergehen. Alle andern

Nationen, alle wirklichen Ereignisse werden vergessen, das Theatrum mundi¹ beschränkt sich auf die Leipziger Büchermesse und die gegenseitigen Streitigkeiten der „Kritik", des „Menschen" und des „Einzigen". Wenn sich die Theorie vielleicht einmal daran gibt, wirklich historische Themata zu behandeln, wie z. B. das achtzehnte Jahrhundert, so geben sie nur die Geschichte der Vorstellungen, losgerissen von den Tatsachen und praktischen Entwicklungen, die ihnen zum Grunde liegen, und auch diese nur in der Absicht, um diese Zeit als eine unvollkommene Vorstufe, als den noch borniertem Vorläufer der wahren geschichtlichen Zeit, d. h. der Zeit des deutschen Philosophenkampfes von 1840/44 darzustellen. Diesem Zwecke, eine frühere Geschichte zu schreiben, um den Ruhm einer ungeschichtlichen Person und ihrer Phantasien desto heller leuchten zu lassen, entspricht es denn, daß man alle wirklich historischen Ereignisse, selbst die wirklich historischen Eingriffe der Politik in die Geschichte, nicht erwähnt und dafür eine nicht auf Studien, sondern Konstruktionen und literarischen Klatschgeschichten beruhende Erzählung gibt — wie dies vom heiligen Bruno in seiner nun vergessenen „Geschichte des 18ten Jahrhunderts"[10] geschehen ist. Diese hochtrabenden und hochfahrenden Gedankenkrämer, die unendlich weit über alle nationalen Vorurteile erhaben zu sein glauben, sind also in der Praxis noch viel nationaler als die Bierphilister, die von Deutschlands Einheit träumen. Sie erkennen die Taten andrer Völker gar nicht für historisch an, sie leben in Deutschland zu Deutschland und für Deutschland, sie verwandeln das Rheinlied[11] in ein geistliches Lied und erobern Elsaß und Lothringen, indem sie statt des französischen Staats die französische Philosophie bestehlen, statt französischer Provinzen französische Gedanken germanisieren. Herr Venedey ist ein Kosmopolit gegen die Heiligen Bruno und Max, die in der Weltherrschaft der Theorie die Weltherrschaft Deutschlands proklamieren.

Es zeigt sich aus diesen Auseinandersetzungen auch, wie sehr Feuerbach sich täuscht, wenn er („Wigand's Vierteljahrsschrift", 1845, Bd. 2)[12] sich vermöge der Qualifikation „Gemeinmensch" für einen Kommunisten erklärt, in ein Prädikat „*des*" Menschen verwandelt, also das Wort Kommunist, das in der bestehenden Welt den Anhänger einer bestimmten revolutionären Partei bezeichnet,

---

¹ Welttheater.

wieder in eine bloße Kategorie verwandeln zu können glaubt. Feuerbachs ganze Deduktion in Beziehung auf das Verhältnis der Menschen zueinander geht nur dahin, zu beweisen, daß die Menschen einander nötig haben und *immer gehabt haben*. Er will das Bewußtsein über diese Tatsache etablieren, er will also, wie die übrigen Theoretiker, nur ein richtiges Bewußtsein über ein *bestehendes* Faktum hervorbringen, während es dem wirklichen Kommunisten darauf ankommt, dies Bestehende umzustürzen. Wir erkennen es übrigens vollständig an, daß Feuerbach, indem er das Bewußtsein gerade *dieser* Tatsache zu erzeugen strebt, so weit geht, wie ein Theoretiker überhaupt gehen kann, ohne aufzuhören, Theoretiker und Philosoph zu sein. Charakteristisch ist es aber, daß die Heiligen Bruno und Max die Vorstellung Feuerbachs vom Kommunisten sogleich an die Stelle des wirklichen Kommunisten setzen, was teilweise schon deswegen geschieht, damit sie auch den Kommunismus als „Geist vom Geist", als philosophische Kategorie, als ebenbürtigen Gegner bekämpfen können — und von seiten des heiligen Bruno auch noch aus pragmatischen Interessen. Als Beispiel von der Anerkennung und zugleich Verkennung des Bestehenden, die Feuerbach noch immer mit unsern Gegnern teilt, erinnern wir an die Stelle der „Philosophie der Zukunft", wo er entwickelt, daß das Sein eines Dinges oder Menschen zugleich sein Wesen sei, daß die bestimmten Existenzverhältnisse, Lebensweise und Tätigkeit eines tierischen oder menschlichen Individuums dasjenige sei, worin sein „Wesen" sich befriedigt fühle. Hier wird ausdrücklich jede Ausnahme als ein unglücklicher Zufall, als eine Abnormität, die nicht zu ändern ist, aufgefaßt. Wenn also Millionen von Proletariern sich in ihren Lebensverhältnissen keineswegs befriedigt fühlen wenn ihr „Sein" ihrem [...]¹

[...]sich in Wirklichkeit und für den *praktischen* Materialisten, d. h. *Kommunisten*, darum handelt, die bestehende Welt zu revolutionieren, die vorgefundnen Dinge praktisch anzugreifen und zu verändern. Wenn bei Feuerbach sich zuweilen derartige Anschauungen finden, so gehen sie doch nie über vereinzelte Ahnungen hinaus und haben auf seine allgemeine Anschauungsweise viel zuwenig Einfluß, als daß sie hier anders denn als entwicklungsfähige Keime in Betracht kommen könnten. Feuerbachs „Auffassung" der sinn-

---

¹ Im Manuskript befindet sich hier eine Lücke; vgl. S. 593.

lichen Welt beschränkt sich einerseits auf die bloße Anschauung derselben und andrerseits auf die bloße Empfindung, er sagt „*den* Menschen" statt d[ie] „wirklichen historischen Menschen". „*Der Mensch*" ist realiter[1] „der Deutsche". Im ersten Falle, in der *Anschauung* der sinnlichen Welt, stößt er notwendig auf Dinge, die seinem Bewußtsein und seinem Gefühl widersprechen, die die von ihm vorausgesetzte Harmonie aller Teile der sinnlichen Welt und namentlich des Menschen mit der Natur stören.[2] Um diese zu beseitigen, muß er dann zu einer doppelten Anschauung seine Zuflucht nehmen, zwischen einer profanen, die nur das „auf platter Hand Liegende", und einer höheren, philosophischen, die das „wahre Wesen" der Dinge erschaut. Er sieht nicht, wie die ihn umgebende sinnliche Welt nicht ein unmittelbar von Ewigkeit her gegebenes, sich stets gleiches Ding ist, sondern das Produkt der Industrie und des Gesellschaftszustandes, und zwar in dem Sinne, daß sie ein geschichtliches Produkt ist, das Resultat der Tätigkeit einer ganzen Reihe von Generationen, deren Jede auf den Schultern der vorhergehenden stand, ihre Industrie und ihren Verkehr weiter ausbildete, **ihre soziale Ordnung nach den veränderten Bedürfnissen modifizierte.** Selbst die Gegenstände der einfachsten „sinnlichen Gewißheit" sind ihm nur durch die gesellschaftliche Entwicklung, die Industrie und den kommerziellen Verkehr gegeben. Der Kirschbaum ist, wie fast alle Obstbäume, bekanntlich erst vor wenig Jahrhunderten durch den *Handel* in unsre Zone verpflanzt worden und wurde deshalb erst *durch* diese Aktion einer bestimmten Gesellschaft in einer bestimmten Zeit der „sinnlichen Gewißheit" Feuerbachs gegeben.

Übrigens löst sich in dieser Auffassung der Dinge, wie sie wirklich sind und geschehen sind, wie sich weiter unten noch deutlicher zeigen wird, jedes tiefsinnige philosophische Problem ganz einfach in ein empirisches Faktum auf. Z. B. die wichtige Frage über das Verhältnis des Menschen zur Natur (oder gar, wie Bruno sagt

---

[1] in Wirklichkeit.

[2] N. B. Nicht daß Feuerbach das auf platter Hand Liegende, den sinnlichen *Schein* der durch genauere Untersuchung des sinnlichen Tatbestandes konstatierten sinnlichen Wirklichkeit unterordnet, ist der Fehler, sondern daß er in letzter Instanz nicht mit der Sinnlichkeit fertig werden kann, ohne sie mit den „Augen", d. h. durch die „Brille" des *Philosophen* zu betrachten. [Anmerkung von Marx.]

(p. 110)[13], die „Gegensätze in Natur und Geschichte", als ob das zwei voneinander getrennte „Dinge" seien, der Mensch nicht immer eine geschichtliche Natur und eine natürliche Geschichte vor sich habe), aus der alle die „unergründlich hohen Werke"[14] über „Substanz" und „Selbstbewußtsein" hervorgegangen sind, zerfällt von selbst in der Einsicht, daß die vielberühmte „Einheit des Menschen mit der Natur" in der Industrie von jeher bestanden und in jeder Epoche je nach der geringeren oder größeren Entwicklung der Industrie anders bestanden hat, ebenso wie der „Kampf" des Menschen mit der Natur, bis zur Entwicklung seiner Produktivkräfte auf einer entsprechenden Basis. Die Industrie und der Handel, die Produktion und der Austausch der Lebensbedürfnisse bedingen ihrerseits und werden wiederum in der Art ihres Betriebes bedingt durch die Distribution, die Gliederung der verschiedenen gesellschaftlichen Klassen — und so kommt es denn, daß Feuerbach in Manchester z. B. nur Fabriken und Maschinen sieht, wo vor hundert Jahren nur Spinnräder und Webstühle zu sehen waren, oder in der Campagna di Roma nur Viehweiden und Sümpfe entdeckt, wo er zur Zeit des Augustus nichts als Weingärten und Villen römischer Kapitalisten gefunden hätte. Feuerbach spricht namentlich von der Anschauung der Naturwissenschaft, er erwähnt Geheimnisse, die nur dem Auge des Physikers und Chemikers offenbar werden; aber wo wäre ohne Industrie und Handel die Naturwissenschaft? Selbst diese „reine" Naturwissenschaft erhält ja ihren Zweck sowohl wie ihr Material erst durch Handel und Industrie, durch sinnliche Tätigkeit der Menschen. So sehr ist diese Tätigkeit, dieses fortwährende sinnliche Arbeiten und Schaffen, diese Produktion die Grundlage der ganzen sinnlichen Welt, wie sie jetzt existiert, daß, wenn sie auch nur für ein Jahr unterbrochen würde, Feuerbach eine ungeheure Veränderung nicht nur in der natürlichen Welt vorfinden, sondern auch die ganze Menschenwelt und sein eignes Anschauungsvermögen, ja seine Eigne Existenz sehr bald vermissen würde. Allerdings bleibt dabei die Priorität der äußeren Natur bestehen, und allerdings hat dies Alles keine Anwendung auf die ursprünglichen, durch generatio aequivoca[1] erzeugten Menschen; aber diese Unterscheidung hat nur insofern Sinn, als man den Menschen als von der Natur unterschieden betrachtet. Übrigens ist diese der

---

[1] Urzeugung.

menschlichen Geschichte vorhergehende Natur ja nicht die Natur, in der Feuerbach lebt, nicht die Natur, die heutzutage, ausgenommen etwa auf einzelnen australischen Koralleninseln neueren Ursprungs, nirgends mehr existiert, also auch für Feuerbach nicht existiert.

Feuerbach hat allerdings den großen Vorzug vor den „reinen" Materialisten, daß er einsieht, wie auch der Mensch „sinnlicher Gegenstand" ist; aber abgesehen davon, daß er ihn nur als „sinnlichen Gegenstand", nicht als „sinnliche Tätigkeit" faßt, da er sich auch hierbei in der Theorie hält, die Menschen nicht in ihrem gegebenen gesellschaftlichen Zusammenhange, nicht unter ihren vorliegenden Lebensbedingungen, die sie zu Dem gemacht haben, was sie sind, auffaßt, so kommt er nie zu den wirklich existierenden, tätigen Menschen, sondern bleibt bei dem Abstraktum „der Mensch" stehen und bringt es nur dahin, den „wirklichen, individuellen, leibhaftigen Menschen" in der Empfindung anzuerkennen, d. h., er kennt keine andern „menschlichen Verhältnisse" „des Menschen zum Menschen", als Liebe und Freundschaft, und zwar idealisiert. Gibt keine Kritik der jetzigen Lebensverhältnisse. Er kommt also nie dazu, die sinnliche Welt als die gesamte lebendige sinnliche *Tätigkeit* der sie ausmachenden Individuen aufzufassen, und ist daher gezwungen, wenn er z. B. statt gesunder Menschen einen Haufen skrofulöser, überarbeiteter und schwindsüchtiger Hungerleider sieht, da zu der „höheren Anschauung" und zur ideellen „Ausgleichung in der Gattung" seine Zuflucht zu nehmen, also gerade da in den Idealismus zurückzufallen, wo der kommunistische Materialist die Notwendigkeit und zugleich die Bedingung einer Umgestaltung sowohl der Industrie wie der gesellschaftlichen Gliederung sieht.

Soweit Feuerbach Materialist ist, kommt die Geschichte bei ihm nicht vor, und soweit er die Geschichte in Betracht zieht, ist er kein Materialist. Bei ihm fallen Materialismus und Geschichte ganz auseinander, was sich übrigens schon aus dem Gesagten erklärt.

Die Geschichte ist nichts als die Aufeinanderfolge der einzelnen Generationen, von denen Jede die ihr von allen vorhergegangenen übermachten Materiale, Kapitalien, Produktionskräfte exploitiert, daher also einerseits unter ganz veränderten Umständen die überkommene Tätigkeit fortsetzt und andrerseits mit einer ganz veränderten Tätigkeit die alten Umstände modifiziert, was sich nun spekulativ so verdrehen läßt, daß die spätere Geschichte zum Zweck der früheren gemacht wird, z. B., daß der Entdeckung Amerikas der Zweck zugrunde gelegt wird, der französischen Revolution zum Durchbruch zu verhelfen, wodurch dann die Geschichte ihre aparten Zwecke erhält und eine „Person neben anderen Personen" (als da sind: „Selbstbewußtsein, Kritik, Einziger" etc.) wird, während das, was man mit den Worten „Bestimmung", „Zweck", „Keim", „Idee" der früheren Geschichte bezeichnet, weiter nichts ist als eine Abstraktion von der späteren Geschichte, eine Abstraktion von dem aktiven Einfluß, den die frühere Geschichte auf die spätere ausübt.

Je weiter sich im Laufe dieser Entwicklung nun die einzelnen Kreise, die aufeinander einwirken, ausdehnen, je mehr die ursprüngliche Abgeschlossenheit der einzelnen Nationalitäten durch die ausgebildete Produktionsweise, Verkehr und dadurch naturwüchsig hervorgebrachte Teilung der Arbeit zwischen verschiednen Nationen vernichtet wird, desto mehr wird die Geschichte zur Weltgeschichte, so daß z. B., wenn in England eine Maschine erfunden wird, die in Indien und China zahllose Arbeiter außer Brot setzt und die ganze Existenzform dieser Reiche umwälzt, diese Erfindung zu einem weltgeschichtlichen Faktum wird; oder daß der Zucker und Kaffee ihre weltgeschichtliche Bedeutung im neunzehnten Jahrhundert dadurch bewiesen, daß der durch das napoleonische Kontinentalsystem[15] erzeugte Mangel an diesen Produkten die Deutschen zum Aufstande gegen Napoleon brachte und so die reale Basis der glorreichen Befreiungskriege von 1813 wurde. Hieraus folgt, daß diese Umwandlung der Geschichte in Weltgeschichte nicht etwa eine bloße abstrakte Tat des „Selbstbewußtseins", Weltgeistes oder sonst eines metaphysischen Gespenstes ist, sondern eine ganz materielle, empirisch nachweisbare Tat, eine Tat, zu der jedes Individuum, wie es geht und steht, ißt, trinkt und sich kleidet, den Beweis liefert.

Die Gedanken der herrschenden Klasse sind in jeder Epoche die herrschenden Gedanken, d. h. die Klasse, welche die herrschende *materielle* Macht der Gesellschaft ist, ist zugleich ihre herrschende *geistige* Macht. Die Klasse, die die Mittel zur materiellen Produktion zu ihrer Verfügung hat, disponiert damit zugleich über die Mittel zur geistigen Produktion, so daß ihr damit zugleich im Durchschnitt die Gedanken derer, denen die Mittel zur geistigen Produktion abgehen, unterworfen sind. Die herrschenden Gedanken sind weiter Nichts als der ideelle Ausdruck der herrschenden materiellen Verhältnisse, die als Gedanken gefaßten herrschenden materiellen Verhältnisse; also der Verhältnisse, die eben die eine Klasse zur herrschenden machen, also die Gedanken ihrer Herrschaft. Die Individuen, welche die herrschende Klasse ausmachen, haben unter Anderm auch Bewußtsein und denken daher; insofern sie also als Klasse herrschen und den ganzen Umfang einer Geschichtsepoche bestimmen, versteht es sich von selbst, daß sie dies in ihrer ganzen Ausdehnung tun, also unter Andern auch als Denkende, als Produzenten von Gedanken herrschen, die Produktion und Distribution der Gedanken ihrer Zeit regeln; daß also ihre Gedanken die herrschenden Gedanken der Epoche sind. Zu einer Zeit z. B! und in einem Lande, wo königliche Macht, Aristokratie und Bourgeoisie sich um die Herrschaft streiten, wo also die Herrschaft geteilt ist, zeigt sich als herrschender Gedanke die Doktrin von der Teilung der Gewalten, die nun als ein „ewiges Gesetz" ausgesprochen wird.

Die Teilung der Arbeit, die wir schon oben (p. [28—31]) als eine der Hauptmächte der bisherigen Geschichte vorfanden, äußert sich nun auch in der herrschenden Klasse als Teilung der geistigen und materiellen Arbeit, so daß innerhalb dieser Klasse der eine Teil als die Denker dieser Klasse auftritt (die aktiven konzeptiven Ideologen derselben, welche die Ausbildung der Illusion dieser Klasse über sich selbst zu ihrem Hauptnahrungszweige machen), während die Andern sich zu diesen Gedanken und Illusionen mehr passiv und rezeptiv verhalten, weil sie in der Wirklichkeit die aktiven Mitglieder dieser Klasse sind und weniger Zeit dazu haben, sich Illusionen und Gedanken über sich selbst zu machen. Innerhalb dieser Klasse kann diese Spaltung derselben sich sogar zu einer gewissen Entgegensetzung und Feindschaft beider Teile entwickeln, die aber bei jeder praktischen Kollision, wo die Klasse selbst gefährdet ist, von selbst wegfällt, wo denn auch der Schein verschwindet, als wenn die herrschenden Gedanken nicht die Gedanken der herrschenden Klasse wären und eine von der Macht dieser Klasse unterschiedene Macht hätten. Die Existenz revolutionärer Gedanken in einer bestimmten Epoche setzt bereits die Existenz einer revolutionären Klasse voraus, über deren Voraussetzungen bereits oben (p. [31—34]) das Nötige gesagt ist.

Löst man nun bei der Auffassung des geschichtlichen Verlaufs die

Gedanken der herrschenden Klasse von der herrschenden Klasse los, verselbständigt man sie, bleibt dabei stehen, daß in einer Epoche diese und jene Gedanken geherrscht haben, ohne sich um die Bedingungen der Produktion und um die Produzenten dieser Gedanken zu bekümmern, läßt man also die den Gedanken zugrunde liegenden Individuen und Weltzustände weg, so kann man z. B. sagen, daß während der Zeit, in der die Aristokratie herrschte, die Begriffe Ehre, Treue etc., während der Herrschaft der Bourgeoisie die Begriffe Freiheit, Gleichheit etc. herrschten. Die herrschende Klasse selbst bildet sich dies im Durchschnitt ein. Diese Geschichtsauffassung, die allen Geschichtschreibern vorzugsweise seit dem achtzehnten Jahrhundert gemeinsam ist, wird notwendig auf das Phänomen stoßen, daß immer abstraktere Gedanken herrschen, d. h. Gedanken, die immer mehr die Form der Allgemeinheit annehmen. Jede neue Klasse nämlich, die sich an die Stelle einer vor ihr herrschenden setzt, ist genötigt, schon um ihren Zweck durchzuführen, ihr Interesse als das gemeinschaftliche Interesse aller Mitglieder der Gesellschaft darzustellen, d. h. ideell ausgedrückt: ihren Gedanken die Form der Allgemeinheit zu geben, sie als die einzig vernünftigen, allgemein gültigen darzustellen. Die revolutionierende Klasse tritt von vornherein, schon weil sie einer *Klasse* gegenübersteht, nicht als Klasse, sondern als Vertreterin der ganzen Gesellschaft auf, sie erscheint als die ganze Masse der Gesellschaft gegenüber der einzigen, herrschenden Klasse.[1] Sie kann dies, weil im Anfange ihr Interesse wirklich noch mehr mit dem gemeinschaftlichen Interesse aller übrigen nichtherrschenden Klassen zusammenhängt, sich unter dem Druck der bisherigen Verhältnisse noch nicht als besonderes Interesse einer besonderen Klasse entwickeln konnte. Ihr Sieg nutzt daher auch vielen Individuen der übrigen, nicht zur Herrschaft kommenden Klassen, aber nur insofern, als er diese Individuen jetzt in den Stand setzt, sich in die herrschende Klasse zu erheben. Als die französische Bourgeoisie die Herrschaft der Aristokratie stürzte, machte sie es dadurch vielen Proletariern möglich, sich über das Proletariat

---

[1] [Randbemerkung von Marx:] Die Allgemeinheit entspricht 1. der Klasse contra Stand, 2. der Konkurrenz, Weltverkehr, etc., 3. der großen Zahlreichheit der herrschenden Klasse, 4. der Illusion der *gemeinschaftlichen* Interessen (im Anfang diese Illusion wahr), 5. der Täuschung der Ideologen und der Teilung der Arbeit.

zu erheben, aber nur, insofern sie Bourgeois wurden. Jede neue Klasse bringt daher nur auf einer breiteren Basis als die der bisher herrschenden ihre Herrschaft zustande, wogegen sich dann später auch der Gegensatz der nichtherrschenden gegen die nun herrschende Klasse um so schärfer und tiefer entwickelt. Durch Beides ist bedingt, daß der gegen diese neue herrschende Klasse zu führende Kampf wiederum auf eine entschiedenere, radikalere Negation der bisherigen Gesellschaftszustände hinarbeitet, als alle bisherigen die Herrschaft anstrebenden Klassen dies tun konnten.

Dieser ganze Schein, als ob die Herrschaft einer bestimmten Klasse nur die Herrschaft gewisser Gedanken sei, hört natürlich von selbst auf, sobald die Herrschaft von Klassen überhaupt aufhört, die Form der gesellschaftlichen Ordnung zu sein, sobald es also nicht mehr nötig ist, ein besonderes Interesse als allgemeines oder „das Allgemeine" als herrschend darzustellen.

Nachdem einmal die herrschenden Gedanken von den herrschenden Individuen und vor allem von den Verhältnissen, die aus einer gegebnen Stufe der Produktionsweise hervorgehn, getrennt sind und dadurch das Resultat zustande gekommen ist, daß in der Geschichte stets Gedanken herrschen, ist es sehr leicht, aus diesen verschiedenen Gedanken sich „*den* Gedanken", die Idee etc. als das in der Geschichte Herrschende zu abstrahieren und damit alle diese einzelnen Gedanken und Begriffe als „Selbstbestimmungen" *des* sich in der Geschichte entwickelnden Begriffs zu fassen. Es ist dann auch natürlich, daß alle Verhältnisse der Menschen aus dem Begriff des Menschen, dem vorgestellten Menschen, dem Wesen des Menschen, *dem Menschen* abgeleitet werden können. Dies hat die spekulative Philosophie getan. Hegel gesteht selbst am Ende der „Geschichtsphilosophie", daß er „den Fortgang *des Begriffs* allein betrachtet" und in der Geschichte die „wahrhafte *Theodizee*" dargestellt habe (p. 446). Man kann nun wieder auf die Produzenten „des Begriffs" zurückgehen, auf die Theoretiker, Ideologen und Philosophen, und kommt dann zu dem Resultate, daß die Philosophen, die Denkenden als solche, von jeher in der Geschichte geherrscht haben — ein Resultat, was, wie wir sehen, auch schon von Hegel ausgesprochen wurde. Das ganze Kunststück also, in der Geschichte die Oberherrlichkeit des Geistes (Hierarchie bei Stirner) nachzuweisen, beschränkt sich auf folgende drei Efforts.

47

Nr. 1. Man muß die Gedanken der aus empirischen Gründen, unter empirischen Bedingungen und als materielle Individuen Herrschenden von diesen Herrschenden trennen und somit die Herrschaft von Gedanken oder Illusionen in der Geschichte anerkennen.

Nr. 2. Man muß in diese Gedankenherrschaft eine Ordnung bringen, einen mystischen Zusammenhang unter den aufeinanderfolgenden herrschenden Gedanken nachweisen, was dadurch zustande gebracht wird, daß man sie als „Selbstbestimmungen des Begriffs" faßt (dies ist deshalb möglich, weil diese Gedanken vermittelst ihrer empirischen Grundlage wirklich miteinander zusammenhängen und weil sie als *bloße* Gedanken gefaßt zu Selbstunterscheidungen, vom Denken gemachten Unterschieden, werden).

Nr. 3. Um das mystische Aussehen dieses „sich selbst bestimmenden Begriffs" zu beseitigen, verwandelt man ihn in eine Person — „das Selbstbewußtsein" — oder, um recht materialistisch zu erscheinen, in eine Reihe von Personen, die „den Begriff" in der Geschichte repräsentieren, in „die Denkenden", die „Philosophen", die Ideologen, die nun wieder als die Fabrikanten der Geschichte, als „der Rat der Wächter", als die Herrschenden gefaßt werden.[1] Hiermit hat man sämtliche materialistischen Elemente aus der Geschichte beseitigt und kann nun seinem spekulativen Roß ruhig die Zügel schießen lassen.

Während im gewöhnlichen Leben jeder Shopkeeper[2] sehr wohl zwischen Dem zu unterscheiden weiß, was Jemand zu sein vorgibt, und dem, was er wirklich ist, so ist unsre Geschichtschreibung noch nicht zu dieser trivialen Erkenntnis gekommen. Sie glaubt jeder Epoche aufs Wort, was sie von sich selbst sagt und sich einbildet.

Es muß diese Geschichtsmethode, die in Deutschland, und warum vorzüglich, herrschte, entwickelt werden aus dem Zusammenhang mit der Illusion der Ideologen überhaupt, z. B. den Illusionen der Juristen, Politiker (auch der praktischen Staatsmänner darunter), aus den dogmatischen Träumereien und Verdrehungen dieser Kerls, die sich ganz einfach erklärt aus ihrer praktischen Lebensstellung, ihrem Geschäft und der Teilung der Arbeit.

---

[1] [Randbemerkung von Marx:] *Der* Mensch = dem „denkenden Menschengeist".

[2] Krämer.

48

[B. Die wirkliche Basis der Ideologie]

[1.] *Verkehr und Produktivkraft*

Die größte Teilung der materiellen und geistigen Arbeit ist die Trennung von Stadt und Land. Der Gegensatz zwischen Stadt und Land fängt an mit dem Übergange aus der Barbarei in die Zivilisation, aus dem Stammwesen in den Staat, aus der Lokalität in die Nation, und zieht sich durch die ganze Geschichte der Zivilisation bis auf den heutigen Tag (die Anti-Corn-Law League[16]) hindurch. — Mit der Stadt ist zugleich die Notwendigkeit der Administration, der Polizei, der Steuern usw., kurz des Gemeindewesens und damit der Politik überhaupt gegeben. Hier zeigte sich zuerst die Teilung der Bevölkerung in zwei große Klassen, die direkt auf der Teilung der Arbeit und den Produktionsinstrumenten beruht. Die Stadt ist bereits die Tatsache der Konzentration der Bevölkerung, der Produktionsinstrumente, des Kapitals, der Genüsse, der Bedürfnisse, während das Land gerade die entgegengesetzte Tatsache, die Isolierung und Vereinzelung, zur Anschauung bringt. Der Gegensatz zwischen Stadt und Land kann nur innerhalb des Privateigentums existieren. Er ist der krasseste Ausdruck der Subsumtion des Individuums unter die Teilung der Arbeit, unter eine bestimmte, ihm aufgezwungene Tätigkeit, eine Subsumtion, die den Einen zum borniertem Stadttier, den Andern zum borniertem Landtier macht und den Gegensatz der Interessen Beider täglich neu erzeugt. Die Arbeit ist hier wieder die Hauptsache, die Macht *über* den Individuen, und solange diese existiert, solange muß das Privateigentum existieren. Die Aufhebung des Gegensatzes von Stadt und Land ist eine der ersten Bedingungen der Gemeinschaft, eine Bedingung, die wieder von einer Masse materieller Voraussetzungen abhängt und die der bloße Wille nicht erfüllen kann, wie Jeder auf den ersten Blick sieht. (Diese Bedingungen müssen noch entwickelt werden.) Die Trennung von Stadt und Land kann auch gefaßt werden als die Trennung von Kapital und Grundeigentum, als der Anfang einer vom Grundeigentum unabhängigen Existenz und Entwicklung des Kapitals, eines Eigentums, das bloß in der Arbeit und im Austausch seine Basis hat.

In den Städten, welche im Mittelalter nicht aus der früheren Geschichte fertig überliefert waren, sondern sich neu aus den freigewordnen Leibeignen bildeten, war die besondre Arbeit eines Jeden sein einziges Eigentum außer dem kleinen, fast nur im nötigsten Handwerkszeug bestehenden Kapital, das er mitbrachte. Die Konkurrenz der fortwährend in die Stadt kommenden entlaufenen Leibeigenen, der fortwährende Krieg des Landes gegen die Städte und damit die Notwendigkeit einer organisierten städtischen Kriegsmacht, das Band des gemeinsamen Eigentums an einer bestimmten Arbeit, die Notwendigkeit gemeinsamer Gebäude zum Verkauf ihrer Waren zu einer Zeit, wo die Handwerker zugleich commerçants[1], und die damit gegebene Ausschließung Unberufener von diesen Gebäuden, der Gegensatz der Interessen der einzelnen Handwerke unter sich, die Notwendigkeit eines Schutzes der mit Mühe erlernten Arbeit und die feudale Organisation des ganzen Landes waren die Ursachen der Vereinigung der Arbeiter eines jeden Handwerks in Zünften. Wir haben hier auf die vielfachen Modifikationen des Zunftwesens, die durch spätere historische Entwicklungen hereinkommen, nicht weiter einzugehen. Die Flucht der Leibeignen in die Städte fand während des ganzen Mittelalters ununterbrochen statt. Diese Leibeignen, auf dem Lande von ihren Herren verfolgt, kamen einzeln in die Städte, wo sie eine organisierte Gemeinde vorfanden, gegen die sie machtlos waren und worin sie sich der Stellung unterwerfen mußten, die ihnen das Bedürfnis nach ihrer Arbeit und das Interesse ihrer organisierten städtischen Konkurrenten anwies. Diese einzeln hereinkommenden Arbeiter konnten es nie zu einer Macht bringen, da, wenn ihre Arbeit eine zunftmäßige war, die erlernt werden mußte, die Zunftmeister sie sich unterwarfen und nach ihrem Interesse organisierten, oder, wenn ihre Arbeit nicht erlernt werden mußte, daher keine zunftmäßige, sondern Taglöhnerarbeit war, nie zu einer Organisation kamen, sondern unorganisierter Pöbel blieben. Die Notwendigkeit der Taglöhnerarbeit in den Städten schuf den Pöbel.

Diese Städte waren wahre „Vereine", hervorgerufen durch das unmittelbare Bedürfnis, die Sorge um den Schutz des Eigentums, und um die Produktionsmittel und Verteidigungsmittel der einzelnen Mitglieder zu multiplizieren. Der Pöbel dieser Städte war dadurch, daß er aus einander fremden, vereinzelt hereingekommenen Individuen bestand, die einer organisierten, kriegsmäßig gerüste-

---

[1] Kaufleute.

ten, sie eifersüchtig überwachenden Macht unorganisiert gegenüberstanden, aller Macht beraubt. Die Gesellen und Lehrlinge waren in jedem Handwerk so organisiert, wie es dem Interesse der Meister am besten entsprach; das patriarchalische Verhältnis, in dem sie zu ihren Meistern standen, gab diesen eine doppelte Macht, einerseits in ihrem direkten Einfluß auf das ganze Leben der Gesellen und dann, weil es für die Gesellen, die bei demselben Meister arbeiteten, ein wirkliches Band war, das sie gegenüber den Gesellen der übrigen Meister zusammenhielt und sie von diesen trennte; und endlich waren die Gesellen schon durch das Interesse, das sie hatten, selbst Meister zu werden, an die bestehende Ordnung geknüpft. Während daher der Pöbel es wenigstens zu Emeuten gegen die ganze städtische Ordnung brachte, die indes bei seiner Machtlosigkeit ohne alle Wirkung blieben, kamen die Gesellen nur zu kleinen Widersetzlichkeiten innerhalb einzelner Zünfte, wie sie zur Existenz des Zunftwesens selbst gehören. Die großen Aufstände des Mittelalters gingen alle vom Lande aus, blieben aber ebenfalls wegen der Zersplitterung und der daraus folgenden Roheit der Bauern total erfolglos.

Die Teilung der Arbeit war in den Städten zwischen den einzelnen Zünften noch [ganz naturwüchsig] und in den Zünften selbst zwischen den einzelnen Arbeitern gar nicht durchgeführt. Jeder Arbeiter mußte in einem ganzen Kreise von Arbeiten bewandert sein, mußte Alles machen können, was mit seinen Werkzeugen zu machen war; der beschränkte Verkehr und die geringe Verbindung der einzelnen Städte unter sich, der Mangel an Bevölkerung und die Beschränktheit der Bedürfnisse ließen keine weitere Teilung der Arbeit aufkommen, und daher mußte Jeder, der Meister werden wollte, seines ganzen Handwerks mächtig sein. Daher findet sich bei den mittelalterlichen Handwerkern noch ein Interesse an ihrer speziellen Arbeit und an der Geschicklichkeit darin, das sich bis zu einem gewissen bornierten Kunstsinn steigern konnte. Daher ging aber auch jeder mittelalterliche Handwerker ganz in seiner Arbeit auf, hatte ein gemütliches Knechtschaftsverhältnis zu ihr und war viel mehr als der moderne Arbeiter, dem seine Arbeit gleichgültig ist, unter sie subsumiert.

Das Kapital in diesen Städten war ein naturwüchsiges Kapital, das in der Wohnung, den Handwerkszeugen und der naturwüchsigen, erblichen Kundschaft bestand und sich wegen des unentwickelten Verkehrs und der mangelnden Zirkulation als unrealisierbar vom Vater auf den Sohn forterben mußte. Dies Kapital war nicht, wie das moderne, ein in Geld abzuschätzendes, bei dem es gleichgültig ist, ob es in dieser oder jener Sache steckt, sondern ein unmittelbar mit der bestimmten Arbeit des Besitzers zusammenhängendes, von ihr gar nicht zu trennendes, und insofern *ständisches* Kapital.

Die nächste Ausdehnung der Teilung der Arbeit war die Trennung von Produktion und Verkehr, die Bildung einer besondern Klasse von Kaufleuten, eine Trennung, die in den historisch überlieferten Städten (u. a. mit den Juden) mit überkommen war und in den neugebildeten sehr bald eintrat. Hiermit war die Möglichkeit einer über den nächsten Umkreis hinausgehenden Handelsverbindung gegeben, eine Möglichkeit, deren Ausführung von den bestehenden Kommunikationsmitteln, dem durch die politischen Verhältnisse bedingten Stande der öffentlichen Sicherheit auf dem Lande im ganzen Mittelalter zogen bekanntlich die Kaufleute in bewaffneten Karawanen herum) und von den durch die jedesmalige Kulturstufe bedingten roheren oder entwickelteren Bedürfnissen des dem Verkehr zugänglichen Gebietes abhing.

Mit dem in einer besonderen Klasse konstituierten Verkehr, mit der Ausdehnung des Handels durch die Kaufleute über die nächste Umgebung der Stadt hinaus, tritt sogleich eine Wechselwirkung zwischen der Produktion und dem Verkehr ein. Die Städte treten *miteinander* in Verbindung, es werden neue Werkzeuge aus einer Stadt in die andre gebracht, und die Teilung zwischen Produktion und Verkehr ruft bald eine neue Teilung der Produktion zwischen den einzelnen Städten hervor, deren Jede bald einen vorherrschenden Industriezweig exploitiert. Die anfängliche Beschränkung auf die Lokalität fängt an, allmählich aufgelöst zu werden.

Die Bürger in jeder Stadt waren im Mittelalter gezwungen, sich gegen den Landadel zu vereinigen, um sich ihrer Haut zu wehren; die Ausdehnung des Handels, die Herstellung der Kommunikationen führte die einzelnen Städte dazu, andere Städte kennenzulernen, die dieselben Interessen im Kampfe mit demselben Gegensatz durchgesetzt hatten. Aus den vielen lokalen Bürgerschaften der einzelnen Städte entstand erst sehr allmählich die Bürger*klasse*. Die Lebensbedingungen der einzelnen Bürger wurden durch den Gegensatz gegen die bestehenden Verhältnisse und durch die davon bedingte Art der Arbeit zugleich zu Bedingungen, welche ihnen allen gemeinsam und von jedem einzelnen unabhängig waren. Die Bürger hatten diese Bedingungen geschaffen, insofern sie sich von dem feudalen Verbande losgerissen hatten, und waren von ihnen geschaffen, insofern sie durch ihren Gegensatz gegen die Feudalität, die sie vorfanden, bedingt waren. Mit dem Eintreten der Verbindung zwischen den einzelnen Städten entwickelten sich diese gemeinsamen Bedingungen zu Klassenbedingungen. Dieselben Bedingungen, derselbe Gegensatz, dieselben Interessen mußten im Ganzen und Großen auch überall gleiche Sitten hervorrufen. Die Bourgeoisie selbst entwickelt sich erst mit ihren Bedingungen allmählich, spaltet sich nach der Teilung der Arbeit wieder in verschiedene Fraktionen und absorbiert endlich alle vorgefundenen besitzenden Klassen in sich[1] (während sie die Majorität der vorgefundenen besitzlosen und einen Teil der bisher besitzenden Klassen zu einer neuen Klasse, dem Proletariat, entwickelt), in dem Maße, als alles vorgefundene Eigentum in industrielles oder kommerzielles Kapital umgewandelt wird. Die einzelnen Individuen bilden nur insofern eine Klasse, als sie einen gemeinsamen Kampf gegen eine andre Klasse zu führen haben; im übrigen stehen sie einander selbst in der Konkurrenz wieder feindlich gegenüber. Auf der andern Seite verselbständigt sich die Klasse wieder gegen die Individuen, so daß diese ihre Lebensbedingungen prädestiniert vorfinden, von der Klasse ihre Lebensstellung und damit ihre Persönliche Entwicklung angewiesen bekommen, unter sie subsumiert werden. Dies ist dieselbe Erscheinung wie die Subsumtion der einzelnen Individuen unter die Teilung der Arbeit und kann nur durch die Aufhebung des Privateigentums und der Arbeit[2] selbst beseitigt werden. Wie diese Subsumtion der Individuen unter die Klasse sich zugleich zu einer Subsumtion unter allerlei Vorstellungen pp. entwickelt, haben wir bereits mehrere Male angedeutet.

---

[1] [Randbemerkung von Marx:] Sie absorbiert zunächst die dem Staat direkt angehörigen Arbeitszweige, dann alle ± [mehr oder weniger] ideologischen Stände.

[2] Über die Bedeutung des Ausdrucks: „Aufhebung der Arbeit" siehe vorl. Bd., S. 66—72, 79, 203.

Es hängt lediglich von der Ausdehnung des Verkehrs ab, ob die in einer Lokalität gewonnenen Produktivkräfte, namentlich Erfindungen, für die spätere Entwicklung verlorengehen oder nicht. Solange noch kein über die unmittelbare Nachbarschaft hinausgehender Verkehr existiert, muß jede Erfindung in jeder Lokalität besonders gemacht werden, und bloße Zufälle, wie Irruptionen barbarischer Völker, selbst gewöhnliche Kriege, reichen hin, ein Land mit entwickelten Produktivkräften und Bedürfnissen dahin zu bringen, daß es wieder von vorne anfangen muß. In der anfänglichen Geschichte mußte jede Erfindung täglich neu und in jeder Lokalität unabhängig gemacht werden. Wie wenig ausgebildete Produktivkräfte selbst bei einem verhältnismäßig sehr ausgedehnten Handel vor dem gänzlichen Untergange sicher sind, beweisen die Phönizier, deren Erfindungen zum größten Teil durch die Verdrängung dieser Nation aus dem Handel, die Eroberung Alexanders und den daraus folgenden Verfall auf lange Zeit verlorengingen. Ebenso im Mittelalter die Glasmalerei z. B. Erst wenn der Verkehr zum Weltverkehr geworden ist und die große Industrie zur Basis hat, alle Nationen in den Konkurrenzkampf hereingezogen sind, ist die Dauer der gewonnenen Produktivkräfte gesichert.

Die Teilung der Arbeit zwischen den verschiedenen Städten hatte zur nächsten Folge das Entstehen der Manufakturen, der dem Zunftwesen entwachsenen Produktionszweige. Das erste Aufblühen der Manufakturen — in Italien und später in Flandern — hatte den Verkehr mit auswärtigen Nationen zu seiner historischen Voraussetzung. In andern Ländern — England und Frankreich z. B. — beschränkten die Manufakturen sich anfangs auf den inländischen Markt. Die Manufakturen haben außer den angegebenen Voraussetzungen noch eine schon fortgeschrittene Konzentration der Bevölkerung — namentlich auf dem Lande — und des Kapitals, das sich teils in den Zünften trotz der Zunftgesetze, teils bei den Kaufleuten in einzelnen Händen zu sammeln anfing, zur Voraussetzung.

Diejenige Arbeit, die von vornherein eine Maschine, wenn auch noch in der rohsten Gestalt, voraussetzte, zeigte sich sehr bald als die entwicklungsfähigste. Die Weberei, bisher auf dem Lande von den Bauern nebenbei betrieben, um sich ihre nötige Kleidung zu verschaffen, war die erste Arbeit, welche durch die Ausdehnung des Verkehrs einen Anstoß und eine weitere Ausbildung erhielt. Die

Weberei war die erste und blieb die hauptsächlichste Manufaktur. Die mit der steigenden Bevölkerung steigende Nachfrage nach Kleidungsstoffen, die beginnende Akkumulation und Mobilisation des naturwüchsigen Kapitals durch die beschleunigte Zirkulation, das hierdurch hervorgerufene und durch die allmähliche Ausdehnung des Verkehrs überhaupt begünstigte Luxusbedürfnis gaben der Weberei quantitativ und qualitativ einen Anstoß, der sie aus der bisherigen Produktionsform herausriß. Neben den zum Selbstgebrauch webenden Bauern, die fortbestehen blieben und noch fortbestehen, kam eine neue Klasse von Webern in den Städten auf, deren Gewebe für den ganzen heimischen Markt und meist auch für auswärtige Märkte bestimmt waren.

Die Weberei, eine in den meisten Fällen wenig Geschicklichkeit erfordernde und bald in unendlich viele Zweige zerfallende Arbeit, widerstrebte ihrer ganzen Beschaffenheit nach den Fesseln der Zunft. Die Weberei wurde daher auch meist in Dörfern und Marktflecken ohne zünftige Organisation betrieben, die allmählich zu Städten, und zwar bald zu den blühendsten Städten jedes Landes wurden.

Mit der zunftfreien Manufaktur veränderten sich sogleich auch die Eigentumsverhältnisse. Der erste Fortschritt über das naturwüchsig-ständische Kapital hinaus war durch das Aufkommen der Kaufleute gegeben, deren Kapital von vornherein mobil, Kapital im modernen Sinne war, soweit davon unter den damaligen Verhältnissen die Rede sein kann. Der zweite Fortschritt kam mit der Manufaktur, die wieder eine Masse des naturwüchsigen Kapitals mobilisierte und überhaupt die Masse des mobilen Kapitals gegenüber der des naturwüchsigen vermehrte.

Die Manufaktur wurde zugleich eine Zuflucht der Bauern gegen die sie ausschließenden oder schlecht bezahlenden Zünfte, wie früher die Zunftstädte den Bauern als Zuflucht gegen [den sie bedrückenden Landadel gedient] hatten.

Mit dem Anfange der Manufakturen gleichzeitig war eine Periode des Vagabundentums, veranlaßt durch das Aufhören der feudalen Gefolgschaften, die Entlassung der zusammengelaufenen Armeen, die den Königen gegen die Vasallen gedient hatten, durch verbesserten Ackerbau und Verwandlung von großen Streifen Ackerlandes in Viehweiden. Schon hieraus geht hervor, wie dies

Vagabundentum genau mit der Auflösung der Feudalität zusammenhängt. Schon im dreizehnten Jahrhundert kommen einzelne Epochen dieser Art vor, allgemein und dauernd tritt dies Vagabundentum erst mit dem Ende des 15. und Anfang des 16. Jahrhunderts hervor. Diese Vagabunden, die so zahlreich waren, daß u. a. Heinrich VIII. von England ihrer 72 000 hängen ließ, wurden nur mit den größten Schwierigkeiten und durch die äußerste Not und erst nach langem Widerstreben dahin gebracht, daß sie arbeiteten. Das rasche Aufblühen der Manufakturen, namentlich in England, absorbierte sie allmählich.

Mit der Manufaktur traten die verschiedenen Nationen in ein Konkurrenzverhältnis, in den Handelskampf, der in Kriegen, Schutzzöllen und Prohibitionen durchgekämpft wurde, während früher die Nationen, soweit sie in Verbindung waren, einen harmlosen Austausch miteinander verführt hatten. Der Handel hat von nun an politische Bedeutung.

Mit der Manufaktur war zugleich ein verändertes Verhältnis des Arbeiters zum Arbeitgeber gegeben. In den Zünften existierte das patriarchalische Verhältnis zwischen Gesellen und Meister fort; in der Manufaktur trat an seine Stelle das Geldverhältnis zwischen Arbeiter und Kapitalist; ein Verhältnis, das auf dem Lande und in kleinen Städten patriarchalisch tingiert blieb, in den größeren, eigentlichen Manufakturstädten jedoch schon früh fast alle patriarchalische Färbung verlor.

Die Manufaktur und überhaupt die Bewegung der Produktion erhielt einen enormen Aufschwung durch die Ausdehnung des Verkehrs, welche mit der Entdeckung Amerikas und des Seeweges nach Ostindien eintrat. Die neuen, von dort importierten Produkte, namentlich die Massen von Gold und Silber, die in Zirkulation kamen, die Stellung der Klassen gegeneinander total veränderten und dem feudalen Grundeigentum und den Arbeitern einen harten Stoß gaben, die Abenteurerzüge, Kolonisation und vor Allem die jetzt möglich gewordene und täglich sich mehr und mehr herstellende Ausdehnung der Märkte zum Weltmarkt riefen eine neue Phase der geschichtlichen Entwicklung hervor, auf welche im Allgemeinen hier nicht weiter einzugehen ist. Durch die Kolonisation der neuentdeckten Länder erhielt der Handelskampf der Nationen gegeneinander neue Nahrung und demgemäß größere Ausdehnung und Erbitterung.

56

Die Ausdehnung des Handels und der Manufaktur beschleunigten die Akkumulation des mobilen Kapitals, während in den Zünften, die keinen Stimulus zur erweiterten Produktion erfuhren, das naturwüchsige Kapital stabil blieb oder gar abnahm. Handel und Manufaktur schufen die große Bourgeoisie, in den Zünften konzentrierte sich die Kleinbürgerschaft, die nun nicht mehr wie früher in den Städten herrschte, sondern der Herrschaft der großen Kaufleute und Manufacturiers[1] sich beugen mußte.[2] Daher der Verfall der Zünfte, sobald sie mit der Manufaktur in Berührung kam[en].

Das Verhältnis der Nationen untereinander in ihrem Verkehr nahm während der Epoche, von der wir gesprochen haben, zwei verschiedene Gestalten an. Im Anfange bedingte die geringe zirkulierende Quantität des Goldes und Silbers das Verbot der Ausfuhr dieser Metalle; und die durch die Notwendigkeit der Beschäftigung für die wachsende städtische Bevölkerung nötig gewordene, meist vom Auslande importierte Industrie konnte der Privilegien nicht entbehren, die natürlich nicht nur gegen inländische, sondern hauptsächlich gegen auswärtige Konkurrenz gegeben werden konnten. Das lokale Zunftprivilegium wurde in diesen ursprünglichen Prohibitionen auf die ganze Nation erweitert. Die Zölle entstanden aus den Abgaben, die die Feudalherren den ihr Gebiet durchziehenden Kaufleuten als Abkauf der Plünderung auflegten, Abgaben, die später von den Städten ebenfalls auferlegt wurden und die beim Aufkommen der modernen Staaten das zunächstliegende Mittel für den Fiskus waren, um Geld zu bekommen.

Die Erscheinung des amerikanischen Goldes und Silbers auf den europäischen Märkten, die allmähliche Entwicklung der Industrie, der rasche Aufschwung des Handels und das hierdurch hervorgerufene Aufblühen der nichtzünftigen Bourgeoisie und des Geldes gab diesen Maßregeln eine andre Bedeutung. Der Staat, der des Geldes täglich weniger entbehren konnte, behielt nun das Verbot der Gold- und Silberausfuhr aus fiskalischen Rücksichten bei; die Bourgeois, für die diese neu auf den Markt geschleuderten Geldmassen der Hauptgegenstand des Akkaparements[3] war, waren damit voll-

---

[1] Besitzer eines Manufakturbetriebes.
[2] [Randbemerkung von Marx:] Kleinbürger — Mittelstand — Große Bourgeoisie.
[3] wucherischen Aufkaufs.

ständig zufrieden; die bisherigen Privilegien wurden eine Einkommenquelle für die Regierung und für Geld verkauft; in der Zollgesetzgebung kamen die Ausfuhrzölle auf, die, der Industrie nur ein Hindernis in den Weg [legend], einen rein fiskalischen Zweck hatten.

Die zweite Periode trat mit der Mitte des siebzehnten Jahrhunderts ein und dauerte fast bis zum Ende des achtzehnten. Der Handel und die Schiffahrt hatten sich rascher ausgedehnt als die Manufaktur, die eine sekundäre Rolle spielte; die Kolonien fingen an, starke Konsumenten zu werden, die einzelnen Nationen teilten sich durch lange Kämpfe in den sich öffnenden Weltmarkt. Diese Periode beginnt mit den Navigationsgesetzen[17] und Kolonialmonopolen. Die Konkurrenz der Nationen untereinander wurde durch Tarife, Prohibitionen, Traktate möglichst ausgeschlossen; und in letzter Instanz wurde der Konkurrenzkampf durch Kriege (besonders Seekriege) geführt und entschieden. Die zur See mächtigste Nation, die Engländer, behielten das Übergewicht im Handel und der Manufaktur. Schon hier die Konzentration auf Ein Land.

Die Manufaktur war fortwährend durch Schutzzölle im heimischen Markte, im Kolonialmarkte durch Monopole und im auswärtigen möglichst viel durch Differentialzölle[18] geschützt. Die Bearbeitung des im Lande selbst erzeugten Materials wurde begünstigt (Wolle und Leinen in England, Seide in Frankreich), die Ausfuhr des im Inlande erzeugten Rohmaterials verboten (Wolle in England) und die [Bearbeitung] des importierten vernachlässigt oder unterdrückt (Baumwolle in England). Die im Seehandel und der Kolonialmacht vorherrschende Nation sicherte sich natürlich auch die größte quantitative und qualitative Ausdehnung der Manufaktur. Die Manufaktur konnte überhaupt des Schutzes nicht entbehren, da sie durch die geringste Veränderung, die in andern Ländern vorgeht, ihren Markt verlieren und ruiniert werden kann; sie ist leicht in einem Lande unter einigermaßen günstigen Bedingungen eingeführt und ebendeshalb leicht zerstört. Sie ist zugleich durch die Art, wie sie, namentlich im 18. Jahrhundert auf dem Lande, betrieben wurde, mit den Lebensverhältnissen einer großen Masse von Individuen so verwachsen, daß kein Land wagen darf, ihre Existenz durch Zulassung der freien Konkurrenz aufs Spiel zu setzen. Sie hängt daher, insofern sie es bis zum Export bringt, ganz von der

Ausdehnung oder Beschränkung des Handels ab und übt eine verhältnis[mäßig] sehr geringe Rückwirkung [auf ihn] aus. Daher ihre sekundäre [Bedeutung] und daher der Einfluß [der Kauf]leute im achtzehnten Jahrhundert. Die Kaufleute und besonders die Reeder waren es, die vor allen Andern auf Staatsschutz und Monopolien drangen; die Manufacturiers verlangten und erhielten zwar auch Schutz, standen aber fortwährend hinter den Kaufleuten an politischer Bedeutung zurück. Die Handelsstädte, speziell die Seestädte, wurden einigermaßen zivilisiert und großbürgerlich, während in den Fabrikstädten die größte Kleinbürgerei bestehen blieb. Vgl. Aikin pp. Das achtzehnte Jahrhundert war das des Handels. Pinto sagt dies ausdrücklich[19]: „Le commerce fait la marotte du siècle"[1], und: „Depuis quelque temps il n'est plus question que de commerce, de navigation et de marine."[2,3]

Diese Periode ist auch bezeichnet durch das Aufhören der Gold- und Silberausfuhrverbote, das Entstehen des Geldhandels, der Banken, der Staatsschulden, des Papiergeldes, der Aktien- und Fondsspekulation, der Agiotage in allen Artikeln und der Ausbildung des Geldwesens überhaupt. Das Kapital verlor wieder einen großen Teil der ihm noch anklebenden Naturwüchsigkeit.

Die im siebzehnten Jahrhundert unaufhaltsam sich entwickelnde Konzentration des Handels und der Manufaktur auf ein Land, England, schuf für dieses Land allmählich einen relativen Weltmarkt und damit eine Nachfrage für die Manufakturprodukte dieses Landes, die durch die bisherigen industriellen Produktivkräfte nicht mehr befriedigt werden konnte. Diese den Produktionskräften über

---

[1] „Der Handel ist das Steckenpferd des Jahrhunderts".

[2] „Seit einiger Zeit ist nur noch von Handel, Seefahrt und Marine die Rede."

[3] [Fußnote von Marx:] Die Bewegung des Kapitals, obwohl bedeutend beschleunigt, blieb doch noch stets verhältnismäßig langsam. Die Zersplitterung des Weltmarktes in einzelne Teile, deren Jeder von einer besondern Nation ausgebeutet wurde, die Ausschließung der Konkurrenz der Nationen unter sich, die Unbehülflichkeit der Produktion selbst und das aus den ersten Stufen sich erst entwickelnde Geldwesen hielten die Zirkulation sehr auf. Die Folge davon war ein krämerhafter, schmutzig-kleinlicher Geist, der allen Kaufleuten und der ganzen Weise des Handelsbetriebs noch anhaftete. Im Vergleich mit den Manufacturiers und vollends den Handwerkern waren sie allerdings Großbürger, Bourgeois, im Vergleich zu den Kaufleuten und Industriellen der nächsten Periode bleiben sie Kleinbürger. Vgl. A. Smith.[20]

den Kopf wachsende Nachfrage war die treibende Kraft, welche die dritte Periode des Privateigentums seit dem Mittelalter hervorrief, indem sie die große Industrie — die Anwendung von Elementarkräften zu industriellen Zwecken, die Maschinerie und die ausgedehnteste Teilung der Arbeit — erzeugte. Die übrigen Bedingungen dieser neuen Phase — die Freiheit der Konkurrenz innerhalb der Nation, die Ausbildung der theoretischen Mechanik (die durch Newton vollendete Mechanik war überhaupt im 18. Jahrhundert in Frankreich und England die populärste Wissenschaft) pp. — existierten in England bereits. (Die freie Konkurrenz in der Nation selbst mußte überall durch eine Revolution erobert werden — 1640 und 1688 in England, 1789 in Frankreich.) Die Konkurrenz zwang bald jedes Land, das seine historische Rolle behalten wollte, seine Manufakturen durch erneuerte Zollmaßregeln zu schützen (die alten Zölle halfen gegen die große Industrie nicht mehr) und bald darauf die große Industrie unter Schutzzöllen einzuführen. Die große Industrie universalisierte trotz dieser Schutzmittel die Konkurrenz (sie ist die praktische Handelsfreiheit, der Schutzzoll ist in ihr nur ein Palliativ, eine Gegenwehr *in* der Handelsfreiheit), stellte die Kommunikationsmittel und den modernen Weltmarkt her, unterwarf sich den Handel, verwandelte alles Kapital in industrielles Kapital und erzeugte damit die rasche Zirkulation (die Ausbildung des Geldwesens) und Zentralisation der Kapitalien. Sie zwang durch die universelle Konkurrenz alle Individuen zur äußersten Anspannung ihrer Energie. Sie vernichtete möglichst die Ideologie, Religion, Moral etc., und wo sie dies nicht konnte, machte sie sie zur handgreiflichen Lüge. Sie erzeugte insoweit erst die Weltgeschichte, als sie jede zivilisierte Nation und jedes Individuum darin in der Befriedigung seiner Bedürfnisse von der ganzen Welt abhängig machte und die bisherige naturwüchsige Ausschließlichkeit einzelner Nationen vernichtete. Sie subsumierte die Naturwissenschaft unter das Kapital und nahm der Teilung der Arbeit den letzten Schein der Naturwüchsigkeit. Sie vernichtete überhaupt die Naturwüchsigkeit, soweit dies innerhalb der Arbeit möglich ist, und löste alle naturwüchsigen Verhältnisse in Geldverhältnisse auf. Sie schuf an der Stelle der naturwüchsigen Städte die modernen, großen Industriestädte, die über Nacht entstanden sind. Sie zerstörte, wo sie durchdrang, das Handwerk und überhaupt alle früheren Stufen der

Industrie. Sie vollendete den Sieg [der] Handelsstadt über das Land. [Ihre erste Voraussetzung] ist das automatische System. [Ihre Entwicklung er]zeugte eine Masse von Pro[duktivkr]äften, für die das Privat[eigentum] ebensosehr eine Fessel wurde wie die Zunft für die Manufaktur und der kleine, ländliche Betrieb für das sich ausbildende Handwerk. Diese Produktivkräfte erhalten unter dem Privateigentum eine nur einseitige Entwicklung, werden für die Mehrzahl zu Destruktivkräften, und eine Menge solcher Kräfte können im Privateigentum gar nicht zur Anwendung kommen. Sie erzeugte im Allgemeinen überall dieselben Verhältnisse zwischen den Klassen der Gesellschaft und vernichtete dadurch die Besonderheit der einzelnen Nationalitäten. Und endlich, während die Bourgeoisie jeder Nation noch aparte nationale Interessen behält, schuf die große Industrie eine Klasse, die bei allen Nationen dasselbe Interesse hat und bei der die Nationalität schon vernichtet ist, eine Klasse, die wirklich die ganze alte Welt los ist und zugleich ihr gegenübersteht. Sie macht dem Arbeiter nicht bloß das Verhältnis zum Kapitalisten, sondern die Arbeit selbst unerträglich.

Es versteht sich, daß die große Industrie nicht in jeder Lokalität eines Landes zu derselben Höhe der Ausbildung kommt. Dies hält indes die Klassenbewegung des Proletariats nicht auf, da die durch die große Industrie erzeugten Proletarier an die Spitze dieser Bewegung treten und die ganze Masse mit sich fortreißen, und da die von der großen Industrie ausgeschlossenen Arbeiter durch diese große Industrie in eine noch schlechtere Lebenslage versetzt werden als die Arbeiter der großen Industrie selbst. Ebenso wirken die Länder, in denen eine große Industrie entwickelt ist, auf die plus ou moins[1] nichtindustriellen Länder, sofern diese durch den Weltverkehr in den universellen Konkurrenzkampf hereingerissen sind.[2]

---

[1] mehr oder weniger.

[2] [Fußnote von Marx:] Die Konkurrenz isoliert die Individuen, nicht nur die Bourgeois, sondern noch mehr die Proletarier gegeneinander, trotzdem daß sie sie zusammenbringt. Daher dauert es eine lange Zeit, bis diese Individuen sich vereinigen können, abgesehn davon, daß zu dieser Vereinigung — wenn sie nicht bloß lokal sein soll — die nötigen Mittel, die großen Industriestädte und die wohlfeilen und schnellen Kommunikationen durch die große Industrie erst hergestellt sein müssen, und daher ist jede organisierte Macht gegenüber diesen isolierten und in Verhältnissen, die die Isolierung täglich reproduzieren, lebenden Individuen erst nach langen Kämpfen zu besiegen. Das Gegen-

Diese verschiedenen Formen sind ebensoviel Formen der Organisation der Arbeit und damit des Eigentums. In jeder Periode fand eine Vereinigung der existierenden Produktivkräfte statt, soweit sie durch die Bedürfnisse notwendig geworden war.

[2.] Verhältnis von Staat und Recht zum Eigentum

Die erste Form des Eigentums ist sowohl in der antiken Welt wie im Mittelalter das Stammeigentum, bedingt bei den Römern hauptsächlich durch den Krieg, bei den Germanen durch die Viehzucht. Bei den antiken Völkern erscheint, weil in einer Stadt mehrere Stämme zusammenwohnen, das Stammeigentum als Staatseigentum und das Recht des Einzelnen daran als bloße Possessio[1], die sich indes, wie das Stammeigentum überhaupt, nur auf das Grundeigentum beschränkt. Das eigentliche Privateigentum fängt bei den Alten, wie bei den modernen Völkern, mit dem Mobiliareigentum an. — (Sklaverei und Gemeinwesen) (dominium ex jure Quiritum[2]). Bei den aus dem Mittelalter hervorgehenden Völkern entwickelt sich das Stammeigentum so durch verschiedene Stufen — feudales Grundeigentum, korporatives Mobiliareigentum, Manufakturkapital — bis zum modernen, durch die große Industrie und universelle Konkurrenz bedingten Kapital, dem reinen Privateigentum, das allen Schein des Gemeinwesens abgestreift und alle Einwirkung des Staats auf die Entwicklung des Eigentums ausgeschlossen hat. Diesem modernen Privateigentum entspricht der moderne Staat, der durch die Steuern allmählich von den Privateigentümern an sich gekauft, durch das Staatsschuldenwesen ihnen vollständig verfallen und dessen Existenz in dem Steigen und Fallen der Staatspapiere auf der Börse gänzlich von dem kommerziellen Kredit abhängig geworden ist, den ihm die Privateigentümer, die Bourgeois, geben. Die Bourgeoisie ist schon, weil sie eine *Klasse*, nicht mehr ein *Stand* ist, dazu gezwungen, sich national, nicht mehr lokal zu organisieren

---

teil verlangen, hieße ebensoviel wie zu verlangen, daß die Konkurrenz in dieser bestimmten Geschichtsepoche nicht existieren soll oder daß die Individuen Verhältnisse, über die sie als Isolierte keine Kontrolle haben, sich aus dem Kopf schlagen sollen.

[1] Besitz.
[2] Eigentum eines altrömischen Vollbürgers.

und ihrem Durchschnittsinteresse eine allgemeine Form zu geben. Durch die Emanzipation des Privateigentums vom Gemeinwesen ist der Staat zu einer besonderen Existenz neben und außer der bürgerlichen Gesellschaft geworden; er ist aber weiter Nichts als die Form der Organisation, welche sich die Bourgeois sowohl nach Außen als nach innen hin zur gegenseitigen Garantie ihres Eigentums und ihrer Interessen notwendig geben. Die Selbständigkeit des Staats kommt heutzutage nur noch in solchen Ländern vor, wo die Stände sich nicht vollständig zu Klassen entwickelt haben, wo die in den fortgeschrittneren Ländern beseitigten Stände noch eine Rolle spielen und ein Gemisch existiert, in denen daher kein Teil der Bevölkerung es zur Herrschaft über die übrigen bringen kann. Dies ist namentlich in Deutschland der Fall. Das vollendetste Beispiel des modernen Staats ist Nordamerika. Die neueren französischen, englischen und amerikanischen Schriftsteller sprechen sich Alle dahin aus, daß der Staat nur um des Privateigentums willen existiere, so daß dies auch in das gewöhnliche Bewußtsein übergegangen ist.

Da der Staat die Form ist, in welcher die Individuen einer herrschenden Klasse ihre gemeinsamen Interessen geltend machen und die ganze bürgerliche Gesellschaft einer Epoche sich zusammenfaßt, so folgt, daß alle gemeinsamen Institutionen durch den Staat vermittelt werden, eine politische Form erhalten. Daher die Illusion, als ob das Gesetz auf dem Willen, und zwar auf dem von seiner realen Basis losgerissenen, dem *freien* Willen beruhe. Ebenso wird das Recht dann wieder auf das Gesetz reduziert.

Das Privatrecht entwickelt sich zu gleicher Zeit mit dem Privateigentum aus der Auflösung des naturwüchsigen Gemeinwesens. Bei den Römern blieb die Entwicklung des Privateigentums und Privatrechts ohne weitere industrielle und kommerzielle Folgen, weil ihre ganze Produktionsweise dieselbe blieb.[1] Bei den modernen Völkern, wo das feudale Gemeinwesen durch die Industrie und den Handel aufgelöst wurde, begann mit dem Entstehen des Privateigentums und Privatrechts eine neue Phase, die einer weiteren Entwicklung fähig war. Gleich die erste Stadt, die im Mittelalter einen ausgedehnten Seehandel führte, Amalfi[21], bildete auch das Seerecht aus. Sobald, zuerst in Italien und später in anderen Län-

---

[1] [Randbemerkung von Engels:] (Wucher!)

dern, die Industrie und der Handel das Privateigentum weiterentwickelten, wurde gleich das ausgebildete römische Privatrecht wieder aufgenommen und zur Autorität erhoben. Als später die Bourgeoisie so viel Macht erlangt hatte, daß die Fürsten sich ihrer Interessen annahmen, um vermittelst der Bourgeoisie den Feudaladel zu stürzen, begann in allen Ländern — in Frankreich im 16. Jahrhundert — die eigentliche Entwicklung des Rechts, die in allen Ländern, ausgenommen England, auf der Basis des römischen Kodex vor sich ging. Auch in England mußten römische Rechtsgrundsätze zur weiteren Ausbildung des Privatrechts (besonders beim Mobiliareigentum) hereingenommen werden. (Nicht zu vergessen, daß das Recht ebensowenig eine eigene Geschichte hat wie die Religion.)

Im Privatrecht werden die bestehenden Eigentumsverhältnisse als Resultat des allgemeinen Willens ausgesprochen. Das jus utendi et abutendi[1] selbst spricht einerseits die Tatsache aus, daß das Privateigentum vom Gemeinwesen durchaus unabhängig geworden ist, und andererseits die Illusion, als ob das Privateigentum selbst auf dem bloßen Privatwillen, der willkürlichen Disposition über die Sache beruhe. In der Praxis hat das abuti[2] sehr bestimmte ökonomische Grenzen für den Privateigentümer, wenn er nicht sein Eigentum und damit sein jus abutendi in andre Hände übergehn sehen will, da überhaupt die Sache, bloß in Beziehung auf seinen Willen betrachtet, gar keine Sache ist, sondern erst im Verkehr und unabhängig vom Recht zu einer Sache, zu wirklichem Eigentum wird (ein *Verhältnis*, was die Philosophen eine Idee nennen).[3]

Diese juristische Illusion, die das Recht auf den bloßen Willen reduziert, führt in der weiteren Entwicklung der Eigentumsverhältnisse notwendig dahin, daß Jemand einen juristischen Titel auf eine Sache haben kann, ohne die Sache wirklich zu haben. Wird z. B. durch die Konkurrenz die Rente eines Grundstückes beseitigt, so hat der Eigentümer desselben zwar seinen juristischen Titel daran, samt dem jus utendi et abutendi. Aber er kann nichts damit an-

---

[1] das Recht, das Seinige zu gebrauchen und zu verbrauchen (auch: mißbrauchen).

[2] Verbrauchen (auch: Mißbrauchen).

[3] [Fußnote von Marx:] *Verhältnis für die Philosophen = Idee*. Sie kennen bloß das Verhältnis „*des* Menschen" zu sich selbst, und darum werden alle wirklichen Verhältnisse ihnen zu Ideen.

fangen, er besitzt nichts als Grundeigentümer, falls er nicht sonst noch Kapital genug besitzt, um seinen Boden zu bebauen. Aus derselben Illusion der Juristen erklärt es sich, daß es für sie und für jeden Kodex überhaupt zufällig ist, daß Individuen in Verhältnisse untereinander treten, z. B. Verträge, und daß ihm diese Verhältnisse für solche gelten, die man nach Belieben eingehen oder nicht eingehen [kann] und deren Inhalt ganz auf der individuellen [Will]kür der Kontrahenten [ber]uht.

Sooft sich durch die Entwick[lung] der Industrie und des Handels neue [Ve]rkehrsformen gebildet haben, [z.] B. Assekuranz-etc.-Kompanien, war das Recht jedesmal genötigt, sie unter die Eigentumserwerbsarten aufzunehmen.

Es ist nichts gewöhnlicher als die Vorstellung, in der Geschichte sei es bisher nur auf das *Nehmen* angekommen. Die Barbaren *nehmen* das römische Reich, und mit der Tatsache dieses Nehmens erklärt man den Übergang aus der alten Welt in die Feudalität. Bei dem Nehmen durch Barbaren kommt es aber darauf an, ob die Nation, die eingenommen wird, industrielle Produktivkräfte entwickelt hat, wie dies bei den modernen Völkern der Fall ist, oder ob ihre Produktivkräfte hauptsächlich bloß auf ihrer Vereinigung und dem Gemeinwesen beruhen. Das Nehmen ist ferner bedingt durch den Gegenstand, der genommen wird. Das in Papier bestehende Vermögen eines Bankiers kann gar nicht genommen werden, ohne daß der Nehmende sich den Produktions- und Verkehrsbedingungen des genommenen Landes unterwirft. Ebenso das gesamte industrielle Kapital eines modernen Industrielandes. Und endlich hat das Nehmen überall sehr bald ein Ende, und wenn nichts mehr zu nehmen ist, muß man anfangen zu produzieren. Aus dieser sehr bald eintretenden Notwendigkeit des Produzierens folgt, daß die von den sich niederlassenden Eroberern angenommene Form des Gemeinwesens der Entwicklungsstufe der vorgefundnen Produktivkräfte entsprechen, oder, wenn dies nicht von vornherein der Fall ist, sich nach den Produktivkräften ändern muß. Hieraus erklärt sich auch das Faktum, das man in der Zeit nach der Völkerwanderung überall bemerkt haben will, daß nämlich der Knecht der Herr war, und die Eroberer von den Eroberten Sprache, Bildung und Sitten sehr bald annahmen.

Die Feudalität wurde keineswegs aus Deutschland fertig mitgebracht, sondern sie hatte ihren Ursprung von seiten der Eroberer in der kriegerischen Organisation des Heerwesens während der Eroberung selbst, und diese entwickelte sich nach derselben durch die Einwirkung der in den eroberten Ländern vorgefundnen Produktivkräfte erst zur eigentlichen Feudalität. Wie sehr diese Form durch die Produktivkräfte bedingt war, zeigen die gescheiterten Versuche, andre aus altrömischen Reminiszenzen entspringende Formen durchzusetzen (Karl der Große pp.).

[3.] Naturwüchsige und zivilisierte Produktionsinstrumente und Eigentumsformen

[...]¹ funden wird. Aus dem ersteren ergibt sich die Voraussetzung einer ausgebildeten Teilung der Arbeit und eines ausgedehnten Handels, aus dem zweiten die Lokalität. Bei dem ersten müssen die Individuen zusammengebracht sein, bei dem zweiten finden sie sich neben dem gegebenen Produktionsinstrument selbst als Produktionsinstrumente vor. Hier tritt also der Unterschied zwischen den naturwüchsigen und den durch die Zivilisation geschaffenen Produktionsinstrumenten hervor. Der Acker (das Wasser etc.) kann als naturwüchsiges Produktionsinstrument betrachtet werden. Im ersten Fall, beim naturwüchsigen Produktionsinstrument, werden die Individuen unter die Natur subsumiert, im zweiten Falle unter ein Produkt der Arbeit. Im ersten Falle erscheint daher auch das Eigentum (Grundeigentum) als unmittelbare, naturwüchsige Herrschaft, im zweiten als Herrschaft der Arbeit, speziell der akkumulierten Arbeit, des Kapitals. Der erste Fall setzt voraus, daß die Individuen durch irgendein Band, sei es Familie, Stamm, der Boden selbst pp. zusammengehören, der zweite Fall, daß sie unabhängig voneinander sind und nur durch den Austausch zusammengehalten werden. Im ersten Fall ist der Austausch hauptsächlich ein Austausch zwischen den Menschen und der Natur, ein Austausch, in dem die Arbeit der Einen gegen die Produkte der Andern eingetauscht wird; im zweiten Falle ist er vorherrschend Austausch der Menschen unter sich. Im ersten Falle reicht der durchschnittliche Menschenverstand hin, körperliche und geistige Tätigkeit sind noch

---
¹ Hier fehlen in der Handschrift vier Seiten.

gar nicht getrennt; im zweiten Falle muß bereits die Teilung zwischen geistiger und körperlicher Arbeit praktisch vollzogen sein. Im ersten Falle kann die Herrschaft des Eigentümers über die Nichteigentümer auf persönlichen Verhältnissen, auf einer Art von Gemeinwesen beruhen, im zweiten Falle muß sie in einem Dritten, dem Geld, eine dingliche Gestalt angenommen haben. Im ersten Falle existiert die kleine Industrie, aber subsumiert unter die Benutzung des naturwüchsigen Produktionsinstruments, und daher ohne Verteilung der Arbeit an verschiedene Individuen; im zweiten Falle besteht die Industrie nur in und durch die Teilung der Arbeit.

Wir gingen bisher von den Produktionsinstrumenten aus, und schon hier zeigte sich die Notwendigkeit des Privateigentums für gewisse industrielle Stufen. In der industrie extractive[1] fällt das Privateigentum mit der Arbeit noch ganz zusammen; in der kleinen Industrie und aller bisherigen Agrikultur ist das Eigentum notwendige Konsequenz der vorhandenen Produktionsinstrumente; in der großen Industrie ist der Widerspruch zwischen dem Produktionsinstrument und Privateigentum erst ihr Produkt, zu dessen Erzeugung sie bereits sehr entwickelt sein muß. Mit ihr ist also auch die Aufhebung des Privateigentums erst möglich.

In der großen Industrie und Konkurrenz sind die sämtlichen Existenzbedingungen, Bedingtheiten, Einseitigkeiten der Individuen zusammengeschmolzen in die beiden einfachsten Formen: Privateigentum und Arbeit. Mit dem Gelde ist jede Verkehrsform und der Verkehr selbst für die Individuen als zufällig gesetzt. Also liegt schon im Gelde, daß aller bisherige Verkehr nur Verkehr der Individuen unter bestimmten Bedingungen, nicht der Individuen als Individuen war. Diese Bedingungen sind auf zwei — akkumulierte Arbeit oder Privateigentum, oder wirkliche Arbeit — reduziert. Hört diese oder eine von ihnen auf, so stockt der Verkehr. Die modernen Ökonomen selbst, z. B. Sismondi, Cherbuliez etc., stellen die association des individus[2] der association des capitaux[3] entgegen. Andererseits sind die Individuen selbst vollständig unter die Teilung der Arbeit subsumiert und dadurch in die vollständigste Abhängigkeit voneinander gebracht. Das Privateigentum, soweit es, inner-

---

[1] auf die Gewinnung von Rohstoffen gerichteten Industrie.
[2] Vereinigung der Individuen.
[3] Vereinigung der Kapitale.

halb der Arbeit, der Arbeit gegenübertritt, entwickelt sich aus der Notwendigkeit der Akkumulation und hat im Anfange immer noch mehr die Form des Gemeinwesens, nähert sich aber in der weiteren Entwicklung immer mehr der modernen Form des Privateigentums. Durch die Teilung der Arbeit ist schon von vornherein die Teilung auch der Arbeits*bedingungen*, Werkzeuge und Materialien gegeben und damit die Zersplitterung des akkumulierten Kapitals an verschiedne Eigentümer, und damit die Zersplitterung zwischen Kapital und Arbeit, und die verschiedenen Formen des Eigentums selbst. Je mehr sich die Teilung der Arbeit ausbildet und je mehr die Akkumulation wächst, desto schärfer bildet sich auch diese Zersplitterung aus. Die Arbeit selbst kann nur bestehen unter der Voraussetzung dieser Zersplitterung.

Es zeigen sich hier also zwei Fakta.[1] Erstens erscheinen die Produktivkräfte als ganz unabhängig und losgerissen von den Individuen, als eine eigne Welt neben den Individuen, was darin seinen Grund hat, daß die Individuen, deren Kräfte sie sind, zersplittert und im Gegensatz gegeneinander existieren, während diese Kräfte andererseits nur im Verkehr und Zusammenhang dieser Individuen wirkliche Kräfte sind. Also auf der einen Seite eine Totalität von Produktivkräften, die gleichsam eine sachliche Gestalt angenommen haben und für die Individuen selbst nicht mehr die Kräfte der Individuen, sondern des Privateigentums [sind], und daher der Individuen nur, insofern sie Privateigentümer sind. In keiner früheren Periode hatten die Produktivkräfte diese gleichgültige Gestalt für den Verkehr der Individuen *als* Individuen angenommen, weil ihr Verkehr selbst noch ein borniertes war. Auf der andern Seite steht diesen Produktivkräften die Majorität der Individuen gegenüber, von denen diese Kräfte losgerissen sind und die daher alles wirklichen Lebensinhalts beraubt, abstrakte Individuen geworden sind, die aber dadurch erst in den Stand gesetzt werden, *als Individuen* miteinander in Verbindung zu treten.

Der einzige Zusammenhang, in dem sie noch mit den Produktivkräften und mit ihrer eignen Existenz stehen, die Arbeit, hat bei ihnen allen Schein der Selbstbetätigung verloren und erhält ihr Leben nur, indem sie es verkümmert. Während in den früheren Perioden Selbstbetätigung und Erzeugung des materiellen Lebens da-

---

[1] [Randbemerkung von Engels:] Sismondi.

durch getrennt waren, daß sie an verschiedene Personen fielen und die Erzeugung des materiellen Lebens wegen der Borniertheit der Individuen selbst noch als eine untergeordnete Art der Selbstbetätigung galt, fallen sie jetzt so auseinander, daß überhaupt das materielle Leben als Zweck, die Erzeugung dieses materiellen Lebens, die **Arbeit** (welche die jetzt einzig mögliche, aber wie wir sehn, negative Form der Selbstbetätigung ist), als Mittel erscheint.

Es ist also jetzt so weit gekommen, daß die Individuen sich die vorhandene Totalität von Produktivkräften aneignen müssen, nicht nur um zu ihrer Selbstbetätigung zu kommen, sondern schon überhaupt um ihre Existenz sicherzustellen. Diese Aneignung ist zuerst bedingt durch den anzueignenden Gegenstand — die zu einer Totalität entwickelten und nur innerhalb eines universellen Verkehrs existierenden Produktivkräfte. Diese Aneignung muß also schon von **dieser** Seite her einen den Produktivkräften und dem Verkehr entsprechenden universellen Charakter haben. Die Aneignung dieser Kräfte ist selbst weiter nichts als die Entwicklung der den materiellen Produktionsinstrumenten entsprechenden individuellen Fähigkeiten. Die Aneignung einer Totalität von Produktionsinstrumenten ist schon deshalb die Entwicklung einer Totalität von Fähigkeiten in den Individuen selbst. Diese Aneignung ist ferner bedingt **durch** die aneignenden Individuen. Nur die von aller Selbstbetätigung vollständig ausgeschlossenen Proletarier der Gegenwart sind imstande, ihre vollständige, nicht mehr bornierte Selbstbetätigung, die in der Aneignung einer Totalität von Produktivkräften und der damit gesetzten Entwicklung einer Totalität von Fähigkeiten besteht, durchzusetzen. Alle früheren revolutionären Aneignungen **waren** borniert; Individuen, deren Selbstbetätigung durch ein beschränktes Produktionsinstrument und einen beschränkten Verkehr borniert war, eigneten sich dies beschränkte Produktionsinstrument an und brachten es daher nur zu einer neuen Beschränktheit. Ihr Produktionsinstrument wurde ihr Eigentum, aber sie selbst blieben unter die Teilung der Arbeit und unter ihr eignes Produktionsinstrument subsumiert. Bei allen bisherigen Aneignungen blieb eine Masse von Individuen unter ein einziges Produktionsinstrument subsumiert; bei der Aneignung der Proletarier müssen eine Masse von Produktionsinstrumenten unter jedes Individuum und das Eigentum unter Alle subsumiert werden. Der moderne universelle Verkehr kann nicht anders unter die Individuen subsumiert werden, als dadurch, daß er unter Alle subsumiert wird.

Die Aneignung ist ferner bedingt durch die Art und Weise, wie sie vollzogen werden muß. Sie kann nur vollzogen werden durch eine Vereinigung, die durch den Charakter des Proletariats selbst wieder nur eine universelle sein kann, und durch eine Revolution, in der einerseits die Macht der bisherigen Produktions- und Verkehrsweise und gesellschaftlichen Gliederung gestürzt wird und andererseits der universelle Charakter und die zur Durchführung der Aneignung nötige Energie des Proletariats sich entwickelt, ferner das Proletariat alles abstreift, was ihm noch aus seiner bisherigen Gesellschaftsstellung geblieben ist.

Erst auf dieser Stufe fällt die Selbstbetätigung mit dem materiellen Leben zusammen, was der Entwicklung der Individuen zu totalen Individuen und der Abstreifung aller Naturwüchsigkeit entspricht; und dann entspricht sich die Verwandlung der Arbeit in Selbstbetätigung und die Verwandlung des bisherigen bedingten Verkehrs in den Verkehr der Individuen als solcher. Mit der Aneignung der totalen Produktivkräfte durch die vereinigten Individuen hört das Privateigentum auf. Während in der bisherigen Geschichte immer eine besondere Bedingung als zufällig erschien, ist jetzt die Absonderung der Individuen selbst, der besondre Privaterwerb eines Jeden selbst zufällig geworden.

Die Individuen, die nicht mehr unter die Teilung der Arbeit subsumiert werden, haben die Philosophen sich als Ideal unter dem Namen „der Mensch" vorgestellt, und den ganzen, von uns entwickelten Prozeß als den Entwicklungsprozeß „des Menschen" gefaßt, so daß den bisherigen Individuen auf jeder geschichtlichen Stufe „der Mensch" untergeschoben und als die treibende Kraft der Geschichte dargestellt wurde. Der ganze Prozeß wurde so als Selbstentfremdungsprozeß „des Menschen" gefaßt, und dies kommt wesentlich daher, daß das Durchschnittsindividuum der späteren Stufe immer der früheren und das spätere Bewußtsein den früheren Individuen untergeschoben [wurde]. Durch diese Umkehrung, die von vornherein von den wirklichen Bedingungen abstrahiert, war es möglich, die ganze Geschichte in einen Entwicklungsprozeß des Bewußtseins zu verwandeln.

Schließlich erhalten wir noch folgende Resultate aus der entwickelten Geschichtsauffassung: 1. In der Entwicklung der Produktivkräfte tritt eine Stufe ein, auf welcher Produktionskräfte und Verkehrsmittel hervorgerufen werden, welche unter den bestehenden Verhältnissen nur Unheil anrichten, welche keine Produktionskräfte mehr sind, sondern Destruktionskräfte (Maschinerie und Geld) — und was damit zusammenhängt, daß eine Klasse hervorgerufen wird, welche alle Lasten der Gesellschaft zu tragen hat, ohne ihre Vorteile zu genießen, welche aus der Gesellschaft herausgedrängt, in den entschiedensten Gegensatz zu allen andern Klassen forciert wird; eine Klasse, die die Majorität aller Gesellschaftsmitglieder bildet und von der das Bewußtsein über die Notwendigkeit einer gründlichen Revolution, das kommunistische Bewußtsein, ausgeht, das sich natürlich auch unter den andern Klassen vermöge der Anschauung der Stellung dieser Klasse bilden kann; 2. daß die Bedingungen, innerhalb deren bestimmte Produktionskräfte angewandt werden können, die Bedingungen der Herrschaft einer bestimmten Klasse der Gesellschaft sind, deren soziale, aus ihrem Besitz hervorgehende Macht in der jedesmaligen Staatsform ihren *praktisch*-idealistischen Ausdruck hat, und deshalb jeder revolutionäre Kampf gegen eine Klasse, die bisher geherrscht hat, sich richtet[1]; 3. daß in allen bisherigen Revolutionen die Art der Tätigkeit stets unangetastet blieb und es sich nur um eine andre Distribution dieser Tätigkeit, um eine neue Verteilung der Arbeit an andre Personen handelte, während die kommunistische Revolution sich gegen die bisherige *Art* der Tätigkeit richtet, die *Arbeit* beseitigt und die Herrschaft aller Klassen mit den Klassen selbst aufhebt, weil sie durch die Klasse bewirkt wird, die in der Gesellschaft für keine Klasse mehr gilt, nicht als Klasse anerkannt wird, schon der Ausdruck der Auflösung aller Klassen, Nationalitäten etc. innerhalb der jetzigen Gesellschaft ist; und 4. daß sowohl zur massenhaften Erzeugung dieses kommunistischen Bewußtseins wie zur Durchsetzung der Sache selbst eine massenhafte Veränderung der Menschen nötig ist, die nur in einer praktischen Bewegung, in einer *Revolution* vor sich gehen kann; daß also die Revolution nicht nur nötig ist, weil die *herrschende* Klasse auf keine andre Weise gestürzt werden

---

[1] [Randbemerkung von Marx:] Daß die Leute interessiert sind, den jetzigen Produktionszustand zu erhalten.

71

kann, sondern auch, weil die *stürzende* Klasse nur in einer Revolution dahin kommen kann, sich den ganzen alten Dreck vom Halse zu schaffen und zu einer neuen Begründung der Gesellschaft befähigt zu werden.

[C.] Kommunismus. —
Produktion der Verkehrsform selbst

Der Kommunismus unterscheidet sich von allen bisherigen Bewegungen dadurch, daß er die Grundlage aller bisherigen Produktions- und Verkehrsverhältnisse umwälzt und alle naturwüchsigen Voraussetzungen zum ersten Mal mit Bewußtsein als Geschöpfe der bisherigen Menschen behandelt, ihrer Naturwüchsigkeit entkleidet und der Macht der vereinigten Individuen unterwirft. Seine Einrichtung ist daher wesentlich ökonomisch, die materielle Herstellung der Bedingungen dieser Vereinigung; sie macht die vorhandenen Bedingungen zu Bedingungen der Vereinigung. Das Bestehende, was der Kommunismus schafft, ist eben die wirkliche Basis zur Unmöglichmachung alles von den Individuen unabhängig Bestehenden, sofern dies Bestehende dennoch nichts als ein Produkt des bisherigen Verkehrs der Individuen selbst ist. Die Kommunisten behandeln also praktisch die durch die bisherige Produktion und Verkehr erzeugten Bedingungen als unorganische, ohne indes sich einzubilden, es sei der Plan oder die Bestimmung der bisherigen Generationen gewesen, ihnen Material zu liefern, und ohne zu glauben, daß diese Bedingungen für die sie schaffenden Individuen unorganisch waren. Der Unterschied zwischen persönlichem Individuum und zufälligem Individuum ist keine Begriffsunterscheidung, sondern ein historisches Faktum. Diese Unterscheidung hat zu verschiedenen Zeiten einen verschiedenen Sinn, z. B. der Stand als etwas dem Individuum Zufälliges im 18. Jahrhundert, plus ou moins[1] auch die Familie. Es ist eine Unterscheidung, die nicht wir für jede Zeit zu machen haben, sondern die jede Zeit unter den verschiedenen Elementen, die sie vorfindet, selbst macht, und zwar nicht nach dem Begriff, sondern durch materielle Lebenskollisionen gezwungen. Was als zufällig der späteren Zeit im Gegensatz zur früheren erscheint, also auch unter den ihr von der früheren über-

---
[1] mehr oder weniger.

kommenen Elementen, ist eine Verkehrsform, die einer bestimmten Entwicklung der Produktivkräfte entsprach. Das Verhältnis der Produktionskräfte zur Verkehrsform ist das Verhältnis der Verkehrsform zur Tätigkeit oder Betätigung der Individuen. (Die Grundform dieser Betätigung ist natürlich die materielle, von der alle andre geistige, politische, religiöse etc. abhängt. Die verschiedene Gestaltung des materiellen Lebens ist natürlich jedesmal abhängig von den schon entwickelten Bedürfnissen, und sowohl die Erzeugung wie die Befriedigung dieser Bedürfnisse ist selbst ein historischer Prozeß, der sich bei keinem Schafe oder Hunde findet (widerhaariges Hauptargument Stirners *adversus* hominem[1]), obwohl Schafe und Hunde in ihrer jetzigen Gestalt allerdings, aber malgré eux[2], Produkte eines historischen Prozesses sind.) Die Bedingungen, unter denen die Individuen, solange der Widerspruch noch nicht eingetreten ist, miteinander verkehren, sind zu ihrer Individualität gehörige Bedingungen, nichts Äußerliches für sie, Bedingungen, unter denen diese bestimmten, unter bestimmten Verhältnissen existierenden Individuen allein ihr materielles Leben und was damit zusammenhängt produzieren können, sind also die Bedingungen ihrer Selbstbetätigung und werden von dieser Selbstbetätigung produziert.[3] Die bestimmte Bedingung, unter der sie produzieren, entspricht also, solange der Widerspruch noch nicht eingetreten ist, ihrer wirklichen Bedingtheit, ihrem einseitigen Dasein, dessen Einseitigkeit sich erst durch den Eintritt des Widerspruchs zeigt und also für die Späteren existiert. Dann erscheint diese Bedingung als eine zufällige Fessel, und dann wird das Bewußtsein, daß sie eine Fessel sei, auch der früheren Zeit untergeschoben.

Diese verschiedenen Bedingungen, die zuerst als Bedingungen der Selbstbetätigung, später als Fesseln derselben erschienen, bilden in der ganzen geschichtlichen Entwicklung eine zusammenhängende Reihe von Verkehrsformen, deren Zusammenhang darin besteht, daß an die Stelle der früheren, zur Fessel gewordenen Verkehrsform eine neue, den entwickelteren Produktivkräften und damit der fortgeschrittenen Art der Selbstbetätigung der Individuen entsprechende

---

[1] *gegen* den Menschen.
[2] gegen ihren Willen.
[3] [Randbemerkung von Marx:] Produktion der Verkehrsform selbst.

gesetzt wird, die à son tour[1] wieder zur Fessel und dann durch eine andre ersetzt wird. Da diese Bedingungen auf jeder Stufe der gleichzeitigen Entwicklung der Produktivkräfte entsprechen, so ist ihre Geschichte zugleich die Geschichte der sich entwickelnden und von jeder neuen Generation übernommenen Produktivkräfte und damit die Geschichte der Entwicklung der Kräfte der Individuen selbst.

Da diese Entwicklung naturwüchsig vor sich geht, d. h. nicht einem Gesamtplan frei vereinigter Individuen subordiniert ist, so geht sie von verschiedenen Lokalitäten, Stämmen, Nationen, Arbeitszweigen etc. aus, deren Jede anfangs sich unabhängig von den anderen entwickelt und erst nach und nach mit den andern in Verbindung tritt. Sie geht ferner nur sehr langsam vor sich; die verschiedenen Stufen und Interessen werden nie vollständig überwunden, sondern nur dem siegenden Interesse untergeordnet und schleppen sich noch jahrhundertelang neben diesem fort. Hieraus folgt, daß selbst innerhalb einer Nation die Individuen auch abgesehen von ihren Vermögensverhältnissen ganz verschiedene Entwicklungen haben, und daß ein früheres Interesse, dessen eigentümliche Verkehrsform schon durch die einem späteren angehörige verdrängt ist, noch lange im Besitz einer traditionellen Macht in der den Individuen gegenüber verselbständigten scheinbaren Gemeinschaft (Staat, Recht) bleibt, einer Macht, die in letzter Instanz nur durch eine Revolution zu brechen ist. Hieraus erklärt sich auch, warum in Beziehung auf einzelne Punkte, die eine allgemeinere Zusammenfassung erlauben, das Bewußtsein zuweilen weiter vorgerückt scheinen kann als die gleichzeitigen empirischen Verhältnisse, so daß man in den Kämpfen einer späteren Epoche sich auf frühere Theoretiker als auf Autoritäten stützen kann.

Dagegen geht die Entwicklung in Ländern, die, wie Nordamerika, in einer schon entwickelten Geschichtsepoche von vorn anfangen, sehr rasch vor sich. Solche Länder haben keine andern naturwüchsigen Voraussetzungen außer den Individuen, die sich dort ansiedeln und die hierzu durch die ihren Bedürfnissen nicht entsprechenden Verkehrsformen der alten Länder veranlaßt wurden. Sie fangen also mit den fortgeschrittensten Individuen der alten Länder und daher mit der diesen Individuen entsprechenden entwickeltsten Verkehrsform an, noch ehe diese Verkehrsform in den

[1] ihrerseits.

alten Ländern sich durchsetzen kann.¹ Dies ist der Fall mit allen Kolonien, sofern sie nicht bloße Militär- oder Handelsstationen sind. Karthago, die griechischen Kolonien und Island im 11. und 12. Jahrhundert liefern Beispiele dazu. Ein ähnliches Verhältnis findet statt bei der Eroberung, wenn dem eroberten Lande die auf einem andern Boden entwickelte Verkehrsform fertig herübergebracht wird; während sie in ihrer Heimat noch mit Interessen und Verhältnissen aus früheren Epochen behaftet war, kann und muß sie hier vollständig und ohne Hindernis durchgesetzt werden, schon um den Eroberern dauernde Macht zu sichern. (England und Neapel nach der normännischen Eroberung, wo sie die vollendetste Form der feudalen Organisation erhielten.)

Alle Kollisionen der Geschichte haben also nach unsrer Auffassung ihren Ursprung in dem Widerspruch zwischen den Produktivkräften und der Verkehrsform. Es ist übrigens nicht nötig, daß dieser Widerspruch, um zu Kollisionen in einem Lande zu führen, in diesem Lande selbst auf die Spitze getrieben ist. Die durch einen erweiterten internationalen Verkehr hervorgerufene Konkurrenz mit industriell entwickelteren Ländern ist hinreichend, um auch in den Ländern mit weniger entwickelter Industrie einen ähnlichen Widerspruch zu erzeugen (z. B. das latente Proletariat in Deutschland, durch die Konkurrenz der englischen Industrie zur Erscheinung gebracht).

Dieser Widerspruch zwischen den Produktivkräften und der Verkehrsform, der, wie wir sahen, schon mehreremal in der bisherigen Geschichte vorkam, ohne jedoch die Grundlage derselben zu gefährden, mußte jedesmal in einer Revolution eklatieren, wobei er zugleich verschiedene Nebengestalten annahm, als Totalität von Kollisionen, als Kollisionen verschiedener Klassen, als Widerspruch des Bewußtseins, Gedankenkampf etc., politischer Kampf etc. Von einem bornierten Gesichtspunkte aus kann man nun eine dieser Nebengestalten herausnehmen und sie als die Basis dieser Revolu-

---

¹ Persönliche Energie der Individuen einzelner Nationen — Deutsche und Amerikaner — Energie schon durch Rassenkreuzung — daher die Deutschen kretinmäßig — in Frankreich, England etc. fremde Völker auf einen schon entwickelten, in Amerika auf einen ganz neuen Boden verpflanzt, in Deutschland die naturwüchsige Bevölkerung ruhig sitzengeblieben. [Anmerkung von Marx.]

tionen betrachten, was um so leichter ist, als die Individuen, von denen die Revolutionen ausgingen, sich je nach ihrem Bildungsgrad und der Stufe der historischen Entwicklung über ihre eigne Tätigkeit selbst Illusionen machten.

Die Verwandlung der persönlichen Mächte (Verhältnisse) in sachliche durch die Teilung der Arbeit kann nicht dadurch wieder aufgehoben werden, daß man sich die allgemeine Vorstellung davon aus dem Kopfe schlägt, sondern nur dadurch, daß die Individuen diese sachlichen Mächte wieder unter sich subsumieren und die Teilung der Arbeit aufheben.[1] Dies ist ohne die Gemeinschaft nicht möglich. Erst in der Gemeinschaft [mit Andern hat jedes] Individuum die Mittel, seine Anlagen nach allen Seiten hin auszubilden; erst in der Gemeinschaft wird also die persönliche Freiheit möglich. In den bisherigen Surrogaten der Gemeinschaft, im Staat usw. existierte die persönliche Freiheit nur für die in den Verhältnissen der herrschenden Klasse entwickelten Individuen und nur, insofern sie Individuen dieser Klasse waren. Die scheinbare Gemeinschaft, zu der sich bisher die Individuen vereinigten, verselbständigte sich stets ihnen gegenüber und war zugleich, da sie eine Vereinigung einer Klasse gegenüber einer andern war, für die beherrschte Klasse nicht nur eine ganz illusorische Gemeinschaft, sondern auch eine neue Fessel. In der wirklichen Gemeinschaft erlangen die Individuen in und durch ihre Assoziation zugleich ihre Freiheit.

Es geht aus der ganzen bisherigen Entwicklung hervor, daß das gemeinschaftliche Verhältnis, in das die Individuen einer Klasse traten und das durch ihre gemeinschaftlichen Interessen gegenüber einem Dritten bedingt war, stets eine Gemeinschaft war, der diese Individuen nur als Durchschnittsindividuen angehörten, nur soweit sie in den Existenzbedingungen ihrer Klasse lebten, ein Verhältnis, an dem sie nicht als Individuen, sondern als Klassenmitglieder teilhatten. Bei der Gemeinschaft der revolutionären Proletarier dagegen, die ihre und aller Gesellschaftsmitglieder Existenzbedingungen unter ihre Kontrolle nehmen, ist es gerade umgekehrt; an ihr nehmen die Individuen als Individuen Anteil. Es ist eben die Vereinigung der Individuen (innerhalb der Voraussetzung der jetzt entwickelten Produktivkräfte natürlich), die die Bedingungen der freien Entwicklung und Bewegung der Individuen unter ihre Kon-

---

[1] [Randbemerkung von Engels:] (Feuerbach: Sein und Wesen)

76

trolle gibt, Bedingungen, die bisher dem Zufall überlassen waren und sich gegen die einzelnen Individuen eben durch ihre Trennung als Individuen, durch ihre notwendige Vereinigung, die mit der Teilung der Arbeit gegeben, und durch ihre Trennung zu einem ihnen fremden Bande geworden war, verselbständigt hatten. Die bisherige Vereinigung war nur eine (keineswegs willkürliche, wie sie z. B. im „Contrat social"[22] dargestellt wird, sondern notwendige) Vereinigung (vergleiche z. B. die Bildung des nordamerikanischen Staats und die südamerikanischen Republiken) über diese Bedingungen, innerhalb deren dann die Individuen den Genuß der Zufälligkeit hatten. Dieses Recht, innerhalb gewisser Bedingungen ungestört der Zufälligkeit sich erfreuen zu dürfen, nannte man bisher persönliche Freiheit. — Diese Existenzbedingungen sind natürlich nur die jedesmaligen Produktionskräfte und Verkehrsformen.

Wenn man diese Entwicklung der Individuen in den gemeinsamen Existenzbedingungen der geschichtlich aufeinanderfolgenden Stände und Klassen und den ihnen damit aufgedrängten allgemeinen Vorstellungen *philosophisch* betrachtet, so kann man sich allerdings leicht einbilden, in diesen Individuen habe sich die Gattung oder der Mensch, oder sie haben den Menschen entwickelt; eine Einbildung, womit der Geschichte einige starke Ohrfeigen gegeben werden.[1] Man kann dann diese verschiedenen Stände und Klassen als Spezifikationen des allgemeinen Ausdrucks, als Unterarten der Gattung, als Entwicklungsphasen des Menschen fassen.

Diese Subsumtion der Individuen unter bestimmte Klassen kann nicht eher aufgehoben werden, als bis sich eine Klasse gebildet hat, die gegen die herrschende Klasse kein besonderes Klasseninteresse mehr durchzusetzen hat.

Die Individuen gingen immer von sich aus, natürlich aber von sich innerhalb ihrer gegebenen historischen Bedingungen und Verhältnisse, nicht vom „reinen" Individuum im Sinne der Ideologen. Aber im Lauf der historischen Entwicklung und gerade durch die

---

[1] Der bei Sankt Max häufig vorkommende Satz, daß Jeder Alles, was er ist, durch den Staat ist, ist im Grunde derselbe wie der, daß der Bourgeois nur ein Exemplar der Bourgeoisgattung sei; ein Satz, der voraussetzt, daß die *Klasse* der Bourgeois schon vor den sie konstituierenden Individuen existiert habe. [Zu dieser Fußnote von Marx noch eine Randbemerkung von ihm:] *Präexistenz* der Klasse bei den Philosophen.

innerhalb der Teilung der Arbeit unvermeidliche Verselbständigung der gesellschaftlichen Verhältnisse tritt ein Unterschied heraus zwischen dem Leben jedes Individuums, soweit es persönlich ist und insofern es unter irgendeinen Zweig der Arbeit und die dazugehörigen Bedingungen subsumiert ist. (Dies ist nicht so zu verstehen, als ob z. B. der Rentier, der Kapitalist pp. aufhörten, Personen zu sein; sondern ihre Persönlichkeit ist durch ganz bestimmte Klassenverhältnisse bedingt und bestimmt, und der Unterschied tritt erst im Gegensatz zu einer andern Klasse und für sie selbst erst dann hervor, wenn sie Bankrott machen.) Im Stand (mehr noch im Stamm) ist dies noch verdeckt, z. B. ein Adliger bleibt stets ein Adliger, ein Roturier[1] stets ein Roturier, abgesehn von seinen sonstigen Verhältnissen, eine von seiner Individualität unzertrennliche Qualität. Der Unterschied des persönlichen Individuums gegen das Klassenindividuum, die Zufälligkeit der Lebensbedingungen für das In[dividuum] tritt erst mit dem Auftreten der Klasse [ein], die selbst ein Produkt der Bourgeoisie ist. Die Konkurrenz und der Kampf [der] Individuen untereinander erz[eugt und en]twickelt erst diese Zufälligkeit als solche. In der Vorstellung sind daher die Individuen unter der Bourgeoisieherrschaft freier als früher, weil ihnen ihre Lebensbedingungen zufällig sind; in der Wirklichkeit sind sie natürlich unfreier, weil mehr unter sachliche Gewalt subsumiert. Der Unterschied vom Stand tritt namentlich heraus im Gegensatz der Bourgeoisie gegen das Proletariat. Als der Stand der städtischen Bürger, die Korporationen pp. gegenüber dem Landadel aufkam, erschien ihre Existenzbedingung, das Mobileigentum und die Handwerksarbeit, die schon vor ihrer Trennung vom Feudalverbande latent existiert hatten, als etwas Positives, das gegen das feudale Grundeigentum geltend gemacht wurde, und nahm daher auch zunächst wieder die feudale Form in ihrer Weise an. Allerdings behandelten die entlaufenden Leibeignen ihre bisherige Leibeigenschaft als etwas ihrer Persönlichkeit Zufälliges. Hierin aber taten sie nur dasselbe, was jede sich von einer Fessel befreiende Klasse tut, und dann befreiten sie sich nicht als Klasse, sondern vereinzelt. Sie traten ferner nicht aus dem Bereich des Ständewesens heraus, sondern bildeten nur einen neuen Stand und behielten ihre bisherige Arbeitsweise auch in der neuen Stellung bei und bildeten sie weiter

---

[1] Nichtadliger, Bürgerlicher.

aus, indem sie sie von ihren bisherigen, ihrer schon erreichten Entwicklung nicht [mehr] entsprechenden Fesseln befreiten.¹

Bei den Proletariern dagegen ist ihre eigne Lebensbedingung, die Arbeit, und damit sämtliche Existenzbedingungen der heutigen Gesellschaft, für sie zu etwas Zufälligem geworden, worüber die einzelnen Proletarier keine Kontrolle haben und worüber ihnen keine *gesellschaftliche* Organisation eine Kontrolle geben kann, und der Widerspruch zwischen der Persönlichkeit des einzelnen Proletariers und seiner ihm aufgedrängten Lebensbedingung, der Arbeit, tritt für ihn selbst hervor, namentlich da er schon von Jugend auf geopfert wird und da ihm die Chance fehlt, innerhalb seiner Klasse zu den Bedingungen zu kommen, die ihn in die andre stellen.

Während also die entlaufenden Leibeignen nur ihre bereits vorhandenen Existenzbedingungen frei entwickeln und zur Geltung bringen wollten und daher in letzter Instanz nur bis zur freien Arbeit kamen, müssen die Proletarier, um persönlich zur Geltung zu kommen, ihre eigne bisherige Existenzbedingung, die zugleich die der ganzen bisherigen Gesellschaft ist, die Arbeit, aufheben. Sie befinden sich daher auch im direkten Gegensatz zu der Form, in der die Individuen der Gesellschaft sich bisher einen Gesamtausdruck gaben, zum Staat, und müssen den Staat stürzen, um ihre Persönlichkeit durchzusetzen.

---

¹ N. B. Nicht zu vergessen, daß schon die Notwendigkeit der Leibeignen, zu existieren, und die Unmöglichkeit der großen Wirtschaft, die die Verteilung der allotments [Parzellen] an die Leibeignen mit sich führte, sehr bald die Verpflichtungen der Leibeignen gegen den Feudalherrn auf einen Durchschnitt von Naturallieferungen und Fronleistungen reduzierte, der dem Leibeignen die Akkumulation von Mobiliareigentum möglich machte und damit sein Entfliehen von dem Besitztum seines Herrn erleichterte und ihm Aussicht auf sein Fortkommen als Stadtbürger gab, auch Abstufungen unter den Leibeignen erzeugte, so daß die weglaufenden Leibeignen schon halbe Bürger sind. Wobei es ebenfalls einleuchtet, daß die eines Handwerks kundigen leibeignen Bauern am meisten Chance hatten, sich Mobiliareigentum zu erwerben. [Anmerkung von Marx.]

Das Leipziger Konzil[23]

Im dritten Bande der „Wigand'schen Vierteljahrsschrift" für 1845 ereignet sich die von Kaulbach prophetisch gemalte Hunnenschlacht wirklich.[24] Die Geister der Erschlagenen, deren Grimm auch im Tode sich nicht beruhigt, erheben ein Getöse und Heulen in der Luft, wie von Kriegen und Kriegsgeschrei, von Schwertern, Schilden und eisernen Wagen. Aber es handelt sich nicht um irdische Dinge. Der heilige Krieg wird geführt nicht um Schutzzölle, Konstitution, Kartoffelkrankheit, Bankwesen und Eisenbahnen, sondern um die heiligsten Interessen des Geistes, um die „Substanz", das „Selbstbewußtsein", die „Kritik", den „Einzigen" und den „wahren Menschen". Wir befinden uns auf einem Konzil von Kirchenvätern. Da sie die letzten Exemplare ihrer Art sind und hier hoffentlich zum letzten Mal in Sachen des Allerhöchsten, alias Absoluten, plädiert wird, so lohnt es sich, über die Verhandlungen procès-verbal¹ aufzunehmen.

Da ist zuerst *der heilige Bruno*, der an seinem *Stock* leicht zu erkennen ist („werde Sinnlichkeit, werde ein *Stock*", Wigand, p. 130). Er trägt um sein Haupt die Glorie der „reinen Kritik" und hüllt sich weltverachtend in sein „Selbstbewußtsein" ein. Er hat „die Religion in ihrer Totalität und den Staat in seinen Erscheinungen *gebrochen*" (p. 138), indem er den Begriff der „Substanz" im Namen des allerhöchsten Selbstbewußtseins genotzüchtigt. Die Trümmer der Kirche und die „Bruch"-stücke des Staats liegen zu seinen Füßen, während sein Blick „die Masse" in den Staub „niedermetzelt". Er ist wie Gott, er hat weder Vater noch Mutter, er ist „sein eignes Geschöpf, sein eignes Machwerk" (p. 136). Mit Einem Wort: Er ist der „Napoleon" des Geistes — im Geist „Napoleon". Seine

---
¹ Protokoll.

80

geistlichen Übungen bestehen darin, daß er stets „sich vernimmt und in diesem Selbstvernehmen den Antrieb zur Selbstbestimmung findet" (p. 136); infolge welches anstrengenden Selbstprotokollierens er sichtlich abmagert. Außer sich selbst „vernimmt" er, wie wir sehen werden, von Zeit zu Zeit auch das „*Westphälische Dampfboot*"[25].

Ihm gegenüber steht *der heilige Max*, dessen Verdienste um das Reich Gottes darin bestehen, daß er seine Identität nunmehr auf zirka 600 Druckseiten konstatiert und bewiesen zu haben behauptet, wie er nicht Dieser und Jener, nicht „Hans oder Kunz", sondern eben der heilige Max und kein andrer sei. Von seiner Glorie und seinen sonstigen Abzeichen läßt sich nur sagen, daß sie „sein Gegenstand und darum sein Eigentum", daß sie „einzig" und „unvergleichlich" sind und daß „Namen sie nicht nennen" (p. 148). Er ist zu gleicher Zeit die „Phrase" und der „Phraseneigner", zu gleicher Zeit Sancho Pansa und Don Quijote. Seine asketischen Übungen bestehen in sauren Gedanken über die Gedankenlosigkeit, in bogenlangen Bedenken über die Unbedenklichkeit, in der Heiligsprechung der Heillosigkeit. Im übrigen brauchen wir nicht viel von ihm zu rühmen, da er die Manier hat, von allen ihm zugeschriebenen Eigenschaften, und wären ihrer mehr als der Namen Gottes bei den Muhammedanern, zu sagen: Ich bin das Alles und noch etwas mehr, Ich bin das Alles von diesem Nichts und das Nichts von diesem Allen. Er unterscheidet sich dadurch vorteilhaft von seinem düstern Nebenbuhler, daß er einen gewissen feierlichen „*Leichtsinn*" besitzt und von Zeit zu Zeit seine ernsten Meditationen durch ein „*kritisches Juchhe*" unterbricht.

Vor diese beiden Großmeister der heiligen Inquisition wird der Häretiker Feuerbach zitiert, um sich wegen einer schweren Anklage des Gnostizismus zu verantworten. Der Ketzer Feuerbach, „donnert" der heilige Bruno, ist im Besitz der Hyle, der Substanz, und verweigert sie herauszugeben, auf daß sich mein unendliches Selbstbewußtsein nicht darin spiegle. Das Selbstbewußtsein muß solange wie ein Gespenst umgehen, bis es alle Dinge, die von ihm und zu ihm sind, in sich zurückgenommen hat. Nun hat es bereits die ganze Welt verschluckt, außer dieser Hyle, der Substanz, die der Gnostiker Feuerbach unter Schloß und Riegel hält und nicht herausgeben will.

Der heilige Max klagt den Gnostiker an, das durch seinen Mund geoffenbarte Dogma zu bezweifeln, daß „jede Gans, jeder Hund, jedes Pferd" der „vollkommene, ja, wenn man einen Superlativ gerne hört, der vollkommenste Mensch" sei. (Wigand, p. 187[26]: „Dem pp. fehlt auch nicht ein Titelchen von dem, was den Menschen zum Menschen macht. Freilich ist das auch *derselbe* Fall mit jeder Gans, jedem Hunde, jedem Pferde.")

Außer der Verhandlung dieser wichtigen Anklagen wird noch ein Prozeß der beiden Heiligen gegen Moses Heß und des heiligen Bruno gegen die Verfasser der „Heiligen Familie" entschieden. Da diese Inkulpaten sich indes unter den „Dingen dieser Welt" herumtreiben und deshalb nicht vor der Santa Casa[27] erscheinen, werden sie in Kontumaz verurteilt zu ewiger Verbannung aus dem Reiche des Geistes für die Dauer ihres natürlichen Lebens.

Schließlich verführen die beiden Großmeister wieder absonderliche Intrigen unter- und gegeneinander.

II

Sankt Bruno

1. „Feldzug" gegen Feuerbach

Ehe wir der feierlichen Auseinandersetzung des Bauerschen Selbstbewußtseins mit sich selbst und der Welt folgen, müssen wir ein Geheimnis verraten. Der heilige Bruno hat nur darum Krieg und Kriegsgeschrei erregt, weil er sich selbst und seine abgestandene, sauer gewordene Kritik vor der undankbaren Vergeßlichkeit des Publikums „sicherstellen", weil er zeigen mußte, daß auch unter den veränderten Verhältnissen des Jahres 1845 die Kritik stets sich selbst gleich und unveränderlich blieb. Er schrieb den zweiten Band der „guten Sache und seiner eignen Sache"[28]; er behauptet sein eignes Terrain, er kämpft pro aris et focis[1]. Echt theologisch aber verdeckt er diesen Selbstzweck unter dem Schein, als wolle er Feuerbach „charakterisieren". Man hatte den guten Mann gänzlich vergessen, wie die Polemik zwischen Feuerbach und Stirner, in der er garnicht berücksichtigt wurde, am besten bewies. Eben darum klammert er sich an diese Polemik an, um sich als Gegensatz der Entgegengesetzten zu ihrer höheren Einheit, zum heiligen Geist proklamieren zu können.

Der heilige Bruno eröffnet seinen „Feldzug" mit einer Kanonade gegen Feuerbach, c'est-à-dire[2] mit dem verbesserten und vermehrten Abdruck eines bereits in den „Norddeutschen Blättern" figurierenden Aufsatzes[29]. Feuerbach wird zum Ritter der *Substanz* geschlagen, um dem Bauerschen *„Selbstbewußtsein"* größeren Relief zu verleihen. Bei dieser Transsubstantiation Feuerbachs, die angeblich durch sämtliche Schriften Feuerbachs bewiesen wird, hüpft der heilige Mann von Feuerbachs Schriften über Leibniz und Bayle sogleich auf das „Wesen des Christenthums" und überspringt

---
[1] für Heim und Herd.
[2] das heißt.

den Aufsatz gegen die „positiven Philosophen" in den „Hallischen Jahrbüchern"[30]. Dies „Versehen" ist „an der Stelle". Feuerbach enthüllte hier nämlich den positiven Vertretern der „Substanz" gegenüber die ganze Weisheit vom „Selbstbewußtsein" zu einer Zeit, wo der heilige Bruno noch über die unbefleckte Empfängnis spekulierte.

Es bedarf kaum der Erwähnung, daß Sankt Bruno sich noch immer auf seinem althegelschen Schlachtroß herumtummelt. Man höre gleich den ersten Passus seiner neuesten Offenbarungen aus dem Reiche Gottes:

> „Hegel hatte die Substanz Spinozas und das Fichtesche Ich in eins zusammengefaßt; die Einheit von Beiden, die Verknüpfung dieser entgegengesetzten Sphären pp. bilden das eigentümliche Interesse, aber auch zugleich die Schwäche der Hegelschen Philosophie. [...] Dieser Widerspruch, in dem sich das Hegelsche System hin und her bewegte, mußte gelöst und vernichtet werden. Er konnte es aber nur dadurch, daß die Aufstellung der Frage: wie verhält sich das *Selbstbewußtsein* zum *absoluten Geiste?* ... für immer unmöglich gemacht wurde. Es war nach zwei Seiten möglich. Entweder muß das Selbstbewußtsein wieder in der Glut der Substanz verbrennen, d. h. das reine Substantialitätsverhältnis feststehen und bestehen, oder es muß aufgezeigt werden, daß die Persönlichkeit der Urheber ihrer Attribute und ihres Wesens ist, daß es im *Begriffe* der Persönlichkeit *überhaupt* liegt, sich selbst" (den „Begriff" oder die „Persönlichkeit"?) „beschränkt zu setzen und diese Beschränkung, die sie durch ihr *allgemeines Wesen* setzt, wieder aufzuheben, da eben dieses Wesen nur das *Resultat* ihrer — *innern Selbstunterscheidung*, ihrer Tätigkeit ist." Wigand, p. [86,] 87, 88.

Die Hegelsche Philosophie war in der „*Heiligen Familie*" p. 220¹ als Einheit von Spinoza und Fichte dargestellt und zugleich der Widerspruch, der darin liegt, hervorgehoben. Dem heiligen Bruno gehört eigentümlich, daß er nicht, wie die Verfasser der „Heiligen Familie", die Frage vom Verhältnis des Selbstbewußtseins zur Substanz für eine „Streitfrage *innerhalb* der Hegelschen Spekulation" hält, sondern für eine welthistorische, ja für eine absolute Frage. Es ist die einzige Form, in welcher er die Kollisionen der Gegenwart aussprechen kann. Er glaubt wirklich, daß der Sieg des Selbstbewußtseins über die Substanz nicht nur vom wesentlichsten Einfluß auf das europäische Gleichgewicht, sondern auch auf die ganze zukünftige Entwicklung der Oregonfrage[31] sei. Inwiefern dadurch

---

¹ Siehe Karl Marx/Friedrich Engels: Die heilige Familie und andere philosophische Frühschriften, Berlin 1953, S. 272.

die Abschaffung der Korngesetze in England bedingt ist, darüber ist bis jetzt wenig verlautet.

Der abstrakte und verhimmelte Ausdruck, wozu eine wirkliche Kollision sich bei Hegel verzerrt, gilt diesem „kritischen" Kopf für die wirkliche Kollision. Er akzeptiert den *spekulativen* Widerspruch und behauptet den einen Teil desselben dem andern gegenüber. Die philosophische *Phrase* der wirklichen Frage ist für ihn die wirkliche Frage selbst. Er hat also auf der einen Seite statt der wirklichen Menschen und ihres wirklichen Bewußtseins von ihren ihnen scheinbar selbständig gegenüberstehenden gesellschaftlichen Verhältnissen die bloße abstrakte Phrase: *das Selbstbewußtsein*, wie statt der wirklichen Produktion *die verselbständigte Tätigkeit dieses Selbstbewußtseins*; und auf der andern Seite statt der wirklichen Natur und der wirklich bestehenden sozialen Verhältnisse die philosophische Zusammenfassung aller philosophischen Kategorien oder Namen dieser Verhältnisse in der Phrase: die *Substanz*, da er mit allen Philosophen und Ideologen die Gedanken, Ideen, den verselbständigten Gedankenausdruck der bestehenden Welt für die Grundlage dieser bestehenden Welt versieht. Daß er nun mit diesen beiden sinnlos und inhaltslos gewordenen Abstraktionen allerlei Kunststücke machen kann, ohne von den wirklichen Menschen und ihren Verhältnissen etwas zu wissen, liegt auf der Hand. (Siehe übrigens über die Substanz, was bei Feuerbach, bei Sankt Max über den „humanen Liberalismus" und über das „Heilige" gesagt ist.) Er verläßt also nicht den spekulativen Boden, um die Widersprüche der Spekulation zu lösen; er manövriert von diesem Boden aus und steht *selbst* so sehr noch auf speziell Hegelschem Boden, daß das Verhältnis „des Selbstbewußtseins" zum „absoluten Geist" ihm immer noch den Schlaf raubt. Mit einem Wort, wir haben hier die in der „Kritik der Synoptiker" angekündigte, im „Entdeckten Christenthum"[32] ausgeführte und leider in der Hegelschen „Phänomenologie" längst antizipierte *Philosophie des Selbstbewußtseins*. Diese neue Bauersche Philosophie hat in der „Heiligen Familie" p. 220 seqq. und 304—307[1] ihre vollständige Erledigung gefunden. Sankt Bruno bringt es indes hier fertig, sich selbst noch zu karikieren, indem er die „Persönlichkeit" hereinschmuggelt, um mit *Stirner* den Einzelnen als sein „eignes Machwerk" und um *Stirner* als

---
[1] Siehe ebenda, S. 273 ff.

Brunos Machwerk darstellen zu können. Dieser Fortschritt verdient eine kurze Notiz.

Zunächst vergleiche der Leser diese Karikatur mit ihrem Original, der Erklärung des Selbstbewußtseins im „Entdeckten Christenthum", p. 113, und diese Erklärung wieder mit ihrem Ur-Original, Hegels „Phänomenologie", p. 575, 583 und anderwärts. (Beide Stellen sind abgedruckt: „Heilige Familie" p. 221, 223, 224.¹) Nun aber die Karikatur! „Persönlichkeit überhaupt"! „Begriff"! „Allgemeines Wesen"! „Sich selbst beschränkt setzen und diese Beschränkung wieder aufheben"! „innere Selbstunterscheidung"! Welche gewaltigen „Resultate"! „Persönlichkeit überhaupt" ist entweder „überhaupt" Unsinn oder der abstrakte Begriff der Persönlichkeit. Es liegt also „im Begriff" des Begriffs der Persönlichkeit, „sich selbst beschränkt zu setzen". Diese Beschränkung, die im „Begriff" ihres Begriffs liegt, setzt sie gleich darauf „durch ihr allgemeines Wesen". Und nachdem sie diese Beschränkung wieder aufgehoben hat, zeigt sich, daß „eben dieses Wesen" erst „das *Resultat* ihrer innern Selbstunterscheidung ist". Das ganze großmächtige Resultat dieser verzwickten Tautologie läuft also auf das altbekannte Hegelsche Kunststück der Selbstunterscheidung des Menschen im Denken heraus, welche uns der unglückliche Bruno beharrlich als die einzige Tätigkeit der „Persönlichkeit überhaupt" predigt. Daß mit einer „Persönlichkeit", deren Tätigkeit sich auf diese trivial gewordenen logischen Sprünge beschränkt, nichts anzufangen ist, hat man dem heiligen Bruno schon vor längerer Zeit bemerklich gemacht. Zugleich enthält dieser Passus das naive Geständnis, daß das Wesen der Bauerschen „Persönlichkeit" der Begriff eines Begriffs, die Abstraktion von einer Abstraktion ist.

Die Kritik Feuerbachs durch Bruno, soweit sie neu ist, beschränkt sich darauf, Stirners Vorwürfe gegen Feuerbach *und Bauer* heuchlerischerweise als Bauers Vorwürfe gegen Feuerbach darzustellen. So z. B., daß „das Wesen des Menschen Wesen überhaupt und etwas Heiliges" sei, daß „der Mensch der Gott des Menschen" sei, daß die Menschengattung „das Absolute" sei, daß Feuerbach den Menschen „in ein wesentliches und unwesentliches Ich" spalte (obwohl Bruno stets das Abstrakte für das Wesentliche erklärt und in seinem Gegensatz von Kritik und Masse sich diese Spaltung noch viel unge-

---
¹ Ebenda, S. 338—341.

heuerlicher vorgestellt als Feuerbach), daß der Kampf gegen „die Prädikate Gottes" geführt werden müsse etc. Über eigennützige und uneigennützige Liebe schreibt Bruno den Stirner, dem Feuerbach gegenüber, auf drei Seiten (p. 133—135) fast wörtlich ab, wie er auch die Phrasen von Stirner: „jeder Mensch sein eigenes Geschöpf", „Wahrheit ein Gespenst" usw. sehr ungeschickt kopiert. Bei Bruno verwandelt sich das „Geschöpf" noch dazu in ein „Machwerk". Wir werden zurückkommen auf die Exploitation Stirners durch Sankt Bruno.

Das Erste, was wir also bei Sankt Bruno fanden, war seine fortwährende Abhängigkeit von Hegel. Wir werden auf seine aus Hegel kopierten Bemerkungen natürlich nicht weiter eingehen, sondern nur noch einige Sätze zusammenstellen, aus denen hervorgeht, wie felsenfest er an die Macht der Philosophen glaubt und wie er ihre Einbildung teilt, daß ein verändertes Bewußtsein, eine neue Wendung der Interpretation der existierenden Verhältnisse die ganze bisherige Welt umstürzen könne. In diesem Glauben läßt sich Sankt Bruno auch durch einen Schüler, Heft IV der Wigand'schen Quartalschrift, pag. 327, das Attest ausstellen, daß seine obigen, in Heft III proklamierten Phrasen über Persönlichkeit „weltumstürzende Gedanken" seien.[33]

Sankt Bruno sagt p. 95 Wigand:

„Die Philosophie ist nie etwas Anderes gewesen als die auf ihre allgemeinste Form reduzierte, auf ihren vernünftigsten Ausdruck gebrachte Theologie."

Dieser *gegen* Feuerbach gerichtete Passus ist fast wörtlich abgeschrieben aus Feuerbachs „Philosophie der Zukunft", pag. 2:

„Die spekulative Philosophie ist die wahre, die konsequente, die *vernünftige* Theologie."

Bruno fährt fort:

„Die Philosophie hat selbst im Bunde mit der Religion stets auf die absolute Unselbständigkeit des Individuums hingearbeitet und *dieselbe wirklich vollbracht*, indem *sie* das Einzelleben in dem allgemeinen Leben, das Akzidens in der Substanz, den Menschen im absoluten Geist aufgehen hieß und ließ."

Als ob „die Philosophie" Brunos „im Bunde mit der" Hegelschen und seinem noch fortdauernden verbotenen Umgang mit der Theologie „den Menschen" nicht in der Vorstellung eines seiner „Akzidentien", des Selbstbewußtseins, als der „Substanz", „aufgehen hieße", wenn auch nicht „ließe"! Man ersieht übrigens aus dem ganzen Passus, mit welcher Freudigkeit der „kanzelberedsamkeitliche" Kirchenvater noch immer seinen „weltumstürzenden" Glauben an die geheimnisschwangere Macht der heiligen Theologen und Philosophen bekennt. Natürlich im Interesse „der guten Sache der Freiheit und seiner eignen Sache".

p. 105 hat der gottesfürchtige Mann die Unverschämtheit, Feuerbach vorzuwerfen:

„Feuerbach hat aus dem Individuum, aus dem entmenschten Menschen des Christentums, nicht den Menschen, den wahren" (!) „wirklichen" (!!) „persönlichen" (!!!) „Menschen" (durch die „Heilige Familie" und Stirner veranlaßte Prädikate), „sondern den entmannten Menschen, den Sklaven *gemacht*"

und damit u. a. den Unsinn zu behaupten, daß er, der heilige Bruno, mit dem *Kopfe* Menschen *machen* könne.

Ferner heißt es ibid.[1]:

„Bei Feuerbach muß sich das Individuum der Gattung unterwerfen, ihr dienen. Die Gattung Feuerbachs ist das Absolute Hegels, auch sie existiert nirgends."

Hier wie in allen andern Stellen ermangelt Sankt Bruno nicht des Ruhmes, die wirklichen Verhältnisse der Individuen von der philosophischen Interpretation derselben abhängig zu machen. Er ahnt nicht, in welchem Zusammenhang die Vorstellungen des Hegelschen „absoluten Geistes" und der Feuerbachschen „Gattung" zur existierenden Welt stehen.

Der heilige Vater skandaliert sich p. 104 erschrecklich über die Ketzerei, womit Feuerbach die göttliche Dreieinigkeit von Vernunft, Liebe und Wille zu etwas macht, das *„in* den Individuen *über* den Individuen ist"; als ob heutzutage nicht jede Anlage, jeder Trieb, jedes Bedürfnis als eine Macht „in dem Individuum *über* dem Individuum" sich behauptete, sobald die Umstände deren Befriedigung verhindern. Wenn der heilige Vater Bruno z. B. Hunger verspürt, ohne die Mittel, ihn zu befriedigen, so wird sogar sein Magen zu einer Macht „*in* ihm *über* ihm". Feuerbachs Fehler besteht nicht darin, dies Faktum ausgesprochen zu haben, sondern darin, daß er es in idealisierender Weise verselbständigte, statt es als das Produkt einer bestimmten und überschreitbaren historischen Entwicklungsstufe aufzufassen.

---

[1] ibidem = ebenda.

p. 111:

„Feuerbach ist ein Knecht, und seine knechtische Natur erlaubt ihm nicht, das Werk eines *Menschen* zu vollbringen, das Wesen der Religion zu erkennen" (schönes „Werk eines Menschen"!) ... „er erkennt das Wesen der Religion nicht, weil er die *Brücke* nicht kennt, auf der er zum Q u e l l der Religion kommt."

Sankt Bruno glaubt alles Ernstes noch, daß die Religion ein eignes „Wesen" habe. Was die „Brücke" betrifft, *„auf der"* man zum *„Quell* der Religion" kommt, so muß die Eselsbrücke notwendig ein *Aquadukt* sein. Sankt Bruno etabliert sich zugleich als wunderlich modernisierter und durch die Brücke in Ruhestand versetzter Charon[34], indem er als tollkeeper[1] an der Brücke zum Schattenreich der Religion jedem Passierenden seinen Halfpenny abverlangt.

p. 120 bemerkt der Heilige:

„Wie könnte Feuerbach existieren, wenn es keine *Wahrheit* gäbe und die Wahrheit nichts als ein *Gespenst"* (Stirner hilf!) „wäre, vor dem sich der Mensch bisher fürchtete."

Der „Mensch", der sich vor dem „Gespenst" der „Wahrheit" fürchtet, ist Niemand anders als der ehrwürdige Bruno selbst. Bereits zehn Seiten vorher, p. 110, stieß er vor dem „Gespenst" Wahrheit folgenden welterschütternden Angstschrei aus:

„Die Wahrheit, die nirgends für sich als fertiges Objekt zu finden ist und **nur** in der Entfaltung der Persönlichkeit *sich* entwickelt und zur Einheit zusammenfaßt."

So haben wir hier also nicht nur die Wahrheit, dieses Gespenst, in eine Person verwandelt, die sich entwickelt und zusammenfaßt, sondern dies Kunststück noch obendrein nach Art der Bandwürmer in einer dritten Persönlichkeit außer ihr vollzogen. Über des heiligen Mannes früheres Liebesverhältnis zur Wahrheit, da er noch jung war und des Fleisches Lüste stark in ihm siedeten, siehe „Heilige Familie", p. 115 seqq.[2]

Wie gereinigt von allen fleischlichen Lüsten und weltlichen Begierden der heilige Mann derzeit dasteht, zeigt seine heftige Polemik gegen Feuerbachs *Sinnlichkeit*. Bruno greift keineswegs die höchst borniete Weise an, worin Feuerbach die *Sinnlichkeit* anerkennt. Der verunglückte Versuch Feuerbachs gilt ihm schon als Ver-

---

[1] Zolleinnehmer.
[2] Siehe Marx/Engels: Die heilige Familie. S. 192 ff.

such, der Ideologie zu entspringen, für — *Sünde*. Natürlich! Sinnlichkeit — Augenlust, Fleischeslust und hoffärtiges Wesen, Scheuel und Greuel vor dem Herrn! Wisset Ihr nicht, daß fleischlich gesinnet sein ist der Tod, aber geistlich gesinnet sein ist Leben und Friede; denn fleischlich gesinnet sein ist eine Feindschaft wider die Kritik, und alles, so da fleischlich ist, das ist von dieser Welt, und wisset Ihr auch, was geschrieben steht: Offenbar sind aber die Werke des Fleisches, als da sind Ehebruch, Hurerei, Unreinigkeit, Unzucht, Abgötterei, Zauberei, Feindschaft, Hader, Neid, Zorn, Zank, Zwietracht, Rotten, Haß, Mord, Saufen, Fressen und dergleichen, von welchen ich Euch habe zuvor gesagt und sage noch zuvor, daß die solches tun, werden das Reich der Kritik nicht erben; sondern wehe ihnen, denn sie gehen den Weg Kains und fallen in den Irrtum Balaams um Genusses willen, und kommen um in dem Aufruhr Korah. Diese Unfläter prassen von Euren Almosen ohne Scheu, weiden sich selbst, sie sind Wolken ohne Wasser, von dem Winde umgetrieben, kahle unfruchtbare Bäume, zweimal erstorben und ausgewurzelt, wilde Wellen des Meers, die ihre eigne Schande ausschäumen, irrige Sterne, welchen behalten ist das Dunkel der Finsternis in Ewigkeit. Denn wir haben gelesen, daß in den letzten Tagen werden greuliche Zeiten kommen, Menschen, die von sich selbst halten, Schänder, Unkeusch, die mehr lieben Wollust als die Kritik, die da Rotten machen, kurz, Fleischliche. Diese verabscheut Sankt Bruno, der da geistlich gesinnet ist und hasset den befleckten Rock des Fleisches; und so verdammt er Feuerbach, den er für den Korah der Rotte hält, draußen zu bleiben, wo da sind die Hunde und die Zauberer und die Hurer und die Totschläger. „Sinnlichkeit" — pfui Teufel, das bringt den heiligen Kirchenvater nicht nur in die ärgsten Krämpfe und Verzuckungen, das bringt ihn sogar zum Singen, und er singt p. 121 „das Lied vom Ende und das Ende vom Liede". Sinnlichkeit, weißt du auch wohl, was Sinnlichkeit ist, Unglückseliger? Sinnlichkeit ist — „ein Stock", p. 130. In seinen Krämpfen ringt der heilige Bruno auch einmal mit Einem seiner Sätze, wie weiland Jakob mit Gott, nur mit dem Unterschiede, daß Gott dem Jakob die Hüfte verrenkte, während der heilige Epileptiker seinem Satze alle Glieder und Bänder verrenkt und so die Identität von Subjekt und Objekt an mehreren schlagenden Exempeln klarmacht:

90

„Mag darum Feuerbach immerhin sprechen . . . er *vernichtet*" (!) „dennoch *den Menschen* . . . weil er das *Wort* Mensch zur bloßen *Phrase* macht . . . weil er *nicht den Menschen ganz macht*" (!) „*und schafft*" (!) „sondern die ganze Menschheit zum Absoluten erhebt, weil er *auch nicht* die Menschheit, *vielmehr den Sinn zum Organ des Absoluten, und als das Absolute, das Unbezweifelbare, das unmittelbar Gewisse, das Objekt des Sinnes, der Anschauung, der Empfindung — das Sinnliche stempelt.*" Womit Feuerbach — dies ist die Meinung des heiligen Bruno — „wohl Luftschichten erschüttern, aber nicht *Erscheinungen des menschlichen Wesens zerschmettern* kann, weil sein *innerstes*" (!) „Wesen und seine belebende Seele [. . .] schon den *äußern*" (!) „Klang zerstört *und* hohl *und* schnarrend macht." p. 121.

Der heilige Bruno gibt uns selbst über die Ursachen seiner Widersinnigkeit zwar geheimnisvolle, aber entscheidende Aufschlüsse:

„Als ob mein Ich nicht auch dieses bestimmte, *vor allen Andern e i n z i g e Geschlecht* und diese bestimmten einzigen Geschlechtsorgane hätte!"

(Außer seinen „einzigen Geschlechtsorganen" hat der Edle noch ein apartes „einziges Geschlecht"!) Dieses einzige Geschlecht wird p. 121 dahin erläutert, daß

„die Sinnlichkeit wie ein Vampyr alles Mark und Blut dem Menschen*leben* aussaugt, die unüberschreitbare Schranke ist, an der sich der Mensch den Todes-*Stoß* geben muß".

Aber auch der Heiligste ist nicht rein! Sie sind allzumal Sünder und mangeln des Ruhms, den sie vor dem „Selbstbewußtsein" haben sollen. Der heilige Bruno, der um Mitternacht sich im einsamen Kämmerlein mit der „Substanz" herumschlägt, wird von den lockeren Schriften des Ketzers Feuerbach auf das Weib und die weibliche Schönheit aufmerksam gemacht. Plötzlich verdunkelt sich sein Blick; das reine Selbstbewußtsein wird befleckt, und die verwerfliche sinnliche Phantasie umgaukelt mit lasziven Bildern den geängstigten Kritiker. Der Geist ist willig, aber das Fleisch ist schwach. Er strauchelt, er fällt, er vergißt, daß er die Macht ist, die „mit ihrer Kraft bindet und löst und die Welt beherrscht", daß diese Ausgeburten seiner Phantasie „Geist von seinem Geiste" sind, er verliert alles „Selbstbewußtsein" und stammelt berauscht einen Dithyrambos auf die weibliche Schönheit „im Zarten, im Weichlichen, im Weiblichen", auf die „schwellenden, abgerundeten Glieder" und den „wogenden, wallenden, siedenden, brausenden und zischenden, wellenförmigen Körperbau"[35] des Weibes. Aber die Unschuld verrät sich stets, selbst wo sie sündigt. Wer wüßte nicht, daß ein

„*wogender, wallender,* wellenförmiger Körper*bau*" ein Ding ist, das kein Auge je gesehen, noch ein Ohr gehöret hat? Darum stille, liebe Seele, der Geist wird gar bald die Oberhand über das rebellische Fleisch bekommen und den übersiedenden Lüsten eine unüberwindliche „Schranke" in den Weg setzen, „an der" sie sich bald „den Todesstoß" geben.

„Feuerbach" — dahin ist endlich der Heilige mittels eines kritischen Verständnisses der „Heiligen Familie" gekommen — „ist der mit Humanismus versetzte und zersetzte Materialist, d. h. der Materialist, der es nicht auf der Erde und ihrem Sein auszuhalten vermag" (Sankt Bruno kennt ein von der Erde unterschiednes Sein der Erde und weiß, wie man es anfangen muß, um es „*auf dem Sein* der Erde *auszuhalten*"!), „sondern sich vergeistigen und in den Himmel einkehren will, und der Humanist, der nicht denken und eine geistige Welt aufbauen kann, sondern der sich mit Materialismus schwängert pp.", p. 123.

Wie hiernach bei Sankt Bruno der Humanismus im „Denken" und „Aufbauen einer geistigen Welt" besteht, so der Materialismus in folgendem:

„Der Materialist erkennt nur das gegenwärtige, wirkliche Wesen an, die *Materie*" (als wenn der Mensch mit allen seinen Eigenschaften, auch dem Denken, nicht ein „*gegenwärtiges, wirkliches Wesen*" wäre), „und *sie* als tätig *sich* in die Vielheit ausbreitend und verwirklichend, die *Natur*." p. 123.

Die *Materie* ist zuerst ein gegenwärtiges wirkliches Wesen, aber nur an sich, verborgen; erst wenn sie „tätig sich in die Vielheit ausbreitet und verwirklicht" (ein „gegenwärtiges *wirkliches* Wesen" „*verwirklicht* sich"!!), erst dann wird sie *Natur*. Zuerst existiert der *Begriff* der Materie, das Abstraktum, die Vorstellung, und diese verwirklicht sich in der wirklichen Natur. Wörtlich die Hegelsche Theorie von der Präexistenz der schöpferischen Kategorien. Von diesem Standpunkt aus versteht es sich dann auch, daß Sankt Bruno die philosophischen Phrasen der Materialisten über die Materie für den wirklichen Kern und Inhalt ihrer Weltanschauung versieht.

2. Sankt Brunos Betrachtungen über den Kampf
zwischen Feuerbach und Stirner

Nachdem Sankt Bruno Feuerbach also einige gewichtige Worte ans Herz gelegt hat, sieht er sich den Kampf zwischen diesem und dem Einzigen an. Das Erste, wodurch er sein Interesse an diesem Kampf bezeugt, ist ein methodisches, dreimaliges Lächeln.

„Der Kritiker geht unaufhaltsam, siegesgewiß und siegreich seines Weges. Man verleumdet ihn: er *lächelt*. Man verketzert ihn: er *lächelt*. Die alte Welt macht sich auf in einem Kreuzzug gegen ihn: er *lächelt*."

Der heilige Bruno, das ist also konstatiert, geht seiner Wege, aber er geht sie nicht wie andre Leute, er geht einen kritischen Gang, er vollzieht diese wichtige Handlung mit *Lächeln*.

„Er lächelt mehr Linien in sein Gesicht hinein, als auf der Weltkarte mit beiden Indien stehen. Das Fräulein wird ihm Ohrfeigen geben, und wenn sie's tut, wird er lächeln und es für eine große Kunst[36] halten",

wie Malvoglio bei Shakespeare.

Sankt Bruno selbst rührt keinen Finger, um seine beiden Gegner zu widerlegen, er weiß ein besseres Mittel, sie loszuwerden, er überläßt sie — divide et impera¹ — ihrem eigenen Streit. Dem Stirner stellt er den Menschen Feuerbachs, p. 124, und dem Feuerbach den Einzigen Stirners, p. 126 seqq., gegenüber; er weiß, daß sie so erbittert aufeinander sind wie die beiden Katzen von Kilkenny in Irland, die einander so vollständig auffraßen, daß zuletzt nur die Schwänze übrigblieben. Über diese Schwänze spricht nun Sankt Bruno das Urteil aus, daß sie „*Substanz*", also auf ewig verdammt seien.

Er wiederholt in seiner Gegenüberstellung von Feuerbach und Stirner dasselbe, was Hegel über Spinoza und Fichte sagte, wo bekanntlich das punktuelle Ich als die eine, und zwar härteste Seite der Substanz dargestellt wird. Sosehr er früher gegen den Egoismus polterte, der sogar als odor specificus² der Massen galt, akzeptiert er p. 129 von Stirner den Egoismus, nur soll dieser „nicht der von Max Stirner", sondern natürlich der von Bruno Bauer sein. Den Stirnerschen brandmarkt er mit dem moralischen Makel, „daß sein Ich zur Stützung seines Egoismus der Heuchelei, des Betrugs, der äußeren Gewalt bedarf". Im übrigen glaubt er (siehe p. 124) an die kritischen Wundertaten des heiligen Max und sieht in dessen Kampf p. 126 „ein wirkliches Bemühen, die Substanz von Grund aus zu vernichten". Statt auf Stirners Kritik der Bauerschen „reinen Kritik" einzugehen, behauptet er p. 124, Stirners Kritik könne ihm

---
¹ teile und herrsche.
² eigentümlicher Geruch.

ebensowenig wie jede andre etwas anhaben, „weil *er der Kritiker selber*" sei.

Schließlich widerlegt Sankt Bruno Beide, Sankt Max und Feuerbach, indem er eine Antithese, die Stirner zwischen dem Kritiker Bruno Bauer und dem Dogmatiker zieht, ziemlich wörtlich auf Feuerbach und Stirner anwendet.

Wigand, p. 138:

„Feuerbach stellt sich und *steht hiermit*" (!) „dem Einzigen *gegenüber*. Er ist und will sein *Kommunist*, dieser ist und soll sein *Egoist*; er der *Heilige*, dieser der *Profane*, er der *Gute*, dieser der *Böse*; er der Gott, dieser der Mensch. Beide — *Dogmatiker*."

Also die Pointe ist, daß er Beiden Dogmatismus vorwirft.

„Der Einzige und sein Eigenthum", p. 194:

„Der Kritiker fürchtet sich, dogmatisch zu werden oder Dogmen aufzustellen. Natürlich, er würde dadurch zum Gegensatz des Kritikers, zum Dogmatiker, er würde, wie er als Kritiker *gut* ist, nun *böse*, oder er würde aus einem *Uneigennützigen*" (Kommunisten) „ein *Egoist* usw. Nur kein Dogma — das ist sein Dogma."

3. Sankt Bruno contra die Verfasser der „Heiligen Familie"

Sankt Bruno, der auf die angegebene Weise mit Feuerbach und Stirner fertig geworden ist, der dem „Einzigen jeden Fortschritt abgeschnitten" hat, wendet sich nun gegen die angeblichen „Konsequenzen Feuerbachs", die deutschen Kommunisten und speziell die Verfasser der „Heiligen Familie". Das Wort „realer Humanismus", das er in der Vorrede dieser Streitschrift fand, bildet die Hauptgrundlage seiner Hypothese. Er wird sich einer Bibelstelle erinnern:

„Und ich, lieben Brüder, konnte nicht mit Euch reden als mit Geistlichen, sondern als mit Fleischlichen" (in unsrem Falle war es gerade umgekehrt), „wie mit jungen Kindern in Christo. Milch habe ich Euch zu trinken gegeben und nicht Speise, denn Ihr konntet noch nicht." 1. Cor[inther] 3, 1—2.

Der erste Eindruck, den die „Heilige Familie" auf den ehrwürdigen Kirchenvater macht, ist der einer tiefen Betrübnis und einer ernsten, biedermännischen Wehmut. Die einzige gute Seite des Buchs — daß es

„zeigte, was Feuerbach werden *mußte* und wie sich seine Philosophie stellen **kann**, wenn sie gegen die Kritik *will*", p. 138,

daß es also auf eine ungezwungene Weise das „Wollen" mit dem „Können" und „Müssen" vereinigte, wiegt dennoch die vielen betrübenden Seiten nicht auf. Die Feuerbachsche, hier komischerweise vorausgesetzte Philosophie

„*darf* und *kann* den Kritiker nicht verstehen — sie *darf* und *kann* die Kritik in ihrer Entwicklung nicht kennen und erkennen — sie *darf* und *kann* es nicht wissen, daß die Kritik aller Transzendenz gegenüber ein immerwährendes Kämpfen und Siegen, ein fortdauerndes Vernichten und Schaffen, das *einzig*" (!) „Schöpferische und Produzierende ist. Sie *darf* und *kann* nicht wissen, wie der Kritiker gearbeitet hat und noch arbeitet, um die transzendenten Mächte, die bisher die Menschheit niederhielten und nicht zum Atmen und zum Leben kommen ließen, als das zu setzen und zu dem zu *machen*" (!), „was sie *wirklich sind*, als Geist vom Geist, als Inneres aus dem Innern, als Heimatliches" (!) „aus und in der Heimat, als Produkte und Geschöpfe des Selbstbewußtseins. Sie *darf* und *kann* nicht wissen, wie einzig und allein der Kritiker die Religion in ihrer Totalität, den Staat in seinen verschiednen Erscheinungen gebrochen hat pp.", p. 138, 139.

Ist es nicht auf ein Haar der alte Jehova, der seinem durchgebrannten Volk, das an den lustigen Göttern der Heiden mehr Spaß findet, nachläuft und schreit:

„Höre mich, Israel, und verschließe dein Ohr nicht, Juda! Bin ich nicht der Herr dein Gott, der dich aus Ägyptenland geführet hat in das Land, da Milch und Honig fleußt, und siehe, ihr habet von Jugend auf getan, das mir übel gefällt, und habet mich erzürnet durch meiner Hände Werk, und habt mir den Rücken und nicht das Angesicht zugekehrt, wiewohl ich sie stets lehren ließ; und haben mir ihre Greuel in mein Haus gesetzt, daß sie es verunreinigten, und haben die Höhen des Baals gebaut im Tal Ben Himmon, davon ich ihnen nichts befohlen habe, und ist mir nicht in den Sinn gekommen, daß sie solche Greuel tun sollten; und habe zu euch gesandt meinen Knecht Jeremiam, zu dem mein Wort geschehen ist von dem dreizehnten Jahr des Königs Josia, des Sohnes Amon, bis auf diesen Tag, und derselbige hat euch nun dreiundzwanzig Jahr mit Fleiß geprediget, aber ihr habt nie hören wollen. Darum spricht der Herr Herr: Wer hat je dergleichen gehöret, daß die Jungfrau Israel so gar greuliches Ding tut? Denn das Regenwasser verschießt nicht so bald, als mein Volk meiner vergißt. O Land, Land, Land, höre des Herrn Wort!"

Sankt Bruno behauptet also in einer langen Rede über Dürfen und Können, daß seine kommunistischen Gegner ihn mißverstanden hätten. Die Art und Weise, wie er in dieser Rede die Kritik neuerdings schildert, wie er die bisherigen Mächte, die das „Leben der Menschheit" niederhielten, in „transzendente", und diese transzendenten Mächte in „Geist vom Geist" verwandelt, wie er „*die Kritik*" für den einzigen Produktionszweig ausgibt, beweist zugleich, daß das angebliche Mißverständnis nichts ist als ein mißliebiges Verständnis. Wir bewiesen, daß die Bauersche Kritik unter aller Kritik ist, wodurch wir notwendig Dogmatiker werden. Ja er wirft uns alles Ernstes den unverschämten Unglauben an seine althergebrachten Phrasen vor. Die ganze Mythologie der selbständigen Begriffe, mit dem Wolkensammler Zeus, dem Selbstbewußtsein, an der Spitze, paradiert hier wieder mit „dem Schellenspiel von Redensarten einer ganzen Janitscharenmusik gangbarer Kategorien" („Lit[eratur]-Z[ei]t[un]g"[37] vgl. „Heilige Familie", p. 234.[1]). Zuerst natürlich die Mythe von der Weltschöpfung, nämlich von der sauren „*A r b e i t*" des Kritikers, die das „einzig Schöpferische und Produzierende, ein immerwährendes Kämpfen und Siegen, ein fortdauerndes Vernichten und Schaffen", ein „Arbeiten" und „Gearbeitet-Haben" ist. Ja der ehrwürdige Vater wirft der „Heiligen Familie" sogar vor, daß sie „die Kritik" so verstanden hat, wie er selbst sie in der gegenwärtigen Replik versteht. Nachdem er die „Substanz" „in ihr Geburtsland, das Selbstbewußtsein, den kritisierenden und" (seit der „Heiligen Familie" auch) „kritisierten Menschen zurückgenommen und *verworfen* hat" (das Selbstbewußtsein scheint hier die Stelle einer ideologischen Rumpelkammer einzunehmen), fährt er fort:

„Sie" (die angebliche Feuerbachsche Philosophie) „darf nicht wissen, daß die Kritik *und* die Kritiker, solange sie sind" (!), „die Geschichte gelenkt und gemacht haben, daß sogar ihre Gegner und alle Bewegungen und Regungen der Gegenwart ihre Geschöpfe sind, daß sie allein es sind, die die *Gewalt in ihren Händen* haben, *weil die Kraft in ihrem Bewußtsein*, und weil sie die Macht *aus sich selber*, aus ihren Taten, *aus der Kritik*, aus ihren Gegnern, aus ihren Geschöpfen schöpfen; daß erst mit dem Akte der Kritik der Mensch befreit wird, und damit *die* Menschen, der Mensch *geschaffen*" (!) „wird, und damit die Menschen."

Also die Kritik *und* die Kritiker sind zuerst zwei ganz verschiedene, außereinander stehende und handelnde Subjekte. Der Kritiker ist ein andres Subjekt als die Kritik, und die Kritik ein andres Subjekt als der Kritiker. Diese personifizierte Kritik, die Kritik als Subjekt, ist ja eben die „kritische Kritik", gegen die die „Heilige

---
[1] Siehe Marx/Engels: Die heilige Familie, S. 283.

Familie" auftrat. „Die Kritik und die Kritiker haben, solange sie sind, die Geschichte gelenkt und gemacht." Daß sie dies nicht tun konnten, „solange sie" nicht „sind", ist klar, und daß sie, „solange sie sind", in ihrer Weise „Geschichte gemacht" haben, ist ebenfalls klar. Sankt Bruno kommt endlich so weit, uns einen der tiefsten Aufschlüsse über die staatsbrecherische Macht der Kritik geben zu „dürfen und können", den Aufschluß nämlich, daß „die Kritik und die Kritiker die *Gewalt in ihren Händen* haben, weil" (schönes Weil!) „*die Kraft in ihrem Bewußtsein*", und zweitens, daß diese großen Geschichtsfabrikanten „die Gewalt in ihren Händen haben", weil sie „die Macht aus sich selber und aus der Kritik" (also noch einmal aus sich selber) „schöpfen" — wobei leider noch immer nicht bewiesen, daß da drinnen, in „sich selber", in „der Kritik", irgend etwas zu „schöpfen" ist. Wenigstens sollte man nach der eignen Aussage der Kritik glauben, daß es schwer sein müßte, dort etwas andres zu „schöpfen" als die dorthin „verworfene" Kategorie der „Substanz". Schließlich „schöpft" die Kritik noch „die Kraft" zu einem höchst ungeheuerlichen Orakelspruch „aus der Kritik". Sie enthüllt uns nämlich das Geheimnis, so da verborgen war unsern Vätern und verschlossen unsern Großvätern, daß „erst mit dem Akte der Kritik der Mensch geschaffen wird, und damit die Menschen", während man bisher die Kritik für einen Akt der durch ganz andre Akte präexistierenden Menschen versah. Der heilige Bruno selbst scheint hiernach durch „die Kritik", also durch generatio aequivoca[1], „in die Welt, von der Welt und zu der Welt" gekommen zu sein. Vielleicht indes ist dies Alles bloß eine andre Interpretation der Stelle aus der Genesis: Und Adam *erkannte*, id est kritisierte, sein Weib Hevam, und sie ward schwanger pp.

Wir sehen hier also die ganze altbekannte kritische Kritik, die schon in der „Heiligen Familie" hinreichend signalisiert, nochmals und als ob gar nichts passiert wäre, mit ihren sämtlichen Schwindeleien auftreten. Wundern dürfen wir uns nicht darüber, denn der heilige Mann jammert ja selbst p. 140, daß die „Heilige Familie" „der Kritik jeden Fortschritt abschneide". Mit der größten Entrüstung wirft Sankt Bruno den Verfassern der „Heiligen Familie" vor, daß sie die Bauersche Kritik vermittelst eines chemischen Prozesses aus ihrem *„flüssigen"*

---
[1] Urzeugung.

Aggregatzustande zu einer „*kristallinischen*" Formation abgedampft habe.

Also die „Institutionen des Bettlertums", das „Taufzeugnis der Mündigkeit", die „Region des Pathos und donnerähnlicher Aspekten", die „moslemitische Begriffsaffektion" („Heilige Familie", p. 2, 3, 4¹ nach der kritischen „Lit.-Ztg.") sind nur Unsinn, wenn man sie „kristallinisch" auffaßt; die achtundzwanzig geschichtlichen Schnitzer, die man der Kritik in ihrem Exkurse über „Englische Tagesfragen"[38] nachgewiesen hat, sind, „flüssig" betrachtet, keine Schnitzer? Die Kritik besteht darauf, daß sie, flüssig betrachtet, die Nauwercksche Kollision[39], nachdem sie längst vor ihren Augen passiert, a priori² prophezeit, nicht post festum³ konstruiert habe? sie besteht noch darauf, daß maréchal, „kristallinisch" betrachtet, ein *Hufschmied* heißen könne, aber „flüssig" betrachtet, jedenfalls ein *Marschall* sein müsse? daß, wenn auch für die „kristallinische" Auffassung un fait physique „eine physische Tatsache" sein dürfe, die wahre, „flüssige" Übersetzung davon „eine Tatsache der Physik" laute? daß la malveillance de nos bourgeois juste-milieux⁴ im „flüssigen" Zustande noch immer „die Sorglosigkeit unsrer guten Bürger" bedeute? daß, „flüssig" betrachtet, „ein Kind, das nicht wieder Vater oder Mutter wird, *wesentlich Tochter* ist"? daß Jemand die Aufgabe haben kann, „gleichsam die letzte Wehmutsträne der Vergangenheit darzustellen"? daß die verschiedenen Portiers, Lions, Grisetten, Marquisen, Spitzbuben und hölzernen Türen von Paris in ihrer „flüssigen" Form weiter nichts sind als Phasen des Geheimnisses, „in dessen Begriff es überhaupt liegt, sich selbst beschränkt zu setzen und diese Beschränkung, die es durch sein allgemeines Wesen setzt, wieder aufzuheben, da eben dieses Wesen nur das Resultat seiner innern Selbstunterscheidung, seiner Tätigkeit ist"? daß die kritische Kritik im „flüssigen" Sinne „unaufhaltsam, siegreich und siegesgewiß ihres Weges geht", wenn sie bei einer Frage zuerst behauptet, ihre „wahre und allgemeine Bedeutung" enthüllt zu haben, alsdann zugibt, daß sie „über die Kritik nicht hinausgehen

---

¹ Siehe Marx/Engels: Die heilige Familie, S. 104/105.

² von vornherein; unabhängig von der Erfahrung.

³ nach dem Fest; hinterher.

⁴ die Böswilligkeit (auch: regierungsfeindliche Gesinnung) unserer Spießbürger.

wollte und durfte", und schließlich bekennt, „daß sie noch einen Schritt hätte tun müssen, der aber unmöglich war, weil — er unmöglich war" (p. 184 der „Heiligen Familie"[1])? daß, „flüssig" betrachtet, „die Zukunft noch immer das Werk" der Kritik ist, wenn auch „das Schicksal *entscheiden* mag, wie es will"[40]? daß, flüssig betrachtet, die Kritik nichts Übermenschliches beging, wenn sie „mit ihren *wahren Elementen* in einen *Widerspruch* trat, der in *jenen Elementen bereits* seine *Auflösung* gefunden *hatte*"[41]?

Allerdings begingen die Verfasser der „Heiligen Familie" die Frivolität, alle diese und hundert andre Sätze als Sätze aufzufassen, die einen festen, „kristallinischen" *Unsinn* ausdrücken — aber man muß die Synoptiker „flüssig", d. h. im Sinne ihrer Verfasser, und beileibe nicht „kristallinisch", d. h. nach ihrem wirklichen Unsinn lesen, um zu dem wahren Glauben zu kommen und die Harmonie des kritischen Haushalts zu bewundern.

„Engels und Marx kennen daher auch nur die Kritik der ‚Literatur-Zeitung' " — eine wissentliche Lüge, die beweist, wie „flüssig" der heilige Mann ein Buch gelesen hat, worin seine letzten Arbeiten nur als die Krone seines ganzen „Gearbeitet-Habens" dargestellt werden. Aber der Kirchenvater ermangelt der Ruhe, kristallinisch zu lesen, da er in seinen Gegnern Konkurrenten fürchtet, die ihm die Kanonisation streitig machen, ihn „aus seiner Heiligkeit herausziehen wollen, um *sich* heilig zu machen".

Konstatieren wir noch im Vorbeigehen die eine Tatsache, daß nach der jetzigen Aussage des heiligen Bruno seine „Literatur-Zeitung" keineswegs die „gesellschaftliche Gesellschaft" zu stiften oder „gleichsam die letzte Wehmutsträne" der deutschen Ideologie „darzustellen" bezweckte, noch den Geist in den schärfsten Gegensatz zur Masse zu stellen und die kritische Kritik in ihrer vollen Reinheit zu entwickeln, sondern — „den Liberalismus und Radikalismus des Jahres 1842 und deren Nachklänge in ihrer Halbheit und Phrasenhaftigkeit darzulegen", also die „Nachklänge" eines bereits Verschollenen zu bekämpfen. Tant de bruit pour une omelette![2] Übrigens zeigt sich gerade hierin wieder die Geschichtsauffassung der deutschen Theorie in ihrem „reinsten" Licht. Das Jahr 1842 gilt für die Glanzperiode des Liberalismus in Deutschland,

---

[1] Siehe Marx/Engels: Die heilige Familie, S. 244/245.
[2] Soviel Lärm um einen Eierkuchen!

weil sich die Philosophie damals an der Politik beteiligte. Der Liberalismus verschwindet für den Kritiker mit dem Aufhören der „Deutschen Jahrbücher" und der „Rheinischen Zeitung"[42], den Organen der liberalen und radikalen Theorie. Er läßt nur noch „Nachklänge" zurück, während erst jetzt, wo das deutsche Bürgertum das wirkliche, durch ökonomische Verhältnisse erzeugte Bedürfnis der politischen Macht empfindet und zu verwirklichen strebt, während erst jetzt der Liberalismus in Deutschland eine praktische Existenz und damit die Chance eines Erfolgs hat.

Die tiefe Betrübnis Sankt Brunos über die „Heilige Familie" erlaubte ihm nicht, diese Schrift „aus sich selbst und durch sich selbst und mit sich selbst" zu kritisieren. Um seinen Schmerz bemeistern zu können, mußte er sie sich erst in einer „flüssigen" Form verschaffen. Diese flüssige Form fand er in einer konfusen und von Mißverständnissen wimmelnden Rezension im „Westphälischen Dampfboot", Maiheft, p. 206—214.[25] Alle seine Zitate sind aus den im „Westphälischen Dampfboot" zitierten Stellen zitiert, und ohne dasselbige ist Nichts zitiert, was zitiert ist.

Auch die Sprache des heiligen Kritikers ist durch die Sprache des westfälischen Kritikers bedingt. Zuerst werden sämtliche Sätze, die der Westfale („Dampfboot", p. 206) aus der *Vorrede* anführt, in die „Wigand'sche Vierteljahrsschrift", p. 140, 141, übertragen. Diese Übertragung bildet den Hauptteil der Bauerschen Kritik, nach dem alten, schon von Hegel empfohlenen Prinzip:

„Sich auf den gesunden Menschenverstand zu verlassen, und, um übrigens auch mit der Zeit und der Philosophie fortzuschreiten, *Rezensionen* von philosophischen Schriften, etwa gar die *Vorreden* und ersten Paragraphen derselben zu lesen; denn diese geben die allgemeinen Grundsätze, worauf Alles ankommt, und jene neben der historischen Notiz noch die Beurteilung, die sogar, weil sie Beurteilung ist, über das Beurteilte hinaus ist. Dieser gemeine Weg macht sich im Hausrocke; aber im hohenpriesterlichen Gewande schreitet das Hochgefühl des Ewigen, Heiligen, Unendlichen einher, ein Weg",

den Sankt Bruno auch, wie wir sahen, „niedermetzelnd" zu „gehen" weiß. — Hegel, „Phänomenologie", p. 54.

Der *westfälische* Kritiker fährt nach einigen Zitaten aus der Vorrede fort:

„So durch die Vorrede selbst auf den *Kampfplatz* des Buches geführt" usw. p. 206.

100

Der *heilige* Kritiker, nachdem er diese Zitate in die „Wigand'sche Vierteljahrsschrift" übertragen, distinguiert feiner und sagt:

„Das ist das *Terrain* und der *Feind*, den sich Engels und Marx zum *Kampfe* geschaffen haben."

Der *westfälische* Kritiker setzt aus der Erörterung des kritischen Satzes: „Der Arbeiter schafft Nichts" nur den zusammenfassenden *Schluß* hin.

Der *heilige* Kritiker glaubt wirklich, dies sei Alles, was über den Satz gesagt worden, schreibt p. 141 das westfälische Zitat ab und freut sich der Entdeckung, daß man der Kritik nur „Behauptungen" entgegengesetzt habe.

Aus der Beleuchtung der kritischen Expektorationen über die Liebe schreibt sich der *westfälische* Kritiker p. 209 erst das corpus delicti[1] teilweise und dann aus der Widerlegung einige Sätze ohne allen Zusammenhang heraus, die er als Autorität für seine schwammige, liebesselige Sentimentalität hinstellen möchte.

Der *heilige* Kritiker schreibt ihm p. 141, 142 alles buchstäblich ab, Satz für Satz in der Ordnung, wie sein Vorgänger zitiert.

Der *westfälische* Kritiker ruft über der Leiche des Herrn Julius Faucher aus: „Das ist das Los des Schönen auf der Erde!"[43]

Der *heilige* Kritiker darf seine „saure Arbeit" nicht vollenden, ohne diesen Ausruf p. 142 bei unpassender Gelegenheit sich anzueignen.

Der *westfälische* Kritiker gibt p. 212 eine angebliche Zusammenfassung der in der „Heiligen Familie" gegen Sankt Bruno selbst gerichteten Entwicklungen.

Der *heilige* Kritiker kopiert diese Siebensachen getrost und wörtlich mit allen westfälischen Exklamationen. Er denkt nicht im Traum daran, daß ihm *nirgends* in der ganzen Streitschrift vorgeworfen wird, er „verwandle die Frage der politischen Emanzipation in die der menschlichen", er „wolle die Juden totschlagen", er „verwandle die Juden in Theologen", er „verwandle Hegel in Herrn Hinrichs" pp. Gläubig plappert der *heilige* Kritiker dem *westfälischen* die Angabe nach, als erbiete sich *Marx* in der „Heiligen Familie" zur Lieferung eines gewissen scholastischen Traktätleins „als Erwiderung auf die *alberne Selbstapotheose* Bauers". Nun kommt die vom heiligen Bruno als *Zitat* angeführte „alberne Selbst-

---
[1] Beweisstück.

apotheose" in der ganzen „Heiligen Familie" nirgends, wohl aber bei dem westfälischen Kritiker vor. Ebensowenig wird das Traktätlein als Erwiderung auf die „Selbst*apologie*" der Kritik, „Heilige Familie" p. 150—163, angeboten, sondern erst im folgenden Abschnitt p. 165[1] bei Gelegenheit der weltgeschichtlichen Frage, „warum Herr Bauer politisieren *mußte?*"

Schließlich läßt Sankt Bruno p. 143 *Marx* als „*ergötzlichen Komödianten*" auftreten, nachdem sein westfälisches Vorbild bereits „das welthistorische Drama der kritischen Kritik" sich in die „*ergötzlichste Komödie*" p. 213 hat auflösen lassen.

Siehe, so „dürfen und können" die Gegner der kritischen Kritik es „wissen, *wie der Kritiker gearbeitet hat und noch arbeitet*"!

4. Nachruf an „M. Heß"

„Was Engels und Marx *noch nicht* konnten, das vollendet M. Heß."

Großer, göttlicher Übergang, der dem heiligen Manne durch das relative „Können" und „Nichtkönnen" der Evangelisten so fest in den Fingern sitzengeblieben ist, daß er in jedem Aufsatze des Kirchenvaters passend oder unpassend seine Stelle finden muß.

„Was Engels und Marx noch nicht konnten, das vollendet M. Heß." Und was ist das „Was", das „Engels und Marx noch nicht konnten"? Nun, nichts mehr und nichts weniger, als — Stirner kritisieren. Und warum „konnten" Engels und Marx Stirner „*noch nicht*" kritisieren? Aus dem zureichenden Grunde, weil — Stirners Buch *noch nicht erschienen war*, als sie die „Heilige Familie" schrieben.

Dieser spekulative Kunstgriff, Alles zu konstruieren und das Disparateste in einen vorgeblichen Kausalzusammenhang zu bringen, ist unsrem Heiligen wirklich aus dem Kopf in die Finger gefahren. Er erreicht bei ihm die gänzliche Inhaltslosigkeit und sinkt herab zu einer burlesken Manier, Tautologien mit wichtiger Miene zu sagen. Z. B. schon in der „Allg[emeinen] Literat[ur]-Z[ei]t[un]g" I, 5:

„Der Unterschied zwischen meiner Arbeit und den Blättern, die z. B. ein Philippson vollschreibt" (also den *leeren* Blättern, auf die „z. B. ein Philipp-

---
[1] Siehe Marx/Engels: Die heilige Familie, S. 219—228 u. 230.

son" schreibt), „*muß dann auch so beschaffen sein, wie er in der Tat beschaffen ist*"!!!

„M. Heß", für dessen Schriften Engels und Marx durchaus keine Verantwortlichkeit übernehmen, ist dem heiligen Kritiker eine so merkwürdige Erscheinung, daß er weiter nichts tun kann als lange Stellen aus den „Letzten Philosophen" abschreiben und das Urteil fällen, daß „diese Kritik in einzelnen Punkten den Feuerbach nicht kapiert hat *oder auch*" (o, Theologie!) „das Gefäß sich gegen den Töpfer empören will". Vergl. Römer, 9, 20—21. Nach einer erneuerten „sauren Arbeit" des Zitierens kommt unser heiliger Kritiker dann schließlich zu dem Resultate, daß Heß, weil er die beiden Worte „vereinigt" und „Entwicklung" gebraucht, *Hegel* abschreibt. Sankt Bruno mußte natürlich den in der „Heiligen Familie" gelieferten Nachweis seiner totalen Abhängigkeit von Hegel durch einen Umweg auf Feuerbach zurückzuwerfen suchen.

„Siehe, so mußte Bauer enden! Er hat gegen alle Hegelschen Kategorien", mit Ausnahme des Selbstbewußtseins, „gekämpft, wie und was er nur konnte", speziell in dem famosen Literaturzeitungskampf gegen Herrn Hinrichs[44]. Wie er sie bekämpft und besiegt hat, haben wir gesehen. Zum Überfluß zitieren wir noch Wigand p. 110, wo er behauptet, daß die

„wahre" (1) „*Auflösung*" (2) „*der Gegensätze*" (3) „in Natur und Geschichte" (4), „die *wahre Einheit*" (5) „der getrennten Relationen" (6), „der wahrhafte" (7) „Grund" (8) „und Abgrund" (9) „der Religion, die wahre *unendliche*" (10), „unwiderstehliche, selbstschöpferische" (11) „Persönlichkeit" (12) „noch nicht gefunden ist".

In drei Zeilen nicht zwei zweifelhafte, wie bei Heß, sondern ein volles Dutzend „wahrer, unendlicher, unwiderstehliche[r]" und durch „die wahre Einheit der getrennten Relationen" sich als solche beweisende[r] Hegelsche[r] Kategorien — „siehe, so mußte Bauer enden"! Und wenn der heilige Mann in Heß einen gläubigen Christen zu entdecken meint, nicht weil Heß „hofft", wie Bruno sagt, sondern weil er *nicht* hofft und weil er von „Auferstehen" spricht, so setzt uns der große Kirchenvater in den Stand, ihm aus ebenderselben pagina 110 das prononcierteste J u d e n t u m nachzuweisen. Er erklärt dort,

„daß der *wirkliche, lebende und leibhaftige Mensch noch nicht geboren ist*"!!! (neuer Aufschluß über die Bestimmung des „einzigen Geschlechts") „und die erzeugte Zwittergestalt" (*Bruno Bauer*?!?) „noch nicht imstande ist, aller *dogmatischen Formeln* Herr zu werden" pp. —

d. h., daß der *Messias* noch nicht geboren ist, daß *des Menschen Sohn* erst in die Welt kommen soll und diese Welt, als Welt des Alten Bundes, noch unter der Zuchtrute des *Gesetzes*, „der dogmatischen Formeln", steht.

In derselben Weise, wie Sankt Bruno oben „Engels und Marx" zu einem Übergange zu Heß benutzte, dient ihm hier Heß dazu, Feuerbach schließlich wieder in einen Kausalnexus mit seinen Exkursen über Stirner, die „Heilige Familie" und die „Letzten Philosophen" zu bringen:

„Siehe, so mußte Feuerbach enden!" „Die Philosophie mußte *fromm* enden" pp., Wigand p. 145.

Der wahre Kausalnexus ist aber der, daß diese Exklamation eine Nachahmung einer u. a. gegen Bauer gerichteten Stelle aus Heß' „Letzten Philosophen", Vorrede. p. 4, ist:

„So [...] und nicht anders mußten die letzten Nachkommen der christlichen Asketen [...] Abschied von der Welt nehmen."

Sankt Bruno schließt sein Plaidoyer gegen Feuerbach und angebliche Konsorten mit einer Anrede an Feuerbach, worin er ihm vorwirft, er könne nur „ausposaunen", „Posaunenstöße erlassen", während Monsieur B. Bauer oder Madame la critique[1], „die erzeugte Zwittergestalt" des unaufhörlichen „Vernichtens" nicht zu erwähnen, *„auf seinem Triumphwagen fährt und neue Triumphe sammelt"* (p. 125), „vom Throne stößt" (p. 119), „niedermetzelt" (p. 111), „niederdonnert" (p. 115), „ein für allemal zugrunde richtet" (p. 120), „zerschmettert" (p. 121), der Natur nur zu „vegetieren" erlaubt (p. 120), „straffere" (!) „Gefängnisse" baut (p. 104) und endlich mit „niedermetzelnder" Kanzelberedsamkeit frischfrommfröhlichfrei das „Fixfirmfestbestehende" p. 105 entwickelt, Feuerbach p. 110 „das Felsige und den Felsen" an den Kopf wirft und schließlich mit einer Seitenwendung auch Sankt Max überwindet, indem er die „kritische Kritik", die „gesellschaftliche Gesellschaft", „das Felsige und den Felsen" noch durch „die abstrakteste Abstraktheit" und „härteste Härte" p. 124 ergänzt.

---

[1] Frau Kritik.

Alles dies hat Sankt Bruno vollbracht „durch sich selbst und in sich selbst und mit sich selbst", denn er ist „Er selber", ja er ist „stets und selbst der Größeste und kann der Größeste sein" (*ist* es und *kann* es sein!) „durch sich selbst und in sich selbst und mit sich selbst" (p. 136). Sela.[1]

Sankt Bruno wäre für das weibliche Geschlecht allerdings gefährlich, da er die „unwiderstehliche Persönlichkeit" ist, fürchtete er nicht „auf der andern Seite ebensosehr" „die Sinnlichkeit als die Schranke, an der sich der Mensch den Todes-*Stoß* geben muß". Er wird daher „durch sich selbst und in sich selbst und mit sich selbst" wohl keine Blumen brechen, sondern sie verwelken lassen in unbegrenzter Sehnsucht und schmachtender Hysterie nach der „unwiderstehlichen Persönlichkeit", die „dieses einzige Geschlecht und diese einzigen, bestimmten Geschlechtsorgane besitzt".

---

[1] Abgemacht; Schluß!

III
Sankt Max

„Was jehen mir die jrinen Beeme an?" [45]

Der heilige Max exploitiert, „verbraucht" oder „benutzt" das Konzil dazu, einen langen apologetischen Kommentar „*des Buches*" zu geben, welches kein anderes Buch ist als „*das* Buch", das Buch als solches, das Buch schlechthin, d. h. das vollkommene Buch, das Heilige Buch, das Buch als Heiliges, das Buch als *das* Heilige — das Buch im Himmel, nämlich „*Der Einzige und sein Eigenthum*". „Das Buch" war bekanntlich gegen Ende 1844 aus dem Himmel herab*gefallen* und hatte bei O. Wigand in Leipzig Knechtsgestalt angenommen.[46] Es hatte sich so den Wechselfällen des irdischen Lebens preisgegeben und war von drei „Einzigen", nämlich von der geheimnisvollen Persönlichkeit *Szeliga*, von dem Gnostiker *Feuerbach* und von *Heß* angegriffen worden.[47] So erhaben der heilige Max auch als Schöpfer in jedem Augenblick über sich als Geschöpf wie über seine sonstigen Geschöpfe ist, erbarmte er sich dennoch seines schwachen Kindleins und stieß zu seiner Wehrung und Sicherstellung ein lautes „kritisches Juchhe" aus. Um sowohl dies „kritische Juchhe" wie die geheimnisvolle Persönlichkeit *Szeliga* in ihrer ganzen Bedeutung zu ergründen, müssen wir hier einigermaßen auf die Kirchengeschichte eingehen und „das Buch" näher betrachten. Oder um mit Sankt Max zu sprechen: Wir wollen „an dieser Stelle" eine kirchengeschichtliche „Reflexion" über den „Einzigen und sein Eigenthum" „episodisch einlegen", „lediglich darum", „weil uns dünkt, sie könne zur Verdeutlichung des Übrigen beitragen".

„Machet die Tore weit und die Türen in der Welt hoch, daß der König der Ehren einziehe. — Wer ist derselbe König der Ehren? Es ist der ‚Feldherr', stark und mächtig, ‚der Feldherr', mächtig im Streit. Machet die Tore weit und die Türen in der Welt hoch, daß der König der Ehren einziehe. — Wer ist derselbe König der Ehren? Es ist der Herr Einzige[48], Er ist der König der Ehren." (Ps[alm] 24, 7—10.)

1. Der Einzige und sein Eigentum

Der Mann, der „sein' Sach' auf Nichts gestellt hat", beginnt als guter Deutscher sein langgezogenes „kritisches Juchhe" sogleich mit einer Jeremiade: „Was soll nicht Alles Meine Sache sein?" (p. 5 des Buchs). Und er jammert herzzerreißend weiter, daß „Alles seine Sache sein soll", daß man ihm „die Sache Gottes, die Sache der Menschheit, der Wahrheit, Freiheit, ferner die Sache Seines Volkes, Seines Fürsten" und tausend andre gute Sachen aufbürdet. Der arme Mann! Der französische und englische Bourgeois klagt über Mangel an Débouchés[1], über Handelskrisen, panische Schrecken an der Börse, augenblickliche politische Konstellationen usw.; der deutsche Kleinbürger, der aktiv nur einen ideellen Anteil an der Bourgeoisbewegung genommen und im übrigen nur seine eigne Haut zu Markt getragen hat, stellt sich seine eigne Sache nur als „die gute Sache", die „Sache der Freiheit, Wahrheit, Menschheit" etc. vor.

Unser deutscher Schulmeister glaubt ihm tout bonnement[2] diese Einbildung und setzt sich mit allen diesen guten Sachen auf drei Seiten vorläufig auseinander.

Er untersucht die „Sache Gottes", die „Sache der Menschheit", p. 6 und 7, und findet, daß dies „rein egoistische Sachen" sind, daß sowohl „Gott" wie „die Menschheit" sich nur um das *Ihrige* bekümmern, daß es „der Wahrheit, der Freiheit, der Humanität, der Gerechtigkeit" „nur um sich, nicht um Uns, nur um Ihr Wohl, nicht um das Unsere zu tun ist" — woraus er den Schluß zieht, daß sich alle diese Personen „ausnehmend gut dabei stehen". Er geht so weit, diese idealistischen Phrasen, Gott, Wahrheit usw., in wohlhabende Bürger zu verwandeln, die „sich ausnehmend gut stehen" und eines „*einträglichen* Egoismus" erfreuen. Das aber wurmt den heiligen Egoisten: „Und Ich?" ruft er aus.

---

[1] Absatzgelegenheiten.
[2] ohne weiteres.

108

„Ich Meinesteils nehme Mir eine Lehre daran und will, statt jenen großen Egoisten ferner zu dienen, lieber selber der Egoist sein!" (p.7).

Wir sehen also, welch heilige Motive den heiligen Max bei seinem Übertritt zum Egoismus leiten. Nicht die Güter dieser Welt, nicht die Schätze, so die Motten und der Rost fressen, nicht die Kapitalien seiner Mit-Einzigen, sondern der Schatz im Himmel, die Kapitalien Gottes, der Wahrheit, Freiheit, Menschlichkeit etc. lassen ihn nicht ruhen.

Mutete man ihm nicht zu, den vielen guten Sachen zu dienen, er würde nie zu der Entdeckung gekommen sein, daß er auch eine „eigne" Sache habe, würde also auch diese seine Sache nicht „auf Nichts" (d. h. „das Buch") „gestellt" haben.

Hätte Sankt Max sich die verschiedenen „Sachen" und „Eigner" dieser Sachen, z. B. Gott, Menschheit, Wahrheit etwas näher betrachtet, so wäre er zu dem entgegengesetzten Schluß gekommen, daß ein auf die egoistische Handlungsweise dieser Personen basierter Egoismus ebenso eingebildet sein müsse wie diese Personen selbst.

Statt dessen entschließt sich unser Heiliger, „Gott" und „der Wahrheit" Konkurrenz zu machen und seine Sache auf Sich zu stellen —

„auf Mich, der Ich so gut wie Gott das Nichts von allem Andern, der Ich Mein Alles, der Ich der Einzige bin. — — Ich bin Nichts im Sinne der Leerheit, *sondern* das schöpferische Nichts, das Nichts, aus welchem Ich selbst als Schöpfer Alles schaffe."

Der heilige Kirchenvater hätte diesen letzten Satz auch so ausdrücken können: Ich bin Alles in der Leerheit des Unsinns, *„sondern"* der nichtige Schöpfer, das Alles, aus welchem ich selbst als Schöpfer Nichts schaffe.

Welche von diesen beiden Lesarten die richtige ist, wird sich herausstellen. Soweit die Vorrede.

„Das Buch" selbst teilt sich, wie das „weiland" Buch, in das Alte und Neue Testament, nämlich in die einzige Geschichte des Menschen (das Gesetz und die Propheten) und in die unmenschliche Geschichte des Einzigen (Evangelium vom Reiche Gottes). Das erste ist die Geschichte innerhalb der Logik, der in der Vergangenheit gebundene Logos, das zweite die Logik in der Geschichte, der freigewordene Logos, der mit der Gegenwart kämpft und sie siegreich überwältigt.

109

Altes Testament: Der Mensch

1. Genesis, d. i. Ein Menschenleben

Sankt Max schützt hier vor, die *Biographie* seines Todfeindes, „des *Menschen*", zu schreiben, nicht die eines *„Einzigen"* oder „wirklichen Individuums". Dies verwickelt ihn in ergötzliche Widersprüche.

Wie sich's für eine normale Genesis geziemt, beginnt das „Menschenleben" ab ovo[1], mit dem „Kinde". Das Kind, wird uns p. 13 enthüllt, „lebt gleich im Kampfe gegen die ganze Welt, es wehrt sich gegen Alles, und Alles wehrt sich gegen es". „Feinde bleiben Beide", aber „in Ehrfurcht und Respekt", und „liegen immer auf der Lauer, sie *lauern* einer auf die *Schwäche* des Andern"; was p. 14 dahin weiter ausgeführt wird, „daß wir" als Kinder „auf den *Grund der Dinge* oder hinter die Dinge zu kommen suchen; daher" (also nicht mehr aus Feindschaft) „*lauschen* wir Allen ihre *Schwächen* ab". (Hier ist *Szeligas* Finger, des Geheimniskrämers.) Das *Kind* wird also gleich zum *Metaphysiker*, der „auf den *Grund* der Dinge" zu kommen sucht.

Dieses *spekulierende* Kind, dem die „Natur der Dinge" mehr am Herzen liegt als sein Spielzeug, wird nun „mitunter" auf die Dauer mit der „Welt der Dinge" fertig, besiegt sie und kommt dann in eine neue Phase, das *Jünglingsalter*, wo es einen neuen „sauern Lebenskampf", den Kampf gegen die Vernunft, zu bestehen hat, denn „*Geist heißt* die *erste Selbstfindung*" und „Wir sind über der Welt, Wir sind Geist" (p. 15). Der Standpunkt des *Jünglings* ist „der himmlische"; das Kind „*lernte*" nur, „es hielt sich bei rein logischen oder theologischen Fragen nicht auf", *wie* denn auch (das Kind) „Pilatus" rasch über die Frage: „Was ist Wahrheit?" hinwegeilt (p. 17). Der Jüngling „sucht der Gedanken habhaft zu wer-

---

[1] vom Ei an; ganz von vorn.

den", „versteht Ideen, *den* Geist" und „sucht nach Ideen"; er „hängt seinen Gedanken nach" (p. 16), er hat „absolute Gedanken, d. h. *nichts als Gedanken*, logische Gedanken". Der Jüngling, der also „sich gebart", statt jungen Frauenzimmern und sonstigen profanen Dingen nachzujagen, ist kein andrer als der junge „Stirner", der Berliner studierende Jüngling, der Hegelsche Logik treibt und dem großen Michelet zustaunt. Von *diesem* Jüngling heißt es mit Recht p. 17: „Den *reinen Gedanken* zutage zu fördern, ihm anzuhangen, das ist *Jugendlust*, und alle Lichtgestalten der Gedankenwelt, die Wahrheit, Freiheit, Menschentum, *der* Mensch usw. erleuchten und begeistern die jugendliche Seele."

Dieser Jüngling „wirft" dann auch „den Gegenstand beiseite" und „beschäftigt sich" bloß „mit seinen Gedanken"; „alles nicht Geistige befaßt er unter dem verächtlichen Namen der *Äußerlichkeiten*, und wenn er gleichwohl an solchen Äußerlichkeiten haftet, z. B. am Burschikosen etc., so geschieht es, wenn und weil er in ihnen Geist *entdeckt*, d. h., wenn sie ihm *Symbole* sind" (Wer „*entdeckt*" hier nicht „Szeliga"?). Guter Berliner Jüngling! Der Bierkomment der Korpsburschen war für ihn nur „ein Symbol", nur „einem Symbol" zu Gefallen hat er sich so manches Mal unter den Tisch trinken lassen, unter welchem er wahrscheinlich auch „Geist entdecken" wollte! — Wie gut dieser gute Jüngling ist, an dem sich der alte *Ewald*, der zwei Bände über den „guten Jüngling" schrieb, ein Exempel hätte nehmen können, zeigt sich auch daraus, daß es für Ihn „heißt" (p. 15), „Vater und Mutter sei zu verlassen, alle Naturgewalt für gesprengt zu erachten". Für ihn, „den Vernünftigen, gibt es keine Familie als Naturgewalt, es zeigt sich eine Absagung von Eltern, Geschwistern etc." — die aber Alle „als *geistige, vernünftige* Gewalten wiedergeboren werden", wodurch der gute Jüngling dann den Gehorsam und die Furcht vor den Eltern mit seinem spekulierenden Gewissen in Einklang gebracht hat und Alles beim Alten bleibt. Ebenso „heißt es nun" (p. 15): „Man muß Gott mehr gehorchen als den Menschen." Ja, der gute Jüngling erreicht die höchste Spitze der Moralität p. 16, wo „es nun heißt": „Man muß seinem Gewissen mehr gehorchen als Gott." Dieses moralische Hochgefühl setzt ihn sogar über „die rächenden Eumeniden"[49], ja über „den Zorn des Poseidon" hinweg — nichts fürchtet er mehr als — „das Gewissen".

Nachdem er entdeckt hat, daß „der Geist das Wesentliche" sei, fürchtet er sich sogar nicht mehr vor folgenden halsbrechenden Schlüssen:

„Ist *aber* der Geist als das Wesentliche erkannt, *so* macht es *doch* einen Unterschied, *ob* der Geist arm oder reich ist, und *man* sucht *deshalb*" (!) „reich an Geist zu werden; es will *der Geist* sich ausbreiten, sein Reich zu gründen, ein Reich, das nicht von dieser Welt ist, der eben überwundenen. So sehnt er sich nun Alles in Allem zu werden" (*wie so?*), „d. h., *obgleich* Ich Geist bin, bin Ich *doch* nicht vollendeter Geist *und muß*" (?) „den vollendeten Geist erst suchen." (p. 17.)

„So macht *es* doch einen Unterschied." — „*Es*", was? Welches „Es" macht diesen Unterschied? Wir werden dieses geheimnisvolle „Es" noch sehr häufig bei dem heiligen Manne wiederfinden, wo sich dann herausstellen wird, daß es der Einzige auf dem Standpunkte der *Substanz*, der Anfang der „einzigen" Logik und als solches die wahre Identität des Hegelschen „Sein" und „Nichts" ist. Für alles, was dieses „Es" tut, sagt und macht, machen wir daher unsren Heiligen, der sich zu ihm als Schöpfer verhält, verantwortlich. Zuerst macht dieses „Es", wie wir sahen, einen Unterschied zwischen Arm und Reich; und zwar weshalb? weil „der Geist als das Wesentliche erkannt ist". Armes „Es", das ohne diese Erkenntnis nie zu dem Unterschiede von Arm und Reich gekommen wäre! „Und *man* sucht deshalb" etc. „Man!" Hier haben wir die zweite unpersönliche Person, die außer dem „Es" in Stirners Diensten steht und ihm die härtesten Hand- und Schubdienste verrichten muß. Wie sich die Beiden unter die Arme zu greifen gewohnt sind, zeigt sich hier. Weil „Es" einen Unterschied macht, ob der Geist arm oder reich sei, so sucht „Man" (wer anders als Stirners getreuer Knecht wäre auf diesen Einfall gekommen!), so sucht „*Man deshalb* reich an Geist zu werden". „Es" gibt das Signal, und gleich stimmt „Man" aus voller Kehle ein. Die Teilung der Arbeit ist klassisch durchgeführt.

Weil „man *reich an Geist* zu werden sucht", so „will *der Geist* sich ausbreiten, *sein Reich* gründen" etc. „Ist aber" hier ein Zusammenhang vorhanden, „so macht es doch einen Unterschied", ob „man *reich an Geist*" werden oder „*der* Geist sein Reich gründen" will. „*Der Geist*" hat bisher noch *nichts* gewollt, „*der Geist*" hat noch nicht als *Person* figuriert, es hat sich nur um den Geist des „Jünglings", nicht um „*den Geist*" schlechthin, den Geist als *Sub-*

112

jekt, gehandelt. Aber der heilige Schriftsteller hat jetzt einen andern Geist als den des Jünglings nötig, um ihn diesem als fremden, in letzter Instanz als heiligen Geist entgegenstellen zu können. *Eskamotage* Nr. 1.

„So sehnt sich der Geist denn Alles in Allem zu werden", ein etwas dunkler Spruch, der dahin erläutert wird: „Obgleich Ich Geist bin, bin Ich doch nicht vollendeter Geist *und muß den vollkommenen Geist erst suchen.*" Ist aber der heilige Max „unvollendeter Geist", „so macht es doch einen Unterschied", ob er *seinen* Geist „*vollenden*" oder ob er „*den vollendeten* Geist" suchen muß. Er hatte es überhaupt ein paar Zeilen vorher nur mit dem „*armen*" und „*reichen*" Geiste zu tun — quantitativer, profaner Unterschied —, jetzt auf einmal mit dem „*unvollendeten*" und „*vollendeten*" Geiste — qualitativer, mysteriöser Unterschied. Das Streben nach Ausbildung des eignen Geistes kann sich nun in die Jagd des „unvollendeten Geistes" auf „*den* vollendeten Geist" verwandeln. Der heilige Geist geht als Gespenst um. *Eskamotage* Nr. 2.

Der heilige Autor fährt fort:

„Damit" (nämlich mit dieser Verwandlung des Strebens nach der „Vollendung" *meines* Geistes in das Suchen nach „*dem* vollendeten Geist") „verliere Ich aber, der Ich Mich soeben als Geist gefunden hatte, sogleich Mich wieder, indem Ich vor dem vollendeten Geiste, als einem Mir nicht eignen, sondern *jenseitigen* Mich beuge und meine Leerheit fühle." p. 18.

Dies ist weiter Nichts als eine weitere Ausführung von Eskamotage Nr. 2. Nachdem der „vollendete Geist" einmal als ein *existierendes Wesen vorausgesetzt* und dem „unvollendeten Geist" gegenübergestellt ist, versteht es sich von selbst, daß der „unvollendete Geist", der Jüngling, „seine Leerheit" bis auf den Grund seines Herzens schmerzlich empfindet. Weiter!

„Auf Geist kommt zwar Alles an, *aber* ist auch jeder Geist der rechte Geist? Der rechte und wahre Geist ist das Ideal des Geistes, der ‚heilige Geist'. Er ist nicht Mein oder Dein Geist, sondern *eben*"(!) „ein — idealer, jenseitiger, er ist ‚Gott'. ‚Gott ist Geist'." p. 18.

Hier haben wir auf einmal den „vollendeten Geist" in den „rechten" und gleich darauf in den „rechten und wahren Geist" verwandelt. Dieser wird dadurch näher bestimmt, daß er „das Ideal des Geistes, der heilige Geist" sei, was dadurch bewiesen wird, daß er „nicht Mein oder Dein Geist, sondern *eben* ein jenseitiger, idealer,

Gott" ist. Der wahre Geist ist das *Ideal* des Geistes, weil er „eben" ein *idealer* ist! Er ist der heilige Geist, weil er „eben" — Gott ist! Welche „Virtuosität im Denken"! Beiläufig bemerken wir noch, daß von „Deinem" Geiste bisher noch nicht die Rede war. Eskamotage Nr. 3.

Also wenn ich mich als Mathematiker auszubilden oder nach Sankt Max zu „vollenden" suche, so suche ich den „vollendeten" Mathematiker d. h. „den rechten und wahren" Mathematiker, der „das Ideal" des Mathematikers, den „heiligen" Mathematiker, der ein von Mir und Dir verschiedener Mathematiker ist (obgleich Du mir als vollendeter Mathematiker gelten kannst, wie für den Berliner Jüngling sein Professor der Philosophie als vollendeter Geist gilt), „sondern eben ein idealer, jenseitiger", der Mathematiker im Himmel, „Gott" ist. Gott ist Mathematiker.

Auf alle diese großen Resultate kommt der heilige Max, weil „es einen Unterschied macht, ob der Geist reich oder arm sei", d. h. zu deutsch übersetzt, ob einer reich oder arm an Geist ist, und weil sein „Jüngling" diese merkwürdige Tatsache entdeckt hat.

Der heilige Max fährt fort p. 18:

„Den *Mann* scheidet *es* vom Jünglinge, daß er die Welt nimmt, wie sie ist" etc.

Wir erfahren also nicht, wie der Jüngling dazu kommt, die Welt plötzlich zu nehmen, „wie sie ist", wir sehen auch nicht unsern heiligen Dialektiker den Übergang vom Jüngling zum Manne machen, wir erfahren bloß, daß „*Es*" hier diesen Dienst verrichten und den Jüngling vom Manne „*scheiden*" muß. Selbst das „Es" allein reicht nicht hin, den schwerfälligen Frachtwagen der einzigen Gedanken in Gang zu bringen. Denn nachdem „*Es*" „den Mann vom Jüngling geschieden" hat, fällt der Mann dennoch wieder in den Jüngling zurück, beschäftigt sich von Neuem „ausschließlich mit Geistigem" und kommt nicht in den Zug, bis das „Man" mit neuem Vorspann zu Hilfe eilt. „Erst dann, wenn *man* sich *leibhaftig* liebgewonnen etc.", p. 18 — „erst dann" geht es wieder flott voran, der Mann entdeckt, daß er ein persönliches Interesse hat, und kommt zur „*zweiten Selbstfindung*", indem er sich nicht nur „als Geist findet", wie der Jüngling, „und sich dann sogleich wieder an den allgemeinen Geist verliert", sondern als „*leibhaftiger* Geist". p. 19. Dieser „leibhaftige Geist" kommt endlich dann auch dazu, „ein Interesse nicht etwa nur seines Geistes" (wie der Jüngling), „sondern totaler Befriedigung, Befriedigung des ganzen Kerls" (ein Interesse der Befriedigung des ganzen Kerls!) zu haben — er kommt dazu, „an sich, wie er leibt und lebt, eine Lust zu haben". Stirners „Mann" kommt als Deutscher zu Allem sehr spät. Er kann auf den Pariser Boulevards und in der Londoner Regent Street Hunderte von „Jünglingen", Muscadins und Dandies[1], flanieren sehen, die sich noch nicht als „leibhaftigen Geist" gefunden haben, aber nichtsdestoweniger „an sich, wie sie leiben und leben, eine Lust haben" und ihr Hauptinteresse in die „Befriedigung des ganzen Kerls" setzen.

Diese zweite „Selbstfindung" begeistert unsern heiligen Dialektiker so sehr, daß er plötzlich aus der Rolle fällt und statt vom *Manne* von *Sich selbst* spricht, uns verrät, daß Er selber, Er der Einzige, „der Mann" ist, und daß „der Mann" = „der Einzige" ist. Neue Eskamotage.

„Wie Ich Mich" (soll heißen „der Jüngling sich") „hinter den *Dingen* finde, und zwar als *Geist*, so muß Ich Mich" (soll heißen „der Mann sich") „später auch hinter den *Gedanken* finden, nämlich als ihr Schöpfer und Eigner. In der Geisterzeit wuchsen Mir" (dem Jünglinge) „die Gedanken über den Kopf, dessen Geburten sie doch waren; wie Fieberphantasien umschwebten und erschütterten sie Mich, eine schauervolle Macht. Die Gedanken waren für sich selbst *leibhaftig* geworden, waren Gespenster, wie Gott, Kaiser, Papst, Vaterland usw.; zerstöre Ich ihre Leibhaftigkeit, so nehme Ich sie in die Meinige zurück und *sage*: Ich allein bin leibhaftig. Und nun nehme Ich die Welt als das, was sie Mir ist, als die *Meinige*, als Mein Eigentum: Ich beziehe Alles auf Mich."

Nachdem also der hier mit „dem Einzigen" identifizierte Mann zuerst den Gedanken Leibhaftigkeit gegeben, d. h. sie zu Gespenstern gemacht hat, zerstört er nun wieder diese Leibhaftigkeit, indem er sie in seinen eignen Leib zurücknimmt und diesen somit als den Leib der Gespenster setzt. Daß er erst durch die Negation der Gespenster auf seine eigne Leibhaftigkeit kommt, dies zeigt, wie diese konstruierte Leibhaftigkeit des Mannes beschaffen ist, die er „sich" erst „sagen" muß, um daran zu glauben. „Und nun sagt" er sich nicht einmal richtig, was er „sich sagt". Daß außer seinem „einzigen" Leib nicht noch in seinem Kopf allerlei selbständige Leiber, Spermatozoa, hausen, verwandelt er in die „*Sage*": Ich *allein* bin leibhaftig. Abermalige Eskamotage.

[1] Stutzer und Gecken.

Weiter. Der Mann, der sich als Jüngling allerlei dummes Zeug über bestehende Mächte und Verhältnisse, wie Kaiser, Vaterland, Staat etc., in den Kopf gesetzt und sie nur als seine eigne „Fieberphantasie" in der Gestalt seiner Vorstellung gekannt hat, *zerstört nach Sankt Max diese Mächte wirklich*, indem er seine falsche Meinung von ihnen sich aus dem Kopf schlägt. Umgekehrt, indem er die Welt nicht mehr durch die Brille seiner Phantasie erblickt, hat er sich nun um ihren praktischen Zusammenhang zu bekümmern, ihn kennenzulernen und nach ihm sich zu richten. Indem er ihre *phantastische* Leibhaftigkeit, die sie für ihn hatte, zerstört, findet er ihre wirkliche Leibhaftigkeit außer seiner Phantasie. Indem ihm die *gespenstige* Leibhaftigkeit des Kaisers verschwindet, ist ihm nicht die Leibhaftigkeit, sondern die *Gespensterhaftigkeit* des Kaisers verschwunden, dessen wirkliche Macht er jetzt erst in ihrer Ausdehnung würdigen kann. Eskamotage Nr. 3 [a].

Der Jüngling als Mann verhält sich nicht einmal kritisch zu Gedanken, die auch für Andre gültig sind und als Kategorien zirkulieren, sondern nur zu solchen Gedanken, die „bloße Geburten seines Kopfes", d. h. die von seinem Kopfe wiedergebornen allgemeinen Vorstellungen über bestehende Verhältnisse sind. Er löst also z. B. nicht einmal die *Kategorie* „Vaterland" auf, sondern nur seine Privatmeinung von dieser Kategorie, wo denn immer noch die *allgemeingültige* Kategorie übrigbleibt und selbst im Gebiete des „philosophischen Denkens" die Arbeit erst anfängt. Er will uns aber weismachen, er habe die Kategorie selbst aufgelöst, weil er sein gemütliches Privatverhältnis zu ihr aufgelöst hat — gerade wie er uns eben weismachen wollte, er habe die Macht des Kaisers vernichtet, wenn er seine phantastische Vorstellung vom Kaiser aufgegeben hat. Eskamotage Nr. 4.

„*Und nun*", fährt der heilige Max fort, „nehme ich die Welt als das, was sie Mir ist, als die Meinige, als Mein Eigentum."

Er nimmt die Welt als das, was sie ihm ist, d. h. *als das, als was er sie nehmen muß*, und hierdurch hat er sich die Welt *angeeignet*, sie zu seinem Eigentum gemacht — eine Manier des Erwerbs, die sich zwar bei keinem Ökonomen findet, deren Methode und Erfolge dagegen „das Buch" selbst um so prunkvoller offenbaren wird. Im Grunde „nimmt" er aber nicht „die Welt", sondern nur seine „Fieberphantasie" von der Welt als die Seinige und eignet sie Sich an.

Er nimmt die Welt als seine Vorstellung von der Welt, und als seine Vorstellung ist die Welt sein vorgestelltes Eigentum, das Eigentum seiner Vorstellung, seine Vorstellung als Eigentum, sein Eigentum als Vorstellung, seine eigentümliche Vorstellung, oder seine Vorstellung vom Eigentum; und dies Alles drückt er in dem unvergleichlichen Satze aus: „Ich beziehe Alles auf Mich."

Nachdem der Mann nach des Heiligen eignem Bekenntnis erkannt hat, daß die Welt nur mit Gespenstern bevölkert war, weil der Jüngling Gespenster sah, nachdem die *Scheinwelt* des Jünglings für ihn verschwunden ist, befindet er sich in einer *wirklichen*, von den Einbildungen des Jünglings unabhängigen Welt.

Und nun, muß es also heißen, nehme Ich die Welt als das, was sie *unabhängig von Mir* ist, als die *Ihrige* („der Mann nimmt" p. 18 selbst „die Welt wie sie ist", nicht wie ihm beliebt), zunächst als Mein Nichteigentum (Mein Eigentum war sie bisher nur als Gespenst): Ich beziehe Mich auf Alles und nur insofern Alles auf Mich.

„Stieß ich als Geist die Welt zurück in tiefster Weltverachtung, so stoße Ich als Eigner die Geister oder Ideen zurück in ihre Eitelkeit. Sie haben keine Macht mehr über mich, wie über den Geist keine ‚Gewalt der Erde' eine Macht hat." p. 20.

Wir sehen hier, wie der Eigner, der Stirnersche Mann, die Erbschaft des Jünglings, die, wie er selbst sagt, nur in „Fieberphantasien" und „Gespenstern" besteht, sine beneficio deliberandi atque inventarii[1] sofort antritt. Er glaubt es, daß er als Jüngling werdendes Kind mit der Welt der Dinge, als Mann werdender Jüngling mit der Welt des Geistes wirklich fertiggeworden ist, daß er als Mann jetzt die ganze Welt in der Tasche und sich um Nichts mehr Sorge zu machen hat. Wenn, wie er dem Jüngling nachschwatzt, keine Gewalt der Erde außer ihm Macht über den Geist hat, also der Geist die höchste Macht der Erde ist — und Er, der Mann, diesen allmächtigen Geist sich unterworfen hat — ist er da nicht vollends allmächtig? Er vergißt, daß er nur die phantastische und gespenstige Gestalt, welche die Gedanken Vaterland etc. unter dem Schädel „des Jünglings" annahmen, zerstörte, daß er aber diese Gedanken, sofern sie *wirkliche* Verhältnisse ausdrücken, noch

---

[1] wörtlich: ohne die Vergünstigung der Bedenkzeit und der Bestandsaufnahme.[50]

nicht *berührt* hat. Weit entfernt, Herr der Gedanken geworden zu sein, ist er erst jetzt fähig, zu „Gedanken" zu kommen.

„Es kann nun, um hiermit zu schließen, einleuchten" (p. 199), daß der heilige Mann seine Konstruktion der Lebensalter zum erwünschten und prädestinierten Ziele geführt hat. Das gewonnene Resultat teilt er uns in einem Satze mit, einem gespenstigen Schatten, den wir mit seinem abhanden gekommenen Leib wieder konfrontieren wollen.

Einziger Satz, p. 20.	Inhaber anliegenden emanzipierten Schattens.
„Das Kind war *realistisch* in den *Dingen dieser Welt* befangen, bis ihm nach und nach *hinter eben diese Dinge* zu kommen gelang. Der Jüngling war *idealistisch*, von Gedanken begeistert, bis er sich zum Manne hinaufarbeitete, dem egoistischen, der mit den Dingen und Gedanken nach Herzenslust gebart und sein persönliches Interesse über Alles setzt. Endlich der Greis? Wenn Ich einer werde, so ist noch Zeit genug, davon zu sprechen."	Das Kind war *wirklich in der Welt seiner Dinge* befangen, bis ihm *nach und nach* (borgerliche Eskamotage der Entwickelung) eben *diese Dinge hinter sich* zu bekommen gelang. Der Jüngling war *phantastisch*, von Begeisterung gedankenlos, bis der Mann ihn hinabarbeitete, der egoistische *Bürger*, mit dem die Dinge und Gedanken nach Herzenslust gebaren, weil sein persönliches Interesse Alles über ihn setzt. Endlich der Greis? — „Weib, was habe ich mit Dir zu schaffen?"

Die ganze Geschichte „eines Menschenlebens" läuft also, „um hiermit zu schließen", auf Folgendes hinaus:

1. faßt Stirner die verschiedenen Lebensstufen nur als „Selbstfindungen" des Individuums, und zwar reduzieren sich diese „Selbstfindungen" immer auf ein bestimmtes Bewußtseinsverhältnis. Die Verschiedenheit des *Bewußtseins* ist hier also das Leben des Individuums. Die physische und soziale Veränderung, die mit den Individuen vorgeht und ein verändertes Bewußtsein erzeugt, geht ihn natürlich Nichts an. Deswegen finden auch Kind, Jüngling und Mann bei Stirner die Welt immer fertig vor, wie sie sich „selbst" nur „finden"; es wird durchaus Nichts getan, um dafür zu sorgen, daß überhaupt etwas vorgefunden werden kann. Aber selbst das Verhältnis des *Bewußtseins* wird nicht einmal richtig, sondern nur in seiner spekulativen Verdrehung aufgefaßt. Darum verhalten sich auch alle diese Gestalten philosophisch zur Welt — „das Kind

realistisch", „der Jüngling *idealistisch"*, der Mann als negative Einheit Beider, als absolute Negativität, was in dem obigen Schlußsatz zum Vorschein kam. Hier ist das Geheimnis „eines Menschenlebens" enthüllt, hier tritt es hervor, daß „das *Kind"* nur eine Verkleidung des *„Realismus"*, „der *Jünglings"* des *„Idealismus"*, „der *Mann"* der versuchten *Lösung* dieses *philosophischen Gegensatzes* war. Diese Lösung, diese *„absolute Negativität"*, kommt, wie sich schon jetzt ergibt, nur dadurch zustande, daß der Mann die Illusionen sowohl des Kindes wie des Jünglings auf Treu und Glauben akzeptiert und damit *glaubt*, die Welt der Dinge und die Welt des Geistes überwunden zu haben.

2. Wenn Sankt Max auf das physische und soziale „Leben" des Individuums keine Rücksicht nimmt, überhaupt nicht vom „Leben" spricht, abstrahiert er ganz konsequent von den historischen Epochen, von der Nationalität, Klasse etc., oder, was *dasselbe* ist, er bläht das herrschende *Bewußtsein* der ihm am nächsten stehenden Klasse seiner unmittelbaren Umgebung zum Normalen Bewußtsein „Eines Menschenlebens" auf. Um sich über diese lokale und Schulmeister-Borniertheit zu erheben, braucht er „seinen" Jüngling nur mit dem ersten besten Kontorjüngling, einem jungen englischen Fabrikarbeiter, einem jungen Yankee, von den jungen Kirgiskaisaken gar nicht zu reden, zu konfrontieren.

3. Die enorme Leichtgläubigkeit unseres Heiligen — der eigentliche Geist seines Buchs — beruhigt sich nicht dabei, seinen Jüngling an sein Kind, seinen Mann an seinen Jüngling glauben zu lassen. Er selbst verwechselt unbesehens die Illusionen, die gewisse „Jünglinge", „Männer" etc. sich etwa von sich machen oder zu machen behaupten, mit dem *„Leben"*, der *Wirklichkeit* dieser höchst zweideutigen Jünglinge und Männer.

4. ist die ganze Konstruktion der Menschenalter im dritten Teile der Hegelschen „Encyclopädie"[51] und „unter mancherlei Wandlungen" auch sonst von Hegel bereits prototypisch vorgebildet. Der heilige Max, der „eigne" Zwecke verfolgt, mußte natürlich hier auch einige „Wandlungen" vornehmen; während Hegel z. B. sich noch so weit durch die empirische Welt bestimmen läßt, daß er den deutschen Bürgersmann als Knecht der ihn umgebenden Welt darstellt, muß ihn Stirner zum Herrn dieser Welt machen, was er nicht einmal in der Einbildung ist. Ebenso gibt sich Sankt Max das An-

119

sehen, als spreche er aus empirischen Gründen nicht vom Greis: er wolle nämlich abwarten, bis er einer werde (hier ist also „Ein Menschenleben" = Sein Einziges Menschenleben). Hegel konstruiert die vier Menschenalter frisch darauf los, weil in der realen Welt sich die Negation doppelt setze, nämlich als Mond und Komet (vgl. Hegels Naturphilosophie), und darum hier die Vierheit an die Stelle der Dreiheit trete. Stirner setzt seine Einzigkeit darin, Mond und Komet zusammenfallen zu lassen, und beseitigt so den unglücklichen Greis aus „einem Menschenleben". Der Grund dieser Eskamotage wird sich sogleich zeigen, wenn wir auf die Konstruktion der einzigen Geschichte des Menschen eingehen.

2. Ökonomie des Alten Bundes

Wir müssen hier für einen Augenblick aus „dem Gesetz" in „die Propheten" überspringen, indem wir das Geheimnis des einzigen Haushalts im Himmel und auf Erden schon an dieser Stelle enthüllen. Die Geschichte des Reiches des Einzigen auch im Alten Testamente, wo noch das Gesetz, der Mensch, als ein Zuchtmeister auf den Einzigen (Gal[ater] 3, 24) herrscht, hat einen weisen Plan, der von Ewigkeit her beschlossen war. Es ist Alles zuvorgesehen und verordnet, damit der Einzige in die Welt kommen konnte, als die Zeit erfüllet war, um die heiligen Menschen von ihrer Heiligkeit zu erlösen.

Das erste Buch, „Ein Menschenleben", heißt auch darum „Genesis", weil es den ganzen Einzigen Haushalt im Keime enthält, weil es die ganze spätere Entwickelung bis dahin, wo die Zeit erfüllet ist und das Ende der Tage hereinbricht, prototypisch uns vorführt. Die ganze Einzige Geschichte dreht sich um die drei Stufen: Kind, Jüngling, Mann, die „unter mancherlei Wandlungen" und in stets sich erweiternden Kreisen wiederkehren, bis endlich die ganze Geschichte der Welt der Dinge und der Welt des Geistes sich in „Kind, Jüngling und Mann" aufgelöst hat. Wir werden überall nur verkleidete „Kind, Jüngling und Mann" wiederfinden, wie wir schon in diesen die Verkleidungen dreier Kategorien fanden.

Wir haben oben über die deutsche philosophische Geschichtsauffassung gesprochen. Hier bei Sankt Max finden wir ein glänzendes Beispiel. Die spekulative Idee, die abstrakte Vorstellung wird zur treibenden Kraft der Geschichte und dadurch die Geschichte zur bloßen Geschichte der Philosophie gemacht. Aber auch diese wird nicht einmal so aufgefaßt, wie sie — nach den existierenden Quellen sich zugetragen, geschweige wie sie sich durch die Einwirkung der realen geschichtlichen Verhältnisse entwickelt hat, sondern wie sie von den neueren deutschen Philosophen, speziell Hegel und Feuerbach, aufgefaßt und dargestellt worden ist. Und aus diesen Darstellungen selbst wird wieder nur das genommen, was für den vorliegenden Zweck passend gemacht werden kann und unserm Heiligen traditionell zugekommen ist. Die Geschichte wird so zu einer bloßen Geschichte der vorgeblichen Ideen, zu einer Geister- und Gespenstergeschichte, und die wirkliche, empirische Geschichte, die Grundlage dieser Gespenstergeschichte wird nur dazu exploitiert, um die Leiber für diese Gespenster herzugeben; ihr werden die nötigen Namen entnommen, die diese Gespenster mit dem Schein der Realität bekleiden sollen. Unser Heiliger fällt häufig bei diesem Experiment aus der Rolle und schreibt unverhüllte Gespenstergeschichte.

Bei ihm finden wir diese Art, Geschichte zu machen, in der naivsten, klassischsten Einfalt. Die einfachen drei Kategorien: Realismus, Idealismus, absolute Negativität als Einheit Beider (hier „*Egoismus*" benamst), die wir schon als Kind, Jüngling und Mann vorfanden, werden der ganzen Geschichte zugrunde gelegt und mit verschiedenen geschichtlichen Aushängeschildern behangen; sie sind, mit ihrem bescheidenen Gefolge von Hülfskategorien, der Inhalt aller vorgeführten, vorgeblich geschichtlichen Phasen. Der heilige Max bewährt hier wieder seinen riesenhaften Glauben, indem er den Glauben an den von deutschen Philosophen zubereiteten spekulativen Inhalt der Geschichte weiter treibt als irgendeiner seiner Vorgänger. Es handelt sich also in dieser feierlichen und langwierigen Geschichtskonstruktion nur darum, für drei Kategorien, die so abgedroschen sind, daß sie sich unter ihrem eignen Namen gar nicht mehr öffentlich sehen lassen dürfen, eine pomphafte Reihe volltönender Namen zu finden. Unser gesalbter Autor hätte ganz gut von dem „Manne", p. 20, sogleich auf „Ich", p. 201, oder noch besser auf den „Einzigen", p. 485, übergehen können; das aber wäre viel zu einfach gewesen. Zudem macht die große Konkurrenz unter den deutschen Spekulanten jedem neuen Mitbewerber eine schmetternde historische Annonce für seine Ware zur Pflicht.

Die „Kraft des wahren Verlaufs", um mit dem Dottore Graziano zu sprechen, „verläuft sich aufs kräftigste" in folgenden „Wandlungen":

Grundlage:

I. Realismus.
II. Idealismus.
III. Negative Einheit Beider. „*Man*" (p. 485).

Erste Namengebung:

I. *Kind*, abhängig von den Dingen (Realismus).
II. *Jüngling*, abhängig von Gedanken (Idealismus).
III. *Mann* — (als negative Einheit)

positiv ausgedrückt: Eigner der Gedanken und Dinge,
negativ ausgedrückt: Los von Gedanken und Dingen
} (Egoismus).

Zweite, *historische* Namengebung:

I. *Neger* (Realismus, Kind).
II. *Mongole* (Idealismus, Jüngling).
III. *Kaukasier* (Negative Einheit von Realismus und Idealismus, Mann).

Dritte, allgemeinste Namengebung:

I. Realistischer Egoist (Egoist im gewöhnlichen Verstande) — Kind, Neger.
II. Idealistischer Egoist (Aufopfernder) — Jüngling, Mongole.
III. Wahrer Egoist (der Einzige) — Mann, Kaukasier.

Vierte, historische Namengebung. Wiederholung der früheren Stufen innerhalb des Kaukasiers.

I. Die *Alten*. Negerhafte Kaukasier — kindische Männer — Heiden — abhängig von den Dingen — Realisten — Welt.
Übergang (Kind, das hinter die „Dinge dieser Welt" kommt): Sophisten, Skeptiker etc.

II. Die *Neuen*. Mongolenhafte Kaukasier — jugendliche Männer — Christen — abhängig von den Gedanken — Idealisten — Geist.

1. Reine Geistergeschichte, Christentum als Geist. „Der Geist".
2. Unreine Geistergeschichte. Geist in Beziehung zu Andern. „Die Besessenen".

A) Reine unreine Geistergeschichte.

a) *Der Spuk*, das Gespenst, der Geist im negerhaften Zustand, als dinglicher Geist und geistiges Ding — gegenständliches Wesen für den Christen, Geist als Kind.

b) *Der Sparren*, die fixe Idee, der Geist im mongolischen Zustand, als geistig im Geist, Bestimmung im Bewußtsein, gedachtes Wesen im Christen — Geist als Jüngling.

B) Unreine unreine (historische) Geistergeschichte.

a) Katholizismus — Mittelalter (Neger, Kind, Realismus pp.)

b) Protestantismus — Neue Zeit in der neuen Zeit — (Mongole, Jüngling, Idealismus pp.). Innerhalb des Protestantismus kann man wieder Unterabteilungen machen, z. B.

α) englische Philosophie — Realismus, Kind, Neger.

β) deutsche Philosophie — Idealismus, Jüngling, Mongole.

3. *Die Hierarchie* — negative Einheit Beider innerhalb des mongolenhaft-kaukasischen Standpunkts. Diese tritt nämlich ein, wo das geschichtliche Verhältnis in ein gegenwärtiges verwandelt oder die Gegensätze als nebeneinander existierend vorgestellt werden. Hier haben wir also zwei koexistierende Stufen:

A) die *Unjebildeten* — (Böse, Bourgeois, Egoisten im gewöhnlichen Verstande) = Neger, Kinder, Katholiken, Realisten pp.

B) die Jebildeten (Gute, citoyens[1], Aufopfernde, Pfaffen pp.) = Mongolen, Jünglinge, Protestanten, Idealisten.

Diese beiden Stufen existieren nebeneinander, und daraus ergibt sich „leicht", daß die Jebildeten über die Unjebildeten herrschen — dies ist die *Hierarchie*. In der weiteren geschichtlichen Entwicklung wird dann

---
[1] Staatsbürger.

aus dem Unjebildeten der Nichthegelianer,

aus dem Jebildeten der Hegelianer[1],

woraus folgt, daß die Hegelianer über die Nichthegelianer herrschen. So verwandelt Stirner die spekulative Vorstellung von der Herrschaft der spekulativen Idee in der Geschichte in die Vorstellung von der Herrschaft der spekulativen Philosophen selbst. Seine bisherige Anschauung von der Geschichte, die Herrschaft der Idee, wird in der Hierarchie zu einem gegenwärtig wirklich existierenden Verhältnis, zur Weltherrschaft der Ideologen. Dies zeigt die Tiefe, bis zu der Stirner in die Spekulation versunken ist. Diese Herrschaft der Spekulanten und Ideologen entwickelt sich zu guter Letzt, „da die Zeit erfüllet war", in die folgende schließliche Namengebung:

a) *der politische Liberalismus*, abhängig von den Dingen, unabhängig von den Personen — Realismus, Kind, Neger, Alter, Spuk, Katholizismus, Unjebildeter, herrenlos.

b) der soziale Liberalismus, unabhängig von den Dingen, abhängig vom Geist, gegenstandslos — Idealismus, Jüngling, Mongole, Neuer, Sparren, Protestantismus, Jebildeter, besitzlos.

c) *der humane Liberalismus*, herrenlos und besitzlos, nämlich gottlos, weil Gott zugleich der höchste Herr und der höchste Besitz, Hierarchie — negative Einheit innerhalb der Sphäre des Liberalismus, als solche Herrschaft über die Welt der Dinge und der Gedanken, zugleich der vollendete Egoist in der Aufhebung des Egoismus — die vollendete Hierarchie. Bildet zugleich den

Übergang (Jüngling, der hinter die Welt der Gedanken kommt)

zum

III. „*Ich*" — d. h. dem vollendeten Christen, vollendeten Mann, kaukasischen Kaukasier und wahren Egoisten, der, wie der Christ durch Aufhebung der alten Welt der Geist — so durch Auflösung des Geisterreichs der Leibhaftige wird, indem er die

---

[1] „Der Schamane und der spekulative Philosoph bezeichnen die unterste und oberste Sprosse auf der Stufenleiter des *innerlichen* Menschen, des Mongolen." p. 453. [Note in Engels' Handschrift.]

124

Erbschaft des Idealismus, Jünglings, Mongolen, Neuen, Christen, Besessenen, Sparrens, Protestanten, Jebildeten, Hegelianers und humanen Liberalen sine beneficio deliberandi et inventarii[1] antritt.

NB. 1. Es können nun noch „mitunter" Feuerbachsche und sonstige Kategorien, wie Verstand, Herz etc. bei passender Gelegenheit „episodisch eingelegt" werden, um den Farbenschmelz dieses Gemäldes zu erhöhen und neue Effekte zu produzieren. Es versteht sich, daß auch diese nur neue Verkleidungen des stets durchgehenden Idealismus und Realismus sind.

2. Von der wirklichen profanen Geschichte weiß der recht gläubige Sankt Max, *Jacques le bonhomme*[52], Nichts Wirkliches und Profanes zu sagen, als daß er sie unter dem Namen der „Natur", der „Welt der Dinge", der „Welt des Kindes" pp. stets dem Bewußtsein gegenüberstellt als einen Gegenstand, worüber es spekuliert, als eine Welt, die trotz ihres beständigen Vertilgtwerdens in einem mystischen Dunkel fortexistiert, um bei jeder Gelegenheit wieder zum Vorschein zu kommen; wahrscheinlich weil die Kinder und Neger fortexistieren, also auch „leicht" ihre Welt, die sogenannte Welt der Dinge. Über dergleichen historische und unhistorische Konstruktionen hat bereits der gute alte *Hegel*, bei Gelegenheit Schellings, des Musterreiters aller Konstruktoren, gesagt, daß hier dies zu sagen sei:

„Das Instrument dieses gleichtönigen Formalismus ist nicht schwerer zu handhaben als die Palette eines Malers, auf der sich nur zwei Farben vorfinden, etwa Schwarz" (realistisch, kindlich, negerhaft etc.) „und Gelb"[2] (idealistisch, jünglingshaft, mongolisch etc.), „um mit jener eine Fläche anzufärben, wenn ein historisches Stück" (die „Welt der Dinge"), „mit dieser, wenn eine Landschaft" („der Himmel", Geist, das Heilige etc.) „verlangt wäre." „Phänom[enologie]" p. 39.

Noch treffender hat das „gemeine Bewußtsein" diese Art Konstruktionen in dem folgenden Liede verspottet:

Der Herr, der schickt den Jochem aus,
 Er sollt' den Hafer schneiden,
Der Jochem schneidet den Hafer nicht
Und kommt auch nicht nach Haus.

---

[1] wörtlich: ohne die Vergünstigung der Bedenkzeit und der Bestandsaufnahme.[50]

[2] bei Hegel: Rot und Grün.

Da schickt der Herr den Pudel aus,
　Er sollt' den Jochem beißen.
　Der Pudel beißt den Jochem nicht,
　Der Jochem schneidt den Hafer nicht
　Und kommen nicht nach Haus.
Da schickt der Herr den Prügel aus,
　Er sollt' den Pudel prügeln.
　Der Prügel prügelt den Pudel nicht,
　Der Pudel beißt den Jochem nicht,
　Der Jochem schneidt den Hafer nicht
　Und kommen nicht nach Haus.
Da schickt der Herr das Feuer aus,
　Es sollt' den Prügel brennen.
　Das Feuer brennt den Prügel nicht,
　Der Prügel prügelt Pudel nicht,
　Der Pudel beißt den Jochem nicht,
　Der Jochem schneidt den Hafer nicht
　Und kommen nicht nach Haus.
Da schickt der Herr das Wasser aus,
　Es sollt' das Feuer löschen.
　Das Wasser löscht das Feuer nicht,
　Das Feuer brennt den Prügel nicht,
　Der Prügel prügelt Pudel nicht,
　Der Pudel beißt den Jochem nicht,
　Der Jochem schneidt den Hafer nicht
　Und kommen nicht nach Haus.
Da schickt der Herr den Ochsen aus,
　Er sollt' das Wasser saufen.
　Der Ochse säuft das Wasser nicht,
　Das Wasser löscht das Feuer nicht,
　Das Feuer brennt den Prügel nicht,
　Der Prügel prügelt Pudel nicht,
　Der Pudel beißt den Jochem nicht,
　Der Jochem schneidt den Hafer nicht
　Und kommt auch nicht nach Haus.
Da schickt der Herr den Schlächter aus,
　Er sollt' den Ochsen schlachten.
　Der Schächter schlacht't den Ochsen nicht,
　Der Ochse säuft das Wasser nicht,
　Das Wasser löscht das Feuer nicht,
　Das Feuer brennt den Prügel nicht,
　Der Prügel prügelt Pudel nicht,
　Der Pudel beißt den Jochem nicht,
　Der Jochem schneidt den Hafer nicht
　Und kommen nicht nach Haus.

> Da schickt der Herr den Henker aus,
> Er sollt' den Schlächter henken.
> Der Henker hängt den Schlächter,
> Der Schlächter schlacht't den Ochsen,
> Der Ochse säuft das Wasser,
> Das Wasser löscht das Feuer,
> Das Feuer brennt den Prügel,
> Der Prügel prügelt Pudel,
> Der Pudel beißt den Jochem,
> Der Jochem schneidet den Hafer,
> Und kommen all nach Haus.[53]

Mit welcher „Virtuosität im Denken" und mit welchem Gymnasiastenmaterial Jacques le bonhomme dieses Schema ausfüllt, werden wir sogleich zu sehen Gelegenheit haben.

3. Die Alten

Eigentlich müßten wir hier mit den Negern beginnen; aber der heilige Max, der ohne Zweifel mit im „Rate der Wächter" sitzt, bringt in seiner unerforschlichen Weisheit die Neger erst später, und auch dann „nicht mit dem Anspruche auf Gründlichkeit und Bewährtheit". Wenn wir also die griechische Philosophie dem negerhaften Weltalter, d. h. den Zügen des Sesostris[54] und der napoleonischen Expedition nach Ägypten[55] vorhergehen lassen, so geschieht es in der Zuversicht, daß unser heiliger Schriftsteller Alles weislich angeordnet habe.

„Schauen wir daher in das Treiben hinein, welches" die Stirnerschen Alten „verführen".

„‚Den Alten war die Welt eine Wahrheit‘, sagt Feuerbach; aber er vergißt den wichtigen Zusatz zu machen: eine Wahrheit, hinter deren Unwahrheit sie zu kommen suchten und endlich wirklich kamen." p. 22.

„Den Alten war" ihre „Welt" (nicht *die* Welt) „eine Wahrheit" — womit natürlich keine Wahrheit über die alte Welt gesagt ist, sondern nur, daß sie sich nicht christlich zu ihrer Welt verhielten. Sobald die *Unwahrheit* hinter ihre Welt kam (d. h. sobald diese Welt in sich selbst durch praktische Kollisionen zerfiel — und diese materialistische Entwicklung empirisch nachzuweisen wäre das einzig Interessante), suchten die alten Philosophen hinter die Welt der Wahrheit oder die Wahrheit ihrer Welt zu kommen und fanden dann natürlich, daß sie unwahr geworden war. Ihr Suchen selbst war schon ein Symptom des inneren Verfalls dieser Welt. Jacques le bonhomme macht das idealistische Symptom zur materiellen Ursache des Verfalls und läßt als deutscher Kirchenvater das Altertum selbst seine eigne Verneinung, das Christentum, suchen. Diese Stellung des Altertums ist bei ihm notwendig, weil die Alten die „*Kinder*" sind, die hinter die „Welt der Dinge" zu kommen suchen. „Und etwa leicht auch": Indem Jacques le bonhomme die alte Welt in das spätere Bewußtsein von der alten Welt verwandelt, kann er natürlich mit Einem Sprunge aus der materialistischen alten Welt sich in die Welt der Religion, das Christentum, hinüberschwingen. Der realen Welt des Altertums tritt nun sogleich „das göttliche Wort" gegenüber, dem als Philosoph gefaßten Alten der als moderner Zweifler gefaßte Christ. Sein Christ „kann sich niemals von der Eitelkeit des göttlichen Wortes überzeugen" und „glaubt" infolge dieser Nichtüberzeugung „an die ewige und unerschütterliche Wahrheit desselben", p. 22. Wie sein Alter Alter ist, weil er der Nichtchrist, noch nicht Christ oder verborgener Christ ist, so ist sein Urchrist Christ, weil er der Nichtatheist, noch nicht Atheist, verborgener Atheist ist. Er läßt also das Christentum von den Alten, wie den modernen Atheismus von den Urchristen negiert werden, statt umgekehrt. Jacques le bonhomme, wie alle andern Spekulanten, faßt Alles beim philosophischen Schwanz an. Folgen sogleich noch ein paar Exempel dieser kindlichen Leichtgläubigkeit:

„Der Christ muß sich für einen ‚Fremdling auf Erden' ansehen (Hebr[äer] 11, 13)", p. 23.

Umgekehrt, die Fremdlinge auf Erden (durch höchst natürliche Gründe erzeugt, z. B. die kolossale Konzentration des Reichtums in der ganzen römischen Welt etc. etc.) mußten sich als Christen ansehen. Nicht ihr Christentum machte sie zu Vagabunden, sondern ihr Vagabundentum machte sie zu Christen. — Auf derselben Seite springt der heilige Vater von der Antigone des Sophokles und der mit ihr zusammenhängenden Heiligkeit der Totenbestattung sogleich zum Evangelium Matthäi 8, 22 (laß die Toten ihre Toten begraben), während Hegel wenigstens in der „Phänomenologie" von der Antigone usw. allgemach auf das Römertum übergeht. Mit demselben Rechte hätte Sankt Max sogleich ins Mittelalter übergehen und den Kreuzfahrern mit Hegel diesen Bibelspruch entgegenhalten, oder gar, um recht originell zu sein, die Bestattung des

Polynices durch Antigone mit der Abholung der Asche Napoleons von St. Helena nach Paris in Gegensatz bringen können. Weiter heißt es:

„Im Christentum wird die unverbrüchliche Wahrheit der Familienbande" (die auf p. 22 als eine der „Wahrheiten" der Alten konstatiert wird) „als eine Unwahrheit dargestellt, von der man sich nicht zeitig genug losmachen könne (Mark[us] 10, 29), und so in Allem." (p. 23.)

Dieser Satz, in welchem wieder die Wirklichkeit auf den Kopf gestellt ist, muß folgendermaßen zurechtgerückt werden: Die faktische Unwahrheit der Familienbande (darüber u. a. die noch vorhandnen Dokumente der vorchristlichen römischen Gesetzgebung nachzusehen) wird im Christentum als eine unverbrüchliche Wahrheit dargestellt, „und so in Allem".

Wir sehen also an diesen Exempeln im Übermaße, wie Jacques le bonhomme, der von der empirischen Geschichte „sich nicht zeitig genug losreißen kann", die Tatsachen auf den Kopf stellt, die materielle Geschichte von der ideellen produzieren läßt, „und so in Allem". Von vornherein erfahren wir nur, was die Alten von ihrer Welt angeblich hielten; sie werden als Dogmatiker der alten, ihrer eignen Welt gegenübergestellt, statt als Produzenten derselben aufzutreten; es handelt sich nur um das Verhältnis des Bewußtseins zum Gegenstande, zur Wahrheit; es handelt sich also nur um das philosophische Verhältnis der Alten zu ihrer Welt — an die Stelle der alten Geschichte tritt die Geschichte der alten Philosophie, und auch diese nur, wie Sankt Max sie sich nach Hegel und Feuerbach vorstellt.

Die Geschichte Griechenlands von der perikleischen Zeit inklusive an reduziert sich so auf den Kampf der Abstrakta Verstand, Geist, Herz, Weltlichkeit usw. Dies sind die griechischen Parteien. In dieser Gespensterwelt, die für die griechische Welt ausgegeben wird, „machinieren" dann auch allegorische Personen, wie Frau Herzensreinheit, und nehmen mythische Figuren wie Pilatus (der nie fehlen darf, wo Kinder sind) ernsthaft Platz neben Timon dem Phliasier.

Nachdem Sankt Max uns über die Sophisten und Sokrates einige überraschende Offenbarungen gegeben hat, springt er sogleich zu den Skeptikern über. Er entdeckt in ihnen die Vollender der von Sokrates angefangenen Arbeit. Die positive Philosophie der Griechen, die gerade auf die Sophisten und Sokrates folgt, namentlich die enzyklopädische Wissenschaft des Aristoteles existiert also für Jacques le bonhomme gar nicht. Er „kann nicht zeitig genug sich" von dem Früheren „losmachen" — er eilt auf den Übergang zu den „Neuen" und findet diesen in den Skeptikern, Stoikern und Epikuräern. Sehen wir uns an, was der heilige Vater uns über diese offenbart.

„Die Stoiker wollen den Weisen verwirklichen — — den Mann, der zu leben weiß — — sie finden ihn in der Verachtung der Welt, in einem Leben ohne Lebensentwicklung, [— —] ohne freundliches Vernehmen mit der Welt, d. h. im isolierten Leben, [— —] nicht im Mitleben; nur der Stoiker lebt, alles Andre ist für ihn tot. Umgekehrt verlangen die Epikuräer ein bewegliches Leben." p. 30.

Wir verweisen Jacques le bonhomme, den Mann, der sich verwirklichen will und der zu leben weiß, u. a. auf Diogenes Laertius, wo er finden wird, daß der Weise, Sophos, nichts als der idealisierte Stoiker, nicht der Stoiker der realisierte Weise; wo er finden wird, daß der Sophos durchaus nicht bloß stoisch ist, sondern ebensogut bei den Epikuräern, Neuakademikern und Skeptikern vorkommt. Übrigens ist der Sophos die erste Gestalt, in der uns der griechische Philosophos entgegentritt; er tritt mythisch auf in den sieben Weisen, praktisch im Sokrates und als Ideal bei den Stoikern, Epikuräern, Neuakademikern und Skeptikern. Jede dieser Schulen hat natürlich einen eignen σοφός [1], wie Sankt Bruno sein eignes, „einziges Geschlecht" hat. Ja, Sankt Max kann „le sage"[2] wiederfinden im achtzehnten Jahrhundert in der Aufklärungsphilosophie und sogar bei Jean Paul in den „weisen Männern" wie Emanuel[56] etc. Der stoische Weise stellt sich kein „Leben ohne Lebensentwicklung", sondern ein *absolut bewegliches* Leben vor, was schon aus seiner Naturanschauung hervorgeht, welche die heraklitische, die dynamische, entwickelnde, lebendige ist, während bei den Epikuräern der mors immortalis[3], wie Lukrez sagt, das Atom das Prinzip der Naturanschauung ist und an die Stelle des „beweglichen Lebens" die göttliche Muße im Gegensatz zur göttlichen Energie des Aristoteles als Lebensideal vorgestellt wird.

---

[1] Weisen.
[2] den Weisen.
[3] unsterbliche Tod.

130

„Die Ethik der Stoiker (ihre einzige Wissenschaft, da sie nichts vom Geiste auszusagen wußten, als wie er sich zur Welt verhalten solle, und von der Natur — Physik — nur dies, daß der Weise sich gegen sie zu behaupten habe) ist nicht eine Lehre des Geistes, sondern nur eine Lehre der Weltabstoßung und Selbstbehauptung gegen die Welt." p. 31.

Die Stoiker wußten „von der Natur dies zu sagen", daß die Physik für den Philosophen eine der wichtigsten Wissenschaften sei, und gaben sich deshalb sogar die Mühe, die Physik des Heraklit weiter auszubilden; sie „wußten ferner zu sagen", daß die ὥρα, die männliche Schönheit, das Höchste sei, was von dem Individuum darzustellen sei, und feierten gerade das Leben im Einklang mit der Natur, obgleich sie dabei in Widersprüche geraten. Nach den Stoikern zerfällt die Philosophie in drei Doktrinen: „Physik, Ethik, Logik".

„Sie vergleichen die Philosophie dem Tier und dem Ei, die Logik den Knochen und Sehnen des Tiers, der äußeren Schale des Eis, die Ethik dem Fleisch des Tiers, und im Ei dem Eiweiß und die Physik der *Seele* des Tiers und der Eidotter." (Diog[enes] Laert[ius] Zeno.)[57]

Wir sehen schon hieraus, wie wenig „die Ethik die einzige Wissenschaft der Stoiker ist". Hierzu kommt noch, daß sie, nach Aristoteles, die Hauptbegründer der formalen Logik und der Systematik überhaupt sind.

„Die Stoiker wußten" so wenig „Nichts vom Geiste auszusagen", daß bei ihnen sogar die *Geisterseherei* beginnt, weswegen Epikur ihnen als Aufklärer gegenübertritt und sie als „alte Weiber" verspottet, während gerade die Neuplatoniker einen Teil ihrer Geistergeschichten den Stoikern entnommen haben. Diese Geisterseherei der Stoiker geht einerseits aus der Unmöglichkeit hervor, eine dynamische Naturanschauung ohne das von einer empirischen Naturwissenschaft zu liefernde Material durchzuführen, und andrerseits aus ihrer Sucht, die alte griechische Welt und selbst die Religion spekulativ zu interpretieren und dem denkenden Geiste analog zu machen.

„Die stoische Ethik" ist so sehr „eine Lehre der Weltabstoßung und Selbstbehauptung gegen die Welt", daß z. B. zur stoischen Tugend gerechnet wird: „ein tüchtiges Vaterland, einen braven Freund haben", daß „das Schöne allein" für „das Gute" erklärt wird, und daß dem stoischen Weisen erlaubt ist, sich in jeder Weise mit der Welt zu vermengen, z. B. Blutschande zu begehen etc. etc. Der stoische Weise ist so sehr „im isolierten Leben, nicht im Mitleben" befangen, daß es von ihm bei Zeno heißt:

„Der Weise bewundre Nichts von dem, was wunderbar erscheint — aber der Tüchtige wird auch nicht in der *Einsamkeit* leben, denn er ist *gesellschaftlich* von Natur und *praktisch tätig*." (Diog[enes] Laert[ius] Lib[er stromatum] VII, 1.)

Übrigens wäre es zuviel verlangt, wenn man gegenüber dieser Gymnasiastenweisheit des Jacques le bonhomme die sehr verwikkelte und widerspruchsvolle Ethik der Stoiker entwickeln sollte.

Bei Gelegenheit der Stoiker existieren dann auch die *Römer* für Jacques le bonhomme (p. 31), von denen er natürlich nichts zu sagen weiß, da sie keine Philosophie haben. Wir hören nur von ihnen, daß *Horaz!* es „nicht weiter als bis zur stoischen Lebensweisheit gebracht hat". p. 32. Integer vitae, scelerisque purus!^{1[58]}

Bei Gelegenheit der Stoiker wird auch *Demokrit* erwähnt, und zwar, indem aus irgendeinem Handbuch eine konfuse Stelle des Diogenes Laertius (Democr[it], lib. IX, 7, 45), und noch dazu falsch übersetzt, abgeschrieben und hierauf eine lange Diatribe über Demokrit begründet wird. Diese Diatribe zeichnet sich dadurch aus, daß sie mit ihrer Grundlage, der obigen konfusen und falsch übersetzten Stelle, in direkten Widerspruch tritt und aus der „Gemütsruhe" der Stirnerschen Übersetzung von εὐθυμία² niederdeutsch Wellmuth) die „Weltabstoßung" macht. Stirner bildet sich nämlich ein, Demokrit sei ein Stoiker gewesen, und zwar ein solcher Stoiker, wie ihn sich der Einzige und das gemeine Gymnasiastenbewußtsein vorstellen; er meint, „seine ganze Tätigkeit gehe in dem Bemühen auf, von der Welt loszukommen", „also im Abstoßen der Welt", und kann nun im Demokrit die Stoiker widerlegen. Daß das bewegte, weltdurchstreifende Leben des Demokrit dieser Vorstellung des heiligen Max ins Gesicht schlägt, daß die eigentliche Quelle für die demokritische Philosophie Aristoteles ist und nicht die paar Anekdoten des Diogenes Laertius, daß Demokrit so wenig die Welt abstieß, daß er vielmehr ein empirischer Naturforscher und der erste enzyklopädische Kopf unter den Griechen war — daß seine kaum bekannte Ethik sich auf einige Glossen be-

---

¹ Von makellosem Lebenswandel und unbefleckt von Verbrechen!
² Heiterkeit; Frohsinn.

schränkt, die er als alter vielgereister Mann gemacht haben *soll*, daß seine naturwissenschaftlichen Sachen nur per abusum[1] Philosophie genannt werden, weil bei ihm das Atom, im Unterschiede von Epikur, nur eine physikalische Hypothese, ein Notbehelf zur Erklärung von Tatsachen ist, gerade wie in den Mischungsverhältnissen der neueren Chemie (Dalton usw.) — Alles Das paßt nicht in Jacques le bonhomme's Kram; Demokrit muß „einzig" aufgefaßt werden, Demokrit spricht von der Euthymie, also der Gemütsruhe, also der Zurückziehung in sich selbst, also der Weltabstoßung, Demokrit ist ein Stoiker und unterscheidet sich vom indischen Fakir, der „Brahm" (soll heißen „Om") wispert, nur wie der Komparativ vom Superlativ, nämlich „nur dem *Grade* nach".

Von den Epikuräern weiß unser Freund geradesoviel wie von den Stoikern, nämlich das unvermeidliche Gymnasiastenquantum. Er stellt die epikuräische Hedone der stoischen und skeptischen Ataraxie gegenüber und weiß nicht, daß diese Ataraxie ebenfalls bei Epikur, und zwar als der Hedone übergeordnet, vorkommt, wodurch sein ganzer Gegensatz zusammenfällt. Er erzählt uns, daß die Epikuräer *„nur ein anderes Verhalten* gegen die Welt lehren" als die Stoiker; er möge uns den (nichtstoischen) Philosophen der „alten und neuen Zeit" zeigen, der nicht „nur" dasselbe tue. Schließlich bereichert uns der heilige Max mit einem neuen Ausspruch der Epikuräer: „Die Welt muß betrogen werden, denn sie ist meine Feindin"; bisher war es nur bekannt, daß die Epikuräer sich dahin aussprachen: Die Welt muß *enttäuscht*, namentlich von der Furcht der Götter befreit werden, denn sie ist meine *Freundin*.

Um unsrem Heiligen eine Andeutung von der der Philosophie des Epikur zugrunde liegenden realen Basis zu geben, brauchen wir nur zu erwähnen, daß sich bei ihm zuerst die Vorstellung findet, daß der Staat auf einem gegenseitigen Vertrage der Menschen, einem contrat social (συνθήκη[2]) beruhe.

Wie sehr die Aufschlüsse des heiligen Max über die Skeptiker in demselben Geleise bleiben, geht schon daraus hervor, daß er ihre Philosophie für radikaler hält als die des Epikur. Die Skeptiker reduzierten das theoretische Verhältnis der Menschen zu den Dingen auf den *Schein* und ließen in der Praxis Alles beim Alten, indem sie

---
[1] mißbräuchlich.
[2] Vertrag.

sich ebensosehr nach diesem Scheine richteten wie Andre nach der Wirklichkeit; sie gaben der Sache nur einen andern Namen. Epikur dagegen war der eigentliche radikale Aufklärer des Altertums, der die antike Religion offen angriff und von dem auch bei den Römern der Atheismus, soweit er bei ihnen existierte, ausging. Daher hat ihn auch Lukrez als einen Helden gefeiert, der zuerst die Götter gestürzt und die Religion mit Füßen getreten habe, daher hat Epikur bei allen Kirchenvätern, von Plutarch bis Luther, den Ruf des gottlosen Philosophen par excellence[1], des Schweins, behalten, weshalb auch Clemens Alexandrinus sagt, wenn Paulus gegen die Pilosophie eifere, so meine er damit nur die epikuräische. (stromatum lib. 1, [cap. [XI] p. 295 der Kölner Ausg. 1688.[59]]) Wir sehen hieraus, wie „listig, betrügerisch" und „klug" dieser offne Atheist sich zur Welt verhielt, indem er ihre Religion unverhohlen angriff, während die Stoiker sich die alte Religion spekulativ zurechtmachten und die Skeptiker ihren „Schein" zum Vorwande nahmen, um ihr Urteil überall mit einer reservatio mentalis[2] begleiten zu können.

So kommen nach Stirner die Stoiker zuletzt auf die „Verachtung" der Welt (p. 30), die Epikuräer auf „dieselbe Lebensweisheit wie die Stoiker" p. 32, die Skeptiker darauf heraus, daß sie „die Welt stehen lassen und sich nichts aus ihr machen". Alle drei also nach Stirner enden in der Gleichgültigkeit gegen die Welt, der „Weltverachtung" (p. 485). Dies drückte Hegel längst vor ihm so aus: Stoizismus, Skeptizismus, Epikuräismus — „gingen darauf aus, den Geist gegen Alles gleichgültig zu machen, was die Wirklichkeit darbietet". „Phil[osophie] d[er] Gesch[ichte]", p. 327.

„Die Alten", so faßt Sankt Max seine Kritik der alten Gedankenwelt zusammen, „hatten wohl Gedanken, allein *den Gedanken* kannten sie nicht." p. 30. Hierbei „erinnere man sich dessen, was oben über Unsere Kindergedanken gesagt wurde". (ibid.) Die Geschichte der alten Philosophie muß sich nach der Konstruktion Stirners richten. Damit die Griechen nicht aus ihrer Kinderrolle fallen, darf Aristoteles nicht gelebt haben und bei ihm das an und für sich seiende Denken (ἡ νόησις ἡ καθ' αὑτήν), der sich selbst denkende Verstand (Αὐτόν δὲ νοεῖ ὁ νοῦς) und daß sich selbst denkende Denken (ἡ νόησις τῆς νοήσεως) nicht vorkommen; überhaupt dür-

---

[1] schlechthin; vor allen anderen.
[2] (geheimen) geistigen Vorbehalt.

134

fen seine Metaphysik und das dritte Buch seiner Psychologie nicht existieren.

So gut wie Sankt Max hier „an das, was oben über Unsere Kinderjahre gesagt wurde", erinnert, so gut hätte er bei „Unseren Kinderjahren" sagen können: man sehe nach, was später über die Alten und die Neger *gesagt* und über den Aristoteles *nicht* gesagt werden wird.

Um die wirkliche Bedeutung der letzten antiken Philosophien während der Auflösung des Altertums zu würdigen, hätte Jacques le bonhomme nur die wirkliche Lebensstellung ihrer Jünger unter der römischen Weltherrschaft zu betrachten brauchen. Er konnte u. a. bei Lukian ausführlich beschrieben finden, wie sie vom Volk als öffentliche Possenreißer betrachtet und von den römischen Kapitalisten, Prokonsuln etc. als Hofnarren zur Unterhaltung gedungen wurden, um, nachdem sie sich über der Tafel mit den Sklaven um ein paar Knochen und Brotkrumen gezankt und einen aparten sauren Wein vorgesetzt bekommen hatten, den großen Herrn und seine Gäste mit den ergötzlichen Phrasen Ataraxie, Aphasie, Hedone usw. zu amüsieren.

Wollte übrigens unser guter Mann einmal die Geschichte der alten Philosophie zur Geschichte des Altertums machen, so verstand es sich von selbst, daß er die Stoiker, Epikuräer und Skeptiker sich in die Neuplatoniker auflösen lassen mußte, deren Philosophie nichts weiter ist als die phantastische Zusammenfassung der stoischen, epikuräischen und skeptischen Doktrin mit dem Inhalt der Philosophie des Plato und Aristoteles. Statt dessen läßt er diese Doktrinen direkt ins Christentum sich auflösen.

„Stirner" hat nicht die griechische Philosophie „hinter sich" sondern die griechische Philosophie hat „den Stirner" hinter *ihr*. (Vgl. Wig[and,] p. 186.) Statt uns zu sagen, *wie* „das Altertum" zu einer Welt der Dinge kommt und mit ihr „fertig" wird, läßt der unwissende Schulmeister es durch ein Zitat von Timon selig verschwinden, womit um so natürlicher das Altertum sein „letztes Absehen erreicht", als die Alten nach Sankt Max „durch die *Natur*" sich in das antike „Gemeinwesen gestellt sahen", was, „um hiermit zu schließen", um so leichter „einleuchten kann", als man dies Gemeinwesen, Familie etc. „die sogenannten *natürlichen* Bande" nennt. (p. 33.) Durch die Natur wird die alte „Welt der Dinge" gemacht, durch Timon und Pilatus (p. 32) vernichtet. Statt die „Welt der Dinge" zu schildern, die dem Christentum zur materiellen Basis dient, läßt er diese „Welt der Dinge" vertilgt werden in der Welt des Geistes im — Christentum.

Die deutschen Philosophen sind gewohnt, das Altertum als die Epoche des Realismus der christlichen und neueren Zeit als der Epoche des Idealismus entgegenzustellen, während die französischen und englischen Ökonomen, Geschichts- und Naturforscher gewohnt sind, das Altertum als die Periode des Idealismus gegenüber dem Materialismus und Empirismus[6] der neueren Zeit aufzufassen. Ebenso kann man das Altertum insofern als idealistisch fassen, als die Alten in der Geschichte den „citoyen" repräsentieren, den idealistischen Politiker, während die Neuen zuletzt auf den „bourgeois", den realistischen ami du commerce[1], hinauslaufen — oder auch wieder realistisch, weil bei ihnen das Gemeinwesen „eine Wahrheit" war, während es bei den Neuen eine idealistische „Lüge" ist. So wenig kommt bei allen diesen abstrakten Gegensätzen und Geschichtskonstruktionen heraus.

Das „Einzige", was wir aus dieser ganzen Darstellung der Alten lernen, ist, daß Stirner von der alten Welt zwar wenig „Dinge" „weiß", sie aber dafür desto „besser durchschaut hat". (Vgl. Wigand, p. 191.)

Stirner ist wirklich jenes „Knäblein", von dem die Offenbarung Johannis 12, 5 weissagt: „Der alle Heiden sollte weiden mit der eisernen Rute." Wir haben gesehen, wie er mit der eisernen Rute seiner Unwissenheit auf die armen Heiden loshaut. Den „Neuen" wirds nicht besser gehen.

4. Die Neuen

„Darum, ist Jemand in Christo, so ist er eine neue Kreatur; das Alte ist vergangen, siehe, es ist Alles neu geworden." (2. Cor[inther] 5, 17.) (p. 33.)

Vermittelst dieses Bibelspruchs ist die alte Welt nun wirklich „vergangen", oder, wie Sankt Max eigentlich sagen wollte, „alle jeworden", und wir sind mit Einem Satze in die neue, christliche, jünglingshafte, mongolenhafte „Welt des Geistes" herübergesprungen. Wir werden auch diese in kürzester Frist „Alle werden" sehen,

---
[1] Freund des Handels.

136

„Wurde oben gesagt: ‚Den Alten war die Welt eine Wahrheit', so müssen wir hier sagen: ‚Den Neuen war der Geist eine Wahrheit', dürfen aber, wie dort, so hier, den wichtigen Zusatz nicht vergessen: ‚eine Wahrheit, hinter deren Unwahrheit sie zu kommen suchten und endlich wirklich kamen'." p. 33.

Wenn wir keine Stirnerschen Konstruktionen machen wollen, „so müssen wir hier sagen": Den Neuen war die Wahrheit ein Geist — nämlich der heilige Geist. Jacques le bonhomme faßt wieder die Neuen nicht in ihrem wirklichen historischen Zusammenhange mit der „Welt der Dinge", die trotz ihres Allewerdens ja noch immer fortexistiert, sondern in ihrem theoretischen, und zwar religiösen Verhalten; die Geschichte des Mittelalters und der neueren Zeit existiert für ihn wieder nur als Geschichte der Religion und Philosophie; alle Illusionen dieser Epochen und die philosophischen Illusionen über diese Illusionen werden treulich geglaubt. Nachdem Sankt Max so der Geschichte der Neuen dieselbe Wendung wie der der Alten gegeben hat, kann er in ihr dann leicht „einen ähnlichen Gang, wie ihn das Altertum genommen, nachweisen", und ebenso rasch, wie er von der alten Philosophie auf die christliche Religion kam, von dieser auf die neuere deutsche Philosophie kommen. Er charakterisiert seine historische Illusion selbst p. 37, indem er entdeckt, daß „die Alten nichts aufzuweisen haben als *Weltweisheit*", und „die Neuen es niemals weiter als bis zur *Gottesgelahrtheit* brachten und bringen", und die feierliche Frage aufwirft: „Hinter was suchten die *Neuen* zu kommen?" Die Alten wie die Neuen tun weiter Nichts in der Geschichte, als daß sie „hinter etwas zu kommen suchen", die Alten hinter die Welt der Dinge, die Neuen hinter die Welt des Geistes. Die Alten werden am Ende „weltlos", die Neuen werden „geistlos", die Alten wollten Idealisten, die Neuen Realisten werden (p. 485), Beiden war es nur um das Göttliche zu tun (p. 488) — „die bisherige Geschichte" ist nur „die Geschichte des geistigen Menschen" (welcher Glaube!) p. 442 — kurz, wir haben hier wieder Kind und Jüngling, Neger und Mongole und wie die ganze Terminologie der „mancherlei Wandlungen" weiter heißt.

Dabei wird dann die spekulative Manier, die Kinder ihren Vater erzeugen und das Frühere durch das Spätere bewirken zu lassen, gläubig nachgeahmt. Die Christen müssen gleich von vornherein „hinter die Unwahrheit ihrer Wahrheit zu kommen suchen", sie müssen sogleich verborgene Atheisten und Kritiker sein, wie schon bei den Alten angedeutet wurde. Damit nicht zufrieden, gibt Sankt Max noch ein glänzendes Exempel seiner „Virtuosität im" (spekulativen) „Denken", p. 230:

„Jetzt, *nachdem* der Liberalismus *den Menschen* proklamiert hat, kann *man* es aussprechen, daß damit *nur die letzte Konsequenz* des Christentums *vollzogen wurde*, und daß das Christentum sich *von Haus aus keine andre Aufgabe stellte*, als *den Menschen* – – – zu realisieren."

Nachdem angeblich die letzte Konsequenz des Christentums vollzogen wurde, kann „*Man*" es aussprechen – daß sie vollzogen wurde. Sobald die Späteren das Frühere umgestaltet haben, „kann *Man* es aussprechen", daß die Früheren „von Haus aus", nämlich „*in Wahrheit*", im Wesen, im Himmel, als verborgene Juden, „sich keine andere Aufgabe stellten", als von den Späteren umgestaltet zu werden. *Das* Christentum ist für Jacques le bonhomme sich selbst setzendes Subjekt, der absolute Geist, der „von Haus aus" sein Ende als seinen Anfang setzt. Vgl. Hegels „Encycl[opädie]" etc.

„Daher" (nämlich weil man dem Christentum eine eingebildete Aufgabe unterlegen kann) „denn die Täuschung" (natürlich, vor Feuerbach konnte man nicht wissen, welche Aufgabe sich das Christentum „von Haus aus gestellt hatte"), „es lege das Christentum dem Ich einen unendlichen Wert bei, wie z. B. in der Unsterblichkeitslehre und Seelsorge an den Tag kommt. Nein, diesen Wert erteilt es allein *dem Menschen*, nur *der Mensch* ist unsterblich, und nur weil Ich *Mensch* bin, bin auch Ich's."

Wenn auch schon aus der ganzen Stirnerschen Konstruktion und Aufgabenstellung klar genug hervorgeht, daß das Christentum nur „dem Menschen" Feuerbachs die Unsterblichkeit verleihen kann, so erfahren wir hier noch zum Überfluß, daß dies auch deshalb geschieht, weil das Christentum diese Unsterblichkeit – nicht auch den *Tieren* zuschreibt.

Konstruieren wir auch einmal à la Sankt Max.

„*Jetzt, nachdem*" der moderne, aus der Parzellierung hervorgegangene große Grundbesitz das Majorat faktisch „*proklamiert hat, kann man es aussprechen, daß damit nur die letzte Konsequenz*" der Parzellierung des Grundbesitzes „*vollzogen wurde*" „*und daß*" die Parzellierung „*in Wahrheit sich von Haus aus keine andre Aufgabe stellte, als*" das Majorat, das wahre Majorat „*zu realisieren.*" „*Daher denn die Täuschung, es lege*" die Parzellierung dem gleichen

138

Rechte der Familienglieder „*einen unendlichen Wert bei, wie z. B.*" in dem Erbrecht des Code Napoléon „*an den Tag kommt. Nein, diesen Wert erteilt sie allein*" dem ältesten Sohne; „*nur*" der älteste Sohn, der zukünftige Majoratsherr, wird großer Grundbesitzer, „*und nur weil Ich*" ältester Sohn „*bin, werde auch Ich's.*"

Auf diese Weise ist es unendlich leicht, der Geschichte „einzige" Wendungen zu geben, indem man stets nur ihr allerneustes Resultat als „die Aufgabe" zu schildern hat, die „sie sich von Haus aus in Wahrheit stellte". Dadurch treten die früheren Zeiten in einer bizarren und noch nie dagewesenen Gestalt auf. Das frappiert, ohne viele Produktionskosten zu machen. Z. B. wenn man sagt, die eigentliche „Aufgabe", welche sich die Institution des Grundeigentums „von Haus aus stellte", sei gewesen, Menschen durch Schafe zu verdrängen, eine Konsequenz, die in Schottland etc. neuerdings hervorgetreten sei; oder auch die Proklamation der Kapetinger habe sich „von Haus aus in Wahrheit die Aufgabe gestellt", Ludwig XVI. auf die Guillotine und Herrn Guizot ins Ministerium zu bringen. Namentlich muß man dies in einer feierlichen, heiligen, priesterlichen Weise tun, tiefen Atem schöpfen und dann hervorplatzen: „Jetzt endlich kann *Man* es aussprechen."

Was Sankt Max in dem vorliegenden Abschnitte p. 33—37 über die Neuen sagt, ist nur der Prolog der uns bevorstehenden Geistergeschichte. Wir sehen auch hier, wie er sich von den empirischen Tatsachen „nicht zeitig genug losmachen kann" und dieselben Parteien wie bei den Alten: *Verstand, Herz*, Geist, etc. wieder auftreten läßt — nur daß sie andere Namen erhalten. Aus den Sophisten werden sophistische Scholastiker, „Humanisten, Machiavellismus (Buchdruckerkunst, Neue Welt" etc., vgl. Hegel, „Geschichte der Philosophie", III, p. 128), die den Verstand repräsentieren, Sokrates verwandelt sich in Luther, der das Herz proklamiert (Hegel, l. c. p. 227), und von der nachreformatorischen Zeit erfahren wir, daß es sich in ihr um die „leere Herzlichkeit" (die bei den Alten „Herzensreinheit" hieß, vgl. Hegel, l. c. p. 241) handelte. Alles das auf p. 34. Auf diese Weise „weist" der heilige Max „im Christentum einen ähnlichen Gang wie im Altertum nach". Nach Luther gibt er sich nun gar nicht mehr die Mühe, seine Kategorien mit Namen zu bekleiden; mit Meilenstiefeln eilt er der neueren deutschen Philosophie zu — vier Appositionen („bis Nichts als die leere Herzlich-

139

keit übrigbleibt, die ganze allgemeine Menschenliebe, die Liebe *des* Menschen, das Freiheitsbewußtsein, das ‚Selbstbewußtsein'", p. 34; Hegel, 1. c. p. 228, 229), vier Worte füllen die Kluft zwischen Luther und Hegel aus, und „so erst ist das Christentum vollendet". Diese ganze Entwicklung wird in einem meisterhaften Satze und mit Hebebäumen wie „endlich" — „und seitdem" — „indem *man*" — „auch" — „von Tag zu Tag" — „bis zuletzt" usw. fertiggebracht, einem Satze, den der Leser auf der erwähnten klassischen Seite 34 selbst nachsehen mag.

Zu guter Letzt gibt Sankt Max noch ein paar Proben seines Glaubens, indem er sich des Evangeliums so wenig schämt, daß er behauptet: „und Geist sind wir doch allein wirklich" — und darauf besteht, daß „der Geist" am Ende der alten Welt „nach langem Mühen die Welt" wirklich „losgeworden ist" — und hiernächst noch einmal das Geheimnis seiner Konstruktion verrät, indem er von dem christlichen Geiste aussagt, daß er „*wie ein Jüngling* mit Weltverbesserungs- oder Welterlösungsplänen umgehe". Alles p. 36.

„Und er brachte mich im Geist in die Wüste. Und ich sahe das Weib sitzen auf einem rosinfarbenen Tier, das war voll Namen der Lästerung —. Und an ihrer Stirn geschrieben den Namen, das Geheimnis, die große Babylon — — und ich sahe das Weib trunken von dem Blute der Heiligen pp." Off[enbarung] Joh[annis] 17, v. 3, 5, 6. —

Der Apokalyptiker hat diesmal nicht genau geweissagt. Jetzt endlich, nachdem Stirner den *Mann* proklamiert hat, kann man es aussprechen, daß er so hätte sagen müssen: Und er brachte Mich in die Wüste des Geistes. Und Ich sahe den Mann sitzen auf einem rosinfarbenen Tier, das war voll Lästerung der Namen — — und an seiner Stirn geschrieben den Namen, das Geheimnis, den Einzigen — — und Ich sahe den Mann trunken von dem Blute des Heiligen etc.

Wir geraten also jetzt in die Wüste des Geistes.

A) Der Geist (Reine Geistergeschichte)

Das Erste, was wir vom „Geiste" erfahren, ist, daß nicht der Geist, sondern „das Geister*reich* ungeheuer groß ist". Sankt Max weiß sogleich vom Geiste nichts zu sagen, als daß ein „ungeheuer großes Geisterreich" existiert, gerade wie er vom Mittelalter nur weiß, daß es „eine lange Zeit" war. Nachdem dies „Geisterreich"

140

als existierend vorausgesetzt worden ist, wird seine Existenz nachträglich vermittelst zehn Thesen bewiesen.

1. Der Geist ist nicht freier Geist, bevor er sich nicht *m i t sich allein* beschäftigte, bevor er es nicht *m i t seiner* Welt, „der geistigen, allein zu tun hatte" — (erst mit sich allein, dann mit seiner Welt);
2. „Er ist *freier* Geist erst *i n* einer ihm eignen Welt";
3. „Nur *m i t t e l s t* einer geistigen Welt ist der Geist wirklich Geist";
4. „Bevor der Geist sich seine Geisterwelt erschafft, ist er nicht Geist" —
5. „Seine Schöpfungen machen ihn zum Geist" —
6. „Seine Schöpfungen sind seine Welt" —
7. „Der Geist ist der Schöpfer einer geistigen Welt" —
8. „Der Geist ist nur, wenn er Geistiges schafft" —
9. „Er ist nur mit dem Geistigen, seinem Geschöpfe, zusammen wirklich" —
10. „Die Werke oder Kinder des Geistes sind *a b e r* nichts Andres als — Geister." p. 38—39.

Die „geistige Welt" wird in These 1 gleich wieder als existierend vorausgesetzt, statt entwickelt zu werden, und diese These 1 uns dann These 2—9 in acht neuen Wandlungen wieder vorgepredigt. Am Ende von These 9 sind wir geradeso weit wie am Ende von These 1 — und nun bringt These 10 plötzlich ein *„Aber"* uns *„die Geister"* herein, von denen bisher noch keine Rede gewesen war.

„*Da der Geist nur ist, indem er Geistiges schafft, so sehen wir uns* nach seinen ersten Schöpfungen um." p. 41. —

Nach These 3, 4, 5, 8 und 9 ist aber der Geist seine eigne Schöpfung. Dies wird jetzt so ausgedrückt, daß der Geist, d. h. die erste Schöpfung des Geistes,
„aus dem Nichts hervorgehen muß" — — „er muß sich erst erschaffen" — — „seine erste Schöpfung ist er selber, der Geist" (ibid.). „Hat er diese erst vollbracht, so folgt fortan eine natürliche Fortpflanzung von Schöpfungen, *wie nach der Mythe* nur die ersten Menschen geschaffen zu werden brauchten, das übrige Geschlecht sich von selbst fortpflanzte." (ibid.)
„So mystisch dies auch klinge, so erleben Wir's doch als eine alltägliche Erfahrung. Bist Du eher ein Denkender, als Du denkst? Indem Du den *ersten Gedanken* erschaffst, erschaffst Du *Dich, den Denkenden*, denn Du denkst nicht, bevor Du einen Gedanken denkst, d. h." — d. h. — „*hast*. Macht Dich nicht erst Dein Singen zum Sänger, Dein Sprechen zum sprechenden Menschen? Nun, so macht Dich auch das Hervorbringen von Geistigem erst zum Geiste."

Der heilige Eskamoteur unterstellt, daß der Geist Geistiges hervorbringt, um zu folgern, daß er sich selbst *als Geist* hervorbringt, und andrerseits unterstellt er ihn *als Geist*, um ihn zu seinen geistigen Schöpfungen (die „nach der Mythe sich von selbst fortpflanzen" und Geister werden) kommen zu lassen. Bis hieher altbekannte, rechtgläubig-hegelsche Phrase. Die eigentlich „einzige" Entwicklung Dessen, was Sankt Max sagen will, fängt erst bei seinem Beispiel an. Wenn nämlich Jacques le bonhomme gar nicht weiter kann, wenn selbst „Man" und „Es" nicht imstande sind, das gestrandete Boot wieder flott zu machen, dann ruft „Stirner" seinen dritten Leibeignen zu Hülfe, den „Du", der ihn nie im Stich läßt und auf den er sich in der höchsten Not verlassen kann. Dieser „Du" ist ein Individuum, das uns nicht zum erstenmal vorkommt, ein frommer und getreuer Knecht, den wir durch Dick und Dünn haben gehen sehen, ein Arbeiter im Weinberge seines Herrn, der sich durch Nichts schrecken läßt — er ist, mit Einem Wort: *Szeliga*[1]. Wenn „Stirner" in den höchsten Entwicklungsnöten ist, so ruft er aus: Szeliga, hilf! und der treue Eckart[60] Szeliga setzt sogleich die Schultern an, um den Karren aus dem Dreck zu heben. Wir werden über das Verhältnis von Sankt Max zu Szeliga später noch Mehr zu sagen haben.

Es handelt sich um den Geist, der *sich selbst* aus *Nichts* erschafft — also um *Nichts*, das sich *aus Nichts* zum *Geist* schafft. Sankt Max macht hieraus die Schöpfung des Szeligaschen Geistes aus Szeliga. Und wem anders als Szeliga könnte „Stirner" es zumuten, sich in der Weise, wie es oben geschieht, dem Nichts unterschieben zu lassen? Wem anders als Szeliga, der sich schon dadurch aufs Höchste geschmeichelt fühlt, daß er überhaupt als handelnde Person auftreten darf, wird eine solche Eskamotage imponieren? Sankt Max mußte beweisen, nicht daß ein gegebenes „Du", also der gegebne Szeliga, zum Denkenden, Sprechenden, Sänger wird, wenn er zu denken, zu sprechen, zu singen anfängt — sondern: *Der* Denker schafft *sich aus Nichts*, indem er zu denken anfängt, *der* Sänger schafft *sich aus Nichts*, indem er zu singen anfängt etc. — und nicht einmal der Denker und Sänger, sondern *der* Gedanke und *der*

---

[1] Vgl. „Die heilige Familie oder Kritik der kritischen Kritik", wo die früheren Heldentaten dieses Mannes Gottes bereits besungen worden sind. [Fußnote von Marx. — Siehe Marx/Engels: Die heilige Familie, S. 161—191.]

Gesang als Subjekte schaffen *sich aus Nichts*, indem sie zu denken und singen anfangen. Sonst „stellt Stirner bloß die höchst einfache Reflexion an" und spricht bloß den „höchst populären" Satz aus (vgl. Wigand, p. 156), daß Szeliga eine seiner Eigenschaften entwickelt, indem er sie entwickelt. Es ist freilich durchaus nicht „zu verwundern", daß Sankt Max „dergleichen einfache Reflexionen" nicht einmal richtig „anstellt", sondern sie falsch ausspricht, um dadurch einen noch viel falscheren Satz vermittelst der falschesten Logik von der Welt zu beweisen.

Weit entfernt, daß ich „aus dem Nichts" mich z. B. als „Sprechenden" erschüfe, ist das Nichts, was hier zugrunde liegt, ein sehr mannigfaltiges Etwas, das wirkliche Individuum, seine Sprachorgane, eine bestimmte Stufe der physischen Entwicklung, vorhandene Sprache und Dialekte, hörende Ohren und eine menschliche Umgebung, die etwas zu hören gibt, etc. etc. Es wird also bei der Ausbildung einer Eigenschaft Etwas von Etwas durch Etwas geschaffen, und keineswegs, wie in der Hegelschen Logik, von Nichts durch Nichts zu Nichts gekommen.

Jetzt, nachdem Sankt Max einmal seinen getreuen Szeliga bei der Hand hat, geht die Fahrt wieder flott voran. Wir werden sehen, wie er vermittelst seines „Du" den Geist wieder in den Jüngling verwandelt, gerade wie er früher den Jüngling in den Geist verwandelte; wir werden die ganze Jünglingsgeschichte hier fast wörtlich, nur mit einigen verdeckenden Umstellungen, wiederfinden — wie schon das „ungeheuer große Geisterreich" von p. 37 Nichts andres war als das „Reich des Geistes", welches der Geist des Jünglings p. 17 zu stiften und auszubreiten „das Absehen" hatte.

„*Wie* Du indes vom Denker, Sänger, Sprecher Dich unterscheidest, *so* unterscheidest Du Dich nicht minder vom Geiste und fühlst sehr wohl, daß Du noch etwas Anderes bist als Geist. Allein *wie* dem denkenden Ich im Enthusiasmus des Denkens *leicht* Hören und Sehen vergeht, *so* hat *auch* Dich der Geist-Enthusiasmus ergriffen, *und* Du sehnst Dich *nun* mit aller Gewalt, ganz Geist zu werden und im Geiste aufzugehen. Der Geist ist Dein Ideal, das Unerreichte, das Jenseitige: Geist heißt Dein — Gott, ‚Gott ist Geist' — — Du eiferst gegen Dich selbst, der Du einen Rest von Nichtgeistigem nicht los wirst. Statt zu sagen: Ich bin mehr als Geist; *sagst Du* mit Zerknirschung: Ich bin weniger als Geist, und Geist, reinen Geist, oder den Geist, der Nichts als Geist, den kann Ich mir nur denken, bin es aber nicht, *und da Ich's nicht bin, so ist's ein Andrer*, existiert als ein Andrer, den Ich ‚Gott' nenne."

Nachdem wir vorher uns eine lange Zeit mit dem Kunststück beschäftigten, aus Nichts Etwas zu machen, kommen wir jetzt plötzlich ganz „natürlich" zu einem Individuum, das noch etwas Anderes als Geist, also Etwas ist, und reiner Geist, d. h. Nichts, werden will. Wir haben mit diesem viel leichteren Problem (aus Etwas Nichts zu machen) sogleich wieder die ganze Geschichte vom Jüngling, der „den vollendeten Geist erst suchen muß", und brauchen jetzt nur wieder die alten Phrasen von p. 17 bis 18 hervorzuholen, um aller Not überhoben zu sein. Besonders, wenn man einen so gehorsamen und gläubigen Diener hat wie Szeliga, dem „Stirner" aufbinden kann, *wie* ihm, „Stirner", „im Enthusiasmus des Denkens *leicht*" (!) „Hören und Sehen vergehe", *so* habe auch ihn, Szeliga, „der Geist-Enthusiasmus ergriffen", und er, Szeliga, „sehne sich nun mit aller Gewalt danach, Geist zu *werden*", statt Geist zu bekommen, d. h., er habe jetzt die Rolle des Jünglings von p. 18 zu spielen. Szeliga glaubt das und gehorcht in Furcht und Zittern; er gehorcht, wenn ihm Sankt Max zudonnert: Der Geist ist Dein Ideal — Dein Gott, Du tust mir dies, Du tust mir Das, jetzt „eiferst Du", jetzt „sagst Du", jetzt „*kannst* Du Dir denken" usw. Wenn „Stirner" ihm aufbindet, daß „der reine Geist ein Andrer sei, da er" (Szeliga) „es *nicht* sei", so ist doch wirklich nur Szeliga imstande, ihm dies zu glauben und den ganzen Unsinn Wort für Wort nachzuplappern. Die Methode übrigens, mit der Jacques le bonhomme diesen Unsinn zusammenbringt, ist bereits bei Gelegenheit des Jünglings ausführlich analysiert. Weil Du sehr wohl fühlst, daß Du noch etwas andres als Mathematiker bist, so sehnst Du Dich, ganz Mathematiker zu werden, in der Mathematik aufzugehen, der Mathematiker ist Dein Ideal, Mathematiker heißt Dein — Gott — — Du sagst mit Zerknirschung: Ich bin weniger als Mathematiker, und *den* Mathematiker kann Ich mir nur vorstellen, und da Ich's nicht bin, so ist's ein Andrer, existiert als ein Andrer, den Ich „Gott" nenne. Ein Andrer als Szeliga würde sagen Arago.

„Jetzt endlich, nachdem" wir den Stirnerschen Satz als die Wiederholung des „Jünglings" nachgewiesen haben, „kann man es aussprechen", daß er „in Wahrheit von Haus aus sich keine andre Aufgabe stellte", als den Geist der christlichen Askese mit Geist überhaupt und die frivole Geistreichheit z. B. des achtzehnten Jahrhunderts mit der christlichen Geistlosigkeit zu identifizieren.

144

Also nicht, wie Stirner behauptet, „weil Ich und Geist verschiedne Namen für Verschiednes sind, weil Ich nicht Geist und Geist nicht Ich ist" (p. 42), erklärt sich die Notwendigkeit, daß der Geist im Jenseits haust, d. h. Gott ist — sondern aus dem dem Szeliga ganz grundlos zugemuteten „Geistesenthusiasmus", der ihn zum Asketen macht, d. h. zu Einem, der Gott (reiner Geist) werden will, und, weil er dies nicht kann, den Gott außer sich setzt. Es handelte sich aber darum, daß der Geist erst *sich* aus Nichts und dann aus sich *Geister* schaffen sollte. Statt dessen produziert jetzt Szeliga Gott (den einzigen Geist, der hier vorkommt) — nicht weil er, Szeliga, *der* Geist, sondern weil er Szeliga, d. h. unvollendeter Geist, ungeistiger Geist, also zugleich der Nichtgeist ist. Wie aber die christliche Vorstellung vom Geiste als Gott entsteht, darüber sagt der heilige Max kein Wort; obwohl dies jetzt kein so großes Kunststück mehr ist; er setzt ihre Existenz voraus, um sie zu erklären.

Die Schöpfungsgeschichte des Geistes „stellt sich in Wahrheit von Haus aus keine andre Aufgabe", als Stirners Magen unter die Sterne zu versetzen.

„Gerade weil Wir nicht *der Geist* sind, der in Uns wohnt, gerade darum mußten Wir ihn außer	Gerade weil Wir nicht *der Magen* sind, der in Uns wohnt, gerade darum mußten Wir ihn außer

Uns versetzen, er war nicht Wir, und darum konnten Wir ihn nicht anders existierend denken als außer Uns, jenseits von Uns, im *Jenseits*." p. 43.

Es handelte sich darum, daß der Geist erst sich und dann etwas Andres als sich aus sich schaffen sollte; die Frage war, was dieses Andre sei? Diese Frage wird nicht beantwortet, sondern nach den obigen „mancherlei Wandlungen" und Wendungen in die folgende neue Frage verdreht:

„Der Geist ist *etwas Andres* als Ich. Dieses Andre aber, was ist's?" (p. 45.)

Jetzt fragt es sich also: Was ist der Geist anderes als Ich? während die ursprüngliche Frage war: Was ist der Geist durch seine Schöpfung aus Nichts anderes als er selbst? Hiermit springt Sankt Max in die nächste „Wandlung" über.

B) Die Besessenen (Unreine Geistergeschichte)

Sankt Max hat, ohne es zu wissen, bisher weiter nichts getan als eine Anleitung zum Geistersehen gegeben, indem er die alte und neue Welt nur als „Scheinleib eines Geistes", als gespenstige Erscheinung faßte und nur Geisterkämpfe in ihr sah. Jetzt gibt er mit Bewußtsein und ex professo[1] eine Anleitung zum Gespenstersehen.

Anleitung zum Geistersehen. Man muß sich zuerst in einen erzdummen Teufel verwandeln, d. h. sich als Szeliga setzen, und dann zu sich selbst sprechen, wie Sankt Max zu diesem Szeliga: „Blick umher in der Welt, und sage selbst, ob nicht aus Allem Dich ein Geist anschaut!" Ist man dahin gekommen, sich dies einzubilden, so kommen die Geister „leicht" von selbst, in der „Blume" sieht man nur den „Schöpfer", in den Bergen „einen Geist der Erhabenheit", im Wasser „einen Geist der Sehnsucht" oder die Sehnsucht des Geistes, und man hört „aus den Menschen Millionen Geister reden". Hat man es bis zu dieser Stufe gebracht, kann man mit Stirner ausrufen: „*Ja*, es spukt in der Ganzen Welt", so „ist der Fortgang dahin nicht schwer" (p. 93), daß man den weiteren Ausruf tut: „Nur *in* ihr? *Nein*, sie selber spukt" (Eure Rede sei Ja, Ja, Nein, Nein, was darüber ist, das ist vom Übel, nämlich logischer Übergang), „sie ist der wandelnde Scheinleib eines Geistes, sie ist ein Spuk." Dann „schau" getrost „in die Nähe oder in die Ferne, Dich umgibt eine gespenstige Welt — — Du siehst Geister". Hiermit kannst Du zufrieden sein, wenn Du ein gewöhnlicher Mensch bist; gedenkst Du aber Dich mit Szeliga messen zu können, so kannst Du auch in Dich selbst schauen und darfst „Dich dann nicht wundern", wenn Du bei dieser Gelegenheit und auf dieser Höhe der Szeligaität findest, daß auch „Dein Geist in Deinem Leibe spukt", daß Du selbst ein Gespenst bist, das „auf Erlösung harrt, nämlich ein Geist". Hiermit bist Du so weit gekommen, daß Du in „Allen" Menschen „Geister" und „Gespenster" sehen kannst, womit die Geisterseherei „ihr letztes Absehen erreicht". p. 46, 47.

Die Grundlage dieser Anleitung findet sich, nur viel richtiger ausgedrückt, bei Hegel u. a. „Geschichte der Philosophie" III, p. 124, 125.

---

[1] wörtlich: von Berufs wegen; hier: mit Vorbedacht.

Der heilige Max glaubt seiner eignen Anleitung so sehr, daß er darüber selbst zum Szeliga wird und behauptet:

„Seit das Wort Fleisch geworden ist, seitdem *ist* die Welt vergeistigt, verzaubert, ein Spuk." p. 47.

„Stirner" „sieht Geister".

Sankt Max beabsichtigt, uns eine Phänomenologie des christlichen Geistes zu geben, und nimmt nach seiner Gewohnheit nur die eine Seite heraus. Den Christen war die Welt nicht allein *ver*geistigt, sondern ebensosehr *ent*geistigt, wie Hegel z. B. in der ebengenannten Stelle dies ganz richtig anerkennt und die beiden Seiten miteinander in Beziehung bringt, was Sankt Max, wenn er historisch verfahren wollte, ebenfalls hätte tun müssen. Der Entgeistigung der Welt im christlichen Bewußtsein gegenüber können die Alten, „die überall Götter sahen", mit gleichem Recht als Vergeistiger der Welt aufgefaßt werden, eine Auffassung, die unser heiliger Dialektiker mit der wohlmeinenden Ermahnung zurückweist: „Götter, mein lieber Neuer, sind keine Geister." p. 47. Der gläubige Max erkennt nur den *heiligen* Geist als Geist an.

Aber selbst wenn er uns diese Phänomenologie gegeben hätte (was nach Hegel übrigens überflüssig ist), so hätte er uns noch Nichts gegeben. Der Standpunkt, auf dem man sich mit solchen Geistergeschichten begnügt, ist selbst ein religiöser, weil man sich auf ihm bei der Religion beruhigt, die Religion als causa sui[1] auffaßt (denn auch „das Selbstbewußtsein" und „der Mensch" sind noch religiös), statt sie aus den empirischen Bedingungen zu erklären und nachzuweisen, wie bestimmte industrielle und Verkehrsverhältnisse notwendig mit einer bestimmten Gesellschaftsform, damit einer bestimmten Staatsform, und damit einer bestimmten Form des religiösen Bewußtseins verbunden sind. Hätte Stirner sich die wirkliche Geschichte des Mittelalters angesehen, so hätte er finden können, warum die Vorstellung der Christen von der Welt im Mittelalter gerade diese Gestalt annahm, und wie es kam, daß sie später in eine andre überging; er hätte finden können, daß „*das Christentum*" *gar keine Geschichte hat* und alle die verschiednen Formen, in denen es zu verschiednen Zeiten aufgefaßt wurde, nicht „Selbstbestimmungen" und „Fortentwicklungen" „*des* religiösen

---
[1] Ursache ihrer selbst.

Geistes" waren, sondern von ganz empirischen, allem Einflusse des religiösen Geistes entzogenen Ursachen bewirkt wurden.

Da Stirner „nicht am Schnürchen geht" (p. 45), so kann, ehe wir auf die Geisterseherei weiter eingehen, schon hier gesagt werden, daß die verschiedenen „Wandlungen" der Stirnerschen Menschen und ihrer Welt nur in der Verwandlung der ganzen Weltgeschichte in den Leib der Hegelschen Philosophie bestehen; in Gespenster, die nur zum Schein ein „Anderssein" der Gedanken des Berliner Professors sind. In der „Phänomenologie", der Hegelschen Bibel, „dem Buch", werden zunächst die Individuen in „das Bewußtsein" [und die] Welt in „den Gegenstand" ver[wa]ndelt, wodurch die Mannigfaltigkeit des Lebens und der Geschichte sich auf ein verschiedenes Verhalten „des Bewußtseins" zu „dem Gegenstande" reduziert. Dies verschiedene Verhalten wird wieder auf drei Kardinalverhältnisse reduziert: 1. Verhältnis des Bewußtseins zum Gegenstand als der Wahrheit oder zur Wahrheit als bloßem Gegenstand (z. B. sinnliches Bewußtsein, Naturreligion, ionische Philosophie[61], Katholizismus, Autoritätsstaat pp.) — 2. Verhältnis des Bewußtseins als *des Wahren* zum Gegenstand (Verstand, geistige Religion, Sokrates, Protestantismus, französische Revolution) — 3. wahres Verhalten des Bewußtseins zur Wahrheit als Gegenstand oder zum Gegenstand als Wahrheit (logisches Denken, spekulative Philosophie, der Geist als für den Geist). Das erste wird auch bei Hegel gefaßt als Gottvater, das zweite als Christus, das dritte als Heiliger Geist usw. Stirner hat diese Wandlungen schon angebracht bei Kind und Jüngling, Alten und Neuen, wiederholt sie später bei Katholizismus und Protestantismus, Neger und Mongole etc. und akzeptiert diese Reihe von Verkleidungen eines Gedankens nun auf Treu und Glauben als die Welt, gegen die er sich als „leibhaftiges Individuum" geltend zu machen, zu behaupten hat.

Zweite Anleitung zum Geistersehen. Wie man die Welt in das Gespenst der Wahrheit und sich selbst in einen Geheiligten oder Gespenstigen verwandelt. Ein Gespräch zwischen Sankt Max und Szeliga, seinem Knecht. (p. 47, 48.)

Sankt Max. „Du hast Geist, denn Du hast Gedanken. Was sind Deine Gedanken?"
Szeliga. „Geistige Wesen."
Sankt Max. „Also keine Dinge?"

Szeliga. „Nein, aber der Geist der Dinge, die Hauptsache an allen Dingen, ihr Innerstes, ihre — Idee."

Sankt Max. „Was Du denkst, ist mithin nicht bloß Dein Gedanke?"

Szeliga. „Im Gegenteil, es ist das Wirklichste, das eigentlich Wahre an der Welt: es ist die Wahrheit selber; wenn ich nur wahrhaft denke, so denke ich *die* Wahrheit. Ich kann mich zwar über die Wahrheit täuschen und sie *verkennen;* wenn ich aber wahrhaft *erkenne,* so ist der Gegenstand meiner Erkenntnis die Wahrheit."

Sankt Max. „So trachtest Du wohl allezeit die Wahrheit zu erkennen?"

Szeliga. „Die Wahrheit ist mir heilig. — — *Die Wahrheit* kann ich nicht abschaffen; an die Wahrheit glaube ich, darum forsche ich in ihr; über sie geht's nicht hinaus, sie ist ewig. Heilig, ewig ist die Wahrheit, sie ist das Heilige, das Ewige."

Sankt Max (erbost). „Du aber, der Du von diesem Heiligen Dich erfüllen lässest, wirst selbst geheiligt!"

Also, wenn Szeliga einen Gegenstand wahrhaft erkennt, so hört der Gegenstand auf, Gegenstand zu sein, und wird „die Wahrheit". Erste Gespensterfabrikation im Großen. — Es handelt sich nun nicht mehr um das Erkennen der Gegenstände, sondern um die Erkenntnis der Wahrheit; erst erkennt er Gegenstände wahrhaft, das fixiert er als Wahrheit der Erkenntnis, und diese verwandelt er in Erkenntnis der Wahrheit. Nachdem sich so Szeliga von dem drohenden Heiligen die Wahrheit als Gespenst hat aufbinden lassen, so rückt ihm sein gestrenger Herr mit der Gewissensfrage auf den Leib, ob er „allezeit" trächtig sei mit der Sehnsucht nach Wahrheit, worauf der verwirrte Szeliga etwas vor der Zeit mit der Antwort hervorplatzt — die Wahrheit ist mir heilig. Er merkt aber sogleich sein Versehen und nimmt es nach, indem er beschämt die Gegenstände in Wahrheiten, nicht mehr in die Wahrheit, verwandelt und sich als die Wahrheit dieser Wahrheiten „*die* Wahrheit" abstrahiert, die er nun nicht mehr abschaffen kann, nachdem er sie von den abschaffbaren Wahrheiten *unterschieden* hat. Damit ist sie dann „ewig". Aber nicht damit zufrieden, ihr Prädikate wie „heilig, ewig" beizulegen, verwandelt er sie in *das* Heilige, *das* Ewige als Subjekt. Jetzt kann ihm Sankt Max natürlich erklären, daß er, nachdem er sich vom Heiligen habe „erfüllen" lassen, „selbst geheiligt werde", und sich „nicht wundern dürfe", wenn er nunmehr in sich „nichts als einen Spuk finde". Der Heilige beginnt sodann eine Predigt: „Auch ist das Heilige nicht für Deine Sinne" und schließt ganz folgerichtig durch ein „*und*" an: „niemals entdeckst Du als ein

Sinnlicher seine Spur"; nachdem nämlich die sinnlichen Gegenstände „alle jeworden" sind und an ihre Stelle „die Wahrheit", „die Heilige Wahrheit", „das Heilige" getreten ist. „Sondern" — versteht sich! — „für Deinen Glauben, oder bestimmter noch für Deinen Geist" (für Deine Geistlosigkeit), „denn es ist ja selbst *ein* Geistiges" (per appositionem[1]), „*ein* Geist" (wieder per appos.), „ist *Geist für den Geist*". Dies ist die Kunst, wie man die profane Welt, die „Gegenstände", vermittelst einer arithmetischen Reihe von *Appositionen* in „Geist für den Geist" verwandelt. Wir können hier diese dialektische Methode der Appositionen nur noch bewundern — später werden wir Gelegenheit haben, sie zu ergründen und in ihrer ganzen Klassizität darzustellen.

Die Appositionsmethode kann auch umgedreht werden — so hier, wo, nachdem wir „das Heilige" bereits erzeugt haben, es nicht wieder Appositionen erhält, sondern zur Apposition einer neuen Bestimmung gemacht wird: dies ist die Vereinigung der Progression mit der Gleichung. So wird hier der aus irgendeinem dialektischen Prozeß „übrigbleibende Gedanke an ein Anderes", dem „Ich mehr dienen sollte als Mir" (per appos.), „das Mir wichtiger sein müßte als Alles" (per appos.), „kurz, ein Etwas, *worin Ich Mein wahres Heil zu suchen hätte*" (und endlich per appos. die Rückkehr auf die erste Reihe) „— ein ‚Heiliges'" (p. 48). Wir haben hier zwei Progressionen, die einander gleichgesetzt werden und so zu einer großen Mannigfaltigkeit von Gleichungen Gelegenheit geben können. Hierüber später. Durch diese Methode hat dann auch „das Heilige", das wir bisher nur als eine rein theoretische Bestimmung für rein theoretische Verhältnisse kennenlernten, einen neuen praktischen Sinn bekommen, als „Etwas, worin Ich Mein wahres Heil zu suchen hätte", wodurch es möglich wird, das Heilige zum Gegensatz des Egoisten zu machen. Wir brauchen übrigens kaum zu erwähnen, daß dieser ganze Dialog, nebst nachfolgender Predigt, weiter nichts ist als eine neue Wiederholung der bereits drei- bis viermal dagewesenen Jünglingsgeschichte.

Hier, bei dem „Egoisten" angekommen, schneiden wir Stirners „Schnürchen" ab, weil wir erstens seine Konstruktion in ihrer Reinheit darzustellen haben, frei von allen dazwischengeworfenen Intermezzos, und weil zweitens diese Intermezzi (Sancho würde nach

---

[1] durch den Beisatz; durch Apposition.

150

Analogie „*des* Lazaroni" (Wig[and], p. 159, soll heißen Lazzarone) sagen: Intermezzi's) an andern Stellen des Buchs ohnehin wieder vorkommen, da Stirner, weit entfernt, sich nach seiner eigenen Zumutung „stets in sich zurückzunehmen", im Gegenteil sich stets von Neuem von sich gibt. Wir erwähnen nur noch eben, daß die p. 45 aufgeworfene Frage: Was ist dies vom Ich Unterschiedene, das der Geist ist, jetzt dahin beantwortet ist, daß es das Heilige, id est das dem Ich Fremde ist und daß Alles dem Ich Fremde — kraft einiger nicht ausgesprochenen Appositionen, Appositionen „an sich" — hiernach ohne Weiteres als Geist gefaßt wird. Geist, Heiliges, Fremdes sind identische Vorstellungen, denen er den Krieg erklärt, wie dies schon bei dem Jüngling und Mann ganz im Anfang fast wörtlich dagewesen ist. Wir sind also noch keinen Schritt weiter, als wir p. 20 waren.

a) Der Spuk

Sankt Max macht jetzt Ernst mit den „Geistern", welche die „Kinder des Geistes sind" (p. 39), mit der Gespensterhaftigkeit Aller (p. 47). Wenigstens bildet er sichs ein. In Wahrheit aber schiebt er nur seiner bisherigen Geschichtsauffassung, nach der die Menschen von vornherein die Repräsentanten von allgemeinen Begriffen waren, einen andern Namen unter. Diese allgemeinen Begriffe treten hier zuerst im negerhaften Zustande, als objektive, den Menschen gegenständliche Geister auf und heißen auf dieser Stufe Gespenster oder — *Spuk*. Das Hauptgespenst ist natürlich „der Mensch" selbst, da die Menschen nach dem Bisherigen nur als Repräsentanten eines Allgemeinen, Wesens, Begriffs, Heiligen, Fremden, Geistes, d. h. nur als Gespenstige, Gespenster füreinander vorhanden sind, und da schon nach Hegels „Phänomenologie" p. 255 und anderwärts der Geist, sofern er „die Form der Dingheit" für den Menschen hat, ein anderer Mensch ist. (Siehe weiter unten über „*den* Menschen".)

Wir sehen also hier den Himmel offen und die verschiedenen Gespenster der Reihe nach vor uns vorüberziehen. Jacques le bonhomme vergißt nur, daß er die alte und neue Zeit als Riesengespenster bereits hat vor uns vorbeiziehen lassen, wogegen alle die harmlosen Einfälle von Gott etc. wahre Lumpereien sind.

Gespenst Nr. 1: *das höchste Wesen*, Gott (p. 53). Wie nach dem

Bisherigen zu erwarten, glaubt der alle weltgeschichtlichen Berge durch seinen Glauben versetzende Jacques le bonhomme, daß „die Menschen sich jahrtausendelang die *Aufgabe* setzten", sich „mit der gräßlichen Unmöglichkeit, der endlosen Danaidenarbeit[62] abquälten" — „das Dasein Gottes zu beweisen". Über diesen unglaublichen Glauben brauchen wir kein Wort mehr zu verlieren.

Gespenst Nr. 2: *das Wesen*. Was unser guter Mann über das Wesen sagt, beschränkt sich nach Abzug des aus Hegel Abgeschriebenen auf „pomphafte Worte und armselige Gedanken" (p. 53). „Der Fortgang vom" Wesen „auf" das Weltwesen „ist nicht schwer", und dies Weltwesen ist natürlich

Gespenst Nr. 3, *die Eitelkeit der Welt*. Hierüber ist Nichts zu sagen, als daß daraus „leicht"

Gespenst Nr. 4, *die guten und bösen Wesen* werden. Hierüber wäre zwar etwas zu sagen, wird aber nichts gesagt, und sogleich zum nächsten

Gespenst Nr. 5: *das Wesen und sein Reich* fortgeschritten. Daß wir das Wesen hier zum zweiten Male haben, darf uns bei unsrem ehrlichen Schriftsteller, der seine „Unbeholfenheit" (Wigand, p. 166) sehr gut kennt und deshalb Alles mehrmals sagt, damit es ja nicht mißverstanden werde, keineswegs verwundern. Das Wesen wird hier zuerst als Inhaber eines „Reiches" bestimmt und sodann von ihm ausgesagt, daß es „das Wesen" ist (p. 54), worauf es sich flugs in

Gespenst Nr. 6: „*die Wesen*" verwandelt. Sie und sie allein zu erkennen und anzuerkennen, das ist Religion. „Ihr Reich" (der Wesen) „ist — ein Reich der Wesen." (p. 54.) Plötzlich tritt hier

Gespenst Nr. 7, *der Gottmensch*, Christus, ohne alle sichtbare Veranlassung herein. Von ihm weiß Stirner zu sagen, daß er „*beleibt*" gewesen ist. Wenn Sankt Max nicht an Christus glaubt, so glaubt er wenigstens an seinen „wirklichen Leib". Christus hat nach Stirner eine große Misère in die Geschichte gebracht, und der sentimentale Heilige erzählt mit Tränen in den Augen, „wie sich die kräftigsten Christenmenschen abgemartert haben, um ihn zu begreifen" — ja — „seelenmarternder war noch nie ein Gespenst, und kein Schamane, der bis zu rasender Wut und nervenzerreißenden Krämpfen sich aufstachelt, kann solche Qual erdulden, wie Christen sie von jenem unbegreiflichsten Gespenst erlitten". Sankt Max weint eine empfindsame Zähre auf dem Grabe der Opfer Christi und kommt dann zum „grauenhaften Wesen",

dem Gespenst Nr. 8, *dem Menschen.* Hier „graut" es unsrem wackeren Schriftsteller in Eins fort — „er erschrickt vor sich selbst", er sieht in jedem Menschen einen „grausigen Spuk", einen „unheimlichen Spuk", in dem es „umgeht" (p. 55, 56). Er fühlt sich höchst unbehaglich. Der Zwiespalt zwischen Erscheinung und Wesen läßt ihn nicht ruhen. Er ist wie Nabal, der Gemahl der Abigail, von dem geschrieben steht, daß sein Wesen ebenfalls von seiner Erscheinung getrennt war: Es war ein Mann zu Maon *und sein Wesen zu Carmel* (1. Samuel 25, 2)[63]. Zur rechten Zeit und ehe sich der „seelengemarterte" Sankt Max aus Verzweiflung eine Kugel durch den Kopf jagt, fallen ihm plötzlich die Alten ein, die „so etwas nicht in ihren Sklaven beachteten". Dies bringt ihn auf

Gespenst Nr. 9, *den Volksgeist* (p. 56), über den sich Sankt Max, an dem jetzt kein Aufhalten mehr ist, ebenfalls „grausige" Einbildungen macht, um

Gespenst Nr. 10: *„Alles"* in einen Spuk zu verwandeln, und schließlich, wo alles Zählen aufhört, den „heiligen Geist", die Wahrheit, das Recht, das Gesetz, die gute Sache (die er noch immer nicht vergessen kann) und ein halbes Dutzend anderer, einander wildfremder Dinge in der Klasse Gespenster zusammenzuwerfen.

Sonst ist in dem ganzen Kapitel Nichts bemerkenswert als die Versetzung eines historischen Berges durch Sankt Maxens Glauben. Er meint nämlich p. 56, „nur um eines höheren Wesens willen sei man von jeher geehrt, nur als ein Gespenst für eine geheiligte, d. h." (*das heißt!*) „geschützte und anerkannte Person betrachtet worden". Versetzen wir diesen durch bloßen Glauben versetzten Berg wieder an seine rechte Stelle, so „heißt es nun": Nur um der geschützten, d. h. sich selbst schützenden, und privilegierten, d. h. sich selbst privilegierenden Personen willen wurden höhere Wesen verehrt und Gespenster geheiligt. Sankt Max bildet sich z. B. ein, daß im Altertum, wo jedes Volk durch materielle Verhältnisse und Interessen, z. B. Feindschaft der verschiednen Stämme etc., zusammengehalten wurde, wo wegen Mangel an Produktivkräften Jeder entweder Sklave sein oder Sklaven haben mußte etc. etc., wo es also vom „natürlichsten Interesse" (Wigand, p. [162]) war, einem Volke anzugehören — daß also damals der Begriff Volk oder „das Volkswesen" erst diese Interessen aus sich erzeugt habe; daß in der neueren Zeit, wo die freie Konkurrenz und der Welthandel den heuchlerischen, bürgerlichen Kosmopolitismus und den Begriff des Menschen erzeugte, umgekehrt die spätere philosophische Konstruktion des Menschen jene Verhältnisse als seine „Offenbarungen" (p. 51) produziert habe. Ebenso mit der Religion, dem Reich der Wesen, das er für das einzige Reich hält, von deren Wesen er aber nichts weiß, weil er sonst wissen müßte, daß sie, als Religion, weder ein Wesen noch ein Reich hat. In der Religion machen die Menschen ihre empirische Welt zu einem nur gedachten, vorgestellten Wesen, das ihnen fremd gegenübertritt. Dies ist keineswegs wieder aus andern Begriffen zu erklären, aus „dem Selbstbewußtsein" und dergleichen Faseleien, sondern aus der ganzen bisherigen Produktions- und Verkehrsweise, die ebenso unabhängig vom reinen Begriff ist wie die Erfindung der self-acting mule[1] und die Anwendung der Eisenbahnen von der Hegelschen Philosophie. Will er einmal von einem „Wesen" der Religion sprechen, d. h. von einer materiellen Grundlage dieses Unwesens, so hat er es weder im „Wesen des Menschen" noch in den Prädikaten Gottes zu suchen, sondern in der von jeder Stufe der religiösen Entwicklung vorgefundenen materiellen Welt. (Vgl. oben Feuerbach.)

Die sämtlichen „Gespenster", die wir Revue passieren ließen, waren Vorstellungen. Diese Vorstellungen, abgesehen von ihrer realen Grundlage (von der Stirner ohnehin absieht), als Vorstellungen innerhalb des Bewußtseins, als Gedanken im Kopfe der Menschen gefaßt, aus ihrer Gegenständlichkeit in das Subjekt zurückgenommen, aus der Substanz ins Selbstbewußtsein erhoben, sind — der *Sparren* oder die *fixe Idee*.

Über den Ursprung von Sankt Maxens Gespenstergeschichte siehe Feuerbach in den „Anekdotis" II, p. 66, wo es heißt[64]:

„Die Theologie ist *Gespensterglaube*. Die gemeine Theologie hat aber ihre Gespenster in der sinnlichen Imagination, die spekulative Theologie in der unsinnlichen Abstraktion."

Da nun Sankt Max mit sämtlichen kritischen Spekulanten der neueren Zeit den Glauben teilt, daß verselbständigte Gedanken, verkörperte Gedanken — Gespenster — die Welt beherrscht haben und beherrschen, daß alle bisherige Geschichte Geschichte der

---
[1] selbsttätigen Spinnmaschine.

Theologie gewesen sei, so war nichts leichter, als sie in eine Gespenstergeschichte zu verwandeln. Sanchos Gespenstergeschichte beruht also auf dem traditionell überlieferten Gespensterglauben der Spekulanten.

b) Der Sparren

„Mensch, es spukt in Deinem Kopfe! — — Du hast eine fixe Idee!" donnert der heilige Max seinen Sklaven Szeliga an. „Denke nicht, daß Ich scherze", droht er ihm. Untersteh Dich nicht zu glauben, daß der feierliche „Max Stirner" scherzen könne.

Der Mann Gottes hat wieder seinen getreuen Szeliga nötig, um vom Objekt auf das Subjekt, vom Spuk auf den Sparren zu kommen.

Der Sparren ist die Hierarchie im einzelnen Individuum, die Herrschaft des Gedankens „in ihm über ihm". Nachdem die Welt dem phantasierenden Jüngling von p. 20 als Welt seiner „Fieberphantasien", als Gespensterwelt gegenübergetreten ist, wachsen ihm die „eignen Geburten seines Kopfs" innerhalb seines Kopfs über seinen Kopf. Die Welt seiner Fieberphantasien — das ist sein Fortschritt — existiert nun als die Welt seines zerrütteten Kopfes. Sankt Max, der Mann, der die „Welt der Neuen" als den phantasierenden Jüngling sich gegenüberstehen hat, muß notwendig erklären, daß „beinahe die ganze Menschenwelt aus veritablen Narren, Narren im Tollhause bestehe". (p. 57.)

Der Sparren, den Sankt Max in den Köpfen der Menschen entdeckt, ist nichts als sein eigner Sparren, der Sparren „des Heiligen", der die Welt sub specie aeterni[1] betrachtet und sowohl die heuchlerischen Phrasen wie die Illusionen der Menschen für die wirklichen Motive ihrer Handlungen versieht; weswegen auch der naive, gläubige Mann getrost den großen Satz ausspricht: „Fast die ganze Menschenwelt hängt am Höheren." (p. 57.)

Der „Sparren" ist „eine fixe Idee", d. h. „eine Idee, die den Menschen sich unterworfen hat", oder, wie später populärer gesagt wird, allerlei Abgeschmacktheiten, die die Leute *„sich in den Kopf gesetzt haben"*. Mit spielender Leichtigkeit ergibt sich für Sankt Max, daß Alles, was die Menschen sich unterworfen hat, z. B. die Notwendigkeit zu produzieren, um zu leben, und die davon abhängigen

---
[1] vom Gesichtspunkt der Ewigkeit.

Verhältnisse eine solche „Abgeschmacktheit" oder „*fixe Idee*" ist. Da die Kinderwelt die einzige „Welt der Dinge" ist, wie wir in der Mythe vom „Menschenleben" sahen, so ist Alles, was „für das Kind" (von Zeit zu Zeit auch für das Tier) nicht existiert, jedenfalls „eine Idee" und „leicht auch" eine „fixe Idee". Wir sind den Jüngling und das Kind noch lange nicht los.

Das Kapitel vom Sparren hat bloß den Zweck, die Kategorie des Sparrens in der Geschichte „*des* Menschen" zu konstatieren. Der eigentliche Kampf gegen die Sparren zieht sich durch das ganze „Buch" und wird namentlich im zweiten Teil geführt. Wir können uns deshalb hier mit ein paar Beispielen von Sparren begnügen.

p. 59 glaubt Jacques le bonhomme, daß „unsere Zeitungen von Politik strotzen, weil sie in dem Wahne gebannt sind, der Mensch sei dazu geschaffen, ein Zoon politikon[1] zu werden". Also nach Jacques le bonhomme wird Politik getrieben, weil unsre Zeitungen davon strotzen! Wenn ein Kirchenvater die Börsennachrichten unserer Zeitungen ansähe, so könnte er gar nicht anders urteilen wie Sankt Max und müßte sagen: Diese Zeitungen strotzen von Börsennachrichten, weil sie in den Wahn gebannt sind, der Mensch sei dazu geschaffen, in Fonds zu spekulieren. Also nicht die Zeitungen haben den Sparren, sondern der Sparren hat den „Stirner".

Die Verpönung der Blutschande und die Institutionen der Monogamie werden aus „dem Heiligen" erklärt, „sie sind das Heilige". Wenn bei den Persern die Blutschande nicht verpönt ist und die Institution der Polygamie bei den Türken sich vorfindet, so sind dort also Blutschande und Polygamie „das Heilige". Zwischen diesen beiden „Heiligen" wäre kein Unterschied anzugeben, als daß Perser und Türken sich andres dummes Zeug „in den Kopf gesetzt haben" als die christlich germanischen Völker. — Kirchenväterliche Manier, sich „zeitig genug" von der Geschichte „loszumachen". — Jacques le bonhomme ahnt so wenig die wirklichen, materialistischen Ursachen der Verpönung der Polygamie und Blutschande unter gewissen sozialen Verhältnissen, daß er sie nur für einen Glaubenssatz erklärt und sich in Gemeinschaft mit jedem Spießbürger einbildet, wenn einer für derartige Vergehen eingesperrt werde, so sperre ihn „die Sittenreinheit" in ein „Sittenverbesserungshaus" (p. 61), wie denn die Kerker ihm überhaupt — und hierin steht er

---
[1] gesellschaftliches Wesen.

unter dem gebildeten Bourgeois, der dies besser weiß, vgl. die Gefängnisliteratur — als Sittenverbesserungshäuser erscheinen. „Stirners" „Kerker" sind die allertrivialsten Illusionen des Berliner Bürgers, die indes für ihn schwerlich ein „Sittenverbesserungshaus" genannt zu werden verdienen.

Nachdem Stirner durch eine „episodisch eingelegte" „geschichtliche Reflexion" entdeckt hat, daß „es dahin kommen mußte, daß der ganze Mensch sich mit allen seinen Fähigkeiten als religiös erwies" (p. 64), „so ist auch in der Tat" — „nicht zu verwundern", „weil wir jetzt so durch und durch religiös sind" — — „daß" der *Eid* „der *Geschwornen* uns zum Tode verdammt und der Polizeidiener uns als guter Christ durch ‚*Amtseid*' ins Loch bringt". Wenn ihn ein Gensdarme wegen Rauchens im Tiergarten anhält[65], so schlägt ihm nicht der kgl. preuß. dafür bezahlte und an den Strafgeldern beteiligte Gensdarme, sondern der „Amtseid" die Zigarre aus dem Munde. Geradeso verwandelt sich für ihn die Macht des Bourgeois im Geschwornengerichte, wegen des scheinheiligen Aussehens, das sich die amis du commerce¹ hier geben, in die Macht des Schwörens, des Eides, in „*das Heilige*". Wahrlich, wahrlich, ich sage Euch: solchen Glauben habe ich in Israel nicht gefunden. (Matth[äi] 8, 10.)

„Bei so Manchem wird ein Gedanke zur Maxime, so daß nicht Er die Maxime, sondern diese vielmehr Ihn hat, und mit der Maxime hat er wieder einen festen Standpunkt." Aber „so liegt es nun nicht an Jemandes Wollen, Sollen oder Laufen, sondern an Gottes Erbarmen". Röm[er] 9, 16. Darum muß der heilige Max sogleich auf derselben Seite einige Pfähle ins Fleisch bekommen und uns selbst mehrere Maximen geben: nämlich erstens *die* Maxime, keine Maxime, damit zweitens die Maxime, keinen festen Standpunkt zu haben, drittens die Maxime: „Wir *sollen* zwar Geist haben, aber der Geist *soll* Uns nicht haben"; und viertens die Maxime, daß man auch sein Fleisch vernehmen soll, „denn nur wenn ein Mensch sein Fleisch vernimmt, vernimmt er sich ganz, und nur wenn er *sich* ganz vernimmt, ist er vernehmend oder vernünftig".

---

¹ Freunde des Handels.

C) Unreine unreine Geistergeschichte

a) N e g e r und M o n g o l e n

Wir kehren jetzt zum Anfang der „einzigen" Geschichtskonstruktion und Namengebung zurück. Das Kind wird Neger, der Jüngling Mongole. Siehe die Ökonomie des Alten Bundes.

„Die geschichtliche Reflexion über Unser Mongolentum, welche Ich an dieser Stelle *episodisch einlegen will*, gebe Ich *nicht mit dem Anspruche* auf Gründlichkeit *oder auch nur* auf Bewährtheit, sondern *lediglich darum, weil Mich dünkt, sie könne* zur Verdeutlichung des Übrigen *beitragen*." p. 87.

Sankt Max sucht sich seine Phrasen über Kind und Jüngling zu „verdeutlichen", indem er ihnen weltumfassende Namen gibt, und diese weltumfassenden Namen, indem er ihnen seine Phrasen über Kind und Jüngling unterschiebt. „Die *Negerhaftigkeit* stellt dar das *Altertum,* die Abhängigkeit von den *Dingen*" (Kind); „die *Mongolenhaftigkeit* die Zeit der Abhängigkeit von *Gedanken,* die *christliche*" *(Jüngling).* (Vergl. „Ökonomie des Alten Bundes".) „Der Zukunft sind die Worte vorbehalten: Ich bin Eigner der *Welt der Dinge,* und Ich bin Eigner der *Welt der Gedanken.*" (p. 87, 88.) Diese „Zukunft" hat sich bereits einmal auf p. 20 bei Gelegenheit des *Mannes* zugetragen und wird sich später noch einmal, von p. 226 an, ereignen.

Erste „geschichtliche Reflexion ohne Anspruch auf Gründlichkeit oder auch nur auf Bewährtheit": Weil Ägypten zu Afrika gehört, wo die Neger hausen, so „fallen" p. 88 die nie vorgekommenen „Züge des Sesostris"[54] und die „Bedeutsamkeit Ägyptens" (auch unter den Ptolemäern, Napoleons Expedition nach Ägypten[55], Mehemet Ali, orientalische Frage, Duvergier de Hauranness Broschüren pp.) „und Nordafrikas überhaupt" (also Karthagos, Hannibals Zug nach Rom und „leicht auch" von Syrakus und Spanien, Vandalen, Tertullian, Mauren, Al Hussein Abu Ali Ben Abdallah Ebn Sina, Raubstaaten, Franzosen in Algier, Abd el Kâder, Père Enfantin und die vier neuen Kröten des „Charivari") „in das negerhafte Weltalter". p. 88. Also Stirner verdeutlicht hier die Züge des Sesostris pp., indem er sie in das negerhafte Weltalter versetzt, und das negerhafte Weltalter, indem er es als historische Illustration zu seinen einzigen Gedanken „über Unsere Kinderjahre" „episodisch einlegt".

158

Zweite "geschichtliche Reflexion": „Dem mongolenhaften Weltalter gehören die Hunnen- und Mongolenzüge an, bis hinauf zu den Russen" (und Wasserpolacken[66]), wo denn wieder die Hunnen- und Mongolenzüge nebst den Russen dadurch „verdeutlicht" werden, daß sie dem „mongolenhaften Weltalter" angehören, und das „mongolenhafte Weltalter" dadurch, daß es das Weltalter der schon als *Jüngling* aufgetretenen Phrase „Abhängigkeit von Gedanken" ist.

Dritte „geschichtliche Reflexion":
Im mongolenhaften Weltalter „kann der Wert Meiner unmöglich hoch angeschlagen werden, weil der *harte* Demant des *Nicht-Ich* zu hoch im Preise steht, weil es noch zu körnig und unbezwinglich ist, um von Mir absorbiert und verzehrt zu werden. Vielmehr kriechen die Menschen nur mit außerordentlicher Geschäftigkeit auf diesem Unbeweglichen, dieser Substanz, herum, wie Schmarotzertierchen auf einem Leibe, von dessen Säften sie Nahrung ziehen, ohne ihn deshalb aufzuzehren. Es ist die Geschäftigkeit des Ungeziefers, die Betriebsamkeit der Mongolen. Bei den Chinesen bleibt *ja* Alles beim Alten etc. — — *Sonach*" (weil bei den Chinesen Alles beim Alten bleibt) „ist in unsrem mongolischen Weltalter alle Veränderung nur eine reformatorische und ausbessernde, keine destruktive oder verzehrende oder vernichtende gewesen. Die Substanz, das Objekt bleibt. All unsre Betriebsamkeit ist nur Ameisentätigkeit und Flohsprung... Jongleurkünste auf dem Seile des Objektiven" pp. (p. 88. Vgl. Hegel, „Phil[osophie] der Gesch[ichte]", p. 113, 118, 119 (die undurchweichte Substanz), 140 etc., wo China als die „Substantialität" gefaßt wird.)

Also hier erfahren wir, daß in dem *wahren* kaukasischen Weltalter die Menschen die Maxime haben werden, die Erde, die „Substanz", „das Objekt", das „Unbewegliche" zu verschlingen, „verzehren", „vernichten", „absorbieren", „destruieren", und mit der Erde zugleich das nicht von ihr zu trennende Sonnensystem. Der weltverschlingende „Stirner" hat uns die „reformatorische oder ausbessernde Tätigkeit" des Mongolen bereits als „Welterlösungs- und Welt*verbesserungs*pläne" des Jünglings und Christen p. 36 vorgeführt. Wir sind also noch immer keinen Schritt weiter. Charakteristisch für die ganze „einzige" Geschichtsauffassung ist, daß die höchste Stufe dieser mongolischen Tätigkeit den Namen der *„wissenschaftlichen"* verdient — woraus schon jetzt zu folgern ist, was Sankt Max uns später sagt, daß die Vollendung des mongolischen Himmels das Hegelsche Geisterreich ist.

Vierte „geschichtliche Reflexion". Die Welt, auf der die Mongolen herumkriechen, verwandelt sich jetzt vermittelst eines „Flohsprungs" in „das Positive", dies in „die Satzung", und die Satzung wird vermittelst eines Absatzes p. 89 zur „Sittlichkeit". „Diese gibt sich in ihrer ersten Form als Gewohnheit" — sie tritt also als *Person* auf; flugs verwandelt sie sich aber in einen *Raum:* „Nach seines Landes Sitte und Gewohnheit handeln, heißt *da*" (nämlich in der Sittlichkeit) „sittlich sein". „Darum" (weil dies in der Sittlichkeit als Gewohnheit passiert) „wird ein *lauteres, sittliches Handeln am schlichtesten in* — — *China* geübt!"

Sankt Max ist unglücklich in seinen Exempeln. p. 116 schiebt er ebenso den Nordamerikanern die „Religion der Rechtschaffenheit" unter. Er hält die beiden spitzbübischsten Völker der Erde, die patriarchalischen Betrüger, die Chinesen, und die zivilisierten Betrüger, die Yankees, für „schlicht", „sittlich" und „rechtschaffen". Hätte er seine Eselsbrücke nachgesehen, so hätte er die Nordamerikaner p. 81 der „Philosophie der Geschichte" und die Chinesen p. 130 ibid. als Betrüger klassifiziert finden können.

Freund „*Man*" verhilft dem heiligen Biedermann jetzt auf die *Neuerung;* von dieser bringt ihn ein „*Und*" wieder auf die *Gewohnheit,* und somit ist das Material präpariert, um in der

Fünften geschichtlichen Reflexion einen Hauptcoup vollziehen zu können. „Es unterliegt auch in der Tat keinem Zweifel, daß der Mensch sich durch Gewohnheit gegen die Zudringlichkeit der Dinge[,] der Welt sichert" — z. B. gegen den Hunger —

„und" — wie hieraus ganz natürlich folgt —

„*eine eigne Welt gründet*" — die „Stirner" jetzt nötig hat —

„*in welcher er allein heimisch und zu Hause ist*" — „allein", nachdem er sich erst durch „Gewohnheit" in der bestehenden „Welt" „heimisch" gemacht hat —

„*d. h. sich einen Himmel gründet*" — weil China das himmlische Reich heißt.

„*Hat ja doch der Himmel keinen andern Sinn als den, daß er die eigentliche Heimat des Menschen ist*" — wo er im Gegenteil die vorgestellte Uneigentlichkeit der eigentlichen Heimat zum Sinn hat —

„*worin ihn Nichts Fremdes mehr bestimmt*" — d. h. worin ihn das Eigne als Fremdes bestimmt, und wie die nun in Gang gebrachte Leier weiter heißt. „Vielmehr", um mit Sankt Bruno, oder „etwa leicht", um mit Sankt Max zu sprechen, müßte dieser Satz so heißen:

| Stirnerscher Satz, ohne Anspruch auf Gründlichkeit oder auch nur auf Bewährtheit. | Geläuterter Satz. |

„Es unterliegt auch in der Tat keinem Zweifel, daß der Mensch sich durch Gewohnheit gegen die Zudringlichkeit der Dinge, der Welt, sichert und eine eigne Welt gründet, in welcher er allein heimisch und zu Hause ist, d. h. sich einen *Himmel* erbaut. Hat ja doch der „Himmel" keinen andern Sinn als den, daß er die eigentliche Heimat des Menschen sei, worin ihn nichts Fremdes mehr bestimmt und beherrscht, kein Einfluß des Irdischen mehr ihn selbst entfremdet, kurz, worin die Schlacken des Irdischen abgeworfen sind und der Kampf gegen die Welt ein Ende gefunden hat, worin ihm also nichts mehr versagt ist." p. 89.

„Es unterliegt auch in der Tat keinem Zweifel", daß, weil China das himmlische Reich heißt, weil „Stirner" gerade von China spricht und „gewohnt" ist, sich durch Unwissenheit „gegen die Zudringlichkeit der Dinge, der Welt, zu sichern und eine eigne Welt zu gründen, in welcher er allein heimisch und zu Hause ist", er sich aus dem himmlischen Reich China „einen Himmel erbaut. Hat ja doch" die Zudringlichkeit der Welt, der Dinge, „keinen andern Sinn als den, daß" sie „die eigentliche" Hölle des Einzigen „sind, worin ihn" Alles als „Fremdes bestimmt und beherrscht", die er sich aber dadurch in einen „Himmel" zu verwandeln weiß, daß er sich allem „Einfluß der irdischen", geschichtlichen Tatsachen und Zusammenhänge „entfremdet", daher sich also nicht mehr vor ihnen befremdet, „kurz, wo die Schlacken des Irdischen", Historischen „abgeworfen sind und" Stirner im „Ende" „der Welt" keinen „Kampf" mehr „findet", womit also Alles gesagt ist.

Sechste „geschichtliche Reflexion". p. 90 bildet sich Stirner ein:

„In China ist für *Alles vorgesehen;* was auch kommen mag, es *weiß* der Chinese *immer,* wie er sich zu verhalten hat, und er braucht sich nicht erst *nach den Umständen* zu bestimmen; aus dem Himmel seiner Ruhe stürzt ihn *kein unvorhergesehener Fall.*"

Auch kein englisches Bombardement — er wußte ganz genau, „wie er sich zu verhalten hatte", besonders den ihm unbekannten Dampfschiffen und Schrapnell-Bomben gegenüber[67].

Sankt Max hat dies sich aus Hegels „Philosophie der Geschichte"

p. 118 und p. 127 abstrahiert, wo er freilich einiges Einzige hinzufügen mußte, um seine obige Reflexion zustande zu bringen.

„*Mithin*", fährt Sankt Max fort, „besteigt *die Menschheit* auf der Stufenleiter der Bildung durch die Gewohnheit die erste Sprosse, *und da sie sich vorstellt*, im Erklimmen der Kultur zugleich den Himmel, das Reich der Kultur oder zweiten Natur zu erklimmen, so besteigt sie *wirklich* die erste Sprosse der — Himmelsleiter." p. 90.

„Mithin", d. h. weil Hegel mit China die Geschichte anfängt und weil „der Chinese nicht außer Fassung kommt", verwandelt „Stirner" die Menschheit in eine Person, die „auf der Stufenleiter der Kultur die erste Sprosse" ersteigt, und zwar „durch die Gewohnheit", weil China für Stirner keine andre Bedeutung hat, als „die Gewohnheit" zu sein. Jetzt handelt es sich für unsren Eiferer gegen das Heilige nur noch darum, die „Stufenleiter" in die „Himmelsleiter" zu verwandeln, da China auch noch den Namen des *Himmlischen* Reichs führt. „Da die Menschheit sich vorstellt" („woher nur" Stirner „Alles das weiß, was" die Menschheit sich vorstellt, Wigand, p. 189) — was Stirner zu beweisen hatte — erstens „die Kultur" in „den Himmel der Kultur" und zweitens „den Himmel der Kultur" in „die Kultur des Himmels" zu verwandeln (eine angebliche Vorstellung der Menschheit, die p. 91 als Vorstellung Stirners auftritt und dadurch ihren richtigen Ausdruck erhält), „so besteigt sie *wirklich* die erste Sprosse der Himmelsleiter." Da sie sich *vorstellt*, die erste Sprosse der Himmelsleiter zu besteigen — — so — — besteigt sie sie *wirklich!* „*Da*" „der Jüngling" „sich vorstellt", reiner Geist zu werden, wird er es wirklich! Siehe „Jüngling" und „Christ" über den Übergang aus der Welt der Dinge in die Welt des Geistes, wo sich die einfache Formel für diese Himmelsleiter der „einzigen" Gedanken vorfindet.

Siebente geschichtliche Reflexion. p. 90. „Hat das Mongolentum" (folgt unmittelbar auf die Himmelsleiter, womit nämlich „Stirner" vermittelst der angeblichen Vorstellung der Menschheit ein geistiges Wesen konstatiert hat) — „hat das Mongolentum das Dasein geistiger Wesen festgestellt" (vielmehr „Stirner" seine Einbildung vom geistigen Wesen der Mongolen festgestellt), „*so* haben die Kaukasier Jahrtausende mit diesen geistigen Wesen gerungen, um ihnen auf den Grund zu kommen." (Jüngling, der zum Manne wird und „hinter die Gedanken zu kommen", Christ, der die „Tie-

162

fen der Gottheit zu ergründen" „allezeit trachtet".) Weil die Chinesen das Dasein Gott weiß welcher geistigen Wesen konstatiert haben („Stirner" konstatiert außer seiner Himmelsleiter kein einziges), so müssen die Kaukasier Jahrtausende sich mit „diesen" chinesischen „geistigen Wesen" herumzanken; ja, Stirner konstatiert zwei Zeilen weiter, daß sie wirklich den „*mongolischen* Himmel, den Thiän, gestürmt haben", und fährt fort: „Wann werden sie diesen Himmel vernichten, wann werden sie endlich *wirkliche Kaukasier* werden und *sich selber finden?*" Hier haben wir die negative Einheit, die früher schon als Mann auftrat, als „wirklichen Kaukasier", d. h. als nicht negerhaften, nicht mongolischen — als *kaukasischen Kaukasier*, der hier also als Begriff, als Wesen von den wirklichen Kaukasiern getrennt, ihnen entgegengestellt wird als „Ideal des Kaukasiers", als „Beruf", in dem „sie sich selber finden" sollen, als „Bestimmung", „Aufgabe", als „das Heilige", „der heilige" Kaukasier, „der vollendete" Kaukasier, „welcher eben der" Kaukasier „im Himmel — *Gott* ist".

„Im industriösen Ringen der mongolischen Rasse *hatten* die Menschen einen Himmel erbaut" — so glaubt p. 91 „Stirner", der es vergißt, daß die wirklichen Mongolen viel mehr mit den Hämmeln, als mit den Himmeln zu tun haben — „als die vom kaukasischen Stamme, solange sie — — es mit dem Himmel zu tun *haben* — — die himmelstürmende Tätigkeit *übernahmen.*" Hatten einen Himmel erbaut, als — —, solange *haben,* — — *übernahmen.* Die anspruchslose „geschichtliche Reflexion" drückt sich in einer consecutio temporum[1] aus, die ebenfalls keinen „Anspruch" auf Klassizität „oder auch nur" auf grammatische Richtigkeit „macht"; der Konstruktion der Geschichte entspricht die Konstruktion der Sätze; „darauf beschränken sich" „Stirners" „Ansprüche" und „erreichen damit ihr letztes Absehen".

Achte geschichtliche Reflexion, die die Reflexion der Reflexionen, das Alpha und Omega der ganzen Stirnerschen Geschichte ist: Jacques le bonhomme sieht in der ganzen bisherigen Völkerbewegung, was wir ihm von Anfang an nachweisen, nur eine Aufeinanderfolge von Himmeln (p. 91), was auch so ausgedrückt werden kann, daß die bisherigen aufeinanderfolgenden Generationen kaukasischer Rasse weiter nichts taten als sich mit dem Begriff der Sittlichkeit

---
[1] Aufeinanderfolge der grammatischen Zeitformen.

herumzanken (p. 92) und daß „darauf sich ihre Tat beschränkt"
(p.91). Hätten sie sich die leidige Sittlichkeit, diesen Spuk, aus dem
Kopfe geschlagen, so würden sie es zu etwas gebracht haben; so aber
kamen sie zu Nichts und wieder Nichts und müssen sich von Sankt
Max wie Schuljungen ein Pensum stellen lassen. Dieser seiner Geschichtsanschauung entspricht denn vollständig, daß am Schluß
(p. 92) die spekulative Philosophie heraufbeschworen wird, damit
„in ihr dies Himmelreich, das Reich der Geister und Gespenster,
seine rechte Ordnung finde" — und an einer späteren Stelle als das
„vollendete Geisterreich" selbst gefaßt wird.

Warum man, wenn man die Geschichte in Hegelscher Manier
auffaßt, zuletzt zu dem in der spekulativen Philosophie vollendeten
und in Ordnung gebrachten Geisterreich als dem Ergebnis der bisherigen Geschichte kommen mußte — dies Geheimnis konnte „Stirner" bei Hegel selbst sehr einfach enthüllt finden. Um zu diesem
Resultat zu kommen, „muß der Begriff des Geistes zugrunde gelegt und *nun* gezeigt werden, daß die Geschichte der Prozeß des
Geistes selbst ist". („Gesch[ichte] der Phil[osophie]" III, p. 91.)
Nachdem „der Begriff des Geistes" der Geschichte als Grundlage
untergeschoben worden ist, kann man natürlich sehr leicht „zeigen", daß er sich überall wiederfindet, und dies dann als einen Prozeß „seine rechte Ordnung finden" lassen.

Jetzt kann Sankt Max, nachdem er Alles „seine rechte Ordnung
hat finden" lassen, begeistert ausrufen: „Dem Geiste Freiheit erwerben wollen, das ist Mongolentum" usw. (vergl. p. 17: „Den
reinen Gedanken zutage zu fördern etc., das ist Jünglingslust" etc.)
und die Heuchelei begehen, zu sagen: „*Es springt daher in die
Augen*, daß das Mongolentum — — die Unsinnlichkeit und Unnatur
repräsentiere" etc. — wo er hätte sagen müssen: Es springt in die
Augen, daß der Mongole nur der verkleidete Jüngling ist, der als
Negation der Welt der Dinge auch „Unnatur", „Unsinnlichkeit"
etc. genannt werden kann.

Wir sind jetzt wieder so weit, daß der „Jüngling" in den „Mann"
übergehen kann: „Wer aber wird den Geist in sein Nichts auflösen? *Er*, der mittelst des Geistes die Natur als das Nichtige, Endliche, Vergängliche darstellte" (d. h. sich vorstellte — und dies nach
p. 16ff. der Jüngling, später der Christ, dann der Mongole, dann
der mongolenhafte Kaukasier, eigentlich aber nur der Idealismus),

164

„er kann allein auch den Geist zu gleicher Nichtigkeit" (nämlich in seiner Einbildung) „herabsetzen" (also der Christ pp.? Nein, ruft „Stirner", mit einer ähnlichen Eskamotage wie p. 19/20 beim Mann), „Ich kann es, Jeder unter Euch kann es, der als unumschränktes Ich waltet und schafft" (in seiner Einbildung), „es kann's mit Einem Worte — der *Egoist*" (p. 93) — also der Mann, der kaukasische Kaukasier, der sonach der vollendete Christ, der rechte Christ, der Heilige, *das* Heilige ist.

Ehe wir auf die weitere Namengebung eingehen, „wollen wir an dieser Stelle" ebenfalls „eine geschichtliche Reflexion" über den Ursprung von Stirners „geschichtlicher Reflexion über Unser Mongolentum einlegen", die sich aber von der Stirnerschen dadurch unterscheidet, daß sie allerdings „Anspruch auf Gründlichkeit und Bewährtheit macht". Seine ganze geschichtliche Reflexion, wie die über die „Alten", ist aus Hegel zusammengebraut.

Die Negerhaftigkeit wird darum als „das Kind" aufgefaßt, weil Hegel, „Phil[osophie] d[er] Gesch[ichte]" p. 89, sagt:

„Afrika ist *das Kinderland* der Geschichte." „Bei der Bestimmung des afrikanischen" (negerhaften) „Geistes müssen wir auf die *Kategorie der Allgemeinheit* ganz Verzicht leisten" p. 90 — d. h., das Kind oder der Neger hat zwar Gedanken, aber noch nicht *den* Gedanken. „Bei den Negern ist das Bewußtsein noch nicht zu einer festen Objektivität gekommen, wie z. B. *Gott, Gesetz*, worin der Mensch die *Anschauung seines Wesens* hätte" — — „wodurch ganz das Wissen von einem *absoluten Wesen* fehlt. Der Neger stellt den *natürlichen Menschen* in seiner ganzen Unbändigkeit dar." (p. 90.) „Obgleich sie sich der Abhängigkeit vom Natürlichen" (den Dingen, wie „Stirner" sagt) „bewußt sein müssen, so führt dies doch nicht zum Bewußtsein eines Höheren." p. 91.

Hier finden wir sämtliche Stirnersche Bestimmungen des Kindes und Negers wieder — Abhängigkeit von den Dingen, Unabhängigkeit von Gedanken, speziell von „dem Gedanken", „dem Wesen", „dem absoluten" (heiligen) „Wesen" pp.

Die Mongolen und speziell die Chinesen fand er bei Hegel als den Anfang der Geschichte vor, und da diesem ebenfalls die Geschichte eine Geistergeschichte (nur nicht so kindisch wie „Stirners") ist, so versteht es sich von selbst, daß die Mongolen den Geist in die Geschichte gebracht haben und die Urrepräsentanten alles „Heiligen" sind. Speziell faßt Hegel noch p. 110 „das *mongolische* Reich" (des Dalai Lama) als „das *geistliche*", das „Reich der theokratischen Herrschaft", ein „geistiges, religiöses Reich" — gegenüber dem chinesischen weltlichen Reich. „Stirner" muß natürlich China mit den Mongolen identifizieren. p. 140 kommt bei Hegel sogar „*das mongolische Prinzip*" vor, woraus „Stirner" das „Mongolentum" macht. Wenn er übrigens einmal die Mongolen auf die Kategorie „der Idealismus" reduzieren wollte, so konnte er in der Dalai-Lama-Wirtschaft und dem Buddhismus ganz andere „geistige Wesen" „festgestellt finden" als seine gebrechliche „Himmelsleiter". Aber er hatte nicht einmal die Zeit, die Hegelsche Geschichtsphilosophie ordentlich anzusehen. Die Eigenheit und Einzigkeit des Stirnerschen Verhaltens zur Geschichte besteht darin, daß der Egoist sich in einen „unbeholfenen" Kopisten Hegels verwandelt.

b) Katholizismus und Protestantismus

(Vgl. die „Ökonomie des Alten Bundes")

Was wir hier Katholizismus nennen, nennt „Stirner" „das Mittelalter"; da er aber das heilige, religiöse Wesen des Mittelalters, die Religion des Mittelalters, mit dem wirklichen, profanen, leibhaftigen Mittelalter verwechselt (wie „in Allem"), geben wir der Sache lieber gleich ihren richtigen Namen.

„Das Mittelalter" war „eine *lange Zeit*, in der man sich mit dem Wahne begnügte" (weiter verlangte und tat man Nichts), „die Wahrheit zu haben, ohne daß man ernstlich daran dachte, ob man selbst wahr sein müßte, um die Wahrheit zu besitzen." — — „Im Mittelalter kasteite *man*" (also das ganze Mittelalter) „*sich*, um fähig zu werden, das Heilige in sich aufzunehmen." p. 108.

Hegel bestimmt das Verhältnis zum Göttlichen in der katholischen Kirche dahin,

„daß man sich zum Absoluten als bloß äußerlichem Ding verhalte" (Christentum in der Form des Äußerlichseins), „Gesch[ichte] der Phil[osophie]" III, p. 148 und anderwärts. Das Individuum muß allerdings gereinigt werden, um die Wahrheit aufzunehmen, aber „auch dies geschieht auf eine äußerliche Weise, durch Abkaufen, Abfasten, Abprügeln, Abmarschieren, Pilgrimschaft". (p. 140 ibid.)

Diesen Übergang macht „Stirner" durch:

„Wie *man freilich auch* sein Auge anstrengt, um das Entfernte zu sehen, — — so kasteite man sich etc."

166

Weil nun bei „Stirner" das Mittelalter mit dem Katholizismus identifiziert wird, endet es natürlich auch mit *Luther*. p. 108. Dieser selbst wird auf folgende, schon beim Jüngling, im Gespräch mit Szeliga und sonst vorgekommene Begriffsbestimmung reduziert:

„daß der Mensch, wenn er die *Wahrheit* auffassen wolle, *ebenso wahr werden müsse* wie die Wahrheit selbst. Nur wer die Wahrheit schon im *Glauben* hat, kann ihrer teilhaftig werden."

Hegel sagt in bezug auf das Luthertum:

„Die *Wahrheit* des Evangeliums [...] existiert nur im *wahrhaften Verhalten* zu demselben. — — Das wesentliche Verhalten des Geistes ist nur für den Geist. — — Es ist also das *Verhalten* des Geistes zu diesem Inhalt, daß der Inhalt zwar wesentlich ist, daß aber ebenso wesentlich ist, daß der heilige und heiligende Geist sich zu ihm verhalte." („Gesch. d. Phil." III, p. 234.) „Dies ist nun der lutherische Glaube — sein" (nämlich des Menschen) „*Glaube* ist gefordert und *kann* allein wahrhaft in Betracht kommen." (l. c. p. 230.) „Luther — — behauptet: daß das Göttliche nur insofern göttlich ist, als es in dieser subjektiven Geistigkeit des *Glaubens* genossen wird." (l. c. p. 138.) „Die Lehre der" (katholischen) „Kirche ist die Wahrheit als *vorhandene Wahrheit*." („Ph[ilosophie] der Rel[igion]" II, p. 331.)

„Stirner" fährt fort:

„Demnach geht mit Luther die Erkenntnis auf, daß die Wahrheit, weil sie Gedanke ist, nur für den denkenden Menschen sei, und dies heißt, daß der Mensch einen schlechterdings andern Standpunkt einnehmen müsse, den gläubigen" (per appos[itionem]), „wissenschaftlichen, oder den Standpunkt des Denkens gegenüber seinem Gegenstande, dem Gedanken." p. 110.

Außer der Wiederholung, die „Stirner" hier wieder „einlegt", ist nur der Übergang vom Glauben zum Denken zu beachten. Diesen Übergang macht Hegel wie folgt:

„Dieser Geist" (nämlich der heilige und heiligende Geist) „ist zweitens aber wesentlich auch denkender Geist. Das Denken als solches muß sich auch darin entwickeln etc." p. 254.

„Stirner" fährt fort:

„Dieser Gedanke" („daß Ich *Geist* bin, nur Geist") „durchzieht die Reformationsgeschichte bis heute." p. 111.

Eine andre Geschichte als die Reformationsgeschichte existiert für „Stirner" vom sechzehnten Jahrhundert an nicht — und auch diese bloß in der Auffassung, in der Hegel sie darstellt.

Sankt Max hat wieder seinen Riesenglauben bewiesen. Er hat wieder sämtliche Illusionen der deutschen spekulativen Philosophie wörtlich für wahr genommen, ja er hat sie noch spekulativer, noch abstrakter gemacht. Für ihn existiert nur die Geschichte der Religion und Philosophie — und diese existiert nur durch Hegel für ihn, der mit der Zeit zur allgemeinen Eselsbrücke, zum Konversationslexikon aller neuen deutschen Prinzipspekulanten und Systemfabrikanten geworden ist.

Katholizismus = Verhalten zur Wahrheit als Ding, Kind, Neger, „Alter".

Protestantismus = Verhalten zur Wahrheit im Geist, Jüngling, Mongole, „Neuer".

Die ganze Konstruktion war überflüssig, da dies Alles schon beim „Geist" dagewesen war.

Wie schon in der „Ökonomie des Alten Bundes" angedeutet, kann man nun innerhalb des Protestantismus wieder Kind und Jüngling in neuen „Wandlungen" auftreten lassen, wie „Stirner" dies p. 112 tut, wo er die englische, empirische Philosophie als Kind in Gegensatz zur deutschen, spekulativen Philosophie, dem Jüngling, faßt. Er schreibt hier wieder *Hegel* aus, der hier wie sonst „im Buche" sehr häufig als „*Man*" auftritt.

„Man" — d. h. Hegel — „verwies den Baco aus dem Reiche der Philosophie." „Und weiter scheint es allerdings dasjenige, was man englische Philosophie nennt, nicht gebracht zu haben als bis zu den Entdeckungen sogenannter offener Köpfe wie Bacon und Hume" (p. 112) —

was Hegel so ausdrückt:

„Bacon ist in der Tat eigentlich der Anführer und Repräsentant dessen, was in England Philosophie genannt wird und worüber die Engländer noch durchaus nicht hinausgekommen sind." „Gesch[ichte] d[er] Phil[osophie]", III, p. 254.

Was „Stirner" „offene Köpfe" nennt, nennt Hegel, l. c. p. 255, „gebildete Weltmänner" — diese verwandelt Sankt Max einmal auch in „die Einfalt des kindlichen Gemütes", weil die englischen Philosophen das *Kind* repräsentieren müssen. Aus demselben kindlichen Grunde darf „sich Baco nicht um die theologischen Fragen und Kardinalpunkte bekümmert" haben, was auch seine Schriften (speziell „De Augmentis Scientiarum", „Novum Organum" und die Essays) sagen mögen. Dagegen „sieht — — das deutsche Denken — — im Erkennen selbst erst das Leben" (p. 112), denn es ist der *Jüngling*. Ecce iterum Crispinus![68]

Wie Stirner den Cartesius in einen deutschen Philosophen verwandelt, kann man „im Buche" p. 112 selbst nachsehen.

168

D) *Die Hierarchie*

Jacques le bonhomme faßt in der bisherigen Darstellung die Geschichte nur als das Produkt abstrakter Gedanken — oder vielmehr seiner Vorstellungen von den abstrakten Gedanken —, als beherrscht von diesen Vorstellungen, die sich alle in letzter Instanz in „das Heilige" auflösen. Diese Herrschaft des „Heiligen", des Gedankens, der Hegelschen absoluten Idee über die empirische Welt stellt er nun als gegenwärtiges historisches Verhältnis dar, als Herrschaft *der* Heiligen, Ideologen über die profane Welt — als *Hierarchie*. In dieser Hierarchie haben wir das, was früher *nach*einander erschien, *neben*einander, so daß eine der beiden koexistierenden Entwicklungsformen über die andre herrscht. So herrscht also der Jüngling über das Kind, der Mongole über den Neger, der Neue über den Alten, der aufopfernde Egoist (citoyen) über den Egoisten im gewöhnlichen Verstande (bourgeois) etc. — siehe die „Ökonomie des Alten Bundes". Die „Vernichtung" der „Welt der Dinge" durch die „Welt des Geistes" tritt hier als „Herrschaft" der „Welt der Gedanken" über die „Welt der Dinge" auf. Es muß natürlich dahin kommen, daß die Herrschaft, die die „Welt der Gedanken" von Anfang an in der Geschichte führt, am Ende derselben auch als wirkliche, faktisch existierende Herrschaft der Denkenden — und wie wir sehen werden, in letzter Instanz der spekulativen Philosophen — über die Welt der Dinge dargestellt wird, so daß Sankt Max dann nur noch gegen Gedanken und Vorstellungen der Ideologen zu kämpfen und sie zu überwinden hat, um sich zum „Eigner der Welt der Dinge und der Welt der Gedanken" zu machen.

„*Hierarchie ist Gedankenherrschaft*, Herrschaft des Geistes. Hierarchisch sind wir bis auf diesen Tag, unterdrückt von denen, die sich auf Gedanken stützen, und Gedanken sind" — wer hat das nicht längst gemerkt — „*das Heilige.*" (p. 97). (Stirner hat sich vor dem Vorwurf, als mache er in seinem ganzen Buch nur „Gedanken", d. h. „das Heilige", dadurch zu bewahren gesucht, daß er darin wirklich nirgendwo Gedanken macht. Allerdings schreibt er sich bei Wigand „Virtuosität im Denken", d. h. nach ihm in der Fabrikation „des Heiligen" zu — und das letztere wird ihm konzediert.) — „Hierarchie ist *Oberherrlichkeit des Geistes.*" p. 467. — „Jene *mittelaltrige* Hierarchie war nur eine schwächliche Hierarchie gewesen, da sie alle mögliche Barbarei des Profanen unbezwungen neben sich hergehen lassen mußte" („woher nur Stirner das alles weiß, was die Hierarchie mußte", wird sich gleich finden), „und erst die Reformation stählte die Kraft der Hierarchie." p. 110. „Stirner" meint nämlich, „die Geisterherrschaft sei nie zuvor so umfassend und allmächtig gewesen" als nach der Reformation; er meint, daß diese Geisterherrschaft, „statt das religiöse Prinzip von Kunst, Staat und Wissenschaft loszureißen, vielmehr diese ganz aus der Wirklichkeit in das Reich des Geistes erhob und religiös machte".

In dieser Auffassung der neueren Geschichte ist nur wieder die alte Illusion der spekulativen Philosophie über die Herrschaft des Geistes in der Geschichte breitgetreten. Ja, diese Stelle zeigt sogar, wie der gläubige Jacques le bonhomme fortwährend die ihm von Hegel überkommene, für ihn traditionell gewordene Weltanschauung für die *Wirkliche Welt* auf Treu und Glauben annimmt und nun von diesem Boden aus „machiniert". Was an dieser Stelle „eigen" und „einzig" erscheinen könnte, ist die Auffassung dieser Geistesherrschaft als *Hierarchie* — und hier wollen wir wiederum eine kurze „geschichtliche Reflexion" über den Ursprung der Stirnerschen „Hierarchie" „einlegen".

Hegel spricht sich in folgenden „Wandlungen" über die Philosophie der Hierarchie aus:

„*Wir haben bei Plato in seiner Republik die Idee gesehen, daß die Philosophen regieren sollen; jetzt*" (im katholischen Mittelalter) „ist die Zeit, wo es ausgesprochen wird, daß *das Geistige herrschen solle;* aber das Geistige hat den Sinn erhalten, daß das *Geistliche,* die *Geistlichen* herrschen sollen. Das Geistige ist so zur besondern Gestalt, zum Individuum gemacht." („Gesch[ichte] d[er] Phil[osophie]" III, p. 132.) — „Die Wirklichkeit, das Irdische, ist damit *gottverlassen* —— einzelne wenige Individuen sind *heilig,* die Andern *unheilig.*" (l. c. p. 136.) Die „Gottverlassenheit" wird näher so bestimmt: „Alle diese Formen" (Familie, Arbeit, Staatsleben etc.) „gelten als nichtige, *unheilige.*" („Phil[osophie] d[er] Rel[igion]" II, p. 343.) — „Es ist eine Vereinigung mit der Weltlichkeit, die unversöhnt ist, die *Weltlichkeit roh in sich*" (wofür Hegel sonst auch das Wort Barbarei braucht, vergl. z. B. „Gesch. d. Phil." III, p. 136), „und die als roh in sich nur *beherrscht* wird." („Phil. d. Rel." II, p. 342, 343.) — „Diese Herrschaft" (die Hierarchie der katholischen Kirche) „ist also, obgleich sie Herrschaft des Geistigen sein soll, eine Herrschaft der Leidenschaft." („Gesch. d. Phil." III, p. 134.) — „Die *wahrhafte Herrschaft des Geistes* kann aber nicht Herrschaft des Geistes in dem Sinne sein, daß das Gegenüberstehende ein Unterworfenes ist." (l. c. p. 131.) „Der rechte Sinn ist, daß *das Geistige als solches*" (nach „Stirner" „das Heilige") „*das Bestimmende* sein soll, *was bis auf unsere Zeiten gegangen ist:* So sehen wir in der *französischen Revolution*" (was „Stirner" Hegel nachsieht), „*daß der abstrakte Gedanke herrschen soll;* nach ihm sollen Staatsverfassungen und Gesetze bestimmt werden, er soll das Band unter den Menschen ausmachen, und das Bewußtsein der Menschen soll sein, daß *das, was unter ihnen gilt, abstrakte Ge-*

danken sind, Freiheit und Gleichheit etc." („Gesch. d. Phil." III, p. 132.) Die wahre Herrschaft des Geistes im Gegensatz zu ihrer unvollkommenen Form in der katholischen Hierarchie, wie sie durch den Protestantismus herbeigeführt wird, wird weiter dahin bestimmt, daß „das *Weltliche in sich vergeistigt* wird". („Gesch. d. Phil." III, p. 185.) „Daß das Göttliche sich im Felde der Wirklichkeit realisiert" (also die katholische Gottverlassenheit der Wirklichkeit aufhört — „Phil. d. Rel." II, p. 343); daß der „Widerspruch" zwischen Heiligkeit und Weltlichkeit „sich auflöst in der *Sittlichkeit*" („Phil. d. Rel." II, p. 343); daß „*die Institutionen der Sittlichkeit*" (Ehe, Familie, Staat, Selbsterwerb etc.) „*göttliche, h e i l i g e*" sind. („Phil. d. Rel." II, p. 344.) Diese wahre Herrschaft des Geistes spricht Hegel in zwei Formen aus: „*Staat, Regierung, Recht, Eigentum, bürgerliche Ordnung*" (und wie wir aus andern Werken von ihm wissen, auch Kunst, Wissenschaft etc.), „alles dies ist *d a s R e l i g i ö s e* — — herausgetreten in die Form der Endlichkeit." („Gesch. d. Ph." III, p. 185.) Und diese Herrschaft des Religiösen, Geistigen etc. wird endlich ausgesprochen als die Herrschaft der Philosophie: „Das Bewußtsein des Geistigen ist jetzt" (im achtzehnten Jahrhundert) „wesentlich das Fundament, und *die Herrschaft ist dadurch der Philosophie geworden.*" („Phil. d. Gesch." p. 440.)

Hegel schiebt also der katholischen Hierarchie des Mittelalters die Absicht unter, als hätte sie „die Herrschaft des Geistes sein" wollen, und faßt sie demnächst als eine beschränkte, unvollkommene Form dieser Geistesherrschaft, deren Vollendung er im Protestantismus und dessen angeblicher Ausbildung sieht. So unhistorisch dies ist, so ist er doch noch historisch genug, um den *Namen* der Hierarchie nicht über das Mittelalter hinaus auszudehnen. Sankt Max weiß aber aus ebendemselben Hegel, daß die spätere Epoche die „Wahrheit" der früheren ist, also die Epoche der vollkommenen Herrschaft des Geistes die Wahrheit der Epoche, in welcher der Geist nur noch unvollkommen herrschte, daß also der Protestantismus die Wahrheit der Hierarchie, also die *wahre Hierarchie* ist. Da aber nur die *wahre* Hierarchie den Namen der Hierarchie verdient, so ist es klar, daß die Hierarchie des Mittelalters eine „schwächliche" sein mußte, was ihm um so leichter zu beweisen wird, als in den obigen und hundert andern Hegelschen Stellen die Unvollkommenheit der Geistesherrschaft im Mittelalter dargestellt war, was er nur abzuschreiben brauchte und wobei seine ganze „*eigne*" Tätigkeit darin bestand, das Wort „Geistesherrschaft" durch „Hierarchie" zu ersetzen. Die einfache Schlußfolge, durch welche sich ihm die Geistesherrschaft schlechthin in die Hierarchie verwandelte, brauchte er nicht einmal zu machen, nachdem es unter den deutschen Theoretikern Mode geworden war, die Wirkung mit dem Namen der Ursachen zu belegen und Alles z. B. in die Kategorie der Theologie zurückzuwerfen, was aus der Theologie hervorgegangen war und noch nicht ganz auf der Höhe der Prinzipien dieser Theoretiker stand — z. B. die Hegelsche Spekulation, den Straußischen Pantheismus pp. — ein Kunststück, das namentlich im Jahre 1842 an der Tagesordnung war. Aus den obigen Stellen geht ebenfalls hervor, daß Hegel 1. die französische Revolution als eine neue und vollendetere Phase dieser Geistesherrschaft faßt, 2. in den Philosophen die Weltherrscher des neunzehnten Jahrhunderts sieht, 3. behauptet, daß jetzt nur abstrakte Gedanken unter den Menschen gelten, 4. daß schon bei ihm Ehe, Familie, Staat, Selbsterwerb, bürgerliche Ordnung, Eigentum pp. als „Göttlich und Heilig", als „*das Religiöse*" gefaßt werden, und 5. daß die *Sittlichkeit* als verweltlichte Heiligkeit oder geheiligte Weltlichkeit, als die höchste und letzte Form der Herrschaft des Geistes über die Welt dargestellt wird — Alles Dinge, die wir bei „Stirner" *wörtlich* wiederfinden.

Hiernach wäre in Beziehung auf die Stirnersche Hierarchie gar nichts mehr zu sagen und nachzuweisen, als warum Sankt Max Hegel abgeschrieben hat — ein Faktum, zu dessen Erklärung aber wieder materielle Fakta notwendig sind und das deshalb nur für diejenigen erklärlich ist, die die Berliner Luft kennen. Eine andre Frage ist, wie die Hegelsche Vorstellung von der Herrschaft des Geistes zustande kommt, und hierüber siehe oben.

Die Adoption der Hegelschen Weltherrschaft der Philosophen und ihre Verwandlung in eine Hierarchie durch Sankt Max kommt vermittelst der gänzlich unkritischen Leichtgläubigkeit unsres Heiligen und durch eine „heilige" oder heillose Unwissenheit zustande, die sich damit begnügt, die Geschichte zu „durchschauen" (d. h. die Hegelschen geschichtlichen Sachen *durch*zuschauen), ohne von ihr viele „Dinge" zu „wissen". Überhaupt müßte er ja fürchten, sobald er „lernte" — sich nicht mehr „abschaffend und auflösend" (p. 96) zu verhalten, also in der „Geschäftigkeit des Ungeziefers" steckenzubleiben — Grund genug, um nicht zur „Abschaffung und Auflösung" seiner eignen Unwissenheit „weiterzugehen".

Macht man, wie Hegel, eine solche Konstruktion zum ersten Male für die ganze Geschichte und die gegenwärtige Welt in ihrem

172

ganzen Umfange, so ist dies nicht möglich ohne umfassende positive Kenntnisse, ohne wenigstens stellenweise auf die empirische Geschichte einzugehen, ohne große Energie und Tiefblick. Begnügt man sich dagegen, eine vorhandene überlieferte Konstruktion zu seinen eignen Zwecken zu exploitieren und umzuwandeln und diese „eigene" Auffassung an einzelnen Exempeln (z. B. Negern und Mongolen, Katholiken und Protestanten, der französischen Revolution pp.) nachzuweisen — und dies tut unser Eiferer wider das Heilige — so ist dazu durchaus keine Kenntnis der Geschichte nötig. Das Resultat dieser ganzen Exploitation wird notwendig komisch; am komischsten, wenn aus der Vergangenheit in die unmittelbarste Gegenwart hinübergesprungen wird, wie wir davon beim „Sparren" schon Exempel fanden.

Was nun die wirkliche Hierarchie des Mittelalters betrifft, so bemerken wir hier bloß, daß diese für das Volk, für die große Masse der Menschen nicht existierte. Für die große Masse existierte nur die Feudalität, und die Hierarchie nur, insofern sie selbst entweder Feudalität oder antifeudal (innerhalb der Feudalität) ist. Die Feudalität selbst hat ganz empirische Verhältnisse zu ihrer Grundlage. Die Hierarchie und ihre Kämpfe mit der Feudalität (die Kämpfe der Ideologen einer Klasse gegen die Klasse selbst) sind nur der ideologische Ausdruck der Feudalität und der innerhalb der Feudalität selbst sich entwickelnden Kämpfe, wozu auch die Kämpfe der feudalistisch organisierten Nationen unter sich gehören. Die Hierarchie ist die ideale Form der Feudalität; die Feudalität — die politische Form der mittelaltrigen Produktions- und Verkehrsverhältnisse. Aus der Darstellung dieser praktischen, materiellen Verhältnisse ist also allein der Kampf der Feudalität gegen die Hierarchie zu erklären; mit dieser Darstellung hört von selbst die bisherige Geschichtsauffassung auf, die die Illusionen des Mittelalters auf Treu und Glauben annahm, namentlich die Illusionen, die Kaiser und Papst in ihrem Kampfe gegeneinander geltend machen.

Da Sankt Max nur Hegels Abstraktionen über Mittelalter und Hierarchie auf „pomphafte Worte und armselige Gedanken" reduziert, ist keine Veranlassung gegeben, auf die wirkliche, geschichtliche Hierarchie weiter einzugehen.

Aus dem Obigen geht schon hervor, daß man das Kunststück auch umdrehen und den Katholizismus nicht nur als Vorstufe, sondern auch als Verneinung der wahren Hierarchie fassen kann; so ist also Katholizismus = Negation des Geistes, Ungeist, Sinnlichkeit, und hierbei kommt dann der große Satz unsres Jacques le bonhomme heraus, daß die *Jesuiten* „Uns vor dem *Verkommen* und *U n t e r - g a n g* der Sinnlichkeit gerettet haben". (p. 118.) Was aus „Uns" geworden wäre, wenn der „Untergang" der Sinnlichkeit zustande gekommen, erfahren wir nicht. Die ganz[e] materielle Bewegung seit dem sechzehnten Jahrhundert, die „Uns" nicht vor dem „Verkommen" der Sinnlichkeit rettete, sondern im Gegenteil die „Sinnlichkeit" viel weiter ausbildete, existiert für „Stirner" nicht — es sind die Jesuiten, die alles das zustande gebracht haben. Man vergleiche übrigens Hegels „Phil[osophie] d[er] Gesch[ichte]", p. 425.

Indem Sankt Max die alte Pfaffenherrschaft in die neuere Zeit überträgt, hat er damit die neuere Zeit als *„das Pfaffentum"* aufgefaßt; und indem er diese in die neuere Zeit übertragene Pfaffenherrschaft wieder in ihrem Unterschiede von der alten mittelalterlichen Pfaffenherrschaft faßt, stellt er sie als Herrschaft der Ideologen, als *„das Schulmeistertum"* dar. So ist also Pfaffentum = Hierarchie als Geistesherrschaft, Schulmeistertum = Geistesherrschaft als Hierarchie.

Diesen einfachen Übergang auf das Pfaffentum, der gar kein Übergang ist, bringt „Stirner" in drei schweren Wandlungen fertig.

Zum ersten „hat" er den „Begriff des Pfaffentums" in Jedem, „der für eine große Idee, eine gute Sache" (noch immer die gute Sache!), „eine Lehre pp. lebt".

Zum Zweiten „stößt" Stirner in seiner Welt des Wahns auf „den uralten Wahn der Welt,'die des Pfaffentums noch nicht entraten gelernt hat", nämlich „für eine *Idee* zu leben und zu schaffen pp.".

Zum Dritten „ist dies die Herrschaft der Idee oder das Pfaffentum", nämlich „Robespierre z. B." (zum Beispiel!), „St.-Just usw." (und so weiter!) „waren durch und durch Pfaffen" pp. Alle drei Wandlungen, in denen das Pfaffentum „entdeckt", „aufgestoßen" und „berufen" wird (alle p. 100), drücken also weiter Nichts aus als was Sankt Max uns bereits früher schon wiederholt gesagt hat, nämlich die Herrschaft des Geistes, der Idee, des Heiligen über das „Leben" (ibid.).

Nachdem so der Geschichte die „Herrschaft der Idee oder das Pfaffentum" einmal untergeschoben ist, kann Sankt Max natürlich ohne Schwierigkeit in der ganzen bisherigen Geschichte „das Pfaffentum" wiederfinden, und so „Robespierre z. B., St.-Just usw." als Pfaffen darstellen und mit Innozenz III. und Gregor VII. identifizieren, wo somit alle Einzigkeit vor *dem* Einzigen verschwindet. Sie sind ja Alle eigentlich nur verschiedene *Namen*, verschiedene Verkleidungen *einer* Person, „*des*" Pfaffentums, das die ganze Geschichte vom Anfang des Christentums an gemacht hat. Wie man in dieser Art der Geschichtsauffassung „alle Kühe grau macht", indem man alle historischen Unterschiede „aufhebt" und in „den Begriff des Pfaffentums" „auflöst", davon gibt uns der heilige Max sogleich ein schlagendes Beispiel an „Robespierre z. B., St.-Just usw.". Hier wird uns zuerst Robespierre als „Beispiel" von Saint-Just und Saint-Just als „undsoweiter" von Robespierre angeführt. Sodann heißt es: „Diesen Vertretern heiliger Interessen steht eine Welt zahlloser ‚persönlicher', profaner Interessen gegenüber." Wer stand ihnen gegenüber? Die Girondins und Thermidoriens[69], die ihnen, den wirklichen Repräsentanten der revolutionären Force — d. h. der *nur* wirklich revolutionären Klasse, der „zahllosen" Masse — gegenüber beständig (siehe „Mémoires" de R. Levasseur „z. B.", „usw.", „d. h." Nougaret, „Hist[oire] des prisons" — Barère — „Deux amis de la liberté"[70] (et du commerce)¹ — Montgaillard, „Hist[oire] de France" — Mme Roland, „Appel à la postérité"[71] — „Mémoires" de J. B. Louvet — und selbst die ekelhaften „Essais historiques" par Beaulieu ppp., sowie sämtliche Verhandlungen vor dem Revolutionstribunal „usw.") die Verletzung der „heiligen Interessen", der Konstitution, Freiheit, Gleichheit, Menschenrechte, Republikanismus, Recht, sainte propriété², „z. B." Teilung der Gewalten, Menschlichkeit, Sittlichkeit, Mäßigung „usw." vorwarfen. Ihnen standen gegenüber alle *Pfaffen*, die sie der Verletzung sämtlicher Haupt- und Nebenstücke des religiösen und moralischen Katechismus anklagten (siehe „z. B." „Histoire du clergé de France pendant la révolution" par M. R., Paris, libraire catholique 1828 „usw."). Die historische Glosse des Bürgers, daß während des règne de la terreur³ „Robespierre z. B., St.-Just usw." den honnêtes gens⁴

---

¹ (und des Handels).
² heiliges Eigentum.
³ Schreckensherrschaft.
⁴ anständigen Leuten.

(siehe die unzähligen Schriften des einfältigen Herrn *Peltier* „z. B.", „Conspiration de Robespierre" par *Montjoie* „usw."[72]) die Köpfe abschlugen, drückt der heilige Max in folgender Wandlung aus: „Weil die revolutionären Pfaffen oder Schulmeister *dem* Menschen dienten, darum schnitten sie *den* Menschen die Hälse ab." Hiermit ist Sankt Max natürlich der Mühe überhoben, über die wirklichen, empirischen, auf höchst profanen Interessen, freilich nicht der Agioteurs, sondern der „zahllosen" Masse basierten Gründe des Kopfabschlagens auch nur ein „einziges" Wörtlein zu verlieren. Ein früherer „Pfaffe", *Spinoza*, hatte bereits im siebzehnten Jahrhundert die Unverschämtheit, „ein Zuchtmeister" auf Sankt Max zu sein, indem er sagte: „Die Ignoranz ist kein Argument."[73] Dafür haßt der heilige Max auch den Pfaffen Spinoza so sehr, daß er seinen Antipfaffen, den Pfaffen *Leibniz*, akzeptiert und für alle dergleichen wundersame Phänomene, wie der Terrorismus „z. B.", das Kopfabschlagen „usw.", einen „zureichenden Grund" produziert, nämlich, daß „die geistlichen Menschen sich so etwas in den Kopf gesetzt haben". (p. 98.)

Der selige Max, der für Alles den zureichenden Grund gefunden hat („Ich habe nun den Grund gefunden, an dem Mein Anker ewig hält"[74], wo anders als in der Idee „z. B.", dem „Pfaffentum" „usw." von „Robespierre z. B., Saint-Just usw.", George Sand, Proudhon, die Berliner keusche Näherin pp.), „verdenkt es der Bürgerklasse nicht, daß sie bei ihrem Egoismus anfragte, wie weit sie *d e r* revolutionären Idee Raum geben dürfe". Für Sankt Max ist „die revolutionäre Idee" der habits bleus und honnêtes gens von 1789 dieselbe „Idee" wie die der sansculottes[75] von 1793, *dieselbe* Idee, worüber beraten wird, ob ihr „Raum zu geben" sei — worüber keiner „Idee" weiter „Raum gegeben" werden kann.

Wir kommen jetzt auf die gegenwärtige Hierarchie, die Herrschaft der Idee im gewöhnlichen Leben. Der ganze zweite Teil „des Buchs" wird von dem Kampfe gegen diese „Hierarchie" ausgefüllt. Wir gehen also erst in diesem zweiten Teil auf sie ein. Da indes Sankt Max gerade wie beim „Sparren" schon hier seine Ideen vorläufig genießt und im Anfange das Spätere wiederholt, wie im Späteren den Anfang, sind wir gezwungen, schon jetzt einige Exempel seiner Hierarchie zu konstatieren. Seine Methode des Buchmachens ist der einzige „Egoismus", der sich im ganzen Buche vorfindet.

Sein Selbstgenuß und der Genuß des Lesers stehen in umgekehrtem Verhältnis.

Weil die Bürger Liebe zu *ihrem* Reich, ihrem Régime verlangen, wollen sie nach Jacques le bonhomme ein „Reich der Liebe auf Erden gründen" (p. 98). Weil sie Respekt vor ihrer Herrschaft und den Verhältnissen ihrer Herrschaft fordern, also die Herrschaft über den Respekt usurpieren wollen, verlangen sie nach demselben Biedermann die Herrschaft *des* Respekts schlechthin, verhalten sie sich zum Respekt als zum heiligen Geist, der in ihnen lebt (p. 95). Die verdrehte Form, worin die scheinheilige und heuchlerische Ideologie der Bourgeois ihre aparten Interessen als allgemeine Interessen ausspricht, wird von dem Berge versetzenden Glauben unsres Jacques le bonhomme als wirkliche, profane Grundlage der bürgerlichen Welt akzeptiert. Warum diese ideologische Täuschung bei unserm Heiligen gerade diese Form annimmt, werden wir beim „politischen Liberalismus" sehen.

Ein neues Beispiel gibt uns Sankt Max p. 115 in der Familie. Er erklärt, man könne sich zwar sehr leicht von der Herrschaft seiner eigenen Familie emanzipieren, aber „der aufgekündigte Gehorsam fährt Einem leicht ins Gewissen", und so hält man die Familienliebe, den Familienbegriff fest; man hat also den „heiligen Familienbegriff", „das Heilige" (p. 116).

Der gute Junge sieht hier wieder die Herrschaft des Heiligen, wo ganz empirische Verhältnisse herrschen. Der Bourgeois verhält sich zu den Institutionen seines Régimes wie der Jude zum Gesetz; er umgeht sie, sooft es tunlich ist, in jedem einzelnen Fall, aber er will, daß alle Andern sie halten sollen. Wenn sämtliche Bourgeois in Masse und auf Einmal die Institutionen der Bourgeoisie umgingen, so würden sie aufhören, Bourgeois zu sein — ein Verhalten, das ihnen natürlich nicht einfällt und keineswegs von ihrem Wollen oder Laufen abhängt. Der liederliche Bourgeois umgeht die Ehe und begeht heimlichen Ehebruch; der Kaufmann umgeht die Institution des Eigentums, indem er Andre durch Spekulation, Bankerott pp. um ihr Eigentum bringt — der junge Bourgeois macht sich von seiner eignen Familie unabhängig, wenn er kann, löst für sich die Familie praktisch auf; aber die Ehe, das Eigentum, die Familie bleiben theoretisch unangetastet, weil sie praktisch die Grundlagen sind, auf denen die Bourgeoisie ihre Herrschaft errichtet hat, weil sie in ihrer Bourgeoisform die Bedingungen sind, die den Bourgeois zum Bourgeois machen, gerade wie das stets umgangene Gesetz den religiösen Juden zum religiösen Juden macht. Dieses Verhältnis des Bourgeois zu seinen Existenzbedingungen erhält eine seiner allgemeinen Formen in der bürgerlichen Moralität. Es ist überhaupt nicht von „*der*" Familie zu sprechen. Die Bourgeoisie gibt historisch der Familie den Charakter der bürgerlichen Familie, worin die Langweile und das Geld das Bindende ist und zu welcher auch die bürgerliche Auflösung der Familie gehört, bei der die Familie selbst stets fortexistiert. Ihrer schmutzigen Existenz entspricht der heilige Begriff in offiziellen Redensarten und in der allgemeinen Heuchelei. Wo die Familie *wirklich* aufgelöst ist, wie im Proletariat, findet grade das Gegenteil von dem statt, was „Stirner" meint. Dort existiert der Familienbegriff durchaus nicht, während stellenweise allerdings Familienzuneigung, gestützt auf höchst reale Verhältnisse, gefunden wird. Im achtzehnten Jahrhundert wurde der Familienbegriff von den Philosophen aufgelöst, weil die wirkliche Familie auf den höchsten Spitzen der Zivilisation bereits in der Auflösung begriffen war. Aufgelöst war das innere Band der Familie, die einzelnen Teile, aus denen der Familienbegriff komponiert ist, z. B. Gehorsam, Pietät, eheliche Treue pp.; aber der wirkliche Körper der Familie, Vermögensverhältnis, ausschließliches Verhältnis gegen andre Familien, gezwungenes Zusammenleben, die Verhältnisse, die schon durch die Existenz der Kinder, den Bau der jetzigen Städte, Bildung des Kapitals pp. gegeben waren, blieben, wenn auch vielfach gestört, weil das Dasein der Familie durch ihren Zusammenhang mit der vom Willen der bürgerlichen Gesellschaft unabhängigen Produktionsweise nötig gemacht ist. Am frappantesten zeigt sich diese Unentbehrlichkeit in der französischen Revolution, wo die Familie für einen Augenblick gesetzlich so gut als aufgehoben war. Die Familie existiert sogar im neunzehnten Jahrhundert noch fort, nur daß die Tätigkeit der Auflösung nicht des Begriffs wegen, sondern wegen entwickelterer Industrie und Konkurrenz allgemeiner geworden ist; sie existiert noch immer, trotzdem daß ihre Auflösung längst von französischen und englischen Sozialisten proklamiert und vermittelst französischer Romane endlich auch zu den deutschen Kirchenvätern gedrungen ist. Noch ein Beispiel von der Herrschaft der Idee im gewöhnlichen

Leben. Weil die Schulmeister über ihren geringen Sold mit der Heiligkeit der Sache, der sie dienen, vertröstet werden mögen (was bloß in Deutschland vorfallen kann), glaubt Jacques le bonhomme wirklich, diese Redensart sei die Ursache ihrer niedrigen Besoldung (p. 100). Er glaubt, daß „das Heilige" in der heutigen bürgerlichen Welt einen wirklichen Geldwert habe, er glaubt, daß die dürftigen Ressourcen des preußischen Staats, worüber u. a. Browning zu vergleichen[76], sich durch die Abschaffung „des Heiligen" so sehr vergrößern würden, daß jeder Dorfschulmeister plötzlich wie ein Minister salariert werden könnte.

Dies ist die Hierarchie des Unsinns.

Der „Schlußstein des erhabnen Domwerkes", wie der große Michelet sagt[77], der Hierarchie ist „mitunter" die Tat von „Man".

„Man teilt *mitunter* die Menschen in zwei Klassen, in Gebildete und Ungebildete." (Man teilt mitunter die Affen in zwei Klassen, in Geschwänzte und Ungeschwänzte.) „Die Ersteren beschäftigten sich, soweit sie ihres Namens würdig waren, mit Gedanken, mit dem Geiste." Sie „waren in der nachchristlichen Zeit die Herrschenden und forderten für ihre Gedanken — — Respekt". Die Ungebildeten (Tier, Kind, Neger) sind „schwach" gegen die Gedanken und „werden von ihnen beherrscht. Dies ist der Sinn der Hierarchie."

Die Jebildeten (Jüngling, Mongole, Neuer) sind also wieder nur mit „*dem* Geist", dem reinen Gedanken pp. beschäftigt, Metaphysiker von Profession, in letzter Instanz Hegelianer. „Daher" sind die Unjebildeten die Nichthegelianer. Hegel war ohne Zweifel der allerjebildetste Hegelianer, und darum muß auch bei ihm „an den Tag kommen, welche Sehnsucht gerade der Gebildetste nach den Dingen hat". Nämlich der Jebildete und Unjebildete stoßen auch ineinander aneinander, und zwar in jedem Menschen stößt der Unjebildete auf den Jebildeten. Da nun bei Hegel die größte Sehnsucht nach den Dingen, also nach dem, was des Unjebildeten ist, an den Tag kommt, so kommt hier ebenfalls an den Tag, daß der Allerjebildetste zugleich der Unjebildetste ist. „Da" (bei Hegel) „soll dem Gedanken ganz und gar die Wirklichkeit entsprechen und kein Begriff ohne Realität sein." Soll heißen: Da soll denn ganz und gar die gewöhnliche Vorstellung von der Wirklichkeit ihren philosophischen Ausdruck erhalten, wobei Hegel sich nun umgekehrt einbildet, daß „mithin" jeder philosophische Ausdruck sich die ihm entsprechende Wirklichkeit erschaffe. Jacques le bonhomme nimmt die

Illusion, die Hegel von seiner Philosophie hat, für die bare Münze der Hegelschen Philosophie.

Die Hegelsche Philosophie, die in der Herrschaft der Hegelianer über die Nichthegelianer als Krone der Hierarchie auftritt, erobert nun das letzte Weltreich.

„Hegels System — war die höchste *Despotie* und *Alleinherrschaft* des Denkens, die *Allgewalt* und *Allmacht* des Geistes." (p. 97.)

Hier geraten wir also in das Geisterreich der Hegelschen Philosophie, das von Berlin bis Halle und Tübingen geht, das Geisterreich, dessen Geschichte Herr Bayrhoffer geschrieben[78] und wozu die statistischen Notizen von dem großen Michelet zusammengetragen sind.

Die Vorbereitung zu diesem Geisterreich war die französische Revolution, die „*nichts anders* getan hat als *die Dinge* in *Vorstellungen von den Dingen* verwandelt" (p. 115 — vergl. oben Hegel über die Revolution p. [158]). „So blieb man Staatsbürger" (dies geht zwar bei „Stirner" vorher, aber „was Stirner sagt, ist nicht das Gemeinte, und was er meint, ist unsagbar", Wig[and,] p. 149) und „lebte in der *Reflexion*, man hatte einen Gegenstand, auf den man *reflektierte*, vor dem man" (per appos[itionem]) „Ehrfurcht und Furcht empfand". „Stirner" sagt einmal p. 98: „Der Weg zur Hölle ist mit guten Vorsätzen gepflastert." Wir sagen dagegen: Der Weg zum Einzigen ist mit schlechten Nachsätzen gepflastert, mit Appositionen, die seine den Chinesen abgeborgte „Himmelsleiter" und sein „Seil des Objektiven" (p. 88) sind, auf dem er seine „Flohsprünge" macht. Hiernach war es für „die neuere Philosophie *oder* Zeit" — seit dem Hereinbrechen des Geisterreiches *ist* ja die neuere Zeit Nichts Andres als die neuere Philosophie — ein Leichtes, „die existierenden Objekte in vorgestellte, d. h. in Begriffe zu verwandeln", p. 114, eine Arbeit, die Sankt Max weiter fortsetzt.

Wir haben unsren Ritter von der traurigen Gestalt bereits, „ehe denn die Berge waren", die er nachher durch seinen Glauben versetzte, bereits im Anfange seines Buches auf das große Resultat seines „erhabenen Domwerkes" mit verhängtem Zügel lostraben sehen. Sein „Grauer", die Apposition, konnte ihm nicht rasch genug springen; jetzt endlich, auf p. 114, hat er sein Ziel erreicht und durch ein mächtiges Oder die *neuere Zeit* in die *neuere Philosophie* verwandelt.

180

Hiermit hat die alte (d. h. die alte und neue, negerhafte und mongolische, eigentlich aber nur die vorstirnersche) Zeit, „ihr letztes Absehen erreicht". Wir können jetzt enthüllen, weshalb Sankt Max seinen ganzen ersten Teil „Der *Mensch*" betitelt und seine ganze Zauber-, Gespenster- und Rittergeschichte für die Geschichte „*des* Menschen" ausgegeben hat. Die Ideen und Gedanken der Menschen waren natürlich Ideen und Gedanken über sich und ihre Verhältnisse, ihr Bewußtsein von *sich*, von *den* Menschen, denn es war ein Bewußtsein nicht nur der einzelnen Person, sondern der einzelnen Person im Zusammenhange mit der ganzen Gesellschaft und von der ganzen Gesellschaft, in der sie lebten. Die von ihnen unabhängigen Bedingungen, innerhalb deren sie ihr Leben produzierten, die damit zusammenhängenden notwendigen Verkehrsformen, die damit gegebenen persönlichen und sozialen Verhältnisse, mußten, soweit sie in Gedanken ausgedrückt wurden, die Form von idealen Bedingungen und notwendigen Verhältnissen annehmen, d. h. als aus dem Begriff *des* Menschen, dem menschlichen Wesen, der Natur des Menschen, *dem* Menschen hervorgehende Bestimmungen ihren Ausdruck im Bewußtsein erhalten. Was die Menschen waren, was ihre Verhältnisse waren, erschien im Bewußtsein als Vorstellung von *dem* Menschen, von seinen Daseinsweisen oder von seinen näheren Begriffsbestimmungen. Nachdem die Ideologen nun vorausgesetzt hatten, daß die Ideen und Gedanken die bisherige Geschichte beherrschten, daß ihre Geschichte alle bisherige Geschichte sei, nachdem sie sich eingebildet hatten, die wirklichen Verhältnisse hätten sich nach *dem* Menschen und seinen idealen Verhältnissen, id est Begriffsbestimmungen gerichtet, nachdem sie überhaupt die Geschichte des Bewußtseins der Menschen von sich zur Grundlage ihrer wirklichen Geschichte gemacht hatten, war Nichts leichter als die Geschichte des Bewußtseins, der Ideen, des Heiligen, der fixierten Vorstellungen — Geschichte „des Menschen" zu nennen und diese der wirklichen Geschichte unterzuschieben. Sankt Max zeichnet sich vor allen seinen Vorgängern nur dadurch aus, daß er von diesen Vorstellungen, selbst in ihrer willkürlichen Isolierung vom wirklichen Leben, dessen Produkte sie waren, *Nichts* weiß und seine nichtige Schöpfung darauf beschränkt, in seiner Kopie der Hegelschen Ideologie die Unkenntnis selbst dessen, was er kopiert, zu konstatieren. — Schon hieraus ergibt sich, wie er seiner Phantasie

181

von der Geschichte des Menschen die Geschichte des wirklichen Individuums in der Form *des Einzigen* gegenüberstellen kann.

Die einzige Geschichte trägt sich anfangs in der Stoa zu Athen[79], später fast gänzlich in Deutschland und schließlich am Kupfergraben in Berlin[80] zu, wo der Despot der „neueren Philosophie oder Zeit" seine Hofburg aufgeschlagen hatte. Schon daraus geht hervor, welch eine ausschließlich nationale und lokale Angelegenheit hier verhandelt wird. Statt der Weltgeschichte gibt der heilige Max uns einige, noch dazu höchst dürftige und schiefe Glossen über die Geschichte der *deutschen* Theologie und Philosophie. Wenn wir einmal zum Schein aus Deutschland heraustreten, so geschieht es nur, um die Taten und Gedanken andrer Völker, z. B. die französische Revolution, in Deutschland und zwar am Kupfergraben „ihr letztes Absehen erreichen" zu lassen. Nur deutsch-nationale Tatsachen werden zitiert, nach deutsch-nationaler Weise werden sie verhandelt und aufgefaßt, und das Resultat bleibt ein national-deutsches. Aber auch damit ist es nicht genug. Die Auffassung und Bildung unsres Heiligen ist nicht nur deutsch, sie ist durch und durch berlinisch. Die Rolle, die der Hegelschen Philosophie erteilt wird, ist dieselbe, die sie in Berlin spielt, und Stirner verwechselt nun Berlin mit der Welt und ihrer Geschichte. Der „Jüngling" ist ein Berliner, die guten Bürger, die uns im ganzen Buche begegnen, sind Berliner Weißbierphilister. Mit solchen Prämissen kommt man natürlich nur zu einem innerhalb der Nationalität und Lokalität befangenen Resultate. „Stirner" und seine ganze philosophische Bruderschaft, deren Schwächster und Unwissendster er ist, liefern den praktischen Kommentar zu dem wackern Verslein des wackern Hoffmann von Fallersleben:

> Nur in Deutschland, nur in Deutschland,
> Da möcht' ich ewig leben.[81]

Das Berliner Lokalresultat unsres wackern Heiligen, daß die ganze Welt in der Hegelschen Philosophie alle jeworden sei, befähigt ihn nun, ohne große Unkosten zu einem „eignen" Weltreich zu kommen. Die Hegelsche Philosophie hat Alles in Gedanken, in das Heilige, in Spuk, in Geist, in Geister, in Gespenster verwandelt. Diese wird „Stirner" bekämpfen, in seiner Einbildung überwinden und auf ihren Leichen sein „eignes", „einziges", „leibhaftiges" Weltreich, das Weltreich des „ganzen Kerls" stiften.

182

„Denn wir haben *nicht mit Fleisch und Blut zu kämpfen*, sondern mit Fürsten und Gewaltigen, nämlich mit den *Herren dieser Welt*, die in der Finsternis dieser Welt herrschen, mit den *bösen Geistern* unter dem Himmel." Epheser 6, 12.

Jetzt ist „Stirner" „an Beinen gestiefelt, als fertig zu treiben" den Kampf gegen die Gedanken. Den „Schild des Glaubens" braucht er nicht erst zu „ergreifen", da er ihn nie aus den Händen gegeben hat. Mit dem „Helm" des Unheils und dem „Schwert" der Geistlosigkeit (vergl. ibid.) gewappnet, zieht er in den Kampf. „Und es ward ihm gegeben, zu streiten wider das Heilige", aber nicht, es „zu besiegen". (Offenb[arung] Joh[annis] 13, 7.)

5. Der in seiner Konstruktion vergnügte „Stirner"

Wir sind jetzt grade wieder so weit, als wir p. 19 bei dem Jüngling, der in den Mann überging, und p. 90 bei dem mongolenhaften Kaukasier waren, der sich in den kaukasischen Kaukasier verwandelt und „sich selber findet". Wir sind also bei der dritten Selbstfindung des geheimnisvollen Individuums, dessen „saure Lebenskämpfe" uns der heilige Max vorführt. Nur haben wir jetzt die ganze Geschichte hinter uns und müssen wegen des großen Materials, das wir verarbeitet haben, einen Rückblick auf den ungeheuren Kadaver des ruinierten Menschen werfen.

Wenn der heilige Max auf einer spätern Seite, wo er längst seine Geschichte vergessen hat, behauptet, daß „schon längst die Genialität als die Schöpferin neuer weltgeschichtlicher Produktionen angesehen wird" (p. 214), so haben wir gesehen, daß dies wenigstens *seiner* Geschichte auch seine schlimmsten Feinde nicht nachlästern können, da hier keine Personen, geschweige Genies, sondern nur versteinerte Gedankenkrüppel und Hegelsche Wechselbälge auftreten.

Repetitio est mater studiorum.[1] Sankt Max, der seine ganze Historie der „Philosophie oder Zeit" nur gegeben hat, um Gelegenheit zu einigen flüchtigen Studien Hegels zu finden, repetiert schließlich noch einmal seine ganze einzige Geschichte. Dies geschieht indes mit einer naturgeschichtlichen Wendung, die uns wichtige Aufschlüsse über die „einzige" Naturwissenschaft gibt und sich daraus

---

[1] Die Wiederholung ist die Mutter der Studien.

erklärt, daß bei ihm die „Welt" jedesmal, wo sie eine wichtige Rolle zu spielen hat, sich sogleich in die *Natur* verwandelt. Die „einzige" Naturwissenschaft beginnt sofort mit dem Geständnis ihrer Ohnmacht. Sie betrachtet nicht das wirkliche, durch die Industrie und Naturwissenschaft gegebene Verhältnis, sie proklamiert das phantastische Verhältnis des Menschen zur Natur. „Wie Weniges vermag der Mensch zu bezwingen! Er muß die Sonne ihre Bahn ziehen, das Meer seine Wellen treiben, die Berge zum Himmel ragen lassen." (p. 122.) Sankt Max, der die Mirakel liebt, wie alle Heiligen, es aber dennoch nur bis zum logischen Mirakel bringt, ärgert sich darüber, daß er die Sonne nicht den Cancan tanzen lassen, er jammert, daß er das Meer nicht in Ruhestand versetzen kann, es entrüstet ihn, daß er die Berge zum Himmel ragen lassen muß. Obwohl p. 124 die Welt bereits am Ende der alten Zeit „prosaisch" wird, so ist sie für unsern Heiligen noch immer höchst unprosaisch. Für ihn zieht noch immer „die Sonne", nicht die Erde ihre Bahn, und sein Gram ist, daß er nicht à la Josua ihr ein: „Sonne, stehe stille" kommandieren kann. p. 123 entdeckt Stirner, daß „der Geist" am Ende der alten Welt „unaufhaltsam wieder überschäumte, weil in seinem Innern *Gase* (Geister) sich entwickelten und, nachdem der *mechanische Stoß*, der von Außen kommt, unwirksam geworden, *chemische Spannungen*, die im Innern erregen, ihr wunderbares Spiel zu treiben begannen".

Dieser Satz enthält die bedeutendsten Data der „einzigen" Naturphilosophie, die bereits auf der vorigen Seite dahin gekommen war, daß die Natur für den Menschen „das Unbezwingliche" sei. Die profane Physik weiß Nichts von einem mechanischen Stoß, der unwirksam wird — die *einzige* Physik hat allein das Verdienst ihrer Entdeckung. Die profane Chemie kennt keine „Gase", die „chemische Spannungen" und noch dazu „im Innern" erregen. Gase, die neue Mischungen, neue chemische Verhältnisse eingehen, erregen keine „Spannungen", sondern höchstens Abspannungen, indem sie in den tropfbaren Aggregatzustand übergehen und dadurch ihr Volumen auf weniger als ein Tausendstel des früheren reduzieren. Wenn der heilige Max „in" seinem eignen „Innern" „Spannungen" infolge von „Gasen" verspürt, so sind das höchst „mechanische Stöße", keineswegs „chemische Spannungen" — sie werden hervorgebracht durch die chemische, wieder auf physiologischen Ursachen beruhende Verwandlung gewisser Mischungen in andre, wodurch ein Teil der Bestandteile der früheren Mischung luftförmig wird, dadurch ein größeres Volumen einnimmt, und wenn dazu kein Raum vorhanden ist, nach außen hin einen „mechanischen Stoß" oder Druck [ver]ursacht. [Daß] diese nicht existierenden [„chemi-] schen Spannungen" „im Innern", nämlich diesmal im *Kopfe* des heiligen Max, ein höchst „wunder[bares] Spiel treiben", „sehen wir [nun"] an der Rolle, die sie [in] der „einzigen" Naturwissenschaft spielen. Übrigens möge der heilige Max den profanen Naturforschern nicht länger vorenthalten, welchen Unsinn er sich bei dem verrückten Wort „chemische Spannungen" vorstellt und noch dazu bei solchen „chemischen Spannungen", die „im Innern erregen" (als ob ein „mechanischer Stoß" auf den Magen ihn nicht auch „im Innern errege").

Die „einzige" Naturwissenschaft ist bloß deswegen geschrieben worden, weil Sankt Max diesmal die Alten doch nicht anständigerweise berühren konnte, ohne zugleich ein paar Worte über die „Welt der Dinge", die Natur, fallen zu lassen.

Die Alten lösen sich, wie uns hier versichert wird, am Ende der alten Welt in lauter Stoiker auf, „die durch *keinen* Einsturz der Welt" (wie oft soll sie denn einstürzen?) „aus ihrer Fassung zu bringen sind" (p. 123). Die Alten werden also Chinesen, die auch „aus dem Himmel ihrer Ruhe kein unvorhergesehener Fall" (oder Einfall) „stürzt" (p. 88). Ja, Jacques le bonhomme glaubt wirklich, daß gegen die letzten Alten „der mechanische Stoß, der von Außen kommt, unwirksam geworden sei". Wie sehr dies der wirklichen Lage der Römer und Griechen am Ende der alten Welt entspricht, der gänzlichen Haltlosigkeit und Unsicherheit, die dem „mechanischen Stoß" kaum noch einen Rest von vis inertiae[1] entgegenzusetzen hatte, darüber ist u. a. Lukian zu vergleichen.[82] Die gewaltigen mechanischen Stöße, die das römische Weltreich durch seine Zerteilung unter die verschiednen Cäsaren und deren Kriege miteinander, durch die kolossale Konzentration des Besitzes, namentlich des Grundbesitzes, in Rom, die dadurch hervorgerufene Verminderung der Bevölkerung in Italien, durch die Hunnen und Germanen erhielt, sind für unsern heiligen Historiker „unwirksam geworden"; nur die „chemischen Spannungen", nur die „Gase", die

---
[1] Trägheit; Beharrungsvermögen.

das Christentum „im Innern erregte", haben das römische Reich gestürzt. Die großen Erdbeben [im Westen] und im Osten, u. a., [die durch] „mechanische Stöße" Hun[derttau]sende unter den R[uinen] ihrer Städte begruben, [wovon] die Menschen auch geistig [keines]wegs unalteriert verblieben [, sind] nach „Stirner" wohl ebenfalls „[un]wirksam" oder chemische Spannungen. Und „*in der Tat*" (!) „schließt die alte Geschichte damit, daß Ich an der Welt Mein Eigentum errungen habe", was vermittelst des Bibelspruchs bewiesen wird: „Mir" (d. h. Christus) „sind alle Dinge übergeben vom Vater." Hier ist also Ich = Christus. Bei dieser Gelegenheit versäumt Jacques le bonhomme nicht, dem Christen zu glauben, daß er Berge versetzen pp. könne, wenn „ihm nur daran läge". Er proklamiert sich als Christen zum Herrn der Welt, ist es denn aber auch nur *als Christ;* er proklamiert sich zum „Eigner der Welt". „Hiermit hatte der Egoismus den ersten vollständigen Sieg errungen, indem Ich Mich dazu erhoben hatte, der Eigner der Welt zu sein." (p. 124.) Um sich zum vollendeten Christen zu erheben, hatte das Stirnersche Ich nur noch den Kampf durchzusetzen, auch *geistlos* zu werden (was ihm gelungen ist, ehe denn die Berge waren). „Selig sind, die da arm an Geist sind, denn das Himmelreich ist ihrer." Sankt Max hat die Armut am Geist vollendet und rühmt sich dessen sogar in seiner großen Freude vor dem Herrn.

Der geistlose Sankt Max glaubt an die aus der Auflösung der alten Welt hervorgehenden phantastischen Gasbildungen der Christen. Der alte Christ hatte kein Eigentum an dieser Welt, er begnügte sich daher mit der Einbildung seines himmlischen Eigentums und mit seinem göttlichen Besitztitel. Statt an der Welt das Eigentum des Volks zu haben, stempelte er sich selbst und seine Lumpengenossenschaft zum „Volk des Eigentums" (1. Petri 2, 9). Die christliche Vorstellung von der Welt ist nach „Stirner" die Welt, worin sich wirklich die alte Welt auflöst, obgleich es doch höchstens [eine Welt] der Einbildungen ist, worin [sich die W]elt der alten Vorstellungen [auflöst in ei]ne Welt, in der der Christ [im Glauben] auch Berge versetzen, sich [mächtig f]ühlen und zur „Unwirksam[keit des] mechanischen Stoßes" vor[wärts]dringen kann. Da die Menschen [bei „S]tirner" nicht mehr durch die [Außen]welt bestimmt, auch nicht mehr [durch] den mechanischen Stoß des [Be]dürfnisses zum Produzieren fort[ge]trieben werden, überhaupt der mechanische Stoß, und damit auch der Geschlechtsakt, seine Wirkung verloren hatte, so können [sie] nur durch Wunder fortexistiert haben. Es ist allerdings für deutsche Schöngeister und Schulmeister von der Gashaltigkeit „Stirners" viel leichter, statt die Umgestaltung der wirklichen Eigentums- und Produktionsverhältnisse der alten Welt darzustellen, sich zu begnügen mit der christlichen Phantasie des Eigentums, die in Wahrheit Nichts ist als das Eigentum der christlichen Phantasie.

Derselbe Urchrist, der in Jacques le bonhommes Einbildung der Eigner der alten Welt war, gehörte in der Wirklichkeit meist zur Welt der Eigner, war Sklave und konnte verschachert werden. Doch „Stirner", in seiner Konstruktion vergnügt, jubelt unaufhaltsam weiter.

„Das erste Eigentum, die erste Herrlichkeit ist erworben!" (p. 124.)

In derselben Weise fährt der Stirnersche Egoismus fort, sich Eigentum und Herrlichkeit zu erwerben und „vollständige Siege" zu erringen. In dem theologischen Verhältnis des Urchristen zur alten Welt ist all sein Eigentum und all seine Herrlichkeit prototypisch vollendet.

Dies Eigentum des Christen wird so motiviert:

„Die Welt ist entgöttert..., prosaisch geworden, sie ist Mein Eigentum, mit dem Ich schalte, wie Mir's (nämlich dem Geiste) beliebt." p. 124.

Dies will heißen: Die Welt ist entgöttert, also von Meinen Phantasien für Mein eignes Bewußtsein befreit, sie ist prosaisch geworden, verhält sich also prosaisch zu Mir, und schaltet und waltet mit Mir nach ihrer beliebten Prosa, keineswegs Mir zuliebe. Abgesehen davon, daß „Stirner" hier wirklich glaubt, im Altertum habe keine prosaische Welt existiert und habe das Göttliche in der Welt gesessen, verfälscht er sogar die christliche Vorstellung, die ihre Ohnmacht gegen die Welt beständig bejammert und ihren Sieg über die Welt *in* ihrer Phantasie selbst wieder als einen idealen darstellt, indem sie ihn auf den Jüngsten Tag verlegt. Erst als das Christentum von der wirklichen Weltmacht mit Beschlag belegt und exploitiert wurde, womit es natürlich aufgehört hatte, weltlos zu sein, konnte es sich einbilden, der Eigner der Welt zu sein. Sankt Max gibt dem Christen dasselbe falsche Verhältnis zur alten Welt wie dem Jüngling zur „Welt des Kindes"; er gibt dem Egoisten dasselbe

Verhältnis zur Welt des Christen wie dem Mann zur Welt des Jünglings.

Der Christ hat nun auch nichts mehr zu tun, als möglichst schnell geistlos zu werden und ebenso die Welt des Geistes in ihrer Eitelkeit zu erkennen, wie dies von ihm mit der Welt der Dinge geschah — um dann auch mit der Welt des Geistes „nach Belieben schalten und walten" zu können, wodurch er vollendeter Christ, Egoist wird. Das Verhalten des Christen zur alten Welt gibt also die Norm für das Verhalten des Egoisten zur neuen Welt ab. Die Vorbereitung zu dieser Geistlosigkeit war der Inhalt eines „fast zweitausendjährigen" Lebens, ein Leben, das natürlich in seinen Hauptepochen nur in Deutschland sich zuträgt.

„*Unter mancherlei Wandlungen* wurde aus dem heiligen Geiste *mit der Zeit* die absolute Idee, welche wieder in *mannigfaltigen Brechungen* zu den verschiedenen Ideen der Menschenliebe, Bürgertugend, Vernünftigkeit usw. auseinanderschlug." p. 125, 126.

Der deutsche Stubenhocker dreht hier wieder die Sache um. Die Ideen der Menschenliebe pp., Münzen, deren Gepräge schon ganz abgegriffen war, namentlich durch ihre große Zirkulation im achtzehnten Jahrhundert, wurden von Hegel zusammengeschlagen in das Sublimat der absoluten Idee, in welcher Umprägung es ihnen indes ebensowenig gelang, im Auslande Kurs zu erhalten, wie dem preußischen Papiergelde.

Der konsequente, aber und abermals dagewesene Schluß der Stirnerschen Geschichtsanschauung ist folgender: „Begriffe sollen überall entscheiden, Begriffe das Leben regeln, Begriffe herrschen. Das ist die religiöse Welt, welcher Hegel einen systematischen Ausdruck gab" (p. 126), und welche unser gutmütiger Biedermann so sehr für die wirkliche Welt versieht, daß er auf der folgenden Seite, p. 127, sagen kann: „Jetzt herrscht in der Welt Nichts als der Geist." In dieser Welt des Wahns festgeritten, kann er nun auch p. 128 erst einen „Altar" bauen und dann „um diesen Altar" „eine Kirche wölben", eine Kirche, deren „Mauern" Fortschrittsbeine haben und „immer weiter hinausrücken". „Bald umspannt jene Kirche die ganze Erde"; Er, der Einzige, und Szeliga, sein Knecht, stehen draußen, „schweifen um die Mauern herum und werden zum äußersten Rande hinausgetrieben"; „aufschreiend in verzehrendem Hunger" ruft Sankt Max seinem Knechte zu: „Noch ein Schritt, und die Welt des Heiligen hat gesiegt." Plötzlich „*versinkt*" Szeliga „in den äußersten Abgrund", der über ihm liegt — ein schriftstellerisches Wunder. Da nämlich die Erde eine Kugel ist, kann der Abgrund, sobald die Kirche die ganze Erde umspannt, nur über Szeliga liegen. So verkehrt er die Gesetze der Schwere, fährt ärschlings gen Himmel und bringt dadurch die „einzige" Naturwissenschaft zu Ehren, was ihm um so leichter wird, als nach p. 126 „die Natur der Sache und der Begriff des Verhältnisses" dem „Stirner" gleichgültig sind, „ihn nicht in der Behandlung oder Schließung desselben leiten", und „das Verhältnis, das" Szeliga mit der Schwere „eingegangen", durch Szeligas „Einzigkeit selbst einzig" ist und keineswegs von der Natur der Schwere „abhängt" oder davon, „wie Andere", z. B. die Naturforscher, „es rubrizieren". „Stirner" verbittet sich überdem schließlich, daß man Szeligas „Handlung vom wirklichen" Szeliga „trenne und nach dem menschlichen Werte veranschlage".

Nachdem der heilige Max seinem treuen Diener so ein anständiges Unterkommen im Himmel besorgt hat, schreitet er zu seiner eignen Passion. Er hat p. 95 entdeckt, daß selbst der „Galgen" die „Farbe des Heiligen" habe; es „graut den Menschen vor der Berührung desselben, es liegt etwas Unheimliches, d. h. Unheimisches, Uneigenes, darin". Um diese Uneigenheit des Galgens aufzuheben, macht er ihn zu seinem eignen Galgen, was er nur dadurch vollziehen kann, daß er sich daran hängt. Auch dies letzte Opfer bringt der Löwe aus Juda dem Egoismus. Der heilige Christ läßt sich ans Kreuz hangen, nicht um das Kreuz, sondern um die Menschen von ihrer Unheiligkeit zu erlösen; der heillose Christ hängt sich selbst an den Galgen, um den Galgen von der Heiligkeit oder sich selbst von der Uneigenheit des Galgens zu erlösen.

„Die erste Herrlichkeit, das erste Eigentum ist erworben, der erste vollständige Sieg ist errungen!" Der heilige Streiter hat jetzt die Geschichte überwunden, er hat sie in Gedanken, reine Gedanken, die Nichts als Gedanken sind, aufgelöst und am Ende der Tage nur ein Gedankenheer sich gegenüberstehen. So zieht er aus, Er, Sankt Max, der seinen „Galgen" jetzt auf den Rücken genommen hat wie der Esel das Kreuz, und Szeliga, sein Knecht, der, mit Fußtritten im Himmel empfangen, gesenkten Hauptes wieder bei seinem Herrn sich einfindet, um dieses Gedankenheer oder vielmehr bloß den Heiligenschein dieser Gedanken zu bekämpfen. Diesmal ist es Sancho Pansa, voller Sittensprüche, Maximen und Sprüchwörter, der den Kampf gegen das Heilige übernimmt, und Don Quixote tritt als sein frommer und getreuer Knecht auf. Der ehrliche Sancho kämpft mit derselben Tapferkeit wie vorzeiten der caballero Manchego[1] und verfehlt nicht, wie dieser, mehrmals eine mongolische Hammelherde für einen Schwarm von Gespenstern zu versehen. Die feiste Maritornes hat sich „unter mancherlei Wandlungen mit der Zeit in mannigfaltigen Brechungen" in eine keusche Berliner Nähterin verwandelt, die an der Bleichsucht zugrunde geht, worüber Sankt Sancho eine Elegie anstimmt — eine Elegie, die allen Referendarien und Gardelieutnants den Satz des Rabelais zum Bewußtsein gebracht hat, daß des weltbefreienden „Kriegsknechts erstes Waffenstück der Hosenlatz ist"[83].

Sancho Pansa vollbringt seine Heldentaten dadurch, daß er das ganze ihm gegenüberstehende Gedankenheer in seiner Nichtigkeit und Eitelkeit *erkennt*. Die ganze große Aktion beschränkt sich auf ein bloßes Erkennen, das am Ende der Tage Alles bestehen läßt, wie es war, und nur seine Vorstellung, nicht einmal von den Dingen, sondern von den philosophischen Phrasen über die Dinge, ändert.

Nun also, nachdem die Alten als Kind, Neger, negerhafte Kaukasier, Tier, Katholiken, englische Philosophie, Ungebildete, Nichthegelianer, Welt der Dinge, realistisch, und die Neuen als Jüngling, Mongole, mongolenhafte Kaukasier, der Mensch, Protestanten, deutsche Philosophie, Gebildete, Hegelianer, Welt der Gedanken, idealistisch dagewesen sind, nachdem Alles geschehen ist, was da beschlossen war von Ewigkeit im Rate der Wächter, nun ist endlich die Zeit erfüllet. Die negative Einheit Beider, die schon als Mann, Kaukasier, kaukasischer Kaukasier, vollendeter Christ, in Knechtsgestalt, gesehen „durch einen Spiegel in einem dunklen Wort" (1. Cor[inther] 13, 12), aufgetreten war, kann jetzt, nach der Passion und dem Galgentod Stirners und der Himmelfahrt Szeligas in ihrer Glorie, auf die einfachste Namengebung zurückkehrend, kommen in den Wolken des Himmels mit großer Kraft und Herr-

---

[1] manchanische Ritter.

190

lichkeit. „So heißt es nun": Was früher „Man" war (vgl. Ök[ono-
mie] d[es] A[lten] Bundes), wird jetzt „*Ich*" — die negative Einheit von Realismus und Idealismus, der Welt der Dinge und der
Welt des Geistes. Diese Einheit von Realismus und Idealismus
heißt bei Schelling „Indifferenz", oder Berlinisch verdolmetscht:
Jleichjiltigkeit; bei Hegel wird sie negative Einheit, in der die beiden Momente aufgehoben werden; Sankt Max, den als guten deutschen Spekulanten noch immer die „Einheit der Gegensätze" nicht
schlafen läßt, ist damit nicht zufrieden; er will diese Einheit an
einem „leibhaftigen Individuum", in einem „ganzen Kerl" vor sich
sehen, wozu ihm Feuerbach in den „Anekdotis" und der „Philosophie der Zukunft" Vorschub geleistet hat. Dieses Stirnersche
„Ich", das am Ende der bisherigen Welt herauskommt, ist also kein
„leibhaftiges Individuum", sondern eine durch die von Appositionen unterstützte Hegelsche Methode konstruierte Kategorie, deren
weitere „Flohsprünge" wir im Neuen Testament verfolgen werden.
Hier bemerken wir nur noch, daß dies Ich in letzter Instanz dadurch zustande kommt, daß es über die Welt des Christen sich dieselben Einbildungen macht wie der Christ über die Welt der Dinge.
Wie der Christ sich die Welt der Dinge aneignet, indem er sich
phantastisches Zeug über sie „in den Kopf setzt", so eignet „Ich"
sich die christliche Welt, die Welt der Gedanken, vermöge einer
Reihe phantastischer Einbildungen über dieselbe an. Was der Christ
sich über sein Verhältnis zur Welt einbildet, glaubt ihm „Stirner",
findet es probat und macht es ihm gutmütig nach.

„So halten wir nun, daß der Mensch gerecht werde *ohne die Werke, allein durch den Glauben.*" Römer 3, 28.

Hegel, dem sich die neue Welt auch in die Welt abstrakter Gedanken aufgelöst hatte, bestimmt die Aufgabe des neuen Philosophen im Gegensatz zum alten dahin, statt wie die alten sich vom
„natürlichen Bewußtsein" zu befreien und „das Individuum aus der
unmittelbaren sinnlichen Weise zu reinigen und es zur gedachten
und denkenden Substanz" (Geist) „zu machen" — die „festen, bestimmten, fixen Gedanken aufzuheben". Dies, fügt er hinzu, voll-
bringe „die Dialektik". „Phänomenologie", p. 26, 27. „Stirner"
unterscheidet sich von Hegel dadurch, daß er dasselbe ohne Dialektik vollbringt.

6. Die Freien

Was die „Freien" hier zu tun haben, besagt die Ökonomie des Alten Bundes. Wir können nicht dafür, daß das Ich, dem wir bereits so nahe gerückt waren, uns jetzt wieder in unbestimmte Ferne zurücktritt. Es ist überhaupt nicht unsre Schuld, daß wir nicht schon von p. 20 „des Buchs" sogleich auf das Ich übergingen.

A) Der politische Liberalismus

Der Schlüssel zu Sankt Maxens und seiner Vorgänger Kritik des Liberalismus ist die Geschichte des deutschen Bürgertums. Wir heben einige Momente dieser Geschichte seit der französischen Revolution hervor.

Der Zustand Deutschlands am Ende des vorigen Jahrhunderts spiegelt sich vollständig ab in Kants „Critik der practischen Vernunft". Während die französische Bourgeoisie sich durch die kolossalste Revolution, die die Geschichte kennt, zur Herrschaft aufschwang und den europäischen Kontinent eroberte, während die bereits politisch emanzipierte englische Bourgeoisie die Industrie revolutionierte und sich Indien politisch und die ganze andere Welt kommerziell unterwarf, brachten es die ohnmächtigen deutschen Bürger nur zum „guten Willen". Kant beruhigte sich bei dem bloßen „guten Willen", selbst wenn er ohne alles Resultat bleibt, und setzte die *Verwirklichung* dieses guten Willens, die Harmonie zwischen ihm und den Bedürfnissen und Trieben der Individuen, ins *Jenseits*. Dieser gute Wille Kants entspricht vollständig der Ohnmacht, Gedrücktheit und Misère der deutschen Bürger, deren kleinliche Interessen nie fähig waren, sich zu gemeinschaftlichen, nationalen Interessen einer Klasse zu entwickeln, und die deshalb fortwährend von den Bourgeois aller andern Nationen exploitiert wurden. Diesen kleinlichen Lokalinteressen entsprach einerseits die wirkliche lokale und provinzielle Borniertheit, andrerseits die kosmopolitische Aufgeblähtheit der deutschen Bürger. Überhaupt hatte seit der Reformation die deutsche Entwicklung einen ganz kleinbürgerlichen Charakter erhalten. Der alte Feudaladel war größtenteils in den Bauernkriegen vernichtet worden; was übrigblieb, waren entweder reichsunmittelbare Duodezfürsten, die sich

192

allmählich eine ziemliche Unabhängigkeit verschafften und die absolute Monarchie im kleinsten und kleinstädtischsten Maßstabe nachahmten, oder kleinere Grundbesitzer, die teils ihr bißchen Vermögen an den kleinen Höfen durchbrachten und dann von kleinen Stellen in den kleinen Armeen und Regierungsbüros lebten — oder Krautjunker, die ein Leben führten, dessen sich der bescheidenste englische Squire[1] oder französische gentilhomme de province[1] geschämt hätte. Der Ackerbau wurde auf eine Weise betrieben, die weder Parzellierung noch große Kultur war und die trotz der fortdauernden Hörigkeit und Fronlasten die Bauern nie zur Emanzipation forttrieb, sowohl weil diese Art des Betriebes selbst keine aktiv revolutionäre Klasse aufkommen ließ, als auch weil ihr die einer solchen Bauernklasse entsprechende revolutionäre Bourgeoisie nicht zur Seite stand.

Was die Bürger betrifft, so können wir hier nur ein paar bezeichnende Momente hervorheben. Bezeichnend ist, daß die Leinenmanufaktur, d. h. die auf dem Spinnrad und Handwebstuhl beruhende Industrie in Deutschland gerade zu derselben Zeit zu einiger Bedeutung kam, als in England diese unbeholfenen Instrumente durch Maschinen verdrängt wurden. Am bezeichnendsten ist ihre Stellung zu *Holland*. Holland, der einzige Teil der Hanse, der zu kommerzieller Bedeutung kam, riß sich los, schnitt Deutschland bis auf zwei Häfen (Hamburg und Bremen) vom Welthandel ab und beherrschte seitdem den ganzen deutschen Handel. Die deutschen Bürger waren zu ohnmächtig, der Exploitation durch die Holländer Schranken zu setzen. Die Bourgeoisie des kleinen Hollands mit ihren entwickelten Klasseninteressen war mächtiger als die viel zahlreicheren Bürger Deutschlands mit ihrer Interesselosigkeit und ihren zersplitterten kleinlichen Interessen. Der Zersplitterung der Interessen entsprach die Zersplitterung der politischen Organisation, die kleinen Fürstentümer und die freien Reichsstädte. Wo sollte *politische* Konzentration in einem Lande herkommen, dem alle *ökonomischen* Bedingungen derselben fehlten? Die Ohnmacht jeder einzelnen Lebenssphäre (man kann weder von Ständen noch von Klassen sprechen, sondern höchstens von gewesenen Ständen und ungebornen Klassen) erlaubte keiner einzigen, die ausschließliche Herrschaft zu erobern. Die notwendige Folge davon war, daß

[1] Landedelmann.

während der Epoche der absoluten Monarchie, die hier in ihrer allerverkrüppeltsten, halb patriarchalischen Form vorkam, die besondre Sphäre, welcher durch die Teilung der Arbeit die Verwaltung der öffentlichen Interessen zufiel, eine abnorme Unabhängigkeit erhielt, die in der modernen Bürokratie noch weiter getrieben wurde. Der Staat konstituierte sich so zu einer scheinbar selbständigen Macht und hat diese in andern Ländern nur vorübergehende Stellung — Übergangsstufe — in Deutschland bis heute behalten. Aus dieser Stellung erklärt sich sowohl das anderwärts nie vorkommende redliche Beamtenbewußtsein wie die sämtlichen in Deutschland kursierenden Illusionen über den Staat, wie die scheinbare Unabhängigkeit, die die Theoretiker hier gegenüber den Bürgern haben — der scheinbare Widerspruch zwischen der Form, in der diese Theoretiker die Interessen der Bürger aussprechen, und diesen Interessen selbst.

Die charakteristische Form, die der auf wirklichen Klasseninteressen beruhende französische Liberalismus in Deutschland annahm, finden wir wieder bei Kant. Er sowohl wie die deutschen Bürger, deren beschönigender Wortführer er war, merkten nicht, daß diesen theoretischen Gedanken der Bourgeois materielle Interessen und ein durch die materiellen Produktionsverhältnisse bedingter und bestimmter *Wille* zugrunde lag; er trennte daher diesen theoretischen Ausdruck von den Interessen, die er ausdrückt, machte die materiell motivierten Bestimmungen des Willens der französischen Bourgeois zu *reinen* Selbstbestimmungen des *„freien Willens"*, des Willens an und für sich, des menschlichen Willens, und verwandelte ihn so in rein ideologische Begriffsbestimmungen und moralische Postulate. Die deutschen Kleinbürger schauderten daher auch vor der Praxis dieses energischen Bourgeoisliberalismus zurück, sobald diese sowohl in der Schreckensherrschaft als in dem unverschämten Bourgeoiserwerb hervortrat.

Unter der Herrschaft Napoleons trieben die deutschen Bürger ihren kleinen Schacher und ihre großen Illusionen noch weiter. Über den Schachergeist, der damals in Deutschland herrschte, kann Sankt Sancho u. a. Jean Paul vergleichen, um ihm allein zugängliche belletristische Quellen zu zitieren. Die deutschen Bürger, die über Napoleon schimpften, weil er sie Zichorien zu trinken zwang und ihren Landfrieden durch Einquartierung und Konskription störte,

194

verschwendeten ihren ganzen moralischen Haß an ihn und ihre ganze Bewunderung an England; während Napoleon ihnen durch seine Reinigung des deutschen Augiasstalles und die Herstellung zivilisierter Kommunikationen die größten Dienste leistete und die Engländer nur auf die Gelegenheit warteten, sie à tort et à travers[1] zu exploitieren. In gleich kleinbürgerlicher Weise bildeten sich die deutschen Fürsten ein, für das Prinzip der Legitimität und gegen die Revolution zu kämpfen, während sie nur die bezahlten Landsknechte der englischen Bourgeois waren. Unter diesen allgemeinen Illusionen war es ganz in der Ordnung, daß die zur Illusion privilegierten Stände, die Ideologen, die Schulmeister, die Studenten, die Tugendbündler[84], das große Wort führten und der allgemeinen Phantasterei und der Interesselosigkeit einen analogen, überschwenglichen Ausdruck gaben.

Durch die Julirevolution[85] — da wir nur wenige Hauptpunkte andeuten, überspringen wir den Zwischenraum — wurden die der ausgebildeten Bourgeoisie entsprechenden politischen Formen den Deutschen von außen zugeschoben. Da die deutschen ökonomischen Verhältnisse noch bei weitem nicht die Entwicklungsstufe erreicht hatten, der diese politischen Formen entsprachen, so akzeptierten die Bürger diese Formen nur als abstrakte Ideen, an und für sich gültige Prinzipien, fromme Wünsche und Phrasen, Kantsche Selbstbestimmungen des Willens und der Menschen, wie sie sein sollen. Sie verhielten sich daher viel sittlicher und uninteressierter zu ihnen als andre Nationen; d. h., sie machten eine höchst eigentümliche Borniertheit geltend und blieben mit allen ihren Bestrebungen ohne Erfolg.

Endlich drückte die immer heftiger werdende Konkurrenz des Auslandes und der Weltverkehr, dem sich Deutschland immer weniger entziehen konnte, die deutschen zersplitterten Lokalinteressen zu einer gewissen Gemeinsamkeit zusammen. Die deutschen Bürger begannen, namentlich seit 1840, auf die Sicherstellung dieser gemeinsamen Interessen zu denken; sie wurden national und liberal und verlangten Schutzzölle und Konstitutionen. Sie sind also jetzt beinahe so weit wie die französischen Bourgeois 1789.

Wenn man, wie die Berliner Ideologen, den Liberalismus und den Staat, selbst innerhalb der deutschen Lokaleindrücke stehend, be-

---
[1] wild drauflos.

urteilt oder gar auf die Kritik der deutschbürgerlichen Illusionen über den Liberalismus sich beschränkt, statt ihn im Zusammenhange mit den wirklichen Interessen aufzufassen, aus denen er hervorgegangen ist und mit denen zusammen er allein wirklich existiert, kommt man natürlich zu den abgeschmacktesten Resultaten von der Welt. Dieser deutsche Liberalismus, wie er sich bis zur neuesten Zeit hin noch aussprach, ist, wie wir gesehen haben, schon in seiner populären Form Schwärmerei, Ideologie über den *wirklichen* Liberalismus. Wie leicht also, seinen Inhalt ganz in Philosophie, in reine Begriffsbestimmungen, in „Vernunfterkenntnis" zu verwandeln! Ist man also gar so unglücklich, selbst den verbürgerten Liberalismus nur in der sublimierten Gestalt zu kennen, die Hegel und die von ihm abhängigen Schulmeister ihm gegeben haben, so gelangt man zu Schlußfolgerungen, die ausschließlich ins Reich des Heiligen gehören. Sancho wird uns hiervon ein trauriges Exempel liefern.

„Man hat in jüngster Zeit" in der aktiven Welt „so viel von" der Herrschaft der Bourgeois „gesprochen, daß man sich nicht wundern darf, wenn die Kunde davon", schon durch den von dem Berliner Buhl übersetzten L. Blanc[86] pp., „auch nach Berlin gedrungen ist" und daselbst die Aufmerksamkeit gemütlicher Schulmeister auf sich gezogen hat (Wigand, p. 190). Man kann indes nicht sagen, daß „Stirner" in seiner Methode der Aneignung der kursierenden Vorstellungen sich „eine besonders gewinnreiche und einträgliche Wendung angewöhnt" habe (Wig[and] ibid.), wie bereits aus seiner Ausbeutung Hegels hervorging und sich nun eines weiteren ergeben wird.

Es ist unserm Schulmeister nicht entgangen, daß in neuester Zeit die Liberalen mit den Bourgeois identifiziert wurden. Weil Sankt Max die Bourgeois mit den guten Bürgern, den kleinen Deutschbürgern identifiziert, faßt er das ihm Tradierte nicht, wie es wirklich ist und von allen kompetenten Schriftstellern ausgesprochen wurde — nämlich so, daß die liberalen Redensarten der idealistische Ausdruck der realen Interessen der Bourgeoisie seien, sondern umgekehrt, daß der letzte Zweck des Bourgeois der sei, ein vollendeter Liberaler, ein Staatsbürger zu werden. Ihm ist nicht der bourgeois die Wahrheit des citoyen, ihm ist der citoyen die Wahrheit des bourgeois. Diese ebenso heilige als deutsche Auffassung geht so

196

weit, daß uns p. 130 „das Bürgertum" (soll heißen die Herrschaft der Bourgeoisie) in einen „*Gedanken, nichts* als einen Gedanken" verwandelt wird und „der Staat" als „der wahre Mensch" auftritt, der den einzelnen Bourgeois in den „Menschenrechten" die Rechte „*des*" Menschen, die wahre Weihe erteilt — Alles das, nachdem die Illusionen über den Staat und die Menschenrechte bereits in den „Deutsch-Französischen Jahrbüchern" hinlänglich aufgedeckt waren[1], eine Tatsache, die Sankt Max im „apologetischen Kommentar" anno 1845 endlich merkt. So kann er nun den Bourgeois, indem er ihn als Liberalen von sich als empirischem Bourgeois trennt, in den heiligen Liberalen, wie den Staat in „das Heilige" und das Verhältnis des Bourgeois zum modernen Staat in ein heiliges Verhältnis, in *Kultus* verwandeln (p. 131), womit er eigentlich seine Kritik über den politischen Liberalismus schon beschlossen hat. Er hat ihn in „das Heilige" verwandelt.

Wir wollen hier einige Exempel davon geben, wie Sankt Max dieses sein Eigentum mit historischen Arabesken herausputzt. Hierzu benutzt er die französische Revolution, für die ihm sein Geschichtsmakler, der heilige Bruno, einen kleinen Lieferungskontrakt auf wenige Data vermittelt hat.

Vermittelst einiger Worte Baillys, die wieder durch des heiligen Bruno „Denkwürdigkeiten" vermittelt sind, „erlangen" durch die Berufung der Generalstaaten „die bisherigen Untertanen das Bewußtsein, daß sie Eigentümer seien" (p. 132). Umgekehrt, mon brave[2], die bisherigen Eigentümer betätigen dadurch ihr Bewußtsein, daß sie keine Untertanen mehr sind — ein Bewußtsein, das schon längst erlangt war, z. B. in den Physiokraten[87], und polemisch gegen die Bourgeois bei Linguet, „Théorie des lois civiles", 1767, Mercier, Mably, überhaupt den Schriften gegen die Physiokraten. Dieser Sinn wurde auch sogleich erkannt im Anfange der

---

[1] In den „Deutsch-Franz[ösischen] Jahrb[üchern]" geschah dies, dem Zusammenhange gemäß, nur in Beziehung auf die Menschenrechte der französischen Revolution. Man kann übrigens diese ganze Auffassung der Konkurrenz als „der Menschenrechte" schon Ein Jahrhundert früher bei den Repräsentanten der Bourgeoisie nachweisen. (John Hamp[den], Petty, Boisguillebert, Child pp.) Über das Verhält[nis] der theoretischen Liberalen zu den Bourgeois vergleiche [oben] über das Verhältnis der Ideologen einer Klasse zu dieser Klasse selbst. [Fußnote von Marx.]

[2] mein Bester.

Revolution, z. B. von Brissot, Fauchet, Marat, im Cercle social[88] und von sämtlichen demokratischen Gegnern Lafayettes. Hätte der heilige Max die Sache so gefaßt, wie sie sich unabhängig von seinem Geschichtsmakler zutrug, so würde er sich nicht wundern, daß „Baillys Worte freilich so *klingen*, [als wäre nun jeder ein Eigentümer..."][1]

[... „Stirner" glaubt, „‚den guten Bü]rgern' kann es gleich [gelten, wer sie] und ihre Prinzipien [schützt, ob ei]n absoluter oder konstitutioneller König, eine Republik usw." — Den „guten Bürgern", die in einem Berliner Keller ihr stilles Weißbier trinken, ist dies allerdings „jleichjültig"; aber den historischen Bourgeois ist dies keineswegs gleich. Der „gute Bürger" „Stirner" bildet sich hier wieder ein, wie überhaupt im ganzen Abschnitte, die französischen, amerikanischen und englischen Bourgeois seien gute Berliner Weißbierphilister. Der obige Satz heißt, aus der Form der politischen Illusion in gutes Deutsch übersetzt: Den Bourgeois „kann es gleichgültig sein", ob sie unumschränkt herrschen oder ob andre Klassen ihrer politischen und ökonomischen Macht die Waage halten. Sankt Max glaubt, ein absoluter König oder sonst Jemand *könne* die Bourgeois ebensogut schützen, wie sie sich selbst schützen. Und nun gar „ihre Prinzipien", die darin bestehen, die Staatsmacht dem chacun pour soi, chacun chez soi[2] unterzuordnen, sie dafür zu exploitieren — das soll ein „absoluter König" können! Sankt Max möge uns das Land nennen, wo bei entwickelten Handels- und Industrieverhältnissen, bei einer großen Konkurrenz die Bourgeois sich von einem „absoluten König" schützen lassen.

Nach dieser Verwandlung der geschichtlichen Bourgeois in geschichtslose deutsche Philister braucht „Stirner" denn auch keine andern Bourgeois zu kennen als „behagliche Bürger und treue Beamte" (!!) — zwei Gespenster, die sich nur auf dem „heiligen" deutschen Boden sehn lassen dürfen — und die ganze Klasse als „gehorsame Diener" zusammenzufassen (p. 138). Er möge sich diese gehorsamen Diener auf der Börse von London, Manchester, New York und Paris einmal ansehen. Da Sankt Max im Zuge ist, kann er jetzt auch the whole hog gehen[3] und einem borniertcn Theoreti-

---
[1] Folgen von Mäusen zerfressene **Stellen**.
[2] jeder für sich, jeder bei sich (zu Hause).
[3] das Maß voll machen.

198

ker der „Einundzwanzig Bogen" glauben, „der Liberalismus sei die Vernunfterkenntnis angewandt auf unsre bestehenden Verhältnisse"[89], und zu erklären, „die Liberalen seien Eiferer für die Vernunft". Man sieht aus diesen [...] Phrasen, wie wenig die Deutschen [sich von] ihren ersten Illusionen über den Libera[lismus] erholt haben. „Abraham hat geglaubet auf Hoffnung, da Nichts zu hoffen war, — — und sein Glaube ward ihm gerechnet zur Gerechtigkeit." Röm[er] 4, 18 und 22.

„Der Staat bezahlt gut, damit seine guten Bürger ohne Gefahr schlecht bezahlen können; er sichert sich seine Diener, aus denen er für die guten Bürger eine Schutzmacht, eine Polizei bildet, durch gute Bezahlung; und die guten Bürger entrichten gern hohe Abgaben an ihn, um desto niedrigere an ihre Arbeiter zu leisten." p. 152.

Soll heißen: Die Bourgeois bezahlen ihren Staat gut und lassen die Nation dafür zahlen, damit sie ohne Gefahr schlecht bezahlen können; sie sichern sich durch gute Bezahlung in den Staatsdienern eine Schutzmacht, eine Polizei; sie entrichten gern und lassen die Nation hohe Abgaben entrichten, um das, was sie zahlen, ihren Arbeitern gefahrlos als Abgabe (als Abzug am Arbeitslohn) wieder auflegen zu können. „Stirner" macht hier die neue ökonomische Entdeckung, daß der Arbeitslohn eine Abgabe, eine Steuer ist, die der Bourgeois dem Proletarier zahlt, während die andern, profanen Ökonomen die Steuern als eine Abgabe fassen, die der Proletarier dem Bourgeois zahlt.

Von dem heiligen Bürgertum kommt unser heiliger Kirchenvater nun auf das Stirnersche „einzige" Proletariat (p. 148). Dies besteht aus „Industrierittern, Buhlerinnen, Dieben, Räubern und Mördern, Spielern, vermögenslosen Leuten ohne Anstellung und Leichtsinnigen" (ibid.). Sie sind „das gefährliche Proletariat" und reduzieren sich für einen Augenblick auf „einzelne Schreier", dann endlich „Vagabonden", deren vollendeter Ausdruck die *„geistigen Vagabonden"* sind, die sich nicht „in den Schranken einer gemäßigten Denkungsart halten". — — „*Solch weiten Sinn* hat das sogenannte Proletariat oder" (per appos[itionem]) „der Pauperismus!" (p. 149.)

[Das Pro]letariat wird p. 151 [„dagegen vo]m Staate ausgesogen". [Das] ganze Proletariat besteht also aus ruinierten Bourgeois und ruinierten Proletariern, aus einer Kollektion von *Lumpen*, die in

199

jedem Zeitalter existiert haben und deren *massenhafte* Existenz nach dem Untergange des Mittelalters dem massenhaften Entstehen des profanen Proletariats vorherging, wie Sankt Max sich aus der englischen und französischen Gesetzgebung und Literatur überzeugen mag. Unser Heiliger hat ganz dieselbe Vorstellung vom Proletariat wie die „guten behaglichen Bürger" und namentlich die „treuen Beamten". Er identifiziert konsequenterweise auch Proletariat und Pauperismus, während der Pauperismus die Lage nur des ruinierten Proletariats, die letzte Stufe ist, auf die der gegen den Druck der Bourgeoisie widerstandslos gewordene Proletarier versinkt, und nur der aller Energie beraubte Proletarier ein Pauper ist. Vgl. Sismondi, Wade etc. „Stirner" und Konsorten können z. B. in den Augen der Proletarier nach Umständen wohl für Paupers gelten, nie aber für Proletarier.

Dies sind Sankt Maxens „eigene" Vorstellungen von der Bourgeoisie und vom Proletariat. Da er aber mit diesen Imaginationen über Liberalismus, gute Bürger und Vagabunden natürlich zu Nichts kommt, so sieht er sich genötigt, um den Übergang auf den Kommunismus fertigzubringen, die wirklichen, profanen Bourgeois und Proletarier, soweit er sie vom Hörensagen kennt, hereinzubringen. Dies geschieht p. 151 und 152, wo das Lumpenproletariat sich in die „Arbeiter", die profanen Proletarier, verwandelt und die Bourgeois eine Reihe von „mancherlei Wandlungen" und „mannigfaltigen Brechungen" „mit der Zeit" „mitunter" durchmachen. Auf der einen Zeile heißt es: *„Die Besitzenden herrschen"* — profane Bourgeois; sechs Zeilen weiter: „Der Bürger ist, was er ist, durch die Gnade des Staats" — heilige Bourgeois; wieder sechs Zeilen weiter: „Der Staat ist der status des Bürgertums" — profane Bourgeois; was dahin erklärt wird, daß „der Staat den Besitzenden" „ihren Besitz zu Lehen" gibt und daß das „Geld und Gut" der „Kapitalisten" — ein solches vom Staat zu „Lehen" übertragenes „Staatsgut" ist — heilige Bourgeois. Am Ende verwandelt sich dann dieser allmächtige Staat wieder in „den Staat der Besitzenden", also der profanen Bourgeois, wozu dann eine spätere Stelle paßt: „Die *Bourgeoisie* wurde durch die Revolution *allmächtig.*" p. 156. Diese „seelenmarternden" und „gräßlichen" Widersprüche hätte selbst Sankt Max nie zustande gebracht, wenigstens nie zu promulgieren gewagt, wenn ihm nicht das deutsche Wort „Bürger", das er nach Belieben als „citoyen" oder „bourgeois" oder als deutscher „guter Bürger" auslegen kann, zu Hülfe gekommen wäre.

Ehe wir weitergehen, müssen wir noch zwei große politischökonomische Entdeckungen konstatieren, die unser Biedermann „in der Stille des Gemüts" „zutage fördert" und die mit der „Jünglingslust" von p. 17 das gemein haben, daß sie ebenfalls „reine Gedanken" sind.

p. 150 reduziert sich alles Unheil der bestehenden sozialen Verhältnisse darauf, daß „Bürger und Arbeiter an die ‚Wahrheit' des Geldes glauben". Jacques le bonhomme bildet sich hier ein, es hänge von den „Bürgern" und „Arbeitern" ab, die in allen zivilisierten Staaten der Welt zerstreut sind, morgen am Tage urplötzlich ihren „Unglauben" an die „Wahrheit des Geldes" zu Protokoll zu geben, er glaubt sogar, daß, wenn dieser Unsinn möglich sei, damit irgend etwas getan sei. Er glaubt, die „Wahrheit des Geldes" könne jeder Berliner Literat ebensogut abschaffen, wie er für seinen Kopf die „Wahrheit" Gottes oder der Hegelschen Philosophie abschafft. Daß das Geld ein notwendiges Produkt gewisser Produktions- und Verkehrsverhältnisse ist und eine „Wahrheit" bleibt, solange diese Verhältnisse existieren, das geht einen Heiligen wie Sankt Max, der gen Himmel schaut und der profanen Welt seinen profanen Hintern zudreht, natürlich Nichts an.

Die zweite Entdeckung wird auf p. 152 gemacht und geht dahin, daß „der Arbeiter seine Arbeit nicht verwerten kann", weil er „Denen, die irgendein Staatsgut" „zu Lehen" erhalten haben, „in die Hände fällt". Dies ist nur die weitere Erklärung des schon früher zitierten Satzes von p. 151, daß der Arbeiter vom Staate ausgesogen wird. Hierbei „stellt" sogleich Jeder „die einfache Reflexion an" — daß „Stirner" dies nicht tut, ist nicht „zu verwundern" —, wie es denn komme, daß der Staat nicht auch den „Arbeitern" irgendein „Staatsgut" zum „Lehen" gegeben habe. Hätte Sankt Max sich diese Frage gestellt, so würde er sich seine Konstruktion des „heiligen" Bürgertums wahrscheinlich erspart haben, weil er dann hätte sehen müssen, in welchem Verhältnis die Besitzenden zum modernen Staat stehen.

Vermittelst des Gegensatzes von Bourgeoisie und Proletariat — das weiß selbst „Stirner" — kommt man auf den Kommunismus. *Wie* man aber darauf kommt, das weiß *nur* „Stirner".

„Die Arbeiter haben die ungeheuerste Macht in Händen —— sie dürften *nur* die Arbeit einstellen und das Gearbeitete als das Ihrige *ansehen* und genießen. Dies ist der Sinn der *hie und da* auftauchenden Arbeiterunruhen." p. 153.

Die Arbeiterunruhen, die bereits unter dem byzantinischen Kaiser Zeno ein Gesetz veranlaßten (Zeno, de novis operibus constitutio[1]), die im 14. Jahrhundert in der Jacquerie und dem Aufstande von Wat Tyler, 1518 am evil may-day[90] in London und 1549 im großen Aufstande des Gerbers Ket[91] „auftauchten", die dann den Act 2 und 3 Edward VI., 15 und eine Reihe ähnlicher Parlamentsakte veranlaßten, die bald darauf 1640 und 1659 (acht Aufstände in einem Jahre) in Paris vorkamen und schon seit dem vierzehnten Jahrhundert in Frankreich und England, der gleichzeitigen Gesetzgebung zufolge, häufig gewesen sein müssen — der beständige Krieg, der seit 1770 in England und seit der Revolution in Frankreich von den Arbeitern gegen die Bourgeois mit Gewalt und List geführt wird — Alles Das existiert für Sankt Max nur „hie und da", in Schlesien, Posen, Magdeburg und Berlin, „wie deutsche Blätter melden".

Das Gearbeitete würde, wie Jacques le bonhomme sich einbildet, als Gegenstand des „Ansehens" und „Genießens" immer fortexistieren und sich reproduzieren, wenn auch die Produzenten „die Arbeit einstellten".

Wie oben beim Gelde, verwandelt unser guter Bürger hier wieder „die Arbeiter", die in der ganzen zivilisierten Welt zerstreut sind, in eine geschlossene Gesellschaft, die nur einen Beschluß zu fassen hat, um sich aus allen Schwierigkeiten zu befreien. Sankt Max weiß natürlich nicht, daß allein seit 1830 in England wenigstens fünfzig Versuche gemacht wurden, daß in diesem Augenblicke noch einer gemacht wird, um die sämtlichen Arbeiter nur von England in eine einzige Assoziation zusammenzubringen, und daß höchst empirische Gründe das Gelingen aller dieser Projekte vereitelten. Er weiß nicht, daß selbst eine Minorität der Arbeiter, die sich zu einer Arbeitseinstellung vereinigt, sich sehr bald gezwungen sieht, revolutionär aufzutreten, eine Tatsache, die er an der englischen Insurrektion von 1842 und früher schon an der welschen[2] Insurrektion von 1839[92] hätte lernen können, in welchem Jahre die revolutionäre Aufregung

---

[1] Verordnung über die neuen Arbeiten.
[2] So im Manuskript für: walisischen.

unter den Arbeitern zuerst in dem „heiligen Monat", der zugleich mit der allgemeinen Bewaffnung des Volks proklamiert wurde, einen umfassenden Ausdruck erhielt. Man sieht hier wieder, wie Sankt Max überall seinen Unsinn als „*den* Sinn" geschichtlicher Fakta an den Mann zu bringen sucht, was ihm höchstens bei *seinem* „Man" gelingt — geschichtlicher Fakta, „denen er seinen Sinn unterschiebt, die also auf einen Unsinn auslaufen mußten" (Wigand, p. 194). Übrigens fällt es keinem Proletarier ein, Sankt Max über „den Sinn" der proletarischen Bewegungen oder über das, was jetzt gegen die Bourgeoisie zu unternehmen sei, zu Rate zu ziehen.

Nach dieser großen Kampagne zieht sich unser heiliger Sancho mit folgender Fanfare zu seiner Maritornes zurück:

„Der Staat beruht auf der *Sklaverei der Arbeit*. Wird die *Arbeit frei*, so ist der Staat verloren." (p. 153.)

Der *moderne* Staat, die Herrschaft der Bourgeoisie, beruht auf der *Freiheit der Arbeit*. Der heilige Max hat sich ja selbst, wie oft! freilich karikiert genug! aus den „Deutsch-Französischen Jahrbüchern" abstrahiert, daß mit der Freiheit der Religion, des Staats, des Denkens pp., also doch „mitunter" „wohl auch" „etwa" der *Arbeit*, nicht Ich, sondern nur Einer meiner Zwingherrn frei werde. Die Freiheit der Arbeit ist die freie Konkurrenz der Arbeiter unter sich. Sankt Max hat großes Unglück, wie in *allen andern* Sphären, so auch in der Nationalökonomie. Die Arbeit *ist* frei in allen zivilisierten Ländern; es handelt sich nicht darum, die Arbeit zu befreien, sondern sie aufzuheben.

B) Der Kommunismus

Sankt Max nennt den Kommunismus den „sozialen Liberalismus", weil er wohl weiß, in welchem schlechten Geruch das Wort Liberalismus bei den Radikalen von 1842 und bei den am weitesten gegangenen Berliner Freijeistern[93] steht. Diese Verwandlung gibt ihm zugleich Gelegenheit und Courage, den „sozialen Liberalen" allerlei Dinge in den Mund zu legen, die vor „Stirner" noch nie ausgesprochen wurden und deren Widerlegung dann zugleich den *Kommunismus* widerlegen soll.

Die Überwindung des Kommunismus geschieht durch eine Reihe teils logischer, teils historischer Konstruktionen.

Erste logische Konstruktion.

Weil „Wir Uns zu Dienern von Egoisten gemacht sehen", „sollen Wir" nicht selbst „zu Egoisten werden — — sondern lieber die Egoisten unmöglich machen. Wir wollen sie Alle zu Lumpen machen, wollen Alle Nichts haben, damit ‚Alle' haben. — So die Sozialen. — Wer ist diese Person, die ihr ‚Alle' nennt? Es ist die ‚Gesellschaft'." p. 153.

Vermittelst ein paar Anführungszeichen verwandelt Sancho hier „Alle" in eine Person, die Gesellschaft als Person, als Subjekt = die heilige Gesellschaft, das Heilige. Jetzt weiß unser Heiliger, woran er ist, und kann einen ganzen Strom seines Feuereifers gegen „das Heilige" loslassen, womit natürlich der Kommunismus vernichtet ist.

Daß Sankt Max hier wieder den „Sozialen" *seinen* Unsinn als *ihren* Sinn in den Mund legt, ist nicht „zu verwundern". Er identifiziert zuerst das „Haben" als Privateigentümer mit dem „Haben" überhaupt. Statt die bestimmten Verhältnisse des Privateigentums zur Produktion, statt das „Haben" als Grundbesitzer, als Rentier, als Commerçant[1], als Fabrikant, als Arbeiter zu betrachten — wo sich das „Haben" als ein ganz bestimmtes Haben, als das Kommando über fremde Arbeit ausweist — verwandelt er alle diese Verhältnisse in „die Habe".[2]

[...] den politischen Liberalismus tun ließ, der die „Nation" zur höchsten Eigentümerin machte. Der Kommunismus hat also gar kein „persönliches Eigentum" mehr „abzuschaffen", sondern höchstens die Verteilung der „Lehen" auszugleichen, die „égalité"[3] darin einzuführen. Über die Gesellschaft als „höchste Eigentümerin" und den „Lumpen" vergleiche Sankt Max u. a. den „Egalitaire" von 1840:

„Das soziale Eigentum ist ein Widerspruch, aber der soziale Reichtum ist eine Folge des Kommunismus. Fourier sagt hundertmal, im Gegensatz zu den bescheidnen Bourgeoismoralisten, nicht darin, daß Einige zu viel haben, liege ein soziales Übel, sondern darin, daß Alle zu wenig haben", und signalisiert darum auch, „La fausse industrie", Paris 1835, p. 410, die „Armut der Reichen".

Desgleichen heißt es bereits in der 1839, also vor Weitlings

---

[1] Kaufmann.

[2] hier fehlen im Manuskript 4 Seiten, nämlich der Bogen 31, auf dem sich der Schluß der „Ersten logischen Konstruktion" und der Anfang der „Zweiten logischen Konstruktion" befand.

[3] „Gleichheit".

„Garantien", in Paris erschienenen deutschen kommunistischen Zeitschrift „Die Stimme des Volks", Heft II, p. 14:

> „Das Privateigentum, der vielbelobte, fleißige, gemütliche, unschuldige ‚Privaterwerb', tut offenbar Abbruch dem Lebensreichtum."

Sankt Sancho nimmt hier die Vorstellung einiger zum Kommunismus übergehenden Liberalen und die Ausdrucksweise einiger aus sehr praktischen Gründen in politischer Form sprechenden Kommunisten für den Kommunismus.

Nachdem er das Eigentum „der Gesellschaft" übertragen hat, werden ihm sämtliche Teilhaber dieser Gesellschaft sofort zu Habenichtsen und Lumpen, obgleich sie selbst in *seiner* Vorstellung von der kommunistischen Ordnung der Dinge die „höchste Eigentümerin" „haben".—Der wohlmeinende Vorschlag, den er den Kommunisten macht, „das Wort ‚Lump' zu einer ehrenden Anrede zu erheben, wie die Revolution das Wort Bürger dazu erhob", ist ein schlagendes Beispiel, wie er den Kommunismus mit einer längst dagewesenen Sache verwechselt. Die Revolution hat selbst, im Gegensatz zu den „honnêtes gens"[1], die er sehr dürftig durch gute Bürger übersetzt, das Wort sans-culotte[75] „zu einer ehrenden Anrede erhoben". Solches tut der heilige Sancho, auf daß erfüllet werde das Wort, das da geschrieben steht im Propheten Merlin von den dreitausenddreihundert Backenstreichen, die der Mann, der da kommen soll, sich selber geben muß:

> Es menester, que Sancho tu escudero
> Se dé tres mil azotes, y tre cientos
> En *ambas sus valientes posaderas*
> Al aire descubiertas, y de modo
> Que le escuezan, le amarguen y le enfaden.
> (Don Quijote, tomo II, cap. 35.)[2]

Sankt Sancho konstatiert „die Erhebung der Gesellschaft zur höchsten Eigentümerin" als „zweiten *Raub* am Persönlichen, im Interesse der Menschlichkeit", während der Kommunismus nur der

---

[1] anständigen Leuten.

[2] Es muß dein Schildknapp' Sancho sich dreitausend
Und noch dreihundert Geißelhiebe geben
Auf seine beiden mächt'gen Sitzfleischhälften,
Die er entblößt, und so, daß diese Streiche
Ihn wirklich schmerzen, brennen, peinigen.
(Don Quijote, Band II, Kapitel 35.)

vollendete Raub am „Raub des Persönlichen" ist. „Weil ihm der Raub ohne alle Frage für verabscheuungswürdig gilt, darum glaubt z. B." Sankt Sancho „schon mit dem" obigen „Satze" den Kommunismus „gebrandmarkt zu haben". („Das Buch", p. 102.) „Hatte" „Stirner" „gar den Raub" am Kommunismus „gewittert, wie sollte er denn nicht gegen ihn einen ‚tiefen Abscheu' und eine ‚gerechte Entrüstung' gefaßt haben"! (Wig[and,] p. 156.) „Stirner" wird hiermit aufgefordert, uns den Bourgeois zu nennen, der über den Kommunismus (oder Chartismus)[92] geschrieben und nicht dieselbe Albernheit mit vieler Emphase vorgebracht hat. An dem, was dem Bourgeois für „persönlich" gilt, wird der Kommunismus allerdings einen „Raub" ausüben.

Erstes Korollar.

p. 349. „Der Liberalismus trat sogleich mit der Erklärung auf, daß es zum Wesen des Menschen gehöre, nicht *Eigentum,* sondern *Eigentümer* zu sein. Da es hierbei um den Menschen, nicht um den Einzelnen zu tun war, so blieb das Wieviel, welches grade das spezielle Interesse der Einzelnen ausmachte, diesen überlassen. *Daher* behielt der Egoismus der Einzelnen in diesem Wieviel den freiesten Spielraum und trieb eine unermüdliche Konkurrenz."

D. h. der Liberalismus, i. e. die liberalen Privateigentümer, gaben im Anfange der französischen Revolution dem Privateigentum einen liberalen Schein, indem sie es für ein Menschenrecht erklärten. Sie waren hierzu schon durch ihre Stellung als revolutionierende Partei gezwungen, sie waren sogar gezwungen, der Masse des französischen [Land]volks nicht nur das Recht des Eigentums zu geben, son[dern a]uch *wirkliches* Eigentum *nehmen* zu lassen, und sie konnten dies Alles tun, weil dadurch ihr eignes „Wieviel", worauf es ihnen hauptsächlich ankam, unberührt blieb und sogar sichergestellt wurde. — Wir finden hier ferner konstatiert, daß Sankt Max die Konkurrenz aus dem Liberalismus entstehen läßt, ein Backenstreich, den er der Geschichte aus Rache für die Backenstreiche gibt, die er oben sich selbst geben mußte. Die „genauere Erklärung" des Manifestes, womit er den Liberalismus „*sogleich* auftreten" läßt, finden wir bei Hegel, der sich im Jahre 1820 dahin aussprach:

„Im Verhältnis zu äußerlichen Dingen ist das Vernünftige" (d. h. geziemt es mir als Vernunft, als Mensch), „daß ich Eigentum besitze — — was und *wieviel* ich besitze, ist daher eine rechtliche Zufälligkeit." („Rechtsphil[osophie]", § 49.)

Bei Hegel ist das Bezeichnende, daß er die Phrase des Bourgeois zum wirklichen Begriff, zum Wesen des Eigentums macht, was „Stirner" ihm getreulich nachmacht. Sankt Max basiert nun auf obige Entwicklung die weitere Aussage, daß der Kommunismus

„die Frage nach dem *Wieviel* des Innehabens aufstellte und sie dahin beantwortete, daß der Mensch so viel haben müsse, als er brauche. Wird sich mein **Egoismus** damit genügen können? — — — Ich muß vielmehr so viel haben, als ich mir anzueignen vermögend bin." (p. 349.)

Zuerst ist hier zu bemerken, daß der Kommunismus keineswegs aus dem § 49 der Hegelschen „Rechtsphilosophie" und seinem „Was und Wieviel" hervorging. Zweitens fällt es „*dem* Kommunismus" nicht ein, „*dem* Menschen" etwas geben zu wollen, da „*der* Kommunismus" keineswegs der Meinung ist, daß „*der* Mensch" irgend etwas „brauche" als eine kurze kritische Beleuchtung. Drittens schiebt er dem Kommunismus das „Brauchen" des heutigen Bourgeois unter, er bringt also eine Distinktion herein, die ihrer Lumpigkeit wegen bloß in der heutigen Gesellschaft und ihrem ideellen Abbilde, dem Stirnerschen Verein von „einzelnen Schreiern" und freien Näherinnen, von Wichtigkeit sein kann. „Stirner" hat wieder große „Durchschauungen" des Kommunismus zustande gebracht. Schließlich unterstellt Sankt Sancho in seiner Forderung, so viel haben zu müssen, als er selbst sich anzueignen vermögend ist (wenn diese nicht etwa auf die gewöhnliche Bourgeoisphrase, daß Jeder nach Vermögen haben, das Recht des freien Erwerbs haben solle), den Kommunismus als durchgesetzt, um sein „Vermögen" frei entwickeln und geltend machen zu können, was keineswegs allein von ihm, so wenig wie sein „Vermögen" selbst, sondern auch von den Produktions- und Verkehrsverhältnissen, in denen er lebt, abhängt. — (Vgl. unten den „Verein".) Sankt Max handelt übrigens nicht einmal selbst nach seiner Lehre, da er in seinem ganzen „Buche" Sachen „braucht" und verbraucht, die er „sich anzueignen" nicht „vermögend war".

Zweites Korollar.

„Aber die Sozialreformer predigen Uns ein Gesellschaftsrecht. Da wird der Einzelne der Sklave der Gesellschaft." p. 246. „Nach der Meinung der Kommunisten soll jeder die ewigen Menschenrechte genießen." p. 238.

Über die Ausdrücke Recht, Arbeit pp., wie sie bei proletarischen Schriftstellern vorkommen, und wie sich die Kritik zu ihnen zu verhalten hat, werden wir beim „wahren Sozialismus" (siehe Band II)¹ sprechen. Was das Recht betrifft, so haben wir unter vielen Andern den Gegensatz des Kommunismus gegen das Recht sowohl als politisches und privates als auch in seiner allgemeinsten Form als Menschenrecht geltend gemacht. Siehe „Deutsch-Französische Jahrbücher", wo das Privilegium, das Vorrecht als entsprechend dem ständisch gebundenen Privateigentum, und das Recht als entsprechend dem Zustande der Konkurrenz, des freien Privateigentums gefaßt ist, p. 206 und anderwärts; ebenso das Menschenrecht selbst als Privilegium und das Privateigentum als Monopol. Ferner die Kritik des Rechts in Zusammenhang gebracht mit der deutschen Philosophie und als Konsequenz der Kritik der Religion dargestellt, p. 72, und ausdrücklich die Rechtsaxiome, die auf den Kommunismus führen sollen, als Axiome des Privateigentums gefaßt, wie das gemeinsame Besitzrecht als eingebildete Voraussetzung des Rechts des Privateigentums, p. 98, 99.

Die obige Redensart übrigens einem Babeuf entgegenzuhalten, ihn als theoretischen Repräsentanten des Kommunismus zu fassen, konnte nur einem Berliner Schulmeister einfallen. „Stirner" entblödet sich indessen nicht, p. 247 zu behaupten, daß der Kommunismus, welcher annimmt,

„daß die Menschen von Natur gleiche Rechte haben, seinen eignen Satz dahin widerlege, daß die Menschen von Natur gar keine Rechte haben. Denn er will z. B. nicht anerkennen, daß die Eltern Rechte gegen die Kinder haben, er hebt die Familie auf. Überhaupt beruht dieser ganze revolutionäre oder Babeufsche (vgl. ‚Die Kommunisten in der Schweiz, Kommissionalbericht', p. 3) Grundsatz auf einer religiösen, d. h. falschen Anschauung."

Nach England kommt ein Yankee, wird durch den Friedensrichter daran gehindert, seinen Sklaven auszupeitschen, und ruft entrüstet aus: „Do you call this a land of liberty, where a man can't larrup his nigger?"²

Sankt Sancho blamiert sich hier doppelt. Erstens sieht er darin eine Aufhebung der „gleichen Rechte der Menschen", daß die „von Natur gleichen Rechte" der Kinder gegen die Eltern geltend gemacht, daß Kindern wie Eltern *gleiches* Menschenrecht gegeben

---

¹ Gemeint ist Bd. II der „Deutschen Ideologie" im vorl. Band.
² „Nennen Sie das ein freies Land, wo man seinen Nigger nicht durchprügeln kann?"

208

wird. Zweitens erzählt Jacques le bonhomme zwei Seiten vorher, daß der Staat sich nicht einmische, wenn der Sohn vom Vater geprügelt werde, weil er das Familienrecht anerkenne. Was er also einerseits für ein partikulares Recht (Familienrecht) ausgibt, subsumiert er andrerseits unter die „von Natur gleichen Rechte der Menschen". Schließlich gesteht er uns, daß er den Babeuf nur aus dem Bluntschlibericht kennt, während der Bluntschlibericht p. 3 uns ebenfalls gesteht, daß er seine Weisheit aus dem wackern L. Stein, Doktor der Rechte, geschöpft hat[94]. Die gründliche Kenntnis, die Sankt Sancho vom Kommunismus hat, geht aus diesem Zitat hervor. Wie Sankt Bruno sein Revolutionsmakler, so ist Sankt Bluntschli sein Kommunistenmakler. Bei diesem Stande der Dinge darf es uns auch nicht wundern, wenn unser Wort Gottes vom Lande ein paar Zeilen weiter die fraternité[1] der Revolution auf die „Gleichheit der Kinder Gottes" (in welcher christlichen Dogmatik kommt die égalité vor?) reduziert.

Drittes Korollar.
p. 414: Weil das Prinzip der Gemeinschaft im Kommunismus kulminiert, darum ist der Kommunismus = „Glorie des Liebesstaats".

Aus dem Liebesstaat, der ein eigenes Fabrikat Sankt Maxens ist, leitet er hier den Kommunismus ab, der dann natürlich auch ein ausschließlich Stirnerscher Kommunismus bleibt. Sankt Sancho kennt nur den Egoismus auf der einen oder den Anspruch auf die Liebesdienste, Erbarmen, Almosen der Leute auf der andern Seite. Außer und über diesem Dilemma gibt es für ihn Nichts.

Dritte logische Konstruktion.
„Weil in der Gesellschaft sich die drückendsten Übelstände bemerklich machen, so denken besonders" (!) „die Gedrückten" (!), „die Schuld in der Gesellschaft zu finden, und machen sich's zur Aufgabe, die rechte Gesellschaft zu entdecken." p. 155.

Im Gegenteil „macht sich's" „Stirner" „zur Aufgabe", die *ihm* „rechte Gesellschaft", die heilige Gesellschaft, die Gesellschaft als *das* Heilige zu entdecken. Die heutzutage „in der Gesellschaft" „Gedrückten" „denken" bloß darauf, die *ihnen rechte* Gesellschaft, die zunächst in der Abschaffung der jetzigen Gesellschaft, auf der Basis der vorgefundenen Produktivkräfte, besteht, durchzusetzen.

---
[1] Brüderlichkeit.

Weil e. g.¹ bei einer Maschine „sich drückende Übelstände bemerkbar machen", z. B. daß sie nicht gehen will, und Diejenigen, die die Maschine nötig haben, z. B. um Geld zu machen, den Übelstand in der Maschine finden, auf ihre Veränderung ausgehen pp., so machen sie sich's nach Sankt Sancho zur Aufgabe, nicht sich die Maschine *zurecht*zurücken, sondern die *rechte* Maschine, die heilige Maschine, die Maschine als das Heilige, das Heilige als die Maschine, die Maschine im Himmel zu entdecken. „Stirner" rät ihnen, „*in sich*" die Schuld zu suchen. Ist es nicht ihre Schuld, daß sie z. B. der Hacke und des Pflugs bedürfen? Könnten sie nicht mit den Nägeln die Kartoffeln in den Boden hinein- und aus ihm herauskratzen? Der Heilige predigt ihnen darüber p. 156:

> „Es ist das nur eine alte Erscheinung, daß man die Schuld zuerst in allem Andern als in sich sucht — also im Staat, in der Selbstsucht der Reichen, die doch gerade unsere Schuld ist."

Der „Gedrückte", der „im Staate" „die Schuld" des Pauperismus sucht, ist, wie wir oben vorläufig sahen, Niemand anders als Jacques le bonhomme selbst. Zweitens, der „Gedrückte", der sich dabei beruhigt, die „Schuld" in der „Selbstsucht des Reichen" finden zu lassen, ist wieder Niemand anders als Jacques le bonhomme. Er hätte sich aus des Schneiders und Doktors der Philosophie John Watts „Facts and Fictions", aus Hobsons „Poor Man's Companion" etc. eines Bessern in Beziehung auf die andern Gedrückten belehren können. Und wer ist, drittens, die Person von „Unsrer Schuld", etwa das Proletarierkind, das skrofulös auf die Welt kommt, mit Opium heraufgezogen, im siebenten Jahre in die Fabrik geschickt wird — etwa der einzelne Arbeiter, dem hier zugemutet wird, sich auf seine Faust gegen den Weltmarkt zu „empören" — etwa das Mädchen, das entweder verhungern oder sich prostituieren muß? Nein, sondern nur Der, der „alle Schuld", d. h. die „Schuld" des ganzen jetzigen Weltzustandes „in sich" sucht, nämlich abermals Niemand als Jacques le bonhomme selbst: „Es ist dies nur die alte Erscheinung" des christlichen Insichgehens und Bußetuns in germanisch-spekulativer Form, der idealistischen Phraseologie, wo Ich, der Wirkliche, nicht die Wirklichkeit verändern muß, was ich nur mit Andern kann, sondern in mir mich verändern. „Es ist der inner-

---

¹ exempli gratia = zum Beispiel.

210

liche Kampf des Schriftstellers mit sich selbst." („Die heilige Familie", p. 122, vgl. p. 73, p. 121 und p. 306.[1])

Nach Sankt Sancho suchen also die von der Gesellschaft Gedrückten die rechte Gesellschaft. Konsequent müßte er also auch Diejenigen, die „im Staate die Schuld suchen", und Beide sind bei ihm *dieselben* Personen, den *rechten Staat* suchen lassen. Dies darf er aber nicht, denn er hat davon gehört, daß die Kommunisten den Staat abschaffen wollen. Diese Abschaffung des Staats muß er jetzt konstruieren, und dies vollbringt der heilige Sancho wieder vermittelst seines „Grauen", der Apposition, in einer Weise, die „sehr einfach aussieht":

„Weil die Arbeiter sich im *Notstand* befinden, so muß der gegenwärtige *Stand der Dinge*, d. i. der *Staat* (*status* = *Stand*) abgeschafft werden" (ibid.).

Also:

Notstand = gegenwärtigem Stand der Dinge.
Gegenwärtiger Stand der Dinge = Stand.
Stand = Status.
Status = Staat.
Schluß: Notstand = Staat.

Was kann „einfacher aussehen"? „Es ist nur zu verwundern", daß die englischen Bourgeois von 1688 und die französischen von 1789 nicht dieselben „einfachen Reflexionen" und Gleichungen „anstellten", wo damals doch noch viel mehr der Stand = Status = der Staat war. Es folgt daraus, daß überall, wo „Notstand" vorhanden ist, „*der* Staat", der natürlich in Preußen und in Nordamerika derselbe ist, abgeschafft werden muß.

Sankt Sancho gibt uns jetzt, nach seiner Gewohnheit, einige Sprüche Salomonis.

Spruch Salomonis Nr. I.

p. 163: „Daß die Gesellschaft gar kein Ich ist, das geben pp. könnte, sondern ein Instrument, aus dem wir Nutzen ziehen mögen, daß wir keine gesellschaftlichen Pflichten, sondern lediglich Interessen haben, daß wir der Gesellschaft keine Opfer schuldig sind, sondern, opfern wir etwas, es Uns opfern, daran denken die Sozialen nicht, weil sie im religiösen Prinzip gefangen sitzen und eifrig trachten nach einer — heiligen Gesellschaft."

[1] Siehe Marx/Engels: Die heilige Familie, Berlin 1953, S. 198, vgl. S. 159, 160, 196—198, 340/341.

Hieraus ergeben sich folgende „Durchschauungen" des Kommunismus:

1. hat Sankt Sancho ganz vergessen, daß Er selber es war, der „die Gesellschaft" in ein „Ich" verwandelte, und sich daher bloß in seiner eignen „Gesellschaft" befindet;

2. glaubt er, die Kommunisten warteten darauf, daß ihnen „die Gesellschaft" irgend etwas „gebe", während sie sich höchstens eine Gesellschaft geben wollen;

3. verwandelt er die Gesellschaft, ehe sie existiert, in ein Instrument, aus dem er Nutzen ziehen will, ohne daß er und andre Leute durch gegenseitiges gesellschaftliches Verhalten eine Gesellschaft, also dies „Instrument", produziert haben;

4. glaubt er, daß in der kommunistischen Gesellschaft von „Pflichten" und „Interessen" die Rede sein könne, von zwei sich ergänzenden Seiten eines Gegensatzes, der bloß der Bourgeoisgesellschaft angehört (im Interesse schiebt der reflektierende Bourgeois immer ein Drittes zwischen sich und seine Lebensäußerung, eine Manier, die wahrhaft klassisch bei Bentham erscheint, dessen Nase erst ein Interesse haben muß, ehe sie sich zum Riechen entschließt. Vgl. „das Buch" über das *Recht* an seiner Nase, p. 247);

5. glaubt Sankt Max, die Kommunisten wollten „der Gesellschaft" „Opfer bringen", wo sie höchstens die bestehende Gesellschaft opfern wollen — er müßte dann ihr Bewußtsein, daß ihr Kampf ein allen dem Bourgeoisregime entwachsenen Menschen gemeinschaftlicher ist, als ein Opfer bezeichnen, das sie sich bringen;

6. daß die Sozialen im religiösen Prinzip befangen sind und

7. daß sie nach einer heiligen Gesellschaft trachten, fand schon oben seine Erledigung. Wie „eifrig" Sankt Sancho nach der „heiligen [Gese]llschaft" „trachtet", um durch sie den Kommu[nis]mus widerlegen zu können, haben wir gesehen.

Spruch Salomonis Nr. II.

p. 277: „Wäre das Interesse an der sozialen Frage weniger leidenschaftlich und verblendet, so würde *m a n . . .* erkennen, daß eine Gesellschaft nicht neu werden kann, solange Diejenigen, welche sie ausmachen *und* konstituieren, die Alten bleiben."

„Stirner" glaubt hier, daß die kommunistischen Proletarier, die die Gesellschaft revolutionieren, die Produktionsverhältnisse und die Form des Verkehrs auf eine neue Basis, d. h. auf sich als die

212

Neuen, auf ihre neue Lebensweise setzen, „die Alten" bleiben. Die unermüdliche Propaganda, die diese Proletarier machen, die Diskussionen, die sie täglich unter sich führen, beweisen hinlänglich, wie wenig sie selbst „die Alten" bleiben wollen und wie wenig sie überhaupt wollen, daß die Menschen „die Alten" bleiben sollen. „Die Alten" würden sie nur dann bleiben, wenn sie mit Sankt Sancho „die Schuld in sich suchten"; sie wissen aber zu gut, daß sie nur unter veränderten Umständen aufhören werden, „die Alten" zu sein, und darum sind sie entschlossen, diese Umstände bei der ersten Gelegenheit zu verändern. In der revolutionären Tätigkeit fällt das Sich-Verändern mit dem Verändern der Umstände zusammen. — Dieser große Spruch wird durch ein ebenso großes Exempel erläutert, das natürlich wieder aus der Welt „des Heiligen" genommen ist.

„Sollte z. B. aus dem jüdischen Volk *eine Gesellschaft* entstehen, welche einen neuen Glauben über die Erde verbreitete, so durften *diese Apostel* doch keine Pharisäer bleiben."

Die ersten Christen = eine Gesellschaft zur Verbreitung des Glaubens (gestiftet Anno I).
= Congregatio de propaganda fide¹ (gestiftet 1640)[95].
Anno I = Anno 1640.
Diese entstehen sollende Gesellschaft = Diese Apostel.
Diese Apostel = Nichtjuden.
Das jüdische Volk = Pharisäer.
Christen = Nichtpharisäer.
= Nicht das jüdische Volk.

Was kann einfacher aussehen?

Durch diese Gleichungen gestärkt, spricht Sankt Max das große historische Wort gelassen aus:

„Die Menschen, weit entfernt, sich zur Entwicklung kommen zu lassen, *wollten immer* eine Gesellschaft bilden."

Die Menschen, immer weit entfernt, eine Gesellschaft bilden zu wollen, ließen dennoch nur die Gesellschaft zu einer Entwicklung kommen, weil sie sich fortwährend nur als Vereinzelte entwickeln

---
¹ Kongregation (Vereinigung) zur Verbreitung des Glaubens.

wollten, und kamen deshalb nur in und durch die Gesellschaft zu ihrer eignen Entwicklung. Übrigens kann es nur einem Heiligen vom Gepräge unsres Sancho einfallen, die Entwicklung „der Menschen" von der Entwicklung „der Gesellschaft", in der diese Menschen leben, zu trennen und von dieser phantastischen Grundlage aus weiterzuphantasieren. Er hat übrigens seinen ihm von Sankt Bruno eingegebenen Satz vergessen, in dem er gleich vorher die moralische Forderung an die Menschen stellte, sich selbst zu ändern und dadurch ihre Gesellschaft — worin er also die Entwicklung der Menschen mit der Entwicklung ihrer Gesellschaft identifizierte.

Vierte logische Konstruktion.

Er läßt den Kommunismus, im Gegensatz zu den Staatsbürgern, p. 156 sagen:

„Nicht darin besteht Unser Wesen" (!), „daß wir Alle die gleichen Kinder des Staats" (!) „sind, sondern darin, daß wir Alle füreinander da sind. Darin sind Wir Alle gleich, daß Wir Alle füreinander da sind, daß Jeder für den Andern arbeitet, daß Jeder von Uns ein Arbeiter ist." Er setzt nun „als Arbeiter existieren" = „Jeder von uns *nur* durch den Andern existieren", wo also der Andere „z. B. für meine Kleidung, Ich für sein Vergnügungsbedürfnis, er für meine Nahrung, Ich für seine Belehrung arbeite. Also das Arbeitertum ist unsere Würde und unsere Gleichheit. — Welchen Vorteil bringt Uns das Bürgertum? Lasten. Und wie hoch schlägt man unsere Arbeit an? So niedrig als möglich. — — Was könnt Ihr uns entgegenstellen? Doch auch nur Arbeit!" „Nur für Arbeit sind wir Euch einen Recom[pe]nse[1] schuldig"; „nur durch Das, was Ihr [Uns] Nützliches leistet", „habt Ihr [e]inen Anspruch auf Uns". „Wir wollen Euch nur so viel wert sein, als Wir Euch leisten; Ihr aber sollt desgleichen von Uns gehalten sein." „Die Leistungen, die Uns etwas wert sind, also die gemeinnützigen Arbeiten, bestimmen den Wert. — — Wer Nützliches verrichtet, der stehe Keinem nach, oder — alle (gemeinnützigen) Arbeiter sind gleich. Da aber der Arbeiter seines Lohnes wert ist, so sei auch der Lohn gleich." p. 157, 158.

Bei „Stirner" fängt „der Kommunismus" damit an, sich nach *„dem Wesen"* umzusehen; er will wieder, als guter „Jüngling", nur „hinter die Dinge kommen". Daß der Kommunismus eine höchst praktische Bewegung ist, die praktische Zwecke mit praktischen Mitteln verfolgt und die sich höchstens in Deutschland, den deutschen Philosophen gegenüber, einen Augenblick auf „das Wesen" einlassen kann, das geht unsern Heiligen natürlich Nichts an. Dieser Stirnersche „Kommunismus", der so sehr nach „dem Wesen"

---

[1] Belohnung, Entschädigung.

schmachtet, kommt daher auch nur zu einer philosophischen Kategorie, dem „Füreinandersein", die dann vermittelst einiger gewaltsamen Gleichungen

Füreinandersein = *Nur* durch den Andern existieren
= als Arbeiter existieren
= allgemeines Arbeitertum

der empirischen Welt etwas näher gerückt wird. Übrigens wird der heilige Sancho aufgefordert, z. B. in *Owen* (der doch als Repräsentant des englischen Kommunismus ebensowohl für „den Kommunismus" gelten kann wie z. B. der nichtkommunistische Proudhon, aus dem er sich das meiste der obigen Sätze abstrahiert und zurechtgestellt) eine Stelle nachzuweisen, in der irgend etwas von den obigen Sätzen über „Wesen", allgemeines Arbeitertum etc. sich findet. Übrigens brauchen wir so weit gar nicht einmal zurückzugehen. Die schon oben zitierte deutsche kommunistische Zeitschrift „Die Stimme des Volks" spricht sich im dritten Heft dahin aus:

„Was heute Arbeit heißt, ist nur ein winzig elendes Stück des gewaltigen, großmächtigen Produzierens; nämlich nur dasjenige Produzieren, welches widerlich und gefährlich, beehrt die *Religion* und *Moral*, *Arbeit* zu taufen, und unterfängt sich noch obendrein, allerlei Sprüche, gleichsam Segenssprüche (oder Hexensprüche) drüber zu streuen: ‚Arbeiten im Schweiß des Angesichts' als Prüfung Gottes; ‚Arbeit macht das Leben süß' zur Ermunterung usw. Die Moral der Welt, in der wir leben, hütet sich sehr weislich, das Verkehren der Menschen von den amüsanten und freien Seiten auch Arbeit zu nennen. Das schmäht sie, obschon es auch Produzieren ist. Das schimpft sie gern Eitelkeit, eitle Lust, Wollust. Der Kommunismus hat diese heuchlerische Predigerin, die elende Moral, entlarvt."

Als allgemeines Arbeitertum hat nun Sankt Max den ganzen Kommunismus auf gleichen Arbeitslohn reduziert, eine Entdeckung, die sich in folgenden drei „Brechungen" wiederholt: p. 351: „Gegen die Konkurrenz erhebt sich das Prinzip der Lumpengesellschaft – *die Verteilung*. Soll Ich nun etwa, der Vielvermögende, vor dem Unvermögenden Nichts voraushaben?" Ferner p. 363 spricht er von einer „allgemeinen Taxe für die menschliche Tätigkeit in der kommunistischen Gesellschaft". Und endlich p. 350, wo er den Kommunisten unterschiebt, sie hielten „die Arbeit" für „das einzige Vermögen" der Menschen. Sankt Max bringt also das Privateigentum in seiner doppelten Gestalt, als Verteilung und Lohnarbeit, wieder in den Kommunismus herein. Wie schon früher beim „Raub", manifestiert Sankt Max hier wieder die allergewöhnlichsten und borniertesten Bourgeoisvorstellungen als seine „eignen" „Durchschauungen" des Kommunismus. Er macht sich ganz der Ehre würdig, von Bluntschli unterrichtet worden zu sein. Als echter Kleinbürger hat er dann auch Furcht, er, „der Vielvermögende", „solle Nichts vor dem Unvermögenden voraushaben" – obwohl er Nichts mehr zu fürchten hätte, als seinem eignen „Vermögen" überlassen zu bleiben.

Nebenbei bildet sich „der Vielvermögende" ein, das Staatsbürgertum sei den Proletariern gleichgültig, nachdem er zuerst vorausgesetzt hat, sie *hätten* es. Gerade wie er oben sich einbildete, dem Bourgeois sei die Regierungsform gleichgültig. Den Arbeitern liegt so viel am Staatsbürgertum, d. h. dem *aktiven* Staatsbürgertum, daß sie da, wo sie es *haben*, wie in Amerika, es gerade „verwerten", und wo sie es nicht haben, es erwerben wollen. Vergleiche die Verhandlungen der nordamerikanischen Arbeiter in zahllosen Meetings, die ganze Geschichte des englischen Chartismus und des französischen Kommunismus und Reformismus.

Erstes Korollar.
„Der Arbeiter hält sich, in seinem Bewußtsein, daß das Wesentliche an ihm der Arbeiter sei, vom Egoismus fern und unterwirft sich der Oberhoheit einer Arbeitergesellschaft, wie der Bürger mit Hingebung" (!) „am Konkurrenzstaate hing." p. 162.

Der Arbeiter hält sich höchstens an dem Bewußtsein, daß das Wesentliche an ihm für den Bourgeois der Arbeiter sei, der sich darum auch gegen den Bourgeois als solchen geltend machen kann. Die beiden Entdeckungen Sankt Sanchos, die „Hingebung des Bürgers" und den „Konkurrenz*staat*", kann man nur als neue „Vermögens"-Beweise des „Vielvermögenden" registrieren.

Zweites Korollar.
„Der Kommunismus *soll* das ‚Wohl Aller' bezwecken. *Das sieht doch wirklich so aus*, als brauchte dabei Keiner zurückzustehen. Welches wird denn aber dieses Wohl sein? Haben Alle ein und dasselbe Wohl? ist Allen gleich wohl bei Einem und Demselben?... Ist dem so, so handelt sichs vom ‚wahren Wohl'. Kommen Wir damit nicht gerade bei dem Punkte an, wo die Religion ihre Gewaltherrschaft beginnt? – – – Die Gesellschaft hat ein Wohl als das ‚wahre Wohl' dekretiert, und hieße dies Wohl z. B. *redlicher erarbeiteter*

Genuß, Du aber zögest die genußreiche Faulheit vor, so würde die Gesellschaft — — für das, wobei Dir wohl ist, zu sorgen sich weislich hüten. Indem der Kommunismus das Wohl Aller proklamiert, vernichtet er gerade das Wohlsein Derer, welche bisher von ihren Renten lebten etc." p. 411, 412.

„Ist dem so", so ergeben sich hieraus folgende Gleichungen:
Das Wohl Aller = Kommunismus
                = Ist dem so
                = Ein und dasselbe Wohl Aller
                = Das Gleichwohlsein Aller bei Einem und Demselben
                = Das Wahre Wohl
                = [Das heilige Wohl, das Heilige, Herrschaft des Heiligen, Hierarchie][1]
                = Gewaltherrschaft der Religion.
Kommunismus = Gewaltherrschaft der Religion.

„Das sieht doch wirklich so aus", als ob „Stirner" hier vom Kommunismus dasselbe gesagt hätte, was er bisher von allen andern Sachen sagte.

Wie tief unser Heiliger den Kommunismus „durchschaut" hat, geht wieder daraus hervor, daß er ihm zumutet, den „redlich erarbeiteten Genuß" als „wahres Wohl" durchsetzen zu wollen. Wer außer „Stirner" und einigen Berliner Schuster- und Schneidermeistern denkt an „redlich erarbeiteten Genuß"! Und nun gar den Kommunisten dies in den Mund zu legen, bei denen die Grundlage dieses ganzen Gegensatzes von Arbeit und Genuß wegfällt. Der moralische Heilige mag sich darüber beruhigen. Das „redliche Erarbeiten" wird man ihm und Denen überlassen, die er, ohne es zu wissen, vertritt — seinen kleinen, von der Gewerbfreiheit ruinierten und moralisch „empörten" Handwerksmeistern. Auch die „genußreiche Faulheit" gehört ganz der trivialsten Bürgeranschauung an. Die Krone des ganzen Satzes ist aber das pfiffige Bürgerbedenken, das er den Kommunisten macht: sie wollten das „Wohlsein" der Rentiers vernichten und sprächen doch vom „Wohlsein Aller". Er glaubt also, daß in der kommunistischen Gesellschaft noch Rentiers vorkommen, deren „Wohlsein" zu vernichten wäre. Er behauptet, daß das „Wohlsein" *als Rentier* ein den Individuen, die jetzt Rentiers sind, inhärentes, von ihrer Individualität nicht zu trennendes

---
[1] Die eckigen Klammern stammen von Marx.

sei; er bildet sich ein, daß für diese Individuen gar kein anderes „Wohlsein" existieren könne als das, was durch ihr Rentier-Sein bedingt ist. Er glaubt ferner, die Gesellschaft sei schon kommunistisch eingerichtet, solange sie noch gegen Rentiers und dergleichen zu kämpfen hat. Die Kommunisten machen sich allerdings kein Gewissen daraus, die Herrschaft der Bourgeois zu stürzen und ihr „Wohlsein" zu zerstören, sobald sie die Macht dazu haben werden. Es liegt ihnen keineswegs daran, ob dies ihren Feinden gemeinsame, durch die Klassenverhältnisse bedingte „Wohlsein" auch als persönliches „Wohlsein" sich an eine borniertweise vorausgesetzte Sentimentalität adressiert.

Drittes Korollar.
p. 190 „ersteht" in der kommunistischen Gesellschaft „die Sorge wieder als Arbeit".

Der gute Bürger „Stirner", der sich bereits freut, im Kommunismus seine geliebte „Sorge" wiederzufinden, hat sich diesmal doch verrechnet. Die „Sorge" ist nichts anderes als die gedrückte und geängstigte Gemütsstimmung, die im Bürgertum die notwendige Begleiterin der Arbeit, der lumpenhaften Tätigkeit des notdürftigen Erwerbes ist. Die „Sorge" floriert in ihrer reinsten Gestalt beim deutschen guten Bürger, wo sie chronisch und „immer sich selbst gleich", miserabel und verächtlich ist, während die Not des Proletariers eine akute, heftige Form annimmt, ihn zum Kampf um Leben und Tod treibt, ihn revolutionär macht und deshalb keine „Sorge", sondern Leidenschaft produziert. Wenn der Kommunismus nun sowohl die „Sorge" des Bürgers wie die Not des Proletariers aufheben will, so versteht es sich doch wohl von selbst, daß er dies nicht tun kann, ohne die Ursache Beider, die „Arbeit", aufzuheben.

Wir kommen jetzt zu den *historischen Konstruktionen* des Kommunismus.

Erste historische Konstruktion.
„Solange der Glaube für die Ehre und Würde der Menschen ausreichte, ließ sich gegen keine auch noch so anstrengende Arbeit etwas einwenden." — „All ihr Elend konnten die unterdrückten Klassen nur so lange ertragen, als sie Christen waren" (höchstens waren sie so lange Christen, als sie ihr Elend ertrugen) „denn das Christentum" (das mit dem Stock hinter ihnen steht) „läßt ihr Murren und ihre Empörung nicht aufkommen." p. 158.

218

"Woher nur ‚Stirner' alles Dies weiß", was die unterdrückten Klassen konnten, erfahren wir aus Heft I der „Allg[emeinen] Literat[ur]-Z[ei]t[un]g", wo „die Kritik in Buchbindermeistergestalt"[96] folgende Stelle eines unbedeutenden Buchs zitiert:

„Der moderne Pauperismus hat einen politischen Charakter angenommen; während der alte Bettler sein Los *mit Ergebenheit* trug und es als eine *göttliche Schickung* ansah, frägt der neue *Lump*, ob er gezwungen sei, armselig durchs Leben zu wandern, weil er zufällig in Lumpen geboren wurde."

Wegen dieser Macht des Christentums fanden bei der Emanzipation der Leibeignen gerade die blutigsten und erbittertsten Kämpfe gegen die *geistlichen* Feudalherren statt und setzte sie sich durch trotz alles Murrens und aller Empörung des in den Pfaffen inkorporierten Christentums (vergl. Eden, „History of the Poor"[97], Book I; Guizot, „Histoire de la civilisation en France"; Monteil, „Histoire des Français des divers états" ppp.), während andrerseits die kleinen Pfaffen, namentlich im Anfange des Mittelalters, die Leibeigenen zum „Murren" und zur „Empörung" gegen die weltlichen Feudalherren aufreizten (vergl. u. a. schon das bekannte Kapitular Karls des Großen). Vergleiche auch, was oben bei Gelegenheit der „hie und da auftauchenden Arbeiterunruhen" über die „unterdrückten Klassen" und ihre Aufstände im 14. Jahrhundert gesagt wurde.

Die früheren Formen der Arbeiteraufstände hingen mit der jedesmaligen Entwicklung der Arbeit und der dadurch gegebenen Gestalt des Eigentums zusammen; die direkt oder in[dir]ekt kommunistische Insurrek[tio]n mit der großen Industrie. [Sta]tt auf diese weitläuftige Geschichte einzugehen, veranstaltet Sankt Max einen heiligen Übergang von den *duldenden* unterdrückten Klassen zu den *ungeduldigen* unterdrückten Klassen:

„Jetzt, wo Jeder sich *zum Menschen* ausbilden *soll*" („woher nur" z. B. die katalonischen Arbeiter „wissen", daß „Jeder sich zum Menschen ausbilden soll"?), „fällt die Bannung des Menschen an maschinenmäßige Arbeit zusammen mit der Sklaverei." p. 158.

Vor Spartakus und dem Sklavenkriege war es also das Christentum, das die „Bannung des Menschen an maschinenmäßige Arbeit" nicht „mit der Sklaverei zusammenfallen" ließ; und zu Spartakus' Zeit war es der Begriff Mensch, der dies Verhältnis aufhob und die Sklaverei erst erzeugte. „Oder sollte" Stirner „gar" etwas von dem

Zusammenhange der modernen Arbeiterunruhen mit der Maschinerie gehört haben und hier haben andeuten wollen? In diesem Falle hat nicht die Einführung der Maschinenarbeit die Arbeiter in Rebellen, sondern die Einführung des Begriffes „Mensch" die Maschinenarbeit in Sklaverei verwandelt. — „Ist dem so", so „sieht das doch wirklich so aus", als wäre dies eine „einzige" Geschichte der Arbeiterbewegungen.

Zweite geschichtliche Konstruktion.

„Die Bourgeoisie hat das Evangelium des materiellen Genusses verkündet und wundert sich nun, daß diese Lehre unter Uns Proletariern Anhänger findet." p. 159.

Eben wollten die Arbeiter den Begriff „des Menschen", das Heilige verwirklichen, jetzt den „materiellen Genuß", das Weltliche; oben die „Plackerei" der Arbeit, jetzt nur noch die Arbeit des Genießens. Sankt Sancho schlägt sich hier auf ambas sus valientes posaderas[1], zuerst auf die materielle Geschichte, dann auf die Stirnersche, heilige. Nach der materiellen Geschichte war es die Aristokratie, welche zuerst das Evangelium des Weltgenusses an die Stelle des Genusses des Evangeliums setzte, für welche die nüchterne Bourgeoisie sich zunächst aufs Arbeiten legte und ihr mit vieler Schlauheit den Genuß überließ, der ihr selbst durch eigne Gesetze untersagt wurde (bei welcher Gelegenheit die Macht der Aristokratie in der Gestalt des Geldes in die Taschen der Bourgeois rückte).

Nach der Stirnerschen Geschichte hat die Bourgeoisie sich damit begnügt, „das Heilige" zu suchen, den Staatskultus zu betreiben und „alle existierenden Objekte in vorgestellte zu verwandeln", und es bedurfte der Jesuiten, um „die Sinnlichkeit vor dem gänzlichen Verkommen zu retten". Nach derselben Stirnerschen Geschichte hat die Bourgeoisie durch die Revolution alle Macht an sich gerissen, also auch ihr Evangelium, das des materiellen Genusses, obgleich wir nach derselben Stirnerschen Geschichte jetzt so weit sind, daß „in der Welt nur Gedanken herrschen". Die Stirnersche Hierarchie sitzt jetzt also „entre ambas posaderas"[2].

Dritte historische Konstruktion.

p. 159. „Nachdem das Bürgertum von Befehl und Willkür Einzelner befreit hatte, blieb jene Willkür übrig, welche aus der Konjunktur der Ver-

---

[1] seine beiden mächtigen Sitzfleischhälften.
[2] „zwischen den beiden Sitzfleischhälften".

220

hältnisse entspringt und die Zufälligkeit der Umstände genannt werden kann. Das Glück und die vom Glück Begünstigten blieben übrig."

Sankt Sancho läßt dann die Kommunisten „ein Gesetz und eine neue Ordnung finden, die diesen Schwankungen" (dem Dings da) „ein Ende macht" — von der er so viel weiß, daß die Kommunisten nun ausrufen sollen: „Diese Ordnung sei dann heilig!" (wo er vielmehr nun ausrufen müßte: Die Unordnung meiner Einbildungen sei die heilige Ordnung der Kommunisten). — „Hier ist Weisheit" (Offenb[arung] Joh[annis] 13, 18). „Wer Verstand hat, der überlege die Zahl" des Unsinns, den der sonst so weitläuftige, sich stets wieder von sich gebende Stirner [hi]er in wenige [Zeilen] zusammendrängt.

In allgemeinster Fassung heißt der erste Satz: Nachdem das Bürgertum die Feudalität abgeschafft hatte, blieb das Bürgertum übrig. Oder nachdem in „Stirners" Einbildung die Herrschaft der Personen abgeschafft worden war, blieb grade das Umgekehrte zu tun übrig. „Das sieht denn doch wirklich so aus", als könnte man die zwei entlegensten Geschichtsepochen in einen Zusammenhang bringen, der der heilige Zusammenhang, der Zusammenhang als Das Heilige, der Zusammenhang im Himmel ist.

Dieser Satz Sankt Sanchos ist übrigens nicht mit dem obigen mode simple[1] des Unsinns zufrieden, er muß es bis zum mode composé und bicomposé[2] des Unsinns bringen. Nämlich erstens glaubt Sankt Max den *sich* befreienden Bourgeois, daß sie, indem sie *sich* von Befehl und Willkür Einzelner befreiten, die Masse der Gesellschaft überhaupt von Befehl und Willkür Einzelner befreiten. Zweitens befreiten sie sich realiter nicht von „Befehl und Willkür der Einzelnen", sondern von der Herrschaft der Korporation, Zunft, der Stände, und konnten daher nun erst als *wirkliche* einzelne Bourgeois dem Arbeiter gegenüber „Befehl und Willkür" ausüben. Drittens hoben sie nur den plus ou moins[3] idealistischen Schein des bisherigen Befehls und der bisherigen Willkür der Einzelnen auf, um an seine Stelle diesen Befehl und diese Willkür in ihrer materiellen Grobheit herzustellen. Er, Bourgeois, wollte seinen „Befehl und Willkür" nicht mehr durch den bisherigen „Befehl und Willkür"

---

[1] der einfachen Art.
[2] zur zusammengesetzten und zweifach zusammengesetzten Art.
[3] mehr oder weniger.

der im Monarchen, im Adel und in der Korporation konzentrierten politischen Macht beschränkt wissen, sondern höchstens durch die in Gesetzen von Bourgeois ausgesprochnen Gesamtinteressen der ganzen Bourgeoisklasse. Er tat nichts als den Befehl und die Willkür *über* den Befehl und die Willkür der einzelnen Bourgeois aufheben (siehe Politischen Liberalismus).

Indem Sankt Sancho nun die Konjunktur der Verhältnisse, welche mit der Herrschaft der Bourgeoisie eine ganz andre Konjunktur ganz andrer Verhältnisse wurde, statt sie wirklich zu analysieren, als die allgemeine Kategorie „Konjunktur pp." übrigbleiben läßt und sie mit dem noch unbestimmteren Namen „Zufälligkeit der Umstände" beschenkt — als ob der „Befehl und die Willkür Einzelner" nicht selbst eine „Konjunktur der Verhältnisse" sei — indem er also so die reale Grundlage des Kommunismus, nämlich die *bestimmte* Konjunktur der Verhältnisse unter dem Bourgeoisrégime beseitigt, kann er nun auch den so luftig gemachten Kommunismus in seinen heiligen Kommunismus verwandeln. „Das sieht denn doch wirklich so aus", als ob „Stirner" ein „Mensch von nur ideellem", eingebildetem historischem „Reichtum" sei — der „*vollendete Lump*". Siehe „das Buch", p. 362.

Diese große Konstruktion, oder vielmehr ihr Vordersatz, wird uns p. 189 noch einmal mit vieler Emphase in folgender Form wiederholt:

„Der politische Liberalismus hob die Ungleichheit der Herren und Diener auf; er machte *herrenlos,* anarchisch" (!); „der Herr wurde nun vom Einzelnen, dem Egoisten, entfernt, um ein *Gespenst* zu werden, das Gesetz oder der Staat."

Gespensterherrschaft = (Hierarchie) = Herrenlosigkeit, gleich Herrschaft der „allmächtigen" Bourgeois. Wie wir sehen, ist diese Gespensterherrschaft vielmehr die Herrschaft der *vielen* wirklichen Herren; also konnte der Kommunismus mit gleichem Recht als die Befreiung von dieser Herrschaft der Vielen gefaßt werden, was Sankt Sancho aber nicht durfte, weil sonst sowohl seine logischen Konstruktionen des Kommunismus wie auch die ganze Konstruktion der „Freien" umgeworfen worden wären. So geht's aber im ganzen „Buche". Ein einziger Schluß aus den eignen Prämissen unsres Heiligen, ein einziges historisches Faktum wirft ganze Reihen von Durchschauungen und Resultaten zu Boden.

Vierte geschichtliche Konstruktion. p. 350 leitet Sankt Sancho den Kommunismus direkt aus der Abschaffung der Leibeigenschaft her.

I. *Vordersatz:*

„Es war außerordentlich viel damit gewonnen, als man es durchsetzte, als Inhaber *betrachtet*" (!) „zu werden. Die Leibeigenschaft wurde damit aufgehoben und jeder, der bis dahin selbst *Eigentum* gewesen, ward nun ein *Herr.*"

(In dem mode simple des Unsinns heißt dies wieder: Die Leibeigenschaft wurde aufgehoben, sobald sie aufgehoben ward.) Der mode composé dieses Unsinns ist, daß Sankt Sancho glaubt, vermittelst der heiligen Kontemplation, des „Betrachtens" und „Betrachtetwerdens" sei man zum „Inhaber" geworden, während die Schwierigkeit darin bestand, „Inhaber" zu werden und die Betrachtung sich dann nachher von selbst hinzusetzte; und der mode bicomposé ist, daß, nachdem die anfangs noch partikuläre Aufhebung der Leibeigenschaft angefangen hatte, ihre Konsequenzen zu entwickeln, und dadurch allgemein geworden war, man aufhörte, „durchsetzen" [z]u können, als [des] Innehabens *wert* „betrachtet" zu werden (dem Inhaber wurden die Innegehabten zu kostspielig); daß also die größte Masse, „die bisher selbst Eigentum", d. h. gezwungene Arbeiter „gewesen waren", dadurch keine „Herren", sondern freie Arbeiter wurden.

II. *Historischer Untersatz,* der zirka acht Jahrhunderte umfaßt und dem man „freilich nicht ansehen wird, wie inhaltsschwer" er ist (vgl. Wigand, p. 194).

„Allein *forthin* reicht Dein Haben und Deine Habe *nicht mehr* aus und wird *nicht mehr* anerkannt; *dagegen* steigt Dein Arbeiten und Deine Arbeit im Werte. Wir achten *nun* Deine *Bewältigung* der Dinge wie *vorher*" (?). „Dein Innehaben derselben. Deine Arbeit ist Dein Vermögen. Du bist nun Herr oder Inhaber des Erarbeiteten, nicht des Ererbten." (ibid.)

„Forthin" — „nicht mehr" — „dagegen" — „nun" — „wie vorher" — „nun" — „oder" — „nicht" — das ist der Inhalt dieses Satzes.

Obgleich „Stirner" „nun" dahin gekommen ist, daß Du (nämlich Szeliga) Herr des Erarbeiteten, nicht des Ererbten, bist, so fällt ihm „nun" vielmehr ein, daß derzeit gerade das Gegenteil stattfindet — und dies läßt ihn den Kommunismus als Wechselbalg aus diesen beiden Mißgeburten von Vordersätzen gebären.

223

III. *Kommunistischer Schluß*.

„Da *a b e r* DERZEIT Alles ein Ererbtes ist und jeder Groschen, den Du besitzest, nicht ein Arbeits-, sondern Erbgepräge trägt" (kulminierender Unsinn), „SO muß Alles umgeschmolzen werden."

Woraus Szeliga nun sowohl beim Auf- und Untergang der mittelaltrigen Kommunen wie beim Kommunismus des neunzehnten Jahrhunderts angelangt zu sein sich einbilden kann. Und womit Sankt Max trotz alles „Ererbten" und „Erarbeiteten" zu keiner „Bewältigung der Dinge", sondern höchstens zur „Habe" des Unsinns gekommen ist.

Liebhaber von Konstruktionen können nun noch p. 421 nachsehen, wie Sankt Max, nachdem er den Kommunismus aus der Leibeigenschaft konstruiert hat, ihn nun noch als Leibeigenschaft *unter* einem Lehnsherrn, der Gesellschaft, konstruiert — nach demselben Muster, wie er schon oben das Mittel, wodurch wir etwas erwerben, zu dem „Heiligen" macht, durch dessen „Gnade" uns etwas gegeben wird. Jetzt nur noch schließlich einige „Durchschauungen" des Kommunismus, die sich aus den obigen Prämissen ergeben.

Zuerst gibt „Stirner" eine neue *Theorie der Exploitation*, die darin besteht, daß

„der Arbeiter in einer Stecknadelfabrik nur ein einzelnes Stück arbeitet, nur einem Andern in die Hand arbeitet, und von diesem Andern benutzt, exploitiert wird". p. 158.

Hier entdeckt also „Stirner", daß die Arbeiter einer Fabrik sich wechselseitig exploitieren, weil sie einander „in die Hand arbeiten", während der Fabrikant, dessen Hände gar nicht arbeiten, auch nicht imstande ist, die Arbeiter zu exploitieren. „Stirner" gibt hier ein schlagendes Exempel von der betrübten Lage, in die die deutschen Theoretiker durch den Kommunismus versetzt worden sind. Sie müssen sich jetzt auch mit profanen Dingen wie Stecknadelfabriken usw. beschäftigen, bei denen sie sich wie wahre Barbaren, wie Ojibbeway-Indianer und Neuseeländer benehmen.

„Dagegen heißt es nun" im Stirnerschen Kommunismus, l. c.:

„Jede Arbeit soll den Zweck haben, daß *der* ‚Mensch' befriedigt werde. Deshalb muß er" („der" Mensch) „auch in ihr *Meister* werden, d. h. sie als eine Totalität schaffen *k ö n n e n*."

„*Der* Mensch" muß Meister werden! — „*Der* Mensch" bleibt Stecknadelknopfmacher, hat aber das beruhigende Bewußtsein, daß

224

Nadelknöpfe zur Nadel gehören und daß er die ganze Nadel machen *kann*. Die Ermüdung und der Ekel, den die ewige Wiederholung des Nadelknopfmachens hervorbringt, verwandelt sich durch dies Bewußtsein in „Befriedigung *des* Menschen". [O, P]roudhon!
Weitere Durchschauung.

„Da die Kommunisten erst die *freie Tätigkeit* für das Wesen" (iterum Crispinus)[1] „des Menschen erklären, bedürfen sie, wie alle *werkeltägige Gesinnung*, eines *Sonntags*, einer Erhebung und Erbauung neben ihrer *geistlosen Arbeit*."

Abgesehen von dem hier eingeschobenen „Wesen des Menschen" muß der unglückliche Sancho die „freie Tätigkeit", d. h. bei den Kommunisten die aus der freien Entwicklung aller Fähigkeiten hervorgehende, schöpferische Lebensäußerung, um „Stirner" verständlich zu sein, des „ganzen Kerls", in „geistlose Arbeit" verwandeln, weil nämlich der Berliner merkt, daß es sich hier nicht um die „saure Arbeit des Gedankens" handelt. Durch diese einfache Verwandlung können nun auch die Kommunisten in die „werkeltägige Gesinnung" umgesetzt werden. Mit dem Werkeltage des Bürgers findet sich dann natürlich auch sein Sonntag im Kommunismus wieder.

p. 161. „Die sonntägliche Seite des Kommunismus ist, daß der Kommunist in Dir den Menschen, den Bruder erblickt."

Der Kommunist erscheint hier also als „Mensch" und als „Arbeiter". Dies nennt Sankt Sancho l. c.: „eine zwiefache *Anstellung* des Menschen durch den Kommunisten, ein Amt des materiellen Erwerbs und eins des geistigen".

Hier bringt er also sogar den „Erwerb" und die Bürokratie wieder in den Kommunismus herein, der dadurch freilich „sein letztes Absehen erreicht" und aufhört, Kommunismus zu sein. Er muß dies übrigens tun, weil nachher in seinem „Verein" Jeder ebenfalls „eine zwiefache Anstellung" als Mensch und als „Einziger" erhält. Diesen Dualismus legitimiert er vorläufig dadurch, daß er ihn dem Kommunismus in die Schuhe schiebt, eine Methode, die wir bei seinem Lehnswesen und seiner Verwertung wiederfinden werden.

p. 344 glaubt „Stirner", die „Kommunisten" wollten „die Eigentumsfrage gütlich lösen", und p. 413 sollen sie gar an die Aufopferung der Menschen [und an] die selbstverleugnende Gesinnung der

[1] (wiederum Crispinus).

Kapitalisten appellieren! Die wenigen seit Babeufs Zeit aufgetretenen kommunistischen *Bourgeois*, die nicht revolutionär waren, sind sehr dünne gesät; die große Masse der Kommunisten ist in allen Ländern revolutionär. Was die Ansicht der Kommunisten über die „selbstverleugnende Gesinnung der Reichen" und die „Aufopferung der Menschen" ist, mag Sankt Max aus ein paar Stellen Cabets, gerade des Kommunisten ersehen, der noch am meisten den Schein haben kann, als appelliere er an das dévoûment, die Aufopferung. Diese Stellen sind gegen die Republikaner und namentlich gegen Herrn Buchez' Angriff auf den Kommunismus gerichtet, der in Paris noch eine sehr kleine Zahl Arbeiter unter seinem Kommando hat:

„Ebenso mit der Aufopferung (dévoûment); es ist dies die Doktrin des Herrn Buchez, diesmal ihrer katholischen Form entkleidet, weil Herr Buchez ohne Zweifel fürchtet, daß seine Katholizität die Masse der Arbeiter anwidert und zurückstößt. ‚Um würdig seine *Pflicht* (devoir) zu erfüllen (sagt Buchez), bedarf es der *Aufopferung* (dévoûment).' — Begreife, wer kann, welcher Unterschied zwischen devoir und dévoûment. — ‚Wir fordern Aufopferung von Allen, sowohl für die große nationale Einheit als für die Arbeiterassoziation ... es ist notwendig, daß wir vereint seien, immer hingegeben (dévoués), die Einen für die Andern.' — Es ist notwendig, es ist notwendig — das ist leicht zu sagen, und man sagt es seit sehr langer Zeit, und man wird es noch sehr lange Zeit ohne mehr Erfolg sagen, wenn man nicht auf andere Mittel sinnt! Buchez beklagt sich über die Selbstsucht der Reichen; aber wozu dienen solche Klagen? Buchez erklärt alle die für Feinde, welche sich nicht devouieren[1] wollen."

„‚Wenn', sagt er, ‚durch den Egoismus getrieben, sich ein Mensch weigert, für die Andern sich hinzugeben, was muß man tun?... Wir werden keinen Augenblick anstehen zu antworten: *Die Gesellschaft* hat immer das *Recht*, uns Das zu nehmen, was die eigne Pflicht uns gebietet, ihr aufzuopfern ... Die Aufopferung ist das [e]inzige Mittel, seine Pflicht zu erfüllen. [Je]der von uns muß sich aufopfern, [ü]berall und immer. Der, welcher aus Egoismus seine Pflicht der [Hi]ngebung zu erfüllen sich weigert, muß hierzu *gezwungen* werden.' — So schreit Buchez allen Menschen zu: Opfert Euch, opfert Euch! Denkt nur daran, Euch zu opfern! Heißt das nicht die menschliche Natur verkennen und mit Füßen treten? Ist das nicht eine falsche Anschauung? Wir möchten fast sagen, eine *kindische*, eine *abgeschmackte* Anschauung?" („Réfutation des doctrines de l'Atelier", par Cabet, p. 19, 20.) — Cabet zeigt nun p. 22 dem Republikaner Buchez nach, daß er notwendig auf eine „Aristokratie der Aufopferung" mit verschiedenen Stufen kommt, und fragt dann ironisch: „Was wird nun aus dem dévoûment[2]? Wo bleibt das dévoûment, wenn man

[1] aufopfern.
[2] Aufopferung, Hingebung.

nur deswegen sich devouiert, um zu den höchsten Spitzen der *Hierarchie* zu gelangen? ... Ein solches System könnte aufkommen in dem Kopfe von Einem, der es zum Papst oder Kardinal bringen wollte — aber in den Köpfen von Arbeitern!!!" — „Herr Buchez will nicht, daß die Arbeit eine *angenehme Zerstreuung* werde, noch daß der Mensch für sein eignes Wohlsein arbeite und sich neue Genüsse schaffe. Er behauptet... ‚daß der Mensch nur auf die Erde gesetzt worden ist, um einen *Beruf*, eine *Pflicht* (une fonction, un devoir) zu erfüllen'. ‚Nein', predigt er den Kommunisten, ‚der Mensch, diese große Macht, ist nicht für sich selbst erschaffen (n'a point été fait pour lui-même)... Das ist ein roher Gedanke. Der Mensch ist ein Werkmann (ouvrier) in der Welt, er muß das Werk (œvre) vollbringen, welches die Moral seiner Tätigkeit auferlegt, das ist seine Pflicht... Verlieren wir niemals aus dem Gesicht, daß wir einen *hohen Beruf* (une haute fonction) zu erfüllen haben, einen Beruf, der mit dem ersten Tage des Menschen begonnen hat und nur mit der Menschheit zugleich [endig]en wird.' — Aber wer hat dem [Herrn] Buchez alle diese schönen Sachen enthüllt? (Mais qui a révélé toutes ces belles choses à M. Buchez lui-même", wo Stirner übersetzen würde: Woher nur Buchez alles das weiß, was der Mensch soll?) — „Du reste, comprenne qui pourra.[1] — Buchez fährt fort: ‚Wie! Der Mensch hätte Tausende von Jahrhunderten warten müssen, um von Euch Kommunisten zu lernen, daß er für sich selbst gemacht ist und keinen andren Zweck hat als in allen möglichen Genüssen zu leben?... Aber man darf sich so nicht verirren. Man darf nicht vergessen, daß *wir geschaffen sind, um zu arbeiten* (faits pour travailler), um *immer* zu arbeiten, und daß die einzige Sache, die wir fordern können, das *zum Leben Nötige* (la suffisante vie) ist, d. h. ein Wohlsein, welches dazu hinreicht, daß wir angemessen unsern Beruf erfüllen können. Außerhalb dieses Kreises ist alles *absurd* und *gefährlich*.' — Aber so beweisen Sie doch! Beweisen Sie! Und begnügen Sie sich nicht damit, wie ein Prophet zu orakeln! Gleich von vornherein sprechen Sie von *Tausenden von Jahrhunderten*! Und dann, wer behauptet, daß man uns in *allen* Jahrhunderten erwartet hat? Aber Euch hat man wohl erwartet mit allen Euren Theorien von dévoûment, devoir, nationalité française, association ouvrière[2]? — ‚Schließlich', sagt Buchez, ‚bitten wir Euch, nicht von dem, was wir gesagt haben, Euch verletzt zu fühlen.' — Wir sind ebenso höfliche Franzosen, wir bitten Euch ebenfalls, nicht verletzt zu sein." (p. 31.) — „‚*Glaubt uns*', sagt Buchez, ‚es existiert eine communauté[3], die seit langer Zeit errichtet ist und wovon Ihr auch Mitglieder seid.' — Glaubt uns, Buchez", schließt Cabet, „werdet Kommunist!"

„Aufopferung", „Pflicht", „Sozialpflicht", „Recht der Gesellschaft", „der Beruf, die Bestimmung des Menschen", „Arbeiter der Beruf des Menschen", „moralisches Werk", „Arbeiterassoziation", „Schaffen des zum Leben Unentbehrlichen" — sind das nicht die-

---

[1] Im übrigen begreife das, wer kann.
[2] Aufopferung, Pflicht, französischer Nationalität, Arbeiterassoziation.
[3] Gemeinschaft.

selben Dinge, die Sankt Sancho den Kommunisten vorwirft, deren *Mangel* Herr Buchez den Kommunisten vorwirft und dessen feierliche Vorwürfe Cabet verhöhnt? Ist nicht selbst Stirners „Hierarchie" hier [sch]on vorhanden?

Schließlich gibt Sankt Sancho dem Kommunismus p. 169 den Gnadenstoß, indem er folgenden Satz ausstößt:

„Indem die Sozialisten auch das *Eigentum* wegnehmen" (!), „beachten sie nicht, daß dies sich in der Eigenheit eine Fortdauer sichert. Ist denn bloß Geld und Gut ein Eigentum, oder ist jede Meinung ein Mein, ein Eigenes? Es muß *also* jede Meinung aufgehoben oder unpersönlich gemacht werden."

Oder ist Sankt Sanchos Meinung, insofern sie nicht auch zur Meinung Anderer wird, ein Kommando über irgend etwas, selbst über die fremde Meinung? Indem Sankt Max hier das Kapital seiner Meinung gegen den Kommunismus geltend macht, tut er wieder Nichts Andres, als daß er die ältesten und trivialsten Bourgeoiseinwürfe gegen ihn vorbringt, und glaubt etwas Neues gesagt zu haben, weil ihm, dem jebildeten Berliner, diese Abgedroschenheiten neu sind. Unter und nach vielen Andern hat Destutt de Tracy vor ungefähr dreißig Jahren und später in dem hier zitierten Buche dasselbe viel besser gesagt. Z. B.:

„Man hat förmlich den Prozeß des Eigentums instruiert und Gründe für und wider vorgebracht, als wenn es von uns abhinge zu beschließen, daß es Eigentum gebe oder nicht gebe in dieser Welt; aber das heißt durchaus unsre Natur verkennen." („Traité de la volonté", Paris, 1826, p. 18.)

Und nun gibt sich Herr Destutt de Tracy daran zu beweisen, daß propriété, individualité und personalité[1] identisch sind, daß in dem moi[2] auch das mien[3] liege, und er findet darin eine Naturgrundlage für das Privateigentum, daß

„die Natur den Menschen mit einem unvermeidlichen und unveräußerlichen Eigentum begabt hat, dem seines Individuums". (p. 17.) — Das Individuum „sieht klar, daß dieses *Ich* exklusiver Eigentümer des Körpers ist, den es beseelt, der Organe, die es bewegt, aller ihrer Fähigkeiten, aller ihrer Kräfte, aller Wirkungen, die sie produzieren, aller ihrer Leidenschaften und Handlungen; denn Alles dies endet und beginnt mit diesem Ich, existiert nur durch es, ist nur bewegt durch seine Aktion; und keine andre Person kann diese selben Instrumente anwenden, noch in derselben Weise von ihnen affiziert sein." (p. 16.) — „Das Eigentum existiert, wenn nicht gerade überall, wo ein empfin-

---

[1] Eigentum, Individuum und Persönlichkeit.
[2] Ich.
[3] Mein.

228

dendes Individuum existiert, mindestens überall, wo ein wollendes Individuum existiert." (p. 19.)

Nachdem er so Privateigentum und Persönlichkeit identifiziert hat, gibt sich nun wie bei „Stirner" vermittelst des Wortspiels mit Mein und Meinung, *Eigentum* und *Eigenheit* bei Destutt de Tracy aus *propriété*[1] und *propre*[2] folgender Schluß:

„Es ist also durchaus unnütz, darüber zu streiten, ob es nicht besser sei, daß Jedem von uns Nichts eigen wäre (de discuter s'il ne vaudrait pas mieux que rien ne fût *propre* à chacun de nous) — — in allen Fällen heißt das fragen, ob es nicht wünschenswert sei, daß wir ganz andre wären als wir sind, und selbst untersuchen, ob es nicht besser wäre, daß wir gar nicht seien." (p. 22.)

„Das sind höchst populäre", bereits traditionell gewordene Einwürfe gegen den Kommunismus, „und es ist" ebendeswegen nicht „zu verwundern, daß Stirner" sie wiederholt.

Wenn der bornierte Bourgeois zu den Kommunisten sagt: Indem Ihr das Eigentum, d. h. meine Existenz als Kapitalist, als Grundbesitzer, als Fabrikant, und Eure Existenz als Arbeiter aufhebt, hebt Ihr meine und Eure Individualität auf; indem Ihr es mir unmöglich macht, Euch Arbeiter zu exploitieren, meine Profite, Zinsen oder Renten einzustreichen, macht Ihr es mir unmöglich, als Individuum zu existieren. — Wenn also der Bourgeois den Kommunisten erklärt: Indem Ihr meine Existenz *als Bourgeois* aufhebt, hebt Ihr meine Existenz *als Individuum* auf, wenn er so sich als Bourgeois mit sich als Individuum identifiziert, so ist daran wenigstens die Offenherzigkeit und Unverschämtheit anzuerkennen. Für den Bourgeois ist dies wirklich der Fall; er glaubt nur insofern Individuum zu sein, als er Bourgeois ist.

Sobald aber die Theoretiker der Bourgeoisie hereinkommen und dieser Behauptung einen allgemeinen Ausdruck geben, das Eigentum des Bourgeois mit der Individualität auch theoretisch identifizieren und diese Identifizierung logisch rechtfertigen wollen, fängt der Unsinn erst an, feierlich und heilig zu werden.

„Stirner" widerlegte oben die kommunistische Aufhebung des Privateigentums dadurch, daß er das Privateigentum in das „Haben" verwandelte und dann das Zeitwort „Haben" für ein unentbehrliches Wort, für eine ewige Wahrheit erklärte, weil es auch in

---

[1] *Eigentum.*
[2] *eigen.*

der kommunistischen Gesellschaft vorkommen könne, daß er Leibschmerzen „habe". Geradeso begründet er hier die Unabschaffbarkeit des Privateigentums darauf, daß er es in den Begriff des Eigentums verwandelt, den etymologischen Zusammenhang zwischen „Eigentum" und „eigen" exploitiert und das Wort „eigen" für eine ewige Wahrheit erklärt, weil es doch auch unter dem kommunistischen Regime vorkommen kann, daß ihm Leibschmerzen „eigen" sind. Dieser ganze theoretische Unsinn, der sein Asyl in der Etymologie sucht, wäre unmöglich, wenn nicht das wirkliche Privateigentum, das die Kommunisten aufheben wollen, in den abstrakten Begriff „das Eigentum" verwandelt würde. Hiermit erspart man sich einerseits die Mühe, über das wirkliche Privateigentum etwas zu sagen oder auch nur zu wissen, und kann andrerseits leicht dahin kommen, im Kommunismus einen Widerspruch zu entdecken, indem man in ihm, *nach* der Aufhebung des (*wirklichen*) Eigentums, allerdings leicht noch allerlei Dinge entdecken kann, die sich unter „das Eigentum" subsumieren lassen. In der Wirklichkeit verhält sich die Sache freilich gerade umgekehrt. In der Wirklichkeit habe ich nur insoweit Privateigentum, als ich Verschacherbares habe, während meine Eigenheit durchaus unverschacherbar sein kann. An meinem Rock habe ich nur so lange Privateigentum, als ich ihn wenigstens verschachern, versetzen oder verkaufen kann, [als er verschach]erbar ist. Verliert er diese Eigenschaft, wird er zerlumpt, so kann er für mich noch allerlei Eigenschaften haben, die ihn *mir* wertvoll machen, er kann sogar zu meiner Eigenschaft werden und mich zu einem zerlumpten Individuum machen. Aber es wird keinem Ökonomen einfallen, ihn als mein Privateigentum zu rangieren, da er mir über kein auch noch so geringes Quantum fremder Arbeit noch ein Kommando gibt. Der Jurist, der Ideologe des Privateigentums, kann vielleicht noch so etwas faseln. Das Privateigentum entfremdet nicht nur die Individualität der Menschen, sondern auch die der Dinge. Der Grund und Boden hat Nichts mit der Grundrente, die Maschine Nichts mit dem Profit zu tun. Für den Grundbesitzer hat der Grund und Boden nur die Bedeutung der Grundrente, er verpachtet seine Grundstücke und zieht die Rente ein; eine Eigenschaft, die der Boden verlieren kann, ohne irgendeine seiner inhärenten Eigenschaften, ohne z. B. einen Teil seiner Fruchtbarkeit zu verlieren, eine Eigenschaft, deren Maß, ja deren

Existenz von gesellschaftlichen Verhältnissen abhängt, die ohne Zutun des einzelnen Grundbesitzers gemacht und aufgehoben werden. Ebenso mit der Maschine. Wie wenig das Geld, die allgemeinste Form des Eigentums, mit der persönlichen Eigentümlichkeit zu tun hat, wie sehr es ihr geradezu entgegengesetzt ist, wußte bereits Shakespeare besser als unser theoretisierender Kleinbürger:

> Soviel hievon macht schwarz weiß, häßlich schön,
> Schlecht gut, alt jung, feig tapfer, niedrig edel,
> Ja dieser rote Sklave — —
> Er macht den Aussatz lieblich — —
> — — dieser führt
> Der überjähr'gen Witwe Freier zu;
> Die, von Spital und Wunden giftig eiternd,
> Mit Ekel fortgeschickt, verjüngt balsamisch
> Zu Maienjugend dies — —
> — — sichtbare Gottheit,
> Die du Unmöglichkeiten eng verbrüderst,
> Zum Kuß sie zwingst![98]

Mit einem Wort, Grundrente, Profit etc., die wirklichen Daseinsweisen des Privateigentums, sind *gesellschaftliche*, einer bestimmten Produktionsstufe entsprechende *Verhältnisse* und *„individuelle"* nur so lange, als sie noch nicht zur Fessel der vorhandenen Produktivkräfte geworden sind.

Nach Destutt de Tracy muß die Majorität der Menschen, die Proletarier, längst alle Individualität verloren haben, obgleich es heutzutage so aussieht, als entwickle sich unter ihnen noch gerade am meisten Individualität. Der Bourgeois hat es um so leichter, aus seiner Sprache die Identität merkantilischer und individueller oder auch allgemein menschlicher Beziehungen zu beweisen, als diese Sprache selbst ein Produkt der Bourgeoisie ist und daher wie in der Wirklichkeit, so in der Sprache die Verhältnisse des Schachers zur Grundlage aller andern gemacht worden sind. Z. B. propriété Eigentum und Eigenschaft, property Eigentum und Eigentümlichkeit, „eigen" im merkantilischen Sinn und im individuellen Sinn, valeur, value, Wert — commerce, Verkehr — échange, exchange, Austausch usw., die sowohl für kommerzielle Verhältnisse wie für Eigenschaften und Beziehungen von Individuen als solchen gebraucht werden. In den übrigen modernen Sprachen ist dies ganz ebenso der Fall. Wenn Sankt Max sich ernstlich darauf legt, diese Zweideutigkeit zu exploitieren, so kann er es leicht dahin bringen, eine glänzende Reihe neuer ökonomischer Entdeckungen zu machen, ohne ein Wort von der Ökonomie zu wissen; wie denn auch seine später zu registrierenden neuen ökonomischen Fakta sich ganz innerhalb dieses Kreises der Synonymik halten.

Der gutmütige und leichtgläubige Jacques nimmt den Wortwitz des Bourgeois mit Eigentum und Eigenschaft so genau, in so heiligem Ernst, daß er sich sogar bestrebt, sich als Privateigentümer zu seinen eignen Eigenschaften zu verhalten, wie wir später sehen werden.

p. 421 endlich belehrt „Stirner" den Kommunismus darüber, daß „man" (nämlich der Kommunismus)

„*in Wahrheit* nicht das Eigentum angreift, sondern die Entfremdung des Eigentums".

Sankt Max wiederholt uns in dieser neuen Offenbarung nur einen alten Witz, den z. B. bereits die Saint-Simonisten vielfach ausgebeutet haben. Vgl. z. B. „Leçons sur l'industrie et les finances", Paris 1832[99], wo es u. a. heißt:

„Das Eigentum wird nicht abgeschafft, sondern seine Form wird verwandelt, — — es wird erst zur *wahren Personifikation* werden, — — es wird erst seinen wirklichen individuellen Charakter erhalten." (p. 42, 43.)

Da diese von den Franzosen aufgebrachte und namentlich von Pierre Leroux outrierte Phrase von den deutschen spekulativen Sozialisten mit vielem Wohlgefallen aufgenommen worden und weiter ausspekuliert ist und zuletzt zu reaktionären Umtrieben und praktischen Beutelschneidereien Anlaß gegeben hat, so werden wir sie hier, wo sie nichtssagend ist, auch nicht behandeln, sondern weiter unten, bei Gelegenheit des wahren Sozialismus.

Sankt Sancho gefällt sich darin, [nach dem] Vorbilde des von Reichardt [exploitierten] Wönigers die Proletarier [und damit] auch die Kommunisten zu „*Lum*[*pen*" zu] machen. Er definiert seinen „Lumpen" p. 362 dahin, daß er „ein Mensch von nur idealem Reichtum" ist. Wenn die Stirnerschen „Lumpen" einmal, wie im fünfzehnten Jahrhundert die Pariser Bettler, ein Lumpenkönigreich stiften, so wird Sankt Sancho Lumpenkönig, da er der „vollendete" Lump, ein Mensch von nicht einmal idealem Reichtum ist und daher auch von den Zinsen des Kapitals seiner Meinung zehrt.

232

C) Der humane Liberalismus

Nachdem Sankt Max den Liberalismus und Kommunismus als unvollendete Existenzweisen des philosophischen „Menschen" und damit der neueren deutschen Philosophie überhaupt sich zurechtgemacht hat (wozu er insoweit berechtigt war, als nicht nur der Liberalismus, sondern auch der Kommunismus in Deutschland eine kleinbürgerliche und zugleich überschwenglich-ideologische Gestalt erhalten hat), ist es ihm nunmehr leicht, die neuesten Formen der deutschen Philosophie, den von ihm so genannten „humanen Liberalismus" als vollendeten Liberalismus und Kommunismus und zugleich als Kritik dieser beiden darzustellen.

Durch diese heilige Konstruktion ergeben sich nun folgende drei ergötzliche Wandlungen — (vgl. auch die Ökonomie des Alten Bundes):

1. Der Einzelne *ist* nicht der Mensch, darum gilt er nichts — kein persönlicher Wille, Ordonnanz — „dessen Namen wird man nennen": „Herrenlos" — politischer Liberalismus, den wir schon oben behandelt haben.

2. Der Einzelne *hat* nichts Menschliches, darum gilt kein Mein und Dein oder Eigentum: „besitzlos" — Kommunismus, den wir ebenfalls schon behandelt haben.

3. Der Einzelne soll in der Kritik *dem* jetzt erst gefundenen Menschen Platz machen: „gottlos" = Identität von „Herrenlos" und „besitzlos" — humaner Liberalismus. p. 180, 181. — In der näheren Ausführung dieser letzteren negativen Einheit faßt sich die unerschütterliche Rechtgläubigkeit Jacques' zu folgender Spitze zusammen: p. 189:

„Der Egoismus des Eigentums hat sein Letztes eingebüßt, wenn auch das ‚Mein Gott' sinnlos geworden ist, *denn*" (allergrößtes Denn!) „Gott ist nur, wenn ihm das Heil des Einzelnen am Herzen liegt, wie dieser in ihm sein Heil sucht."

Hiernach hätte der französische Bourgeois erst dann sein „letztes" „Eigentum eingebüßt", wenn das Wort adieu aus der Sprache verbannt [wäre]. Ganz im Einklang mit der bis[herigen] Konstruktion wird hier das Eigentum an Gott, das heilige Eigentum im Himmel, das Eigentum der Phantasie, die Phantasie des Eigentums für das höchste Eigentum und den letzten Notanker des Eigentums erklärt.

Aus diesen drei Illusionen über Liberalismus, Kommunismus und deutsche Philosophie braut er sich nun seinen neuen — diesmal, dem „Heiligen" sei Dank, den letzten — Übergang zum „*Ich*". Ehe wir ihm dahin folgen, wollen wir noch einen Blick auf seinen letzten „sauren Lebenskampf" mit dem „humanen Liberalismus" werfen.

Nachdem unser Biedermann Sancho in seiner neuen Rolle als caballero andante[1], und zwar als caballero de la tristisima figura[2] die ganze Geschichte durchzogen, überall die Geister und Gespenster, die „Drachen und Straußen, Feldteufel und Kobolde, Marder und Geier, Rohrdommeln und Igel" (vgl. Jes[aia] 34, 11—14) bekämpft und „umgeblasen" hat, wie wohl muß ihm jetzt werden, wenn er nun endlich aus allen diesen verschiedenen Ländern auf seine Insel Barataria[100], in „das Land" als solches kommt, wo „*der Mensch*" in puris naturalibus[3] herumläuft! Rufen wir uns noch einmal seinen Großen Satz, das ihm aufgebundene Dogma ins Gedächtnis, worauf seine ganze Geschichtskonstruktion beruht: daß

„die Wahrheiten, die sich aus dem Begriffe *des Menschen* ergeben, als Offenbarungen eben dieses Begriffes verehrt und — heilig gehalten werden"; den „Offenbarungen dieses heiligen Begriffs" werde selbst „durch Abschaffung mancher durch diesen Begriff manifestierten Wahrheiten nicht ihre Heiligkeit genommen". (p. 51.)

Wir brauchen kaum zu wiederholen, was wir dem heiligen Schriftsteller an allen seinen Beispielen nachgewiesen haben, daß man hinterher als Offenbarung des Begriffs „Mensch" konstruiert, darstellt, sich vorstellt, befestigt und rechtfertigt, was empirische, von den wirklichen Menschen in ihrem wirklichen Verkehr, keineswegs vom heiligen Begriff des Men[schen] geschaffene Verhältnisse sind. [Man] rufe sich auch seine Hierarchie [in das] Gedächtnis. Nun zum humanen [Liber]alismus.

[p. 4]4, wo Sankt Max „in Kürze" [„die theo]logische Ansicht Feuerbachs und Unsere [einander] gegenüberstellt", wird Feuerbach zunächst Nichts entgegengestellt als eine Redensart. Wie wir schon bei der Geisterfabrikation sahen, wo „Stirner" seinen Magen

---

[1] fahrender Ritter.
[2] Ritter von der traurigsten Gestalt.
[3] im reinen Naturzustande.

234

unter die Sterne versetzt (dritter Dioskur[101], Schutzpatron gegen die Seekrankheit), weil er und sein Magen „verschiedene Namen für völlig Verschiedenes" sind (p. 42) — so erscheint das Wesen hier zunächst auch als existierendes Ding, und „so heißt es nun" p. 44:

„Das höchste Wesen *ist* allerdings das Wesen des Menschen, aber eben weil es sein *Wesen* und nicht er selbst ist, so bleibt es sich *ganz gleich*, ob wir es außer ihm sehen und als ‚Gott' anschauen oder in ihm finden und ‚Wesen des Menschen' oder ‚der Mensch' nennen. *Ich* bin weder Gott noch *der* Mensch, weder das höchste Wesen noch Mein Wesen, und darum ist's in der Hauptsache einerlei, ob Ich das Wesen in Mir oder außer Mir *denke.*"

Das „Wesen des Menschen" ist also hier als ein existierendes Ding vorausgesetzt, es *ist* „das höchste Wesen", es *ist* nicht „Ich", und Sankt Max, statt über „das Wesen" etwas zu sagen, beschränkt sich auf die einfache Erklärung, daß es jleichjültig ist, „ob Ich es in Mir oder außer Mir", ob ich es in dieser oder jener Lokalität „*denke*". Daß diese Gleichgültigkeit gegen das Wesen durchaus keine bloße Nachlässigkeit des Stils ist, geht schon daraus hervor, daß er selbst die Unterscheidung zwischen wesentlich und unwesentlich macht, daß bei ihm selbst sogar „das *edle Wesen des* Egoismus" p. 71 figurieren kann. Was übrigens bisher von deutschen Theoretikern über Wesen und Unwesen gesagt worden ist, findet sich Alles schon viel besser bei Hegel in der „Logik".

Wir fanden die grenzenlose Rechtgläubigkeit „Stirners" an die Illusionen der deutschen Philosophie darin konzentriert, daß er fortwährend der Geschichte als einzig handelnde Person „den Menschen" unterschiebt und glaubt, „der Mensch" habe die Geschichte gemacht. Wir werden dies jetzt auch wieder bei Feuerbach finden, dessen Illusionen er getreulichst akzeptiert, um darauf weiter fortzubauen.

p. 77. „Überhaupt bewirkt Feuerbach *nur eine Umstellung von Subjekt und Prädikat, eine Bevorzugung des Letzteren.* Da er aber selbst sagt: ‚Die Liebe ist nicht dadurch heilig (und hat den Menschen niemals dadurch für heilig gegolten), daß sie ein Prädikat Gottes, sondern sie ist ein Prädikat Gottes, weil sie durch und für sich selbst göttlich ist', so konnte er finden, daß der Kampf gegen die Prädikate selbst eröffnet werden mußte, gegen die Liebe und alle Heiligkeiten. Wie durfte er hoffen, die Menschen von *Gott* abzuwenden, wenn er ihnen das *Göttliche* ließ? Und ist ihnen, wie Feuerbach sagt, Gott selbst nie die Hauptsache gewesen, sondern nur seine Prädikate, so konnte er ihnen immerhin den Flitter noch länger lassen, da ja die Puppe doch blieb, der eigentliche Kern."

Weil Feuerbach also „*selbst*" das sagt, so ist das Grund genug für Jacques le bonhomme, ihm zu *g l a u b e n* , daß den Menschen die Liebe gegolten habe, weil sie „durch und für sich selbst göttlich ist". Wenn nun gerade das *U m g e k e h r t e* von dem, was Feuerbach sagt, stattfand — und wir „erkühnen uns, dies zu sagen" (Wigand, p. 157) —, wenn den Menschen weder Gott noch seine Prädikate jemals die Hauptsache gewesen sind, wenn dies selbst nur die religiöse Illusion der deutschen Theorie ist — so passiert also unsrem Sancho dasselbe, was ihm bereits bei Cervantes passierte, als man ihm vier Pfähle unter seinen Sattel stellte, da er schlief, und seinen Grauen unter ihm wegzog.

Auf diese Aussagen Feuerbachs gestützt, beginnt Sancho den Kampf, der ebenfalls bereits bei Cervantes am neunzehnten vorgezeichnet steht, da der ingenioso hidalgo[1] gegen die Prädikate kämpft, die Vermummten, so den Leichnam der Welt zu Grabe tragen, und die, in ihren Talaren und Leichenmänteln verwickelt, sich nicht regen können und es unsrem Hidalgo leicht machen, sie mit seiner Stange umzurennen und weidlich abzuprügeln. Der letzte Versuch, die nun bis zur Ermüdung durchgepeitschte Kritik der Religion als einer eignen Sphäre weiter auszubeuten, innerhalb der Voraussetzungen der deutschen Theorie stehenzubleiben und doch sich den Schein zu geben, als trete man heraus, aus diesem bis zur letz[ten] Faser abgenagten Knochen noch [eine Ru]mfordsche breite Bettelsuppe [für „das] Buch" zu kochen, bestand darin, die materiellen Verhältnisse nicht in ihrer wirklichen Gestalt, nicht einmal in der profanen Illusion der in der heutigen Welt praktisch Befangenen, sondern in dem himmlischen Extrakt ihrer profanen Gestalt als Prädikate, als Emanationen Gottes, als Engel zu bekämpfen. So war nun das Himmelreich wieder bevölkert und der alten Manier der Exploitation dieses Himmelreichs wieder neues Material in Masse geschaffen. So war der Kampf mit der religiösen Illusion, mit Gott, wieder dem wirklichen Kampf untergeschoben. Sankt Bruno, dessen Broterwerb die Theologie ist, macht in seinen „sauren Lebenskämpfen" gegen die Substanz denselben Versuch pro aris et focis[2], als Theologe aus der Theologie herauszutreten. Seine „Sub-

---

[1] scharfsinnige Edle.

[2] wörtlich: für Altar und Herd; hier: für die eigene Denkweise und die eigene Stellung.

stanz" ist Nichts als die in Einem Namen zusammengefaßten Prädikate Gottes; mit Ausschluß der Persönlichkeit, die er sich vorbehält — der Prädikate Gottes, die wieder nichts sind als die verhimmelten Namen von Vorstellungen der Menschen von ihren bestimmten empirischen Verhältnissen, Vorstellungen, die sie später aus praktischen Gründen heuchlerisch festhalten. Das empirische, materielle Verhalten dieser Menschen kann natürlich mit dem von Hegel ererbten theoretischen Rüstzeug auch nicht einmal verstanden werden. Indem Feuerbach die religiöse Welt als die Illusion der bei ihm selbst nur noch als *Phrase* vorkommenden irdischen Welt aufzeigte, ergab sich von selbst auch für die deutsche Theorie die von ihm nicht beantwortete Frage: Wie kam es, daß die Menschen sich diese Illusionen „in den Kopf setzten"? Diese Frage bahnte selbst für die deutschen Theoretiker den Weg zur materialistischen, *nicht voraussetzungslosen*, sondern die wirklichen materiellen Voraussetzungen als solche empirisch beobachtenden und darum erst *wirklich* kritischen Anschauung der Welt. Dieser Gang war schon angedeutet in den „Deutsch-Französischen Jahrbüchern" in der „Einleitung zur Kritik der Hegelschen Rechtsphilosophie" und „Zur Judenfrage". Da dies damals noch in philosophischer Phraseologie geschah, so gaben die hier traditionell unterlaufenden philosophischen Ausdrücke wie „menschliches Wesen", „Gattung" pp. den deutschen Theoretikern die erwünschte Veranlassung, die wirkliche Entwicklung zu mißverstehen und zu glauben, es handle sich hier wieder nur um eine neue Wendung ihrer abgetragenen theoretischen Röcke — wie denn auch der Dottore Graziano der deutschen Philosophie, der Doktor Arnold Ruge, glaubte, er dürfe hier noch fortwährend mit seinen unbeholfenen Gliedmaßen um sich schlagen und seine pedantisch-burleske Maske zur Schau tragen. Man muß „die Philosophie beiseite liegenlassen" (Wig[and,] p. 187, vgl. Heß, „Die letzten Philosophen", p. 8), man muß aus ihr herausspringen und sich als ein gewöhnlicher Mensch an das Studium der Wirklichkeit geben, wozu auch literarisch ein ungeheures, den Philosophen natürlich unbekanntes Material vorliegt; und wenn man dann einmal wieder Leute wie *Krummacher* oder „*Stirner*" vor sich bekommt, so findet man, daß man sie längst „hinter" und unter sich hat. Philosophie und Studium der wirklichen Welt verhalten sich zueinander wie Onanie und Geschlechtsliebe. Sankt

Sancho, der trotz seiner von uns mit Geduld und von ihm mit Emphase konstatierten Gedankenlosigkeit innerhalb der Welt der reinen Gedanken stehenbleibt, kann natürlich nur durch ein moralisches Postulat, durch das Postulat der „*Gedankenlosigkeit*", sich vor ihr retten (p. 196 des „Buchs"). Er ist der Bürger, der sich durch die banqueroute cochonne[102] vor dem Handel rettet, wodurch er natürlich kein Proletarier, sondern unbemittelter bankerutter Bürger wird. Er wird nicht Weltmann, sondern gedankenloser, bankerutter Philosoph.

Die von Feuerbach überlieferten Prädikate Gottes als wirkliche Mächte über die Menschen, als Hierarchen, sind der der empirischen Welt untergeschobne Wechselbalg, den „Stirner" vorfindet. So sehr beruht seine ganze „Eigenheit" nur auf „Eingegebnem". Wenn „Stirner" (s. auch p. 63) Feuerbach vorwirft, er komme zu Nichts, weil er das Prädikat zum Subjekt mache und umgekehrt, [so] kann er nur noch zu viel weniger kommen, [weil] er diese Feuerbachschen, zu Sub[jekten gemac]hten Prädikate als wirkliche [die Welt behe]rrschende Persönlichkeiten, diese Phrasen über die Verhältnisse als die wirklichen Verhältnisse treulichst akzeptiert, ihnen das Prädikat heilig beilegt, *dies Prädikat in ein Subjekt*, „das Heilige", *verwandelt*, also ganz dasselbe tut, was er Feuerbach zum Vorwurf macht, und nun, nachdem er hierdurch den bestimmten Inhalt, um den es sich handelte, gänzlich losgeworden ist, gegen dies „Heilige", das natürlich immer dasselbe bleibt, seinen Kampf, d. h. seinen „Widerwillen" eröffnet. Bei Feuerbach ist noch das Bewußtsein, was ihm Sankt Max zum Vorwurf macht, „daß es sich bei ihm ‚nur um die Vernichtung einer Illusion handelt'" (p. 77 „des Buchs") — obgleich Feuerbach dem Kampfe gegen diese Illusion noch viel zu große Wichtigkeit beilegt. Bei „Stirner" ist auch dies Bewußtsein „alle jeworden", er glaubt wirklich an die Herrschaft der abstrakten Gedanken der Ideologie in der heutigen Welt, er glaubt, in seinem Kampfe gegen die „Prädikate", die Begriffe, nicht mehr eine Illusion, sondern die wirklichen Herrschermächte der Welt anzugreifen. Daher seine Manier, alles auf den Kopf zu stellen, daher seine enorme Leichtgläubigkeit, mit der er alle scheinheiligen Illusionen, alle heuchlerischen Beteuerungen der Bourgeoisie für bare Münze nimmt. Wie wenig übrigens „die Puppe" „der eigentliche Kern" „des Flitters" und wie lahm dies schöne Gleichnis ist, zeigt sich am besten an „Stirners" eigner „Puppe" — „dem Buch" —, an dem gar kein, weder „eigentlicher" noch un-„eigentlicher" „Kern" vorhanden ist und wo selbst das Wenige, was auf den 491 Seiten vorhanden ist, kaum den Namen „Flitter" verdient. — Sollen wir aber einmal einen „Kern" darin finden, so ist dieser Kern — der *deutsche Kleinbürger*.

Woher übrigens Sankt Maxens Haß gegen die „Prädikate" stammt, darüber gibt er selbst im apologetischen Kommentar einen höchst naiven Aufschluß. Er zitiert folgende Stelle aus dem „Wesen des Christenthums", p. 31: „Ein wahrer Atheist ist nur der, welchem die *Prädikate* des göttlichen Wesens, wie z. B. die Liebe, die Weisheit, die Gerechtigkeit Nichts sind, aber nicht der, welchem nur das *Subjekt* dieser Prädikate Nichts ist" — und ruft dann triumphierend aus: „*Trifft dies nicht bei Stirner ein?*" — „Hier ist Weisheit." Sankt Max fand in obiger Stelle einen Wink, wie man es anfangen müsse, um „*am Allerweitesten*" zu gehen. Er glaubt Feuerbach, daß dies Obige das „Wesen" des „*wahren Atheisten*" sei und läßt sich nun von ihm die „Aufgabe" stellen, der „wahre Atheist" zu werden. Der „Einzige" ist „der *wahre Atheist*".

Noch viel leichtgläubiger als gegen Feuerbach „machiniert" er gegen Sankt Bruno oder „die Kritik". Was er sich alles von „der Kritik" aufbinden läßt, wie er sich unter ihre Polizeiaufsicht stellt, wie sie ihm seine Lebensart, seinen „Beruf" eingibt — wir werden das allgemach sehen. Einstweilen genügt als Probe seines Glaubens an die Kritik, daß er p. 186 „Kritik" und „Masse" als zwei Personen behandelt, die gegeneinander kämpfen und „sich vom Egoismus zu befreien suchen", und p. 187 Beide „für das nimmt, wofür *sie sich — ausgeben*".

Mit dem Kampf gegen den humanen Liberalismus ist der lange Kampf des Alten Bundes, wo der Mensch ein Zuchtmeister auf den Einzigen war, beendigt; die Zeit ist erfüllt und das Evangelium der Gnade und Freude bricht herein über die sündige Menschheit.

Der Kampf um „den Menschen" ist die Erfüllung des Wortes, das da geschrieben steht bei Cervantes am einundzwanzigsten, „welches von dem hohen Abenteuer und reichen Gewinnung des Helmes Mambrins handelt". Unser Sancho, der seinem ehemaligen Herrn und jetzigen Knecht Alles nachmacht, hat „den Schwur getan, den Helm Mambrins" — *den* Menschen — für sich „zu erobern". Nachdem er in seinen verschiedenen „Auszügen" den ersehnten Helm bei den Alten und Neuen, Liberalen und Kommunisten vergebens gesucht hat, „sieht er einen Menschen zu Pferde, der auf seinem Kopfe etwas trägt, welches leuchtet, als wenn es von Gold wäre", und spricht zu Don Quijote-Szeliga: „Wenn Ich mich nicht täusche, so kommt Einer dort zu uns heran, der auf seinem Haupte den Helm Mambrins trägt, wegen dessen Ich den Schwur getan habe, so du weißest." „Nehme sich Eure Herrlichkeit wohl in Acht, was sie sagen und noch mehr, was sie tun", erwiderte der im Laufe der Zeit klug gewordene Don Quijote. „Sage Mir, siehst du nicht jenen Ritter, der zu uns herankommt auf einem graugefleckten Roß, und hat auf seinem Haupte einen goldenen Helm?" — „Was Ich sehe und gewahre", erwidert Don Quijote, „ist nur ein Kerl auf einem grauen Esel wie der Eurige, welcher auf seinem Kopfe etwas trägt, was glänzt." — „Also das ist der Helm des Mambrin", sagt Sancho.

Unterdessen kam der heilige Barbier *Bruno* auf seinem Eselein, der Kritik, ruhig herangetrabt, mit seinem Barbierbecken auf dem Kopfe; Sankt Sancho legt seine Lanze auf ihn ein, Sankt Bruno springt von seinem Esel, läßt das Becken liegen (wie wir ihn denn auch hier im Konzil ohne dies Becken auftreten sahen) und läuft querfeldein, „weil er der Kritiker selber ist". Sankt Sancho nimmt hocherfreut den Mambrinshelm auf, und als Don Quijote bemerkt: er sehe einem Barbierbecken vollkommen ähnlich, antwortet Sancho: „Ohne Zweifel ist dieses famose Stück des verzauberten, ‚spukhaft' gewordenen Helmes in die Hand eines Menschen gefallen, der seinen Wert nicht zu schätzen wußte, die eine Hälfte einschmolz und die andre so zurechtgehämmert, daß sie, wie du sagst, ein Barbierbecken zu sein scheint; er möge übrigens für profane Augen aussehen, wie er wolle, für Mich, der Ich seinen Wert kenne, ist das einerlei."

„Die zweite Herrlichkeit, das zweite Eigentum ist nun erworben!"

Jetzt, nachdem er „den Menschen", seinen Helm, erworben hat, stellt er sich ihm gegenüber, verhält sich zu ihm wie zu seinem „unversöhnlichsten Feind" und erklärt ihm rundheraus (warum, werden wir später sehen), daß Er (Sankt Sancho) nicht „der Mensch", sondern „der Unmensch, das Unmenschliche" sei. Als dieses „Unmenschliche" zieht er nun auf die Sierra Morena, um sich durch Büßungen auf die Herrlichkeit des Neuen Bundes vorzubereiten. Dort zieht er sich „splitternackt" aus (p. 184), um seine Eigenheit zu erlangen und um Das zu übertreffen, was sein Vorläufer bei Cervantes am fünfundzwanzigsten tut: „Und sich mit aller Eile der Hosen entkleidend, blieb er halbnackt im Hemde und machte, ohne sich zu besinnen, zwei Bocksprünge in der Luft, den Kopf nach unten, die Beine nach oben, Dinge enthüllend, die seinen getreuen Schildknappen veranlaßten, Rozinante herumzuwerfen, um sie nicht zu sehen." „Das Unmenschliche" übertrifft sein profanes Vorbild bei weitem. Es „*kehrt entschloßnen Mutes s i c h   s e l b s t den Rücken* und wendet sich dadurch auch von dem beunruhigenden Kritiker ab" und „läßt ihn stehen". „*Das Unmenschliche*" läßt sich dann mit der „stehengelassenen" Kritik in eine Disputation ein, es „verachtet sich selbst", es „denkt sich im Vergleich zu einem Andern", es „befiehlt Gott", es „sucht sein besseres Selbst außer sich", es tut Buße dafür, daß es noch nicht einzig war, es erklärt sich für das Einzige, „das Egoistische und *das Einzige*" — obwohl es dies kaum noch zu erklären brauchte, nachdem es *sich selbst* entschloßnen Muts den Rücken gekehrt hat. Alles dies hat „das Unmenschliche" aus sich selbst vollbracht (siehe *Pfister*, „Geschichte der Teutschen"), und nun reitet Es auf seinem Grauen geläutert und triumphierend in das Reich des Einzigen ein.

    Ende des Alten Testaments.

Neues Testament: „Ich"

1. Ökonomie des Neuen Bundes

Wenn wir im Alten Bunde die „einzige" Logik innerhalb der *Vergangenheit* zum Gegenstande unserer Erbauung hatten, so haben wir nun die *Gegenwart* innerhalb der „einzigen" Logik vor uns. Wir haben den „Einzigen" in seinen mannigfaltigen, antediluvianischen „Brechungen", als Mann, kaukasischen Kaukasier, vollendeten Christen, Wahrheit des humanen Liberalismus, negative Einheit von Realismus und Idealismus ppp. bereits hinlänglich beleuchtet. Mit der historischen Konstruktion des „Ich" fällt das „Ich" selber. Dies „Ich", das Ende einer geschichtlichen Konstruktion, ist kein „leibhaftiges", fleischlich von Mann und Weib erzeugtes Ich, das keiner Konstruktionen bedarf, um zu existieren; es ist ein geistlich von zwei Kategorien, „Idealismus" und „Realismus", erzeugtes „Ich", eine bloße Gedankenexistenz.

Der Neue Bund, der schon mit dem Alten Bunde, seiner Voraussetzung, aufgelöst ist, hat einen buchstäblich ebenso weisen Haushalt wie der Alte, nämlich „unter mancherlei Wandlungen" denselben, wie dies aus der folgenden Tabelle hervorgeht:

I. Die *Eigenheit* = die Alten, Kind, Neger pp. in ihrer *Wahrheit*, nämlich die Herausarbeitung aus der „Welt der Dinge" zur „eignen" Anschauung und Besitzergreifung dieser Welt. Es ergab sich bei den Alten Lossein von der Welt, bei den Neuen Lossein vom Geist, bei den Liberalen Lossein von der Person, bei den Kommunisten Lossein vom Eigentum, bei den Humanen Lossein von Gott, also überhaupt die Kategorie des Losseins (Freiheit) als Ziel. Die negierte Kategorie des *Losseins* ist die *Eigenheit*, die natürlich keinen andern Inhalt als dies Lossein hat. Die Eigenheit ist die philosophisch konstruierte Eigenschaft aller Eigenschaften des Stirnerschen Individui.

II. *Der Eigner* — als solcher ist Stirner hinter die *Unwahrheit* der Welt der Dinge und der Welt des Geistes gekommen, also die *Neuen,* Phase des Christentums innerhalb der logischen Entwicklung — Jüngling, Mongole. — Wie die Neuen in die dreifach bestimmten Freien, so schlägt der Eigner in die drei ferneren Bestimmungen auseinander:

1. *Meine Macht,* dem *politischen Liberalismus* entsprechend, wo die *Wahrheit des Rechts* an den Tag kommt, das Recht als die Macht „des Menschen" in die Macht als das Recht des „Ich" aufgelöst wird. Kampf gegen den *Staat als solchen.*

2. *Mein Verkehr,* dem *Kommunismus* entsprechend, wobei die *Wahrheit der Gesellschaft* an den Tag kommt und die Gesellschaft als der durch „den Menschen" vermittelte Verkehr (in ihren Formen als Gefängnisgesellschaft, Familie, Staat, bürgerliche Gesellschaft pp.) in den Verkehr des „Ich" aufgelöst wird.

3. *Mein Selbstgenuß,* dem kritischen, *humanen Liberalismus* entsprechend, worin die *Wahrheit der Kritik,* das Verzehren, Auflösen und die Wahrheit des absoluten Selbstbewußtseins als Selbstverzehren an den Tag kommt und die Kritik als das Auflösen im Interesse des Menschen in das Auflösen im Interesse des „Ich" sich verwandelt.

Die Eigentümlichkeit der Individuen löste sich, wie wir sahen, in die allgemeine Kategorie der Eigenheit auf, welche die Negation des Losseins, der Freiheit im Allgemeinen war. Die Beschreibung der besondern Eigenschaften des Individuums kann also wieder nur in der Negation dieser „Freiheit" in ihren drei „Brechungen" bestehen; jede dieser negativen Freiheiten wird jetzt durch ihre Negation in eine positive Eigenschaft verwandelt. Es versteht sich, daß, wie im Alten Testament das Lossein der Welt der Dinge und der Welt der Gedanken schon als Aneignung dieser beiden Welten gefaßt wurde, so auch hier diese Eigenheit oder Aneignung der Dinge und Gedanken wieder als vollendetes Lossein dargestellt wird.

Das „Ich" mit seinem Eigentum, seiner Welt, die in den eben „signalisierten" Eigenschaften besteht, ist *Eigner.* Als sich selbst genießend und sich selbst verzehrend, ist es das „Ich" in der zweiten Potenz, der Eigner des Eigners, den es ebensowohl los ist, als er ihm gehört, also die „absolute Negativität" in ihrer doppelten Bestimmung als Indifferenz, Jleichjültigkeit und negative Beziehung auf sich, den Eigner. Sein Eigentum an der Welt und sein Lossein von der Welt hat sich nun verwandelt in diese negative Beziehung auf sich, in dieses Selbstauflösen und Sichselbstgehören des Eigners. Das Ich, so bestimmt, ist —

III. *Der Einzige*, der also wieder keinen andern Inhalt hat als den Eigner plus die philosophische Bestimmung der „negativen Beziehung auf sich". Der tiefsinnige Jacques gibt sich den Schein, als sei von diesem Einzigen Nichts auszusagen, weil er ein leibhaftiges, nicht konstruierbares Individuum ist. Es verhält sich aber vielmehr damit wie mit der Hegelschen absoluten Idee am Ende der „Logik" und der absoluten Persönlichkeit am Ende der „Encyklopädie", von der ebenfalls Nichts auszusagen ist, weil nämlich die Konstruktion Alles enthält, was von solchen konstruierten Persönlichkeiten ausgesagt werden kann. Hegel weiß dies und geniert sich nicht, dies zu gestehen, während Stirner die Heuchelei begeht, zu behaupten, sein „Einziger" sei noch etwas Andres als der konstruierte Einzige, aber Etwas, das sich nicht sagen lasse — nämlich ein leibhaftiges Individuum. Dieser heuchlerische Schein verschwindet, wenn man die Sache umkehrt, den Einzigen als Eigner bestimmt und vom Eigner aussagt, daß er die allgemeine Kategorie der Eigenheit zu seiner allgemeinen Bestimmung hat; womit nicht allein Alles gesagt ist, was über den Einzigen „*sagbar*" ist, sondern auch, was er überhaupt *ist* — minus Jacques le bonhommes Einbildung von ihm.

„O welch eine Tiefe des Reichtums, beides der Weisheit und Erkenntnis des Einzigen! Wie gar unergründlich sind seine Gedanken und unerforschlich seine Wege!"

„Siehe, also gehet sein Tun; aber davon haben wir ein geringes Wörtlein vernommen." (Hiob 26, 14.)

2. *Phänomenologie des mit sich einigen Egoisten oder die Lehre von der Rechtfertigung*

Wie wir bereits in der Ökonomie des Alten Bundes und später sahen, ist Sankt Sanchos wahrer, mit sich einiger Egoist keineswegs mit dem trivialen Alltagsegoisten, dem „*Egoisten im gewöhn-*

lichen Verstande", zu verwechseln. Er hat vielmehr sowohl diesen (den in der Welt der Dinge Befangenen, Kind, Neger, Alten pp.) wie den aufopfernden Egoisten (den in der Welt der Gedanken Befangenen, Jüngling, Mongole, Neuen pp.) zu seiner Voraussetzung. Es liegt indes in der Natur der Geheimnisse des Einzigen, daß dieser Gegensatz und die aus ihm hervorgehende negative Einheit — der *„mit sich einige Egoist"* — erst hier, im Neuen Bunde, betrachtet werden kann.

Da Sankt Max den „wahren Egoisten" als etwas ganz Neues, als das Ziel der bisherigen Geschichte darstellen will, so hat er einerseits den Aufopfernden, den Predigern des dévoûment, nachzuweisen, daß sie wider Willen Egoisten, und den Egoisten im gewöhnlichen Verstande, daß sie Aufopfernde, daß sie keine wahren, keine heiligen Egoisten sind. — Beginnen wir mit den erstern, den Aufopfernden.

Zu unzähligen Malen sahen wir, daß in der Welt Jacques le bonhommes Alle vom Heiligen besessen sind. „Indessen macht es doch einen Unterschied", ob „man gebildet oder ungebildet ist". Die Gebildeten, die sich mit dem reinen Gedanken beschäftigen, treten uns hier als die vom Heiligen „Besessenen" par excellence[1] entgegen. Sie sind in ihrer praktischen Gestalt die „Aufopfernden".

„Wer ist denn aufopfernd? Vollständig" (!) „doch" (!!) „wohl" (!!!) „derjenige, der an *Eins*, Einen Zweck, Einen Willen, Eine Leidenschaft alles Andre setzt. — — Ihn beherrscht eine Leidenschaft, der er die übrigen zum Opfer bringt. Und sind diese Aufopfernden etwa nicht eigennützig? Da sie nur Eine herrschende Leidenschaft *haben*, sorgen sie auch nur für Eine Befriedigung, aber für diese desto eifriger. Egoistisch ist ihr ganzes Tun und Treiben, aber es ist ein *einseitiger, unaufgeschlossener, bornierter Egoismus*; es ist Besessenheit." p. 99.

Sie *haben* also nach Sankt Sancho nur *eine* herrschende Leidenschaft; sollen sie auch für die Leidenschaften sorgen, die nicht *sie*, sondern *Andre haben*, um sich zum allseitigen, aufgeschlossenen, unbeschränkten Egoismus zu erheben, um diesem *fremden* Maßstab des „heiligen" Egoismus zu entsprechen?

Beiläufig wird in dieser Stelle auch der „Geizige" und der *„Vergnügungssüchtige"* (wahrscheinlich, weil Stirner glaubt, er suche „*das* Vergnügen" als solches, das heilige Vergnügen, nicht die wirk-

---

[1] schlechthin; im wahrsten Sinne des Wortes.

lichen Vergnügungen aller Art) ebenso wie „Robespierre z. B., Saint-Just usw." (p. 100) als Exempel des „aufopfernden, besessenen Egoisten" angeführt. „Von einem gewissen Standpunkt der Sittlichkeit aus räsoniert man" (d. h. unser heiliger, „mit sich einiger Egoist", von seinem eignen, mit sich höchst uneinigen Standpunkte aus) „etwa so":

„Opfere Ich aber Einer Leidenschaft andere, so opfere Ich darum dieser Leidenschaft noch nicht *Mich* und opfere nichts von dem, wodurch Ich *wahrhaft* Ich selber bin." (p. 386.)

Sankt Max ist durch diese beiden „mit sich uneinigen" Sätze dazu gezwungen, die „lumpige" Distinktion zu machen, daß man wohl sechs „z. B.", sieben „usw." Leidenschaften einer einzigen andern opfern dürfe, ohne aufzuhören, „wahrhaft Ich selber" zu sein, aber beileibe nicht zehn oder gar noch mehr Leidenschaften. Robespierre und Saint-Just waren allerdings nicht „*wahrhaft* Ich selber", ebensowenig wie sie wahrhaft „der Mensch" waren, aber sie waren *wahrhaft* Robespierre und Saint-Just, diese einzigen, unvergleichlichen Individuen.

Das Kunststück, den „Aufopfernden" nachzuweisen, daß sie Egoisten seien, ist ein alter Kniff, bereits bei Helvétius und Bentham hinlänglich exploitiert. Sankt Sanchos „eignes" Kunststück ist die Verwandlung der „Egoisten im gewöhnlichen Verstande", der Bourgeois, in Nichtegoisten. Helvétius und Bentham weisen allerdings den Bourgeois nach, daß sie durch ihre Borniertheit sich *praktisch* schaden, aber Sankt Maxens „eignes" Kunststück besteht darin, ihnen nachzuweisen, daß sie dem „Ideal", dem „Begriff", „Wesen", „Beruf" pp. des Egoisten nicht entsprechen und sich nicht als absolute Negation zu sich selbst verhalten. Ihm schwebt wieder nur sein deutscher Kleinbürger vor. Nebenbei bemerkt rechnet unser Heiliger, während der „Geizige" p. 99 als „aufopfernder Egoist" figuriert, den „Habgierigen" p. 78 dagegen zu den „Egoisten im gewöhnlichen Verstande", zu den „Unreinen, Unheiligen".

Diese zweite Klasse der bisherigen Egoisten wird p. 99 so definiert:

„Diese Leute" (die Bourgeois) „sind also nicht aufopfernd, nicht begeistert, nicht ideal, nicht konsequent, keine Enthusiasten; sie sind *im gewöhnlichen Verstande Egoisten*, Eigennützige, auf ihren Vorteil bedacht, nüchtern, berechnend usw."

Da „das Buch" nicht am Schnürchen geht, so hatten wir bereits beim „Sparren" und beim „politischen Liberalismus" Gelegenheit zu sehen, wie Stirner das Kunststück, die Bourgeois in Nichtegoisten zu verwandeln, hauptsächlich durch seine große Unkenntnis der wirklichen Menschen und Verhältnisse zustande bringt. Hier dient ihm dieselbe Unkenntnis zum Hebel.

„Dem" (d. h. der Stirnerschen Einbildung der Uneigennützigkeit) „widersetzt sich der starre Kopf des weltlichen Menschen, ist aber jahrtausendelang wenigstens so weit erlegen, daß er den widerspenstigen Nacken beugen und höhere Mächte verehren mußte." (p. 104.) Die Egoisten im gewöhnlichen Verstand „betragen sich halb pfäffisch und halb weltlich, dienen Gott und dem Mammon" (p. 105.)

p. 78 erfahren wir: „Der Mammon des Himmels und der Gott der Erde fordern beide genau *denselben* Grad der *Selbstverleugnung*" — wonach nicht abzusehen ist, wie die Selbstverleugnung für den Mammon und die für Gott als „weltlich" und „pfäffisch" entgegengesetzt werden können.

p. [105,] 106 fragt sich Jacques le bonhomme:

„Wie kommt es indessen, daß der Egoismus derer, welche das persönliche Interesse behaupten, dennoch immer wieder einem pfäffischen oder schulmeisterlichen, d. h. einem idealen Interesse unterliegt?"

(Es ist hier beiläufig zu „signalisieren", daß an dieser Stelle die Bourgeois als die Vertreter der *persönlichen* Interessen dargestellt werden.) Dies kommt daher:

„Ihre Person kommt ihnen selbst zu klein, zu unbedeutend vor, und ist es in der Tat auch, um Alles in Anspruch zu nehmen und sich vollständig durchsetzen zu können. Ein sicheres Zeichen dafür liegt darin, daß sie sich selbst in zwei Personen, eine ewige und eine zeitliche, zerteilen, am Sonntage für die ewige, am Werkeltage für die zeitliche sorgen. Sie haben den Pfaffen in sich, darum werden sie ihn nicht los."

Sancho fühlt hier Skrupel, er fragt besorgt, ob es der Eigenheit, dem Egoismus im außergewöhnlichen Verstand „ebenso gehen werde"?

Wir werden sehen, daß diese ängstliche Frage nicht ohne Grund getan wird. Ehe der Hahn zweimal gekräht, wird der heilige Jakobus (Jacques le bonhomme) dreimal sich selbst „*verleugnet*" haben.

Er entdeckt zu seinem großen Mißvergnügen in der Geschichte, daß von den beiden in ihr hervortretenden Seiten, dem Privatinteresse der Einzelnen und dem sogenannten allgemeinen Interesse, das eine stets das andere begleitet. Und er entdeckt es wie gewöhnlich in einer falschen Form, in seiner heiligen Form, nach der Seite der idealen Interessen, des Heiligen, der Illusion hin. Er fragt: Wie kommt es, daß die gewöhnlichen Egoisten, die Vertreter der persönlichen Interessen, zugleich unter der Herrschaft allgemeiner Interessen, der Schulmeister, daß sie unter der Hierarchie stehen? Er beantwortet seine Frage dahin, daß die Bürger etc. „sich zu klein vorkommen", wovon er das „sichre Zeichen" darin findet, daß sie sich religiös verhalten, nämlich sich in eine zeitliche und ewige Person teilen, d. h., er erklärt ihr religiöses Verhalten aus ihrem religiösen Verhalten, nachdem er vorher den Kampf der allgemeinen und persönlichen Interessen in das Spiegelbild des Kampfes verwandelte, simpler Reflex innerhalb der religiösen Phantasie.

Was die Herrschaft des Ideals auf sich hat, siehe oben die Hierarchie.

Übersetzt man Sanchos Frage aus ihrer überschwenglichen Form in die profane Sprache, so „heißt es nun":

Wie kommt es, daß die persönlichen Interessen sich den Personen zum Trotz immer zu Klasseninteressen fortentwickeln, zu gemeinschaftlichen Interessen, welche sich den einzelnen Personen gegenüber verselbständigen, in der Verselbständigung die Gestalt *allgemeiner* Interessen annehmen, als solche mit den wirklichen Individuen in Gegensatz treten und in diesem Gegensatz, wonach sie als *allgemeine* Interessen bestimmt sind, von dem Bewußtsein als *ideale*, selbst religiöse, heilige Interessen vorgestellt werden können? Wie kommt es, daß innerhalb dieser Verselbständigung der persönlichen Interessen zu Klasseninteressen das persönliche Verhalten des Individuums sich versachlichen, entfremden muß und zugleich als von ihm unabhängige, durch den Verkehr hervorgebrachte Macht ohne ihn besteht, sich in gesellschaftliche Verhältnisse verwandelt, in eine Reihe von Mächten, welche ihn bestimmen, subordinieren und daher in der Vorstellung als „heilige" Mächte erscheinen? Hatte Sancho einmal das Faktum begriffen, daß innerhalb gewisser, natürlich nicht vom Wollen abhängiger *Produktionsweisen* stets fremde, nicht nur vom vereinzelten Einzelnen, sondern sogar von ihrer Gesamtheit unabhängige praktische Mächte sich über die Menschen setzen, so konnte es ihm ziemlich gleichgültig sein, ob dies Faktum religiös vorgestellt oder in der

Einbildung des Egoisten, über den Alles in der Vorstellung sich setzt, dahin verdreht wird, daß er Nichts über sich setzt. Sancho war dann überhaupt aus dem Reich der Spekulation in das der Wirklichkeit herabgestiegen, aus dem, was die Menschen sich einbilden, zu dem, was sie sind, aus dem, was sie sich vorstellen, zu dem, wie sie sich betätigen und unter bestimmten Umständen betätigen müssen. Was ihm als Produkt des *Denkens* erscheint, würde er als Produkt des *Lebens* begriffen haben. Er wäre nicht zu der seiner würdigen Abgeschmacktheit fortgegangen, den Zwiespalt zwischen persönlichen und allgemeinen Interessen daraus zu erklären, daß die Menschen sich diesen Zwiespalt *auch* religiös vorstellen und sich so oder so *vorkommen*, was aber nur ein andres Wort für das „Vorstellen" ist.

Selbst in der abgeschmackten kleinbürgerlich deutschen Form, worin Sancho den Widerspruch der persönlichen und allgemeinen Interessen erfaßt, mußte er übrigens einsehen, daß die Individuen, wie sie nicht anders konnten, immer von sich ausgegangen sind und daher beide von ihm notierte Seiten Seiten der persönlichen Entwicklung der Individuen sind, beide durch gleich empirische Lebensbedingungen der Individuen erzeugt, beide nur Ausdrücke *derselben* persönlichen Entwicklung der Menschen, beide daher nur in *scheinbarem* Gegensatz. Was die durch besondere Entwicklungsumstände und durch die Teilung der Arbeit dem Individuum zugefallene Stelle betrifft, ob es mehr die eine oder andere Seite des Gegensatzes repräsentiert, mehr als Egoist oder mehr als Devouierter erscheint, war eine durchaus untergeordnete Frage, die sogar nur dann irgendein Interesse erhielt, wenn sie innerhalb bestimmter Geschichtsepochen an bestimmten Individuen aufgeworfen würde. Sie konnte sonst nur zu moralisch quacksalbernden Redensarten führen. Aber Sancho läßt sich als Dogmatiker hier täuschen und weiß sich nicht anders zu helfen, als indem er Sancho Pansas und Don Quixoten geboren werden und dann den Sanchos dummes Zeug von den Don Quixoten in den Kopf setzen läßt — als Dogmatiker nimmt er sich die eine Seite, schulmeisterlich aufgefaßt, heraus, erklärt sie den Individuen als solchen gehörig und spricht seinen Widerwillen gegen die andre aus. Als einem Dogmatiker erscheint ihm daher auch die andre Seite teils als bloße *Gemütsaffektion,* Dévoûment, teils als ein bloßes „*Prinzip*", nicht als ein aus der bisherigen natürlichen Daseinsweise der Individuen notwendig hervorgehendes Verhältnis. Das „Prinzip" hat man sich konsequent auch nur „aus dem Kopfe zu schlagen", obgleich es der Sanchoschen Ideologie gemäß allerlei empirische Dinge schafft. So hat z. B. p. 180 das „Lebens- oder Sozietätsprinzip" „das gesellschaftliche Leben, alle Umgänglichkeit, alle Verbrüderung und alles [d]as" ... „geschaffen". Umgekehrt besser: Das [L]eben hat das Prinzip geschaffen.

Der *Kommunismus* ist deswegen un[se]rm Heiligen rein unbegreiflich, weil die [Ko]mmunisten weder den Egoismus gegen die Aufopferung noch die Aufopferung gegen den Egoismus geltend machen und theoretisch diesen Gegensatz weder in jener gemütlichen noch in jener überschwenglichen, ideologischen Form fassen, vielmehr seine materielle Geburtsstätte nachweisen, mit welcher er von selbst verschwindet. Die Kommunisten predigen überhaupt keine *Moral*, was Stirner im ausgedehntesten Maße tut. Sie stellen nicht die moralische Forderung an die Menschen: Liebet Euch untereinander, seid keine Egoisten pp.; sie wissen im Gegenteil sehr gut, daß der Egoismus ebenso wie die Aufopferung eine unter bestimmten Verhältnissen notwendige Form der Durchsetzung der Individuen *ist*. Die Kommunisten wollen also keineswegs, wie Sankt Max glaubt und wie ihm sein getreuer Dottore Graziano (Arnold Ruge) nachbetet (wofür ihn Sankt Max, Wigand, p. 192, einen „ungemein pfiffigen und politischen Kopf" nennt), den „Privatmenschen" dem „allgemeinen", dem aufopfernden Menschen zuliebe aufheben — eine Einbildung, worüber sie sich Beide bereits in den „Deutsch-Französischen Jahrbüchern" die nötige Aufklärung hätten holen können. Die theoretischen Kommunisten, die einzigen, welche Zeit haben, sich mit der Geschichte zu beschäftigen, unterscheiden sich gerade dadurch, daß sie allein die Schöpfung des „allgemeinen Interesses" durch die als „Privatmenschen" bestimmten Individuen in der ganzen Geschichte *entdeckt* haben. Sie wissen, daß dieser Gegensatz nur *scheinbar* ist, weil die eine Seite, das sogenannte „Allgemeine", von der andern, dem Privatinteresse, fortwährend erzeugt wird und keineswegs ihm gegenüber eine selbständige Macht mit einer selbständigen Geschichte ist, daß also dieser Gegensatz fortwährend praktisch vernichtet und erzeugt wird. Es handelt sich also nicht um eine Hegelsche „negative Einheit" von zwei Seiten eines Gegensatzes, sondern um die materiell bedingte Vernichtung einer bisherigen materiell bedingten Daseinsweise der Individuen, mit welcher zugleich jener Gegensatz samt seiner Einheit verschwindet.

Wir sehen also, wie der „mit sich einige Egoist" im Gegensatz zu dem „Egoisten im gewöhnlichen Verstande" und dem „aufopfernden Egoisten" von vornherein in einer Illusion über beide und die wirklichen Verhältnisse der wirklichen Menschen beruht. Der Vertreter der persönlichen Interessen ist bloß „Egoist im gewöhnlichen Verstande" wegen seines notwendigen Gegensatzes gegen die gemeinschaftlichen Interessen, innerhalb der bisherigen Produktions- und Verkehrsweise zu allgemeinen Interessen verselbständigt und in der Form idealer Interessen vorgestellt und geltend gemacht. Der Vertreter der gemeinschaftlichen Interessen ist bloß „Aufopfernder" wegen seines Gegensatzes gegen die als Privatinteressen fixierten persönlichen Interessen, wegen der Bestimmung der gemeinschaftlichen Interessen als allgemeiner und idealer.

Beide, der „aufopfernde Egoist" wie der „Egoist im gewöhnlichen Verstande", treffen in letzter Instanz zusammen in der *Selbstverleugnung.*

p. 78: „So ist die Selbstverleugnung den Heiligen gemein mit den Unheiligen, den Reinen mit den Unreinen: Der Unreine *verleugnet* alle bessern Gefühle, alle Scham, ja die natürliche Furchtsamkeit, und folgt nur der ihn beherrschenden Begierde. Der Reine verleugnet seine natürliche Beziehung zur Welt. — — Von Gelddurst getrieben, verleugnet der Habgierige alle Mahnungen des Gewissens, alles Ehrgefühl, alle Milde und alles Mitleid; er setzt alle Rücksichten aus den Augen: Ihn reißt die Begierde fort. Gleiches begeht der Heilige: Er macht sich zum Spotte der Welt, ist ‚hartherzig' und ‚streng gerecht'; denn ihn reißt das Verlangen fort."

Der „Habgierige", der hier als unreiner, unheiliger Egoist, also als Egoist im gewöhnlichen Verstande auftritt, ist nichts als eine [von] moralischen Kinderfreunden und Romanen [br]eitgetretene, in der Wirklichkeit aber nur [a]ls Abnormität vorkommende Figur, keines[w]egs der Repräsentant der habgierigen [Bo]urgeois, die im Gegenteil weder „Mahnungen des Gewissens", „Ehrgefühl" etc. zu verleugnen brauchen noch sich auf die eine Leidenschaft der Habgier beschränken. Ihre Habgier hat vielmehr eine ganze Reihe anderer, politischer und sonstiger Leidenschaften im Gefolge, deren

Befriedigung die Bourgeois keinesfalls aufopfern. Ohne hierauf weiter einzugehen, halten wir uns gleich an die Stirnersche „Selbstverleugnung".

Sankt Max schiebt hier dem Selbst, das sich verleugnet, ein andres, nur in Sankt Maxens Vorstellung existierendes Selbst unter. Er läßt „den Unreinen" allgemeine Eigenschaften, wie „bessere Gefühle", „Scham", „Furchtsamkeit", „Ehrgefühl" pp., aufopfern und fragt gar nicht darnach, ob der Unreine diese Eigenschaften auch besitzt. Als ob „der Unreine" notwendig alle diese Qualitäten besitzen müsse! Aber selbst dann, wenn „der Unreine" sie alle besäße, würde die Aufopferung dieser Eigenschaften noch keine *Selbst*verleugnung, sondern nur das selbst in der „mit sich einigen" Moral zu rechtfertigende Faktum konstatieren, daß Einer Leidenschaft mehrere andere geopfert werden. Und endlich ist nach dieser Theorie alles „Selbstverleugnung", was Sancho tut und nicht tut. Er mag sich anstellen oder nicht anstellen [...]¹

Obgleich² nun Sankt Max p. 420 sagt:

„Über der Pforte unserer [Zeit] steht nicht...: Erkenne Dich selbst, [sondern] ein: Verwerte Dich" [—]

(wo der Schulmeister wieder die wirkliche, von ihm vorgefundene Verwertung in das Moralgebot der Verwertung verwandelt) —, so muß [statt für] den bisherigen „aufopfern[den", für den] „Egoisten im gewöhn[lichen Verstande"] „jenes [appollinische[103]" Wort lauten:

„]*Erkennet Euch* [nur wieder, erkennet nur, was] Ihr [wirklich seid, und laßt Eure törichte Sucht fahren, etwas Anderes zu sein als Ihr seid!" „Denn": „Dies gibt die Erscheinung des *betrogenen* Egoismus, wo Ich nicht Mich befriedige, sond]ern Eine [Meiner Begierden, z.] B. den Glück[seligkeitstrieb. — All] Euer Tun und Trei[ben ist heim]licher, verdeckter... [Egoismus,] *unbewußter Egoismus*, darum [aber] nicht Egoismus, sondern Knechtschaft, Dienst, Selbstverleugnung. *Ihr seid Egoisten und Ihr seid es nicht, indem Ihr den Egoismus verleugnet.*" (p. 217.)

„Kein Schaf, kein Hund bemüht sich, ein rechter" Egoist „zu werden" (p. 443); „kein Tier" ruft den andern zu: erkennet Euch nur wieder, erkennet nur, was Ihr wirklich seid, — „Eure Natur ist

---

¹ [Hier fehlt eine Fortsetzung. Eine durchgestrichene, von Mäusen ganz zerfressene Seite.]

² [Auf dieser Seite machte Marx den Vermerk:] III. Bewußtsein.

252

nun einmal eine" egoistische, „Ihr seid" egoistische „Naturen, d. h."
Egoisten. „Aber eben weil Ihr das bereits seid, braucht Ihr's
nicht erst zu werden" (ibid.). Zu dem, was Ihr seid, gehört auch
Euer Bewußtsein, und da Ihr Egoisten seid, so habt Ihr auch das
Eurem Egoismus entsprechende Bewußtsein, also ist gar kein Grund
vorhanden, der Stirnerschen Moralpredigt, in Euch zu gehen und
Buße zu tun, die geringste Folge zu leisten.

Stirner exploitiert hier wieder [den] alten philosophischen Witz,
auf [den] wir später zurückkommen [wer]den. Der Philosoph sagt
nicht direkt: Ihr seid keine Menschen. Ihr wart immer Menschen,
aber Euch fehlte das *Bewußtsein* von Dem, was Ihr wart, und eben
darum seid Ihr auch in der Wirklichkeit keine Wahren Menschen
gewesen. Darum entsprach Eure Erscheinung Eurem Wesen nicht.
Ihr wart Menschen und Ihr wart es nicht. — Der Philosoph gesteht
hier auf einem Umwege, daß einem bestimmten Bewußtsein auch
bestimmte Menschen und bestimmte Umstände entsprechen. Aber
er bildet sich zu gleicher Zeit ein, daß seine moralische Forderung
an die Menschen, ihr Bewußtsein zu verändern, dies veränderte Bewußtsein zustande bringen werde, und er sieht in den durch veränderte empirische Verhältnisse veränderten Menschen, die nun
auch natürlich ein andres Bewußtsein haben, nichts Andres als ein
verändertes [Bewußtsein.] — Ebenso [Euer Bewu]ßts[ein, das Ihr
heimlich] erseh[nt; darin seid] Ihr heim[liche, unbewußte] Egoisten — d. h., Ihr seid wirklich Egoisten, soweit Ihr *unbewußt* seid,
aber Ihr seid Nichtegoisten, soweit Ihr *bewußt* seid. Oder: Eurem
jetzig[en Bewußtsein liegt] ein bestimmtes Sein zugr[unde, das]
nicht das von Mir verlan[gte Sein] ist; Euer Bewußtsein ist das
Bewußtsein des Egoisten, wie er nicht [sein] soll, und zeigt daher,
daß Ihr selbst Egoisten seid, wie sie nicht sein sollen — oder daß Ihr
Andre *sein sollt*, als Ihr *wirklich seid*. Diese ganze Trennung des
Bewußtseins von den ihm zugrunde liegenden Individuen und ihren
wirklichen Verhältnissen, diese Einbildung, der Egoist der heutigen
Bourgeoisgesellschaft habe nicht das seinem Egoismus entsprechende Bewußtsein, ist nur eine alte Philosophenmarotte, die Jac-
ques le bonhomme hier gläubig akzeptiert und nachmacht. Bleiben
wir bei Stirners „rührendem Beispiel" vom Habgierigen. Diesem
Habgierigen, der nicht der „Habgierige" überhaupt, sondern der
Habgierige „Hans oder Kunz", ein ganz individuell bestimmter

„einziger" Habgieriger, und dessen Habgier nicht die Kategorie „der Habgier" ist (Sankt Maxens Abstraktion von seiner umfassenden, komplizierten, „einzigen" Lebensäußerung) und „nicht davon abhängt, wie Andre" (z. B. Sankt Max) „sie rubrizieren" — diesem Habgierigen will er vormoralisieren, daß er „nicht sich befriedige, sondern eine seiner Begierden". Aber „nur im [Augen]blicke bist Du Du, nur als [Augen]blicklicher bist Du wirklich. Ein [von Dir, de]m Augenblicklichen, [Getrenntes" ist] ein absolut Höheres, [ist z. B. das Geld. Aber „daß] Dir" das Geld „viel[mehr" ein höherer Genuß], daß es Dir [ein „absolut Höheres" ist oder nic]ht ist,[1] ... mich vielleicht [„verleugne"? — Er] findet, daß die [Habgier mich] Tag und Nacht besitzt; [aber das] tut sie nur in seiner [Refle]xion. Er ist es, der aus den vielen Momenten, in denen Ich immer der Augenblickliche bin, immer Ich selber, immer wirklich, „Tag und Nacht" macht, wie nur Er die verschiedenen Momente meiner Lebensäußerung zu einem moralischen Urteil zusammenfaßt und sagt, daß sie die Befriedigung der Habgier seien. Wenn Sankt Max das Urteil fällt, daß Ich nur Eine meiner Begierden befriedige, nicht Mich, so stellt er Mich als volles ganzes Wesen Mir selber gegenüber. „Und worin besteht dies volle ganze Wesen? Eben nicht in Deinem augenblicklichen Wesen, nicht in dem, was Du augenblicklich bist" — also nach Sankt Max selbst in dem — heiligen „Wesen". (Wigand, p. 171). Wenn „Stirner" sagt, daß Ich Mein Bewußtsein verändern müsse, so weiß Ich [mei]nerseits, daß mein augenblickliches [Be]wußtsein auch zu meinem augenblick[lich]en Sein gehört und Sankt Max, in[dem] er mir dies Bewußtsein [strei]tig macht, als versteckter Moralist meinen ganzen Lebenswandel angreift.[2] Und dann „bist Du nur, wenn Du an Dich denkst, bist Du nur durch das Selbstbewußtsein?" (Wig[and,] p. 157, 158.) Wie kann Ich etwas Andres als Egoist sein? Z. B., wie kann Stirner etwas Andres als Egoist sein, er mag den Egoismus verleugnen oder nicht? „Ihr seid Egoisten und Ihr seid es nicht, indem Ihr den Egoismus verleugnet", predigst Du.

Unschuldiger, „betrogner", „uneingestandener" Schulmeister! Die Sache verhält sich gerade umgekehrt. Wir Egoisten im gewöhnlichen Verstande, Wir Bourgeois wissen sehr wohl: Charité bien

---

[1] Hier folgt eine stark beschädigte Stelle.

[2] [Hier hat Marx wieder den Vermerk gemacht:] III (Bewußtsein).

ordonnée commence par soi-même[1], und wir haben längst das Sprüchlein: Liebe deinen Nächsten wie dich selbst, dahin interpretiert, daß Jeder sich selbst der Nächste ist. Aber wir leugnen, daß wir engherzige Egoisten seien, Exploiteurs, gewöhnliche Egoisten, deren Herzen sich nicht zu dem Hochgefühl erheben können, die Interessen ihrer Mitmenschen zu den Ihrigen zu machen — was, unter uns ges[agt, so]viel heißt, daß wir unsre In[teressen] als di[e] unserer Mitmenschen [be]hau[pten. Du] leu[gnest den] „gewöhnlich[en" Egoismus des einz]igen Egoisten [nur deshalb, w]eil Du deine [„natürlichen Bez]iehungen zur [Welt verleugne]st". Du verstehst daher nicht, warum wir den praktischen Egoismus eben darin vollenden, daß wir die Redensart des Egoismus verleugnen — wir, denen es um die Durchsetzung wirklicher egoistischer Interessen, nicht um das heilige Interesse des Egoismus zu tun ist. Übrigens war es vorauszusehen — und damit dreht der Bourgeois kaltblütig Sankt Maxen den Rücken —, daß Ihr deutschen Schulmeister, wenn Ihr Euch einmal an die Verteidigung des Egoismus geben würdet, nicht den wirklichen, „profanen, auf platter Hand liegenden" („Das Buch" p. 455) Egoismus, also „nicht mehr das, was man" Egoismus „nennt", sondern den Egoismus im außergewöhnlichen, im Schulmeisterverstande, den philosophischen oder Lumpenegoismus, proklamieren würdet.

Der Egoist im außergewöhnlichen Verstande ist also „nun erst gefunden". „Sehen wir uns diesen neuen Fund einmal genauer an." (p. 11.)

Aus dem soeben Gesagten hat sich bereits ergeben, daß die bisherigen Egoisten nur ihr Bewußtsein zu verändern haben, um Egoisten im außergewöhnlichen Verstande zu werden; daß also der mit sich einige Egoist sich von den früheren nur durch das Bewußtsein, d. h. als Wissender, als Philosoph unterscheidet. Aus der ganzen Sankt Maxischen Geschichtsanschauung folgt ferner, daß, weil die bisherigen Egoisten nur vom „Heiligen" beherrscht waren, der wahre Egoist nur gegen „das Heilige" zu kämpfen hat. Die „einzige" Geschichte zeigte, wie Sankt Max die historischen Verhältnisse in Ideen und dann den Egoisten in einen Sünder gegen diese Ideen verwandelte, wie jede egoistische Geltendmachung in eine Sünde

---

[1] Wohlverstandene Nächstenliebe fängt bei sich selbst an; d. h., jeder ist sich selbst der Nächste.

[gegen diese] Ideen verwandelt wurde, [die Macht der] Privilegierten in Sünde [gegen die Idee] der Gleichheit, des Des[potismus; bei der] Idee der Freiheit [der Konkurrenz] konnte deshalb [in „dem Buch" gesagt wer]den, daß er [das Privateigentum für „] das Persönliche" [ansieht, (p. 155)] [... .] großen, [... den aufopfernden] Ego[isten ...] notwendig und unbezwingb[ar ...] nur dadurch zu bekämpfen, daß er sie in Heilige verwandelt und nun die Heiligkeit an ihnen, d. h. seine heilige Vorstellung von ihnen, sie [also] nur, insoweit sie in ihm, als *einem Heiligen*, existieren, aufzulösen beteuert.[1]

p. 50[2]: „Wie Du *in jedem Augenblicke* bist, so bist Du Dein Geschöpf, und eben an dieses *Geschöpf* magst Du Dich, den *Schöpfer*, nicht verlieren. Du bist selbst ein höheres Wesen als Du, d. h., daß Du nicht bloß Geschöpf, sondern gleicherweise Schöpfer bist, das eben verkennst Du als unfreiwilliger Egoist, und darum ist das höhere Wesen Dir ein fremdes."

Mit einer etwas andern Wendung heißt dieselbe Weisheit p. 239 „des Buchs":

„Die Gattung ist *Nichts*" (später wird sie allerlei, siehe Selbstgenuß), „und wenn der Einzelne sich über die Schranken seiner Individualität erhebt, so ist das vielmehr gerade Er selbst als Einzelner, er ist nur, indem er sich erhebt, er ist nur, indem er nicht bleibt, was er ist, sonst wäre er fertig, tot."

Zu diesen Sätzen, seinem „Geschöpf", verhält sich Stirner sofort als „Schöpfer", indem er „sich nicht an sie verliert":

„Nur im *Augenblicke* bist Du, nur als Augenblicklicher bist Du wirklich ... Ich bin in jedem Momente ganz, was Ich bin ... ein von Dir, dem Augenblicklichen, Getrenntes" ist „ein absolut Höheres" ... (Wigand, p. 170); und p. 171 ibid. wird „Dein Wesen" als „Dein augenblickliches Wesen" bestimmt.

Während Sankt Max im „Buche" sagt, er habe noch ein anderes, höheres Wesen als ein augenblickliches Wesen, wird im apologetischen Kommentar das „augenblickliche Wesen" [seines] Individuums mit seinem „vollen [ganzen] Wesen" identifiziert und jedes [Wesen] als das „augenblickliche Wesen" [in ein] „absolut höheres Wesen" verwandelt. Er ist also „im Buche" in jedem Augenblick ein höheres Wesen als Das, was er in diesem Augenblick ist, während im Kommentar Alles, was er nicht in diesem Augenblick un-

---

[1] In diesem Absatz befinden sich von Mäusen stark zerfressene Stellen.

[2] [Am Anfang dieser Seite machte Marx den Vermerk:] II (Schöpfer und Geschöpf).

mittelbar ist, ein „absolut höheres Wesen", ein heiliges Wesen ist. — Und dieser ganzen Spaltung gegenüber p. 200 „des Buchs":

„Ich weiß Nichts von der Spaltung eines ‚unvollkommnen' und ‚vollkommnen' Ichs."

Der „mit sich einige Egoist" braucht sich keinem Höheren mehr zu opfern, da er sich selbst der Höhere ist und diesen Zwiespalt zwischen einem „Höheren" und einem „Niederen" in sich selbst verlegt. So ist in der Tat (Sankt Sancho contra Feuerbach, „Das Buch", p. 243) „am höchsten Wesen Nichts als eine Metamorphose vorgegangen". Sankt Maxens wahrer Egoismus besteht in dem egoistischen Verhalten gegen den wirklichen Egoismus, gegen sich selbst, wie er „in jedem Augenblicke" ist. Dies egoistische Verhalten gegen den Egoismus ist die Aufopferung. Sankt Max als Geschöpf ist nach dieser Seite hin der Egoist im gewöhnlichen Verstande, als Schöpfer ist er der aufopfernde Egoist. Wir werden auch die entgegengesetzte Seite kennenlernen, denn beide Seiten legitimieren sich als echte Reflexionsbestimmungen, indem sie die absolute Dialektik durchmachen, in der jede von ihnen an sich selbst ihr Gegenteil ist.

Ehe wir auf dies Mysterium in seiner esoterischen Gestalt näher eingehen, ist [es] nun in einzelnen [seiner sauren] Lebenskämpfe zu beob[achten].

[Die all]gemeinste Qualität, [den Egoisten, a]ls Schöpfer mit sich [selbst in Einklang zu] bringen [vom Standpunkt der Welt] des Geistes[, vollbringt Stirner p. 82, 83:]

[„Es hat das Christentum] dahin [gezielt, Uns von der Naturbestimm]ung [(Bestimmung durch die Natur), von den Begier]den [als antreibend, zu erlös]en, [mithin gewollt, daß der Mensch s]ich [nicht von seinen Begierden be]stimmen [lasse. Darin liegt nicht, daß] *er* keine [Begierden *haben* solle, so]ndern[,] daß die [Begierden ihn] nicht haben sollen, daß [sie] nicht fix, unbezwinglich, unauflös[lich] werden sollen. Was *nun* das Christentum gegen die Begierden machinierte, *könnten wir* das nicht auf seine eigene Vorschrift, daß Uns der Geist bestimmen solle, anwenden...?... Dann ginge *es* auf die Auflösung des Geistes, Auflösung aller Gedanken aus. Wie es dort heißen mußte, — — — so hieße es nun: Wir sollen zwar Geist haben, aber der Geist soll Uns nicht haben."

„Die aber Christo angehören, die kreuzigen ihr Fleisch samt den Lüsten und Begierden" (Galater 5, 24) — womit sie nach Stirner als wahre Eigentümer mit den gekreuzigten Lüsten und Begierden verfahren. Er übernimmt das Christentum auf Lieferung, will es aber nicht bei dem gekreuzigten Fleisch bewenden lassen, sondern auch seinen Geist kreuzigen, also den „ganzen Kerl".

Das Christentum wollte uns nur darum von der Herrschaft des Fleisches und den „Begierden als antreibenden" befreien, weil es unser Fleisch, unsre Begierden für etwas uns Fremdes ansah; es wollte uns nur darum von der Naturbestimmung erlösen, weil es unsre eigne Natur für uns nicht zugehörig hielt. Bin ich nämlich nicht selbst Natur, gehören meine natürlichen Begierden, meine ganze Natürlichkeit — und dies ist die Lehre des Christentums — nicht zu mir selbst, so erscheint mir jede Bestimmung durch die Natur, sowohl durch meine eigne Natürlichkeit wie durch die sogenannte äußere Natur, als Bestimmung durch etwas Fremdes, als Fessel, als Zwang, der mir angetan wird, *als Heteronomie im Gegensatz zur Autonomie des Geistes*. Diese christliche Dialektik akzeptiert er unbesehen und wendet sie nun auch auf unsern Geist an. Übrigens hat das Christentum es ja nie dahin gebracht, uns auch nur in dem von Sankt Max ihm untergeschobenen Juste-Milieu-Sinn von der Herrschaft der Begierden zu befreien; es bleibt bei dem bloßen, in der Praxis resultatlosen Moralgebot stehen. Stirner nimmt das moralische Gebot für die wirkliche Tat und ergänzt es durch den weiteren kategorischen Imperativ: „Wir sollen zwar Geist haben, aber der Geist soll Uns nicht haben" — und deshalb verläuft sich sein ganzer mit sich einiger Egoismus „näher", wie Hegel sagen würde, in eine nicht minder ergötzliche als erbauliche und beschauliche Moralphilosophie.

Ob eine Begierde fix wird oder nicht, d. h. ob sie zur ausschließlichen [Macht über uns wird,] wodurch indes ein [weiterer Fortschritt nicht aus]geschlossen ist, das hängt davon ab, ob die materiellen Umstände, die „schlechten" weltlichen Verhältnisse erlauben, diese Begierde normal zu befriedigen und andererseits eine Gesamtheit von Begierden zu entwickeln. Dies letztere wieder hängt davon ab, ob wir in Umständen leben, die uns eine allseitige Tätigkeit und damit eine Ausbildung aller unserer Anlagen gestatten. Ebenso hängt es von der Gestaltung der wirklichen Verhältnisse und der in ihnen gegebenen Möglichkeit der Entwickelung für jedes Individuum ab, ob die Gedanken fix werden oder nicht — wie z. B. die fixen Ideen der deutschen Philosophen, dieser „Opfer der Gesellschaft", qui nous font pitié[1], von den deutschen Verhältnissen unzertrennlich sind. Bei Stirner ist übrigens die Herrschaft der Begierde eine reine Phrase, die ihn zum absoluten Heiligen stempelt. So, um bei dem „rührenden Beispiel" vom Habgierigen zu bleiben:

„Ein Habgieriger ist kein Eigner, sondern ein Knecht, und er kann Nichts um Seinetwillen tun, ohne es zugleich um seines Herrn willen zu tun." p. 400.

Niemand kann etwas tun, ohne es zugleich einem seiner Bedürfnisse und dem Organe dieses Bedürfnisses zuliebe zu tun — wodurch für Stirner dies Bedürfnis und sein Organ zum Herrn über ihn gemacht wird, gerade wie er früher schon das *Mittel* zur Befriedigung eines Bedürfnisses (vgl. politischen Liberalismus und Kommunismus) zum Herrn über sich machte. Stirner kann nicht essen, ohne zugleich um seines Magens willen zu essen. Hindern ihn die weltlichen Verhältnisse daran, seinen Magen zu befriedigen, so wird dieser sein Magen zum Herrn über ihn, die Begierde des Essens zur fixen Begierde und der Gedanke ans Essen zur fixen Idee — womit er zugleich ein Beispiel für den Einfluß der weltlichen Umstände auf die Fixierung seiner Begierden und Ideen hat. Sanchos „Empörung" gegen die Fixierung der Begierden und Gedanken läuft hiernach auf das ohnmächtige Moralgebot der Selbstbeherrschung hinaus und liefert einen neuen Beleg dafür, wie er nur den trivialsten Gesinnungen der Kleinbürger einen ideologisch hochtrabenden Ausdruck verleiht.

In diesem ersten Exempel bekämpft er also einerseits seine fleischlichen Begierden, andererseits seine geistigen Gedanken, einerseits sein Fleisch, andererseits seinen Geist, wenn sie, seine Geschöpfe, sich gegen ihn, den Schöpfer, verselbständigen wollen. Wie unser Heiliger diesen Kampf führt, wie er sich als Schöpfer zu seinem Ge-[schöpf verhält], werden wir jetzt sehen.

Bei dem Christen „im gewöhnlichen Verstande", dem chrétien „simple"[2], um mit Fourier zu reden,

„hat der *Geist* die alleinige Gewalt, und keine Einrede des ‚*Fleisches*' wird ferner gehört. Gleichwohl aber kann Ich nur durch das ‚*Fleisch*' die Tyrannei des *Geistes* brechen; denn nur, wenn ein Mensch auch sein *Fleisch* vernimmt, vernimmt er sich ganz, und nur, wenn er sich *ganz* vernimmt, ist er vernehmend oder vernünftig. — — Führt aber einmal das *Fleisch* das Wort, und

[1] die uns Mitleid einflößen.
[2] „einfachen" Christen.

ist der Ton desselben, wie es nicht anders sein kann, leidenschaftlich — — — so glaubt er" (der chrétien simple), „Teufelsstimmen zu vernehmen, Stimmen gegen den *Geist* — — — und eifert mit Recht dagegen. Er müßte nicht Christ sein, wenn er sie dulden wollte." p. 83.

Also wenn sein Geist sich gegen ihn verselbständigen will, so ruft Sankt Max sein Fleisch zu Hülfe, und wenn sein Fleisch rebellisch wird, erinnert er sich, daß er auch Geist ist. Was der Christ nach einer Seite hin tut, das tut Sankt Max nach Beiden Seiten hin. Er ist der chrétien „composé", er beweist sich abermals als vollendeter Christ.

Hier in diesem Exempel tritt Sankt Max, der Geist, nicht als Schöpfer seines Fleisches und umgekehrt auf; er findet sein Fleisch und seinen Geist vor und erinnert sich nur, wenn eine Seite rebellisch wird, daß er auch noch die andere an sich hat, und macht nun diese andere Seite als sein wahres Ich dagegen geltend. Sankt Max ist also hier nur Schöpfer, insofern er „*Auch-Anders-Bestimmter*" ist, insofern er noch eine andere Qualität besitzt als die, welche es ihm gerade beliebt, unter die Kategorie Geschöpf zu subsumieren. Seine ganze schöpferische Tätigkeit besteht hier in dem guten Vorsatz, sich zu vernehmen, und zwar sich *ganz* zu vernehmen oder *vernünftig* zu sein[1], sich als „volles, ganzes Wesen", als von „seinem augenblicklichen Wesen" unterschiedenes Wesen, ja im geraden Gegensatz zu dem, was er „augenblicklich" für ein Wesen ist, zu vernehmen.

[Ge]hen wir nun zu einem [der „sauren] Lebenskämpfe" [unsres Heiligen] über:

[p. 80, 81: „Mein Eife]r braucht nicht [geringer zu sein als der] fanatischste, [aber Ich bleibe zu glei]cher Zeit gegen [ihn frostig kalt, ungläub]ig und sein [unversöhnlichster Feind;] Ich bleibe [sein *Richter*, weil Ich sein] Eigentümer [bin."]

[Um Dem Sinn zu] geben, was Sankt [Sancho v]on [S]ich aussagt, so beschränkt sich seine schöpferische Tätigkeit hier darauf, daß er in seinem Eifer über seinen Eifer ein Bewußtsein behält, daß er über ihn reflektiert, daß er sich als reflektierendes Ich zu sich als wirklichem Ich verhält. Es ist das Bewußtsein, dem er willkür-

---

[1] Hier rechtfertigt also Sankt Max vollständig Feuerbachs „rührendes Exempel" von der Hetäre und Geliebten. In der ersteren „vernimmt" ein Mensch *nur sein Fleisch* oder nur ihr Fleisch, in der zweiten *sich ganz* oder sie ganz. Siehe Wigand, p. 170, 171. [Anmerkung von Marx.]

lich den Namen „Schöpfer" beilegt. Er ist nur „Schöpfer", soweit er *bewußt* ist.

„Hierüber vergissest Du Dich selbst in süßer Selbstvergessenheit — — — Bist Du aber nur, wenn Du an Dich denkst, und *verkommst Du, wenn Du Dich vergissest?* Wer vergäße sich nicht alle Augenblicke, wer verlöre sich nicht in *Einer Stunde tausendmal* aus den Augen?" (Wigand, p. 157, 158.)

Dies kann Sancho seinem „Selbstvergessen" natürlich nicht vergessen und „bleibt" daher „zu gleicher Zeit sein unversöhnlichster Feind".

Sankt Max, das Geschöpf, hat in demselben Moment einen enormen Eifer, wo Sankt Max, der Schöpfer, vermöge seiner Reflexion zugleich über diesen seinen Eifer hinaus ist; oder der wirkliche Sankt Max eifert, und der reflektierende Sankt Max bildet sich ein, über diesen Eifer hinaus zu sein. Dieses Hinaussein in der Reflexion über das, was er wirklich ist, wird nun in Romanphrasen ergötzlich und abenteuerlich dahin beschrieben, daß er seinen Eifer fortbestehen läßt, d. h. mit seiner Feindschaft gegen ihn nicht wirklich Ernst macht, aber sich „frostig kalt", „ungläubig", als „unversöhnlichster Feind" gegen ihn verhält. — Insofern Sankt Max eifert, d. h., sofern der Eifer seine wirkliche Eigenschaft ist, verhält er sich nicht als Schöpfer zu ihm, und insofern er sich als Schöpfer verhält, eifert er nicht wirklich, ist ihm der Eifer fremd, seine Nicht-Eigenschaft. Solange er eifert, ist er nicht der Eigner des Eifers, und sobald er sein Eigner wird, hört er auf zu eifern. Er, der Gesamtkomplex, ist in jedem Augenblick als Schöpfer und Eigentümer der Inbegriff aller seiner Eigenschaften, minus die eine, die er zu sich, dem Inbegriff aller andern, als Geschöpf und Eigentum in Gegensatz bringt, so daß ihm immer gerade *die* Eigenschaft *fremd* ist, auf die als *die Seinige* er den Akzent legt.

So überschwenglich nun Sankt Maxens wahre Geschichte von seinen Heldentaten in sich selbst in seinem Bewußtsein klingt, so ist es dennoch ein notorisches Faktum, daß es reflektierende Individuen gibt, die in und durch ihre Reflexion über alles hinaus zu sein glauben, weil sie in der Wirklichkeit nie aus der Reflexion herauskommen.

Dieser Kunstgriff, sich gegen eine bestimmte Eigenschaft als Auch-Anders-Bestimmter, nämlich im vorliegenden Beispiel als *Inhaber der Reflexion auf das Entgegengesetzte* geltend zu machen, kann bei jeder beliebigen Eigenschaft mit den nötigen Variationen wieder angewandt werden. Z. B. Meine Gleichgültigkeit braucht nicht geringer zu sein als die des Allerblasiertesten; aber ich bleibe zu gleicher Zeit gegen sie schwitzend heiß, ungläubig und ihr unversöhnlichster Feind etc.

[Wir dür]fen nicht vergessen, daß [der Gesamt]komplex aller seiner Ei[genschaften, der Eig]ner, als welcher [Sankt] Sancho [der Ein]en Eigenschaft [reflektierend gegenübertri]tt, in diesem [Falle nichts anderes als] die einfache [Reflexion Sanchos über diese E]ine Eigenschaft [ist, welche er in sein Ich] verwandelt [hat, indem er sta]tt des Gesamt[komplexes die Eine,] bloß reflektieren[de Qualität, und] jeder seiner Eigen[schaften wie d]er Reihe gegenüber [nur die Eine] Qualität der Reflexion, ein Ich, und sich als vorgestelltes Ich, geltend macht.

Dies feindselige Verhalten gegen sich selbst, diese feierliche Parodie der Benthamschen Buchführung[104] über seine eignen Interessen und Eigenschaften, wird jetzt von ihm selbst ausgesprochen:

p. 188: „Ein Interesse, es sei wofür es wolle, hat an Mir, wenn Ich nicht davon loskommen kann, einen Sklaven erbeutet und ist nicht mehr Mein Eigentum, Ich bin das Seine. Nehmen Wir daher die Weisung der Kritik an, Uns nur wohl zu fühlen im Auflösen."

„Wir!" — Wer sind „Wir"? Es fällt „Uns" gar nicht ein, die „Weisung der Kritik" „anzunehmen". — Also fordert hier Sankt Max, der augenblicklich unter der Polizeiaufsicht „der Kritik" steht, „Ein und dasselbe Wohlsein Aller", „das Gleichwohlsein Aller bei Einem und demselben", „die direkte Gewaltherrschaft *der Religion*".

Seine Interessiertheit im außergewöhnlichen Verstande zeigt sich hier als eine himmlische Interesselosigkeit.

Wir brauchen übrigens hier gar nicht mehr darauf einzugehen, daß es in der bestehenden Gesellschaft keineswegs von Sankt Sancho abhängt, ob „ein Interesse" „an ihm einen Sklaven erbeutet" und „er nicht mehr davon loskommen kann". Die Fixierung der Interessen durch die Teilung der Arbeit und die Klassenverhältnisse liegt noch viel mehr auf der Hand als die der „Begierden" und „Gedanken".

Um die kritische Kritik zu überbieten, hätte unser Heiliger wenigstens bis zum Auflösen des Auflösens fortgehen müssen, denn

262

sonst ist das Auflösen ein Interesse, von dem er nicht loskommen kann, das an ihm einen Sklaven erbeutet hat. Das Auflösen ist nicht mehr sein Eigentum, sondern er ist das Eigentum des Auflösens. Wollte er etwa in dem soeben gegebe[nen] Beispiel konsequent sein, s[o mußte er] [seinen Eifer gegen sei]nen „Eifer" als [ein „Interesse" behandeln] und sich dagegen [als ein „unversöhn]licher Feind" v[erhalten. Er mußte aber] auch seine [„frostig kalte" Interesselosigkeit] gegen seinen [„frostig kalten" Eifer be]trachten und g[anz ebenso „frostig kalt"] werden — wodurch [er selbstverständlich] seinem ursprüng[lichen „Interesse"] und sich damit die „Anfech[tung" ersparte, sich] auf dem spekulativen [Absatz im Kreis] zu drehen. — Dagegen fährt er getrost fort (ibid.):

„Ich will nur Sorge tragen, daß Ich Mein Eigentum Mir sichere" (d. h., daß ich Mich vor Meinem Eigentum sichere), „und um es zu sichern, nehme Ich es jederzeit in Mich zurück, vernichte in ihm jede Regung nach Selbständigkeit und verschlinge es, eh' sich's fixiere und zu einer fixen Idee oder Sucht werden kann."

Wie Stirner wohl die Personen „verschlingt", die sein Eigentum sind!

Stirner hat sich soeben von „der Kritik" einen „Beruf" geben lassen. Er behauptet, diesen „Beruf" sogleich wieder zu verschlingen, indem er sagt, p. 189:

„Das tue Ich aber nicht um meines menschlichen Berufs willen, sondern weil Ich Mich dazu berufe."

Wenn ich mich nicht dazu berufe, bin ich, wie wir vorhin hörten, Sklave, nicht Eigentümer, nicht wahrer Egoist, verhalte mich nicht als Schöpfer zu mir, was ich als wahrer Egoist tun muß; soweit Einer also wahrer Egoist sein will, hat er sich zu diesem ihm von „der Kritik" angewiesenen Beruf zu berufen. Es ist also ein allgemeiner Beruf, ein Beruf für Alle, nicht nur *Sein* Beruf, sondern auch sein *Beruf*. — Andrerseits tritt hier der wahre Egoist als ein von der Mehrzahl der Individuen unerreichbares Ideal auf, denn (p.434) „die gebornen beschränkten Köpfe bilden unstreitig die zahlreichste Menschenklasse" — und wie sollten diese „beschränkten Köpfe" das Mysterium des unbeschränkten Selbst- und Welt-Verschlingens durchdringen können. — Übrigens sind diese fürchterlichen Ausdrücke: vernichten, verschlingen usw. nur eine neue Wendung für den obigen „frostig kalten unversöhnlichsten Feind".

Jetzt endlich werden wir in den Stand gesetzt, eine Einsicht in die Stirnerschen Einwürfe gegen den Kommunismus zu bekommen. Sie waren Nichts als eine vorläufige, versteckte Legitimation seines mit sich einigen Egoismus, in welchem sie leibhaftig wieder [a]uferstehen. Das „*Gleichwohlsein Aller* [*in E*]*inem und Demselben*" ersteht [wieder] in der Forderung, daß „*Wir* [Uns nur] wohl fühlen sollen im [Auflösen". „Die *Sor*]*ge*" steht wieder [auf in der einzigen „Sorg]e", sich [sein Ich als Eigent]um zu sichern; [aber „mit der Zei]t" steht wieder [„die Sorge auf, wie man"] zu einer [Einheit kommen könne, n]ämlich der [von Schöpfer und Geschöpf.] Und schließlich [erscheint der Hu]manismus wieder[, der als der wa]hre Egoist als unerreichbares Ideal [den emp]irischen Individuen gegenübertritt. Es muß also p. 117 „des Buches" folgendermaßen heißen: Der mit sich einige Egoismus will jeden Menschen recht eigentlich in einen „Geheimen Polizei-Staat" verwandeln. Der Spion und Laurer „Reflexion" überwacht jede Regung des Geistes und Körpers, und alles Tun und Denken, jede Lebensäußerung ist ihm eine Reflexionssache, d. h. Polizeisache. In dieser Zerrissenheit des Menschen in „Naturtrieb" und „Reflexion" (innerer Pöbel, Geschöpf und innere Polizei, Schöpfer) besteht der mit sich einige Egoist.

Heß hatte („Die letzten Philosophen", p. 26) unsrem Heiligen vorgeworfen:

„Er steht fortwährend unter der geheimen Polizei seines kritischen Gewissens. — — — Er hat ,die Weisung der Kritik — — — Uns nur wohl zu fühlen im Auflösen' nicht vergessen — — — Der Egoist, ruft ihm fortwährend sein kritisches Gewissen ins Gedächtnis zurück, darf sich für Nichts so sehr interessieren, daß er sich seinem Gegenstande ganz hingibt" usw.

Sankt Max „ermächtigt sich", hierauf folgendes zu antworten:

Wenn „Heß von Stirner sagt: er stehe fortwährend usw. — was ist damit weiter gesagt, als daß er, wenn er kritisiert, nicht ins Gelag hinein" (d. h. beiläufig: einzig) „kritisieren, nicht faseln, sondern eben wirklich" (d. h. menschlich) „kritisieren will?"

„Was damit weiter gesagt" war, daß Heß von der geheimen Polizei usw. sprach, ist aus der obigen Stelle von Heß so klar, daß selbst Sankt Maxens „einziges" Verständnis derselben nur für ein absichtliches Mißverständnis erklärt werden kann. Seine „Virtuosität im Denken" verwandelt sich hier in eine Virtuosität im Lügen, die wir ihm um so weniger verdenken, als sie hier sein einziger Notbehelf war — die aber sehr schlecht zu den subtilen Distinktiönlein über das Recht zu lügen paßt, welche er anderwärts „im Buche" aufstellt. Daß übrigens Sancho, „wenn er kritisiert", keineswegs „wirklich kritisiert", sondern „ins Gelag hinein kritisiert" und „faselt", haben wir ihm, mehr als er verdient, nachgewiesen.

Zunächst wurde also das Verhalten des wahren Egoisten als Schöpfer zu sich als Geschöpf dahin bestimmt, daß er gegen eine Bestimmung, worin er sich als Geschöpf fixierte, z. B. gegen sich als Denkenden, als Geist, sich als Auch-anders-Bestimmter, als Fleisch geltend machte. Später machte er sich nicht mehr geltend als *wirklich* Auch-anders-Bestimmter, sondern als die *bloße Vorstellung des Auch-Anders-Bestimmtseins* überhaupt, also im obigen Beispiel als Auch-Nichtdenkenden, Gedankenlosen oder als Gleichgültigen gegen das Denken, eine Vorstellung, die er wieder fahren läßt, sobald der Unsinn sich herausstellt. Siehe oben die Kreiselbewegung auf dem spekulativen Absatz. Also die schöpferische Tätigkeit bestand hier in der Reflexion, daß ihm diese eine Bestimmtheit, hier das Denken, auch gleichgültig sein könne — im Reflektieren überhaupt; wodurch er natürlich auch nur Reflexionsbestimmungen schafft, wenn er irgend etwas schafft (z. B. die Vorstellung des Gegensatzes, deren schlichtes Wesen unter allerlei feuerspeienden Arabesken verdeckt wird).

Was nun den *Inhalt* seiner als Geschöpfes anbetrifft, so sahen wir, daß er nirgends diesen Inhalt, diese bestimmten Eigenschaften, z. B. sein Denken, seinen Eifer pp. schafft, sondern nur die Reflexionsbestimmung dieses Inhalts als Geschöpf, die Vorstellung, daß diese bestimmten Eigenschaften seine Geschöpfe seien. Bei ihm finden sich alle seine Eigenschaften vor, und woher sie ihm kommen, ist ihm gleichgültig. Er braucht sie also weder auszubilden, also z. B. tanzen zu lernen, um über seine Beine Herr zu werden, oder sein Denken an Material, das nicht Jedem gegeben wird und nicht Jeder sich anschaffen kann, zu üben, um Eigentümer seines Denkens zu werden — noch braucht er sich um die Weltverhältnisse zu kümmern, von denen es in der Wirklichkeit abhängt, wie weit ein Individuum sich entwickeln kann.

Stirner ist wirklich nur durch Eine Eigenschaft die andere (d. h. die Unterdrückung seiner übrigen Eigenschaften durch diese „andere") los. In der Wirklichkeit ist er dies aber nur, insofern diese Eigenschaft nicht ɲur zur freien Entwicklung gekommen, nicht bloß Anlage geblieben ist, sondern auch [in]sofern die Weltverhältnisse ihm [erlau]bten, eine *Totalität* von Ei[genschaften] gleichmäßig zu entwi[ckeln, d. h. also] durch die Teilung [der Arbeit, und darum] die vor[wiegende Betät]igung einer ein[zigen Leidenschaft, z.] B. des Bücher[schreibens — wie wir schon gezeig]t haben. [Überhau]pt ist es eine [Widersinnigkeit, wenn] man, wie Sankt [Max, unterst]ellt, man könne Eine [Leidenschaft], von allen andern getrennt, [be]friedigen, man könne sie befriedigen, ohne *sich*, das ganze lebendige Individuum, zu befriedigen. Wenn diese Leidenschaft einen abstrakten, abgesonderten Charakter annimmt, wenn sie mir als eine fremde Macht gegenübertritt, wenn also die Befriedigung des Individuums als die einseitige Befriedigung einer einzigen Leidenschaft erscheint — so liegt das keineswegs am Bewußtsein oder am „guten Willen", am allerwenigsten an dem Mangel an Reflexion über den Begriff der Eigenschaft, wie Sankt Max sich vorstellt.

Es liegt nicht am *Bewußtsein*, sondern — am — *Sein;* nicht am Denken, sondern am Leben; es liegt an der empirischen Entwicklung und Lebensäußerung des Individuums, die wiederum von den Weltverhältnissen abhängt. Wenn die Umstände, unter denen dies Individuum lebt, ihm nur die [ein]seitige Entwicklung einer Eigen[scha]ft auf Kosten aller andern erlauben, [wenn] sie ihm Material und Zeit zur Entwicklung nur dieser Einen Eigenschaft geben, so bringt dies Individuum es nur zu einer einseitigen, verkrüppelten Entwicklung. Keine Moralpredigt hilft. Und die Art, in der sich diese Eine, vorzugsweise begünstigte Eigenschaft entwickelt, hängt wieder einerseits von dem ihr gebotenen Bildungsmaterial, andererseits von dem Grade und der Art ab, in denen die übrigen Eigenschaften unterdrückt bleiben. Eben dadurch, daß z. B. das Denken Denken dieses bestimmten Individuums ist, bleibt es *sein*, durch seine Individualität und die Verhältnisse, in denen es lebt, bestimmtes Denken; das denkende Individuum hat also nicht erst nötig, vermittelst einer langwierigen Reflexion über das Denken als solches sein Denken für sein eignes Denken, sein Eigentum zu erklären; es ist von vornherein sein eignes, eigentümlich bestimmtes Denken, und grade seine Eigenheit h[at sich bei Sankt] Sancho als „Gegenteil" da[von erwiesen, als] Eigenheit, die Eigenheit „*an sich*[" ist.]

266

Bei einem Individuum z. B., dessen Leben einen großen Umkreis mannigfaltiger Tätigkeiten und praktischer Beziehungen zur Welt umfaßt, das also ein vielseitiges Leben führt, hat das Denken denselben Charakter der Universalität wie jede andere Lebensäußerung dieses Individuums. Es fixiert sich daher weder als abstraktes Denken, noch bedarf es weitläufiger Reflexionskunststücke, wenn das Individuum vom Denken zu einer andern Lebensäußerung übergeht. Es ist immer von vornherein ein nach *Bedürfnis* verschwindendes und sich reproduzierendes Moment im Gesamtleben des Individuums.

Bei einem lokalisierten Berliner Schulmeister oder Schriftsteller dagegen, dessen Tätigkeit sich auf saure Arbeit einerseits und Denkgenuß andererseits beschränkt, dessen Welt von Moabit bis Köpenick geht und hinter dem Hamburger Tor[105] mit Brettern zugenagelt ist, dessen Beziehungen zu dieser Welt durch eine miserable Lebensstellung auf ein Minimum reduziert werden, bei einem solchen Individuum ist es allerdings nicht zu vermeiden, wenn es Denkbedürfnis besitzt, daß das Denken ebenso abstrakt wird wie dies Individuum und sein Leben selbst, daß es ihm, dem ganz Widerstandslosen gegenüber, eine fixe Macht wird, eine Macht, deren Betätigung dem Individuum die Möglichkeit einer momentanen Rettung aus seiner „schlechten Welt", eines momentanen Genusses bietet. Bei einem solchen Individuum äußern sich die wenigen übrigen, nicht so sehr aus dem Weltverkehr als aus der menschlichen Leibeskonstitution hervorgehenden Begierden nur durch *Reperkussion*; d. h., sie nehmen innerhalb ihrer bornierten Entwicklung denselben einseitigen und brutalen Charakter an wie das Denken, kommen nur in langen Zwischenräumen und stimuliert durch das Wuchern der vorherrschenden Begierde (unterstützt durch unmittelbar physische Ursachen, z. B. Kompression [des Unter]leibs) zum Vorschein und äußern [sich] heftig, gewaltsam, mit brutalster Verdrängung der gewöhn[lichen, natürlichen] Begierde[, indem sie zur weit]er[n] Herrschaft über [das Denken führen. D]aß das schulmeister[liche Denken über] dies empirische [Faktum auf eine schu]lmeisterliche Weise [reflektiert und spintisiert, ver]steht sich von selbst. [Aber das bloße Inse]rat davon, daß Stir[ner seine Eigen]schaften überhaupt „schafft", [erklärt] nicht einmal ihre bestimmte [E]ntwicklung. Inwiefern diese Eigenschaften universell

267

oder lokal entwickelt werden, inwiefern sie lokale Borniertheiten überschreiten oder in ihnen befangen bleiben, hängt nicht von ihm, sondern vom Weltverkehr und von dem Anteil ab, den er und die Lokalität, in der er lebt, an ihm nehmen. Keineswegs, daß die Individuen in ihrer Reflexion sich einbilden oder vornehmen, ihre lokale Borniertheit aufzulösen, sondern daß sie in ihrer empirischen Wirklichkeit und durch empirische Bedürfnisse bestimmt es dahin gebracht haben, einen Weltverkehr zu produzieren — nur dies Faktum macht es den Einzelnen möglich, unter günstigen Verhältnissen ihre lokale Borniertheit loszuwerden.

Das Einzige, wozu es unser Heiliger mit seiner sauren Reflexion über seine Eigenschaften und Leidenschaften bringt, ist, daß er sich durch seine fortwährende Häkelei und Katzbalgerei mit ihnen ihren Genuß und ihre Befriedigung versäuert.

Sankt Max schafft, wie schon vorhin gesagt, bloß sich als Geschöpf, d. h. beschränkt sich darauf, sich unter diese Kategorie des Geschöpfs zu subsumieren. Seine Tätigkeit [als] Schöpfer besteht darin, sich als Geschöpf [zu] betrachten, wobei er nicht einmal [dazu fo]rtgeht, diese Spaltung in sich als [Schöpfer und s]ich als Geschöpf als sein eignes [Produkt wie]der aufzulösen. Die Spaltung [in „Wesentliches" un]d „Unwesentliches" wird [bei ihm zu einem] permanenten Lebensprozeß, [also zum bloßen Sc]hein, d. h., sein eigentliches Leb[e]n existiert nur [in der „reinen"] Reflexion, ist gar [nicht einmal ein] wirkliches Dasein, [denn da dies jeden Au]genblick außer [ihm und seiner Reflexion] ist, bemüht er sich [vergeblich, diese als] wesentlich darzustel[len.

„Indem] aber dieser Feind" (näm[l]ich der wahre Egoist als Geschöpf) „in seiner Niederlage sich erzeugt, indem das Bewußtsein, da es sich ihn fixiert, vielmehr statt frei davon zu werden, immer dabei verweilt und sich immer verunreinigt erblickt, und indem zugleich dieser Inhalt seines Bestrebens das Niedrigste ist, so sehen wir nur eine auf sich und ihr kleines Tun" (Tatlosigkeit) „beschränkte und *sich bebrütende*, ebenso *unglückliche* als *ärmliche* Persönlichkeit." (Hegel.)

Was wir bisher über Sanchos Spaltung in Schöpfer und Geschöpf sagten, drückt er selbst nun schließlich in logischer Form aus: Schöpfer und Geschöpf verwandeln sich in voraussetzendes und vorausgesetztes, resp. (insofern seine Voraussetzung [seines Ichs eine] *Setzung* ist) setzendes und gesetztes Ich:

„Ich Meinesteils gehe von einer Voraussetzung aus, indem Ich Mich *voraussetze;* aber Meine Voraussetzung ringt nicht nach ihrer Vollendung" (vielmehr ringt Sankt Max nach ihrer Erniedrigung), „sondern dient Mir nur dazu, sie zu genießen und zu verzehren" (ein beneidenswerter Genuß!). „Ich zehre gerade an Meiner Voraussetzung allein und bin nur, indem Ich sie verzehre. *Darum"* (großes „Darum!") „aber ist jene Voraussetzung gar keine; *denn da"* (großes „denn da"!) „Ich der Einzige bin" (soll heißen der wahre, der mit sich einige Egoist), „so weiß Ich nichts von der Zweiheit eines voraussetzenden und vorausgesetzten Ichs (eines ‚unvollkommnen' und ‚vollkommnen' Ichs oder Menschen)" — soll heißen, besteht die Vollkommenheit meines Ichs nur darin, mich jeden Augenblick als unvollkommnes Ich, als Geschöpf zu wissen — *„sondern"* (allergrößtes „Sondern"!), „daß Ich Mich verzehre, heißt nur, daß Ich bin." (Soll heißen: Daß Ich bin, heißt hier nur, daß Ich an Mir die Kategorie des Vorausgesetzten in der Einbildung verzehre.) „Ich setze Mich nicht voraus, weil Ich Mich jeden Augenblick überhaupt erst setze oder schaffe" (nämlich als Vorausgesetzten, Gesetzten oder Geschaffenen setze und schaffe) „und nur dadurch Ich bin, daß Ich nicht vorausgesetzt, sondern gesetzt bin" (soll heißen: und nur dadurch bin, daß Ich Meinem Setzen vorausgesetzt bin) „und wiederum nur in dem Moment gesetzt, wo Ich Mich setze, d. h., Ich bin Schöpfer und Geschöpf in Einem."

Stirner ist ein „gesetzter Mann", da er stets ein gesetztes Ich und sein Ich *„auch* Mann" (Wig[and,] p. 183) ist. *„Darum"* ist er ein gesetzter Mann; *„denn da"* er nie von Leidenschaften zu Exzessen hingerissen wird, *„so"* ist er das, was die Bürger einen gesetzten Mann nennen, *„sondern"* daß er ein gesetzter Mann ist, *„das heißt nur"*, daß er stets Buch über seine eignen Wandlungen und Brechungen führt.

Was bisher, um nach Stirner auch einmal mit Hegel zu sprechen, nur „für uns" war, nämlich daß seine ganze schöpferische Tätigkeit keinen andern Inhalt als allgemeine Reflexionsbestimmungen hatte, das ist jetzt von Stirner selbst „gesetzt". Sankt Maxens Kampf gegen *„das Wesen"* erreicht nämlich hier darin sein „letztes Absehen", daß er sich selbst mit dem Wesen, und zwar dem reinen, spekulativen Wesen identifiziert. [Da]s Verhältnis von Schöpfer und Geschöpf [verw]andelt sich in eine Expli[kation] des *Sich-selbst-Voraussetzens,* d. h., [er verwandelt] in eine höchst „unbe[holfene"] und durcheinandergeworfene [Vorstellung,] was Hegel in „der [Lehre vom Wesen]" über die Reflexion [sagt. Da nämlich] Sankt Max *ein* [Moment seiner] Reflexion, die [setzende Reflexion, her]-ausnimmt, [werden seine Phantas]ien „nega[tiv", indem er nämlich] sich pp. in „Selbst[voraussetzung", zum U]nterschied zwischen

269

[sich als dem Setzende]n und Gesetzten, [und die Re]flexion in den mystischen Gegensatz von Schöpfer und Geschöpf verwandelt. Nebenbei ist zu bemerken, daß Hegel in diesem Abschnitt der „Logik" die „Machinationen" des „schöpferischen Nichts" auseinandersetzt, woraus sich auch erklärt, weshalb sich Sankt Max schon p. 8 als dies „schöpferische Nichts" „setzen" mußte.

Wir wollen jetzt einige Sätze aus der Hegelschen Explikation des Sich-selbst-Voraussetzens zur Vergleichung mit Sankt Maxens Explikation „episodisch einlegen". Da Hegel indes nicht so zusammenhanglos und „ins Gelag hinein" schreibt wie unser Jacques le bonhomme, sind wir genötigt, uns diese Sätze von verschiedenen Seiten der „Logik" zusammenzuholen, um sie dem großen Satz Sanchos entsprechend zu machen.

„Das Wesen setzt sich selbst voraus, und das Aufheben dieser Voraussetzung ist es selbst. Weil es Abstoßen seiner von sich selbst oder Gleichgültigkeit gegen sich, negative Beziehung auf sich ist, setzt es sich somit sich selbst gegenüber ... das Setzen hat keine Voraussetzung ... das Andre ist nur durch das Wesen selbst gesetzt ... Die Reflexion ist also nur als das Negative ihrer selbst. Als Voraussetzende ist sie schlechthin setzende Reflexion. Sie besteht also darin, sie selbst und nicht sie selbst in einer Einheit" („Schöpfer und Geschöpf in Einem") „zu sein." Hegels „Logik", II, p. 5, 16, 17, 18, 22.

Man hätte nun von Stirners „Virtuosität im Denken" erwarten sollen, daß er zu weiteren Forschungen in der Hegelschen „Logik" fortgeschritten wäre. Dies unterließ er indes weislich. Er würde dann nämlich gefunden haben, daß er als bloß „gesetztes" Ich, als Geschöpf, d. h. soweit er *Dasein* hat, ein bloßes *Schein*-Ich, und nur „*Wesen*", *Schöpfer* ist, soweit er *nicht* da ist, sich bloß vorstellt. Wir haben bereits gesehen und werden noch weiter sehen, daß seine ganzen Eigenschaften, seine ganze Tätigkeit und sein ganzes Verhalten zur Welt ein bloßer Schein ist, den er sich vormacht, nichts als „Jongleurkünste auf dem Seile des Objektiven". Sein Ich ist stets ein stummes, verborgenes „Ich", verborgen in seinem als *Wesen* vorgestellten *Ich*.

Da der wahre Egoist in seiner schöpferischen Tätigkeit also nur eine Paraphrase der spekulativen Reflexion oder des reinen Wesens ist, so ergibt sich „nach der Mythe" „durch natürliche Fortpflanzung", was schon bei der Betrachtung der „sauren Lebenskämpfe" des wahren Egoisten hervortrat, daß seine „Geschöpfe" sich auf die einfachsten Reflexionsbestimmungen, wie Identi[tät], Unterschied,

Gleichheit, Ungleich[heit, Gegen]satz pp. beschränken — [Reflexions]bestimmungen, die er sich an [„Sich", von] dem „die Kunde bis nach [Köln gedrun]gen ist", klarzumachen [sucht. Über] sein *voraussetzungsloses* [Ich werden] wir gelegentlich noch [„ein gerin]ges Wörtlein vernehmen". Siehe u. a. den „Einzigen".

Wie in *Sanchos* Geschichtskonstruktion, nach Hegelscher Methode, die spätere historische Erscheinung zur Ursache, zum Schöpfer der früheren gemacht wird, so beim mit sich einigen Egoisten der Stirner von heute zum Schöpfer des Stirner von gestern, obgleich, um in seiner Sprache zu sprechen, der Stirner von heute das Geschöpf des Stirner von gestern ist. Die Reflexion dreht dies allerdings um und in der Reflexion, als Reflexionsprodukt, als Vorstellung, ist der Stirner von gestern das Geschöpf des Stirner von heute, ganz wie die Weltverhältnisse innerhalb der Reflexion die *Geschöpfe* seiner Reflexion sind.

p. 216. „*Suchet* nicht die Freiheit, die Euch gerade um Euch selbst bringt, in der ‚Selbstverleugnung', sondern *suchet* Euch selbst" (d. h., suchet Euch selbst in der Selbstverleugnung), „*werdet Egoisten*, werde Jeder von Euch ein *allmächtiges* Ich!"

Wir dürfen uns nach dem Vorhergehenden nicht wundern, wenn Sankt Max sich später zu diesem Satze wieder als Schöpfer und unversöhnlichster Feind verhält und sein erhabenes Moralpostulat: „Werde ein *allmächtiges* Ich" dahin „auflöst", daß ohnehin Jeder tut, was er kann und kann, was er tut, wodurch er natürlich für Sankt Max „allmächtig" ist. — Übrigens ist in dem obigen Satze der Unsinn des mit sich einigen Egoisten zusammengefaßt. Zuerst das Moralgebot des Suchens, und zwar des Sich-selbst-Suchens. Dies wird dahin bestimmt, daß man etwas werden soll, was man noch nicht ist, nämlich Egoist, und dieser Egoist wird dahin bestimmt, daß er „ein allmächtiges Ich" ist, worin das eigentümliche Vermögen aus wirklichem in Ich, in die Allmacht, die Phantasie des Vermögens sich aufgelöst hat. Sich selbst suchen heißt also etwas Andres werden, als man ist, und zwar *allmächtig* werden, d. h. Nichts, ein Unding, eine Phantasmagorie werden.

Wir sind jetzt so weit vorgedrungen, daß eines der tiefsten Mysterien des Einzigen und zugleich ein Problem, das die zivilisierte Welt seit längerer Zeit in ängstlicher Spannung hielt, enthüllt und gelöst werden kann.

Wer ist Szeliga? So fragt sich seit der kritischen „Literatur-Zeitung" (siehe: „Die heilige Familie" etc.) Jeder, der die Entwicklung der deutschen Philosophie verfolgt hat. Wer ist Szeliga? Alle fragen, Alle horchen auf bei dem barbarischen Klange dieses Namens — Keiner antwortet.

Wer ist Szeliga? Sankt Max gibt uns den Schlüssel dieses „Geheimnisses aller Geheimnisse".

Szeliga ist Stirner als Geschöpf, Stirner ist Szeliga als Schöpfer. Stirner ist das „Ich", Szeliga das „Du" „des Buchs". Stirner, der Schöpfer, verhält sich daher zu Szeliga, dem Geschöpf, als zu seinem „unversöhnlichsten Feind". Sobald sich Szeliga gegen Stirner verselbständigen will — wozu er einen unglückseligen Versuch in den „Norddeutschen Blättern" machte — „nimmt" ihn Sankt Max wieder „in sich zurück", ein Experiment, was gegen diesen Szeligaschen Versuch auf p. 176—179 des apologetischen Kommentars bei Wigand vollzogen wird. Der Kampf des Schöpfers gegen das Geschöpf, Stirners gegen Szeliga, ist indes nur scheinbar: [Sz]eliga führt gegen seinen Schöpfer [jetzt] die Phrasen dieses [Schöpfers] ins Feld — z. B. „daß [der bloße,] blanke Leib die Gedan[kenlosigkei]t ist" (Wig[and,] p. 148). Sankt [Max dachte] sich, wie wir sahen, nur [das blanke Flei]sch, den Leib vor sei[ner Bildung], und gab bei die[ser Gelegenhe]it dem Leibe die [Bestimmung, „d]as Andere des Gedank[ens", der] Nicht-Gedanke und Nicht-Den[ken]de zu sein, also die Gedankenlosigkeit; ja an einer späteren Stelle spricht er es geradezu aus, daß *nur* die Gedankenlosigkeit (wie vorher *nur* das Fleisch, die also identifiziert werden) ihn vor den Gedanken rette (p. 196). — Einen noch viel schlagenderen Beweis dieses geheimnisvollen Zusammenhangs erhalten wir bei Wigand. Wir sahen bereits p. 7 „des Buchs", daß „Ich", d. h. Stirner, „der Einzige" ist. Auf p. 153 des Kommentars redet er nun seinen „Du" an: *„Du"* — — „bist der *Phraseninhalt*", nämlich der Inhalt des „Einzigen", und auf derselben Seite heißt es: „Daß *er selber, Szeliga, der Phraseninhalt sei,* läßt er außer Acht." „Der Einzige" ist die Phrase, wie Sankt Max wörtlich sagt. Als *„Ich"*, d. h. als *Schöpfer* gefaßt, ist er *Phraseneigner* — dies ist *Sankt Max*. Als *„Du"*, d. h. als *Geschöpf* gefaßt, ist er *Phraseninhalt* — dies ist *Szeliga*, wie uns soeben verraten

272

wurde. Szeliga, das Geschöpf, tritt als aufopfernder Egoist, als verkommener Don Quijote auf; Stirner, der Schöpfer, als Egoist im gewöhnlichen Verstande, als heiliger Sancho Pansa.

Hier tritt also die andere Seite des Gegensatzes von Schöpfer und Geschöpf auf, wo jede der beiden Seiten ihr Gegenteil an sich selbst hat. Sancho Panza Stirner, der Egoist im gewöhnlichen Verstande, überwindet hier den Don Quijote Szeliga, den aufopfernden und illusorischen Egoisten, eben *als* Don Quijote, durch seinen Glauben an die Weltherrschaft des Heiligen. Was war [über]haupt Stirners Egoist im ge[wöhnlichen] Verstande anders als San[cho Panza] und sein aufopfernder Ego[ist andres] als Don Quijote und [ihr gegenseitiges Ver]hältnis in der bis[herigen Form an]ders als das des [Sancho Panza Stirner] zum Don Quijo[te Szeliga? Jetzt, als] Sancho Panza, g[ehört Stirner sich als] Sancho nur, u[m Szeliga als] Don Quijote glau[ben zu machen, daß] er ihn in der Don[quijoterie über]trifft und einer [solchen Rolle gemäß, als] vorausgesetzte allgemeine Don[quijoterie, Nichts] gegen die D[onquijoterie sei]nes ehemaligen Herrn [(auf] die er mit dem festesten Bedientenglauben schwört) unternimmt und dabei seine schon bei Cervantes entwickelte Pfiffigkeit geltend macht. Dem wirklichen Gehalt nach ist er daher der Verteidiger des praktischen Kleinbürgers, aber bekämpft das dem Kleinbürger entsprechende Bewußtsein, das sich in letzter Instanz auf die idealisierenden Vorstellungen des Kleinbürgers von der ihm unerreichbaren Bourgeoisie reduziert.

Don Quijote verrichet also jetzt als Szeliga bei seinem ehemaligen Schildknappen Knechtsdienste.

Wie sehr Sancho in seiner neuen „Wandlung" noch die alten Gewohnheiten behalten hat, zeigt er auf jeder Seite. Noch immer bildet das „Verschlingen" und „Verzehren" eine seiner Hauptqualitäten, noch immer hat seine „natürliche Furchtsamkeit" solche Herrschaft über ihn, daß sich der König von Preußen und der Fürst Heinrich LXXII. ihm in den „Kaiser von China" oder den „Sultan" verwandeln und er nur von den „d .... .¹ Kammern" zu sprechen wagt; noch immer streut er Sprüchwörter und Sittensprüchlein aus seinem Schnappsack um sich, noch immer fürchtet er sich vor „Gespenstern", ja erklärt sie für das allein Furchtbare; der einzige Unterschied ist, daß, während Sancho in seiner Unheiligkeit von den

---
¹ deutschen.

Bauern in der Schenke geprellt wurde, er im Stande der Heiligkeit jetzt fortwährend sich selbst prellt.

Kommen wir indes auf Szeliga zurück. Wer hat nicht längst in allen „Phrasen", die Sankt Sancho seinem „Du" in den Mund legte, Szeligas Finger entdeckt? Und nicht allein in den Phrasen des „Du", sondern auch in den Phrasen, wo Szeliga als Schöpfer, also als *Stirner* auftritt, ist Szeligas Spur fortwährend zu verfolgen. Darum aber, weil Szeliga Geschöpf ist, konnte in der „Heiligen Familie" Szeliga nur als „*Geheimnis*" auftreten. Die Enthüllung des Geheimnisses kam Stirner dem Schöpfer zu. Wir ahnten freilich, daß hier ein großes, heiliges Abenteuer zugrunde liege. Wir sind nicht getäuscht worden. Das einzige Abenteuer ist wirklich nie gesehen und nie erhört und übertrifft das von den Klappermühlen Cervantes' am zwanzigsten.

3. Offenbarung Johannis des Theologen oder die „Logik der neuen Weisheit"

Im Anfang war das Wort, der Logos. In ihm war das Leben, und das Leben war das Licht der Menschen. Und das Licht scheinet in die Finsternis und die Finsternis hat[1] es *nicht begriffen*. Das war das wahrhaftige Licht, es war in der Welt, und die Welt kannte es nicht. Er kam in *sein Eigentum*, und die Seinen nahmen ihn nicht auf. Wie viele ihn aber aufnahmen, denen gab er Macht, Eigentümer zu werden, die an [den N]amen des Einzigen glauben. [Aber we]r hat den Einzigen je ge[sehen?]

[Betrachten] wir jetzt dieses „Licht der [Welt" in „der] Logik der neuen Weis[heit", da Sankt] Sancho sich bei den frü[heren Vernich]tungen nicht beruhigt.

[Bei unserm „]einzigen" Schriftsteller versteht es sich [von selbst, daß] die Grundlage seiner [Genialität] in einer glänzen[den Reihe pers[önlicher Vorzüge [besteht, welc]he seine eigentüm[liche Virtuosität] im Denken ausma[chen. D]a alle diese Vorzüge bereits im Vorhergehenden weitläufig nachgewiesen sind, so genügt hier eine kurze Zusammenstellung der hauptsächlichsten unter ihnen: Liederlichkeit im Denken — Konfusion — Zusammenhangslosigkeit — eingestandene Unbeholfenheit — unendliche Wiederholungen — be-

---

[1] Im Manuskript: haben.

ständiger Widerspruch mit sich selbst — Gleichnisse ohnegleichen — Einschüchterungsversuche gegen den Leser — systematische Gedanken-Erbschleicherei vermittelst der Hebel „Du", „Es", „Man" usw. und groben Mißbrauchs der Konjunktionen Denn, Deshalb, Darum, Weil, Demnach, Sondern etc. — Unwissenheit — schwerfällige Beteuerung — feierlicher Leichtsinn — revolutionäre Redensarten und friedliche Gedanken — Sprachpolterei — aufgedunsene Gemeinheit und Kokettieren mit wohlfeiler Unanständigkeit — Erhebung des Eckenstehers Nante[106] in den absoluten Begriff — Abhängigkeit von Hegelschen Traditionen und Berliner Tagesphrasen — kurz, vollendete Fabrikation einer breiten Bettelsuppe (491 Seiten) nach Rumfordscher Manier.

In dieser Bettelsuppe schwimmen dann eine ganze Reihe von *Übergängen* als Knochen herum, von denen wir jetzt einige Specimina¹ zur öffentlichen Ergötzung des ohnehin so gedrückten deutschen Publikums mitteilen wollen:

„Könnten wir nicht — nun ist aber — man teilt mitunter — man kann nun — zur Wirksamkeit von ... gehört besonders das, was man häufig ... nennen hört — und dies heißt — Es kann nun, um hiermit zu schließen, einleuchten — mittlerweile — so kann hier beiläufig gedacht werden — sollte nicht — oder wäre nicht etwa — der Fortgang von ... dahin, daß ... ist nicht schwer — von einem gewissen Standpunkt aus räsoniert man etwa so — z. B. *u.s.w.* — etc. und „ist an dem" in allen möglichen „Wandlungen".

Wir können hier gleich einen [logischen] Kniff erwähnen, von dem [sich nicht] entscheiden läßt, ob er der [gepriesenen] Tüchtigkeit Sanchos [oder der] Untüchtigkeit seiner [Gedanken seine] Existenz verdankt. Dies[er Kniff besteht] darin, aus einer Vorstel[lung, aus einem] Begriff, der mehrere [bestimmt aus]gemachte Seiten [hat, *eine* Seite] als die bisher allein[ige und einzige] herauszunehmen, sie [dem Begriff als] seine *alleinige Bestimmt*[*heit* unter]zuschieben und dieser gege[nüber jede andre] Seite unter einem [neuen Namen als] etwas Originelles gelten[d zu machen]. So mit der Freiheit und der Eigen[heit, wie] wir später sehen werden.

Unter den Kategorien, welche weniger der Persönlichkeit Sanchos, als der allgemeinen Bedrängnis, in welcher sich die deutschen Theoretiker dermalen befinden, ihren Ursprung verdanken, steht obenan die *lumpige Distinktion*, die Vollendung der Lumperei. Da

¹ Probestücke, Muster.

unser Heiliger sich in den „seelenmarterndsten" Gegensätzen herumtreibt, wie Einzelnes und Allgemeines, Privatinteresse und allgemeines Interesse, gewöhnlicher Egoismus und Aufopferung pp., so kommt es schließlich auf die lumpigsten Konzessionen und Transaktionen der beiden Seiten untereinander, die wiederum auf den subtilsten Distinktionen beruhen — Distinktionen, deren Nebeneinander-Bestehen durch „*auch*" ausgedrückt und deren Trennung voneinander dann wieder durch ein dürftiges „*insofern*" aufrechterhalten wird. Solche lumpige Distinktionen sind z. B.: wie die Menschen sich gegenseitig *exploitieren*, aber doch Keiner dies *auf Kosten des Andern* tut; inwiefern Etwas mir *eigen* oder *eingegeben* ist; die Konstruktion einer *menschlichen* und einer *einzigen* Arbeit, die nebeneinander existieren; das für das *menschliche* Leben Unentbehrliche und das dem *einzigen* Leben Unentbehrliche; was der reinen Persönlichkeit angehört und was sachlich zufällig ist, wo Sankt Max, von seinem Standpunkte aus, gar kein Kriterium hat; was zu den *Lumpen* und was zur *Haut* des Individuums gehört; was er durch die Verneinung total *los wird* oder sich *aneignet*, inwiefern er bloß seine Freiheit oder bloß seine Eigenheit aufopfert, wo er auch opfert, aber nur *insofern* er eigentlich nicht opfert, was mich als Band und was mich als persönliche Beziehung zu den Andern in Verhältnis bringt. Ein Teil dieser Distinktionen ist absolut lumpig, ein anderer verliert, wenigstens bei Sancho, allen Sinn und Halt. Als Vollendung dieser lumpigen Distinktion kann betrachtet werden die zwischen der *Weltschöpfung* durch das Individuum und dem *Anstoß*, den es von der Welt erhält. Ginge er hier z. B. auf den Anstoß näher ein, in der ganzen Ausbreitung und Mannigfaltigkeit, in der dieser auf ihn wirkt, so würde [sich bei] ihm schließlich der Widerspruch [herauss]tellen, daß er ebenso *blind* [*abhängig*] von der Welt ist, wie er [sie egois]tisch-ideologisch *schafft*. (Siehe: „Mein Selbstgenuß".) Er [würde seine „]*Auchs*" und „*Insoferns*" [ebensowenig] nebeneinander [nennen, wie d]ie „menschliche" Arbeit [neben der „]einzigen", Eins nicht [gegenüber dem] Andern streitig [machen, so Eins nic]ht dem Andern [in den Rücken] fallen und so nicht der [„*mit sich selbst e*]*inige* Egoist" vollständig [sich selbst unterst]ellt werden — aber wir [wissen,] daß dieser nicht erst [unterste]llt zu werden braucht, sondern schon von vornherein der Ausgangspunkt war.

Diese Lumperei der Distinktion geht durch das ganze „Buch", ist ein Haupthebel auch der übrigen logischen Kniffe und äußert sich namentlich in einer ebenso selbstgefälligen wie spottwohlfeilen moralischen Kausuistik. So wird uns an Exempeln klargemacht, inwieweit der wahre Egoist lügen darf und nicht lügen darf, inwiefern es „verächtlich" und nicht verächtlich ist, ein Vertrauen zu täuschen, inwiefern Kaiser Sigismund und Franz I. von Frankreich Eide brechen durften und inwiefern sie sich dabei „lumpig" benahmen, und andre dergleichen feine historische Illustrationen. Gegenüber diesen mühsamen Distinktionen und Quästiunculis[1] nimmt sich dann wieder sehr gut aus die Gleichgültigkeit unsres Sancho, der Alles einerlei ist und die alle wirklichen, praktischen und Gedanken-Unterschiede beiseite wirft. Im Allgemeinen können wir schon jetzt sagen, daß seine Kunst zu unterscheiden noch lange nicht reicht an seine Kunst, nicht zu unterscheiden, alle Kühe in der Nacht des Heiligen grau werden zu lassen und Alles auf Alles zu reduzieren — eine Kunst, die in der *Apposition* ihren adäquaten Ausdruck erreicht.

Umarme Deinen „Grauen", Sancho, Du hast ihn hier wiedergefunden! Lustig springt er Dir entgegen, nicht achtend der Fußtritte, die ihm geworden sind, und begrüßt Dich mit heller Stimme. Knie nieder vor ihm, umschlinge seinen Hals und erfülle Deinen Beruf, zu dem Dich Cervantes am dreißigsten berufen hat.

Die *Apposition* ist der Graue Sankt Sanchos, seine logische und historische Lokomotive, die auf ihren kürzesten und einfachsten Ausdruck reduzierte treibende Kraft „des Buchs". Um eine Vorstellung in eine andere zu verwandeln oder die Identität zweier ganz disparaten Dinge nachzuweisen, werden einige Mittelglieder gesucht, die teils dem Sinn, teils der Etymologie, teils dem bloßen Klange nach zur Herstellung eines scheinbaren Zusammenhangs zwischen den beiden Grundvorstellungen brauchbar sind. Diese werden dann in der Form der Apposition der ersten Vorstellung angehängt, und zwar so, daß man immer weiter von dem abkommt, wovon man ausging, und immer näher zu dem kommt, wohin man will. Ist die Appositionskette so weit präpariert, daß man ohne Gefahr schließen kann, so wird vermittelst eines Gedankenstrichs die Schlußvorstellung ebenfalls als Apposition angehangen, und das

---
[1] winzigen (gelehrten) Fragen.

Kunststück ist fertig. Dies ist eine höchst empfehlenswerte Manier des Gedankenschmuggels, die um so wirksamer ist, je mehr sie zum Hebel der Hauptentwicklungen gemacht wird. Wenn man dies Kunststück bereits mehrere Male mit Erfolg vollzogen hat, so kann man, nach Sankt Sanchos Vorgang, allmählich einige Mittelglieder auslassen und endlich die Appositionsreihe auf die allernotdürftigsten Haken reduzieren.

Die Apposition kann nun auch, wie wir schon oben sahen, umgedreht werden und dadurch zu neuen, komplizierteren Kunststücken und erstaunlicheren Resultaten führen. Wir sahen ebendaselbst, daß die Apposition die logische Form der unendlichen Reihe aus der Mathematik ist.

Sankt Sancho wendet die Apposition doppelt an, einerseits rein logisch, bei der Kanonisation der Welt, wo sie ihm dazu dient, jedes beliebige weltliche Ding in „das Heilige" zu verwandeln, andererseits historisch, bei Entwicklungen des Zusammenhangs und bei Zusammenfassung verschiedener Epochen, wo jede geschichtliche Stufe auf ein einziges Wort reduziert wird und am Ende das Resultat herauskommt, daß das letzte Glied in der historischen Reihe um kein Haarbreit weiter ist als das erste und sämtliche Epochen der Reihe schließlich in [e]iner einzigen abstrakten Kategorie, [e]twa Idealismus, Abhängigkeit von Gedanken pp. zusammengefaßt werden. Wenn in die historische Appositionsreihe der Schein eines Fortschritts gebracht werden soll, so geschieht dies dadurch, daß die Schlußphrase als die Vollendung der ersten Epoche der Reihe und die Zwischenglieder als Entwicklungsstufen in aufsteigender Ordnung zur letzten, vollendeten Phrase hin gefaßt werden.

Der Apposition zur Seite geht die *Synonymik*, die von Sankt Sancho nach allen Seiten hin exploitiert wird. Wenn zwei Worte etymologisch zusammenhängen oder nur ähnlichen Klang haben, so werden sie solidarisch füreinander verantwortlich gemacht, oder wenn ein Wort verschiedene Bedeutungen hat, so wird dies Wort nach Bedürfnis bald in der einen, bald in der andern Bedeutung, und zwar mit dem Scheine gebraucht, als spreche Sankt Sancho von Einer und derselben Sache in verschiedenen „Brechungen". Eine eigne Sektion der Synonymik bildet noch die *Übersetzung*, wo ein französischer oder lateinischer Ausdruck durch einen deutschen ergänzt wird, der jenen ersten halb und sonst noch ganz andre Dinge ausdrückt, z. B. wenn, wie wir oben sahen, „respektieren" durch „Ehrfurcht und Furcht empfinden" pp. übersetzt wird. Man erinnere sich an Staat, Status, Stand, Notstand etc. Wir haben beim Kommunismus schon Gelegenheit gehabt, reichhaltige Exempel dieses Gebrauchs von doppelsinnigen Ausdrücken zu sehen. Wir wollen jetzt noch kurz ein Beispiel der etymologischen Synonymik vornehmen.

„Das Wort ‚*Gesellschaft*' hat seinen Ursprung in dem Worte ‚*Sal*'. Schließt ein *Saal* viele Menschen ein, so macht's der *Saal*, daß sie in Gesellschaft sind. Sie *sind* in Gesellschaft und machen höchstens eine *Salon-Gesellschaft* aus, indem sie in den herkömmlichen *Salon-Redensarten* sprechen. Wenn es zum wirklichen *Verkehr* kommt, so ist dieser als von der Gesellschaft unabhängig zu betrachten." (pag. 286.)

Weil „das Wort ‚Gesellschaft' in ‚Sal' seinen Ursprung hat" (was beiläufig gesagt nicht wahr ist, da die *ursprünglichen* Wurzeln aller Wörter *Zeitwörter* sind), so muß „Sal" = „Saal" sein. Sal heißt aber im Althochdeutschen ein *Gebäude*, Kisello, Geselle, wovon Gesellschaft herkommt, ein *Hausgenosse*, und daher kommt der „Saal" ganz willkürlich herein. Aber das tut nichts; der „Saal" wird sogleich in einen „Salon" verwandelt, als ob zwischen dem althochdeutschen „Sal" und dem neufranzösischen „Salon" nicht eine Zwischenstufe von zirka tausend Jahren und soundso viel Meilen läge. So ist die Gesellschaft in eine Salon-Gesellschaft verwandelt, in der nach deutschspießbürgerlicher Vorstellung nur ein Phrasenverkehr stattfindet und von der aller wirkliche Verkehr ausgeschlossen ist. — Übrigens hätte Sankt Max, da er doch nur darauf ausgeht, die Gesellschaft in „das Heilige" zu verwandeln, die Sache viel kürzer haben können, wenn er die Etymologie etwas genauer betrieben und sich ein beliebiges Wurzellexikon angesehen hätte. Welch ein Fund wäre es für ihn gewesen, wenn er dort den etymologischen Zusammenhang zwischen „Gesellschaft" und „selig" entdeckt hätte — Gesellschaft — selig — heilig — das Heilige — was kann einfacher aussehen?

Wenn „Stirners" etymologische Synonymik richtig ist, so suchen die Kommunisten die wahre Grafschaft, die Grafschaft als das Heilige. Wie Gesellschaft von Sal, Gebäude, so kommt Graf (got[isch] garâvjo) vom [go]tischen râvo, Haus. Sal, Gebäude = râvo, Haus, also Gesellschaft gleich Grafschaft. Vor- und Endsilben sind in beiden Worten gleich, die Stammsilben haben gleiche Bedeutung — also ist die heilige Gesellschaft der Kommunisten die heilige Grafschaft, die Grafschaft als das Heilige — was kann einfacher aussehen? Sankt Sancho ahnte dies, als er im Kommunismus die Vollendung des Lehnswesens, d. h. Grafschaftenwesens sah.

Die Synonymik dient unsrem Heiligen einerseits dazu, empirische Verhältnisse in spekulative zu verwandeln, indem er ein Wort, das in der Praxis sowohl wie in der Spekulation vorkommt, in seiner spekulativen Bedeutung anwendet, über diese spekulative Bedeutung einige Phrasen macht und dann sich stellt, als ob er damit auch die wirklichen Verhältnisse kritisiert habe, zu deren Bezeichnung dasselbe Wort auch gebraucht wird. So mit der *Spekulation*. p. 406 „erscheint" „die Spekulation" nach zwei Seiten hin als *Ein* Wesen, das sich eine „doppelte Erscheinung" gibt — o Szeliga! Er poltert gegen die *philosophische* Spekulation und glaubt, damit auch [die] *kommerzielle* Spekulation, von [der] er nichts weiß, abgetan zu [hab]en. — Andrerseits dient ihm, dem verborgnen Kleinbürger, [die]se Synonymik dazu, Bourgeoisverhältnisse (siehe, was oben beim „Kommunismus" über den Zusammenhang der Sprache mit den Bourgeoisverhältnissen gesagt wird) in persönliche, individuelle zu verwandeln, die man nicht antasten kann, ohne das Individuum in seiner Individualität, „Eigenheit" und „Einzigkeit" anzutasten. So exploitiert Sancho z. B. den etymologischen Zusammenhang zwischen Geld und Geltung, Vermögen und vermögen usw.

Die Synonymik, vereinigt mit der Apposition, bildet den Haupthebel seiner *Eskamotage*, die wir bereits zu unzähligen Malen enthüllten. Um ein Exempel davon zu geben, wie leicht diese Kunst ist, wollen wir auch einmal à la Sancho eskamotieren.

Der *Wechsel* als *Wechsel* ist das Gesetz der Erscheinung, sagt Hegel. *Darum*, könnte „Stirner" fortfahren, die Erscheinung von der Strenge des Gesetzes gegen falsche *Wechsel*; denn es ist hier das über der Erscheinung erhabene Gesetz, das Gesetz als solches, das heilige Gesetz, das Gesetz als das Heilige — das Heilige, wogegen gesündigt und das in der Strafe gerächt wird. Oder aber: Der *Wechsel* „in seiner doppelten Erscheinung" als Wechsel (lettre de change) und Wechsel (changement) führt zum *Verfall* (échéance und décadence). Der *Verfall* als Konsequenz des *Wechsels* zeigt sich in der Geschichte unter andern beim Untergang des römischen Reichs, der

280

Feudalität, des deutschen Kaiserreichs und der Herrschaft Napoleons. „Der Fortgang von" diesen großen *geschichtlichen Krisen* „zu" den *Handelskrisen* unserer Tage „ist nicht schwer", und hieraus erklärt sich denn auch, warum diese Handelskrisen stets durch den *Verfall von Wechseln* bedingt sind.

Oder er konnte auch, wie Vermögen und Geld, den Wechsel etymologisch rechtfertigen und „von einem gewissen Standpunkt aus etwa so räsonieren": Die Kommunisten wollen unter andern *den Wechsel* (lettre de change) beseitigen. Besteht aber nicht gerade im *Wechsel* (changement) der Haupt-Weltgenuß? Sie wollen also das Tote, Unbewegte, *China* — d. h., der vollendete Chinese ist Kommunist. „Daher" die Deklamationen der Kommunisten gegen die *Wechselbriefe* und die *Wechsler*. Als ob nicht jeder Brief ein *Wechselbrief*, ein einen *Wechsel* konstatierender Brief, und jeder Mensch ein *Wechselnder*, ein *Wechsler* wäre!

Um der Einfachheit seiner Konstruktion und seiner logischen Kunststücke einen recht mannigfaltigen Schein zu geben, hat Sankt Sancho die *Episode* nötig. Von Zeit zu Zeit legt er eine Stelle „episodisch" ein, die an einen andern Teil des Buchs gehörte oder ganz gut wegbleiben könnte, und unterbricht so den ohnehin vielfach zerrissenen Faden seiner sogenannten Entwicklung noch mehr. Dies geschieht dann mit der naiven Erklärung, daß „Wir" „nicht am Schnürchen gehen", und bewirkt nach mehrmaliger Wiederholung in dem Leser eine gewisse Stumpfheit gegen alle, auch die größeste Zusammenhangslosigkeit. Wenn man „das Buch" liest, gewöhnt man sich an Alles und läßt zuletzt gern das Schlimmste über sich ergehen. Übrigens sind diese Episoden, wie sich von Sankt Sancho nicht anders erwarten [läßt,] selbst nur scheinbare und nur [Wiederhol]ungen der hundertmal [schon dage]wesenen Phrasen unter [andern Fir]men.

Nachdem Sankt Max [sich so in] seinen persönlichen Qualitäten [gezeigt, so]dann in der Distinktion, [in der] Synonymik und Episode als [„*Schein*" und] als „*Wesen*" enthüllte, kommen [wir zu de]r wahren Spitze und Vollen[dung der] Logik, zum „*Begriff*".

[Der] Begriff ist „Ich" (siehe Hegels „Logik", 3. Teil), die Logik [als Ich]. Es ist das reine Verhältnis [des] Ich zur Welt, das Verhältnis, [entkleidet] aller für ihn existierenden realen Verhältnisse, [eine Forme]l für alle Gleichungen, in [die ein He]iliger die weltlichen [Begriffe] bringt. Schon oben ist ent[hüllt], wie Sancho in dieser Formel sich nur die verschiedenen reinen Reflexionsbestimmungen wie Identität, Gegensatz pp. an allen möglichen Dingen klarzumachen erfolglos „trachtet".

Fangen wir gleich an irgendeinem bestimmten Exempel an, z. B. dem Verhältnis von „Ich" und Volk.

Ich bin nicht das Volk.
Das Volk = Nicht-Ich.
Ich = das Nicht-Volk.

Ich bin also die Negation des Volks, das Volk ist in Mir aufgelöst.

Die zweite Gleichung kann auch in der Nebengleichung gefaßt werden:

Das Volks-Ich ist nicht,

oder: Das Ich des Volks ist das Nicht Meines Ich.

Die ganze Kunst besteht also 1. darin, daß die Negation, die im Anfang zur Kopula gehörte, erst zum Subjekt und dann zum Prädikat geschlagen wird; 2. daß die Negation, das „Nicht", je nachdem es konveniert, als Ausdruck von Verschiedenheit, Unterschied, Gegensatz und direkte Auflösung gefaßt wird. Im vorliegenden Beispiel wird es als absolute Auflösung, als vollständige Negation gefaßt; wir werden finden, daß es je nach Sankt Maxens Konvenienz auch in den andern Bedeutungen gebraucht wird. So verwandelt sich denn der tautologische Satz, daß Ich nicht das Volk bin, in die gewaltige neue Entdeckung, daß Ich die Auflösung des Volkes bin.

Zu den bisherigen Gleichungen war es nicht einmal nötig, daß Sankt Sancho auch nur irgendeine Vorstellung vom Volk hatte; es genügte zu wissen, daß Ich und Volk „völlig verschiedene Namen für völlig Verschiedenes sind"; es reichte hin, daß beide Worte nicht einen einzigen Buchstaben gemeinsam haben. Soll nun vom Standpunkt der egoistischen Logik weiter über das Volk spekuliert werden, so genügt es, an das Volk und an „Ich" von außen her, aus der alltäglichen Erfahrung, irgendeine beliebige triviale Bestimmung anzureihen, was zu neuen Gleichungen Anlaß gibt. Es wird zugleich der Schein hervorgebracht, als würden verschiedne Bestimmungen verschiedenartig kritisiert. In dieser Weise soll nun jetzt über Freiheit, Glück und Reichtum spekuliert werden:

282

Grundgleichungen: Volk = Nicht-Ich.
Gleichung Nr. I: Volks-Freiheit = Nicht Meine Freiheit.
Volks-Freiheit = Meine Nichtfreiheit.
Volks-Freiheit = Meine Unfreiheit.
(Dies kann nun auch umgedreht werden, wo dann der große Satz herauskommt: Meine Unfreiheit = Knechtschaft ist die Freiheit des Volkes.)
Gleichung Nr. II: Volks-Glück = Nicht Mein Glück.
Volks-Glück = Mein Nichtglück.
Volks-Glück = Mein Unglück.
(Umkehrung: Mein Unglück, Meine Misère ist das Glück des Volkes.)
Gleichung Nr. III: Volksreichtum = Nicht Mein Reichtum.
Volksreichtum = Mein Nichtreichtum.
Volksreichtum = Meine Armut.
(Umkehrung: Meine Armut ist der Reichtum des Volkes.) Dies ist nun ad libitum[1] weiter zu führen und auf andre Bestimmungen auszudehnen.

Zur Bildung dieser Gleichungen gehört außer einer höchst allgemeinen Kenntnis derjenigen Vorstellungen, die er mit „Volk" in ein Wort zusammensetzen darf, weiter nichts als die Kenntnis des positiven Ausdrucks für das in negativer Form gewonnene Resultat, also z. B. Armut für Nicht-Reichtum pp., also geradesoviel Kenntnis der Sprache, wie man im täglichen Umgang sich erwirbt, reicht vollständig hin, um auf diese Weise zu den überraschendsten Entdeckungen zu kommen.

Die ganze Kunst bestand also hier darin, daß Nicht Mein Reichtum, Nicht Mein Glück, Nicht Meine Freiheit verwandelt wird in Mein Nichtreichtum, Mein Nichtglück, Meine Nichtfreiheit. Das Nicht, was in der ersten Gleichung die allgemeine Negation [ist,] alle möglichen Formen der Verschiedenheit ausdrücken, z. B. bloß enthalten kann, daß es Unser gemeinsamer, nicht Mein ausschließlicher Reichtum ist, wird in der [zweiten Gl]eichung zur Verneinung Meines Reich[tums, Meines] Glücks pp. und schreibt Mir [das Nichtglüc]k, das Unglück, die Knechtschaft [zu. Indem] Mir ein bestimmter Reichtum, [der Volksre]ichtum, keineswegs der [Reichtum] überhaupt abgesprochen wird, [meint Sancho,] muß mir die

---
[1] nach Belieben.

[Armut zu]gesprochen werden. Dies [aber kom]mt nun auch dadurch zu[stande,] daß Meine Nichtfreiheit [ebenfalls pos]itiv übersetzt und so in Meine [„Unfreiheit"] verwandelt wird. Meine [Nichtfreiheit] kann ja aber hundert [andre] Dinge sein als dies – z. B. meine [„Unfrei]heit", meine Nichtfreiheit von [mein]em Leibe etc.

Wir gingen eben aus von der zweiten Gleichung: Das Volk = Nicht-Ich. Wir hätten auch ausgehen können von der dritten Gleichung: Ich = das Nicht-Volk, wo sich dann z. B. beim Reichtum nach obiger Manier schließlich herausgestellt haben würde: „Mein Reichtum ist die Armut des Volks." Hier würde aber Sankt Sancho nicht so verfahren, sondern die Vermögensverhältnisse des Volks überhaupt und das Volk selbst auflösen und dann zu dem Resultate kommen: Mein Reichtum ist die Vernichtung nicht nur des Volksreichtums, sondern des Volkes selbst. Hier zeigt sich denn, wie willkürlich Sankt Sancho verfuhr, wenn er eben den Nicht-Reichtum in die Armut verwandelte. Unser Heiliger wendet diese verschiedenen Methoden durcheinander an und exploitiert die Negation bald in der einen, bald in der andern Bedeutung. Welch eine Konfusion daraus entsteht, „sieht augenblicklich" auch „Jeder ein, der Stirners Buch nicht gelesen hat" (Wigand, p. 191).

Ebenso „machiniert" das „Ich" gegen den Staat.
    Ich bin nicht der Staat.
    Staat = Nicht-Ich.
    Ich = Nicht des Staates.
    Nichts des Staates = Ich.

Oder in andern Worten: Ich bin das „schöpferische Nichts", worin der Staat untergegangen ist.

Diese einfache Melodie kann nun auf jedes beliebige Thema abgesungen werden.

Der große Satz, der allen diesen Gleichungen zugrunde liegt, ist: Ich bin nicht Nicht-Ich. Diesem Nicht-Ich werden verschiedene Namen gegeben, die einerseits rein logisch sein können, wie z. B. Ansichsein, Anderssein, andererseits die Namen konkreter Vorstellungen, Volk, Staat pp. Hierdurch kann denn der Schein einer Entwicklung hereingebracht werden, indem man von diesen Namen ausgeht und sie vermittelst der Gleichung oder der Appositionsreihe allmählich wieder auf das ihnen von Anfang an zugrunde gelegte Nicht-Ich reduziert. Da die auf solche Weise hereingebrachten realen Verhältnisse nur als verschiedene, und zwar nur dem Namen nach verschiedene Modifikationen des Nicht-Ich auftreten, so braucht über diese realen Verhältnisse selbst gar nichts gesagt zu werden. Dies ist um so komischer, als d[ie realen] Verhältnisse die Verhältnisse [der Indi]viduen selbst sind und man ebe[n dadurch,] daß man sie für Verhältnisse [des Nicht]-Ichs erklärt, beweist, daß man nichts von ihnen weiß. Dies vereinfacht die Sache so sehr, daß selbst die aus „gebornen beschränkten Köpfen bestehende große Mehrzahl" diesen Kunstgriff in höchstens zehn Minuten erlernen kann. Dies gibt zugleich ein Kriterium für die „Einzigkeit" Sankt Sanchos.

Das dem Ich gegenüberstehende Nicht-Ich wird nun von Sankt Sancho dahin bestimmt, daß es das dem Ich *Fremde, das* Fremde ist. Das Verhältnis des Nicht-Ich zum Ich ist „daher" das der Entfremdung. Wir haben soeben die logische Formel dafür gegeben, wie Sankt Sancho irgendein beliebiges Objekt oder Verhältnis als das dem Ich Fremde, die Entfremdung des Ichs darstellt; auf der andern Seite kann Sankt Sancho nun wieder irgendein Objekt oder Verhältnis, wie wir sehen werden, als ein vom Ich geschaffenes *und ihm angehöriges* darstellen. Abgesehen zunächst von der Willkür, mit der er jedes beliebige Verhältnis als ein Verhältnis der Entfremdung darstellt oder nicht darstellt (da Alles in die obigen Gleichungen paßt), sehen wir schon hier, daß es [sich bei] ihm um weiter nichts handelt [als daru]m, alle wirklichen Verhältnisse, [ebenso wie] die wirklichen Individuen, [als entfre]mdet (um den philosophischen [Ausdruck] einstweilen noch beizubehalten) vorfinden [zu lass]en, in die ganz [abstrakte] Phrase der Entfremdung zu ver-[wandeln; sta]tt der Aufgabe also, die [wirklichen] Individuen in ihrer [wirklichen] Entfremdung und den empi[rischen Verh]ältnissen dieser Entfrem[dung darzus]tellen, tritt hier [ebendassel]be ein, an die Stelle der Entwicklung aller [rein empir]ischen Verhältnisse den [bloßen Gedanke]n der Entfremdung, [*des* Fremde]n, *des* Heiligen zu [setzen.] [Die] Unterschiebung der *Kategorie* [der Ent]fremdung (wieder einer Reflexionsbestimmung, die als Gegensatz, Unterschied, Nichtidentität pp. gefaßt werden kann) erhält darin ihren letzten und höchsten Ausdruck, daß „das Fremde" wieder in „*das Heilige*", die Entfremdung in das Verhältnis von Ich zu irgendeiner beliebigen Sache als dem Heiligen verwandelt wird. Wir ziehen vor, den logischen Prozeß an Sankt Sanchos Verhältnis zum Heiligen zu verdeutlichen, da dies die vorherrschende Formel ist, und bemerken nebenbei, daß „das Fremde" auch als „das *Bestehende*" (per appos[itionem]), das, was ohne Mich besteht, das unabhängig von Mir Bestehende, per appos., das durch Meine Unselbständigkeit Selbständige gefaßt wird, so daß Sankt Sancho also Alles, was unabhängig von ihm besteht, z. B. den Blocksberg[107], als das Heilige schildern kann.

Weil das Heilige etwas Fremdes ist, wird jedes Fremde in das Heilige, weil jedes Heilige ein Band, eine Fessel ist, wird jedes Band, jede Fessel in das Heilige verwandelt. Hiermit hat Sankt Sancho schon das gewonnen, daß ihm alles Fremde zu einem bloßen *Scheine*, einer bloßen *Vorstellung* wird, von der er sich einfach dadurch befreit, daß er gegen sie protestiert und erklärt, daß er diese Vorstellung nicht habe. Gerade wie wir beim mit sich uneinigen Egoisten sahen, daß die Menschen bloß ihr Bewußtsein zu ändern haben, um Alles in der Welt all right[1] zu machen.

Unsere ganze Darstellung hat gezeigt, wie Sankt Sancho alle wirklichen Verhältnisse dadurch kritisiert, daß er sie für „das Heilige" erklärt, und sie dadurch bekämpft, daß er seine heilige Vorstellung von ihnen bekämpft. Dies einfache Kunststück, Alles in das Heilige zu verwandeln, kam, wie wir schon oben weitläufig sahen, dadurch zustande, daß Jacques le bonhomme die Illusionen der Philosophie auf guten Glauben akzeptierte, den ideologischen, spekulativen Ausdruck der Wirklichkeit, getrennt von seiner empirischen Basis, für die Wirklichkeit selber nahm, ebenso die Illusionen der Klein[bürger über] die Bourgeoisie für das „[heilige Wesen" der] Bourgeoisie versah und daher sich einbilden konnte, es nur mit Gedanken und Vorstellungen zu tun zu haben. Nicht minder leicht verwandelten sich auch die Menschen in „Heilige", indem sie, nachdem ihre Gedanken von ihnen und ihren empirischen Verhältnissen getrennt waren, nun als bloße Gefäße dieser Gedanken gefaßt werden konnten und so z. B. aus dem Bourgeois der heilige Liberale gemacht wurde.

Die positive Beziehung des in letzter Instanz [gläubigen Sancho] zum Heiligen ([von ihm] *Respekt* genannt), figuriert auch [unter

---
[1] wörtlich: ganz richtig; hier im Sinne von: in Ordnung zu bringen.

dem] Namen „Liebe". „Liebe" [heißt das] anerkennende Verhältnis zu „*dem* [Menschen",] Heiligen, Ideal, höheren Wesen, oder ein solches menschliches, heiliges, ideales, wesentliches Verhältnis. Was also sonst als Dasein des *Heiligen* ausgedrückt wird, z. B. Staat, Gefängnisse, Tortur, Polizei, Handel und Wandel pp., kann von Sancho auch als „ein anderes Beispiel" der „*Liebe*" gefaßt werden. Diese neue Nomenklatur befähigt ihn, neue Kapitel über das zu machen, was er schon unter der Firma des Heiligen und des Respekts perhorresziert hat. Es ist die alte Geschichte von den Ziegen der Schäferin Torralva in ihrer heiligen Gestalt, womit er, wie damals seinen Herrn, jetzt sich und das Publikum das ganze Buch durch an der Nase herumführt, ohne sie indes so geistreich abzubrechen wie vorzeiten, da er noch profaner Schildknapp war. Überhaupt hat Sancho seit seiner Kanonisation allen seinen ursprünglichen Mutterwitz verloren.

Die erste Schwierigkeit scheint dadurch hereinzukommen, daß dies Heilige in sich sehr verschieden ist und so auch bei der Kritik eines bestimmten Heiligen die Heiligkeit außer Augen gesetzt und der bestimmte Inhalt selbst kritisiert werden müßte. Sankt Sancho umgeht diese Klippe dadurch, daß er alles Bestimmte nur als Ein „*Beispiel*" des Heiligen anführt; gerade wie es in der Hegelschen Logik gleichgültig ist, ob zur Erläuterung des „Fürsichseins" das Atom oder die Person, als Beispiel der Attraktion das Sonnensystem, der Magnetismus oder die Geschlechtsliebe angeführt wird. Wenn „das Buch" von *Beispielen* wimmelt, so ist das also keineswegs zufällig, sondern im innersten Wesen der darin vor sich gehenden Entwicklungsmethode begründet. Es ist die „einzige" Möglichkeit für Sankt Sancho, einen Schein von Inhalt hereinzubringen, wie dies schon bei Cervantes prototypisch sich findet, da Sancho ebenfalls stets in Beispielen redet. So kann Sancho denn sagen: „Ein anderes Beispiel *des* Heiligen" (Uninteressanten) „ist die Arbeit." Er konnte fortfahren: ein anderes Beispiel ist der Staat, ein anderes Beispiel ist die Familie, ein anderes Beispiel die Grundrente, ein anderes Beispiel St. Jacobus (Saint-Jacques, le bonhomme), ein anderes Beispiel die heilige Ursula und ihre elftausend Jungfrauen. Alle diese Dinge haben nun zwar in seiner Vorstellung das gemein, daß sie „das Heilige" sind. Aber sie sind zugleich total voneinander verschiedene Dinge, und eben das macht ihre Bestimmtheit aus. [So-

287

weit über] sie in ihrer Bestimmtheit [gesprochen] wird, wird über sie, insofern [sie nicht „]das Heilige" sind, gesprochen.

[Die Arbeit is]t nicht die Grundrente, und [die Grundrente] ist nicht der Staat; [es kommt] also darauf an, zu bestimmen, [inwiefern] Staat, Grundrente, Arbeit sind, abge[sehen von] ihrer vorgestellten Heilig[keit, und San]kt Max macht das nun so: [Er tut, als] spräche er vom Staat, [der Arbeit] etc., bezeichnet dann [„den" Staat] als die Wirklichkeit irgend[einer Ide]e, der Liebe, des Füreinan[derseins, d]es Bestehenden, des über die [Einzelnen] Mächtigen und, vermittelst [eines Gedan]kenstrichs — „des Heiligen", [was er vo]n vornherein hätte sagen [können]. Oder über die Arbeit wird [gesagt, si]e gelte als Lebensaufgabe, Be[ruf, B]estimmung — „das Heilige". D. h., Staat und Arbeit werden erst unter eine schon vorher in derselben Weise zurechtgemachte, besondere *Art* des Heiligen subsumiert und dies *besondre* Heilige dann wieder in das *allgemeine* „Heilige" aufgelöst; was Alles geschehen kann, ohne über die Arbeit und den Staat irgend etwas zu sagen. Derselbe ausgekaute Kohl kann nun bei jeder Gelegenheit wiedergekäut werden, indem Alles, was scheinbar der Gegenstand der Kritik ist, unsrem Sancho nur zum Vorwande dient, die abstrakten Ideen und in Subjekte verwandelten Prädikate (die nichts andres sind als das assortierte Heilige und von denen stets ein hinreichendes Lager gehalten wird) für das zu erklären, wozu sie schon im Anfange gemacht waren, für *das Heilige*. Er hat in der Tat Alles auf den erschöpfenden, klassischen Ausdruck reduziert, wenn er von ihm ausgesagt hat, daß es „ein anderes Beispiel des Heiligen" sei. Die Bestimmungen, die vom Hörensagen hereinkommen und sich auf den Inhalt beziehen sollen, sind ganz überflüssig, und bei ihrer näheren Betrachtung ergibt sich dann auch, daß sie weder eine Bestimmung noch einen Inhalt hereinbringen und sich auf unwissende Abgeschmacktheiten reduzieren. Diese wohlfeile „Virtuosität im Denken", von der nicht zu sagen wäre, mit welchem Gegenstande sie nicht fertig ist, schon ehe sie ihn kennt, kann sich natürlich Jeder, nicht wie vorher in zehn, sondern in fünf Minuten aneignen. Sankt Sancho bedroht uns im Kommentar mit „*Abhandlungen*" über Feuerbach, den Sozialismus, die bürgerliche Gesellschaft und das Heilige weiß worüber noch sonst Alles. Diese Abhandlungen können schon vorläufig hier auf ihren einfachsten Ausdruck folgendermaßen reduziert werden:

Erste Abhandlung: Ein anderes Beispiel des Heiligen ist *Feuerbach*.

Zweite Abhandlung: Ein anderes Beispiel des Heiligen ist der *Sozialismus*.

Dritte Abhandlung: Ein anderes Beispiel des Heiligen ist die *bürgerliche Gesellschaft*.

Vierte Abhandlung: Ein anderes Beispiel des Heiligen ist die verstirnerte „Abhandlung".

usw. in infinitum[1].

Die zweite Klippe, woran Sankt Sancho bei einiger Überlegung notwendig scheitern mußte, ist seine eigne Behauptung, daß jedes Individuum ein von allen Andern total verschiedenes, einziges ist. Da jedes Individuum ein durchaus Andres, also das Andere ist, so braucht das, was für das Eine Individuum ein Fremdes, Heiliges ist, es keineswegs für das andre Individuum zu sein, *kann* es sogar nicht sein. Und der gemeinsame Name, wie Staat, Religion, Sittlichkeit etc. darf uns nicht täuschen, da diese Namen nur Abstraktionen von dem wirklichen Verhalten der einzelnen Individuen sind und diese Gegenstände durch das total verschiedene Verhalten der einzigen Individuen gegen sie für jedes derselben *einzige* Gegenstände werden, also total verschiedene Gegenstände, die nur den Namen miteinander gemein haben. Sankt Sancho hätte also höchstens sagen dürfen: Der Staat, die Religion pp. sind Mir, Sankt Sancho, das Fremde, das Heilige. Statt dessen müssen sie bei ihm das absolut Heilige, das für alle Individuen Heilige sein — wie hätte er sonst auch sein konstruiertes Ich, seinen mit sich einigen Egoisten etc. fabrizieren, wie hätte er sonst überhaupt sein ganzes „Buch" schreiben können. Wie wenig ihm überhaupt einfällt, jeden „Einzigen" zum Maßstab seiner eignen „Einzigkeit" zu machen, wie sehr er seine „Einzigkeit" als Maßstab, als moralische Norm an alle andern Individuen legt und sie als echter Moralist in sein Prokrustesbett[108] wirft, geht schon unter anderm aus seinem Urteil über den selig verschollenen Klopstock hervor. Diesem hält er die sittliche Maxime entgegen: er hätte sich „*ganz eigen* gegen die Religion verhalten" sollen, wo er dann nicht, wie der richtige Schluß wäre (ein Schluß, den „Stirner" unzählige Male, z. B. beim Geld, selbst macht), eine

---
[1] ins Unendliche.

eigne Religion, sondern eine „Auflösung und Verzehrung der Religion" (p. 85), ein allgemeines statt eines eignen, einzigen Resultats erhalten hätte. Und als ob Klopstock nicht auch eine „Auflösung und Verzehrung der Religion" erhalten hätte, und zwar eine ganz eigne, einzige Auflösung, wie sie nur dieser einzige Klopstock „prästieren" konnte, eine Auflösung, deren Einzigkeit „Stirner" schon aus den vielen mißlungenen Nachahmungen ersehen konnte. Klopstocks Verhalten zur Religion soll kein „eignes" gewesen sein, obgleich es ein ganz eigentümliches, und zwar ein den Klopstock zum Klopstock machendes Verhalten zur Religion war. „Eigen" würde er sich erst zu ihr verhalten haben, wenn er sich nicht als Klopstock, sondern als moderner deutscher Philosoph zu ihr verhalten hätte.[109]

Der „Egoist im gewöhnlichen Verstande", der nicht so folgsam ist wie Szeliga und schon oben allerlei Einwendungen zu machen hatte, wirft unsrem Heiligen hier folgendes ein: Ich gehe hier in der Wirklichkeit, und das weiß ich sehr wohl — rien pour la gloire¹ — auf meinen Vorteil, auf weiter Nichts aus. Außerdem macht es mir Spaß, mir auch noch Vorteil im Himmel, mich unsterblich zu denken. Soll ich diese egoistische Vorstellung aufopfern dem bloßen Bewußtsein des mit sich einigen Egoismus, das mir keinen Pfennig einbringt, zuliebe? Die Philosophen sagen mir: Das sei unmenschlich. Was schert das mich? Bin ich nicht ein Mensch? Ist nicht Alles Menschlich, was ich tue und weil ich's tue, und kümmert's mich überhaupt, wie „Andre" meine Handlungen „rubrizieren"? Du, Sancho, der Du zwar auch ein Philosoph, aber ein bankrutter Philosoph bist und schon wegen Deiner Philosophie keinen pekuniären und wegen deines Bankrutts keinen Gedankenkredit verdienst, sagst mir, ich verhalte mich nicht eigen zur Religion. Du sagst mir also dasselbe, was die andern Philosophen sagen, nur daß es bei Dir, wie gewöhnlich, allen Sinn verliert, indem Du „eigen" nennst, was sie „menschlich" nennen. Könntest Du sonst von einer andern Eigenheit als von Deiner eignen sprechen und das eigne Verhalten wieder in ein allgemeines verwandeln? Ich verhalte mich, wenn Du willst, auch in meiner Weise kritisch zur Religion. Einmal zaudre ich gar nicht, sie aufzuopfern, sobald sie in meinen Commerce² störend eingreifen will, dann dient es mir in meinen Geschäften, wenn ich

---
¹ nichts um des Ruhmes willen.
² Handel.

290

für religiös gelte (wie es meinem Proletarier dient, wenn er den Kuchen, den ich hier esse, wenigstens im Himmel ißt), und endlich mache ich den Himmel zu meinem Eigentum. Er ist une propriété ajoutée à la propriété[1], obgleich schon Montesquieu, der doch ein ganz andrer Kerl war als Du, mir weismachen wollte, er sei une terreur ajoutée à la terreur[2]. Wie ich mich zu ihm verhalte, so verhält sich kein andrer zu ihm, und durch dies einzige Verhältnis, welches ich mit ihm kontrahiere, ist er ein einziger Gegenstand, ein einziger Himmel. Du kritisierst also höchstens Deine Vorstellung von meinem Himmel, nicht meinen Himmel. Und nun gar die Unsterblichkeit! Da wirst Du mir lächerlich. Ich verleugne meinen Egoismus, wie Du den Philosophen zulieb behauptest, weil ich ihn verewige und die Natur- und Denkgesetze für null und nichtig erkläre, sobald sie Meiner Existenz eine Bestimmung, die nicht von mir selbst produziert, mir höchst unangenehm ist, nämlich den Tod, setzen wollen. Du nennst die Unsterblichkeit eine „leidige Stabilität" — als ob ich nicht fortwährend ein „bewegtes" Leben führen könnte, solange im Diesseits oder Jenseits der Handel gut geht und ich in andern Dingen als Deinem „Buch" machen kann. Und was kann „stabiler" sein als der Tod, der meiner Bewegung wider meinen Willen ein Ende macht und mich in das Allgemeine, die Natur, die Gattung, in das — Heilige versenkt? Und nun gar Staat, Gesetz, Polizei! Die mögen für manches „Ich" als fremde Mächte erscheinen; ich weiß, daß sie meine eignen Mächte sind. Übrigens — und hiermit kehrt der Bourgeois, diesmal mit gnädigem Kopfnicken, unsrem Heiligen wieder den Rücken — poltre meinetwegen nur fort gegen Religion, Himmel, Gott u. dgl. Ich weiß doch, daß Du in Allem, was in meinem Interesse liegt, Privateigentum, Wert, Preis, Geld, Kauf und Verkauf, immer das „Eigne" siehst.

Wir haben eben gesehen, wie die Individuen unter sich verschieden sind. Jedes Individuum ist aber wieder in sich selbst verschieden. So kann Sankt Sancho, indem er sich in irgendeiner dieser Eigenschaften reflektiert, d. h. sich als „Ich" in einer dieser Bestimmtheiten faßt, *bestimmt*, den Gegenstand der andern Eigenschaften und diese andern Eigenschaften selbst als das Fremde, das Heilige bestimmen, und so der Reihe nach mit allen seinen Eigen-

---

[1] ein zum Eigentum hinzugefügtes Eigentum.
[2] ein zum Schrecken hinzugefügter Schrecken.

schaften. So z. B. was Gegenstand für sein Fleisch, ist das Heilige für seinen Geist, oder was Gegenstand für sein Bedürfnis des Ausruhens, ist das Heilige für sein Bedürfnis der Bewegung. Auf diesem Kunstgriff beruht seine obige Verwandlung alles Tuns und Nichttuns in Selbstverleugnung. Übrigens ist sein Ich kein *wirkliches* Ich, sondern nur das Ich der obigen Gleichungen, dasselbe Ich, das in der formellen Logik bei der Lehre von den Urteilen als *Cajus* figuriert.

„Ein anderes Beispiel", nämlich ein allgemeineres Beispiel von der Kanonisation der Welt ist die Verwandlung praktischer Kollisionen, d. h. Kollisionen der Individuen mit ihren praktischen Lebensbedingungen, in ideelle Kollisionen, d. h. in Kollisionen dieser Individuen mit Vorstellungen, die sie sich machen oder sich in den Kopf setzen. Dies Kunststück ist wieder sehr einfach. Wie Sankt Sancho früher schon die Gedanken der Individuen verselbständigte, so trennt er hier das ideelle Spiegelbild der wirklichen Kollisionen von diesen Kollisionen und verselbständigt es. Die wirklichen Widersprüche, in denen sich das Individuum befindet, werden verwandelt in Widersprüche des Individuums mit seiner Vorstellung, oder, wie Sankt Sancho es auch einfacher ausdrückt, mit *der* Vorstellung, *dem* Heiligen. Hierdurch bringt er es zustande, die wirkliche Kollision, das Urbild ihres ideellen Abbildes, in eine Konsequenz dieses ideologischen Scheins zu verwandeln. So kommt er zu dem Resultat, daß es sich nicht um praktische Aufhebung der praktischen Kollision, sondern bloß um das *Aufgeben der Vorstellung von dieser Kollision handelt*, ein Aufgeben, wozu er die Menschen als guter Moralist dringend auffordert.

Nachdem Sankt Sancho so die sämtlichen Widersprüche und Kollisionen, in denen sich ein Individuum befindet, in bloße Widersprüche und Kollisionen dieses Individuums mit einer seiner Vorstellungen verwandelt hat, die sich von ihm unabhängig gemacht und es sich unterworfen hat, daher sich „leicht" in *die* Vorstellung, die heilige Vorstellung, *das* Heilige verwandelt, bleibt also dem Individuum nur noch das Eine zu tun übrig, daß es die Sünde wider den heiligen Geist begehe, von dieser Vorstellung abstrahiert und das Heilige für ein Gespenst erklärt. Diese logische Prellerei, welche das Individuum mit sich selbst vornimmt, gilt unsrem Heiligen für einen der höchsten Efforts des Egoisten. Andrerseits wird aber Jeder einsehen, wie leicht es ist, auf diese Weise alle vorkommenden geschichtlichen Konflikte und Bewegungen vom egoistischen Standpunkte aus für untergeordnet zu erklären, ohne etwas von ihnen zu wissen, indem man nämlich nur einige der dabei vorkommenden Redensarten herauszunehmen, auf die angegebne Weise in „das Heilige" zu verwandeln, die Individuen als unterjocht von diesem Heiligen darzustellen und sich dann als Verächter „des Heiligen als solchen" auch hiergegen geltend zu machen hat.

Eine weitere Verzweigung dieses logischen Kunststücks, und zwar das Lieblingsmanöver unsres Heiligen, ist die Exploitation der Worte Bestimmung, Beruf, Aufgabe pp., wodurch es ihm unendlich erleichtert wird, Alles Beliebige in das Heilige zu verwandeln. Im Beruf, Bestimmung, Aufgabe pp. erscheint nämlich das Individuum in seiner eignen Vorstellung als ein Anderes, als was es wirklich ist, als das Fremde, also das Heilige, und macht seine Vorstellung von dem, was es sein soll, als das Berechtigte, das Ideale, das Heilige, seinem wirklichen Sein gegenüber geltend. So kann Sankt Sancho, wo es ihm darauf ankommt, durch folgende Appositionsreihe Alles in das Heilige verwandeln: Sich bestimmen, d. h. sich eine Bestimmung (setze hier einen beliebigen Inhalt herein) setzen, sich *die* Bestimmung als solche setzen, sich die heilige Bestimmung setzen, sich die Bestimmung als das Heilige, d. h. das Heilige als die Bestimmung setzen. Oder: Bestimmt sein, d. h. eine Bestimmung haben, *die* Bestimmung haben, die heilige Bestimmung, die Bestimmung als das Heilige, das Heilige als die Bestimmung, das Heilige zur Bestimmung, die Bestimmung des Heiligen haben.

Jetzt braucht er natürlich nichts mehr zu tun, als die Menschen kräftiglich zu vermahnen, sich die Bestimmung der Bestimmungslosigkeit, den Beruf der Berufslosigkeit, die Aufgabe der Aufgabenlosigkeit zu setzen — obgleich er im ganzen „Buche" „bis hinab zum" Kommentar Nichts tut, als den Menschen lauter Bestimmungen zu setzen, Aufgaben zu stellen und sie als Prediger in der Wüste zum Evangelium des wahren Egoismus zu berufen, von dem es allerdings heißt: Alle sind berufen, aber nur Einer — *O'Connell* — ist auserwählt.

Wir sahen bereits oben, wie Sankt Sancho die Vorstellungen der Individuen von ihren Lebensverhältnissen, ihren praktischen Kollisionen und Widersprüchen trennt, um sie dann in das Heilige zu verwandeln. Hier nun erscheinen diese Vorstellungen in der Form der *Bestimmung*, des *Berufs*, der *Aufgabe*. Der Beruf hat bei Sankt Sancho eine doppelte Gestalt; zuerst als Beruf, den Mir Andre setzen, wovon wir schon oben bei den Zeitungen, die von Politik strotzen, und bei den Gefängnissen, die unser Heiliger für Sittenverbesserungshäuser versah, Exempel hatten. Sodann erscheint der Beruf noch als ein Beruf, an den das Individuum selber glaubt. Wenn das Ich aus allen seinen empirischen Lebensverhältnissen, aus seiner Tätigkeit, seinen Existenzbedingungen losgerissen, von der ihm zugrunde liegenden Welt und von seinem eignen Leib getrennt wird, so hat es freilich keinen andern Beruf und keine andre Bestimmung als den Cajus der logischen Urteile zu repräsentieren und Sankt Sancho zu den obigen Gleichungen zu verhelfen. In der Wirklichkeit dagegen, wo die Individuen Bedürfnisse haben, haben sie schon hierdurch einen *Beruf* und eine *Aufgabe*, wobei es zunächst noch gleichgültig ist, ob sie diesen auch in der Vorstellung zu ihrem Beruf machen. Es versteht sich indes, daß die Individuen, weil sie Bewußtsein haben, sich von diesem ihnen durch ihr empirisches Dasein gegebenen Beruf auch eine Vorstellung machen und dadurch Sankt Sancho Gelegenheit bieten, sich an das Wort „Beruf", an den Vorstellungsausdruck ihrer wirklichen Lebensbedingungen festzuklammern und diese Lebensbedingungen selbst außer Augen zu lassen. Der Proletarier z. B., der den Beruf hat, seine Bedürfnisse zu befriedigen, wie jeder andre Mensch, und der nicht einmal die ihm mit jedem andern Menschen gemeinsamen Bedürfnisse befriedigen kann, den die Notwendigkeit einer vierzehnstündigen Arbeit zu gleicher Stufe mit dem Lasttier, den die Konkurrenz zu einer Sache, einem Handelsartikel herabdrückt, der aus seiner Stellung als bloße Produktivkraft, der einzigen, die ihm übrig gelassen, durch andre gewaltigere Produktivkräfte verdrängt wird — dieser Proletarier hat schon hierdurch die wirkliche Aufgabe, seine Verhältnisse zu revolutionieren. Er kann sich dies allerdings als seinen „Beruf" vorstellen, er kann auch, wenn er Propaganda machen will, diesen seinen „Beruf" so ausdrücken, daß es der menschliche Beruf des Proletariers sei, dies und jenes zu tun, um so mehr, da seine Stellung ihm nicht einmal die Befriedigung der aus seiner unmittelbaren menschlichen Natur hervorgehenden Bedürfnisse gestattet. Sankt

Sancho kümmert sich nicht um die dieser Vorstellung zugrunde liegende Realität, nicht um den praktischen Zweck dieses Proletariers – er hält fest an dem Wort „Beruf" und erklärt ihn für das Heilige und den Proletarier für einen Knecht des Heiligen – die leichteste Manier, sich überlegen zu wissen und „weiterzugehen".

Namentlich unter den bisherigen Verhältnissen, wo immer eine Klasse herrschte, wo die Lebensbedingungen eines Individuums stets mit denen einer Klasse zusammenfielen, wo also die praktische Aufgabe jeder neu aufkommenden Klasse jedem Individuum derselben als eine *allgemeine* Aufgabe erscheinen mußte und wo wirklich jede Klasse nur dadurch ihre Vorgängerin stürzen konnte, daß sie die Individuen *aller* Klassen von einzelnen bisherigen Fesseln befreite – namentlich unter diesen Umständen war es notwendig, daß die Aufgabe der Individuen einer zur Herrschaft strebenden Klasse als die allgemein menschliche Aufgabe dargestellt wurde.

Wenn übrigens z. B. der Bourgeois dem Proletarier vorhält, Er, Proletarier, habe die menschliche Aufgabe, vierzehn Stunden täglich zu arbeiten, so hat der Proletarier ganz recht, in derselben Sprache zu antworten: seine Aufgabe sei vielmehr, das ganze Bourgeoisrégime zu stürzen.

Wir haben schon zu wiederholten Malen gesehen, wie Sankt Sancho eine ganze Reihe von Aufgaben stellt, die sich alle in die schließliche, für alle Menschen existierende Aufgabe des wahren Egoismus auflösen. Aber selbst da, wo er nicht reflektiert, sich nicht als Schöpfer und Geschöpf weiß, bringt er es vermöge der folgenden lumpigen Distinktion zu einer Aufgabe:

p. 466: „Ob Du Dich mit dem Denken des weiteren befassen willst, das kommt auf Dich an. *Wenn Du* es im Denken zu etwas Erheblichem bringen willst, so" (fangen die Bedingungen und Bestimmungen für Dich an) „so – – – hat also, wer denken will, allerdings eine Aufgabe, die *er* sich mit jenem Willen *bewußt* oder *unbewußt* setzt; aber die Aufgabe zu denken hat Keiner."

Zunächst abgesehen von dem sonstigen Inhalt dieses Satzes, ist er schon insofern selbst von Sankt Sanchos Standpunkt aus unrichtig, als der mit sich einige Egoist allerdings, er mag wollen oder nicht, die „Aufgabe" hat zu denken. Er muß denken, einerseits, um das nur durch den Geist, das Denken, zu bändigende Fleisch im Zaum zu halten, und andererseits, um seine Reflexionsbestimmung als

Schöpfer und Geschöpf erfüllen zu können. Er stellt daher auch die „Aufgabe" des Sichselbsterkennens an die ganze Welt von betrogenen Egoisten – eine „Aufgabe", die ohne Denken wohl nicht auszuführen sein wird.

Um nun diesen Satz aus der Form der lumpigen Distinktion heraus in eine logische Form zu bringen, ist zuerst das „Erhebliche" wegzuschaffen. Für jeden Menschen ist das „Erhebliche", wozu er es im Denken bringen will, ein verschiedenes, je nach seiner Bildungsstufe, seinen Lebensverhältnissen und seinem augenblicklichen Zweck. Sankt Max gibt uns hier also gar kein festes Kriterium dafür, *wann* die Aufgabe, die man sich mit dem Denken stellt, anfängt, wie weit man denken kann, ohne sich eine Aufgabe zu stellen – er beschränkt sich auf den relativen Ausdruck „erheblich". „Erheblich" ist mir aber Alles, was mich zum Denken sollizitiert, „erheblich" Alles, worüber ich denke. Daher muß es statt: Wenn Du es im Denken zu etwas Erheblichem bringen willst, heißen: Wenn Du überhaupt *denken* willst. Dies hängt aber gar nicht von Deinem Wollen oder Nichtwollen ab, da Du Bewußtsein hast und Deine Bedürfnisse nur durch eine Tätigkeit befriedigen kannst, bei der Du *auch* Dein Bewußtsein anwenden mußt. Ferner muß die hypothetische Form weggeschafft werden. „*Wenn* Du denken *willst*" – so stellst Du Dir von vornherein die „Aufgabe" zu denken; diesen tautologischen Satz brauchte Sankt Sancho nicht so pomphaft auszuposaunen. Der ganze Satz war überhaupt nur in diese Form der lumpigen Distinktion und pomphaften Tautologie gehüllt, um den Inhalt zu verdecken: Als *Bestimmter*, Wirklicher hast Du eine *Bestimmung*, eine Aufgabe, Du magst ein Bewußtsein darüber haben oder nicht. Sie geht aus Deinem Bedürfnis und seinem Zusammenhang mit der vorhandenen Welt hervor. Die eigentliche Weisheit Sanchos besteht nun darin, daß es von Deinem Willen abhängt, ob Du denkst, lebst etc., überhaupt in irgendeiner Bestimmtheit bist. Sonst, fürchtet er, würde die Bestimmung aufhören, Deine Selbstbestimmung zu sein. Wenn Du Dein Selbst mit Deiner Reflexion oder nach Bedürfnis mit Deinem Willen identifizierst, so versteht es sich von selbst, daß in dieser Abstraktion Alles nicht Selbstbestimmung ist, was nicht durch Deine Reflexion oder Deinen Willen gesetzt ist, also auch z. B. Dein Atmen, die Zirkulation Deines Blutes, Denken, Leben pp. Bei Sankt Sancho besteht aber die Selbstbestimmung nicht einmal im Willen, sondern, wie wir beim wahren Egoisten schon sahen, in der reservatio mentalis[1] der Gleichgültigkeit gegen jede Bestimmtheit, eine Gleichgültigkeit, die hier als Bestimmungslosigkeit wiederkehrt. In seiner „eignen" Appositionsreihe würde sich das so ausnehmen: Jedem wirklichen Bestimmen gegenüber setzt er sich die Bestimmungslosigkeit als Bestimmung, unterscheidet von sich in jedem Momente den Bestimmungslosen, ist so in jedem Momente auch ein Anderer, als er ist, eine dritte Person, und zwar der Andere schlechthin, der heilige Andere, der jeder Einzigkeit gegenüberstehende Andere, der Bestimmungslose, der Allgemeine, der Gemeine, der — Lump.

Rettet Sankt Sancho sich vor der Bestimmung durch den Sprung in die Bestimmungslosigkeit (selbst eine Bestimmung, und zwar die allerschlechteste), so ist der praktische, moralische Gehalt dieses ganzen Kunststücks, abgesehen von dem schon oben beim wahren Egoisten Entwickelten, nur die Apologie des in der bisherigen Welt jedem Individuum aufgedrungenen Berufs. Machen z. B. die Arbeiter in ihrer kommunistischen Propaganda geltend, es sei Beruf, Bestimmung, Aufgabe jedes Menschen, sich vielseitig, alle seine Anlagen zu entwickeln, z. B. *auch* die Anlage des Denkens, so sieht Sankt Sancho hierin nur den Beruf zu einem Fremden, die Geltendmachung „des Heiligen", wovon er dadurch zu befreien sucht, daß er das Individuum, wie es auf Kosten seiner selbst durch die Teilung der Arbeit zerstümmelt und unter einen einseitigen Beruf subsumiert worden ist, gegen sein *eignes*, ihm als Beruf von Andern *ausgesprochenes* Bedürfnis, anders zu werden, in Schutz nimmt. Was hier unter der Form eines Berufs, einer Bestimmung geltend gemacht wird, ist eben die Verneinung des durch die Teilung der Arbeit bisher praktisch erzeugten Berufs, des einzig wirklich existierenden Berufs — also die Verneinung des Berufs überhaupt. Die allseitige Verwirklichung des Individuums wird erst dann aufhören, als Ideal, als Beruf pp. vorgestellt zu werden, wenn der Weltanstoß, der die Anlagen der Individuen zur wirklichen Entwicklung sollizitiert, unter die Kontrolle der Individuen genommen ist, wie dies die Kommunisten wollen.

Schließlich hat das ganze Gekohl über den Beruf in der egoistischen Logik wieder den Beruf, die Hineinschauung des Heiligen in

---

[1] [dem] (geheimen) geistigen Vorbehalt.

die Dinge möglich zu machen und zu ihrer Vernichtung zu befähigen, ohne daß man sie zu berühren braucht. Also z. B. Arbeit, Geschäftsleben pp. gelten Diesem oder Jenem für seinen Beruf. Damit werden sie die heilige Arbeit, das heilige Geschäftsleben, das Heilige. Dem wahren Egoisten gelten sie nicht als Beruf; damit hat er die heilige Arbeit und das heilige Geschäftsleben aufgelöst. Damit bleiben sie, was sie sind, und er, was er war. Es fällt ihm nicht ein zu untersuchen, ob Arbeit, Geschäftsleben pp., diese Daseinsweisen der Individuen, ihrem wirklichen Inhalt und Prozeß nach nicht notwendig zu den ideologischen Vorstellungen führen, die er als selbständige Wesen bekämpft, d. h. bei ihm: kanonisiert.

Gerade wie Sankt Sancho den Kommunismus kanonisiert, um seine heilige Vorstellung von ihm nachher im Verein als „eigne" Erfindung desto besser an den Mann zu bringen, geradeso poltert er gegen „Beruf, Bestimmung, Aufgabe" nur, um sie als *kategorischen Imperativ* in seinem ganzen Buche zu reproduzieren. Überall wo Schwierigkeiten entstehen, durchhaut Sancho sie mit einem solchen kategorischen Imperativ: „Verwerte Dich", „Erkennet Euch wieder", „Werde Jeder ein allmächtiges Ich" usw. Über den kategorischen Imperativ siehe den „Verein", über „Beruf" usw. siehe den „Selbstgenuß".

Wir haben jetzt die hauptsächlichsten logischen Kunststücke aufgezeigt, vermittelst deren Sankt Sancho die bestehende Welt kanonisiert und damit kritisiert und verzehrt. Er verzehrt wirklich nur das Heilige an der Welt, ohne sie selbst nur anzurühren. Daß er sich daher praktisch ganz konservativ verhalten muß, versteht sich von selbst. Wollte er kritisieren, so finge die profane Kritik gerade da an, wo der etwaige Heiligenschein aufhört. Je mehr die normale Verkehrsform der Gesellschaft und damit die Bedingungen der herrschenden Klasse ihren Gegensatz gegen die fortgeschrittenen Produktivkräfte entwickeln, je größer daher der Zwiespalt in der herrschenden Klasse selbst und mit der beherrschten Klasse wird, desto unwahrer wird natürlich das dieser Verkehrsform ursprünglich entsprechende Bewußtsein, d. h., es hört auf, das ihr entsprechende Bewußtsein zu sein, desto mehr sinken die früheren überlieferten Vorstellungen dieser Verkehrsverhältnisse, worin die wirklichen persönlichen Interessen ppp. als allgemeine ausgesprochen werden, zu bloß idealisierenden Phrasen, zur bewußten Illusion, zur absichtlichen Heuchelei herab. Je mehr sie aber durch das Leben Lügen gestraft werden und je weniger sie dem Bewußtsein selbst gelten, desto entschiedner werden sie geltend gemacht, desto heuchlerischer, moralischer und heiliger wird die Sprache dieser normalen Gesellschaft. Je heuchlerischer diese Gesellschaft wird, desto leichter ist es einem leichtgläubigen Mann wie Sancho, überall die Vorstellung des Heiligen, des Idealen zu entdecken. Aus der allgemeinen Heuchelei der Gesellschaft kann er, der Leichtgläubige, den allgemeinen Glauben an das Heilige, die Herrschaft des Heiligen, abstrahieren und dies Heilige sogar für ihr Piedestal versehen. Er ist der Düpe[1] dieser Heuchelei, aus der er gerade das Umgekehrte hätte schließen sollen.

Die Welt des Heiligen faßt sich in letzter Instanz zusammen in „*dem* Menschen". Wie wir schon im ganzen Alten Testament sahen, legt er „*den* Menschen" der ganzen bisherigen Geschichte als tätiges Subjekt unter; im Neuen Testament dehnt er diese Herrschaft „*des* Menschen" auf die ganze vorhandene, gegenwärtige physische und geistige Welt, wie auf die Eigenschaften der jetzt existierenden Individuen aus. Alles ist „*des* Menschen", und somit die Welt in „die Welt *des* Menschen" verwandelt. Das Heilige als Person ist „*der* Mensch", der bei ihm nur ein anderer Name für *den* Begriff, *die* Idee ist. Die von den wirklichen Dingen getrennten Vorstellungen und Ideen der Menschen müssen natürlich auch nicht die wirklichen Individuen, sondern das Individuum der philosophischen Vorstellung, das von seiner Wirklichkeit getrennte, bloß gedachte Individuum, „*den* Menschen" als solchen, den Begriff des Menschen zu ihrer Grundlage haben. Darin vollendet sich sein Glaube an die Philosophie.

Jetzt, nachdem Alles in „das Heilige" oder in das, was „*des* Menschen" ist, verwandelt ist, kann unser Heiliger dadurch zur *Aneignung* weitergehen, daß er die Vorstellung vom „Heiligen" oder vom „Menschen" als einer über ihm stehenden Macht aufgibt. Dadurch, daß das Fremde in das Heilige, in eine bloße Vorstellung, verwandelt worden ist, ist natürlich diese Vorstellung von dem Fremden, die er für das wirkliche Fremde versieht, sein Eigentum. Die Grundformeln zur Aneignung der Welt des Menschen (die **Manier**, wie das Ich nun Besitz von der Welt ergreift, nachdem es

---

[1] Betrogene.

keinen Respekt mehr vor dem Heiligen hat) liegen schon in den obigen Gleichungen.

Herr über seine Eigenschaften ist Sankt Sancho, wie wir sahen, bereits als mit sich einiger Egoist. Um Herr über die Welt zu werden, hat er nichts zu tun, als sie zu seiner Eigenschaft zu machen. Die einfachste Weise, dies zu tun, ist, daß er die Eigenschaft „*des* Menschen" mit dem ganzen Unsinn, der darin liegt, direkt als *seine* Eigenschaft ausspricht. So vindiziert er sich z. B. als die Eigenschaft des Ich den Unsinn der *allgemeinen Menschenliebe*, indem er behauptet, „*Jeden*" zu lieben (p. 387), und zwar mit dem Bewußtsein des Egoismus, weil „die Liebe ihn glücklich macht". Wer ein so glückliches Naturell hat, der gehört freilich zu denen, von welchen es heißt: Wehe Euch, so Ihr *Einen dieser Kleinen* ärgert!

Die zweite Methode ist die, daß Sankt Sancho Etwas als *seine Eigenschaft* konservieren will, während er dasselbe, wenn es ihm ganz notwendig als *Verhältnis* erscheint, in ein Verhältnis, eine Daseinsweise „*des* Menschen", ein *heiliges Verhältnis* verwandelt und damit zurückstößt. Dies tut Sankt Sancho selbst da, wo die Eigenschaft, getrennt von dem Verhältnis, durch welches sie realisiert wird, sich in reinen Unsinn auflöst. So will er z. B. p. 322 den Nationalstolz beibehalten, indem er „die Nationalität für *seine Eigenschaft*, die Nation für seine *Eignerin* und Herrin erklärt". Er könnte fortfahren: Die *Religiosität* ist Meine Eigenschaft, sie aufzugeben als Meine Eigenschaft, das sei ferne von Mir — die Religion ist Meine Herrin, das Heilige. Die Familienliebe ist Meine Eigenschaft, die Familie Meine Herrin. Die Rechtlichkeit ist Meine Eigenschaft, das Recht Mein Herr, das Politisieren ist Meine Eigenschaft, der Staat Mein Herr.

Die dritte Weise der Aneignung wird dann angewandt, wenn er eine fremde Macht, deren Druck er praktisch empfindet, ganz und gar als heilig verwirft, ohne sie sich anzueignen. In diesem Falle sieht er in der fremden Macht seine eigne Ohnmacht und erkennt diese als seine Eigenschaft, sein Geschöpf an, über das er in jedem Moment als Schöpfer hinaus ist. Dies ist der Fall z. B. mit dem Staat. Auch hier kommt er glücklich dahin, es mit keinem Fremden, sondern nur mit seiner eignen Eigenschaft zu tun zu haben, gegen die er sich nur als Schöpfer zu setzen braucht, um sie zu überwinden. Der Mangel einer Eigenschaft gilt ihm also im Notfall auch für seine Eigenschaft. Wenn Sankt Sancho verhungert, so ist nicht der Mangel an Nahrungsmitteln die Ursache davon, sondern Sein eignes Hungerhaben, seine eigne Eigenschaft des Hungerns. Wenn er aus seinem Fenster fällt und den Hals bricht, so geschieht dies nicht, weil die Macht der Schwere ihn herabstürzt, sondern weil der Mangel an Flügeln, die Ohnmacht zu fliegen, seine eigne Eigenschaft ist.

Die vierte Methode, die er mit dem brillantesten Erfolg anwendet, ist die, Alles, was Gegenstand Einer seiner Eigenschaften ist, als seinen Gegenstand, für sein Eigentum zu erklären, weil er sich vermöge einer seiner Eigenschaften darauf bezieht, gleichviel, wie diese Beziehung auch immer beschaffen sei. Also was man bisher Sehen, Hören, Fühlen pp. nannte, nennt dieser harmlose Akkapareur[1] Sancho: Eigentum erwerben. Der Laden, den ich ansehe, ist als Erblickter der Gegenstand meines Auges, und sein Reflex auf meiner Retina ist das Eigentum meines Auges. Nun wird der Laden außer der Beziehung zum Auge sein Eigentum und nicht nur das Eigentum seines Auges — sein Eigentum, das geradeso auf dem Kopfe steht wie das Bild des Ladens auf seiner Retina. Läßt der Ladenhüter das Rouleau (oder nach Szeliga „Gardinen und Vorhänge"[110]) herunter, so hört sein Eigentum auf, und er behält, wie der bankrutte Bourgeois, nur noch die schmerzliche Erinnerung vergangenen Glanzes. Geht „Stirner" an der Hofküche vorbei, so erwirbt er sich allerdings ein Eigentum an dem Geruch der Fasanen, die dort gebraten werden, aber die Fasanen selbst bekommt er nicht einmal zu sehen. Das einzige nachhaltige Eigentum, was ihm dabei zuteil wird, ist ein mehr oder weniger lautes Knurren in seinem Magen. Übrigens hängt es nicht nur von dem vorhandenen Weltzustand ab, den er keineswegs gemacht hat, was und wieviel er zu sehen bekommt, sondern auch von seinem Beutel und von seiner ihm durch die Teilung der Arbeit zugefallenen Lebensstellung, die ihm vielleicht sehr viel verschließt, obgleich er sehr akkaparierende Augen und Ohren haben mag.

Hätte Sankt Sancho schlecht und recht gesagt, daß Alles, was Gegenstand seiner Vorstellung ist, als von ihm vorgestellter Gegenstand, d. h. als seine Vorstellung von einem Gegenstande, seine Vor-

---

[1] wörtlich: wucherischer Aufkäufer; dem Sinne nach: einer, der alles an sich reißt.

stellung, id est sein Eigentum ist (ebenso mit dem Anschauen pp.), so würde man nur die kindliche Naivetät des Mannes bewundert haben, der an einer solchen Trivialität einen Fund und ein Vermögen erbeutet zu haben glaubt. Daß er aber diesem spekulativen Eigentum das Eigentum schlechthin unterschiebt, mußte natürlich eine große Magie auf die eigentumslosen deutschen Ideologen ausüben.

Sein Gegenstand ist auch jeder andere Mensch in seinem Bereich, „und als sein Gegenstand — sein Eigentum", seine Kreatur. Jedes der Ichs sagt zu dem andern (siehe p. 184): „Mir bist Du nur Dasjenige, was Du für Mich bist" (z. B. mein Exploiteur), „nämlich Mein Gegenstand, und weil *Mein* Gegenstand, Mein Eigentum." Daher auch Meine Kreatur, die Ich jeden Augenblick als Schöpfer verschlingen und in Mich zurücknehmen kann. Jedes Ich nimmt das Andre also nicht als einen Eigentümer, sondern als sein Eigentum; nicht als „Ich" (si[ehe p. 184),] sondern als Sein-für-Ihn, als Objekt; nicht als sich angehörig, sondern als *ihm*, einem Andern angehörig, als *sich* entfremdet. „Nehmen Wir denn Beide, wofür sie sich ausgeben" (p. 187), für Eigentümer, für Selbstangehörige, „und wofür sie einander nehmen", für Eigentum, für dem Fremden Angehörige. Sie sind Eigentümer und sind es nicht (vgl. p. 187). Es ist aber für Sankt Sancho wichtig, in allen Verhältnissen mit Andern nicht das wirkliche Verhältnis zu nehmen, sondern was Jeder sich *einbilden* kann, in seiner Reflexion an sich ist.

Da Alles, was *Gegenstand* für „Ich" ist, vermittelst irgendeiner seiner Eigenschaften auch *sein* Gegenstand ist, d. h. also *sein Eigentum*, z. B. die Prügel, die er erhält, als Gegenstand *seiner* Gliedmaßen, *seines* Gefühls, *seiner* Vorstellung, *sein* Gegenstand, mithin sein Eigentum sind, so kann er sich als Eigentümer jedes für ihn vorhandenen Gegenstands proklamieren und damit die ihn umgebende Welt, möge sie ihn auch noch so sehr mißhandeln und zu einem „Menschen von nur idealem Reichtum, einem Lump" herabdrücken, für sein Eigentum erklären und sich zu ihrem Eigentümer proklamieren. Andererseits, da jeder Gegenstand für „Ich" nicht nur *Mein* Gegenstand, sondern auch mein *Gegenstand* ist, so kann jeder *Gegenstand* mit derselben Gleichgültigkeit gegen den Inhalt für das Nicht-Eigne, Fremde, Heilige erklärt werden. Derselbe Gegenstand und dasselbe Verhältnis kann daher mit gleicher Geläufigkeit und gleichem Erfolge für das Heilige und für Mein

302

Eigentum erklärt werden. Es kommt Alles darauf an, ob der Akzent auf das *Mein* oder auf den *Gegenstand* gelegt wird. Die Methoden der Aneignung und Kanonisation sind nur zwei verschiedene „Brechungen" Einer „Wendung".

Alle diese Methoden sind bloß positive Ausdrücke für die Negation des in den obigen Gleichungen dem Ich Fremd-Gesetzten; nur daß die Negation wieder, wie oben, in verschiednen Bestimmungen gefaßt wird. Die Negation kann erstlich rein formell bestimmt werden, so daß sie den Inhalt gar nicht affiziert, wie oben bei der Menschenliebe und in allen Fällen, wo sich seine ganze Veränderung auf die Hinzufügung des Bewußtseins der Gleichgültigkeit beschränkt. Oder die ganze Sphäre des Objekts oder Prädikats, der ganze Inhalt kann negiert werden, wie bei Religion und Staat, oder drittens kann die Kopula, meine bisher fremde Beziehung zum Prädikat, allein negiert und auf das *Mein* der Akzent gelegt werden, so daß Ich mich als Eigentümer zum Meinigen verhalte, z. B. beim Gelde, was zur Münze Meines eignen Gepräges wird. In dem letzteren Fall kann sowohl die Eigenschaft *des* Menschen wie sein Verhältnis allen Sinn verlieren. Jede der Eigenschaften *des* Menschen wird dadurch, daß Ich sie in Mich zurücknehme, in Meiner Ichheit ausgelöscht. Es ist nicht mehr von ihr zu sagen, was sie ist. Sie ist nur noch nominell, was sie war. Sie hat als „*Mein*", als in Mir aufgelöste Bestimmtheit, gar keine Bestimmtheit mehr gegen Andre, noch gegen Mich, sie ist bloß von Mir gesetzt, *Schein*-Eigenschaft. So z. B. Mein Denken. Eben wie mit Meinen Eigenschaften verhält es sich mit den Dingen, die mit Mir in einem Verhältnis stehen und, wie schon oben gesehen, im Grunde auch nur [M]eine Eigenschaften sind — z. B. mit [Mei]nem angeschauten Laden. Insofern [also] in Mir das Denken von allen [andern] Eigenschaften, z. B. der Goldschmiedsladen wieder von dem Wurstladen etc. total unter[schieden] ist, kommt der Unter[schied] wieder als Unterschied des Scheins herein und macht sich auch nach Außen, in Meiner Äußerung für Andre, wieder geltend. Hiermit ist diese aufgelöste Bestimmtheit glücklich wieder vorhanden und muß, soweit sie überhaupt sprachlich ausgedrückt werden kann, ebenfalls in den alten Ausdrücken wiedergegeben werden. (Von Sankt Sanchos nichtetymologischen Illusionen über die Sprache werden wir übrigens auch noch ein geringes Wörtlein vernehmen.)

An die Stelle der obigen einfachen Gleichung tritt hier die *Antithese*. In ihrer simpelsten Form lautet sie z. B. so:

Denken des Menschen — *Mein Denken, egoistisches Denken,*

wo hier das *Mein* so viel heißt, daß er auch gedankenlos sein kann, also das *Mein* das *Denken* aufhebt. Verwickelter schon wird die Antithese im folgenden Beispiel:

Das Geld als Tauschmittel des Menschen — — Das Geld meines eignen Gepräges, als Tauschmittel des Egoisten —

wo der Unsinn entbunden wird. — Noch verwickelter wird die Antithese, wenn Sankt Max eine Bestimmung hereinbringt und sich den Schein einer weitläufigen Entwicklung geben will. Hier wird aus der einzelnen Antithese eine Antithesenreihe. Zuerst heißt es z. B.

Das Recht überhaupt als Recht des Menschen — Recht ist, was Mir Recht ist,

wo er ebensogut statt Recht jedes andre Wort setzen könnte, da es eingestandenermaßen gar keinen Sinn mehr hat. Obgleich dieser Unsinn fortwährend noch mit unterläuft, so muß er doch, um von ihr weiterzukommen, eine andre, *notorische* Bestimmung des Rechts hereinbringen, die sowohl im rein persönlichen als auch im ideologischen Sinn gebraucht werden kann — etwa die *Macht* als Basis des Rechts. Nun erst, wo das Recht in der ersten These noch eine andere Bestimmtheit hat, die in der Antithese festgehalten wird, kann die Antithese einen Inhalt erzeugen. Nun heißt es:

Recht — die Macht *des* Menschen — Macht — das Recht Meiner,

was dann wieder sich einfach dahin auflöst:

Macht als Recht Meiner = Meine Macht.

Diese Antithesen sind weiter nichts als die positiven Umdrehungen der obigen negativen Gleichungen, bei denen sich schon am Schluß fortwährend Antithesen herausstellten. Sie übertreffen die Gleichungen noch an einfacher Größe und großer Einfalt.

Wie Sankt Sancho früher Alles für *fremd*, ohne ihn bestehend, heilig ansehen konnte, so kann er nun ebenso leicht Alles für sein Machwerk, für nur durch ihn bestehend, für sein Eigentum ansehen. Da er nämlich Alles in seine Eigenschaften verwandelt, so braucht er sich nun dazu nur [so zu ver]halten, wie er sich als mit

304

sich einiger Egoist zu seinen ursprünglichen Eigenschaften verhielt, eine Prozedur, die wir hier nicht zu wiederholen brauchen. Hierdurch wird unser Berliner Schulmeister absoluter Herr der Welt — „freilich ist dies auch der Fall mit jeder Gans, jedem Hunde, jedem Pferde". (Wig[and,] p. 187.)

Das eigentliche logische Experiment, das allen diesen Formen der Aneignung zugrunde liegt, ist eine bloße Form des *Sprechens*, nämlich die *Paraphrase*, die Umschreibung eines Verhältnisses als Ausdruck, als Existenzweise eines andern. Wie wir eben sahen, daß jedes Verhältnis als Exempel des Verhältnisses des Eigentums dargestellt werden konnte, geradeso kann es als Verhältnis der Liebe, der Macht, der Exploitation usw. dargestellt werden. Sankt Sancho fand diese Manier der Paraphrase in der Spekulation fertig vor, wo sie eine Hauptrolle spielt. Siehe unten „Exploitationstheorie".

Die verschiedenen Kategorien der Aneignung werden *gemütliche* Kategorien, sobald der Schein der Praxis hereingebracht und mit der Aneignung Ernst gemacht werden soll. Die gemütliche Form der Behauptung des Ich gegen das Fremde, Heilige, die Welt, „*des Menschen*" ist *die Renommage*. Dem Heiligen wird der Respekt aufgekündigt (Respekt, Achtung etc., diese gemütlichen Kategorien gelten ihm für Beziehung auf das Heilige oder auf ein Drittes als Heiliges) und diese permanente Aufkündigung eine Tat tituliert, eine Tat, die um so burlesker erscheint, als er fortwährend nur gegen das Gespenst seiner heiligenden Vorstellung kämpft. Andererseits, da die Welt trotz seiner Respektskündigung gegen das Heilige heillos mit ihm umspringt, genießt er dagegen die innere Befriedigung, ihr zu erklären, daß er nur nötig habe, zur Macht gegen sie zu kommen, um respektlos mit ihr umzuspringen. Diese Drohung mit ihrer weltvernichtenden reservatio mentalis[1] vollendet die Komik. Zur ersten Form der Renommage gehört, wie Sankt Sancho p. 16 „nicht den Zorn des *Poseidon*, nicht die rächenden *Eumeniden*"[49] „fürchtet", p. 58 „den Fluch nicht fürchtet", p. 242 „keine Vergebung will" usw. und zum Schluß beteuert, die „maßloseste Entweihung" des Heiligen zu begehen. Zur zweiten Form seine Drohung gegen den Mond p. 218:

„Könnte Ich Dich nur fassen, Ich faßte Dich wahrlich, und finde Ich nur ein Mittel, zu Dir hinaufzukommen, Du sollst Mich nicht schrecken — —

---

[1] [ihrem] (geheimen) geistigen Vorbehalt.

Ich gebe Mich nicht auf gegen Dich, sondern warte nur Meine Zeit ab. Bescheide Ich Mich auch für jetzt, Dir etwas anhaben zu können, so gedenke Ich Dir's doch!" —

eine Apostrophe, in der unser Heiliger unter das Niveau von Pfeffels Mops im Graben sinkt — ebenso p. 425, wo er „der Macht über Leben und Tod nicht entsagt" usw.

Schließlich [kann] die renommistische Praxis wieder zu einer bloßen [Praxis] innerhalb der Theorie werden, [indem] der Heilige mit den pomp[haftesten] Worten Dinge getan zu haben [vorgibt], die er nie getan [hat, wobei er] tradi[tion]elle Triviali[tät]en vermittelst [voll]tönender Phrasen [als] originelle Schöp[f]ungen einzuschmuggeln versucht. [Da]zu gehört eigentlich das *ganze Buch*, speziell seine uns als eine Entwicklung aufgedrungene, aber nur schlecht abgeschriebene Geschichtskonstruktion, dann die Versicherung, daß „das Buch" „gegen den Menschen geschrieben zu sein scheint" (Wig[and,] p. 168), und eine Unzahl einzelner Beteuerungen, wie: „Mit einem Hauche des lebendigen Ichs blase Ich Völker um" (p. 219 „des Buchs"), „Ich schlage frisch drauflos" (p. 254), p. 285: „Tot ist das Volk", ferner die Beteuerung, „in den Eingeweiden des Rechts zu wühlen", p. 275 und der herausfordernde, mit Zitaten und Sprüchlein verbrämte Ruf nach „einem leibhaftigen Gegner" p. 280.

Die Renommage ist schon an und für sich sentimental. Außerdem kommt aber die *Sentimentalität* im „Buche" auch noch als ausdrückliche Kategorie vor, die namentlich bei der positiven Aneignung, welche nicht mehr bloße Behauptung gegen das Fremde ist, eine Rolle spielt. So einfach die bisherigen Methoden der Aneignung auch waren, so muß bei näherer Entwicklung doch der Schein hereingebracht werden, als ob das Ich sich dadurch auch Eigentum „im gewöhnlichen Verstande" erwerbe, und dies ist nur durch eine forcierte Aufspreizung dieses Ichs zu erreichen, nur dadurch, daß er sich und Andre in einen sentimentalen Zauber hüllt. Die Sentimentalität ist überhaupt gar nicht zu vermeiden, sobald er sich die Prädikate „*des* Menschen" unbesehen als seine eignen vindiziert, z. B. „*Jeden*" „aus Egoismus" „liebt" — und so seinen Eigenschaften eine überschwengliche Aufgedunsenheit gibt. So wird p. 351 „das Lächeln des Kindes" für „sein Eigentum" erklärt und ebendaselbst die Stufe der Zivilisation, auf der man die Greise nicht

306

mehr totschlägt, als die Tat dieser Greise selbst mit den rührendsten Wendungen dargestellt pp. Zu dieser Sentimentalität gehört auch durchaus sein Verhältnis zur Maritornes.

Die Einheit von Sentimentalität und Renommage ist die *Empörung*. In ihrer Richtung nach Außen, gegen Andre, ist sie Renommage; in ihrer Richtung nach innen, als Knurren-in-sich, ist sie Sentimentalität. Sie ist der spezifische Ausdruck des ohnmächtigen Widerwillens des Philisters. Er empört sich beim Gedanken des Atheismus, Terrorismus, Kommunismus, Königsmordes etc. Der Gegenstand, wogegen Sankt Sancho sich empört, ist *das Heilige*; darum ist die Empörung, die zwar auch als *Verbrechen* charakterisiert wird, in letzter Instanz *Sünde*. Die Empörung braucht also in keiner Weise als eine *Tat* aufzutreten, da sie nur „die Sünde" wider „das Heilige" ist. Sankt Sancho begnügt sich daher damit, sich die „Heiligkeit" oder den „Geist der Fremdheit" „aus dem Kopfe zu schlagen" und seine ideologische Aneignung zu vollziehen. Wie ihm aber überhaupt Gegenwart und Zukunft sehr im Kopfe durcheinandergehen, wie er bald behauptet, sich schon alles angeeignet zu haben, bald, es erst erwerben zu müssen, so fällt ihm auch bei der Empörung zuweilen ganz zufällig ein, daß er das *wirkliche* Fremde sich auch dann noch gegenüber hat, wenn er mit dem Heiligenschein des Fremden fertig geworden ist. In diesem Falle oder vielmehr Einfalle wird dann die Empörung in eine eingebildete Tat und das Ich in ein „Wir" verwandelt. Hierüber werden wir später das Nähere sehen. (Siehe „*Empörung*".)

Der wahre Egoist, der sich nach der bisherigen Darstellung als der größte Konversateur erwiesen hat, sammelt schließlich die Brocken „der Welt des Menschen", zwölf Körbe voll; denn „es sei ferne, daß Etwas verloren gehe!" Da sich seine ganze Aktion darauf beschränkt, an der ihm von der philosophischen Tradition überlieferten Gedankenwelt einige abgegriffene, kasuistische Kunststücke zu probieren, so versteht es sich von selbst, daß die wirkliche Welt für ihn gar nicht besteht und daher auch fortbestehen bleibt. Der Inhalt des Neuen Testaments wird uns dazu den Beweis im Einzelnen liefern.

So „erscheinen wir vor den *Schranken der Mündigkeit* und werden mündig gesprochen". (p. 86.)

4. Die Eigenheit

„Sich eine *eigne Welt* gründen, das heißt sich einen Himmel erbauen." p. 89 „des Buchs".

Wir haben bereits das innerste Heiligtum dieses Himmels „durchschaut". Wir werden uns jetzt bestreben, „mehr Dinge" von ihm kennenzulernen. Wir werden indes im Neuen Testament dieselbe Heuchelei wiederfinden, die bereits im Alten durchging. Wie in diesem die geschichtlichen Data nur Namen für ein paar einfache Kategorien waren, so sind auch hier im Neuen Bunde alle weltlichen Verhältnisse nur Verkleidungen, andre Benennungen für den magern Inhalt, den wir in der Phänomenologie und Logik zusammengestellt haben. Unter dem Scheine, als spräche er von der wirklichen Welt, spricht Sankt Sancho immer nur von diesen magern Kategorien.

„Du willst nicht die *Freiheit*, alle diese schönen Sachen zu haben... Du willst sie wirklich haben... als *Dein Eigentum* besitzen... Du müßtest nicht nur ein *Freier*, Du müßtest auch ein *Eigner* sein." p. 205.

Hier wird eine der ältesten Formeln, zu denen die anfangende soziale Bewegung kam, der Gegensatz des Sozialismus in seiner miserabelsten Gestalt gegen den Liberalismus, zu einem Ausspruch des „mit sich einigen Egoisten" erhoben. Wie alt dieser Gegensatz selbst für Berlin ist, kann unser Heiliger schon daraus ersehen, daß bereits in Rankes „Historisch-politischer Zeitschrift", Berlin 1831, mit Schrecken darauf hingewiesen wird.

„Wie Ich sie" (die Freiheit) „benutze, das hängt von Meiner Eigenheit ab." p. 205.

Der große Dialektiker kann das auch umdrehen und sagen: Wie Ich Meine Eigenheit benutze, das hängt von Meiner Freiheit ab. — Nun fährt er fort:

„Frei — wovon?"

Hier verwandelt sich also durch einen Gedankenstrich die Freiheit schon in die Freiheit *von Etwas*, per apposit[ionem] von „Allem". Diesmal wird indes die Apposition in Form eines scheinbar näher bestimmenden Satzes gegeben. Nachdem er nämlich dies große Resultat erreicht hat, wird Sancho sentimental:

„O was läßt sich nicht Alles abschütteln!" Zuerst „das Joch der Leibeigenschaft", dann eine ganze Reihe andrer Joche, die endlich unvermerkt dahin führen, daß „die vollkommenste Selbstverleugnung nichts als Freiheit, Freiheit... vom eignen Selbst ist und der Drang nach Freiheit als etwas Absolutem... Uns um die *Eigenheit* brachte."

Durch eine höchst kunstlose Reihe von Jochen wird hier die Befreiung von der Leibeigenschaft, die die Geltendmachung der Individualität der Leibeignen und zugleich die Niederreißung einer bestimmten empirischen Schranke war, mit der viel früheren christlich-idealistischen Freiheit aus den Briefen an die Römer und Korinther identifiziert und damit die Freiheit überhaupt in die Selbstverleugnung verwandelt. Hiermit wären wir schon mit der Freiheit fertig, da sie jetzt unbestritten „das Heilige" ist. Ein bestimmter historischer Akt der Selbstbefreiung wird von Sankt Max in die abstrakte Kategorie „*der* Freiheit" verwandelt und diese Kategorie dann wieder aus einer ganz andern historischen Erscheinung, die ebenfalls unter „*die* Freiheit" subsumiert werden kann, näher bestimmt. Das ist das ganze Kunststück, die Abschüttelung der Leibeigenschaft in die Selbstverleugnung zu verwandeln.

Um dem deutschen Bürger seine Freiheitstheorie sonnenklar zu machen, fängt *Sancho* jetzt an, in der eignen Sprache des Bürgers, speziell·des Berliner Bürgers, zu deklamieren:

„Je freier Ich indes werde, desto mehr Zwang türmt sich vor Meinen Augen auf, desto ohnmächtiger fühle Ich Mich. Der unfreie Sohn der Wildnis empfindet noch nichts von all den Schranken, die einen jebildeten Menschen bedrän[gen]: er dünkt sich freier als dieser. In dem Maße, als Ich Mir Freiheit erringe, schaffe Ich Mir neue Grenzen und neue Aufgaben; habe Ich die Eisenbahnen erfunden, so fühle Ich Mich wieder schwach, weil Ich noch nicht, dem Vogel gleich, die Lüfte durchsegeln kann, und habe Ich ein Problem, dessen Dunkelheit Meinen Geist beängstigte, gelöst, so erwarten Mich schon unzählige andere" pp. p. 205, 206.

O „unbeholfener" Belletrist für Bürger und Landmann!
Nicht „der unfreie Sohn der Wildnis", sondern „die gebildeten Menschen" „dünken" sich den Wilden freier als den Gebildeten. Daß der „Sohn der Wildniß" (den F. Halm in Szene gesetzt hat)[111] die Schranken des Gebildeten nicht kennt, weil er sie nicht erfahren kann, ist ebenso klar, als daß der „gebildete" Berliner Bürger, der den „Sohn der Wildniß" nur vom Theater kennt, von den Schranken des Wilden nichts weiß. Die einfache Tatsache ist diese: die Schranken des Wilden sind nicht die des Zivilisierten. Die Vergleichung, die unser Heiliger zwischen Beiden anstellt, ist die phantastische eines „gebildeten" Berliners, dessen Bildung darin

besteht, von Beiden nichts zu wissen. Daß er von den Schranken des Wilden nichts weiß, ist erklärlich, obgleich etwas davon zu wissen nach den vielen neueren Reisebeschreibungen eben keine Kunst ist; daß er auch die des Gebildeten nicht kennt, beweist sein Exempel von den Eisenbahnen und dem Fliegen. Der tatlose Kleinbürger, dem die Eisenbahnen vom Himmel gefallen sind und der eben deswegen glaubt, sie selbst erfunden zu haben, phantasiert sogleich vom Luftflug, nachdem er einmal auf der Eisenbahn gefahren ist. In der Wirklichkeit kam *erst* der Luftballon und dann die Eisenbahnen. Sankt Sancho mußte dies umdrehen, weil sonst Jedermann gesehen hätte, daß mit der Erfindung des Luftballons das Postulat der Eisenbahnen noch lange nicht da war, während man sich das Umgekehrte leicht vorstellen kann. Er stellt überhaupt das empirische Verhältnis auf den Kopf. Als der Hauderer[1] und Frachtwagen den entwickelten Bedürfnissen des Verkehrs nicht mehr genügte, als u. a. die Zentralisation der Produktion durch die große Industrie neue Mittel zum rascheren und massenweisen Transport ihrer Massen von Produkten nötig machte, erfand man die Lokomotive und damit die Anwendung der Eisenbahn auf den großen Verkehr. Dem Erfinder und den Aktionären war es um ihren Profit, dem Commerce überhaupt um die Verminderung der Produktionskosten zu tun; die Möglichkeit, ja die absolute Notwendigkeit der Erfindung lag in den empirischen Verhältnissen. Die Anwendung der neuen Erfindung in verschiednen Ländern beruhte auf verschiednen empirischen Verhältnissen, z. B. in Amerika auf der Notwendigkeit, die einzelnen Staaten des ungeheuren Gebietes zu vereinigen und die halbzivilisierten Distrikte des Innern mit dem Meere und den Stapelplätzen ihrer Produkte zu verbinden. (Vgl. u. a. M. Chevalier, „Lettres sur l'Amérique du Nord".) In andern Ländern, wo man bei jeder neuen Erfindung nur bedauert, daß sie nicht das Reich der Erfindungen vollendet, wie z. B. in Deutschland — in solchen Ländern wird man endlich nach vielem Widerstreben gegen die verwerflichen, keine Flügel verleihenden Eisenbahnen durch die Konkurrenz gezwungen, sie zu adoptieren und den Hauderer und Frachtwagen wie das altehrwürdige, sittsame Spinnrad fahrenzulassen. Der Mangel an andrer gewinnreicher Anlegung des Kapitals machte das Eisenbahnbauen zum dominierenden Industriezweig in Deutsch-

[1] nordwestdeutscher Ausdruck für Mietfuhrmann.

land. Die Entwicklung seiner Eisenbahnbauten und seine Schlappen auf dem Weltmarkt gingen gleichen Schritt. Nirgend aber baut man Eisenbahnen der Kategorie „*der* Freiheit *von*" zulieb, wie Sankt Max schon daraus ersehen konnte, daß Niemand Eisenbahnen baut, um *frei von* seinem Geldsack zu werden. Der positive Kern der ideologischen Verachtung des Bürgers gegen die Eisenbahnen aus Sehnsucht nach dem Vogelflug ist die Vorliebe für den Hauderer, den Frachtwagen und die Landstraße. Sancho sehnt sich nach der „eignen Welt", die, wie wir oben sahen, der Himmel ist. Darum will er an die Stelle der Lokomotive den feurigen Wagen Eliä setzen und gen Himmel fahren.

Nachdem sich diesem tatlosen und unwissenden Zuschauer das wirkliche Niederreißen der Schranken, das zugleich eine sehr positive Entwicklung der Produktivkraft, reale Energie und Befriedigung unabweisbarer Bedürfnisse, Ausdehnung der Macht der Individuen ist, in das bloße Freiwerden *von* einer Schranke verwandelt hat — was er wieder sich logisch als Postulat des Freiwerdens von *der* Schranke schlechthin zurechtmachen kann — kommt jetzt am Schluß der ganzen Entwicklung heraus, was bereits am Anfang vorausgesetzt war:

„Freisein von Etwas — heißt nur: *Ledig* oder *Los* sein." p. 206.

Er gibt gleich ein sehr unglückseliges Exempel davon: „Er ist frei vom Kopfweh ist gleich: Er ist es los", als ob nicht dies „Lossein" vom Kopfschmerz gleich wäre einer ganz positiven Dispositionskraft über meinen Kopf, gleich einem Eigentum an meinen Kopf, während ich, solange Ich Kopfschmerzen hatte, das Eigentum meines kranken Kopfes war.

„Im ‚Los' vollenden wir die vom Christentum empfohlene Freiheit, im Sündlos, Gottlos, Sittenlos usw." p. 206.

Daher findet unser „vollendeter Christ" auch seine Eigenheit erst im „gedankenlos", „bestimmungslos", „berufslos", „gesetzlos", „verfassungslos" pp. und fordert seine Brüder in Christo auf, „sich nur wohlzufühlen im Auflösen", d. h. im Produzieren des „Losseins", der „vollendeten", „christlichen Freiheit".

Er fährt fort:

„Müssen wir etwa, weil die Freiheit als ein christliches Ideal sich verrät, sie aufgeben? Nein, *Nichts soll verloren gehen*" (voilà notre conservateur tout trouvé[1]), „auch die Freiheit nicht; aber sie soll unser *eigen* werden, und das kann sie in der Form der Freiheit nicht." p. 207.

Unser „mit sich" (toujours et partout[2]) „einiger Egoist" vergißt hier, daß wir bereits im Alten Testament durch das christliche Ideal der Freiheit, d. h. durch die Einbildung der Freiheit, zu „Eignern" der „Welt der Dinge" wurden; er vergißt ebenfalls, daß wir danach nur noch die „Welt der Gedanken" loszuwerden brauchten, um auch ihre „Eigner" zu werden; daß sich hier die „Eigenheit" als *Konsequenz* der Freiheit, des Losseins für ihn ergab.

Nachdem unser Heiliger sich die Freiheit als Freisein *von* Etwas und dies wieder als „Lossein", dies als christliches Ideal der Freiheit und damit der Freiheit *„des* Menschen" zurechtgemacht hat, kann er an diesem präparierten Material einen praktischen Kursus seiner Logik durchmachen. Die erste einfachste Antithese lautet:

Freiheit *des* Menschen — Freiheit Meiner,

wo in der Antithese die Freiheit aufhört, „in der Form der Freiheit" zu existieren. Oder:

Lossein im Interesse *des* Menschen}—{Lossein im Interesse Meiner.

Diese beiden Antithesen ziehen sich, mit einem zahlreichen Gefolge von Deklamationen, durch das ganze Kapitel von der Eigenheit durch, aber mit ihnen allein würde unser welteroberndr Sancho noch zu sehr wenig, nicht einmal zur Insel Barataria, kommen. Er hat sich oben, wo er sich das Treiben der Menschen aus seiner „eignen Welt", seinem „Himmel" betrachtete, bei seiner Abstraktion der Freiheit zwei Momente der wirklichen Befreiung auf die Seite gebracht. Das erste war, daß die Individuen in ihrer Selbstbefreiung ein bestimmtes, wirklich empfundenes Bedürfnis befriedigen. An die Stelle der wirklichen Individuen trat durch Beseitigung dieses Momentes *„d e r Mensch"* und an die Stelle der Befriedigung des wirklichen Bedürfnisses das Streben nach einem phantastischen Ideal, der Freiheit als solcher, der „Freiheit *des* Menschen".

Das Zweite war, daß ein in den sich befreienden Individuen bisher nur als Anlage existierendes Vermögen erst als wirkliche Macht betätigt oder eine bereits existierende Macht durch Abstreifung einer Schranke vergrößert wird. Allerdings kann man das Abstrei-

---

[1] da haben wir unseren Konservativen ertappt.

[2] immer und überall.

fen der Schranke, das bloß eine *Folge* der neuen Machtschöpfung ist, als die Hauptsache betrachten. Zu dieser Illusion kommt man aber nur dann, wenn man entweder die Politik als die Basis der empirischen Geschichte annimmt oder wenn man, wie Hegel, überall die Negation der Negation nachzuweisen hat, oder endlich, wenn man, nachdem die neue Macht geschaffen ist, als unwissender Berliner Bürger über die neue Schöpfung reflektiert. — Indem Sankt Sancho dies zweite Moment zu seinem eignen Gebrauch auf Seite bringt, hat er nun eine Bestimmtheit, die er dem übrigbleibenden, abstrakten caput mortuum[1] *„der* Freiheit" entgegensetzen kann. Hierdurch kommt er zu folgenden neuen Antithesen:

Freiheit, die inhaltslose Entfernung der fremden Macht — *Eigenheit*, das wirkliche Innehaben der eignen Macht.

Oder auch:

Freiheit, Abwehr fremder Macht — Eigenheit, Besitz eigner Macht.

Wie sehr Sankt Sancho seine *eigne* „Macht", die er hier der Freiheit gegenüberstellt, aus derselben Freiheit heraus und in sich hinein eskamotiert hat, darüber wollen wir ihn nicht auf die Materialisten oder Kommunisten, sondern nur auf das „Dictionnaire de l'académie" verweisen, wo er finden kann, daß liberté[2] am häufigsten im Sinne von puissance[3] gebraucht wird. Sollte Sankt Sancho indes behaupten, daß er nicht gegen die „*liberté*", sondern gegen die „*Freiheit*" kämpfe, so mag er sich bei Hegel über die negative und positive Freiheit Rats erholen. Als deutscher Kleinbürger mag er sich an der Schlußbemerkung dieses Kapitels delektieren.

Die Antithese kann auch so ausgedrückt werden:

Freiheit, idealistisches Trachten nach Lossein und Kampf gegen das Anderssein — Eigenheit, *wirkliches* Lossein und Genuß am eignen Dasein.

Nachdem er so durch eine wohlfeile *Abstraktion* die Eigenheit von der Freiheit *unterschieden hat*, gibt er sich den Schein, als fange er jetzt erst an, diesen Unterschied zu entwickeln, und ruft aus:

„Welch ein Unterschied zwischen Freiheit und Eigenheit!" p. 207.

---
[1] wörtlich: toter Kopf; hier: Restbestandteil.
[2] Freiheit.
[3] Macht.

Daß er außer den allgemeinen Antithesen sich nichts auf die Seite gebracht hat, und daß neben dieser Bestimmung der Eigenheit auch noch fortwährend die Eigenheit „im gewöhnlichen Verstande" höchst ergötzlich mit unterläuft, wird sich zeigen.

„Innerlich kann man trotz des Zustandes der Sklaverei frei sein, obwohl auch wieder nur von *Allerlei*, nicht von *Allem;* aber von der Peitsche, der gebieterischen Laune pp. des Herrn wird man nicht *frei.*"

„Dagegen Eigenheit, das ist Mein *ganzes* Wesen und Dasein, das bin Ich selbst. Frei bin Ich von dem, was Ich *los* bin, Eigner von dem, was Ich in Meiner *Macht* habe oder dessen Ich mächtig bin. *Mein eigen* bin Ich jederzeit und unter allen Umständen, wenn Ich Mich zu haben *verstehe* und nicht an Andre wegwerfe. Das Freisein kann Ich nicht wahrhaft *wollen*, weil Ich's nicht machen ... kann: Ich kann es nur wünschen und danach trachten, denn es bleibt ein Ideal, ein Spuk. Die Fesseln der Wirklichkeit schneiden jeden Augenblick in Mein Fleisch die schärfsten Striemen. *Mein Eigen* aber bleibe Ich. Einem Gebieter leibeigen hingegeben, *denke* Ich nur an Mich und Meinen Vorteil; seine Schläge treffen Mich zwar: Ich bin nicht davon *frei; a b e r I c h e r d u l d e s i e n u r z u M e i n e m N u t z e n*, etwa um ihn durch den Schein der Geduld zu täuschen und ihn sicher zu machen, oder auch, um nicht durch Widersetzlichkeit Ärgeres Mir zuzuziehen. Da Ich aber Mich und Meinen Eigennutz im Auge behalte" (während die Schläge ihn und seinen Rücken im Besitz behalten), „so fasse Ich die nächste gute Gelegenheit beim Schopfe" (d. h., er „wünscht", er „trachtet" nach einer nächsten guten Gelegenheit, die aber „ein Ideal, ein Spuk bleibt"), „den Sklavenbesitzer zu zertreten. Daß Ich dann von ihm und seiner Peitsche *frei* werde, das ist nur die Folge Meines vorangegangenen Egoismus. Man sagt hier vielleicht: Ich sei auch im Stande der Sklaverei frei gewesen, nämlich ‚an sich' oder ‚innerlich'; allein ‚an sich frei' ist nicht ‚wirklich frei', und ‚innerlich' nicht ‚äußerlich'. Eigen hingegen, *Mein eigen* war Ich *ganz und gar*, innerlich und *äußerlich*. Von den Folterqualen und Geißelhieben ist Mein Leib nicht ‚frei' unter der Herrschaft eines grausamen Gebieters; *aber M e i n e Knochen sind es, welche unter der Tortur ächzen, M e i n e Fibern zucken unter den Schlägen, und I c h ächze, weil M e i n Leib ächzt. Daß I c h seufze und erzittre, beweist, daß Ich noch bei Mir, daß Ich Mein eigen bin.*" p. 207, 208.

Unser Sancho, der hier wieder den Belletristen für Kleinbürger und Landmann spielt, beweist hier, daß er trotz der vielen Prügel, die er schon bei Cervantes erhielt, stets sein „Eigner" blieb und daß diese Prügel vielmehr zu seiner „Eigenheit" gehörten. Sein „eigen" ist er „jederzeit und unter allen Umständen", *wenn* er sich zu haben *versteht*. Hier ist also die Eigenheit hypothetisch und hängt von seinem Verstande ab, unter dem er eine sklavische Kasuistik versteht. Dieser Verstand wird dann auch später zum *Denken*, wo er an sich und seinen „Vorteil" „denkt" — welches Denken und welcher gedachte „Vorteil" sein gedachtes „Eigentum" sind. Er wird weiter dahin erklärt, daß er die Schläge „zu seinem Nutzen" erduldet, wo die Eigenheit wiederum in der *Vorstellung* des „Nutzens" besteht und wo er das Arge „erduldet", um nicht „Eigner" von „Ärgerem" zu werden. Später zeigt sich der Verstand auch als „Eigner" des Vorbehalts einer „nächsten guten Gelegenheit", also einer bloßen reservatio mentalis, und endlich als „Zertreten" des „Sklavenbesitzers" in der Antizipation der Idee, wo er dann „Eigner" dieser Antizipation ist, während der Sklavenbesitzer ihn in der Gegenwart wirklich zertritt. Während er also hier sich mit seinem *Bewußtsein* identifiziert, das sich durch allerlei Klugheitsmaximen zu beruhigen strebt, identifiziert er sich am Schluß mit seinem *Leibe*, so daß er ganz und gar, innerlich und äußerlich „sein eigen" ist, solange er noch einen Funken Leben und selbst nur noch bewußtloses Leben in sich hat. Erscheinungen wie Ächzen der „Knochen", Zucken der Fibern usw., Erscheinungen, aus der Sprache der *einzigen* Naturwissenschaft in die pathologische übersetzt, die durch Galvanismus an seinem Kadaver, wenn man ihn frisch von dem Galgen abgeschnitten, an dem er sich oben erhing, die selbst an einem toten Frosch hervorgebracht werden können, gelten ihm hier für Beweise, daß er „ganz und gar", „innerlich und äußerlich" noch „sein eigen", seiner mächtig ist. Dasselbe, woran sich die Macht und Eigenheit des Sklavenbesitzers zeigt, daß gerade *Er* geprügelt wird und kein Anderer, daß gerade *seine* Knochen „ächzen", *seine* Fibern zucken, ohne daß Er es ändern kann, das gilt unsrem Heiligen hier für einen Beweis seiner eignen Eigenheit und Macht. Also wenn er im surinamischen Spanso Bocho[112] eingespannt liegt, wo er weder Arme noch Beine noch sonst ein Glied rühren kann und Alles über sich ergehen lassen muß, so besteht seine Macht und Eigenheit nicht darin, daß er über seine Glieder disponieren kann, sondern in dem Faktum, daß sie *seine* Glieder sind. Seine Eigenheit rettete er hier wieder dadurch, daß er sich immer als Anders-Bestimmten faßte, bald als bloßes Bewußtsein, bald als bewußtlosen Leib (siehe die Phänomenologie)

Sankt Sancho „erduldet" seine Tracht Prügel allerdings mit mehr Würde als die wirklichen Sklaven. Die Missionäre mögen diesen noch so oft im Interesse der Sklavenbesitzer vorhalten, daß sie die

Schläge „zu ihrem Nutzen erdulden", die Sklaven lassen sich dergleichen Faseleien nicht einreden. Sie machen nicht die kühle und furchtsame Reflexion, daß sie sonst „Ärgeres sich zuziehen" würden, sie bilden sich auch nicht ein, „durch ihre Geduld den Sklavenbesitzer zu täuschen" — sie verhöhnen ihre Peiniger im Gegenteil, sie spotten ihrer Ohnmacht, die sie nicht einmal zur Demütigung zwingen kann, und unterdrücken jedes „Ächzen", jede Klage, solange der physische Schmerz es ihnen noch erlaubt. (Siehe *Charles Comte*, „Traité de législation".) Sie sind also weder „innerlich" noch „äußerlich" ihre „Eigner", sondern bloß die „Eigner" ihres Trotzes, was ebensogut so ausgedrückt werden kann, daß sie weder „innerlich" noch „äußerlich" „frei", sondern bloß in einer Beziehung frei, nämlich „innerlich" frei von der Selbstdemütigung sind, wie sie auch „äußerlich" zeigen. Insofern „Stirner" die Prügel erhält, ist er Eigner der Prügel und damit frei vom Nichtgeprügeltwerden, und diese Freiheit, dies Lossein gehört zu seiner Eigenheit.

Daraus, daß Sankt Sancho ein besonderes Kennzeichen der Eigenheit in den Vorbehalt setzt, bei „der nächsten guten Gelegenheit" wegzulaufen und in seinem dadurch bewerkstelligten „Freiwerden" „nur die Folge seines vorangegangenen Egoismus" (*seines*, d. h. des mit sich einigen Egoismus) sieht, geht hervor, daß er sich einbildet, die revolutionierenden Neger von Haiti[113] und die weglaufenden Neger aller Kolonien hätten nicht *sich*, sondern „*den* Menschen" befreien wollen. Der Sklave, der den Entschluß faßt, sich zu befreien, muß schon darüber hinaus sein, daß die Sklaverei seine „Eigenheit" ist. Er muß „*frei*" von dieser „*Eigenheit*" sein. Die „Eigenheit" eines Individuums kann aber allerdings darin bestehen, daß es sich „*wegwirft*". Es hieße „einen fremden Maßstab" an es legen, wenn „Man" das Gegenteil behaupten wollte.

Zum Schluß rächt sich Sankt Sancho für seine Prügel durch folgende Anrede an den „Eigner" seiner „Eigenheit", den Sklavenbesitzer:

„Mein *Bein* ist nicht ‚frei' von dem Prügel des Herrn, aber es ist *Mein* Bein und ist *unentreißbar*. Er reiße Mir's aus und sehe zu, ob er noch Mein Bein hat! Nichts behält er in der Hand, als den — Leichnam Meines Beines, der so wenig Mein Bein ist, als ein toter Hund noch ein Hund ist." p. 208.

Er — Sancho, der hier glaubt, der Sklavenbesitzer wolle sein *lebendiges* Bein haben, wahrscheinlich zum eignen Gebrauch —

„sehe zu", was er von seinem „unentreißbaren" Beine noch an sich hat. Er behält nichts als den Verlust seines Beines und ist zum einbeinigen Eigner seines ausgerissenen Beines geworden. Wenn er acht Stunden täglich die Tretmühle treten muß, so ist er es, der mit der Zeit zum Idioten wird, und der Idiotismus ist dann *seine* „Eigenheit". Der Richter, der ihn dazu verdammt hat, „sehe zu", ob er noch Sanchos Verstand „in der Hand hat". Damit ist aber dem armen Sancho wenig geholfen.

„Das erste Eigentum, die erste Herrlichkeit ist erworben!"
Nachdem unser Heiliger an diesen eines Asketen würdigen Exempeln den Unterschied zwischen Freiheit und Eigenheit mit bedeutenden belletristischen Produktionskosten enthüllt hat, erklärt er p. 209 ganz unerwartet, daß

„zwischen der Eigenheit und Freiheit noch eine *tiefere* Kluft liegt als die bloße Wortdifferenz".

Diese „tiefere Kluft" besteht darin, daß die obige Bestimmung der Freiheit unter „mancherlei Wandlungen" und „Brechungen" und vielen „episodischen Einlagen" wiederholt wird. Aus der Bestimmung „*der* Freiheit" als „*des* Losseins" ergeben sich die Fragen: wovon die Menschen frei werden sollen (p. 209) pp., die Streitigkeiten über dies Wovon (ibid.) (er sieht hier wieder als deutscher Kleinbürger in dem Kampfe der wirklichen Interessen nur den Hader um die Bestimmung dieses „Wovon", wobei es ihm dann natürlich sehr verwundersam ist, daß „der Bürger" nicht „vom Bürgertum" frei werden will, p. 210), dann die Wiederholung des Satzes, daß die Aufhebung einer Schranke die Position einer neuen Schranke ist in der Form, daß „der Drang nach einer bestimmten Freiheit stets die Absicht auf eine neue Herrschaft einschließt", p. 210 (wobei wir erfahren, daß die Bourgeois in der Revolution nicht auf ihre eigne Herrschaft, sondern auf „die Herrschaft des Gesetzes" ausgingen — siehe oben über den Liberalismus), dann das Resultat, daß man von Dem nicht los werden will, was Einem „ganz recht ist, z. B. dem unwiderstehlichen Blick der Geliebten" (p. 211). Ferner ergibt sich, daß die Freiheit ein „Phantom" ist (p. 211), ein „Traum" (p. 212); dann erfahren wir nebenbei, daß „die Naturstimme" auch einmal zur „Eigenheit" (p. 213) wird, dagegen die „Gottes- und Gewissensstimme" für „Teufelswerk" zu halten sei, und dann renommiert er: „Solche heillose Menschen" (die das für

Teufelswerk halten) „gibt es; wie werdet Ihr mit ihnen fertig werden?" (p. 213, 214.) Aber nicht die Natur soll Mich, sondern Ich soll Meine Natur bestimmen, geht die Rede des mit sich einigen Egoisten. Und mein Gewissen ist auch eine „Naturstimme".

Bei dieser Gelegenheit ergibt sich dann auch, daß das Tier „sehr richtige Schritte tut" (p. 213). Wir hören weiter, daß die „Freiheit darüber schweigt, was nun weiter geschehen soll, nachdem Ich frei geworden bin" (p. 215). (Siehe „Das hohe Lied Salomonis".) Die Exposition der obigen „tieferen Kluft" wird damit beschlossen, daß Sankt Sancho die Prügelszene wiederholt und sich diesmal etwas deutlicher über die Eigenheit ausspricht.

„Auch unfrei, auch in tausend Fesseln geschlagen, bin Ich doch, und Ich bin nicht etwa erst zukünftig und auf Hoffnung vorhanden, wie die Freiheit, sondern Ich bin auch als Verworfenster der Sklaven — gegenwärtig" (p. 215).

Hier stellt er also *sich* und *„die Freiheit"* als zwei Personen gegenüber, und die Eigenheit wird zum bloßen Vorhandensein, Gegenwart, und zwar der „verworfensten" Gegenwart. Hier ist die Eigenheit als bloße Konstatierung der persönlichen Identität. Stirner, der sich bereits oben als „Geheimer-Polizei-Staat" konstituierte, wirft sich hier zum Paßbüro auf. „Es sei ferne", daß aus „der Welt des Menschen" „Etwas verlorengehe"! (Siehe „Das hohe Lied Salomonis".)

Nach p. 218 kann man auch seine Eigenheit „aufgeben" durch die „Ergebenheit", „Ergebung", obwohl sie nach dem Obigen nicht aufhören kann, solange man überhaupt *vorhanden* ist, sei es auch in noch so „verworfner" oder „ergebner" Weise. Oder ist der „verworfenste" Sklave nicht der „ergebenste"? Nach einer der früheren Beschreibungen der Eigenheit kann man seine Eigenheit nur dadurch „aufgeben", daß man sein *Leben* aufgibt.

p. 218 wird die Eigenheit einmal wieder als die eine Seite der Freiheit, als Macht, gegen die Freiheit als Lossein geltend gemacht und unter den Mitteln, durch die Sancho seine Eigenheit zu sichern vorgibt, „Heuchelei", „Betrug" (Mittel, die Meine Eigenheit anwendet, weil sie sich den Weltverhältnissen „ergeben" mußte) usw. angeführt, „denn die Mittel, welche Ich anwende, richten sich nach dem, was Ich bin". Wir haben schon gesehen, daß unter diesen Mitteln die Mittel*losigkeit* eine Hauptrolle spielt, wie sich auch wieder bei seinem Prozeß gegen den Mond zeigt (siehe oben, Logik). Dann

318

wird die Freiheit zur Abwechslung als „*Selbstbefreiung*" gefaßt, „d. h., daß Ich nur so viel Freiheit haben kann, als Ich durch meine Eigenheit Mir verschaffe", wo die bei allen, namentlich deutschen Ideologen vorkommende Bestimmung der Freiheit als *Selbstbestimmung*, als Eigenheit auftritt. Dies wird uns daran klargemacht, daß es „den Schafen" nichts „nützt", „wenn ihnen die Redefreiheit gegeben wird" (p. 220). Wie trivial hier seine Auffassung der Eigenheit als Selbstbefreiung ist, sieht man schon aus seiner Wiederholung der bekanntesten Phrasen über oktroyierte Freiheit, Freilassung, Sich-Freimachen usw. (p. 220, 221). Der Gegensatz zwischen der Freiheit als Lossein und der Eigenheit als Negation dieses Losseins wird nun auch poetisch ausgemalt:

„Die Freiheit weckt Euren Grimm gegen Alles, was Ihr nicht seid" (sie ist also die *grimmige* Eigenheit, oder haben nach Sankt Sancho die bil[i]ösen Naturen, z. B. Guizot, keine „Eigenheit"? Und genieße Ich Mich nicht im Grimm gegen Andre?), „der Egoismus ruft Euch zur *Freude* über Euch selbst, zum Selbstgenusse" (er ist also die sich freuende Freiheit; wir haben übrigens die Freude und den Selbstgenuß des mit sich einigen Egoisten kennengelernt). „Die Freiheit ist und bleibt eine Sehnsucht" (als ob die Sehnsucht nicht auch eine Eigenheit, Selbstgenuß besonders geformter Individuen, namentlich der christlich-germanischen wäre — und soll die Sehnsucht „verlorengehen"?). „Die Eigenheit ist eine Wirklichkeit, die *von selbst* so viel Unfreiheit beseitigt, als Euch hinderlich den eignen Weg versperrt"

(wo denn, ehe die Unfreiheit beseitigt ist, meine Eigenheit eine *versperrte* Eigenheit ist. Für den deutschen Kleinbürger ist es wieder bezeichnend, daß ihm alle Schranken und Hindernisse „von selbst" fallen, da er nie eine Hand dazu rührt und diejenigen Schranken, die nicht „von selbst" fallen, durch Gewohnheit zu seiner Eigenheit macht. Nebenbei bemerkt tritt hier die Eigenheit als handelnde *Person* auf, obwohl sie später zur bloßen *Beschreibung* des Eigners erniedrigt wird). p. 215.

Dieselbe Antithese erscheint uns wieder in folgender Form:

„Als *Eigne* seid *Ihr wirklich Alles los*, und was Euch anhaftet, das habt Ihr angenommen, das ist Eure Wahl und Belieben. Der Eigne ist der *geborne Freie*, der Freie dagegen nur der Freiheitssüchtige."

Obgleich Sankt Sancho p. 252 „zugibt", „daß Jeder als *Mensch geboren* wird, mithin die Neugebornen darin gleich seien".

Was Ihr als Eigne nicht „los seid", das ist „Eure Wahl und Belieben", wie oben bei dem Sklaven die Prügel. — Abgeschmackte

Paraphrase! — Die Eigenheit reduziert sich also hier auf die Einbildung, daß Sankt Sancho Alles, was er nicht „los" ist, aus freiem Willen angenommen und beibehalten habe, z. B. den Hunger, wenn er kein Geld hat. Abgesehen von den vielen Sachen, z. B. Dialekt, Skrofeln, Hämorrhoiden, Armut, Einbeinigkeit, Zwang zum Philosophieren durch die Teilung der Arbeit ihm aufgedrungen pp. — abgesehen davon, daß es keineswegs von ihm abhängt, ob er diese Sachen „annimmt" oder nicht, so hat er, selbst wenn wir uns für einen Augenblick auf seine Voraussetzungen einlassen, doch immer nur zwischen bestimmten, in seinem Bereiche liegenden und keineswegs durch seine Eigenheit gesetzten Dingen zu wählen. Als irischer Bauer hat er z. B. nur dazwischen zu wählen, ob er Kartoffeln essen oder verhungern will, und auch diese Wahl steht ihm nicht immer frei. Zu bemerken ist noch in dem obigen Satze die schöne Apposition, wodurch, gerade wie im Recht, das „Annehmen" mit der „Wahl" und dem „Belieben" ohne weiteres identifiziert wird. Was übrigens Sankt Sancho unter einem „geborenen Freien" versteht, ist weder in noch außer dem Zusammenhange zu sagen.

Und ist nicht auch ein ihm eingegebenes Gefühl sein von ihm angenommenes Gefühl? Und erfahren wir nicht p. 84, 85, daß die „eingegebnen" Gefühle nicht „eigne" Gefühle sind? Übrigens tritt hier, wie wir bei Klopstock (der hier als Beispiel angeführt wird) schon sahen, hervor, daß das „eigne" Verhalten keineswegs mit dem individuellen Verhalten zusammenfällt; obwohl dem Klopstock das Christentum „ganz recht" gewesen zu sein und ihm keineswegs „hinderlich den Weg versperrt zu haben" scheint.

„Der Eigner *braucht* sich nicht erst *zu befreien*, weil er von vornherein Alles außer sich verwirft... Befangen im kindlichen Respekt, *arbeitet* er gleichwohl schon daran, sich aus dieser Befangenheit zu ‚*befreien*'."

Weil der Eigne sich nicht erst zu befreien *braucht, arbeitet* er schon als Kind daran, sich zu befreien, und das Alles, weil er, wie wir sahen, der *„geborne Freie"* ist. „Befangen im kindlichen Respekt", reflektiert er bereits unbefangen, nämlich eigen, über diese seine eigne Befangenheit. Doch das darf uns nicht wundern — wir sahen schon im Anfang des Alten Testaments, welch ein Wunderkind der mit sich einige Egoist war.

„*Die Eigenheit arbeitet* in *dem kleinen Egoisten* und *verschafft* ihm die begehrte ‚*Freiheit*'."

Nicht „Stirner" lebt, sondern die „Eigenheit" lebt, „arbeitet" und „verschafft" *in* ihm. Wir erfahren hier, daß nicht die Eigenheit die *Beschreibung* des Eigners, sondern der Eigner nur die *Umschreibung* der Eigenheit ist.

Das „Lossein" war, wie wir sahen, auf seiner höchsten Spitze das Lossein vom Eignen Selbst, Selbstverleugnung. Wir sahen ebenfalls, daß er hiergegen die Eigenheit als Behauptung seiner selbst, als Eigennutz geltend machte. Daß dieser Eigennutz aber selbst wieder Selbstverleugnung war, haben wir auch gesehen.

Wir vermißten seit einiger Zeit „das Heilige" schmerzlich. Wir finden es plötzlich auf p. 224 am Schluß der Eigenheit, ganz verschämt, wieder, wo es sich mit folgender neuen Wendung legitimiert:

„Zu einer Sache, die Ich eigennützig betreibe" (oder auch gar nicht betreibe), „habe Ich ein *anderes* Verhältnis als zu einer, welcher Ich uneigennützig diene" (oder auch welche Ich betreibe).

Noch nicht zufrieden mit dieser merkwürdigen Tautologie, die Sankt Max aus „Wahl und Belieben" „angenommen" hat, tritt auf einmal der längst verschollene „Man" als die Identität des Heiligen konstatierender Nachtwächter wieder auf und meint, er

„könnte folgendes Erkennungszeichen anführen: Gegen Jene kann Ich Mich *versündigen* oder eine *Sünde* begehen" (sehenswerte Tautologie!), „die andre nur *verscherzen*, von Mir stoßen, Mich darum bringen, d. h. eine Unklugheit begehen". (Wobei er sich verscherzen, sich um sich bringen, um sich gebracht — umgebracht werden kann.) „Beiderlei Betrachtungsweisen erfährt die *Handelsfreiheit*, indem sie" teils für das Heilige gehalten wird, teils nicht, oder wie Sancho selbst dies umständlicher ausdrückt, „indem sie teils für eine Freiheit angesehen wird, welche *unter Umständen* gewährt oder entzogen werden könne, teils für eine solche, die *unter allen Umständen heilig* zu halten sei." p. 224, 225.

Sancho zeigt hier wieder eine „eigne" „Durchschauung" der Frage von der Handelsfreiheit und den Schutzzöllen. Ihm wird hiermit der „Beruf" gegeben, einen einzigen Fall aufzuweisen, wo die Handelsfreiheit 1. *weil* sie eine „*Freiheit*" ist und 2. „*unter allen Umständen*" „heilig" gehalten wurde. — Das Heilige ist zu allen Dingen nütze.

Nachdem, wie wir sahen, die Einigkeit vermittelst der logischen Antithesen und des phänomenologischen „Auch-anders-Bestimmtseins" aus der vorher zurechtgestutzten „Freiheit" *konstruiert* war, wobei Sankt Sancho Alles, was ihm gerade Recht war (z. B. die Prügel) in die Eigenheit, und alles, was ihm nicht recht war, in die Freiheit „verwarf", erfahren wir schließlich, daß dies Alles noch nicht die wahre Eigenheit war.

„Die Eigenheit", heißt es p. 225, „ist keine *Idee,* gleich der Freiheit pp., sie ist nur eine Beschreibung des — *Eigners.*"

Wir werden sehen, daß diese „Beschreibung des Eigners" darin besteht, die Freiheit in ihren drei von Sankt Sancho untergeschobenen Brechungen des Liberalismus, Kommunismus und Humanismus zu negieren, in ihrer *Wahrheit* zu fassen und diesen nach der entwickelten Logik höchst einfachen Gedankenprozeß die Beschreibung eines wirklichen Ich zu nennen.

─────

Das ganze Kapitel von der Eigenheit reduziert sich auf die allertrivialsten Selbstbeschönigungen, mit denen sich der deutsche Kleinbürger über seine eigne Ohnmacht tröstet. Er glaubt gerade wie Sancho, in dem Kampfe der Bourgeoisinteressen gegen die Reste der Feudalität und absoluten Monarchie in andern Ländern handle es sich nur um die Prinzipienfrage, *wovon „der* Mensch" frei werden solle. (Siehe auch oben den politischen Liberalismus.) Er sieht daher in der Handelsfreiheit nur eine Freiheit und kannegießert mit vieler Wichtigkeit und ganz wie Sancho darüber, ob *„der* Mensch" „unter allen Umständen" Handelsfreiheit haben müsse oder nicht. Und wenn, wie dies unter diesen Verhältnissen nicht anders möglich, seine Freiheitsbestrebungen ein jämmerliches Ende nehmen, so tröstet er sich, abermals wie Sancho, damit, daß *„der* Mensch" oder er selber doch nicht „von Allem frei werden" könne, daß die Freiheit ein sehr unbestimmter Begriff sei und selbst Metternich und Karl X. an die „wahre Freiheit" appellieren konnten (p. 210 „des Buchs", wobei nur zu bemerken, daß gerade die Reaktionäre, namentlich die historische Schule und die Romantiker[114], ebenfalls ganz wie Sancho, die wahre Freiheit in die Eigenheit, z. B. der Tiroler Bauern, überhaupt in die eigentümliche Entwicklung der Individuen und weiter der Lokalitäten, Provinzen und Stände setzen) — und daß er als Deutscher, wenn er auch nicht frei sei, doch durch seine unbestreitbare Eigenheit für alle Leiden entschädigt werde. Er sieht, noch einmal wie Sancho, nicht in der Freiheit eine

Macht, die er verschafft, und erklärt daher seine Ohnmacht für eine Macht.

Was der gewöhnliche deutsche Kleinbürger in aller Stille des Gemütes sich leise zum Troste sagt, posaunt der Berliner als geistreiche Wendung laut aus. Er ist stolz auf seine lumpige Eigenheit und eigne Lumperei.

5. Der Eigner

Wie „der Eigner" in die drei „Brechungen": „Meine Macht", „Mein Verkehr" und „Mein Selbstgenuß" auseinanderfällt, darüber siehe die Ökonomie des Neuen Bundes. Wir gehen gleich zur ersten dieser Brechungen über.

A) Meine Macht

Das Kapitel von der Macht ist wieder trichotomisch gegliedert, indem 1. Recht, 2. Gesetz und 3. Verbrechen darin abgehandelt werden — eine Trichotomie, zu deren sorgsamer Verdeckung Sancho die „Episode" überaus häufig anwendet. Wir werden das Ganze tabellarisch, mit den nötigen episodischen Einlagen, behandeln.

I. Das Recht

A) Kanonisation im Allgemeinen

Ein *anderes* Beispiel des *Heiligen* ist das *Recht*.

Das Recht ist nicht Ich

$\left.\begin{array}{l} = \text{Nicht Mein Recht} \\ = \text{das fremde Recht} \\ = \text{das bestehende Recht.} \\ \text{Alles bestehende Recht} = \text{Fremdes Recht} \\ = \text{Recht } \textit{von} \text{ Fremden (nicht von Mir)} \\ = \text{von Fremden gegebnes Recht.} \\ = (\text{Recht, welches } \textit{man} \text{ Mir gibt, Mir widerfahren läßt). p. 244, [2]45.} \end{array}\right\}$ das Heilige.

Note Nr. 1.

Der Leser wird sich wundern, warum der Nachsatz von Gleichung Nr. 4 in Gleichung Nr. 5 plötzlich als Vordersatz zum Nachsatze von Gleichung Nr. 3 auftritt und so an die Stelle „des Rechtes" auf Einmal „Alles bestehende Recht" als Vordersatz tritt. Dies geschieht, um den Schein hervorzubringen, als spreche Sankt Sancho vom *wirklichen,* bestehenden Recht, was ihm indes keineswegs einfällt. Er spricht vom Recht nur, insofern es als heiliges „Prädikat" vorgestellt wird.

Note Nr. 2.

Nachdem das Recht als „fremdes Recht" bestimmt ist, können ihm nun beliebige Namen gegeben werden, als „sultanisches Recht", „Volksrecht" pp., je nachdem Sankt Sancho gerade den Fremden bestimmen will, von dem er es erhält. Es kann dann weiter gesagt werden, daß das „fremde Recht von Natur, Gott, Volkswahl pp. gegeben" sei (p. 250), also „nicht von Mir". Naiv ist nur die Art, wie unser Heiliger vermittelst der Synonymik in die obigen simpeln Gleichungen den Schein einer Entwicklung zu bringen sucht.

„Wenn ein Dummkopf Mir Recht gibt" (wenn nun der Dummkopf, der ihm Recht gibt, er selber wäre?), „so werde Ich mißtrauisch gegen mein Recht" (es wäre in „Stirners" Interesse zu wünschen, daß dies der Fall gewesen wäre). „Aber auch wenn ein Weiser Mir Recht gibt, habe Ich's drum doch noch nicht. Ob Ich Recht habe, ist völlig unabhängig von dem Rechtgeben der Toren und Weisen. Gleichwohl haben Wir bis jetzt nach *diesem Recht* getrachtet. Wir suchen *Recht* und wenden Uns zu diesem Zweck ans Gericht... Was suche Ich also bei diesem Gericht? Ich suche sultanisches Recht, nicht mein Recht, Ich suche fremdes Recht... vor einem Oberzensurgericht also das Recht der Zensur." p. 244, 245.

In diesem meisterhaften Satze ist zu bewundern die schlaue Anwendung der Synonymik. Recht geben in der gewöhnlichen Konversationsbedeutung und Rechtgeben in der juristischen Bedeutung werden identifiziert. Noch bewunderungswürdiger ist der Berge versetzende Glaube, als ob man sich „ans Gericht wende" des Vergnügens halber, Recht zu behalten — ein Glaube, der die Gerichte aus der Rechthaberei erklärt.

Endlich ist noch die Pfiffigkeit bemerkenswert, womit Sancho, wie oben bei Gleichung 5, den konkreteren Namen, hier das „sultanische

Recht", *vorher* einschmuggelt, um seine allgemeine Kategorie „fremdes Recht" *nachher* desto sicherer anbringen zu können.

     Fremdes Recht = Nicht Mein Recht.
 Mein Fremdes Recht haben = Nicht Recht haben
          = *Kein Recht haben*
          = die *Rechtlosigkeit* haben (p. 247).
    Mein Recht = Nicht Dein Recht
         = *Dein Unrecht*.
    Dein Recht = Mein Unrecht.

Note.

„Ihr wollt gegen die Andern im Rechte sein" (soll heißen in Eurem Rechte sein). „Das könnt Ihr nicht, gegen sie bleibt Ihr ewig ‚im Unrecht'; denn sie wären ja Eure Gegner nicht, wenn sie nicht auch in ‚ihrem' Rechte wären. Sie werden Euch stets ‚Unrecht geben' ... Bleibt Ihr auf dem Rechtsboden, so bleibt Ihr bei der — Rechthaberei." p. 248, 253.

„Fassen Wir inzwischen die Sache noch anders." Nachdem Sankt Sancho so seine Kenntnisse vom Recht hinlänglich dokumentiert hat, kann er sich jetzt darauf beschränken, das Recht nochmals als das Heilige zu bestimmen und bei dieser Gelegenheit einige der dem Heiligen bereits vorhin gegebenen Beiwörter mit dem Zusatze: „Das Recht" zu wiederholen.

„Ist das Recht nicht ein *religiöser Begriff*, d. h. etwas *Heiliges?*" p. 247.

„Wer kann, wenn er sich nicht auf dem *religiösen Standpunkte* befindet, nach dem ‚Rechte' fragen?" ibid.

„Recht ‚*an und für sich*'. Also ohne Beziehung auf Mich? ‚*Absolutes Recht*'! Also getrennt von Mir. — Ein ‚*an und für sich Seiendes*'! — Ein *Absolutes*! Ein *ewiges* Recht, wie eine ewige Wahrheit" — das *Heilige*. p. 270.

„Ihr schreckt vor den Andern zurück, weil Ihr neben ihnen das *Gespenst des Rechts* zu sehen glaubt!" p. 253.

„Ihr schleicht umher, um *den Spuk* für Euch zu gewinnen." ibid.

„Recht ist ein *Sparren*, erteilt von einem *Spuk*" (Synthese obiger zwei Sätze). p. 276.

„Das Recht ist ... *eine fixe Idee*." p. 270.

„Das Recht ist der *Geist* ..." p. 244.

„Weil Recht nur von einem *Geiste* erteilt werden kann." p. 275.

Jetzt entwickelt Sankt Sancho nochmals, was er bereits im Alten Testament entwickelte — nämlich was eine „fixe Idee" ist, nur mit dem Unterschiede, daß hier überall „das Recht" als „ein anderes Beispiel" der „fixen Idee" dazwischenläuft.

„Das Recht ist ursprünglich Mein Gedanke, oder er" (!) „hat seinen Ursprung in Mir. Ist er aber aus Mir entsprungen" (vulgo¹ durchgebrannt), „ist das ‚Wort' heraus, so ist es *Fleisch* geworden" (woran Sankt Sancho sich satt essen mag), „eine *fixe Idee*" — weshalb das ganze Stirnersche Buch aus „fixen Ideen" besteht, die „aus" ihm „entsprungen", von uns aber wieder eingefangen und in das vielbelobte „Sittenverbesserungshaus" gesperrt worden sind. „Ich komme *nun* von dem Gedanken nicht mehr los" (nachdem der Gedanke *von ihm* los geworden!); „wie Ich Mich drehe, er steht vor Mir." (Der Zopf, der hängt ihm hinten.) [¹¹⁵] *„So sind die Menschen des Gedankens ‚Recht', den sie selber erschufen, nicht wieder Meister geworden. Die Kreatur geht mit ihnen durch. Das ist das absolute Recht, das von Mir absolvierte"* (o Synonymik) *„und abgelöste*. Wir können es, indem Wir's als Absolutes verehren, nicht wieder aufzehren, und es benimmt Uns die Schöpferkraft; das Geschöpf ist mehr als der Schöpfer, ist an und für sich. Laß das Recht einmal nicht mehr frei umherlaufen . . ."

(Wir werden diesen Rat gleich mit diesem Satz befolgen und ihn hier bis zur weiteren Verfügung an die Kette legen.) p. 270.

Nachdem Sankt Sancho so das Recht durch alle möglichen Wasser- und Feuerproben der Heiligung hindurchgeschleift und kanonisiert hat, hat er es damit vernichtet.

„Mit dem absoluten Recht *vergeht* das *Recht selbst*, wird die *Herrschaft des Rechtsbegriffs*" (die Hierarchie), „zugleich getilgt. *Denn* es ist nicht zu vergessen, daß seither Begriffe, Ideen und Prinzipien Uns beherrschen und daß unter diesen *Herrschern* der Rechtsbegriff *oder* der Begriff der Gerechtigkeit eine der bedeutendsten Rollen spielte." p. 276.

Daß die rechtlichen Verhältnisse hier wieder als Herrschaft des Rechts*begriffs* auftreten und daß er das Recht schon dadurch tötet, daß er es für einen Begriff und damit für das Heilige erklärt, das sind wir gewohnt, und darüber siehe die „Hierarchie". Das Recht entsteht nicht aus den materiellen Verhältnissen der Menschen und ihrem daraus entstehenden Widerstreit untereinander, sondern aus ihrem Widerstreit mit ihrer Vorstellung, die sie sich „aus dem Kopfe zu schlagen" haben. Siehe „Logik".

Zu dieser letzten Form der Kanonisation des Rechts gehören noch folgende drei Noten.

Note 1.

„Solange dies *fremde* Recht mit dem *Meinigen* übereinstimmt, werde Ich freilich *auch* das letztere bei ihm finden." p. 245.

Über diesen Satz möge Sankt Sancho vorläufig nachdenken.

---

¹ in der Umgangssprache.

Note 2.

„Schlich sich einmal ein *egoistisches Interesse* ein, so war die Gesellschaft verdorben ... wie z. B. das Römertum beweist mit seinem ausgebildeten *Privatrecht.*" p. 278.

Hiernach mußte die römische Gesellschaft von vornherein die *verdorbene* römische Gesellschaft gewesen sein, da in den zehn Tafeln[116] das egoistische Interesse noch viel krasser hervortritt als in dem „ausgebildeten Privatrecht" der Kaiserzeit. In dieser unglücklichen Reminiszenz aus Hegel wird also das Privat*recht* als ein Symptom des *Egoismus,* und nicht des *Heiligen,* aufgefaßt. Sankt Sancho möge auch hier nachdenken, inwiefern das Privat*recht* mit dem Privat*eigentum* zusammenhängt und inwiefern mit dem Privatrecht eine ganze Masse anderer Rechtsverhältnisse gegeben sind (vgl. „Privateigentum, Staat und Recht"), von denen Sankt Max nichts zu sagen weiß, als daß sie das Heilige seien.

Note 3.

„*Wenn* das Recht *auch* aus dem *Begriffe* kommt, so tritt es *doch* nur in die *Existenz,* weil es *nützlich* für die Bedürfnisse ist."

So Hegel („Rechtsphil[osophie]" § 209, Zusatz) — von dem unsrem Heiligen die Hierarchie der Begriffe in der modernen Welt überkommen ist. Hegel erklärt also die *Existenz* des Rechtes aus den empirischen *Bedürfnissen* der Individuen und rettet den *Begriff* nur durch eine einfache Versicherung. Man sieht, wie unendlich materialistischer Hegel verfährt als unser „leibhaftiges Ich", Sankt Sancho.

B) Aneignung durch einfache Antithese

a) Das Recht des Menschen — Das Recht Meiner.
b) Das menschliche Recht — Das egoistische Recht.
c) Fremdes Recht = von Fremden berechtigt sein — Mein Recht = von Mir berechtigt sein.
d) Recht ist, was dem Menschen recht ist — Recht ist, was Mir recht ist.

„Dies ist das egoistische Recht, d. h., Mir ist's so recht, darum ist es Recht." (passim[1], letzter Satz p. 251.)

---

[1] überall.

Note 1.

„Ich bin durch Mich berechtigt zu morden, wenn Ich Mir's selbst nicht verbiete, wenn Ich selbst Mich nicht vorm Morde, als vor einem Unrechte, fürchte." p. 249.

Muß heißen: Ich *morde*, wenn Ich Mir's selbst nicht verbiete, wenn Ich Mich nicht vorm Morde *fürchte*. Dieser ganze Satz ist eine renommistische Ausfüllung der zweiten Gleichung in Antithese c, wo das „berechtigt" den Sinn verloren hat.

Note 2.

„Ich entscheide, ob es *in Mir* das Recht ist; *außer Mir* gibt es kein Recht." p. 249. — „Sind wir das, was *in uns* ist? Sowenig als das, was außer uns ist... Gerade weil Wir nicht der Geist sind, der *in uns* wohnt, gerade darum mußten wir ihn *außer uns* versetzen... *außer uns* existierend denken... im *Jenseits*." p. 43.

Nach seinem eignen Satze von p. 43 also muß Sankt Sancho das Recht „in ihm" wieder „außer sich", und zwar „ins Jenseits" versetzen. Will er aber einmal nach dieser Manier sich aneignen, so kann er die Moral, die Religion, das ganze „Heilige" „in sich" versetzen und entscheiden, ob es „in ihm" das Moralische, das Religiöse, Heilige ist; „außer ihm gibt es keine" Moral, Religion, Heiligkeit, um sie alsdann nach p. 43 wieder außer sich, ins Jenseits zu versetzen. Womit die „Wiederbringung aller Dinge" nach christlichem Vorbild hergestellt ist.

Note 3.

„Außer Mir gibt es kein Recht. Ist es Mir Recht, so ist es recht. Möglich, daß es darum den Andern noch nicht recht ist." p. 249.

Soll heißen: Ist es Mir recht, so ist es Mir recht, noch nicht den Andern. Wir haben jetzt Exempel genug davon gehabt, welche synonymische „Flohsprünge" Sankt Sancho mit dem Worte „Recht" vornimmt. Recht und recht, das juristische „Recht", das moralische „Rechte", das, was ihm „recht" ist usw. werden durcheinander gebraucht, wie es gerade konveniert. Sankt Max möge versuchen, seine Sätze über das Recht in irgendeiner andern Sprache wiederzugeben, wo der Unsinn vollständig an den Tag kommt. Da in der Logik diese Synonymik ausführlich behandelt wurde, so brauchen wir hier bloß darauf zu verweisen.

Derselbe obige Satz wird noch in folgenden drei „Wandlungen" vorgebracht:

328

A) „Ob Ich Recht habe oder nicht, darüber gibt es keinen andern Richter als Mich selbst. Darüber nur können Andre urteilen, und richten, ob sie Meinem Rechte beistimmen und ob es auch für sie als Recht besteht." p. 246.

B) „Die Gesellschaft will zwar haben, daß *Jeder* zu seinem Rechte komme, aber doch nur zu dem von der Gesellschaft sanktionierten, dem Gesellschaftsrechte, nicht wirklich zu *seinem* Rechte" (soll heißen: zu *Seinem;* — Recht ist hier ein ganz nichtssagendes Wort. Und nun renommiert er weiter:) „Ich aber gebe oder nehme Mir das Recht aus eigner Machtvollkommenheit... Eigner und Schöpfer Meines Rechts" („Schöpfer" nur insofern er erst das Recht für seinen Gedanken erklärt und dann diesen Gedanken in sich zurückgenommen zu haben versichert), „erkenne Ich keine andre Rechtsquelle als — Mich, weder Gott noch den Staat, noch die Natur, noch den Menschen, weder göttliches noch menschliches Recht." p. 269.

C) „Da das *menschliche* Recht ein Gegebenes ist, so läuft es in der Wirklichkeit immer auf das Recht hinaus, welches die Menschen einander *geben,* d. h. *einräumen."* p. 251.

Das egoistische Recht dagegen ist das Recht, was *Ich Mir gebe* oder *nehme.*

„Es kann" indessen, „um hiermit zu schließen, einleuchten", daß das egoistische Recht im Sanchoschen Millennium[1], worüber man sich gegenseitig *„verständigt",* von dem nicht sehr verschieden ist, was man sich gegenseitig *„gibt"* oder *„einräumt".*

Note 4.

„Zum Schlusse muß Ich nun noch die halbe Ausdrucksweise zurücknehmen, von der Ich nur solange Gebrauch machen *wollte,* als Ich in den Eingeweiden des Rechts wühlte und das *Wort* wenigstens bestehen ließ. Es verliert aber in der Tat mit dem Begriffe auch das Wort seinen Sinn. Was Ich *Mein* Recht nannte, das ist gar nicht mehr Recht." p. 275.

Warum Sankt Sancho in den obigen Antithesen „das *Wort"* Recht bestehen ließ, sieht Jeder auf den ersten Blick. Da er nämlich vom *Inhalt* des Rechts gar nicht spricht, noch weniger ihn kritisiert, so kann er sich nur durch die Beibehaltung des *Wortes* Recht den Schein geben, als spräche er vom Recht. Läßt man das *Wort* Recht in der *Anti*these weg, so ist Nichts darin gesagt als „Ich", „Mein" und die übrigen grammatikalischen Pronominalformen der ersten Person. Der Inhalt kam auch immer erst durch die Beispiele herein, die aber, wie wir sahen, nichts als Tautologien waren, wie: Wenn Ich morde, so morde Ich usw., und in denen die Worte „Recht", „berechtigt" pp. bloß deshalb untergebracht wurden, um

---

[1] tausendjährigen Reich.

die einfache Tautologie zu verdecken und mit den Antithesen in irgendeine Verbindung zu bringen. Auch die *Synonymik* hatte diesen Beruf, den Schein hervorzubringen, als handle es sich um irgendeinen Inhalt. Man sieht übrigens sogleich, welch eine reichhaltige Fundgrube der *Renommage* dieses inhaltslose Geschwätz über das Recht liefert.

Das ganze „Wühlen in den Eingeweiden des Rechts" bestand also darin, daß Sankt Sancho von „der halben Ausdrucksweise Gebrauch machte" und „das *Wort* wenigstens bestehen ließ", weil er von der *Sache* gar nichts zu sagen wußte. Wenn die Antithese irgendeinen Sinn haben soll, d. h., wenn „Stirner" in ihr einfach seinen Widerwillen gegen das Recht manifestieren wollte, so ist vielmehr zu sagen, daß nicht er „in den Eingeweiden des Rechts", sondern das Recht in *seinen* Eingeweiden „wühlte", daß er nur zu Protokoll gab, daß das Recht Ihm nicht recht sei. „Halte Er sich dies Recht unverkümmert", Jacques le bonhomme!

Damit in diese Leerheit irgendein Inhalt hereinkomme, muß Sankt Sancho noch ein andres logisches Manöver vornehmen, das er mit vieler „Virtuosität" mit der Kanonisation und der einfachen Antithese gehörig durcheinanderwürfelt und mit häufigen Episoden vollends so verdeckt, daß das deutsche Publikum und die deutschen Philosophen es allerdings nicht durchschauen konnten.

C) Aneignung durch zusammengesetzte Antithese

„Stirner" muß jetzt eine empirische Bestimmung des Rechts hereinbringen, die er dem Einzelnen vindizieren kann, d. h., er muß in dem Recht noch etwas Anderes als die Heiligkeit anerkennen. Er hätte sich hierbei seine ganzen schwerfälligen Machinationen sparen können, da seit Machiavelli, Hobbes, Spinoza, Bodinus pp. in der neueren Zeit, von den Früheren gar nicht zu reden, die Macht als die Grundlage des Rechtes dargestellt worden ist; womit die theoretische Anschauung der Politik von der Moral emanzipiert und weiter nichts als das Postulat einer selbständigen Behandlung der Politik gegeben war. Später, im achtzehnten Jahrhundert in Frankreich und im neunzehnten in England, wurde das gesamte Recht auf das Privatrecht, wovon Sankt Max nicht spricht, und dies auf eine ganz bestimmte Macht, die Macht der Privateigentümer, reduziert, wobei man sich aber keineswegs mit der bloßen Phrase begnügte.

Sankt Sancho nimmt sich also die Bestimmung *Macht* aus dem *Recht* heraus und verdeutlicht sie sich an Folgendem:

„Wir pflegen die Staaten nach der verschiedenen Art, wie die ‚höchste *Gewalt*' verteilt ist, zu klassifizieren ... also die höchste Gewalt! Gewalt gegen wen? Gegen den Einzelnen ... der Staat übt Gewalt ... des Staats Betragen ist *Gewalttätigkeit,* und seine Gewalt nennt er *Recht* ... Die Gesamtheit ... hat eine Gewalt, welche berechtigt genannt, d. h. welche Recht ist." p. 259, 260.

Durch „Unser" „Pflegen" kommt unser Heiliger zu seiner ersehnten Gewalt und kann sich nun selber „pflegen".

Recht, die Macht des Menschen — Macht, das Recht Meiner. Zwischengleichungen:

$$\text{Berechtigt sein} = \text{Ermächtigt sein.}$$
$$\text{Sich berechtigen} = \text{Sich ermächtigen.}$$

Antithese:

Vom Menschen berechtigt sein — Von Mir ermächtigt sein.
Die erste Antithese:

Recht, Macht des Menschen — Macht, Recht Meiner

verwandelt sich jetzt in:

$$Recht\ des\ Menschen - \begin{cases} Macht\ Meiner, \\ Meine\ Macht, \end{cases}$$

da in der These Recht und Macht identisch sind und in der Antithese die „halbe Ausdrucksweise" „zurückgenommen" werden muß, nachdem das Recht „allen Sinn verloren" hat, wie wir gesehen haben.

Note 1. Proben bombastischer und renommistischer Umschreibung obiger Antithesen und Gleichungen:

„Was Du zu sein die Macht hast, dazu hast Du das Recht." — „Ich leite alles Recht und alle Berechtigung aus *Mir* her, Ich bin zu Allem *berechtigt,* dessen Ich *mächtig* bin." — „Ich fordere kein Recht, darum brauche Ich auch keins anzuerkennen. Was Ich Mir zu erzwingen vermag, erzwinge Ich Mir, und was Ich nicht erzwinge, darauf habe Ich auch kein Recht pp. — Berechtigt oder unberechtigt — darauf kommt Mir's nicht an; bin Ich nur *mächtig,* so bin ich schon von selbst *ermächtigt* und bedarf keiner andern Ermächtigung oder Berechtigung." p. 248, 275.

Note 2. Proben von der Art, wie Sankt Sancho die Macht als die reale Basis des Rechts entwickelt:

„So sagen ‚*die*' Kommunisten" (woher nur „Stirner" das alles weiß, was die Kommunisten sagen, da er außer dem Bluntschlibericht, Beckers „Volksphilosophie" und einigen wenigen andern Sachen Nichts von ihnen zu Gesichte bekommen hat?):

„Die gleiche Arbeit berechtige die Menschen zu gleichem Genusse... Nein, die gleiche Arbeit berechtigt Dich nicht dazu, sondern der gleiche Genuß allein berechtigt Dich zum gleichen Genuß. Genieße, so bist Du zum Genuß berechtigt... Wenn Ihr den Genuß nehmt, so ist er Euer Recht; schmachtet Ihr hingegen nur danach, ohne zuzugreifen, so bleibt er nach wie vor ein ‚wohlerworbnes Recht' Derer, welche für den Genuß privilegiert sind. Er ist ihr Recht, wie er durch Zugreifen Euer Recht wird." p. 250.

Über das, was hier den Kommunisten in den Mund gelegt wird, vergleiche man oben den „Kommunismus". Sankt Sancho unterstellt hier wieder die Proletarier als eine „geschlossene Gesellschaft", die nur den Beschluß des „Zugreifens" zu fassen habe, um am nächsten Tage der ganzen bisherigen Weltordnung summarisch ein Ende zu machen. Die Proletarier kommen aber in der Wirklichkeit erst durch eine lange Entwicklung zu dieser Einheit, eine Entwicklung, in der der Appell an ihr Recht auch eine Rolle spielt. Dieser Appell an ihr Recht ist übrigens nur ein Mittel, sie zu „Sie", zu einer revolutionären, verbündeten Masse zu machen. — Was den Satz im Übrigen angeht, so bildet er von Anfang bis zu Ende ein brillantes Exempel der Tautologie, wie sogleich klar wird, wenn man, was unbeschadet des Inhalts geschehen kann, sowohl Macht wie Recht herausläßt. Zweitens macht Sankt Sancho selbst den Unterschied zwischen persönlichem und sachlichem Vermögen, womit er also zwischen Genießen und Macht zu genießen unterscheidet. Ich kann große *persönliche* Macht (Fähigkeit) zum Genießen haben, ohne daß ich darum auch die *sachliche* Macht (Geld pp.) zu haben brauche. Mein wirkliches „Genießen" ist also noch immer hypothetisch.

„Daß das Königskind sich über andre Kinder stellt", fährt der Schulmeister fort in seinen für den Kinderfreund passenden Exempeln, „das ist schon seine Tat, die ihm den Vorzug sichert, und daß die andern Kinder diese Tat billigen und anerkennen, das ist *ihre* Tat, die sie würdig macht, Untertanen zu sein." p. 250.

In diesem Exempel wird das gesellschaftliche Verhältnis, in dem

332

ein Königskind zu andern Kindern steht, als die Macht, und zwar *persönliche* Macht des Königskindes und als die Ohnmacht der andern Kinder gefaßt. Will man es einmal als die „*Tat*" der andern Kinder fassen, daß sie sich von dem Königskinde kommandieren lassen, so beweist dies höchstens, daß sie Egoisten sind. „Die Eigenheit arbeitet in den kleinen Egoisten" und treibt sie dazu, das Königskind zu exploitieren, einen Vorteil von ihm zu erhaschen.

„Man" (Hegel nämlich) „sagt, die Strafe sei das Recht des Verbrechers. Allein die Straflosigkeit ist ebenso sein Recht. Gelingt ihm sein Unternehmen, so geschieht ihm Recht, und gelingt es nicht, so geschieht ihm gleichfalls Recht. Begibt sich Jemand tollkühn in Gefahren, und kommt er darin um, so sagen wir wohl: es geschieht ihm recht, er hat es nicht besser gewollt. Besiegt er aber die Gefahren, d. h. siegt seine *Macht*, so hätte er auch *Recht*. Spielt ein Kind mit dem Messer und schneidet sich, so geschieht ihm recht; aber schneidet sich's nicht, so geschieht ihm auch recht. Dem Verbrecher widerfährt daher wohl Recht, wenn er leidet, was er riskierte; warum riskiert er's auch, da er die möglichen Folgen kannte?" p. 255.

In dem Schluß dieses Satzes, in der Frage an den Verbrecher: Warum er's auch riskierte, wird der schulmeisterliche Unsinn des Ganzen latent. Ob einem Verbrecher Recht geschieht, wenn er beim Einsteigen in ein Haus fällt und das Bein bricht, ob einem Kinde, wenn es sich schneidet — bei diesen wichtigen Fragen, die nur einen Sankt Sancho beschäftigen können, kommt also nur heraus, daß hier der *Zufall* für Meine Macht erklärt wird. Also im ersten Beispiel war Mein Tun, im zweiten das von mir unabhängige gesellschaftliche Verhältnis, im dritten der Zufall „Meine Macht". Doch diese widersprechenden Bestimmungen haben wir schon bei der Eigenheit gehabt.

Zwischen die obigen kinderfreundlichen Exempel legt Sancho noch folgendes erheiterndes Zwischenschiebsel ein:

„*Sonst eben* hat das Recht eine wächserne Nase. Der Tiger, der Mich anfällt, hat Recht, und Ich, der ihn niederstößt, hab auch Recht. Nicht Mein Recht wahre Ich gegen ihn, sondern Mich." p. 251.

Im Vordersatz stellt sich Sankt Sancho in ein Rechtsverhältnis zum Tiger, und im Nachsatz fällt ihm ein, daß doch im Grunde kein Rechtsverhältnis stattfindet. *Darum* „eben hat das Recht eine wächserne Nase". Das Recht „*des* Menschen" löst sich auf in das Recht „*des* Tigers".

Hiermit ist die Kritik des Rechts beendet. Nachdem wir aus hundert früheren Schriftstellern längst wußten, daß das Recht aus der Gewalt hervorgegangen sei, erfahren wir noch von Sankt Sancho, daß „das Recht" „die Gewalt des Menschen" ist, womit er alle Fragen über den Zusammenhang des Rechts mit den *wirklichen* Menschen und ihren Verhältnissen glücklich beseitigt und seine Antithese zustande gebracht hat. Er beschränkt sich darauf, das Recht als das aufzuheben, als was er es setzt, nämlich als das Heilige, d. h. das Heilige aufzuheben und das Recht stehenzulassen.

Diese Kritik des Rechts ist mit einer Menge von Episoden verziert, nämlich mit allerlei Zeug, wovon bei Stehely[117] nachmittags von zwei bis vier gesprochen zu werden „pflegt".

Episode 1. „Menschenrecht" und *„wohlerworbnes Recht".*

„Als die Revolution die ‚Gleichheit' zu einem ‚Rechte' stempelte, flüchtete sie ins *religiöse* Gebiet, in die Region des *Heiligen*, des *Ideals*. *Daher* seitdem der Kampf um die heiligen, unveräußerlichen Menschenrechte. Gegen das ewige Menschenrecht wird ganz natürlich und gleichberechtigt das ‚wohlerworbne Recht des Bestehenden' geltend gemacht; Recht gegen Recht, wo natürlich Eins vom Andern als Unrecht verschrien wird. Das ist der Rechtsstreit seit der Revolution." p. 248.

Zuerst wird wiederholt, daß die Menschenrechte „das Heilige" sind und *daher* seitdem der Kampf um die Menschenrechte stattfindet. Womit Sankt Sancho bloß beweist, daß die materielle Basis dieses Kampfes ihm heilig, d. h. fremd geblieben ist.

Weil „Menschenrecht" und „wohlerworbnes Recht" Beides „Rechte" sind, so sind sie „gleichberechtigt", und zwar hier im *historischen* Sinn „berechtigt". Weil Beides im *juristischen* Sinn „Rechte" sind, darum sind sie im *historischen* Sinn „gleichberechtigt". In dieser Weise kann man Alles in kürzester Frist abmachen, ohne etwas von der Sache zu wissen, und z. B. bei dem Kampfe um die Korngesetze in England sagen: Gegen den Profit (Vorteil) „wird dann ganz natürlich und gleichberechtigt" die Rente, die auch Profit (Vorteil) ist, „geltend gemacht". Vorteil gegen Vorteil, „wo natürlich Eins vom Andern verschrien wird. Das ist der Kampf" um die Korngesetze seit 1815 in England[16]. — Übrigens konnte Stirner von vornherein sagen: Das bestehende Recht ist das Recht *des* Menschen, das Menschenrecht. Man „pflegt" es auch, von gewisser Seite her, „wohlerworbnes Recht" zu nennen. Wo bleibt also der Unterschied zwischen „Menschenrecht" und „wohlerworbnem Recht"?

Wir wissen schon, daß das fremde, heilige Recht das ist, was mir von Fremden gegeben wird. Da nun die Menschenrechte auch die natürlichen angebornen Rechte genannt werden und bei Sankt Sancho der Name die Sache selbst ist, so sind sie also die mir von der Natur, d. h. der Geburt gegebenen Rechte. Aber

„die wohlerworbnen Rechte kommen auf *dasselbe* hinaus, nämlich auf die Natur, welche Mir ein Recht gibt, d. h. die Geburt *und weiter* die Erbschaft" und *so* weiter. „Ich bin als Mensch geboren ist gleich: Ich bin als Königssohn geboren."

p. 249, 250, wo denn auch dem Babeuf der Vorwurf gemacht wird, daß er nicht dies dialektische Talent der Auflösung des Unterschiedes besessen habe. Da „Ich" „unter allen Umständen" „auch" Mensch ist, wie Sankt Sancho später konzediert, und diesem Ich daher „auch" das, was es als Mensch hat, zugute kommt, wie ihm z. B. als Berliner der Berliner Tiergarten zugute kommt, so kommt ihm „auch" das Menschenrecht „unter allen Umständen" zugute. Da er aber keineswegs „unter allen Umständen" als „Königssohn" geboren ist, kommt ihm das „wohlerworbne Recht" keineswegs „unter allen Umständen" zugute. Auf dem Rechtsboden ist daher ein wesentlicher Unterschied zwischen „Menschenrecht" und „wohlerworbnem Recht". Hätte er nicht seine Logik verdecken müssen, so „war hier zu sagen": Nachdem Ich den Rechtsbegriff aufgelöst zu haben meine, in der Weise, wie Ich überhaupt aufzulösen „pflege", so ist der Kampf um diese beiden speziellen Rechte ein Kampf innerhalb eines von Mir in Meiner Meinung aufgelösten Begriffes und braucht „daher" von Mir gar nicht weiter berührt zu werden.

Zur Vermehrung der Gründlichkeit hätte Sankt Sancho noch folgende neue Wendung hinzufügen können: Auch das *Menschenrecht* ist erworben, also *wohl erworben*, und das *wohlerworbene Recht* ist von Menschen besessenes, menschliches, *Menschenrecht*.

Daß man übrigens solche Begriffe, wenn man sie von der ihnen zugrunde liegenden empirischen Wirklichkeit trennt, wie einen Handschuh umdrehen kann, ist bereits von Hegel ausführlich genug bewiesen, bei dem diese Methode den abstrakten Ideologen gegenüber berechtigt war. Sankt Sancho braucht sie also nicht erst durch seine „unbeholfenen" „Machinationen" lächerlich zu machen.

Bis jetzt „liefen" das wohlerworbne und das Menschenrecht „auf *dasselbe* hinaus", damit Sankt Sancho einen außer seinem Kopf in der Geschichte existierenden Kampf in nichts verflüchtigen konnte. Nun beweist uns unser Heiliger, daß er ebenso scharfsinnig im Distinguieren wie allmächtig im Zusammenwerfen ist, um einen neuen, im „schöpferischen Nichts" seines Kopfes existierenden schrecklichen Kampf hervorbringen zu können.

„Ich will auch zugeben" (großmütiger Sancho), „daß Jeder als Mensch geboren werde" (mithin nach der obigen, dem Babeuf vorgehaltenen Weisung, auch als „Königssohn"), „mithin die *Neugebornen* darin einander *gleich* seien... nur deshalb, weil sie sich noch als nichts anderes zeigen und betätigen, als eben als bloße — Menschenkinder, nackte Menschlein." Dagegen die Erwachsenen sind „Kinder ihrer eignen Schöpfung". Sie „besitzen mehr als bloß angeborne Rechte, sie haben Rechte *erworben*".

(Glaubt Stirner, daß das Kind ohne seine eigene Tat aus dem Mutterleib herauskam, eine Tat, durch die es sich erst das „Recht", außer dem Mutterleib zu sein, *erwarb*; und zeigt und betätigt sich jedes Kind nicht gleich von vornherein als „einziges" Kind?)

„Welcher Gegensatz, welch ein Kampffeld! Der alte Kampf der angebornen Rechte und der wohlerworbnen Rechte!" p. 252.

Welch ein Kampf der bärtigen Männer gegen die Säuglinge!

Übrigens spricht Sancho bloß gegen die Menschenrechte, weil „man in neuester Zeit" wieder dagegen zu sprechen „pflegte". In Wahrheit hat er auch diese angebornen Menschenrechte sich „erworben". In der Eigenheit hatten wir schon den „gebornen Freien", wo er die Eigenheit zum angebornen Menschenrechte machte, indem er sich als bloß Geborner schon als Freier zeigte und betätigte. Noch mehr: „Jedes Ich ist *von Geburt* schon ein Verbrecher gegen den Staat", wo das Staatsverbrechen zum angebornen Menschenrecht wird und das Kind schon gegen etwas verbricht, was noch nicht für es, sondern wofür es existiert. Endlich spricht „Stirner" später von „*gebornen* beschränkten Köpfen", „*gebornen* Dichtern", „*gebornen* Musikern" usw. Da hier die Macht (musikalisches, dichterisches, resp. beschränktes *Vermögen*) angeboren und Recht =Macht ist, so sieht man, wie „Stirner" dem „Ich" die angebornen Menschenrechte vindiziert, wenn auch die Gleichheit diesmal nicht unter ihnen figuriert.

Episode 2. Bevorrechtigt und *gleichberechtigt*. Den Kampf um Vorrecht und gleiches Recht verwandelt unser Sancho zunächst in den Kampf um die bloßen „*Begriffe*" bevorrechtigt und gleichberechtigt. Damit erspart er es sich, etwas von der mittelalterlichen Produktionsweise, deren politischer Ausdruck das Vorrecht, und der modernen, deren Ausdruck das *Recht* schlechthin, das *gleiche Recht* ist, und von dem Verhältnisse dieser beiden Produktionsweisen zu den ihnen entsprechenden Rechtsverhältnissen zu wissen. Er kann sogar die obigen beiden „Begriffe" auf den noch einfacheren Ausdruck gleich und ungleich reduzieren und nachweisen, daß Einem dasselbe (z. B. die andern Menschen, ein Hund usw.) je nachdem gleichgültig, d. h. gleich oder nicht gleich gültig, d. h. ungleich, verschieden, bevorzugt sein können usw. usw.

„Ein Bruder aber, der niedrig ist, rühme sich seiner Höhe." Saint-Jacques le bonhomme 1, 9.

II. Das Gesetz

Wir haben hier dem Leser ein großes Mysterium unsres heiligen Mannes zu enthüllen — nämlich, daß er seine ganze Abhandlung über das Recht mit einer allgemeinen Erklärung des Rechts beginnt, die ihm „entspringt", solange er vom Recht spricht, und von ihm erst dann wieder eingefangen wird, sobald er auf ganz etwas Anderes, nämlich auf das Gesetz, zu sprechen kommt. Damals rief das Evangelium unserm Heiligen zu: Richtet nicht, auf daß Ihr nicht gerichtet werdet — und er tat seinen Mund auf, lehrte und sprach:

„Das Recht ist der Geist der Gesellschaft." (Die Gesellschaft aber ist das Heilige.) „Hat die Gesellschaft einen Willen, *so* ist dieser Wille *eben* das Recht: *sie besteht nur durch das Recht. Da sie aber nur dadurch besteht"* (nicht durch das Recht, sondern *nur* dadurch), „daß sie über die Einzelnen eine *Herrschaft* ausübt, *so* ist das Recht ihr *Herrscherwille."* p. 244.

D. h., „das *Recht* ... ist ... hat ... so ... eben ..., besteht nur ... da ... aber nur dadurch besteht ... daß ... so ... *Herrscherwille."* Dieser Satz ist der vollendete Sancho.

Dieser Satz „entsprang" unsrem Heiligen damals, weil er nicht in seine Thesen paßte, und wird jetzt teilweise wieder eingefangen, weil er ihm jetzt teilweise wieder paßt.

„Es dauern die Staaten so lange, als es einen *herrschenden Willen* gibt und dieser *herrschende Wille* als gleichbedeutend mit dem eignen Willen angesehen wird. Des Herrn Wille ist Gesetz." p. 256.

Der Herrscherwille der Gesellschaft = Recht,
    Der herrschende Wille = Gesetz —
        Recht = Gesetz.

„Mitunter", d. h. als Wirtshausschild seiner „Abhandlung" über das Gesetz, wird sich auch noch ein Unterschied zwischen Recht und Gesetz herausstellen, der merkwürdigerweise beinahe ebensowenig mit seiner „Abhandlung" über das Gesetz zu tun hat als die „entsprungene" Definition des Rechts mit der „Abhandlung" über das „Recht":

„Was aber *Recht*, was in einer Gesellschaft Rechtens ist, das kommt *auch* zu Worte — im *Gesetze*." p. 255.

Dieser Satz ist eine „unbeholfene" Kopie aus Hegel:

„Was gesetzmäßig, ist die Quelle der Erkenntnis dessen, was Recht ist oder eigentlich was Rechtens ist."

Was Sankt Sancho „zu Worte kommen" heißt, nennt Hegel auch „gesetzt", „gewußt" etc. „Rechtsphilosophie". § 211 seqq.

Warum Sankt Sancho das Recht als „den Willen" oder „Herrscherwillen" der Gesellschaft aus seiner „Abhandlung" über das Recht ausschließen mußte, ist sehr begreiflich. Nur insoweit das *Recht* als *Macht* des Menschen bestimmt war, konnte er es als *seine Macht* in sich zurücknehmen. Er mußte also seiner Antithese zulieb die materialistische Bestimmung der „Macht" festhalten und die idealistische des „*Willens*" „entspringen" lassen. Warum er jetzt, wo er vom „Gesetze" spricht, den „Willen" wieder einfängt, werden wir bei den Antithesen über das Gesetz sehen.

In der wirklichen Geschichte bildeten diejenigen Theoretiker, die die *Macht* als die Grundlage des Rechts betrachteten, den direktesten Gegensatz gegen diejenigen, die den *Willen* für die Basis des Rechts ansehen — einen Gegensatz, den Sankt Sancho auch als den von Realismus (Kind, Alter, Neger pp.) und Idealismus (Jüngling, Neuer, Mongole pp.) auffassen könnte. Wird die Macht als die Basis des Rechts angenommen, wie es Hobbes etc. tun, so sind Recht, Gesetz pp. nur Symptom, Ausdruck *anderer* Verhältnisse, auf denen die Staatsmacht beruht. Das materielle Leben der Individuen, welches keineswegs von ihrem bloßen „Willen" abhängt, ihre Produktionsweise und die Verkehrsform, die sich wechselseitig bedingen, ist die reelle Basis des Staats und bleibt es auf allen Stufen, auf denen die Teilung der Arbeit und das Privateigentum noch nötig sind, ganz unabhängig vom *Willen* der Individuen. Diese wirklichen Verhältnisse sind keineswegs von der Staatsmacht geschaffen, sie sind vielmehr die sie schaffende Macht. Die unter diesen Verhältnissen herrschenden Individuen müssen, abgesehen davon, daß ihre Macht sich als *Staat* konstituieren muß, ihrem durch diese bestimmten Verhältnisse bedingten Willen einen allgemeinen Ausdruck als Staatswillen geben, als Gesetz — einen Ausdruck, dessen Inhalt immer durch die Verhältnisse dieser Klasse gegeben ist, wie das Privat- und Kriminalrecht aufs Klarste beweisen. So wenig es von ihrem idealistischen Willen oder Willkür abhängt, ob ihre Körper schwer sind, so wenig hängt es von ihm ab, ob sie ihren eignen Willen in der Form des Gesetzes durchsetzen und zugleich von der persönlichen Willkür jedes Einzelnen unter ihnen unabhängig setzen. Ihre persönliche Herrschaft muß sich zugleich als eine Durchschnittsherrschaft konstituieren. Ihre persönliche Macht beruht auf Lebensbedingungen, die sich als Vielen gemeinschaftliche entwickeln, deren Fortbestand sie als Herrschende gegen andere und zugleich als für Alle geltende zu behaupten haben. Der Ausdruck dieses durch ihre gemeinschaftlichen Interessen bedingten Willens ist das Gesetz. Gerade das Durchsetzen der voneinander unabhängigen Individuen und ihrer eignen Willen, das auf dieser Basis in ihrem Verhalten gegeneinander notwendig egoistisch ist, macht die Selbstverleugnung im Gesetz und Recht nötig, Selbstverleugnung im Ausnahmsfall, Selbstbehauptung ihrer Interessen im Durchschnittsfall (die daher nicht *ihnen*, sondern nur dem „mit sich einigen Egoisten" für Selbstverleugnung gilt). Dasselbe gilt von den beherrschten Klassen, von deren Willen es ebensowenig abhängt, ob Gesetz und Staat bestehen. Z. B. solange die Produktivkräfte noch nicht so weit entwickelt sind, um die Konkurrenz überflüssig zu machen, und deshalb die Konkurrenz immer wieder hervorrufen würden, solange würden die beherrschten Klassen das Unmögliche wollen, wenn sie den „Willen" hätten, die Konkurrenz und mit ihr Staat und Gesetz abzuschaffen. Übrigens entsteht dieser „Wille", ehe die Verhältnisse so weit entwickelt sind, daß sie ihn produzieren können, auch nur in der Einbildung des Ideologen. Nachdem die Verhältnisse weit genug entwickelt waren, ihn zu produzieren, kann der Ideologe diesen Willen als einen bloß willkürlichen und daher zu allen Zeiten und unter allen Umständen faßbaren sich vorstellen.

Ebensowenig wie das Recht geht das Verbrechen, d. h. der Kampf des isolierten Einzelnen gegen die herrschenden Verhältnisse, aus der reinen Willkür hervor. Es hat vielmehr dieselben Bedingungen wie jene Herrschaft. Dieselben Visionäre, die im Recht und Gesetz die Herrschaft eines für sich selbständigen allgemeinen Willens erblicken, können im Verbrechen den bloßen Bruch des Rechts und Gesetzes sehen. Nicht der Staat besteht also durch den herrschenden Willen, sondern der aus der materiellen Lebensweise der Individuen hervorgehende Staat hat auch die Gestalt eines herrschenden Willens. Verliert dieser die Herrschaft, so hat sich nicht nur der Wille, sondern auch das materielle Dasein und Leben der Individuen, und bloß deswegen ihr Wille, verändert. Es ist möglich, daß Rechte und Gesetze sich „forterben"[118], aber sie sind dann auch nicht mehr herrschend, sondern nominell, wovon die altrömische und englische Rechtsgeschichte eklatante Beispiele liefern. Wir sahen schon früher, wie bei den Philosophen vermittelst der Trennung der Gedanken von den ihnen zur Basis dienenden Individuen und ihren empirischen Verhältnissen eine Entwicklung und Geschichte der bloßen Gedanken entstehen konnte. Ebenso kann man hier wieder das Recht von seiner realen Basis trennen, womit man dann einen „Herrscherwillen" herausbekommt, der sich in den verschiedenen Zeiten verschieden modifiziert und in seinen Schöpfungen, den Gesetzen, eine eigne selbständige Geschichte hat. Womit sich die politische und bürgerliche Geschichte in eine Geschichte der Herrschaft von aufeinanderfolgenden Gesetzen ideologisch auflöst. Dies ist die spezifische Illusion der Juristen und Politiker, die Jacques le bonhomme sans façon[1] adoptiert. Er macht sich dieselbe Illusion wie etwa Friedrich Wilhelm IV., der auch die Gesetze für bloße Einfälle des Herrscherwillens hält und daher immer findet, daß sie am „plumpen Etwas"[119] der Welt scheitern. Kaum [eine] seine[r] durchaus unschädlichen Marotten realisiert er weiter als in Cabinetsordren. Er befehle einmal 25 Millionen Anleihen, den hundertzehnten Teil der englischen Staatsschuld, und er wird sehen, wessen Wille sein Herrscherwille ist. Wir werden übrigens auch später finden, daß Jacques le bonhomme die Phantome oder Spuke seines Souveräns und Mitberliners als Dokumente benutzt, um daraus seine eignen theoretischen Sparren über Recht, Gesetz, Verbrechen usw. zu spinnen. Es darf uns dies um so weniger wundern, da selbst der Spuk der „Vossischen Zeitung" ihm zu wiederholten

---

[1] ohne Umstände.

Malen etwas „präsentiert", z. B. den Rechtsstaat. Die oberflächlichste Betrachtung der Gesetzgebung, z. B. der Armengesetzgebung in allen Ländern, wird zeigen, wie weit es die Herrschenden brachten, wenn sie durch ihren bloßen „Herrscherwillen", d. h. als nur Wollende, irgend etwas durchsetzen zu können sich einbildeten. Sankt Sancho muß übrigens die Illusion der Juristen und Politiker über den Herrscherwillen akzeptieren, um in den Gleichungen und Antithesen, an denen wir uns gleich ergötzen werden, seinen eignen Willen herrlich leuchten lassen zu können und dahin zu kommen, daß er sich irgendeinen Gedanken, den er sich in den Kopf gesetzt hat, wieder aus dem Kopf schlagen kann.

„Meine lieben Brüder, achtet es eitel Freude, wenn ihr in Anfechtungen fallet." Saint-Jacques le bonhomme 1, 2.

$$\text{Gesetz} = \text{Herrscherwille des Staats,} \\ = \text{Staatswillen.}$$

Antithesen:

Staatswille, fremder Wille — Mein Wille, eigner Wille.
Herrscherwille des Staats — Eigner Wille Meiner
— Mein Eigenwille.

Staatseigne, die das Gesetz des Staats tragen — „Selbsteigne (Einzige), die ihr Gesetz in sich selbst tragen." p. 268.

Gleichungen:

A)   Der Staatswille = Nicht Mein Wille.
B)   Mein Wille = Nicht der Staatswille.
C)   Wille = Wollen.
D)   Mein Wille = Nichtwollen des Staats,
                           = Wille wider den Staat,
                           = Widerwille gegen den Staat.
E)   Den Nichtstaat wollen = Eigenwille.
                     Eigenwille = Den Staat nicht wollen.
F)   Der Staatswille = Das Nichts Meines Willens,
                            = Meine Willenlosigkeit.
G)   Meine Willenlosigkeit = Sein des Staatswillens.

(Schon aus dem Früheren wissen wir, daß das Sein des *Staatswillens* gleich ist dem Sein des *Staats*, woraus sich folgende neue **Gleichung** ergibt:)

H)   Meine Willenlosigkeit = Sein des Staats.
I)   Das Nicht Meiner Willen-
                  losigkeit = Nichtsein des Staats.
K)   Der Eigenwille = Das Nichts des Staats.
L)   Mein Wille = Nichtsein des Staats.

Note 1. Schon nach dem oben zitierten Satze von p. 256

„dauern die Staaten so lange, als der *herrschende* Wille als gleichbedeutend mit dem *eignen* Willen *angesehen wird*."

Note 2.

„Wer, um zu bestehen" (wird dem Staat ins Gewissen geredet), „auf die *Willenlosigkeit* Andrer rechnen muß, der ist ein *Machwerk* dieser Andern, wie der Herr ein Machwerk des Dieners ist." p. 257. (Gleichungen F, G, H, I.)

Note 3.

„Der *eigne Wille Meiner* ist der *Verderber des* Staats. Er wird deshalb von Letzterem als *Eigenwille* gebrandmarkt. Der *eigne Wille* und *der* Staat sind todfeindliche Mächte, zwischen welchen kein ewiger Friede möglich ist." p. 257. — „Daher überwacht *er* auch wirklich Alle, *er* sieht in Jedem einen Egoisten" (den Eigenwillen), „und vor dem Egoisten fürchtet *er* sich." p. 263. „*Der* Staat ... widersetzt sich dem Zweikampf ... selbst jede *Prügelei* wird gestraft" (auch wenn man die Polizei nicht herbeiruft), p. 245.

Note 4.

„Für ihn, *den* Staat, ist's unumgänglich nötig, daß Niemand einen *eignen Willen* habe; hätte ihn Einer, so müßte *der* Staat ihn ausschließen" (einsperren, verbannen); „hätten ihn *Alle*" („wer ist diese Person, die Ihr ‚Alle' nennt?"), „so schafften sie den Staat ab." p. 257.

Dies kann nun auch rhetorisch ausgeführt werden:

„Was helfen Deine Gesetze, wenn sie Keiner befolgt, was Deine Befehle, wenn sich Niemand befehlen läßt?" p. 256.

Note 5.

Die einfache Antithese: Staatswille — Mein Wille erhält im Folgenden eine scheinbare Motivierung: „Dächte *Man* sich auch selbst den Fall, daß jeder Einzelne im Volk den gleichen Willen ausgesprochen hätte und hierdurch ein vollkommener *Gesamtwille*" (!) „zustande gekommen wäre: die Sache bliebe dennoch dieselbe. Wäre Ich nicht an Meinen gestrigen Willen heute und ferner gebunden? ... Mein Geschöpf, nämlich ein bestimmter Willensausdruck, wäre Mein Gebieter geworden; Ich aber ... der Schöpfer, wäre in Meinem Flusse und Meiner Auflösung gehemmt ... Weil Ich gestern ein Wollender war, bin Ich heute ein Willenloser, gestern freiwillig, heute unfreiwillig." p. 258.

Den alten, von Revolutionären wie Reaktionären schon oft ausgesprochenen Satz, daß in der Demokratie die Einzelnen ihre Souveränetät nur für einen Moment ausüben, dann aber sogleich wieder von der Herrschaft zurücktreten, sucht sich Sankt Sancho hier auf eine „unbeholfene" Art anzueignen, indem er seine phänomenologische Theorie von Schöpfer und Geschöpf auf ihn anwendet. Die Theorie von Schöpfer und Geschöpf benimmt diesem Satze aber allen Sinn. Sankt Sancho ist nach dieser seiner Theorie nicht heute ein Willenloser, weil er seinen gestrigen Willen geändert hat, d. h. einen anders bestimmten Willen hat, und nun das dumme Zeug, was er gestern als seinen Willensausdruck zum Gesetz erhob, seinen heutigen besser erleuchteten Willen als Band oder Fessel drückt. Nach seiner Theorie *muß* vielmehr sein heutiger Wille die Verneinung seines gestrigen sein, weil er die Verpflichtung hat, sich als Schöpfer auflösend zu seinem gestrigen Willen zu verhalten. Nur als „Willenloser" ist er Schöpfer, als wirklich Wollender ist er stets Geschöpf. (Siehe die „Phänomenologie".) Dann aber ist er, „weil er gestern ein Wollender war", keineswegs heute ein „Willenloser", sondern vielmehr ein *Widerwilliger* gegen seinen gestrigen Willen, mag dieser die Form des Gesetzes angenommen haben oder nicht. Er kann ihn in beiden Fällen auflösen, wie er überhaupt aufzulösen pflegt, nämlich *als seinen Willen*. Damit hat er dem mit sich einigen Egoismus vollkommen Genüge geleistet. Ob also sein gestriger Wille als Gesetz eine Existenzform außer seinem Kopfe angenommen hat oder nicht, ist hier ganz gleichgültig, besonders wenn wir bedenken, wie schon oben das „aus ihm heraus entsprungene Wort" sich ebenfalls rebellisch gegen ihn verhielt. Und dann will im obigen Satze Sankt Sancho ja nicht seine Eigenwilligkeit, sondern seine *Frei*willigkeit. Willens*freiheit*, *Freiheit* wahren, was ein arger Verstoß gegen den Moralkodex des mit sich einigen Egoisten ist. In diesem Verstoße befangen, geht Sankt Sancho sogar so weit, daß er die oben so sehr verschriene innerliche Freiheit, die Freiheit des Widerwillens, als die wahre Eigenheit proklamiert.

„Wie zu ändern?" ruft Sancho aus. „Nur dadurch, daß Ich keine Pflicht anerkenne, d. h. Mich nicht binde oder binden lasse. — Allein man wird Mich binden! *Meinen Willen kann niemand binden und Mein W i d e r w i l l e bleibt f r e i !"* p. 258.

Pauken und Trompeten huld'gen
Seiner jungen Herrlichkeit![120]

Wobei Sankt Sancho vergißt, die „einfache Reflexion anzustellen", daß sein „Wille" allerdings insofern „gebunden" ist, als er wider seinen Willen ein „*Wider*wille" ist.

In dem obigen Satze über das Gebundensein des Einzelwillens durch den als Gesetz ausgedrückten allgemeinen Willen vollendet sich übrigens die idealistische Anschauungsweise vom Staat, für die es sich bloß vom Willen handelt und die bei französischen und deutschen Schriftstellern zu den spitzfindigsten Quästiunculis[1] geführt hat.

Wenn es sich übrigens nur um das „Wollen", nicht um das „Können", und im schlimmsten Falle nur um den „Widerwillen" handelt, so ist nicht abzusehen, warum Sankt Sancho einen so ergiebigen Gegenstand des „Wollens" und „Widerwillens", wie das Staatsgesetz ist, platterdings beseitigen will.

„Gesetz überhaupt pp. — soweit sind wir heute." p. 256.

Was Jacques le bonhomme nicht alles glaubt.

———

Die bisherigen Gleichungen waren rein vernichtend gegen den Staat und das Gesetz. Der wahre Egoist *mußte* sich rein vernichtend gegen Beide verhalten. Die Aneignung vermißten wir, obwohl wir dagegen die Freude hatten, Sankt Sancho das große Kunststück verrichten zu sehen, wie man durch eine bloße Veränderung des Willens, die natürlich wieder vom bloßen Willen abhängt, den Staat vernichtet. Indessen auch an der Aneignung fehlt es hier nicht, obgleich sie hier nur ganz nebenherläuft und erst später „mitunter" Resultate haben kann. Die obigen zwei Antithesen

Staatswille, fremder Wille — Mein Wille, eigner Wille,
Herrscherwille des Staats — Eigner Wille Meiner

können auch so zusammengefaßt werden:

Herrschaft des fremden Willens — Herrschaft des eignen Willens.

In dieser neuen Antithese, die übrigens seiner Vernichtung des Staats durch seinen Eigenwillen fortwährend versteckt zugrunde

---

[1] winzigen (gelehrten) Fragen.

lag, eignet er sich die politische Illusion über die Herrschaft der Willkür, des ideologischen Willens an. Er konnte dies auch so ausdrücken:

Willkür des Gesetzes — Gesetz der Willkür.

Zu dieser Einfachheit des Ausdrucks hat es Sankt Sancho indes nicht gebracht.

In der Antithese III haben wir schon ein „Gesetz in ihm"; aber er eignet sich das Gesetz noch direkter an in folgender Antithese:

Gesetz, Willenserklärung des Staats ⎱_⎰ Gesetz, Willenserklärung Meiner, Meine Willenserklärung.

„Es kann Jemand wohl erklären, was er sich gefallen lassen will, mithin durch ein *Gesetz* das Gegenteil sich verbitten" pp., p. 256.

Dies Verbitten wird mit obligaten Drohungen begleitet. Diese letzte Antithese ist von Wichtigkeit für den Abschnitt über das Verbrechen.

Episoden. p. 256 wird uns erklärt, daß „Gesetz" von „willkürlichem Befehl, Ordonnanz" nicht verschieden sei, weil Beides = „Willenserklärung", mithin „Befehl". — p. 254, 255, 260, 263 wird unter dem Schein, als werde von „*dem* Staat" gesprochen, der *preußische* Staat untergeschoben und die wichtigen Fragen der „Vossischen Zeitung" über Rechtsstaat, Absetzbarkeit der Beamten, Beamtenhochmut und dergl. dummes Zeug verhandelt. Das einzig Wichtige ist die Entdeckung, daß die altfranzösischen Parlamente auf dem Rechte bestanden, königliche Edikte zu registrieren, *weil* sie „nach eignem Rechte richten" wollten. Das Registrieren der Gesetze durch die französischen Parlamente kam auf zugleich mit der Bourgeoisie und der für die damit absolut werdenden Könige gesetzten Notwendigkeit, sowohl dem Feudaladel wie fremden Staaten gegenüber einen fremden Willen, von dem der ihrige abhängig sei, vorzuschützen und zugleich den Bourgeois eine Garantie zu geben. Sankt Max kann sich dies aus der Geschichte seines geliebten Franz I. eines Weiteren verständlich machen; im Übrigen möge er sich aus den vierzehn Bänden „Des Etats généraux et autres assemblées nationales", Paris 1788, über das, was die französischen Parlamente wollten oder nicht wollten und was sie zu bedeuten hatten, einigermaßen Rats erholen, ehe er sie wieder in den Mund nimmt. Überhaupt wäre es wohl am Ort, hier eine kurze Episode über die *Belesenheit* unsres eroberungssüchtigen Heiligen einzulegen. Abgesehen von den theoretischen Büchern, wie Feuerbachs und B. Bauers Schriften, sowie von der Hegelschen Tradition, die seine Hauptquelle bildet — abgesehen von diesen notdürftigsten theoretischen Quellen benutzt und zitiert unser Sancho folgende historische Quellen: Für die französische Revolution Rutenbergs „Politische Reden" und die Bauerschen „Denkwürdigkeiten"; für den Kommunismus Proudhon, A. Beckers „Volksphilosophie", die „Einundzwanzig Bogen" und den Bluntschlibericht; für den Liberalismus die „Vossische Zeitung", die sächsischen Vaterlandsblätter, die badische Kammer, wieder die „Einundzwanzig Bogen" und E. Bauers epochemachende Schrift; außerdem werden noch hier und da als historische Belege zitiert: die Bibel, Schlossers „18. Jahrhundert", Louis Blancs „Histoire de dix ans", Hinrichs' „Politische Vorlesungen", Bettina: „Dies Buch gehört dem König", Heß' „Triarchie", die „Deutsch-Französischen Jahrbücher", die Züricher „Anekdota", Moriz Carrière über den Kölner Dom, Sitzung der Pariser Pairskammer vom 25. April 1844, Karl Nauwerck, „Emilia Galotti"[121], die Bibel — kurz, das ganze Berliner Lesekabinett samt seinem Eigentümer Willibald Alexis Cabanis. Man wird es nach dieser Probe von Sanchos tiefen Studien erklärlich finden, daß so unendlich viel Fremdes, d. h. Heiliges für ihn in dieser Welt existiert.

III. Das Verbrechen

Note 1.

„Läßt Du Dir von einem Andern Recht geben, so mußt Du nicht minder Dir von ihm Unrecht geben lassen. Kommt Dir von ihm die Rechtfertigung und Belohnung, so erwarte auch seine Anklage und Strafe. Dem Rechte geht das *Unrecht*, der Gesetzlichkeit das *Verbrechen* zur Seite. Was — bist — Du? — Du — bist — ein — *Verbrecher*!!" p. 262.

Dem code civil[1] geht der code pénal[2], dem code pénal der code de commerce[3] zur Seite. Was bist Du? Du bist ein — *Commerçant!*

Sankt Sancho konnte uns diese nervenerschütternde Überraschung sparen. Bei ihm hat das „Läßt Du Dir von einem Andern Recht geben, so mußt Du Dir auch Unrecht von ihm geben lassen" allen

---

[1] bürgerlichen Gesetzbuch.
[2] Strafgesetzbuch.
[3] Handelsgesetzbuch.

Sinn verloren, insofern dadurch eine neue Bestimmung hinzukommen soll; denn bei ihm heißt es schon nach einer früheren Gleichung: Läßt Du Dir von einem Andern Recht geben, so läßt Du Dir fremdes Recht, also *Dein Unrecht* geben.

A) Einfache Kanonisation von Verbrechen und Strafe
a) Verbrechen

Was das Verbrechen anbetrifft, so ist es, wie wir schon sahen, der Name für eine allgemeine Kategorie des mit sich einigen Egoisten, Negation des Heiligen, *Sünde*. In den angeführten Antithesen und Gleichungen über die Beispiele des Heiligen: Staat, Recht, Gesetz konnte die negative Beziehung des Ich auf diese Heiligen oder die Kopula auch Verbrechen genannt werden, wie bei der Hegelschen Logik, die ebenfalls ein Beispiel des Heiligen ist, Sankt Sancho auch sagen kann: Ich bin nicht die Hegelsche Logik, Ich bin ein Sünder gegen die Hegelsche Logik. Er mußte nun, da er vom Recht, Staat pp. sprach, fortfahren: Ein andres Beispiel der Sünde oder des Verbrechens sind die sogenannten *juristischen* oder *politischen* Verbrechen. Statt dessen tut er uns wieder ausführlich dar, daß diese Verbrechen seien

die Sünde gegen das Heilige,
„   „   „   die fixe Idee,
„   „   „   das Gespenst,
„   „   „   „*den* Menschen".

„Nur gegen *ein Heiliges* gibt es Verbrecher." p. 268.
„Der Kriminalkodex hat nur durch das *Heilige* Bestand." p. 318.
„Aus der *fixen Idee* entstehen die Verbrechen." p. 269.
„Man sieht hier, wie es wieder ‚der Mensch' ist, der auch den Begriff des Verbrechens, der Sünde *und damit* den des Rechts zuwege bringt." (Vorhin war es umgekehrt.) „Ein Mensch, in welchem Ich nicht den Menschen erkenne, ist ein Sünder." p. 268.

Note 1.
„Kann Ich annehmen, daß Einer gegen Mich ein Verbrechen begehe" (wird im Gegensatz zum französischen Volk in der Revolution behauptet), „ohne anzunehmen, daß er so handeln müsse, wie Ich's für gut finde? Und dieses Handeln nenne Ich das Rechte, Gute pp., das Abweichende ein Verbrechen. Mithin *denke* Ich, die Andern müßten auf *dasselbe* Ziel mit Mir losgehen ... als Wesen, die irgendeinem ‚vernünftigen' Gesetze" (Beruf! Bestimmung!

Aufgabe! Das Heilige!!!) „gehorchen sollen. Ich *stelle auf*, was *der* Mensch sei und was wahrhaft menschlich handeln heiße, und fordere von Jedem, daß ihm dies Gesetz Norm und Ideal werde, widrigenfalls er sich als Sünder und Verbrecher *ausweise* . . ." p. [267,] 268.

Dabei weint er eine ahnungsvolle Träne auf dem Grabe der „eigenen Menschen", die zur Schreckenszeit vom souveränen Volk im Namen des Heiligen geschlachtet wurden. Er zeigt weiter an einem Beispiel, wie von diesem heiligen Standpunkt aus die Namen der wirklichen Verbrechen konstruiert werden können.

„Wird, wie in der Revolution, das, was *das Gespenst*, der Mensch sei, als ‚guter Bürger' gefaßt, so *gibt es von* diesem Begriffe des Menschen die bekannten ‚politischen Vergehen und Verbrechen'." (Soll heißen: so *gibt* dieser Begriff pp. die bekannten Verbrechen *von sich*.) p. 268.

Wie sehr die Leichtgläubigkeit in dem Abschnitt über das Verbrechen die vorherrschende Qualität unsres Sancho ist, davon haben wir hier ein glänzendes Exempel, indem er die Sansculotten der Revolution vermittelst einer synonymischen Mißhandlung des Wortes citoyen in Berliner „gute Bürger" verwandelt. „Gute Bürger und treue Beamte" gehören nach Sankt Max unzertrennlich zusammen. „Robespierre z. B., Saint-Just usw." wären also die „treuen Beamten", während Danton einen Kassendefekt sich zuschulden kommen ließ und die Gelder des Staats verschleuderte. Sankt Sancho hat einen guten Anfang zu einer Revolutionsgeschichte für den preußischen Bürger und Landmann gemacht.

Note 2.

Nachdem Sankt Sancho uns so das politische und juristische Verbrechen als ein Beispiel des Verbrechens überhaupt, nämlich seiner Kategorie des Verbrechens, der Sünde, der Negation, Feindschaft, Beleidigung, Verachtung des Heiligen, des unanständigen Betragens gegen das Heilige, vorgeführt hat, kann er nun getrost erklären:

„Im Verbrechen hat sich bisher der Egoist behauptet und das Heilige verspottet." p. 319.

An dieser Stelle werden alle bisherigen Verbrechen dem mit sich einigen Egoisten ins Credit geschrieben, obwohl wir späterhin wieder Einiges davon ins Debet werden übertragen müssen. Sancho glaubt, man habe bisher nur Verbrechen begangen, um „das Heilige" zu verspotten und sich nicht gegen die Dinge, sondern gegen das Heilige *an* den Dingen zu behaupten. Weil der Diebstahl eines armen Teufels, der sich einen fremden Taler aneignet, unter die Kategorie des Verbrechens gegen das Gesetz subsumiert werden kann, *darum* beging dieser arme Teufel den Diebstahl aus reiner Lust, das Gesetz zu brechen. Gerade wie Jacques le bonhomme sich oben einbildete, nur um des Heiligen willen seien überhaupt Gesetze gegeben worden und nur um des Heiligen willen würden Diebe eingesteckt.

b) Strafe

Da wir gerade mit juristischen und politischen Verbrechen uns zu schaffen machen, so findet sich bei dieser Gelegenheit, daß dergleichen Verbrechen „im gewöhnlichen Verstande" eine *Strafe* nach sich zu ziehen pflegen, oder auch, wie geschrieben steht, „der Tod der Sünde Sold ist". Es versteht sich nun, nach dem, was wir bereits über das Verbrechen vernommen haben, daß die Strafe die Selbstverteidigung und Abwehr *des Heiligen* gegen die Entheiliger ist.

Note 1.

„Die Strafe hat nur dann einen Sinn, wenn sie Sühne für Verletzung eines Heiligen sein soll." p. 316. In der Strafe „verfallen Wir in die Torheit, das Recht, den Spuk" (das Heilige) „befriedigen zu wollen. Das Heilige soll sich" hier „gegen den Menschen wehren." (Sankt Sancho „verfällt hier in die Torheit", *den* Menschen" für „die Einzigen", „eignen Ichs" usw. zu versehen.) p. 318.

Note 2.

„Der Kriminalkodex hat nur durch das Heilige Bestand und verkommt von selbst, wenn man die *Strafe* aufgibt." p. 318.

Sankt Sancho will eigentlich sagen: die Strafe verkommt von selbst, wenn man den Kriminalkodex aufgibt, d. h., die Strafe besteht nur durch den Kriminalkodex. „Ist aber nicht ein" nur durch die Strafe existierender Kriminalkodex „ein Unsinn, und ist eine" nur durch den Kriminalkodex existierende Strafe „nicht auch ein Unsinn?" (Sancho contra Heß, Wig[and,] p. 186.) Sancho versieht hier den Kriminalkodex für ein Lehrbuch der theologischen Moral.

Note 3.

Als Beispiel, wie aus der fixen Idee das Verbrechen entsteht, Folgendes:

„Die *Heiligkeit* der Ehe ist eine *fixe Idee*. Aus der *Heiligkeit* folgt, daß die

Untreue ein *Verbrechen* ist, und es setzt daher *ein gewisses Ehegesetz*" (zum großen Ärger der „d.......¹ Kammern" und des „Kaisers aller R......"², nicht minder des „Kaisers von Japan" und des „Kaisers von China" und speziell des „Sultans") „eine kürzere oder längere Strafe darauf." p. 269.

Friedrich Wilhelm IV., der da glaubt, nach dem Maßstabe des Heiligen Gesetze geben zu können, und sich deswegen stets mit aller Welt brouilliert, kann sich damit trösten, daß er an unsrem Sancho wenigstens Einen Staatsgläubigen gefunden hat. Sankt Sancho vergleiche das preußische Ehegesetz, das bloß im Kopfe seines Autors existiert, einmal mit den praktisch geltenden Bestimmungen des Code civil, wo er den Unterschied zwischen heiligen und weltlichen Ehegesetzen finden kann. In der preußischen Phantasmagorie soll die Heiligkeit der Ehe von Staats wegen sowohl gegen den Mann wie gegen die Frau geltend gemacht werden; in der französischen Praxis, wo die Frau als Privateigentum des Mannes angesehen wird, kann nur die Frau, und auch sie nur auf Verlangen des Mannes, der sein Eigentumsrecht geltend macht, wegen Ehebruch bestraft werden.

B) Aneignung von Verbrechen und Strafe durch Antithese

Verbrechen im Sinne des Menschen = Brechen des Gesetzes des Menschen (der Willenserklärung des Staats, der Staatsgewalt) p. 259 ff.

Verbrechen im Sinne Meiner = Brechen des Gesetzes Meiner (Meiner Willenserklärung, Meiner Gewalt) p. 256 und passim.

Diese beiden Gleichungen stehen einander antithetisch gegenüber und gehen bloß aus dem Gegensatz von „der Mensch" und „Ich" hervor. Sie sind nur Zusammenfassung des bereits Dagewesenen. Das Heilige straft den „Ich" — „Ich strafe den ‚Ich'."

Verbrechen = Feindschaft gegen das Gesetz des Menschen (das Heilige).

Feindschaft = Verbrechen gegen das Gesetz Meiner.

---

¹ deutschen.
² Reußen.

350

Verbrecher = der Feind oder Gegner gegen den Heiligen (das Heilige als moralische Person).   —   *Feind* oder *Gegner* = der Verbrecher gegen „Ich", den Leiblichen.

Strafen = Sich Wehren des Heiligen gegen „Ich".   —   *Mich Wehren* = Strafe Meiner gegen „Ich".

Strafe = Genugtuung (Rache) *des* Menschen gegen „Ich".   —   *Genugtuung* (*Rache*) = Strafe Meiner gegen „Ich".

In der letzten Antithese kann die Genugtuung auch *Selbst*genugtuung genannt werden, da es die Genugtuung *Meiner* im Gegensatz zur Genugtuung *des Menschen* ist.

Hält man nun in den obigen antithetischen Gleichungen immer nur das erste Glied im Auge, so ergibt sich folgende Reihe einfacher Antithesen, wo in der These immer der heilige, allgemeine, fremde *Namen*, in der *Anti*these immer der profane, persönliche, angeeignete *Namen* steht.

Verbrechen — Feindschaft.
Verbrecher — Feind oder Gegner.
Strafen — Mich Wehren.
Strafe — { Genugtuung, Rache, Selbstgenugtuung.

Wir werden sogleich ein geringes Wörtchen über diese Gleichungen und Antithesen zu sagen haben, die so einfach sind, daß selbst „ein geborner Dummerjan" (p. 434) sich diese „einzige" Methode des Denkens in fünf Minuten aneignen kann. Vorher noch einige andre Belegstellen als die schon dagewesenen.

Note 1.

„**Gegen Mich** kannst du nie ein *Verbrecher* sein, sondern nur ein *Gegner*", p. 268 — und „Feind" in demselben Sinne p. 256. — Verbrechen als Feindschaft **des** Menschen — hierfür werden p. 268 die „Feinde des Vaterlandes" als Beispiel angeführt. — „An die Stelle der *Strafe soll*" (moralisches Postulat) „die *Genugtuung* treten, die wiederum nicht darauf abzielen kann, dem Recht oder **der** Gerechtigkeit genugzutun, sondern *Uns* ein Genüge zu verschaffen." p. 518.

Note 2.

Indem Sankt Sancho gegen den Heiligenschein (die Klappermühle) der bestehenden Gewalt kämpft, lernt er nicht einmal diese Gewalt kennen und greift sie selbst noch viel weniger an; er stellt nur die moralische Forderung, daß man die Beziehung des Ich auf sie formell ändere. (Siehe Logik.)

„Ich muß Mir's gefallen lassen" (aufgespreizte Beteuerung), „daß er" (sc.[1] Mein Feind, der ein paar Millionen hinter sich stehen hat) „Mich als seinen Feind behandelt; allein niemals, daß er mit Mir als seiner Kreatur umspringt und daß er seine Vernunft oder Unvernunft zu Meiner Richtschnur macht." p. 256 (wo er dem P. P. Sancho eine sehr beschränkte Freiheit läßt, nämlich die Wahl, sich als seine Kreatur behandeln zu lassen oder die 3300 ihm von Merlin auf die posaderas[2] gebundenen Prügel zu ertragen. Diese Freiheit läßt ihm jeder Kriminalkodex, der ihn freilich nicht erst fragt, in welcher Weise er dem P. P. Sancho seine Feindschaft zu erklären hat). — „Aber wenn Ihr dem Gegner auch als Macht *imponiert*" (ihm „eine *imposante* Macht" seid), „eine geheiligte Autorität seid Ihr darum doch nicht; er müßte denn ein *Schächer* sein. *Respekt* und *Achtung* ist er Euch nicht schuldig, wenn er sich auch vor Euch und Eurer Gewalt *in Acht nimmt.*" p. 258.

Sankt Sancho tritt hier selbst als „Schächer" auf, indem er um den Unterschied von „Imponieren" und „Respektiert werden", „in Acht nehmen" und „Achtung haben", einen Unterschied von höchstens einem Sechzehntel, mit vielem Ernste *schachert*. Wenn Sankt Sancho sich vor Jemand „in Acht nimmt", so „lebt er in der *Reflexion* und hat er einen Gegenstand, auf den er *reflektiert*, den er *respektiert* und vor dem er Ehrfurcht und Furcht empfindet". p. 115. — In den obigen Gleichungen ist die Strafe, Rache, Genugtuung pp. bloß als von Mir ausgehend dargestellt; insofern Sankt Sancho der Gegenstand der Genugtuung ist, können die Antithesen umgedreht werden: Hiermit verwandelt sich die Selbstgenugtuung in das Einem-Andern-an-Mir-genug-getan-Werden oder Meinem-Genüge-Abbruch-getan-Werden.

Note 3.

Dieselben Ideologen, die sich einbilden konnten, daß das Recht, Gesetz, der Staat pp. aus einem allgemeinen Begriff, etwa in letzter Instanz dem Begriff des Menschen, hervorgegangen und um dieses Begriffes willen ausgeführt worden seien, dieselben Ideologen kön-

---

[1] scilicet = nämlich.
[2] Sitzfleischhälften.

nen sich natürlich auch einbilden, Verbrechen würden aus reinem Übermut gegen einen Begriff begangen, Verbrechen seien überhaupt weiter Nichts als Verspottung von Begriffen und würden nur bestraft, um den verletzten Begriffen Genüge zu leisten. Hierüber haben wir oben beim Recht und schon früher bei der Hierarchie bereits das Nötige gesagt, worauf wir hiermit zurückverweisen. — In den obigen Antithesen wird den kanonisierten Bestimmungen Verbrechen, Strafe pp. der Name einer andern Bestimmung gegenübergestellt, die Sankt Sancho sich aus diesen *ersten* Bestimmungen nach seiner beliebten Manier heraus*nimmt* und *aneignet*. Diese neue Bestimmung, die, wie gesagt, als bloßer Namen hier auftritt, soll als profan die unmittelbar *individuelle* Beziehung enthalten und das *tatsächliche* Verhältnis ausdrücken. (Siehe Logik.) In der Rechtsgeschichte findet sich nun, daß in den frühesten und rohesten Epochen diese individuellen, tatsächlichen Verhältnisse in ihrer krassesten Gestalt ohne Weiteres das Recht konstituierten. Mit der Entwickelung der bürgerlichen Gesellschaft, also mit der Entwickelung der persönlichen Interessen zu Klasseninteressen veränderten sich die Rechtsverhältnisse und zivilisierten ihren Ausdruck. Sie wurden nicht mehr als individuelle, sondern als *allgemeine* aufgefaßt. Gleichzeitig übertrug die Teilung der Arbeit die Wahrung der kollidierenden Interessen der einzelnen Individuen an Wenige, womit auch die barbarische Geltendmachung des Rechts verschwand. Die ganze Kritik Sankt Sanchos über das Recht beschränkt sich in den obigen Antithesen darauf, den *zivilisierten* Ausdruck der Rechtsverhältnisse und die zivilisierte Teilung der Arbeit für eine Frucht der „fixen Idee", des Heiligen, zu erklären und dagegen den barbarischen Ausdruck und die barbarische Art, sie zu schlichten, *sich* zu vindizieren. Es handelt sich für ihn *nur* um die *Namen*, die Sache selbst berührt er nicht, da er die wirklichen Verhältnisse nicht kennt, auf denen diese verschiedenen Formen des Rechts beruhen, und in dem juristischen Ausdruck der Klassenverhältnisse nur die idealisierten Namen jener barbarischen Verhältnisse erblickt. So finden wir in der Stirnerischen Willenserklärung das Befehden, in der Feindschaft, Sich Wehren pp. den Abklatsch des Faustrechts und die Praxis des älteren Feudalwesens, in der Genugtuung, Rache pp. das jus talionis, die altgermanische Gewere, die compensatio, satisfactio, kurz die Hauptsachen aus den leges barbarorum und den consuetudines feudorum[122] wieder — die Sancho nicht aus Bibliotheken, sondern aus den Erzählungen seines ehmaligen Herrn von Amadis von Gallien sich angeeignet und liebgewonnen hat. Sankt Sancho kommt also in letzter Instanz wieder nur zu einem ohnmächtigen Moralgebot, daß Jeder sich selbst Genugtuung verschaffen und Strafen vollziehen soll. Er glaubt dem Don Quijote, er könne die aus der Teilung der Arbeit entstehenden sachlichen Mächte ohne weiteres durch ein bloßes Moralgebot in persönliche Mächte verwandeln. Wie sehr die juristischen Verhältnisse mit der aus der Teilung der Arbeit hervorgegangenen Entwickelung dieser sachlichen Mächte zusammenhängen, kann man schon ersehen aus der historischen Entwickelung der Macht der Gerichte und aus dem Jammer der Feudalen über die Rechtsentwicklung. (Siehe z. B. Monteil l. c. XIVe, XVe siècle.) Grade in der Epoche zwischen der Herrschaft der Aristokratie und der der Bourgeoisie, als die Interessen zweier Klassen kollidierten, als der Handelsverkehr unter den europäischen Nationen bedeutend zu werden begann und das internationale Verhältnis daher selbst einen *bürgerlichen* Charakter annahm, fing die Macht der Gerichte an, bedeutend zu werden, und unter der Bourgeoisherrschaft, wo diese ausgebildete Teilung der Arbeit unumgänglich nötig ist, erreichte sie ihre höchste Spitze. Was sich die Knechte der Teilung der Arbeit, die Richter, und nun gar die professores juris[1] dabei einbilden, ist höchst gleichgültig.

C) Das Verbrechen im gewöhnlichen und außergewöhnlichen Verstande

Vorhin wurde das Verbrechen im gewöhnlichen Verstande dem Egoisten im außergewöhnlichen Verstande kreditiert, indem es verfälscht wurde; jetzt kommt diese Verfälschung an den Tag. Der außergewöhnliche Egoist findet nun, daß er nur außergewöhnliche Verbrechen begeht, die gegen das gewöhnliche Verbrechen geltend gemacht werden müssen. Wir belasten also dem P. P. Egoisten die gewöhnlichen Verbrechen wieder, wie pr. contra[2].

Den Kampf der gewöhnlichen Verbrecher gegen das fremde

---

[1] Professoren der Rechtswissenschaft.

[2] wörtlich: [wie] vorher gegenüberliegend; hier: wie wir sie vorher auf der Habenseite verbuchten.

354

Eigentum kann man auch so ausdrücken (obgleich das von jedem Konkurrenten gilt),

daß sie — „*fremdes* Gut suchen" (p. 265),
heiliges Gut suchen,
das Heilige suchen, womit der gewöhnliche Verbrecher in einen „Gläubigen" (p. 265) verwandelt ist.

Dieser Vorwurf des Egoisten im außergewöhnlichen Verstande gegen den Verbrecher im gewöhnlichen Verstande ist indes nur scheinbar — er ist es ja selbst, der nach dem Heiligenschein der ganzen Welt trachtet. Was er dem Verbrecher eigentlich vorwirft, ist nicht, daß er „*das Heilige*", sondern daß er das „*Gut*" sucht.

Nachdem Sankt Sancho sich eine „eigne Welt, einen Himmel", nämlich diesmal eine Welt der Fehden und fahrenden Ritter für seinen eignen Kopf in der modernen Welt erbaut, nachdem er zugleich seinen Unterschied als ritterlicher Verbrecher von den gemeinen Verbrechern dokumentiert hat, unternimmt er abermals einen Kreuzzug gegen die „Drachen und Straußen, Feldteufel", „Gespenster, Spuke und fixen Ideen". Sein getreuer Knecht Szeliga reitet andächtig hinter ihm her. Da sie aber ihres Weges ziehen, so begibt sich das erstaunliche Abenteuer von den Unglücklichen, so dahin geschleppt wurden, wohin sie nicht gehen wollten, wie geschrieben steht Cervantes am zweiundzwanzigsten. Derweil nämlich unser fahrender Ritter und sein Knecht Don Quijote fürbaß trabten, schlug Sancho die Augen auf und sah an die zwölf Männer ihnen entgegenkommen, geschlossen mit Handschellen und einer langen Kette und begleitet von einem Kommissär und vier Gensdarmen, so da angehörten der heiligen Hermandad[123], der Hermandad der Heiligen, dem Heiligen. Da sie aber nahe herzugekommen waren, bat Sankt Sancho ihre Wächter gar höflich, sie möchten ihm doch, wenn's gefällig, sagen, warum diese Leute so zusammengeschlossen geführt würden. — Baugefangene Sr. Majestät, nach Spandau[124] kommandiert, mehr braucht Ihr nicht zu wissen. — Wie, rief Sankt Sancho, gezwungene Leute? Ist's möglich, daß der König einem „eigenen Ich" Gewalt antun kann? So berufe Ich Mich zu dem Berufe, dieser Gewalt zu steuern. „Des Staats Betragen ist Gewalttätigkeit, und dies nennt er Recht. Die Gewalttätigkeit aber des Einzelnen nennt er Verbrechen." Hierauf hub Sankt Sancho zuerst an, die Sträflinge zu vermahnen, und sagte, sie sollten sich nicht grämen, sie seien zwar „nicht frei", aber doch „eigen", und ihre „Knochen" würden vielleicht unter einigen Geißelhieben zu „ächzen" haben, auch werde man ihnen vielleicht ein „Bein ausreißen" — aber, sprach er, in dem Allen überwindet Ihr weit — denn „Euren Willen kann Niemand binden!" „Und Ich weiß gewiß, daß es keine Hexerei auf der Welt gibt, so den Willen bewegen und zwingen könne, wie einige Einfaltspinsel sich einbilden; denn er ist Unsre freie Willkür, und es gibt kein Kraut noch Zauberspruch, der ihn bezwinge." Ja, „Euren Willen kann Niemand binden, und Euer Widerwille bleibt frei!"

Da sich aber die Baugefangenen bei diesem Sermon nicht beruhigen wollten, sondern nach der Reihe erzählten, wie ungerecht man sie verurteilt habe, sprach Sancho: „Lieben Brüder, aus Allem, so Ihr Mir erzählt habt, habe Ich ins Klare gebracht, daß, obgleich man Euch für Eure Verbrechen gestraft hat, Euch die Strafe, die Ihr leiden sollt, wenig Vergnügen macht, also daß Ihr derselbigen widerwillig und gar ohne Lust entgegengehet. Und es kann sehr wohl sein, daß der Kleinmut des Einen auf der Prügelmaschine, die Armut des Andern, der Mangel an Gunst für den Dritten und endlich das parteiische *Gericht des Richters* die Ursache von Eurem Verderben sind und daß man Euch nicht *das Recht zugute kommen ließ, das Euch gehörte,* ‚das Recht Eurer'. Alles dies zwingt Mich, Euch zu zeigen, warum der Himmel Mich in die Welt gesetzt hat. Da es aber die Klugheit des mit sich einigen Egoisten erfordert, Nichts durch Gewalt zu tun, was man durch Verständigung erlangen kann, so bitt' ich hiermit den Herrn Commissarius und die Herren Gensdarmen, Euch loszuschließen und Eures Weges wandern zu lassen. Überdies, meine Herren Gensdarmen, haben *Euch* alle diese Armen nichts zuleide getan. Es geziemt mit sich einigen Egoisten nicht, Henker andrer Einzigen zu werden, die ihnen nichts getan haben. Bei Euch scheint ‚die Kategorie des Bestohlenen in den Vordergrund zu treten'. Warum ‚eifert' Ihr ‚gegen das Verbrechen?' ‚Wahrlich, wahrlich, ich sage Euch, Ihr seid für die Sittlichkeit begeistert, von der Idee der Sittlichkeit erfüllt', ‚was ihr feindlich ist, das verfolgt Ihr' — Ihr ‚bringt' diese armen Baugefangenen ‚durch Amtseid ins Loch', Ihr seid das Heilige! Also laßt diese Leute gutwillig los. Wo nicht, so bekommt Ihrs mit Mir zu tun, der ‚mit einem Hauche des lebendigen Ich Völker umbläst', ‚die maßloseste Entweihung begeht' und ‚sich selbst vor dem Monde nicht fürchtet'."

„Na seht mir doch die schöne Flegelei!" rief der Kommissär. „Rück Er sich lieber das Bartbecken gerade auf dem Kopf und scher Er sich seines Weges!"

Sankt Sancho aber legte erbost über diese preußische Grobheit seinen Spieß ein und rannte so hastig auf ihn los, als die Apposition nur laufen wollte, so daß er ihn alsbald zu Boden warf. Jetzt entspann sich ein allgemeiner Kampf, in welchem die Baugefangenen sich befreiten, Szeliga-Don Quijote von einem Gensdarmen in den Landwehr- oder Schafgraben geworfen wurde und Sankt Sancho die größten Heldentaten gegen das Heilige verrichtete. Nach wenig Minuten waren die Gensdarmen zerstreut, Szeliga aus dem Graben gekrochen und das Heilige vorläufig beseitigt.

Sankt Sancho versammelte nun die befreiten Baugefangenen um sich und hielt folgende Rede an sie (p. 265, 266 „des Buchs"):

„Was ist der *gewöhnliche* Verbrecher" (der Verbrecher im gewöhnlichen Verstande) „anders als Einer, der das *verhängnisvolle Versehen* begangen hat" (verhängnisvoller Belletrist für Bürger und Landmann!), „nach dem zu streben, was des Volkes ist, statt nach dem *Seinen* zu suchen? Er hat das *verächtliche*" (allgemeines Murren der Baugefangenen über dies moralische Urteil) „*fremde* Gut gesucht, hat getan, was die *Gläubigen* tun, die nach dem trachten, was Gottes ist" (der Verbrecher als schöne Seele). „Was tut der Priester, der den Verbrecher vermahnt? Er stellt ihm das große Unrecht vor, das vom Staat Geheiligte, das Eigentum desselben, wozu ja auch das Leben der Staatsangehörigen gerechnet werden muß, durch seine Tat entweiht zu haben. Dafür könnte er ihm *lieber* vorhalten, daß er sich besudelt habe" (Kichern der Baugefangenen über diese egoistische Aneignung der banalen Pfaffenredensarten), „indem er das *Fremde* nicht *verachtete*, sondern des *Raubes wert* hielt" (Grunzen der Baugefangenen): „er könnte es, wenn er nicht ein Pfaffe" (ein Baugefangener: „Im gewöhnlichen Verstande!") „wäre." Ich aber „rede mit dem Verbrecher als mit einem *Egoisten*, und er wird sich *schämen*" (schamloses, lautes Hurrah der Verbrecher, die sich nicht zur Scham berufen lassen wollen), „nicht daß er gegen Eure Gesetze und Güter sich verging, sondern daß er Eure Gesetze des Umgehens" (hier ist nur vom „Umgehen" „im gewöhnlichen Verstande" die Rede, sonst aber „umgehe Ich einen Felsen, bis Ich ihn sprengen kann", und „umgehe" z. B. *selbst* „die Zensur"), „Eure Güter des Verlangens wert hielt" (abermaliges Hurrah), „wird sich *schämen* —"

Gines von Passamonte, der Erzdieb, der überhaupt nicht viel ertragen konnte, schrie: „Sollen wir denn nichts tun als uns der *Scham* ergeben, Ergebung zeigen, sobald der Pfaff im außergewöhnlichen Verstande uns ‚vermahnt'?"

„Wird sich schämen", fährt Sancho fort, „daß er Euch mitsamt den Eurigen nicht verachtete, daß er zu wenig Egoist war." (Sancho legt hier einen fremden Maßstab an den Egoismus des Verbrechers. Daher entsteht ein allgemeines Gebrülle unter den Baugefangenen; etwas verwirrt lenkt Sancho ein, sich mit einer rhetorischen Bewegung gegen die abwesenden „guten Bürger" wendend:) „Aber Ihr könnt nicht egoistisch mit ihm reden, denn Ihr seid nicht so groß wie ein Verbrecher, Ihr — verbrecht Nichts."

Gines fällt wieder ein: „Welche Leichtgläubigkeit, guter Mann! Unsre Zuchtmeister im Gefängnis verbrechen allerdings, machen Kassendefekte und Unterschleife und begehen Schändung[...]¹

[...] zeigt er nur wieder seine Leichtgläubigkeit. Schon die Reaktionäre wußten, daß die Bourgeois in der Konstitution den naturwüchsigen Staat aufheben und einen eignen Staat errichten und *machen;* daß „le pouvoir constituant, qui était dans le temps (naturwüchsig), passa dans la volonté humaine"², daß „dieser *gemachte* Staat wie ein gemachter, gemalter Baum ist" usw. Siehe Fiévée, „Correspondance politique et administrative", Paris 1815 – „Appel à la France contre la division des opinions"[125] — „Le drapeau blanc" von Sarrans aîné³ und „Gazette de France" aus der Restaurationszeit und die früheren Schriften von Bonald, de Maistre pp. Die liberalen Bourgeois werfen wiederum den alten Republikanern vor, von denen sie natürlich ebensowenig wußten als Sankt Max vom Bourgeoisstaat, daß ihr Patriotismus nichts sei als „une passion, factice envers und être abstrait, une idée générale"⁴ (Benj. Constant, „De l'esprit des conquêtes", Paris 1814, p. 93), während die Reaktionäre den Bourgeois vorwarfen, daß ihre politische Ideologie nichts sei als „une mystification que la classe aisée fait subir à celles qui ne le sont pas"⁵ („Gazette de France", 1831, Février). – p. 295 erklärt Sankt Sancho den Staat für „eine Anstalt, das Volk

---

¹ Hier fehlen im Manuskript 12 Seiten.

² „die konstituierende Macht, die in der Zeit lag, in den menschlichen Willen überging".

³ Sarran der Ältere.

⁴ „eine künstliche, auf ein abstraktes Wesen, eine allgemeine Idee gerichtete Leidenschaft".

⁵ „eine Täuschung, mit der die wohlhabende Klasse jene Klassen foppt, die es nicht sind".

zu christianisieren", und weiß von der Grundlage des Staats soviel zu sagen, daß dieser durch „den Kitt" der „Achtung vor dem Gesetz" oder das Heilige durch die Achtung (das Heilige als Kopula) vor dem Heiligen „zusammengehalten wird" (p. 314).

Note 4.

„Ist der Staat heilig, so muß Zensur sein", p. 316. — „Die französische Regierung bestreitet die Preßfreiheit nicht als Menschenrecht, sie fordert aber vom Einzelnen eine Kaution dafür, daß er *wirklich Mensch sei.*" (Quel bonhomme![1] Jacques le bonhomme wird zum Studium der Septembergesetze[126] „berufen".) p. 380.

Note 5, in der wir die tiefsten Aufschlüsse erhalten über die verschiedenen Staatsformen, die Jacques le bonhomme verselbständigt und in denen er nur verschiedene Versuche sieht, den wahren Staat zu realisieren.

„Die Republik ist *gar nichts anderes* als die absolute Monarchie: denn es verschlägt nichts, ob der Monarch Fürst oder Volk heiße, da Beide eine Majestät" (das Heilige) „sind... Der Konstitutionalismus ist weiter als die Republik, weil er der in der *Auflösung* begriffene Staat ist." Diese Auflösung wird dahin erklärt: „Im konstitutionellen Staate... will die Regierung absolut sein, und das Volk will absolut sein. Diese beiden Absoluten" (sc. Heiligen) „werden sich aneinander aufreiben." p. 302. — ‚Ich bin nicht der Staat, Ich bin das schöpferische Nichts des Staats'; „damit versinken alle Fragen" (über Konstitution pp.) „in ihr wahres Nichts." p. 310. —

Er hätte hinzufügen sollen, daß auch die obigen Sätze über die Staatsformen nur eine Umschreibung dieses „Nichts" sind, dessen einzige Schöpfung der obige Satz ist: Ich bin nicht der Staat. Sankt Sancho spricht hier ganz in deutscher Schulmeistermanier von „*der*" Republik, die natürlich viel älter ist als die konstitutionelle Monarchie, z. B. die griechischen Republiken.

Daß in einem demokratischen Repräsentativstaat wie Nordamerika die Klassenkollisionen bereits eine Form erreicht haben, zu der die konstitutionellen Monarchien erst hingedrängt werden, davon weiß er natürlich Nichts. Seine Phrasen über die konstitutionelle Monarchie beweisen, daß er seit dem 1842 des Berliner Kalenders Nichts gelernt und Nichts vergessen hat.

Note 6.

„Der Staat verdankt nur der Mißachtung, welche Ich vor Mir habe, seine Existenz" und wird „mit dem Verschwinden dieser Geringschätzung ganz er-

---

[1] Welcher Biedermann!

löschen" (wonach es nur von Sancho abhängt, wie bald alle Staaten der Welt „erlöschen" sollen. Wiederholung von Note 3 in umgekehrter Gleichung — siehe Logik): „Er ist nur, wenn er *über Mir* ist, nur als *Macht* und *Mächtiger.* Oder" (merkwürdiges Oder, das das Gegenteil von dem beweist, was es beweisen soll) „könnt Ihr Euch einen Staat denken, dessen Einwohner sich *allesamt*" (Sprung aus dem „Ich" in das „Wir") „nichts aus ihm *machen?*" p. 577.

Auf die Synonymik von „Macht", „Mächtig" und „machen" brauchen wir nicht mehr einzugehen.

Daraus, daß es Leute in jedem Staat gibt, die sich aus ihm etwas machen, d. h. die im Staat und durch den Staat aus *sich* etwas machen, schließt Sancho, daß der Staat eine Macht über diesen Leuten ist. Es handelt sich hier wieder nur darum, daß man sich die fixe Idee des Staates aus dem Kopfe zu schlagen hat. Jacques le bonhomme träumt noch immer, daß der Staat eine bloße Idee sei, und glaubt an die selbständige Macht dieser Staatsidee. Er ist der wahre „Staatsgläubige, Staatsbesessene, Politiker" (p. 309). Hegel idealisierte die Vorstellung der politischen Ideologen vom Staat, die noch von den einzelnen Individuen, wenn auch bloß vom *Willen* dieser Individuen ausgingen; Hegel verwandelt den gemeinsamen Willen dieser Einzelnen in den absoluten Willen, und diese Idealisierung der Ideologie nimmt Jacques le bonhomme bona fide[1] für die richtige Ansicht vom Staate an und kritisiert sie in diesem Glauben dadurch, daß er das Absolute für das Absolute erklärt.

5. Die Gesellschaft als bürgerliche Gesellschaft

Wir werden uns bei diesem Kapitel etwas länger aufhalten, weil es, nicht ohne Absicht, das konfuseste aller „im Buche" enthaltenen konfusen Kapitel ist, und weil es zugleich am glänzendsten beweist, wie wenig es unsrem Heiligen gelingt, die Dinge in ihrer profanen Gestalt kennenzulernen. Statt sie zu profanieren, heiligt er sie, indem er nur seine eigne heilige Vorstellung dem Leser „zugute kommen läßt". Ehe wir auf die eigentliche bürgerliche Gesellschaft kommen, werden wir noch über das Eigentum überhaupt und in seinem Verhältnis zum Staat einige neue Aufschlüsse vernehmen. Diese Aufschlüsse erscheinen um so neuer, als sie Sankt Sancho Gelegenheit geben, seine beliebtesten Gleichungen über Recht und

---

[1] gutgläubig.

Staat wieder anzubringen und dadurch seiner „Abhandlung" „mannigfaltigere Wandlungen" und „Brechungen" zu geben. Wir brauchen natürlich bloß die letzten Glieder dieser schon dagewesenen Gleichungen zu zitieren, da der Leser sich aus dem Kapitel „Meine Macht" ihres Zusammenhanges noch erinnern wird.

Privateigentum oder
    bürgerliches Eigentum = Nicht Mein Eigentum,
                                   = Heiliges Eigentum
                                   = Fremdes Eigentum
                                   = Respektiertes Eigentum oder Respekt vor dem fremden Eigentum
                                   = Eigentum *des Menschen* (p. 327, 369).

Aus diesen Gleichungen ergeben sich zugleich folgende Antithesen:

Eigentum im bürgerlichen Sinne — Eigentum im egoistischen Sinne (p. 327).
„Eigentum *des Menschen*" — „Eigentum Meiner".
(„Menschliche Habe" — Meine Habe) p. 324.
Gleichungen: Der Mensch = Recht
                              = Staatsgewalt.

Privateigentum oder
  bürgerliches Eigentum } = Rechtliches Eigentum (p. 324),
                               = Mein durch das Recht (p. 332),
                               = garantiertes Eigentum,
                               = Eigentum von Fremden,
                               = dem Fremden angehöriges Eigentum,
                               = dem Rechte angehöriges Eigentum,
                               = Rechtseigentum (p. 367, 332),
                               = ein Rechtsbegriff,
                               = Etwas Geistiges,
                               = Allgemeines,
                               = Fiktion,
                               = reiner Gedanke,
                               = fixe Idee,

                              = Gespenst
                              = Eigentum des Gespenstes
                                (p. 368, 324, 332, 367, 369).
         Privateigentum = Eigentum des Rechts.
                  Recht = Gewalt des Staats.
         Privateigentum = Eigentum in der Gewalt des Staats
                            = Staatseigentum, oder auch
              Eigentum = Staatseigentum.
         Staatseigentum = Nichteigentum Meiner.
                  Staat = der alleinige Eigentümer
                          (p. 339, 334).

Wir kommen jetzt zu den Antithesen.

              Privateigentum — Egoistisches Eigentum

Vom Recht (Staat, *dem* Men-   Von Mir zum Eigentum ermäch-
schen) zum Eigentum be-   tigt. p. 339.
rechtigt

       Mein durch das Recht = Mein durch Meine Macht oder
                                        Gewalt (p. 332).

      Vom Fremden gegebenes   Von Mir genommenes Eigentum
               Eigentum   (p. 339).

        Rechtliches Eigentum   Rechtliches Eigentum des Andern
                  Anderer   ist, was Mir Recht ist (p. 339),

was in hundert andern Formeln, wenn man z. B. Vollmacht statt Macht setzt oder schon dagewesene Formeln anwendet, wiederholt werden kann.

Privateigentum = Fremdheit   Mein Eigentum = Eigentum am
  am Eigentum aller Andern   Eigentum aller Andern

                                 oder auch:

          Eigentum an Einigem = Eigentum an Allem (p. 343).

   Die Entfremdung als Beziehung oder Kopula in den obigen Gleichungen kann auch in folgenden Antithesen ausgedrückt werden:

Privateigentum — egoistisches Eigentum

| „Sich auf das Eigentum als Heiliges, Gespenst, beziehen", „es respektieren", „Respekt vor dem Eigentum haben" (p. 324). | — | „Die heilige Beziehung zum Eigentum aufgeben", es nicht mehr als fremd betrachten, vor dem Gespenst sich nicht mehr fürchten, keinen Respekt vor dem Eigentum haben, Das Eigentum der Respektslosigkeit haben (p. 368, 340, 343). |

Die in obigen Gleichungen und Antithesen enthaltenen Modi der Aneignung werden erst beim „Verein" ihre Erledigung finden; da wir uns einstweilen noch in der „heiligen Gesellschaft" befinden, so geht uns hier nur die Kanonisation an.

Note. Warum die Ideologen das Eigentumsverhältnis als ein Verhältnis „*des* Menschen" fassen können, dessen verschiedene Form in verschiedenen Epochen sich danach bestimmt, wie die Individuen sich „*den* Menschen" vorstellen, das ist schon bei der „Hierarchie" behandelt worden. Wir brauchen hier nur darauf zurückzuverweisen.

Abhandlung 1: Über Parzellierung des Grundbesitzes, Ablösung der Servituten und Verschlingung des kleinen Grundeigentums durch das große.

Diese Sachen werden Alle aus dem heiligen Eigentum und der Gleichung bürgerliches Eigentum = Respekt vor dem Heiligen entwickelt.

1. „Eigentum im bürgerlichen Sinn bedeutet *heiliges* Eigentum, derart, daß Ich Dein Eigentum *respektieren* muß. ,Respekt vor dem Eigentum!' *Daher* möchten die Politiker, daß Jeder sein Stückchen Eigentum besäße, und haben durch dies Bestreben zum Teil eine unglaubliche Parzellierung herbeigeführt." p. 327, 328. — 2. „Die politischen Liberalen tragen Sorge, daß womöglich alle Servituten abgelöst werden und Jeder freier Herr auf seinem Grunde sei, wenn dieser Grund auch nur soviel Bodengehalt hat" (der Grund hat *Bodengehalt!*), „als von dem Dünger Eines Menschen sich hinlänglich düngen läßt... Sei es auch noch so klein, wenn man nur Eigenes, nämlich ein *respektiertes Eigentum* hat. Je mehr solcher Eigner, desto mehr freie Leute und gute Patrioten hat der Staat." p. 328. — 3. „Es rechnet der politische Liberalismus, wie alles Religiöse, auf den *Respekt*, die Humanität, die Liebestugenden. Darum lebt

er auch in unaufhörlichem Ärger. *Denn in der Praxis respektieren die Leute Nichts*, und alle Tage werden die kleinen Besitzungen wieder von größeren Eigentümern aufgekauft, und aus den ‚freien Leuten' werden Tagelöhner. Hätten dagegen die ‚kleinen Eigentümer' *bedacht*, daß auch das große Eigentum das Ihrige sei, so hätten sie sich nicht selber respektvoll davon ausgeschlossen und würden nicht ausgeschlossen worden sein." p. 328.

1. Zuerst wird hier also die ganze Bewegung der Parzellierung, von der Sankt Sancho nur weiß, daß sie das Heilige ist, aus einer bloßen Einbildung erklärt, die „*die* Politiker" „sich in den Kopf gesetzt haben". *Weil* „*die* Politiker" „Respekt vor dem Eigentum" verlangen, *daher* „möchten" sie die Parzellierung, die noch dazu überall durch das *Nichtrespektieren* des fremden Eigentums durchgesetzt worden ist! „*Die* Politiker" haben „zum Teil eine unglaubliche Parzellierung" wirklich „herbeigeführt". Es war also die Tat der „Politiker", daß in Frankreich schon vor der Revolution, wie noch heutzutage in Irland und teilweise in Wales, die Parzellierung in Beziehung auf die *Kultur* des Bodens längst bestand und zur Einführung der großen Kultur die Kapitalien und alle übrigen Bedingungen mangelten. Wie sehr übrigens „die Politiker" die Parzellierung heutzutage durchführen „möchten", kann Sankt Sancho daraus ersehen, daß sämtliche französische Bourgeois mit der Parzellierung, sowohl weil sie die Konkurrenz der Arbeiter unter sich verringert, wie aus politischen Gründen, unzufrieden sind; ferner daraus, daß sämtliche Reaktionäre (was Sancho schon aus des alten Arndt „Erinnerungen" ersehen konnte) in der Parzellierung weiter nichts sahen als die Verwandlung des Grundeigentums in modernes, industrielles, verschacherbares, entheiligtes Eigentum. Aus welchen *ökonomischen* Gründen die Bourgeois diese Verwandlung durchführen müssen, sobald sie zur Herrschaft kommen — eine Verwandlung, die ebensogut durch die Aufhebung der über den Profit überschießenden Grundrente wie durch die Parzellierung geschehen kann —, das ist unsrem Heiligen hier nicht weiter auseinanderzusetzen. Ebensowenig ist ihm auseinanderzusetzen, wie die Form, in der diese Verwandlung geschieht, von der Stufe abhängt, worauf die Industrie, der Handel, die Schiffahrt pp. eines Landes stehen. Die obigen Sätze über Parzellierung sind weiter nichts als eine bombastische Umschreibung des einfachen Faktums, daß an verschiedenen Orten, „hie und da", eine große Parzellierung existiert — ausgedrückt in der kanonisierenden Redeweise unsres Sancho, die

auf Alles und Nichts paßt. Im übrigen enthalten Sanchos obige Sätze nur die Phantasien des deutschen Kleinbürgers über die Parzellierung, die für ihn allerdings das Fremde, „das Heilige" ist. Vgl. polit[ischen] Liberalismus.

2. Die Ablösung der Servituten, eine Misère, die nur in Deutschland vorkommt, wo die Regierungen nur durch den fortgeschrittenen Zustand der Nachbarländer und durch Finanzverlegenheiten dazu gezwungen wurden, gilt hier unserm Heiligen für Etwas, das „*die* politischen Liberalen" wollen, um „freie Leute und gute Bürger" zu erzeugen. Sanchos Horizont reicht wieder nicht über den pommerschen Landtag und die sächsische Abgeordnetenkammer hinaus. Diese deutsche Servituten-Ablösung hat nie zu irgendeinem politischen oder ökonomischen Resultat geführt und blieb als halbe Maßregel überhaupt ohne alle Wirkung. Von der *historisch* wichtigen Ablösung der Servituten im vierzehnten und fünfzehnten Jahrhundert, die aus der beginnenden Entwicklung des Handels, der Industrie und dem Geldbedürfnis der Grundbesitzer hervorging, weiß Sancho natürlich wieder Nichts. — Dieselben Leute, die in Deutschland die Servituten ablösen wollten, um, wie Sancho glaubt, gute Bürger und freie Leute zu machen, wie z. B. Stein und Vincke, fanden nachher, daß, um „gute Bürger und freie Leute" zu erzeugen, die Servitute wieder hergestellt werden müßten, wie dies eben jetzt in Westfalen versucht wird. Woraus folgt, daß der „Respekt" wie die Furcht Gottes zu allen Dingen nütze ist.

3. Das „Aufkaufen" des kleinen Grundbesitzes durch die „großen Eigentümer" findet nach Sancho statt, weil der „Respekt vor dem Eigentum" in der Praxis nicht stattfindet. Zwei der alltäglichsten Folgen der Konkurrenz, Konzentration und Akkaparement, überhaupt die *Konkurrenz*, die ohne Konzentration nicht existiert, erscheinen hier unsrem Sancho als *Verletzungen* des bürgerlichen, in der Konkurrenz sich bewegenden *Eigentums*. Das bürgerliche Eigentum wird dadurch schon verletzt, daß es existiert. Man darf nach Sancho Nichts kaufen, ohne das Eigentum anzugreifen. Wie tief Sankt Sancho die Konzentration des Grundbesitzes durchschaut hat, geht schon daraus hervor, daß er nur den augenscheinlichsten Akt der Konzentration, das bloße „Aufkaufen" darin sieht. Inwiefern übrigens die kleinen Eigentümer dadurch aufhören, Eigentümer zu sein, daß sie Taglöhner werden, ist nach Sancho nicht ab-

zusehen. Sancho entwickelt ja selbst auf der nächsten Seite (p. 329)' höchst feierlich gegen Proudhon, daß sie „Eigentümer des ihnen verbleibenden Anteils am Nutzen des Ackers", nämlich des Arbeitslohns, bleiben. „Es will mitunter etwas in der Geschichte gefunden werden", daß abwechselnd der große Grundbesitz den kleinen und der kleine den großen verschlingt, zwei Erscheinungen, die sich für Sankt Sancho friedfertig in den zureichenden Grund auflösen, daß „in der Praxis die Leute Nichts respektieren". Dasselbe gilt von den übrigen vielfachen Gestalten des Grundeigentums. Und dann das weise „hätten die kleinen Eigentümer" usw.! Im „Alten Testament" sahen wir, wie Sankt Sancho nach spekulativer Manier die Früheren die Erfahrungen der Späteren bedenken ließ; jetzt sehen wir, wie er sich nach Kannegießer-Manier darüber beklagt, daß die Früheren nicht nur die Gedanken der Späteren über sie, sondern auch seinen eignen Unsinn nicht bedachten. Welche Schulmeister- „*Jescheitheit*"! Hätten die Terroristen bedacht, daß sie Napoleon auf den Thron bringen würden — hätten die englischen Barone von Runnymede und der Magna Charta [127] bedacht, daß 1849 die Korngesetze [16] abgeschafft werden würden — hätte Krösus bedacht, daß Rothschild ihn an Reichtum übertreffen würde — hätte Alexander der Große bedacht, daß Rotteck ihn beurteilen und sein Reich den Türken in die Hände fallen würde — hätte Themistokles bedacht, daß er die Perser im Interesse Ottos des Kindes schlagen würde — hätte Hegel bedacht, daß er auf eine so „kommune" Weise von Sankt Sancho exploitiert werden würde — hätte, hätte, hätte! Von welchen „kleinen Eigentümern" bildet sich Sankt Sancho denn ein zu sprechen? Von den eigentumslosen Bauern, welche durch Zerschlagen des großen Grundbesitzes erst zu „kleinen Eigentümern" *wurden*, oder von denen, die heutzutage von der Konzentration ruiniert werden? In beiden Fällen sieht Sankt Sancho sich so ähnlich wie ein Ei dem andern. Im ersten Falle schlossen sie sich ganz und gar nicht vom „großen Eigentum" aus, sondern nahmen es Jeder so weit in Besitz, als er von den Andern nicht ausgeschlossen wurde und Vermögen hatte. Dies Vermögen war aber nicht das Stirnersche renommistische Vermögen, sondern ein durch ganz empirische Verhältnisse bedingtes, z. B. durch ihre und die ganze bisherige Entwicklung der bürgerlichen Gesellschaft, die Lokalität und ihren größeren oder geringeren Zusammenhang mit der Nachbarschaft, die Größe des in Besitz genommenen Grundstücks und die Zahl derer, die es sich aneigneten, die Verhältnisse der Industrie, des Verkehrs, die Kommunikationsmittel und Produktionsinstrumente ppp. Wie wenig sie sich ausschließlich gegen das große Grundeigentum verhielten, geht schon daraus hervor, daß viele unter ihnen selbst große Grundbesitzer wurden. Sancho macht sich selbst vor Deutschland lächerlich mit seiner Zumutung, diese Bauern hätten damals die Parzellierung, die noch gar nicht existierte und die damals die einzig revolutionäre Form für sie war, überspringen und mit einem Satze in seinen mit sich einigen Egoismus sich lancieren sollen. Von seinem Unsinn gar nicht zu sprechen, war es ihnen nicht möglich, sich kommunistisch zu organisieren, da ihnen alle Mittel abgingen, die erste Bedingung einer kommunistischen Assoziation, die gemeinsame Bewirtschaftung, durchzuführen, und da die Parzellierung vielmehr nur Eine der Bedingungen war, welche das Bedürfnis für eine solche Assoziation später hervorriefen. Überhaupt kann eine kommunistische Bewegung nie vom Lande, sondern immer nur von den Städten ausgehen.

Im zweiten Falle, wenn Sankt Sancho von den ruinierten kleinen Eigentümern spricht — haben diese immer noch ein gemeinsames Interesse mit den großen Grundeigentümern gegenüber der ganz besitzlosen Klasse und gegenüber der industriellen Bourgeoisie. Und falls dies gemeinsame Interesse nicht stattfindet, fehlt ihnen die Macht, sich das große Grundeigentum anzueignen, weil sie zerstreut wohnen und ihre ganze Tätigkeit und Lebenslage ihnen eine Vereinigung, die erste Bedingung einer solchen Aneignung, unmöglich macht und eine solche Bewegung wieder eine viel allgemeinere voraussetzt, die gar nicht von ihnen abhängt. — Schließlich kommt Sanchos ganze Tirade darauf hinaus, daß sie sich bloß den Respekt vor dem Eigentum Andrer aus dem Kopf schlagen sollen. Hiervon werden wir weiter unten noch ein geringes Wörtlein vernehmen.

Nehmen wir schließlich noch den Einen Satz ad acta[1]: *„In der Praxis respektieren die Leute eben Nichts"*; so daß es doch am „Respekt" „eben" nicht zu liegen scheint.

Abhandlung Nr. 2: Privateigentum, Staat und Recht.

„Hätte, hätte, hätte!"

---

[1] zu den Akten.

„Hätte" Sankt Sancho für einen Augenblick die kursierenden Gedanken der Juristen und Politiker über das Privateigentum, wie die Polemik dagegen, beiseite liegenlassen, hätte er dies Privateigentum einmal in seiner empirischen Existenz, in seinem Zusammenhange mit den Produktivkräften der Individuen gefaßt, so würde seine ganze Weisheit Salomonis, mit der er uns jetzt unterhalten wird, sich in Nichts aufgelöst haben. Es „hätte" ihm dann schwerlich entgehen können (obwohl er, wie Habakuk [128], capable de tout[1] ist), daß das Privateigentum eine für gewisse Entwicklungsstufen der Produktivkräfte notwendige Verkehrsform ist, eine Verkehrsform, die nicht eher abgeschüttelt, nicht eher zur Produktion des unmittelbaren materiellen Lebens entbehrt werden kann, bis Produktivkräfte geschaffen sind, für die das Privateigentum eine hemmende Fessel wird. Es „hätte" dann auch dem Leser nicht entgehen können, daß Sancho sich auf materielle Verhältnisse einlassen mußte, statt die ganze Welt in ein System der theologischen Moral aufzulösen, um diesem ein neues System egoistisch sein sollender Moral entgegenzustellen. Es „hätte" ihm nicht entgehen können, daß es sich um ganz andre Dinge als den „Respekt" und Despekt handelte. „Hätte, hätte, hätte!"

Dies „hätte" ist übrigens nur ein Nachklang des obigen Sanchoschen Satzes; denn „hätte" Sancho dies Alles getan, so hätte er allerdings sein Buch nicht schreiben können.

Indem Sankt Sancho die Illusion der Politiker, Juristen und sonstigen Ideologen, die alle empirischen Verhältnisse auf den Kopf stellt, auf Treu und Glauben akzeptiert und noch in deutscher Weise von dem Seinigen hinzutut, *verwandelt* sich ihm das *Privateigentum* in *Staatseigentum*, resp. *Rechtseigentum*, an dem er nun ein Experiment zur Rechtfertigung seiner obigen Gleichungen machen kann. Sehen wir uns zuerst die Verwandlung des Privateigentums in Staatseigentum an.

„Über das Eigentum entscheidet nur die Gewalt" (über die Gewalt entscheidet einstweilen vielmehr das Eigentum), „und da der Staat, gleichviel ob Staat der Bürger, Staat der Lumpe" (Stirnerscher „Verein") „oder Staat der Menschen schlechthin der allein Gewaltige ist, so ist er allein Eigentümer." p. 333.

Neben der Tatsache des deutschen „Staats der Bürger" figurieren

---

[1] zu allem fähig.

hier wieder Sanchosche und Bauersche Hirngespinste in gleicher Ordnung, während die historisch bedeutenden Staatsbildungen nirgends zu finden sind. Er verwandelt den Staat zunächst in eine Person, „*den* Gewaltigen". Das Faktum, daß die herrschende Klasse ihre gemeinschaftliche Herrschaft zur öffentlichen Gewalt, zum Staat konstituiert, versteht und verdreht er in deutsch-kleinbürgerlicher Weise dahin, daß „der Staat" sich als eine dritte Macht gegen diese herrschende Klasse konstituiert und alle Gewalt ihr gegenüber in sich absorbiert. Er wird jetzt seinen Glauben an einer Reihe von Exempeln bewähren.

Wenn das Eigentum unter der Herrschaft der Bourgeoisie wie zu allen Zeiten an gewisse, zunächst ökonomische, von der Entwicklungsstufe der Produktivkräfte und des Verkehrs abhängige Bedingungen geknüpft ist, Bedingungen, die notwendig einen juristischen und politischen Ausdruck erhalten — so glaubt Sankt Sancho in seiner Einfalt,

„der *Staat* knüpfe den Besitz des Eigentums" (car tel est son bon plaisir[1]) „an Bedingungen, wie er Alles daran knüpft, z. B. die Ehe". p. 335.

Weil die Bourgeois dem Staat nicht erlauben, sich in ihre Privatinteressen einzumischen, und ihm nur soviel Macht geben, als zu ihrer eigenen Sicherheit und der Aufrechterhaltung der Konkurrenz nötig ist, weil die Bourgeois überhaupt nur insofern als Staatsbürger auftreten, als ihre Privatverhältnisse dies gebieten, glaubt Jacques le bonhomme, daß sie vor dem Staate „Nichts sind".

„Der Staat hat nur ein Interesse daran, selbst reich zu sein; ob Michel reich und Peter arm ist, gilt ihm gleich — — sie sind Beide vor ihm Nichts." p. 334.

Dieselbe Weisheit schöpft er p. 345 aus der Duldung der Konkurrenz im Staat.

Wenn eine Eisenbahndirektion sich bloß um die Aktionäre zu kümmern hat, insofern sie ihre Einzahlungen leisten und ihre Dividenden empfangen, so schließt der Berliner Schulmeister in seiner Unschuld, daß die Aktionäre „vor ihr Nichts sind, wie wir vor Gott allzumal Sünder sind". Aus der Ohnmacht des Staats dem Treiben der Privateigentümer gegenüber beweist Sancho die Ohnmacht der Privateigentümer gegenüber dem Staat und seine eigne Ohnmacht **gegenüber** Beiden.

[1] denn so beliebt es ihm.

Ferner. Weil die Bourgeois die Verteidigung ihres Eigentums im Staat organisiert haben und „Ich" daher „jenem Fabrikanten" seine Fabrik nicht abnehmen kann, außer innerhalb der Bedingungen der Bourgeoisie, d. h. der Konkurrenz — glaubt Jacques le bonhomme:

„Der Staat hat die Fabrik als Eigentum, der Fabrikant nur als Lehen, als Besitztum." p. 347.

Ebenso „hat" der Hund, der mein Haus bewacht, das Haus „als Eigentum", und Ich habe es nur „als Lehen, als Besitztum" vom Hunde.

Weil die verdeckten materiellen Bedingungen des Privateigentums häufig in Widerspruch treten müssen mit der *juristischen Illusion* über das Privateigentum, wie sich z. B. bei Expropriationen zeigt, so schließt Jacques le bonhomme daraus, daß

„hier das sonst verdeckte Prinzip, daß nur der Staat Eigentümer sei, der Einzelne hingegen Lehnsträger, deutlich in die Augen springt". p. 335.

Es „springt hier nur in die Augen", daß unserm wackern Bürger die profanen Eigentumsverhältnisse hinter der Decke „des Heiligen" aus den Augen gesprungen sind und daß er sich noch immer aus China eine „Himmelsleiter" borgen muß, um eine „Sprosse der Kultur" zu „erklimmen", auf der in zivilisierten Ländern sogar die Schulmeister stehen. Wie hier Sancho die zur *Existenz* des Privateigentums gehörigen Widersprüche zur *Negation* des Privateigentums macht, so verfuhr er, wie wir oben sahen, mit den Widersprüchen innerhalb der bürgerlichen Familie.

Wenn die Bourgeois, überhaupt alle Mitglieder der bürgerlichen Gesellschaft, genötigt sind, sich als Wir, als moralische Person, als Staat zu konstituieren, um ihre gemeinschaftlichen Interessen zu sichern, und ihre dadurch hervorgebrachte Kollektivgewalt schon um der Teilung der Arbeit willen an Wenige delegieren, so bildet sich Jacques le bonhomme ein, daß

„Jeder nur so lange den Nießbrauch des Eigentums hat, als er *das Ich des Staats* in sich trägt oder ein loyales Glied der Gesellschaft ist... Wer ein Staats-Ich, d. h. ein guter Bürger oder Untertan ist, der trägt als *solches Ich*, nicht als eignes, das Lehen ungestört." p. 334, 335.

Auf diese Weise hat Jeder nur so lange den Besitz einer Eisenbahnaktie, als er „das Ich" der Direktion „in sich trägt", wonach man also nur als Heiliger eine Eisenbahnaktie besitzen kann.

370

Nachdem Sankt Sancho auf diese Weise die Identität des Privat- und Staatseigentums sich weisgemacht hat, kann er fortfahren:

„Daß der Staat nicht willkürlich dem Einzelnen entzieht, was er vom Staate hat, ist nur dasselbe wie dies, daß der Staat sich selbst nicht beraubt." p. 334, 335.

Daß Sankt Sancho nicht willkürlich Anderen ihr Eigentum raubt, ist nur dasselbe wie dies, daß Sankt Sancho sich selbst nicht beraubt, da er ja alles Eigentum als das seinige „ansieht".

Auf Sankt Sanchos übrige Phantasien über Staat und Eigentum, z. B. daß der Staat die Einzelnen durch Eigentum „kirrt" und „belohnt", daß er aus besonderer Malice die hohe Sporteltaxe erfunden habe, um die Bürger zu ruinieren, wenn sie nicht loyal seien etc. etc., überhaupt auf die *kleinbürgerlich-deutsche* Vorstellung von der *Allmacht* des Staats, eine Vorstellung, die bereits bei den alten deutschen Juristen durchläuft und hier in hochtrabenden Beteuerungen sich aufspreizt, kann man uns nicht zumuten, weiter einzugehn.

Seine hinreichend nachgewiesene Identität von Staats- und Privateigentum sucht er schließlich noch durch etymologische Synonymik darzutun, wobei er seiner Gelehrsamkeit indes en ambas posaderas schlägt.

„Mein Privateigentum ist nur Dasjenige, was der Staat Mir von dem *Seinigen* überläßt, indem er andere Staatsglieder darum *verkürzt* (priviert): es ist Staatseigentum." p. 339.

Zufällig verhält sich die Sache gerade umgekehrt. Das Privateigentum in *Rom*, worauf sich der etymologische Witz allein beziehen kann, stand im direktesten Gegensatz zum Staatseigentum. Der Staat gab allerdings den Plebejern Privateigentum, verkürzte dagegen nicht „Andre" um ihr Privateigentum, sondern diese Plebejer selbst um ihr Staatseigentum (ager publicus[1])[5] und ihre politischen Rechte, und deshalb hießen sie *selbst* privati, Beraubte, nicht aber jene phantastischen „andern Staatsglieder", von denen Sankt Sancho träumt. Jacques le bonhomme blamiert sich in allen Ländern, allen Sprachen und allen Epochen, sobald er auf positive Fakta zu sprechen kommt, von denen „das Heilige" keine aprioristische Kenntnis haben kann.

Die Verzweiflung darüber, daß der Staat alles Eigentum absorbiert, treibt ihn in sein innerstes „empörtes" Selbstbewußtsein zu-

---

[1] Land, das sich in öffentlichem Besitz befand.

rück, wo er durch die Entdeckung überrascht wird, daß er *Literat* ist. Er drückt diese Verwunderung in folgenden merkwürdigen Worten aus:

„Im Gegensatz zum Staat fühle Ich immer deutlicher, daß Mir noch eine große Gewalt übrig bleibt, die Gewalt über Mich selbst";

was weiter dahin ausgeführt wird:

„An Meinen Gedanken habe Ich ein wirkliches Eigentum, womit Ich Handel treiben kann." p. 339.

Der „Lump" Stirner, der „Mensch von nur ideellem Reichtum", kommt also auf den verzweifelten Entschluß, mit der geronnenen, sauer gewordenen Milch seiner Gedanken Handel zu treiben.[129] Und wie schlau fängt er es an, wenn der Staat seine Gedanken für Contrebande erklärt? Horcht:

„Ich gebe sie auf" (allerdings sehr weise) „und tausche Andere für sie ein" (d. h. falls Jemand ein so schlechter Geschäftsmann sein sollte, seine Gedankenwechsel anzunehmen), „die dann Mein neues, erkauftes Eigentum sind." p. 339.

Der ehrliche Bürger beruhigt sich nicht eher, als bis er es schwarz auf weiß besitzt, daß er sein Eigentum redlich erkauft hat. Siehe da den Trost des Berliner Bürgers in allen seinen Staatsnöten und Polizeitrübsalen: „Gedanken sind zollfrei!"

Die Verwandlung des Privateigentums in Staatseigentum reduziert sich schließlich auf die Vorstellung, daß der Bourgeois nur besitzt als Exemplar der Bourgeoisgattung, die in ihrer Zusammenfassung Staat heißt und den Einzelnen mit Eigentum belehnt. Hier steht die Sache wieder auf dem Kopf. In der Bourgeoisklasse, wie in jeder anderen Klasse, sind nur die persönlichen Bedingungen zu gemeinschaftlichen und allgemeinen entwickelt, unter denen die einzelnen Mitglieder der Klasse besitzen und leben. Wenn auch früher dergleichen philosophische Illusionen in Deutschland kursieren konnten, so sind sie doch jetzt vollständig lächerlich geworden, seitdem der Welthandel hinlänglich bewiesen hat, daß der bürgerliche Erwerb ganz unabhängig von der Politik, die Politik dagegen gänzlich abhängig vom bürgerlichen Erwerb ist. Schon im achtzehnten Jahrhundert war die Politik so sehr vom Handel abhängig, daß z. B., als der französische Staat eine Anleihe machen wollte, ein Privatmann für den Staat den Holländern gutsagen mußte.

Daß die „Wertlosigkeit Meiner" oder „der Pauperismus" die

372

"Verwertung" oder das "Bestehen" des "Staats" ist (p. 336), ist eine der 1001 Stirnerschen Gleichungen, die wir hier bloß deshalb erwähnen, weil wir bei dieser Gelegenheit einige Neuigkeiten über den Pauperismus hören.

„Der Pauperismus ist die *Wertlosigkeit Meiner*, die Erscheinung, daß Ich Mich nicht verwerten kann. Deshalb ist Staat und Pauperismus Ein und Dasselbe ... Der Staat geht allezeit darauf aus, von Mir *Nutzen zu ziehen*, d. h. Mich zu exploitieren, auszubeuten, zu verbrauchen, bestände dieser Verbrauch auch nur darin, daß Ich für eine Proles[1] sorge (Proletariat). Er will, Ich soll seine Kreatur sein." p. 336.

Abgesehen davon, daß sich hier zeigt, wie wenig es von ihm abhängt, sich zu verwerten, obgleich er seine Eigenheit überall und immer durchsetzen kann, daß hier abermals Wesen und Erscheinung im Gegensatz zu den früheren Behauptungen ganz voneinander getrennt werden, kommt die obige kleinbürgerliche Ansicht unsres Bonhomme wieder zutage, daß „der Staat" ihn exploitieren will. Uns interessiert nur noch die altrömische etymologische Abstammung des Proletariats, die hier naiverweise in den modernen Staat eingeschmuggelt wird. Sollte Sankt Sancho wirklich nicht wissen, daß überall, wo der moderne Staat sich entwickelt hat, das „Sorgen für eine Proles" dem Staat, d. h. den offiziellen Bourgeois, gerade die unangenehmste Tätigkeit des Proletariats ist? Sollte er nicht etwa zu seinem eignen Besten auch Malthus und den Minister Duchâtel ins Deutsche übersetzen? Sankt Sancho „fühlte" vorhin „immer deutlicher", als deutscher Kleinbürger, daß ihm „im Gegensatz zum Staat noch eine große Macht blieb", nämlich dem Staat zum Trotz sich Gedanken zu machen. Wäre er ein englischer Proletarier, so würde er gefühlt haben, daß ihm „die Macht blieb", dem Staat zum Trotz Kinder zu machen.

Weitere Jeremiade gegen den Staat! Weitere Theorie des Pauperismus! Er „schafft" zunächst als „Ich" „Mehl, Leinwand oder Eisen und Kohlen", womit er die Teilung der Arbeit von vornherein aufhebt. Dann fängt er an, „lange" zu „klagen", daß seine Arbeit nicht nach ihrem Wert bezahlt wird, und gerät zunächst in Konflikt mit den Bezahlenden. Der Staat tritt dann „beschwichtigend" dazwischen.

„Lasse Ich Mir nicht genügen an dem Preise, den er" (nämlich der Staat) „für meine Ware und Arbeit festsetzt, trachte Ich vielmehr, den Preis Meiner

[1] Nachkommenschaft.

Ware selbst zu bestimmen, d. h. Mich bezahlt zu machen, so gerate Ich zunächst" (großes „Zunächst" — nicht mit dem Staat, sondern) „mit den Abnehmern der Ware in Konflikt." p. 337.

Will er nun in ein „direktes Verhältnis" mit diesen Abnehmern treten, d. h. „sie bei den Köpfen fassen", so „interveniert" der Staat, „reißt den Menschen vom Menschen" (obgleich es sich nicht vom „Menschen", sondern vom Arbeiter und Arbeitgeber oder, was er durcheinanderwirft, vom Verkäufer und Käufer der Ware handelte), und zwar tut der Staat dies in der böswilligen Absicht, „um sich als *Geist*" (jedenfalls heiliger Geist)

„in die Mitte zu stellen. Die Arbeiter, welche höheren Lohn verlangen, werden als Verbrecher behandelt, sobald sie ihn *erzwingen* wollen." p. 337.

Hier haben wir wieder einmal eine Blütenlese des Unsinns. Herr Senior hätte seine Briefe über den Arbeitslohn[130] sparen können, wenn er sich vorher in ein „direktes Verhältnis" zu Stirner gesetzt hätte; besonders da in diesem Falle der Staat wohl nicht „den Menschen vom Menschen gerissen" haben würde. Sancho läßt hier den Staat dreimal auftreten. Zuerst „beschwichtigend", dann preisbestimmend, zuletzt als „Geist", als das Heilige. Daß Sankt Sancho nach der glorreichen Identifikation des Privat- und Staatseigentums den Staat auch den Arbeitslohn bestimmen läßt, zeugt von gleich großer Konsequenz und Unbekanntschaft mit den Dingen dieser Welt. Daß „die Arbeiter, welche höheren Lohn erzwingen wollen", in England, Amerika und Belgien keineswegs sogleich als „Verbrecher" behandelt werden, sondern im Gegenteil oft genug diesen Lohn wirklich erzwingen, ist ebenfalls ein unsrem Heiligen unbekanntes Faktum und zieht durch seine Legende vom Arbeitslohn einen großen Strich. Daß die Arbeiter, selbst wenn der Staat nicht „in die Mitte träte", wenn sie ihre Arbeitgeber „bei den Köpfen fassen", damit noch gar nichts gewinnen, noch viel weniger als durch Assoziationen und Arbeitseinstellungen, solange sie nämlich Arbeiter und ihre Gegner Kapitalisten bleiben — das ist ebenfalls ein Faktum, das selbst in Berlin einzusehen wäre. Daß die bürgerliche Gesellschaft, die auf der Konkurrenz beruht, und ihr Bourgeoisstaat ihrer ganzen materiellen Grundlage nach keinen andern als einen Konkurrenzkampf unter den Bürgern zulassen können und nicht als „Geist", sondern mit Bajonetten dazwischentreten müssen, wenn die Leute sich „an den Köpfen fassen", braucht ebenfalls nicht auseinandergesetzt zu werden.

Übrigens stellt Stirners Einfall, daß nur der Staat reicher werde, wenn die Individuen auf der Basis des bürgerlichen Eigentums reicher werden, oder daß bisher alles Privateigentum Staatseigentum gewesen sei, das historische Verhältnis wieder auf den Kopf. Mit der Entwicklung und Akkumulation des bürgerlichen Eigentums, d. h. mit der Entwicklung des Handels und der Industrie wurden die Individuen immer reicher, während der Staat immer verschuldeter ward. Dies Faktum trat schon hervor in den ersten italienischen Handelsrepubliken, zeigte sich später in seiner Spitze in Holland seit dem vorigen Jahrhundert, wo der Fondsspekulant Pinto schon 1750 darauf aufmerksam machte, und findet jetzt wieder statt in England. Es zeigt sich daher auch, daß, sobald die Bourgeoisie Geld gesammelt hat, der Staat bei ihr betteln gehen muß und endlich von ihr geradezu an sich gekauft wird. Dies findet in einer Periode statt, in welcher die Bourgeoisie noch eine andre Klasse sich gegenüberstehen hat, wo also der Staat zwischen Beiden den Schein einer gewissen Selbständigkeit behalten kann. Der Staat bleibt selbst nach diesem Ankauf immer noch geldbedürftig und dadurch von den Bourgeois abhängig, kann aber dennoch, wenn es das Interesse der Bourgeois erfordert, immer über mehr Mittel verfügen als andre, weniger entwickelte und daher weniger verschuldete Staaten. Aber selbst die unentwickeltsten Staaten Europas, die der Heiligen Allianz[131], gehen diesem Schicksal unaufhaltsam entgegen und werden von den Bourgeois angesteigert werden; wo sie sich dann von Stirner mit der Identität von Privateigentum und Staatseigentum vertrösten lassen können, namentlich sein eigner Souverän, der vergebens die Stunde des Verschacherns der Staatsmacht an die „böse" gewordnen „Bürger" hinzuhalten strebt.

Wir kommen jetzt zu dem Verhältnis von Privateigentum und Recht, wo wir dieselben Siebensachen in anderer Form wieder hören. Die Identität von Staats- und Privateigentum erhält eine scheinbar neue Wendung. Die politische *Anerkennung* des Privateigentums im Recht wird als *Basis* des Privateigentums ausgesprochen.

„Das Privateigentum lebt von der Gnade des Rechts. Nur im Rechte hat es seine Gewähr — Besitz ist ja noch nicht Eigentum, es wird erst das Meinige durch Zustimmung des Rechts —; es ist keine Tatsache, sondern eine Fiktion, ein Gedanke. Das ist das Rechtseigentum, rechtliches Eigentum, *garantiertes* Eigentum; nicht durch Mich ist es Mein, sondern durchs — Recht." p. 332.

Dieser Satz treibt nur den schon dagewesenen Unsinn vom Staatseigentum auf eine noch komischere Höhe. Wir gehen daher gleich auf Sanchos Exploitation des fiktiven jus utendi et abutendi[1] über.

p. 332 erfahren wir außer der obigen schönen Sentenz, daß das Eigentum

„die unumschränkte Gewalt über etwas ist, womit Ich schalten und walten kann nach Gutdünken". „Die Gewalt" ist aber „nicht ein für sich Existierendes, sondern lediglich im gewaltigen Ich, in Mir, dem Gewaltigen". p. 366. Das Eigentum ist daher kein „Ding", „nicht dieser Baum, sondern Meine Gewalt, Verfügung über ihn ist die Meinige". p. 366. Er kennt bloß „Dinge" oder „Iche". Die „vom Ich getrennte", gegen es verselbständigte, in ein „Gespenst" verwandelte „Gewalt ist das Recht". „Diese verewigte Gewalt" (Abhandlung über das Erbrecht) „erlischt selbst mit Meinem Tode nicht, sondern wird übertragen oder vererbt. Die Dinge gehören nun wirklich nicht Mir, sondern dem Rechte. Andererseits ist dies weiter Nichts als eine Verblendung, denn die Gewalt des Einzelnen wird allein dadurch permanent und ein Recht, daß Andre ihre Gewalt mit der seinigen verbinden. Der Wahn besteht darin, daß sie ihre Gewalt nicht wieder zurückziehen zu können glauben." p. 366, 367. „Ein Hund sieht den Knochen in eines andern Gewalt und steht nur ab, wenn er sich zu schwach fühlt. Der Mensch aber respektiert das *Recht* des Andern an seinen Knochen ... Und wie hier, so heißt überhaupt dies ‚*menschlich*‘, wenn man in Allem etwas *Geistiges* sieht, hier das Recht, d. h. Alles zu einem Gespenste macht und sich dazu als zu einem Gespenste verhält... Menschlich ist es, das Einzelne nicht als Einzelnes, sondern als ein Allgemeines anzuschauen." p. 368, 369.

Das ganze Unheil entspringt also wieder aus dem Glauben der Individuen an den Rechtsbegriff, den sie sich aus dem Kopfe schlagen *sollen*. Sankt Sancho kennt nur „Dinge" und „Iche", und von Allem, was nicht unter diese Rubriken paßt, von allen Verhältnissen kennt er nur die abstrakten Begriffe, die sich ihm daher auch in „Gespenster" verwandeln. „Andererseits" dämmert ihm freilich zuweilen, daß dies Alles „weiter Nichts ist als eine Verblendung" und daß „die Gewalt des Einzelnen" sehr davon abhängig ist, ob Andre ihre Gewalt mit der seinigen verbinden. Aber in letzter Instanz läuft Alles doch auf „den Wahn" heraus, daß die Einzelnen „ihre Gewalt nicht wieder zurückziehen zu können *glauben*". Die

---

[1] das Recht, das Seinige zu gebrauchen und zu verbrauchen (auch: zu mißbrauchen).

Eisenbahn gehört wieder „wirklich" nicht den Aktionären, sondern den Statuten. Sancho gibt gleich ein schlagendes Exempel am Erbrecht. Er erklärt es nicht aus der Notwendigkeit der Akkumulation und der vor dem Recht existierenden Familie, sondern aus der *juristischen Fiktion* von der *Verlängerung der Gewalt* über den Tod hinaus. Diese juristische Fiktion selbst wird von allen Gesetzgebungen immer mehr aufgegeben, je mehr die feudale Gesellschaft in die bürgerliche übergeht. (Vergleiche z. B. den Code Napoléon.) Daß die absolute väterliche Gewalt und das Majorat, sowohl das naturwüchsige Lehnsmajorat wie das spätere, auf sehr bestimmten materiellen Verhältnissen beruhen, braucht hier nicht auseinandergesetzt zu werden. Dasselbe findet bei den antiken Völkern statt in der Epoche der Auflösung des *Gemein*wesens durch das *Privat*leben. (Bester Beweis die Geschichte des römischen Erbrechts.) Sancho konnte überhaupt kein unglücklicheres Beispiel wählen als das Erbrecht, das am allerdeutlichsten die Abhängigkeit des Rechts von den Produktionsverhältnissen zeigt. Vergleich zum Beispiel römisches und germanisches Erbrecht. Ein Hund hat freilich noch nie aus einem Knochen Phosphor, Knochenmehl oder Kalk gemacht, ebensowenig wie er sich je über sein „Recht" an einen Knochen „etwas in den Kopf gesetzt hat"; Sankt Sancho hat sich ebenfalls nie „in den Kopf gesetzt", darüber nachzudenken, ob nicht das Recht, das die Menschen auf einen Knochen sich vindizieren und die Hunde nicht, mit der Art zusammenhängt, wie die Menschen diesen Knochen produktiv behandeln und die Hunde nicht. Überhaupt haben wir hier an einem Beispiel die ganze Manier der Sanchoschen Kritik und seinen unerschütterlichen Glauben an kurante Illusionen vor uns. Die bisherigen Produktionsverhältnisse der Individuen müssen sich ebenfalls als politische und rechtliche Verhältnisse ausdrücken. (Siehe oben.) Innerhalb der Teilung der Arbeit müssen diese Verhältnisse gegenüber den Individuen sich verselbständigen. Alle Verhältnisse können in der Sprache nur als Begriffe ausgedrückt werden. Daß diese Allgemeinheiten und Begriffe als mysteriöse Mächte gelten, ist eine notwendige Folge der Verselbständigung der realen Verhältnisse, deren Ausdruck sie sind. Außer dieser Geltung im gewöhnlichen Bewußtsein erhalten diese Allgemeinheiten noch eine besondere Geltung und Ausbildung von den Politikern und Juristen, die durch die Teilung der Arbeit auf den Kultus dieser Begriffe angewiesen sind und in ihnen, nicht in den Produktionsverhältnissen, die wahre Grundlage aller realen Eigentumsverhältnisse sehen. Diese Illusion adoptiert Sankt Sancho unbesehens, hat es damit fertiggebracht, das rechtliche Eigentum für die Basis des Privateigentums und den Rechtsbegriff für die Basis des rechtlichen Eigentums zu erklären, und kann nun seine ganze Kritik darauf beschränken, den Rechtsbegriff für einen Begriff, ein Gespenst zu erklären. Womit Sankt Sancho fertig ist. Zu seiner Beruhigung kann ihm noch gesagt werden, daß das Verfahren der Hunde, wenn ihrer zwei einen Knochen finden, in allen ursprünglichen Gesetzbüchern als Recht anerkannt wird: vim vi repellere licere[1], sagen die Pandekten[132]; idque jus natura comparatur[2], worunter verstanden wird jus quod natura omnia animalia — Menschen und Hunden — docuit[3]; daß aber später die organisierte Repulsion der Gewalt durch die Gewalt „eben" das Recht ist.

Sankt Sancho, der nun im Zuge ist, dokumentiert seine rechtsgeschichtliche Gelehrsamkeit dadurch, daß er Proudhon seinen „Knochen" streitig macht. Proudhon, sagt er,

„schwindelt uns vor, die Sozietät sei die ursprüngliche Besitzerin und die einzige Eigentümerin von unverjährbarem Rechte; an ihr sei der sogenannte Eigentümer zum Diebe geworden; wenn sie nun dem dermaligen Eigentümer sein Eigentum entziehe, so raube sie ihm Nichts, da sie nur ihr unverjährbares Recht geltend mache. So weit kommt man mit dem Spuk der Sozietät als einer *moralischen Person.*" p. 330, 331.

Dagegen will Stirner uns „vorschwindeln", p. 340, 367, 420 und anderwärts, wir, nämlich die Besitzlosen, hätten den Eigentümern ihr Eigentum geschenkt, aus Unkunde, Feigheit oder auch Gutmütigkeit usw., und fordert uns auf, unser Geschenk zurückzunehmen. Zwischen den beiden „Schwindeleien" ist der Unterschied, daß Proudhon sich auf ein historisches Faktum stützt, während Sankt Sancho sich nur etwas „in den Kopf gesetzt" hat, um der Sache eine „neue Wendung" zu geben. Die neueren rechtsgeschichtlichen Forschungen haben nämlich herausgestellt, daß sowohl in Rom wie bei den germanischen, keltischen und slawischen Völkern die Eigentumsentwicklung vom Gemeindeeigentum oder Stammeigentum

---

[1] Gewalt darf mit Gewalt abgewehrt werden.
[2] und dieses Recht ist von der Natur gesetzt.
[3] ein Recht, das die Natur alle Lebewesen gelehrt hat.

378

ausging und das eigentliche Privateigentum überall durch Usurpation entstand, was Sankt Sancho freilich nicht aus der tiefen Einsicht herausklauben konnte, daß der Rechtsbegriff ein Begriff ist. Den juristischen Dogmatikern gegenüber war Proudhon vollständig berechtigt, dies Faktum geltend zu machen und überhaupt sie mit ihren eignen Voraussetzungen zu bekämpfen. „So weit kommt man mit dem Spuk" des Rechtsbegriffs als eines Begriffs. Proudhon könnte nur dann wegen seines obigen Satzes angegriffen werden, wenn er dem über dies ursprüngliche Gemeinwesen hinausgegangenen Privateigentum gegenüber die frühere und rohere Form verteidigt hätte. Sancho resümiert seine Kritik Proudhons in der stolzen Frage:

„Warum so sentimental, als ein armer Beraubter, das Mitleid anrufen?" p. 420.

Die Sentimentalität, die übrigens bei Proudhon nirgends zu finden ist, ist nur der Maritornes gegenüber erlaubt. Sancho bildet sich wirklich ein, ein „ganzer Kerl" zu sein gegenüber einem Gespenstergläubigen wie Proudhon. Er hält seinen aufgedunsenen Kanzleistil, dessen sich Friedrich Wilhelm IV. zu schämen hätte, für revolutionär. „Der Glaube macht selig!"

p. 340 erfahren wir:

„Alle Versuche, über das Eigentum vernünftige Gesetze zu geben, liefen vom *Busen der Liebe* in ein wüstes Meer von Bestimmungen aus."

Hierzu paßt der gleich abenteuerliche Satz:

„Der bisherige Verkehr beruhte auf der Liebe, dem rücksichtsvollen Benehmen, dem Füreinander-Tun." p. 385.

Sankt Sancho überrascht sich hier selbst mit einem frappanten Paradoxon über das Recht und den Verkehr. Wenn wir uns indes erinnern, daß er unter „der Liebe" die Liebe zu „*dem* Menschen", überhaupt einem An-und-für-sich-Seienden, Allgemeinen, das Verhältnis zu einem Individuum oder Ding als zum Wesen, zu dem *Heiligen* versteht, so fällt dieser glänzende Schein zusammen. Die obigen Orakelsprüche lösen sich dann in die alten, durch das ganze „Buch" uns ennuyierenden Trivialitäten auf, daß zwei Dinge, von denen Sancho Nichts weiß, nämlich hier das bisherige Recht und der bisherige Verkehr — „das Heilige" sind, und daß überhaupt bisher nur „Begriffe die Welt beherrscht" haben. Das Verhältnis zum Heiligen, sonst „Respekt" genannt, kann auch gelegentlich „Liebe" tituliert werden. (Siehe „Logik".)

Nur ein Beispiel, wie Sankt Sancho die Gesetzgebung in ein Liebesverhältnis und den Handel in einen Liebeshandel verwandelt:

„In einer Registrationsbill für Irland stellte die Regierung den Antrag, Wähler diejenigen sein zu lassen, welche fünf Pfund Sterling Armensteuer entrichten. Also wer Almosen gibt, der erwirbt politische Rechte oder wird anderwärts Schwanenritter." p. 344.

Zuerst ist hier zu bemerken, daß diese „Registrationsbill", die „politische Rechte" verleiht, eine Munizipal- oder Korporationsbill war, oder, um für Sancho verständlich zu sprechen, eine „Städteordnung", die keine „politischen Rechte", sondern städtische Rechte, Wahlrecht für Lokalbeamte, verleihen sollte. Zweitens sollte Sancho, der den MacCulloch übersetzt, doch wohl wissen, was das heißt, „to be assessed to the poor-rates at five pounds". Es heißt nicht „fünf Pfund Armensteuer zahlen", sondern in den Armensteuerrollen als Bewohner eines Hauses eingetragen sein, dessen jährliche Miete fünf Pfund beträgt. Der Berliner Bonhomme weiß nicht, daß die Armensteuer in England und Irland eine *lokale* Steuer ist, die in jeder Stadt und in jedem Jahre *verschieden* ist, so daß es eine reine Unmöglichkeit wäre, irgendein Recht an einen bestimmten Steuerbetrag knüpfen zu wollen. Endlich glaubt Sancho, daß die englische und irische Armensteuer ein „*Almosen*" sei, während sie nur die Geldmittel zu einem offenen und direkten Angriffskrieg der herrschenden Bourgeoisie gegen das Proletariat aufbringt. Sie deckt die Kosten der Arbeitshäuser, die bekanntlich ein Malthusianisches Abschreckungsmittel gegen den Pauperismus sind. Man sieht, wie Sancho „vom Busen der Liebe in ein wüstes Meer von Bestimmungen ausläuft".

Beiläufig bemerkt, mußte die deutsche Philosophie, weil sie nur vom Bewußtsein ausging, in Moralphilosophie verenden, wo dann die verschiedenen Heroen einen Hader um die wahre Moral führen. Feuerbach liebt den Menschen um des Menschen willen, Sankt Bruno liebt ihn, weil er es „verdient" (Wig[and,] p. 137), und Sankt Sancho liebt „Jeden", weil es ihm gefällt, mit dem Bewußtsein des Egoismus („das Buch", p. 387).

Wir haben schon oben, in der ersten Abhandlung, gehört, wie die kleinen Grundeigentümer sich respektvoll vom großen Grundeigentum ausschlossen. Dies Sich-Ausschließen vom fremden Eigentum aus Respekt wird überhaupt als Charakter des bürgerlichen Eigentums dargestellt. Aus diesem Charakter weiß Stirner sich zu erklären, warum

„innerhalb des Bürgertums trotz seines Sinnes, daß Jeder Eigentümer sei, die Meisten soviel wie Nichts haben". p. 348. Dies „kommt daher, weil die Meisten sich schon darüber freuen, nur überhaupt Inhaber, sei es auch von einigen Lappen, zu sein". p. 349.

Daß „die Meisten" nur „einige Lappen" besitzen, erklärt sich Szeliga ganz natürlich aus ihrer Freude an den Lappen.

p. 343: „Ich wäre bloß Besitzer? Nein, bisher war man nur Besitzer, gesichert im Besitze einer Parzelle, dadurch, daß man Andere auch im Besitze einer Parzelle ließ; jetzt aber gehört *Alles* Mir. Ich bin Eigentümer von Allem, dessen Ich brauche und habhaft werden kann."

Wie Sancho vorhin die kleinen Grundbesitzer sich respektvoll vom großen Grundeigentum ausschließen ließ, jetzt die kleinen Grundbesitzer sich voneinander, so konnte er weiter ins Detail gehen, die Ausschließung des kommerziellen Eigentums vom Grundeigentum, des Fabrikeigentums vom eigentlich kommerziellen usw. durch den Respekt bewerkstelligen lassen und es so zu einer ganz neuen Ökonomie auf der Basis des Heiligen bringen. Er hat sich dann nur den Respekt aus dem Kopf zu schlagen, um die Teilung der Arbeit und die daraus hervorgehende Gestaltung des Eigentums mit Einem Schlage aufzuheben. Zu dieser neuen Ökonomie gibt Sancho p. 128 „des Buchs" einen Beleg, wo er die Nadel nicht vom shopkeeper[1], sondern vom Respekt kauft, und nicht mit Geld von dem shopkeeper, sondern mit Respekt von der Nadel. Übrigens ist die von Sancho angefeindete *dogmatische* Selbstausschließung eines Jeden vom fremden Eigentum eine rein juristische Illusion. In der heutigen Produktions- und Verkehrsweise schlägt Jeder ihr ins Gesicht und trachtet gerade danach, alle Andern von ihrem einstweiligen Eigentum auszuschließen. Wie es mit Sanchos „Eigentum an Allem" aussieht, geht schon aus dem ergänzenden Nachsatz hervor: „dessen Ich brauche und *habhaft werden kann*". Er erörtert dies selbst näher p. 353: „Sage Ich: Mir gehört die Welt, *so ist das eigentlich auch leeres Gerede*, das nur insofern Sinn hat, als Ich kein fremdes Eigen-

---
[1] Krämer.

tum respektiere." Also insofern der *N i c h t respekt* vor dem fremden Eigentum *sein Eigentum* ist.

Was Sancho an seinem geliebten Privateigentum kränkt, ist eben die Ausschließlichkeit, ohne die es Unsinn wäre, das Faktum, daß es außer ihm noch andre Privateigentümer gibt. Fremdes Privateigentum ist nämlich heiliges. Wir werden sehen, wie er in seinem „Vereine" diesem Übelstand abhilft. Wir werden nämlich finden, daß sein egoistisches Eigentum, das Eigentum im außergewöhnlichen Verstande, weiter nichts ist als das durch seine heiligende Phantasie verklärte, gewöhnliche oder bürgerliche Eigentum.

Schließen wir mit dem Spruch Salomonis:

„Gelangen die Menschen dahin, daß sie den Respekt vor dem Eigentum verlieren, so wird Jeder Eigentum haben... dann [werden *Vereine* auch in dieser Sache die Mittel des Einzelnen multiplizieren und sein angefochtenes Eigentum sicherstellen." p. 342.]¹

[Abhandlung 3: Über die Konkurrenz im gewöhnlichen und außergewöhnlichen Verstande.]

Schreiber dieses begab sich eines Morgens im gebührlichen Kostüm zum Herrn Minister Eichhorn:

„Weil es mit dem Fabrikanten nicht geht" (der Herr Finanzminister hatte ihm nämlich weder Raum noch Geld zur Errichtung einer eigenen Fabrik gegeben, noch der Herr Justizminister ihm erlaubt, dem Fabrikanten die Fabrik zu nehmen — siehe oben bürgerliches Eigentum), „so will Ich mit jenem Professor der Rechte konkurrieren; der Mann ist ein Gimpel, und Ich, der Ich hundertmal mehr weiß als er, werde sein Auditorium leer machen." — „Hast Du studiert und promoviert, Freund?" — „Nein, aber was tut das? Ich verstehe, was zu dem Lehrfache nötig ist, reichlich." — „Tut mir leid, aber die Konkurrenz ist hier nicht frei. Gegen Deine Person ist nichts zu sagen, aber die Sache fehlt, das Doktordiplom. Und dies verlange Ich, der Staat." — „Dies also ist die Freiheit der Konkurrenz", seufzte Schreiber dieses, „der Staat, *Mein Herr*, befähigt mich erst zum Konkurrieren." Worauf er niedergeschlagen in seine Behausung zurückkehrte. p. 347.

In entwickelten Ländern wäre es ihm nicht vorgekommen, den Staat um die Erlaubnis fragen zu müssen, ob er mit einem Professor der Rechte konkurrieren dürfe. Wenn er sich aber an den Staat als einen *Arbeitgeber* wendet und Besoldung, d. h. *Arbeitslohn* verlangt, also sich selbst in das Konkurrenzverhältnis stellt, so ist allerdings nach seinen schon dagewesenen Abhandlungen über Privat-

---

¹ Hier fehlen im Manuskript 4 Seiten.

382

eigentum und privati[1], Gemeinde-Eigentum, Proletariat, lettres patentes[2], Staat und status usw. nicht zu vermuten, daß er „glücklich werben" wird. Der Staat kann ihn nach seinen bisherigen Leistungen höchstens als Küster (custos) „des Heiligen" auf einer hinterpommerschen Domäne anstellen.

Zur Erheiterung können wir hier „episodisch" die große Entdeckung Sanchos „einlegen", daß zwischen „*Armen*" und „*Reichen*" kein „anderer Unterschied" existiert — „als der der *Vermögenden* und *Unvermögenden*". p. 354.

Stürzen wir uns jetzt wieder in das „wüste Meer" der Stirnerschen „Bestimmungen" über die Konkurrenz:

„Mit der Konkurrenz ist *weniger*" (o „Weniger"!) „die Absicht verbunden, die Sache am besten zu machen, als die andre, sie möglichst *einträglich*, ergiebig zu machen. Man studiert daher auf ein Amt los (Brotstudium), studiert Katzenbuckel und Schmeicheleien, Routine und Geschäftskenntnis, man arbeitet auf den Schein. Während es daher scheinbar um eine *gute Leistung* zu tun ist, wird in Wahrheit nur auf ein gutes Geschäft und Geldverdienst gesehen. Man möchte zwar nicht gerne Zensor sein, aber man will befördert sein ... man fürchtet Versetzung oder gar Absetzung." p. 354, 355.

Unser Bonhomme möge ein ökonomisches Handbuch aufspüren, worin selbst die Theoretiker behaupten, es sei in der Konkurrenz um „eine gute Leistung" oder darum zu tun, „die Sache am besten zu machen", und nicht, „sie möglichst einträglich zu machen". Er kann übrigens in jedem derartigen Buche finden, daß innerhalb des Privateigentums die ausgebildetste Konkurrenz, wie z. B. in England, die „Sache" allerdings „am besten macht". Der kleine kommerzielle und industrielle Betrug wuchert nur unter borniertern Konkurrenzverhältnissen, unter den Chinesen, Deutschen und Juden, überhaupt unter den Hausierern und Kleinkrämern. Aber selbst den Hausierhandel erwähnt unser Heiliger nicht; er kennt nur die Konkurrenz der Supernumerarien und Referendarien, er beweist sich hier als vollständigen k[öniglich] preuß[ischen] Subalternbeamten. Er hätte ebensogut die Bewerbung der Hofleute aller Zeiten um die Gunst ihres Fürsten als Beispiel der Konkurrenz anführen können, aber das lag seinem kleinbürgerlichen Gesichtskreis viel zu fern.

Nach diesen gewaltigen Abenteuern mit den Supernumerarien,

---

[1] Beraubte.
[2] verbriefte Rechte.

Salarien-Kassen-Rendanten und Registratoren besteht Sankt Sancho das große Abenteuer mit dem famosen Roß Clavileño, davon der Prophet Cervantes zuvor geredet hat im Neuen Testament am Einundvierzigsten. Sancho setzt sich nämlich aufs hohe ökonomische Pferd und bestimmt das Minimum des Arbeitslohnes vermittelst „des Heiligen". Allerdings zeigt er hier wieder einmal seine angeborne Furchtsamkeit und weigert sich anfangs, das fliegende Roß zu besteigen, das ihn in die Region trägt, „wo der Hagel, der Schnee, der Donner, Blitz und Wetterstrahl erzeugt werden", weit über die Wolken hinaus. Aber „der Herzog", das ist „der Staat", ermuntert ihn, und nachdem der kühnere und erfahrnere Szeliga-Don Quijote sich einmal in den Sattel geschwungen hat, klettert unser wackerer Sancho ihm nach auf die Kruppe. Und als die Hand Szeligas die Schraube am Kopf des Pferdes gedreht hatte, erhob es sich hoch in die Lüfte, und alle Damen, vornehmlich Maritornes, riefen ihnen nach: „Der mit sich einige Egoismus geleite Dich, tapferer Ritter, und noch tapfrerer Schildknapp, und möge es Euch gelingen, uns von dem Spuk des Malambruno[1], ‚des Heiligen', zu befreien. Halte Dich nur in der Balance, tapferer Sancho, damit Du nicht fallest und es Dir nicht ergehe wie Phaeton, da er den Sonnenwagen lenken wollte!"

„Nehmen wir an" (er schwankt schon hypothetisch), „daß, wie die *Ordnung* zum *Wesen* des Staats gehört, so auch die *Unterordnung* in seiner *Natur*" (angenehme Modulation zwischen „Wesen" und „Natur" — den „Ziegen", die Sancho auf seinem Fluge beobachtet) „gegründet ist, *so sehen wir*, daß von den Untergeordneten" (soll wohl heißen Übergeordneten) „oder Bevorzugten die Zurückgesetzten *unverhältnismäßig überteuert* und *übervorteilt* werden." p. 357.

„Nehmen wir an ... so sehen wir." Soll heißen: so nehmen wir an. Nehmen wir an, daß „Übergeordnete" und „Untergeordnete" im Staat existieren, so „nehmen wir" ebenfalls „an", daß erstere vor den letzteren „bevorzugt" werden. Doch die stilistische Schönheit dieses Satzes sowie die plötzliche Anerkennung des „Wesens" und der „Natur" eines Dings schieben wir auf die Furchtsamkeit und Verwirrung unsres ängstlich balancierenden Sancho während seiner Luftfahrt sowie auf die unter seiner Nase abgebrannten Raketen. Wir bewundern selbst nicht, daß Sankt Sancho sich die

[1] Gestalt aus „Don Quijote" von Cervantes.

384

Folgen der Konkurrenz nicht aus der Konkurrenz, sondern aus der Bürokratie erklärt und den Staat hier wiederum den Arbeitslohn bestimmen läßt.

Er bedenkt nicht, daß die fortwährenden Schwankungen des Arbeitslohns seiner ganzen schönen Theorie ins Gesicht schlagen und ein näheres Eingehen auf industrielle Verhältnisse ihm allerdings Exempel zeigen würde, wo ein Fabrikant von seinen Arbeitern nach allgemeinen Konkurrenzgesetzen „übervorteilt" und „überteuert" würde, wenn nicht diese juristischen und moralischen Ausdrücke innerhalb der Konkurrenz allen Sinn verloren hätten.

Wie einfältiglich und kleinbürgerlich sich in dem einzigen Schädel Sanchos die weltumfassendsten Verhältnisse abspiegeln, wie sehr er als Schulmeister daran gebunden ist, aus allen diesen Verhältnissen sich moralische Nutzanwendungen zu abstrahieren und sie mit moralischen Postulaten zu widerlegen, das zeigt wieder deutlich die Zwerggestalt, zu der für ihn die Konkurrenz zusammenschrumpft. Wir müssen diese kostbare Stelle in extenso[1] mitteilen, „auf daß Nichts verlorengehe".

„Was noch einmal die Konkurrenz betrifft, so hat sie gerade dadurch Bestand, daß nicht Alle sich *ihrer Sache* annehmen und sich über sie miteinander *verständigen*. Brot ist z. B. das Bedürfnis aller Einwohner einer Stadt, deshalb könnten sie leicht übereinkommen, eine öffentliche Bäckerei einzurichten. Statt dessen überlassen sie die Lieferung des Bedarfs den konkurrierenden Bäckern. Ebenso Fleisch den Fleischern, Wein den Weinhändlern usw. ... Wenn *Ich* Mich nicht um *Meine* Sache bekümmere, so muß Ich mit dem *vorlieb*nehmen, was anderen Mir zu gewähren *beliebt*. Brot zu haben ist Meine Sache, Mein Wunsch und Begehren, und doch überläßt man es den Bäckern und hofft höchstens, durch ihren Hader, ihr Rangablaufen, ihren Wetteifer, kurz, ihre Konkurrenz, einen Vorteil zu erlangen, auf welchen man bei den Zünftigen, die *gänzlich und allein* im Eigentum der Backgerechtigkeit saßen, nicht rechnen konnte." p. 365.

Charakteristisch für unsern Kleinbürger ist es, daß er hier eine Anstalt wie die öffentliche Bäckerei, die unter dem Zunftwesen vielfach existierte und durch die wohlfeilere Produktionsweise der Konkurrenz gestürzt wurde, eine lokale Anstalt, die sich nur unter beschränkten Verhältnissen halten konnte und mit dem Eintreten der Konkurrenz, welche die lokale Borniertheit aufhob, notwendig untergehen mußte — daß Sankt Sancho eine solche Anstalt der Kon-

---

[1] ausführlich.

kurrenz gegenüber seinen Mitspießbürgern empfiehlt. Er hat nicht einmal das aus der Konkurrenz gelernt, daß „der Bedarf", z. B. an Brot, jeden Tag ein anderer ist, daß es keineswegs von ihm abhängt, ob morgen noch das Brot „seine Sache" ist oder ob sein Bedürfnis den Andern noch für eine Sache gilt, und daß innerhalb der Konkurrenz der Brotpreis durch die Produktionskosten und nicht durch das Belieben der Bäcker bestimmt wird. Er ignoriert sämtliche von der Konkurrenz erst geschaffenen Verhältnisse, Aufhebung der Lokalbeschränkung, Herstellung von Kommunikationen, ausgebildete Teilung der Arbeit, Weltverkehr, Proletariat, Maschinerie pp., um einen wehmütigen Blick auf die mittelalterliche Spießbürgerei zurückzuwerfen. Von der Konkurrenz weiß er soviel, daß sie „Hader, Rangablaufen und Wetteifer" ist; um ihren sonstigen Zusammenhang mit der Teilung der Arbeit, dem Verhältnis von Nachfrage und Zufuhr etc. kümmert er sich nicht. Daß die Bourgeois sich allerdings überall, wo es ihr Interesse erheischte (und darüber wissen sie besser zu urteilen als Sankt Sancho), jedesmal „verständigten", soweit sie innerhalb der Konkurrenz und des Privateigentums dies konnten, zeigen die Aktiengesellschaften, die mit dem Aufkommen des Seehandels und der Manufaktur begannen und alle ihnen zugänglichen Zweige der Industrie und des Handels an sich rissen. Solche „Verständigungen", die u. a. zur Eroberung eines Reiches in Ostindien führten, sind freilich kleinlich gegenüber der wohlmeinenden Phantasie einer öffentlichen Bäckerei, die in der „Vossischen Zeitung" besprochen zu werden verdiente. — Was die Proletarier betrifft, so sind diese, wenigstens in ihrer modernen Gestalt, erst aus der Konkurrenz entstanden und haben bereits vielfach gemeinschaftliche Anstalten errichtet, die aber jedesmal untergingen, weil sie nicht mit den „hadernden" Privatbäckern, Fleischern pp. konkurrieren konnten und weil für die Proletarier wegen ihrer durch die Teilung der Arbeit selbst vielfach entgegengesetzten Interessen eine andere als politische, gegen den ganzen jetzigen Zustand gerichtete „Verständigung" unmöglich ist. Wo die Entwicklung der Konkurrenz die Proletarier befähigt, sich zu „verständigen", da „verständigen" sie sich über ganz andre Dinge als über öffentliche Bäckereien. Der Mangel an „Verständigung", den Sancho hier unter den konkurrierenden Individuen bemerkt, entspricht und widerspricht vollständig seiner weiteren Ausführung über die Konkurrenz, die Wir im Kommentar, Wigand, p. 173, genießen.

„Man führte die Konkurrenz ein, weil man ein Heil für Alle darin sah, man *einigte* sich über sie, man versuchte es *gemeinschaftlich* mit ihr ... man stimmte in ihr etwa so *überein*, wie sämtliche Jäger bei einer Jagd für ... ihre Zwecke es zuträglich finden können, sich im Walde zu zerstreuen und ‚vereinzelt' zu jagen ... Jetzt freilich stellt es sich heraus ... daß bei der Konkurrenz nicht Jeder seinen Gewinn ... findet."

„Es stellt sich hier heraus", daß Sancho von der Jagd geradesoviel weiß wie von der Konkurrenz. Er spricht nicht von einer Treibjagd, auch nicht von einer Hetzjagd, sondern von der Jagd im außergewöhnlichen Verstande. Es bleibt ihm nur noch übrig, nach den obigen Prinzipien eine neue Geschichte der Industrie und des Handels zu schreiben und einen „Verein" zu einer derartigen außergewöhnlichen Jagd zustande zu bringen.

Ganz in demselben stillen, gemütlichen und dorfzeitungsmäßigen Geleise spricht er sich über die Stellung der Konkurrenz zu den sittlichen Verhältnissen aus.

„Was der Mensch als solcher" (!) „an körperlichen Gütern nicht behaupten kann, dürfen wir ihm nehmen: dies der Sinn der Konkurrenz, der Gewerbefreiheit. Was er an geistigen Gütern nicht behaupten kann, verfällt uns gleichfalls. Aber unantastbar sind die *geheiligten* Güter. Geheiligt und garantiert durch wen? ... Durch den Menschen oder den Begriff, den Begriff der Sache." Als solche geheiligte Güter führt er an „das Leben", „Freiheit der Person", „Religion", „Ehre", „Anstands-, Schamgefühl" usw. p. 325.

Alle diese „geheiligten Güter" „darf" Stirner in entwickelten Ländern zwar nicht „dem Menschen als solchen", aber doch den wirklichen Menschen nehmen, natürlich auf dem Wege und innerhalb der Bedingungen der Konkurrenz. Die große Umwälzung der Gesellschaft durch die Konkurrenz, die die Verhältnisse der Bourgeois untereinander und zu den Proletariern in reine Geldverhältnisse auflöste, sämtliche obengenannte „geheiligte Güter" in Handelsartikel verwandelte und für die Proletarier alle naturwüchsigen und überkommenen, z. B. Familien- und politische Verhältnisse nebst ihrem ganzen ideologischen Überbau zerstörte — diese gewaltige Revolution ging allerdings nicht von Deutschland aus; Deutschland spielte in ihr nur eine passive Rolle, es ließ sich seine geheiligten Güter nehmen und bekam nicht einmal den kuranten Preis dafür. Unser deutscher Kleinbürger kennt daher nur die heuchlerischen Beteuerungen der Bourgeois über die moralischen Grenzen der Konkurrenz der Bourgeois, die die „geheiligten Güter" der Proletarier, ihre „Ehre", „Schamgefühl", „Freiheit der Person" täglich mit Füßen treten und ihnen selbst den Religionsunterricht entziehen. Diese vorgeschützten „moralischen Grenzen" gelten ihm für den wahren „Sinn" der Konkurrenz, und ihre Wirklichkeit existiert nicht für ihren Sinn.

Sancho resümiert die Resultate seiner Forschungen über die Konkurrenz in folgendem Satze:

„Ist eine Konkurrenz frei, die der Staat, dieser Herrscher im bürgerlichen Prinzip, in tausend Schranken einengt?" p. 347.

Das „bürgerliche Prinzip" Sanchos, „den Staat" überall zum „Herrscher" zu machen und die aus der Produktions- und Verkehrsweise hervorgehenden Schranken der Konkurrenz für Schranken zu halten, in die „der Staat" die Konkurrenz „einengt", spricht sich hier noch einmal mit gebührender „Empörung" aus.

Sankt Sancho hat „in jüngster Zeit" „aus Frankreich" herüber (vgl. Wigand, p. 190) allerlei Neuigkeiten läuten gehört, und unter Andern über die Versachlichung der Personen in der Konkurrenz und über den Unterschied zwischen Konkurrenz und Wetteifer. Aber der „arme Berliner" hat „aus *Dummheit* die schönen Sachen verdorben". (Wig[and] ibidem, wo sein böses Gewissen aus ihm redet.) „So sagt er z. B." p. 346 „des Buchs":

„Ist die freie Konkurrenz denn wirklich frei? Ja, ist sie wirklich eine Konkurrenz, nämlich der *Personen*, wofür sie sich ausgibt, weil sie auf diesen Titel ihr Recht gründet?"

Die Dame Konkurrenz gibt sich für etwas aus, weil sie (d. h. einige Juristen, Politiker und schwärmerische Kleinbürger, die letzten Nachzügler in ihrem Gefolge) auf diesen Titel ihr Recht gründet. Mit dieser Allegorie beginnt Sancho die „schönen Sachen" „aus Frankreich" für den Meridian von Berlin zurechtzustutzen. Wir übergehen die schon oben abgemachte absurde Vorstellung, daß „der Staat gegen Meine Person nichts einzuwenden hat" und mir so zu konkurrieren erlaubt, mir aber „die Sache" nicht gibt (p. 347), und gehen gleich auf seinen Beweis über, daß die Konkurrenz keine Konkurrenz der Personen ist.

„Konkurrieren aber wirklich die *Personen*? Nein, wiederum *nur die Sachen!* Die Gelder in erster Reihe, usw.; in dem Wetteifer, wird immer Einer hinter dem Andern zurückbleiben. Allein es macht einen Unterschied, ob die fehlenden Mittel durch *persönliche Kraft* gewonnen werden können oder nur durch Gnade zu erhalten sind, nur als Geschenk, und zwar indem z. B. der Ärmere dem Reicheren seinen Reichtum lassen, d. h. schenken muß." p. 348.

Die Schenkungstheorie „schenken wir ihm" (Wig[and,] p. 190). Er möge sich im ersten besten juristischen Handbuch, Kapitel „Vertrag", unterrichten, ob ein „Geschenk", das er „schenken muß", noch ein Geschenk ist. In dieser Weise „schenkt" uns Stirner unsre Kritik seines Buchs, weil er sie uns „lassen, d. h. schenken muß".

Die Tatsache, daß von zwei Konkurrenten, deren „Sachen" gleich sind, der eine den andern ruiniert, besteht für Sancho nicht. Daß die Arbeiter untereinander konkurrieren, obgleich sie keine „Sachen" (im Stirnerschen Verstande) besitzen, existiert desgleichen nicht für ihn. Indem er die Konkurrenz der Arbeiter untereinander aufhebt, erfüllt er einen der frommsten Wünsche unsrer „wahren Sozialisten", deren wärmster Dank ihm nicht entgehen wird. „Nur die Sachen", nicht „die Personen" konkurrieren. Nur die Waffen kämpfen, nicht die Leute, die sie führen und zu führen gelernt haben. Diese sind bloß zum Totgeschossenwerden da. So spiegelt sich der Konkurrenzkampf in den Köpfen kleinbürgerlicher Schulmeister ab, die sich den modernen Börsenbaronen und Cotton-Lords[1] gegenüber mit dem Bewußtsein trösten, daß ihnen nur „die Sache" fehle, um ihre „persönliche Kraft" gegen sie geltend zu machen. Noch komischer wird diese borniertere Vorstellung, wenn man auf die „Sachen" etwas näher eingeht, statt sich auf das Allergemeinste und Populärste, z. B. „das Geld" (das indes nicht so populär ist, wie es scheint), zu beschränken. Unter diese „Sachen" gehört u. a., daß der Konkurrent in einem Lande und in einer Stadt lebt, wo er dieselben Vorteile hat wie seine von ihm vorgefundenen Konkurrenten; daß das Verhältnis von Stadt und Land eine fortgeschrittene Entwicklungsstufe erlangt hat; daß er in einer günstigen geographischen, geologischen und hydrographischen Lage konkurriert; daß er als Seidenfabrikant in Lyon, als Baumwollfabrikant in Manchester fabriziert oder in einer früheren Epoche als Reeder in Holland sein Geschäft betrieb; daß die Teilung der Arbeit in seinem wie in andern, von ihm keineswegs abhängigen Produktionszweigen eine hohe Ausbildung erlangt hat, daß die Kommunikationen ihm

---
[1] Baumwollkönigen.

denselben wohlfeilen Transport sichern wie seinen Konkurrenten, daß er geschickte Arbeiter und ausgebildete Aufseher vorfindet. Alle diese „Sachen", die zum Konkurrieren nötig sind, überhaupt die Konkurrenzfähigkeit auf dem *Weltmarkte* (den er nicht kennt und nicht kennen darf, um seiner Staatstheorie und öffentlichen Bäckerei willen, der aber leider die Konkurrenz und Konkurrenzfähigkeit bestimmt), kann er sich weder durch „persönliche Kraft" gewinnen noch durch „die Gnade" „des Staats" „schenken" „lassen" (vgl. p. 348). Der preußische Staat, der es versuchte, der Seehandlung[133] alles dies zu „schenken", kann ihm darüber am besten Belehrung geben. Sancho erweist sich hier als k[öniglich] preuß[ischer] Seehandlungsphilosoph, indem er die Illusion des preußischen Staats über seine Allmacht und die Illusion der Seehandlung über ihre Konkurrenzfähigkeit eines Breiteren glossiert. Übrigens hat die Konkurrenz allerdings als eine „Konkurrenz der Personen" mit „persönlichen Mitteln" angefangen. Die Befreiung der Leibeigenen, die erste Bedingung der Konkurrenz, die erste Akkumulation von „Sachen", waren rein „persönliche" Akte. Wenn Sancho also die Konkurrenz der Personen an die Stelle der Konkurrenz der Sachen setzen will, so heißt das: er will in den Anfang der Konkurrenz zurückgehen, und zwar mit der Einbildung, durch seinen guten Willen und sein außergewöhnlich-egoistisches Bewußtsein der Entwicklung der Konkurrenz eine andre Richtung geben zu können.

Dieser große Mann, dem Nichts heilig ist und der nach der „Natur der Sache" und dem „Begriff des Verhältnisses" Nichts fragt, muß dennoch zuletzt die „Natur" des Unterschiedes zwischen persönlich und sachlich und den „Begriff des Verhältnisses" dieser beiden Qualitäten für heilig erklären und damit darauf verzichten, sich als „Schöpfer" dazu zu verhalten. Man kann diesen ihm heiligen Unterschied, wie er ihn im zitierten Passus macht, indes aufheben, ohne darum „die maßloseste Entheiligung" zu begehen. Zunächst hebt er ihn selbst auf, indem er durch persönliche Kraft sachliche Mittel erwerben läßt und so die persönliche Kraft in eine sachliche Macht verwandelt. Er kann dann ruhig an die Andern das moralische Postulat stellen, sich persönlich zu ihm zu verhalten. Geradeso hätten die Mexikaner von den Spaniern verlangen können, sie nicht mit Flinten zu erschießen, sondern mit den Fäusten auf sie dreinzuschlagen oder mit Sankt Sancho „sie bei den Köpfen zu fassen", um sich „persönlich" bei ihnen zu verhalten. — Wenn der Eine durch gute Nahrung, sorgfältige Erziehung und körperliche Übung eine ausgebildete Körperkraft und Gewandtheit erlangt hat, während der Andre durch schmale und ungesunde Kost und davon geschwächte Verdauung, durch Vernachlässigung in der Kindheit und durch übermäßige Anstrengung nie „Sachen" gewinnen konnte, um Muskel anzusetzen, geschweige eine Herrschaft über sie zu erhalten, so ist die „persönliche Kraft" des Einen dem Andern gegenüber eine rein sachliche. Er hat sich nicht „die fehlenden Mittel durch persönliche Kraft" gewonnen, sondern im Gegenteil, er verdankt seine „persönliche Kraft" den vorhandenen sachlichen Mitteln. Übrigens ist die Verwandlung der persönlichen Mittel in sachliche und der sachlichen in persönliche nur eine Seite der Konkurrenz, die von ihr gar nicht zu trennen ist. Die Forderung, daß man nicht mit sachlichen, sondern mit persönlichen Mitteln konkurrieren soll, kommt auf das moralische Postulat heraus, daß die Konkurrenz und die Verhältnisse, von denen sie bedingt ist, andre als ihre unvermeidlichen Wirkungen haben *sollen*.

Abermalige und diesmal schließliche Zusammenfassung der Philosophie der Konkurrenz.

„Die Konkurrenz leidet an dem Übelstande, daß nicht Jedem die Mittel zum Konkurrieren zu Gebote stehen, weil sie nicht aus der *Persönlichkeit* entnommen sind, sondern aus der *Zufälligkeit*. Die Meisten sind unbemittelt und deshalb" (o Deshalb!) „unbegütert". p. 349.

Es ist ihm schon oben bemerkt worden, daß in der Konkurrenz die Persönlichkeit selbst eine Zufälligkeit und die Zufälligkeit eine Persönlichkeit ist. Die von der Persönlichkeit unabhängigen „Mittel" zur Konkurrenz sind die Produktions- und Verkehrsbedingungen der Personen selbst, die innerhalb der Konkurrenz den Personen gegenüber als eine unabhängige Macht erscheinen, als den Personen zufällige Mittel. Die Befreiung der Menschen von diesen Mächten wird nach Sancho dadurch bewerkstelligt, daß man sich die *Vorstellungen* von diesen Mächten oder vielmehr die philosophischen und religiösen Verdrehungen dieser Vorstellungen aus dem Kopfe schlägt, sei es durch etymologische Synonymik („Vermögen" und „vermögen"), moralische Postulate (z. B. Jeder sei ein allmächtiges Ich) oder durch affenartige Grimassen und gemütlich-burleske Renommagen gegen „das Heilige".

Schon früher hörten wir die Klage, daß in der jetzigen bürgerlichen Gesellschaft, namentlich des Staats wegen, das „Ich" sich nicht verwerten, id est seine „Vermögen" nicht wirken lassen könne. Jetzt erfahren wir noch, daß die „Eigenheit" ihm nicht die Mittel zum Konkurrieren gibt, daß „seine Macht" keine Macht ist und daß er „unbegütert" bleibt, wenn auch jeder Gegenstand, „weil *sein* Gegenstand, auch sein *Eigentum* ist". Das Dementi des mit sich einigen Egoismus ist vollständig. Aber alle diese „Übelstände" der Konkurrenz werden schwinden, sobald „das Buch" in das allgemeine Bewußtsein übergegangen ist. Bis dahin beharrt Sancho bei seinem Gedankenhandel, ohne es indes zu einer „guten Leistung" zu bringen oder „die Sache am besten zu machen"

II. Die Empörung

Mit der Kritik der Gesellschaft ist die Kritik der alten, heiligen Welt beschlossen. Vermittelst der *Empörung* springen wir herüber in die neue egoistische Welt.

Was die Empörung überhaupt ist, haben wir bereits in der Logik gesehen: die Aufkündigung des Respekts gegen das Heilige. Hier indes nimmt sie außerdem noch einen besondern praktischen Charakter an.

Revolution = heilige Empörung.
Empörung = egoistische oder profane Revolution.
Revolution = Umwälzung der Zustände.
Empörung = Umwälzung Meiner.
Revolution = politische oder soziale Tat.
Empörung = Meine egoistische Tat.
Revolution = Umsturz des Bestehenden,
Empörung = Bestehen des Umsturzes,

etc. etc., p. 422 usf. Die bisherige Weise der Menschen, ihre vorgefundene Welt umzustürzen, mußte natürlich auch für heilig erklärt und eine „eigene" Art des Bruchs der vorhandenen Welt dagegen geltend gemacht werden.

Die Revolution „besteht in einer Umwälzung des bestehenden Zustandes oder status, des Staats oder der Gesellschaft, ist mithin eine *politische* oder *soziale* Tat". Die Empörung „hat zwar eine Umwandlung der Zustände zur unvermeidlichen Folge, geht aber nicht von ihr, sondern von der *Unzufriedenheit der Menschen mit sich* aus". „Sie ist eine *Erhebung* der Einzelnen, ein *Emporkommen*, ohne Rücksicht auf die Einrichtungen, welche daraus entsprießen. Die Revolution zielte auf neue *Einrichtungen*: die Empörung führt dahin, Uns nicht mehr einrichten zu *lassen*, sondern Uns selbst einzurichten. Sie ist kein Kampf gegen das Bestehende, da, wenn sie gedeiht, das Bestehende von selbst zusammenstürzt, sie ist nur ein Herausarbeiten Meiner aus dem Bestehenden. Verlasse Ich das Bestehende, so ist es tot und geht in Fäulnis über. Da nun nicht der Umsturz eines Bestehenden Mein Zweck ist, sondern Meine Erhebung darüber, so ist Meine Absicht und Tat keine politische oder soziale, sondern, als allein auf Mich und Meine Eigenheit gerichtet, eine *egoistische*." p. 421, 422.

Les beaux esprits se rencontrent.[1] Was die Stimme des Predigers in der Wüste verkündete, ist in Erfüllung gegangen. Der heillose Johannes Baptista „Stirner" hat im „*Dr. Kuhlmann aus Holstein*" seinen heiligen Messias gefunden. Man höre:

„Ihr sollet nicht niederreißen und zerstören, was Euch da im Wege stehet, sondern es umgehen und verlassen. Und wenn Ihr es umgangen und verlassen habt, dann höret es von selber auf, denn es findet keine Nahrung mehr." („Das Reich des Geistes etc.", Genf 1845, p. 116.)

Die Revolution und die Stirnersche Empörung unterscheiden sich nicht, wie Stirner meint, dadurch, daß die Eine eine politische oder soziale Tat, die Andre eine egoistische Tat ist, sondern dadurch, daß die Eine eine Tat ist und die Andre keine. Der Unsinn seines ganzen Gegensatzes zeigt sich sogleich darin, daß er von „*der* Revolution" spricht, einer moralischen Person, die mit „*dem* Bestehenden", einer zweiten moralischen Person, zu kämpfen hat. Hätte Sankt Sancho die verschiedenen *wirklichen* Revolutionen und revolutionären Versuche durchgegangen, so hätte er vielleicht in ihnen selbst diejenigen Formen gefunden, die er bei der Erzeugung seiner ideologischen „Empörung" dunkel ahnte; z. B. bei den Korsikanern, Irländern, russischen Leibeigenen und überhaupt bei unzivilisierten Völkern. Hätte er sich ferner um die wirklichen, bei jeder Revolution „bestehenden" Individuen und ihre Verhältnisse gekümmert, statt sich mit dem reinen Ich und „*dem* Bestehenden", d. i. der Substanz, zu begnügen (eine Phrase, zu deren Sturz keine Revolution, sondern nur ein fahrender Ritter wie Sankt Bruno nötig ist), so wäre er vielleicht zu der Einsicht gekommen, daß jede Revolution und ihre Re-

---
[1] Die schönen Geister finden sich zusammen.

sultate durch diese Verhältnisse, durch die Bedürfnisse, bedingt war und daß „die politische oder soziale Tat" keineswegs zu „der egoistischen Tat" im Gegensatz stand.

Welche tiefe Einsicht Sankt Sancho in „die Revolution" hat, zeigt sich in dem Ausspruch: „Die Empörung hat zwar eine Umwandlung der Zustände zur Folge, geht aber nicht von ihr aus." Dies, in der Antithese gesagt, impliziert, daß die Revolution „von einer Umwandlung der Zustände" ausgeht, d. h., daß die Revolution von der Revolution ausgeht. Dagegen „geht" die Empörung „von der Unzufriedenheit der Menschen mit sich aus". Diese „Unzufriedenheit mit sich" paßt vortrefflich zu den früheren Phrasen über die Eigenheit und den „mit sich einigen Egoisten", der stets „seinen eignen Weg" gehen kann, der stets Freude an sich erlebt und in jedem Augenblick das ist, was er sein kann. Die Unzufriedenheit mit sich ist entweder die Unzufriedenheit mit sich innerhalb eines gewissen Zustandes, durch den die ganze Persönlichkeit bedingt ist, z. B. die Unzufriedenheit mit sich als Arbeiter — oder die moralische Unzufriedenheit. Im ersten Falle also Unzufriedenheit zugleich und hauptsächlich mit den bestehenden Verhältnissen; im zweiten Falle ein ideologischer Ausdruck dieser Verhältnisse selbst, der keineswegs über sie herausgeht, sondern ganz zu ihnen gehört. Der erste Fall führt, wie Sancho glaubt, zur Revolution; es bleibt also nur der zweite, die *moralische* Unzufriedenheit mit sich, für die Empörung. „Das Bestehende" ist, wie wir wissen, „das Heilige"; die „Unzufriedenheit mit sich" reduziert sich also auf die moralische Unzufriedenheit mit sich als einem Heiligen, d. h. einem Gläubigen an das Heilige, das Bestehende. Es konnte nur einem malkontenten Schulmeister einfallen, sein Räsonnement über Revolution und Empörung auf Zufriedenheit und Unzufriedenheit zu basieren. Stimmungen, die ganz dem kleinbürgerlichen Kreise angehören, aus welchem Sankt Sancho, wie wir fortwährend sehen, seine Inspirationen schöpft.

Was das „Heraustreten aus dem Bestehenden" für einen Sinn hat, wissen wir schon. Es ist die alte Einbildung, daß der Staat von selbst zusammenfällt, sobald alle Mitglieder aus ihm heraustreten, und daß das Geld seine Geltung verliert, wenn sämtliche Arbeiter es anzunehmen verweigern. Schon in der hypothetischen Form dieses Satzes spricht sich die Phantasterei und Ohnmacht des frommen

Wunsches aus. Es ist die alte Illusion, daß es nur vom guten Willen der Leute abhängt, die bestehenden Verhältnisse zu ändern, und daß die bestehenden Verhältnisse Ideen sind. Die Veränderung des Bewußtseins, abgetrennt von den Verhältnissen, wie sie von den Philosophen als Beruf, d. h. als *Geschäft*, betrieben wird, ist selbst ein Produkt der bestehenden Verhältnisse und gehört mit zu ihnen. Diese ideelle Erhebung über die Welt ist der ideologische Ausdruck der Ohnmacht der Philosophen gegenüber der Welt. Ihre ideologischen Prahlereien werden jeden Tag durch die Praxis Lügen gestraft.

Jedenfalls hat Sancho sich nicht gegen seinen Zustand der Konfusion „empört", als er diese Zeilen schrieb. Ihm steht die „Umwandlung der Zustände" auf der einen und die „Menschen" auf der andern Seite, und beide Seiten sind ganz voneinander getrennt. Sancho denkt nicht im Entferntesten daran, daß die „Zustände" von jeher die Zustände dieser Menschen waren und nie umgewandelt werden konnten, ohne daß die Menschen sich umwandeln, und wenn es einmal so sein soll, „mit sich" in den alten Zuständen „unzufrieden" wurden. Er glaubt der Revolution den Todesstreich zu versetzen, wenn er sie auf neue Einrichtungen zielen läßt, während die Empörung dahin führt, uns nicht mehr einrichten zu lassen, sondern Uns selbst einzurichten. Aber schon darin, daß „Wir" „Uns" einrichten, schon darin, daß die Empörer „Wir" sind, liegt, daß der Einzelne sich trotz alles Sanchoschen „Widerwillens" von den „Wir" „einrichten lassen" muß und so Revolution und Empörung sich nur dadurch unterscheiden, daß man in der einen dies weiß und in der andern sich Illusionen macht. Dann läßt Sancho es hypothetisch, ob die Empörung *„gedeiht"* oder nicht. Wie sie *nicht* „gedeihen" soll, ist nicht abzusehen, und wie sie gedeihen soll, noch viel weniger, da jeder der Empörer nur seinen eignen Weg geht; es müßten denn profane Verhältnisse dazwischentreten, die den Empörern die Notwendigkeit einer *gemeinsamen* Tat zeigten, einer Tat, die „eine politische oder soziale" wäre, gleichviel, ob sie von egoistischen Motiven ausginge oder nicht. Eine fernere „lumpige Distinktion", die wieder auf der Konfusion beruht, macht Sancho zwischen „Umstürzen" des Bestehenden und „Erhebung" darüber, als ob er nicht im Umstürzen sich darüber erhebe und im Erheben darüber es umstürze, sei es auch nur insoweit, als es an ihm selbst

Bestand hat. Übrigens ist weder mit dem „Umstürzen" schlechthin noch mit dem „Sich-Erheben" schlechthin etwas gesagt; daß das Sich-Erheben ebenfalls in der Revolution vorkommt, kann Sancho daraus abnehmen, daß das „Levons-nous!"[134] in der französischen Revolution ein bekanntes Stichwort war.

„*Einrichtungen* zu machen, gebietet"(!) „die Revolution, *sich auf- oder emporzurichten*, heischt die Empörung. Welche *Verfassung* zu wählen sei, beschäftigte die revolutionären Köpfe, und von Verfassungskämpfen und Verfassungsfragen sprudelt die ganze politische Periode, wie auch die sozialen Talente an gesellschaftlichen Einrichtungen (Phalansterien[135] u. dergl.) ungemein erfinderisch waren. *Verfassungslos* zu werden, bestrebt sich der Empörer." p. 422.

Daß die französische Revolution Einrichtungen zur Folge hatte, ist ein Faktum; daß Empörung von empor herkommt, ist auch ein Faktum; daß man in der Revolution und später um Verfassungen gekämpft hat, desgleichen; daß verschiedene soziale Systeme entworfen worden sind, ebenfalls; nicht minder, daß Proudhon von Anarchie gesprochen hat. Aus diesen fünf Fakten braut sich Sancho seinen obigen Satz zusammen.

Aus dem Faktum, daß die französische Revolution zu „Einrichtungen" geführt hat, schließt Sancho, daß *die* Revolution dies „gebiete". Daraus, daß die politische Revolution eine politische war, in der die soziale Umwälzung zugleich einen offiziellen Ausdruck als Verfassungskämpfe erhielt, entnimmt Sancho, getreu seinem Geschichtsmakler, daß man sich in ihr um die beste Verfassung gestritten habe. An diese Entdeckung knüpft er durch ein „Wie auch" eine Erwähnung der sozialen Systeme. In der Epoche der Bourgeoisie beschäftigte man sich mit Verfassungsfragen, „wie auch" verschiedene soziale Systeme neuerdings gemacht worden sind. Dies ist der Zusammenhang des obigen Satzes.

Daß die bisherigen Revolutionen innerhalb der Teilung der Arbeit zu neuen politischen Einrichtungen führen mußten, geht aus dem oben gegen Feuerbach Gesagten hervor; daß die kommunistische Revolution, die die Teilung der Arbeit aufhebt, die politischen Einrichtungen schließlich beseitigt, geht ebenfalls daraus hervor; und daß die kommunistische Revolution sich nicht nach den „gesellschaftlichen Einrichtungen erfinderischer sozialer Talente" richten wird, sondern nach den Produktivkräften, geht endlich auch daraus hervor.

396

Aber „verfassungslos zu werden, bestrebt sich der Empörer"! Er, der „geborne Freie", der von vornherein Alles los ist, bestrebt sich am Ende der Tage, die Verfassung loszuwerden.

Es ist noch zu bemerken, daß zur Entstehung der Sanchoschen „Empörung" allerlei frühere Illusionen unsres Bonhomme beigetragen haben. So u. a. der Glaube, die Individuen, die eine Revolution machen, seien durch ein ideelles Band zusammengehalten, und ihre „Schilderhebung" beschränke sich darauf, einen neuen Begriff, fixe Idee, Spuk, Gespenst — das Heilige auf den Schild zu heben. Sancho läßt sie sich dies ideelle Band aus dem Kopfe schlagen, wodurch sie in seiner Vorstellung zu einer regellosen Rotte werden, die sich nur noch „empören" kann. Zudem hat er gehört, daß die Konkurrenz der Krieg Aller gegen Alle ist, und dieser Satz, vermengt mit seiner entheiligten Revolution, bildet den Hauptfaktor seiner „Empörung".

„Indem Ich zu größerer Verdeutlichung auf einen Vergleich sinne, fällt Mir wider Erwarten die Stiftung des Christentums ein." p. 423. „Christus", erfahren wir hier, „war kein Revolutionär, sondern ein *Empörer*, der *sich* emporrichtete. Darum galt es ihm auch *allein* um ein: ‚Seid klug wie die Schlangen.'" (ibid.)

Um dem „Erwarten" und dem „Allein" Sanchos zu entsprechen, muß die letzte Hälfte des eben zitierten Bibelspruchs (Matth[äi] 10, 16): „und ohne Falsch wie die Tauben" nicht existieren. Christus muß hier zum zweiten Male als historische Person figurieren, um dieselbe Rolle zu spielen wie oben die Mongolen und Neger. Man weiß wieder nicht, soll Christus die Empörung oder soll die Empörung Christus verdeutlichen. Die christlich-germanische Leichtgläubigkeit unsres Heiligen konzentriert sich in dem Satze, daß Christus „die Lebensquellen der ganzen heidnischen Welt abgrub, mit welchen der bestehende Staat ohne*hin*" (soll heißen: ohne *ihn*) „verwelken mußte". p. 424. Welke Kanzelblume! Siehe oben „die Alten". Im übrigen credo ut intelligam[1], oder damit Ich „einen Vergleich zur Verdeutlichung" finde.

Wir haben an zahllosen Exempeln gesehen, wie unsrem Heiligen überall nichts als die *heilige* Geschichte einfällt, und zwar an solchen Stellen, wo sie nur dem Leser „wider Erwarten" kommt. „Wider Erwarten" fällt sie ihm sogar im Kommentar wieder ein, wo

---
[1] glaube ich, damit ich verstehe.

Sancho p. 154 „die jüdischen Rezensenten" im alten Jerusalem der christlichen Definition „Gott ist die Liebe" gegenüber ausrufen läßt: „Da seht Ihr, daß es ein heidnischer Gott ist, der von den Christen verkündet wird; denn ist Gott die Liebe, so ist er der Gott Amor, der Liebesgott!" — „Wider Erwarten" ist aber das Neue Testament griechisch geschrieben, und die christliche „Definition" lautet: ὁ θεὸς ἀγάπη ἐστίν[1] 1. Joh[annis] 4, 16; während „der Gott Amor, der Liebesgott" Ἔρως heißt. Wie also die „jüdischen Rezensenten" die Verwandlung von ἀγάπη[2] in ἔρως[3] zustande brachten, darüber wird Sancho noch Aufschluß zu geben haben. An dieser Stelle des Kommentars wird nämlich Christus, ebenfalls „zur Verdeutlichung", mit Sancho verglichen; wobei allerdings zugegeben werden muß, daß Beide die frappanteste Ähnlichkeit miteinander haben, Beide „beleibte Wesen" sind und wenigstens der lachende Erbe an ihre wechselseitige Existenz resp. Einzigkeit glaubt. Daß Sancho der moderne Christus ist, auf diese seine „fixe Idee" „zielt" bereits die ganze Geschichtskonstruktion.

Die Philosophie der Empörung, die uns soeben in schlechten Antithesen und welken Redeblumen vorgetragen wurde, ist in letzter Instanz nichts als eine bramarbasierende Apologie der Parvenuwirtschaft (Parvenu, Emporkömmling, Emporgekommener, Empörer). Jeder Empörer hat bei seiner „egoistischen Tat" ein spezielles Bestehende sich gegenüber, worüber er sich zu erheben strebt, unbekümmert um die allgemeinen Verhältnisse. Er sucht das Bestehende nur, insoweit es eine Fessel ist, loszuwerden, im Übrigen dagegen sucht er es sich vielmehr anzueignen. Der Weber, der zum Fabrikanten „emporkommt", wird dadurch seinen Webstuhl los und verläßt ihn; im übrigen geht die Welt ihren Gang fort, und unser „gedeihender" Empörer stellt an die Andern nur die heuchlerische moralische Forderung, auch Parvenus zu werden wie er. So verlaufen sich alle kriegerischen Rodomontaden Stirners in moralische Schlußfolgerungen aus Gellerts Fabeln und spekulative Interpretationen der bürgerlichen Misère.

Wir haben bisher gesehen, daß die Empörung Alles, nur keine Tat ist. p. 342 erfahren wir, daß „das Verfahren des Zugreifens

---

[1] Gott ist die Liebe.

[2] (christlicher, dienender) Liebe.

[3] (geschlechtliche) Liebe.

nicht verächtlich sei, sondern die *reine Tat des mit sich einigen Egoisten* bekunde". Soll wohl heißen: der *miteinander* einigen Egoisten, da sonst das Zugreifen auf das unzivilisierte „Verfahren" der Diebe oder das zivilisierte der Bourgeois hinausläuft und im ersten Falle nicht gedeiht, im zweiten Falle keine „Empörung" ist. Zu bemerken ist, daß dem mit sich einigen Egoisten, der Nichts tut, hier die „*reine*" Tat entspricht, eine Tat, die allerdings von einem so tatlosen Individuum allein zu erwarten stand.

Nebenbei erfahren wir, was den Pöbel geschaffen hat, und wir können im Voraus wissen, daß es wieder eine „Satzung" und der Glaube an diese Satzung, an das Heilige, ist, der hier zur Abwechslung als Sündenbewußtsein auftritt:

„Nur daß das Zugreifen *Sünde*, Verbrechen ist, nur diese Satzung schafft einen Pöbel ... das alte Sündenbewußtsein trägt *allein* die Schuld." p. 342.

Der Glaube, daß das Bewußtsein an Allem schuld ist, ist seine Satzung, die ihn zum Empörer und den Pöbel zum Sünder macht.

Im Gegensatz zu diesem Sündenbewußtsein feuert der Egoist sich, resp. den Pöbel, zum Zugreifen an wie folgt:

„*Sage Ich Mir*: Wohin Meine Gewalt langt, das ist Mein Eigentum, und nehme Ich Alles als Eigentum in Anspruch, was zu erreichen Ich Mich stark genug fühle etc." p. 340.

Sankt Sancho sagt sich also, daß er sich etwas sagen will, fordert sich auf, zu haben, was er hat, und drückt sein wirkliches Verhältnis als ein Verhältnis der Gewalt aus, eine Paraphrase, die überhaupt das Geheimnis aller seiner Renommagen ist. (Siehe Logik.) Dann unterscheidet er, der jeden Augenblick ist, was er sein kann, also auch hat, was er haben kann, sein realisiertes, wirkliches Eigentum, das er auf Kapitalkonto genießt, von seinem möglichen Eigentum, seinem unrealisierten „Gefühl der Stärke", das er sich auf Gewinn- und Verlustkonto gutschreibt. Beitrag zur Buchführung über das Eigentum im außergewöhnlichen Verstande.

Was das feierliche „Sagen" zu bedeuten hat, verrät Sancho an einer bereits angeführten Stelle:

„*Sage Ich Mir* ... so ist das eigentlich auch leeres Gerede."

Er fährt darin fort:

„Der Egoismus" sagt „dem besitzlosen Pöbel", um ihn „auszurotten": „Greife zu und nimm, was Du brauchst!" p. 341.

Wie „leer" dies „Gerede" ist, sieht man gleich an dem folgenden Beispiel.

„In dem Vermögen des Bankiers sehe Ich so wenig etwas Fremdes als Napoleon in den Ländern der Könige: Wir" (das „Ich" verwandelt sich plötzlich in „Wir") „tragen keine *Scheu*, es zu *erobern*, und sehen Uns auch nach den Mitteln dazu um. Wir streifen ihm also den *Geist* der *Fremdheit* ab, vor dem Wir Uns gefürchtet hatten." p. 369.

Wie wenig Sancho dem Vermögen des Bankiers „den Geist der Fremdheit abgestreift" hat, beweist er sogleich mit seinem wohlmeinenden Vorschlag an den Pöbel, es durch Zugreifen zu „erobern". „Er greife zu und sehe, was er in der Hand behält!" Nicht das Vermögen des Bankiers, sondern nutzloses Papier, den „Leichnam" dieses Vermögens, der ebensowenig ein Vermögen ist, „als ein toter Hund noch ein Hund ist". Das Vermögen des Bankiers ist nur innerhalb der bestehenden Produktions- und Verkehrsverhältnisse ein Vermögen und kann nur innerhalb der Bedingungen dieser Verhältnisse und mit den Mitteln, die ihnen gelten, „erobert" werden. Und wenn etwa Sancho sich zu anderm Vermögen wenden sollte, so dürfte er finden, daß es damit nicht besser aussieht. So daß die „reine Tat des mit sich einigen Egoisten" schließlich auf ein höchst schmutziges Mißverständnis hinausläuft. „So weit kommt man mit dem Spuk" des Heiligen.

Nachdem nun Sancho sich gesagt hat, was er sich sagen wollte, läßt er den empörten Pöbel sagen, was er ihm vorgesagt hat. Er hat nämlich für den Fall einer Empörung eine Proklamation nebst Gebrauchsanweisung verfertigt, die in allen Dorfkneipen aufgelegt und auf dem Lande verteilt werden soll. Sie macht Anspruch auf Insertion in den „Hinkenden Botten"[136] und den herzoglich nassauischen Landeskalender. Einstweilen beschränken sich Sanchos tendances incendiaires[1] auf das platte Land, auf die Propaganda unter den Ackerknechten und Viehmägden mit Ausschluß der Städte, was ein neuer Beweis ist, wie sehr er der großen Industrie „den Geist der Fremdheit abgestreift hat". Inzwischen wollen wir das vorliegende wertvolle Dokument, das nicht verlorengehen darf, möglichst ausführlich mitteilen, um „soviel an Uns ist, zur Verbreitung eines wohlverdienten Ruhmes beizutragen". (Wig[and,] p. 191.)

---

[1] aufrührerische Bestrebungen.

Die Proklamation steht Seite 358 u. f. und beginnt wie folgt:

„Wodurch ist denn Euer Eigentum sicher, Ihr Bevorzugten?...Dadurch, daß Wir Uns des Eingriffs enthalten, mithin durch *Unsern* Schutz ... Dadurch, daß Ihr Uns *Gewalt* antut."

Erst dadurch, daß wir uns des Eingriffs enthalten, d. h. dadurch, daß wir *uns selbst* Gewalt antun, dann dadurch, daß *Ihr* uns Gewalt antut. Cela va à merveille.[1] Weiter.

„Wollt Ihr Unsren Respekt, so *kauft* ihn für den Uns genehmen Preis... Wir wollen nur *Preiswürdigkeit*."

Erst wollen die „Empörer" ihren Respekt um den ihnen „genehmen Preis" verschachern, nachher machen sie die „Preiswürdigkeit" zum Kriterium des Preises. Erst ein willkürlicher, dann ein durch kommerzielle Gesetze, durch die Produktionskosten und das Verhältnis von Nachfrage und Zufuhr, unabhängig von der Willkür, bestimmter Preis.

„Wir wollen Euer Eigentum Euch lassen, wenn Ihr dies Lassen gehörig aufwiegt... Ihr werdet über Gewalt schreien, wenn Wir zulangen... ohne Gewalt bekommen Wir sie nicht" (nämlich die Austern der Bevorzugten)... „Wir wollen Euch Nichts, gar Nichts nehmen."

Erst „lassen" wir's Euch, dann nehmen wir's Euch und müssen „Gewalt" anwenden, und endlich wollen wir Euch doch lieber Nichts nehmen. Wir lassen es Euch in dem Falle, wo Ihr selbst davon ablaßt; in einem lichten Augenblick, dem einzigen, den Wir haben, sehen wir allerdings ein, daß dies „Lassen" ein „Zulangen" und „Gewalt"-Anwenden ist, aber man kann uns dennoch schließlich nicht vorwerfen, daß wir Euch irgend etwas „nehmen". Wobei es sein Bewenden hat.

„Wir plagen Uns zwölf Stunden im Schweiße Unsres Angesichts, und Ihr bietet Uns dafür ein paar Groschen. So nehmt denn auch für Eure Arbeit ein *Gleiches*... Nichts von *Gleichheit!*"

Die „empörten" Ackerknechte beweisen sich als echte Stirnersche „Geschöpfe".

„Mögt Ihr das nicht? Ihr wähnt, Unsre Arbeit sei reichlich mit jenem Lohne bezahlt, die Eure dagegen eines Lohnes von vielen Tausenden wert. Schlüget Ihr aber die Eurige nicht so hoch an und ließet Uns die Unsrige besser verwerten, so würden Wir erforderlichenfalls wohl noch wichtigere zustande bringen, als Ihr für die vielen tausend Taler, und bekämet Ihr nur einen Lohn wie Wir, Ihr würdet bald fleißiger werden, um mehr zu erhalten.

---

[1] Das geht wunderschön.

Leistet Ihr etwas, was Uns zehn- und hundertmal mehr wert scheint als Unsre eigne Arbeit, ei" (ei du frommer und getreuer Knecht!), „so sollt Ihr auch hundertmal mehr dafür bekommen; Wir denken Euch dagegen auch Dinge herzustellen, die Ihr Uns höher als mit dem gewöhnlichen Taglohn verwerten werdet."

Zuerst klagen die Empörer, ihre Arbeit werde zu niedrig bezahlt. Am Ende versprechen sie aber, erst bei höherem Taglohn Arbeit zu liefern, die „höher als mit dem gewöhnlichen Taglohn" zu verwerten ist. Dann glauben sie, sie würden außerordentliche Dinge leisten, wenn sie nur erst besseren Lohn bekämen, während sie zu gleicher Zeit vom Kapitalisten erst dann außerordentliche Leistungen erwarten, wenn sein „Lohn" auf das Niveau des ihrigen herabgedrückt ist. Endlich, nachdem sie das ökonomische Kunststück fertiggebracht haben, den Profit, diese notwendige Form des Kapitals, ohne welchen sie sowohl wie der Kapitalist zugrunde gehen würden — den Profit in Arbeitslohn zu verwandeln, vollbringen sie das Wunder, „hundertmal mehr" zu zahlen „als ihre eigne Arbeit", d. h. hundertmal mehr als sie verdienen. „Dies ist der Sinn" des obigen Satzes, wenn Stirner „meint, was er sagt". Hat er aber nur einen stilistischen Fehler begangen, hat er die Empörer als Gesamtheit hundertmal mehr offrieren lassen wollen, als *Jeder von ihnen* verdient, so läßt er sie dem Kapitalisten nur Das anbieten, was jeder Kapitalist heutzutage bereits hat. Daß die Arbeit des Kapitalisten in Verbindung mit seinem Kapital zehn- resp. hundertmal mehr wert ist als die eines einzelnen bloßen Arbeiters, ist klar. Sancho läßt also in diesem Falle, wie immer, Alles beim Alten.

„Wir wollen schon miteinander fertig werden, wenn Wir nur erst dahin übereingekommen sind, daß Keiner mehr dem Andern etwas zu *schenken* braucht. Dann gehn Wir wohl gar selbst so weit, daß Wir selbst den Krüppeln und Greisen und Kranken einen angemessenen Preis dafür bezahlen, daß sie nicht aus Hunger und Not von Uns scheiden; denn wollen Wir, daß sie leben, so geziemt sich's auch, daß Wir die Erfüllung unseres Willens *erkaufen*. Ich sage *erkaufen*, meine also kein elendes *Almosen*."

Diese sentimentale Episode von den Krüppeln etc. soll beweisen, daß Sanchos empörte Ackerknechte bereits zu jener Höhe des bürgerlichen Bewußtseins „emporgekommen" sind, auf der sie nichts schenken und nichts geschenkt haben wollen und auf der sie glauben, in einem Verhältnis sei die Würde und das Interesse beider Teile gesichert, sobald es in einen Kauf verwandelt sei. —

Auf diese donnernde Proklamation des in Sanchos Einbildung empörten Volks folgt die Gebrauchsanweisung in Form eines Dialogs zwischen dem Gutsbesitzer und seinen Ackerknechten, wobei sich diesmal der Herr wie Szeliga und die Knechte wie Stirner gebärden. In dieser Gebrauchsanweisung werden die englischen Strikes und französischen Arbeiterkoalitionen a priori berlinisch konstruiert.

Der Wortführer der Ackerknechte. „Was hast Du denn?"
Der Gutsbesitzer. „Ich habe ein Gut von tausend Morgen."
Der Wortführer. „Und Ich bin Dein Ackerknecht und werde Dir Deinen Acker hinfort nur für einen Taler Taglohn bestellen."
Der Gutsbesitzer. „Dann nehme Ich einen Andern."
Der Wortführer. „Du findest keinen, denn Wir Ackersknechte tun's nicht mehr anders, und wenn Einer sich meldet, der weniger nimmt, so hüte er sich vor Uns. Da ist die Hausmagd, die fordert jetzt auch soviel, und Du findest keine mehr unter diesem Preise."
Der Gutsbesitzer. „Ei, so muß ich zugrunde gehen!"
Die Ackerknechte im Chorus. „Nicht so hastig! Soviel wie Wir wirst Du wohl einnehmen. Und wäre es nicht so, so lassen Wir so viel ab, daß Du wie Wir zu leben hast. — Nichts von Gleichheit!"
Der Gutsbesitzer. „Ich bin aber besser zu leben gewohnt!"
Die Ackerknechte. „Dagegen haben Wir nichts, aber es ist nicht Unsre Sorge; kannst Du mehr erübrigen, immerhin. Sollen Wir Uns unterm Preise vermieten, damit Du wohlleben kannst?"
Der Gutsbesitzer. „Aber Ihr ungebildeten Leute braucht doch nicht so viel!"
Die Ackerknechte. „Nun, Wir nehmen etwas mehr, damit Wir damit die Bildung, die Wir etwa brauchen, Uns verschaffen können."
Der Gutsbesitzer. „Aber wenn Ihr so die Reichen herunterbringt, wer soll dann noch die Künste und Wissenschaften unterstützen?"
Die Ackerknechte. „I nun, die Menge muß es bringen; Wir schießen zusammen, das gibt ein artiges Sümmchen, Ihr Reichen kauft ohnehin jetzt nur die abgeschmacktesten Bücher und die weinerlichen Muttergottesbilder oder ein Paar flinke Tänzerbeine."
Der Gutsbesitzer. „O die unselige Gleichheit!"
Die Ackerknechte. „Nein, mein bester alter Herr, Nichts von Gleichheit. Wir wollen nur gelten, was Wir wert sind, und wenn Ihr mehr wert seid, da sollt Ihr immerhin auch mehr gelten. Wir wollen nur *Preiswürdigkeit* und denken des Preises, den Ihr zahlen werdet, Uns würdig zu zeigen."

Am Schlusse dieses dramatischen Meisterwerks gesteht Sancho, daß „die Einmütigkeit der Ackerknechte" allerdings „erfordert" werde. Wie diese zustande kommt, erfahren wir nicht. Was wir erfahren, ist, daß die Ackerknechte nicht beabsichtigen, die bestehenden Verhältnisse der Produktion und des Verkehrs irgendwie zu ändern, sondern bloß dem Gutsbesitzer soviel abzuzwingen, als er mehr ausgibt als sie. Daß diese Differenz der Dépensen[1], auf die Masse der Proletarier verteilt, jedem Einzelnen nur eine Bagatelle abwerfen und seine Lage nicht im Mindesten verbessern würde, das ist unsrem wohlmeinenden Bonhomme gleichgültig. Welcher Stufe der Agrikultur diese heroischen Ackerknechte angehören, zeigt sich gleich nach dem Schlusse des Dramas, wo sie sich in „Hausknechte" verwandeln. Sie leben also unter einem Patriarchat, in dem die Teilung der Arbeit noch sehr unentwickelt ist, in dem übrigens die ganze Verschwörung dadurch „ihr letztes Absehen erreichen" muß, daß der Gutsherr den Wortführer in die Scheune führt und ihm einige Hiebe aufzählt, während in zivilisierten Ländern der Kapitalist die Sache dadurch beendigt, daß er die Arbeit einige Zeit einstellt und die Arbeiter „spielen gehen" läßt. Wie praktisch überhaupt Sancho bei der ganzen Anlage seines Kunstwerks zu Werke geht, wie sehr er sich innerhalb der Grenzen der Wahrscheinlichkeit hält; geht außer dem sonderbaren Einfall, einen Turnout[2] von Ackerknechten zustande bringen zu wollen, namentlich aus der Koalition der „Hausmägde" hervor. Und welch eine Gemütlichkeit, zu glauben, der Kornpreis auf dem Weltmarkte werde sich nach den Lohnforderungen dieser hinterpommerschen Ackerknechte richten! statt nach dem Verhältnis von Nachfrage und Zufuhr! Einen wahren Knalleffekt macht der überraschende Exkurs der Ackerknechte über die Literatur, die letzte Gemäldeausstellung und die renommierte Tänzerin des Tages, überraschend selbst noch nach der unerwarteten Frage des Gutsherrn wegen Kunst und Wissenschaft. Die Leute werden ganz freundschaftlich, sowie sie auf dies literarische Thema kommen, und der bedrängte Gutsherr vergißt selbst für einen Augenblick seinen drohenden Ruin, um sein Dévoûment[3] für Kunst und Wissenschaft an den Tag zu legen. Schließlich versichern ihn dann auch die Empörer ihrer Biederkeit und geben ihm die beruhigende Erklärung, daß sie weder vom leidigen Interesse noch von subversiven Tendenzen getrieben werden, sondern von den reinsten moralischen Motiven. Sie wollen nur Preiswürdigkeit und versprechen auf Ehre und Gewissen, sich des höheren Preises wür-

---

[1] Ausgaben.
[2] Arbeitseinstellung.
[3] Aufopferung, Hingebung.

dig zu machen. Die ganze Sache hat nur den Zweck, Jedem das Seine, seinen redlichen und billigen Verdienst, „redlich erarbeiteten Genuß" zu sichern. Daß dieser Preis von der Stellung des Arbeitsmarkts abhängt und nicht von der sittlichen Empörung einiger literarisch gebildeten Ackerknechte, die Kenntnis dieses Faktums war allerdings von unsren Biedermännern nicht zu verlangen.

Diese hinterpommerschen Empörer sind so bescheiden, daß sie, trotz ihrer „Einmütigkeit", die ihnen zu ganz andern Dingen Macht gibt, Knechte nach wie vor bleiben wollen und „ein Taler Taglohn" der höchste Wunsch ihres Herzens ist. Ganz konsequent katechisieren sie daher nicht den Gutsherrn, der in ihrer Gewalt ist, sondern der Gutsherr katechisiert sie.

Der „sichere Mut" und das „kräftige Selbstgefühl des Hausknechts" äußert sich auch in der „sichern" und „kräftigen" Sprache, die er und seine Genossen verführen. „Etwa — I nun — die Menge *muß* es bringen — artiges Sümmchen — mein bester alter Herr — immerhin." Schon vorher in der Proklamation hieß es: „erforderlichenfalls wohl — ei — Wir *denken* herzustellen — wohl — vielleicht, etwa usw." Man meint, die Ackerknechte hätten ebenfalls das famose Roß Clavileño bestiegen.

Die ganze lärmende „Empörung" unsres Sancho reduziert sich also in letzter Instanz auf einen Turnout, aber einen Turnout im außergewöhnlichen Verstande, nämlich einen berlinisierten Turnout. Während die wirklichen Turnouts in zivilisierten Ländern einen immer untergeordneteren Teil der Arbeiterbewegung bilden, weil die allgemeinere Verbindung der Arbeiter untereinander zu andern Bewegungsformen führt, versucht Sancho, den kleinbürgerlich karikierten Turnout als letzte und höchste Form des welthistorischen Kampfs darzustellen.

Die Wogen der Empörung werfen uns jetzt an die Küste des gelobten Landes, da Milch und Honig fließt, wo jeder echte Israelit unter seinem Feigenbaum sitzt und das Millennium[1] der „Verständigung" angebrochen ist.

III. Der Verein

Wir haben bei der Empörung zuerst die Prahlereien Sanchos zusammengestellt und dann den praktischen Verlauf der „reinen Tat

---
[1] Tausendjährige Reich.

des mit sich einigen Egoisten" verfolgt. Wir werden beim „Verein" den umgekehrten Weg einschlagen; zuerst die positiven Institutionen prüfen und dann die Illusionen unseres Heiligen über diese Institutionen danebenhalten.

1. Grundeigentum

„Wenn Wir den Grundeigentümern den Grund nicht länger lassen, sondern *Uns* zueignen wollen, so vereinigen Wir Uns zu diesem Zwecke, bilden einen *Verein*, eine société" (Gesellschaft), *„die sich zur Eigentümerin macht; glückt es Uns, so hören Jene auf, Grundeigentümer zu sein."* Der „Grund und Boden" wird dann „zum Eigentum der Erobernden ... Und diese Einzelnen werden als eine Gesamtmasse nicht weniger willkürlich mit Grund und Boden umgehen als ein vereinzelter Einzelner oder sogenannter propriétaire[1]. Auch so bleibt also das *Eigentum* bestehen, und zwar auch als ,ausschließlich', indem die *Menschheit*, diese große Sozietät, den *Einzelnen* von ihrem Eigentum ausschließt, ihm vielleicht nur ein Stück davon verpachtet, zu Lohn gibt... So wird's auch bleiben und werden. Dasjenige, woran *Alle Anteil* haben wollen, wird demjenigen Einzelnen entzogen werden, der es für sich allein haben will, es wird zu einem *Gemeingut* gemacht. Als an einem *Gemeingut* hat Jeder daran seinen *Anteil*, und dieser Anteil ist sein Eigentum. So ist ja auch in unsren alten Verhältnissen ein Haus, welches fünf Erben gehört, ihr Gemeingut; der fünfte Teil des Ertrags aber ist eines Jeden Eigentum." p. 329, 330.

Nachdem unsre tapfern Empörer sich zu einem Verein, einer Sozietät, formiert und in dieser Gestalt sich ein Stück Land erobert haben, „macht *sich*" diese „société", diese moralische Person, „zur *Eigentümerin*". Damit man dies ja nicht mißverstehe, wird gleich darauf gesagt, daß „diese Sozietät den Einzelnen vom Eigentum *ausschließt*, ihm vielleicht nur ein Stück davon verpachtet, zu Lohn gibt". Auf diese Weise eignet Sankt Sancho sich und seinem „Verein" seine Vorstellung vom Kommunismus an. Der Leser wird sich erinnern, daß Sancho in seiner Ignoranz den Kommunisten vorwarf, sie wollten die Gesellschaft zur höchsten Eigentümerin machen, die dem Einzelnen seine „Habe" zu Lehen gebe.

Ferner die Aussicht, die Sancho seinen Mannschaften auf einen „Anteil am Gemeingut" eröffnet. Bei einer späteren Gelegenheit sagt derselbe Sancho ebenfalls gegen die Kommunisten: „Ob das Vermögen der Gesamtheit gehört, die Mir davon einen Teil zufließen läßt, oder einzelnen Besitzern, ist für Mich derselbe Zwang, da Ich über keins von Beiden bestimmen kann" (weswegen ihm auch

---

[1] Eigentümer, hier: Grundeigentümer.

seine „Gesamtmasse" dasjenige „entzieht", von dem sie nicht will, daß es ihm allein gehöre, und ihm so die Macht des Gesamtwillens fühlbar macht).

Drittens finden wir hier wieder die „Ausschließlichkeit", die er dem bürgerlichen Eigentum so oft vorgeworfen hat, so daß „ihm nicht einmal der armselige Punkt gehört, auf dem er sich herumdreht". Er hat vielmehr nur das Recht und die Macht, als armseliger und gedrückter Fronbauer darauf herumzuhocken.

Viertens eignet sich hier Sancho das Lehnswesen an, das er zu seinem großen Verdruß in allen bisher existierenden und projektierten Gesellschaftsformen entdeckte. Die erobernde „Sozietät" benimmt sich ungefähr wie die „Vereine" von halbwilden Germanen, die die römischen Provinzen eroberten und dort ein noch sehr mit dem alten Stammwesen versetztes, rohes Lehnswesen einrichteten. Sie gibt jedem Einzelnen ein Stückchen Land „zu Lohn". Auf der Stufe, auf welcher Sancho und die Germanen des sechsten Jahrhunderts stehen, fällt das Lehnswesen allerdings noch sehr mit dem „Lohn"wesen zusammen.

Es versteht sich übrigens, daß das von Sancho hier neuerdings zu Ehren gebrachte Stammeigentum sich binnen kurzem wieder in die jetzigen Verhältnisse auflösen müßte. Sancho fühlt dies selbst, indem er ausruft: „So wird's auch *bleiben* und" (schönes Und!) „*werden*", und schließlich durch sein großes Exempel von dem Hause, das fünf Erben gehört, beweist, daß er gar nicht die Absicht hat, über unsre alten Verhältnisse hinauszugehen. Sein ganzer Plan zur Organisation des Grundeigentums hat nur den Zweck, uns auf einem historischen Umwege zu der kleinbürgerlichen Erbpacht und dem Familieneigentum deutscher Reichsstädte zurückzuführen.

Von unsren alten, d. h. den jetzt bestehenden Verhältnissen, hat sich Sancho nur den juristischen Unsinn angeeignet, daß die Einzelnen oder propriétaires „willkürlich" mit dem Grundeigentum umgehen. Im „Verein" soll diese eingebildete „Willkür" von seiten der „Sozietät" fortgesetzt werden. Es ist für den „Verein" so gleichgültig, was mit dem Boden geschieht, daß die „Sozietät" „vielleicht" den Einzelnen Parzellen verpachtet, vielleicht auch nicht. Das ist Alles ganz gleichgültig. — Daß mit einer bestimmten Organisation des Ackerbaus eine bestimmte Form der Tätigkeit, die

Subsumtion unter eine bestimmte Stufe der Teilung der Arbeit gegeben ist, kann Sancho freilich nicht wissen. Aber jeder Andere sieht ein, wie wenig die von Sancho hier vorgeschlagenen kleinen Fronbauern in der Lage sind, daß „Jeder von ihnen ein allmächtiges Ich werden" kann, und wie schlecht ihr Eigentum an ihre[r] lumpige[n] Parzelle zu dem viel gefeierten „Eigentum an Allem" paßt. In der wirklichen Welt hängt der Verkehr der Individuen von ihrer Produktionsweise ab, und daher wirft Sanchos „Vielleicht" vielleicht seinen ganzen Verein über den Haufen. „Vielleicht" aber oder vielmehr unzweifelhaft tritt hier schon die wahre Ansicht Sanchos über den Verkehr im Verein zutage, nämlich die Ansicht, daß der egoistische Verkehr das Heilige zu seiner Grundlage hat.

Sancho tritt hier mit der ersten „Einrichtung" seines zukünftigen Vereins an das Tageslicht. Die Empörer, die „verfassungslos" zu werden sich bestrebten, „richten sich selbst ein", indem sie eine „Verfassung" des Grundeigentums „wählen". Wir sehen, daß Sancho Recht hatte, wenn er sich von neuen „Institutionen" keine glänzenden Hoffnungen machte. Wir sehen aber zugleich, daß er einen hohen Rang unter den „sozialen Talenten" einnimmt und „an gesellschaftlichen Einrichtungen ungemein erfinderisch ist".

2. Organisation der Arbeit

„Die Organisation der Arbeit betrifft nur solche Arbeiten, welche Andre für Uns machen können, z. B. Schlachten, Ackern usw.; die übrigen bleiben egoistisch, weil z. B. Niemand an Deiner Statt Deine musikalischen Kompositionen anfertigen, Deine Malerentwürfe ausführen usw. kann. Raffaels Arbeiten kann Niemand ersetzen. Die letzteren sind Arbeiten eines Einzigen, die nur dieser Einzige zu vollbringen vermag, während Jene *menschliche*" (p. 356 identisch gesetzt mit den *„gemeinnützigen"*) „genannt zu werden verdienen, da das *Eigne* daran von geringem Belang ist und so ziemlich *jeder Mensch* dazu abgerichtet werden kann." p. 355.

„Es ist immer fördersam, daß Wir Uns über die menschlichen Arbeiten einigen, damit sie nicht, wie unter der Konkurrenz, alle unsre Zeit und Mühe in Anspruch nehmen... Für wen soll aber Zeit gewonnen werden? Wozu braucht der Mensch mehr Zeit als nötig ist, seine abgespannten Arbeitskräfte zu erfrischen? Hier schweigt der Kommunismus. Wozu? Um seiner als des Einzigen froh zu werden, nachdem er als Mensch das Seinige getan hat." p. 356, 357.

„Durch Arbeit kann Ich die Amtsfunktionen eines Präsidenten, Ministers usw. versehen; es erfordern diese Ämter nur eine allgemeine Bildung, nämlich eine solche, die allgemein erreichbar ist... Kann aber auch Jeder diese Ämter bekleiden, so gibt doch erst die einzige, ihm allein eigne Kraft des Einzelnen ihnen sozusagen Leben und Bedeutung. Daß er sein Amt nicht wie ein gewöhnlicher Mensch führt, sondern das Vermögen seiner Einzigkeit hineinlegt, das bezahlt man ihm noch nicht, wenn man ihn überhaupt nur als Beamten oder Minister bezahlt. Hat er's Euch zu Dank gemacht und wollt Ihr diese dankenswerte Kraft des Einzigen Euch erhalten, so werdet Ihr ihn nicht als einen bloßen Menschen bezahlen dürfen, der nur Menschliches verrichtet, sondern nur als Einen, der Einziges vollbringt." p. 362, 363.

„Vermagst Du Tausenden Lust zu bereiten, so werden Tausende Dich dafür honorieren, es stände ja in Deiner Gewalt, es zu unterlassen, daher müssen sie Deine Tat erkaufen." p. 351.

„Über Meine Einzigkeit läßt sich keine allgemeine Taxe feststellen, wie für das, was Ich als Mensch tue. Nur über das Letztere kann eine Taxe bestimmt werden. Setzt also immerhin eine allgemeine Taxe für menschliche Arbeiten auf, bringt aber Eure Einzigkeit nicht um ihren Verdienst." p. 363.

Als Beispiel der Organisation der Arbeit im Verein wird p. 365 die schon besprochene öffentliche Bäckerei angeführt. Diese öffentlichen Anstalten müssen wahre Wunder sein unter der oben vorausgesetzten vandalischen Parzellierung.

Zuerst soll die menschliche Arbeit organisiert und dadurch verkürzt werden, damit Bruder Straubinger hinterher, wenn er früh Feierabend gemacht hat, „seiner als des Einzigen froh werden kann" (p. 357); während p. 363 das „Frohwerden" des Einzigen sich in seinen Extraverdienst auflöst. p. 363 kommt die Lebensäußerung des Einzigen nicht hinterdrein nach der menschlichen Arbeit, sondern die menschliche Arbeit kann als einzige betrieben werden und erfordert dann einen Lohnzuschuß. Der Einzige, dem es nicht um seine Einzigkeit, sondern um den höheren Lohn zu tun ist, könnte ja sonst seine Einzigkeit in den Kleiderschrank verschließen und der Gesellschaft zum Trotz sich damit begnügen, den gewöhnlichen Menschen und sich selbst damit einen Possen zu spielen.

Nach p. 356 fällt die menschliche Arbeit mit der gemeinnützigen zusammen, aber nach p. 351 und 363 bewährt sich die einzige Arbeit eben darin, daß sie als gemeinnützige oder wenigstens Vielen nützliche extra honoriert wird.

Die Organisation der Arbeit im Verein besteht also in der Trennung der menschlichen Arbeit von der einzigen, in der Feststellung einer Taxe für die menschliche und in dem Mauscheln um einen Lohnzuschuß für die einzige Arbeit. Dieser Lohnzuschuß ist wieder doppelt, nämlich einer für die einzige Ausführung der *menschlichen* Arbeit und ein anderer für die einzige Ausführung der *einzigen* Arbeit, was eine um so verwickeltere Buchführung gibt, als heute Das eine menschliche Arbeit wird, was gestern eine einzige war (z. B. Baumwollengarn Nr. 200 zu spinnen), und als der einzige Betrieb menschlicher Arbeiten eine fortwährende Selbstmoucharderie[1] im eignen und allgemeine Moucharderie im öffentlichen Interesse erfordert. Dieser ganze wichtige Organisationsplan läuft also auf eine ganz kleinbürgerliche Aneignung des Gesetzes von Nachfrage und Zufuhr hinaus, das heute existiert und von allen Ökonomen entwickelt worden ist. Sancho kann das Gesetz, wonach der Preis derjenigen Arbeiten sich bestimmt, die er für einzig erklärt, z. B. der einer Tänzerin, eines ausgezeichneten Arztes oder Advokaten, schon bei Adam Smith erklärt und bei dem Amerikaner Cooper taxiert finden. Die neueren Ökonomen haben aus diesem Gesetz das hohe Salär dessen, was sie travail improductif[2] nennen, und das niedrige der Ackerbautaglöhner, überhaupt die Ungleichheiten des Arbeitslohns erklärt. Wir sind so mit Gottes Hülfe wieder bei der Konkurrenz angekommen, aber bei der Konkurrenz in einem gänzlich heruntergekommenen Zustande, so heruntergekommen, daß Sancho eine Taxe, eine Fixierung des Arbeitslohns durch Gesetze, wie weiland im 14. und 15. Jahrhundert, vorschlagen kann.

Es verdient noch erwähnt zu werden, daß die hier von Sancho ans Licht gebrachte Vorstellung sich ebenfalls als etwas ganz Neues bei dem Herrn Messias Dr. Georg Kuhlmann aus Holstein findet.

Was Sancho hier menschliche Arbeiten nennt, ist, mit Ausschluß seiner bürokratischen Phantasien, dasselbe, was man sonst unter Maschinenarbeit versteht und was die Entwicklung der Industrie mehr und mehr den Maschinen anheim gibt. In dem „Verein" sind freilich bei der oben geschilderten Organisation des Grundbesitzes die Maschinen eine Unmöglichkeit, und daher ziehen es die mit sich einigen Fronbauern vor, sich über diese Arbeiten zu verständigen. Über „Präsidenten" und „Minister" urteilt Sancho, this poor localized being[3], wie Owen sagt, nur nach seiner unmittelbaren Umgebung.

[1] Selbstbespitzelung.
[2] unproduktive Arbeit.
[3] dieses arme, an den Ort gebundene Wesen.

410

Wie immer hat Sancho hier wieder Unglück mit seinen praktischen Exempeln. Er meint, Niemand könne „an Deiner Stelle Deine musikalischen Kompositionen anfertigen, Deine Malerentwürfe ausführen. Raffaels Arbeiten könne Niemand ersetzen." Sancho könnte doch wohl wissen, daß nicht Mozart selbst, sondern ein Anderer Mozarts Requiem größtenteils angefertigt und ganz ausgefertigt[137], daß Raffael von seinen Fresken die wenigsten selbst „ausgeführt" hat.

Er bildet sich ein, die sogenannten Organisateure der Arbeit[138] wollten die Gesamttätigkeit jedes Einzelnen organisieren, während gerade bei ihnen zwischen der unmittelbar produktiven Arbeit, die organisiert werden soll, und der nicht unmittelbar produktiven Arbeit unterschieden wird. In diesen Arbeiten aber soll nach ihrer Meinung nicht, wie Sancho sich einbildet, Jeder an Raffaels Statt arbeiten, sondern Jeder, in dem ein Raffael steckt, sich ungehindert ausbilden können. Sancho bildet sich ein, Raffael habe seine Gemälde unabhängig von der zu seiner Zeit in Rom bestehenden Teilung der Arbeit hervorgebracht. Wenn er Raffael mit Leonardo da Vinci und Tizian vergleicht, so kann er sehen, wie sehr die Kunstwerke des ersteren von der unter florentinischem Einfluß ausgebildeten damaligen Blüte Roms, die des zweiten von den Zuständen von Florenz, und später die des dritten von der ganz verschiedenen Entwicklung Venedigs bedingt waren. Raffael, so gut wie jeder andre Künstler, war bedingt durch die technischen Fortschritte der Kunst, die vor ihm gemacht waren, durch die Organisation der Gesellschaft und die Teilung der Arbeit in seiner Lokalität und endlich durch die Teilung der Arbeit in allen Ländern, mit denen seine Lokalität im Verkehr stand. Ob ein Individuum wie Raffael sein Talent entwickelt, hängt ganz von der Nachfrage ab, die wieder von der Teilung der Arbeit und den daraus hervorgegangenen Bildungsverhältnissen der Menschen abhängt.

Stirner steht hier noch weit unter der Bourgeoisie, indem er die Einzigkeit der wissenschaftlichen und künstlerischen Arbeit proklamiert. Man hat es bereits jetzt für nötig gefunden, diese „einzige" Tätigkeit zu organisieren. Horace Vernet hätte nicht Zeit für den zehnten Teil seiner Gemälde gehabt, wenn er sie für Arbeiten angesehen hätte, „die nur dieser Einzige zu vollbringen vermag". Die große Nachfrage nach Vaudevilles[139] und Romanen in Paris hat eine Organisation der Arbeit zur Produktion dieser Artikel hervorgerufen, die noch immer Besseres leistet als ihre „einzigen" Konkurrenten in Deutschland. In der Astronomie haben es Leute wie Arago, Herschel, Encke und Bessel für nötig gefunden, sich zu gemeinsamen Beobachtungen zu organisieren, und sind erst seitdem zu einigen erträglichen Resultaten gekommen. In der Geschichtschreibung ist es für den „Einzigen" absolut unmöglich, etwas zu leisten, und die Franzosen haben auch hier längst durch die Organisation der Arbeit allen andern Nationen den Rang abgelaufen. Es versteht sich übrigens, daß alle diese auf der modernen Teilung der Arbeit beruhenden Organisationen immer noch zu höchst beschränkten Resultaten führen und nur gegenüber der bisherigen borniertern Vereinzelung ein Fortschritt sind.

Es muß noch besonders hervorgehoben werden, daß Sancho die Organisation der Arbeit mit dem Kommunismus verwechselt und sich gar wundert, daß „der Kommunismus" ihm nicht auf seine Bedenken über diese Organisation antwortet. So wundert sich ein Gascogner Bauernjunge, daß Arago ihm nicht zu sagen weiß, auf welchem Stern der liebe Gott seinen Hof aufgeschlagen habe.

Die exklusive Konzentration des künstlerischen Talents in Einzelnen und seine damit zusammenhängende Unterdrückung in der großen Masse ist Folge der Teilung der Arbeit. Wenn selbst in gewissen gesellschaftlichen Verhältnissen Jeder ein ausgezeichneter Maler wäre, so schlösse dies noch gar nicht aus, daß Jeder auch ein origineller Maler wäre, so daß auch hier der Unterschied zwischen „menschlicher" und „einziger" Arbeit in bloßen Unsinn sich verläuft. Bei einer kommunistischen Organisation der Gesellschaft fällt jedenfalls fort die Subsumtion des Künstlers unter die lokale und nationale Borniertheit, die rein aus der Teilung der Arbeit hervorgeht, und die Subsumtion des Individuums unter diese bestimmte Kunst, so daß es ausschließlich Maler, Bildhauer usw. ist und schon der Name die Borniertheit seiner geschäftlichen Entwicklung und seine Abhängigkeit von der Teilung der Arbeit hinlänglich ausdrückt. In einer kommunistischen Gesellschaft gibt es keine Maler, sondern höchstens Menschen, die unter Anderm auch malen.

Sanchos Organisation der Arbeit zeigt deutlich, wie sehr alle diese philosophischen Ritter von der Substanz sich bei bloßen Phrasen beruhigen. Die Subsumtion der „Substanz" unter das „Subjekt", wo-

412

von sie Alle so hohe Worte machen, die Herabsetzung der „Substanz", die das „Subjekt" beherrscht, zu einem bloßen „Akzidens" dieses Subjekts, zeigt sich als bloßes „leeres Gerede". Sie unterlassen es daher weislich, auf die Teilung der Arbeit, auf die materielle Produktion und den materiellen Verkehr einzugehen, die eben die Individuen unter bestimmte Verhältnisse und Tätigkeitsweisen subsumieren. Es handelt sich bei ihnen überhaupt nur darum, neue Phrasen zur Interpretation der bestehenden Welt zu erfinden, die um so gewisser in burleske Prahlereien auslaufen, je mehr sie sich über diese Welt zu erheben glauben und in Gegensatz zu ihr stellen. Wovon Sancho ein beklagenswertes Beispiel ist.

3. Geld

„Das Geld ist eine Ware, und zwar ein wesentliches *Mittel* oder Vermögen; denn es schützt vor der Verknöcherung des Vermögens, hält es im Fluß und bewirkt seinen Umsatz. Wißt Ihr ein besseres Tauschmittel, immerhin; doch wird es wieder ein Geld sein." p. 364.

p. 353 wird das Geld als „gangbares oder kursierendes Eigentum" bestimmt.

Im „Verein" wird also das Geld beibehalten, dies rein gesellschaftliche Eigentum, dem alles Individuelle abgestreift ist. Wie sehr Sancho in der bürgerlichen Anschauungsweise befangen ist, zeigt seine Frage nach einem besseren Tauschmittel. Er setzt also zuerst voraus, daß ein Tauschmittel überhaupt nötig ist, und dann kennt er kein anderes Tauschmittel als das Geld. Daß ein Schiff, eine Eisenbahn, die Waren transportieren, ebenfalls Tauschmittel sind, kümmert ihn nicht. Um also nicht bloß vom Tauschmittel, sondern vom Gelde speziell zu sprechen, ist er genötigt, die übrigen Bestimmungen des Geldes, daß es das allgemein gangbare und kursierende Tauschmittel ist, alles Eigentum im Fluß erhält etc., hereinzunehmen. Damit kommen auch die ökonomischen Bestimmungen herein, die Sancho nicht kennt, die aber gerade das Geld konstituieren; und mit ihnen auch der ganze jetzige Zustand, Klassenwirtschaft, Herrschaft der Bourgeoisie etc.

Wir erhalten indes zunächst einige Aufschlüsse über den — sehr originellen — Verlauf der Geldkrisen im Verein.

Es entsteht die Frage:

„Wo Geld hernehmen?... Man bezahlt nicht mit Geld, woran Mangel eintreten kann, sondern mit seinem Vermögen, durch welches allein Wir vermögend sind... Nicht das Geld tut Euch Schaden, sondern Euer Unvermögen, es zu nehmen."

Und nun der moralische Zuspruch:

„Laßt Euer Vermögen wirken, nehmt Euch zusammen, und es wird an Geld, an Eurem Gelde, dem Gelde Eures Gepräges, nicht fehlen... Wisse denn, Du hast so viel Geld, als Du — Gewalt hast; denn Du giltst soviel, als Du Dir Geltung verschaffst." p. 353, 364.

In der Macht des Geldes, in der Verselbständigung des allgemeinen Tauschmittels, sowohl der Gesellschaft wie den Einzelnen gegenüber, tritt die Verselbständigung der Produktions- und Verkehrsverhältnisse überhaupt am deutlichsten hervor. Also Sancho weiß, wie gewöhnlich, Nichts vom Zusammenhange der Geldverhältnisse mit der allgemeinen Produktion und dem Verkehr. Er behält als guter Bürgersmann das Geld ruhig bei, wie dies auch nach seiner Teilung der Arbeit und Organisation des Grundbesitzes nicht anders möglich ist. Die sachliche Macht des Geldes, die in den Geldkrisen eklatant hervortritt und den „kauflustigen" Kleinbürger in der Gestalt eines permanenten Geldmangels drückt, ist dem mit sich einigen Egoisten ebenfalls ein höchst unangenehmes Faktum. Er entledigt sich seiner Ungelegenheit dadurch, daß er die gewöhnliche Vorstellung des Kleinbürgers umgekehrt ausdrückt und dadurch den Schein hereinbringt, als sei die Stellung der Individuen gegenüber der Geldmacht eine rein vom persönlichen Wollen oder Laufen abhängige Sache. Diese glückliche Wendung gibt ihm dann Gelegenheit, dem erstaunten und vom Geldmangel ohnehin entmutigten Kleinbürger eine durch Synonymik, Etymologie und Umlaut unterstützte Moralpredigt zu halten und dadurch alle ungelegenen Fragen über die Ursachen der Geldklemme vorweg abzuschneiden.

Die Geldkrise besteht zunächst darin, daß alle „Vermögen" auf einmal gegenüber dem Tauschmittel depreziert werden und das „Vermögen" über das Geld verlieren. Die Krise ist gerade dann da, wenn man nicht mehr mit seinem „Vermögen" zahlen *kann*, sondern mit Geld zahlen *muß*. Dies findet wieder nicht dadurch statt, daß Mangel an Geld eintritt, wie der Kleinbürger sich vorstellt, der die Krise nach seiner Privatmisère beurteilt, sondern dadurch, daß der spezifische Unterschied des Geldes als der *allgemeinen* Ware, des

414

„gangbaren und kursierenden Eigentums", von allen andern *speziellen* Waren sich fixiert, die plötzlich aufhören, gangbares Eigentum zu sein. Die Ursachen dieses Phänomens hier, Sancho zu Gefallen, zu entwickeln, kann nicht erwartet werden. Den geld- und trostlosen Kleinkrämern gibt Sancho nun zunächst den Trost, daß nicht das Geld die Ursache des Geldmangels und der ganzen Krise sei, sondern ihr Unvermögen, es zu nehmen. Nicht der Arsenik ist schuld daran, daß Jemand stirbt, der ihn gegessen hat, sondern das Unvermögen seiner Konstitution, Arsenik zu verdauen.

Nachdem Sancho vorher das Geld als ein wesentliches, und zwar *spezifisches* Vermögen, als allgemeines Tauschmittel, als Geld im gewöhnlichen Verstande bestimmt hat, dreht er auf einmal, sowie er sieht, zu welchen Schwierigkeiten dies führen würde, die Sache um und erklärt alles Vermögen für Geld, um den Schein der persönlichen Macht hervorzubringen. Die Schwierigkeit während der Krise ist eben, daß „alles Vermögen" aufgehört hat, „Geld" zu sein. Übrigens läuft dies auf die Praxis des Bürgers hinaus, der „alles Vermögen" solange an Zahlungs Statt annimmt, als es Geld ist, und erst dann Schwierigkeiten macht, wenn es schwierig wird, dies „Vermögen" in Geld zu verwandeln, wo er es dann auch nicht mehr für ein „Vermögen" ansieht. Die Schwierigkeit in der Krisis besteht ferner gerade darin, daß Ihr Kleinbürger, zu denen Sancho hier spricht, das Geld Eures Gepräges, Eure Wechsel nicht mehr zirkulieren lassen könnt, sondern daß man Geld von Euch verlangt, woran Ihr nichts mehr zu prägen hattet und dem kein Mensch es ansieht, daß es durch Eure Finger gegangen ist.

Endlich verdreht Stirner das bürgerliche Motto: Du giltst so viel, als Du Geld hast, dahin: Du hast so viel Geld, als Du giltst, womit nichts verändert, sondern nur der Schein der persönlichen Macht hereingebracht und damit die triviale Bourgeoisillusion ausgedrückt ist, daß Jeder selbst schuld daran sei, wenn er kein Geld habe. So wird Sancho fertig mit dem klassischen Bourgeoisspruch: L'argent n'a pas de maître[1], und kann nun auf die Kanzel steigen und ausrufen: „Lasset Eure Vermögen wirken, nehmt Euch zusammen, und es wird am Gelde nicht fehlen!" Je ne connais pas de lieu à la bourse où se fasse le transfert des bonnes intentions.[2] Er brauchte nur noch

---

[1] Das Geld hat keinen Herrn.
[2] Ich kenne keine Stelle an der Börse, wo gute Absichten gehandelt werden.

hinzuzusetzen: Verschafft Euch Kredit, knowledge is power[1], der erste Taler ist schwerer zu erwerben als die letzte Million, seid mäßig und haltet das Eurige zu Rate, besonders aber pulluliert nicht zu viel usw., um statt des einen beide Eselsohren hervorblicken zu lassen. Überhaupt endigen bei dem Manne, für den Jeder ist, was er sein kann, und tut, was er tun kann, alle Kapitel mit moralischen Postulaten.

Das Geldwesen im Stirnerschen Verein ist also das existierende Geldwesen, ausgedrückt in der beschönigenden und gemütlich-schwärmerischen Weise eines deutschen Kleinbürgers.

Nachdem Sancho auf diese Weise mit den Ohren seines Grauen paradiert hat, richtet sich Szeliga-Don Quijote in seiner ganzen Länge auf, um mit einer feierlichen Rede über die moderne fahrende Ritterschaft, wobei das Geld in die Dulcinea von Toboso verwandelt wird, die Fabrikanten und Commerçants en masse[2] zu Rittern, nämlich Industrierittern, zu schlagen. Die Rede hat noch den Nebenzweck, zu beweisen, daß das Geld, weil ein „wesentliches Mittel", auch „wesentlich Tochter[3] ist". Und er reckte seine Rechte aus und sprach:

„Vom Gelde hängt Glück und Unglück ab. Es ist darum in der Bürgerperiode eine Macht, weil es nur wie ein Mädchen" (Viehmädchen, per appos[itionem] Dulcinea) „umworben, von Niemand unauflöslich geehlicht wird. Alle Romantik und Ritterlichkeit des Werbens um einen teuren Gegenstand lebt in der Konkurrenz wieder auf. Das Geld, ein Gegenstand der Sehnsucht, wird von den kühnen Industrierittern entführt." p. 364.

Sancho hat jetzt einen tiefen Aufschluß darüber erhalten, weshalb das Geld in der Bürgerperiode eine Macht ist, nämlich erstens, weil von ihm Glück und Unglück abhängt, und zweitens, weil es ein *Mädchen* ist. Er hat ferner erfahren, weshalb er um sein Geld kommen kann, nämlich, weil ein Mädchen von Niemand unauflöslich geehlicht wird. Jetzt weiß der arme Schlucker, woran er ist.

Szeliga, der so den Bürger zum Ritter gemacht hat, macht nun folgendermaßen den Kommunisten zum Bürger, und zwar zum bürgerlichen Ehemann:

„Wer das Glück hat, führt die Braut heim. Der Lump hat das Glück; er

---

[1] Wissen ist Macht.
[2] Kaufleute in Massen.
[3] Vgl. „Die heilige Familie", p. 266 [Quellenangabe von Marx. — Siehe Marx/Engels: Die heilige Familie, S. 307/308].

führt sie in sein Hauswesen, die *Gesellschaft*, ein und vernichtet die Jungfrau. In seinem Hause ist sie nicht mehr Braut, sondern Frau, und mit der Jungfräulichkeit geht auch der Geschlechtsname verloren. Als Hausfrau heißt die Geldjungfer *Arbeit*, denn *Arbeit* ist der Name des Mannes. Sie ist ein Besitz des Mannes. — Um dies Bild zu Ende zu bringen, so ist das Kind von Arbeit und Geld wieder ein Mädchen" („wesentlich Tochter"), „ein unverehlichtes" (ist dem Szeliga je vorgekommen, daß ein Mädchen „verehlicht" aus dem Mutterleibe gekommen ist?), „also Geld". (Nach dem obigen Beweise, daß alles Geld „ein unverehlichtes Mädchen" sei, leuchtet es von selbst ein, daß „alle unverehlichten Mädchen" „Geld" sind) — „also Geld, aber mit der *gewissen* Abstammung von der Arbeit, seinem Vater" (toute recherche de la paternité est interdite[140]). „Die Gesichtsform, das Bild, trägt ein anderes Gepräge." p. 364, 365.

Diese Hochzeits-, Leichenbitter- und Kindtaufsgeschichte beweist wohl durch sich selbst hinlänglich, wie sehr sie „wesentlich Tochter" Szeligas, und zwar Tochter von „gewisser Abstammung" ist. Ihren letzten Grund hat sie indes in der Unwissenheit seines ehemaligen Stallknechts Sancho. Diese tritt deutlich heraus am Schluß, wo der Redner wieder um das „Gepräge" des Geldes ängstlich besorgt ist und dadurch verrät, daß er noch immer das Metallgeld für das wichtigste zirkulierende Medium hält. Wenn er sich um die ökonomischen Verhältnisse des Geldes etwas näher bekümmert hätte, statt ihm einen schönen grünen Jungfernkranz[141] zu flechten, so würde er wissen, daß, von Staatspapieren, Aktien pp. nicht zu sprechen, die Wechsel den größten Teil des zirkulierenden Mediums ausmachen, während das Papiergeld ein verhältnismäßig sehr kleiner und das Metallgeld ein noch kleinerer Teil davon ist. In England zirkuliert z. B. fünfzehnmal mehr Geld in Wechseln und Banknoten als in Metall. Und selbst was das Metallgeld betrifft, so wird es rein durch die Produktionskosten, d. h. die Arbeit bestimmt. Stirners weitläufiger Zeugungsprozeß war also hier überflüssig. — Die feierlichen Reflexionen, die Szeliga über ein auf der Arbeit beruhendes und doch vom jetzigen Gelde unterschiedenes Tauschmittel anstellt, das er bei einigen Kommunisten entdeckt haben will, beweisen nur wieder die Einfalt, mit der unser edles Paar Alles unbesehen glaubt, was es liest.

Beide führen, wenn sie nach dieser ritterlichen und „romantischen" Kampagne „des Werbens" nach Hause reiten, kein „Glück" heim, noch weniger „die Braut", am allerwenigsten „Geld", sondern höchstens ein „Lump" den andern.

4. Staat

Wir haben gesehen, wie Sancho in seinem „Verein" die bestehende Form des Grundbesitzes, die Teilung der Arbeit und das Geld in der Weise, wie diese Verhältnisse in der Vorstellung eines Kleinbürgers leben, beibehält. Daß nach diesen Prämissen Sancho den Staat nicht entbehren kann, leuchtet auf den ersten Blick ein.

Zunächst wird sein neuerworbenes Eigentum die Form des garantierten, rechtlichen Eigentums anzunehmen haben. Wir haben schon gehört:

„Dasjenige, woran Alle Anteil haben wollen, wird demjenigen Einzelnen entzogen werden, der es für sich allein haben will." (p. 330.)

Hier wird also der Wille der Gesamtheit geltend gemacht gegenüber dem Willen des vereinzelten Einzelnen. Da jeder der mit sich einigen Egoisten mit den Andern uneinig werden und damit in diesen Widerspruch treten kann, muß der Gesamtwille auch einen Ausdruck haben gegenüber den vereinzelten Einzelnen —

„und man nennt diesen Willen den *Staatswillen*" (p. 257).

Seine Bestimmungen sind dann die *rechtlichen* Bestimmungen. Die Exekution dieses Gesamtwillens wird wieder Repressivmaßregeln und eine öffentliche Gewalt nötig machen.

„Vereine werden dann auch in dieser Sache" (dem Eigentum) „die Mittel des Einzelnen multiplizieren und sein *angefochtenes* Eigentum *sicherstellen*" (garantieren also garantiertes Eigentum, also rechtliches Eigentum, also Eigentum, das Sancho nicht „unbedingt" besitzt, sondern vom „Verein" „zu Lehen trägt"). p. 342.

Mit den Eigentumsverhältnissen versteht sich dann, daß das ganze Zivilrecht wiederhergestellt wird, und Sancho selbst trägt z. B. die Lehre vom Vertrag ganz im Sinne der Juristen vor, wie folgt:

„Auch hat es Nichts zu sagen, wenn Ich selbst Mich um diese und jene Freiheit bringe, z. B. durch jeden *Kontrakt*." p. 409.

Und um die „angefochtenen" Kontrakte „sicherzustellen", wird es ebenfalls „Nichts zu sagen haben", wenn er sich wieder einem Gerichte und allen jetzigen Folgen eines Zivilprozesses zu unterwerfen hat.

So rücken wir „allgemach aus Dämmerung und Nacht" den bestehenden Verhältnissen wieder näher, nur den bestehenden Verhältnissen in der zwerghaften Vorstellung des deutschen Kleinbürgers.

Sancho gesteht:

„In bezug auf die Freiheit unterliegen Staat und Verein keiner wesentlichen Verschiedenheit. Der letztere kann ebensowenig entstehen und bestehen, ohne daß die Freiheit auf allerlei Art beschränkt werde, als der Staat mit ungemessener Freiheit sich verträgt. Beschränkung der Freiheit ist überall unabwendbar, denn man kann nicht Alles *loswerden;* man kann nicht gleich einem Vogel fliegen, bloß weil man so fliegen möchte etc. ... Der Unfreiheit und Unfreiwilligkeit wird der Verein noch genug enthalten, denn sein Zweck ist eben nicht die Freiheit, die er im Gegenteil der Eigenheit opfert, aber auch nur der *Eigenheit.*" p. 410, 411.

Abgesehen einstweilen von der komischen Distinktion zwischen Freiheit und Eigenheit, so hat Sancho seine „Eigenheit" in seinem Vereine durch die *ökonomischen* Einrichtungen schon geopfert, ohne es zu wollen. Als echter „Staatsgläubiger" sieht er erst da eine Beschränkung, wo die politischen Einrichtungen anfangen. Er läßt die alte Gesellschaft fortbestehen und mit ihr die Subsumtion der Individuen unter die Teilung der Arbeit; wobei er dann dem Schicksal nicht entgehen kann, von der Teilung der Arbeit und der ihm dadurch zugefallenen Beschäftigung und Lebenslage eine aparte „Eigenheit" sich vorschreiben zu lassen. Wird ihm z. B. das Los angewiesen, in Willenhall[142] als Schlossergesell zu arbeiten, so wird seine aufgedrungene „Eigenheit" in einer Verdrehung der Hüftknochen bestehen, die ihm ein „Hinterbein" verschafft; wird „das Titelgespenst seines Buchs"[143] als Throstlespinnerin[1] existieren müssen, so wird ihre „Eigenheit" in steifen Knien bestehen. Selbst wenn unser Sancho bei seinem alten Beruf des Fronbauers bleibt, den ihm schon Cervantes angewiesen hat und den er jetzt für seinen eignen Beruf erklärt, zu dem er sich beruft, so fällt ihm kraft der Teilung der Arbeit und der Trennung von Stadt und Land die „Eigenheit" zu, von allem Weltverkehr und folglich von aller Bildung ausgeschlossen ein bloßes Lokaltier zu werden.

So verliert Sancho im Verein seine Eigenheit malgré lui[2] durch die gesellschaftliche Organisation, wenn wir einmal ausnahmsweise die Eigenheit im Sinne von Individualität nehmen wollen. Daß er nun auch durch die politische Organisation seine Freiheit aufgibt,

---

[1] Ringspinnerin.
[2] gegen seinen Willen.

ist ganz konsequent und beweist nur noch deutlicher, wie sehr er den jetzigen Zustand im Verein sich anzueignen strebt.

Die wesentliche Verschiedenheit von Freiheit und Eigenheit bildet also den Unterschied zwischen dem jetzigen Zustande und dem „Verein". Wie wesentlich dieser Unterschied ist, haben wir bereits gesehen. Die Majorität seines Vereins wird sich ebenfalls an dieser Distinktion möglicherweise nicht stören, sondern das „Lossein" von ihr dekretieren, und wenn er sich dabei nicht beruhigt, wird sie ihm aus seinem eignen „Buche" beweisen, daß es erstens keine Wesen gibt, sondern Wesen und wesentliche Unterschiede „das Heilige" sind; zweitens, daß der Verein nach „der Natur der Sache" und „dem Begriff des Verhältnisses" gar nichts zu fragen hat, und drittens, daß sie keineswegs seine Eigenheit antastet, sondern nur seine Freiheit, sie zu äußern. Sie wird ihm vielleicht beweisen, wenn er „sich bestrebt, verfassungslos zu werden", daß sie nur seine Freiheit beschränkt, wenn sie ihn einsperrt, ihm Hiebe diktiert, ihm ein Bein ausreißt, daß er partout et toujours[1] „eigen" ist, solange er noch die Lebensäußerungen eines Polypen, einer Auster, ja eines galvanisierten Froschleichnams von sich zu geben vermag. Sie wird ihm für seine Arbeit eine „Preisbestimmung setzen", wie wir schon hörten, „eine wirkliche *freie*" (!) „Verwertung seines Eigentums nicht zulassen", da sie ihm hiermit die Freiheit, nicht die Eigenheit beschränkt; Dinge, die Sancho p. 338 dem Staate vorwirft. „Was soll also" der Fronbauer Sancho „anfangen? Auf sich halten und nach dem" Verein „nichts fragen". (ibid.) Sie wird ihm schließlich insinuieren, sooft er gegen die ihm gesetzte Schranke poltert, daß, solange er die Eigenheit hat, Freiheiten für Eigenheiten zu erklären, sie sich die Freiheit nimmt, seine Eigenheiten für Freiheiten anzusehen.

Wie oben der Unterschied zwischen menschlicher und einziger Arbeit nur eine kümmerliche Aneignung des Gesetzes von Nachfrage und Zufuhr war, so ist jetzt der Unterschied zwischen Freiheit und Eigenheit eine kümmerliche Aneignung des Verhältnisses von Staat und bürgerlicher Gesellschaft, oder, wie Herr Guizot sagt, der liberté individuelle[2] und des pouvoir public[3]. Dies ist so sehr der

---

[1] überall und immer.

[2] individuellen Freiheit.

[3] öffentlichen Gewalt.

420

Fall, daß er im Folgenden den Rousseau fast wörtlich abschreiben kann:

„Die Übereinkunft, der Jeder einen Teil seiner Freiheit opfern muß", geschieht „ganz und gar nicht um eines Allgemeinen oder auch nur um eines andern Menschen willen", sondern „Ich ging vielmehr nur auf sie ein aus *Eigennutz*. Was aber das Opfern betrifft, so opfere Ich doch wohl nur Dasjenige, was nicht in Meiner Gewalt steht, d. h. opfere gar Nichts." p. 418.

Diese Qualität teilt der mit sich einige Fronbauer mit jedem andern Fronbauer und überhaupt mit jedem Individuum, das je auf der Welt gelebt hat. Vergleiche auch Godwin, „Political Justice"[144]. — Sancho scheint, nebenbei bemerkt, die Eigenheit zu besitzen, zu glauben, bei Rousseau schlössen die Individuen den Vertrag dem Allgemeinen zuliebe, was Rousseau nie eingefallen ist.

Indessen Ein Trost ist ihm geblieben.

„Der Staat ist *heilig*... der Verein aber ist... *nicht* heilig. Und darin besteht „der große Unterschied zwischen Staat und Verein". p. 411.

Dieser ganze Unterschied läuft also darauf hinaus, daß der „Verein" der wirkliche moderne Staat und der „Staat" die Stirnersche Illusion vom preußischen Staat ist, den er für den Staat überhaupt versieht.

5. Empörung

Sancho traut seinen feinen Distinktionen zwischen Staat und Verein, heilig und nicht heilig, menschlich und einzig, Eigenheit und Freiheit usw. schließlich mit Recht so wenig, daß er zur ultima ratio[1] des mit sich einigen Egoisten seine Zuflucht nimmt — zur Empörung. Diesmal indes empört er sich nicht gegen sich selbst, wie er früher vorgab, sondern gegen den Verein. Wie er sich über alle Punkte erst im Verein klarzuwerden suchte, so auch hier mit der Empörung.

„Macht Mir's die Gemeinde nicht recht, so empöre Ich Mich gegen sie und verteidige Mein Eigentum." p. 343.

„Gedeiht" die Empörung nicht, so wird der Verein „ihn ausschließen (einsperren, verbannen usw.)". p. 256, 257.

Sancho sucht sich hier die droits de l'homme[2] von 1793, unter

---

[1] [zum] letzten Mittel.
[2] Menschenrechte.

denen auch das Recht der Insurrektion[145] aufgezählt wird, anzueignen, ein Menschenrecht, das natürlich bittere Früchte für den · trägt, der davon nach seinem „eignen" Sinn Gebrauch macht.

Der ganze Verein Sanchos läuft also auf Folgendes hinaus. Während er früher in der Kritik die bestehenden Verhältnisse nur nach der Seite der Illusion betrachtete, sucht er im Verein diese Verhältnisse ihrem wirklichen Inhalt nach kennenzulernen und diesen Inhalt gegen die früheren Illusionen geltend zu machen. Bei diesem Versuch mußte unser ignoranter Schulmeister natürlich mit Eklat scheitern. Er hat sich ausnahmsweise einmal bestrebt, sich „die Natur der Sache" und „den Begriff des Verhältnisses" anzueignen, aber es ist ihm nicht gelungen, irgendeiner Sache oder einem Verhältnis „den Geist der Fremdheit abzustreifen".

Nachdem wir jetzt den Verein in seiner wirklichen Gestalt kennenlernten, bleibt uns nur noch übrig, die schwärmerischen Vorstellungen, die Sancho sich von ihm macht, die Religion und Philosophie des Vereins, zu betrachten.

6. Religion und Philosophie des Vereins

Wir fangen hier wieder mit dem Punkte an, mit dem wir oben die Darstellung des Vereins eröffneten. Sancho gebraucht zwei Kategorien, Eigentum und Vermögen; die Illusionen über das Eigentum entsprechen hauptsächlich den gegebenen positiven Daten über das Grundeigentum, die über das Vermögen den Daten über die Organisation der Arbeit und das Geldwesen im „Verein".

A. Eigentum

p. 331. „Mir gehört die Welt."

Interpretation seiner Erbpacht an der Parzelle.

p. 343. „Ich bin Eigentümer von Allem, dessen Ich brauche",

eine beschönigende Umschreibung davon, daß seine Bedürfnisse seine Habe sind und daß das, was er als Fronbauer braucht, durch seine Verhältnisse bedingt ist. In derselben Weise behaupten Ökonomen, daß der Arbeiter Eigentümer von Allem ist, was er als Arbeiter braucht. Siehe die Entwicklung über das Minimum des Salärs bei Ricardo.[146]

p. 343. „Jetzt aber gehört Alles Mir."

Musikalischer Tusch zu seiner Lohntaxe, seiner Parzelle, seiner permanenten Geldklemme und seinem Ausgeschlossensein von Allem, wovon die „Sozietät" nicht will, daß er es allein besitze. Derselbe Satz findet sich p. 327 auch so ausgedrückt:

„Seine" (sc. des Andern) „Güter sind Mein, und Ich schalte damit als Eigentümer nach dem Maße Meiner Gewalt."

Dies hochtönende Allegro marciale[1] geht folgendermaßen in eine sanfte Kadenz über, in welcher es allmählich ganz auf den Hintern fällt — gewöhnliches Schicksal Sanchos:

p. 331: „Mir gehört die Welt. Sagt Ihr" (Kommunisten) „etwas Anderes mit dem umgekehrten Satze: *Allen* gehört die Welt? Alle sind Ich und wieder Ich usw." (z. B. „Robespierre z. B., Saint-Just usw.")

p. 415: „Ich bin Ich und Du bist Ich, aber ... dieses Ich, worin Wir alle gleich sind, ist nur Mein Gedanke — — eine Allgemeinheit" (das Heilige).

Die praktische Variation dieses Themas findet sich

p. 330, wo die „Einzelnen als eine Gesamtmasse" (d. h. Alle) dem „vereinzelten Einzelnen" (d. h. Ich im Unterschied von Alle) als regulierende Macht gegenübergestellt werden.

Diese Dissonanzen lösen sich also schließlich in den beruhigenden Schlußakkord auf, daß, was Ich nicht besitze, jedenfalls das Eigentum eines andern „Ich" ist. Das „Eigentum an Allem" ist hiermit nur die Interpretation davon, daß Jeder ein ausschließliches Eigentum besitzt.

p. 336. „Eigentum ist aber nur Mein Eigentum, wenn Ich dasselbe unbedingt innehabe. Als unbedingtes Ich habe Ich Eigentum, treibe freien Handel."

Wir wissen schon, daß, wenn die Handelsfreiheit und Unbedingtheit im Verein nicht respektiert wird, damit nur die Freiheit und nicht die Eigenheit angetastet wird. Das „unbedingte Eigentum" ist ein passendes Supplement zu dem „sichergestellten", garantierten Eigentum im Verein.

p. 342. „Nach der Meinung der Kommunisten soll die Gemeinde Eigentümerin sein. Umgekehrt, Ich bin Eigentümer und verständige Mich nur mit Anderen über Mein Eigentum."

---
[1] flotte Marschweise.

Nach p. 329 sahen wir, wie „sich die société¹ zur *Eigentümerin* macht", und nach p. 330, wie sie „die *Einzelnen* von *ihrem* Eigentum ausschließt". Überhaupt sahen wir das Stammlehnswesen, den rohesten Anfang des Lehnswesens, eingeführt. Nach p. 416 ist „Feudalwesen = Eigentumslosigkeit", weswegen nach ebenderselben Pagina „im Vereine und nur im Vereine das Eigentum anerkannt wird", und zwar aus dem zureichenden Grunde, „weil man das Seine von keinem Wesen mehr zum Lehen trägt". (ibid.) D. h., in dem bisherigen Lehnswesen war „das Wesen" der Lehnsherr, im Verein ist es die société. Woraus wenigstens soviel hervorgeht, daß Sancho ein „ausschließliches", aber keineswegs „sichergestelltes" Eigentum am „Wesen" der bisherigen Geschichte hat.

Im Zusammenhang mit p. 330, wonach jeder Einzelne von dem ausgeschlossen wird, wovon es der Sozietät nicht recht ist, daß er es allein besitzt, und mit dem Staats- und Rechtswesen des Vereins steht

p. 369: „Rechtliches und rechtmäßiges Eigentum eines Andern wird nur dasjenige sein, wovon Dir's recht ist, daß es sein Eigentum sei. Hört es auf, Dir recht zu sein, so hat es für Dich seine Rechtmäßigkeit eingebüßt, und das absolute Recht daran wirst Du verlachen."

Er dokumentiert hiermit das erstaunliche Faktum, daß das, was Rechtens im Verein ist, ihm nicht recht zu sein braucht – ein unbestreitbares Menschenrecht. Findet sich im Verein die Institution der altfranzösischen Parlamente, die Sancho ja so sehr liebt, so wird er sogar seinen zu Protokoll gegebenen Widerwillen auf dem Greffe² deponieren können und dabei den Trost behalten, daß „man nicht von Allem los sein kann".

Die bisherigen Sätze scheinen mit sich, untereinander und mit der Wirklichkeit des Vereins im Widerspruch zu stehen. Der Schlüssel zum Rätsel liegt indes in der schon angeführten juristischen Fiktion, daß da, wo er vom Eigentum Anderer ausgeschlossen wird, er sich bloß mit diesen Andern verständigt. Diese Fiktion wird in folgenden Sätzen näher ausgeführt:

p. 369. „Das nimmt ein Ende" (sc. der Respekt vor dem fremden Eigentum), „wenn Ich jenen Baum zwar einem Andern überlassen kann, wie Ich meinen Stock usw. einem Andern überlasse, aber nicht von vornherein ihn

---

¹ Gesellschaft.

² [auf der] Gerichtskanzlei.

424

Mir als fremd, d. h. heilig betrachte. Vielmehr ... er bleibt mein Eigentum, auf solange Ich ihn auch an Andre abtrete, er ist und bleibt Mein. In dem Vermögen des Bankiers *sehe* Ich Nichts Fremdes."

p. 328. „Vor Deinem und Eurem Eigentum trete Ich nicht scheu zurück, sondern *sehe* es stets als Mein Eigentum *an*, woran Ich Nichts zu respektieren brauche. Tut doch desgleichen mit dem, was Ihr Mein Eigentum nennt! Bei dieser *Ansicht* werden Wir uns am leichtesten miteinander verständigen."

Wenn Sancho nach den Statuten des Vereins „mit Kolben gelaust" wird, sobald er nach fremdem Eigentum zugreift, so wird er zwar behaupten, es sei seine „Eigenheit", lange Finger zu machen, aber der Verein wird dekretieren, Sancho habe sich nur eine „Freiheit" herausgenommen. Und wenn Sancho so „frei" ist, zuzugreifen, so hat der Verein die „Eigenheit", ihm dafür Hiebe zu diktieren.

Die Sache selbst ist die. Das bürgerliche, und zwar speziell das kleinbürgerliche und kleinbäuerliche Eigentum bleibt im Verein bestehen, wie wir sahen. Nur die *Interpretation*, die „*Ansicht*", ist eine verschiedene, weshalb auch Sancho den Akzent stets auf das „Ansehen" legt. Die „Verständigung" wird damit vollzogen, daß diese neue Philosophie des Ansehens beim ganzen Verein zu Ansehen kommt. Diese Philosophie besteht darin, daß erstens jedes Verhältnis, sei es durch ökonomische Bedingungen oder durch direkten Zwang herbeigeführt, für ein Verhältnis der „Verständigung" angesehen wird; zweitens, daß man sich einbildet, alles Eigentum Andrer sei ihnen von uns überlassen und bleibe ihnen nur solange, bis wir die Gewalt haben, es ihnen zu nehmen, und bekommen wir diese Gewalt nie, tant mieux[1]; drittens, daß Sancho und sein Verein sich in der Theorie die gegenseitige Respektslosigkeit garantieren, während in der Praxis der Verein vermittelst des Stockes sich mit Sancho „verständigt", und endlich, daß diese „Verständigung" eine bloße Phrase ist, da Jeder weiß, daß die Andern sie nur mit dem geheimen Vorbehalt eingegangen sind, sie bei der nächsten Gelegenheit wieder umzustoßen. Ich sehe in Deinem Eigentum nicht das Deine, sondern das Meine; da jedes Ich dies tut, so sehen sie das *Allgemeine* darin, wobei wir denn bei der moderndeutschphilosophischen Interpretation des gewöhnlichen, besondern und ausschließlichen Privateigentums angelangt sind.

Zu der Philosophie des Vereins über das Eigentum gehören u. a.

---

[1] um so besser.

auch noch folgende, aus dem System Sanchos hervorgehende Marotten:

p. 342, daß man durch die Respektlosigkeit im Verein Eigentum erwerben kann, p. 351, daß „Wir alle im Vollen sitzen" und Ich „nur zuzulangen habe, so gut Ich kann" — während doch der ganze Verein zu den sieben magern Kühen Pharaonis gehört, und endlich, daß Sancho „Gedanken hegt", die „in seinem Buche stehen", was p. 374 in der unvergleichlichen an sich gerichteten, den drei Heineschen Oden an Schlegel[147] nachgemachten Ode besungen wird: *„Du, der Du* solche Gedanken, wie sie in Deinem Buche stehen, hegst — Unsinn!" Dies ist die Hymne, die Sancho vorläufig sich selbst dekretiert und worüber sich später der Verein mit ihm „verständigen" wird.

Schließlich versteht es sich auch ohne „Verständigung", daß das Eigentum im außergewöhnlichen Verstande, von dem wir schon in der Phänomenologie sprachen, im Verein als „gangbares" und „kursierendes Eigentum" an Zahlungs Statt angenommen wird. Über die einfachen Tatsachen, z. B., daß Ich Mitgefühl hege, daß Ich mit Andern spreche, daß Mir ein Bein amputiert (resp. ausgerissen) wird, wird der Verein sich dahin verständlichen, daß „das Gefühl der Fühlenden auch das Meinige, ein Eigentum ist", p. 387; daß auch fremde Ohren und Zungen Mein Eigentum sind; daß auch mechanische Verhältnisse Mein Eigentum sind. So wird das Akkaparement im Verein hauptsächlich darin bestehen, daß alle Verhältnisse vermöge einer leichten Paraphrase in Eigentumsverhältnisse verwandelt werden. Diese neue Ausdrucksweise schon jetzt grassierender „Übelstände" ist ein „wesentliches Mittel oder Vermögen" im Verein und wird das bei dem „sozialen Talente" Sanchos unvermeidliche Defizit an Lebensmitteln glücklich decken.

B. Vermögen

p. 216: „Werde Jeder von Euch ein *allmächtiges Ich*!"
p. 353: „Denke auf die Vergrößerung Deines Vermögens!"
p. 420: „Haltet auf den Wert Eurer Gaben",
„Haltet sie im Preise",
„Laßt Euch nicht zwingen, unter dem Preise loszuschlagen",
„Laßt Euch nicht einreden, Eure Ware sei nicht preiswürdig",
„Macht Euch nicht zum Gespötte durch einen Spottpreis",
„Ahmt den Tapfern nach" etc.!

426

p. 420: „Verwertet Euer Eigentum!"
„Verwerte Dich!"

Diese Sittensprüchlein, die Sancho von einem andalusischen Schacherjuden gelernt hat, der seinem Sohne Lebens- und Handelsregeln gab, und die er jetzt aus seinem Schnappsack hervorlangt, bilden das Hauptvermögen des Vereins. Die Grundlage aller dieser Sätze ist der große Satz p. 351:

„Alles, was Du vermagst, ist Dein Vermögen."

Dieser Satz hat entweder keinen, d. h. einen bloß tautologischen Sinn oder einen Unsinn. Tautologie ist er, wenn er heißt: Was Du vermagst, vermagst Du. Unsinn ist er, wenn das Vermögen Nr. 2 Vermögen „im gewöhnlichen Verstand", Handelsvermögen, ausdrücken soll, und wenn also auf diese Etymologie basiert wird. Die Kollision besteht eben darin, daß meinem Vermögen etwas Anderes, als dies Vermögen leisten kann, zugemutet wird, z. B. von meinem Vermögen, Verse zu machen, verlangt wird, Geld aus diesen Versen zu machen. Man verlangt eben von meinem Vermögen etwas ganz Anderes als das eigentümliche Produkt dieses besondern Vermögens, nämlich ein von fremden, meinem Vermögen nicht unterworfenen Verhältnissen abhängiges Produkt. Diese Schwierigkeit soll im Verein durch etymologische Synonymik gelöst werden. Man sieht, wie unser egoistischer Schulmeister auf einen ansehnlichen Posten im Verein spekuliert. Übrigens ist diese Schwierigkeit nur scheinbar. Das gewöhnliche Kern- und Sittensprüchlein der Bourgeois: Anything is good to make money of[1], wird hier in Sanchos feierlicher Manier breitgetreten.

C. Moral, Verkehr, Exploitationstheorie

p. 352. „Egoistisch verfahrt Ihr, wenn Ihr einander weder als Inhaber noch als Lumpe oder Arbeiter achtet, sondern als einen Teil Eures Vermögens, als *brauchbare Subjekte*. Dann werdet Ihr weder dem Inhaber, Eigentümer für seine Habe etwas geben, noch Dem, der arbeitet, sondern allein Dem, den Ihr braucht. Brauchen Wir einen König? fragen sich die Nordamerikaner und antworten: Nicht einen Heller ist er und seine Arbeit Uns wert."

Dagegen wirft er p. 229 der „Bürgerperiode" vor:

„Statt Mich zu nehmen, wie Ich bin, sieht man lediglich auf Mein Eigentum, Meine Eigenschaften, und schließt mit Mir einen ehelichen[2] Bund, nur

---

[1] Aus allem, was es auch sei, kann man Geld machen.
[2] Bei Stirner: ehrlichen.

um Meines Besitztums willen. Man heiratet gleichsam, was Ich habe, nicht was Ich bin."

D. h. also, man nimmt bloß Rücksicht auf das, was Ich für den Andern bin, auf Meine Brauchbarkeit, man behandelt Mich als brauchbares Subjekt. Sancho spuckt der „Bürgerperiode" in die Suppe, um sie im Verein ganz allein auszufressen.

Wenn die Individuen der heutigen Gesellschaft einander als Inhaber, als Arbeiter, und, wenn Sancho will, als Lumpe achten, so heißt das ja weiter Nichts, als daß sie sich als brauchbare Subjekte behandeln, ein Faktum, das nur ein so unbrauchbares Individuum wie Sancho in Zweifel zu ziehen vermag. Der Kapitalist, der den Arbeiter „als Arbeiter achtet", nimmt nur deshalb Rücksicht auf ihn, weil er Arbeiter braucht; der Arbeiter macht es ebenso mit dem Kapitalisten; wie denn auch die Amerikaner nach Sanchos Meinung (er möge uns anzeigen, welcher Quelle er dies historische Faktum entnommen) *deswegen* keinen König *brauchen*, weil sie ihn nicht *als Arbeiter* brauchen. Sancho hat sein Beispiel wieder mit seinem gewöhnlichen Ungeschick gewählt, indem es gerade das Gegenteil von dem beweisen soll, was es wirklich beweist.

p. 395. „Du bist für Mich Nichts als eine Speise, gleichwie auch Ich von Dir verspeiset und verbraucht werde. Wir haben zueinander nur Eine Beziehung: die der Brauchbarkeit, der Nutzbarkeit, des Nutzens."

p. 416. „Es ist Keiner für Mich eine Respektsperson, auch der Mitmensch nicht, sondern lediglich wie andre *Wesen*" (!) „ein *Gegenstand*, für den Ich Teilnahme habe oder auch nicht, ein interessanter oder uninteressanter Gegenstand, ein brauchbares oder unbrauchbares Subjekt."

Das Verhältnis der „Brauchbarkeit", welches im Verein die *einzige* Beziehung der Individuen aufeinander sein soll, wird sogleich wieder paraphrasiert in das gegenseitige „*Verspeisen*". Die „vollendeten Christen" des Vereins verzehren natürlich auch ein Abendmahl, nur nicht miteinander, sondern aneinander.

Wie sehr diese Theorie der wechselseitigen Exploitation, die Bentham bis zum Überdruß ausführte, schon im Anfange dieses Jahrhunderts als eine Phase des vorigen aufgefaßt werden konnte, beweist Hegel in der „Phänomenologie". Siehe daselbst das Kapitel „Der Kampf der Aufklärung mit dem Aberglauben", wo die Brauchbarkeitstheorie als das letzte Resultat der Aufklärung dargestellt wird. Die scheinbare Albernheit, welche alle die mannigfaltigen Verhältnisse der Menschen zueinander in das *Eine* Verhältnis der Brauchbarkeit auflöst, diese scheinbar metaphysische Abstraktion geht daraus hervor, daß innerhalb der modernen bürgerlichen Gesellschaft alle Verhältnisse unter das Eine abstrakte Geld- und Schacherverhältnis praktisch subsumiert sind. Diese Theorie kam auf mit Hobbes und Locke, gleichzeitig mit der ersten und zweiten englischen Revolution, den ersten Schlägen, wodurch die Bourgeoisie sich politische Macht eroberte. Bei ökonomischen Schriftstellern ist sie natürlich schon früher stillschweigende Voraussetzung. Die eigentliche Wissenschaft dieser Nützlichkeitstheorie ist die Ökonomie; in den Physiokraten[89] erhält sie ihren wahren Inhalt, da diese zuerst die Ökonomie systematisch zusammenfassen. Schon bei Helvétius und Holbach findet sich eine Idealisierung dieser Lehre, die ganz der oppositionellen Stellung der französischen Bourgeoisie vor der Revolution entspricht. Bei Holbach wird alle Betätigung der Individuen durch ihren gegenseitigen Verkehr als Nützlichkeits- und Benutzungsverhältnis dargestellt, z. B. Sprechen, Lieben etc. Die wirklichen Verhältnisse, die hier vorausgesetzt werden, sind also Sprechen, Lieben, bestimmte Betätigungen bestimmter Eigenschaften der Individuen. Diese Verhältnisse sollen nun nicht die ihnen *eigentümliche* Bedeutung haben, sondern der Ausdruck und die Darstellung eines dritten, ihnen untergeschobenen Verhältnisses sein, des *Nützlichkeits- oder Benutzungsverhältnisses*. Diese *Umschreibung* hört erst dann auf, sinnlos und willkürlich zu sein, sobald jene Verhältnisse den Individuen nicht ihrer selbst wegen gelten, nicht als Selbstbetätigung, sondern vielmehr als Verkleidungen keineswegs der Kategorie Benutzung, sondern eines wirklichen dritten Zwecks und Verhältnisses, welches Nützlichkeitsverhältnis heißt.

Die Maskerade in der Sprache hat nur dann einen Sinn, wenn sie der unbewußte oder bewußte Ausdruck einer wirklichen Maskerade ist. In diesem Falle hat das Nützlichkeitsverhältnis einen ganz bestimmten Sinn, nämlich den, daß ich mir dadurch nütze, daß ich einem Andern Abbruch tue (exploitation de l'homme par l'homme[1]); in diesem Falle ist ferner der Nutzen, den ich aus einem Verhältnisse ziehe, diesem Verhältnisse überhaupt fremd, wie wir oben beim Vermögen sahen, daß von jedem Vermögen ein ihm fremdes Produkt verlangt wird, eine Beziehung, die durch die gesellschaft-

---

[1] Ausbeutung des Menschen durch den Menschen.

lichen Verhältnisse bestimmt ist — und diese ist eben die Nützlichkeitsbeziehung. Dies Alles ist wirklich bei dem Bourgeois der Fall. Ihm gilt nur *ein* Verhältnis um seiner selbst willen, das Exploitationsverhältnis; alle andern Verhältnisse gelten ihm nur so weit, als er sie unter dies eine Verhältnis subsumieren kann, und selbst wo ihm Verhältnisse vorkommen, die sich dem Exploitationsverhältnis nicht direkt unterordnen lassen, subordiniert er sie ihm wenigstens in der Illusion. Der materielle Ausdruck dieses Nutzens ist das Geld, der Repräsentant der Werte aller Dinge, Menschen und gesellschaftlichen Verhältnisse. Im Übrigen sieht man auf den ersten Blick, daß aus den wirklichen Verkehrsbeziehungen, in denen ich zu andern Menschen stehe, keineswegs aber aus Reflexion und bloßem Willen, erst die Kategorie „Benutzen" abstrahiert wird und dann umgekehrt jene Verhältnisse für die Wirklichkeit dieser aus ihnen selbst abstrahierten Kategorie ausgegeben werden, eine ganz spekulative Methode zu verfahren. Ganz in derselben Weise und mit demselben Rechte hat Hegel aller Verhältnisse als Verhältnisse des objektiven Geistes dargestellt, Holbachs Theorie ist also die historisch berechtigte, philosophische Illusion über die eben in Frankreich aufkommende Bourgeoisie, deren Exploitationslust noch ausgelegt werden konnte als Lust an der vollen Entwicklung der Individuen in einem von den alten feudalen Banden befreiten Verkehr. Die Befreiung auf dem Standpunkte der Bourgeoisie, die Konkurrenz, war allerdings für das achtzehnte Jahrhundert die einzig mögliche Weise, den Individuen eine neue Laufbahn freierer Entwicklung zu eröffnen. Die theoretische Proklamation des dieser Bourgeoispraxis entsprechenden Bewußtseins, des Bewußtseins der wechselseitigen Exploitation als des allgemeinen Verhältnisses aller Individuen zueinander, war ebenfalls ein kühner und offner Fortschritt, eine profanierende *Aufklärung* über die politische, patriarchalische, religiöse und gemütliche Verbrämung der Exploitation unter der Feudalität; eine Verbrämung, die der damaligen Form der Exploitation entsprach und namentlich von den Schriftstellern der absoluten Monarchie systematisiert worden war.

Selbst wenn Sancho in seinem „Buche" dasselbe getan hätte, was Helvétius und Holbach im vorigen Jahrhundert taten, so wäre der Anachronismus immer noch lächerlich. Aber wir sahen, wie er [a]n die Stelle des tätigen Bourgeoisegoismus einen rodomontierenden, mit sich ei[ni]gen Egoismus setzte. Sein einziges Ver[die]nst hat er wider seinen Willen und ohne es zu wissen: das Verdienst, der Ausdruck der deutschen Kleinbürger von heute zu sein, die danach trachten, Bourgeois zu werden. Es war ganz in der Ordnung, daß, so kleinlich, zaghaft und befangen diese Bürger praktisch auftreten, ebenso marktschreierisch, bramarbasierend und vorwitzig „der Einzige" unter ihren philosophischen Repräsentanten in die Welt hinaus renommierte; es paßt ganz zu den Verhältnissen dieser Bürger, daß sie von ihrem theoretischen Maulhelden Nichts wissen wollen und er Nichts von ihnen weiß, daß sie miteinander uneinig sind und er den mit sich einigen Egoismus predigen muß; Sancho sieht jetzt vielleicht, durch welche Nabelschnur *sein* „Verein" mit dem Zollverein[148] zusammenhängt.

Die Fortschritte der Nützlichkeits- und Exploitationstheorie, ihre verschiedenen Phasen hängen genau zusammen mit den verschiedenen Entwicklungsepochen der Bourgeoisie. Bei Helvétius und Holbach war sie dem wirklichen Inhalt nach nie weit darüber hinausgekommen, die Ausdrucksweise der Schriftsteller aus der Zeit der absoluten Monarchie zu umschreiben. Es war eine andere Ausdrucksweise, mehr der Wunsch, alle Verhältnisse auf das Exploitationsverhältnis zurückzuführen, den Verkehr aus den materiellen Bedürfnissen und den Weisen ihrer Befriedigung zu erklären, als die Tat selbst. Die Aufgabe war gestellt. Hobbes und Locke hatten sowohl die frühere Entwicklung der holländischen Bourgeoisie (sie lebten Beide eine Zeitlang in Holland) wie die ersten politischen Aktionen, durch welche die Bourgeoisie in England aus der lokalen und provinziellen Beschränkung heraustrat, und eine schon relativ entwickelte Stufe der Manufaktur, des Seehandels und der Kolonisation vor Augen: besonders Locke, der gleichzeitig mit der ersten Periode der englischen Ökonomie, mit dem Entstehen der Aktiengesellschaften, der englischen Bank und der Seeherrschaft Englands schrieb. Bei ihnen, und namentlich bei Locke, ist die Exploitationstheorie noch unmittelbar mit ökonomischem Inhalt verbunden.

Helvétius und Holbach hatten außer der englischen Theorie und der bisherigen Entwicklung der holländischen und englischen Bourgeoisie die um ihre freie Entfaltung noch kämpfende französische Bourgeoisie vor sich. Der allgemeine kommerzielle Geist des achtzehnten Jahrhunderts hatte namentlich in Frankreich in der Form der Spekulation alle Klassen ergriffen. Die Finanzverlegenheiten der Regierung und die daraus entspringenden Debatten über die Besteuerung beschäftigten schon damals ganz Frankreich. Dazu kam, daß Paris im achtzehnten Jahrhundert die einzige Weltstadt war, die einzige Stadt, in welcher ein persönlicher Verkehr von Individuen aller Nationen stattfand. Diese Prämissen, zusammen mit dem universelleren Charakter der Franzosen überhaupt, gaben der Theorie von Helvétius und Holbach die eigentümliche allgemeine Färbung, nahmen ihr aber zugleich den noch bei den Engländern vorfindlichen positiven ökonomischen Inhalt. Die Theorie, die bei den Engländern noch einfache Konstatierung einer Tatsache war, wird bei den Franzosen zu einem philosophischen System. Diese des positiven Inhalts beraubte Allgemeinheit, wie sie in Helvétius und Holbach hervortritt, ist wesentlich verschieden von der inhaltsvollen Totalität, die erst bei Bentham und Mill sich findet. Die erstere entspricht der kämpfenden, noch unentwickelten Bourgeoisie, die zweite der herrschenden, entwickelten.

Der von Helvétius und Holbach vernachlässigte Inhalt der Exploitationstheorie wurde gleichzeitig mit Letzterem von den Physiokraten entwickelt und systematisiert; da ihnen aber die unentwickelten ökonomischen Verhältnisse Frankreichs zugrunde lagen, wo der den Grundbesitz zur Hauptsache machende Feudalismus noch ungebrochen war, so blieben sie insofern in der feudalistischen Anschauungsweise befangen, daß sie den Grundbesitz und die Agrikulturarbeit für diejenige [Produktivkraft] erklärten, welche die ganze Gestaltung der Gesellschaft bedingt.

Die weitere Entwicklung der Exploitationstheorie ging in England durch Godwin, besonders aber durch Bentham vor sich, der den von den Franzosen vernachlässigten ökonomischen Inhalt nach und nach wieder hereinnahm, je weiter sich die Bourgeoisie, sowohl in England wie in Frankreich, durchsetzte. Godwins „Political Justice" wurde während der Schreckensperiode, die Hauptwerke Benthams während und seit der französischen Revolution und der Entwicklung der großen Industrie in England geschrieben. Die vollständige Vereinigung der Nützlichkeitstheorie mit der Ökonomie finden wir endlich bei Mill.

Die Ökonomie, die früher entweder von Finanzmännern, Bankiers und Kaufleuten, also überhaupt von Leuten, die unmittelbar mit ökonomischen Verhältnissen zu tun hatten, oder von allgemein gebildeten Männern wie Hobbes, Locke, Hume behandelt wurde, für die sie als ein Zweig des enzyklopädischen Wissens Bedeutung hatte — die Ökonomie wurde erst durch die Physiokraten zu einer besondern Wissenschaft erhoben und seit ihnen als eine solche behandelt. Als besondere Fachwissenschaft nahm sie die übrigen, politischen, juristischen etc. Verhältnisse so weit in sich auf, daß sie diese Verhältnisse auf ökonomische reduzierte. Sie hielt aber diese Subsumtion aller Verhältnisse unter sich nur für eine Seite dieser Verhältnisse und ließ ihnen damit im Übrigen auch eine selbständige Bedeutung außer der Ökonomie. Die vollständige Subsumtion aller existierenden Verhältnisse unter das Nützlichkeitsverhältnis, die unbedingte Erhebung dieses Nützlichkeitsverhältnisses zum einzigen Inhalt aller übrigen, finden wir erst bei Bentham, wo nach der französischen Revolution und der Entwicklung der großen Industrie die Bourgeoisie nicht mehr als eine besondre Klasse, sondern als die Klasse auftritt, deren Bedingungen die Bedingungen der ganzen Gesellschaft sind.

Nachdem die sentimentalen und moralischen Paraphrasen, die bei den Franzosen den ganzen Inhalt der Nützlichkeitstheorie bildeten, erschöpft waren, blieb für eine fernere Ausbildung dieser Theorie nur noch die Frage übrig, wie die Individuen und Verhältnisse zu benutzen, zu exploitieren seien. Die Antwort auf diese Frage war inzwischen in der Ökonomie schon gegeben worden; der einzig mögliche Fortschritt lag in dem Hereinnehmen des ökonomischen Inhalts. Bentham vollzog diesen Fortschritt. In der Ökonomie aber war es schon ausgesprochen, daß die hauptsächlichen Verhältnisse der Exploitation unabhängig von dem Willen der Einzelnen durch die Produktion im Ganzen und Großen bestimmt und von den einzelnen Individuen fertig vorgefunden werden. Es blieb also für die Nützlichkeitstheorie kein anderes Feld der Spekulation als die Stellung der Einzelnen zu diesen großen Verhältnissen, die Privat-Exploitation einer vorgefundenen Welt durch die einzelnen Individuen. Hierüber hat Bentham und seine Schule lange moralische Reflexionen angestellt. Die ganze Kritik der bestehenden Welt durch die Nützlichkeitstheorie erhielt hierdurch ebenfalls einen beschränkten Gesichtskreis. In den Bedingungen der Bourgeoisie befangen, blieben ihr zur Kritik nur diejenigen Verhältnisse, die aus einer früheren Epoche überkommen waren und der Entwicklung der Bourgeoisie im Wege standen. Die Nützlichkeitstheorie entwickelt daher allerdings den Zusammenhang sämtlicher bestehenden Verhältnisse mit ökonomischen, aber nur auf eine beschränkte Weise.

Die Nützlichkeitstheorie hatte von vornherein den Charakter der Gemeinnützlichkeitstheorie; dieser Charakter wurde jedoch erst inhaltsvoll mit dem Hereinnehmen der ökonomischen Verhältnisse, speziell der Teilung der Arbeit und des Austausches. In der Teilung der Arbeit wird die Privattätigkeit des Einzelnen gemeinnützlich; die Gemeinnützlichkeit Benthams reduziert sich auf dieselbe Gemeinnützlichkeit, die überhaupt in der Konkurrenz geltend gemacht wird. Durch das Hereinziehen der ökonomischen Verhältnisse von Grundrente, Profit und Arbeitslohn kamen die bestimmten Exploitationsverhältnisse der einzelnen Klassen herein, da die Art der Exploitation von der Lebensstellung des Exploitierenden abhängt. Bis hieher konnte die Nützlichkeitstheorie sich an bestimmte gesellschaftliche Tatsachen anschließen; ihr weiteres Eingehen auf die Art der Exploitation verläuft sich in Katechismusphrasen.

Der ökonomische Inhalt verwandelte die Nützlichkeitstheorie allmählich in eine bloße Apologie des Bestehenden, in den Nachweis, daß unter den existierenden Bedingungen die jetzigen Verhältnisse der Menschen zueinander die vorteilhaftesten und gemeinnützlichsten seien. Diesen Charakter trägt sie bei allen neueren Ökonomen.

Während so die Nützlichkeitstheorie wenigstens den Vorzug hatte, den Zusammenhang aller bestehenden Verhältnisse mit den ökonomischen Grundlagen der Gesellschaft anzudeuten, hat sie bei Sancho allen positiven Inhalt verloren, abstrahiert von allen wirklichen Verhältnissen und beschränkt sich auf die bloße Illusion des einzelnen Bürgers über seine „Gescheitheit", mit der er die Welt zu exploitieren glaubt. Übrigens läßt sich Sancho nur an sehr wenigen Stellen auf die Nützlichkeitstheorie selbst in dieser verdünnten Gestalt ein; der mit sich einige Egoismus, d. h. die Illusion über diese Illusion des Kleinbürgers, erfüllt fast das ganze „Buch", wie wir gesehen haben. Und selbst diese wenigen Stellen löst Sancho schließlich, wie sich zeigen wird, in blauen Dunst auf.

D. Religion

„In dieser Gemeinsamkeit" (sc. mit andern Leuten) „*sehe* Ich durchaus nichts Anderes als eine Multiplikation Meiner Macht, und nur solange sie Meine vervielfachte Kraft ist, behalte Ich sie bei." p. 416.

„Ich *demütige* Mich vor keiner Macht mehr und *erkenne*, daß alle Mächte nur Meine Macht sind, die ich sogleich zu unterwerfen habe, wenn sie eine Macht gegen oder über Mich zu werden drohen; jede derselben *darf* nur eins *Meiner Mittel* sein, Mich durchzusetzen."

Ich „*sehe an*", ich „*erkenne*", ich „*habe* zu unterwerfen", die Macht „*darf* nur eins Meiner Mittel sein". Was diese moralischen Forderungen zu bedeuten haben und wie sehr sie der Wirklichkeit entsprechen, hat sich uns beim „Verein" selbst gezeigt. Mit dieser Illusion von seiner Macht hängt denn auch genau die andre zusammen, daß im Verein „die Substanz" (siehe „Humaner Liberalismus") vernichtet wird und die Verhältnisse der Vereinsglieder nie eine feste Gestalt gegenüber den einzelnen Individuen gewinnen.

„Der Verein, die Vereinigung, diese stets flüssige Vereinigung Alles Bestandes... Allerdings entsteht auch durch Verein eine Gesellschaft, aber nur, wie durch einen Gedanken eine fixe Idee entsteht... Hat sich ein Verein zur Gesellschaft kristallisiert, so hat er aufgehört, eine Vereinigung zu sein; denn Vereinigung ist ein unaufhörliches Sich-Vereinigen; er ist zu einem Vereinigtsein geworden, der Leichnam des Vereins oder der Vereinigung — Gesellschaft... Den Verein hält weder ein natürliches noch ein geistiges Band zusammen." p. 294, 408, 416.

Was das „natürliche Band" anbetrifft, so existiert das trotz Sanchos „Widerwillen" in der Fronbauerwirtschaft und Organisation der Arbeit etc. im Verein, ebenso das „geistige Band" in der Sanchoschen Philosophie. Im Übrigen brauchen wir nur auf das zu verweisen, was wir mehrmals und noch beim Verein über die auf der Teilung der Arbeit beruhende Verselbständigung der Verhältnisse gegenüber den Individuen gesagt haben.

„Kurz, die Gesellschaft ist *heilig*, der Verein ist Dein *eigen*: die Gesellschaft verbraucht Dich, den Verein verbrauchst Du" usw. p. 418.

E. Nachträgliches zum Verein

Während wir bisher keine andre Möglichkeit sahen, in den „Verein" zu kommen, als durch die Empörung, erfahren wir jetzt aus dem Kommentar, daß der „Verein von Egoisten" bereits „zu Hunderttausenden" von Exemplaren existiert als eine Seite der bestehenden bürgerlichen Gesellschaft und uns auch ohne alle Empörung und jeden „Stirner" zugänglich ist. Sancho zeigt uns dann

„solche Vereine im Leben. Faust befindet sich mitten in solchen Vereinen, als er ausruft: Hier bin ich *Mensch*" (!), „hier darf ich's sein[149] — Goethe gibt's hier sogar schwarz auf weiß" („aber Humanus heißt der Heilige, s. Goethe"[150], vgl. „das Buch") ... „Sähe Heß das wirkliche Leben aufmerksam an, so würde er Hunderttausende von solchen teils schnell vorübergehenden, teils dauernden egoistischen Vereinen vor Augen haben."

Sancho läßt dann vor Heß' Fenster „Kinder" zum Spielen zusammenlaufen, „ein paar gute Bekannte" ihn ins Wirtshaus abnehmen und ihn mit seiner „Geliebten" sich vereinigen.

„Freilich wird Heß es diesen trivialen Beispielen nicht ansehen, wie inhaltsschwer und wie himmelweit verschieden sie von den heiligen Gesellschaften, ja von der brüderlichen, menschlichen Gesellschaft der heiligen Sozialisten sind." (Sancho contra Heß, Wigand, p. 193, 194.)

Ebenso ist schon p. 305 „des Buchs" „die Vereinigung zu materiellen Zwecken und Interessen" als freiwilliger Verein von Egoisten zu Gnaden angenommen worden.

Der Verein reduziert sich hier also einerseits auf die Bourgeoisassoziationen und Aktiengesellschaften, andererseits auf die Bürgerressourcen[1], Picknicks usw. Daß die ersteren ganz der *gegenwärtigen Epoche* angehören, ist bekannt, und daß die letzteren nicht minder, ist ebenfalls bekannt. Sancho möge sich die „Vereine" einer früheren Epoche, etwa der Feudalzeit, oder die anderer Nationen, etwa die der Italiener, Engländer etc. bis auf die Kinder herab, ansehen, um den Unterschied kennenzulernen. Er bestätigt durch diese neue Interpretation des Vereins nur seinen eingerosteten Konservatismus. Sancho, der die ganze bürgerliche Gesellschaft in sein vorgebliches neues Institut aufnahm, soweit sie ihm angenehm war, Sancho beteuert hier nachträglich nur, daß man in seinem Verein sich auch amüsieren, und zwar ganz in hergebrachter Weise amüsieren wird. Welche unabhängig von ihm existierenden Verhältnisse ihn in den Stand oder außer Stand setzen, „ein paar gute Bekannte in ein Weinhaus zu begleiten", daran denkt unser Bonhomme natürlich nicht.

Die hier nach Berliner Hörensagen verstirnerte Idee, die ganze Gesellschaft in freiwillige Gruppen aufzulösen, gehört Fourier an.[151] Aber bei Fourier hat diese Anschauung eine totale Umgestal-

---

[1] Name geselliger Vereine.

tung der Gesellschaft zur Voraussetzung und basiert auf der Kritik der bestehenden, von Sancho so bewunderten „Vereine" und ihrer ganzen Langweiligkeit. Fourier schildert diese Erheiterungsversuche von heute im Zusammenhange mit den bestehenden Produktions- und Verkehrsverhältnissen und polemisiert gegen sie; Sancho, weit entfernt, sie zu kritisieren, will sie mit Haut und Haaren in sein neues Beglückungsinstitut der „Verständigung" verpflanzen und beweist dadurch nur noch einmal, wie sehr er in der bestehenden bürgerlichen Gesellschaft befangen ist.

Schließlich hält Sancho noch folgende oratio pro domo[1], d. h. für den „Verein":

„Ist ein Verein, in welchem sich die Meisten um ihre natürlichsten und offenbarsten Interessen prellen lassen, ein Verein von Egoisten? Haben sich da Egoisten vereint, wo Einer des Andern Sklav oder Leibeigner ist? ... Gesellschaften, in welchen die Bedürfnisse der Einen auf Kosten der Andern befriedigt werden, in denen z. B. die Einen das Bedürfnis der Ruhe dadurch befriedigen können, daß die Andern bis zur Erschlaffung arbeiten müssen... Heß ... identifiziert... diese seine ‚egoistischen Vereine' mit dem *Stirner*schen Verein von Egoisten." [Wigand,] p. 192. 193.

Sancho spricht also den frommen Wunsch aus, daß in seinem auf der gegenseitigen Exploitation beruhenden Verein alle Mitglieder gleich mächtig, pfiffig etc. etc. sein möchten, damit Jeder die Andern gerade soweit exploitiert, als er von ihnen exploitiert wird, und damit Keiner um seine „natürlichsten und offenbarsten Interessen" „geprellt" wird oder seine „Bedürfnisse auf Kosten der Andern befriedigen" kann. Wir bemerken hier, daß Sancho „natürliche und offenbare Interessen" und „Bedürfnisse" Aller — also *gleiche* Interessen und Bedürfnisse anerkennt. Wir erinnern uns ferner zugleich der p. 456 des Buchs, wonach „die Übervorteilung" ein „vom Zunftgeist eingepredigter moralischer Gedanke" ist, und einem Menschen, der eine „weise Erziehung" genossen hat, bleibt sie „fixe Idee, gegen die keine Gedankenfreiheit schützt". Sancho „hat seine Gedanken von oben und bleibt dabei". (ibid.) Diese gleiche Macht aller ist nach seiner Forderung, daß Jeder „*allmächtig*", d. h., daß Alle gegeneinander *ohnmächtig* werden sollen, ein ganz konsequentes Postulat und fällt zusammen mit dem gemütlichen Verlangen des Kleinbürgers nach einer Welt des Schachers, in der Jeder seinen Vorteil findet. Oder aber unser Heiliger setzt urplötzlich eine

---
[1] wörtlich: Rede für das eigene Haus; hier: im eigenen Interesse.

Gesellschaft voraus, in der Jeder seine Bedürfnisse ungehindert befriedigen kann, ohne dies „auf Kosten Andrer" zu tun, und in diesem Falle wird die Exploitationstheorie wieder zu einer sinnlosen Paraphrase für die wirklichen Verhältnisse der Individuen zueinander.

Nachdem Sancho in seinem „Verein" die Andern „verzehrt" und verspeist und damit den Verkehr mit der Welt in den Verkehr mit sich verwandelt hat, geht er von diesem indirekten zum direkten Selbstgenuß über, indem er sich selber verspeist.

C. Mein Selbstgenuß

Die *Philosophie*, welche das Genießen predigt, ist in Europa so alt wie die kyrenäische Schule[152]. Wie im Altertum die *Griechen*, sind unter den Neueren die *Franzosen* die Matadore in dieser Philosophie, und zwar aus demselben Grunde, weil ihr Temperament und ihre Gesellschaft sie am meisten zum Genießen befähigte. Die Philosophie des Genusses war nie etwas andres als die geistreiche Sprache gewisser zum Genuß privilegierter gesellschaftlicher Kreise. Abgesehen davon, daß die Weise und der Inhalt ihres Genießens stets durch die ganze Gestalt der übrigen Gesellschaft bedingt war und an allen ihren Widersprüchen litt, wurde diese Philosophie zur reinen *Phrase*, sobald sie einen allgemeinen Charakter in Anspruch nahm und sich als die Lebensanschauung der Gesellschaft im Ganzen proklamierte. Sie sank hier herab zur erbaulichen Moralpredigt, zur sophistischen Beschönigung der vorhandenen Gesellschaft, oder sie schlug in ihr Gegenteil um, indem sie eine unfreiwillige Askese für Genuß erklärte.

Die Philosophie des Genusses kam auf in der neueren Zeit mit dem Untergange der Feudalität und der Umwandlung des feudalen Landadels in den lebenslustigen und verschwenderischen Hofadel unter der absoluten Monarchie. Bei diesem Adel hat sie noch mehr die Gestalt unmittelbarer naiver Lebensanschauung, die ihren Ausdruck in Memoiren, Gedichten, Romanen pp. erhält. Zur eigentlichen Philosophie wird sie erst unter den Händen einiger Schriftsteller der revolutionären Bourgeoisie, die einerseits an der Bildung und Lebensweise des Hofadels teilnahmen und anderseits die auf den allgemeinen Bedingungen der Bourgeoisie beruhende allgemeinere Anschauungsweise dieser Klasse teilten. Sie wurde deshalb von beiden Klassen, obwohl von ganz verschiedenen Gesichtspunkten aus, akzeptiert. War beim Adel diese Sprache noch ganz auf den Stand und die Lebensbedingungen des Standes beschränkt, so wurde sie von der Bourgeoisie verallgemeinert und an jedes Individuum ohne Unterschied gerichtet, so daß von den Lebensbedingungen dieser Individuen abstrahiert und die Genußtheorie dadurch in eine fade und heuchlerische Moraldoktrin verwandelt wurde. Als die weitere Entwicklung den Adel gestürzt und die Bourgeoisie mit ihrem Gegensatz, dem Proletariat, in Konflikt gebracht hatte, wurde der Adel devot-religiös und die Bourgeoisie feierlich-moralisch und streng in ihren Theorien, oder verfiel in die oben angedeutete Heuchelei, obwohl der Adel in der Praxis keineswegs aufs Genießen verzichtete und der Genuß bei der Bourgeoisie sogar eine offizielle ökonomische Form annahm — als *Luxus*.

Der Zusammenhang des Genießens der Individuen jeder Zeit mit den Klassenverhältnissen und den sie erzeugenden Produktions- und Verkehrsbedingungen, in denen sie leben, die Borniertheit des bisherigen, außer dem wirklichen Lebensinhalt der Individuen und zu ihm in Gegensatz stehenden Genießens, der Zusammenhang jeder Philosophie des Genießens mit dem ihr vorliegenden wirklichen Genießen und die Heuchelei einer solchen Philosophie, die sich an alle Individuen ohne Unterschied richtet, konnte natürlich erst aufgedeckt werden, als die Produktions- und Verkehrsbedingungen der bisherigen Welt kritisiert werden konnten, d. h. als der Gegensatz zwischen Bourgeoisie und Proletariat kommunistische und sozialistische Anschauungen erzeugt hatte. Damit war aller Moral, sei sie Moral der Askese oder des Genusses, der Stab gebrochen.

Unser fader, moralischer Sancho glaubt natürlich, wie aus dem ganzen Buche hervorgeht, es komme nur auf eine andere Moral, auf eine ihm neu scheinende Lebensanschauung, auf das „Sich-aus-dem-Kopf-Schlagen" einiger „fixen Ideen" an, damit Alle ihres Lebens froh werden, das Leben genießen können. Das Kapitel vom Selbstgenuß könnte also höchstens unter einer neuen Etikette dieselben Phrasen und Sentenzen wiederbringen, die er schon so oft sich den „Selbstgenuß" machte, uns zu predigen. Das einzig Originelle darin beschränkt sich auch darauf, daß er allen Genuß *verhimmelt*

439

und philosophisch verdeutscht, indem er ihm den Namen „*Selbstgenuß*" gibt. Wenn die französische Genußphilosophie des achtzehnten Jahrhunderts wenigstens ein vorhandenes heiteres und keckes Leben in geistreicher Form schilderte, so beschränkt sich Sanchos ganze Frivolität auf Ausdrücke wie „Verzehren", „Vertun", auf Bilder wie „das Licht" (soll heißen die Kerze) und auf naturwissenschaftliche Erinnerungen, die entweder auf belletristischen Unsinn, wie daß die Pflanze „Luft des Äthers einsaugt", daß „die Singvögel Käfer schlucken", oder auf Falsa auslaufen, z. B. daß eine Kerze sich selbst verbrennt. Dagegen genießen wir hier wieder den ganzen feierlichen Ernst gegen „das Heilige", von dem wir hören, daß es in seiner Gestalt als „Beruf—Bestimmung—Aufgabe", „Ideal", den Menschen bisher ihren Selbstgenuß versalzen hat. Ohne im übrigen auf die mehr oder weniger schmutzigen Formen einzugehen, in denen das Selbst im „Selbstgenuß" mehr als eine Phrase sein kann, müssen wir dem Leser nochmals die Machinationen Sanchos gegen das Heilige, mit den geringen Modulationen dieses Kapitels, in aller Kürze vorführen.

„Beruf, Bestimmung, Aufgabe, Ideal" sind, um dies kurz zu wiederholen, entweder

1. die Vorstellung von den revolutionären Aufgaben, die einer unterdrückten Klasse materiell vorgeschrieben sind; oder

2. bloße idealistische Paraphrasen oder auch entsprechender bewußter Ausdruck der durch die Teilung der Arbeit zu verschiedenen Geschäften verselbständigten Betätigungsweisen der Individuen; oder

3. der bewußte Ausdruck der Notwendigkeit, in der Individuen, Klassen, Nationen sich jeden Augenblick befinden, durch eine ganz bestimmte Tätigkeit ihre Stellung zu behaupten; oder

4. die in den Gesetzen, der Moral pp. ideell ausgedrückten Existenzbedingungen der herrschenden Klasse (bedingt durch die bisherige Entwicklung der Produktion), die von ihren Ideologen mit mehr oder weniger Bewußtsein theoretisch verselbständigt werden, in dem Bewußtsein der einzelnen Individuen dieser Klasse als Beruf pp. sich darstellen können und den Individuen der beherrschten Klasse als Lebensnorm entgegengehalten werden, teils als Beschönigung oder Bewußtsein der Herrschaft, teils als moralisches Mittel derselben. Hier, wie überhaupt bei den Ideologen, ist zu bemerken,

daß sie die Sache notwendig auf den Kopf stellen und ihre Ideologie sowohl für die erzeugende Kraft wie für den Zweck aller gesellschaftlichen Verhältnisse ansehen, während sie nur ihr Ausdruck und Symptom ist.

Von unsrem Sancho wissen wir, daß er den unverwüstlichsten Glauben an die Illusionen dieser Ideologen hat. Weil die Menschen sich je nach ihren verschiedenen Lebensverhältnissen verschiedne Vorstellungen von sich, d. h. dem Menschen machen, so glaubt Sancho, daß die verschiedenen Vorstellungen die verschiedenen Lebensverhältnisse gemacht und so die Engrosfabrikanten dieser Vorstellungen, die Ideologen, die Welt beherrscht haben. Vgl. p. 433.

„Die Denkenden herrschen in der Welt", „der Gedanke beherrscht die Welt"; „die Pfaffen oder Schulmeister" „setzen sich allerlei Zeug in den Kopf", „sie denken sich ein Menschenideal",

wonach sich die Übrigen richten müssen (p. 442). Sancho kennt sogar ganz genau den Schluß, wonach die Menschen den Schulmeistergrillen unterworfen wurden und in ihrer Dummheit sich selbst unterwarfen:

„Weil es Mir" (dem Schulmeister) „*denkbar* ist, ist es den Menschen *möglich*, weil den Menschen möglich, so *sollten* sie es sein, so war es ihr *Beruf*; und endlich nur nach diesem *Beruf*, nur als *Berufene* hat man die Menschen zu nehmen. Und der weitere Schluß? Nicht der Einzelne ist der Mensch, sondern ein *Gedanke*, ein *Idealist* ist der Mensch — Gattung — Menschheit." p. 441.

Alle Kollisionen, in die die Menschen durch ihre wirklichen Lebensverhältnisse mit sich oder mit Andern geraten, erscheinen unsrem Schulmeister Sancho als Kollisionen, in die die Menschen mit Vorstellungen über das Leben „*des* Menschen" geraten, die sie entweder sich selbst in den Kopf gesetzt haben oder sich von Schulmeistern haben in den Kopf setzen lassen. Schlügen sie sich diese aus dem Kopf, „wie glücklich" könnten „diese armen Wesen leben", welche „Sprünge" dürften sie machen, während sie jetzt „nach der Pfeife der Schulmeister und Bärenführer tanzen" müssen! (p. 435.) (Der niedrigste dieser „Bärenführer" ist Sancho, da er nur *sich selbst* an der Nase herumführt.) Hätten z. B. die Menschen sich nicht fast immer und fast überall, in China sowohl wie in Frankreich, in den Kopf gesetzt, daß sie an Übervölkerung litten, welch einen Überfluß an Lebensmitteln würden diese „armen Wesen" nicht alsbald vorgefunden haben.

Sancho versucht hier, seine alte Historie von der Herrschaft des Heiligen in der Welt wieder anzubringen unter dem Vorwande einer Abhandlung über Möglichkeit und Wirklichkeit. Möglich heißt ihm nämlich Alles, was sich ein Schulmeister von mir in den Kopf setzt, wo Sancho dann leicht beweisen kann, daß diese Möglichkeit keine andre Wirklichkeit hat als in seinem Kopfe. Seine feierliche Behauptung, daß „sich der folgenreichste Mißverstand von Jahrtausenden hinter dem Wort *möglich* versteckt hielt" (p. 441), beweist hinlänglich, wie unmöglich es ihm ist, die Folgen seines reichlichen Mißverstandes von Jahrtausenden hinter Worten zu verstecken.

Diese Abhandlung über „Zusammenfallen von Möglichkeit und Wirklichkeit" (p. 439), von dem, was die Menschen das Vermögen haben zu sein und von dem, was sie sind, welche in so guter Harmonie steht mit seinen bisherigen zudringlichen Ermahnungen, man solle sein Vermögen wirken lassen usw., führt ihn indes noch auf einige Abschweifungen über die materialistische *Umstandstheorie*, die wir sogleich näher würdigen werden. Vorher noch ein Beispiel seiner ideologischen Verdrehung. p. 428 identifiziert er die Frage, „wie man das Leben erwerben könne", mit der Frage, wie man „das wahre Ich" (oder auch „Leben") „in sich herzustellen" habe. Nach derselben p. [428] hört das „Bangen ums Leben" mit seiner neuen Moralphilosophie auf, und das „Vertun" desselben beginnt. Die wundertätige Kraft dieser seiner angeblich neuen Moralphilosophie spricht unser Salomo „sprechender" noch in folgendem Sprüchlein aus:

„Sieh Dich als mächtiger an, als wofür man Dich ausgibt, so hast Du mehr Macht; sieh Dich als mehr an, so hast Du mehr." p. 483.

Siehe oben im „Verein" Sanchos Manier, Eigentum zu erwerben. Nun zu seiner *Umstandstheorie*.

„Einen Beruf hat der Mensch nicht, aber er hat Kräfte, *die sich* äußern, wo sie sind, weil ihr Sein ja einzig in ihrer Äußerung besteht, und sowenig untätig verharren können als das Leben ... Es gebraucht Jeder in Jedem Augenblick soviel Kraft, als er besitzt" („verwertet Euch, ahmt den Tapfern nach, werde Jeder von Euch ein allmächtiges Ich" usw. ging oben die Rede Sanchos). „... Die Kräfte lassen sich allerdings schärfen und vervielfältigen, besonders durch feindlichen Widerstand oder freundlichen Beistand; aber wo man ihre Anwendung vermißt, da kann man auch ihrer Abwesenheit gewiß sein. Man kann aus einem Steine Feuer schlagen, aber ohne den Schlag kommt

442

keines heraus; in gleicher Art bedarf auch ein Mensch des *Anstoßes*. Darum nun, weil Kräfte sich stets von selbst werktätig erweisen, wäre das Gebot, sie zu gebrauchen, überflüssig und sinnlos ... Kraft ist nur ein einfacheres Wort für Kraftäußerung." p. 436, 437.

Der „mit sich einige Egoismus", der seine Kräfte oder Vermögen ganz nach Belieben wirken oder nicht wirken läßt und das jus utendi et abutendi[1] auf sie appliziert, purzelt hier plötzlich und unerwartet zusammen. Die Kräfte wirken hier auf Einmal selbständig, ohne sich um das „Belieben" Sanchos zu kümmern, sobald sie vorhanden sind, sie wirken wie chemische oder mechanische Kräfte, unabhängig von dem Individuum, das sie besitzt. Wir erfahren ferner, daß eine Kraft nicht vorhanden ist, wenn man ihre Äußerung vermißt; was dadurch berichtigt wird, daß die Kraft eines *Anstoßes* bedarf, um sich zu äußern. Wie aber Sancho entscheiden will, ob bei mangelnder Kraftäußerung der *Anstoß* oder die *Kraft* fehlt, erfahren wir nicht. Dagegen belehrt uns unser einziger Naturforscher, daß „man aus einem Steine Feuer schlagen kann", ein Beispiel, das, wie immer bei Sancho, gar nicht unglücklicher gewählt werden konnte. Sancho glaubt als schlichter Dorfschulmeister, daß, wenn er Feuer schlägt, dies aus dem Stein kommt, wo es bisher verborgen lag. Jeder Quartaner wird ihm sagen können, daß bei dieser in allen zivilisierten Ländern längst vergessenen Methode des Feuermachens durch die Reibung von Stahl und Stein Partikelchen vom Stahl, nicht vom Stein, abgelöst werden, die durch ebendieselbe Reibung in Glühhitze geraten; daß also „das Feuer", was für Sancho nicht ein unter gewissen Hitzegraden stattfindendes Verhältnis gewisser Körper zu gewissen andern Körpern, speziell dem Sauerstoff, sondern ein selbständiges Ding, ein „Element", eine fixe Idee, „das Heilige" ist — daß dies Feuer weder aus dem Stein noch aus dem Stahl kommt. Sancho hätte ebensogut sagen können: Man kann aus Chlor gebleichte Leinwand machen, aber wenn der „Anstoß" fehlt, nämlich die *ungebleichte* Leinwand, so „kommt keine heraus". Bei dieser Gelegenheit wollen wir zu Sanchos „Selbstgenuß" ein früheres Faktum der „einzigen" Naturwissenschaft registrieren. In der Ode vom Verbrechen hieß es:

„Grollt es nicht in fernen *Donnern*,
Und *siehst* Du nicht, wie der Himmel
Ahnungsvoll *schweigt* und sich trübt?" (p. 319 „des Buchs".)

---
[1] Recht des Gebrauchens und Verbrauchens (auch Mißbrauchens).

Es donnert, und der Himmel schweigt. Sancho weiß also von einem andern Ort, wo es donnert, als am Himmel. Sancho bemerkt ferner das Schweigen des Himmels durch seinen *Gesichts*sinn, ein Kunststück, das ihm niemand nachmacht. Oder aber, Sancho *hört* das Donnern und *sieht* das Schweigen, wo beides gleichzeitig geschehen kann. Wir sahen, wie Sancho beim „Spuk" die Berge den „Geist der Erhabenheit" repräsentieren ließ. Hier repräsentiert ihm der schweigende Himmel den Geist der Ahnung.

Man sieht übrigens nicht ein, warum Sancho hier so sehr gegen „das Gebot, seine Kräfte zu gebrauchen", eifert. Dies Gebot kann ja möglicherweise der fehlende „Anstoß" sein, ein „Anstoß", der zwar bei einem Stein seine Wirkung verfehlt, dessen Wirksamkeit Sancho indes bei jedem exerzierenden Bataillon beobachten kann. Daß das „Gebot" selbst für seine geringen Kräfte ein „Anstoß" ist, geht ohnehin daraus hervor, daß es für ihn ein „Stein des Anstoßes" ist.

Das Bewußtsein ist auch eine Kraft, die sich nach der Doktrin, die wir eben hörten, auch „stets von selbst werktätig erweist". Sancho müßte hiernach also nicht darauf ausgehen, das Bewußtsein zu ändern, sondern höchstens den „Anstoß", der auf das Bewußtsein wirkt; wonach Sancho sein ganzes Buch umsonst geschrieben hätte. Aber in diesem Falle hält er allerdings seine Moralpredigten und „Gebote" für einen hinreichenden „Anstoß".

„Was Einer werden kann, das wird er auch. Ein geborner Dichter mag wohl durch die Ungunst der *Umstände* gehindert werden, auf der Höhe der Zeit zu stehen und nach den dazu unerläßlichen großen Studien große Kunstwerke zu schaffen; aber dichten wird er, sei er Ackerknecht oder so glücklich, am Weimarschen Hofe zu leben. Ein geborner Musiker wird Musik treiben, gleichviel ob auf allen Instrumenten" (diese Phantasie von „*allen* Instrumenten" hat ihm Proudhon geliefert. Sieh: „Der Kommunismus") „oder nur auf einem Haferrohr" (dem Schulmeister fallen natürlich wieder Virgils Eklogen ein). „Ein geborner philosophischer Kopf kann sich als Universitätsphilosoph oder als Dorfphilosoph bewähren. Endlich ein *geborner Dummerjan* wird immer ein vernagelter Kopf bleiben. Ja die gebornen beschränkten Köpfe bilden unstreitig die zahlreichste Menschenklasse. *Warum sollten auch* in der *Menschengattung* nicht dieselben Unterschiede hervortreten, welche in jeder Tiergattung unverkennbar sind?" p. 434.

Sancho hat wieder sein Exempel mit dem gewöhnlichen Ungeschick gewählt. Angenommen seinen Unsinn von den gebornen Dichtern, Musikern, Philosophen, so beweist dies Exempel einerseits nur, daß ein geborner P. P. das *bleibt,* was er schon durch die Geburt *ist,* nämlich Dichter etc., und andererseits, daß der geborne P.P., soweit er *wird,* sich entwickelt, „durch die Ungunst der Umstände" dahin kommen kann, das nicht zu werden, was er *werden konnte.* Sein Exempel beweist also nach der einen Seite hin gar nichts, nach der andern das Gegenteil von dem, was es beweisen sollte, und nach beiden zusammen, daß Sancho, gleichviel ob durch Geburt oder Umstände, zu der „*zahlreichsten Menschenklasse*" gehört. Er teilt dafür mit ihr und seinem „Nagel" den Trost, daß er ein *einziger* „vernagelter Kopf" ist.

Sancho erleidet hier das Abenteuer mit dem Zaubertrank, den Don Quijote aus Rosmarin, Wein, Öl und Salz gebraut hatte und wovon Cervantes am siebzehnten berichtet, daß Sancho danach zwei Stunden lang unter Schweiß und Verzuckungen aus beiden Kanälen seines Leibes sich ergoß. Der materialistische Trank, den unser tapferer Schildknapp zu seinem Selbstgenuß eingenommen hat, entleert ihn seines ganzen Egoismus im außergewöhnlichen Verstande. Wir sahen oben, wie Sancho gegenüber dem „Anstoß" plötzlich alle Feierlichkeit verlor und auf seine „Vermögen" verzichtete, wie weiland die ägyptischen Zauberer gegenüber den Läusen Mosis; hier kommen nun zwei neue Anfälle von Kleinmütigkeit vor, in denen er auch vor „der Ungunst der *Umstände*" sich beugt und endlich sogar seine ursprüngliche physische Organisation für etwas anerkennt, das ohne sein Zutun verkrüppelt wird. Was bleibt unsrem bankerutten Egoisten nun noch übrig? Seine ursprüngliche Organisation steht nicht in seiner Hand; die „Umstände" und den „Anstoß", unter deren Einfluß diese Organisation sich entwickelt, kann er nicht kontrollieren; „wie er in jedem Augenblicke ist, ist er" nicht „sein Geschöpf", sondern das Geschöpf der Wechselwirkung zwischen seinen angebornen Anlagen und den auf sie einwirkenden Umständen — alles das konzediert Sancho. Unglücklicher „Schöpfer"! Unglücklichstes „Geschöpf"!

Aber das größte Unglück kommt zuletzt. Sancho, nicht zufrieden damit, daß die tres mil azotes y trecientos en ambas sus valientes posaderas[1] längst vollzählig sind, Sancho muß sich schließlich noch einen Hauptschlag dadurch versetzen, daß er sich als einen *Gat-*

---

[1] dreitausenddreihundert Geißelhiebe auf seine mächtigen Sitzfleischhälften.

tungsgläubigen proklamiert. Und welchen Gattungsgläubigen! Er schreibt der Gattung zuerst die Teilung der Arbeit zu, indem er sie für das Faktum verantwortlich macht, daß einige Leute Dichter, andre Musiker, andre Schulmeister sind; er schreibt ihr zweitens die existierenden physischen und intellektuellen Mängel der „zahlreichsten Menschenklasse" zu und macht sie dafür verantwortlich, daß unter der Herrschaft der Bourgeoisie die Mehrzahl der Individuen seines Gleichen sind. Nach seinen Ansichten über die gebornen beschränkten Köpfe müßte man sich die heutige Verbreitung der Skrofeln daraus erklären, daß „die Gattung" ein besonderes Vergnügen daran findet, die gebornen skrofulösen Konstitutionen „die zahlreichste Menschenklasse" bilden zu lassen. Über dergleichen Naivetäten waren sogar die gewöhnlichsten Materialisten und Mediziner hinaus, lange ehe der mit sich einige Egoist von der „Gattung", der „Ungunst der Umstände" und dem „Anstoß" den „Beruf" erhielt, vor dem deutschen Publikum zu debütieren. Wie Sancho bisher alle Verkrüppelung der Individuen und damit ihrer Verhältnisse aus den fixen Ideen der Schulmeister erklärte, ohne sich um die Entstehung dieser Ideen zu bekümmern, so erklärt er diese Verkrüppelung jetzt aus dem bloßen Naturprozeß der Erzeugung. Er denkt nicht im Entferntesten daran, daß die Entwicklungsfähigkeit der Kinder sich nach der Entwicklung der Eltern richtet und daß alle diese Verkrüppelungen unter den bisherigen gesellschaftlichen Verhältnissen historisch entstanden sind und ebensogut historisch wieder abgeschafft werden können. Selbst die naturwüchsigen Gattungsverschiedenheiten, wie Rassenunterschiede etc., von denen Sancho gar nicht spricht, können und müssen historisch beseitigt werden. Sancho, der bei dieser Gelegenheit einen verstohlenen Blick in die Zoologie wirft und dabei entdeckt, daß die „gebornen beschränkten Köpfe" nicht nur bei Schafen und Ochsen, sondern auch bei Polypen und Infusorien, die keine Köpfe haben, die zahlreichste Klasse bilden — Sancho hat vielleicht davon gehört, daß man auch Tierrassen veredeln und durch die Rassenkreuzung ganz neue, sowohl für den Genuß der Menschen wie für ihren eignen Selbstgenuß vollkommnere Arten erzeugen kann. „Warum sollte nicht" Sancho hieraus einen Schluß auf die Menschen ziehen können?

Bei dieser Gelegenheit wollen wir Sanchos „Wandlungen" über die Gattung „episodisch einlegen". Wir werden sehen, daß er sich

446

zur Gattung geradeso stellt wie zum Heiligen; je mehr er gegen sie poltert, desto mehr glaubt er an sie.

Nr. I sahen wir schon, wie die Gattung die Teilung der Arbeit und die unter den bisherigen sozialen Umständen entstandenen Verkrüppelungen erzeugt, und *zwar so*, daß die Gattung samt ihren Produkten als etwas unter allen Umständen Unveränderliches, von der Kontrolle der Menschen Unabhängiges gefaßt wird.

Nr. II. „Die Gattung ist bereits durch die Anlage realisiert; was Du hingegen aus dieser Anlage machst" (müßte nach Obigem heißen: was die „Umstände" aus ihr machen), „das ist die Realisation Deiner. Deine Hand ist vollkommen realisiert im Sinne der Gattung, sonst wäre sie nicht Hand, sondern etwa Tatze... Du machst aus ihr Das, was und wie Du sie haben willst und machen kannst." p. 184, 185 Wig[and].

Hier wiederholt Sancho das unter Nr. I Gesagte in andrer Form.

Wir haben also im Bisherigen gesehen, wie die Gattung unabhängig von der Kontrolle und der geschichtlichen Entwicklungsstufe der Individuen die sämtlichen physischen und geistigen Anlagen, das unmittelbare Dasein der Individuen und im Keim die Teilung der Arbeit in die Welt setzt.

Nr. III. Die Gattung bleibt als „Anstoß", der nur der allgemeine Ausdruck für die „Umstände" ist, welche die Entwicklung des wieder von der Gattung erzeugten ursprünglichen Individuums bestimmen. Sie ist für Sancho hier ebendieselbe mysteriöse Macht, die die übrigen Bourgeois die Natur der Dinge nennen und der sie alle Verhältnisse auf die Schultern schieben, die von ihnen als Bourgeois unabhängig sind und deren Zusammenhang sie deshalb nicht verstehen.

Nr. IV. Die Gattung als das „Menschenmögliche" und „menschliche Bedürfnis" bildet die Grundlage der Organisation der Arbeit im „Stirnerschen Verein", wo ebenfalls das Allen Mögliche und das Allen gemeinschaftliche Bedürfnis als Produkt der Gattung gefaßt werden.

Nr. V. Wir haben gehört, welche Rolle die Verständigung im Verein spielt. p. 462:

„Kommt es darauf an, sich zu verständigen und mitzuteilen, so kann Ich allerdings nur von den *menschlichen* Mitteln Gebrauch machen, die Mir, weil Ich zugleich Mensch bin" (id est Exemplar der Gattung), „zu Gebote stehen."

Hier also die *Sprache* als Produkt der Gattung. Daß Sancho

deutsch und nicht französisch spricht, verdankt er keineswegs der Gattung, sondern den Umständen. Die Naturwüchsigkeit der Sprache ist übrigens in jeder modernen ausgebildeten Sprache, teils durch die Geschichte der Sprachentwicklung aus vorgefundenem Material, wie bei den romanischen und germanischen Sprachen, teils durch die Kreuzung und Mischung von Nationen, wie im Englischen, teils durch auf ökonomischer und politischer Konzentration beruhende Konzentration der Dialekte innerhalb einer Nation zur Nationalsprache aufgehoben. Daß die Individuen ihrerzeit auch dies Produkt der Gattung vollständig unter ihre Kontrolle nehmen werden, versteht sich von selbst. In dem Verein wird man die Sprache als solche sprechen, die heilige Sprache, die Sprache des Heiligen – Hebräisch, und zwar den aramäischen Dialekt[153], den das „beleibte Wesen" Christus sprach. Dies „fiel" uns hier „wider Erwarten" Sanchos ein, „und zwar lediglich, weil Uns dünkt, es könne zur Verdeutlichung des Übrigen beitragen".

Nr. VI. p. 277, 278 erfahren wir, daß „die Gattung in Völker, Städte, Stände, allerlei Körperschaften", zuletzt „in die Familie" sich auftut und daher konsequent bis jetzt auch „Geschichte gespielt" hat. Hier wird also die ganze bisherige Geschichte bis auf die unglückliche Geschichte des Einzigen zum Produkt der „Gattung", und zwar aus dem zureichenden Grunde, weil man zuweilen diese Geschichte unter dem Namen Geschichte der *Menschheit*, i. e. der Gattung, zusammengefaßt hat.

Nr. VII. Sancho hat in dem Bisherigen der *Gattung* mehr zugeteilt als je ein Sterblicher vor ihm und resümiert dies nun in dem Satz:

„Die Gattung ist *Nichts*... die Gattung nur ein *Gedachtes*" (Geist, Gespenst pp.). p. 239.

Schließlich hat es denn auch mit dem „*Nichts*" Sanchos, das mit dem „*Gedachten*" identisch ist, nichts auf sich, denn er selbst ist „das schöpferische Nichts", und die Gattung schafft, wie wir sahen, sehr viel, wobei sie also sehr gut „Nichts" sein kann. Überdem erzählt Sancho uns p. 456:

„Durch das *Sein* wird gar nichts gerechtfertigt; das Gedachte *ist* so gut wie das Nichtgedachte."

Von p. 448 an spinnt Sancho ein 30 Seiten langes Garn ab, um „Feuer" aus dem Denken und der Kritik des mit sich einigen Egoisten zu schlagen. Wir haben schon zu viel Äußerungen seines Denkens und seiner Kritik erlebt, um dem Leser noch mit Sanchos Armenhaus-Gerstenbrühe einen „Anstoß" zu geben. Ein Löffel voll von dieser Brühe mag hinreichen.

„Glaubt Ihr, die Gedanken flögen so vogelfrei umher, daß sich Jeder welche holen dürfte, die er dann als sein unantastbares Eigentum gegen Mich geltend machte? Was umherfliegt, ist Alles — Mein." p. 457.

Sancho begeht hier Jagdfrevel an gedachten Schnepfen. Wir haben gesehen, wie viele von den umherfliegenden Gedanken er sich eingefangen hat. Er wähnte sie erhaschen zu können, sobald er ihnen nur das Salz des Heiligen auf den Schwanz streute. Dieser ungeheure Widerspruch zwischen seinem wirklichen Eigentum an Gedanken und seiner Illusion darüber mag als klassisches und sinnfälliges Exempel seines ganzen Eigentums im außergewöhnlichen Verstande dienen. Eben dieser Kontrast bildet seinen *Selbstgenuß*.

6. Das hohe Lied Salomonis
oder
Der Einzige

Cessem do sabio Grego, e do Troiano,
As navegações grandes que fizeram;
Calle-se de Alexandro, e de Trajano
A fama das victorias que tiveram

Cesse tudo o que a Musa antigua canta,
Que outro valor mais alto se alevanta.
E vós, Spreïdes minhas — —
Dai-me huma furia grande, e sonorosa,
E naõ de agreste avena, on frauta ruda;
Mas de tuba canora, e bellicosa
Que o peito accende, e o côr ao gesto muda[1],

---

[1] Verstumme denn, was weiser Griechen Ahnen,
was Trojas Söhn' auf weiter See vermocht;
von Alexandern schweige, von Trajanen,
der Ruf der Siege, die ihr Arm erfocht ...
Verstumme, was die Muse grauer Zeiten
besang, vor andern, größern Herrlichkeiten!
Und ihr, der Spree Jungfrauen ...
Leiht mir Begeisterung, die mächtig schalle,
nicht, wie von rauher Flöt' und wildem Rohr,
nein, von der Tuba stolzem Kriegeshalle,
der Wangen rötet, Geister hebt empor ...

gebt mir, o Nymphen der Spree, ein Lied, wie es würdig ist der Helden, die an Eurem Ufer wider die Substanz und den Menschen kämpfen, ein Lied, das über alle Welt sich verbreitet und in allen Landen gesungen wird — denn es handelt sich hier um den Mann, der getan hat,

   Mais do que promettia a força humana[1],

mehr als die bloß „menschliche" Kraft zu leisten vermag, um den Mann, der — —

   edificára
   Novo reino que tanto sublimára[2],

der ein neues Reich gestiftet hat unter entferntem Volk, nämlich den „Verein" — es handelt sich hier um den

   — tenro, e novo ramo florescente
   De huma arvore de Christo, mais amada[3],

um den zarten und jungen, blühenden Schößling eines von Christo vorzugsweise geliebten Baumes, der nicht weniger

   certissima esperança
   Do augmento da pequena Christiandade[4],

die gewisseste Hoffnung des Wachstums ist für die kleinmütige Christenheit — es handelt sich mit Einem Wort um etwas „Noch nie Dagewesenes", um den „Einzigen".[5]

Alles, was sich in diesem noch nie dagewesenen hohen Liede vom Einzigen findet, ist bereits früher im „Buch" dagewesen. Bloß der Ordnung wegen erwähnen wir dies Kapitel; um dies mit Anstand tun zu können, haben wir uns einige Punkte bis jetzt aufgespart und werden andre kurz rekapitulieren.

Das „Ich" Sanchos macht eine komplette Seelenwanderung durch. Wir fanden es schon als mit sich einigen Egoisten, als Fronbauer, als Gedankenhändler, als unglücklichen Konkurrenten, als Eigner, als Sklaven, dem ein Bein ausgerissen wird, als von der Wechsel-

---

[1] was niemals Menschenkraft vollbracht.
[2] ... errichtete
 ein neues Reich ... in ferner Zone.
[3] — zarten Sproß, am Baume neu entfaltet,
 dem Christus sich vor allen zugewandt.
[4] zum sichern Hoffnungsstern erkoren,
 daß wachse stets die kleine Christenheit.
[5] [Fußnote von Marx:] Vgl. Camoës, „Lusiadas", 1, 1—7.

wirkung zwischen Geburt und Umständen in die Luft geprellten Sancho und in hundert andern Gestalten. Hier nimmt es Abschied als „*Unmensch*"; unter derselben Devise, unter der es seinen Einzug ins Neue Testament hielt.

„*Wirklicher* Mensch ist nur der — *Unmensch.*" p. 232.

Dies ist eine der Tausend und ein Gleichungen, in welche Sancho seine Legende vom Heiligen setzt.

Der Begriff Mensch ist nicht wirklicher Mensch.
Der Begriff Mensch = *Der* Mensch.
Der Mensch = Nicht wirklicher Mensch.
Wirklicher Mensch = Der Nicht-Mensch,
= Der Unmensch.

„Wirklicher Mensch ist nur der — Unmensch."

Sancho sucht sich die Harmlosigkeit dieses Satzes in folgenden Wendungen klarzumachen:

„Mit dürren Worten zu sagen, was ein Unmensch sei, hält nicht eben schwer; es ist ein Mensch, [...] welcher dem Begriffe des Menschlichen nicht angemessen ist. Die Logik nennt dies ein widersinniges Urteil. Dürfte man wohl dies Urteil, daß einer Mensch sein könne, ohne Mensch zu sein, aussprechen, wenn man nicht die Hypothese gelten ließe, daß der Begriff des Menschen von der Existenz, das Wesen von der Erscheinung getrennt sein könne. Man sagt: Der erscheint zwar als Mensch, ist aber kein Mensch. Dies widersinnige Urteil haben die Menschen eine lange Reihe von Jahrhunderten hindurch gefällt, ja was noch mehr ist, in dieser langen Zeit gab es nur Unmenschen. Welcher Einzelne hätte je seinem Begriffe entsprochen?" p. 232.

Die hier wieder zugrunde liegende Einbildung unsres Schulmeisters von dem Schulmeister, der sich ein Ideal „*des* Menschen" gemacht und dies den Übrigen „in den Kopf gesetzt" habe, ist der Grundtext „des Buches".

Sancho nennt das eine Hypothese, daß Begriff und Existenz, Wesen und Erscheinung „des Menschen" getrennt sein können, als wenn er in den Worten selbst nicht schon die Möglichkeit der Trennung ausspräche. Sobald er *Begriff* sagt, sagt er etwas Unterschiedenes von der *Existenz*, sobald er *Wesen* sagt, sagt er etwas Unterschiedenes von der *Erscheinung*. Nicht diese *Aussagen* bringt er in Gegensatz, sondern sie sind die Aussagen eines Gegensatzes. Die einzige Frage wäre also gewesen, ob er etwas unter diese Gesichtspunkte rangieren dürfe; und um hierauf einzugehen, hätte Sancho sich die wirklichen Verhältnisse der Menschen, die in diesen metaphysischen Verhältnissen andre Namen erhalten haben, betrachten müssen. Im übrigen zeigen Sanchos eigne Abhandlungen über den mit sich einigen Egoisten und die Empörung, wie man diese Gesichtspunkte auseinanderfallen lassen, und über Eigenheit, Möglichkeit und Wirklichkeit im „Selbstgenuß", wie man sie zu gleicher Zeit zusammen- und auseinanderfallen lassen kann.

Das widersinnige Urteil der Philosophen, daß der wirkliche Mensch nicht Mensch sei, ist nur innerhalb der Abstraktion der universellste, umfassendste Ausdruck des faktisch bestehenden universellen Widerspruchs zwischen den Verhältnissen und den Bedürfnissen der Menschen. Die widersinnige Form des abstrakten Satzes entspricht ganz der Widersinnigkeit der auf ihre höchste Spitze getriebenen Verhältnisse der bürgerlichen Gesellschaft. Gerade wie Sanchos widersinniges Urteil über seine Umgebung: sie sind Egoisten und sind es nicht, dem faktischen Widerspruch entspricht zwischen dem Dasein der deutschen Kleinbürger und den ihnen durch die Verhältnisse aufgedrungenen und als fromme Wünsche und Gelüste in ihnen selbst hausenden Aufgaben. Übrigens haben die Philosophen die Menschen nicht darum für unmenschlich erklärt, weil sie dem Begriff des Menschen nicht entsprachen, sondern weil ihr Begriff des Menschen nicht dem wahren Begriff des Menschen entsprach, oder weil sie nicht das wahre Bewußtsein vom Menschen hatten. Tout comme chez nous[1] im „Buche", wo Sancho auch die Menschen nur deshalb für Nichtegoisten erklärt, weil sie nicht das wahre Bewußtsein vom Egoismus haben.

Der durchaus harmlose Satz, daß die *Vorstellung* vom Menschen nicht *wirklicher* Mensch sei, daß die Vorstellung eines Dinges nicht das Ding selbst ist — dieser auch vom Stein und der Vorstellung des Steins geltende Satz, wonach Sancho sagen müßte, daß wirklicher Stein nur der Unstein ist, hätte wegen seiner enormen Trivialität und unbezweifelten Gewißheit keiner Erwähnung bedurft. Aber Sanchos bekannte Einbildung, daß die Menschen bisher nur durch die Herrschaft der Vorstellungen und Begriffe in allerlei Unglück gestürzt worden, macht es ihm möglich, an diesen Satz seine alten Folgerungen wieder anzuknüpfen. Sanchos alte Meinung, man habe sich nur einige Vorstellung[en] aus dem *Kopf* zu schlagen, um die Verhält-

---

[1] ganz wie bei uns.

nisse, aus denen diese Vorstellungen entstanden sind, aus der *Welt* zu schlagen, reproduziert sich hier in der Gestalt, daß man sich nur die Vorstellung *Mensch* aus dem Kopf zu schlagen habe, um die heute *unmenschlich* genannten wirklichen Verhältnisse zu vernichten, sei dies Prädikat „unmenschlich" nun das Urteil des im Widerspruch mit seinen Verhältnissen stehenden Individuums oder das Urteil der normalen, herrschenden Gesellschaft über die abnorme, beherrschte Klasse. Gerade wie ein aus seinem Salzwasser in den Kupfergraben versetzter Walfisch, wenn er Bewußtsein hätte, diese durch „Ungunst der Umstände" bewirkte Lage für unwalfischmäßig erklären würde, obwohl ihm Sancho demonstrieren könnte, sie sei schon deswegen walfischmäßig, weil sie seine, des Walfisches, Lage sei — geradeso urteilen die Menschen unter gewissen Umständen.

p. 185 wirft Sancho die große Frage auf:

„Aber der Unmensch, der doch in jedem Einzelnen steckt, wie dämmt man den? Wie stellt man's an, daß man mit dem Menschen nicht zugleich den Unmenschen freiläßt? Der gesamte Liberalismus hat einen Todfeind, einen unüberwindlichen Gegensatz, wie Gott den Teufel: dem Menschen steht der Unmensch, der Egoist, der Einzelne, stets zur Seite. Staat, Gesellschaft, Menschheit bewältigen diesen Teufel nicht."

„Und wenn tausend Jahre vollendet sind, wird der Satanas los werden aus seinem Gefängnis und wird ausgehen zu verführen die Heiden in den vier Örtern der Erde, den Gog und Magog, sie zu versammeln in einem Streit ... Und sie traten auf die Breite der Erde und umringten das Heerlager des Heiligen und die geliebte Stadt." Offenbarung Johannis, 20, 7—9.

Die Frage, wie Sancho sie selbst versteht, läuft wieder auf reinen Unsinn hinaus. Er bildet sich ein, die Menschen hätten sich bisher immer einen Begriff vom Menschen gemacht und sich dann so weit befreit, als nötig war, um diesen Begriff in sich zu verwirklichen; das jedesmalige Maß der Freiheit, das sie sich errungen, sei durch ihre jedesmalige Vorstellung vom Ideal des Menschen bestimmt worden; wobei denn nicht fehlen konnte, daß in jedem Individuum ein Rest zurückblieb, der diesem Ideal nicht entsprach und daher als „unmenschlich" nicht oder nur malgré eux[1] befreit wurde.

In der Wirklichkeit trug sich die Sache natürlich so zu, daß die Men-

---
[1] gegen ihren Willen.

schen sich jedesmal so weit befreiten, als nicht ihr Ideal vom Menschen, sondern die existierenden Produktivkräfte ihnen vorschrieben und erlaubten. Allen bisherigen Befreiungen lagen indes beschränkte Produktivkräfte zugrunde, deren für die ganze Gesellschaft unzureichende Produktion nur dann eine Entwicklung möglich machte, wenn die Einen auf Kosten der Andern ihre Bedürfnisse befriedigten und dadurch die Einen — die Minorität — das Monopol der Entwicklung erhielten, während die Andern — die Majorität — durch den fortgesetzten Kampf um die Befriedigung der notwendigsten Bedürfnisse einstweilen (d. h. bis zur Erzeugung neuer revolutionierender Produktivkräfte) von aller Entwicklung ausgeschlossen wurden. So hat sich die Gesellschaft bisher immer innerhalb eines Gegensatzes entwickelt, der bei den Alten der Gegensatz von Freien und Sklaven, im Mittelalter der vom Adel und Leibeignen, in der neueren Zeit der von Bourgeoisie und Proletariat ist. Hieraus erklärt sich einerseits die abnorme „unmenschliche" Weise, in der die beherrschte Klasse ihre Bedürfnisse befriedigt, und andererseits die Beschränkung, innerhalb deren der Verkehr und mit ihm die ganze herrschende Klasse sich entwickelt; so daß diese Beschränktheit der Entwicklung nicht nur in dem Ausschließen der einen Klasse, sondern auch in der Borniertheit der ausschließenden Klasse besteht und das „Unmenschliche" ebenfalls in der herrschenden Klasse vorkommt. Dies sogenannte „Unmenschliche" ist ebensogut ein Produkt der jetzigen Verhältnisse wie das „Menschliche"; es ist ihre negative Seite, die auf keiner neuen revolutionären Produktivkraft beruhende Rebellion gegen die auf den bestehenden Produktivkräften beruhenden herrschenden Verhältnisse und die ihnen entsprechende Weise der Befriedigung der Bedürfnisse. Der positive Ausdruck „menschlich" entspricht den bestimmten, einer gewissen Produktionsstufe gemäß *herrschenden* Verhältnissen und der durch sie bedingten Weise, die Bedürfnisse zu befriedigen, wie der negative Ausdruck „unmenschlich" dem durch dieselbe Produktionsstufe täglich neu hervorgerufenen Versuche entspricht, diese herrschenden Verhältnisse und die in ihnen herrschende Weise der Befriedigung innerhalb der existierenden Produktionsweise zu negieren.

 Solche weltgeschichtliche Kämpfe verlaufen sich für unsren Heiligen in eine bloße Kollision Sankt Brunos und „der Masse". Vgl. die ganze Kritik des humanen Liberalismus, namentlich p. 192 seqq.

454

Unser einfältiger Sancho kommt also mit seinem einfältigen Sprüchlein über den Unmenschen und seinem Sich-aus-dem-Kopf-Schlagen des Menschen, womit auch der Unmensch verschwindet und kein Maß mehr für die Individuen existiert, schließlich zu folgendem Resultat. Er anerkennt die Verkrüpplung und Knechtung, der ein Individuum durch die bestehenden Verhältnisse physisch, intellektuell und sozial anheimgefallen ist, als die Individualität und Eigenheit dieses Individuums; er erkennt als ordinärer Konservateur diese Verhältnisse ruhig an, nachdem er sich dadurch von allem Kummer befreit hat, daß er sich die Vorstellung der Philosophen von diesen Verhältnissen aus dem Kopfe geschlagen hat. Wie er hier die dem Individuum aufgedrungene Zufälligkeit für seine Individualität erklärt, so abstrahierte er früher (vgl. Logik) bei seinem Ich nicht nur von aller Zufälligkeit, sondern auch überhaupt von aller Individualität.

Dies sein „unmenschlich" großes Resultat besingt Sancho in folgendem Kyrie eleison, das er „*dem* Unmenschlichen" in den Mund legt:

„Ich war verächtlich, weil Ich Mein *besseres Selbst* außer Mir suchte;
Ich war das Unmenschliche, weil Ich vom *Menschlichen* träumte;
Ich glich den Frommen, die nach ihrem *wahren Ich* hungern und immer *arme Sünder* bleiben;
Ich dachte Mich nur im Vergleich zu einem Andern;
Ich war nicht Alles in Allem, war nicht — einzig.
Jetzt aber höre Ich auf, Mir als das Unmenschliche vorzukommen;
Höre auf, Mich am Menschen zu messen und messen zu lassen;
Höre auf, etwas über Mir anzuerkennen —
Ich bin das Unmenschliche nur gewesen, bin es nicht mehr, bin das — *Einzige*!"

Hallellujah!

Ohne hier weiter darauf einzugehen, wie „das Unmenschliche", das sich, beiläufig gesagt, dadurch in den nötigen Humor versetzt hat, daß es „*sich selbst* und dem Kritiker" Sankt Bruno „*den Rücken kehrt*" — wie „das Unmenschliche" sich hier „vorkommt" oder nicht „vorkommt", notieren wir, daß das oder der „Einzige" hier dadurch qualifiziert wird, daß er sich zum neunhundertsten Male das Heilige aus dem Kopfe schlägt, womit, wie wir ebenfalls zum neunhundertsten Male wiederholen müssen, Alles beim Alten bleibt, abgesehen davon, daß es nur ein frommer Wunsch ist.

Wir haben hier den Einzigen zum ersten Mal. Sancho, der unter der obigen Litanei zum Ritter geschlagen worden ist, eignet sich jetzt seinen neuen adligen Namen an. Sancho kommt dadurch zu seiner Einzigkeit, daß er sich „*den* Menschen" aus dem Kopfe schlägt. Hiermit hört er auf, „sich nur im Vergleiche zu einem Andern zu denken" und „etwas über sich anzuerkennen". Er wird unvergleichlich. Wir haben hier wieder die alte Marotte Sanchos, daß Vorstellungen, Ideen, „das Heilige", hier in Gestalt „*des* Menschen", das alleinige tertium comparationis[1] und das alleinige *Band* zwischen den Individuen seien, nicht ihre Bedürfnisse. Er schlägt sich eine *Vorstellung* aus dem Kopfe und wird dadurch *einzig*.

Um „einzig" in seinem Sinne zu sein, muß er uns vor allem seine *Voraussetzungslosigkeit* beweisen.

p. 470: „*Dein* Denken hat nicht das *Denken* zur Voraussetzung, sondern *Dich*. Aber so setzest Du Dich doch voraus? Ja, aber nicht Mir, sondern Meinem Denken. Vor Meinem Denken bin — Ich. Daraus folgt, daß Meinem Denken nicht ein Gedanke vorhergeht oder daß Mein Denken ohne eine Voraussetzung ist. Denn die Voraussetzung, welche Ich für Mein Denken bin, ist keine *vom Denken gemachte*, keine *gedachte*, sondern — ist der Eigner des Denkens und beweist nur, daß das Denken nichts weiter ist als — Eigentum."

Daß Sancho nicht eher denkt, als bis er denkt, und daß er und jeder Andre in dieser Hinsicht ein voraussetzungsloser Denker ist, „wird ihm hiermit zugegeben". Ebenso wird ihm konzediert, daß er keinen Gedanken zur Voraussetzung seines Daseins hat, d. h., daß er nicht von Gedanken gemacht worden ist. Wenn Sancho einen Augenblick von seinem ganzen Gedankenkram abstrahiert, was ihm bei seinem spärlichen Sortiment nicht schwerfallen kann, so bleibt sein wirkliches Ich, aber sein wirkliches Ich innerhalb der für es existierenden wirklichen Weltverhältnisse übrig. Er hat sich damit aller dogmatischen Voraussetzungen für einen Augenblick entledigt, aber dafür fangen die *wirklichen* Voraussetzungen für ihn erst an. Und diese wirklichen Voraussetzungen sind auch die Voraussetzungen seiner *dogmatischen* Voraussetzungen, die ihm mit den wirklichen wiederkommen, er mag wollen oder nicht, solange er nicht andre wirkliche Voraussetzungen und damit auch andre dogmatische Voraussetzungen erhält oder solange er die wirklichen Voraussetzungen nicht materialistisch als Voraussetzungen seines

---

[1] [der] Vergleichspunkt.

Denkens anerkennt, womit die dogmatischen überhaupt aufhören. Wie ihm mit seiner bisherigen Entwicklung und mit seinen Berliner Umgebungen jetzt die dogmatische Voraussetzung des mit sich einigen Egoismus gegeben ist, so wird sie ihm trotz aller eingebildeten Voraussetzungslosigkeit bleiben, solange er nicht ihre wirklichen Voraussetzungen überwindet.

Sancho trachtet als echter Schulmeister noch immer nach dem vielberühmten Hegelschen „voraussetzungslosen Denken", d. h. dem Denken ohne dogmatische Voraussetzungen, das bei Hegel auch ein frommer Wunsch ist. Er glaubte es durch eine feine Volte erhaschen und es dadurch überbieten zu können, daß er auch auf das voraussetzungslose Ich Jagd machte. Aber sowohl das Eine wie das Andre ist ihm entwischt.

Sancho versucht sein Glück nun auf eine andre Manier:

p. 214, 215. „Erschöpft" die Freiheitsforderung! „Wer soll frei werden? Du, Ich, Wir. Wovon frei? Von allem, was nicht Du, nicht Ich, nicht Wir ist. Ich also bin der *Kern* ... Was bleibt übrig, wenn Ich von allem, was nicht Ich bin, frei worden? Nur Ich und *nichts* als Ich."

„Das also war des Pudels Kern!
Ein fahrender Scholast? Der Kasus macht mich lachen."[154]

„Alles, was nicht Du, nicht Ich, nicht Wir ist", ist natürlich hier wieder eine dogmatische Vorstellung, wie Staat, Nationalität, Teilung der Arbeit pp. Nachdem diese Vorstellungen kritisiert sind, was Sancho von „der Kritik", nämlich der kritischen, schon vollführt glaubt, bildet er sich wieder ein, auch vom wirklichen Staat, der wirklichen Nationalität und Teilung der Arbeit befreit zu sein. Das Ich, das hier „der Kern" ist, das „von Allem, was nicht Ich bin, frei worden", ist also wieder das obige voraussetzungslose Ich mit Allem, was es nicht losgeworden ist.

Nähme Sancho indes das „Freiwerden" einmal so, daß er nicht bloß von den Kategorien, sondern von den wirklichen Fesseln frei werden wollte, so setzt diese Befreiung wieder eine ihm mit einer großen Masse Anderer gemeinsame Veränderung voraus und bewirkt einen veränderten Weltzustand, der ihm wieder mit den Andern gemeinsam ist. Hiernach „bleibt" nach der Befreiung allerdings sein „Ich", aber als ein ganz verändertes Ich, übrig, das mit Andern eine veränderte Weltlage gemeinsam hat, die eben die ihm mit Andern gemeinsame Voraussetzung seiner und ihrer Freiheit ist, und hiernach gerät die Einzigkeit, Unvergleichlichkeit und Unabhängigkeit seines „Ich" wieder in die Brüche.

Sancho versucht's noch auf eine dritte Manier:

p. 237. „Nicht daß sie" (Jude und Christ) „sich *ausschließen*, ist ihre Schmach, sondern daß dies nur *halb* geschieht. Könnten sie vollkommen Egoisten sein, so schlössen sie sich *ganz* aus."

p. 273. „Man faßt die Bedeutung des Gegensatzes zu formell und schwächlich, wenn man ihn *nur auflösen* will. Der Gegensatz verdient vielmehr *verschärft* zu werden."

p. 274. „Ihr werdet Euren Gegensatz erst dann nicht länger bloß verhehlen, wenn Ihr ihn ganz anerkannt und Jedermann vom Wirbel bis zur Zehe sich als *einzig* behauptet... Der letzte und entschiedenste Gegensatz, der des Einzigen gegen den Einzigen, ist im Grunde über das, was Gegensatz heißt, hinaus... Du hast als Einziger nichts Gemeinsames mehr mit dem Andern und darum auch nichts Trennendes oder Feindliches... Der Gegensatz verschwindet in der vollkommenen... Geschiedenheit oder Einzigkeit."

p. 183. „Ich *will* nichts *Besonderes* vor Andern haben oder sein; Ich messe Mich auch nicht an Andern... Ich will Alles sein und Alles haben, was Ich sein und haben kann. Ob Andre *Ähnliches* sind und haben, was kümmert's Mich? Das Gleiche, dasselbe können sie weder sein noch haben. Ich tue ihnen keinen Abbruch, wie Ich dem Felsen dadurch keinen Abbruch tue, daß Ich die Bewegung vor ihm voraus habe. Wenn sie's haben könnten, so hätten sie's. Den andern Menschen keinen Abbruch zu tun, darauf kommt die Forderung hinaus, kein Vorrecht zu besitzen... Man soll sich nicht für ‚etwas *Besonderes*' halten, wie z. B. Jude oder Christ. Nun, Ich *halte* Mich nicht für etwas *Besonderes*, sondern für *einzig*. Ich habe wohl Ähnlichkeit mit Andern; das gilt jedoch nur für die Vergleichung oder Reflexion; in der Tat bin Ich unvergleichlich, einzig. Mein Fleisch ist nicht ihr Fleisch, Mein Geist ist nicht ihr Geist. Bringt Ihr sie unter die *Allgemeinheiten* ‚Fleisch', ‚Geist', so sind das Eure *Gedanken*, die mit Meinem Fleische, Meinem Geiste *nichts* zu schaffen haben."

p. 234. „An den Egoisten geht die menschliche Gesellschaft zugrunde, denn sie beziehen sich nicht mehr als Menschen aufeinander, sondern treten egoistisch als ein Ich gegen ein von Mir durchaus verschiedenes und gegnerisches Du auf."

p. 180. „Als ob nicht immer Einer den Andern suchen wird, und als ob nicht Einer in den Andern sich fügen muß, wenn er ihn braucht. Der Unterschied ist aber der, daß dann wirklich der Einzelne *sich* mit dem Einzelnen *vereinigt*, indes er früher durch ein Band mit ihm verbunden war."

p. 178. „Nur wenn Ihr einzig seid, könnt Ihr als das, was Ihr wirklich seid, miteinander verkehren."

Was die Illusion Sanchos über den Verkehr der Einzigen „als das, was sie wirklich sind", über die „Vereinigung des Einzelnen mit dem Einzelnen", kurz über den „Verein" betrifft, so ist das vollständig abgemacht. Bemerken wir nur: wenn im Verein Jeder den Andern nur als *seinen* Gegenstand, als *sein* Eigentum betrachtete und behandelte (vgl. p. 167 und die Eigentums- und Exploitationstheorie), so sieht der Statthalter der Insel Barataria im Kommentar (Wig[and,] p. 157) dagegen ein und erkennt es an, daß der Andre auch sich selbst gehört, *Sein* eigen, einzig ist und auch in dieser Qualität *Gegenstand* Sanchos wird, obgleich nicht mehr Sanchos Eigentum. In seiner Verzweiflung rettet er sich nur durch den unerwarteten Einfall, daß er sich „hierüber selbst vergißt in süßer Selbstvergessenheit", ein Genuß, den er sich „in jeder Stunde tausendmal macht" und den ihm das süße Bewußtsein noch versüßt, daß er dann doch nicht „ganz verschwunden" ist. Es kommt hier also der alte Witz heraus, daß Jeder für sich und für Andre ist.

Lösen wir jetzt Sanchos pomphafte Sätze in ihren bescheidenen Inhalt auf.

Die gewaltigen Redensarten über den „Gegensatz", der verschärft und auf die Spitze getrieben werden soll, und über das „Besondere", das Sancho nicht voraus haben will, laufen auf Ein und Dasselbe hinaus. Sancho will oder *glaubt* vielmehr zu wollen, daß die Individuen rein persönlich miteinander verkehren sollen, daß ihr Verkehr nicht durch ein Drittes, eine Sache vermittelt sein soll (vgl. die Konkurrenz). Dies Dritte ist hier das „Besondre" oder der besondre, nicht absolute Gegensatz, d. h. die durch die jetzigen gesellschaftlichen Verhältnisse bedingte Stellung der Individuen zueinander. Sancho will z. B. nicht, daß zwei Individuen als Bourgeois und Proletarier zueinander im „Gegensatz" stehen, er protestiert gegen das „Besondre", das der Bourgeois vor dem Proletarier „voraus hat"; er möchte sie in ein rein persönliches Verhältnis treten, als bloße Individuen miteinander verkehren lassen. Er bedenkt nicht, daß innerhalb der Teilung der Arbeit die persönlichen Verhältnisse notwendig und unvermeidlich sich zu Klassenverhältnissen fortbilden und fixieren und daß darum sein ganzes Gerede auf einen bloßen frommen Wunsch herausläuft, den er zu realisieren denkt, indem er die Individuen dieser Klassen vermahnt, sich die Vorstellung ihres „Gegensatzes" und ihres „besondern" „Vorrechts" aus dem Kopf zu schlagen. In den oben zitierten Sätzen Sanchos kommt es überhaupt nur darauf an, wofür *sich* die Leute *halten* und wofür *er* sie hält, was *sie* wollen und was *er* will. Durch ein verändertes „Dafür*halten*" und „*Wollen*" wird der „Gegensatz" und das „Besondre" aufgehoben.

Selbst das, was ein Individuum als solches vor dem andern voraus hat, ist heutzutage zugleich ein Produkt der Gesellschaft und muß sich in seiner Verwirklichung wieder als Privilegium geltend machen, wie wir Sancho schon bei Gelegenheit der Konkurrenz gezeigt haben. Das Individuum als solches, für sich selbst betrachtet, ist ferner unter die Teilung der Arbeit subsumiert, durch sie vereinseitigt, verkrüppelt, bestimmt.

Worauf läuft Sanchos Zuspitzung des Gegensatzes und Aufhebung der Besonderheit im besten Falle hinaus? Daß die Verhältnisse der Individuen ihr *Verhalten* sein sollen und ihre gegenseitigen Unterschiede ihre *Selbstunterscheidungen* (wie das eine empirische Selbst *sich* vom Andern unterscheidet). Beides ist entweder, wie bei Sancho, eine ideologische Umschreibung des *Bestehenden*, denn die Verhältnisse der Individuen *können* unter allen Umständen nichts andres als ihr wechselseitiges Verhalten, und ihre Unterschiede *können* nichts andres als ihre Selbstunterscheidungen sein. Oder es ist der fromme Wunsch, daß sie sich *so* verhalten und *so* voneinander unterscheiden *möchten*, daß ihr Verhalten nicht als von ihnen unabhängiges gesellschaftliches Verhältnis verselbständigt, daß ihre Unterschiede voneinander nicht den sachlichen (von der Person unabhängigen) Charakter annehmen *möchten*, den sie angenommen haben und noch täglich annehmen.

Die Individuen sind immer und unter allen Umständen „*von sich ausgegangen*", aber da sie nicht *einzig* in dem Sinne waren, daß sie keine Beziehung zueinander nötig gehabt hätten, da ihre *Bedürfnisse*, also ihre Natur, und die Weise, sie zu befriedigen, sie aufeinander bezog (Geschlechtsverhältnis, Austausch, Teilung der Arbeit), so *mußten* sie in Verhältnisse treten. Da sie ferner nicht als reine Ichs, sondern als Individuen auf einer bestimmten Entwicklungsstufe ihrer Produktivkräfte und Bedürfnisse in Verkehr traten, in einen Verkehr, der seinerseits wieder die Produktion und die Bedürfnisse bestimmte, so war es eben das persönliche, individuelle Verhalten der Individuen, ihr Verhalten als Individuen zueinander, das die bestehenden Verhältnisse schuf und täglich neu schafft. Sie traten als das miteinander in Verkehr, was sie waren, sie gingen „von sich aus", wie sie waren, gleichgültig, welche

„Lebensanschauung" sie hatten. Diese „Lebensanschauung", selbst die windschiefe der Philosophen, konnte natürlich immer nur durch ihr wirkliches Leben bestimmt sein. Es stellt sich hierbei allerdings heraus, daß die Entwicklung eines Individuums durch die Entwicklung aller andern, mit denen es in direktem oder indirektem Verkehr steht, bedingt ist, und daß die verschiedenen Generationen von Individuen, die miteinander in Verhältnisse treten, einen Zusammenhang unter sich haben, daß die Späteren in ihrer physischen Existenz durch ihre Vorgänger bedingt sind, die von ihnen akkumulierten Produktivkräfte und Verkehrsformen übernehmen und dadurch in ihren eignen gegenseitigen Verhältnissen bestimmt werden. Kurz, es zeigt sich, daß eine Entwicklung stattfindet und die Geschichte eines einzelnen Individuums keineswegs von der Geschichte der vorhergegangenen und gleichzeitigen Individuen loszureißen ist, sondern von ihr bestimmt wird.

Das Umschlagen des individuellen Verhaltens in sein Gegenteil, ein bloß sachliches Verhalten, die Unterscheidung von Individualität und Zufälligkeit durch die Individuen selbst, ist, wie wir bereits nachgewiesen haben, ein geschichtlicher Prozeß und nimmt auf verschiednen Entwicklungsstufen verschiedene, immer schärfere und universellere Formen an. In der gegenwärtigen Epoche hat die Herrschaft der sachlichen Verhältnisse über die Individuen, die Erdrückung der Individualität durch die Zufälligkeit, ihre schärfste und universellste Form erhalten und damit den existierenden Individuen eine ganz bestimmte Aufgabe gestellt. Sie hat ihnen die Aufgabe gestellt, an die Stelle der Herrschaft der Verhältnisse und der Zufälligkeit über die Individuen die Herrschaft der Individuen über die Zufälligkeit und die Verhältnisse zu setzen. Sie hat nicht, wie Sancho sich einbildet, die Forderung gestellt, daß „Ich Mich entwickle", was jedes Individuum bis jetzt ohne Sanchos guten Rat getan hat, sie hat vielmehr die Befreiung von einer ganz bestimmten Weise der Entwicklung vorgeschrieben. Diese durch die gegenwärtigen Verhältnisse vorgeschriebene Aufgabe fällt zusammen mit der Aufgabe, die Gesellschaft kommunistisch zu organisieren.

Wir haben bereits oben gezeigt, daß die Aufhebung der Verselbständigung der Verhältnisse gegenüber den Individuen, der Unterwerfung der Individualität unter die Zufälligkeit, der Subsumtion ihrer persönlichen Verhältnisse unter die allgemeinen Klassenverhältnisse etc. in letzter Instanz bedingt ist durch die Aufhebung der Teilung der Arbeit. Wir haben ebenfalls gezeigt, daß die Aufhebung der Teilung der Arbeit bedingt ist durch die Entwicklung des Verkehrs und der Produktivkräfte zu einer solchen Universalität, daß das Privateigentum und die Teilung der Arbeit für sie zu einer Fessel wird. Wir haben ferner gezeigt, daß das Privateigentum nur aufgehoben werden kann unter der Bedingung einer allseitigen Entwicklung der Individuen, weil eben der vorgefundene Verkehr und die vorgefundenen Produktivkräfte allseitig sind und nur von allseitig sich entwickelnden Individuen angeeignet, d. h. zur freien Betätigung ihres Lebens gemacht werden können. Wir haben gezeigt, daß die gegenwärtigen Individuen das Privateigentum aufheben *müssen*, weil die Produktivkräfte und die Verkehrsformen sich so weit entwickelt haben, daß sie unter der Herrschaft des Privateigentums zu Destruktivkräften geworden sind, und weil der Gegensatz der Klassen auf seine höchste Spitze getrieben ist. Schließlich haben wir gezeigt, daß die Aufhebung des Privateigentums und der Teilung der Arbeit selbst die Vereinigung der Individuen auf der durch die jetzigen Produktivkräfte und den Weltverkehr gegebenen Basis ist.

Innerhalb der kommunistischen Gesellschaft, der einzigen, worin die originelle und freie Entwicklung der Individuen keine Phrase ist, ist sie bedingt eben durch den Zusammenhang der Individuen, ein Zusammenhang, der teils in den ökonomischen Voraussetzungen besteht, teils in der notwendigen Solidarität der freien Entwicklung Aller, und endlich in der universellen Betätigungsweise der Individuen auf der Basis der vorhandenen Produktivkräfte. Es handelt sich hier also um Individuen auf einer bestimmten historischen Entwicklungsstufe, keineswegs um beliebige zufällige Individuen, auch abgesehen von der notwendigen kommunistischen Revolution, die selbst eine gemeinsame Bedingung ihrer freien Entwicklung ist. Das Bewußtsein der Individuen über ihre gegenseitige Beziehung wird natürlich ebenfalls ein ganz andres und daher ebensowenig das „Liebesprinzip" oder das Dévoûment[1] wie der Egoismus sein.

Die „Einzigkeit", in dem Sinne der originellen Entwicklung und des individuellen Verhaltens, wie es oben entwickelt wurde, genom-

---

[1] [die] Aufopferung.

462

men, setzt also nicht nur ganz andre Dinge als den guten Willen und das rechte Bewußtsein voraus, sondern auch gerade das Gegenteil von den Phantastereien Sanchos. Bei ihm ist sie weiter nichts als eine Beschönigung der bestehenden Verhältnisse, ein tröstliches Balsamtröpflein für die arme, ohnmächtige, in der Misère miserabel gewordene Seele.

Wie mit der „Einzigkeit" verhält es sich mit Sanchos „*Unvergleichlichkeit*". Er selbst wird sich erinnern, wenn er nicht ganz „verschwunden" ist „in süßer Selbstvergessenheit", daß die Organisation der Arbeit im „*Stirnerschen* Verein von Egoisten" nicht nur auf der Vergleichlichkeit, sondern auf der *Gleichheit* der Bedürfnisse beruhte. Und er unterstellte nicht nur gleiche Bedürfnisse, sondern auch gleiche Betätigung, so daß Einer den andern in der „menschlichen Arbeit" ersetzen konnte. Und das Extrasalär des „Einzigen", das seine Erfolge krönt, worauf beruhte es anders, als daß seine Leistung mit denen andrer verglichen und wegen ihres Vorzugs besser versilbert wurde? Und wie kann Sancho überhaupt von Unvergleichlichkeit sprechen, wenn er die praktisch verselbständigte Vergleichung, das *Geld*, bestehen läßt, sich ihm subordiniert, sich zur Vergleichung mit Andern an diesem Universalmaßstabe messen läßt? Wie sehr er selbst also seine Unvergleichlichkeit Lügen straft, ist evident. Nichts leichter, als Gleichheit und Ungleichheit, Ähnlichkeit und Unähnlichkeit Reflexionsbestimmungen zu nennen. Auch die Unvergleichlichkeit ist eine Reflexionsbestimmung, welche die Tätigkeit des Vergleichens zu ihrer Voraussetzung hat. Wie wenig die Vergleichung eine reine willkürliche Reflexionsbestimmung ist, davon brauchen wir nur ein Beispiel anzuführen, das *Geld*, das stehende tertium comparationis[1] aller Menschen und Dinge.

Übrigens kann die Unvergleichlichkeit verschiedne Bedeutungen haben. Die einzige, die hier in Betracht kommt, die „Einzigkeit" im Sinne von Originalität, setzt voraus, daß die Tätigkeit des unvergleichlichen Individuums in einer bestimmten Sphäre sich selbst von der Tätigkeit *Gleicher* unterscheidet. Unvergleichliche Sängerin ist die Persiani, eben weil sie *Sängerin* ist und mit andren Sängerinnen verglichen wird, und zwar von Ohren, welche durch die auf normaler Konstruktion und musikalischer Bildung beruhende Verglei-

---

[1] [den stehenden] Vergleichspunkt.

chung zur Erkenntnis ihrer Unvergleichlichkeit befähigt sind. Unvergleichlich ist der Gesang der Persiani mit dem Gequake eines Frosches, obgleich auch hier eine Vergleichung stattfinden könnte, die aber dann eine Vergleichung zwischen Mensch und Frosch, nicht zwischen der Persiani und diesem einzigen Frosch wäre. Nur im ersten Fall ist von Vergleichung zwischen Individuen zu reden, im zweiten geht die Vergleichung ihre Art oder Gattungseigenschaft an. Eine dritte Art der Unvergleichlichkeit, die Unvergleichlichkeit des Gesanges der Persiani mit dem Schwanze eines Kometen, überlassen wir Sancho zu seinem „Selbstgenuß", da er ohnehin am „widersinnigen Urteil" solche Freude hat, aber selbst diese widersinnige Vergleichung hat in der Widersinnigkeit der heutigen Verhältnisse eine Realität. Das Geld ist der gemeinsame Maßstab aller, auch der heterogensten Dinge.

Übrigens kommt Sanchos Unvergleichlichkeit wieder auf dieselbe Phrase hinaus wie die Einzigkeit. Die Individuen sollen nicht mehr an einem von ihnen unabhängigen tertium comparationis gemessen werden, sondern die Vergleichung *soll* zu ihrer Selbstunterscheidung, id est zur freien Entwicklung ihrer Individualität umschlagen, und zwar dadurch, daß sie sich die „fixen Ideen" aus dem Kopf schlagen.

Übrigens kennt Sancho nur die Literaten- und Kannegießer-Vergleichung, die zu dem großartigen Resultate kommt, daß Sancho nicht Bruno und Bruno nicht Sancho ist. Die Wissenschaften dagegen, die erst durch die Vergleichung und die Feststellung der Unterschiede innerhalb der Sphären der Vergleichung zu bedeutenden Fortschritten gekommen sind und in denen die Vergleichung einen allgemein bedeutenden Charakter erhält, die vergleichende Anatomie, Botanik, Sprachforschung etc., kennt er natürlich nicht.

Große Nationen, Franzosen, Nordamerikaner, Engländer, vergleichen sich fortwährend untereinander praktisch und theoretisch, in der Konkurrenz wie in der Wissenschaft. Kleinkrämer und Spießbürger wie die Deutschen, die die Vergleichung und Konkurrenz zu scheuen haben, verkriechen sich hinter den Schild der Unvergleichlichkeit, den ihnen ihr philosophischer Etikettenfabrikant liefert. Sancho hat nicht nur in ihrem, sondern auch in seinem eignen Interesse sich alle Vergleichung verbeten.

p. 415 sagt Sancho:

464

„Es ist Keiner *Meines Gleichen*",

und p. 408 wird der Umgang mit „Meines Gleichen" als die Auflösung der Gesellschaft in den Verkehr dargestellt:

„Es zieht das Kind den *Verkehr*, den es mit *Seines Gleichen* eingeht, der *Gesellschaft* vor."

Sancho braucht indes mitunter „Meines Gleichen" und „das Gleiche" überhaupt für „*Dasselbe*", z. B. die oben zitierte Stelle p. 183:

„Das *Gleiche, dasselbe* können sie weder sein noch haben."

Und hiermit nimmt er seine schließliche „neue Wendung", die namentlich im Kommentar verbraucht wird.

Die Einzigkeit, die Originalität, die „eigne" Entwicklung der Individuen, die nach Sancho z. B. bei allen „menschlichen Arbeiten" nicht stattfindet, obgleich Niemand leugnen wird, daß ein Ofensetzer den Ofen nicht auf „*dieselbe*" Weise setzt wie der andre; die „einzige" Entwicklung der Individuen, die nach demselben Sancho in den religiösen, politischen etc. Sphären nicht stattfindet (siehe die „Phänomenologie"), obgleich Niemand leugnen wird, daß unter Allen, die an den Islam glauben, Keiner auf „dieselbe" Weise an ihn glaubt und sich insofern „einzig" verhält, wie unter allen Staatsbürgern keiner auf „dieselbe" Weise sich zum Staat verhält, schon weil *Er* es ist und nicht der *Andre*, der sich verhält — die vielgerühmte „Einzigkeit", die so sehr von der „*Dieselbigkeit*", der *Identität der Person* sich unterschied, daß Sancho in allen bisherigen Individuen fast nur „Exemplare" einer Gattung sah, löst sich also hier auf in die polizeilich konstatierte Identität einer Person mit sich selbst, darin, daß Ein Individuum nicht das Andre ist. So schrumpft der Weltstürmer Sancho zum Schreiber eines Paßbüros zusammen.

p. 184 des Kommentars setzt er mit vieler Salbung und großem Selbstgenuß auseinander, daß Er nicht davon satt wird, wenn der Kaiser von Japan ißt, weil sein und des Kaisers von Japan Eingeweide „einzige", „unvergleichliche Eingeweide", id est, nicht *dieselben* seien. Wenn Sancho glaubt, hierdurch die bisherigen sozialen Verhältnisse oder auch nur Naturgesetze aufgehoben zu haben, so ist diese Naivetät gar zu groß und rührt bloß daher, daß die Philosophen die sozialen Verhältnisse nicht als die gegenseitigen Verhältnisse dieser mit sich identischen Individuen und die Naturgesetze als die gegenseitigen Beziehungen dieser bestimmten Körper dargestellt haben.

Berühmt ist der klassische Ausdruck, den Leibniz diesem alten Satz (der in jedem Handbuch der Physik als Lehre von der Undurchdringlichkeit der Körper auf der ersten Seite figuriert) gegeben hat:

„Opus tamen est ... ut quaelibet monas differat ab alia quacunque, neque enim unquam dantur in natura duo entia, quorum unum exasse conveniat cum altero."[1] („Principia Philos[ophiae] seu Theses" pp.)

Sanchos Einzigkeit ist hier zu einer Qualität herabgesunken, die er mit jeder Laus und jedem Sandkorn teilt.

Das größte Dementi, mit dem die Philosophie enden konnte, war, daß sie die Einsicht jedes Bauerlümmels und Polizeisergeanten, daß Sancho nicht Bruno ist, für eine der größten Entdeckungen, und die Tatsache dieser Verschiedenheit für ein wahres Wunder ansieht.

So hat sich das „kritische Juchhe" unsres „Virtuosen im Denken" in ein unkritisches Miserere verwandelt.

Nach allen diesen Abenteuern segelt unser „einziger" Schildknapp wieder in den Hafen seiner heimischen Fronkote ein. „Das Titelgespenst seines Buchs" springt ihm „jauchzend" entgegen. Ihre erste Frage ist, wie sich der Graue befinde.

Besser als sein Herr, antwortet Sancho.

Gott sei gedankt dafür, daß er mir so viel Gutes getan hat; aber erzähle mir jetzt, mein Freund, was hat Dir denn Deine Knappschaft eingebracht? Was für ein neues Kleid bringst Du mir mit?

Ich bringe Nichts der Art, antwortet Sancho, aber „das schöpferische Nichts, das Nichts, aus dem Ich selbst als Schöpfer Alles schaffe", das heißt, Du sollst mich noch sehen als Kirchenvater und Erzbischof einer Insel, und zwar einer der besten, die man finden kann.

Der Himmel gebe das, mein Schatz, und bald, denn wir haben's nötig. Aber was ist denn das mit der Insel, ich versteh' das nicht.

Honig ist nichts für das Maul des Esels, erwidert Sancho. Du

---

[1] „Mit Notwendigkeit jedoch unterscheidet sich jede beliebige Monade von jeder anderen; denn niemals gibt es in der Natur zwei Wesen, die miteinander gänzlich übereinstimmen."

wirst das seinerzeit sehen, Weib. Aber das kann ich Dir jetzt schon sagen, daß es nichts Angenehmeres auf der Welt gibt denn die Ehre, als mit sich einiger Egoist und Schildknapp von der traurigen Gestalt Abenteuer zu suchen. Es ist freilich wahr, daß die meisten, die man findet, nicht so „ihr letztes Absehen erreichen", daß „die *menschliche* Forderung befriedigt wird" (tan como el *hombre* querria[1]), denn von Hunderten, die man trifft, pflegen neunundneunzig schief und verzwickt abzulaufen. Ich weiß das aus Erfahrung, denn aus Einigen bin ich geprellt, aus andern gemahlen und gedroschen heimgegangen. Aber bei Alledem ist es doch eine schöne Sache, denn die „einzige" Forderung wird jedenfalls dabei befriedigt, wenn man so durch die ganze Geschichte vagabundiert, alle Bücher des Berliner Lesekabinetts zitiert, in allen Sprachen ein etymologisches Nachtlager hält, in allen Ländern politische Fakta verfälscht, gegen alle Drachen und Strauße, Kobolde, Feldteufel und „Gespenster" fanfaronierende Herausforderungen erläßt, sich mit allen Kirchenvätern und Philosophen herumschlägt und schließlich doch nur mit seinem eigenen Körper bezahlt. (Vgl. Cervantes I, Cap. 52.)

---

[1] so, wie es sich der *Mensch* wünscht.

2. Apologetischer Kommentar[47]

Obgleich Sancho vorzeiten und im Stande seiner Erniedrigung, Cervantes Cap. 26 und 29, allerlei „Bedenken" trug, eine Kirchenpfründe zu genießen, hat er sich doch in Erwägung der veränderten Umstände und seiner früheren vorbereitenden Stellung als Famulus einer andächtigen Bruderschaft (Cervantes am einundzwanzigsten) endlich entschlossen, sich dies Bedenken „aus dem Kopf zu schlagen". Er ist Erzbischof der Insel Barataria und Kardinal geworden und sitzt als solcher mit feierlicher Miene und erzpriesterlichem Anstande unter den Ersten unsres Konzils. Zu diesem Konzil kehren wir jetzt nach der langen Episode „des Buchs" zurück.

Wir finden „Bruder Sancho" in seiner neuen Lebensstellung freilich sehr verändert. Er stellt die ecclesia triumphans[1] dar im Gegensatz zur ecclesia militans[2], in der er sich früher befand. An die Stelle der kriegerischen Fanfaren „des Buchs" ist ein feierlicher Ernst, an die Stelle von „Ich" ist „Stirner" getreten. Dies zeigt, wie wahr das französische Sprüchwort ist, qu'il n'y a qu'un pas du sublime au ridicule[3]. Sancho nennt sich nur noch „Stirner", seitdem er Kirchenvater geworden ist und Hirtenbriefe erläßt. Er hat diese „einzige" Manier des Selbstgenusses von Feuerbach gelernt, aber leider steht sie ihm nicht besser an wie seinem Grauen das Lautenschlagen. Wenn er von sich in der dritten Person spricht, so sieht Jeder, daß Sancho der „Schöpfer" nach Art der preußischen Unteroffiziere sein „Geschöpf" Stirner mit „*Er*" anredet und keineswegs mit Cäsar zu verwechseln ist. Der Eindruck wird noch komischer dadurch, daß Sancho, bloß um Feuerbach Konkurrenz zu machen,

---
[1] triumphierende Kirche.
[2] streitbaren Kirche.
[3] daß vom Erhabenen zum Lächerlichen nur ein Schritt ist.

468

diese Inkonsequenz begeht. Sanchos „Selbstgenuß" seines Auftretens als großer Mann wird hier malgré lui[1] zum Genuß für Andere.

Das „*Besondere*", was Sancho in seinem Kommentar tut, soweit wir ihn nicht schon in der Episode „verbraucht" haben, besteht darin, daß er eine neue Reihe von Variationen über die bekannten Themata zum besten gibt, die im „Buche" bereits so weitläufig abgeleiert wurden. Sanchos Musik, die wie die der indischen Wischnupriester nur Eine Note kennt, wird hier einige Tonarten höher gesetzt. Ihre opiumartige Wirkung bleibt dabei natürlich dieselbe. So z. B. wird der Gegensatz von „egoistisch" und „heilig" hier unter den Wirtshausschildern von „interessant" und „uninteressant", dann „interessant" und „absolut interessant" wieder durchgeknetet, eine Neuerung, die übrigens nur für Liebhaber des ungesäuerten Brotes, vulgo[2] Matzekuchens, interessant sein kann. Die belletristische Verdrehung des Interessierten in das Interessante ist natürlich einem „jebildeten" Berliner Kleinbürger nicht zu verübeln. — Sämtliche Illusionen, die nach Sanchos Lieblingsmarotte von den „Schulmeistern" geschaffen wurden, erscheinen hier „als Schwierigkeiten — *Bedenken*", die „nur der Geist geschaffen" und welche „die armen Seelen, die sich jene Bedenken haben aufschwatzen lassen", durch „*Leichtsinn*" (das berüchtigte Sich-aus-dem-Kopf-Schlagen) „überwinden... müssen" (p. 162). Folgt dann eine „Abhandlung", ob man sich die „Bedenken" durch „Denken" oder „Gedankenlosigkeit" aus dem Kopf schlagen soll, und ein kritisch-moralisches Adagio, in dem er in Mollakkorden jammert: „Das Denken *darf* nicht etwa durch Jauchzen unterdrückt werden." (p. 166.)

Zur Beruhigung Europas, namentlich des bedrängten Old merry and young sorry England[3], erläßt Sancho, sobald er sich in seiner bischöflichen chaise percée[4] etwas eingesessen hat, von dieser aus folgenden gnädigen Hirtenbrief:

„Dem Stirner liegt die bürgerliche Gesellschaft ganz und gar nicht am Herzen, und *er gedenkt sie keineswegs so auszudehnen, daß sie Staat und Familie verschlinge*" (p. 189)

— wonach Herr Cobden und Herr Dunoyer zu achten.

---

[1] gegen seinen Willen.
[2] in der Umgangssprache.
[3] Alten fröhlichen und jungen traurigen Englands.
[4] Nachtstuhl.

Als Erzbischof nimmt Sancho zugleich die geistliche Polizei in seine Hände und erteilt Heß p. 193 einen Verweis wegen „polizeiwidriger" Verwechslungen, die um so unverzeihlicher sind, je größere Mühe sich unser Kirchenvater fortwährend gibt, die Identität festzustellen. Um demselben Heß zu beweisen, daß „Stirner" auch den „Heldenmut der Lüge" besitzt, diese orthodoxe Eigenschaft des mit sich einigen Egoisten, singt er p. 188: „Aber Stirner spricht *gar nicht* davon, daß, wie Heß ihn reden läßt, der ganze Fehler der bisherigen Egoisten nur darin bestehe, daß sie kein *Bewußtsein* von ihrem Egoismus hätten." Vgl. die „Phänomenologie" und das ganze „Buch". Die andre Eigenschaft des mit sich einigen Egoisten, die Leichtgläubigkeit, beweist er p. 182, wo er dem Feuerbach „*nicht bestreitet*", daß „*das Individuum* Kommunist sei". Eine weitere Ausübung seiner Polizeigewalt besteht darin, daß er p. 154 seinen sämtlichen Rezensenten die Rüge appliziert, daß sie nicht „auf den Egoismus, wie er von Stirner *aufgefaßt wird*, näher" eingegangen seien. Sie begingen allerdings Alle den Fehler, zu glauben, es handle sich um den wirklichen Egoismus, während es sich nur um „Stirners" Auffassung desselben handelte.

Der apologetische Kommentar beweist auch noch dadurch Sanchos Befähigung zum Kirchenvater, daß er mit einer Heuchelei beginnt.

„Wenn auch vielleicht nicht den genannten Rezensenten, so mag doch manchem andern Leser des Buchs eine kurze Erwiderung von Nutzen sein." p. 147.

Sancho spielt hier den Devouierten und behauptet, seine kostbare Zeit zum „Nutzen" des Publikums aufzuopfern, obwohl er uns überall versichert, er habe stets nur seinen eignen Nutzen im Auge, obwohl er hier nur sein kirchenväterliches Fell zu salvieren strebt.

Damit wäre das „Besondre" des Kommentars erledigt. Das „*Einzige*", das sich indes auch schon „im Buche" p. 491 findet, haben wir weniger zum „Nutzen" „mancher andren Leser" als zum eignen Nutzen „Stirners" bis hieher aufbewahrt. Eine Hand wäscht die andre, worauf unbestreitbar folgt, daß „das Individuum Kommunist" ist.

Für die Philosophen ist es eine der schwierigsten Aufgaben, aus der Welt des Gedankens in die wirkliche Welt herabzusteigen. Die unmittelbare Wirklichkeit des Gedankens ist die *Sprache*. Wie die Philosophen das Denken verselbständigt haben, so mußten sie die

Sprache zu einem eignen Reich verselbständigen. Dies ist das Geheimnis der philosophischen Sprache, worin die Gedanken als Worte einen eignen Inhalt haben. Das Problem, aus der Welt der Gedanken in die wirkliche Welt herabzusteigen, verwandelt sich in das Problem, aus der Sprache ins Leben herabzusteigen.

Wir haben gezeigt, daß die Verselbständigung der Gedanken und Ideen eine Folge der Verselbständigung der persönlichen Verhältnisse und Beziehungen der Individuen ist. Wir haben gezeigt, daß die ausschließliche systematische Beschäftigung mit diesen Gedanken von seiten der Ideologen und Philosophen und damit die Systematisierung dieser Gedanken eine Folge der Teilung der Arbeit ist, und namentlich die deutsche Philosophie eine Folge der deutschen kleinbürgerlichen Verhältnisse. Die Philosophen hätten ihre Sprache nur in die gewöhnliche Sprache, aus der sie abstrahiert ist, aufzulösen, um sie als die verdrehte Sprache der wirklichen Welt zu erkennen und einzusehen, daß weder die Gedanken noch die Sprache für sich ein eignes Reich bilden; daß sie nur *Äußerungen* des wirklichen Lebens sind.

Sancho, der den Philosophen durch Dick und Dünn folgt, muß notwendig nach dem *Stein der Weisen*, der Quadratur des Zirkels und dem Lebenselixier suchen, nach einem „*Wort*", welches als Wort die Wunderkraft besitzt, aus dem Reich der Sprache und des Denkens ins wirkliche Leben hinauszuführen. Sancho ist so angesteckt von seinem langjährigen Umgang mit Don Quijote, daß er nicht merkt, daß diese seine „Aufgabe", dieser sein „Beruf", selbst nichts weiter als eine Folge des Glaubens an seine dickleibigen philosophischen Ritterbücher ist.

Sancho beginnt damit, die Herrschaft des Heiligen und der Ideen in der Welt abermals, und zwar in der neuen Form der Herrschaft der Sprache oder der Phrase, uns vorzuführen. Die Sprache wird natürlich zur Phrase, sobald sie verselbständigt wird.

p. 151 nennt Sancho die jetzige Welt „eine Phrasenwelt, eine Welt, in deren Anfang das Wort war". Er beschreibt näher die Motive seiner Jagd auf das Zauberwort:

„Es war die Spekulation darauf gerichtet, ein *Prädikat* zu finden, welches so *allgemein* wäre, daß es Jeden in sich begriffe... Soll das Prädikat einen Jeden in sich begreifen, so muß ein Jeder darin als *Subjekt* erscheinen, d. h. nicht bloß als das, *was* er ist, sondern als der, *der* er ist." p. 152.

Weil die Spekulation solche Prädikate, früher von Sancho als Beruf, Bestimmung, Aufgabe, Gattung usw. ausgesprochen, „suchte", „*suchten*" sich die wirklichen Menschen bisher „im Worte, im Logos, im Prädikat". p. 153. Solange man bisher innerhalb der Sprache ein Individuum vom andern bloß als identische Person unterscheiden wollte, brauchte man den *Namen*. Sancho beruhigt sich aber nicht bei den gewöhnlichen Namen, sondern weil ihm die Spekulation die Aufgabe gestellt hat, ein Prädikat zu finden, was so allgemein wäre, daß es Jeden als Subjekt in sich begreift, so sucht er den philosophischen, abstrakten Namen, den „Namen", der über alle Namen ist, den Namen aller Namen, den Namen als Kategorie, der z. B. Sancho von Bruno und Beide von Feuerbach so präzis unterscheidet wie ihre eignen Namen und dennoch auf sie alle drei so gut wie auf alle andern Menschen und beleibte Wesen paßt — eine Neuerung, die in alle Wechselbriefe, Heiratskontrakte usw. die größte Verwirrung bringen und alle Notariats- und Zivilstandsbüros mit einem Schlage vernichten würde. Dieser wunderbare Name, dies Zauberwort, welches in der Sprache der Tod der Sprache ist, die Eselsbrücke zum Leben und die höchste Stufe der chinesischen Himmelsleiter, ist — *der Einzige*. Die wundertätigen Eigenschaften dieses Wortes werden in folgenden Strophen besungen:

„Der Einzige soll nur die letzte, die sterbende Aussage von Dir und Mir, soll nur diejenige Aussage sein, welche in die Meinung umschlägt:
eine Aussage, die keine mehr ist,
eine verstummende, stumme Aussage." p. 153.

„Bei ihm" (dem Einzigen) „ist das Unausgesprochene die Hauptsache." p. 149.

Er ist „bestimmungslos". (ibid.)

„Er weist auf seinen Inhalt außerhalb oder jenseits des Begriffes hin." (ibid.)

Er ist „ein bestimmungsloser Begriff und kann durch keine andern Begriffe bestimmter gemacht werden". p. 150.

Er ist die philosophische „*Taufe*" der profanen Namen. p. 150.

„Der Einzige ist ein gedankenloses Wort.
Er hat keinen Gedankeninhalt."

„Er drückt Einen aus", „der nicht zum zweiten Male dasein, folglich auch nicht *ausgedrückt* werden kann;

Denn könnte er wirklich und ganz ausgedrückt werden, so wäre er zum zweiten Male da, wäre im Ausdruck da." p. 151.

Nachdem er so die Eigenschaften dieses Wortes besungen hat,

feiert er die Resultate, die mit der Entdeckung seiner Wunderkräfte gewonnen sind, in folgenden Antistrophen:

„Mit dem Einzigen ist das Reich der absoluten Gedanken abgeschlossen." (p. 150.)
„Er ist der Schlußstein unsrer Phrasenwelt." p. 151.
„Er ist die als Phrase verendende Logik." p. 153.
„Im Einzigen kann die Wissenschaft in das Leben aufgehn, indem ihr *Das* zum *Der und Der* wird,
Der sich dann nicht mehr im Worte, im Logos, im Prädikate sucht." p. 153.

Allerdings hat Sancho an seinen Rezensenten die üble Erfahrung gemacht, daß auch der Einzige „als Begriff fixiert" werden kann, „und das tun die Gegner" (p. 149), die so sehr Sanchos Gegner sind, daß sie die erwartete magische Wirkung des Zauberwortes gar nicht empfinden, vielmehr wie in der Oper singen: Ce n'est pas ça, ce n'est pas ça![1] Namentlich gegen seinen Don Quijote-Szeliga wendet sich Sancho mit großer Erbitterung und feierlichem Ernst, da bei diesem das Mißverständnis eine offene „Empörung" und ein gänzliches Verkennen seiner Stellung als „Geschöpf" voraussetzt:

„Hätte Szeliga verstanden, daß der Einzige, weil die völlig inhaltlose Phrase oder Kategorie, darum keine Kategorie mehr ist, so hätte er ihn vielleicht als den Namen dessen, was ihm noch namenlos ist, anerkannt." p. 179.

Sancho erkennt also hier ausdrücklich an, daß er und sein Don Quijote auf Ein und dasselbe Ziel lossteuern, nur mit dem Unterschiede, daß Sancho den rechten Morgenstern entdeckt zu haben glaubt, während Don Quijote noch im Dunkeln

ûf dem wildin leber-mer
der grunt-lôsen werlde swebt.[2], [3]

Feuerbach sagte, „Philosophie der Zukunft", p. 49:

„Das Sein, gegründet auf lauter Unsagbarkeiten, ist darum selbst etwas Unsagbares. Jawohl, das Unsagbare. Wo die Worte aufhören, da fängt erst das Leben an, erschließt sich erst das Geheimnis des Seins."

Sancho hat den Übergang aus dem Sagbaren in das Unsagbare, er hat das Wort gefunden, welches zu gleicher Zeit mehr und weniger ist als ein Wort.

---

[1] Das ist es nicht, das ist es nicht!
[2] Meister Kuonrat von Wurzeburc, „Diu guldin Smitte", v. 143 [Quellenangabe von Marx].
[3] auf dem öden Lebermeer
der abgrundtiefen Welt treibt.[155]

Wir haben gesehen, daß das ganze Problem, vom Denken zur Wirklichkeit und daher von der Sprache zum Leben zu kommen, nur in der philosophischen Illusion existiert, d. h. nur berechtigt ist für das philosophische Bewußtsein, das über die Beschaffenheit und den Ursprung seiner scheinbaren Trennung vom Leben unmöglich klar sein kann. Dies große Problem, sobald es überhaupt in den Köpfen unsrer Ideologen spukte, mußte natürlich den Verlauf nehmen, daß zuletzt einer dieser fahrenden Ritter ein Wort zu suchen ausging, das als *Wort* den fraglichen Übergang bildete, als Wort aufhörte, bloßes Wort zu sein, als Wort in mysteriöser, übersprachlicher Weise aus der Sprache heraus auf das wirkliche Objekt, das es bezeichnet, hinweist, kurz, unter den Worten dieselbe Rolle spielt wie der erlösende Gottmensch unter den Menschen in der christlichen Phantasie. Der hohlste und dürftigste Schädel unter den Philosophen mußte die Philosophie damit „verenden" lassen, daß er seine Gedankenlosigkeit als das Ende der Philosophie und damit als den triumphierenden Eingang in das „leibhaftige" Leben proklamierte. Seine philosophierende Gedankenlosigkeit war ja schon von selbst das Ende der Philosophie, wie seine unaussprechliche Sprache das Ende aller Sprache. Sanchos Triumph war noch dadurch bedingt, daß er unter allen Philosophen am Allerwenigsten von den wirklichen Verhältnissen wußte, daher bei ihm die philosophischen Kategorien den letzten Rest von Beziehung auf die Wirklichkeit und damit den letzten Rest von *Sinn* verloren.

Und nun gehe ein, Du frommer und getreuer Knecht Sancho, gehe oder vielmehr reite auf Deinem Grauen ein zu Deines Einzigen Selbstgenuß, „verbrauche" Deinen *„Einzigen"* bis auf den letzten Buchstaben, ihn, dessen wunderbare Titel, Kraft und Tapferkeit bereits Calderon besungen hat wie folgt[156]:

    Der Einzige —

  El valiente Campeon,
  El generoso Adalid,
  El gallardo Caballero,
  El ilustre Paladin,
  El siempre fiel Cristiano,
  El Almirante feliz
  De Africa, el Rey soberano
  De Alexandría, el Cadé

> De Berberia, de Egipto el Cid,
> Morabito, y *Gran Señor*
> *De Jerusalen.*[1]

„Zum Schlusse dürfte es nicht unpassend sein", Sancho, den Großherrn von Jerusalem, an Cervantes' „Kritik" Sanchos, „Don Quijote", Cap. 20, pag. 171 der Brüsseler Ausgabe von 1617, „zu erinnern". (Vgl. Kommentar p. 194.)

---

[1] Der tapfere Kämpfer,
der edelmütige Anführer,
der stattliche Ritter,
der berühmte Paladin,
der jederzeit gläubige Christ,
der glückliche **Admiral**
von Afrika, der erhabene König
von Alexandria, der Richter
der Berberei, von Ägypten der Cid,
Marabut und *Großherr*
von Jerusalem.

Schluß des Leipziger Konzils

Nachdem Sankt Bruno und Sankt Sancho, der auch Max heißt, alle Opponenten vom Konzil verjagt haben, schließen sie einen ewigen Bund, indem sie folgendes rührende Duett absingen und dabei wie zwei Mandarine einander freundlich mit den Köpfen zuwackeln.

Sankt Sancho.

„Der Kritiker ist der wahre Wortführer der Masse ... er ist ihr Fürst und Feldherr in dem Freiheitskriege gegen den Egoismus." (Das Buch, p. 187.),

Sankt Bruno.

„Max Stirner ist der Anführer und Heerführer der Kreuzfahrer" (gegen die Kritik). „Zugleich der Tüchtigste und Tapferste von allen Kämpfern." (Wig[and,] p. 124.)

Sankt Sancho.

„Wir gehen jetzt dazu über, den politischen und sozialen Liberalismus vor den Richterstuhl des humanen oder kritischen Liberalismus" (id est kritische Kritik) „zu stellen." (Das Buch, p. 163.)

Sankt Bruno.

„Vor dem Einzigen und seinem Eigentum fällt der *politisch* Liberale, der den Eigenwillen brechen will, und der *soziale* Liberale, der das Eigentum zerstören will. Sie fallen vor dem kritischen" (d. h. dem der *Kritik* gestohlnen) „Messer des Einzigen." (Wig. p. 124.)

Sankt Sancho.

„Vor der Kritik ist kein Gedanke sicher, weil *sie der denkende Geist selber ist* ... Die Kritik oder vielmehr Er" (sc. Sankt Bruno). (Das Buch, p. 195, 199.)

Sankt Bruno.

(unterbricht ihn mit Verneigungen)

„Allein der *kritische* Liberale ... — der will nicht fallen [vor] der Kritik, weil *Er selber* [der Kritiker] ist." [Wig[and,] p. 124.]

Sankt Sancho.

„Die Kritik, und allein die Kritik, steht auf der *Höhe der Zeit* ... Unter den Sozialtheorien ist unstreitig die Kritik die vollendetste... In ihr kommt das Liebesprinzip des Christentums, das wahre Sozialprinzip, zum reinsten Vollzug, und es wird das letzte mögliche Experiment gemacht, die Ausschließlichkeit [und] das Abstoßen den Menschen zu benehmen: ein Kampf gegen den Egoismus in seiner einfachsten und darum *härtesten* Form." (Das Buch, p. 177.)

Sankt Bruno.

„Dies Ich ist ... die Vollendung und der *Höhepunkt* einer vergangnen Geschichtsepoche. Der Einzige ist der letzte Zufluchtsort in der alten Welt, der letzte Schlupfwinkel, von wo aus sie ihre Angriffe" auf die kritische Kritik „machen kann ... dieses Ich ist der gesteigertste, mächtigste und kräftigste Egoismus der alten Welt" (id est des Christentums). „... Dieses Ich ist die Substanz in ihrer *härtesten Härte*." (Wig. p. 124.)

Nach diesem traulichen Zwiegespräch heben die beiden großen Kirchenväter das Konzil auf. Dann drücken sie sich stumm die Hand, der Einzige „vergißt sich selbst in süßer Selbstvergessenheit", ohne jedoch darüber „ganz zu verschwinden", und der Kritiker „lächelt" dreimal und „geht" dann „unaufhaltsam, siegsgewiß und siegreich seiner Wege".

II. Band

[Kritik des deutschen Sozialismus
in seinen verschiedenen Propheten]

Der wahre Sozialismus

Dasselbe Verhältnis, das wir im ersten Bande (vgl. „Sankt Max", „Der politische Liberalismus") zwischen dem bisherigen deutschen Liberalismus und der französischen und englischen Bourgeoisie-Bewegung nachgewiesen haben, findet statt zwischen dem deutschen Sozialismus und der Proletariatsbewegung Frankreichs und Englands. Neben den deutschen Kommunisten hat sich eine Anzahl Schriftsteller aufgetan, die einige französische und englische kommunistische Ideen aufgenommen und mit ihren deutsch-philosophischen Voraussetzungen verquickt haben. Diese „Sozialisten" oder „wahren Sozialisten", wie sie sich nennen, sehen in der kommunistischen Literatur des Auslandes nicht den Ausdruck und das Produkt einer wirklichen Bewegung, sondern rein theoretische Schriften, die ganz, wie sie es sich von den deutschen philosophischen Systemen vorstellen, aus dem „reinen Gedanken" hervorgegangen sind. Sie denken nicht daran, daß diesen Schriften, selbst wenn sie Systeme predigen, die praktischen Bedürfnisse, die ganzen Lebensverhältnisse einer bestimmten Klasse bestimmter Länder zugrunde liegen. Sie nehmen die Illusion mancher dieser literarischen Parteirepräsentanten, als handle es sich bei ihnen um die „vernünftigste" Ordnung der Gesellschaft und nicht um die Bedürfnisse einer bestimmten Klasse und Epoche, auf Treu und Glauben an. Die deutsche Ideologie, in der diese „wahren Sozialisten" befangen sind, erlaubt ihnen nicht, das wirkliche Verhältnis zu betrachten. Ihre Tätigkeit gegenüber den „unwissenschaftlichen" Franzosen und Engländern besteht nun darin, vor allen Dingen die Oberflächlichkeit oder den „rohen" Empirismus dieser Ausländer gehörig der Verachtung des deutschen Publikums preiszugeben, der „deutschen Wissenschaft" einen Hymnus zu singen und ihr die Mission zu geben, die *Wahrheit* des Kommunismus und Sozialismus, den absoluten, den *wahren* Sozialismus erst an den Tag zu bringen. Sie geben sich auch sogleich an die Arbeit, um als Vertreter der „deutschen Wissenschaft" diese Mission zu erfüllen, obwohl in den meisten Fällen diese „deutsche Wissenschaft" ihnen fast ebenso fremd geblieben ist wie die Originalschriften der Franzosen und Engländer, die sie nur aus den Kompilationen von Stein und Oelckers[157] etc. kennen. Und worin besteht diese „*Wahrheit*", die sie dem Sozialismus und Kommunismus geben? Sie suchen sich die ihnen teils wegen ihrer Unkenntnis schon des bloß literarischen Zusammenhangs, teils wegen ihrer erwähnten falschen Auffassung der sozialistischen und kommunistischen Literatur gänzlich unerklärlichen Ideen dieser Literatur mit Hülfe der deutschen, namentlich Hegelschen und Feuerbachschen Ideologie klarzumachen. Sie heben die kommunistischen Systeme, Kritiken und Streitschriften ab von der wirklichen Bewegung, deren bloßer Ausdruck sie sind, und bringen sie dann in einen willkürlichen Zusammenhang mit der deutschen Philosophie. Sie trennen das Bewußtsein bestimmter geschichtlich bedingter Lebenssphären von diesen Lebenssphären und messen es an dem wahren, absoluten, d. h. deutsch-philosophischen Bewußtsein. Sie verwandeln ganz konsequent die Verhältnisse dieser bestimmten Individuen in Verhältnisse „*des* Menschen", sie erklären sich die Gedanken dieser bestimmten Individuen über ihre eignen Verhältnisse dahin, daß sie Gedanken über „*den* Menschen" seien. Sie sind damit vom wirklichen geschichtlichen Boden auf den Boden der Ideologie zurückgekommen und können nun, da sie den wirklichen Zusammenhang nicht kennen, mit Hülfe der „absoluten" oder einer andern ideologischen Methode leicht einen phantastischen Zusammenhang konstruieren. Diese Übersetzung der französischen Ideen in die Sprache der deutschen Ideologen und dieser willkürlich fabrizierte Zusammenhang zwischen dem Kommunismus und der deutschen Ideologie bilden dann den sogenannten „wahren Sozialismus", der, wie die englische Konstitution von den Tories[158], für „den Stolz der Nation und den Neid aller Nachbarvölker" ausposaunt wird.

Dieser „wahre Sozialismus" ist also weiter nichts als die Verklärung des proletarischen Kommunismus und der ihm mehr oder minder verwandten Parteien und Sekten Frankreichs und Englands im

Himmel des deutschen Geistes und, wie wir ebenfalls sehen werden, des deutschen Gemütes. Der wahre Sozialismus, der auf der „Wissenschaft" zu beruhen vorgibt, ist vor allen Dingen selbst wieder eine esoterische Wissenschaft; seine theoretische Literatur ist nur für Die, die in die Mysterien des „denkenden Geistes" eingeweiht sind. Er hat aber auch eine exoterische Literatur, er muß, schon weil er sich um gesellschaftliche, exoterische Verhältnisse kümmert, eine Art Propaganda machen. In dieser exoterischen Literatur appelliert er nicht mehr an den deutschen „denkenden Geist", sondern an das deutsche „Gemüt". Dies ist um so leichter, als der wahre Sozialismus, dem es nicht mehr um die wirklichen Menschen, sondern um „*den* Menschen" zu tun ist, alle revolutionäre Leidenschaft verloren hat und an ihrer Stelle allgemeine Menschenliebe proklamiert. Er wendet sich somit nicht an die Proletarier, sondern an die beiden zahlreichsten Menschenklassen Deutschlands, an die Kleinbürger und ihre philanthropischen Illusionen und an die Ideologen ebendieser Kleinbürger, die Philosophen und Philosophenschüler; er wendet sich überhaupt an das gegenwärtig in Deutschland herrschende „gemeine" und ungemeine Bewußtsein.

Es war nach den in Deutschland faktisch vorliegenden Verhältnissen notwendig, daß sich diese Zwischensekte bildete, daß eine Vermittlung des Kommunismus mit den herrschenden Vorstellungen versucht wurde. Es war ebenso notwendig, daß eine Menge deutscher Kommunisten, die von der Philosophie ausgingen, erst durch einen solchen Übergang zum Kommunismus kamen und noch kommen, während Andere, die den Schlingen der Ideologie sich nicht entwinden können, diesen wahren Sozialismus bis an ihr seliges Ende predigen werden. Wir können daher nicht wissen, ob diejenigen der „wahren Sozialisten", deren hier kritisierte Schriften vor einiger Zeit verfaßt wurden, diesen Standpunkt noch behaupten oder ob sie weitergegangen sind. Wir haben überhaupt gegen die Personen nichts, wir nehmen bloß die gedruckten Aktenstücke als Ausdruck einer für ein so versumpftes Land wie Deutschland unvermeidlichen Richtung.

Außerdem aber hat der wahre Sozialismus allerdings einer Masse jungdeutscher Belletristen[159], Wunderdoktoren und sonstiger Literaten eine Tür eröffnet zur Exploitation der sozialen Bewegung. Der Mangel *wirklicher*, leidenschaftlicher, praktischer Parteikämpfe in Deutschland machte auch die soziale Bewegung anfangs zu einer *bloß* literarischen. Der wahre Sozialismus ist die vollkommenste soziale Literaturbewegung, die ohne wirkliche Parteiinteressen entstand und nun, nachdem die kommunistische Partei sich formiert hat, trotz ihr fortbestehen will. Es versteht sich, daß seit dem Entstehen einer wirklichen kommunistischen Partei in Deutschland die wahren Sozialisten immer mehr auf Kleinbürger als Publikum und impotente und verlumpte Literaten als Repräsentanten dieses Publikums sich beschränken werden.

I
„Die Rheinischen Jahrbücher"[160]
oder
Die Philosophie des wahren Sozialismus

A) *„Communismus, Socialismus, Humanismus"*[161]
„Rhein[ische] Jahrb[ücher]" 1. Bd., p. 167ff.

Wir beginnen mit diesem Aufsatz, weil er den deutsch-nationalen Charakter des wahren Sozialismus mit vollständigem Bewußtsein und großem Selbstgefühl zur Schau trägt.

p. 168. „Es scheint, als ob die *Franzosen* ihre eignen Genies nicht verständen. Hier kommt ihnen die *deutsche Wissenschaft* zu Hülfe, die *im Sozialismus*, wenn bei der Vernunft eine Steigerung gilt, die *vernünftigste Ordnung der Gesellschaft gibt.*"

Hier gibt also „die deutsche Wissenschaft" eine, und zwar „die vernünftigste", „Ordnung der Gesellschaft" „*im* Sozialismus". Der Sozialismus wird ein bloßer Zweig der allmächtigen, allweisen, Alles umfassenden deutschen Wissenschaft, die sogar eine Gesellschaft stiftet. Der Sozialismus ist zwar ursprünglich französisch, aber die französischen Sozialisten waren *„an sich"* Deutsche, weshalb auch die *wirklichen* Franzosen sie „nicht verstanden". Daher kann unser Verfasser sagen:

„Der *Kommunismus* ist *französisch*, der *Sozialismus deutsch*; ein Glück ist es für die Franzosen, daß sie einen so glücklichen gesellschaftlichen *Instinkt* haben, der ihnen einst die *wissenschaftlichen Studien* wird ersetzen helfen. Dieses Resultat lag in dem Entwicklungsgange beider Völker vorgezeichnet; die Franzosen kamen durch die *Politik* zum *Kommunismus*" (nun weiß man natürlich, wie das französische Volk zum Kommunismus kam), „die Deutschen durch die *Metaphysik*, die zuletzt in Anthropologie umschlug, zum *Sozialismus*" (nämlich zum „wahren Sozialismus"). „Beide lösen sich zuletzt in *Humanismus* auf."

Nachdem man den Kommunismus und Sozialismus in zwei abstrakte Theorien, zwei Prinzipien verwandelt hat, ist natürlich nichts leichter, als eine beliebige Hegelsche Einheit dieser beiden Gegensätze unter einem beliebigen unbestimmten Namen zu phantasieren. Womit nicht nur ein durchdringender Blick in „den Entwicklungsgang beider Völker" geworfen, sondern auch die Erhabenheit des spekulierenden Individuums über Franzosen und Deutsche glänzend dargetan ist.

Übrigens ist dieser Satz ziemlich wörtlich kopiert aus dem Püttmannschen „Bürgerbuch", p. 43[162] und anderwärts; wie denn auch die „wissenschaftlichen Studien" des Verfassers über den Sozialismus sich auf eine konstruierende Reproduktion der in diesem Buche, den „Einundzwanzig Bogen" und anderen Schriften aus der Entstehungsepoche des deutschen Kommunismus gegebenen Ideen beschränken.

Wir geben nur einige Proben von den in diesem Aufsatze erhobenen Einwendungen gegen den *Kommunismus*.

p. 168. „Der Kommunismus verbindet die Atome zu keinem organischen Ganzen."

Die Verbindung von „Atomen" zu einem „organischen Ganzen" ist ebensowenig zu verlangen wie die Quadratur des Zirkels.

„Wie der Kommunismus faktisch in Frankreich, seinem Hauptsitz, vertreten wird, ist er der *rohe* Gegensatz gegen die egoistische Zerfallenheit des Krämerstaats, über diesen politischen Gegensatz kommt er nicht hinaus, gelangt zu keiner *unbedingten, voraussetzungslosen Freiheit*." (ibidem.)

Voilà[1] das deutsch-ideologische Postulat der „unbedingten, voraussetzungslosen Freiheit", die nur die praktische Formel für das „unbedingte, voraussetzungslose Denken" ist. Der französische Kommunismus ist allerdings „roh", weil er der theoretische Ausdruck eines *wirklichen* Gegensatzes ist, über den er nach unsrem Verfasser aber dadurch hinaus sein sollte, daß er diesen Gegensatz in der Einbildung als schon überwunden unterstellt. Vergleiche übrigens „Bürgerbuch" u. a. p. 43.

„Innerhalb des Kommunismus kann die Tyrannei recht wohl fortbestehen, weil er nicht die Gattung fortbestehen läßt." p. 168.

Arme Gattung! Bisher hat die „Gattung" *gleichzeitig* mit der „Tyrannei" bestanden; aber eben weil der Kommunismus die „Gattung" *abschafft*, deswegen kann er die „Tyrannei" *fort*bestehen lassen. Und wie fängt es nach unsrem wahren Sozialisten der Kom-

---

[1] Da haben wir.

munismus an, „die Gattung" abzuschaffen? Er „hat die Masse vor sich". (ibidem.)

„Der Mensch wird im Kommunismus seines *Wesens* nicht *bewußt* ... seine Abhängigkeit wird durch den Kommunismus auf das *letzte, brutalste Verhältnis* gebracht, auf die Abhängigkeit von der *rohen Materie* — Trennung von *Arbeit* und *Genuß*. Der Mensch gelangt zu keiner *freien* sittlichen *Tätigkeit*."

Um die „wissenschaftlichen Studien" zu würdigen, welche unsrem wahren Sozialisten zu diesem Satz verholfen haben, vergleiche man folgenden Satz:

„Die französischen Sozialisten und Kommunisten ... haben das *Wesen* des Sozialismus theoretisch keineswegs erkannt ... selbst die radikalen" (französischen) „Kommunisten sind noch keineswegs über den Gegensatz von *Arbeit* und *Genuß* hinaus ... haben sich noch nicht zum Gedanken der *freien Tätigkeit* erhoben ... Der Unterschied zwischen dem Kommunismus und der Krämerwelt ist nur der, daß die *vollständige Entäußerung des wirklichen menschlichen Eigentums* im Kommunismus aller Zufälligkeit enthoben, d. h. *idealisiert* werden soll." „Bürgerbuch", p. 43.

Unser wahrer Sozialist wirft also hier den Franzosen vor, daß sie ein richtiges Bewußtsein ihrer faktischen gesellschaftlichen Zustände haben, während sie das Bewußtsein „*des* Menschen" über „*sein* Wesen" zutage fördern sollten. Alle Vorwürfe dieser wahren Sozialisten gegen die Franzosen laufen darauf hinaus, daß die Feuerbachsche Philosophie nicht die letzte Pointe ihrer gesamten Bewegung ist. Wovon der Verfasser ausgeht, ist der vorgefundene Satz von der Trennung von Arbeit und Genuß. Statt mit diesem Satze anzufangen, dreht er ideologisch die Sache um, fängt an mit dem fehlenden Bewußtsein des Menschen, schließt daraus auf die „Abhängigkeit von der rohen Materie" und läßt diese sich *realisieren* in der „Trennung von Arbeit und Genuß". Wir werden übrigens noch Exempel davon sehen, wohin unser wahrer Sozialist mit seiner Unabhängigkeit „von der rohen Materie" kommt. — Überhaupt sind diese Herren alle von merkwürdigem Zartgefühl. Alles, namentlich die Materie, schockiert sie, überall klagen sie über Roheit. Oben hatten wir schon den „*rohen* Gegensatz", jetzt das „*brutalste* Verhältnis" der „Abhängigkeit von der *rohen* Materie".

    Der Deutsche öffnet den Mund weit:
    Die Liebe sei nicht zu *roh*,
    Sie schadet sonst der Gesundheit.[163]

Natürlich, die deutsche Philosophie in ihrer Verkleidung als Sozialismus geht zwar zum Schein auf die „rohe Wirklichkeit" ein, aber sie hält sich immer in anständiger Entfernung von ihr und ruft ihr mit hysterischer Gereiztheit zu: Noli me tangere![1]

Nach diesen wissenschaftlichen Einwürfen gegen den französischen Kommunismus kommen wir auf einige historische Erörterungen, die von der „freien sittlichen Tätigkeit" und den „wissenschaftlichen Studien" unsres wahren Sozialisten wie auch von seiner Unabhängigkeit von der rohen Materie glänzendes Zeugnis ablegen.

p. 170 kommt er zu dem „Resultate", daß „der" (abermals) „*rohe* französische Kommunismus" der einzige ist, den es „gibt". Die Konstruktion dieser Wahrheit a priori wird mit großem „gesellschaftlichem Instinkt" durchgeführt und zeigt, daß „der Mensch seines Wesens sich bewußt" geworden ist. Man höre:

„Es gibt keinen andern, **denn** was Weitling gegeben hat, ist nur eine Verarbeitung fourieristischer und kommunistischer Ideen, **wie** er sie in Paris und Genf kennenlernte."

„Es gibt keinen" englischen Kommunismus, „denn was Weitling" usw. Thomas Morus, die Levellers[164], Owen, Thompson, Watts, Holyoake, Harney, Morgan, Southwell, Goodwyn Barmby, Greaves, Edmonds, Hobson, Spence werden sich sehr wundern, resp. im Grabe umdrehen, wenn ihnen zu Ohren kommt, wie sie keine Kommunisten sind, „denn" Weitling ging nach Paris und Genf.

Übrigens scheint der Weitlingsche Kommunismus doch auch ein andrer zu sein als der „rohe französische", vulgo Babouvismus, da er auch „fourieristische Ideen" enthält.

„Die Kommunisten waren besonders stark in der Aufstellung von Systemen oder gleich fertigen Gesellschaftsordnungen (Cabets Ikarien, ‚La Félicité'[165], Weitling). Alle Systeme aber sind dogmatisch-diktatorisch." p. 170.

Mit seiner Meinungsabgabe über Systeme überhaupt hat der wahre Sozialismus sich natürlich der Mühe überhoben, die kommunistischen Systeme selbst kennenzulernen. Mit einem Schlage hat er nicht nur Ikarien[166], sondern auch alle philosophischen Systeme von Aristoteles bis Hegel, das système de la nature[167], das Linnésche und Jussiesche Pflanzensystem und sogar das Sonnensystem überwunden. Was übrigens die Systeme selbst angeht, so sind diese

---

[1] Rühr mich nicht an!

fast alle im Anfange der kommunistischen Bewegung aufgekommen und dienten damals der Propaganda als Volksromane, die dem noch unentwickelten Bewußtsein der sich eben in Bewegung setzenden Proletarier vollkommen entsprachen. Cabet selbst nennt seine „Icarie" einen roman philosophique[1] und ist keineswegs aus seinem System, sondern aus seinen Streitschriften, überhaupt aus seiner ganzen Tätigkeit als Parteichef zu beurteilen. Einige dieser Romane, z. B. das Fouriersche System, sind mit wirklich poetischem Geiste, andere, wie das Owensche und Cabetsche, ohne alle Phantasie mit kaufmännischer Berechnung oder juristisch-schlauem Anschmiegen an die Anschauungen der zu bearbeitenden Klasse ausgeführt. Diese Systeme verlieren bei der Entwicklung der Partei alle Bedeutung und werden höchstens nominell als Stichwörter beibehalten. Wer glaubt in Frankreich an Ikarien, wer in England an die verschiedenen modifizierten Pläne Owens, die er selbst je nach veränderten Zeitumständen oder mit Rücksicht auf Propaganda unter bestimmten Klassen predigte? Wie wenig der wirkliche Inhalt dieser Systeme in ihrer systematischen Form liegt, beweisen am besten die orthodoxen Fourieristen der „Démocratie pacifique", die bei all ihrer Orthodoxie die geraden Antipoden Fouriers, doktrinäre Bourgeois sind. Der eigentliche Inhalt aller epochemachenden Systeme sind die Bedürfnisse der Zeit, in der sie entstanden. Jedem derselben liegt die ganze vorhergegangene Entwicklung einer Nation, die geschichtliche Gestaltung der Klassenverhältnisse mit ihren politischen, moralischen, philosophischen und andern Konsequenzen zugrunde. Dieser Basis und diesem Inhalt der kommunistischen Systeme gegenüber ist mit dem Satz, daß alle Systeme dogmatisch-diktatorisch sind, gar nichts ausgerichtet. Den Deutschen lagen keine ausgebildeten Klassenverhältnisse vor wie den Engländern und Franzosen. Die deutschen Kommunisten konnten daher die Basis ihres Systems nur aus den Verhältnissen des Standes nehmen, aus dem sie hervorgingen. Daß daher das einzige **existierende deutsche kommunistische System eine Reproduktion der französischen Ideen innerhalb der durch die kleinen Handwerkerverhältnisse beschränkten Anschauungsweise war**, ist ganz natürlich.

---

[1] philosophischen Roman.

Die Tyrannei, die innerhalb des Kommunismus fortbesteht, zeigt „der *Wahnsinn* Cabets, welcher verlangt, daß alle Welt auf *seinen* ‚Populaire' abonnieren soll". p. 168. Wenn unser Freund Forderungen, die ein Parteichef, durch bestimmte Umstände und die Gefahr der Zersplitterung beschränkter Geldmittel gezwungen, an seine Partei stellt, zuerst verdreht und dann an dem „Wesen des Menschen" mißt, so muß er allerdings zu dem Resultate kommen, daß dieser Parteichef und alle andern Parteileute „wahnsinnig", dagegen bloß unparteiische Gestalten, wie er und das „Wesen des Menschen", gesunden Verstandes seien. Er möge übrigens aus Cabets „Ma ligne droite" das wahre Sachverhältnis kennenlernen.

Schließlich faßt sich der ganze Gegensatz unsres Verfassers und überhaupt der deutschen wahren Sozialisten und Ideologen gegen die wirklichen Bewegungen andrer Nationen in einem klassischen Satze zusammen. Die Deutschen beurteilen Alles sub specie aeterni[1] (nach dem Wesen *des* Menschen), die Ausländer sehen alles praktisch, nach den wirklich vorliegenden Menschen und Verhältnissen. Die Ausländer denken und handeln für die *Zeit*, die Deutschen für die *Ewigkeit*. Dies gesteht unser wahrer Sozialist folgendermaßen ein:

„Schon durch seinen Namen, den Gegensatz gegen die Konkurrenz, zeigt der Kommunismus seine Einseitigkeit; soll denn aber diese Befangenheit, die *wohl jetzt* als Parteiname ihre Geltung haben kann, *ewig währen?*"

Nach dieser gründlichen Vernichtung des Kommunismus geht unser Verfasser auf seinen Gegensatz, den *Sozialismus,* über.

„Der Sozialismus gibt die anarchische Ordnung, die der menschlichen Gattung, wie dem Universum, *wesentlich eigentümlich* ist" (p. 170) und ebendeshalb für „die menschliche Gattung" bisher nicht existiert hat.

Die freie Konkurrenz ist zu „roh", um unsrem wahren Sozialisten als „anarchische Ordnung" zu erscheinen.

„Voll Vertrauen auf den *sittlichen Kern* der Menschheit" dekretiert „der Sozialismus", daß „die Vereinigung der Geschlechter nur die höchste Steigerung der Liebe *ist und* sein *sollte, d e n n* nur das Natürliche ist wahr, und das Wahre ist sittlich." p. 171.

Der Grund, weshalb „die Vereinigung etc. etc. ist und sein sollte", paßt auf Alles. Z. B. „Voll Vertrauen auf den *sittlichen Kern*" des Affengeschlechts kann „der Sozialismus" ebenfalls de-

---

[1] vom Gesichtspunkt der Ewigkeit.

kretieren, daß die bei den Affen sich natürlich vorfindende Onanie „nur die höchste Steigerung der" Selbst- „Liebe ist und sein sollte; *denn nur das Natürliche ist wahr, und das Wahre ist sittlich."*

Woher der Sozialismus den Maßstab dessen nimmt, was „natürlich" ist, läßt sich schwer sagen.

„Tätigkeit und Genuß fallen in des Menschen *Eigentümlichkeit* zusammen. Durch diese werden jene beiden bestimmt, nicht durch die *außer uns stehenden* Produkte."

„Da nun aber diese Produkte zur Tätigkeit, das ist zum wahren Leben unumgänglich sind, dieselben aber durch die gemeinsame Tätigkeit der gesamten Menschheit sich von Letzterer gleichsam abgelöst haben, *so sind oder sollen* sie auch für Alle das gemeinsame Substrat weiterer Entwicklung sein (*Gütergemeinschaft*)."

„Unsre heutige Gesellschaft ist freilich so verwildert, daß Einzelne in tierischem Heißhunger über die Produkte fremder Arbeit herfallen und dabei untätig ihr eignes Wesen verfaulen lassen (*Rentiers*); wovon wieder die *notwendige Konsequenz* ist, daß Andere, deren Eigentum (ihr eignes menschliches Wesen) nicht durch Untätigkeit, sondern durch aufreibende Anspannung verkümmert, zu *maschinenmäßigem* Produzieren getrieben werden (*Proletarier*)... Beide Extreme unsrer Gesellschaft aber, Rentiers und Proletarier, stehen auf Einer Stufe der Bildung, *Beide sind abhängig von den Dingen außer ihnen"* oder „Neger", wie Sankt Max sagen würde. p. 169, 170.

Diese obigen „Resultate" unsres „Mongolen" über „Unser Negertum" sind das Vollendetste, was der wahre Sozialismus bis jetzt „als zum wahren Leben unumgängliches Produkt gleichsam von sich abgelöst hat" und wovon er nach „des Menschen Eigentümlichkeit" glaubt, daß „die gesamte Menschheit" darüber „in tierischem Heißhunger herfallen" müsse.

„Rentiers", „Proletarier", „maschinenmäßig", „Gütergemeinschaft" — diese vier Vorstellungen sind jedenfalls für unsren Mongolen „außer ihm stehende Produkte", in Beziehung auf welche seine „Tätigkeit" und sein „Genuß" darin besteht, sie als die bloß antizipierten Namen für die Resultate seines eignen „maschinenmäßigen Produzierens" darzustellen.

Wir erfahren, daß die Gesellschaft verwildert ist und daß deshalb die Individuen, die ebendiese Gesellschaft bilden, an allerhand Gebrechen leiden. Die Gesellschaft wird getrennt von diesen Individuen, verselbständigt, sie verwildert auf eigne Faust, und erst in *Folge* dieser Verwilderung leiden die Individuen. Die erste Folge dieser Verwilderung sind die Bestimmungen Raubtier, untätig und Inhaber eines „verfaulenden eignen Wesens", worauf wir zu unsrem Schrecken erfahren, daß diese Bestimmungen „der Rentier" sind. Dabei ist nur zu bemerken, daß dies „Verfaulenlassen des eignen Wesens" weiter nichts ist als eine philosophisch mystifizierte Manier, sich über die „Untätigkeit" klarzuwerden, von deren praktischer Beschaffenheit man wenig zu wissen scheint.

Die zweite „notwendige Konsequenz" dieser ersten Folge der Verwilderung sind die beiden Bestimmungen: „Verkümmern des eignen menschlichen Wesens durch aufreibende Anspannung" und „Getriebenwerden zu maschinenmäßigem Produzieren". Diese beiden Bestimmungen sind die notwendige „Konsequenz davon, daß die Rentiers ihr eignes Wesen verfaulen lassen", und heißen in der profanen Sprache, wie wir wiederum mit Schrecken erfahren, „der Proletarier".

Der Kausalnexus des Satzes ist also folgender: Daß Proletarier existieren und maschinenmäßig arbeiten, findet sich als Tatsache vor. Warum müssen die Proletarier „maschinenmäßig produzieren"? Weil die Rentiers „ihr eignes Wesen verfaulen lassen". Warum lassen die Rentiers ihr eignes Wesen verfaulen? Weil „unsre heutige Gesellschaft so verwildert ist". Warum ist sie so verwildert? Das frage deinen Schöpfer.

Charakteristisch ist für unsren wahren Sozialisten, daß er in dem Gegensatz von Rentiers und Proletariern „die Extreme *unsrer* Gesellschaft" sieht. Dieser Gegensatz, der so ziemlich auf allen einigermaßen entwickelten Gesellschaftsstufen existiert hat und seit undenklicher Zeit von allen Moralisten breitgeschlagen ist, wurde namentlich ganz im Anfange der proletarischen Bewegung wieder hervorgesucht, zu einer Zeit, wo das Proletariat mit der industriellen und kleinen Bourgeoisie noch gemeinsame Interessen hatte. Vergleiche z. B. Cobbetts und P. L. Couriers Schriften oder Saint-Simon, der im Anfange die industriellen Kapitalisten noch zu den travailleurs[1] rechnete, im Gegensatz zu den oisifs[2], den Rentiers. Diesen trivialen Gegensatz auszusprechen, und zwar nicht in der gewöhnlichen, sondern in der heiligen philosophischen Sprache, für diese kindliche Einsicht nicht den passenden, sondern einen verhimmelten, abstrakten Ausdruck zu geben, darauf reduziert sich die

---

[1] Arbeitern.
[2] Müßiggängern.

Gründlichkeit der im wahren Sozialismus vollendeten deutschen Wissenschaft hier wie in allen andern Fällen. Dieser Gründlichkeit setzt dann auch der Schluß die Krone auf. Hier verwandelt unser wahrer Sozialist die ganz verschiedenen Bildungsstufen der Proletarier und Rentiers in „eine Stufe der Bildung", weil er von ihren wirklichen Bildungsstufen Umgang nehmen und sie unter die philosophische Phrase „Abhängigkeit von den Dingen außer ihnen" subsumieren kann. Hier hat der wahre Sozialismus die Bildungsstufe gefunden, auf der die Verschiedenheit aller Bildungsstufen in den drei Naturreichen, der Geologie und Geschichte sich vollständig in nichts auflöst.

Trotz seines Hasses gegen die „Abhängigkeit von den Dingen außer ihm" gesteht der wahre Sozialist doch ein, daß er von ihnen abhängig ist, „da die Produkte", d. h. eben diese Dinge, „zur Tätigkeit" und „zum wahren Leben unumgänglich sind". Dies verschämte Geständnis wird gemacht, um einer philosophischen Konstruktion der Gütergemeinschaft Bahn zu brechen, einer Konstruktion, die in so baren Unsinn verläuft, daß sie bloß der Aufmerksamkeit des Lesers zu empfehlen ist.

Wir kommen jetzt zu dem ersten der oben zitierten Sätze. Hier wird wieder die „Unabhängigkeit von den Dingen" für die Tätigkeit und den Genuß in Anspruch genommen. Tätigkeit und Genuß „werden bestimmt" durch „die Eigentümlichkeit des Menschen". Statt diese Eigentümlichkeit in der Tätigkeit und dem Genuß der ihn umgebenden Menschen nachzuweisen, wo er sehr bald gefunden haben würde, inwiefern hier die außer uns stehenden Produkte ebenfalls mitsprechen, läßt er Beide in „der Eigentümlichkeit des Menschen zusammenfallen". Statt die Eigentümlichkeit der Menschen in ihrer Tätigkeit und der dadurch bedingten Weise des Genusses sich zur Anschauung zu bringen, erklärt er Beide aus der „Eigentümlichkeit des Menschen", wo dann alle Diskussion abgeschnitten ist. Von der wirklichen Handlung des Individuums flüchtet er sich wieder in seine unbeschreibliche, unnahbare Eigentümlichkeit. Wir sehen hier übrigens, was die *wahren Sozialisten* unter der „freien Tätigkeit" verstehen. Unser Verfasser verrät uns unvorsichtigerweise, daß sie die Tätigkeit ist, die „nicht durch die Dinge außer uns bestimmt wird", d. h. der actus purus, die reine, absolute Tätigkeit, die nichts als Tätigkeit ist und in letzter Instanz wieder auf die Illusion vom „reinen Denken" hinausläuft. Diese reine Tätigkeit wird natürlich sehr verunreinigt, wenn sie ein materielles Substrat und ein materielles Resultat hat; der wahre Sozialist befaßt sich nur widerstrebend mit solcher unreinen Tätigkeit und verachtet ihr Produkt, das nicht mehr „Resultat", sondern „nur ein *Abfall* vom Menschen" genannt wird (p. 169). Das Subjekt, das dieser reinen Tätigkeit zugrunde liegt, kann daher auch kein wirklicher sinnlicher Mensch, sondern nur der denkende Geist sein. Die so verdeutschte „freie Tätigkeit" ist nur eine andere Formel für die obige „unbedingte, voraussetzungslose Freiheit". Wie sehr übrigens dies Gerede von der „freien Tätigkeit", das bei den wahren Sozialisten nur dazu dient, ihre Unkenntnis der wirklichen Produktion zu verhüllen, in letzter Instanz auf das „reine Denken" hinausläuft, beweist unser Verfasser schon dadurch, daß das Postulat der wahrhaften Erkenntnis sein letztes Wort ist.

„Diese Sonderung der *beiden Hauptparteien der Zeit*" (nämlich des französischen rohen *Kommunismus* und des deutschen *Sozialismus*) „hat sich durch die *Entwicklung der letzten zwei Jahre* ergeben, wie sie namentlich in Heß' ‚Philosophie der That' — Herweghs ‚Einundzwanzig Bogen' — *begann.* Es war *somit* an der Zeit, auch einmal die Schibboleths der *gesellschaftlichen Parteien* näher zu beleuchten." p. 173.

Wir haben hier also auf der einen Seite die wirklich existierende kommunistische Partei in Frankreich mit ihrer Literatur und auf der andern einige deutsche Halbgelehrte, die sich die Ideen dieser Literatur philosophisch zu verdeutlichen streben. Diese letzteren gelten ebensogut wie die ersteren für eine „*Hauptpartei* der *Zeit*", also für eine Partei, die nicht nur für ihren nächsten Gegensatz, die französischen Kommunisten, sondern auch für die englischen Chartisten und Kommunisten, die amerikanischen Nationalreformer und überhaupt alle andern Parteien „der Zeit" von unendlicher Wichtigkeit ist. Leider wissen alle diese Parteien nichts von der Existenz dieser „Hauptpartei". Es ist aber seit geraumer Zeit die Manier der deutschen Ideologen, daß jede ihrer literarischen Fraktionen, besonders die, die „am weitesten zu gehen" wähnt, sich nicht nur für „eine Hauptpartei", sondern geradezu für „*die* Hauptpartei der Zeit" erklärt. Wir haben so unter andern „die Hauptpartei" der kritischen Kritik, „die Hauptpartei" des mit sich einigen Egoismus und jetzt „die Hauptpartei" der wahren Sozialisten. Deutschland

494

kann es auf diese Weise noch zu einem ganzen Schock von „Hauptparteien" bringen, deren Existenz bloß in Deutschland und auch hier nur unter dem kleinen Stande der Gelehrten, Halbgelehrten und Literaten bekannt ist, während sie alle wähnen, die Kurbel der Weltgeschichte zu drehen, wenn sie das lange Garn ihrer eignen Phantasien spinnen.

Diese „Hauptpartei" der wahren Sozialisten hat sich „durch die Entwicklung der letzten zwei Jahre ergeben, wie sie namentlich in Heß' Philosophie begann". D. h., sie hat „sich ergeben", als die *Ver*wicklung unsres Verfassers *in* den Sozialismus „begann", nämlich in den „zwei letzten Jahren", womit es für ihn „an der Zeit war", sich vermittelst einiger „Schibboleths" über das, was er für „gesellschaftliche Parteien" hält, „auch einmal näher" zu *er*leuchten.

Nachdem wir so mit dem Kommunismus und Sozialismus fertig geworden sind, führt uns unser Verfasser die höhere Einheit beider, den *Humanismus*, vor. Von diesem Augenblicke an betreten wir das Land „*des* Menschen", und von nun an trägt sich die ganze wahre Geschichte unsres wahren Sozialisten nur in Deutschland zu.

„In dem *Humanismus* nun lösen sich alle Namenstreitigkeiten auf; zu was Kommunisten, zu was Sozialisten? Wir sind *Menschen*" (p. 172)

— tous frères, tous amis[1],

> Laßt uns nicht schwimmen gegen den Strom,
> Ihr Brüder, es hilft uns wenig!
> Laßt uns besteigen den Templower Berg
> Und rufen: Es lebe der König![168]

Zu was Menschen, zu was Bestien, zu was Pflanzen, zu was Steine? Wir sind Körper!

Folgt eine historische Auseinandersetzung, die auf der deutschen Wissenschaft basiert und die den Franzosen ihr „gesellschaftlicher Instinkt einst ersetzen helfen wird". Antike Zeit — Naivetät, Mittelalter — Romantik, neue Zeit — Humanismus. Durch diese drei Trivialitäten ist natürlich der Humanismus unsres Verfassers historisch konstruiert und als die Wahrheit der Humaniora[169] von ehedem erwiesen. Über dergleichen Konstruktionen vergleiche man „Sankt Max" im ersten Bande, der diesen Artikel viel kunstgerechter und weniger dilettantisch fabriziert.

---
[1] alle Brüder, alle Freunde.

p. 172 wird uns berichtet, daß

„die letzte Folge des Scholastizismus die Spaltung des Lebens ist, die Heß vernichtete".

Die Theorie wird hier also als die Ursache der „Spaltung des Lebens" dargestellt. Man sieht nicht ein, weshalb diese wahren Sozialisten überhaupt von der Gesellschaft sprechen, wenn sie mit den Philosophen glauben, daß alle *wirklichen* Spaltungen durch *Begriffsspaltungen* hervorgerufen wurden. Sie können sich in diesem philosophischen Glauben an die weltschöpferische und weltzerstörende Macht der Begriffe dann auch einbilden, ein beliebiges Individuum habe durch irgendwelche „Vernichtung" von Begriffen „die Spaltung des Lebens vernichtet". Bei diesen wahren Sozialisten wird, wie bei allen deutschen Ideologen, die literarische Geschichte fortwährend mit der wirklichen Geschichte als gleich wirkend durcheinandergeworfen. Diese Manier ist allerdings sehr begreiflich bei den Deutschen, die die miserable Rolle, die sie in der wirklichen Geschichte gespielt haben und fortwährend spielen, dadurch verdecken, daß sie die Illusionen, an denen sie so besonders reich waren, auf gleiche Stufe mit der Wirklichkeit stellen.

Nun zu den „letzten zwei Jahren", in denen die deutsche Wissenschaft sämtliche Fragen gründlichst erledigt und den andern Nationen nichts mehr übrigläßt als die Ausführung ihrer Dekrete.

„Das Werk der Anthropologie, die Wiedergewinnung seines" (Feuerbachs oder des Menschen?) „ihm entfremdeten Wesens durch den Menschen ward durch Feuerbach nur einseitig vollzogen, d. h. begonnen; er vernichtete die *religiöse* Illusion, die theoretische Abstraktion, den Gott-Menschen, während Heß die *politische* Illusion, die Abstraktion seines" (Hessens oder des Menschen?), „Vermögens, seiner Tätigkeit, d. i. *das Vermögen zerstört*. Nur durch die Arbeit des letzteren ward *der Mensch* von den letzten Mächten außer ihm befreit, zu sittlicher Tätigkeit befähigt – alle Uneigennützigkeit der früheren" (vorhessischen) „Zeit war nur eine scheinbare – und in seine Würde wieder eingesetzt: oder wo galt der Mensch früher" (vor Heß) „das, was er war? Wurde er nicht nach seinen Schätzen geschätzt? Sein Geld schaffte ihm seine Geltung." p. 171.

Charakteristisch ist für alle diese hohen Worte von Befreiung usw., daß immer nur „der Mensch" der Befreite etc. ist. Obgleich es nach den obigen Aussprüchen scheint, als habe nun das „Vermögen", „Geld" usw. aufgehört, so erfahren wir doch im folgenden Satz:

„Nun erst, nach Zerstörung dieser Illusionen" (das Geld ist, sub specie aeterni[1] betrachtet, allerdings eine Illusion, l'or n'est qu'une chimère[2]), „kann an eine neue, *menschliche* Ordnung der Gesellschaft *gedacht* werden." (ibid.)

Dies ist aber ganz überflüssig, denn

„die Erkenntnis des *Wesens des Menschen* hat ein wahrhaft menschliches Leben zur natürlichen, notwendigen Folge". (p.172.)

Durch die Metaphysik, durch die Politik pp. zum Kommunismus oder Sozialismus kommen — diese bei den wahren Sozialisten sehr beliebten Phrasen besagen weiter nichts, als daß dieser oder jener Schriftsteller die ihm von Außen zugekommenen und aus ganz andern Verhältnissen entsprungenen kommunistischen Ideen sich in der Redeweise seines bisherigen Standpunkts angeeignet und ihnen den diesem Standpunkte entsprechenden Ausdruck gegeben hat. Ob einer oder der andre dieser Standpunkte bei einer ganzen Nation vorwiegt, ob ihre kommunistische Anschauungsweise politisch, metaphysisch oder sonst tingiert ist, hängt natürlich von der ganzen Entwicklung des Volkes ab. Unser Verfasser zieht aus der Tatsache, daß die Anschauungsweise der meisten französischen Kommunisten eine politische Färbung hat — einer Tatsache, der die andre gegenübersteht, daß sehr viele französische Sozialisten von der Politik gänzlich abstrahiert haben — den Schluß, daß die Franzosen „durch die Politik", durch ihre politische Entwicklung „zum Kommunismus gekommen seien". Dieser überhaupt in Deutschland sehr stark zirkulierende Satz beweist nicht, daß unser Verfasser von der Politik, namentlich der französischen politischen Entwicklung, oder vom Kommunismus irgend etwas weiß, sondern nur, daß er die Politik für eine selbständige Sphäre hält, die ihre eigne, selbständige Entwicklung hat, ein Glaube, den er mit allen Ideologen teilt.

Ein anderes Stichwort der wahren Sozialisten ist das „wahre Eigentum", das „wahre, persönliche Eigentum", „wirkliche", „gesellschaftliche", „lebendige", „natürliche" ppp. Eigentum, wogegen sie höchst charakteristisch das Privateigentum als „*sogenanntes*

---

[1] vom Gesichtspunkt der Ewigkeit.
[2] das Gold ist nur ein Hirngespinst.

Eigentum" bezeichnen. Wir haben schon im ersten Bande darauf hingewiesen, daß dieser Sprachgebrauch ursprünglich von den Saint-Simonisten herrührt, bei denen er indes nie diese deutsche metaphysisch-mysteriöse Form erreichte und bei denen er im Anfange der sozialistischen Bewegung gegenüber dem bornierten Geschrei der Bourgeois einigermaßen berechtigt war. Das Ende, das die meisten Saint-Simonisten genommen haben, beweist übrigens, wie leicht dies „wahre Eigentum" sich in „gewöhnliches Privateigentum" wieder auflöst.

Wenn man sich den Gegensatz des Kommunismus zur Welt des Privateigentums in der rohsten Form vorstellt, d. h. in der abstraktesten Form, in der man alle wirklichen Bedingungen dieses Gegensatzes entfernt, so hat man den Gegensatz von Eigentum und Eigentumslosigkeit. Man kann dann die Aufhebung dieses Gegensatzes als Aufhebung der einen oder der andern Seite fassen, als Aufhebung des Eigentums, wobei die allgemeine Eigentumslosigkeit oder Lumperei herauskommt, oder als Aufhebung der Eigentumslosigkeit, die in der Herstellung des wahren Eigentums besteht. In der Wirklichkeit stehen auf der einen Seite die wirklichen Privateigentümer, auf der andern die eigentumslosen kommunistischen Proletarier. Dieser Gegensatz wird täglich schärfer und drängt auf eine Krise hin. Wenn also die theoretischen Vertreter der Proletarier irgend etwas durch ihre literarische Tätigkeit ausrichten wollen, so müssen sie vor Allem darauf dringen, daß alle Phrasen entfernt werden, die das Bewußtsein der Schärfe dieses Gegensatzes schwächen, alle Phrasen, die diesen Gegensatz vertuschen und wohl gar den Bourgeois Gelegenheit bieten, sich kraft ihrer philanthropischen Schwärmereien der Sicherheit halber den Kommunisten zu nähern. Alle diese schlechten Eigenschaften finden wir aber in den Stichwörtern der wahren Sozialisten, namentlich in dem „wahren Eigentum". Wir wissen sehr gut, daß die kommunistische Bewegung nicht durch ein paar deutsche Phrasenmacher verdorben werden kann. Aber es ist dennoch nötig, in einem Lande wie Deutschland, wo die philosophischen Phrasen seit Jahrhunderten eine gewisse Macht hatten und wo die Abwesenheit der scharfen Klassengegensätze andrer Nationen ohnehin dem kommunistischen Bewußtsein weniger Schärfe und Entschiedenheit gibt, allen Phrasen entgegenzutreten, die das Bewußtsein über den totalen Gegensatz des Kommunismus gegen die bestehende Weltordnung noch mehr abschwächen und verwässern könnten.

Diese Theorie vom wahren Eigentum faßt das bisherige *wirkliche* Privateigentum nur als Schein, dagegen die aus diesem wirklichen Eigentum abstrahierte Vorstellung als *Wahrheit* und *Wirklichkeit* dieses Scheins, ist also durch und durch ideologisch. Sie spricht nur klarer und bestimmter die Vorstellungen der Kleinbürger aus, deren wohltätige Bestrebungen und fromme Wünsche ebenfalls auf die Aufhebung der Eigentumslosigkeit hinauslaufen.

Wir haben in diesem Aufsatze wieder gesehen, welche borniertnationale Anschauungsweise dem vorgeblichen Universalismus und Kosmopolitismus der Deutschen zugrunde liegt.

> Franzosen und Russen gehört das Land,
> Das Meer gehört den Briten,
> Wir aber besitzen im Luftreich des Traums
> Die Herrschaft unbestritten.
> Hier üben wir die Hegemonie,
> Hier sind wir unzerstückelt;
> Die andern Völker haben sich
> Auf platter Erde entwickelt.[170]

Dieses Luftreich des Traums, das Reich des „Wesens des Menschen", halten die Deutschen den andern Völkern mit gewaltigem Selbstgefühl als die Vollendung und den Zweck der ganzen Weltgeschichte entgegen; auf jedem Felde betrachten sie ihre Träumereien als schließliches Endurteil über die Taten der anderen Nationen, und weil sie überall nur das Zusehen und Nachsehen haben, glauben sie berufen zu sein, über alle Welt zu Gericht zu sitzen und die ganze Geschichte in Deutschland ihr letztes Absehen erreichen zu lassen. Daß dieser aufgeblasene und überschwengliche Nationalhochmut einer ganz kleinlichen, krämerhaften und handwerkermäßigen Praxis entspricht, haben wir bereits mehrere Male gesehen. Wenn die nationale Borniertheit überall widerlich ist, so wird sie namentlich in Deutschland ekelhaft, weil sie hier mit der Illusion, über die Nationalität und über alle wirklichen Interessen erhaben zu sein, denjenigen Nationalitäten entgegengehalten wird, die ihre nationale Borniertheit und ihr Beruhen auf wirklichen Interessen offen eingestehen. Übrigens findet sich unter allen Völkern das Beharren auf der Nationalität nur noch bei den Bourgeois und ihren Schriftstellern.

B) „Socialistische Bausteine" [171]
„Rhein[ische] Jahrb[ücher]" p. 155 seqq.

In diesem Aufsatze wird der Leser zunächst durch einen belletristisch-poetischen Prolog auf die schweren Wahrheiten des wahren Sozialismus vorbereitet. Der Prolog beginnt damit, als „Endzweck alles Strebens, aller Bewegungen, der schweren und unermüdeten Anstrengungen vergangener Jahrtausende"... „das Glück" zu konstatieren. Wir erhalten in einigen kurzen Zügen sozusagen eine Geschichte des Strebens nach Glück:

„Als das Gebäude der alten Welt in Trümmern zerfiel, flüchtete sich das menschliche Herz mit seinen Wünschen hinüber in das Jenseits; dorthin übertrug es sein Glück." p. 156.

Daher alles Pech der irdischen Welt. In der neuesten Zeit hat der Mensch dem Jenseits den Abschied gegeben, und unser wahrer Sozialist fragt nun:

„Vermag er die Erde wiederum als das *Land* seines Glücks zu begrüßen? Hat er in ihr wieder seine ursprüngliche Heimat *erkannt*? Warum trennt er dann noch länger Leben und Glück, warum hebt er die letzte Scheidewand nicht auf, welche das irdische Leben selbst noch immer in zwei feindliche Hälften spaltet?" (ibidem.)

„Land meiner seligsten Gefühle!"etc.

Er erläßt nun eine Einladung zu einem Spaziergange an *„den* Menschen", eine Einladung, die *„der* Mensch" mit Vergnügen akzeptiert. „Der Mensch" tritt in die „freie Natur" und entwickelt unter Anderm folgende Herzensergießungen eines wahren Sozialisten:

„... bunte Blumen ... hohe und stolze Eichen ... ihr Wachsen und Blühen, ihr Leben ist ihre Befriedigung, ihr Glück ... eine unermeßliche Schar von kleinen Tieren auf den Wiesen ... Waldvögel ... mutige Schar junger Rosse ... ich sehe" (spricht „der Mensch"), „daß diese Tiere kein anderes Glück kennen noch begehren als dasjenige, welches für sie in der Äußerung und im Genusse ihres Lebens liegt. Wenn die Nacht herabsinkt, begegnet dem Blick meines Auges eine unzählbare Schar von Welten, welche nach ewigen Gesetzen im unendlichen Raum kreisend sich umschwingen. In diesen Schwingungen sehe ich eine Einheit von Leben, Bewegung und Glück." p. 157.

„Der Mensch" könnte noch eine Masse andrer Dinge in der Natur sehen, z. B. die größte Konkurrenz unter Pflanzen und Tieren, wie z. B. im Pflanzenreich, in seinem „Walde von hohen und stolzen

500

Eichen" diese hohen und stolzen Kapitalisten dem kleinen Gebüsch die Lebensmittel verkümmern und dies ebenfalls ausrufen könnte: terra, aqua, aere et igni interdicti sumus[1]; er konnte die Schmarotzerpflanzen, die Ideologen der Vegetation, sehen, ferner einen offenen Krieg zwischen den „Waldvögeln" und der „unermeßlichen Schar kleiner Tiere", zwischen dem Grase seiner „Wiesen" und der „mutigen Schar junger Rosse". Er konnte in der „unzählbaren Schar von Welten" eine ganze himmlische Feudalmonarchie mit Hintersassen und Inliegern sehen, von welchen letzteren einige, z. B. der Mond, eine sehr kümmerliche Existenz fristen, aere et aqua interdicti; ein Lehnswesen, in dem sogar die heimatlosen Vagabunden, die Kometen, eine ständische Gliederung erhalten haben, und in dem z. B. die zerschlagenen Asteroiden von zeitweiligen unangenehmen Auftritten zeugen, während die Meteorsteine, diese gefallnen Engel, sich verschämt durch „den unendlichen Raum" schleichen, bis sie irgendwo ein bescheidnes Unterkommen finden. Weiter hinaus würde er dann auf die reaktionären Fixsterne kommen.

„Alle diese Wesen finden in der Übung und Äußerung aller ihrer Lebensfähigkeiten, mit denen sie von der Natur begabt sind, zugleich ihr Glück, die Befriedigung und den Genuß ihres Lebens."

D. h., in der gegenseitigen Einwirkung der Naturkörper aufeinander, in der Äußerung ihrer Kräfte findet „der Mensch", daß diese Naturkörper darin ihr Glück usw. finden.

„Der Mensch" erhält nunmehr von unsrem wahren Sozialisten einen Verweis wegen seiner Zwietracht:

„Ist der Mensch nicht gleichfalls hervorgegangen aus der Urwelt, ein Geschöpf der Natur wie alle andern? Ist er nicht aus *denselben* Stoffen gebildet, mit *denselben* allgemeinen Kräften und Eigenschaften begabt, welche *alle Dinge* beleben? Warum sucht er sein Glück auf der Erde noch immer in einem irdischen Jenseits?" p. 158.

„*Dieselben* allgemeinen Kräfte und Eigenschaften", die der Mensch mit „*allen* Dingen" gemein hat, sind Kohäsion, Undurchdringlichkeit, Volumen, Schwere usw., die man auf der ersten Seite jedes Lehrbuchs der Physik ausführlich verzeichnet findet. Wie hieraus ein Grund gezogen werden kann, warum der Mensch nicht „sein

---
[1] von Erde, Wasser, Luft und Feuer sind wir ausgeschlossen worden.

Glück in einem irdischen Jenseits suchen" sollte, ist schlechterdings nicht abzusehen. Aber, ermahnt er den Menschen:

„Sehet die Lilien auf dem Felde."

Ja, sehet die Lilien auf dem Felde, wie sie von den Ziegen verspeist, von „dem Menschen" ins Knopfloch verpflanzt werden, wie sie unter den unkeuschen Liebkosungen der Viehmagd und des Eselstreibers zusammenknicken!

„Sehet die Lilien auf dem Felde, sie *arbeiten* nicht, sie *spinnen* nicht, und euer himmlischer Vater ernähret sie doch."

Gehet hin und tut desgleichen!

Nachdem wir so die Einheit „des Menschen" mit „allen Dingen" erfahren haben, erfahren wir nun seinen *Unterschied* von „allen Dingen".

„Aber der Mensch *erkennt sich*, besitzt *das Bewußtsein seiner selbst*. Während in den andern Wesen die Triebe und Kräfte *der Natur* einzeln und unbewußt zur Erscheinung kommen, vereinigen sie sich im Menschen und gelangen in ihm zum Bewußtsein... seine Natur ist der Spiegel der ganzen Natur, welche *sich* in ihm *erkennt*. Wohlan! Erkennt sich die Natur in mir, so erkenne ich in der Natur mich selbst, in ihrem Leben mein eignes Leben [...] So leben auch wir aus, was die Natur in uns hineingelegt hat." p. 158.

Dieser ganze Prolog ist ein Muster naiver philosophischer Mystifikation. Der wahre Sozialist geht von dem Gedanken aus, daß der Zwiespalt von Leben und Glück aufhören müsse. Um für diesen Satz einen Beweis zu finden, nimmt er die Natur zu Hülfe und unterstellt, daß in ihr dieser Zwiespalt nicht existiere, und hieraus schließt er, daß, da der Mensch ebenfalls ein Naturkörper sei und die allgemeinen Eigenschaften des Körpers besitze, für ihn dieser Zwiespalt ebenfalls nicht existieren dürfe. Mit viel größerem Rechte konnte Hobbes sein bellum omnium contra omnes[1] aus der Natur beweisen und Hegel, auf dessen Konstruktion unser wahrer Sozialist fußt, in der Natur den Zwiespalt, die liederliche Periode der absoluten Idee erblicken und das Tier sogar die konkrete Angst Gottes nennen. Nachdem unser wahrer Sozialist die Natur so mystifiziert hat, mystifiziert er das menschliche Bewußtsein, indem er es zum „Spiegel" der so mystifizierten Natur macht. Natürlich, sobald die Äußerung des Bewußtseins den Gedankenausdruck eines frommen Wunsches über menschliche Verhältnisse der *Natur* untergeschoben, ver-

---

[1] [seinen] Krieg aller gegen alle.

steht es sich von selbst, daß das Bewußtsein nur der Spiegel ist, in dem die Natur sich selbst beschaut. Wie oben aus der Qualität des Menschen als bloßer Naturkörper, so hier aus seiner Qualität als bloßer passiver Spiegel, in dem die Natur zum Bewußtsein kommt, wird bewiesen, daß „der Mensch" den in der Natur als nicht existierend unterstellten Zwiespalt ebenfalls in seiner Sphäre aufzuheben habe. Doch sehen wir uns den letzten Satz, in dem sich der ganze Unsinn zusammenfaßt, näher an.

Der Mensch besitzt Selbstbewußtsein, erstes Faktum, was ausgesagt wird. Die Triebe und Kräfte der einzelnen Naturwesen werden verwandelt in die Triebe und Kräfte „der Natur", die dann natürlich *in* diesen einzelnen Wesen *vereinzelt* „zur Erscheinung kommen". Diese Mystifikation war nötig, um nachher die Vereinigung dieser Triebe und Kräfte „*der* Natur" im menschlichen Selbstbewußtsein hervorzubringen. Hiermit wird dann auch ganz selbstredend das Selbstbewußtsein des Menschen verwandelt in das Selbstbewußtsein der Natur in ihm. Diese Mystifikation wird dadurch scheinbar wieder aufgelöst, daß der Mensch an der Natur Revanche nimmt und dafür, daß die Natur in ihm *ihr* Selbstbewußtsein findet, er nun in ihr das seinige sucht — eine Prozedur, wobei er natürlich nichts in ihr findet, als was er durch die oben beschriebne Mystifikation in sie hineingelegt hat.

Er ist jetzt glücklich wieder dabei angekommen, wovon er im Anfange ausging, und dies Herumdrehen auf dem Absatz nennt man neuerdings in Deutschland ... *Entwicklung.*

Nach diesem Prologe kommt die eigentliche Entwicklung des wahren Sozialismus.

Erster Baustein

p. 160. „Saint-Simon sagte auf seinem Totenbett zu seinen Schülern: Mein ganzes Leben faßt sich in Einen Gedanken zusammen: allen Menschen die freieste Entwicklung ihrer natürlichen Anlagen zu sichern. Saint-Simon war ein Verkündiger des Sozialismus."

Dieser Satz wird nach der oben geschilderten Methode der wahren Sozialisten und in Verbindung mit der Naturmystifikation des Prologs verarbeitet.

„Die Natur als Grundlage alles Lebens ist eine aus sich selbst hervorgehende und auf sich selbst zurückgehende Einheit, welche alle die unzähligen Mannigfaltigkeiten ihrer Erscheinungen umfaßt und außer welcher Nichts ist." p. 158.

Wir haben gesehen, wie man es anfängt, die verschiedenen Naturkörper und ihre gegenseitigen Verhältnisse in mannigfaltige „Erscheinungen" des geheimen Wesens dieser mysteriösen „Einheit" zu verwandeln. Neu ist in diesem Satze nur, daß die Natur einmal „die *Grundlage* alles Lebens" heißt und gleich darauf gesagt wird, daß „außer ihr Nichts ist", wonach sie „das Leben" ebenfalls umschließt und nicht seine bloße *Grundlage* sein kann.

Auf diese Donnerworte folgt das Pivot[1] des ganzen Aufsatzes:

„Jede dieser Erscheinungen, jedes *Einzelleben* besteht und entwickelt sich nur durch seinen *Gegensatz,* seinen *Kampf* mit der Außenwelt, beruht nur auf seiner *Wechselwirkung* mit dem *Gesamtleben,* mit dem es wiederum durch seine Natur zu einem Ganzen, *zur organischen Einheit des Universums* verknüpft ist." p. 158, 159.

Dieser Pivotalsatz wird folgendermaßen näher erläutert:

„Das Einzelleben findet einerseits seine Grundlage, seine Quelle und Nahrung in dem Gesamtleben, andererseits sucht das Gesamtleben das Einzelleben in stetem Kampf zu verzehren und in sich aufzulösen." p. 159.

Nachdem dieser Satz so von *allem* Einzelleben ausgesagt ist, kann er „demnach" auch auf den Menschen angewandt werden, wie dies auch wirklich geschieht:

„Der Mensch kann sich *demnach* nur in und durch das Gesamtleben entfalten." (Nr. I) ibid.

Nun wird dem unbewußten Einzelleben das bewußte, dem allgemeinen Naturleben die menschliche Gesellschaft gegenübergestellt und dann der letztzitierte Satz unter folgender Form wiederholt:

„Ich kann meiner Natur nach nur in und durch die Gemeinschaft mit andern Menschen zur Entwicklung, zum selbstbewußten Genusse meines Lebens gelangen, meines Glückes teilhaftig werden." (Nr. II) ibid.

Diese Entwicklung des einzelnen Menschen in der Gesellschaft wird, wie oben beim „Einzelleben" überhaupt, weiter ausgeführt:

„Der Gegensatz des einzelnen zum allgemeinen Leben wird auch in der Gesellschaft die Bedingung zur bewußten menschlichen Entwicklung. Ich entwickle mich im steten Kampfe, in steter Gegenwirkung gegen die Gesellschaft,

---

[1] der Angelpunkt.

die mir als beschränkende Macht gegenübersteht, zur Selbstbestimmung, zur Freiheit, ohne welche kein Glück ist. Mein Leben ist eine fortwährende Befreiung, ein fortwährender Streit und Sieg über die bewußte und unbewußte Außenwelt, um sie mir zu unterwerfen und sie zum Genusse meines Lebens zu verbrauchen. Der Trieb der Selbsterhaltung, das Streben nach eignem Glück, Freiheit, Befriedigung sind *also* natürliche, d. h. vernünftige Lebensäußerungen." (ibid.)

Weiter.

„Ich verlange *demnach* von der Gesellschaft, daß sie mir die *Möglichkeit* gewährt, von ihr meine Befriedigung, mein Glück zu erkämpfen, daß sie meiner Kampfeslust ein Schlachtfeld eröffne. — Wie die einzelne Pflanze Boden, Wärme, Sonne, Luft und Regen verlangt, um zu wachsen, ihre Blätter, Blüten und Früchte zu tragen, so *will* auch der Mensch in der Gesellschaft die *Bedingungen* für die allseitige Ausbildung und Befriedigung aller seiner Bedürfnisse, Neigungen und Anlagen finden. Sie *soll* ihm die Möglichkeit zur Erringung seines Glücks bieten. Wie er sie benutzen, was er aus sich, aus seinem Leben machen wird, das hängt von ihm, von **seiner Eigenheit ab**. Über mein Glück kann Niemand als ich selbst bestimmen." p. 159, 160.

Folgt nun der von uns am Anfange dieses Bausteins zitierte Satz Saint-Simons als Schlußresultat der ganzen Auseinandersetzung. Der französische Einfall ist somit durch die deutsche Wissenschaft begründet. Worin besteht diese Begründung?

Der Natur waren bereits oben einige Ideen untergeschoben, die der wahre Sozialist in der menschlichen Gesellschaft realisiert zu sehen wünscht. Wie früher der einzelne Mensch, so ist jetzt die ganze Gesellschaft der Spiegel der Natur. Von den der Natur untergeschobenen Vorstellungen kann jetzt ein weiterer Schluß auf die menschliche Gesellschaft gezogen werden. Da der Verfasser sich nicht auf die historische Entwicklung der Gesellschaft einläßt und sich bei dieser dürren Analogie beruhigt, so ist nicht abzusehen, weshalb sie nicht zu allen Zeiten ein getreues Abbild der Natur gewesen. Die Phrasen über die Gesellschaft, die den Einzelnen als beschränkende Macht gegenübertritt usw., passen daher auch auf alle Gesellschaftsformen. Daß bei dieser Konstruktion der Gesellschaft einige Inkonsequenzen sich einschleichen, ist natürlich. So muß hier im Gegensatz zur Harmonie des Prologs ein *Kampf* in der Natur anerkannt werden. Die Gesellschaft, das „Gesamtleben", faßt unser Verfasser nicht als die Wechselwirkung der sie zusammensetzenden „Einzelleben", sondern als eine besondre Existenz, die mit diesen „Einzelleben" noch in eine aparte Wechselwirkung tritt. Wenn hier irgendeine Beziehung auf wirkliche Verhältnisse zugrunde liegt, so ist es die Illusion von der Selbständigkeit des Staates gegenüber dem Privatleben und der Glaube an diese scheinbare Selbständigkeit als an etwas Absolutes. Übrigens handelt es sich hier ebensowenig wie im ganzen Aufsatze von Natur und Gesellschaft, sondern bloß von den beiden Kategorien Einzelnheit und Allgemeinheit, denen verschiedene Namen gegeben werden und von welchen gesagt wird, daß sie einen Gegensatz bilden, dessen Versöhnung höchst wünschenswert sei.

Aus der Berechtigung des „Einzellebens" gegen das „Gesamtleben" folgt, daß die Befriedigung der Bedürfnisse, die Entwicklung der Anlagen, die Selbstliebe pp. „natürliche, vernünftige Lebensäußerungen" sind. Aus der Auffassung der Gesellschaft als Spiegelbild der Natur folgt, daß in allen bisherigen Gesellschaftsformen, die gegenwärtige eingeschlossen, diese Lebensäußerungen zu ihrer vollständigen Entwicklung kamen und in ihrer Berechtigung anerkannt wurden.

Plötzlich erfahren wir p. 159, daß „in unsrer heutigen Gesellschaft" diese vernünftigen, natürlichen Lebensäußerungen dennoch „so oft unterdrückt werden" und „gewöhnlich nur deshalb in Unnatur, Verbildung, Egoismus, Laster pp. ausarten".

Da also dennoch die Gesellschaft nicht der Natur, ihrem Urbilde, entspricht, so „verlangt" der wahre Sozialist von ihr, daß sie sich naturgemäß einrichte, und beweist sein Recht zu diesem Postulat durch das unglückliche Beispiel von der Pflanze. Erstens „verlangt" nicht die Pflanze von der Natur alle die oben aufgezählten Existenzbedingungen, sondern sie wird gar nicht Pflanze, sie bleibt Samenkorn, wenn sie sie nicht findet. Dann hängt die Beschaffenheit der „Blätter, Blüten und Früchte" sehr von dem „Boden", der „Wärme" pp., von den klimatischen und geologischen Verhältnissen ab, unter denen sie wächst. Während also das der Pflanze untergeschobene „Verlangen" sich in eine vollständige Abhängigkeit von den vorliegenden Existenzbedingungen auflöst, soll ebendies Verlangen unsren wahren Sozialisten berechtigen, eine Einrichtung der Gesellschaft nach seiner individuellen „Eigenheit" zu verlangen. Das Postulat der wahren sozialistischen Gesellschaft begründet sich auf das eingebildete Postulat einer Kokospalme an „das Gesamtleben", ihr am Nordpol „Boden, Wärme, Sonne, Luft und Regen" zu verschaffen.

Aus dem angeblichen Verhältnis der metaphysischen Personen Einzelnheit und Allgemeinheit, nicht aus der wirklichen Entwicklung der Gesellschaft, wird das obige Postulat des Einzelnen an die Gesellschaft deduziert. Hierzu braucht man nur die einzelnen Individuen als Repräsentanten, Verkörperungen der Einzelnheit, und die Gesellschaft als Verkörperung der Allgemeinheit zu interpretieren, und das ganze Kunststück ist fertig. Zugleich ist hierdurch der saint-simonistische Satz von der freien Entwicklung der Anlagen auf seinen richtigen Ausdruck und seine wahre Begründung zurückgeführt. Dieser richtige Ausdruck besteht in dem Unsinn, daß die Individuen, die die Gesellschaft bilden, ihre „Eigenheit" bewahren, daß sie bleiben wollen, wie sie sind, während sie von der Gesellschaft eine Veränderung verlangen, die bloß aus ihrer *eignen* Veränderung hervorgehen kann.

Zweiter Baustein

„Und wer das Lied nicht weiter kann,
Der fang' es wieder von vornen an."[172]

„Die unendliche Mannigfaltigkeit aller Einzel-Wesen als Einheit zusammengefaßt ist der Weltorganismus." (p. 160.)

Also zurück an den Anfang des Aufsatzes sind wir geschleudert und erleben die ganze Komödie vom Einzelleben und Gesamtleben zum andern Mal. Wiederum enthüllt sich uns das tiefe Geheimnis der Wechselwirkung zwischen den beiden Leben, restauré à neuf[1] durch den neuen Ausdruck „*polares Verhältnis*" und die Verwandlung des Einzellebens in ein bloßes *Symbol*, „*Abbild*" des Gesamtlebens. Dieser Aufsatz reflektiert sich kaleidoskopisch in sich selbst, eine Manier der Entwicklung, die allen wahren Sozialisten gemeinsam ist. Sie machen es mit ihren Sätzen wie jenes Kirschenweib, das unter dem Einkaufspreise losschlug nach dem richtigen ökonomischen Prinzip: Die *Masse* muß es tun. Bei dem wahren Sozialismus ist dies um so notwendiger, als seine Kirschen faul waren, ehe sie reiften.

---

[1] auf neu hergerichtet.

Einige Proben dieser Selbstspiegelung:

Baustein Nr. I. p. 158, 159.

„*Jedes Einzelleben besteht und entwickelt sich nur durch seinen Gegensatz* ... beruht nur auf der *Wechselwirkung* mit dem *Gesamtleben*,

Mit dem es wieder durch seine Natur zu einem *Ganzen* verknüpft ist.

Organische Einheit des Universums.

Das Einzelleben findet einerseits seine *Grundlage*, Quelle und *Nahrung* in dem Gesamtleben,

Andrerseits sucht das Gesamtleben das Einzelleben in stetem *Kampfe* zu verzehren.

Demnach (p. 159):

Was dem unbewußten Einzelleben das unbewußte, allgemeine Weltleben, das ist dem *bewußten* ... Leben die menschliche Gesellschaft.

Ich kann nur *in und durch die Gemeinschaft* mit andern Menschen zur *Entwicklung* gelangen ... Der Gegensatz des *einzelnen* und *allgemeinen Lebens* wird auch in der Gesellschaft" usw.

„Die Natur ... ist eine ... *Einheit*, welche alle die unzähligen *Mannigfaltigkeiten* ihrer Erscheinungen umfaßt."

Baustein Nr. II. p. 160, 161.

„*Jedes Einzelleben besteht und entwickelt sich in und durch das Gesamtleben*, das Gesamtleben nur in und durch das Einzelleben." (Wechselwirkung.)

„Das Einzelleben entwickelt sich ... als *Teil* des allgemeinen Lebens. Einheit zusammengefaßt ist der Weltorganismus.

Das" (das Gesamtleben) „der Boden und *Nahrung* seiner" (des Einzellebens) „Entfaltung wird ... daß sich beide gegenseitig *begründen* ...

Daß sich beide *bekämpfen* und feindlich gegenüberstehen.

Daraus folgt (p. 161):

Daß auch das *bewußte Einzelleben* durch das bewußte Gesamtleben und" ... (umgekehrt) ... „bedingt ist.

Der einzelne Mensch entwickelt sich nur in und durch die Gesellschaft, die Gesellschaft" vice versa[1] usw.

„Die Gesellschaft ist die *Einheit*, welche die *Mannigfaltigkeit* der einzelnen menschlichen Lebensentwicklungen in sich begreift und *zusammenfaßt*."

Mit dieser Kaleidoskopie nicht zufrieden, wiederholt unser Verfasser seine einfachen Sätze über Einzelnheit und Allgemeinheit

---

[1] umgekehrt.

auch noch auf andre Weise. Zuerst stellt er diese paar dürren Abstraktionen als absolute Prinzipien auf und schließt daraus, daß in der Wirklichkeit dasselbe Verhältnis wiederkehren müsse. Dies gibt schon Gelegenheit, unter dem Schein der Deduktion alles zweimal zu sagen, in abstrakter und als Schluß daraus in scheinbar konkreter Form. Dann aber wechselt er mit den konkreten *Namen*, die er seinen beiden Kategorien gibt. Die Allgemeinheit tritt so nach der Reihe als Natur, unbewußtes Gesamtleben, bewußtes ditto, allgemeines Leben, Weltorganismus, zusammenfassende Einheit, menschliche Gesellschaft, Gemeinschaft, organische Einheit des Universums, allgemeines Glück, Gesamtwohl pp., und die Einzelnheit unter den entsprechenden Namen unbewußtes und bewußtes Einzelleben, Glück des Einzelnen, eignes Wohl pp. auf. Bei jedem dieser Namen müssen wir dieselben Phrasen wieder anhören, die über Einzelheit und Allgemeinheit schon oft genug gesagt sind.

Der zweite Baustein enthält also nichts, als was der erste schon enthielt. Da sich aber bei den französischen Sozialisten die Worte égalité, solidarité, unité des intérêts[1] vorfinden, so sucht unser Verfasser sie durch Verdeutschung zu „Bausteinen" des wahren Sozialismus zuzuhauen.

„Als bewußtes Mitglied der Gesellschaft erkenne ich jedes andre Mitglied als ein von mir verschiedenes, mir gegenüberstehendes, zugleich aber wieder als ein auf dem gemeinschaftlichen Urgrunde des Seins ruhendes und von ihm ausgehendes, mir gleiches Wesen. Ich erkenne jeden Mitmenschen durch seine besondre Natur als mir entgegengesetzt und durch seine allgemeine Natur als mir gleich. Die Anerkennung der menschlichen Gleichheit, der Berechtigung eines Jeden zum Leben, beruht *demnach* auf dem Bewußtsein der gemeinschaftlichen, allen gemeinsamen menschlichen Natur; Liebe, Freundschaft, Gerechtigkeit und alle gesellschaftlichen Tugenden beruhen gleichfalls auf dem Gefühle der natürlichen menschlichen Zusammengehörigkeit und Einheit. Hat man sie bisher als Pflichten bezeichnet und auferlegt, *so* werden sie in einer Gesellschaft, welche nicht auf äußern Zwang, sondern auf das *Bewußtsein* der inneren menschlichen Natur, d. h. die Vernunft, gegründet ist, zu freien, naturgemäßen Äußerungen des Lebens werden. In der natur-, d. h. vernunftgemäßen Gesellschaft müssen *daher* die Bedingungen des Lebens für alle Mitglieder gleich, d. h. allgemein sein." p. 161, 162.

Der Verfasser besitzt ein großes Talent, zuerst einen Satz assertorisch aufzustellen und ihn dann durch ein *Daher, Dennoch* pp. als Konsequenz aus sich selbst zu legitimieren. Ebenso versteht er es,

---

[1] Gleichheit, Solidarität, Einheit der Interessen.

mitten in diese merkwürdige Art der Deduktion traditionell gewordene sozialistische Sätze durch ein „Hat", „Ist" — „so müssen", „so wird" usw. erzählend einzuschmuggeln.

In dem ersten Baustein hatten wir auf der einen Seite den Einzelnen und auf der andern das Allgemeine, gegenüber den Einzelnen, als Gesellschaft. Hier kehrt der Gegensatz in der Form wieder, daß der Einzelne in sich selbst in eine besondre und eine allgemeine Natur gespalten wird. Aus der *allgemeinen* Natur wird dann auf die „menschliche Gleichheit" und die Gemeinschaftlichkeit geschlossen. Die den Menschen gemeinschaftlichen Verhältnisse erscheinen hier also als Produkt des „Wesens des Menschen", der *Natur*, während sie ebensogut wie das Bewußtsein der Gleichheit historische Produkte sind. Damit noch nicht zufrieden, begründet der Verfasser die Gleichheit durch ihr allerseitiges Beruhen „auf dem gemeinschaftlichen Urgrunde des Seins". Im Prolog erfuhren wir p. 158, daß der Mensch „aus denselben Stoffen gebildet, mit denselben allgemeinen Kräften und Eigenschaften begabt ist, welche alle Dinge beleben". Im ersten Baustein erfuhren wir, daß die Natur die „Grundlage alles Lebens" ist, also „der gemeinschaftliche Urgrund des Seins". Der Verfasser ist also weit über die Franzosen hinausgegangen, indem er „als bewußtes Mitglied der Gesellschaft" nicht nur die Gleichheit der Menschen unter sich, sondern auch ihre Gleichheit mit jedem Floh, jedem Strohwisch, jedem Stein bewiesen hat.

Wir wollen gerne glauben, daß „alle gesellschaftlichen Tugenden" unsres wahren Sozialisten „auf dem Gefühl der natürlichen menschlichen Zusammengehörigkeit und Einheit" beruhen, obwohl auf dieser „natürlichen Zusammengehörigkeit" auch die Feudalhörigkeit, die Sklaverei und alle gesellschaftlichen Ungleichheiten aller Epochen beruhen. Nebenbei bemerkt, ist diese „natürliche menschliche Zusammengehörigkeit" ein täglich von den Menschen umgestaltetes historisches Produkt, das immer sehr natürlich war, so unmenschlich und widernatürlich es nicht nur vor dem Richterstuhl „*des* Menschen", sondern auch einer nachfolgenden revolutionären Generation erscheinen mag.

Zufällig erfahren wir noch, daß die jetzige Gesellschaft „auf äußerm Zwang" beruht. Nicht die beschränkenden materiellen Lebensbedingungen gegebner Individuen stellen sich die wahren

Sozialisten unter „äußerm Zwang" vor, sondern nur den *Staatszwang*, Bajonette, Polizei, Kanonen, welche, weit entfernt, die Grundlage der Gesellschaft zu sein, nur eine Konsequenz ihrer eignen Gliederung sind. Es ist dies bereits in der „Heiligen Familie" und jetzt wieder im ersten Bande dieser Publikation auseinandergesetzt.

Gegenüber der jetzigen, „auf äußerm Zwang beruhenden" Gesellschaft stellt der Sozialist das Ideal der wahren Gesellschaft auf, die auf dem „Bewußtsein der *innern* menschlichen Natur, d. h. der Vernunft" beruht. Also auf dem Bewußtsein des Bewußtseins, dem Denken des Denkens. Der wahre Sozialist unterscheidet sich nicht einmal im Ausdruck mehr von den Philosophen. Er vergißt, daß sowohl die „innere Natur" der Menschen wie ihr „Bewußtsein" darüber, „d. h." ihre „Vernunft", zu allen Zeiten ein historisches Produkt war, und daß, selbst wenn ihre Gesellschaft, wie er meint, „auf äußerm Zwang" beruhte, ihre „innere Natur" diesem „äußern Zwang" entsprach.

Folgen p. 163 die Einzelnheit und Allgemeinheit mit gewohntem Gefolge in der Gestalt des einzelnen Wohls und des Gesamtwohls. Ähnliche Erklärungen über das Verhältnis beider findet man in jedem Handbuch der Nationalökonomie bei Gelegenheit der Konkurrenz, und u. a. auch, nur besser ausgedrückt, bei Hegel.

Z. B. „Rhein[ische] Jahrb[ücher]", p. 163:

„Indem ich das Gesamtwohl fördere, fördere ich mein eignes Wohl, und indem ich mein eignes Wohl fördere, das Gesamtwohl."

Hegels „Rechtsphilosophie", p. 248 (1833):

„Meinen Zweck befördernd, fördere ich das Allgemeine, und dieses befördert wiederum meinen Zweck."

Vgl. auch „Rechtsphil[osophie]", p. 323 seqq. über das Verhältnis des Staatsbürgers zum Staat.

Als letztes Ergebnis erscheint daher die bewußte Einheit des Einzellebens mit dem Gesamtleben, die Harmonie." (p. 163, „Rh[einische] J[ahrbücher]".)

„Als letztes Ergebnis" nämlich daraus, daß

„dieses polare Verhältnis zwischen dem einzelnen und allgemeinen Leben darin besteht, daß sich einmal Beide bekämpfen und feindlich gegenüberstehen, das andre Mal, daß sich Beide gegenseitig bedingen und begründen."

„Als letztes Ergebnis" folgt hieraus höchstens die Harmonie der Disharmonie mit der Harmonie, und aus der ganzen abermaligen Repetition der bekannten Phrasen folgt nur der Glaube des Verfassers, daß sein vergebliches Abquälen mit den Kategorien der Einzelnheit und Allgemeinheit die wahre Form sei, in der die gesellschaftlichen Fragen zu lösen seien.

Der Verfasser schließt mit folgendem Tusch:
„Die organische Gesellschaft hat zur Grundlage die allgemeine Gleichheit und entwickelt sich durch die Gegensätze der Einzelnen gegen das Allgemeine zum freien Einklange, zur Einheit des einzelnen mit dem allgemeinen Glücke, zur sozialen" (!) *„gesellschaftlichen"* (!!) *„Harmonie, dem Spiegelbilde der universellen Harmonie."* p. 164.

Nur die Bescheidenheit kann diesen Satz einen „Baustein" nennen. Er ist ein ganzer Urfels des wahren Sozialismus.

Dritter Baustein

„Auf dem polaren Gegensatz, der Wechselwirkung meines besondern Lebens mit dem allgemeinen Naturleben, beruht der Kampf des Menschen mit der Natur. Wenn dieser Kampf als bewußte Tätigkeit erscheint, heißt er *Arbeit*." p. 164.

Sollte nicht umgekehrt die Vorstellung von dem „polaren Gegensatz" auf der Beobachtung eines Kampfes der Menschen mit der Natur beruhen? Erst wird eine Abstraktion aus einem Faktum gezogen; dann erklärt, daß dies Faktum auf dieser Abstraktion beruhe. Wohlfeilste Methode, deutsch-tief und spekulativ zu erscheinen.

Z. B.: *Faktum:* Die Katze frißt die Maus.

Reflexion: Katze — Natur, Maus — Natur, Verzehren der Maus durch die Katze = Verzehren der Natur durch die Natur = Selbstverzehren der Natur.

Philosophische Darstellung des Faktums: Auf dem Selbstverzehren der Natur beruht das Gefressenwerden der Maus von der Katze.

Nachdem also auf diese Weise der Kampf des Menschen mit der Natur mystifiziert ist, wird die bewußte Tätigkeit des Menschen in Beziehung auf die Natur mystifiziert, indem sie als *Erscheinung* dieser bloßen Abstraktion wirklicher Kämpfe gefaßt wird. Schließlich wird dann das profane Wort *Arbeit* als Resultat dieser Mystifikation hereingeschmuggelt, ein Wort, das unser wahrer Sozialist von Anfang an auf der Zunge hatte, aber erst nach gehöriger Legitimierung auszusprechen wagte. Die Arbeit wird aus der bloßen, abstrakten Vorstellung *des* Menschen und der Natur konstruiert und daher auch auf eine Weise bestimmt, die auf alle Entwicklungsstufen der Arbeit gleich gut paßt und nicht paßt.

512

„Die Arbeit ist *demnach* jede bewußte Tätigkeit des Menschen, wodurch er die Natur seiner Herrschaft in geistiger und materieller Beziehung zu unterwerfen strebt, um sie zum bewußten Genuß seines Lebens zu bringen, sie zu seiner geistigen oder körperlichen Befriedigung zu verwenden." (ibid.)

Wir machen bloß auf die glänzende Schlußfolgerung aufmerksam:

„Wenn dieser Kampf als bewußte Tätigkeit erscheint, heißt er Arbeit — die Arbeit ist *d e m n a c h* jede bewußte Tätigkeit des Menschen" usw.

Diese tiefe Einsicht verdanken wir dem „polaren Gegensatz".

Man rufe sich den obigen saint-simonistischen Satz von dem libre développement de toutes les facultés[1] ins Gedächtnis zurück. Man erinnere sich zu gleicher Zeit, daß Fourier an die Stelle des heutigen travail répugnant[2] den travail attrayant[3] gesetzt sehen wollte. Dem „polaren Gegensatz" verdanken wir folgende philosophische Begründung und Explikation dieser Sätze:

„Da *aber*" (dies Aber soll andeuten, daß hier kein Zusammenhang stattfindet) „das *Leben* in jeder *Entfaltung*, Übung und Äußerung seiner Kräfte und Fähigkeiten zu seinem Genusse, zu seiner Befriedigung kommen *s o l l*, *so ergibt sich*, daß die Arbeit selbst eine Entfaltung und Entwicklung menschlicher Anlagen sein und Genuß, Befriedigung und Glück gewähren *soll*. Die Arbeit selbst *muß* mithin zu einer *freien* Äußerung des Lebens und *dadurch* zum Genuß werden." (ibid.)

Hier wird gezeigt, was in der Vorrede der „Rh[einischen] Jahrb[ücher]" versprochen ist, nämlich „inwiefern die deutsche Gesellschaftswissenschaft in ihrer bisherigen Ausbildung sich von der französischen und englischen unterscheidet", und was das heißt, „die Lehre des Kommunismus wissenschaftlich darzustellen".

Es ist schwer, jeden logischen Lapsus in diesen wenigen Zeilen aufzudecken, ohne langweilig zu werden. Zunächst die Schnitzer gegen die *formelle Logik*.

Um zu beweisen, daß die Arbeit, eine Äußerung des Lebens, Genuß bringen soll, wird unterstellt, daß das Leben in *jeder* Äußerung Genuß bringen soll, und hieraus geschlossen, daß das Leben dies auch in seiner Äußerung als Arbeit soll. Mit dieser paraphrastischen Verwandlung eines Postulats in eine Konklusion nicht zufrieden, macht der Verfasser die Konklusion noch dazu falsch. Dar-

---

[1] [der] freien Entwicklung aller Fähigkeiten.
[2] [der] abstoßenden Arbeit.
[3] [die] anziehende Arbeit.

aus, daß „das Leben in jeder Entfaltung zum Genuß kommen soll", ergibt sich für ihn, daß die Arbeit, die eine dieser Entfaltungen des Lebens ist, „selbst eine Entfaltung und Entwicklung menschlicher Anlagen", also wieder des Lebens, „sein soll". Sie soll also sein, was sie ist. Wie hätte die Arbeit es anfangen sollen, um jemals *nicht* eine „Entfaltung menschlicher Anlagen" zu sein? Damit nicht genug. *Weil* die Arbeit dies sein *soll*, *„muß"* sie es *„mithin"* sein, oder noch besser: Weil sie eine „Entfaltung und Entwicklung menschlicher Anlagen sein soll", *muß sie mithin* ganz etwas Andres werden, nämlich „eine freie Äußerung des Lebens", wovon bisher noch gar nicht die Rede war. Und während oben direkt von dem Postulat des Lebensgenusses auf das Postulat der Arbeit als Genuß geschlossen wurde, wird hier dies letztere Postulat als Konsequenz des neuen Postulats der „freien Äußerung des Lebens in der Arbeit" dargestellt.

Was den *Inhalt* dieses Satzes angeht, so ist nicht abzusehen, warum die Arbeit nicht immer das war, was sie sein soll, und warum sie es jetzt werden muß, oder warum sie etwas werden soll, was sie bis dato nicht muß. Aber bisher war freilich nicht das Wesen des Menschen und der polare Gegensatz des Menschen und der Natur entwickelt.

Folgt eine „wissenschaftliche Begründung" des kommunistischen Satzes von dem gemeinschaftlichen Eigentum an den Produkten der Arbeit:

„Das Produkt der Arbeit *aber*" (dies abermalige Aber hat denselben Sinn wie das obige) „muß zugleich dem Glücke des Einzelnen, Arbeitenden und dem allgemeinen Glücke dienen. Dies geschieht durch die Gegenseitigkeit, durch die gegenseitige Ergänzung aller gesellschaftlichen Tätigkeiten." (ibid.)

Dieser Satz ist nichts als eine durch das Wort „Glück" schwankend gemachte Kopie dessen, was in jeder Ökonomie der Konkurrenz und Teilung der Arbeit nachgerühmt wird.

Endlich philosophische Begründung der französischen Organisation der Arbeit:

„Die Arbeit als eine genußreiche, Befriedigung gewährende und zugleich dem allgemeinen Wohle dienende freie Tätigkeit ist die Grundlage der *Organisation der Arbeit.*" p. 165.

Da die Arbeit erst „eine genußreiche pp. freie Tätigkeit" werden *soll* und *muß*, es also noch nicht *ist*, so wäre eher zu erwarten, daß

514

die Organisation der Arbeit *umgekehrt* die Grundlage der „Arbeit als einer genußreichen Tätigkeit" ist. Aber der *Begriff* der Arbeit als dieser Tätigkeit reicht vollständig hin.

Der Verfasser glaubt am Schlusse seines Aufsatzes zu „Resultaten" gekommen zu sein.

Diese „Bausteine" und „Resultate", zusammen mit den übrigen Granitblöcken, die sich in den „Einundzwanzig Bogen", dem „Bürgerbuch" und den „Neuen Anekdotis"[173] finden, bilden den Felsen, auf den der *wahre Sozialismus*, alias *deutsche Sozialphilosophie*, seine Kirche bauen wird.

Wir werden gelegentlich einige der Hymnen, einige Fragmente des cantique allégorique hébraique et mystique[1] hören, die in dieser Kirche gesungen werden.

---

[1] hebräischen und mystischen allegorischen Lobgesangs.

IV

Karl Grün:
„Die soziale Bewegung in Frankreich und Belgien" (Darmstadt 1845)
oder
Die Geschichtschreibung des wahren Sozialismus

„Wahrlich, gälte es hier nicht, zugleich eine ganze Rotte zu zeichnen... wir würden die Feder noch wegwerfen... Und jetzt tritt sie" (Mundts „Geschichte der Gesellschaft") „mit derselben Anmaßung vor den großen Leserkreis des Publikums, des Publikums, das heißhungrig nach Allem greift, was nur das Wort *sozial* an der Stirne trägt, weil ein richtiger Takt ihm sagt, welche Geheimnisse der Zukunft in diesem Wörtchen verborgen liegen. Doppelte Verantwortlichkeit des Schriftstellers, doppelte Züchtigung, wenn er unberufen ans Werk ginge!"

„Darüber wollen wir eigentlich mit Herrn Mundt nicht rechten, daß er von den faktischen Leistungen der sozialen Literatur Frankreichs und Englands durchaus nichts weiß, als was ihm Herr *L. Stein* verraten, dessen Buch anerkannt werden konnte, als es erschien... Aber heute noch... über Saint-Simon Phrasen machen, Bazard und Enfantin die beiden Zweige des Saint-Simonismus nennen, Fourier folgen lassen, über Proudhon ungenügendes Zeug nachplappern, etc.!... Dennoch würden wir gern ein Auge zudrücken, wäre mindestens die *Genesis* der sozialen Ideen eigen und neu dargestellt."

Mit dieser hochfahrenden, rhadamantischen[174] Sentenz eröffnet Herr Grün („Neue Anekdota" p. 122, 123) eine Rezension von *Mundts „Geschichte der Gesellschaft"*.

Wie überrascht wird der Leser von dem artistischen Talent des Herrn Grün sein, das unter der obigen Maske nur eine Selbstkritik seines eignen damals noch ungebornen Buchs versteckte.

Herr Grün bietet uns das amüsante Schauspiel einer Verschmelzung des wahren Sozialismus mit jungdeutschem Literatentum. Das obige Buch ist in Briefen an eine Dame geschrieben, woraus der Leser schon ahnt, daß hier die tiefsinnigen Götter des wahren Sozialismus mit den Rosen und Myrten der „jungen Literatur" bekränzt einherwandeln. Pflücken wir gleich einige Rosen:

„Die Carmagnole sang sich selbst in meinem Kopfe... auf alle Fälle aber bleibt es schrecklich, daß die Carmagnole im Kopfe eines deutschen Schriftstellers, wenn nicht vollständig logieren, so doch ein Frühstück nehmen darf." p. 3.

„Hätte ich den alten Hegel hier, ich packte ihn bei den Ohren: Was, die Natur wäre das Anderssein des Geistes? Was, Er Nachtwächter?" p. 11.

„Brüssel stellt gewissermaßen den französischen Konvent dar: es hat eine Bergpartie und eine Partie des Tales." p. 24.

„Die Lüneburger Heide der Politik." p. 80.

„Bunte, poetische, inkonsequente, phantastische Chrysalide." p. 82.

„Den Liberalismus der Restauration, den bodenlosen Kaktus, der sich als Schmarotzerpflanze um die Bänke der Deputiertenkammer wand." p. 87, 88.

Daß der Kaktus weder „bodenlos" noch eine „Schmarotzerpflanze" ist, tut diesem schönen Bilde ebensowenig Abbruch, wie dem vorigen, daß es weder „bunte" noch „poetische" noch „inkonsequente" „Chrysaliden" oder Puppen gibt.

„Ich selbst aber komme mir mitten in diesem Gewoge" (der Zeitungen und Zeitungsschreiber im Cabinet Montpensier) „vor wie ein zweiter Noah, der seine Tauben aussendet, ob sich irgendwo Hütten oder Reben bauen lassen, ob es möglich sei, mit den erzürnten Göttern einen räsonablen Vertrag abzuschließen." p. 259.

Herr Grün spricht hier wohl von seiner Tätigkeit als Zeitungskorrespondent.

„Camille Desmoulins war ein *Mensch*. Die Konstituante bestand aus *Philistern*. Robespierre war ein *tugendhafter Magnetiseur*. Die neue Geschichte ist mit einem Wort der Kampf auf Tod und Leben wider die Épiciers[1] und die Magnetiseure!!!" p. 311.

„Das Glück ist ein Plus, aber ein Plus in der xten Potenz." p. 203.

Also das Glück $= +^x$, eine Formel, die sich nur in der ästhetischen Mathematik des Herrn Grün findet.

„Die Organisation der Arbeit, was ist sie? Und die Völker antworteten der Sphinx mit tausend Zeitungsstimmen... Frankreich singt die Strophe, Deutschland die Antistrophe, das alte mystische Deutschland." p. 259.

„Nordamerika ist mir sogar widerwärtiger als die alte Welt, weil dieser Egoismus der Krämerwelt die rote Farbe einer impertinenten Gesundheit trägt... weil dort Alles so oberflächlich, so wurzellos, fast möchte ich sagen so *kleinstädtisch* ist... Ihr nennt Amerika die neue Welt; es ist die älteste von allen alten, unsre abgetragenen Kleider machen dort Parade." p. 101, 324.

Bisher wußte man nur, daß die ungetragenen deutschen Strümpfe dort getragen werden, obwohl sie zum „Parademachen" zu schlecht sind.

---
[1] Krämer.

„Der logisch feste Garantismus dieser Institutionen." p. 461.
> Wen solche Blüten nicht erfreun,
> Verdienet nicht, ein „Mensch" zu sein![175]

Welch graziöser Mutwille! Welche schnippische Naivetät! Welch heroisches Durchwühlen durch die Ästhetik! Welche Heinesche Nonchalance und Genialität!

Wir haben den Leser getäuscht. Herrn Grüns Belletristik schmückt nicht die Wissenschaft des wahren Sozialismus, sondern die Wissenschaft ist nur die Ausfüllung zwischen diesen belletristischen Schwätzereien. Sie bildet sozusagen ihren „sozialen Hintergrund".

In einem Aufsatze des Herrn Grün: „Feuerbach und die Sozialisten" („Deutsches Bürgerbuch", p. 74) findet sich folgende Äußerung:

„Wenn man Feuerbach *nennt*, so hat man die ganze Arbeit der Philosophie genannt von Baco von Verulam bis heute, so hat man zugleich gesagt, was die Philosophie in letzter Instanz will und bedeutet, so hat man *den Menschen* als letztes Ergebnis der Weltgeschichte. Dabei geht man *sicherer, weil gründlicher*, zu Werke, als wenn man den Arbeitslohn, die Konkurrenz, die Mangelhaftigkeit der Konstitutionen und Verfassungen aufs Tapet bringt... Wir haben *den Menschen* gewonnen, den Menschen, der sich der Religion, der toten Gedanken, alles ihm fremden Wesens mit allen Übersetzungen in der Praxis entledigt hat, den *reinen, wahrhaften Menschen*."

Dieser Eine Satz klärt vollständig auf über die Art von „Sicherheit" und „Gründlichkeit", welche bei Herrn Grün zu suchen ist. Auf kleine Fragen läßt er sich nicht ein. Ausgestattet mit dem ungetrübten Glauben an die Resultate der deutschen Philosophie, wie sie in Feuerbach niedergelegt sind, nämlich daß „*der Mensch*", der „reine, wahrhafte Mensch", das Endziel der Weltgeschichte sei, daß die Religion das entäußerte menschliche Wesen sei, daß das menschliche Wesen das menschliche Wesen und der Maßstab aller Dinge sei; ausgestattet mit den weiteren Wahrheiten des deutschen Sozialismus (siehe oben), daß auch das Geld, die Lohnarbeit pp. Entäußerungen des menschlichen Wesens seien, daß der deutsche Sozialismus die Verwirklichung der deutschen Philosophie und die theoretische Wahrheit des auswärtigen Sozialismus und Kommunismus sei pp. — reist Herr Grün nach Brüssel und Paris mit der ganzen Selbstgefälligkeit des wahren Sozialismus.

Die gewaltigen Posaunenstöße des Herrn Grün zum Lobe des wahren Sozialismus und der deutschen Wissenschaft übertreffen

Alles, was von seinen übrigen Glaubensgenossen in dieser Beziehung geliefert ist. Was den wahren Sozialismus angeht, so kommen diese Lobpreisungen offenbar von Herzen. Herrn Grüns Bescheidenheit erlaubt ihm nicht, einen einzigen Satz auszusprechen, den nicht schon ein anderer wahrer Sozialist vor ihm in den „Einundzwanzig Bogen", dem „Bürgerbuch" und den „Neuen Anekdotis" geoffenbart hatte. Ja, sein ganzes Buch hat keinen andren Zweck, als ein in den „Einundzwanzig Bogen" p. 74—88 von Heß gegebenes Konstruktionsschema der französischen sozialen Bewegung auszufüllen und damit einem ebendaselbst p. 88 ausgesprochenen Bedürfnis zu entsprechen[176]. Was aber die Lobeserhebungen der deutschen Philosophie angeht, so muß diese sie ihm um so höher anrechnen, je weniger er sie kennt. Der Nationalstolz der wahren Sozialisten, der Stolz auf Deutschland als das Land „des Menschen", des „Wesens des Menschen", gegenüber den andern profanen Nationalitäten erreicht bei ihm seinen Gipfelpunkt. Wir geben gleich einige Proben davon:

„Ich möchte doch wissen, ob sie nicht Alle erst von uns lernen müssen, Franzosen und Engländer, Belgier und Nordamerikaner." p. 28.

Dies wird jetzt ausgeführt.

„Die *Nordamerikaner* kommen mir grundprosaisch vor, und *den Sozialismus* sollen sie wohl, trotz aller ihrer gesetzlichen Freiheit, erst von uns kennenlernen." p. 101.

Besonders seitdem sie seit 1829 eine eigne sozialistisch-demokratische Schule haben, die ihr Nationalökonom Cooper bereits 1830 bekämpfte.

„Die *belgischen* Demokraten! Glaubst Du wohl, sie wären *halb so weit* als wir Deutsche? Habe ich mich wieder mit Einem herumbalgen müssen, der die *Realisierung des freien Menschentums* für eine Chimäre hält!" p. 28.

Hier macht sich die Nationalität „des Menschen", des „Wesens des Menschen", des „Menschentums" breit gegenüber der belgischen Nationalität.

„Ihr *Franzosen*, laßt den Hegel in Ruhe, bis Ihr ihn versteht." (Wir glauben, daß die sonst sehr schwache Kritik der Rechtsphilosophie von *Lerminier*[177] mehr Einsicht in Hegel beweist als irgend etwas, was Herr Grün, sei es unter eigenem Namen, sei es qua¹ „Ernst von der Haide" geschrieben hat.) „Trinkt einmal ein Jahr lang keinen Kaffee, keinen Wein; erhitzt Euer Gemüt durch keine aufregende Leidenschaft; laßt den Guizot regieren und Al-

---
¹ als.

gier unter die Herrschaft Marokkos kommen" (wie sollte Algier je unter die Herrschaft Marokkos kommen, selbst wenn die Franzosen es aufgäben!); „sitzt auf einer Mansarde und studiert die ‚Logik‘ nebst der ‚Phänomenologie‘. Wenn Ihr dann endlich nach Jahresfrist mager und mit rotangelaufenen Augen in die Straßen hinabsteigt und meinetwegen über den ersten Dandy oder öffentlichen Ausrufer stolpert, laßt Euch das nicht irren. Denn Ihr seid mittlerweile große und mächtige Menschen geworden, Euer Geist gleicht einem Eichbaum, den wundertätige" (!) „Säfte ernährten; was Ihr anseht, das enthüllt Euch seine geheimsten Schwächen; Ihr dringt als erschaffne Geister dennoch ins Innre der Natur; Euer Blick ist tötend, Euer Wort versetzt Berge, Eure Dialektik ist schärfer als die schärfste Guillotine. Ihr stellt Euch ans Hôtel de Ville — und die Bourgeoisie ist gewesen, Ihr tretet ans Palais Bourbon[178] — und es zerfällt, seine ganze Deputiertenkammer löst sich in das nihilum album¹ auf, Guizot verschwindet, Ludwig Philipp erblaßt zum geschichtlichen Schemen, und aus all diesen zugrunde gegangnen Momenten erhebt sich siegesstolz die absolute Idee der freien Gesellschaft. Ohne Scherz, den Hegel könnt Ihr nur bezwingen, wenn Ihr selbst vorher Hegel werdet. Wie ich schon oben sagte: Moors Geliebte kann nur durch Moor sterben." p. 115, 116.

Der belletristische Duft, der diese Sätze des wahren Sozialismus umgibt, wird Jedermann in die Nase steigen. Herr Grün, wie alle wahren Sozialisten, vergißt nicht, das alte Geschwätz von der Oberflächlichkeit der Franzosen wieder vorzubringen:

„Bin ich doch dazu verdammt, den französischen Geist jedesmal, wenn ich ihn in der Nähe habe, ungenügend und oberflächlich zu finden." p. 371.

Herr Grün verheimlicht es uns nicht, daß sein Buch dazu bestimmt sei, den deutschen Sozialismus als die Kritik des französischen zu verherrlichen:

„Der Pöbel der deutschen Tagesliteratur hat unsren sozialistischen Bestrebungen nachgesagt, sie seien die Nachahmungen französischer Verkehrtheiten. Es hat bis jetzt Niemand der Mühe wert gehalten, nur eine Silbe darauf zu erwidern. Dieser Pöbel muß sich schämen — besitzt er anders noch Schamgefühl —, wenn er *dieses Buch* liest. Das hat er sich wohl nicht träumen lassen, daß der *deutsche Sozialismus die Kritik des französischen* ist, daß er, weit entfernt, die Franzosen für Erfinder des neuen Contrat social² zu halten, vielmehr die Forderung an sie stellt, sich erst *durch die deutsche Wissenschaft zu ergänzen?* In diesem Augenblick wird hier in Paris die Herausgabe einer Übersetzung von Feuerbachs ‚Wesen des Christenthums‘ veranstaltet. Wohl bekomme den Franzosen die deutsche Schule! Was auch aus der ökonomischen Lage des Landes, aus der Konstellation der hiesigen Politik entstehe, zu einem *menschlichen* Leben in der Zukunft befähigt einzig die humani-

---
¹ graue Nichts.
² Gesellschaftsvertrag.

stische Weltanschauung. Das unpolitische, verworfne Volk der Deutschen, dies Volk, welches gar kein Volk ist, wird den Eckstein gelegt haben zum Bau der Zukunft." p. 353.

Allerdings, „was aus der ökonomischen Lage und der Konstellation der Politik" in einem Lande „entsteht", braucht ein wahrer Sozialist bei seinem vertrauten Umgange mit dem „Wesen des Menschen" nicht zu wissen.

Herr Grün als Apostel des wahren Sozialismus begnügt sich nicht damit, gleich seinen Mitaposteln der Unwissenheit andrer Völker die Allwissenheit der Deutschen stolz entgegenzuhalten. Er nimmt seine alte Literatenpraxis zu Hülfe, er drängt sich den Repräsentanten der verschiedenen sozialistischen, demokratischen und kommunistischen Parteien in der verrufensten Weltfahrer-Manier auf, und nachdem er sie von allen Seiten beschnüffelt hat, tritt er ihnen als Apostel des wahren Sozialismus entgegen. Er hat sie nur noch zu belehren, ihnen die tiefsten Aufschlüsse über das freie Menschentum mitzuteilen. Die Überlegenheit des wahren Sozialismus über die Parteien Frankreichs verwandelt sich hier in die persönliche Überlegenheit des Herrn Grün gegenüber den Repräsentanten dieser Parteien. Schließlich bietet dies dann auch Gelegenheit, nicht nur die französischen Parteichefs als Piedestal des Herrn Grün dienen zu lassen, sondern auch noch eine Masse von Klatschereien anzubringen und so den deutschen Kleinstädter für die Anstrengung zu entschädigen, die ihm die inhaltvolleren Sätze des wahren Sozialismus verursacht haben.

„*Kats* verzog sein ganzes Gesicht zu einer plebejischen Heiterkeit, als ich ihm meine hohe Zufriedenheit mit seiner Rede bezeugte." p. 50.

Herr Grün erteilt Kats auch sogleich Unterricht über den französischen Terrorismus und „war so glücklich, meinem neuen Freunde Beifall abzugewinnen". p. 51.

Ganz anders bedeutsam wirkt er auf *Proudhon:*

„Ich hatte das unendliche Vergnügen, gewissermaßen der *Privatdozent* des Mannes zu werden, dessen Scharfsinn vielleicht seit Lessing und Kant nicht überboten wurde." p. 404.

Louis Blanc ist nur „sein schwarz Jüngelchen". p. 314.

„Er frug sehr wißbegierig, aber zugleich sehr unwissend, nach unsren Zuständen. Wir Deutsche kennen" (?) „die französischen fast so gut wie die Franzosen selbst; wenigstens studieren" (?) „wir sie." p. 315.

522

Und über den „Papa *Cabet*" erfahren wir, daß er „borniert" ist. p. 382. Herr Grün legt ihm „Fragen" vor, von denen Cabet

„gestand, daß er sie nicht gerade approfondiert hätte. Das hatte *ich*" (Grün) „längst gemerkt, und da hörte natürlich Alles auf, um so mehr, als mir einfiel, daß Cabets Mission eine längst in sich abgeschlossene sei." p. 381.

Wir werden später sehen, wie Herr Grün dem Cabet eine neue „Mission" zu geben gewußt hat.

Wir heben zunächst das Schema und die paar überkommenen allgemeinen Gedanken hervor, die das Gerippe des Grünschen Buches bilden. Beides ist abgeschrieben von Heß, den Herr Grün überhaupt auf die großartigste Weise paraphrasiert. Sachen, die schon bei Heß ganz unbestimmt und mystisch sind, die aber im Anfange — in den „Einundzwanzig Bogen" — anzuerkennen waren und nur durch ihre ewige Wiederaufdrängung im „Bürgerbuch", den „Neuen Anekdotis" und den „Rheinischen Jahrbüchern" zu einer Zeit, wo sie bereits antiquiert waren, langweilig und reaktionär geworden sind — diese Sachen werden bei Herrn Grün vollends Unsinn.

Heß synthetisiert die Entwicklung des französischen Sozialismus mit der Entwicklung der deutschen Philosophie — Saint-Simon mit Schelling, Fourier mit Hegel, Proudhon mit Feuerbach. Vgl. z. B. „Einundzw[anzig] Bogen", p. 78, 79, 326, 327, „Neue Anekd[ota]", p. 194, 195, 196, 202 seqq. (Parallele zwischen Feuerbach und Proudhon. Z. B. Heß: „Feuerbach ist der deutsche Proudhon" pp., „N[eue] A[nekdota]", p. 202. Grün: „Proudhon ist der französische Feuerbach", p. 404.) — Dieser Schematismus mit der Ausführung, die Heß ihm gibt, bildet den ganzen inneren Zusammenhang des Grünschen Buchs. Nur daß Herr Grün nicht verfehlt, die Heßschen Sätze belletristisch anzustreichen. Ja selbst offenbare Schnitzer von Heß, z. B. daß theoretische Entwicklungen den „sozialen Hintergrund" und die „theoretische Basis" praktischer Bewegungen bilden (z. B. „N. An.", p. 192), schreibt Herr Grün getreulichst nach. (Z. B. Grün, p. 264: „Der soziale Hintergrund, den die politische Frage des achtzehnten Jahrhunderts hatte ... war das gleichzeitige Produkt beider philosophischen Richtungen" — der Sensualisten und Deisten.) Ebenso die Meinung, man brauche Feuerbach nur praktisch zu machen, ihn nur aufs soziale Leben anzuwenden, um die vollständige Kritik der bestehenden Gesellschaft zu geben. Nimmt man noch die sonstige Kritik des französischen Kommunismus und Sozialismus durch Heß hinzu, z. B. daß „Fourier, Proudhon pp. nicht über die Kategorie der Lohnarbeit hinausgekommen sind", „Bürgerbuch", p. 40 u. a., daß „Fourier die Welt mit neuen Assoziationen des Egoismus beglücken möchte", „N. Anekd.", p. 196, daß „selbst die radikalen franz[ösischen] Kommunisten noch nicht über den Gegensatz von Arbeit und Genuß hinaus sind, sich noch nicht zu der Einheit von Produktion und Konsumtion pp. erhoben haben", „Bürgerb[uch]", p. 43, daß „die Anarchie die Negation des Begriffs der politischen Herrschaft ist", „Einundzwanzig Bogen", p. 77 ppp., so hat man die ganze Kritik der Franzosen durch Herrn Grün in der Tasche, ebensogut wie Herr Grün sie bereits in der Tasche hatte, ehe er nach Paris ging. Außer dem Obengenannten erleichtern dann noch einige in Deutschland traditionell zirkulierende Phrasen über Religion, Politik, Nationalität, menschlich und unmenschlich ppp., Phrasen, die von den Philosophen auf die wahren Sozialisten übergegangen sind, Herrn Grün den Rechnungsabschluß mit den französischen Sozialisten und Kommunisten. Er hat nur überall nach „dem Menschen" und dem Worte menschlich zu suchen und zu verdammen, wo er dies nicht findet. Z. B.: „Du bist politisch, Du bist borniert", p. 283. In ähnlicher Weise kann Herr Grün dann ausrufen: Du bist national, religiös, nationalökonomisch, Du hast einen Gott — Du bist nicht menschlich, Du bist borniert, wie er dies im ganzen Buche tut. Womit natürlich Politik, Nationalität, Religion pp. gründlich kritisiert und zugleich die Eigentümlichkeit der gerade kritisierten Schriftsteller und ihr Zusammenhang mit der gesellschaftlichen Entwicklung hinreichend beleuchtet sind.

Man sieht schon hieraus, daß das Grünsche Machwerk weit unter dem Buche von Stein steht, der wenigstens versuchte, den Zusammenhang der sozialistischen Literatur mit der wirklichen Entwicklung der französischen Gesellschaft darzustellen. Es bedarf indes kaum der Erwähnung, daß Herr Grün sowohl im vorliegenden Buche wie in den „Neuen Anekdotis" mit der größten Vornehmheit auf seinen Vorgänger herabsieht.

Aber hat Herr Grün wenigstens die ihm von Heß und Andern überlieferten Sachen richtig kopiert? Hat er innerhalb seines höchst unkritisch auf Treu und Glauben angenommenen Schemas wenigstens das nötige Material niedergelegt, hat er eine richtige und vollständige Darstellung der einzelnen sozialistischen Schriftsteller nach den Quellen gegeben? Dies sind doch wahrlich die niedrigsten Forderungen, die man an den Mann stellen kann, von dem Nordamerikaner und Franzosen, Engländer und Belgier zu lernen haben, der der Privatdozent Proudhons war und jeden Augenblick auf die deutsche Gründlichkeit gegenüber den oberflächlichen Franzosen pocht.

Saint-Simonismus

Von der ganzen saint-simonistischen Literatur hat Herr Grün *kein einziges Buch* in der Hand gehabt. Seine Hauptquellen sind: vor Allem der vielverachtete *Lorenz*[1] *Stein*, ferner die Hauptquelle Steins, *L. Reybaud*[179] (wofür er p. 260 an Herrn Reybaud ein Exempel statuieren will und ihn einen Philister nennt; er stellt sich auf derselben Seite, als sei ihm Reybaud erst lange, nachdem er die Saint-Simonisten abgefertigt, ganz zufällig in die Hände geraten) und stellenweise *L. Blanc*. Wir werden den Beweis ganz direkt liefern.

Vergleichen wir zuerst, was Herr Grün über das Leben Saint-Simons selbst sagt.

Die Hauptquellen für das Leben Saint-Simons sind die Fragmente seiner Selbstbiographie in den Œuvres de Saint-Simon, publiziert von Olinde Rodrigues, und dem „Organisateur"[180] vom 19. Mai 1830. Wir haben hier also sämtliche Aktenstücke vor uns: 1. die Originalquellen, 2. Reybaud, der sie auszog, 3. Stein, der Reybaud benutzte, 4. die belletristische Ausgabe von Herrn Grün.

Herr Grün:

„Saint-Simon kämpft den Befreiungskampf der Amerikaner mit, ohne ein besondres Interesse am Kriege selbst zu haben; es *fällt ihm ein*, man könne die *beiden großen Weltmeere* verbinden." p. 84.

Stein, p. 143:

„Zuerst trat er in den militärischen Dienst ... und ging mit Bouillé nach Amerika ... In diesem Krieg, dessen Bedeutung er übrigens wohl begriff ... der Krieg *als solcher*, sagte er, interessierte mich nicht, nur der Zweck dieses Kriegs etc." ... „Nachdem er vergebens versucht, den Vizekönig von Mexiko

---
[1] im Original: Ludwig.

für einen großen Kanalbau zur Verbindung der *beiden Weltmeere* zu interessieren."

Reybaud, p. 77:

„Soldat de l'indépendance américaine, il servait sous Washington... la guerre, en elle-même, ne m'intéressait pas, dit-il; mais le seul but de la guerre m'intéressait vivement, et cet intérêt m'en faisait supporter les travaux sans répugnance."[1]

Herr Grün schreibt nur ab, daß Saint-Simon „kein besondres Interesse am Kriege selbst" hatte, läßt aber die Pointe aus, nämlich sein Interesse für den Zweck dieses Kriegs.

Herr Grün läßt ferner weg, daß Saint-Simon seinen Plan beim Vizekönig habe durchsetzen wollen, und reduziert ihn dadurch auf einen bloßen „Einfall". Er läßt ebenfalls fort, weil Stein dies nur durch die Jahreszahl andeutet, daß Saint-Simon dies erst „à la paix"[2] tat.

Herr *Grün* fährt unmittelbar fort:

„*Später*" (wann?) „*entwirft* er den Plan zu einer französisch-holländischen Expedition nach dem englischen Indien." (ibid.)

Stein:

„Er reiste 1785 nach Holland, um eine vereinigte französisch-holländische Expedition gegen die englischen Kolonien in Indien zu *entwerfen*." p. 143.

Stein erzählt hier falsch und Grün kopiert getreu. Nach Saint-Simon selbst hatte der Herzog von La Vauguyon die Generalstaaten bestimmt, eine vereinigte Expedition mit Frankreich nach den englischen Kolonien in Indien zu unternehmen. Von sich selbst sagt er nur, daß er, „während eines Jahres die Ausführung dieses Plans *betrieben*" (poursuivi) habe.

Herr Grün:

„In Spanien *will* er einen Kanal von Madrid ins Meer *graben*." (ibid.)

Saint-Simon will einen *Kanal graben*, welcher Unsinn! Vorhin *fiel ihm ein*, jetzt *will* er. Grün verfälscht hier das Faktum, nicht weil er, wie oben, den Stein zu getreu, sondern weil er ihn zu oberflächlich abschreibt.

---

[1] „Als Soldat der amerikanischen Unabhängigkeitsbewegung diente er unter Washington ... der Krieg selbst interessierte mich nicht, sagte er, sondern einzig der Zweck des Krieges interessierte mich lebhaft, und dieses Interesse ließ mich seine Beschwernisse ohne Widerwillen ertragen."

[2] im Frieden.

Stein, p. 144:

„1786 nach Frankreich zurückgekehrt, ging er schon im folgenden Jahr nach Spanien, um dem Gouvernement einen Plan zur Vollendung eines Kanals von Madrid bis zum Meere vorzulegen."

Herr Grün konnte bei raschem Lesen sich seinen obigen Satz aus dem Steinschen abstrahieren, weil es bei Stein wenigstens den Schein hat, als sei der Bauplan und die Idee des ganzen Projekts von Saint-Simon ausgegangen, während dieser nur einen Plan zur Beseitigung der bei dem längst begonnenen Kanalbau eingetretenen finanziellen Schwierigkeiten entwarf.

Reybaud:

„Six ans plus tard il proposa au gouvernement espagnol un plan de canal qui devait établir une ligne navigable de Madrid à la mer."[1] p. 78.

Derselbe Irrtum wie bei Stein.

Saint-Simon, p. XVII:

„Le gouvernement espagnol avait entrepris un canal qui devait faire communiquer Madrid à la mer; cette entreprise languissait parce que ce gouvernement manquait d'ouvriers et d'argent; je me concertai avec M. le comte de Cabarrus, aujourd'hui ministre des finances, et nous présentâmes au gouvernement le projet suivant"[2] etc.

Herr Grün:

„In Frankreich spekuliert er *auf* Nationalgüter."

Stein schildert erst Saint-Simons Stellung während der Revolution und kommt dann auf seine Spekulation in Nationalgütern, p. 144 seqq. Woher aber Herr Grün den unsinnigen Ausdruck hat: „*auf* Nationalgüter spekulieren", statt *in* Nationalgütern, auch hierüber können wir dem Leser durch Vorlage des Originals Aufklärung geben:

---

[1] „Sechs Jahre später unterbreitete er der spanischen Regierung den Plan eines Kanals, der eine schiffbare Verbindung zwischen Madrid und dem Meer herstellen sollte."

[2] „Die spanische Regierung hatte den Bau eines Kanals unternommen, der Madrid mit dem Meere verbinden sollte; dieses Unternehmen stockte, weil es der Regierung an Arbeitern und Geld fehlte; ich verständigte mich mit dem Grafen Cabarrus, dem heutigen Finanzminister, und wir legten der Regierung folgendes Projekt vor".

Reybaud, p. 78:
„Revenu à Paris, il tourna son activité vers des spéculations, et trafiqua *s u r* les domaines nationaux."¹

Herr Grün stellt seinen obigen Satz ohne alle Motivierung hin. Man erfährt gar nicht, weshalb Saint-Simon in Nationalgütern spekulierte und weshalb dies an sich triviale Faktum von Bedeutung in seinem Leben ist. Herr Grün findet nämlich überflüssig, aus Stein und Reybaud abzuschreiben, daß Saint-Simon eine wissenschaftliche Schule und ein großes industrielles Etablissement als Experimente gründen und sich das dazu nötige Kapital durch diese Spekulationen verschaffen wollte. Saint-Simon motiviert selbst seine Spekulationen hierdurch. (Œuvres, p. XIX.)

Herr Grün:
„Er heiratet, um die Wissenschaft bewirten zu können, um das Leben der Menschen zu erproben, um sie psychologisch auszusaugen." (ibid.)

Herr Grün überspringt hier plötzlich eine der wichtigsten Perioden Saint-Simons, die seiner naturwissenschaftlichen Studien und Reisen. Was heißt das, heiraten, um *die Wissenschaft zu bewirten*, heiraten, um *die Menschen* (die man nicht heiratet) psychologisch auszusaugen pp.? Die ganze Sache ist die: Saint-Simon heiratete, um Salons halten und dort unter Andern auch die Gelehrten studieren zu können.

Stein drückt dies so aus, p. 149:
„Er verheiratet sich 1801 ... Ich habe die Ehe benutzt, um die Gelehrten zu studieren." (Vgl. Saint-Simon, p. 23.)

Jetzt, durch Vergleichung des Originals, wird Herrn Grüns Unsinn verständlich und erklärlich.

Das „psychologische Aussaugen der *Menschen*" reduziert sich bei Stein und Saint-Simon selbst auf die Beobachtung der *Gelehrten* im gesellschaftlichen Leben. Saint-Simon wollte, ganz im Zusammenhange mit seiner sozialistischen Grundansicht, den Einfluß der Wissenschaft auf die Persönlichkeit der Gelehrten und auf ihr Verhalten im gewöhnlichen Leben kennenlernen. Bei Herrn Grün verwandelt sich dies in einen sinnlosen, unbestimmten, romanhaften Einfall.

---

¹ „Nach Paris zurückgekehrt, wandte er seine Tätigkeit Spekulationen zu und spekulierte *in* Nationalgütern." (*sur* ist in den meisten anderen Verbindungen mit *auf* zu übersetzen.)

528

Herr Grün:

„Er wird arm" (wie, wodurch?), „kopiert *in einem* Lombard für tausend Franken Jahrgehalt — er, der Graf, der Sprößling Karls des Großen; *dann*" (wann und warum?) „lebt er von der Gnade eines ehemaligen Dieners; später" (wann und warum?) „versucht er sich zu erschießen, wird gerettet und beginnt ein neues Leben des Studiums und der Propaganda. Jetzt erst schreibt er seine *beiden Hauptwerke.*"

„Er wird" — „dann" — „später" — „jetzt" sollen bei Herrn Grün die Chronologie und den Zusammenhang der einzelnen Lebensmomente Saint-Simons ersetzen.

Stein, p. 156, 157:

„Dazu kam ein neuer und furchtbarer Feind, die allmählich immer drückender werdende äußere Not... Nach sechs Monaten peinlichen Harrens wird ... ihm eine Stelle —" (auch den Gedankenstrich hat Herr Grün von Stein, nur daß er so pfiffig war, ihn hinter den Lombard zu stellen) „als Kopist *im* Lombard" (nicht, wie Herr Grün pfiffigerweise ändert, „in *einem* Lombard", da es bekanntlich in Paris nur den *einen*, öffentlichen Lombard gibt) „mit tausend Franken Jahrgehalt. Wunderbarer Glückswechsel jener Zeiten! Der Enkel des berühmten Höflings an Ludwigs XIV. Hofe, der Erbe einer Herzogskrone, eines mächtigen Vermögens, ein geborner Pair von Frankreich und Grande von Spanien, Kopist *in einem* Lombard!"

Hier erklärt sich Herrn Grüns Versehen mit dem Lombard; hier, bei Stein, ist der Ausdruck am Orte. Um sich auch sonst noch von Stein zu unterscheiden, nennt Herr Grün Saint-Simon nur „Graf" und „Sprößling Karls des Großen". Letzteres hat er von Stein p. 142, Reybaud p. 77, die indes so klug sind, zu sagen, Saint-Simon leite sich selbst von Karl dem Großen her. Statt der positiven Fakta Steins, die allerdings *unter der Restauration* die Armut Saint-Simons auffallend machen, erfahren wir bei Herrn Grün nur seine Verwunderung darüber, daß ein Graf und angeblicher Sprößling Karls des Großen überhaupt herunterkommen kann.

Stein:

„Zwei Jahre lebte er noch" (nach dem Selbstmordsversuch) „und wirkte in ihnen vielleicht mehr als in ebensoviel Jahrzehnten seines früheren Lebens. Der ‚Catéchisme des industriels' ward *vollendet*" (Herr Grün verwandelt dies Vollenden eines längst vorbereiteten Werks in: „Jetzt erst *schrieb* er" pp.) „und der ‚Nouveau christianisme' pp.", p. 164, 165.

p. 169 nennt Stein diese beiden Schriften „*die beiden Hauptwerke seines Lebens*".

Herr Grün hat also nicht nur die *Irrtümer Steins kopiert*, sondern auch aus unbestimmt gehaltenen Stellen Steins *neue fabriziert*. Um seine Abschreiberei zu verdecken, nimmt er nur die hervorspringendsten Fakta heraus, raubt ihnen aber ihren Charakter als Fakta, indem er sie sowohl aus dem chronologischen Zusammenhange wie aus ihrer ganzen Motivierung reißt und selbst die allernotwendigsten Mittelglieder ausläßt. Was wir nämlich oben gegeben haben, ist buchstäblich *Alles*, was Herr Grün von Saint-Simons Leben berichtet. In dieser Darstellung wird das bewegte, tätige Leben Saint-Simons in eine Reihe von Einfällen und Ereignissen verwandelt, die weniger Interesse darbieten als das Leben des ersten besten gleichzeitigen Bauern oder Spekulanten in einer bewegten Provinz Frankreichs. Und dann, nachdem er diese biographische Sudelei hingeworfen hat, ruft er aus: „Dieses ganze, *echt zivilisierte* Leben!" Ja er scheut sich nicht, p. 85 zu sagen: „Saint-Simons Leben ist der Spiegel des Saint-Simonismus selbst —" als wenn dies Grünsche „Leben" Saint-Simons der Spiegel von irgend etwas wäre, außer von Herrn Grüns Art der Buchmacherei „selbst".

Wir haben uns bei dieser Biographie länger aufgehalten, weil sie ein klassisches Exempel von der Art und Weise liefert, in der Herr Grün die französischen Sozialisten *gründlich* behandelt. Wie er hier schon scheinbar nonchalant hinwirft, ausläßt, verfälscht, transponiert, um seine Abschreiberei zu verbergen, so werden wir später sehen, daß Herr Grün auch fernerhin alle Symptome eines innerlich beunruhigten Plagiarius entwickelt: künstliche Unordnung, um die Vergleichung zu erschweren. Auslassung von Sätzen und Worten, die er wegen Unkenntnis der Originale nicht recht versteht, aus den Zitaten seiner Vorgänger, Dichtung und Ausschmückung durch unbestimmte Phrasen, perfide Ausfälle auf die Leute, die er gerade kopiert. Ja Herr Grün ist so übereilt und hastig in seiner Abschreiberei, daß er sich oft auf Sachen beruft, von denen er dem Leser nie gesprochen, die er aber als Leser Steins im Kopfe mit sich herumträgt.

Wir gehn jetzt auf die Grünsche Darstellung der Doktrin Saint-Simons über.

530

1. „Lettres d'un habitant de Genève à ses contemporains"[181]

Herr[n] Grün wurde aus Stein nicht recht klar, in welchem Zusammenhange der in der eben zitierten Schrift gegebene Plan zur Unterstützung der Gelehrten mit dem phantastischen Anhange der Broschüre steht. Er spricht von dieser Schrift, als wenn es sich in ihr hauptsächlich um eine neue Organisation der Gesellschaft handle, und schließt wie folgt:

„Die geistliche Macht in den Händen der Gelehrten, die weltliche Macht in den Händen der Eigentümer, die Wahl für Alle." p. 85. Vgl. Stein, p. 151, Reybaud, p. 83.

Den Satz „le pouvoir de nommer les individus appelés à remplir les fonctions des chefs de l'humanité entre les mains de tout le monde"[1], den Reybaud aus Saint-Simon (p. 47) zitiert und Stein höchst unbeholfen übersetzt — diesen Satz reduziert Herr Grün auf „die Wahl für Alle", wodurch er allen Sinn verliert. Bei Saint-Simon ist von der Wahl des Newtonschen Rats die Rede, bei Herrn Grün handelt es sich von der Wahl überhaupt.

Nachdem Herr Grün durch vier oder fünf von Stein und Reybaud abgeschriebne Sätze längst mit den „Lettres pp." fertig geworden ist und schon vom „Nouveau christianisme" gesprochen hat, kehrt er plötzlich zu ihnen zurück.

„Aber die abstrakte Wissenschaft tut's freilich nicht." (Noch viel weniger die konkrete Unwissenheit, wie wir sehen.) „Vom Standpunkt der abstrakten Wissenschaft waren *ja* die ‚Eigentümer' und ‚*Jedermann' noch* auseinandergefallen." p. 87.

Herr Grün vergißt, daß er bisher nur von „der Wahl für alle", nicht von „Jedermann" gesprochen hat. Aber bei Stein und Reybaud findet er „tout le monde" und setzt daher „Jedermann" in Anführungszeichen. Er vergißt ferner, daß er den folgenden Satz Steins, wodurch das „*ja*" in seinem eignen Satze motiviert wird, nicht mitgeteilt hat:

„Es treten ihm" (Saint-Simon) „neben den Weisen oder Wissenden die *propriétaires*[2] und *tout le monde* auseinander. Zwar sind Beide *noch* ohne

---

[1] „die Macht zur Ernennung der Individuen, die berufen sind, die Funktionen der Führer der Menschheit auszuüben, in den Händen von jedermann".

[2] *Eigentümer.*

eigentliche Grenze im Verhältnis zueinander ... dennoch liegt schon in jenem vagen Bilde der tout le monde der Keim der Klasse verborgen, die zu begreifen und zu heben die spätere Grundtendenz seiner Theorie ward, der classe la plus nombreuse et la plus pauvre[1], wie in der Wirklichkeit dieser Teil des Volkes damals nur potentiell da war." p. 154.

Stein hebt hervor, daß Saint-Simon zwischen propriétaires und tout le monde *schon* einen Unterschied, aber *noch* einen sehr unbestimmten macht. Herr Grün verdreht dies dahin, daß Saint-Simon den Unterschied überhaupt *noch* macht. Dies ist natürlich ein großes Versehen von Saint-Simon und nur dadurch zu erklären, daß er in den „Lettres" auf dem Standpunkte der abstrakten Wissenschaft sich befindet. Leider aber spricht Saint-Simon an der fraglichen Stelle gar nicht, wie Herr Grün meint, von Unterschieden in einer zukünftigen Gesellschaftsordnung. Er adressiert sich wegen einer Subskription an die ganze Menschheit, die ihm, wie er sie vorfindet, in drei Klassen geteilt erscheint: in drei Klassen, die nicht, wie Stein glaubt, savants[2], propriétaires und tout le monde sind, sondern 1. die savants und artistes[3] und alle Leute mit liberalen Ideen, 2. die Gegner der Neuerung, d. h. die propriétaires, sofern sie sich nicht der ersten Klasse anschließen, 3. das surplus de l'humanité qui se rallie au mot: *Égalité*[4]. Diese drei Klassen bilden tout le monde. Vgl. Saint-Simon, „Lettres", p. 21, 22. Da Saint-Simon übrigens an einer späteren Stelle sagt, er halte seine Verteilung der Gewalt für vorteilhaft für alle Klassen, so entspricht in der Stelle, wo er von dieser Verteilung spricht, p. 47, tout le monde offenbar dem surplus, das sich bei der Parole Gleichheit ralliiert, ohne indes die andern Klassen auszuschließen. Stein hat also in der Hauptsache das Richtige getroffen, obwohl er die Stelle p. 21, 22 nicht berücksichtigt, und Herr Grün, der das Original gar nicht kennt, klammert sich an das unbedeutende Versehen Steins, um aus seinem Räsonnement sich baren Unsinn zu abstrahieren.

Wir erhalten sogleich ein noch frappanteres Beispiel. p. 94, wo Herr Grün gar nicht mehr von Saint-Simon, sondern von seiner Schule spricht, erfahren wir unerwartet:

---

[1] zahlreichsten und ärmsten Klasse.
[2] Gelehrte.
[3] Künstler.
[4] der Rest der Menschheit, der sich bei der Parole *Gleichheit* versammelt.

„Saint-Simon sagt in *einem* seiner Bücher die *mysteriösen* Worte: ‚Die Frauen werden zugelassen werden, sie werden selbst ernannt werden können.' Aus diesem fast tauben Saatkorn ist der ganze ungeheure Spektakel der Emanzipation der Frauen entsprossen."

Allerdings, wenn Saint-Simon in einer beliebigen Schrift von einer Zulassung und Ernennung der Frauen, man weiß nicht wozu, gesprochen hat, so sind dies sehr „mysteriöse Worte". Dies Mysterium existiert aber nur für Herrn Grün. Das „eine der Bücher" Saint-Simons ist kein andres als die „Lettres d'un habitant de Genève". Nachdem Saint-Simon hier gesagt hat, daß jeder Mensch für den Newtonschen Rat oder dessen Abteilungen unterschreiben kann, fährt er fort: Les femmes seront admises *à souscrire*, elles pourront être *nommées*.[1] Natürlich, zu einer Stelle in diesem Rat oder seinen Abteilungen. Stein hat diese Stelle, wie sich gebührt, bei dem Buche selbst zitiert und macht dabei folgende Bemerkung:

Hier pp. „finden sich alle Spuren seiner späteren Ansicht und selbst seiner Schule im *Keime* wieder, und selbst der erste Gedanke einer *Emanzipation der Frauen*". p. 152.

Stein hebt auch richtig in einer Note hervor, daß Olinde Rodrigues diese Stelle in seiner Ausgabe von 1832 als einzige Belegstelle für die Frauenemanzipation bei Saint-Simon selbst aus polemischen Gründen groß drucken ließ. Grün, um seine Abschreiberei zu verververbergen, versetzt diese Stelle von dem Buch, wohin sie gehört, in die Schule, macht den obigen Unsinn daraus, verwandelt Steins „Keim" in ein „Saatkorn" und bildet sich kindischerweise ein, die Lehre von der Emanzipation der Frauen sei aus dieser Stelle hervorgegangen.

Herr Grün riskiert eine Ansicht über einen Gegensatz, worin die „Briefe eines Bewohners von Genf" zum „Katechismus der Industriellen" stehen sollen und der darin besteht, daß im „Katechismus" das Recht der travailleurs[2] geltend gemacht wird. Herr Grün mußte diesen Unterschied allerdings zwischen den ihm von Stein und Reybaud überlieferten „Lettres" und dem ebenso überlieferten „Catéchisme" entdecken. Hätte er den Saint-Simon selbst gelesen, so konnte er statt dieses Gegensatzes in den „Lettres" schon sein „Saat-

---

[1] Die Frauen werden zum *Unterschreiben* zugelassen werden, sie werden *ernannt* werden können.

[2] Arbeiter.

korn" zu der unter Andern im „Catéchisme" weiter entwickelten Anschauung finden. Z. B.:

„Tous les hommes travailleront"¹, „Lettres" p. 60. „Si sa cervelle" (des Reichen) „ne sera pas propre au travail, il sera bien obligé de faire travailler ses bras; car Newton ne laissera sûrement pas sur cette planète... des ouvriers volontairement inutiles dans l'atelier."² p. 64.

2. „Catéchisme politique des industriels"[182]

Da Stein diese Schrift gewöhnlich als „Catéchisme des industriels" zitiert, so kennt Herr Grün keinen andern Titel. Die Angabe des richtigen *Titels* wenigstens wäre um so eher von Herrn Grün zu verlangen gewesen, als er da, wo er ex officio³ von dieser Schrift spricht, ihr nur zehn Zeilen dediziert.

Nachdem Herr Grün aus Stein abgeschrieben hat, daß Saint-Simon in dieser Schrift der Arbeit die Herrschaft geben will, fährt er fort:

„Die Welt teilt sich für ihn jetzt in Müßiggänger und Industrielle." p. 85.

Herr Grün begeht hier ein Falsum. Er schiebt dem „Catéchisme" eine Unterscheidung unter, die er bei Stein viel später, bei Gelegenheit der saint-simonistischen Schule, vorfindet:

Stein, p. 206:

„Die Gesellschaft besteht gegenwärtig nur aus Müßiggängern und Arbeitern." (Enfantin.)

Statt dieser untergeschobenen Einteilung findet sich im „Catéchisme" die Einteilung in drei Klassen, die classes féodale, intermédiaire et industrielle⁴, auf die Herr Grün natürlich nicht eingehen konnte, ohne Stein abzuschreiben, da er den „Catéchisme" selbst nicht kannte.

Herr Grün wiederholt hierauf noch einmal, daß die Herrschaft der Arbeit der Inhalt des „Catéchisme" ist, und schließt dann seine Charakteristik dieser Schrift folgendermaßen:

---

¹ „Alle Menschen werden arbeiten".

² „Wenn sein Gehirn nicht zur Arbeit taugt, wird er mit den Händen arbeiten müssen; denn Newton wird auf diesem Planeten sicher keine Arbeiter dulden, die in der Werkstatt willentlich unnütz sind."

³ von Amts wegen.

⁴ feudale, mittlere und industrielle Klasse[183].

„Wie der Republikanismus sagt: Alles für das Volk, Alles durch das Volk, so sagt Saint-Simon: Alles für die Industrie, Alles durch die Industrie." (ibid.)

Stein, p. 165:

„Da Alles durch die Industrie geschieht, so muß auch Alles für sie geschehen."

Wie Stein richtig angibt (p. 160, Note), findet sich bereits auf der Schrift Saint-Simons „L'industrie" von 1817 das Motto: Tout par l'industrie, tout pour elle[1]. Herrn Grüns Charakteristik des „Catéchisme" besteht also darin, daß er, außer dem obigen Falsum, das Motto einer viel früheren Schrift, die er gar nicht kennt, falsch zitiert.

Hiermit hat die deutsche Gründlichkeit den „Catéchisme politique des industriels" hinreichend kritisiert. Wir finden indes noch an andern sehr zerstreuten Stellen des Grünschen Sammelsuriums einzelne hieher gehörige Glossen. Herr Grün verteilt mit innerem Vergnügen über seine eigene Schlauheit die Sachen, die er bei Steins Charakteristik dieser Schrift zusammenfindet, und verarbeitet sie mit anerkennenswerter Courage:

Herr Grün, p. 87:

„Die freie Konkurrenz war ein unreiner, ein konfuser Begriff, ein Begriff, der in sich selbst eine neue Welt von Kampf und Unglück enthielt, den Kampf zwischen Kapital und Arbeit und das Unglück des kapitallosen Arbeiters. Saint-Simon *reinigte den Begriff der Industrie, er reduzierte ihn auf den Begriff der Arbeiter*, er formulierte die Rechte und Beschwerden des *vierten Standes*, des Proletariats. Er mußte das Erbrecht aufheben, weil es zum Unrecht am Arbeiter, am Industriellen wurde. Diese Bedeutung hat sein ‚Katechismus der Industriellen'."

Herr Grün fand bei Stein, p. 169, bei Gelegenheit des „Catéchisme":

„Das ist mithin die wahre Bedeutung Saint-Simons, diesen Gegensatz" (von Bourgeoisie und peuple[2]) „als einen bestimmten vorausgesehen zu haben."

Dies das Original zu der „*Bedeutung*" des „Katechismus" bei Herrn Grün.

Stein:

„Er" (Saint-Simon im „Catéchisme") „beginnt mit dem *Begriff* des industriellen Arbeiters."

---

[1] Alles durch die Industrie, alles für sie.
[2] Volk.

Hieraus macht Herr Grün den kolossalen Unsinn, daß Saint-Simon, der die freie Konkurrenz als einen „*unreinen Begriff*" vorfand, „den *Begriff der Industrie* reinigte und ihn auf den *Begriff der Arbeiter* reduzierte". Daß der Begriff des Herrn Grün von der freien Konkurrenz und Industrie ein sehr „unreiner" und „konfuser" ist, zeigt er an allen Ecken.

Noch nicht zufrieden mit diesem Unsinn, wagt er die direkte Lüge, Saint-Simon habe die Aufhebung des Erbrechts verlangt.

Immer noch auf die Art gestützt, wie er den „Catéchisme" nach Stein versteht, sagt er p. 88:

„Saint-Simon hatte die Rechte des Proletariats festgesetzt, er hatte die neue Parole bereits ausgegeben: Die *Industriellen*, die *Arbeiter* sollen auf die erste Stufe der Macht erhoben werden. Das war einseitig, aber jeder Kampf führt die Einseitigkeit mit sich; wer nicht einseitig ist, kann nicht kämpfen."

Herr Grün mit seiner schönrednerischen Maxime von der Einseitigkeit begeht hier selbst die Einseitigkeit, den Stein dahin mißzuverstehen, Saint-Simon habe die eigentlichen Arbeiter, die *Proletarier*, „auf die erste Stufe der Macht erheben" wollen. Vgl. p. 102, wo über Michel Chevalier gesagt wird:

„M. Chevalier spricht noch mit sehr großer Teilnahme von den *Industriellen* ... aber dem Jünger sind die Industriellen nicht mehr die *Proletarier*, *wie dem Meister*; er faßt Kapitalist, Unternehmer und Arbeiter in einen Begriff zusammen, rechnet also die Müßiggänger mit zu einer Kategorie, die nur die ärmste und zahlreichste Klasse umfassen sollte."

Bei Saint-Simon gehören zu den Industriellen außer den Arbeitern auch die fabricants, négociants[1], kurz, *sämtliche industrielle Kapitalisten*, an die er sich sogar vorzugsweise adressiert. Herr Grün konnte dies bereits auf der ersten Seite des „Catéchisme" finden. Man sieht aber, wie er, ohne die Schrift selbst je gesehen zu haben, nach dem Hörensagen belletristisch über sie phantasiert.

Bei seiner Besprechung des „Catéchisme" sagt Stein:

„Von ... kommt Saint-Simon zu einer *Geschichte der Industrie* in ihrem Verhältnis zur Staatsgewalt ... er ist der erste, der es zum Bewußtsein gebracht hat, daß in der Wissenschaft der Industrie ein *staatliches* Moment verborgen liege ... es läßt sich nicht leugnen, daß ihm ein wesentlicher Anstoß gelungen ist. Denn erst seit ihm besitzt Frankreich eine Histoire de l'économie politique" pp., p. 165, 170.

---

[1] Fabrikanten, Kaufleute.

Stein selbst ist im höchsten Grade konfus, wenn er von einem „staatlichen Moment" in „der Wissenschaft der Industrie" spricht. Er zeigt indes, daß er eine richtige Ahnung hatte, indem er hinzufügt, daß die Geschichte des Staats aufs genaueste zusammenhänge mit der Geschichte der Volkswirtschaft.

Sehen wir, wie Herr Grün später, da er von der saint-simonistischen Schule spricht, diesen Fetzen Steins sich aneignet.

„Saint-Simon hatte in seinem ‚Katechismus der Industriellen' eine *Geschichte der Industrie* versucht, indem er das *staatliche* Element in ihr hervorhob. Der Meister selbst brach *a l s o* die Bahn zur *politischen Ökonomie*." p. 99.

Herr Grün verwandelt „also" zunächst das „staatliche *Moment*" Steins in ein „staatliches *Element*" und macht es zu einer sinnlosen Phrase, indem er die näheren Data, die Stein gegeben hatte, wegläßt. Dieser „Stein, den die Bauleute verworfen haben", ist für Herrn Grün wirklich zum „Eckstein" seiner „Briefe und Studien" geworden. Zugleich aber auch zum Stein des Anstoßes. Aber noch mehr. Während Stein sagt, Saint-Simon habe durch Hervorhebung dieses staatlichen Moments in der Wissenschaft der Industrie die Bahn gebrochen zur *Geschichte* der politischen Ökonomie, läßt Herr Grün ihn die Bahn zur *politischen Ökonomie selbst* brechen. Herr Grün räsoniert etwa so: Ökonomie gab es bereits *vor* Saint-Simon; wie Stein erzählt, hob *er* das staatliche Moment in der Industrie hervor, machte also die Ökonomie staatlich — staatliche Ökonomie = politische Ökonomie, also brach Saint-Simon die Bahn zur politischen Ökonomie. Herr Grün verrät unleugbar einen sehr heitern Geist bei Bildung seiner Konjekturen.

Der Art, wie Herr Grün Saint-Simon die Bahn zur politischen Ökonomie brechen läßt, entspricht die Art, wie er ihn die Bahn zum wissenschaftlichen Sozialismus brechen läßt:

„Er" (der Saint-Simonismus) „enthält ... den wissenschaftlichen Sozialismus, *indem* Saint-Simon sein ganzes Leben lang nach der neuen Wissenschaft suchte"! p. 82.

3. „*Nouveau christianisme*"

Herr Grün gibt in derselben glänzenden Weise wie bisher Auszüge aus den Auszügen von Stein und Reybaud mit belletristischer Ausschmückung und unbarmherziger Zerreißung der bei diesen zusammengehörigen Glieder. Wir geben nur *ein* Beispiel, um zu zeigen, daß er auch diese Schrift nie in der Hand gehabt hat.

„Es galt für Saint-Simon, eine einheitliche Weltanschauung herstellen, wie sie für organische Geschichtsperioden paßt, die *er ausdrücklich* den kritischen gegenüberstellt. Seit Luther leben wir nach seiner Meinung in einer *kritischen* Periode, er gedachte den Anfang der neuen *organischen* Periode zu begründen. *Daher* das ‚Neue Christentum'." p. 88.

Saint-Simon hat *nie* und *nirgends* die organischen Geschichtsperioden den kritischen gegenübergestellt. Herr Grün lügt dies geradezu. Erst *Bazard* machte diese Einteilung. Herr Grün fand bei Stein und Reybaud, daß im „Nouveau christianisme" Saint-Simon die *Kritik* Luthers anerkennt, aber seine positive, dogmatische *Doktrin* mangelhaft findet. Herr Grün wirft diesen Satz mit seinen Reminiszenzen aus ebendenselben Quellen über die saint-simonistische *Schule* zusammen und fabriziert daraus seine obige Behauptung.

Nachdem Herr Grün in der geschilderten Weise über Saint-Simons Leben und Werke mit einziger Benutzung von Stein und dessen Leitfaden Reybaud einige belletristische Phrasen gemacht hat, schließt er mit dem Ausruf:

„Und diesen Saint-Simon haben die Philister der Moral, Herr Reybaud und mit ihm die ganze Schar deutscher Nachschwätzer, in Schutz nehmen zu müssen geglaubt, indem sie mit ihrer gewöhnlichen Weisheit orakelten, ein solcher Mensch, ein solches Leben seien nicht nach *gewöhnlichen* Maßstäben zu messen! — Sagt doch, sind Eure Maßstäbe von Holz? Sprecht die Wahrheit, es soll uns lieb sein, wenn sie von recht festem Eichenstamm sind. Gebt sie her, wir wollen sie als ein kostbares Geschenk dankbar hinnehmen, wir wollen sie nicht verbrennen, behüte! Wir wollen den Rücken der Philister mit ihnen — messen." p. 89.

Durch solche belletristische burschikose Phrasen dokumentiert Herr Grün seine Überlegenheit über seine Vorbilder.

4. Saint-simonistische Schule

Da Herr Grün von den Saint-Simonisten geradesoviel gelesen hat wie von Saint-Simon selbst, nämlich Nichts, so hätte er wenigstens einen ordentlichen Auszug aus Stein und Reybaud machen, die chronologische Reihenfolge beobachten, den Verlauf im Zusammenhange erzählen, die nötigen Punkte erwähnen sollen. Statt dessen tut er, durch sein böses Gewissen verleitet, das Gegenteil, wirft möglichst durcheinander, läßt die allernotwendigsten Dinge aus und richtet eine Konfusion an, die noch größer ist als in seiner Darstellung von Saint-Simon. Wir müssen uns hier noch kürzer fassen, da wir ein Buch schreiben müßten, so dick wie das des Herrn Grün, um jedes Plagiat und jeden Schnitzer hervorzuheben.

Über die Zeit vom Tode Saint-Simons bis zur Julirevolution, die Zeit, worin mit die bedeutendste theoretische Entwicklung des Saint-Simonismus fällt, erfahren wir nichts: Hiermit fällt sogleich der bedeutendste Teil des Saint-Simonismus, die Kritik der bestehenden Zustände, ganz fort für Herrn Grün. Es war in der Tat auch schwer, hierüber etwas zu sagen, ohne die Quellen selbst, namentlich die Journale, zu kennen.

Herr Grün eröffnet seinen Kursus über die Saint-Simonisten mit folgendem Satze:

„Jedem nach seiner Fähigkeit, jeder Fähigkeit nach ihren Werken, so heißt das praktische Dogma des Saint-Simonismus."

Wie Reybaud, p. 96, diesen Satz als Übergangspunkt von Saint-Simon zu den Saint-Simonisten darstellt, so Herr Grün, der fortfährt:

„Es entspringt unmittelbar aus dem letzten Worte Saint-Simons: allen Menschen die freiste Entwicklung ihrer Anlagen zu sichern."

Herr Grün wollte sich hier von Reybaud unterscheiden. Reybaud knüpft dieses „praktische Dogma" an den „Nouveau christianisme" an. Herr Grün hält dies für einen Einfall Reybauds und substituiert dem „Nouveau christianisme" ungeniert das letzte Wort Saint-Simons. Er wußte nicht, daß Reybaud nur einen wörtlichen Auszug aus der „Doctrine de Saint-Simon, Exposition, première année", p. 70, gab.

Herr Grün weiß sich nicht recht zu erklären, wie hier bei Reybaud, nach einigen Auszügen über die religiöse Hierarchie des Saint-Simonismus, das „praktische Dogma" plötzlich hereingeschneit kommt. Während dieser Satz erst im Zusammenhang mit den religiösen Ideen des „Nouveau christianisme" aufgefaßt auf eine neue Hierarchie hinweisen kann, während er ohne diese Ideen höchstens eine profane Klassifikation der Gesellschaft verlangt, bildet sich

Herr Grün ein, aus diesem Satze allein folge die Hierarchie. Er sagt p. 91:

„Jedem nach seiner Fähigkeit, das heißt die katholische Hierarchie zum Gesetz der gesellschaftlichen Ordnung machen. Jeder Fähigkeit nach ihren Werken: das heißt auch noch die Werkstatt zur Sakristei, auch noch das ganze bürgerliche Leben in eine Domäne des Pfaffen verwandeln."

Bei Reybaud findet er nämlich im oben erwähnten Auszug aus der Exposition:

„L'église vraiment universelle va paraître ... l'église universelle gouverne le temporel comme le spirituel ... la science est sainte, l'industrie est sainte ... et tout bien est bien d'église et toute profession est une fonction religieuse, un grade dans la hiérarchie sociale. — À chacun selon sa capacité, à chaque capacité selon ses œuvres."[1]

Herr Grün hatte offenbar nur diese Stelle umzudrehen, nur die vorhergehenden Sätze in Folgerungen aus dem Schlußsatz zu verwandeln, um seinen ganz unbegreiflichen Satz herauszubringen.

„So wirr und kraus gestaltet sich" die Grünsche Widerspiegelung des Saint-Simonismus, daß er p. 90 erst aus dem „praktischen Dogma" ein „geistiges Proletariat", aus diesem geistigen Proletariat eine „Hierarchie der Geister" und aus dieser Hierarchie der Geister eine Spitze der Hierarchie hervorgehen läßt. Hätte er auch nur die Exposition gelesen, so würde er gesehen haben, wie die religiöse Anschauungsweise des „Nouveau christianisme" in Verbindung mit der Frage, wie denn die capacité festzustellen sei, die Notwendigkeit der Hierarchie und ihrer Spitze hereinbringt.

Mit dem Einen Satz „À chacun selon sa capacité, à chaque capacité selon ses œuvres" hat Herr Grün seine ganze Darstellung und Kritik der Exposition von 1828/29 abgeschlossen. Den „*Producteur*"[184] und „*Organisateur*" erwähnt er außerdem kaum einmal. Er blättert in Reybaud und findet in dem Abschnitt „Dritte Epoche des Saint-Simonismus", p. 126, Stein, p. 205:

---

[1] „Die wahrhaft allumfassende Kirche wird erscheinen ... die allumfassende Kirche regiert das Weltliche wie das Geistliche ... die Wissenschaft ist heilig, die Industrie ist heilig ... und alles Gut ist Kirchengut, und jeder Beruf ist ein geistliches Amt, ein Grad in der sozialen Hierarchie. — *Jedem nach seiner Fähigkeit, jeder Fähigkeit nach ihren Werken.*"

„... et les jours suivants le *Globe* parut avec le sous-titre de *Journal de la doctrine de Saint-Simon*, laquelle était *résumée* ainsi sur la première page:

Religion

Science   Industrie

Association universelle."[1]

Herr Grün springt nun unmittelbar von dem obigen Satze ins Jahr 1831, indem er folgendermaßen Reybaud verarbeitet (p. 91):

„Die Saint-Simonisten stellten folgendes *Schema* ihres Systems auf, dessen Formulierung besonders das Werk Bazards war:

Religion

Wissenschaft   Industrie

Allgemeine Association."

Herr Grün läßt drei Sätze fort, die ebenfalls auf dem Titel des „Globe"[185] stehen und sich Alle auf praktische soziale Reformen beziehen. Sie finden sich sowohl bei Stein wie bei Reybaud. Er tut dies, um dies bloße Aushängeschild eines Journals in ein „Schema" des Systems verwandeln zu können. Er verschweigt, daß es auf dem Titel des „Globe" stand, und kann nun im verstümmelten Titel dieses Blattes den ganzen Saint-Simonismus durch die kluge Bemerkung kritisieren, daß die Religion *obenan* stehe. Er konnte übrigens bei Stein finden, daß im „Globe" dies keineswegs der Fall ist. Der „Globe" enthält, was Herr Grün freilich nicht wissen konnte, die ausführlichsten und wichtigsten Kritiken der bestehenden, besonders der ökonomischen Zustände.

Woher Herr Grün die neue, aber wichtige Nachricht hat, daß die „Formulierung dieses Schemas" von vier Worten „*besonders* das Werk *Bazards* war", ist schwer zu sagen.

Vom Januar 1831 springt Herr Grün jetzt zurück zum Oktober 1830:

„Ein kurzes, aber umfassendes Glaubensbekenntnis adressierten die Saint-Simonisten in der *Periode Bazard*" (woher die?) „kurz nach der Julirevolution an die Deputiertenkammer, nachdem die Herren Dupin und Mauguin sie von der Tribüne herab bezichtigt hatten, Güter- und Weibergemeinschaft zu lehren."

---

[1] „... und in den folgenden Tagen erschien der ‚Globe' mit dem Untertitel ‚Zeitschrift für die Lehre Saint-Simons', welche auf der ersten Seite wie folgt *zusammengefaßt* wurde:

Religion

Wissenschaft   Industrie

Allumfassende Vereinigung."

Folgt nun diese Adresse, und macht Herr Grün darauf die Bemerkung:

„Wie vernünftig und gemessen ist das Alles noch. Bazard redigierte die Eingabe an die Kammer." p. 92—94.

Was zunächst diese Schlußbemerkung betrifft, so sagt Stein, p. 205:

„Seiner Form und Haltung nach stehen wir keinen Augenblick an, es" (dies Aktenstück) „mit Reybaud Bazard *mehr* zuzuschreiben als Enfantin."

Und Reybaud, p. 123:

„Aux formes, aux prétentions assez modérées de cet écrit il est facile de voir qu'il provenait *plutôt* de l'impulsion de M. Bazard que de celle de son collègue."[1]

Herrn Grüns geniale Kühnheit verwandelt Reybauds Vermutung, daß Bazard *eher* als Enfantin den Anstoß zu dieser Adresse gab, in die Gewißheit, daß er sie ganz redigierte. Der Übergang zu diesem Aktenstück ist übersetzt aus Reybaud, p. 122:

„MM. Dupin et Mauguin signalèrent du haut de la tribune une secte qui prêchait la communauté des biens et la communauté des femmes."[2]

Nur läßt Herr Grün das von Reybaud gegebne Datum weg und sagt dafür: „kurz nach der Julirevolution". Die Chronologie paßt überhaupt nicht in die Art des Herrn Grün, sich von seinen Vorgängern zu emanzipieren. Von Stein unterscheidet er sich hier, indem er in den Text setzt, was bei Stein in einer Note steht, indem er den Eingangspassus der Adresse wegläßt, indem er fonds de production (produktives Kapital) mit „*Grundvermögen*" und classement social des individus (gesellschaftliche Klassifizierung der Individuen) mit „gesellschaftliche Ordnung der Einzelnen" übersetzt.

Folgen nun einige liederliche Notizen über die Geschichte der saint-simonistischen Schule, welche mit derselben künstlerischen Plastik aus Stein, Reybaud und L. Blanc zusammengewürfelt sind wie oben das Leben Saint-Simons. Wir überlassen dem Leser, diese im Buche selbst nachzusehen.

Wir haben dem Leser jetzt Alles mitgeteilt, was Herr Grün vom Saint-Simonismus in der Periode Bazard, d.h. seit dem Tode Saint-

---

[1] „An den Formen, an den ziemlich gemäßigten Forderungen dieser Schrift sieht man leicht, daß sie *eher* dem Anstoß des Herrn Bazard als dem seines Kollegen entsprang."

[2] „Die Herren Dupin und Mauguin wiesen von der Tribüne herab auf eine Sekte hin, die Güter- und Weibergemeinschaft predige."

542

Simons bis zum ersten Schisma, zu sagen weiß. Er kann jetzt einen belletristisch-kritischen Trumpf ausspielen, indem er Bazard einen „schlechten Dialektiker" nennt und fortfährt:

„Aber so sind die Republikaner. Sie wissen nur zu sterben, Cato wie Bazard; wenn sie sich nicht erdolchen, lassen sie sich *das Herz brechen*." p. 95.
„Wenige Monate nach diesem Streite *brach ihm*" (Bazard) „*das Herz.*" Stein, p. 210.

Wie richtig die Bemerkung des Herrn Grün ist, beweisen Republikaner wie Levasseur, Carnot, Barère, Billaud-Varennes, Buonarroti, Teste, d'Argenson etc. etc.

Folgen nun einige banale Phrasen über Enfantin, wo wir bloß auf folgende Entdeckung des Herrn Grün aufmerksam machen:

„Wird es an dieser geschichtlichen Erscheinung endlich klar, daß die Religion nichts ist als Sensualismus, daß der Materialismus kühn denselben Ursprung in Anspruch nehmen darf wie das heilige Dogma selbst?" p. 97.

Herr Grün blickt selbstgefällig um sich: „Hat wohl schon Jemand *daran gedacht?*" Er würde nie „daran gedacht" haben, wenn nicht schon die „Hallischen Jahrbücher" bei Gelegenheit der Romantiker „daran gedacht" hätten.[186] Man hätte übrigens hoffen können, daß seit der Zeit Herr Grün weiter gedacht hätte.

Herr Grün weiß, wie wir gesehen haben, von der ganzen ökonomischen Kritik der Saint-Simonisten Nichts. Indessen benutzt er Enfantin, um auch über die ökonomischen Konsequenzen Saint-Simons, von denen er schon oben fabelte, ein Wort zu sagen. Er findet nämlich bei Reybaud, p. 129 seqq., und Stein, p. 206, Auszüge aus der „Politischen Ökonomie" Enfantins, verfälscht aber auch hier, indem er die Aufhebung der Steuern auf die notwendigsten Lebensbedürfnisse, welche Reybaud und Stein nach Enfantin richtig als Konsequenz der Vorschläge über das Erbrecht darstellen, zu einer gleichgültigen, unabhängigen Maßregel *neben* diesen Vorschlägen macht. Er beweist auch darin seine Originalität, daß er die chronologische Ordnung verfälscht, zuerst vom *Priester* Enfantin und Ménilmontant[187] und dann vom *Ökonomen* Enfantin spricht, während seine Vorgänger die Ökonomie Enfantins in der Periode Bazard gleichzeitig mit dem „Globe" behandeln, für den sie geschrieben wurde.[188] Wenn er hier die Periode Bazard in die Periode Ménilmontant hereinzieht, so zieht er später, wo er von der Ökonomie und M. Chevalier spricht, wieder die Periode von Ménilmontant herein. Das „Livre nouveau"[189] gibt ihm hiezu Gelegenheit, und wie gewöhnlich verwandelt er die Vermutung Reybauds, daß M. Chevalier der Verfasser dieser Schrift sei, in eine kategorische Behauptung.

Herr Grün hat jetzt den Saint-Simonismus „in seiner Gesamtheit" (p. 82) dargestellt. Er hat sein Versprechen gehalten, „ihn nicht in seine Literatur hinein kritisch zu verfolgen" (ibid.), **und hat sich daher in eine ganz andere „Literatur", in Stein und Reybaud, höchst unkritisch verwickelt.** Zum Ersatz gibt er uns einige Aufschlüsse über M. Chevaliers ökonomische Vorlesungen von 1841/42, wo er längst aufgehört hatte, Saint-Simonist zu sein. Herrn Grün lag nämlich, als er über den Saint-Simonismus schrieb, eine Kritik dieser Vorlesungen in der „Revue des deux Mondes" vor, die er in derselben Weise benutzen konnte wie bisher Stein und Reybaud. Wir geben nur eine Probe seiner kritischen Einsicht:

„Er behauptet darin, es würde nicht genug produziert. Das ist ein Wort, ganz würdig der alten ökonomischen Schule mit ihren verrosteten Einseitigkeiten ... Solange die politische Ökonomie nicht einsieht, daß die Produktion abhängig von der Konsumtion ist, solange kommt diese sogenannte Wissenschaft auf keinen grünen Zweig." p. 102.

Man sieht, wie Herr Grün mit den ihm vom wahren Sozialismus überlieferten Phrasen über Konsumtion und Produktion weit über jedes ökonomische Werk erhaben dasteht. Abgesehen davon, daß er in jedem Ökonomen finden kann, daß die Zufuhr auch von der Nachfrage, d. h. die Produktion von der Konsumtion abhängt, gibt es in Frankreich sogar eine eigne ökonomische Schule, die von Sismondi, die die Produktion in einer andern Weise von der Konsumtion abhängig machen will, als dies durch die freie Konkurrenz ohnehin der Fall ist, und die den entschiedensten Gegensatz bildet zu den von Herrn Grün angefeindeten Ökonomen. Wir werden Herrn Grün übrigens erst später mit dem ihm anvertrauten Pfunde, der Einheit von Produktion und Konsumtion, mit Erfolg wuchern sehen.

Herr Grün entschädigt den Leser für die durch seine dünnen, verfälschten und mit Phrasen adulterierten Auszüge aus Stein und Reybaud erregte Langeweile durch folgendes jungdeutsch sprühendes, humanistisch glühendes und sozialistisch blühendes Raketenfeuer:

„Der ganze Saint-Simonismus als soziales System war nichts weiter als ein Sprudelregen von Gedanken, den eine wohltätige Wolke über den Boden Frankreichs ausgoß" (früher p. 82, 83 eine „Lichtmasse, aber noch als Lichtchaos" (!), „nicht als *geordnete Helle*"!!). „Er war ein Schaustück von der erschütterndsten und lustigsten Wirkung zugleich. Der Dichter starb noch vor der Aufführung, der eine Regisseur während der Vorstellung; die übrigen Regisseure und sämtliche Schauspieler legten ihre Kostüme ab, schlüpften in ihre bürgerlichen Kleider hinein, gingen heim und taten, als sei Nichts vorgefallen. Es war ein Schauspiel, ein interessantes, zuletzt etwas verwirrt, einige Akteure chargierten — das war Alles." p. 104.

Wie richtig hat Heine seine Nachkläffer beurteilt: „Ich habe Drachenzähne gesäet und Flöhe geerntet."

Fourierismus

Außer einigen Übersetzungen über die Liebe aus den „Quatre mouvements"[190] erfahren wir auch hier nichts, was nicht schon bei Stein vollständiger ist. Die Moral fertigt Herr Grün mit einem Satze ab, der schon lange vor Fourier von hundert anderen Schriftstellern gesagt war:

„Die Moral ist nach Fourier weiter nichts als der systematische Versuch, die Leidenschaften der Menschen zu unterdrücken." p. 147.

Die christliche Moral hat sich selbst nie anders definiert. Auf Fouriers Kritik der jetzigen Landwirtschaft und Industrie geht Herr Grün gar nicht ein und begnügt sich, zur Kritik des Handels einige allgemeine Sätze aus der Einleitung („Origine de l'économie politique et de la controverse mercantile"[1], p. 332, 334 der „Quatre mouvements") zu einem Abschnitt der „Quatre mouvements" zu übersetzen. Folgen dann einige Auszüge aus den „Quatre mouvements" und einer aus dem „Traité de l'association"[151] über die französische Revolution, nebst den schon aus Stein bekannten Tabellen über die Zivilisation. So wird der kritische Teil Fouriers, der wichtigste, auf 28 Seiten wörtlicher Übersetzungen, die sich mit sehr wenigen Ausnahmen auf das Allerallgemeinste und Abstrakteste beschränken und Wichtiges und Unwichtiges durcheinanderwerfen, mit der größten Oberflächlichkeit und Hast abgefertigt.

---

[1] „Ursprung der politischen Ökonomie und der Kontroverse über den Handel".

Herr Grün geht nun zur Darstellung des Fourierschen Systems über. Vollständigeres und Besseres liegt längst in der schon von Stein zitierten Schrift von *Chouroa*[191] vor. Herr Grün hält es zwar für „unumgänglich nötig", tiefe Aufschlüsse über die Serien Fouriers zu geben, weiß aber zu diesem Behufe nichts Besseres zu tun, als wörtliche Zitate aus Fourier selbst zu übersetzen und später, wie wir sehen werden, einige belletristische Phrasen über die Zahl zu machen. Er denkt nicht daran, zu zeigen, wie Fourier auf die Serien kam und wie er und seine Schüler Serien konstruiert haben; er gibt nicht den geringsten Aufschluß über die innere Konstruktion dieser Serien. Derartige Konstruktionen, gerade wie die Hegelsche Methode, werden nur kritisiert, indem man aufzeigt, wie sie zu machen sind, und dadurch beweist, daß man Herr über sie ist.

Bei Herrn Grün tritt endlich ganz in den Hintergrund, was Stein wenigstens einigermaßen hervorhebt, der Gegensatz von travail répugnant[1] und travail attrayant[2].

Die Hauptsache bei dieser ganzen Darstellung ist die Kritik Fouriers durch Herrn Grün. Wir rufen dem Leser ins Gedächtnis zurück, was wir schon oben über die Quellen der Grünschen Kritik sagten, und werden nun an einigen Beispielen zeigen, wie Herr Grün die Sätze des wahren Sozialismus erst akzeptiert und dann übertreibt und verfälscht. Daß die Fouriersche Teilung zwischen Kapital, Talent und Arbeit einen prächtigen Stoff zu breiter Klugtuerei bietet, daß man hier über die Unmöglichkeit und Ungerechtigkeit der Teilung, über das Hereinkommen der Lohnarbeit usw. weitläufiges Gerede machen kann, ohne diese Teilung aus dem *wirklichen* Verhältnis von Arbeit und Kapital zu kritisieren, bedarf keiner weiteren Erwähnung. Proudhon hat das vor Herrn Grün schon Alles unendlich besser gesagt, ohne damit den Kern der Frage auch nur berührt zu haben.

Die Kritik der *Psychologie* Fouriers schöpft Herr Grün, wie seine ganze Kritik, aus dem „Wesen des Menschen":

„Denn das menschliche Wesen ist Alles in Allem." p. 190.

„Fourier appelliert ebenfalls an dies menschliche Wesen, dessen inneres Gehäuse" (!) „er uns auf seine Weise in der Tafel der zwölf Leidenschaften enthüllt; auch er will, was alle redlichen und vernünftigen Köpfe wollen, das

---

[1] abstoßender Arbeit.
[2] anziehender Arbeit.

546

innere Wesen des Menschen zur Wirklichkeit, *zur Praxis* machen. Was drinnen ist, soll auch draußen sein, und so *der Unterschied zwischen drinnen und draußen überhaupt aufgehoben werden*. Die Geschichte der Menschheit wimmelt von Sozialisten, wenn wir sie an diesem Merkmale erkennen wollen ... es kommt bei Jedem nur darauf an, was er sich unter dem *Wesen des Menschen* denkt." p. 190.

Oder vielmehr, es kommt den wahren Sozialisten nur darauf an, Jedem Gedanken über das Wesen des Menschen unterzuschieben und die verschiedenen Stufen des Sozialismus in verschiedne Philosophien des Wesens des Menschen zu verwandeln. Diese ungeschichtliche Abstraktion verleitet hier Herrn Grün dazu, die Aufhebung alles Unterschiedes zwischen Innen und Außen zu proklamieren, eine Aufhebung, die sogar der Fortpflanzung des Wesens des Menschen ein Ende machen würde. Man sieht übrigens gar nicht ein, weshalb die Deutschen so erschrecklich mit ihrer Weisheit vom Wesen des Menschen renommieren, da ihre ganze Weisheit, die drei allgemeinen Eigenschaften, Verstand, Herz und Wille, bereits seit Aristoteles und den Stoikern ziemlich allgemein bekannt sind. Von diesem Standpunkt aus wirft Herr Grün Fourier vor, daß er den Menschen in zwölf Leidenschaften „zerklüftet".

„Von der Vollständigkeit dieser Tafel, *psychologisch* gesprochen, will ich gar nicht reden; ich halte sie für ungenügend" — (wobei sich, „psychologisch gesprochen", das Publikum beruhigen mag). — „Weiß man etwa durch diese Zwölfzahl, *was der Mensch ist?* Noch keinen Augenblick. Fourier hätte ebensogut bloß die fünf Sensitiven nennen können; in ihnen liegt *der ganze Mensch*, wenn man sie erklärt, wenn man den menschlichen Inhalt derselben zu deuten versteht" (als wenn dieser „menschliche Inhalt" nicht ganz von der Stufe der Produktion und des Verkehrs der Menschen abhinge). „Ja, der Mensch liegt ganz allein in *Einem* Sinne, im Gefühle, er fühlt anders als das Tier" pp., p. 205.

Man sieht, wie Herr Grün, hier zum ersten Male im ganzen Buche, sich anstrengt, um vom Feuerbachschen Standpunkte nur irgend etwas über Fouriers Psychologie zu sagen. Man sieht ebenfalls, welch eine Phantasie dieser „ganze Mensch" ist, der in einer einzigen Eigenschaft eines wirklichen Individuums „liegt" und vom Philosophen aus ihr heraus interpretiert wird; was das überhaupt für ein „Mensch" ist, der nicht in seiner wirklichen geschichtlichen Tätigkeit und Dasein angeschaut wird, sondern aus seinem eignen Ohrläppchen oder sonstigen Unterscheidungsmerkmal vom Tier gefolgert werden kann. Dieser Mensch „liegt" in sich selbst, wie sein eigner Komedon. Daß das menschliche Gefühl menschlich und nicht tierisch ist, diese Einsicht macht natürlich nicht nur jeden psychologischen Versuch überflüssig, sondern ist auch zugleich die Kritik aller Psychologie.

Fouriers Behandlung der Liebe kann Herr Grün sehr leicht kritisieren, indem er dessen Kritik der jetzigen Liebesverhältnisse an den Phantasien mißt, in denen Fourier sich eine Anschauung von der freien Liebe zu geben suchte. Herr Grün nimmt diese Phantasien ernsthaft als echter deutscher Philister. Sie sind das Einzige, das er ernsthaft nimmt. Wollte er einmal auf diese Seite des Systems eingehen, so ist nicht abzusehen, weshalb er nicht auch auf Fouriers Ausführungen über Erziehung einging, die bei weitem das beste sind, was in dieser Art existiert, und die genialsten Beobachtungen enthalten. Übrigens verrät Herr Grün bei Gelegenheit der Liebe, wie wenig er als echter jungdeutscher Belletrist von Fouriers Kritik gelernt hat. Er meint, es sei einerlei, ob man von der Aufhebung der Ehe oder des Privateigentums ausgehe, eins müsse immer das Andre nach sich ziehen. Es ist aber reine belletristische Phantasie, von einer andern Auflösung der Ehe, als wie sie sich schon jetzt in der bürgerlichen Gesellschaft praktisch vorfindet, *ausgehen* zu wollen. Bei Fourier selbst konnte er finden, daß dieser überall nur von der Umänderung der Produktion ausgeht.

Es nimmt Herrn Grün wunder, daß Fourier, der doch überall von der Neigung (soll heißen Attraktion) ausgeht, allerlei „mathematische" Versuche macht, weshalb er auch p. 203 der „mathematische Sozialist" genannt wird. Selbst die ganzen Lebensverhältnisse Fouriers aus dem Spiel gelassen, hätte Herr Grün auf die Attraktion näher eingehen müssen, wo er sehr bald gefunden haben würde, daß solch ein Naturverhältnis nicht ohne Berechnung näher bestimmt werden kann. Statt dessen regaliert er uns mit einer belletristischen, mit Hegelschen Traditionen verquickten Philippika gegen die Zahl, worin Stellen vorkommen wie:

Fourier „berechnet die Moleküle Deines abnormsten Geschmackes",

ein wahres Wunder — ferner:

„Die so hart befehdete Zivilisation beruhte auf dem herzlosen Einmaleins ... die Zahl ist nichts Bestimmtes ... Was ist Eins? Die Eins hat keine Ruhe, sie wird Zwei, Drei, Vier" —

548

es geht ihr wie dem deutschen Landpfarrer, der auch „keine Ruhe" hat, bis er eine Frau und neun Kinder hat . . .

„Die Zahl tötet alles Wesentliche und Wirkliche, was ist eine halbe Vernunft, was ist ein Drittel Wahrheit" —

er hätte auch fragen können: Was ist ein grün angelaufener Logarithmus? . . .

„bei der organischen Entwicklung wird die Zahl verrückt" . . .

ein Satz, worauf die Physiologie und organische Chemie beruhen. (p. 203, 204.)

„Wer die Zahl zum Maße der Dinge nimmt, der wird, nein — der *ist* ein Egoist."

An diesen Satz kann er den ihm von Heß überlieferten (s. oben) übertreibend anknüpfen:

„Der ganze Fouriersche Organisationsplan beruht auf Nichts als auf Egoismus ... der ärgste Ausdruck des zivilisierten Egoismus ist gerade Fourier." p. 206, 208.

Er beweist dies sogleich, indem er erzählt, wie in der Fourierschen Weltordnung der Ärmste täglich von 40 Schüsseln speist, 5 Mahlzeiten täglich genommen werden, die Leute 144 Jahre alt werden und dergl. mehr. Die kolossale Anschauung der Menschen, die Fourier der bescheidnen Mittelmäßigkeit der Restaurationsmenschen mit naivem Humor gegenüberstellt, gibt Herrn Grün bloß Gelegenheit, die unschuldigste Seite herauszunehmen und darüber moralische Philisterglossen zu machen.

Indem Herr Grün Fourier Vorwürfe macht über seine Auffassung der französischen Revolution, gibt er zugleich einen Vorgeschmack seiner eignen Einsicht in die Revolutionszeit:

„Hätte man nur vierzig Jahre früher um die Assoziation gewußt" (läßt er Fourier sagen), „so wäre die Revolution vermieden worden. Wie kam es denn aber" (fragt Herr Grün), „daß der Minister Turgot das Recht zur Arbeit kannte und daß dennoch der Kopf Ludwigs XVI. fiel? Mit dem Rechte zur Arbeit hätte man doch leichter als mit Hühnereiern die Staatsschuld bezahlen können." p. 211.

Herr Grün übersieht nur die Bagatelle, daß das Recht zur Arbeit, wovon Turgot spricht, die freie Konkurrenz ist, und daß ebendiese freie Konkurrenz die Revolution nötig hatte, um sich durchzusetzen.

Herr Grün kann seine ganze Kritik Fouriers zusammenfassen in dem Satz, daß Fourier „die Zivilisation" keiner „gründlichen Kritik" unterworfen habe. Und warum tat Fourier dies nicht? Man höre:

„Sie ist kritisiert worden in ihren *Erscheinungen*, nicht in ihren *Grundlagen*; sie ist als *Daseiendes* perhorresziert, lächerlich gemacht, in ihrer *Wurzel* aber nicht untersucht worden. Weder die *Politik* noch die *Religion* sind vor das Forum der Kritik gezogen worden, und deshalb blieb das *Wesen des Menschen* ununtersucht." p. 209.

Herr Grün erklärt hier also die wirklichen Lebensverhältnisse der Menschen für *Erscheinungen*, Religion und Politik aber für die *Grundlage und Wurzel* dieser Erscheinungen. Man sieht an diesem abgeschmackten Satze, wie die wahren Sozialisten die ideologischen Phrasen der deutschen Philosophie gegenüber den wirklichen Darstellungen französischer Sozialisten als höhere Wahrheit geltend machen und zugleich, wie sie ihr eigentliches Objekt, das Wesen des Menschen, mit den Resultaten der französischen Kritik der Gesellschaft zu verbinden streben. Daß, wenn Religion und Politik als Grundlage der materiellen Lebensverhältnisse gefaßt werden, Alles in letzter Instanz auf Untersuchungen über das Wesen des Menschen, d. h. über das Bewußtsein des Menschen von sich selbst ausläuft, ist ganz natürlich. — Man sieht zugleich, wie wenig es dem Herrn Grün darauf ankommt, was er abschreibt; an einer späteren Stelle, wie auch in den „Rhein[ischen] Jahrbüchern", eignet er sich in seiner Weise an, was in den „Deutsch-Französischen Jahrbüchern" über das Verhältnis von citoyen[1] und bourgeois[2] gesagt war und was dem obigen Satze direkt widerspricht.

Wir haben dem Leser bis zuletzt die Ausführung des vom wahren Sozialismus Herrn Grün anvertrauten Satzes über Produktion und Konsumtion vorbehalten. Sie ist ein schlagendes Exempel, wie Herr Grün die Sätze des wahren Sozialismus als Maßstab an die Leistungen der Franzosen legt und sie dadurch, daß er sie aus ihrer völligen Unbestimmtheit herausreißt, als vollständigen Unsinn darlegt.

„Produktion und Konsumtion lassen sich in der Theorie und in der *äußern Wirklichkeit* zeitlich und räumlich trennen, dem Wesen nach sind sie nur Eins. Ist nicht die Tätigkeit des gewöhnlichsten Gewerbes, z. B. des Brotbackens, eine Produktion, welche für hundert Andre zur Konsumtion wird? Ja, welche es für den Backenden selbst ist, der ja Korn, Wasser, Milch, Eier pp. konsumiert? Ist die Konsumtion von Schuhen und Kleidern nicht die Pro-

[1] Staatsbürger.
[2] Kapitalist.

550

duktion bei Schustern und Schneidern? ... Produziere ich nicht, wenn ich Brot esse? Ich produziere ungeheuer, ich produziere Mühlen, Backtröge, Backöfen und folglich Pflüge, Eggen, Dreschflegel, Mühlräder, Schreinerarbeit, Maurerarbeit" („und folglich" Schreiner, Maurer und Bauern, „folglich" ihre Eltern, „folglich" alle ihre Vorfahren, „folglich" Adam). „Konsumiere ich nicht, wenn ich produziere? Ebenfalls ungeheuer ... Lese ich ein Buch, so konsumiere ich zwar zunächst das Produkt ganzer Jahre, wenn ich es für mich behalte oder verderbe, ich konsumiere den Stoff und die Tätigkeit der Papierfabrik, der Buchdruckerei, des Buchbinders. Produziere ich aber nichts? Ich produziere vielleicht ein neues Buch, und dadurch neues Papier, neue Typen, neue Druckerschwärze, neue Buchbinderwerkzeuge; lese ich es bloß, und lesen es tausend Andre auch, so produzieren wir durch unsre Konsumtion eine neue Auflage und dadurch alle jene Materialien, die zur Beschaffung derselben erforderlich sind. Die Alles das verfertigen, konsumieren wieder eine Masse Rohmaterial, das aber produziert werden will und nur durch Konsumtion produziert werden kann ... Mit Einem Worte, *Tätigkeit* und *Genuß* sind Eins, eine verkehrte Welt hat sie nur auseinandergerissen, hat den Begriff des *Wertes* und *Preises* zwischen Beide hineingeschoben, durch diesen Begriff den Menschen mitten auseinandergerissen und mit dem Menschen die Gesellschaft." p. 191, 192.

Produktion und Konsumtion stehen in der Wirklichkeit vielfach im Widerspruch gegeneinander. Man braucht aber nur diesen Widerspruch wahrhaft zu *interpretieren*, das wahre *Wesen* der Produktion und Konsumtion zu *begreifen*, um die Einheit Beider herzustellen und allen Widerspruch aufzuheben. Diese deutsch-ideologische Theorie paßt daher auch ganz vortrefflich auf die bestehende Welt; die Einheit von Produktion und Konsumtion wird an Exempeln aus der gegenwärtigen Gesellschaft bewiesen, sie existiert *an sich*. Herr Grün beweist vor allen Dingen, daß überhaupt ein Verhältnis zwischen Produktion und Konsumtion existiert. Er setzt auseinander, daß er keinen Rock tragen, kein Brot essen kann, ohne daß Beides produziert ist, und daß es in der heutigen Gesellschaft Leute gibt, die Röcke, Schuhe, Brot produzieren, von welchen Dingen andre Leute die Konsumenten sind. Herr Grün hält diese Einsicht für neu. Er drückt sie in einer klassischen, belletristisch-ideologischen Sprache aus. Z. B.:

„Man glaubt, der Genuß des Kaffees, des Zuckers usw. sei bloße Konsumtion; ist dieser Genuß aber nicht Produktion in den Kolonien?"

Er hätte ebensogut fragen können: Ist dieser Genuß nicht der Genuß der Peitsche für den Negersklaven und die Produktion von

Prügeln in den Kolonien? Man sieht, wie bei dieser überschwenglichen Manier nichts als eine Apologie der bestehenden Zustände herauskommt. Die zweite Einsicht des Herrn Grün besteht darin, daß er konsumiert, wenn er produziert, nämlich das Rohmaterial, überhaupt die Produktionskosten; dies ist die Einsicht, daß Nichts aus Nichts wird, daß er *Material* haben muß. Er konnte in jeder Ökonomie unter dem Kapitel „Reproduktive Konsumtion" ausgeführt finden, welche verwickelten Beziehungen in dies Verhältnis hereinkommen, wenn man sich nicht mit Herrn Grün auf die triviale Erkenntnis beschränkt, daß man ohne Leder keine Stiefel machen kann.

Bisher hat Herr Grün sich davon überzeugt, daß produziert werden muß, um zu konsumieren, und daß bei der Produktion Rohmaterial konsumiert wird. Die eigentliche Schwierigkeit für ihn beginnt da, wo er beweisen will, daß er produziert, wenn er konsumiert. Herr Grün macht hier einen gänzlich verfehlten Versuch, sich über das allertrivialste und allgemeinste Verhältnis von Nachfrage und Zufuhr ein geringes Licht zu verschaffen. Er bringt es zu der Einsicht, daß seine Konsumtion, d. h. seine Nachfrage, neue Zufuhr produziert. Er vergißt aber, daß seine Nachfrage eine *effektive* Nachfrage sein, daß er ein Äquivalent für das verlangte Produkt bieten muß, damit sie neue Produktion hervorrufe. Die Ökonomen beziehen sich ebenfalls auf die Untrennbarkeit von Konsumtion und Produktion und die absolute Identität von Nachfrage und Zufuhr, gerade wenn sie beweisen wollen, daß nie Überproduktion stattfindet; aber so ungeschickte und triviale Dinge wie Herr Grün bringen sie nicht vor. Übrigens ist diese Manier ganz dieselbe, wodurch alle Adlige, Pfaffen, Rentiers usw. von jeher ihre Produktivität bewiesen haben. Herr Grün vergißt ferner, daß Brot heutzutage durch Dampfmühlen, früher durch Wind- und Wassermühlen, noch früher durch Handmühlen produziert wurde, daß diese verschiedenen Produktionsweisen vom bloßen Brotessen gänzlich unabhängig sind und also eine geschichtliche Entwicklung der Produktion hereinkommt, an die der „ungeheuer produzierende" Herr Grün nicht denkt. Daß mit diesen verschiedenen Stufen der Produktion auch verschiedene Verhältnisse der Produktion zur Konsumtion, verschiedne Widersprüche Beider gegeben sind, daß diese Widersprüche zu verstehen sind nur aus einer Betrachtung, zu lösen nur durch eine praktische Veränderung der jedesmaligen Produktionsweise und des ganzen darauf basierenden gesellschaftlichen Zustandes, das ahnt Herr Grün nicht. Wenn Herr Grün in seinen übrigen Beispielen an Trivialität schon unter den allergewöhnlichsten Ökonomen steht, so beweist er bei seinem Beispiel vom Buch, daß diese viel „menschlicher" sind als er. Sie verlangen gar nicht, daß er, wenn er ein Buch konsumiert hat, sogleich ein neues produziere! Sie sind damit zufrieden, daß er seine eigne Bildung dadurch produziert und damit auf die Produktion überhaupt günstig wirkt. Durch die Auslassung des Mittelgliedes, der baren Zahlung, die Herr Grün durch bloße Abstraktion von ihr überflüssig macht, wodurch seine Nachfrage erst *effektiv* wird, verwandelt sich die reproduktive Konsumtion des Herrn Grün in ein blaues Wunder. Er liest, und durch sein bloßes *Lesen* setzt er die Schriftgießer, Papierfabrikanten und Drucker in den Stand, neue Typen, neues Papier, neue Bücher zu produzieren. Seine bloße Konsumtion ersetzt allen diesen Leuten die Produktionskosten. Wir haben übrigens bisher die Virtuosität hinreichend nachgewiesen, womit Herr Grün aus alten Büchern neue Bücher herauszulesen und sich als Produzent von neuem Papier, neuen Typen, neuer Druckerschwärze und neuen Buchbinderwerkzeugen um die kommerzielle Welt verdient zu machen weiß. Der erste Brief des Grünschen Buchs endet mit den Worten: „Ich stehe im Begriff, mich in die Industrie zu stürzen." Nirgendwo im ganzen Buche verleugnet Herr Grün diese seine Devise.

Worin bestand also die ganze Tätigkeit des Herrn Grün? Um den Satz des wahren Sozialismus von der Einheit von Produktion und Konsumtion zu beweisen, nimmt Herr Grün seine Zuflucht zu den allertrivialsten Sätzen der Ökonomie über Nachfrage und Zufuhr, und um diese wieder für seinen Zweck zurechtzustutzen, wirft er aus ihnen die notwendigen Mittelglieder heraus und verwandelt sie damit in reine Phantasien. Der Kern des Ganzen ist also eine unwissende und phantastische Verklärung der bestehenden Zustände.

Charakteristisch ist noch der sozialistische Schluß, worin er wieder ganz seinen deutschen Vorgängern nachstammelt. Produktion und Konsumtion sind getrennt, weil eine verkehrte Welt sie auseinandergerissen hat. Wie fing das diese verkehrte Welt an? Sie schob einen *Begriff* zwischen Beide. Durch diesen Schub riß sie den Menschen *mitten auseinander*. Damit nicht zufrieden, reißt sie hierdurch die Gesellschaft, d. h. sich selbst, ebenfalls mitten auseinander. Diese Tragödie hat sich im Jahre 1845 zugetragen.

Die Einheit von Konsumtion und Produktion, die bei den wahren Sozialisten ursprünglich die Bedeutung hat, daß die Tätigkeit selbst Genuß bieten soll (bei ihnen freilich eine rein phantastische Vorstellung), wird von Herrn Grün dahin weiter bestimmt, daß „Konsumtion und Produktion, ökonomisch gesprochen, *sich decken müssen*" (p. 196), daß kein Überschuß der Produktenmasse über die unmittelbaren Konsumtionsbedürfnisse stattfinden darf, womit natürlich alle Bewegung ein Ende hat. Er wirft daher auch Fourier mit wichtiger Miene vor, daß er diese Einheit durch eine *Überproduktion stören* wolle. Herr Grün vergißt, daß die Überproduktion nur durch ihren Einfluß auf den Tauschwert der Produkte Krisen hervorruft, und daß nicht nur bei Fourier, sondern auch in der besten Welt des Herrn Grün der Tauschwert verschwunden ist. Über diese philisterhafte Albernheit ist weiter nichts zu sagen, als daß sie des wahren Sozialismus würdig ist.

Herr Grün wiederholt an vielen Orten mit großer Selbstgefälligkeit seinen Kommentar zur Theorie des wahren Sozialismus über Produktion und Konsumtion. So auch bei Gelegenheit Proudhons:

„Predigt die soziale Freiheit der Konsumenten, so habt Ihr die wahre Gleichheit der Produktion." p. 433.

Nichts leichter als das zu predigen! Der Fehler lag bisher bloß daran,

„daß die Konsumenten nicht erzogen, nicht gebildet sind, daß nicht Alle *menschlich* konsumieren". p. 432. „Dieser Gesichtspunkt, daß die Konsumtion der Maßstab der Produktion ist, nicht umgekehrt, ist der Tod jeder bisherigen ökonomischen Anschauung." (ibid.) „Die wahre Solidarität der Menschen untereinander macht sogar den Satz zur Wahrheit, daß die Konsumtion eines Jeden die Konsumtion Aller zur Voraussetzung hat." (ibid.)

Die Konsumtion eines Jeden hat innerhalb der Konkurrenz plus ou moins[1] fortwährend die Konsumtion Aller zur Voraussetzung, ebenso wie die Produktion eines Jeden die Produktion Aller. Es handelt sich nur darum, *wie*, in welcher Weise dies der Fall ist. Hierauf antwortet Herr Grün nur mit dem moralischen Postulat

---

[1] mehr oder weniger.

554

der *menschlichen* Konsumtion, der Erkenntnis des „wahren Wesens der Konsumtion" (p. 432). Da er von den wirklichen Produktions- und Konsumtionsverhältnissen nichts weiß, so bleibt ihm keine andre Zuflucht übrig als der letzte Schlupfwinkel der wahren Sozialisten, das Wesen des Menschen. Aus demselben Grunde beharrt er darauf, nicht von der Produktion, sondern von der Konsumtion auszugehen. Wenn man von der Produktion ausgeht, so muß man sich um die wirklichen Produktionsbedingungen und die produktive Tätigkeit der Menschen bekümmern. Wenn man aber von der Konsumtion ausgeht, so kann man sich bei der Erklärung, daß jetzt nicht „menschlich" konsumiert werde, und bei dem Postulat der „menschlichen Konsumtion", der Erziehung zur wahren Konsumtion und dergleichen Phrasen beruhigen, ohne sich im Geringsten auf die wirklichen Lebensverhältnisse der Menschen und ihre Tätigkeit einzulassen.

Schließlich ist noch zu erwähnen, daß gerade die Ökonomen, die von der Konsumtion ausgingen, reaktionär waren und das revolutionäre Element in der Konkurrenz und großen Industrie ignoriert haben.

Der „bornierte Papa Cabet" und Herr Grün

Herr Grün schließt seinen Exkurs über die fourieristische Schule und Herrn Reybaud mit folgenden Worten:

„Ich will den Arbeitsorganisierern das *Bewußtsein ihres Wesens* beibringen, ich will ihnen *historisch zeigen*, woher sie stammen... diesen Zwittern... die auch *nicht den mindesten Gedanken aus sich selbst geschöpft haben*. Und später werde ich vielleicht Raum finden, an dem Herrn Reybaud ein Exempel zu statuieren, nicht nur an Herrn Reybaud, sondern auch an Herrn Say. Im Grunde genommen ist der erstere so schlimm nicht, er ist bloß dumm; der Zweite aber ist mehr als dumm, er ist gelehrt.

Also." p. 260.

Die gladiatorische Stellung, in die sich Herr Grün wirft, seine Drohungen gegen Reybaud, die Verachtung gegen die Gelehrsamkeit, seine schmetternden Versprechungen, alles das sind sichre Zeichen, daß er hier mit großen Dingen schwanger geht. Im vollen „Bewußtsein seines Wesens" ahnten wir aus diesen Symptomen, daß Herr Grün im Begriffe stehe, einen der ungeheuerlichsten plagiarischen Coups auszuführen. Wenn man seiner Taktik einmal auf die Spur gekommen ist, verliert seine Marktschreierei ihre Unschuld und löst sich überall in eine pfiffige Berechnung auf.

„Also":

Folgt ein Kapitel mit der Überschrift:

„Die Organisation der Arbeit!"

„Wo wurde dieser Gedanke geboren? — In Frankreich. — Aber wie?"

Auch unter der Etikette:

„Rückblick auf das achtzehnte Jahrhundert."

„Wo wurde dies" Kapitel des Herrn Grün „geboren? In Frankreich. Aber wie?" Das wird der Leser sogleich erfahren.

Noch einmal erinnre sich der Leser, daß Herr Grün hier den französischen Arbeitsorganisierern das Bewußtsein ihres Wesens durch eine historische Demonstration auf gründliche deutsche Weise beibringen will.

Also.

Als Herr Grün gemerkt hatte, daß Cabet „borniert" und seine „Mission eine längst in sich abgeschlossene" sei, was er freilich längst gemerkt hatte, hörte nicht „natürlich alles auf". Im Gegenteil, er gab dem Cabet die neue Mission, in einigen willkürlich zusammengewürfelten Zitaten den französischen „Hintergrund" zu Herrn Grüns deutscher Geschichte der sozialistischen Entwicklung des 18. Jahrhunderts zu bilden.

Wie beginnt er dies? Er liest *„produktiv"*.

Cabet in seiner *„Voyage en Icarie"* würfelt im zwölften und dreizehnten Kapitel die Meinungen alter und neuer Autoritäten für den Kommunismus zusammen. Er macht durchaus nicht die Prätension, eine historische Bewegung zu schildern. Der Kommunismus gilt den französischen Bourgeois für eine anrüchige Person. Gut, sagt Cabet, ich werde Euch Zeugenbeweise der respektabelsten Männer aller Zeiten beibringen, die für den Charakter meines Klienten einstehen; und Cabet verfährt wie ein Advokat. Selbst die seinem Klienten ungünstigen Zeugenaussagen verwandelt er in günstige. Historische Treue ist in einem Plaidoyer nicht zu verlangen. Wenn ein berühmter Mann gelegentlich einmal gegen das Geld, gegen die Ungleichheit, gegen den Reichtum, gegen soziale Mißstände ein Wort hat fallen lassen, Cabet hebt es auf, bittet es zu wiederholen, macht es zum Glaubensbekenntnis des Mannes, läßt es drucken, klatscht in die Hände und ruft mit ironischer Bonhomie seinem geärgerten Bourgeois zu: Écoutez, écoutez, n'était-il pas communiste?[1] Da entgeht ihm keiner, nicht Montesquieu, nicht Sieyès, nicht Lamartine, nicht einmal Guizot — alles Kommunisten malgré eux[2]. Voilà mon communiste tout trouvé![3]

Herr Grün in seiner produktiven Laune liest die von Cabet für das achtzehnte Jahrhundert gesammelten Zitate; er zweifelt keinen Augenblick, daß das alles seine Richtigkeit habe, er phantasiert dem Leser einen mystischen Zusammenhang vor zwischen den Schriftstellern, die bei Cabet sich zufällig auf einer Seite begegnen, er übergießt das Ganze mit seiner jungdeutsch-belletristischen Jauche und tauft es dann wie oben.

Also.

Herr Grün:

Herr Grün eröffnet seinen Rückblick mit folgenden Worten:

„Die soziale Idee ist nicht vom Himmel gefallen, sie ist organisch, d. h. im Wege der allmählichen Entwicklung entstanden. Ich kann hier ihre vollständige Geschichte nicht schreiben, kann nicht bei Indern und Chinesen beginnen, nach Persien, Ägypten und Judäa übergehen, die Griechen und Römer um ihr gesellschaftliches Bewußtsein fragen, das Christentum, den Neuplatonismus und die Patristik verhören, das Mittelalter und die Araber reden lassen, die Reformation und die erwachende Philosophie untersuchen und so bis aufs achtzehnte Jahrhundert kommen." p. 261.

Cabet:

Cabet eröffnet seine Zitate mit folgenden Worten:

„Vous prétendez, adversaires de la communauté, qu'elle n'a pour elle que quelques opinions sans crédit et sans poids; eh bien, je vais interroger devant vous l'histoire et tous les philosophes: écoutez! Je ne m'arrête pas à vous parler de plusieurs peuples anciens, qui pratiquaient ou avaient pratiqué la communauté des biens! Je ne m'arrête non plus aux Hébreux... ni aux prêtres Égyptiens, ni à Minos ...Lycurgue et Pythagore... je ne vous parle non plus de Confucius et de Zoroastre, qui l'un en Chine et l'autre en Perse ... proclamèrent ce principe."[4] „Voyage en Icarie", deuxième edition, p. 470.

---

[1] Hört, hört, war er nicht Kommunist?

[2] gegen ihren Willen.

[3] Da haben wir meinen Kommunisten ertappt!

[4] „Ihr Gegner der Gemeinschaft behauptet, sie habe nur einige Meinungen ohne Ansehen und Gewicht für sich; nun, ich werde vor euren Augen die Geschichte und alle Philosophen befragen: hört! Ich halte mich nicht damit

Nach den angeführten Stellen geht Cabet auf die griechische und römische Geschichte ein, verhört das Christentum, den Neuplatonismus, die Patristik, das Mittelalter, die Reformation, die erwachende Philosophie. Vgl. Cabet, p. 471—482. Herr Grün überläßt das Abschreiben dieser elf Seiten andern „geduldigeren Leuten, dafern der Bücherstaub den" (zum Abschreiben nämlich) „nötigen Humanismus in ihrem Herzen hat bestehen lassen". Gr[ün,] p. 261. Nur das soziale Bewußtsein der *Araber* gehört Herrn Grün. Wir harren mit Sehnsucht der Aufschlüsse, die er hierüber der Welt mitzuteilen hat. „Ich muß mich aufs achtzehnte Jahrhundert beschränken." Folgen wir Herrn Grün ins achtzehnte Jahrhundert und bemerken wir nur vorher, daß fast ganz *dieselben Worte* bei Grün wie bei Cabet unterstrichen sind.

Herr Grün:

„Locke, der Begründer des Sensualismus, sagt: Derjenige, welcher über seine Bedürfnisse hinaus besitzt, überspringt die Grenzen der Vernunft und der ursprünglichen Gerechtigkeit und raubt, was Andern gehört. *Jeder Überfluß ist eine Usurpation*, und der Anblick des Dürftigen muß[1] die Gewissensbisse in der Seele des Reichen erwecken. Verderbte Menschen, die ihr im Überflusse und der Wollust schwimmt, zittert, daß eines Tages der Unglückliche, der des Notwendigen ermangelt, *wahrhaft die Rechte des Menschen kennenlerne.* Der Betrug, die Treulosigkeit, die Habsucht haben die Ungleichheit des Besitzes hervorgebracht, *welche das Unglück des menschlichen Geschlechts ausmacht,* indem sie auf der einen Seite

Cabet:

„Mais voici Locke, écoutez-le s'écrier dans son admirable *Gouvernement civil:* ,Celui qui possède au delà de ses besoins, passe les bornes de la raison et de la justice primitive et *enlève* ce qui *appartient aux autres.* Toute *superfluité* est une *usurpation,* et la vue de l'indigent devrait éveiller le remords dans l'âme du riche. Hommes pervers, qui nagez dans l'opulence et les voluptés, tremblez qu'un jour l'infortuné qui manque du nécessaire n'aprenne à connaître vraiment les *droits de l'homme.*' Écoutez-le s'écrier encore: ,La fraude, la mauvaise foi, l'avarice ont produit cette *inégalité dans les fortunes,* qui fait le *malheur de l'espèce humaine,* en amoncelant d'un côté tous les vices avec la richesse et de l'autre tous les

---

auf, euch von mehreren alten Völkern zu erzählen, die die Gütergemeinschaft praktizierten oder praktiziert hatten! Ebensowenig halte ich mich bei den Hebräern auf … bei den ägyptischen Priestern, bei Minos … Lykurg und Pythagoras … ich sage euch auch nichts von Konfuzius und Zarathustra, die, der eine in China und der andere in Persien … dieses Prinzip verkündeten."

[1] bei Grün: müßte.

neben den Reichtümern, auf der andern neben dem Elende alle Leiden aufhäuft. *Der Philosoph muß also den Gebrauch der Münze als eine der verderblichsten Erfindungen der menschlichen Industrie betrachten.*" p. [265,] 266.

maux avec la misére'" (woraus Herr Grün Unsinn macht). „Le philosophe doit donc considérer l'usage de la *monnaie* comme une des plus *funestes* inventions de l'industrie humaine."[1] p. 485.

Herr Grün schließt aus diesen Zitaten Cabets, daß Locke „ein Gegner des Geldsystems" (p. 264), „der erklärteste Gegner des Geldes und jedes Besitzes, der über das Bedürfnis hinausgeht" (p. 266) gewesen sei. Leider ist dieser Locke einer der ersten wissenschaftlichen Verfechter des Geldsystems, ein ganz spezieller Patron des Durchpeitschens der Vagabunden und Paupers, einer der Doyens der modernen Nationalökonomie.

Herr Grün:

„Schon *Bossuet*, der Bischof von Meaux, sagt in seiner ‚Politik, aus der Heiligen Schrift gezogen': ‚Ohne die Regierungen' (‚ohne die Politik' — lächerlicher Zusatz des Herrn Grün) ‚würde die Erde nebst allen ihren Gütern ebenso gemeinschaftlich den Menschen gehören als Luft und Licht; nach dem Urrechte der Natur hat Niemand das besondre Recht auf irgend etwas. Alles *gehört Allen, aus*

Cabet:

„Écoutez le baron de *Puffendorff*, professeur de droit naturel en Allemagne et conseiller d'état à Stockholm et à Berlin, qui dans son droit de la nature et des gens réfute la doctrine d'Hobbes et de Grotius sur la monarchie absolue, qui proclame l'égalité naturelle, la fraternité, la communauté des biens primitive, et qui reconnaît que la propriété est une institution humaine, qu'elle résulte

---

[1] „Doch hier ist *Locke;* hört ihn in seiner bewundernswürdigen ‚*Bürgerlichen Regierung*' ausrufen: ‚Derjenige, der über seine Bedürfnisse hinaus besitzt, überschreitet die Grenzen der Vernunft und der ursprünglichen Gerechtigkeit und *raubt* das, was *den anderen gehört.* Jeder *Überfluß* ist eine *Usurpation,* und der Anblick des Bedürftigen müßte den Gewissensbiß in der Seele des Reichen wecken. Verderbte Menschen, die ihr in Überfluß und Wollust schwimmt, zittert, daß eines Tages der Unglückliche, der des Notwendigen ermangelt, wahrhaft die *Rechte des Menschen* kennenlerne.' Hört ihn weiter ausrufen: ‚Der Betrug, die Unredlichkeit, die Habsucht haben, indem sie auf der einen Seite alle Laster neben dem Reichtum und auf der anderen alle Leiden neben dem Elend aufhäuften, jene *Ungleichheit des Besitzes* hervorgebracht, die das *Unglück des menschlichen Geschlechts* ausmacht.' Der Philosoph muß also den Gebrauch des *Geldes* als eine der *verderblichsten* Erfindungen der menschlichen Betriebsamkeit betrachten."

der bürgerlichen Regierung entspringt das Eigentum.' Ein Pfaff aus dem siebzehnten Jahrhundert besitzt die Ehrlichkeit, solche Dinge zu sagen, solche Anschauungen! Auch der germanische *Puffendorf,* den man" (i. e. Herr Grün) „nur aus einem Schillerschen Epigramm[192] kennt, meinte: ‚*Die gegenwärtige Ungleichheit des Vermögens ist eine Ungerechtigkeit,* welche die übrigen Ungleichheiten nach sich ziehen kann durch die *Unverschämtheit* der Reichen und durch die *Feigheit* der Armen.' " p. 270. Herr Grün fügt noch hinzu: „Wir wollen nicht abschweifen, sondern in Frankreich bleiben."

d'un partage consenti pour assurer à chacun et surtout au travailleur une possession perpétuelle, indivise ou divise, et que par conséquent l'inégalité actuelle de fortune est une *injustice* qui n'entraîne les autres inégalités" (unsinnig von Herrn Grün übersetzt) „que par *l'insolence des riches et la lâcheté des pauvres.*

Et *Bossuet,* l'évêque de Meaux, le précepteur du dauphin de France, le célèbre Bossuet, dans sa ‚*Politique tiré de l'Ecriture sainte*', redigée pour l'instruction du Dauphin, ne reconnaît-il pas aussi que sans les gouvernements la terre et tous les biens seraient aussi *communs* entre les hommes que l'air et la lumière: Selon le droit primitif de la nature nul n'a le droit particulier sur quoi que *ce soit: tout est à tous,* et c'est du gouvernement civil que naît la propriété."[1] p. 486.

Herrn Grüns „Abschweifung" von Frankreich besteht darin, daß Cabet einen Deutschen zitiert. Er orthographiert sogar den deutschen Namen nach der unrichtigen Orthographie des Franzosen. Abgesehen davon, daß er gelegentlich falsch übersetzt und ausläßt, überrascht er durch seine Verbesserungen. Cabet spricht zuerst von Pufendorff und dann von Bossuet, Herr Grün spricht zuerst von Bossuet und dann von Pufendorff. Cabet spricht von Bossuet als einem berühmten Mann; Herr Grün nennt ihn „einen Pfaffen". Cabet zitiert den Pufendorff mit seinen Titeln; Herr Grün macht

---

[1] „Hört den Baron von *Puffendorff,* Professor des Naturrechts in Deutschland und Staatsrat in Stockholm und Berlin, der in seinem Natur- und Völkerrechte die Lehre von Hobbes und Grotius über die absolute Monarchie widerlegt, der die natürliche Gleichheit, die Brüderlichkeit und die ursprüngliche Gütergemeinschaft verkündet und der erkennt, daß das Eigentum eine menschliche Einrichtung ist, daß es aus einer allgemein gebilligten Teilung hervorgeht, um jedem und vor allem dem Arbeiter einen dauernden, ungeteilten oder geteilten Besitz zu sichern, und daß folglich die gegenwärtige Ungleichheit der Vermögen eine *Ungerechtigkeit* ist, die die anderen Ungleichheiten (...) nur durch *die Unverschämtheit der Reichen und die Feig-*

die aufrichtige Bemerkung, daß man ihn nur aus einem Schillerschen Epigramm kenne. Jetzt kennt er ihn auch aus einem Cabetschen Zitat, und es zeigt sich, daß der bornierte Franzose Cabet nicht nur seine eignen Landsleute, sondern auch die Deutschen besser studiert hat als Herr Grün.

Cabet sagt: „Ich beeile mich, auf die großen Philosophen des achtzehnten Jahrhunderts zu kommen, und ich beginne mit Montesquieu", p. 487; Herr Grün, um auf Montesquieu zu kommen, beginnt mit einer Schilderung „des legislativen Genies des achtzehnten Jahrhunderts", p. 282. Man vergleiche ihre wechselseitigen Zitate aus Montesquieu, Mably, Rousseau, Turgot. Uns genügt es hier, Cabet und Herrn Grün über Rousseau und Turgot zu vergleichen. Cabet kommt von Montesquieu zu Rousseau; Herr Grün konstruiert diesen Übergang: „Rousseau war der radikale Politiker wie Montesquieu der konstitutionelle."

Herr Grün zitiert aus *Rousseau:*	*Cabet:*
„Das größte Übel ist schon geschehen, wenn man Arme zu verteidigen und Reiche im Zaum zu halten hat etc." .... (endet mit den Worten) „woraus folgt, daß der soziale Zustand den Menschen nur dann vorteilhaft ist, wenn sie Alle von ihnen etwas und keiner von ihnen zuviel hat." Rousseau wird nach Herrn Grün „konfus und völlig schwankend, wenn er sich über die Frage erklären soll: Welche	„Écoutez maintenant *Rousseau*, l'auteur de cet immortel ‚Contrat social'... écoutez: ‚Les hommes sont égaux en droit. La nature a rendu tous les biens communs... dans le cas de partage le part de chacun devient sa propriété. Dans tous les cas la société est toujours seule propriétaire de tous les biens.'" (Pointe, die Herr Grün wegläßt.) „Écoutez encore:..."...(endet:) „d'où il suit que l'état social n'est avantageux aux hommes qu'autant qu'ils ont tous quelque chose et qu'aucun d'eux n'a rien, de trop.'

heit der Armen nach sich zieht. — Und *Bossuet*, der Bischof von Meaux, der Lehrer des Thronfolgers von Frankreich, der berühmte Bossuet, erkennt er nicht auch in seiner ‚*Politik, aus der Heiligen Schrift gezogen*', die er für den Unterricht des Thronfolgers verfaßte, daß ohne die Regierungen die Erde und alle Güter den Menschen ebenso *gemeinsam* gehören würden wie die Luft und das Licht: Nach dem ursprünglichen Recht der Natur hat niemand das besondere Recht auf *irgend etwas*; alles gehört allen, und erst aus der bürgerlichen Regierung entspringt das Eigentum."

Umwandlung geht mit dem früheren Besitz vor, wenn der naturwilde Mensch in die Gesellschaft tritt? Was antwortet er? Er antwortet: Die Natur hat alle Güter gemeinschaftlich gemacht" ... (endet mit den Worten:) „im Fall einer Teilung wird der Anteil eines Jeden sein Eigentum." p. 284, 285.	Écoutez, écoutez encore Rousseau dans son ‚*Économie politique*': ‚Le plus grand mal est déjà fait quand on a des pauvres à défendre, et des riches à contenir'"[1], etc, etc. p. 489, 490.

Herrn Grüns geniale Neuerungen bestehen hier darin, erstens, daß er die Zitate aus dem „Contrat social" und der „Économie politique" durcheinanderwirft, und zweitens, daß er damit anfängt, womit Cabet schließt. Cabet nennt die Titel der Rousseauschen Schriften, woraus er zitiert, Herr Grün verschweigt sie. Diese Taktik erklären wir daraus, daß Cabet von einer „Économie politique" des Rousseau spricht, die Herr Grün nicht einmal aus einem Schillerschen Epigramme kennen kann. Herrn Grün, der alle Geheimnisse der „Encyclopédie" durchschaut hat (vgl. p. 263), war es ein Geheimnis, daß Rousseaus „Économie politique" nichts andres ist als der Artikel der „Encyclopédie" über die économie politique.

Gehen wir zu *Turgot* über. Bei diesem begnügt sich Herr Grün nicht mehr mit dem bloßen Kopieren der Zitate, er schreibt die Schilderung ab, die Cabet von Turgot gibt.

Herr Grün:	*Cabet:*
„Einer der edelsten und vergeblichsten Versuche, auf dem Boden des Alten, das den Zusammensturz allerwärts drohte, das Neue aufzupflanzen, wurde von Turgot gemacht. Umsonst. Die Aristokratie bringt eine	„Et cependant, tandis que le roi déclare que lui seul et son ministre (Turgot) sont dans la cour les amis du peuple, tandis que le peuple le comble de ses bénédictions, tandis que les philosophes le couvrent de leur

---

[1] „Hört jetzt *Rousseau,* den Verfasser des unsterblichen ‚*Gesellschaftsvertrags*' ... hört: ‚Die Menschen sind im Rechte gleich. Die Natur hat alle Güter gemeinschaftlich gemacht ... Im Falle der Teilung wird der Anteil eines jeden sein Eigentum. In allen Fällen ist die Gesellschaft immer die einzige Eigentümerin aller Güter.' Hört weiter: ‚... woraus folgt, daß der gesellschaftliche Zustand den Menschen nur dann vorteilhaft ist, wenn sie alle etwas haben und wenn keiner von ihnen zuviel hat.' — Hört, hört ferner Rousseau in seiner ‚*Politischen Ökonomie*': ‚Das größte Übel ist schon geschehen, wenn man Arme zu verteidigen und Reiche im Zaume zu halten hat.' "

künstliche Hungersnot, bringt Revolten zuwege, kabaliert und verleumdet so lange, bis der debonnäre Ludwig seinen Minister entläßt. — Die Aristokratie wollte nicht hören, sie mußte also fühlen. Die Entwicklung der Menschheit rächt immer die guten Engel, welche den letzten dringenden Mahnruf vor einer Katastrophe ergehen lassen, auf das Furchtbarste. Das französische Volk segnete Turgot, Voltaire wünschte ihm vor seinem Tode die Hand zu küssen, der König hatte ihn seinen Freund genannt... Turgot, der Baron, der Minister, einer der letzten Feudalherren, trug sich mit dem Gedanken, man müsse eine Hauspresse erfinden, um die Preßfreiheit völlig sicherzustellen." p. 289, 290.

admiration, tandis que Voltaire veut, avant de mourir, baiser la main qui a signé tant d'améliorations populaires, l'aristocratie conspire, organise même une vaste famine et des émeutes pour le perdre et fait tant par ses intrigues et calomnies qu'elle parvient à déchaîner les salons de Paris contre le réformateur et à perdre Louis XVI lui-même en le forçant à renvoyer le vertueux ministre qui le sauverait." p. 497. „Revenons à Turgot, baron, ministre de Louis XVI pendant la première année de son règne, qui veut réformer les abus, qui fait une foule de réformes, qui veut faire établir une nouvelle languet et qui, pour assurer la liberté de la presse, travaille luimême à l'invention d'une presse à domicile."[1] p. 495.

Cabet nennt Turgot Baron und Minister, Herr Grün schreibt ihm dies ab. Um Cabet zu verschönern, verwandelt er den jüngsten Sohn des Prévôts[2] der Kaufleute von Paris in „einen der *ältesten* Feudalherren". Cabet irrt sich, wenn er die Hungersnot und die Revolte von 1775 als Machwerk der Aristokratie hinstellt. Bis auf die heutige Zeit ist man über die Urheber des Geschreis über die Hungersnot und der damit zusammenhängenden Bewegung nicht aufgeklärt. Jedenfalls hatten die Parlamente und populäre Vor-

---

[1] „Indes, während der König erklärt, am Hofe seien allein er und sein Minister (Turgot) Freunde des Volkes, während das Volk ihn mit seinen Segnungen überhäuft, während die Philosophen ihn mit Bewunderung überschütten, während Voltaire vor seinem Tode die Hand küssen will, die soviel dem Volk wohltätige Verordnungen unterschrieben hat — währenddessen verschwört sich die Aristokratie, organisiert sogar eine ausgedehnte Hungersnot und Aufstände, um ihn zu stürzen, und erreicht mit ihren Ränken und Verleumdungen so viel, daß sie die Salons von Paris gegen den Reformator entfesselt und Ludwig XVI. selbst zugrunde richtet, indem sie ihn zwingt, den tugendhaften Minister zu entlassen, der ihn gerettet hätte." — „Kehren wir zu Turgot zurück, dem Baron, dem Minister Ludwigs XVI. im ersten Jahr seiner Regierung, der die Mißbräuche reformieren will, der eine Menge Reformen durchführt, der eine neue Sprache einführen will und der, um die Pressefreiheit zu sichern, selbst an der Erfindung einer Hauspresse arbeitet."

[2] Vorstehers.

urteile weit mehr Anteil daran als die Aristokratie. Daß Herr Grün diesen Irrtum des „bornierten Papa" Cabet abschreibt, ist in der Ordnung. Er glaubt an ihn wie an ein Evangelium. Auf Cabets Autorität gestützt, zählt Herr Grün Turgot unter die Kommunisten, Turgot, einen der Chefs der physiokratischen Schule, den entschiedensten Vertreter der freien Konkurrenz, den Verteidiger des Wuchers, den Lehrer Adam Smiths. Turgot war ein großer Mann, weil er seiner Zeit entsprach und nicht den Einbildungen des Herrn Grün. Wie diese entstanden sind, haben wir gezeigt.

Gehen wir nun zu den Männern der französischen Revolution über. Cabet setzt seinen Bourgeois, gegen den er plädiert, in die äußerste Verlegenheit, indem er Sieyès unter die Vorläufer des Kommunismus zählt, und zwar weil Sieyès die Gleichheit der Rechte anerkenne und das Eigentum erst durch den Staat sanktionieren lasse, Cabet, p. 499—502. Herr Grün, der „jedesmal dazu verdammt ist, den französischen Geist, wenn er ihn in der Nähe hat, ungenügend und oberflächlich zu finden", schreibt dies getrost ab und bildet sich ein, ein alter Parteichef wie Cabet sei dazu berufen, den „Humanismus" des Herrn Grün „vor dem Bücherstaub" zu konservieren. Cabet fährt fort: Écoutez le fameux Mirabeau!"[1], p. 504, Herr Grün sagt: „Hören wir Mirabeau!" p. 292, und zitiert einige der von Cabet hervorgehobenen Stellen, worin Mirabeau sich für gleiche Teilung der Erbschaft unter den Geschwistern ausspricht. Herr Grün ruft aus: „Kommunismus für die Familie!" p. 292. Nach dieser Methode kann Herr Grün sämtliche Bourgeois-Institutionen durchgehen und überall ein Stück Kommunismus finden, so daß sie alle zusammen der vollendete Kommunismus sind. Er kann den Code Napoléon einen Code de la communauté[2] taufen und in den Hurenhäusern, Kasernen und Gefängnissen kommunistische Kolonien entdecken.

Schließen wir diese langweiligen Zitate mit *Condorcet*. Die Vergleichung der beiden Bücher wird dem Leser hier ganz speziell zeigen, wie Herr Grün ausläßt, durcheinanderwirft, bald Titel zitiert, bald nicht, die chronologischen Daten wegläßt, aber genau der Ordnung Cabets folgt, selbst wenn dieser nicht genau nach der Chrono-

---

[1] „Hört den berühmten Mirabeau!"
[2] Gesetzbuch der Gemeinschaft.

564

logie geht, und schließlich es doch nie weiter bringt als zu einem schlecht und ängstlich maskierten Auszuge aus Cabet.

Herr Grün:

„Der radikale Girondist ist *Condorcet.* Er erkennt die Ungerechtigkeit der Besitzverteilung an, er entschuldigt das arme Volk ... wenn das Volk ein wenig diebisch aus Prinzip sei, so liege das an den Institutionen.

In seinem Journal ‚Der soziale Unterricht'... er gestattet sogar große Kapitalisten ...

Condorcet machte bei der Legislative den Antrag, die 100 Millionen der drei emigrierten Prinzen in 100 000 Teile zu verteilen ... organisiert den Unterricht und die *Einrichtung* öffentlicher Unterstützungen." (Vgl. Urtext.)

„In *seinem* Bericht über die öffentliche Erziehung an die Legislative sagt Condorcet: ‚Allen Individuen der menschlichen Gattung die Mittel darbieten, ihre Bedürfnisse zu befriedigen ... das ist der Gegenstand des Unterrichts und die Pflicht einer Staatsgewalt etc.'" (Hier verwandelt Herr Grün den Bericht des Komitees *über* Condorcets Plan in einen Bericht Condorcets.) Grün p. 293, 294.

Cabet:

„Entendez *Condorcet* soutenir dans sa réponse à l'académie de Berlin"... (kommt lange Stelle bei Cabet, schließt:) „‚C'est donc uniquement parce que les institutions sont mauvaises que le peuple est si souvent un peu voleur par principe.'

Écoutez-le dans son journal ‚*L'instruction sociale*'... il tolère même de grands capitalistes." pp.

„Écoutez l'un des chefs Girondins, le philosophe Condorcet, le 6 juillet 1792 à la tribune de l'assemblée législative: ‚Décrétez que les biens des trois princes, français (Louis XVIII, Charles X, et le prince de Condé'" — was Herr Grün wegläßt —) „‚soient sur-le-champ mis en vente ... ils montent à près de 100 millions, et vous remplacerez trois princes par cent mille citoyens ... organisez l'instruction et les *établissements* de secours publics.'

Mais écoutez le comité d'instruction publique présentant à l'assemblée législative *son* rapport sur le plan d'éducation rédigé par Condorcet, 20 avril 1792: ‚L'éducation publique doit offrir à tous les individus les moyens de pourvoir à leurs besoins ... tel doit être le premier but d'une instruction nationale et sous ce point de vue elle est pour la puissance politique un devoir de justice'"[1], pp., p. 502, 503, 505, 509.

---

[1] „Hört *Condorcet* in seiner Antwort an die Berliner Akademie behaupten ‚... Also einzig, weil die Einrichtungen schlecht sind, ist das Volk so oft aus Prinzip ein wenig diebisch.' — Hört ihn in seinem Journal ‚Der soziale Unterricht'... er duldet sogar große Kapitalisten..." — „Hört einen der Girondistenführer, den Philosophen Condorcet, am 6. Juli 1792 auf der Tribüne der

Herr Grün, der durch diese unverschämte Abschreiberei aus Cabet den französischen Arbeitsorganisierern auf historischem Wege das Bewußtsein ihres Wesens beibringt, verfährt nebenbei noch nach dem Prinzip: Divide et impera[1]. Er wirft zwischen die Zitate sogleich sein Endurteil über die Leute, die er soeben aus einer Stelle kennengelernt, ferner einige Phrasen über die französische Revolution, und teilt das Ganze in zwei Hälften durch einige Zitate aus Morelly, der gerade zur rechten Zeit für Herrn Grün durch Villegardelle in Paris en vogue[2] gebracht und von dem die Hauptstellen bereits lange vor Herrn Grün im Pariser „Vorwärts!"[193] übersetzt worden waren. Von der Liederlichkeit, mit der Herr Grün übersetzt, hier nur ein paar eklatante Beispiele:

Morelly:
„L'intérêt rend les cœurs *dénaturés* et répand l'amertume sur les plus doux liens, qu'il change en de pesantes chaînes *que détestent chez nous les époux en se détestant eux-mêmes*."[3]

Herr Grün:
„Das Interesse macht die Herzen *unnatürlich* und verbreitet Bitterkeit über die süßesten Bande, die es in schwere Ketten verwandelt, *welche unsre Gatten verabscheuen und sich selbst dazu*." p. 274.

Reiner Unsinn.

Morelly:
„Notre âme... contracte une soif si furieuse qu'elle *s e suffoque* pour l'étancher."[4]

gesetzgebenden Versammlung: ‚Dekretiert, daß die Güter der drei französischen Prinzen (Ludwig XVIII., Karl X. und des Prinzen von Condé) auf der Stelle zum Verkauf ausgeboten werden... sie belaufen sich auf nahezu 100 Millionen, und ihr werdet drei Prinzen durch hunderttausend Staatsbürger ersetzen... organisiert den Unterricht und öffentliche Unterstützungs*einrichtungen*.' — Aber hört das Komitee für den öffentlichen Unterricht, wie es der gesetzgebenden Versammlung *seinen* Bericht über den von Condorcet entworfenen Erziehungsplan am 20. April 1792 vorlegt: ‚Die öffentliche Erziehung soll allen Individuen die Mittel bieten, ihre Bedürfnisse zu befriedigen... dies muß das erste Ziel eines nationalen Unterrichts sein, und unter diesem Gesichtspunkt ist er eine Pflicht der Gerechtigkeit für die politische Gewalt.'"

[1] Teile und herrsche.
[2] in Mode.
[3] „Das Interesse läßt die Herzen *entarten* und verbreitet Bitterkeit über die süßesten Bande, die es in schwere Ketten verwandelt, *welche bei uns die Gatten verabscheuen, indem sie zugleich sich selbst verabscheuen*."
[4] „Unsere Seele bekommt einen so wütenden Durst, daß sie *s i c h* erstickt, um ihn zu löschen."

Herr Grün:

„Unsere Seele ... bekommt ... einen so wütenden Durst, *daß sie erstickt*, um ihn zu löschen." ibid.

Wieder reiner Unsinn.

Morelly:

„Ceux que *prétendent* régler les mœurs et dicter des lois"[1] pp.

Herr Grün:

„Die, welche *sich dafür ausgeben*, die Sitten zu regeln und Gesetze zu diktieren" pp., p. 275.

Alle drei Fehler aus einem einzigen Passus von Morelly, in 14 Zeilen bei Herrn Grün. Auch in seiner Darstellung Morellys sind große Plagiate aus Villegardelle.

Herr Grün kann seine ganze Weisheit über das achtzehnte Jahrhundert und die Revolution in folgende Worte zusammenfassen:

„Gegen die alte Welt liefen der Sensualismus, der Deismus und der Theismus vereinigt Sturm. Die alte Welt stürzte. Als eine neue Welt erbaut werden sollte, siegte der Deismus in der Konstituante, der Theismus im Konvent, der reine Sensualismus wurde geköpft oder stumm gemacht." p. 263.

Man sieht, wie die philosophische Manier, die Geschichte mit einigen kirchengeschichtlichen Kategorien abzufertigen, bei Herrn Grün auf der Stufe der tiefsten Erniedrigung, der bloßen belletristischen Phrase steht; wie sie nur dazu dient, die Arabeske seiner Plagiate zu bilden. Avis aux philosophes![2]

Wir übergehen, was Herr Grün über den Kommunismus sagt. Die historischen Notizen sind aus Cabets Broschüren abgeschrieben, die „Voyage en Icarie" in der vom wahren Sozialismus adoptierten Weise aufgefaßt (vgl. „Bürgerbuch" und „Rheinische Jahrb[ücher]").[194] Herr Grün beweist seine Kenntnis der französischen und zugleich der englischen Zustände dadurch, daß er Cabet den „kommunistischen O'Connell von Frankreich" nennt, p. 382, und sagt dann:

„Er wäre imstande, mich hängen zu lassen, wenn er die Gewalt dazu hätte und wüßte, was ich über ihn denke und schreibe. Diese Agitatoren sind für Unsereins gefährlich, weil sie *borniert* sind." p. 382.

---

[1] „Die, welche *sich anmaßen*, die Sitten zu regeln und Gesetze zu diktieren".
[2] Warnung an die Philosophen!

Proudhon

„Herr Stein hat sich selbst das glänzendste Armutszeugnis ausgestellt, da er diesen Proudhon en bagatelle[1] behandelte" (vgl. „Einundzw[anzig] Bogen", p. 84). „Es gehört freilich etwas mehr als Hegelscher abgekochter Kohl dazu, um diese inkarnierte Logik zu verfolgen." p. 411.

Einige wenige Beispiele mögen zeigen, daß Herr Grün auch in diesem Abschnitte sich treu bleibt.

Er übersetzt von p. 437—444 einige Auszüge aus den nationalökonomischen Beweisen Proudhons, daß das Eigentum unmöglich sei, und ruft am Ende aus:

„Dieser Kritik des Eigentums, welche die *vollständige Auflösung* desselben ist, brauchen wir nichts hinzuzufügen! Wir wollen hier nicht eine neue Kritik schreiben, welche wieder die Gleichheit der Produktion, die Vereinzelung der gleichen Arbeiter aufhöbe. Schon oben habe ich das Nötige angedeutet, das Übrige" (was Herr Grün nämlich nicht angedeutet hat) „wird sich beim Wiederaufbau der Gesellschaft, bei der Gründung der wahren Besitzverhältnisse finden." p. 444.

So sucht Herr Grün dem Eingehen auf die nationalökonomischen Entwicklungen Proudhons zu entschlüpfen und zugleich sich darüber zu erheben. Proudhons sämtliche Beweise sind falsch, doch das wird sich für Herrn Grün finden, sobald es von Andern nachgewiesen ist.

Die in der „Heiligen Familie" gegebenen Bemerkungen über Proudhon, namentlich, daß Proudhon die Nationalökonomie vom nationalökonomischen, das Recht vom juristischen Standpunkte aus kritisiere, werden von Herrn Grün abgeschrieben. Er hat indes so wenig verstanden, w[or]u[m] es sich handelte, daß er die [ei]gentliche Pointe wegläßt, [nämlich] daß Proudhon die *Illusi*[*onen der*] Juristen und Ökonomen ge[genüber] ihrer Praxis geltend m[acht, und] rein sinnlos[e Phrasen] für den obigen Satz gibt.

Das Wichtigste in Proudhons Buch „De la création de l'ordre dans l'humanité" ist seine dialectique sérielle[2], der Versuch, eine Methode des Denkens zu geben, wodurch an die Stelle der selbständigen Gedanken der Denk*prozeß* tritt. Proudhon sucht von französischem Standpunkte aus nach einer Dialektik, wie Hegel sie wirklich gegeben hat. Die Verwandtschaft mit Hegel ist hier also realiter

---

[1] als eine Null.
[2] Seriendialektik.

568

vorhanden, nicht durch phantastische Analogie. Hier war es also leicht, eine Kritik der Proudhonschen Dialektik zu geben, wenn man mit der Kritik der Hegelschen fertig geworden war. Dies war aber um so weniger von den wahren Sozialisten zu verlangen, als der von ihnen sich vindizierte Philosoph Feuerbach damit nicht zustande gekommen war. Herr Grün sucht auf eine wirklich drollige Weise seine Aufgabe zu eskamotieren. Gerade an der Stelle, wo er sein deutsches schweres Geschütz spielen lassen sollte, reißt er aus mit einer unanständigen Gebärde. Er füllt erst einige Blätter mit Übersetzungen aus und erklärt dem Proudhon dann mit breitspuriger belletristischer captatio benevolentiae[1], daß er mit seiner ganzen dialectique sérielle nur *den Gelehrten spielen wolle*. Er sucht ihn freilich durch den Zuruf zu trösten:

„Ach, mein lieber Freund, was das *Gelehrt*-" (und „Privatdozent-)sein anbetrifft, so täusche dich nicht. Wir haben *Alles wieder verlernen* müssen, was uns unsre Scholarchen und Universitätsmaschinen" (mit Ausnahme von Stein, Reybaud und Cabet) „mit so unendlicher Mühe, mit so vielem Widerwillen von ihrer und von unsrer Seite beizubringen suchten." p. [457.]

Zum Beweise, daß Herr Grün jetzt nicht mehr „mit so unendlicher Mühe", wenn auch vielleicht noch mit eben „so vielem Widerwillen" lernt, beginnt er seine sozialistischen St[ud]ien und Briefe in Paris am 6. November [und] hat bis zum nächsten 20. Januar [nicht] nur die *Studien*, sondern auch [die *Darstellung* de]s „wahren Gesamteindrucks des vollstän[dig]en Verlaufs mit Notwendigkeit" voll[en]det.

---

[1] [mit breitspurigem belletristischem] Jagen nach Popularität.

569

V

„Der Dr. Georg Kuhlmann aus Holstein"
oder
Die Prophetie des wahren Sozialismus
„Die Neue Welt
oder
das Reich des Geistes auf Erden. Verkündigung"[195]

„Es fehlte an einem Manne", heißt es im Vorworte, „in dessen Munde all unser Leiden und all unser Sehnen und Hoffen, mit einem Worte Alles, was unsre Zeit im Innersten bewegt, zur Sprache würde. Und der mußte mitten in diesem Drängen und Ringen des Zweifels und der Sehnsucht hervortreten aus der Einsamkeit des Geistes mit der Lösung des Rätsels, das uns alle in so lebendigen Bildern umringt. Dieser Mann, den unsre Zeit erwartet — er ist aufgetreten. *Es ist der Dr. Georg Kuhlmann aus Holstein.*"

August Becker, der Verfasser dieser Zeilen, ließ sich also von einem sehr einfältigen Geiste und sehr zweideutigen Charakter in den Kopf setzen, es sei noch kein einziges Rätsel gelöst, noch keine einzige Tatkraft geweckt — die kommunistische Bewegung, welche bereits alle zivilisierten Länder ergriffen hat, sei eine taube Nuß, deren Kern nicht zu entdecken, ein Weltei, das vom großen Welthuhn ohne Hahn gezeugt worden — der wahre Kern und der eigentliche Hahn im Korbe: das sei der Doktor Georg Kuhlmann aus Holstein! ...

Dieser große Welthahn ist aber ein ganz gewöhnlicher Kapaun, der sich einige Zeit von den deutschen Handwerkern in der Schweiz füttern ließ und seinem Schicksale nicht entgeht.

Nicht, als ob wir den Doktor Kuhlmann aus Holstein für einen ganz ordinären Charlatan und schlauen Betrüger hielten, der selbst nicht an die Heilkraft seiner Lebenstinktur glaubt und mit seiner ganzen Makrobiotik nur bezweckt, seine eigne Person dem Leben zu erhalten — nein, wir wissen es sehr wohl, dieser inspirierte Doktor ist ein *spiritualistischer* Charlatan, ein *frommer* Betrüger, ein *mystischer* Schlaukopf, der aber, wie seine ganze Spezies, in der Wahl der Mittel nicht allzu gewissenhaft verfährt, weil mit seinem heiligen Zwecke seine Person innig verwachsen ist. Die heiligen Zwecke sind nämlich immer mit den heiligen Personen auf das Innigste verwachsen; denn sie sind *rein* idealistischer Natur und haben ihre Existenz *nur* in den *Köpfen*. Alle Idealisten, die philosophischen wie die religiösen, die alten wie die modernen, glauben an Inspirationen, an Offenbarungen, an Heilande, an Wundermänner, und es hängt nur von der Stufe ihrer Bildung ab, ob dieser Glaube eine rohe, religiöse oder eine gebildete, philosophische Gestalt annimmt, wie es nur von dem Maße ihrer Energie, ihrem Charakter, ihrer gesellschaftlichen Stellung usw. abhängt, ob sie sich passiv oder aktiv zum Wunderglauben verhalten, d. h. Wunderschäfer oder Schafe sind, ob sie ferner theoretische oder praktische Zwecke dabei verfolgen.

Kuhlmann ist ein sehr energischer Mann und nicht ohne philosophische Bildung; er verhält sich keineswegs passiv zum Wunderglauben und verfolgt dabei sehr praktische Zwecke.

August Becker teilt nur mit Kuhlmann die nationale Gemütskrankheit. Der gute Mann „bedauert die, welche es nicht über sich bringen können, einzusehen, daß der Wille und Gedanke der Zeit immer nur von Einzelnen ausgesprochen werden kann". Für den Idealisten hat jede weltumgestaltende Bewegung ihre Existenz nur im Kopfe eines Auserwählten, und das Schicksal der Welt hängt davon ab, ob dieser eine Kopf, der alle Weisheit als Privateigentümer besitzt, durch irgendeinen realistischen Stein tödlich verletzt wird, bevor er seine Offenbarungen von sich gegeben. „Oder wäre dem nicht so?" fügt August Becker herausfordernd hinzu. „Setzet alle Philosophen und Theologen der Zeit zusammen und laßt sie raten und abstimmen, und dann sehet, was da herauskommt!"

Die ganze historische Entwicklung reduziert sich für den Ideologen auf die theoretischen Abstraktionen der historischen Entwicklung, wie sie in den „Köpfen" aller „Philosophen und Theologen der Zeit" sich gebildet haben, und da man alle die „Köpfe" unmöglich „zusammensetzen" und „raten und abstimmen" lassen kann, so muß es Einen heiligen Kopf geben, der die Spitze von allen jenen philosophischen und theologischen Köpfen bildet, und dieser *Spitzkopf* ist die spekulative *Einheit* jener *Dickköpfe* — der Erlöser.

572

Dieses Kopfsystem ist so alt wie die ägyptischen Pyramiden, mit denen es mancherlei Ähnlichkeit hat, und so neu wie die preußische Monarchie, in deren Hauptstadt es kürzlich wieder verjüngt auferstand. Die idealistischen Dalai-Lamas haben das mit dem wirklichen gemein, daß sie sich einreden möchten, die Welt, aus der sie ihre Nahrung ziehen, könne ohne ihre heiligen Exkremente nicht bestehen. Sobald diese idealistische Tollheit *praktisch* wird, tritt alsbald ihr *bösartiger* Charakter an den Tag, ihre pfäffische Herrschsucht, ihr religiöser Fanatismus, ihre Charlatanerie, ihre pietistische Heuchelei, ihr frommer Betrug. Das Wunder ist die *Eselsbrücke* aus dem Reiche der Idee zur *Praxis*. Herr Dr. Georg Kuhlmann aus Holstein ist eine solche Eselsbrücke — er ist inspiriert — und es kann daher nicht fehlen, daß sein Zauberwort die stabilsten Berge versetzt; das ist ein Trost für die geduldigen Geschöpfe, die nicht genug Energie in sich verspüren, diese *Berge* durch *natürliches Pulver* zu sprengen, eine Zuversicht für die Blinden und Zaghaften, welche den materiellen Zusammenhang in den mannigfaltig zersplitterten Erscheinungen der revolutionären Bewegung nicht sehen können.

„Es fehlte bisher", sagt August Becker, „an einem Vereinigungspunkt."

Der heilige Georg überwindet mit leichter Mühe alle realen Hindernisse, indem er alle realen Dinge in Ideen verwandelt und sich als die spekulative Einheit derselben konstruiert, wodurch er sie zu „regieren und ordnen" vermag:

„Die *Gesellschaft der Ideen* ist die Welt. Und ihre Einheit *ordnet und regiert* die Welt." (138.)

In dieser „*Gesellschaft der Ideen*" schaltet und waltet unser Prophet nach Herzenslust.

„Da wollen wir, geführt von unsrer eignen Idee, umherwandeln und Alles bis ins Einzelne betrachten, soweit es unsre Zeit erfordert." (138.)

Welch eine spekulative Einheit des Unsinns!

Aber das Papier ist geduldig, und das deutsche Publikum, dem der Prophet seine Orakelsprüche vortrug, wußte von der philosophischen Entwickelung des eignen Vaterlandes so wenig, daß es nicht einmal merkte, wie der große Prophet in seinen spekulativen Orakelsprüchen nur die verkommensten philosophischen Phrasen wiederholt und sie für seine praktischen Zwecke zurechtgemacht hat.

573

Wie die medizinischen Wundermänner und Wunderkuren auf der Unbekanntschaft mit den Gesetzen der *natürlichen,* so fußen die *sozialen* Wundermänner und Wunderkuren auf der Unbekanntschaft mit den Gesetzen der *sozialen* Welt — und der Wunderdoktor aus Holstein ist eben der *sozialistische Wunderschäfer* aus Niederempt.

Dieser Wunderschäfer eröffnet zunächst seinen Schafen:

„Ich sehe vor mir eine Versammlung *Auserwählter,* die *mir vorangegangen,* durch Wort und Tat zu wirken für das Heil der Zeit, und nun gekommen sind, zu hören, was *ich* über das Wohl und Wehe der Menschheit reden werde."

„Viele schon haben in ihrem Namen geredet und geschrieben; noch aber hat *Niemand* ausgesprochen, woran sie eigentlich leidet, was sie hoffet und erwartet und wie sie das erreichen kann. Das aber ist es, was *ich* tun will."

Und seine Schafe glauben ihm das.

Im ganzen Werke dieses „heiligen Geistes", der bereits veraltete, sozialistische Theorien auf die kahlsten, allgemeinsten Abstraktionen reduziert, ist kein einziger origineller Gedanke. Selbst in der Form, im Stil ist nichts Originelles. Der heilige Stil der Bibel ist schon von Andern glücklicher nachgeahmt worden. Kuhlmann hat sich in dieser Beziehung Lamennais zum Muster genommen. Aber er ist nur die Karikatur Lamennais'. Wir wollen unsern Lesern hier eine Probe von den Schönheiten seines Stils geben:

„Sagt mir erstens, wie wird Euch zumute, wenn Ihr daran denkt, was aus Euch werden soll in alle Ewigkeit?

Viele lachen zwar und sagen: ‚Was kümmert mich die Ewigkeit?'

Andre reiben sich die Augen aus und fragen: ‚Ewigkeit — was ist das?...'

Wie ist Euch ferner, wenn Ihr an die Stunde denkt, wo Euch das Grab verschlingen wird?"

„Und ich höre viele Stimmen." — Darunter eine, welche also spricht:

„Man lehrt in neuester Zeit, der Geist sei ewig, er werde im Tode nur wieder aufgelöst in Gott, von dem er ausgegangen sei. Die aber solches lehren, können mir nicht sagen, was dann von mir übrigbleibt. O, daß ich nie geboren wäre! Und gesetzt, ich daure fort — o, meine Eltern, meine Schwestern, meine Brüder, meine Kinder und Alle, die ich liebe, werd' ich Euch dann jemals wiedersehen? O, hätt' ich Euch nie gesehen!" usw.

„Wie wird Euch ferner, wenn Ihr denkt an die Unendlichkeit?" ...

Es wird uns übel, Herr Kuhlmann — nicht vor dem Gedanken des *Todes,* sondern vor Ihrer *Phantasie* des Todes, vor Ihrem *Stil,* vor Ihren *armseligen Mitteln,* auf die *Gemüter* zu wirken!

„Wie wird Dir zumute", lieber Leser, wenn Du einen *Pfaffen* hörst, der seinen Schafen die Hölle recht heiß und das Gemüt recht

574

weich macht, dessen ganze Beredsamkeit sich darauf beschränkt, die *Tränendrüsen* seiner Zuhörer in Aktivität zu setzen, und der nur auf die *Feigheit* seiner Gemeinde spekuliert?

Was den mageren *Inhalt* der „Verkündigung" betrifft, so läßt sich zunächst die erste Abteilung oder die Einleitung in die „Neue Welt" auf den einfachen Gedanken reduzieren, daß Herr *Kuhlmann* aus Holstein gekommen ist, um das „Reich des Geistes", das „Himmelreich" auf Erden, zu gründen, daß kein Mensch vor ihm gewußt habe, was die eigentliche Hölle und was der eigentliche Himmel — das nämlich jene die bisherige, dieser die zukünftige Gesellschaft, das „Reich des Geistes" — und er selbst der ersehnte heilige „Geist" sei...

Alle diese großen Gedanken sind nicht gerade ganz originelle Gedanken des heiligen Georg, und er hätte sich nicht von Holstein nach der Schweiz zu bemühen und aus der „Einsamkeit des Geistes" zu den Handwerkern herabzulassen und sich zu „offenbaren" nötig gehabt, um der „Welt" dieses „Gesicht" zu zeigen.

Daß aber der Herr Dr. *Kuhlmann aus Holstein* der „ersehnte heilige Geist", dieser Gedanke ist allerdings sein ganz ausschließliches Privateigentum und wird es bleiben.

Die heilige Schrift unsres St. Georg nimmt nun, wie er dieses selbst „offenbart", folgenden Verlauf:

„Sie wird eröffnen", sagt er, „das Reich des Geistes in irdischer Gestalt, damit Ihr schauet dessen Herrlichkeit und sehet, daß kein ander Heil ist als im Reich des Geistes. Auf der anderen Seite wird sie *enthüllen* Euer Jammertal, damit Ihr Euer Elend schauet und erkennt den Grund aller Eurer Leiden. Dann werde ich den *Weg* zeigen, der hinüberführt aus dieser kummervollen Gegenwart in eine freudenvolle Zukunft. Zu diesem Ende folget mir im Geist auf eine *Höhe*, von wannen wir eine freie Aussicht haben in die weite Gegend."

Der Prophet läßt uns also zunächst seine „*schöne* Gegend", sein *Himmelreich*, schauen. Wir sehen nichts als ein erbärmlich in Szene gesetztes Mißverständnis des Saint-Simonismus in karikiertem Lamennaisschem Kostüm, verbrämt mit Erinnerungen aus Herrn Stein.

Wir zitieren nun die wichtigsten Offenbarungen aus dem *Himmelreich*, welche die prophetische Methode konstatieren. Z. B. Seite 37:

„Die Wahl *ist frei und richtet sich* nach eines Jeden Neigung. Die Neigung *richtet sich* nach seinen Anlagen."

„Wenn in der Gesellschaft", orakelt St. Georg, „Jeder seiner Neigung folgt, so werden alle ihre Anlagen insgesamt entwickelt, und *wenn dieses ist*, so wird auch stets hervorgebracht, was Alle insgesamt bedürfen, im Reich des Geistes wie im Reich der Materie. Denn die Gesellschaft besitzt stets so viele Anlagen und Kräfte, als sie Bedürfnisse hat" ... „Les attractions sont proportionelles aux Destinées"[1], vergleiche auch Proudhon.

Der Herr Kuhlmann unterscheidet sich hier von den Sozialisten und Kommunisten nur durch ein *Mißverständnis*, dessen Grund in der Verfolgung seiner *praktischen Zwecke* und ohne Zweifel auch in seiner Borniertheit zu suchen ist. Er verwechselt die *Verschiedenheit* der Anlagen und Fähigkeiten mit der *Ungleichheit* des *Besitzes* und des vom Besitze bedingten *Genusses* und *polemisiert* daher gegen den *Kommunismus*.

„Niemand soll da" (nämlich im Kommunismus) „*einen Vorzug* haben vor dem Andern", eifert der Prophet, „Niemand *mehr besitzen* und *besser leben* als der Andre ... Und wenn Ihr daran Zweifel heget und nicht einstimmt in ihr Geschrei, dann schmähen sie, verdammen und verfolgen Euch und hängen Euch an den Galgen." (p. 100.)

Kuhlmann prophezeit zuweilen doch ganz richtig.

„In ihrer Reihe stehen darauf Alle, die da rufen: Weg mit der Bibel! Weg vor Allem mit der christlichen Religion, denn es ist die Religion der Demut und der knechtischen Gesinnung! Weg überhaupt mit allem Glauben! Wir wissen nichts von Gott noch von Unsterblichkeit. Das sind nur Hirngespinste, zu ihrem Vorteil ausgebeutet" (soll heißen: die von den Pfaffen zu ihrem Vorteil ausgebeutet werden) „und fortgesponnen von Lügnern und Betrügern. Fürwahr, wer noch an solche Dinge glaubt, der ist der größte Narr!"

Kuhlmann polemisiert namentlich heftig gegen die prinzipiellen Widersacher der Lehre vom *Glauben*, von der *Demut* und *Ungleichheit*, d. h. dem „*Unterschied des Standes und der Geburt*".

Auf die niederträchtige Lehre der prädestinierten Sklaverei, die, in der Kuhlmannschen Weise ausgedrückt, stark an *Friedrich Rohmer* erinnert — auf die theokratische Hierarchie und in letzter Instanz auf seine *eigne heilige Person* begründet er seinen Sozialismus!

„Jeder Zweig der Arbeit", heißt es p. 42, „wird geleitet vom Geschicktesten, der selber mitarbeitet, und jeder Zweig im Reiche des Genusses vom *Vergnügtesten*, der selber mitgenießet. Wie aber die Gesellschaft ungeteilt ist und nur *einen* Geist hat, so wird die ganze Ordnung nur von *einem* Menschen geleitet und regiert. Und dieses ist der *Weiseste*, der *Tugendhafteste* und *Seligste*."

---

[1] „Die Neigungen sind den Bestimmungen proportional".[196]

Seite 34 erfahren wir:

„Wenn der Mensch im *Geist* nach *Tugend* strebt, so *reget* und *bewegt* er seine *Glieder* und entwickelt und bildet und gestaltet Alles an und außer sich nach seinem Wohlgefallen. Und wenn er sich im Geiste *wohlbefindet*, so muß er es *empfinden* an Allem, was da an ihm leibt und lebt. *Daher ißt* und *trinkt* der Mensch und läßt sich's *schmecken*; *daher singt* und *spielt* und *tanzt* er und *küßt* und *weint* und *lacht*."

Der Einfluß der *Anschauung Gottes* auf den *Appetit* und der *geistigen Seligkeit* auf den *Geschlechtstrieb* ist zwar auch nicht eben das Privateigentum des Kuhlmannismus; aber er enthüllt doch manche *dunkle Stelle* im *Propheten*.

Z. B. p. 36. „Beides" (Besitz und Genuß) „richtet sich nach seiner" (nämlich des Menschen) „Arbeit. Diese ist der Maßstab seiner Bedürfnisse." (So verdreht Kuhlmann den Satz, daß die kommunistische *Gesellschaft im Ganzen* stets so viele Anlagen und Kräfte als Bedürfnisse hat.) „Denn die Arbeit ist die Äußerung der Ideen und der Triebe. Und darin ruhen die Bedürfnisse. *Da aber die Anlagen und Bedürfnisse der Menschen stets verschieden sind und so verteilt, daß jene nur entwickelt und diese nur befriedigt werden können, wenn Einer stets für Alle schafft und das Erzeugnis Aller ausgewechselt und verteilt wird nach Verdienst*" — (?) — „*so empfängt Jeder nur den Wert* für seine Arbeit."

Dieser ganze tautologische Galimathias wäre — wie die folgenden Sätze und wie noch viele andere, mit denen wir den Leser verschonen — trotz der von A. Becker gerühmten „erhabenen *Einfachheit* und *Klarheit*" der „Offenbarung" schlechterdings *undurchdringlich*, wenn man nicht in den *praktischen Zwecken*, die der Prophet verfolgt, einen *Schlüssel* hätte. Es wird sogleich Alles verständlich sein.

„Der Wert" — orakelt Herr K[uhlmann] weiter — „bestimmt sich selbst nach dem Bedürfnis Aller." (?) „Im Wert ist eines Jeden Arbeit stets enthalten, und dafür" (?) „kann er sich verschaffen, was sein Herz nur wünschen mag."

„Sehet, meine Freunde", heißt es p. 39, „die Gesellschaft wahrer Menschen betrachtet das *Leben* stets als eine *Schule* ... um sich ... zu *erziehen*. Und *dabei will* sie *selig* sein. Solches" (?) „aber muß *erscheinen* und sichtbar werden" (?), „sonst ist es" (?) „nicht *möglich*."

Was Herr Georg Kuhlmann aus Holstein damit sagen will, daß „solches" (das Leben? oder die Seligkeit?) „erscheinen" und „sichtbar" werden müsse, weil „es" sonst nicht „möglich" sei — daß die „Arbeit" im „Wert enthalten" sei und man sich dafür (wofür?) verschaffen könne, was das Herz wünscht — daß endlich der „Wert" nach dem „Bedürfnis" sich selbst bestimme: ist wiederum nicht abzusehen, wenn man die *Pointe* der ganzen Offenbarung, die *praktische Pointe*, außer acht läßt.

Versuchen wir daher eine praktische Erklärung.

Der heilige Georg Kuhlmann aus Holstein hat, wie wir von August Becker erfahren, im Vaterlande kein Glück gemacht. Er kommt nach der Schweiz und findet hier eine ganz „neue Welt": die kommunistischen Gesellschaften der deutschen Handwerker. Das ist ihm schon recht – und er macht sich sofort an den Kommunismus und die Kommunisten. Er hat immer, wie August Becker uns erzählt, „unablässig daran gearbeitet, seine Lehre *weiter*zubilden und sie auf die *Höhe* der großen Zeit zu *erheben*", d. h., er wurde unter den Kommunisten ad majorem Dei gloriam[1] Kommunist. So weit ging Alles ganz gut.

Nun aber besteht eines der wesentlichsten Prinzipien des Kommunismus, wodurch er sich von jedem reaktionären Sozialismus unterscheidet, in der auf die Natur des Menschen begründeten empirischen Ansicht, daß die Unterschiede des *Kopfes* und der intellektuellen Fähigkeiten überhaupt keine Unterschiede des *Magens* und der physischen *Bedürfnisse* bedingen; daß mithin der falsche, auf unsre bestehenden Verhältnisse begründete Satz: „Jedem nach seinen Fähigkeiten", sofern er sich auf den Genuß im engeren Sinne bezieht, umgewandelt werden muß in den Satz: *Jedem nach Bedürfnis*; daß, mit andern Worten, die *Verschiedenheit* in der Tätigkeit, in den Arbeiten, keine *Ungleichheit*, kein *Vorrecht* des Besitzes und Genusses begründet.

Das konnte der Prophet nicht zugeben; denn das Vorrecht, der Vorzug, das Auserwähltsein vor andern ist eben der *Kitzel* des Propheten. „Solches aber muß erscheinen und sichtbar werden, sonst ist es nicht möglich." Ohne praktischen Vorzug, ohne *fühlbaren Kitzel* wäre eben der Prophet kein Prophet, kein *praktischer*, sondern nur ein *theoretischer* Gottesmann, ein *Philosoph*. Der Prophet muß also den Kommunisten begreiflich machen, daß die Verschiedenheit der *Tätigkeit*, der *Arbeit*, eine Verschiedenheit des *Wertes* und der *Seligkeit* (oder des Genusses, Verdienstes, Vergnügens, was Alles dasselbe) begründe, und daß, da Jeder seine *Seligkeit*, wie seine *Arbeit*, selbst bestimme, folglich *er*, der Prophet – dieses ist die

---
[1] zum höheren Ruhme Gottes.

578

praktische Pointe der Offenbarung — ein *besseres Leben* zu beanspruchen habe als der *gemeine Handwerker*[1].

Hiernach werden alle dunklen Stellen des Propheten klar: daß der „Besitz" und „Genuß" eines Jeden sich nach seiner „Arbeit" richte; daß die „Arbeit" des Menschen der Maßstab seiner „*Bedürfnisse*" sei; daß alsdann Jeder den „Wert" für seine Arbeit empfange; daß der „Wert" sich nach dem „Bedürfnis" *selbst* bestimme; daß eines Jeden Arbeit im Werte „enthalten" sei und er sich dafür, was sein „Herz" verlangt, verschaffen kann; daß endlich die „Seligkeit" des Auserwählten „erscheinen und sichtbar werden" müsse, weil sie sonst nicht „möglich" ist. All dieser Unsinn wird jetzt begreiflich.

Wir wissen nicht, wie weit die praktischen Ansprüche des Dr. Kuhlmann den Handwerkern gegenüber in der Wirklichkeit gehen. Wir wissen aber, daß seine Lehre das Grunddogma aller geistlichen und weltlichen Herrschsucht, der mystische Schleier aller muckerhaften Genußsucht, die Beschönigung jeder Niederträchtigkeit und die Quelle vieler Verrücktheiten ist.

Wir dürfen nicht unterlassen, dem Leser noch den Weg zu zeigen, der, nach Herrn Kuhlmann aus Holstein, „hinüberführt aus dieser kummervollen Gegenwart in eine freudenvolle Zukunft". Dieser Weg ist lieblich und ergötzlich wie der Frühling in einem Blumengefilde — oder wie ein Blumengefilde im Frühling.

„Sanft und leise — mit warmer Hand — und treibet Knospen — aus den Knospen werden Blüten — und ruft die Lerche und die Nachtigall — und weckt die Grille im Grase. Wie der Frühling, so komme daher die neue Welt." (p. 114 sq.)

Wahrhaft idyllisch malt der Prophet den Übergang aus der jetzigen sozialen Isolierung in die Gemeinschaft. Wie er die wirkliche Gesellschaft in eine „Gesellschaft von Ideen" verwandelt, um, „geführt von der eignen Idee, darin umherzuwandeln und Alles bis ins Einzelne betrachten zu können, soweit es seine Zeit erfordert", ebenso verwandelt er die wirkliche soziale Bewegung, die schon in allen zivilisierten Ländern sich als Vorläuferin einer furchtbaren Umwälzung der Gesellschaft ankündigt — in eine *gemütliche* und *stille Bekehrung*, in ein *Stilleben*, bei dem die Besitzer und Beherrscher der Welt *sehr ruhig* schlafen können. Die *theoretischen Ab-*

---

[1] [Fußnote von Marx:] In einer nicht gedruckten Vorlesung hat der Prophet dieses übrigens *unverhüllt* ausgesprochen.

straktionen der wirklichen Begebenheiten, ihre ideellen Zeichen, sind für den Idealisten die *Wirklichkeit* — die *wirklichen Begebenheiten* nur „ *Zeichen*, daß die alte Welt zu Grabe geht".

„Was greift Ihr so ängstlich nach den Erscheinungen des Tages", grollt der Prophet p. 118, „die nichts weiter sind als Zeichen, daß die *alte* Welt zu Grabe geht, und vergeudet Eure Kräfte auf Bestrebungen, die Eure Hoffnungen und Erwartungen nicht erfüllen können?"

„Ihr sollet nicht niederreißen und zerstören, was Euch da im Wege stehet, sondern es umgehen und verlassen. Und wenn Ihr es umgangen und verlassen habt, dann höret es von selber auf, denn es findet keine Nahrung mehr."

„Wenn Ihr die Wahrheit suchet und das Licht verbreitet, so verschwindet unter Euch die Lüge und die Finsternis." (p. 116.)

„Es werden aber Viele sagen: ‚Wie sollen wir ein neues Leben gründen, solange die alte Ordnung noch besteht, die uns daran verhindert? Müßte sie nicht erst zerstört werden?' — ‚Nimmermehr', antwortet der Weiseste, Tugendhafteste und Seligste, ‚nimmermehr. Wenn Ihr mit Andern in einem Hause wohnt, das morsch geworden ist und Euch zu eng und unbequem, und die Andern wollen darin wohnen bleiben, so brechet Ihr's nicht ab und wohnt unter freiem Himmel, sondern bauet erst ein neues, und wenn es fertig ist, da zieht Ihr ein und überlaßt das alte seinem Schicksal.'" (p. 120.)

Der Prophet gibt nun zwei Seiten lang Regeln, wie man sich in die neue Welt *hineinschleichen* kann. Dann wird er kriegerisch.

„Es ist aber nicht genug, daß Ihr zusammenstehet und der alten Welt entsagt — Ihr werdet auch die Waffen wider sie gebrauchen, um sie zu bekämpfen, und Euer Reich erweitern und verstärken. *Doch nicht auf dem Wege der Gewalt, sondern auf dem Wege der freien Überzeugung.*"

Sollte man aber *dennoch* dazu kommen, daß man ein *wirkliches* Schwert ergreifen und das *wirkliche* Leben daransetzen müßte, um „den Himmel zu erobern mit Gewalt", dann verspricht der Prophet seiner heiligen Schar eine russische Unsterblichkeit (die Russen glauben in ihren respektiven Ortschaften wieder lebendig aufzustehen, wenn sie im Kriege vom Feinde getötet werden):

„Und die da fallen auf dem Wege, werden neu geboren werden und schöner auferblühen, denn sie vorher waren. Darum" (darum) „sorget nicht für Euer Leben und fürchtet nicht den Tod." (129.)

Also auch im Kampfe mit *wirklichen* Waffen, beruhigt der Prophet seine heilige Schar, braucht Ihr Euer Leben nicht *wirklich*, sondern nur zum *Scheine* einzusetzen.

Die Lehre des Propheten ist in jedem Sinne *beruhigend*, und man kann sich nach diesen Proben seiner heiligen Schrift gewiß nicht über den Beifall wundern, den sie bei einigen *gemütlichen Schlafmützen* gefunden hat.

Beilagen

Karl Marx

[Thesen über Feuerbach] [197]

1

Der Hauptmangel alles bisherigen Materialismus — den Feuerbachschen mit eingerechnet — ist, daß der Gegenstand, die Wirklichkeit, Sinnlichkeit, nur unter der Form des *Objekts* oder der *Anschauung* gefaßt wird; nicht aber als *menschliche sinnliche Tätigkeit, Praxis*, nicht subjektiv. Daher geschah es, daß die *tätige* Seite, im Gegensatz zum Materialismus, vom Idealismus entwickelt wurde — aber nur abstrakt, da der Idealismus natürlich die wirkliche, sinnliche Tätigkeit als solche nicht kennt. Feuerbach will sinnliche, von den Gedankenobjekten wirklich unterschiedene Objekte; aber er faßt die menschliche Tätigkeit selbst nicht als *gegenständliche* Tätigkeit. Er betrachtet daher im „Wesen des Christenthums" nur das theoretische Verhalten als das echt menschliche, während die Praxis nur in ihrer schmutzig-jüdischen Erscheinungsform gefaßt und fixiert wird. Er begreift daher nicht die Bedeutung der „revolutionären", der „praktisch-kritischen" Tätigkeit.

2

Die Frage, ob dem menschlichen Denken gegenständliche Wahrheit zukomme, ist keine Frage der Theorie, sondern eine *praktische* Frage. In der Praxis muß der Mensch die Wahrheit, das heißt die Wirklichkeit und Macht, die Diesseitigkeit seines Denkens beweisen. Der Streit über die Wirklichkeit oder Nichtwirklichkeit eines Denkens, das sich von der Praxis isoliert, ist eine rein *scholastische* Frage.

3

Die materialistische Lehre, daß die Menschen Produkte der Umstände und der Erziehung, veränderte Menschen also Produkte anderer Umstände und geänderter Erziehung sind, vergißt, daß die Umstände eben von den Menschen verändert werden und daß der Erzieher selbst erzogen werden muß. Sie kommt daher mit Notwendigkeit dahin, die Gesellschaft in zwei Teile zu sondern, von denen der eine über der Gesellschaft erhaben ist. (Z. B. bei Robert Owen.)

Das Zusammenfallen des Änderns der Umstände und der menschlichen Tätigkeit kann nur als *umwälzende Praxis* gefaßt und rationell verstanden werden.

4

Feuerbach geht aus von dem Faktum der religiösen Selbstentfremdung, der Verdoppelung der Welt in eine religiöse, vorgestellte und eine wirkliche Welt. Seine Arbeit besteht darin, die religiöse Welt in ihre weltliche Grundlage aufzulösen. Er übersieht, daß nach Vollbringung dieser Arbeit die Hauptsache noch zu tun bleibt. Die Tatsache nämlich, daß die weltliche Grundlage sich von sich selbst abhebt und sich, ein selbständiges Reich, in den Wolken fixiert, ist eben nur aus der Selbstzerrissenheit und dem Sichselbst-Widersprechen dieser weltlichen Grundlage zu erklären. Diese selbst muß also erstens in ihrem Widerspruch verstanden und sodann durch Beseitigung des Widerspruchs praktisch revolutioniert werden. Also z. B., nachdem die irdische Familie als das Geheimnis der heiligen Familie entdeckt ist, muß nun erstere selbst theoretisch kritisiert und praktisch umgewälzt werden.

5

Feuerbach, mit dem *abstrakten Denken* nicht zufrieden, appelliert an die *sinnliche Anschauung*; aber er faßt die Sinnlichkeit nicht als *praktische* menschlich-sinnliche Tätigkeit.

6

Feuerbach löst das religiöse Wesen in das *menschliche* Wesen auf. Aber das menschliche Wesen ist kein dem einzelnen Individuum innewohnendes Abstraktum. In seiner Wirklichkeit ist es das Ensemble der gesellschaftlichen Verhältnisse.

584

Feuerbach, der auf die Kritik dieses wirklichen Wesens nicht eingeht, ist daher gezwungen:
1. von dem geschichtlichen Verlauf zu abstrahieren und das religiöse Gemüt für sich zu fixieren und ein abstrakt — *isoliert* — menschliches Individuum vorauszusetzen;
2. kann bei ihm daher das menschliche Wesen nur als „*Gattung*", als innere, stumme, die vielen Individuen bloß *natürlich* verbindende Allgemeinheit gefaßt werden.

7

Feuerbach sieht daher nicht, daß das „religiöse Gemüt" selbst ein *gesellschaftliches Produkt* ist und daß das abstrakte Individuum, das er analysiert, in Wirklichkeit einer bestimmten Gesellschaftsform angehört.

8

Das gesellschaftliche Leben ist wesentlich *praktisch*. Alle Mysterien, welche die Theorie zum Mystizismus verleiten, finden ihre rationelle Lösung in der menschlichen Praxis und im Begreifen dieser Praxis.

9

Das Höchste, wozu der *anschauende* Materialismus es bringt, d. h. der Materialismus, der die Sinnlichkeit nicht als praktische Tätigkeit begreift, ist die Anschauung der einzelnen Individuen in der „bürgerlichen Gesellschaft".

10

Der Standpunkt des alten Materialismus ist die *„bürgerliche"* Gesellschaft; der Standpunkt des neuen, die *menschliche* Gesellschaft, oder die vergesellschaftete Menschheit.

11

Die Philosophen haben die Welt nur verschieden *interpretiert;* es kommt aber darauf an, sie zu *verändern.*

Nach dem von Engels 1888
veröffentlichten Text.

[Marx über sein Verhältnis
zu Hegel und Feuerbach [1]]

Hegelsche Konstruktion der Phänomenologie.
1. Selbstbewußtsein statt des Menschen. Subjekt — Objekt.
2. Die *Unterschiede* der Sachen unwichtig, weil die Substanz als Selbstunterscheidung oder weil die Selbstunterscheidung, das Unterscheiden, die Tätigkeit des Verstandes als wesentlich gefaßt wird. Hegel gab daher innerhalb der Spekulation wirkliche, die Sache ergreifende Distinktionen.
3. Aufhebung der *Entfremdung* identifiziert mit Aufhebung der *Gegenständlichkeit* (eine Seite, namentlich von Feuerbach entwickelt).
4. Deine *Aufhebung* des vorgestellten Gegenstandes, des Gegenstandes als Gegenstandes des Bewußtseins, identifiziert mit der *wirklichen gegenständlichen* Aufhebung, der vom Denken unterschiednen sinnlichen *Aktion, Praxis,* und *realen Tätigkeit.* (Noch zu entwickeln.)

Nach der Veröffentlichung
des Marx-Engels-Lenin-Instituts,
Moskau, 1932.

---
[1] Diese Notizen befinden sich auf der 16. Seite des Notizbuches von Marx mit den 11 Thesen „1. ad Feuerbach".

Karl Marx

Die bürgerliche Gesellschaft
und die kommunistische Revolution¹]

1. Die *Entstehungsgeschichte des Modernen Staats* oder die *französische Revolution.*
   Die Selbstüberhebung des politischen Wesens — Verwechslung mit dem antiken Staat. Verhältnis der Revolutionäre zur bürgerlichen Gesellschaft. Verdoppelung aller Elemente in bürgerliche und Staatswesen.
2. Die *Proklamation* der *Menschenrechte* und die *Konstitution des Staats.* Die individuelle Freiheit und die öffentliche Macht. *Freiheit, Gleichheit* und Einheit. Die Volkssouveränität.
3. Der *Staat* und die *bürgerliche Gesellschaft.*
4. Der *Repräsentativstaat* und die *Charte.*
   Der konstitutionelle Repräsentativstaat, d[er] d[er] demokratische Repräsentativstaat.
5. Die *Teilung der Gewalten.* Gesetzgebende und exekutive Gewalt.
6. Die *gesetzgebende Gewalt* und die gesetzgebenden Körper. Politische Klubs.
7. Die *exekutive Gewalt.* Zentralisation und Hierarchie. Zentralisation und politische Zivilisation. Föderativwesen und Industrialismus. Die *Staatsverwaltung* und *Gemeindeverwaltung.*
8'. Die *richterliche Gewalt* und das *Recht.*
8". Die *Nationalität* und das *Volk.*
9'. Die *politischen Parteien.*
9". Das *Wahlrecht*, der Kampf um die *Aufhebung* des Staats und der bürgerlichen Gesellschaft.

Nach der Veröffentlichung
des Marx-Engels-Lenin-Instituts,
Moskau, 1932.

---

[1] Diese Notizen befinden sich auf der 23. und 22. Seite des Notizbuches von Marx mit den 11 Thesen „1. ad Feuerbach".

Karl Marx

[Über Feuerbach[1]]

Der göttliche Egoist im Gegensatz zum egoistischen Menschen.

Die Täuschung in der Revolution über das antike Staatswesen.

Der „Begriff" und die „Substanz".

Die Revolution = Entstehungsgeschichte des modernen Staats.

Nach der Veröffentlichung
des Marx-Engels-Lenin-Instituts,
Moskau, 1932.

---

[1] Diese Notizen befinden sich auf Seite [51] des Marxschen Notizbuches, vor den 11 Thesen „1. ad Feuerbach".

Karl Marx

[Aus I. Feuerbach[1]]

Einfluß der Teilung der Arbeit auf die Wissenschaft.
Was bei den Staat, Recht, Moral etc. die *Repression.*
[Im] Gesetz müssen die Bourgeois sich einen allgemeinen Ausdruck geben müssen, eben weil sie als Klasse herrschen.[2]
Naturwissenschaft und Geschichte.
Es gibt keine Geschichte der Politik, des Rechts, der Wissenschaft etc., der Kunst, der Religion etc.

Warum die Ideologen alles auf den Kopf stellen.
Religiösen, Juristen, Politiker.
Juristen, Politiker (Staatsleute überhaupt), Moralisten, Religiöse.
Für diese ideologische Unterabteilung in einer Klasse, 1. *Verselbständigung des Geschäfts durch die Teilung der Arbeit;* jeder hält sein Handwerk für das Wahre. Über den Zusammenhang, worin ihr Handwerk mit der Wirklichkeit steht, machen sie sich um so notwendiger Illusionen, da dies schon durch die Natur des Handwerks selbst bedingt wird. Die Verhältnisse werden in der Jurisprudenz, Politik etc. — im Bewußtsein zu Begriffen; da sie nicht über diese Verhältnisse h[in]aus sind, sind auch die Begriffe derselben in ihrem Kopf fixe Begriffe; der Richter z. B. wendet den Code an, ihm gilt daher die Gesetzgebung für den wahren aktiven Treiber. Respekt vor ihrer Ware; da ihr Geschäft es mit Allgemeinem zu tun hat.
Idee des Rechts. Idee des Staats. Im *gewöhnlichen* Bewußtsein ist die Sache auf den Kopf gestellt. — — —

---

[1] Diese Notizen befinden sich auf den beiden letzten Seiten des Manuskripts „I. Feuerbach".

[2] [Randbemerkung von Marx:] Dem „Gemeinwesen", wie es im antiken Staat, dem Feudalwesen, der absoluten Monarchie erscheint, diesem Band entsprechen namentlich die (kath[olischen]) religiösen Vorstellungen.

Religion ist von vornherein das Bewußtsein der *Transzendenz* [, das] hervorgeht aus dem *wirklichen* Müssen.

Dies populärer. — — —

Tradition, für Recht, Religion etc.

Die Individuen sind immer von sich ausgegangen, gehen immer von sich aus. Ihre Verhältnisse sind Verhältnisse ihres wirklichen Lebensprozesses. Woher kömmt es, daß ihre Verhältnisse sich gegen sie verselbständigen? daß die Mächte ihres eignen Lebens übermächtig gegen sie werden?

Mit einem Wort: *die Teilung der Arbeit,* deren Stufe von der jedesmal entwickelten Produktivkraft abhängt.

Gemeindeeigentum.

Grundeigentum. feudales. modernes.

Ständisches Eigentum. Manufaktureigentum. Industrielles Kapital.

Nach der Veröffentlichung
des Marx-Engels-Lenin-Instituts,
Moskau, 1932.

Friedrich Engels

Feuerbach

a) Feuerbachs ganze Philosophie läuft heraus auf 1. Naturphilosophie — passives Anbeten, verzücktes Niederknien vor der Herrlichkeit und Allgewalt der Natur — 2. Anthropologie, und zwar α) Physiologie, worin nichts Neues gesagt wird als das, was die Materialisten über die Einheit von Körper und Seele gesagt haben, nur nicht so mechanisch, dafür etwas überschwenglicher. β) Psychologie, läuft hinaus auf verhimmelnde Dithyramben auf die Liebe, analog dem Naturkultus, sonst nichts Neues. 3. Moral, Forderung, dem Begriff „des Menschen" zu entsprechen, impuissance mise en action[1]. Vergleiche § 54, pag. 81: „das sittliche und vernünftige Verhältnis des Menschen zum Magen besteht darin, denselben nicht als ein viehisches, sondern menschliches Wesen zu behandeln. —" § 61: „Der Mensch... als moralisches Wesen" und das viele Sittlichkeitsgerede im „Wesen des Christenthums".

---

b) Daß auf der jetzigen Entwicklungsstufe die Menschen ihre Bedürfnisse nur innerhalb der Gesellschaft befriedigen können, daß überhaupt gleich von vornherein, sowie sie existierten, die Menschen einander nötig hatten und nur dadurch ihre Bedürfnisse und Fähigkeiten pp. entwickeln konnten, daß sie in Verkehr traten, wird bei Feuerbach so ausgedrückt, daß

„der einzelne Mensch *für sich* das *Wesen* des Menschen *nicht in sich* hat", daß „das *Wesen* des Menschen nur in der Gemeinschaft, in der *Einheit des Menschen mit dem Menschen* enthalten ist, eine Einheit, die sich aber nur auf die *Realität* des *Unterschieds* von Ich und Du stützt. — Der Mensch für sich ist Mensch (im gewöhnlichen Sinn), der Mensch *mit* Mensch — die Einheit *von Ich und Du ist Gott*"

(d. h. Mensch im übergewöhnlichen Sinn). § 61, 62, pag. 83. —

[1] in Aktion gesetzte Machtlosigkeit.

Soweit kommt die Philosophie, daß sie die triviale Tatsache über die Unentbehrlichkeit des Verkehrs zwischen den Menschen, ohne deren Erkenntnis die zweite Menschengeneration, die überhaupt existierte, nie erzeugt worden wäre, die überhaupt schon im Geschlechtsunterschied liegt, als das größte Resultat am Ende ihrer ganzen Karriere hinstellt. Und noch dazu in der mysteriösen Form der „Einheit von Ich und Du". Diese Phrase wäre gar nicht möglich, wenn Feuerbach nicht an den Geschlechtsakt, den Gattungsakt, die Gemeinschaft von Ich und Du, $\varkappa\alpha\tau$ ἐξόχήν[1] gedacht hätte[2]. Und soweit seine Gemeinschaft *praktisch* wird, beschränkt sie sich auch auf den Geschlechtsakt und die Verständigung über philosophische Gedanken und Probleme, die „wahre Dialektik", § 64, den Dialog, auf „die *Erzeugung* des Menschen, des geistigen so gut wie des physischen", p. 67. Was dieser „*erzeugte*" Mensch nachher tut, außer daß er wieder „geistig" und „physisch" „Menschen erzeugt", davon ist keine Rede. Feuerbach kennt auch nur den Verkehr zwischen *Zweien,*

„die Wahrheit, daß kein Wesen für sich allein ein wahres, ein vollkommenes, ein absolutes Wesen, daß die Wahrheit und Vollkommenheit nur ist die Verbindung, die Einheit von *zwei* sich wesensgleichen Wesen". p. 83, 84.

———

c) Der Anfang der „Philosophie der Zukunft" beweist gleich die Differenz zwischen uns und ihm:

§ 1: „Die Aufgabe der neueren Zeit war die Verwirklichung und Vermenschlichung Gottes, die Verwandlung und Auflösung der Theologie in die Anthropologie". Vgl. „Die Negation der Theologie ist *das Wesen* der neueren Zeit". „Philosophie der Zukunft", p. 23.

———

d) Der Unterschied, den Feuerbach zwischen Katholizismus und Protestantismus, § 2, macht, Katholizismus: „Theologie" „kümmert sich um das, was Gott an sich selber ist", hat „spekulative und kontemplative Tendenz", der Protestantismus bloß Christologie, überläßt den Gott an sich selber, die Spekulation und Kontemplation der Philosophie — weiter nichts als eine aus einem der unent-

---

[1] schlechthin.

[2] [Fußnote von Engels:] Nämlich da *der* Mensch = Kopf + Herz ist und zwei dazu nötig sind, um *den* Menschen darzustellen, so tritt Einer als *Kopf,* der andre als *Herz* auf in ihrem Verkehr — *Mann* und *Weib.* Sonst nicht abzusehen, weshalb *Zwei* menschlicher sind als Einer. Das saint-simonistische Individuum.

592

wickelteren Wissenschaft entsprechenden Bedürfnis hervorgegangene Teilung der Arbeit. Aus diesem bloßen Bedürfnis *innerhalb der Theologie* erklärt Feuerbach den Protestantismus, woran sich dann ungezwungen eine selbständige Geschichte der Philosophie anschließt.

e) „Das Sein ist kein allgemeiner, von den Dingen abtrennbarer Begriff. Es ist Eins mit dem, was ist ... Das Sein ist die Position des Wesens. *Was mein Wesen, ist mein Sein.* Der Fisch ist im Wasser, aber von diesem Sein kannst du nicht sein Wesen abtrennen. Schon die Sprache identifiziert Sein und Wesen. Nur im menschlichen Leben sondert sich, *aber auch nur in abnormen, unglücklichen Fällen* Sein vom Wesen — ereignet es sich, daß man nicht da, wo man sein Sein, auch sein Wesen hat, aber eben wegen dieser Scheidung auch nicht wahrhaft, nicht mit der Seele da ist, wo man wirklich mit dem Leibe ist. Nur wo Dein Herz ist, da *bist Du*. Aber alle Dinge sind — *naturwidrige Fälle ausgenommen* — gerne da, wo, und gerne das, was sie sind." p. 47.

Eine schöne Lobrede auf das Bestehende. Naturwidrige Fälle, wenige, abnorme Fälle ausgenommen, bist Du gerne mit dem siebenten Jahre Türschließer in einer Kohlengrube, vierzehn Stunden allein im Dunkeln, und weil Dein Sein, so ist es auch Dein Wesen. Desgleichen piecer an einem selfactor[198]. Es ist Dein „Wesen" unter einen Arbeitszweig subsumiert zu sein.[1] Vgl. „Wesen des Glaubens", p. 11, „unbefriedigter Hunger", diese a [...]

f) § 48, p. 73. „Das *Mittel*, entgegengesetzte oder widersprechende Bestimmungen ohne Widerspruch in einem und demselben Wesen zu vereinigen, ist nur die *Zeit*. So ist es wenigstens im lebendigen Wesen. So nur kommt hier z. B. im Menschen der *Widerspruch* zum Vorschein, daß jetzt *diese* Bestimmung, dieser Vorsatz, jetzt eine ganz andere, eine geradezu entgegengesetzte Bestimmung mich beherrscht und erfüllt".

Dies nennt Feuerbach 1. einen Widerspruch, 2. eine Vereinigung von Widersprüchen, und 3. soll die Zeit das tun. Allerdings die „erfüllte" Zeit, aber immer die Zeit, nicht das, was in ihr passiert. Der Satz = dem, daß nur in der Zeit eine Veränderung möglich.

Nach der Veröffentlichung
des Marx-Engels-Lenin-Instituts,
Moskau, 1932.

---

[1] Hier ist der Gedanke zu Ende geführt, dessen Entwicklung auf Seite 40 des vorl. Bandes durch die Lücke im Manuskript unterbrochen wurde.

ANHANG UND REGISTER

Anmerkungen

1 *„Die deutsche Ideologie*. Kritik der neuesten deutschen Philosophie in ihren Repräsentanten Feuerbach, B. Bauer und Stirner, und des deutschen Sozialismus in seinen verschiedenen Propheten" ist ein Werk von Karl Marx und Friedrich Engels, an dem sie in den Jahren 1845/46 arbeiteten.

Im Frühjahr 1845 beschlossen Marx und Engels, gemeinsam dieses Werk zu schreiben, und begannen im September 1845 energisch mit der Arbeit an demselben. Das Manuskript hatte einen Umfang von etwa 50 Druckbogen und bestand aus zwei Bänden, von denen der erste im wesentlichen die Ausarbeitung der Grundthesen des historischen Materialismus und die Kritik an den philosophischen Anschauungen Ludwig Feuerbachs, Bruno Bauers und Max Stirners enthielt, während der zweite die Kritik an den Anschauungen verschiedener Vertreter des „wahren" Sozialismus zum Inhalt hatte.

Die Arbeit an der „Deutschen Ideologie" wurde im wesentlichen im Sommer 1846 abgeschlossen. Zu dieser Zeit war der größte Teil des I. Bandes fertig — nämlich die der Kritik an den Anschauungen Bruno Bauers und Max Stirners gewidmeten Kapitel („Leipziger Konzil") — sowie der größte Teil des II. Bandes. An der ersten Abteilung des I. Bandes (Kritik an den Anschauungen Ludwig Feuerbachs) dauerte die Arbeit noch in der zweiten Hälfte des Jahres 1846 an, wurde aber auch dann nicht beendet.

Anfang Mai 1846 wurde der Hauptteil des Manuskripts des I. Bandes an Joseph Weydemeyer nach Schildesche in Westfalen gesandt. Weydemeyer sollte die Herausgabe mit der in Aussicht gestellten finanziellen Unterstützung dortiger Unternehmer — der „wahren" Sozialisten Julius Meyer und Rudolph Rempel — vorbereiten. Nachdem der größte Teil des Manuskripts des II. Bandes in Westfalen eingetroffen war, lehnten Meyer und Rempel in einem Brief an Marx vom 13. Juli 1846 es ab, die Herausgabe der „Deutschen Ideologie" zu finanzieren. In den Jahren 1846 bis 1847 unternahmen Marx und Engels wiederholt Versuche, einen Verleger für ihr Werk zu finden. Durch Schwierigkeiten seitens der Polizei und infolge der ständigen Absagen der Verleger, die mit den Vertretern der von Marx und Engels bekämpften Richtungen sympathisierten, blieben diese Bemühungen ohne Erfolg.

Zu Lebzeiten von Marx und Engels wurde nur ein Kapitel, und zwar Kapitel IV des II. Bandes der „*Deutschen Ideologie*" in der Zeitschrift

„Das Westphälische Dampfboot" (August und September 1847) veröffentlicht.

Einige Seiten des Kapitels II des I. Bandes der „Deutschen Ideologie" stimmen inhaltlich mit einer anonymen Notiz überein, die in Heft VII der Zeitschrift „Gesellschaftsspiegel" (Januar 1846; Rubrik „Nachrichten und Notizen", S. 6—8) veröffentlicht wurde und „Brüssel, 20. November" datiert ist.

In Heft VI des „Gesellschaftsspiegels" (Rubrik „Nachrichten und Notizen", S. 93 bis 96) wurde anonym eine Notiz veröffentlicht, deren zweite Hälfte stellenweise mit Kapitel V des II. Bandes der „Deutschen Ideologie" übereinstimmt.

Der Titel des Werkes und die Überschriften des I. und II. Bandes sind im Manuskript nicht erhalten geblieben. Sie wurden auf Grund von Marx' Notiz gegen Grün, veröffentlicht in der „Trier'schen Zeitung" vom 9. April 1847, eingesetzt.

Die Festlegung der Überschriften und die Anordnung des Materials im Kapitel „Feuerbach" erfolgten auf Grund der Bemerkungen von Marx und Engels an den Rändern des Manuskripts.

Die Unterteilung des Kapitels „Sankt Max" in zwei Teile — „1. Der Einzige und sein Eigentum" und „2. Apologetischer Kommentar" — erfolgte ausgehend von Hinweisen der Verfasser am Anfang des Kapitels und von dessen ganzem Inhalt (im Manuskript: „7. Apologetischer Kommentar").

Kapitel II und III des zweiten Bandes der „Deutschen Ideologie" sind im Manuskript nicht vorhanden. 9—593

² *Diadochen* — Heerführer Alexanders des Großen, die nach dessen Tode einen erbitterten Kampf um die Macht führten. Im Verlauf dieses Kampfes (Ende des 4. bis Anfang des 3. Jahrhunderts v. u. Z.) zerfiel die Monarchie Alexanders, die eine wenig stabile militärisch-administrative Vereinigung gewesen war, in eine Reihe einzelner Staaten. 13

³ Der Terminus *„Verkehr"* hat in der „Deutschen Ideologie" einen sehr umfassenden Inhalt. Dieser Terminus schließt den materiellen und geistigen Verkehr einzelner Individuen, sozialer Gruppen und ganzer Länder ein. Marx und Engels zeigen in dieser Schrift, daß der materielle Verkehr, und vor allem der Verkehr der Menschen im Produktionsprozeß, die Basis für jeden sonstigen Verkehr bildet.

In den in der „Deutschen Ideologie" vorkommenden Termini „Verkehrsform", „Verkehrsweise" und „Verkehrsverhältnisse" fand der sich damals bei Marx und Engels herausbildende Begriff „Produktionsverhältnisse" seinen Ausdruck. 17

⁴ Der Terminus *„Stamm"* spielte in den vierziger Jahren des 19. Jahrhunderts eine größere Rolle in der Geschichtswissenschaft als jetzt. Er bezeichnete eine Gemeinschaft von Menschen, die von einem und demselben Vorfahren abstammten, und umfaßte die modernen Begriffe „Gens" und „Stamm". Eine präzise Bestimmung und Unterscheidung die-

ser Begriffe wurde zum erstenmal von Lewis Henry Morgan in seinem Werk „Ancient Society; or, Researches in the lines of human progress from savagery through barbarism to civilization" [Die Urgesellschaft — Untersuchungen über den Fortschritt der Menschheit aus der Wildheit durch die Barbarei zur Zivilisation], London 1877, gegeben. In diesem seinem Hauptwerk zeigte der hervorragende Ethnograph und Historiker erstmalig die Bedeutung der Gens als der Grundzelle der Urgemeinschaftsordnung, womit die wissenschaftliche Grundlage für die gesamte Geschichte der Urgemeinschaft gelegt wurde. Die Forschungsergebnisse Morgans verallgemeinernd, erforschte Engels den Inhalt der Begriffe „Gens" und „Stamm" in seinem Werk „Der Ursprung der Familie, des Privateigentums und des Staats" (1884) von allen Seiten. 18

[5] *Licinisches Ackergesetz* — das Agrargesetz der römischen Volkstribunen Licinius und Sextius, das im Jahre 367 v. u. Z. im Ergebnis des Kampfes der Plebejer gegen die Patrizier angenommen wurde. Danach durfte ein römischer Bürger nicht mehr als 500 Jugera (etwa 125 ha) vom staatlichen Grundeigentum (ager publicus) in Besitz haben. Nach dem Jahre 367 v. u. Z. wurden die Bodenansprüche der Plebejer aus den bei Kriegszügen gemachten Eroberungen befriedigt. 20 371

[6] *Empiriker* — Anhänger des Empirismus, einer philosophischen Lehre, die, indem sie sich auf Experiment und Erfahrung stützt, die Sinnes„erfahrungen" als alleinige Quelle der Erkenntnis betrachtet. Der *idealistische* Empirismus (Berkeley, Hume, Mach, Avenarius, Bogdanow u. a.) leugnet, im Gegensatz zum *materialistischen* Empirismus (Bacon, Hobbes, Locke, die französischen Materialisten des 18. Jahrhunderts), daß der Erfahrung die (erkennbare) Natur zugrunde liegt. Der dialektische Materialismus lehnt den idealistischen Empirismus ab und betrachtet die Ausgangspositionen des materialistischen als im wesentlichen richtig. Der materialistische Empirismus wurde hauptsächlich von den fortschrittlichen Kräften des aufsteigenden Bürgertums vertreten. „Um zu begreifen, muß man das Studieren empirisch beginnen und sich von der Empirie zum Allgemeinen erheben" (Lenin). 23 136

[7] Die „*Deutsch-Französischen Jahrbücher*" wurden unter der Redaktion von Karl Marx und Arnold Ruge in deutscher Sprache in Paris herausgegeben. Es erschien nur die erste Doppellieferung im Februar 1844; sie enthielt Karl Marx' Schriften „Zur Judenfrage" und „Zur Kritik der Hegelschen Rechtsphilosophie. Einleitung", ferner Friedrich Engels' Arbeiten „Umrisse zu einer Kritik der Nationalökonomie" und „Die Lage Englands. ‚Past and Present' by Thomas Carlyle. London 1843" (siehe Marx/Engels: Werke, Bd. 1). Diese Arbeiten kennzeichnen den vollzogenen Übergang von Marx und Engels zum Materialismus und Kommunismus. Die Hauptursache dafür, daß die Zeitschrift ihr Erscheinen einstellte, waren die prinzipiellen Meinungsverschiedenheiten zwischen Marx und dem bürgerlichen Radikalen Ruge.

Friedrich Engels und Karl Marx: „*Die heilige Familie,* oder Kritik der

599

kritischen Kritik. Gegen Bruno Bauer und Consorten", Frankfurt a. M., 1845 (siehe Karl Marx/Friedrich Engels: Die heilige Familie..., Berlin 1953). 31

⁸ Die Schlußfolgerung, daß die proletarische Revolution nur gleichzeitig in den fortgeschrittenen kapitalistischen Ländern möglich sei und es damit unmöglich wäre, diese Revolution in einem einzelnen Lande siegreich durchzuführen, fand ihre endgültige Formulierung in Engels' Schrift „Grundsätze des Kommunismus" (1847); sie war richtig für die Periode des vormonopolistischen Kapitalismus.

Unter den neuen historischen Bedingungen kam W. I. Lenin, ausgehend von dem von ihm entdeckten Gesetz der Ungleichmäßigkeit der ökonomischen und politischen Entwicklung des Kapitalismus in der Epoche des Imperialismus, zu der neuen Schlußfolgerung, daß der Sieg der sozialistischen Revolution zunächst in einigen oder sogar in einem einzelnen Lande möglich sei, und hob damit die Unmöglichkeit des gleichzeitigen Sieges der Revolution in allen oder den meisten Ländern hervor.

Diese neue Schlußfolgerung wurde zum ersten Mal von W. I. Lenin in seinem Artikel „Über die Losung der Vereinigten Staaten von Europa" formuliert (siehe Lenin: Ausgewählte Werke, Berlin 1953, Band I). 32

⁹ *„Hallische Jahrbücher"* und *„Deutsche Jahrbücher"* — abgekürzte Bezeichnung für eine literarisch-philosophische Zeitschrift der Junghegelianer; sie erschien in Form von täglich herausgegebenen Blättern von Januar 1838 bis Juni 1841 unter dem Titel „Hallische Jahrbücher für deutsche Wissenschaft und Kunst" und von Juli 1841 bis Januar 1843 unter dem Titel „Deutsche Jahrbücher für Wissenschaft und Kunst" in Leipzig. Bis Juni 1841 wurde die Zeitschrift von Arnold Ruge und Theodor Echtermeyer in Halle, ab Juli 1841 von Arnold Ruge in Dresden herausgegeben. Das Überwechseln der Redaktion aus der preußischen Stadt Halle (Saale) nach Sachsen und die Namensänderung der Zeitschrift erfolgte, weil für die „Hallischen Jahrbücher" das Verbot innerhalb Preußens drohte. Aber auch unter dem neuen Namen mußte die Zeitschrift bald ihr Erscheinen einstellen. Im Januar 1843 wurden die „Deutschen Jahrbücher" von der sächsischen Regierung verboten, und durch Verfügung des Bundestages wurde dieses Verbot auf ganz Deutschland ausgedehnt. 38

¹⁰ Bruno Bauer, „Geschichte der Politik, Cultur und Aufklärung des achtzehnten Jahrhunderts". 39

¹¹ *Rheinlied* — weitgehend von den Nationalisten ausgenutztes Gedicht des deutschen kleinbürgerlichen Dichters Nicolaus Becker. Das Gedicht „Der deutsche Rhein" wurde 1840 verfaßt und in den folgenden Jahren mehrmals vertont. 39

¹² Siehe Ludwig Feuerbachs Artikel „Über das ‚Wesen des Christenthums' in Beziehung auf den ‚Einzigen und sein Eigenthum'" in „Wigand's Vierteljahrsschrift", 1845, Bd. 2.

„*Wigand's Vierteljahrsschrift*" philosophische Zeitschrift der Junghegelianer; herausgegeben 1844—1845 von Otto Wigand in Leipzig. Mitarbeiter der Zeitschrift waren unter anderen Bruno Bauer, Max Stirner und Ludwig Feuerbach. 39

13 Siehe Bruno Bauers Artikel „Charakteristik Ludwig Feuerbachs" in „Wigand's Vierteljahrsschrift", 1845, Bd. 3. 42

14 Abgewandelt aus Goethes „Faust", „Prolog im Himmel". 42

15 *Kontinentalsystem* — die von Napoleon I. zur wirtschaftlichen Blockade über England verhängte Kontinentalsperre. Nachdem die französische Flotte bei Trafalgar durch englische Schiffe vernichtet worden war, versuchte Napoleon, England wirtschaftlich niederzuzwingen. In dem Dekret, das er in Berlin herausgab, heißt es unter anderem: „Die britischen Inseln befinden sich im Blockadezustand ... der Handel mit den britischen Inseln und jegliche Beziehungen zu ihnen sind verboten." Diesem Dekret folgten alle Vasallenstaaten Frankreichs und seine Verbündeten. Die Kontinentalsperre fiel nach der Niederlage Napoleons in Rußland. 44

16 Die *Anti-Corn-Law League* (Anti-Korngesetz-Liga) — eine freihändlerische Vereinigung, die 1838 von den Fabrikanten Cobden und Bright in Manchester gegründet wurde. Die sogenannten Korngesetze, die die Einschränkung bzw. das Verbot des Getreideimports zum Ziele hatten, waren in England im Interesse der dortigen Großgrundbesitzer, der Landlords, eingeführt worden. Die Liga erhob die Forderung nach völliger Handelsfreiheit und kämpfte für die Abschaffung der Korngesetze mit dem Ziel, die Löhne der Arbeiter zu senken und die ökonomischen und politischen Positionen der Landaristokratie zu schwächen. In ihrem Kampf gegen die Grundbesitzer versuchte die Liga, die Arbeitermassen auszunutzen. Aber gerade zu dieser Zeit betraten die fortgeschrittensten Arbeiter Englands den Weg der selbständigen, politisch ausgeprägten Arbeiterbewegung (Chartismus, siehe Anmerkung 92).

Der Kampf zwischen der industriellen Bourgeoisie und der Landaristokratie endete 1846 mit der Annahme des Gesetzes über die Aufhebung der Korngesetze; es sah noch eine vorübergehende Beibehaltung niedrigerer Zölle für die Einfuhr von Getreide bis 1849 vor. Die Liga löste sich nach der Annahme des Gesetzes von 1846 auf. 49 334 366

17 *Navigationsgesetze* — von Cromwell 1651 erlassene und später mehrmals erneuerte bzw. ergänzte Schiffahrtsgesetze, die sich besonders gegen den holländischen Zwischenhandel richteten und das Ziel verfolgten, die englische Kolonialherrschaft zu festigen. Sie bestimmten, daß die wichtigsten Waren aus Europa sowie alle Waren aus Rußland und der Türkei nur auf englischen Schiffen oder auf denen des Ursprungslandes eingeführt werden durften und daß die englische Küstenschiffahrt gänzlich den englischen Schiffen vorbehalten bliebe. Die Gesetze wurden zwischen 1793 und 1854 aufgehoben. 58

¹⁸ *Differentialzölle* belasteten die Waren derselben Gattung unterschiedlich nach ihren Herkunftsländern; sie dienten dazu, die Schiffahrt, die Industrie und den Handel des eigenen Landes zu begünstigen. 58

¹⁹ Marx und Engels zitieren hier aus „Lettre sur la Jalousie du Commerce" [Brief über die Mißgunst des Handels] in I. Pintos Buch „Traité de la Circulation et du Crédit" [Abhandlung über Zirkulation und Kredit]; Amsterdam 1771. 59

²⁰ Marx und Engels benutzten die französische Übersetzung von Adam Smiths „Recherches sur la Nature et les Causes de la Richesse des Nations" [Untersuchungen über das Wesen und die Ursachen des Reichtums der Nationen]; der englische Originaltitel lautet: „An Inquiry into the Nature and Causes of the Wealth of Nations". 59

²¹ *Amalfi* war im 10. und 11. Jahrhundert eine blühende Handelsstadt. Das Seerecht von Amalfi (Tabula Amalphitana) galt in ganz Italien und stand bei allen das Mittelmeer befahrenden Nationen in Ansehen. 63

²² Siehe Jean-Jaques Rousseau, „Du Contract social" [Der Gesellschaftsvertrag]. 77

²³ *Leipziger Konzil* — mit dieser ironisierenden Bezeichnung weisen Marx und Engels darauf hin, daß die Schriften der von ihnen kritisierten „Kirchenväter" Bauer und Stirner bei Wigand in Leipzig verlegt wurden. 80

²⁴ „Hunnenschlacht" — ein bekanntes Gemälde Wilhelm von Kaulbachs, das 1834—1837 entstand. Das Bild stellt die Schlacht zwischen den Geistern der gefallenen Krieger dar, die sich in der Luft über dem Schlachtfeld abspielt. Der geschichtliche Hintergrund des Gemäldes ist die Hunnenschlacht auf den Katalaunischen Feldern im Jahre 451. 80

²⁵ „*Das Westphälische Dampfboot*" — eine Monatsschrift, die von dem „wahren" Sozialisten Otto Lüning herausgegeben wurde; sie erschien von Januar 1845 bis Dezember 1846 in Bielefeld und von Januar 1847 bis März 1848 in Paderborn. Im ersten Jahrgang dieser Zeitschrift (1845) erschien der anonyme Artikel „Die heilige Familie oder Kritik der kritischen Kritik. Gegen Br. Bauer und Consorten von F. Engels und K. Marx. Frankfurt 1845". 81 100

²⁶ Siehe Max Stirners Artikel „Recensenten Stirners" in „Wigand's Vierteljahrsschrift", 1845, Bd. 3. 82

²⁷ *Santa Casa* (Heiliges Haus) — so hieß das Inquisitionsgefängnis in Madrid. 82

²⁸ Als *zweiter Band* von B. Bauers Buch „Die gute Sache der Freiheit und meine eigene Angelegenheit" wird hier ironisch sein Artikel „Charakteristik Ludwig Feuerbachs" in „Wigand's Vierteljahrsschrift", 1845, Bd. 3, bezeichnet. 83

²⁹ Siehe Bruno Bauers Artikel „Ludwig Feuerbach" in: „Norddeutsche Blätter", 1844, Heft IV.

602

Die „*Norddeutschen Blätter*" erschienen in zwei Bänden, der erste 1844, der zweite 1845 unter dem Titel „Beiträge zum Feldzuge der Kritik". 83

30 Hier ist die Rede von Ludwig Feuerbachs Schriften „Geschichte der neuern Philosophie", „Pierre Bayle", „Das Wesen des Christenthums" sowie von seinem Artikel „Zur Kritik der ‚positiven Philosophie'", der anonym in den „Hallischen Jahrbüchern", Jahrgang 1838, veröffentlicht wurde. 84

31 *Oregonfrage* — das Gebiet Oregon an der amerikanischen Pazifikküste wurde sowohl von den USA als auch von Großbritannien beansprucht. Der Kampf um den Besitz Oregons endete 1846 mit der Aufteilung dieses Gebietes unter die USA und England. Als Grenzlinie wurde der 49. Grad nördlicher Breite festgelegt. 84

32 Bruno Bauer, „*Kritik der evangelischen Geschichte der Synoptiker*". — Synoptiker heißen in der Literatur zur Religionsgeschichte die Verfasser der drei ersten Evangelien, Matthäus, Markus und Lukas. „*Das entdeckte Christenthum*" ist gleichfalls von Bruno Bauer verfaßt. 85

33 Siehe den anonym erschienenen Artikel: „Über das Recht des Freigesprochenen, eine Ausfertigung des wider ihn ergangenen Erkenntnisses zu verlangen" „in Wigand's Vierteljahrsschrift", 1845, Band IV. 87

34 *Charon* — Gestalt aus der griechischen Mythologie; ein greiser Fährmann, der die Schatten der Toten auf dem Wege in die Unterwelt über den Fluß Acheron setzt und dafür ein Almosen verlangt. 89

35 In das Zitat aus Bruno Bauers Artikel „Charakteristik Ludwig Feuerbachs" in „Wigand's Vierteljahrsschrift", 1845, 3. Band, S. 131, wurden von Marx und Engels die Worte „siedenden, brausenden und zischenden" in abgewandelter Form aus Schillers Gedicht „Der Taucher" eingefügt. 91

36 In der zweiten Szene des dritten Aufzugs von Shakespeares „Was ihr wollt" heißt es „Gunst" statt „Kunst". 93

37 Der aus der „Literatur-Zeitung", Heft VI, S. 38, zitierte Ausspruch wurde in der „Heiligen Familie" angeführt (siehe Karl Marx/Friedrich Engels: Die heilige Familie..., Berlin 1953, S. 283).
„*Literatur-Zeitung*" — Abkürzung für „Allgemeine Literatur-Zeitung", Monatsschrift, von dem Junghegelianer Bruno Bauer in Charlottenburg (Dezember 1843 bis Oktober 1844) herausgegeben. 96

38 „*Englische Tagesfragen*" — Titel eines Artikels von Faucher in der „Allgemeinen Literatur-Zeitung". Die Kritik von Marx und Engels an Faucher bildet das II. Kapital des Werkes „Die heilige Familie". 98

39 *Nauwercksche Kollision* — es handelt sich dabei um einen Streit Karl Nauwercks mit der Berliner philosophischen Fakultät, über den Ernst Jungnitz unter dem Titel „Herr Nauwerck und die philosophische Facultät" einen Artikel in der „Allgemeinen Literatur-Zeitung", Heft VI, veröffentlichte. 98

⁴⁰ Aus Bruno Bauers Artikel „Neueste Schriften über die Judenfrage", der anonym in der „Allgemeinen Literatur-Zeitung", Heft IV, erschien. 99

⁴¹ Aus Bruno Bauers in der „Allgemeinen Literatur-Zeitung" anonym erschienenem Artikels: „Was ist jetzt der Gegenstand der Kritik?" 99

⁴² „Rheinische Zeitung für Politik, Handel und Gewerbe" — Tageszeitung, die vom 1. Januar 1842 bis 31. März 1843 in Köln erschien. Gegründet wurde das Blatt von Vertretern der rheinischen Bourgeoisie, die dem preußischen Absolutismus gegenüber oppositionell eingestellt waren. Zur Mitarbeit wurden auch einige Junghegelianer herangezogen. Ab April 1842 wurde Karl Marx Mitarbeiter der „Rheinischen Zeitung" und ab Oktober des gleichen Jahres ihr Chefredakteur. Die Zeitung veröffentlichte auch eine Reihe Artikel von Friedrich Engels. Unter der Redaktion von Karl Marx begann die „Rheinische Zeitung" einen immer ausgeprägteren revolutionär-demokratischen Charakter anzunehmen. Diese Richtung der „Rheinischen Zeitung", deren Popularität in Deutschland ständig wuchs, rief Besorgnis und Unzufriedenheit in Regierungskreisen und eine wütende Hetze der reaktionären Presse gegen sie hervor. Am 19. Januar 1843 erließ die preußische Regierung eine Verordnung, die die „Rheinische Zeitung" mit dem 1. April 1843 verbot und bis dahin eine besonders strenge Zensur über sie verhängte. Da die Aktionäre der „Rheinischen Zeitung" beabsichtigten, einen gemäßigteren Ton in der Zeitung anzuschlagen, um dadurch die Aufhebung der Regierungsverordnung zu erreichen, erklärte Marx am 17. März 1843 seinen Austritt aus der Redaktion der „Rheinischen Zeitung". 100

⁴³ Worte aus Schillers Drama „Wallenstein's Tod", vierter Aufzug, zwölfter Auftritt. 101

⁴⁴ Der Artikel Bruno Bauers in der „Allgemeinen Literatur-Zeitung", Heft I, trägt den Titel: „Hinrichs, politische Vorlesungen". 103

⁴⁵ Abgewandeltes Zitat aus Heine, „Die Bäder von Lucca", Kapitel IV. 107

⁴⁶ Die Drucklegung des Buches „Der Einzige und sein Eigenthum" von Max Stirner erfolgte Ende 1844 im Verlag Otto Wigand, Leipzig; die Ausgabe trägt die Jahreszahl 1845. Das Buch erschien unter einem Pseudonym; der eigentliche Name des Verfassers ist Johann Caspar Schmidt. 107

⁴⁷ Gemeint sind folgende kritische Schriften gegen das Buch von Stirner: ein Artikel von Szeliga: „Der Einzige und sein Eigenthum" in der Zeitschrift „Norddeutsche Blätter", Feuerbachs Artikel „Über das ‚Wesen des Christenthums' in Beziehung auf den ‚Einzigen und sein Eigenthum'" in „Wigand's Vierteljahrsschrift" und eine Broschüre von Heß, „Die letzten Philosophen". Stirner beantwortete diese Kritik und verteidigte sein Buch im dritten Band von „Wigand's Vierteljahrsschrift" mit dem Artikel „Recensenten Stirners". Dieser letztgenannte Artikel wird von Marx und Engels in der Deutschen Ideologie" ironisch „apologetischer Kommentar" genannt. 107

604

⁴⁸ Im zitierten Bibeltext heißt es: „Es ist der Herr Zebaoth, ..." 107

⁴⁹ *Eumeniden* — Gestalten aus der griechischen Mythologie; Rachegöttinnen, die als Hüterinnen des Rechts und als Rächerinnen menschlichen Frevels galten. 111 305

⁵⁰ *Vergünstigung der Bedenkzeit und der Bestandsaufnahme* — alter Grundsatz des Erbrechts, der dem Erben für die Entscheidung über die Annahme oder Ablehnung einer Erbschaft eine Frist zubilligt. Der Erbe muß dem Gericht eine Bestandsaufnahme einreichen, wenn er die Haftung für Schulden des Erblassers auf die Nachlaßwerte beschränken will. 117 125

⁵¹ Hegels Werk „Encyklopädie der philosophischen Wissenschaften im Grundrisse" besteht aus drei Teilen: „A) Die Wissenschaft der Logik", „B) Die Philosophie der Natur" und „C) die Philosophie des Geistes". 119

⁵² *Jacques le bonhomme* (Jakob der Schwachkopf) nannten die französischen Adligen verächtlich die Bauern. 125

⁵³ Dieses Kinderlied wird allgemein als „Jockellied" bezeichnet; ein Verfasser ist nicht bekannt. 127

⁵⁴ *Züge des Sesostris* — legendäre Kriegszüge ägyptischer Pharaonen, die sich bis weit in die Länder Asiens und Europas erstreckt haben sollen. 127 158

⁵⁵ *Napoleonische Expedition nach Ägypten* — eine Expedition, die General Napoleon Bonaparte 1798 nach Ägypten unternahm und bei der er 4000 Kriegsgefangene erschießen ließ. Das Unternehmen war gegen England gerichtet, mit dem Ziel, in Indien Gebiete zu erobern. Auf Grund des Widerstandes englischer Truppen und ihrer Verbündeten erlitt das französische Heer eine schwere Niederlage. Napoleon ließ seine Truppen im Stich und kehrte 1799 nach Paris zurück. 127 158

⁵⁶ *Emanuel* — Gestalt aus Jean Pauls Roman „Hesperus oder 45 Hundsposttage". 130

⁵⁷ Siehe „Diogenis Laertii de clarorum philosophorum vitis, dogmatibus et apophthegmatibus libri decem" [Zehn Bücher über Leben, Ansichten und Aussprüche berühmter Philosophen]. 131

⁵⁸ Aus „Carminum", Ode XXII, in „Qu. Horatii Flacci opera omnia poetica" [Qu. Horatius Flaccus' sämtliche poetische Werke]. 132

⁵⁹ Siehe „Clementis Alexandrini opera graece et latine quae extant" [Die Werke von Clemens Alexandrinus, die in griechischer und lateinischer Sprache vorliegen]. 134

⁶⁰ *Der treue Eckart* — Held deutscher Sagen aus dem Mittelalter; typische Gestalt eines ergebenen Menschen und zuverlässigen Wächters. 142

⁶¹ *Ionische Philosophie* — älteste Richtung der griechischen Naturphilosophie. Ihre Vertreter (Thales, Anaximander, Anaximenes, Heraklit) entwickelten in enger Verbindung mit ihren naturwissenschaftlichen Forschungen eine spontan-materialistische und z. T. naiv-dialektische Weltanschauung, die sich vor allem gegen den Götterglauben richtete. 148

⁶² *Danaidenarbeit* — eine nie endende, vergebliche Arbeit. Der Begriff hat seinen Ursprung in der griechischen Sage. Die Töchter des Danaos, die Danaiden, ermordeten in der Brautnacht die ihnen aufgezwungenen Gatten und wurden damit bestraft, in der Unterwelt beständig Wasser in ein durchlöchertes Faß zu schöpfen. 152

⁶³ Wortspiel — an der angeführten Bibelstelle ist Wesen für Anwesen (Grundstück mit Wohnhaus usw.) gebraucht. 153

⁶⁴ Das Zitat ist Ludwig Feuerbachs Artikel „Vorläufige Thesen zur Reformation der Philosophie" entnommen, der im zweiten Band des von Arnold Ruge in der Schweiz (Zürich und Winterthur) 1843 herausgegebenen Sammelwerks „Anekdota zur neuesten deutschen Philosophie und Publicistik" veröffentlicht wurde. 154

⁶⁵ Bis zur Revolution 1848 war das Rauchen in den Straßen Berlins und im Tiergarten unter Androhung von Geldstrafe oder körperlicher Züchtigung verboten; die Denunzianten erhielten einen Teil der den Delinquenten auferlegten Geldstrafe. 157

⁶⁶ *Wasserpolacken* — Spitzname für die schlesischen Polen in Deutschland; ursprünglich Bezeichnung der Flößer auf der Oder, die meist oberschlesische Polen wären. 159

⁶⁷ Gemeint ist der Einsatz der damals modernen, den Chinesen noch unbekannten Waffen im ersten „Opiumkrieg" (1838—1842), der ein Eroberungskrieg Englands gegen China war. Mit ihm begann die Umwandlung Chinas in ein halbkoloniales Land. 161

⁶⁸ *Ecce iterum Crispinus* (und da ist wieder Crispinus) — so beginnt die IV. Satire Juvenals, die in ihrem ersten Teil Crispinus, einen der Höflinge des römischen Imperators Domitian, geißelt. Im übertragenen Sinne bedeuten diese Worte: „wieder dieselbe Figur" oder „wieder dasselbe". 168

⁶⁹ *Girondins* (Girondisten) — Mitglieder der Partei der Industrie- und Handelsbourgeoisie, die zu einem Kompromiß mit der Monarchie neigte; so genannt nach ihren führenden Abgeordneten aus dem Departement Gironde.

Thermidoriens (Thermidorianer) — Mitglieder der konterrevolutionären großbürgerlichen Partei, die am 9. Thermidor des Jahres II (27. Juli 1794) Robespierre stürzte. 175

⁷⁰ *Deux Amis de la Liberté* (Zwei Freunde der Freiheit) — unter diesem Pseudonym veröffentlichten Kerverseau und Clavelin Ende des 18. und Anfang des 19. Jahrhunderts in Paris ein vielbändiges Werk unter dem

606

Titel: „Histoire de la Révolution de France" [Geschichte der Französischen Revolution]. 175

[71] Hier handelt es sich um folgende Werke: Montgaillard, „Revue Chronologique de l'Histoire de France" [Chronologische Darstellung der Geschichte Frankreichs] und Roland de la Platière, „Appel à l'impartiale Postérité, par la Citoyenne Roland" [Appell der Bürgerin Roland an die unparteiische Nachwelt]. 175

[72] Montjoie, „Histoire de la Conjuration de Maximilien Robespierre" [Geschichte der Verschwörung des Maximilien Robespierre]. 176

[73] Siehe „Benedicti de Spinoza opera quae supersunt omnia" [Benedictus de Spinozas sämtliche überlieferte Werke]. 176

[74] Aus einem evangelischen Kirchenlied. 176

[75] *Habits bleus* (Blauröcke) — die Soldaten der republikanischen Armeen, so genannt wegen der Farbe ihrer Uniformen; im weiteren Sinne die Republikaner im Gegensatz zu den Royalisten, die Blancs (Weiße) genannt wurden.
Sansculottes nannte man zunächst die bürgerlichen Demokraten, weil sie keine culottes (Kniehosen) wie die Aristokraten, sondern pantalons (lange Hosen) trugen. Später ging die Bezeichnung auf die revolutionärsten Teile der Volksmassen über. 176 205

[76] G. Browning, „The domestic and financial Condition of Great Britain; preceded by a brief sketch of her Foreign policy; and of the statistics and politics of France, Russia, Austria, and Prussia" [Die innenpolitischen und finanziellen Verhältnisse Großbritanniens, eingeleitet mit einer kurzen Übersicht über seine Außenpolitik und über die Statistik und Politik Frankreichs, Rußlands, Österreichs und Preußens], London 1834. 179

[77] Siehe Michelet, „Geschichte der letzten Systeme der Philosophie in Deutschland von Kant bis Hegel". 179

[78] Siehe das Werk von Karl Theodor Bayrhoffer, „Die Idee und Geschichte der Philosophie", das 1838 in Marburg erschien. 180

[79] *Stoa zu Athen* — Lehrstätte des Philosophen Zenon aus Kition (336—264 v. u. Z.) in Athen, des Begründers der Philosophenschule der Stoiker. 182

[80] *Am Kupfergraben* in Berlin wohnte Hegel. 182

[81] Aus dem Gedicht „Nur in Deutschland!" von Hoffmann von Fallersleben. 182

[82] Siehe „Luciani samosatensis opera" [Die Werke des Lucianus von Samosata]. 185

[83] „Wie der Hosenlatz des Kriegsknechts erstes Waffenstuck ist" — so lautet die Überschrift des 8. Kapitels im 3. Buch von Rabelais' „Gargantua und Pantagruel" in der Übersetzung von Gottlob Regis. 190

607

⁸⁴ „*Tugendbund*" — politische Geheimgesellschaft, die 1808 in Preußen entstand. Die Gesellschaft verfolgte u. a. das Ziel, patriotische Gefühle zu erwecken sowie den Kampf für die Befreiung des Landes von der napoleonischen Okkupation und für die Errichtung einer konstitutionellen Ordnung zu entfachen. Der König von Preußen löste auf Wunsch Napoleons 1809 die Gesellschaft auf. 195

⁸⁵ *Julirevolution* — bezieht sich auf die Revolution vom Juli 1830 in Frankreich. 195

⁸⁶ Louis Blancs „Histoire de dix ans. 1830—1840" erschien in der Übersetzung von Ludwig Buhl 1844/45 in Berlin unter dem Titel: „Geschichte der zehn Jahre 1830—1840 von Louis Blanc". 196

⁸⁷ *Physiokraten* — Anhänger einer Lehre der politischen Ökonomie im 18. Jahrhundert in Frankreich (Quesnay, Mercier de la Rivière, Le Trosne, Turgot u. a.). Sie haben — im Gegensatz zum Merkantilsystem — „die Untersuchung über den Ursprung des Mehrwerts aus der Sphäre der Zirkulation in die Sphäre der unmittelbaren Produktion selbst verlegt und damit die Grundlage zur Analyse der kapitalistischen Produktion gelegt" (Marx). Die Physiokraten hielten die Grundrente für die einzige Form des Mehrwerts und daher die landwirtschaftliche Arbeit für die einzig produktive Arbeit. Aber diese „scheinbare Verherrlichung des Grundeigentums" schlägt in dessen „ökonomische Verneinung und Bestätigung der kapitalistischen Produktion" um (Marx), indem die Physiokraten alle Steuern auf die Grundrente legen wollten, die Befreiung der Industrie von staatlicher Bevormundung forderten und die freie Konkurrenz verkündeten. 197

⁸⁸ *Cercle social* (Zirkel für soziale Fragen) — eine von Vertretern der demokratischen Intelligenz gegründete Organisation, die während der ersten Jahre der französischen bürgerlichen Revolution Ende des 18. Jahrhunderts in Paris hervortrat. In der Geschichte der kommunistischen Ideen wird der Platz des Cercle social dadurch bestimmt, daß sein Ideologe Claude Fauchet die Forderung nach gleichmäßiger Bodenaufteilung, nach Beschränkung des großen Eigentums sowie nach Arbeit für alle arbeitsfähigen Bürger aufstellte. Die Kritik, die Claude Fauchet an der durch die französische Revolution proklamierten formalen Gleichheit übte, bereitete das bedeutend kühnere Auftreten Jacques Roux', eines Führers der „Wütenden" (enragés), in dieser Frage vor. 198

⁸⁹ Aus dem anonymen Artikel „Preußen seit der Einsetzung Arndt's bis zur Absetzung Bauer's" in dem Sammelwerk „Einundzwanzig Bogen aus der Schweiz", das 1843 in Zürich und Winterthur von dem Dichter Georg Herwegh herausgegeben wurde. 199

⁹⁰ *Evil May-day* (der Unglückstag im Mai) — unter dieser Bezeichnung ist der Aufstand der Städter am 1. Mai 1518 in London in die Geschichte eingegangen, der gegen das Überhandnehmen der ausländischen Kaufleute gerichtet war; an dem Aufstand waren in der Hauptsache die unteren Schichten der Stadtbevölkerung beteiligt. 202

91 *Robert Ket* führte 1549 den größten der Bauernaufstände in Ostengland, in denen um die Rückgabe der geraubten Gemeindeländereien und gegen die Blutgesetzgebung gekämpft wurde. Der Aufstand nahm einen solchen Umfang an, daß die englische Regierung zu seiner Unterdrückung ein Heer entsandte, das aus ausländischen Söldnern gebildet und dem Artillerie beigegeben war. 3000 Bauern wurden in diesem Kampfe erschlagen, eine noch größere Zahl ergriffen und hingerichtet. Ket selbst wurde auf einem Platz der Stadt Norwich erhängt. 202

92 *Englische Insurrektion von 1842 und welsche Insurrektion von 1839.* Zur englischen Arbeiterbewegung (Chartistenbewegung) gehörten zu Beginn der vierziger Jahre des 19. Jahrhunderts auch Teile der radikalen Kleinbourgeoisie, die, durch die großen Fabrikanten in der eigenen Entwicklung gehemmt, in Opposition zur Regierung standen. Das Vorhandensein kleinbürgerlicher Elemente trug dazu bei, daß die Chartisten in dieser Zeit noch keine klare politische Zielsetzung hatten und die Arbeiterbewegung in sich gespalten war. Aus diesem Grunde erlitten die Arbeiter in ihren Kämpfen schwere Rückschläge.

Der Aufstand in Wales 1839 wurde durch arbeiterfeindliche Elemente vorzeitig verraten; dieser Verrat zwang die Arbeiter zum früheren Losschlagen, und der Aufstand endete für sie mit einer blutigen Niederlage.

Das Jahr 1842 brachte eine Verschärfung der Wirtschaftskrise, die mit einem Anwachsen der revolutionären Arbeiterbewegung verbunden war. Die Fabrikanten griffen heuchlerisch Arbeiterforderungen auf (Monat einer Arbeitsruhe für die Arbeiter); damit gelang es ihnen, vorübergehend die Arbeiter zum Kampf gegen die Korngesetze zu gewinnen, deren Abschaffung der Bourgeoisie die Handelsfreiheit sichern sollte. Als jedoch die Arbeiter eigene soziale Forderungen stellten, ging die Bourgeoisie auf die Seite der Regierungstruppen über und ließ die Führer der Chartistenbewegung verhaften.

Die Folge dieser Niederlage war die Spaltung der Chartistenbewegung, die von nun an eine reine Arbeiterbewegung wurde. Über die Bedeutung des Chartismus, der nach 1848 zerfiel, sagte Lenin, daß „England der Welt die erste wirkliche, breite, politisch klar ausgeprägte, proletarisch-revolutionäre Massenbewegung... gab" (Lenin: Ausgewählte Werke in zwei Bänden, Band II, S. 551). 202 206

93 *Freijeister* — Anspielung auf die „Freien". So nannte sich in der ersten Hälfte der vierziger Jahre des 19. Jahrhunderts ein junghegelianischer Zirkel Berliner Literaten, dessen Kern Bruno Bauer, Edgar Bauer, Eduard Meyen, Ludwig Buhl, Max Stirner und andere bildeten. Bereits 1842 kritisierte Marx in seinen Briefen die „Freien" und weigerte sich, ihre inhaltslosen und anspruchslosen Artikel in der von ihm redigierten „Rheinischen Zeitung" zu veröffentlichen. 203

94 *der Bluntschlibericht* — Bezeichnung für das Buch „Die Kommunisten in der Schweiz nach den bei Weitling vorgefundenen Papieren. Wörtlicher Abdruck des Kommissionalberichtes an die H. Regierung des Standes

Zürich", Zürich 1843. Verfasser dieser Schrift, die anonym erschien, war der Schweizer Jurist und reaktionäre Politiker Johann Caspar Bluntschli. — Lorenz von Stein schrieb das Buch „Der Socialismus und Communismus des heutigen Frankreichs." 209

[95] *Congregatio de propaganda fide* (Kongregation zur Verbreitung des Glaubens) — vom Papst gegründete katholische Organisation, deren Ziel die Verbreitung des Katholizismus in allen Ländern und der Kampf gegen die Ketzer war. Die Kongregation war eines der Werkzeuge der reaktionären Politik des Papsttums und der katholischen Kreise. 213

[96] *„Kritik in Buchbindermeistergestalt"* — so nannten Marx und Engels in der „Heiligen Familie" ironisch Carl Reichardt. In Heft I und II der „Allgemeinen Literatur-Zeitung" war Reichardts Artikel „Schriften über den Pauperismus" veröffentlicht worden, in welchem der Artikel „Die Gründe des wachsenden Pauperismus" aus A. T. Wönigers Buch „Publicistische Abhandlungen" kritisiert wurde. 219

[97] Eden, „The State of the Poor: or, an history of the labouring classes in England" [Die Lage der Armen oder eine Geschichte der arbeitenden Klassen in England]. 219

[98] Aus Shakespeares „Timon von Athen", vierter Aufzug, dritte Szene. 231

[99] Der Verfasser der „Leçons sur l'Industrie et les Finances" [Vorlesungen über die Industrie und die Finanzen] ist Pereire. 232

[100] *Barataria* — imaginäre Insel, auf der in Cervantes' „Don Quijote" Sancho Pansa als Statthalter eingesetzt wird. 234

[101] *Dioskuren* — Gestalten aus der griechischen Mythologie, die Zwillingsbrüder Kastor und Pollux. Sie galten als Sternbild (Zwillinge) für die Beschützer der Seeleute. 235

[102] *banqueroute cochonne* (schludriger Bankrott) — die 32. der von Fourier unterschiedenen 36 Bankrottarten. In seinem nicht vollendeten Werk „Des trois Unités externes" [Über die drei äußeren Einheiten] definiert Fourier die 32. Art wie folgt: „Der schludrige Bankrott ist der Bankrott eines einfachen Menschen, der, statt nach den allgemeinen Regeln zu handeln, seine Frau, seine Kinder und sich selbst dem Ruin preisgibt, wobei er sich sowohl dem Zugriff der Justiz als auch der Verachtung der Freunde des Handels aussetzt, die nur einen Bankrott gelten lassen, bei dem man sein Schäfchen ins trockne bringt und sich an die großen Grundsätze hält. Im Handelsjargon sagt man von einem Bankrotteur, der seine Frau und sich selbst ruiniert: ‚So etwas nennt man nicht arbeiten, sondern schludern.'" 238

[103] Der Spruch „Erkenne dich selbst" stand am Eingang zum Tempel des Apollo in Delphi, einer altgriechischen Stadt am Berghang des Parnasses. 252

[104] Nach Benthams idealistischer Ethik gelten diejenigen Handlungen eines Menschen für moralisch, in deren Ergebnis die Summe der Freuden die

610

Summe der Leiden übersteigt. Die Aufstellung langer Listen von Freuden und Leiden und' ihre Ausbalancierung mit dem Ziel, die Moralität einer Handlung zu bestimmen, nennen Marx und Engels die „Benthamsche Buchführung". Eine Einschätzung Benthams durch Marx findet sich im „Kapital", Berlin 1957, Band I, Seite 640. 262

[105] *Moabit* und *Köpenick* — frühere Vororte von Berlin, deren Eingemeindung 1861 bzw. 1920 erfolgte.

Hamburger Tor — Stadttor an der damaligen nördlichen Stadtgrenze von Berlin, das mit der Stadtmauer zusammen in den Jahren 1860—1880 abgetragen wurde. Es befand sich an der Stelle, wo heute die Kleine Hamburger Straße auf die Wilhelm-Pieck-Straße stößt. 267

[106] *Eckensteher Nante* — Figur aus K. von Holteis Drama „Das Trauerspiel in Berlin"; auf Grund dieses Vorbildes hat der bekannte deutsche Komiker F. Beckmann einen volkstümlichen Schwank „Der Eckensteher Nante im Verhör" geschaffen. Der Name Nante wurde zum Begriff für einen schwatzhaften, philosophierenden Spaßvogel, der bei jeder Gelegenheit platte Witze im Berliner Jargon von sich gibt. 275

[107] *Blocksberg* — Gipfel des Harzer Bergmassivs in Mitteldeutschland; nach Volkslegenden ist der Blocksberg der Ort der Walpurgisnacht, wo sich die Hexen zu ihrem Hexensabbath versammeln. Den Namen „Blocksberg" tragen auch mehrere Höhen in Mecklenburg und Mitteldeutschland; mit ihm sind abergläubische Vorstellungen von „bösen Geistern" verbunden. 286

[108] *Prokrustes* — Gestalt eines Räubers aus der griechischen Sage, der alle, die in seine Hände fielen, auf ein Bett legte. Waren sie zu kurz, „streckte" er sie mit dem Hammer; waren sie zu lang, kürzte er sie mit Gewalt.

Prokrustesbett wird sprichwörtlich gebraucht für eine Zwangslage oder für ein Schema, in das etwas gewaltsam eingezwängt wird. 289

[109] Siehe Klopstock, „Der Messias". 290

[110] Aus Szeligas Artikel „Eugen Sue: ,die Geheimnisse von Paris'" in der „Allgemeinen Literatur-Zeitung", Heft VII. 301

[111] *„Der Sohn der Wildniß"* — Drama von Friedrich Halm, das zum ersten Mal 1842 aufgeführt wurde. Im Buchhandel erschien es 1843. 309

[112] *Spanso-Bocho* — eine der grausamsten körperlichen Züchtigungen, die von den Kolonisatoren in Surinam (Südamerika) angewandt wurde. Charles Comte beschreibt in seinem Werk „Traité de Législation" [Abhandlung über die Gesetzgebung], Seite 392 diese Tortur folgendermaßen: „Man bindet dem Verurteilten die Hände und zwingt ihn, die Knie zwischen die Arme zu stecken. Dann legt man ihn auf die Seite und hält ihn so fest, verschnürt wie ein Backhuhn, mittels eines in die Erde gesteckten Pfahls, an dem er angebunden wird. In dieser Lage kann er sich nicht mehr bewegen, als wenn er tot wäre. Dann schlägt ihn ein mit einer Handvoll knotiger Tamarindenzweige bewaffneter Neger, bis sich die Haut

ablöst; er dreht ihn sodann auf die andere Seite, schlägt ihn von neuem, und das Blut tränkt die Erde am Exekutionsplatz. Nach Beendigung der Exekution wäscht man den Unglücklichen, um das Brandigwerden des Fleisches zu verhindern, mit Zitronensaft, in dem man Schießpulver aufgelöst hat. Nachdem auch diese Prozedur beendet ist, schickt man ihn in seine Hütte zurück, damit er sich heile, falls ihm das noch möglich ist." 315

[113] Im Jahre 1791 brach auf der Insel Haiti ein Aufstand der Negersklaven aus, der bis 1793 andauerte. Die Aufständischen mit Toussaint-Louverture an der Spitze kämpften gegen die Plantagenbesitzer und Kolonisatoren für Freiheit, Boden und Unabhängigkeit. Durch ihren Kampf erzwangen sie die Aufhebung der Sklaverei. 316

[114] *Historische [Rechts]schule* — reaktionäre Richtung in der Geschichts- und Rechtswissenschaft, die in Deutschland Ende des 18. Jahrhunderts aufkam. *Romantiker* (reaktionärer Romantismus) — der historischen Rechtsschule verwandte ideologische Richtung in der ersten Hälfte des 19. Jahrhunderts. 322

[115] Aus Chamissos Gedicht „Tragische Geschichte". 326

[116] *Zehn Tafeln* — ursprüngliche Variante des Gesetzes der „Zwölf Tafeln" (lex duodecim Tabularum), des ältesten gesetzgeberischen Denkmals des römischen Sklavenhalterstaates. Das Gesetz wurde im Ergebnis des Kampfes der Plebejer gegen die Patrizier in der Periode der Republik Mitte des 5. Jahrhunderts v. u. Z. angenommen; es diente als Ausgangspunkt für die Weiterentwicklung des römischen Privatrechts. 327

[117] *Stehely* — Konditoreibesitzer in Berlin, in dessen Lokal sich in den vierziger Jahren des 19. Jahrhunderts radikal eingestellte Bürger zu treffen pflegten, darunter vor allem auch Schriftsteller. 334

[118] Nach Goethes „Faust", I. Teil, 2. Studierzimmerszene, wo es heißt: „Es erben sich Gesetz und Rechte wie eine ew'ge Krankheit fort." 340

[119] In Goethes „Faust", I. Teil, 1. Studierzimmerszene heißt es: „Das Etwas, diese plumpe Welt." 340

[120] Aus Heines Gedicht „Berg-Idylle". 344

[121] Bei den hier erwähnten Schriften handelt es sich um folgende Titel: Edgar Bauer, „Die liberalen Bestrebungen in Deutschland", Schlosser, „Geschichte des achtzehnten Jahrhunderts und des neunzehnten bis zum Sturz des französischen Kaiserreichs", Moses Heß, „Die europäische Triarchie", die Rede von Guizot in der französischen Pairskammer, Nauwerck, „Über die Theilnahme am Staate". Der Verfasser der „Emilia Galotti" ist Lessing. 346

[122] *Leges barbarorum* (Barbarengesetze) — entstanden im 5. bis 9. Jahrhundert und waren im wesentlichen eine Niederschrift des Gewohnheitsrechts der verschiedenen germanischen Stämme (Franken, Friesen u. a.).

612

Consuetudines feudorum — eine im letzten Drittel des 12. Jahrhunderts in Bologna entstandene Zusammenstellung des mittelalterlichen Lehenrechts.

Jus talionis — das Recht der Wiedervergeltung durch Gleiches (Auge um Auge, Zahn um Zahn); auch die Bestrafung des Verbrechers an dem Glied, mit dem er gefrevelt hat (z. B. Abhauen der Schwurhand des Meineidigen).

altgermanische Gewere — die legitime Herrschaft eines freien Mannes über ein Grundstück, auf dem er souverän herrschte und alle Sachen und Menschen beschützte, die sich auf seinem Grund und Boden befanden.

Compensatio — die gegenseitige Aufrechnung einer Forderung und einer Gegenforderung.

Satisfactio — Genugtuung oder Buße für ein Vergehen; auch die Abfindung eines Gläubigers durch eine andere Leistung als die geschuldete. 354

[123] *Heilige Hermandad* — Bund spanischer Städte, der Ende des 15. Jahrhunderts unter Mitwirkung königlicher Behörden gegründet wurde, die sich bemühten, die Bourgeoisie im Kampf gegen die großen Feudalherren im Interesse des Absolutismus auszunutzen. Von der Mitte des 16. Jahrhunderts ab übten die bewaffneten Kräfte der „Heiligen Hermandad" Polizeifunktionen aus. Im übertragenen, ironischen Sinne bezeichnete man später mit „Heiliger Hermandad" die Polizei. 355

[124] *Spandau*, der jetzige Stadtteil von Groß-Berlin, war damals eine selbständige befestigte Stadt. Die in der auf einer Havelinsel gelegenen Zitadelle inhaftierten Gefangenen wurden zur Arbeit beim Festungsbau eingesetzt. 355

[125] Der Verfasser des „Appel à la France contre la division des oppinions" [Appell an Frankreich gegen die Uneinigkeit der Meinungen] ist Lourdoueix. 358

[126] *Septembergesetze* — reaktionäre Gesetze, die im September 1835 von der französischen Regierung unter Berufung auf das am 28. Juli auf den König Louis-Philippe verübte Attentat erlassen worden waren. Sie beschränkten die Tätigkeit der Geschworenengerichte und führten strenge Maßnahmen gegen die Presse ein. Für die Presse sahen sie die Erhöhung der Kautionen für periodisch erscheinende Druckerzeugnisse vor und führten Gefängnishaft und hohe Geldstrafen für Publikationen gegen das Eigentum und die bestehende Staatsordnung ein. 359

[127] *Magna Charta* (Magna Charta Libertatum) — Urkunde, die dem englischen König Johann ohne Land durch die von Rittern und Städten unterstützten aufständischen großen Feudalherren (die Barone) vorgelegt wurde. Die am 15. Juni 1215 auf der Runnymede-Wiese an der Themse unterzeichnete Charta schränkte die Rechte des Königs vor allem zugunsten der großen Feudalherren ein und enthielt gewisse Zugeständnisse

an die Ritterschaft und die Städte; der Hauptmasse der Bevölkerung, den leibeigenen Bauern, brachte die Charta keinerlei Rechte. 366

128 *Habakuk* — biblischer Prophet. Das Buch des Propheten Habakuk stellt ein Gemisch der verschiedensten Anschauungen dar und ist der Ausdruck völliger geistiger Ohnmacht und der Unfähigkeit, die umgebende Wirklichkeit zu begreifen. 368

129 Anspielung darauf, daß Stirner im Sommer 1845 versuchte, durch die Eröffnung eines Milchhandels seine Existenz zu sichern, da sich seine schriftstellerische Betätigung in finanzieller Hinsicht als Fehlschlag erwiesen hatte. Für die Milch fanden sich zwar Lieferanten, aber keine Käufer; so landeten die sauer gewordenen Vorräte in der Gosse. 372

130 Siehe Nassau William Senior: „Three Lectures on the Rate of Wages" [Drei Vorlesungen über die Lohnrate]. 374

131 Die *Heilige Allianz* war ein Bund der konterrevolutionären Mächte gegen alle fortschrittlichen Bewegungen in Europa. Sie wurde am 26. September 1815 in Paris — auf Initiative Alexanders I. — von Rußland, Österreich und Preußen gegründet. Ihr schlossen sich die meisten europäischen Staaten an; England trat formal nicht bei. Das grundlegende Dokument, die „Akte der Heiligen Allianz", war in einem religiösen, mystischen Ton abgefaßt. Die der Heiligen Allianz angeschlossenen Staaten verpflichteten sich zur gegenseitigen Unterstützung bei der Unterdrückung aller revolutionären Volksbewegungen, wo immer sie ausbrechen sollten. Die Heilige Allianz wurde aber durch die immer stärker werdenden revolutionären Bewegungen erschüttert. Ende der zwanziger, Anfang der dreißiger Jahre zerfiel sie. 375

132 *Pandekten* — griechische Bezeichnung (lat. Digesta — Gesammeltes) des wichtigsten Teils des römischen Rechts. Sie waren eine Zusammenstellung von Auszügen aus den Werken römischer Rechtsgelehrter und spiegelten die Interessen der Sklavenhalter wider. Veröffentlicht wurden sie unter dem byzantinischen Kaiser Justinian. 378

133 *Seehandlung* — „Preußische Seehandlungsgesellschaft". Sie wurde 1772 als Handelskreditgesellschaft gegründet, die mit einer Reihe wichtiger staatlicher Privilegien ausgestattet wurde. Sie stellte der Regierung große Darlehen zur Verfügung und spielte faktisch die Rolle ihres Bankiers und Maklers. Durch Edikt vom 27. Oktober 1810 wurden Aktien und Obligationen der Gesellschaft in Staatsschuldscheine umgewandelt und damit die Gesellschaftsform beseitigt. Aus der Preußischen Seehandlungsgesellschaft wurde die preußische Staatsbank. 390

134 *Levons-nous!* (Erheben wir uns!) — aus der Devise der revolutionärdemokratischen Wochenschrift „Révolutions de Paris", deren gesamter Text lautete: „Die Großen erscheinen uns nur deshalb groß, weil wir selbst auf den Knien liegen. Erheben wir uns!" Die Wochenschrift erschien von Juli 1789 bis Februar 1794 in Paris. 396

¹³⁵ *Phalansterien* — „Phalanstere war die Bezeichnung für die von Charles Fourier geplanten sozialistischen Kolonien" (Engels). (Siehe auch Anm. 138.) 396

¹³⁶ „*Hinkende Botten*" (auch: „... Boten") waren eine publizistische Form ähnlich einem Kalender oder Almanach, die um 1590 entstand als eine Ergänzung zu den „Neuen Zeitungen". Die letzteren brachten überstürzte und daher oft falsche Nachrichten. Die „Hinkenden Boten" dagegen faßten die Ereignisse des Jahres rückschauend zusammen und legten mehr Wert auf die Wahrhaftigkeit als auf die Aktualität der Berichterstattung. Ihrer Langsamkeit wegen wurden sie oft verspottet. Karikaturen (Holzschnitte) zeigen einen Krüppel, der verkehrt auf einem alten klapprigen Gaul sitzt, während der Postreiter auf einem feurigen Pferd an ihm vorbeisprengt. 400

¹³⁷ Das von Mozart begonnene Requiem wurde von Franz Xaver Süßmayer vollendet. 411

¹³⁸ *Organisateure der Arbeit* — utopische Sozialisten (insbesondere Fourier und seine Schüler), Anhänger eines utopischen Plans zur Umgestaltung der Gesellschaft durch Reformen, durch die sogenannte „Organisierung der Arbeit", die sie der Anarchie der Produktion unter dem Kapitalismus gegenüberstellen. 411

¹³⁹ *Vaudeville* — satirisches Volkslied über ein Tagesereignis nach bekannter Melodie. 411

¹⁴⁰ jede Ermittlung der Vaterschaft ist untersagt — aus dem Artikel 340 des „Code Napoléon". 417

¹⁴¹ Aus dem Hochzeitslied in Carl Maria von Webers Oper „Der Freischütz", deren Text Franz Kind dichtete. 417

¹⁴² *Willenhall* — Kleinstadt in der Grafschaft Staffordshire in England, ein Zentrum der Eisenindustrie. 419

¹⁴³ Anspielung darauf, daß Max Stirner sein Buch seiner Frau Maria Dähnhardt gewidmet hat. Das „Titelgespenst ihres Buchs" ist Stirners eigene Formulierung. In seinem Werk „Der Einzige und sein Eigenthum" bezieht Stirner diesen Ausspruch auf Bettina von Arnim bezüglich ihrer Schrift: „Dies Buch gehört dem König". 419

¹⁴⁴ Siehe Godwin, „Enquiry Concerning Political Justice, and its Influence on Morals and Happiness" [Untersuchung über politische Gerechtigkeit und ihren Einfluß auf Moral und Glückseligkeit]. 421

¹⁴⁵ Es ist die Rede von einer der wichtigsten Thesen aus der Deklaration der Menschen- und Bürgerrechte („Déclaration des droits de l'homme et du citoyen") aus dem Jahre 1793, die von Robespierre verfaßt und vom Konvent in der Periode der revolutionär-demokratischen Diktatur der Jakobiner angenommen wurde. Ein Artikel der Deklaration lautete: „Wenn die Regierung die Rechte des Volkes verletzt, ist der Aufstand das hei-

ligste Recht und die unbedingte, unerläßliche Pflicht des ganzen Volkes und jedes einzelnen seiner Teile." 422

146 Siehe Ricardo, „On the Principles of Political Economy and Taxation" [Über die Grundsätze der politischen Ökonomie und der Besteuerung]. 423

147 Siehe Heines „Sonettenkranz an A. W. von Schlegel" im „Buch der Lieder". 426

148 Der *Zollverein* (Preußisch-deutscher Zollverein) — eine wirtschaftspolitische Vereinigung deutscher Einzelstaaten unter preußischer Führung zur Beseitigung der Binnenzölle und zur gemeinsamen Regelung der Grenzzölle. Er wurde am 1. Januar 1834 von Preußen und anderen Mitgliedsstaaten des Deutschen Bundes gebildet. Österreich und einige kleine Staaten traten dem Zollverein nicht bei. 431

149 Aus Goethes „Faust", I. Teil, Osterspaziergang. 436

150 *Humanus* — Gestalt aus Goethes unvollendetem Gedicht „Die Geheimnisse". 436

151 Siehe Fourier, „Théorie de l'Unité universelle" [Theorie der universellen Einheit]. Diese Arbeit erschien im 2.–5. Band der „Œuvres complètes de Ch. Fourier" [Sämtliche Werke Ch. Fouriers] und stellt eine spätere Neubearbeitung der Schrift „Traité de l'Association domestique-agricole" [Abhandlung über die hauswirtschaftlich-landwirtschaftliche Vereinigung] dar. 436 545

152 Die *kyrenäische Schule* wurde von dem griechischen Philosophen Aristippos (um 400 v. u. Z.) in seiner Vaterstadt Kyrene gegründet. Aristippos bestimmte als das höchste Gut die sinnliche und geistige Lust (Hedonismus), die aber von der inneren Freiheit beherrscht sein muß. 438

153 *Aramäischer Dialekt* — die Aramäer waren semitische Völkerschaften, die im 2. Jahrhundert v. u. Z. Nordsyrien besiedelten. Ihr Dialekt wurde zu Beginn unserer Zeitrechnung allgemein in Palästina gesprochen; seit dem 7. Jahrhundert wurde er durch das Arabische verdrängt. 448

154 Aus Goethes „Faust", I. Teil, dritte Szene. 457

155 *Lebermeer* — sagenhaftes, geronnenes Meer, in dem die Schiffe steckenbleiben. 473

156 Aus Calderóns „La puente de Mantible" [Die Brücke von Mantible], erster Akt. 474

157 Siehe Oelckers, „Die Bewegung des Socialismus und Communismus". 482

158 Die *Tories* waren eine Partei, die sich erst nach der Restauration der Stuarts, die 1660 auf den englischen Thron zurückgekehrt waren, gebildet hatte. Sie vertraten nur den Landadel und standen politisch auf dem Boden des absoluten Königtums, waren also von den englischen Parteien diejenige, der an der Durchsetzung der Konstitution die geringsten Verdienste zukamen. Diese hatte vielmehr den Interessen der heranwachsen-

616

den Bourgeoisie entsprochen, deren Sieg in der Revolution durch die starke und entschiedene Beteiligung der Volksmassen gesichert worden war. 482

159 *Jungdeutsche Belletristen* — die literarische Bewegung *Junges Deutschland*, eine Gruppe liberal gesinnter Schriftsteller und Kritiker, die sich in den dreißiger Jahren des 19. Jahrhunderts in Deutschland herausbildete und zeitweise unter dem Einfluß von Heine und Börne stand. Die Schriftsteller des Jungen Deutschland (Gutzkow, Laube, Wienbarg, Mundt und andere), die in ihren belletristischen und publizistischen Werken die oppositionellen Stimmungen des Kleinbürgertums widerspiegelten, traten für Gewissens- und Preßfreiheit ein. Die Anschauungen der Jungdeutschen waren durch ideologische Unreife und politische Unbestimmtheit gekennzeichnet; die meisten von ihnen entarteten bald zu bürgerlichen Liberalen. Nach 1848 zerfiel die Gruppe. 483

160 Die „*Rheinischen Jahrbücher zur gesellschaftlichen Reform*" wurden von Hermann Püttmann herausgegeben. Es erschienen nur zwei Bände, der erste im August 1845 in Darmstadt, der zweite Ende 1846 in dem kleinen Ort Belle-Vue bei Konstanz, an der deutsch-schweizerischen Grenze. In dem Bestreben, Stützpunkte für die Propaganda ihrer kommunistischen Anschauungen in Deutschland zu gewinnen, hielten Marx und Engels es für notwendig, die Zeitschrift für diesen Zweck auszunutzen. Der erste Band enthält die Reden von Engels auf den Versammlungen in Elberfeld am 8. und 15. Februar 1845 (Elberfelder Reden) und der zweite Band den Artikel „Das Fest der Nationen in London". Die allgemeine Richtung der Jahrbücher wurde jedoch durch die beteiligten Vertreter des „wahren" Sozialismus bestimmt. 485

161 Es handelt sich um einen Artikel von Hermann Semmig. 485

162 Siehe Moses Heß' Artikel „Über die Noth in unserer Gesellschaft und deren Abhülfe" aus dem „Deutschen Bürgerbuch für 1845", S. 22—48.
„*Deutsches Bürgerbuch* für 1845" — von H. Püttmann im Dezember 1844 in Darmstadt herausgegebenes Jahrbuch. Die allgemeine Richtung des Jahrbuches wurde durch die Mitarbeit von Vertretern des „wahren" Sozialismus bestimmt. Das „Deutsche Bürgerbuch für 1846" erschien im Sommer 1846 in Mannheim. 486

163 Abgewandeltes Zitat aus Heine, „Lyrisches Intermezzo", 50. Gedicht. 487

164 *Leveller* (Gleichmacher) — so nannte sich während der englischen Revolution eine politische Gruppe, die aus Handwerkern und Bauern bestand und großen Einfluß unter den Soldaten der Cromwellschen Armee erlangte. Sie vertraten die Ansicht, daß die Menschen von Geburt aus frei und einander gleich seien. Sie forderten allgemeines Wahlrecht, Abschaffung des Königtums und Rückgabe der „eingezäunten" Ländereien an die Bauern. Gleichzeitig waren sie entschiedene Verteidiger des Privateigentums und wollten den Arbeitern und Dienstboten als Nichtbesitzenden das allgemeine Wahlrecht vorenthalten. Infolge dieser Stellung-

617.

nahme der Leveller und infolge der durch Not, Hunger und Zerrüttung hervorgerufenen Leiden des Volkes spalteten sich von der Partei der Leveller die *wahren Leveller* oder *Digger* (die Grabenden) ab. Diese vertraten den Standpunkt, daß das arbeitende Volk die Gemeindeländereien bewirtschaften solle, ohne Pacht zu zahlen. In einigen Dörfern besetzten sie aus eigener Machtvollkommenheit nichtbewirtschaftete Ländereien und gruben sie für die Saat um. Als sie von den Soldaten Cromwells auseinandergetrieben wurden, leisteten sie keinen Widerstand, denn sie wollten in diesem Kampfe nur friedliche Mittel anwenden und vertrauten auf die Kraft der Überzeugung. 488

[165] Siehe Chastelllux, „De la Félicité publique" [Über das Glück der Allgemeinheit]. 488

[166] *Cabet, „Voyage en Icarie, roman philosophique et social"* [Reise nach Ikarien, philosophischer und sozialer Roman]. Zweite Ausgabe, Paris 1842. Die erste Ausgabe seines Buches gab *Cabet* 1840 in zwei Bänden unter dem Titel heraus: „*Voyage et Aventures de Lord William Carisdall en Icarie*" [Reise und Abenteuer von Lord William Carisdall in Ikarien]. 488

[167] *système de la nature* — diese Stelle enthält einen Hinweis auf das Werk „Système de la Nature" des französischen Materialisten Paul-Henri-Dietrich d'Holbach, das dieser aus Konspirationsgründen mit dem Namen des 1760 verstorbenen Sekretärs der Académie Française J. B. Mirabaud zeichnete. 488

[168] Aus Heines Gedicht „Verkehrte Welt" aus dem Zyklus „Zeitgedichte". 495

[169] *Humaniora* — Gesamtheit der Lehrdisziplinen, deren Unterweisung das Studium der klassischen antiken Kultur zum Ziel hat; die Humanisten der Renaissance und ihre Schüler hielten diese Disziplinen für die Grundlage der humanistischen Bildung und Erziehung. 495

[170] Aus Heines „Deutschland, ein Wintermärchen". Kaput VII. 499

[171] Es handelt sich um einen Artikel von Rudolph Matthäi. 500

[172] Refrain eines deutschen Kinderliedchens. 507

[173] Hier ist die Rede von dem Sammelband „Neue Anekdota", der Ende Mai 1845 in Darmstadt erschien. Dieser Sammelband enthielt von der Zensur verbotene Zeitungsartikel von Moses Heß, Karl Grün, Otto Lüning u. a., die vorwiegend in die erste Hälfte des Jahres 1844 fallen. Sehr bald nach dem Erscheinen dieses Bandes äußerten Marx und Engels, wie aus einem Brief an Heß hervorgeht, eine Reihe sehr kritischer Bemerkungen, die seinen Inhalt betrafen. 515

[174] *Rhadamanthys* — Typ eines unerbittlichen Richters aus der griechischen Mythologie. 517

[175] Abgewandeltes Zitat aus Mozarts „Zauberflöte", II. Akt, Arie des Sarastro. 519

[176] Siehe Moses Heß, „Socialismus und Communismus". 520

[177] Lerminier, „Philosophie du Droit" [Philosophie des Rechts]. 520

[178] *Hôtel de Ville* — Rathaus; hier das *Pariser* Rathaus.
Palais Bourbon — das in Paris am Quai d'Orsay befindliche Gebäude der französischen Deputiertenkammer. Das Palais befand sich bis zur Revolution im Besitz der Bourbonen und wurde 1790 zum Nationaleigentum erklärt. In der Restaurationszeit begann hier die Kammer der Deputierten zu tagen. 521

[179] Reybaud, „Études sur les réformateurs ou socialistes modernes" [Studien über die Reformatoren oder modernen Sozialisten]. 525

[180] Siehe den Artikel „À un Catholique. Sur la vie et le caractère de Saint-Simon" [An einen Katholiken. Über das Leben und den Charakter Saint-Simons] in der genannten Nummer des „Organisateur".
„*L'Organisateur*" — Tageszeitung der saint-simonistischen Schule; erschien in den Jahren 1829—1831 in Paris. 525

[181] Dieses Werk Saint-Simons wurde 1802 geschrieben und 1803 anonym in Paris herausgegeben. 531

[182] Die erste Ausgabe dieses Werkes von Saint-Simon erschien unter dem Titel „Catéchisme des industriels" [Katechismus der Industriellen] 1823 bis 1824 in Paris in 3 Heften. 534

[183] Die *feudale oder die Klasse des Adels* ist nach Saint-Simon der alte Feudaladel.
Die *mittlere oder Zwischenklasse* setzte sich vor der Revolution von 1789 zusammen aus den juristischen Beratern der Regierung, den bürgerlichen Militärs und den bürgerlichen Grundbesitzern, die zu ihrem Besitz nur die Beziehung des Rentiers haben. Diese Zwischenklasse habe sich 1789 des Volkes bedient, um die Revolution entsprechend ihrem Interesse zu machen. Nach der Revolution beherrsche sie Volk und Staat und leiste nichts Nützliches mehr für die Gesellschaft.
Zur *Klasse der Industriellen* gehören alle diejenigen, die materielle Güter produzieren oder produzieren lassen, und diejenigen, die mit der Zirkulation dieser Güter beschäftigt sind. Sie bilden drei große Gruppen: die Bauern, die Fabrikanten und die Kaufleute. Diese Klasse der Industriellen ist die wichtigste Gesellschaftsklasse, sie allein leistet Nützliches für die Gesellschaft und sollte deshalb in ihr den ersten Platz einnehmen und auch die Staatsgeschäfte führen.
Siehe hierzu: Saint-Simon, „Catéchisme politique des industriels". 534

[184] „*Le Producteur*" — erstes Presseorgan der saint-simonistischen Schule; die Zeitschrift wurde 1825/26 in Paris herausgegeben. 540

[185] „*Le Globe*" — Tageszeitung, die in den Jahren 1824—1832 in Paris erschien. Vom 18. Januar 1831 an war sie das Organ der saint-simonistischen Schule. 541

186 Siehe Karl Rosenkranz' Artikel „Ludwig Tieck und die romantische Schule" in den „Hallischen Jahrbüchern" Jahrgang 1838, Nr. 155—158 und 160—163. 543

187 *Ménilmontant* — damals Vorort, jetzt das 20. Arrondissement (Stadtbezirk) von Paris. Dort besaß Enfantin, der „oberste Vater" der Saint-Simonisten, ein Gut, auf das er sich 1832 nach dem Streit mit Bazard mit etwa 40 seiner Getreuen zurückzog; mit ihnen versuchte er hier, eine Arbeitskommune zu gründen. 543

188 Es handelt sich um B. P. *Enfantins Schrift „Économie politique et Politique"* [Politische Ökonomie und Politik], die 1831 in Paris als Buch veröffentlicht worden war, während sie ursprünglich als Artikelreihe in der Zeitung „Le Globe", Jahrgang 1831, erschien. 543

189 *„Le Livre nouveau"* [Das neue Buch] ist eine Handschrift mit einer Darlegung der Lehre der Saint-Simonisten, die nach Absicht ihrer Verfasser zur „neuen Bibel" der saint-simonistischen Religion werden sollte. Sie wurde 1832 auf den Sitzungen der Führergruppe der saint-simonistischen Schule mit Enfantin an der Spitze verfaßt. Angaben über das „Livre nouveau" und Auszüge daraus finden sich in Reybaud, „Études sur les réformateurs ou socialistes modernes" [Studium über die Reformatoren oder modernen Sozialisten]. 544

190 Die erste Auflage des Fourierschen Werkes „Théories des quatre mouvements et des destinées générales" [Theorien der vier Bewegungen und der allgemeinen Bestimmungen] erschien anonym 1808 in Lyon. Um Schwierigkeiten mit der französischen Polizei aus dem Wege zu gehen, war als Druckort Leipzig angegeben. 545

191 Siehe Churoa, „Kritische Darstellung der Socialtheorie Fourier's". 546

192 Siehe das Epigramm „Die Philosophen" in Schillers Werken. 560

193 *„Vorwärts!"* — deutsche Zeitung, erschien von Januar bis Dezember 1844 zweimal wöchentlich in Paris. An der Zeitung arbeiteten Marx und Engels mit. Unter dem Einfluß von Marx, der vom Sommer 1844 an eng in der Redaktion der Zeitung mitarbeitete, begann diese, kommunistischen Charakter anzunehmen; die Zeitung kritisierte scharf die reaktionären Zustände in Preußen. Auf Verlangen der preußischen Regierung verfügte das Ministerium Guizot im Januar 1845 die Ausweisung von Marx und von einigen weiteren Mitarbeitern der Zeitung aus Frankreich; der „Vorwärts!" stellte daraufhin sein Erscheinen ein.

In den Nummern 72 und 73 erschien der Artikel „Auszüge aus Morelly's Code de la Nature", in der Nr. 87 der Artikel „Friedrich Wilhelm IV. und Morelli". 566

194 Siehe die Artikel Karl Grüns: „Feuerbach und die Socialisten" in: „Deutsches Bürgerbuch für 1845" sowie „Politik und Socialismus" in „Rheinische Jahrbücher", 1845, S. 98—144. 567

620

195 *„Die Neue Welt oder das Reich des Geistes auf Erden. Verkündigung"*, Genf 1845. In dieser Schrift werden Lektionen veröffentlicht, die G. Kuhlmann in den Weitlingschen Gemeinden der Schweiz gehalten hat. Eine Charakteristik dieses Buches siehe in Engels' Artikel „Zur Geschichte des Urchristentums" (1894).

Das Manuskript des nächsten, fünften Kapitels des zweiten Bandes der „Deutschen Ideologie" („V. Der Dr. Georg Kuhlmann aus Holstein, oder die Prophetie des wahren Sozialismus") ist von der Hand Weydemeyers geschrieben und trägt am Schluß den Vermerk „M. Heß". Dieses Kapitel wurde wahrscheinlich von Heß entworfen, von Weydemeyer umgeschrieben und von Marx und Engels endgültig redigiert. 571

196 *Les attractions sont proportionelles aux destinées* — Zitat aus dem Werk von Fourier „Théorie des quatre mouvements et des destinées générales". Danach handelt es sich einerseits um die Neigungen der Menschen, bestimmte berufliche Fähigkeiten auszuüben, und andererseits um die göttlichen Gesetze, die die Welt regieren. 576

197 Die „Thesen über Feuerbach" wurden von Marx im Frühjahr 1845 in Brüssel geschrieben und sind in seinem Notizbuch 1844—1847 unter der Überschrift „1. ad. Feuerbach" enthalten. Sie wurden im Jahre 1888 von Engels zum ersten Male veröffentlicht, und zwar als Anhang zu dem revidierten Sonderabdruck seiner Schrift „Ludwig Feuerbach und der Ausgang der klassischen deutschen Philosophie" unter der Überschrift „Marx über Feuerbach"; dort sind auch Entstehungsort und -zeit der Thesen angegeben. Engels nahm bei der Herausgabe 1888 an den Thesen einige redaktionelle Veränderungen vor, um diese Notizen, die „rasch hingeschrieben, absolut nicht für den Druck bestimmt, aber unschätzbar als das erste Dokument, worin der geniale Keim der neuen Weltanschauung niedergelegt ist" (Engels), dem Leser verständlich zu machen. Der vorliegende Band enthält die von Engels redigierte Fassung; sie wurde auf Grund des Marxschen Manuskripts ergänzt durch die in der Ausgabe von 1888 fehlenden Hervorhebungen und Anführungszeichen. Der Titel „Thesen über Feuerbach" wurde vom Institut für Marxismus-Leninismus in Übereinstimmung mit Engels' Vorbemerkung zu seiner Schrift „Ludwig Feuerbach" gegeben. 583

198 *piecer an einem selfactor* — der *selfactor* ist ein automatisch arbeitender Teil der Spinnmaschine; *piecer* — ein junges Mädchen, das die Maschine beaufsichtigt und die gerissenen Fäden wieder zusammenknüpft. 593

Literaturverzeichnis
einschließlich der von Marx und Engels erwähnten Schriften

Bei den von Marx und Engels zitierten Schriften werden, soweit sie sich feststellen ließen, die vermutlich von ihnen benutzten Ausgaben angegeben. In einigen Fällen, besonders bei allgemeinen Quellen- und Literaturhinweisen, werden neuere Ausgaben der Schriften angegeben. Einige Quellen konnten nicht ermittelt werden.

I. *Werke und Aufsätze*
genannter und anonymer Autoren

Alexis, W[illibald] [Wilhelm Häring] „Cabanis". Roman in 6 Büchern, Berlin 1832. 346

„*Amadis des Gaules*" [Amadis von Gallien], Amsterdam 1750. 354

„*Anekdota zur neuesten deutschen Philosophie und Publicistik*" von Bruno Bauer, Ludwig Feuerbach, Friedrich Köppen, Karl Nauwerck, Arnold Ruge und einigen Ungenannten. Hrsg. von Arnold Ruge, Bd. 1—2, Zürich und Winterthur 1843. 154 191 346

„*Appel à la France* contre la division des oppinions" siehe [*Lourdoueix, Henri de*]

Aristoteles „Metaphysik", übers. und erl. von Eugen Rolfes, Leipzig 1904. 135

„*Aristoteles* über die menschliche Seele", aus dem Griech. übers. und mit Anm. begleitet von M. W. Voigt, Leipzig 1803. 135

Arndt, Ernst Moritz „Erinnerungen aus dem äußeren Leben", Leipzig 1840. 364

Arnim, Bettina von „Dies Buch gehört dem König", Bd. 1—2, Berlin 1843. 346

„*À un Catholique*. Sur la vie et le caractère de Saint-Simon" [An einen Katholiken. Über das Leben und den Charakter Saint-Simons]. In: „L'Organisateur", Nr. 40 vom 19. Mai 1830. 525

„*Auszüge aus Morelly's Code de la nature*". In: „Vorwärts!" Pariser Deutsche Zeitschrift, Nr. 72 und 73, 1844. 566

[*Bacon, Francis*] *Francisci Baconi Baronis de Verulamio* „De dignitate et augmentis scientiarum" [Über die Würde und den Fortgang der Wissenschaften], Wirceburgi 1779. 168
— „The Essays or Councels, Civill and Morall" [Bürgerliche und moralische Aufsätze oder Ratschläge], London 1625. 168
— „Novum Organum" [Neues Organon], London 1620. 168

Bauer, Bruno (anonym) „Charakteristik Ludwig Feuerbachs". In: „Wigand's Vierteljahrsschrift", Bd. 3, 1845. 41 42 80 82 84 87 105 380 476 477
— „Das entdeckte Christenthum. Eine Erinnerung an das achtzehnte Jahrhundert und ein Beitrag zur Krisis des neunzehnten", Zürich und Winterthur 1843. 85 86
— Geschichte der Politik, Cultur und Aufklärung des achtzehnten Jahrhunderts, Bd. 1—4, Charlottenburg 1843—1845. 39
— (anonym) „Hinrichs, politische Vorlesungen. Bd. I". In: „Allgemeine Literatur-Zeitung", H. I, 1843. 103
— „Kritik der evangelischen Geschichte der Synoptiker". Bd. 1, Leipzig 1841. 85 99
— (anonym) „Ludwig Feuerbach". In: „Norddeutsche Blätter für Kritik, Literatur und Unterhaltung", H. IV, 1844. 83
— „Die gute Sache der Freiheit und meine eigene Angelegenheit", Zürich und Winterthur 1842. 83 87
— (anonym) „Neueste Schriften über die Judenfrage". In: „Allgemeine Literatur-Zeitung", H. I, 1843; H. IV, 1844. 99 103
— (anonym) „Was ist jetzt der Gegenstand der Kritik?", ebendort, H. VIII, 1844. 99

Bauer, Bruno, und Edgar Bauer „Denkwürdigkeiten zur Geschichte der neueren Zeit seit der Französischen Revolution". Nach den Quellen und Original-Memoiren bearb. und hrsg., Charlottenburg 1843—1844. 197 209 346

Bauer, Edgar „Bailly und die ersten Tage der Französischen Revolution", Charlottenburg 1843. (Bruno und Edgar Bauer, „Denkwürdigkeiten zur Geschichte der neueren Zeit seit der Französischen Revolution", [Bd. 4]). 346
— „Die liberalen Bestrebungen in Deutschland", H. 1—2, Zürich und Winterthur 1843. 346

Bayrhoffer, Karl Theodor „Die Idee und Geschichte der Philosophie", Marburg 1838. 180

Beaulieu, C[laude]-F[rançois] „Essais historiques sur les Causes et les Effets de la Révolution de France" [Historische Essays über die Ursachen und Wirkungen der französischen Revolution], Paris 1801—1803. 175

Becker, August „Die Volksphilosophie unserer Tage", Neumünster 1843. 332 346
— (anonym) Vorwort zu: [Kuhlmann, Georg] „Die Neue Welt oder das Reich des Geistes auf Erden. Verkündigung", Genf 1845. 571 572 573 577

Becker, Nicolaus „Der deutsche Rhein". In: „Gedichte von Nicolaus Becker", Köln 1841. 39

„Die Bibel oder die ganze Heilige Schrift des alten und neuen Testaments", nach der deutschen Übers. Martin Luthers. 109 346
— 1. Buch Mose 4,1; 41,19; 49,9. 97 189 426
— 2. Buch Mose, Capitel 7 und 8. 445
— Buch Josua 10, 12. 183
— 1. Buch Samuelis 25,2. 153
— 2. Buch der Könige 12,11. 311
— Buch Hiob 26,14. 244
— Psalter 24,7—10; 118,22. 107 537
— Jesaia 34,11—14. 234
— Jeremia 2,5 u. 6; 18,14; 19,3; 22,29; 25,3; 32,22,30; 33—35. 95
— Hesekiel 11,18. 90
— Habakuk, Capitel 1—4. 368
— Ev. Matthäi 5,3; 6,26,28; 8,10,22; 10,16; 11,27; 20,16. 128 157 186 293 397 502
— Ev. Marcus 10,29. 129
— Ev. Lucä 1,45. 379
— Ev. Johannis 2,4. 118
— Ep. Pauli an die Römer 3,28; 4,18,22; 6,23; 9,16,20—21. 103 157 191 199 349
— 1. Ep. Pauli an die Corinther 3,1—2; 13,2 u. 12. 92 180 186 190
— 2. Ep. Pauli an die Corinther 5,17. 136
— Ep. Pauli an die Galater 3,24; 5,19—21, 24. 90 120 257
— Ep. Pauli an die Epheser 6,12. 183
— 2. Ep. Pauli an Timotheum 3,1, 3—4. 90
— 1. Ep. Petri 2,8,9. 186 444
— 1. Ep. Johannis 4,16. 398
— Ep. an die Ebräer 11,13. 128
— Ep. Jacobi 1,2 u. 9. 337 341
— Ep. Judä 11—13, 19,23. 90
— Offenbarung Johannis 12,5; 13,7 u. 18; 17,3,5,6; 20,7—9; 22,15. 90 136 140 183 221 453

Blanc, Louis „Histoire de dix ans. 1830—1840" [Geschichte der zehn Jahre 1830—1840], Bd. 1—5, Paris 1841—1844. 196 346

[*Bluntschli, Johann Caspar*] „Die Kommunisten in der Schweiz nach den bei Weitling vorgefundenen Papieren. Wörtlicher Abdr. des Kommissionalberichtes an die H. Regierung des Standes Zürich", Zürich 1843. 204 216 332 346

Bossuet, Jaques Benigne „Politique tirée des propres Paroles de l'Écriture-Sainte" [Staatskunst aus der Heiligen Schrift gezogen], Bruxelles 1710. 560

Brissot, [*Jacques-Pierre*] „Mémoires de Brissot... sur ses Contemporains, et la Révolution Française". Publiés par son fils; avec des Notes et des Éclaircissemens historiques par M. F. de Montrol [Erinnerungen Brissots... an seine Zeitgenossen und die Französische Revolution. Veröff. von seinem Sohn; mit geschichtlichen Notizen und Erl. von Herrn F. de Montrol], Bd. 1—2, Paris 1830. 198

Buhl, Ludwig „Geschichte der zehn Jahre 1830—1840 von Louis Blanc". Aus dem Franz. übers., Bd. 1—5, Berlin 1844—1845. 196

Cabet, [*Étienne*] „Ma Ligne droite ou le vrai Chemin du Salut pour le Peuple" [Meine gerade Linie oder der wahre Weg zur Wohlfahrt des Volkes], Paris 1841. 490

— „Réfutation des Doctrines de l'Atelier" [Widerlegung der Lehren des „Atelier"], Paris 1842. 226/227

— „Voyage en Icarie, roman philosophique et social" [Reise nach Ikarien, philosophischer und sozialer Roman], Paris 1842. 448 556—568

Calderón, Pedro de la Barca „La puente de Mantible". In: „Las comedias de D. Pedro Calderón de la Barca", cotejadas con las mejores ediciones hasta ahora publicadas, corregidas y dadas á luz por Juan Jorge Keil [Die Brücke von Mantible. In: Die Komödie des D. Pedro Calderón de la Barca, verglichen mit den besten bisher erschienenen Ausg., korrigiert und hrsg. von Juan Jorge Keil], Leipsique 1827—1830. 474

Camões, Luis de „Lusiada" [Lusiaden], [Berlin 1810]. 449 450

Carriere, Moriz „Der Kölner Dom als freie deutsche Kirche. Gedanken über Nationalität, Kunst und Religion beim Wiederbeginn des Baues", Stuttgart 1843. 346

Cervantes Saavedra, Miguèl de „Vida y hechos del ingenioso hidalgo Don Quixote de la Mancha" [Leben und Taten des scharfsinnigen Edlen Don Quijote von La Mancha], En Haia 1744. 205 234—236 239 240 241 274 277 287 314 352 355 383 384 419 445 456 458 466 467 468 474 477

Chamisso, Adalbert von „Tragische Geschichte". In: „Adalbert von Chamisso's Werke", Bd. 3, 2. Aufl., Leipzig 1842. 326

[*Chastellux, François Jean de*] „De la Félicité publique. Ou Considérations sur le sort des hommes dans les différentes Époques de l'histoire" [Über das Glück der Allgemeinheit oder Betrachtungen über das Schicksal der Menschen in den verschiedenen Epochen der Geschichte], Amsterdam 1772. 488

Chevalier, Michel „Cours d'Économie politique fait au Collège de France" [Kursus der politischen Ökonomie, gehalten am Collège de France], Bruxelles 1845. 543 544

— „Lettres sur l'Amérique du Nord" [Briefe über Nordamerika], Paris 1836. 310

Churoa, A. L. von [August Ludwig von Rochau] „Kritische Darstellung der Socialtheorie Fourier's", Braunschweig 1840. 546

[Clemens Alexandrinus] „Clementis Alexandrini opera graece et latine quae extant" [Die Werke von Clemens Alexandrinus, die in griechischer und lateinischer Sprache vorliegen], Coloniae 1688. 134

„Code Napoléon", Paris und Leipzig 1808. 139 350 377 565

Comte, Charles „Traité de Législation ou Exposition des Lois générales, suivant lesquelles les Peubles prospèrent, dépérissent, ou restent stadionnaires" [Abhandlung über die Gesetzgebung oder Darstellung der allgemeinen Gesetze, nach denen die Völker aufsteigen, zugrunde gehen oder stehenbleiben], Bruxelles 1837. 316

Constant-Rebecque, Benjamin de „De l'Esprit de Conquête et de l'Usurpation dans leurs Rapports avec la Civilisation européenne" [Über den Eroberungsgeist und die Usurpation im Verhältnis zur europäischen Bildung], o. O. 1814. 358

„Déclaration des droits de l'homme et du citoyen. 1793" [Erklärung der Menschen- und Bürgerrechte, 1793]. In: P. J. B. Buchez et P. C. Roux, „Histoire parlementaire de la Révolution française ou Journal des Assemblées Nationales, depuis 1789 jusqu'en 1815, ..." [Parlamentarische Geschichte der Französischen Revolution oder Journal der Nationalversammlung von 1789 bis 1815, ...], T. 31, Paris 1837. 422

Destutt de Tracy, Antoine-Louis-Claude, le comte „Élemens d'Idéologie, IV-e et V-e parties. Traité de la Volonté et de ses Effets" [Elemente der Ideologie. IV. und V. Teil. Abhandlung über den Willen und seine Wirkungen], Paris 1826. 228 229

Deux Amis de la Liberté siehe [Kerverseau, Fr. Marie, und G. Clavelin]

„Dictionnaire de l'Académie Française" [Wörterbuch der Französischen Akademie], vol. 1—2. Bruxelles 1835. 313

[Diogenes Laertius] „Diogenis Laertii de clarorum philosophorum vitis, dogmatibus et apophthegmatibus libri decem" [Zehn Bücher über Leben, Ansichten und Aussprüche berühmter Philosophen], Paris 1850. 131 132

Eden, Frederic-Morton „The State of the Poor: or, an history of the labouring classes in England" [Die Lage der Armen oder eine Geschichte der arbeitenden Klassen in England], vol. 1—3, London 1797. 219

„Einundzwanzig Bogen aus der Schweiz". Hrsg. von Georg Herwegh. 2. Aufl., Glarus 1844. 199 346 486 494 515 520 523 568

„Encyclopédie, ou Dictionnaire raisonné des Sciences, des Arts et des Metiers, par une Société des Gens des Lettres" [Enzyklopädie oder fundiertes Wörterbuch der Wissenschaften, Künste und Gewerbe, hrsg. von einer Gesellschaft von Literaten], Paris 1751. 562

[Enfantin, Barthélemy-Prosper] „Économie politique et Politique. Articles extraits du Globe" [Politische Ökonomie und Politik. Artikel aus dem „Globe"], Paris 1831. 543/544

626

Engels, Friedrich „Umrisse zu einer Kritik der Nationalökonomie". In: „Deutsch-Französische Jahrbücher", Paris 1844. 207—209

Engels, Friedrich und Karl Marx „Die heilige Familie oder Kritik der kritischen Kritik gegen Bruno Bauer und Consorten", Frankfurt a. M. 1845. 31 84 85 86 88 89 94—102 142 211 272 274 416 511 566

Ewald, Johann Ludwig „Der gute Jüngling, gute Gatte und Vater, oder Mittel, um es zu werden. Ein Gegenstück zu der Kunst, ein gutes Mädchen zu werden", Bd. 1—2, Frankfurt a. M. 1804. 111

Faucher, Julius „Englische Tagesfragen". In: „Allgemeine Literatur-Zeitung", H. VII und VIII, 1844. 98

De la Félicité . . ." siehe [*Chastellux, François Jean de*]

Feuerbach, Ludwig „Geschichte der neueren Philosophie. Darstellung, Entwicklung und Kritik der Leibnitz'schen Philosophie", Ansbach 1837. 84
— „Grundsätze der Philosophie der Zukunft", Zürich und Winterthur 1843. 40 87 191 473 591—593
— (anonym) „Zur Kritik der ‚positiven Philosophie'". In: „Hallische Jahrbücher", Jg. 1, Nr. 289—293, 1838. 89
— „Pierre Bayle. Ein Beitrag zur Geschichte der Philosophie und Menschheit", Ansbach 1838. 83
— „Vorläufige Thesen zur Reformation der Philosophie". In: „Anekdota zur neuesten deutschen Philosophie und Publicistik", Bd. 2, 1843. 154 191
— „Das Wesen des Christenthums", Leipzig 1841. 83 91 239 521 583 591
— (anonym) „Über das ‚Wesen des Christenthums' in Beziehung auf den ‚Einzigen und sein Eigenthum'". In: „Wigand's Vierteljahrsschrift", Bd. 2, 1845. 69 83 91 92 468
— „Das Wesen des Glaubens im Sinne Luther's. Ein Beitrag zum ‚Wesen des Christenthums'", Leipzig 1844. 593

Fiévée, Joseph „Correspondance politique et administrative", commencée au Mois de Mai 1814, et dédiée à M. le Comte de Blacas d'Aulps [Politische und administrative Korrespondenz, begonnen im Mai 1814 und dem Herrn Grafen von Blacas d'Aulps gewidmet], Paris 1816. 358

Fourier, Ch[*arles*] „La Fausse Industrie" [Die falsche Industrie], Paris 1836. 204
— (anonym) „Section ébauchée des Trois Unités Externes" [Entwurf des Abschnitts von den drei äußeren Einheiten]. In: „La Phalange", 14. Année, 1re Série in-8, T. 1, Paris 1845. 238
— „Théorie de l'Unité universelle". In: „Œuvres complètes de Ch. Fourier" [Theorie der universellen Einheit. In: Sämtliche Werke Ch. Fouriers], 2. éd., vol. 2—5, Paris 1841—1845. 436
— „Théories des quatre mouvements et des destinées générales" [Theorien der vier Bewegungen und der allgemeinen Bestimmungen], Paris 1841. 545

Fourier, Ch[arles] „Traité de l'Association domestique-agricole" [Abhandlung über die hauswirtschaftlich-landwirtschaftliche Vereinigung], Paris, Londres 1822. 545

— „Friedrich Wilhelm IV. und Morelli". In: „Vorwärts!" Pariser Deutsche Zeitschrift, Nr. 87, 1844. 566

Gellert, Christian Fürchtegott „Fabeln und Erzählungen", T. 1, Leipzig 1748; T. 2, 2. Aufl. Leipzig 1751. 398

Godwin, William „Enquiry Concerning Political Justice, and its Influence on Morals and Happiness" [Untersuchung über politische Gerechtigkeit und ihren Einfluß auf Moral und Glückseligkeit], 2. éd., Vol. 1—2, London 1796. 421 432

Goethe, Johann Wolfgang von „Faust. Der Tragödie erster Teil". In: „Goethes Werke", ... hrsg. von Karl Heinemann. Kritisch durchges. und erl. Ausg., Bd. 1—30, Leipzig und Wien: Bibliographisches Inst. o. J. Bd. 5. 42 340 436 457

— „Die Geheimnisse", ebendort, Bd. 2. 457

Grün, Karl „Die soziale Bewegung in Frankreich und Belgien. Briefe und Studien", Darmstadt 1845. 517—569

— „Feuerbach und die Socialisten". In: „Deutsches Bürgerbuch für 1845", hrsg. von H. Püttmann, Darmstadt 1845. 519 568

— „'Geschichte der Gesellschaft' von Theodor Mundt". In: „Neue Anekdota". Hrsg. von Karl Grün, Darmstadt 1845. 517 524

— „Politik und Socialismus". In: „Rheinische Jahrbücher zur gesellschaftlichen Reform", Bd. I, 1845. 550 568

Guizot, François-Pierre-Guillaume „Histoire de la Civilisation en France, depuis la Chute de l'Empire romain jusqu'en 1789" [Geschichte der Zivilisation in Frankreich vom Sturz des römischen Reiches bis 1789], Paris 1840. 219

— [Rede in der Pairskammer am 25. April 1844]. In: „Moniteur Universel", Nr. 117 vom 26. April 1844. 346

Halm, Friedrich [Elegius Franz Joseph von Münch-Bellinghausen] „Der Sohn der Wildniß". Dramatisches Gedicht in 5 Akten, Wien 1843. 309

Hegel, Georg Wilhelm Friedrich „Encyklopädie der philosophischen Wissenschaften im Grundrisse", Heidelberg 1817. 24 119 138 244

— „Grundlinien der Philosophie des Rechts oder Naturrecht und Staatswissenschaft im Grundrisse", hrsg. von Eduard Gans. In: „Georg Wilhelm Friedrich Hegel's Werke". Vollst. Ausg. durch einen Verein von Freunden des Verewigten, Bd. 8, Berlin 1833. 206 207 327 333 338 511

— „Phänomenologie des Geistes", hrsg. von Johann Schulze, ebendort, Bd. 2, Berlin 1832. 85 86 100 125 128 147 151 191 268 269 520/521 586

— „Vorlesungen über die Geschichte der Philosophie", hrsg. von Carl Ludwig Michelet, 2. verb. Aufl. Th. 3, ebendort, Bd. 15, Berlin 1844. 139 146 164 166 168 170/171

Hegel, Georg Wilhelm Friedrich „Vorlesungen über die Naturphilosophie als der Encyclopädie der philosophischen Wissenschaften im Grundrisse. Zweiter Teil". Hrsg. von Carl Ludwig Michelet, ebendort, Bd. 7, Abth. 1, Berlin 1842. 119

— „Vorlesungen über die Philosophie der Geschichte", hrsg. von Eduard Gans, ebendort, Bd. 9, Berlin 1837. 47 134 159 160 161 164 191 174

— „Vorlesungen über die Philosophie der Religion. Nebst einer Schrift über die Beweise vom Daseyn Gottes", hrsg. von Philipp Marheineke, 2. verb. Aufl. Th. 2, ebendort, Bd. 12, Berlin 1840. 167 170 171

— „Wissenschaft der Logik", hrsg. von Leopold von Henning, Th. I, Abth. 1 bis 2, Th. 2, ebendort, Bd. 3—5, Berlin 1833—1834. 143 244 269/270 281 287 347 521

„*Die heilige Familie* oder Kritik der kritischen Kritik. Gegen Br. Bauer und Consorten von F. Engels und K. Marx, Frankfurt 1845". In: Das Westphälische Dampfboot", Jg. 1, Bielefeld 1845. 81 100 102

Heine, Heinrich „Die Bäder von Lucca". In: „Heinrich Heine's sämtliche Werke", Bd. 1 bis 18, Hamburg 1867—1868. Bd. 2. 107

— „Berg-Idylle", 3. Gedicht, ebendort, Bd. 15. 344

— „Deutschland. Ein Wintermärchen", Kaput VII, ebendort, Bd. 17. 499

— „Lyrisches Intermezzo", 50. Gedicht, ebendort, Bd. 15. 487

— „Sonettenkranz an A. W. von Schlegel", ebendort, Bd. 2. 426

— „Verkehrte Welt", ebendort, Bd. 17. 495

Heß, Moses „Über die sozialistische Bewegung in Deutschland". In: „Neue Anekdota". Hrsg. von Karl Grün, Darmstadt 1845. 520 523 549

— „Ueber die Noth in unserer Gesellschaft und deren Abhülfe". In: „Deutsches Bürgerbuch für 1845", hrsg. von H. Püttmann, Darmstadt 1845. 486 bis 487 520 523

— „Die letzten Philosophen", Darmstadt 1845. 102—105 257 264

— „Philosophie der That". In: „Einundzwanzig Bogen aus der Schweiz", hrsg. von Georg Herwegh, 2. Aufl., Glarus 1844. 494 495 523 524

— „Socialismus und Communismus", ebendort. 520 523 568

— „Die europäische Triarchie", Leipzig 1841. 346

Hinrichs, H[ermann] F[riedrich] W[ilhelm] „Politische Vorlesungen. Unser Zeitalter und wie es geworden, nach seinen politischen, kirchlichen und wissenschaftlichen Zuständen, mit besonderm Bezuge auf Deutschland und namentlich Preußen", Bd. 1—2, Halle 1843. 346

Hoffmann von Fallersleben, August Heinrich „Nur in Deutschland!". Gedicht. In: „Hoffmann's von Fallersleben Gesammelte Werke". Hrsg. von Heinrich Gerstenberg, Bd. 3, Berlin 1890. 182

[*Holbach, Paul-Henri-Dietrich d'*] „Système de la Nature, ou des Loix du Monde Physique et du Monde Moral" [System der Natur, oder von den Gesetzen der physischen und moralischen Welt], par M. Mirabaud, P. 1 bis 2, Londres 1770. 489

[*Horatius Flaccus, Quintus*] „Carminum", Ode XXII. In: „Qu. Horatii Flacci opera omnia poetica", editio nova [Qu. Horatius Flaccus' sämtliche poetische Werke, neue Ausg.], Halae 1802. 132

Jean Paul „Hesperus oder 45 Hundsposttage. Eine Lebensbeschreibung". In: „Jean Paul's sämtliche Werke", Bd. 5, Berlin 1841. 130

[*Jockellied*] „Niemand kommt nach Haus". In: „Deutsches Kinderlied und Kinderspiel", hrsg. von Franz Magnus Böhme, Leipzig 1897. 125—127

J[*ungnitz, Ernst*] „Herr Nauwerk und die philosophische Facultät". In: „Allgemeine Literatur-Zeitung", H. VI, 1844. 98

[*Juvenalis*] „Decimi Junii Juvenalis Satirae" [Die Satiren des Decimus Junius Juvenalis in einer erkl. Übers.], Berlin und Leipzig 1777. 168

Kant, Immanuel „Critik der practischen Vernunft", Riga 1788. 192 194

[*Kerverseau, Fr. Marie, und G. Clavelin*], „Histoire de la Révolution de France". Précédée de l'exposé rapide des Administrations successives qui ont déterminé cette Révolution mémorable. Nouvelle Édition, revue, corrigée et augmentée; par deux Amis de la Liberté [Geschichte der Französischen Revolution. Eingeleitet mit einer kurzen Darstellung der aufeinanderfolgenden Regierungen, die diese denkwürdige Revolution herbeigeführt haben. Neue durchges., verb. und erw. Ausg.; von zwei Freunden der Freiheit], Paris 1792. 175

Klopstock, Friedrich Gottlieb „Der Messias", Bd. 1—4, Wien 1775 und 1783. 289/290 320

„*Konrads von Würzburg* Goldene Schmiede". Hrsg. von Wilhelm Grimm, Berlin 1840. 473

[*Kuhlmann, Georg*] „Die Neue Welt oder das Reich des Geistes auf Erden. Verkündigung", Genf 1845. 393 410 571—580

Leibniz, Gottfried Wilhelm „Principia Philosophiae, Seu Theses in gratiam Principis Eugenii". In: „Gothofredi Guillelmi Leibnitii, Opera Omnia", Nunc primum collecta, in Classes distributa, praefationibus & indicibus exornata, studio Ludovici Dutens. Tomus Secundus [Prinzipien der Philosophie, oder Thesen, dem Prinzen Eugen gewidmet. In: Gottfried Wilhelm Leibnitz' sämtliche Werke, jetzt zum ersten Male gesammelt, in Klassen eingeteilt und mit Vorr. und Reg. vers. von Ludwig Dutens. Bd. 2], Genevae 1768. 466

Lerminier, E[*ugène*] „Philosophie du Droit" [Philosophie des Rechts], Bruxelles 1832. 520

Lessing, Gotthold Ephraim „Emilia Galotti". Ein Trauerspiel in 5 Aufzügen. In: „Lessings Werke", mit Lebensbild von Julius Petersen und Einl. von Waldemar Oehlke und Eduard Stemplinger, T. 2, Berlin (u. a.): Bong, o. J. 346

Levasseur (de la Sarthe), R[*ené*] „Mémoires" [Memoiren], Vol. 1—4, Paris 1829—1831. 175

[*Linguet, Simon-Nicolaus-Henri*] „Théorie des loix civiles, ou principes fondamentaux de la société" [Theorie der bürgerlichen Gesetze oder Grundprinzipien der Gesellschaft], T. 1 et 2, London 1767. 197

[*Lourdoueix, Henri de*] „Appel à la France contre la division des oppinions. Extrait de la ‚Gazette de France'" [Appell an Frankreich gegen die Uneinigkeit der Meinungen. Auszug aus der „Gazette de France"], Paris 1831. 358

Louvet de Couvray, [*Jean-Baptiste*] „Mémoires" [Memoiren], Paris 1823. 175

[*Lucianus*] „Luciani samosatensis opera" ex recensione Guillelmi Dindorfii. Graece et latine cum indicibus [Werke des Lucianus von Samosata, durchges., von Wilhelm Dindorf. Mit Reg. in griech. und lat. Sprache], Parisiis 1840. 185

Marx, Karl „Zur Kritik der Hegel'schen Rechtsphilosophie. Einleitung". In: „Deutsch-Französische Jahrbücher", Paris 1844. 208 237
— „Zur Judenfrage", ebendort. 31 197 208 237 250 550

Matthäi, Rudolph „Socialistische Bausteine". In: „Rheinische Jahrbücher zur gesellschaftlichen Reform", Bd. 1, Darmstadt 1845. 500—515

Michelet, Carl Ludwig „Geschichte der letzten Systeme der Philosophie in Deutschland von Kant bis Hegel", T. 1—2, Berlin 1837—1838. 179 180

Monteil, Amans-Alexis „Histoire des Français des divers États aux cinq derniers Siècles" [Geschichte der Franzosen der verschiedenen Stände in den letzten fünf Jahrhunderten], Vol. 1—10, Paris 1827—1842. 219 354

[*Montgaillard, Guillaume-Honoré*] „Revue Chronologique de l'Histoire de France, depuis la première Convocation des Notables jusqu'au Départ des Troupes étrangères. 1787—1818" [Chronologische Darstellung der Geschichte Frankreichs von der ersten Einberufung der Notabeln bis zum Abzug der fremden Truppen. 1787—1818], Paris 1820. 175

Montjoie, Félix Louis Christophe „Histoire de la Conjuration de Maximilien Robespierre" [Geschichte der Verschwörung des Maximilien Robespierre], Paris 1795. 176

Morelly „Code de la Nature" ... avec l'Analyse raisonnée de Système social de Morelly [Gesetz der Natur ... begründete Analyse des sozialen Systems von Morelly] par Villegardelle, Paris 1841. 566

M. R. [Hippolyte Régnier d'Estourbet] „Histoire du Clergé de France pendant la Révolution" [Geschichte der Geistlichkeit Frankreichs während der Revolution], Paris 1828. 175

Mundt, Theodor „Die Geschichte der Gesellschaft in ihren neueren Entwikkelungen und Problemen", Berlin 1844. 517

Nauwerck, Karl „Über die Theilnahme am Staate", Leipzig 1844. 346

„*Neue Anekdota*". Hrsg. von Karl Grün, Darmstadt 1845. 515 517 520 523 524

Nougaret, P[ierre]-J[ean]-B[aptiste] „Histoire des Prisons de Paris et des Dèpartemens; Contenant des Mémoires rares et précieux". Le tout pour servir à l'Histoire de la Révolution Française: Notamment à la tyrannie de Robespierre, et de ses Agens et Complices. Ouvrage dédié à tous ceux qui ont été détenus comme Suspects. Rédigé et publié par P. J. B. Nougaret [Geschichte der Gefängnisse von Paris und den Departements mit seltenen und wertvollen Memoiren. Verfaßt im Dienste der Geschichte der Französischen Revolution, bezogen insbesonders auf die Tyrannei Robespierres und seiner Agenten und Komplizen. Gewidmet all denen, die als Verdächtige inhaftiert waren. Red. und veröff. von P. J. B. Nougaret], Bd. 1—4, Paris 1797. 175

Oelckers, Theodor „Die Bewegung des Socialismus und Communismus", Leipzig 1844. 482

Pereire, J. „Leçons sur l'Industrie et les Finances" [Vorlesungen über die Industrie und die Finanzen], Paris 1832. 232

Pfister, J. C. „Geschichte der Teutschen", Bd. 1—5, Hamburg 1829—1835. („Geschichte der europäischen Staaten", hrsg. von A. H. L. Heeren und F. A. Ukert.) 241

[*Pinto, Isaac*] „Lettre sur la Jalousie du Commerce" [Brief über die Mißgunst im Handel]. In: [Pinto, Isaac] „Traité de la Circulation et du Crédit". [Abhandlung über Zirkulation und Kredit], Amsterdam 1771. 59 375

„*Preußen seit der Einsetzung Arndt's bis zur Absetzung Bauers*". In: „Einundzwanzig Bogen aus der Schweiz". Hrsg. von Georg Herwegh, 2. Aufl., Glarus 1844. 199

Proudhon, Pierre-Joseph (anonym) „De la Création de l'Ordre dans l'Humanité, ou Principes d'Organisation politique" [Über die Schaffung der Ordnung in der menschlichen Gesellschaft oder Grundsätze der politischen Organisation], Paris, Besançon 1843. 346 569

— „Qu'est-ce que la propriété? Ou recherches sur le principe du droit et du gouvernement". Premier mémoire. [Was ist das Eigentum? Oder Untersuchungen über das Prinzip des Rechts und der Regierung. Erste Abhandlung], Paris 1841. 346 444

Rabelais, Franz „Gargantua und Pantagruel", aus dem Franz. verdeutscht, mit Einl. und Anm., den Varianten des zweyten Buchs von 1533, auch einem noch unbekannten Gargantua hrsg. durch Gottlob Regis, Leipzig 1832. 190

„*Ueber das Recht des Freigesprochenen*, eine Ausfertigung des wider ihn ergangenen Erkenntnisses zu verlangen. Königsberg, Voigt". In: „Wigand's Vierteljahrsschrift", Bd. 4, 1845. 87

Reichardt, Carl „Schriften über den Pauperismus. ‚Publicistische Abhandlungen': von Wöniger, Doctor beider Rechte und der Philosophie. 1843,

Berlin bei Hermes". In: „Allgemeine Literatur-Zeitung", H. I., 1843. 219 232

Reybaud, Louis „Études sur les réformateurs ou socialistes modernes" [Studien über die Reformatoren oder modernen Sozialisten], Bruxelles 1834. 525—528 531 532 537—545

Ricardo, David „On the Principles of Political Economy and Taxation" [Über die Grundsätze der politischen Ökonomie und der Besteuerung], o. O. 1817. 423

Roland [de la Platière, Jeanne-Manon] „Appel à l'impartiale Postérité, par la Citoyenne Roland, ... ou Recueil des Écrits qu'elle a rédigés, pendant sa détention, aux prisons de l'Abbaye et de Sainte-Pélagie" [Appell der Bürgerin Roland an die unparteiische Nachwelt, ... oder Sammlung der Schriften, die sie während ihrer Haft in den Gefängnissen l'Abbaye und Sainte-Pélagie verfaßt hat], Paris 1795. 175

Rosenkranz, Karl „Ludwig Tieck und die romantische Schule". In: „Hallische Jahrbücher für deutsche Wissenschaft und Kunst", Jg. 1, Nr. 155 bis 158, Nr. 160—163, 1838. 543

Rousseau, Jean-Jacques „Du Contract social; ou principes du droit politique" [Der Gesellschaftsvertrag, oder Grundsätze des Staatsrechts], Amsterdam 1762. 77 561 562

— „Économie ou Œconomie, (Morale & Politique)" [Ökonomie (moralische und politische)]. In: „Encyclopédie, ou Dictionnaire raisonné des Sciences, des Arts et des Métiers", Paris 1751. 562

Rutenberg, Adolf „Bibliothek politischer Reden aus dem 18. und 19. Jahrhundert", Bd. 1—6, Berlin 1843—1844. 346

Saint-Simon, [Claude-Henri de] „Catéchisme politique des industriels" [Politischer Katechismus der Industriellen]. In: „Œuvres de Saint-Simon", Paris 1841. 529 534—537

— „Nouveau christianisme, dialogues entre un novateur et un conservateur" [Neues Christentum, Gespräch zwischen einem Neuerer und einem Konservativen], ebendort. 529 531 537—541

— „Doctrine de Saint-Simon. Exposition. Première Année. 1829" [Die Lehre Saint-Simons. Darstellung. Erster Jahrgang. 1829], Bruxelles 1831. 539

— „L'industrie, ou discussions politiques, morales et philosophiques" [Die Industrie oder politische, moralische und philosophische Diskussionen], Paris 1817. 535

— „Lettres d'un Habitant de Genève à ses Contemporains" [Briefe eines Genfer Einwohners an seine Zeitgenossen]. In: „Œuvres de Saint-Simon", Paris 1841. 531—534

Saint-Simon, [Claude-Henri de] „Œuvres...". Publié en 1832 par Olinde Rodrigues [Werke. Hrsg. 1832 von Olinde Rodrigues], Paris 1841. 525 528 533

— „Vie de Saint-Simon écrite par lui-même" [Das Leben Saint-Simons, von ihm selbst beschrieben], ebendort. 525—528

Schiller, Friedrich von „Die Philosophen". In: „Friedrich von Schillers sämtliche Werke". Bd. 1—12, Stuttgart und Tübingen 1812—1815, Bd. 1. 560—562
— „Die Räuber". Ein Schauspiel, ebendort, Bd. 1. 521
— „Der Taucher", ebendort, Bd. 1. 91
— „Wallensteins Tod", ein Trauerspiel in 5 Aufzügen, ebendort, Bd. 1. 101

Schlosser, Friedrich Christoph „Geschichte des achtzehnten Jahrhunderts und des neunzehnten bis zum Sturz des französischen Kaiserreichs". Mit besonderer Rücksicht auf geistige Bildung, Bd. 1—6, Heidelberg 1836—1848. 346

Semmig, Hermann „Communismus, Socialismus, Humanismus". In: „Rheinische Jahrbücher zur gesellschaftlichen Reform", Bd. 1, Darmstadt 1845. 485—499

Senior, Nassau William „Three Lectures on the Rate of Wages, delivered before the University of Oxford, in Easter term 1830" [Drei Vorlesungen über die Lohnrate, gehalten an der Universität Oxford im Ostersemester 1830], London 1831. 375

Shakespeare, William „Timon von Athen". In: „Shakespeare's dramatische Werke" nach der Übers. von August Schlegel und Ludwig Tieck, 2. aufs neue durchges. Aufl., Bd. 1—12, Berlin 1876—1877. Bd. 10. 231
— „Was ihr wollt", ebendort, Bd. 5. 93

Sismondi, J[ean]-C[harles]-L[éonard]Simonde de „Nouveaux Principes d'Économie politique ou de la Richesse dans ses Rapports avec la Population" [Neue Grundsätze der politischen Ökonomie oder der Reichtum in seinen Beziehungen zur Bevölkerung], 2. Aufl., Paris 1827. 67 200 544

Smith, Adam „Recherches sur la nature et les causes de la richesse des nations. Traduction nouvelle, avec des notes et observations; par Germain Garnier." Tomes I—IV [Untersuchungen über das Wesen und die Ursachen des Reichtums der Nationen. Neue Übersetzung mit Noten und Anmerkungen; von Germain Garnier. Band I—IV], Paris 1802. 59

Sophokles „Antigone". Griechisch und Deutsch von Karl Heinrich Jördens, Berlin 1782. 128

Spinoza, Baruch (Benedictus) „Benedicti de Spinoza opera quae supersunt omnia". Iterum edenda curavit, praefationes, vitam auctoris, nec non notitias, quae ad historiam scriptorum pertinent addidit Henr. Eberh. Gottlob Paulus [Benedictus de Spinozas sämtliche überlieferte Werke. Hrsg. und vers. mit Vorr., mit einer Biographie des Autors sowie mit Bemerkungen, die die Geschichte der Schriften betreffen von Henr. Eberh. Gottlob Paulus], Jenae 1802. 176 330

Stein, L[orenz von] „Der Socialismus und Communismus des heutigen Frankreichs. Ein Beitrag zur Zeitgeschichte", Leipzig 1842. 209 486 525—546 575

Stirner Max [Johann Caspar Schmidt] „Der Einzige und sein Eigenthum", Leipzig 1845. 73 77 107—477

Stirner Max [Johann Caspar Schmidt] (anonym) „Recensenten Stirners". In: „Wigand's Vierteljahrsschrift", Bd. 3, 1845, 82 83 92—93 107 135 142 151—155 162 169 180 196 197 203 206 223 235 237 250 254—257 260 261 269 272 284 305 306 349 387 389 397 398 400 436 437 447 459 463 468—475

Szeliga „‚Der Einzige und sein Eigenthum'. Von Max Stirner. Kritik von Szeliga". In: „Norddeutsche Blätter für Kritik, Literatur und Unterhaltung", H. IX, 1845. 272 381

— „Eugen Sue: die Geheimnisse von Paris. Kritik". In: „Allgemeine Literatur-Zeitung", H. VII, 1844. 301

Villegardelle siehe *Morelly*

[*Virgilius, Publius Maro*] „Virgils Eklogen", aufs neue verdeutscht von Karl Heinrich Jördens, Berlin und Stralsund 1782. 444

Watts, John „The Facts and Fictions of political Economists: being a Review of the Principles of the Science, separating the true from the false" [Die Tatsachen und die Einbildungen der politischen Ökonomen, eine Prüfung der Grundsätze der Wissenschaft zur Scheidung des Wahren vom Falschen], Manchester 1842. 210

Weitling, Wilhelm „Garantien der Harmonie und Freiheit", Vivis 1842. 204/205 488

— „Die Menschheit, wie sie ist und wie sie sein sollte", München 1895. 488

Woeniger, August Theodor „Publicistische Abhandlungen", 2. Aufl., Berlin 1843. 219 232

II. Periodica

„*Allgemeine Literatur-Zeitung*". Monatsschrift. Hrsg. von Bruno Bauer, Bd. I—II, Charlottenburg 1843—1844. 96 98 99 102/103 219 232 272 301

„*Beiträge zum Feldzuge der Kritik*" siehe „*Norddeutsche Blätter* ..."

„*Bürgerbuch*" siehe „*Deutsches Bürgerbuch* ..."

„*Charivari*", Paris. 158

„*Deutsch-Französische Jahrbücher*", hrsg. von Arnold Ruge und Karl Marx, Lfg. 1 und 2. Paris 1844. 33—34 203 208 237 250 346 550

„*Deutsche Jahrbücher für Wissenschaft und Kunst*", Leipzig 1841—1843. 38 100

„*Deutsches Bürgerbuch für 1845*", hrsg. von H. Püttmann, Darmstadt 1845. 486 487 515 519 520 523 568

„*Le Drapeau blanc*", Paris. 358

„*L'Égalitaire*". Journal de l'organisation sociale, Paris 1840. 204

„*La Fraternité*". Journal moral et politique, Paris. 215

„*La Gazette de la France*", Paris. 358

„*Le Globe*". Journal de la Doctrine de Saint-Simon, Paris 1831. 541 543

„Hallische Jahrbücher für deutsche Wissenschaft und Kunst", Jg. 1, 1838. 38 84 543

„Historisch-politische Zeitschrift", hrsg. von Leopold Ranke, Bd. 1, Hamburg 1832; Bd. 2, Berlin 1833—1836. 308

„Journal d'instruction sociale"; par les citoyens Condorcet, Sieyès et Duhamel [Journal für Bürgerkunde; hrsg. von den Bürgern Condorcet, Sieyès und Duhamel], 1793. 565—566

„Königlich privilegirte Berlinische Zeitung von Staats- und gelehrten Sachen", Berlin. 340 346 386

„Landkalender für das Großherzogthum Hessen auf das Jahr der gnadenreichen Geburt Jesu Christi 1841", Darmstadt 1840. 400

„Le Moniteur Universel", Paris. 346

„Norddeutsche Blätter für Kritik, Literatur und Unterhaltung". [Hrsg. unter dem Titel:] „Beiträge zum Feldzuge der Kritik". Norddeutsche Blätter für 1844 und 1845, Bd.1—2, Berlin 1846. 83 272—380

„L'Organisateur", Paris. 525 540

„La Phalange". Revue de la Science Sociale, 14. Année, lre Série in—8, T. 1, Paris 1845. 238

„Le Populaire". 490

„Le Producteur". Journal philosophique de l'Industrie, de la Science et des Beaux Arts, 1825—1826. 540

„Révolutions de Paris". Dédiées à la Nation et au District des Petits-Augustins [Die Revolutionen von Paris. Gewidmet der Nation und dem Distrikt Petits-Augustins], Paris 1789—1794. 396

„Revue des deux Mondes", Paris. 544

„Rheinische Jahrbücher zur gesellschaftlichen Reform". Hrsg. unter Mitwirkung Mehrerer von Hermann Püttmann, Bd. 1, Darmstadt 1845. 485—515 523 550 568

„Rheinische Zeitung für Politik, Handel und Gewerbe", Köln 1842—1843. 100

„Die Stimme des Volks", Pariser deutsche kommunistische Zeitschrift, Paris. 205 215

„Vorwärts!" Pariser Deutsche Zeitschrift, Paris 1844. 566

„Vossische Zeitung" siehe „Königlich privilegirte Berlinische Zeitung von Staats- und gelehrten Sachen"

„Das Westphälische Dampfboot". Eine Monatsschrift, Bielefeld und Paderborn, 1845—1847. 81 100—102

„Wigand's Vierteljahrsschrift", Bd. 2—4, Leipzig 1845. 39 42 72 80 82 83 bis 107 136 143 151—153 162 169 181 196 197 203 206 223 236 237 250 254—257 261 269 272 284 305 349 380 387 389 397 400 436 437 447 459 465 468—477

Personenverzeichnis

Abd el Kader, Sidi el Hadschi Uld Mahiddin, (1808—1883) Führer des nationalen Befreiungskampfes des algerischen Volkes in den Jahren 1832—1847. 158
Abigail Gestalt aus dem Alten Testament. 153
Abraham Gestalt aus dem Alten Testament. 199
Adam Gestalt aus dem Alten Testament. 551
Aikin, John (1747—1822) englischer Arzt, Historiker und Publizist. 59
Alexander der Große (356—323 v. u. Z.) Heerführer und Staatsmann der Antike; seit 336 König von Makedonien. 366 449
Alexis, Willibald (Pseudonym von *Georg Wilhelm Häring*) (1798 bis 1871) Verfasser historischer Romane, darunter des Romans „Cabanis"; Gründer eines Lesekabinetts und einer Verlagsbuchhandlung in Berlin. 346
Al Hussein, Abu Ali Ben Abdallah Ibn (Ebn) Sina (lat. Avicenna) (980 bis 1037) Gelehrter des Mittelalters, Philosoph, Arzt und Dichter; geborener Tadshike. 158
Amadis von Gallien Held einer mittelalterlichen Ritterromanze. 354
Amon Gestalt aus dem Alten Testament. 95
Antigone Gestalt aus der griechischen Sage, Tochter des Ödipus; Heldin einer Tragödie von Sophokles. 128 129
Arago, Dominique-François (1786 bis 1853) französischer Astronom, Physiker und Mathematiker; bürgerlicher Politiker. 143 412
Argenson, Marc-René de Voyer, marquis de (1771—1842) französischer Politiker, Teilnehmer der Französischen Revolution und der republikanischen Bewegung in Frankreich in der Zeit der Restauration und der Julimonarchie; Anhänger Babeufs. 543
Aristoteles (384—322 v. u. Z.) unter den „alten griechischen Philosophen... der universellste Kopf", der „auch bereits die wesentlichsten Formen des dialektischen Denkens untersucht" hat (Engels). Er schwankte zwischen Materialismus und Idealismus; Ideologe der Sklavenhalterklasse. 130 131 132 134 488 547
Arndt, Ernst Moritz (1769—1860) Schriftsteller, Historiker und Philologe, beteiligte sich aktiv am Befreiungskampf des deutschen Volkes gegen die Herrschaft Napoleons; Mitglied der Frankfurter Nationalversammlung (rechtes Zentrum), Anhänger der konstitutionellen Monarchie. 364
Arnim, Bettina von (1785—1859) deutsche Schriftstellerin der romantischen Schule, Anhängerin der

liberalen Ideen der vierziger Jahre. 346

Augustus, Gajus Julius Cäsar Octavianus (63 v. u. Z.—14 u. Z. römischer Kaiser (27 v.u. Z.—14u. Z.). 42

Avicenna siehe *Al Hussein*

Babeuf, François-Noël (Gracchus) (1760—1797), französischer Revolutionär, utopischer Kommunist, Organisator der Verschwörung der „Gleichen". 209 226 335 488

Bacon, Francis, Viscount of Saint Albans and Baron of Verulam, (Baco von Verulam) (1561—1626) englischer Philosoph, Naturforscher und Historiker. „Der wahre Stammvater des *englischen Materialismus* und aller *modernen experimentierenden* Wissenschaft ist Baco" (Marx). 168 519

Bailly, Jean-Sylvain (1736—1793) französischer Astronom, Politiker der Französischen Revolution, einer der Führer der liberalen konstitutionellen Bourgeoisie; 1793 hingerichtet. 197 198

Balaam (Bileam) Gestalt aus dem Alten Testament. 90

Barère de Vieuzac, Bertrand (1755 bis 1841) französischer Jurist, Politiker der Französischen Revolution, Deputierter des Konvents, Jakobiner; später aktiver Teilnehmer des konterrevolutionären Staatsstreichs vom 9. Thermidor. 175 543

Barmby, John Goodwin (1820—1881) englischer Geistlicher, christlicher Sozialist. 489

Bauer, Bruno (1809—1882) deutscher idealistischer Philosoph, Religionshistoriker und Publizist, Junghegelianer; nach 1866 Nationalliberaler. 11 24 30 35 39 41 42 80—105 130 160 197 209 214 239 240 262 263 346 369 380 393 396 455 457 464 466 472 476 477

Bauer, Edgar (1820—1886) Bruder des vorigen, deutscher Publizist, Junghegelianer. 346

Bayle, Pierre (1647—1706) französischer Philosoph, Skeptiker, Kritiker des religiösen Dogmatismus. 83

Bayrhoffer, Karl Theodor (1812 bis 1888) Professor der Philosophie, anfangs Hegelianer; rückte 1839 bis 1840 vom Hegelianertum ab, trat für die deutsch-katholische Bewegung ein. 180

Bazard, Saint-Amand (1791—1832) französischer Politiker, Republikaner, von 1825 bis 1831 zusammen mit Enfantin Hauptwortführer des Saint-Simonismus. 517 538 541—543

Beaulieu, Claude-François (1754 bis 1827) französischer Historiker und Publizist, Royalist. 175

Becker, August (1814—1871) deutscher Publizist, Mitarbeiter an der „Rheinischen Zeitung" und am Pariser „Vorwärts!", Anhänger Weitlings, leitete nach dessen Verhaftung (1842) die kommunistische Handwerkerbewegung in der Schweiz. 332 346 571—573 578

Becker, Nicolaus (1809—1845) Dichter des „Rheinlieds". 39

Bentham, Jeremy (1748—1832) englischer bürgerlicher Soziologe, Theoretiker der Nützlichkeitsphilosophie (Utilitarismus). 216 246 262 428 432 433

Bessel, Friedrich Wilhelm (1784 bis 1846) deutscher Astronom. 412

Bettina siehe *Arnim, Bettina von*

Billaud-Varenne, Jean-Nicolas (1756 bis 1819) französischer Jurist, Politiker der Französischen Revolution; führender Jakobiner, wirkte aber am Sturz Dantons und Robespierres mit; 1795 nach Guayana deportiert. 543

Blanc, Louis (1811—1882) französischer kleinbürgerlicher Sozialist, Journalist und Historiker; 1848 Mitglied der französischen provisorischen Regierung; vertrat den Standpunkt der Klassenversöhnung und des Paktierens mit der Bourgeoisie. 196 346 522 525 542

Bluntschli, Johann Caspar (1808 bis 1881) Schweizer Jurist und reaktionärer Politiker. 216 332 346

Bodin (Bodinus), Jean (1530—1596) französischer bürgerlicher Soziologe, Ideologe des Absolutismus. 330

Boisguillebert, Pierre Le Pesant, sieur de (1646—1714) französischer Ökonom, Vorläufer der Physiokraten, Begründer der klassischen bürgerlichen Nationalökonomie in Frankreich. 197

Bonald, Louis-Gabriel-Ambroise, vicomte de (1754—1840) französischer Politiker und Publizist, Monarchist; einer der Ideologen der aristokratischen und klerikalen Reaktion in der Restaurationsperiode. 358

Bossuet, Jacques-Bénigne (1627 bis 1704) französischer Schriftsteller, Theologe und Kirchenpolitiker, Ideologe der katholischen Reaktion und des Absolutismus. 560 561

Bouillé, François - Claude - Amour, marquis de (etwa 1740—1800) französischer Militär unter Ludwig XVI., verteidigte den französischen Kolonialbesitz in Amerika gegen die Engländer. 525

Brissot, Jacques-Pierre (1754—1793) Politiker der Französischen Revolution; zu Beginn der Revolution Mitglied des Jakobinerklubs, später Führer und Theoretiker der Girondisten. 198

Browning, G. Verfasser von „The domestic and financial Condition of Great Britain" [Die innenpolitischen und finanziellen Verhältnisse Großbritanniens]. 179

Bruno, Sankt siehe *Bauer, Bruno*

Buchez, Philippe-Joseph-Benjamin (1796—1865) französischer Politiker und Historiker, bürgerlicher Republikaner; einer der Ideologen des katholischen Sozialismus, Schüler Saint-Simons; 1848 Präsident der provisorischen Regierung. 226 227

Buhl, Ludwig Heinrich Franz (1814 bis etwa 1882) deutscher Publizist, Junghegelianer. 196

Buonarroti, Filippo Michele (1761 bis 1837) italienischer Revolutionär, Teilnehmer an der revolutionären Bewegung in Frankreich Ende des 18. Anfang des 19. Jahrhunderts; utopischer Kommunist, Mitkämpfer Babeufs. Buonarrotis Buch „Conspiration pour l'égalité dite de Babeuf" [Babeuf und die Verschwörung für die Gleichheit] (1828) diente der Wiedererweckung der Babeufschen Traditionen in der revolutionären Arbeiterbewegung. 543

Cabarrus, François comte de (1752 bis 1810) unter Joseph Bonaparte Finanzminister in Spanien. 527

Cabet, Étienne (1788—1856) französischer Jurist und Publizist, utopischer Kommunist, Verfasser des utopischen Romans „Voyage en Icarie" [Reise nach Ikarien] (1842). 226 227 488 489 523 555—568

Calderón, Pedro de la Barca (1600 bis 1681) spanischer Dichter und Dramatiker. 474

Camões (Camoëns), Luis Vaz de (1524—1580) portugiesischer Dichter der Renaissance. 450

Carnot, Lazare-Nicolas (1753—1823) französischer Mathematiker, Politiker und Militärfachmann, bürgerlicher Republikaner; in der Zeit der Französischen Revolution Jakobiner, später Teilnehmer des konterrevolutionären Staatsstreichs am 9. Thermidor, 1795 Mitglied des Direktoriums, unter Napoleon I. zeitweilig Kriegsminister; 1815 von den Bourbonen aus Frankreich verbannt. 543

Carriere (Carrière), Moriz (1817 bis 1895) deutscher idealistischer Philosoph, Professor der Ästhetik. 346

Cartesius siehe *Descartes, René*

Cäsar, Gajus Julius (etwa 100—44 v. u. Z.) römischer Feldherr und Staatsmann. 468

Cato, Marcus Porcius uticensis (Cato der Jüngere) (95—46 v. u. Z.) römischer Philosoph und Staatsmann, Republikaner, Stoiker; ging nach Cäsars Sieg freiwillig in den Tod. 543

Cervantes Saavedra, Miguèl de (1547 bis 1616) spanischer realistischer Schriftsteller. 205 236 239 240 241 273 277 287 314 352 355 384 419 445 456 467 468 475

Chamisso, Adalbert von (1781 bis 1838) deutscher Dichter französischer Herkunft. 326

Charles X. siehe *Karl X.*

Chastellux, François-Jean, marquis de (1734—1788) französischer Militär und Publizist, Teilnehmer des amerikanischen Unabhängigkeitskrieges, stand in Verbindung mit Voltaire und den Enzyklopädisten. 488

Cherbuliez, Antoine-Elisée (1797 bis 1869) Schweizer Ökonom, Anhänger Sismondis, der dessen Theorie mit Elementen der Ricardoschen Theorie vereinigte. 67

Chevalier, Michel (1806—1879) französischer Ingenieur, Ökonom und Publizist; in den dreißiger Jahren Anhänger Saint-Simons, später Vertreter der bürgerlichen Freihandelsbestrebungen. 310 536 544

Child, Sir Josiah (1630—1699) englischer Ökonom, Merkantilist, Bankier und Kaufmann. 197

Chouroa (Churoa) siehe *Rochau, August Ludwig von*

Christus Gestalt aus dem Neuen Testament. 148 152 153 186 398

Clavelin, G. zusammen mit Kerverseau Verfasser der „Histoire de la Révolution de France ... par deux amis de la liberté". 175

Clemens Alexandrinus, Titus Flavius (etwa 150 — etwa 215) christlicher Theologe, idealistischer Philosoph. 134

Cobbet, William, (etwa 1762—1835) englischer Politiker und Publizist bäuerlicher Herkunft, prominenter Vertreter des kleinbürgerlichen Radikalismus, kämpfte für die Demokratisierung der politischen Ordnung in England. 492

Cobden, Richard (1804—1865) Fabrikant in Manchester, Liberaler, Anhänger des Freihandels, einer der Gründer der Anti-Corn-Law League (Anti-Korngesetz-Liga). 469

Comte, François-Charles (1782—1837) französischer liberaler Publizist, Vulgärökonom. 316

Condé, Louis-Joseph de Bourbon, prince de (1736—1818) französischer Feudalherr, kämpfte mit seinem Emigrantenkorps gegen die französische Republik. 566

Condorcet, Marie-Jean-Antoine-Nicolas, marquis de (1743—1794) französischer Soziologe, Aufklärer; zur Zeit der Französischen Revolution schloß er sich den Girondisten an. 565 566

Constant-Rebeque, Henri-Benjamin de (1767—1830) französischer liberaler Politiker, Publizist und Schriftsteller; befaßte sich mit Fragen des Staatsrechts. 358

Cooper, Thomas (1759—1840) amerikanischer Gelehrter und Politiker, bürgerlicher Aufklärer, prominenter Vertreter der bürgerlichen Nationalökonomie in den USA. 410 520

Courier de Méré, Paul-Louis (1772 bis 1825) französischer Philologe und Publizist, bürgerlicher Demokrat; trat gegen die aristokratische und klerikale Reaktion in Frankreich auf. 492

Crispinus (um 100) einer der Höflinge des römischen Kaisers Domitian. 168 225

Dähnhardt, Marie Wilhelmine (1818 bis 1902) gehörte dem Berliner Kreis der Freien an; war von 1843 bis 1847 mit Johann Caspar Schmidt (Max Stirner) verheiratet; Stirner widmete ihr als „Meinem Liebchen Marie Dähnhardt" sein Buch „Der Einzige und sein Eigenthum". 176 190 203—207 287 306 317 378 384 416 419 466

Dalai Lama Oberhaupt des Lamaismus; seit dem 17. Jahrhundert zugleich weltlicher Herrscher von Tibet. 573

Dalton, John (1766—1844) englischer Chemiker und Physiker, Begründer der Atomtheorie in der Chemie. 133

Danton, Georges-Jacques (1759 bis 1794) Advokat in Paris; Politiker der Französischen Revolution, Führer des rechten Flügels der Jakobiner. 350

Demokrit(os) von Abdera (etwa 460 bis 370 v. u. Z.) griechischer Philosoph, einer der Begründer der Atomistik; gab als erster ein materialistisches Weltbild, das durch viele Schüler weiterentwickelt wurde. 132 133

Descartes (Cartesius), René (1596 bis 1650) französischer Philosoph, Mathematiker und Naturforscher. 168

Desmoulins, Lucie-Simplice-Camille-Benoit (1760—1794) Advokat in Paris, Teilnehmer der Französischen Revolution, Freund Dantons. 518

Destutt de Tracy, Antoine-Louis-Claude, comte (1754—1836) französischer Vulgärökonom, sensualistischer Philosoph; Anhänger der konstitutionellen Monarchie. 228 231

Deux amis de la liberté (Zwei Freunde der Freiheit) Pseudonym von Clavelin und Kerverseau.

Diogenes Laertius (3. Jahrhundert) altgriechischer Geschichtsphilosoph. 130—132

Don Quijote (Quixote) Gestalt aus dem gleichnamigen Roman von Cervantes; siehe auch *Szeliga*

Dottore Graziano siehe *Ruge, Arnold*

Duchâtel, Charles-Marie-Tanneguy, comte (1803—1867) französischer Staatsmann, Orleanist, 1839 und 1840—1848 Innenminister; Malthusianer. 573

Dulcinea von Toboso Gestalt aus „Don Quijote" von Cervantes, siehe *Dähnhardt, Marie Wilhelmine*

Dunoyer, Barthélemy-Charles-Pierre-Joseph (1786—1862) französischer Vulgärökonom und bürgerlicher Politiker. 469

Dupin, André-Marie-Jacques (1783 bis 1865) französischer Advokat und Politiker, Orleanist, 1849 Präsident der gesetzgebenden Versammlung, ging 1857 zu den Bonapartisten über. 541

Duvergier de Hauranne, Prosper (1798—1881) französischer liberaler Politiker und Publizist. 158

Eden, Sir Frederic Morton (1766 bis 1809) englischer bürgerlicher Ökonom, Schüler Adam Smiths. 219

Edmonds, Thomas Rowe (1803 bis 1899) englischer Ökonom; utopischer Sozialist, der aus der Theorie Ricardos sozialistische Schlußfolgerungen zog. 488

Edward VI. (1537—1553) König von England (1547—1553). 202

Eichhorn, Johann Albrecht Friedrich (1779—1856) preußischer Staatsmann, Kultusminister (1840—1848). 386

Einzige, der siehe *Stirner, Max*

Emanuel Gestalt aus „Hesperus oder 45 Hundsposttage" von Jean Paul. 130

Encke, Johann Franz (1791—1865) deutscher Astronom. 412

Enfantin, Barthélemy-Prosper (auch *Père Enfantin*) (1796—1864) französischer utopischer Sozialist; einer der nächsten Anhänger Saint-Simons; zusammen mit Bazard leitete er die saint-simonistische **Schule. 158 517 534 536 542 543 544 545**

Engels, Friedrich (1820—1895).

Epikur (etwa 341 — etwa 270 v. u. Z.) altgriechischer materialistischer Philosoph, Atheist. 131—134

Ewald, Johann Ludwig (1747—1822) deutscher Theologe, Professor der Moral. 111

Faucher, Julius (Jules) (1820—1878) deutscher Vulgärökonom und Schriftsteller, Junghegelianer, Anhänger des Freihandels in Deutschland. 98 101

Fauchet, Claude (1744—1793) französischer Bischof, einer der Ideologen des „Cercle social" (siehe Anm. 90); 1793 zusammen mit Girondisten hingerichtet. 198 200

Feuerbach, Ludwig Andreas (1804 bis 1872). 11 13 39—43 76 81 83—96 102—107 121 125 127 129 138 154 191 234—239 257 260 289 346 380 396 468 470 472 473 482 487 496 521 523 547 569 583—586 589

Fichte, Johann Gottlieb (1762—1814). 84 93

Fiévée, Joseph (1767—1839) französischer royalistischer Politiker und Journalist. 360

Fourier, François-Marie-Charles (1772—1837) französischer utopischer Sozialist. 204 238 259 436 437 489 513 523 545—555

Franz I. (1494—1547) König von Frankreich (1515—1547). 277 345

Friedrich Wilhelm IV. (1795—1861) König von Preußen (1840—1861). 273 340 350 355 379

Gellert, Christian Fürchtegott (1715—1769) deutscher Schriftsteller und Fabeldichter. 398

Gines von Passamonte Gestalt aus „Don Quijote" von Cervantes. 357 358

Godwin, William (1756—1836) englischer kleinbürgerlicher Schriftsteller und Publizist, Rationalist; einer der Begründer des Anarchismus. 421 432

Goethe, Johann Wolfgang von (1749—1832). 42 340 436 457

Greaves, James Pierrepont (1777 bis 1842) englischer Pädagoge, befaßte sich mit Projekten für die Arbeitsorganisation der Landarbeiter. 488

Gregor VII. (Hildebrand) (etwa 1020—1085) römischer Papst (1073 bis 1085). 175

Grotius, Hugo (Huigh de Groot) (1583—1645) niederländischer Staatsrechtslehrer, Jurist; einer der Begründer des neueren bürgerlichen Völkerrechts. 560

Grün, Karl (1817—1887) kleinbürgerlicher Publizist, in den vierziger Jahren einer der Hauptvertreter des „wahren" Sozialismus. 517 569

Guizot, François-Pierre-Guillaume (1787—1874) französischer Historiker und Staatsmann, leitete von 1840—1848 die Innen- und Außenpolitik Frankreichs, vertrat die Interessen der großen Finanzbourgeoisie; Monarchist. 139 219 319 346 420 520 521 557

Habakuk Gestalt aus dem Alten Testament. 368

Haide, Ernst von der Pseudonym von *Grün, Karl.* 520

Halm, Friedrich (Pseudonym von *Elegius Franz Joseph, Reichsfreiherr von Münch-Bellinghausen*) (1806—1871) österreichischer Schriftsteller der romantischen Schule. 309

Hampden, John (1595—1643) englischer Politiker, Mitglied des Langen Parlaments, Führer der puritanischen Opposition in der bürgerlichen Revolution. 197

Hannibal (etwa 247—183 v. u. Z.) karthagischer Heerführer und Staatsmann. 158

Harney, George Julian (1817—1897) einflußreicher Funktionär der englischen Arbeiterbewegung, Führer des linken Flügels der Chartisten; Redakteur des Hauptorgans der Chartisten „The Northern Star"; Freund von Marx und Engels. 488

Hegel, Georg Wilhelm Friedrich (1770—1831). 11 13—14 24 37 38 47 84—88 92 93 100 111 112 119—121 125 128 129 134 138 139 142 143 146—148 151 154 159 160 161 164 bis 168 170—174 179 179—183 188 191 196 201 206 207 235 237 244 258 269—271 275 280 281 287 313 327 333 335 338 346 347 360 366 428 430 457 482 486 488 502 511 518 520 521 523 546 548 568 569 586

Heine, Heinrich (1797—1856). 107 344 426 487 495 499 519 545

Heinrich VIII. (1491—1547) König von England (1509—1547). 56

Heinrich LXXII. (1797—1853) Fürst des deutschen Zwergstaates Reuß-Lobenstein-Ebersdorf. 273

Helvétius, Claude-Adrien (1715 bis 1771) französischer Philosoph, Vertreter des mechanischen Materialismus, Atheist; einer der Ideologen der französischen revolutionären Bourgeoisie. 246 429 bis 432

Heraklit (Herakleitos aus Ephesos) (etwa 540 bis etwa 480 v. u. Z.) griechischer Philosoph der Antike, einer der Begründer der Dialektik. 131

Herschel, Sir John Frederick William (1792—1871) englischer Astronom. 412

Herwegh, Georg Friedrich (1817 bis 1875) deutscher revolutionärer Dichter. 494

Heß, Moses (1812—1875) deutscher Publizist, Mitbegründer und Mitarbeiter der „Rheinischen Zeitung", Mitte der vierziger Jahre einer der Hauptvertreter des „wahren" Sozialismus, später Lassalleaner. 82 102—104 107 237 264 346 349 423 424 436 437 470 486 487 494—496 520 549 568

Heva (Eva) Gestalt aus dem Alten Testament. 97

Hinrichs, Hermann Friedrich Wilhelm (1794—1861) deutscher Professor der Philosophie, Althegelianer. 101 103 346

Hobbes, Thomas (1588—1679) englischer Philosoph, Vertreter des mathematisch-mechanischen Materialismus. 330 338 429 431 433 502 560

Hobson, Joshua englischer Journalist, Chartist, Herausgeber des „Northern Star". 210 488

Hoffmann von Fallersleben, August Heinrich (1798—1874) deutscher Dichter und Philologe. 182

Holbach, Paul Heinrich Dietrich, Baron von (1723—1789) französischer Philosoph, mechanischer Materialist, Atheist; Ideologe der französischen revolutionären Bourgeoisie. 329—432 488

Holyoake, George James (1817-1906) englischer Publizist und Genossenschafter, in den dreißiger und vierziger Jahren Owenist und Chartist. 488

Horaz (Horatius), Quintus Flaccus (65—8 v. u. Z.) römischer Dichter, Verfasser von Oden und Satiren. 132

Hume, David (1711—1776) englischer Philosoph, Historiker und Ökonom; subjektiver Idealist, Agnostiker. 168 433

Ibn (Ebn) Sina siehe *Al Hussein*
Innozenz III. (etwa 1161—1216) römischer Papst (1198—1216). 175

Jacques le bonhomme siehe *Stirner, Max*

Jakob Gestalt aus dem Alten Testament. 90 287

Jean Paul (Pseudonym von *Johann Paul Friedrich Richter*) (1763 bis 1825) deutscher kleinbürgerlicher satirischer Schriftsteller. 130 194

Jehova (Jahve) Name des israelitischen Gottes. 95

Jeremia Gestalt aus dem Alten Testament. 95

Josia Gestalt aus dem Alten Testament. 95

Josua Gestalt aus dem Alten Testament. 184

Jungnitz, Ernst (gest. 1848) deutscher Publizist, Junghegelianer. 98

Jussieu, Antoine Laurent de (1748 bis 1836) französischer Botaniker. 488

Jussieu, Bernard de (1699—1776), Onkel des vorigen, französischer Botaniker. 488

Juvenalis, Decimus Junius (letzte Hälfte des 1. und erste Hälfte des 2. Jahrhunderts) römischer Satirendichter. 168 225

Kain Gestalt aus dem Alten Testament. 90

Kant, Immanuel (1724—1804). 192 194 195 522

Kapetinger französische Königsdynastie (987—1328). 139

Karl der Große (etwa 742—814) seit 768 König der Franken; seit 800 römischer Kaiser. 66 219 529

Karl X. (1757—1836) König von Frankreich (1824—1830). 322 566

Kats, Jacob (1804—1886) belgischer Arbeiter, Literat, Funktionär der Arbeiterbewegung, stand unter dem Einfluß der utopischen Sozialisten. 522

Kaulbach, Wilhelm von (1805—1874) deutscher Maler. 80

Kerverseau, Fr. Marie zusammen mit Clavelin Verfasser der „Histoire de la Révolution de France... par deux amis de la liberté". 175

Ket (Kett), Robert (1549 hingerichtet) Führer des Bauernaufstandes in England 1549. 202

Klopstock, Friedrich Gottlieb (1724 bis 1803) deutscher Dichter; einer der ersten Vertreter der bürgerlichen Aufklärung in Deutschland. 290 320

Konfuzius (Confucius, K'ung-tsi) (551—478 v. u. Z.) chinesischer Philosoph und Staatsmann. 558

König Dan siehe *O'Connell, Daniel*

Konrad von Würzburg (gestorben 1287) deutscher Dichter des Mittelalters. 473

Korah Gestalt aus dem Alten Testament. 90

Krösus König von Lydien (550—546 v. u. Z.). 366

Krummacher, Friedrich Wilhelm (1796—1868) deutscher calvinistischer Pastor, Führer der Wuppertaler Pietisten. 237

Kuhlmann, Georg (geb. 1812) Scharlatan, der sich als „Prophet" ausgab und unter den deutschen Handwerkern und Anhängern Weitlings in der Schweiz in religiösen Phrasen den „wahren" Sozialismus predigte; erwies sich später als Provokateur im Dienste der österreichischen Regierung. 393 410 571—580.

Lafayette (La Fayette), Marie-Joseph-Paul, marquis de (1757—1834) französischer Staatsmann und General, nahm am amerikanischen Unabhängigkeitskrieg teil; zur Zeit der Französischen Revolution Befehlshaber der Nationalgarde; 1830 einer der Wegbereiter für die Thronbesteigung Louis-Philippes. 198

Lamartine, Alphonse-Marie-Louis de (1790—1869) französischer Dichter, Historiker und Politiker, in den vierziger Jahren einer der Führer der gemäßigten Republikaner; 1848 Außenminister in der provisorischen Regierung. 557

Lamennais (La Mennais), Félicité-Robert de (1782—1854) französischer Abbé, Publizist; einer der Ideologen des christlichen Sozialismus. 574 575

Leibniz, Gottfried Wilhelm Freiherr von (1646—1716) deutscher Mathematiker und idealistischer Philosoph. 176 466

Leonardo da Vinci (1452—1519) italienischer Maler und Gelehrter von universeller Begabung; Baumeister der Renaissance. 411

Lerminier, Jean-Louis-Eugène (1803 bis 1857) französischer Jurist, liberaler Publizist; ab Ende der dreißiger Jahre Konservativer. 520

Leroux, Pierre (1797—1871) französischer Publizist, utopischer Sozialist, Anhänger Saint-Simons. 232

Lessing, Gotthold Ephraim (1729 bis 1781). 346 522

Levasseur (de la Sarthe), René (1747 bis 1834) Arzt, Teilnehmer der Französischen Revolution, Jakobiner. 175 543

Licinius (Gajus Licinius Stolo) (um 350 v. u. Z.) römischer Staatsmann in der ersten Hälfte des 4. Jahrhunderts v. u. Z.; als Volkstribun erließ er zusammen mit Sextius Gesetze im Interesse der Plebejer. 20

Linguet, Simon-Nicolas-Henri (1736 bis 1794) französischer Advokat, Publizist, Historiker und Ökonom, übte Kritik an der Theorie der Physiokraten. 197

645

Linné, Carl von (1707—1778) schwedischer Naturforscher; Begründer eines Systems zur Klassifizierung der Pflanzen und Tiere. 488

Locke, John (1632—1704) englischer sensualistischer Philosoph, bürgerlicher Ökonom. 429 431 433 559

Lourdoueix, Jacques-Honoré Lelarge, baron de (1787—1860) französischer Publizist, Redakteur der „Gazette de France". 358

Louvet de Couvray, Jean-Baptiste (1760—1797) französischer Schriftsteller, Teilnehmer der Französischen Revolution, Girondist. 175

Lucian (Lukian[os] (etwa 120 bis etwa 180) satirischer Schriftsteller des alten Griechenlands. 135 185

Lucretius, Carus Titus (Lukrez) (etwa 95 — etwa 55 v. u. Z.) römischer Philosoph und Dichter, Materialist, Atheist. 130 134

Ludwig XIV. (1638—1715) König von Frankreich (1643—1715). 529

Ludwig XVI. (1754—1793) König von Frankreich (1774—1792); 1792 durch die Revolution abgesetzt, 1793 hingerichtet. 139 549 563

Ludwig XVIII. (1755—1824) König von Frankreich (1814 und 1815 bis 1824); Bruder Ludwigs XVI., 1791 bis 1814 in der Emigration, 1814 durch die Verbündeten (Heilige Allianz) eingesetzt; in den Hundert Tagen 1815 vertrieben. 566

Ludwig Philipp (Louis-Philippe) (1773—1850) König der Franzosen (1830—1848); wurde als Herzog von Orléans in der Julirevolution von 1830 von der französischen Finanzbourgeoisie auf den Thron erhoben. 521

Luther, Martin (1483—1546). 134 139 167 538

Lykurg[os] (Lycurgus) legendärer Gesetzgeber Spartas, lebte nach der Überlieferung im 9. Jahrhundert v. u. Z. 558

Mably, Gabriel-Bonnot de (1709 bis 1785) französischer Soziologe, Vertreter des utopischen Gleichheitskommunismus. 197 567

Machiavelli, Niccolò (1469—1527) italienischer Politiker, Historiker und Schriftsteller; Ideologe der italienischen Bourgeoisie in der Periode des Entstehens kapitalistischer Verhältnisse. 330

MacCulloch (M'Culloch), John Ramsay (1789—1864) englischer Ökonom, Apologet der kapitalistischen Ordnung, vulgarisierte die Lehre Ricardos. 380

Maistre, Joseph-Marie, comte de (1753—1821) französischer Schriftsteller, Monarchist, Ideologe der aristokratischen und klerikalen Reaktion, erbitterter Feind der Französischen Revolution. 358

Malambruno Gestalt aus „Don Quijote" von Cervantes. 384

Malthus, Thomas Robert (1766 bis 1834) englischer Geistlicher und Ökonom, Verfasser der reaktionären Theorie von der Übervölkerung, die das Elend der Werktätigen rechtfertigen soll. 373 380

Malvoglio (Malvolio) Gestalt aus „Was ihr wollt" von Shakespeare. 93

Mambrino Gestalt aus „Don Quijote" von Cervantes. 239 240

Marat, Jean-Paul (1743—1793) französischer Publizist, in der Französischen Revolution einer der konsequentesten Führer des Jakobinerklubs; Herausgeber des „Ami du peuple". 198

Maritornes Gestalt aus „Don Quijote" von Cervantes, siehe auch *Dähnhardt, Marie Wilhelmine*

Marx, Karl (1818—1883).
Matthäi, Rudolf deutscher Publizist, „wahrer" Sozialist. 500—515
Mauguin, François (1785—1854) französischer Rechtsanwalt und Parlamentarier, Mitglied der Konstituante und der Legislative. 541 542
Max, Sankt siehe *Stirner, Max*
Mehemet (Mehemed), Ali (1769 bis 1849) erblicher Statthalter von Ägypten (1805—1849); führte eine Reihe fortschrittlicher Reformen durch. 158
Mercier de La Rivière, Paul-Pierre (1720—1793) französischer Ökonom, Physiokrat; hat „eine Ahnung, daß der Mehrwert in der Manufaktur wenigstens... etwas zu tun hat mit den Manufakturarbeitern selbst" (Marx). 197
Merlin Gestalt aus „Don Quijote" von Cervantes. 205
Metternich, Clemens Wenzel Lothar, Fürst von (1773—1859) österreichischer Staatsmann und Diplomat, Außenminister (1809—1821) und Staatskanzler (1821—1848); einer der Organisatoren der Heiligen Allianz. 322
Michelet, Karl Ludwig (1801—1893) deutscher idealistischer Philosoph, Hegelianer, Professor an der Berliner Universität, Mitherausgeber der Hegel-Ausgabe. 111 115 179 180
Mill, James (1773—1836) englischer bürgerlicher Ökonom und Philosoph. 432
Minos legendärer König und Gesetzgeber von Kreta. 558
Mirabeau, Honoré-Gabriel-Victor Riqueti, comte de (1749—1791) Politiker der Französischen Revolution, Verfechter der Interessen der Großbourgeoisie und des verbürgerlichten Adels. 564

Monteil, Amans-Alexis (1769—1850) französischer bürgerlicher Historiker. 219 354
Montesquieu, Charles de Secondat, baron de La Brède et de (1689 bis 1755) französischer bürgerlicher Soziologe, Ökonom und Schriftsteller, Vertreter der bürgerlichen Aufklärung des 18. Jahrhunderts, Theoretiker der konstitutionellen Monarchie. 291 557 561
Montgaillard, Guillaume-Honoré Roques (1772—1825) französischer Abbé und Historiker. 175
Montjoie, Félix-Christophe-Louis Ventre de La Touloubre (1746 bis 1816) französischer royalistischer Publizist. 176
Moor, Karl Gestalt aus „Die Räuber" von Schiller. 560
More (Morus), Sir Thomas (1478 bis 1535) englischer Politiker (Lordkanzler), humanistischer Schriftsteller, Vertreter des utopischen Kommunismus. 488
Morelly (18. Jahrhundert) Vertreter des utopischen Gleichheitskommunismus in Frankreich. 566 567
Morgan, John Minter (1782—1854) englischer Schriftsteller, Anhänger Owens. 488
Mose (Moses) Gestalt aus dem Alten Testament. 455
Mozart, Wolfgang Amadeus (1756 bis 1791). 411 519
M. R. Pseudonym von *Régnier d'Estourbet*
Mundt, Theodor (1808—1861) deutscher Schriftsteller, Vertreter des Jungen Deutschlands; später Professor für Literatur und Geschichte in Breslau und Berlin. 517

Nabal Gestalt aus dem Alten Testament. 155
Napoleon I. Bonaparte (1769—1821) Kaiser der Franzosen (1804—1814

und 1815). 44 80 127 129 158 195 281 366 400

Nähterin, die Berliner keusche, sowie *Nähterin, die freie* siehe *Dähnhardt, Marie Wilhelmine*

Nauwerck (Nauwerk), Karl (1810 bis 1891) Publizist und Politiker; Mitarbeiter an den „Hallischen Jahrbüchern", den „Deutschen Jahrbüchern", den „Anekdota" und der „Rheinischen Zeitung"; gehörte dem Berliner Kreis der Freien an; Mitglied der Frankfurter Nationalversammlung (äußerste Linke). 98 346

Newton, Sir Isaac (1642—1727) englischer Physiker, Astronom und Mathematiker; Begründer der Wissenschaft der Mechanik. 60 531 533 534

Noah Gestalt aus dem Alten Testament. 474

Nougaret, Pierre-Jean Baptiste (1742 bis 1823) französischer Publizist und Historiker. 175

O'Connell, Daniel (1775—1847) irischer Advokat und Politiker, Führer des rechten, liberalen Flügels der nationalen Befreiungsbewegung des irischen Volkes (Repeal-Association). 293 568

Oelckers, Hermann Theodor (1816 bis 1869) deutscher demokratischer Schriftsteller. 482

Otto das Kind siehe *Otto I.*

Otto I. (1815—1867) König von Griechenland (1832—1862). 366

Owen, Robert (1771—1858) englischer utopischer Sozialist. 215 410 488 489

Paulus Gestalt aus dem Neuen Testament. 134

Peltier, Jean-Gabriel (1765—1825) französischer royalistischer Publizist. 176

Pereire, Isaac (1806—1880) mit seinem Bruder Jacques-Émile (1800 bis 1875) zusammen zunächst als kleine Makler Anhänger Saint-Simons, später Bankiers. 232

Perikles (etwa 493—429 v. u. Z.) athenischer Staatsmann; Führer der athenischen Demokratie zur Zeit ihrer höchsten wirtschaftlichen und kulturellen Blüte. 129

Persiani, Fanny (1812—1867) italienische Sängerin. 463 464

Petty, Sir William (1623—1687) englischer Ökonom und Statistiker, Begründer der klassischen bürgerlichen Ökonomie in England. 197

Pfeffel, Gottlieb Konrad (1736 bis 1809) deutscher Fabeldichter. 306

Pfister, Johann Christian (1772 bis 1835) deutscher Kirchenpolitiker und bürgerlicher Historiker. 241

Phaeton griechischer Göttersohn. 384

Pharao Titel der altägyptischen Könige. 426

Philippson (Dessau), Ludwig (1811 bis 1889) liberaler Rabbiner, schrieb gegen Bruno Bauer. 102/103

Pilatus, Pontius (1. Jahrhundert) römischer Prokurator von Judäa (26—36). 110 129 136

Pinto, Isaac (1715—1787) holländischer Börsenspekulant; ökonomischer Schriftsteller. 59 375

Platon (Plato) (etwa 427 — etwa 347 v. u. Z.) griechischer idealistischer Philosoph, Ideologe der Sklavenhaltergesellschaft. 135 170

Plutarch (etwa 46 — etwa 125) griechischer moralischer Schriftsteller und idealistischer Philosoph. 134

Polynices (Polyneikes) Gestalt aus der „Antigone" von Sophokles. 129

Poseidon griechischer Meeresgott. 111

Proudhon, Pierre-Joseph (1809 bis

1865) französischer Publizist, Ideologe des Kleinbürgertums, einer der theoretischen Begründer des Anarchismus. 176 215 225 346 366 378 379 396 444 517 522—524 546 554 568 569 576

Pufendorf, Samuel Freiherr von (1632—1694) deutscher Staatsrechtler und Historiker, Vertreter der bürgerlichen Theorie des „Naturrechts". 560 561

Püttmann, Hermann (1811—1894) deutscher radikaler Dichter und Journalist, Mitte der vierziger Jahre „wahrer" Sozialist. 486 512

Pythagoras (Pythagore) (etwa 580 bis etwa 496 v. u. Z.) altgriechischer Mathematiker; idealistischer Philosoph, Ideologe der Sklavenhalteraristokratie. 558

Rabelais, François (etwa 1494 bis 1553) französischer humanistischer Schriftsteller der Renaissance. 190

Raffael (Raffaelo Santi) (1483—1520) italienischer realistischer Maler der Renaissance. 408 411

Ranke, Leopold (1795—1886) 1865 geadelt; deutscher Historiker, Ideologe des preußischen Junkertums. 308

Régnier d'Estourbet, Hippolyte (Pseudonym M. R.) (1804—1832) französischer Schriftsteller und Historiker. 175

Reichardt, Carl Ernst Buchbindermeister in Berlin, Anhänger Bruno Bauers, Mitarbeiter der „Allgemeinen Literatur-Zeitung". 219 232

Reybaud, Marie-Roch-Louis (1799 bis 1879) französischer Schriftsteller, Ökonom und liberaler Publizist. 525—529 531 533 537—545 555 569

Ricardo, David (1778—1823) englischer Ökonom, Vertreter der klassischen bürgerlichen politischen Ökonomie. 423

Robespierre, Maximilien-Marie-Isedor de (1758—1794) Politiker der Französischen Revolution, Führer der Jakobiner; 1793—1794 Haupt der revolutionären Regierung. 174 bis 176 246 348 423 518

Rochau, August Ludwig von (Pseudonym *Churoa*) (1810—1873) deutscher liberaler Publizist und Historiker. 546

Rodrigues, Benjamin-Olinde (1794 bis 1851) französischer Finanzmann und Publizist, Schüler Saint-Simons, einer der Begründer und Leiter der saint-simonistischen Schule. 525 533

Rohmer, Friedrich (1814—1856) philosophischer und politischer Schriftsteller. 576

Roland de la Platière, Jeanne-Manon (1754—1793) französische Schriftstellerin; Teilnehmerin der Französischen Revolution, Girondistin. 175

Rosenkranz, Johann Karl Friedrich (1805—1879) deutscher Philosoph und Literaturhistoriker, Hegelianer, Professor in Königsberg. 543

Rothschild internationales Bankhaus. 366

Rotteck, Karl Wenzeslaus Rodecker von (1775—1840) Historiker und liberaler Politiker. 366

Rousseau, Jean-Jacques (1712—1778) französischer Aufklärer, Demokrat, Ideologe des Kleinbürgertums. 77 421 561 562

Ruge, Arnold (1802—1880) deutscher Publizist, Junghegelianer, 1844 mit Marx Herausgeber der „Deutsch-Französischen Jahrbücher"; kleinbürgerlicher Demokrat, nach 1866 Nationalliberaler. 122 237 250

Rumford siehe *Thompson, Sir Benjamin*

Rutenberg, Adolf (1808—1869) deutscher Publizist, Junghegelianer; nach 1866 Nationalliberaler. 346

Saint-Just, Louis-Antoine-Léon de (1767—1794) Politiker der Französischen Revolution, führender Jakobiner, engster Vertrauter Robespierres. 174 176 216 348 423

Saint-Simon, Claude-Henri de Rouvroy, comte de (1760—1825) französischer utopischer Sozialist. 492 503 505 507 513 517 523 525—545 575

Salomo(n) (etwa 970—930 v. u. Z.) König von Israel. 368 382

Sancho Pansa Gestalt aus „Don Quijote" von Cervantes; siehe auch *Stirner, Max*

Sand, George (Pseudonym von *Amandine-Lucie-Aurore Dupin baronne Dudevant*) (1804—1876) französische Schriftstellerin, Verfasserin mehrerer Romane über soziale Themen, Vertreterin der humanitären Strömung in der Romantik. 176

Sarran (Sarrans) Jean-Raimond-Pascal (1780—1844) französischer royalistischer Publizist. 358

Say, Jean-Baptiste (1767—1832) französischer Vulgärökonom, „der seine fade Oberflächlichkeit darunter zu verstecken sucht, daß er die Halbheiten und Böcke A[dam] Smiths in absolut-allgemeine Phrasen auflöst" (Marx). 555

Schelling, Friedrich Wilhelm Joseph von (1775—1854) deutscher Philosoph, Vertreter des deutschen Idealismus Ende des 18., Anfang des 19. Jahrhunderts. 125 191 523

Schiller, Friedrich von (1759—1805). 91 521 560 562

Schlegel, August Wilhelm von (1767 bis 1845) deutscher Dichter, Übersetzer und Literaturhistoriker, bekannt durch seine Übersetzung Shakespeares. 426

Schlosser, Friedrich Christoph (1776 bis 1861) deutscher bürgerlicher Historiker, Liberaler. 346

Schmidt, Johann Caspar siehe *Stirner, Max*

Semmig, Friedrich Hermann (1820 bis 1897) deutscher Schriftsteller, Mitte der vierziger Jahre „wahrer" Sozialist. 485—499

Senior, Nassau William (1790—1864) englischer Vulgärökonom, einer der „offiziellen ökonomischen Wortführer der Bourgeoisie" (Marx). 374

Sesostris (ägyptisch: Senwosret) legendäre ägyptische Könige. In den griechischen, von Herodot und Diodor überlieferten Sesostris-Sagen sind Züge verschiedener Träger des Namens vereinigt. 158

Shakespeare, William (1564—1616). 93 230

Sieyès, Emmanuel-Joseph (1748 bis 1836) französischer Abbé, Teilnehmer der Französischen Revolution, Vertreter der Großbourgeoisie. 557 564

Sigismund I. (etwa 1361—1437) deutscher Kaiser (1411—1437). 277

Sismondi, Jean-Charles-Léonard Simonde de (1773—1842) Schweizer Ökonom und Historiker, kritisierte den Kapitalismus „vom Standpunkt des Kleinbürgers" (Lenin). 67 68 200 544

Smith, Adam (1723—1790) englischer Ökonom, Vertreter der klassischen bürgerlichen politischen Ökonomie. 59 410 564

Sokrates (etwa 469 — etwa 399 v. u. Z.) griechischer idealistischer Philosoph, Ideologe der Sklavenhalteraristokratie. 129 130 139

Sophokles (etwa 497 — etwa 406 v. u. Z.) griechischer Dramatiker. 128

Southwell, Charles (1814—1860) englischer utopischer Sozialist, Anhänger Owens; Gründer der atheistischen Zeitung „The Oracle of Reason". 488

Spartakus (gefallen 71 v. u. Z.) römischer Gladiator, Führer des größten Sklavenaufstandes im Alten Rom (73—71 v. u. Z.). 219

Spence, Thomas (1750—1814) englischer utopischer Sozialist, trat für die Abschaffung des Privateigentums an Grund und Boden und die Errichtung eines Agrarsozialismus ein. 488

Spinoza, Baruch (Benedictus) (1632 bis 1677) holländischer materialistischer Philosoph, Atheist. 84 93 176 330

Stehely Besitzer einer Konditorei am Gendarmenmarkt (heute Platz der Akademie) in Berlin, die den Berliner Literaten als Treffpunkt und den Freien als Tagungslokal diente. 334

Stein, Heinrich Friedrich Karl, Reichsfreiherr vom und zum (1757 bis 1831) preußischer Staatsmann, war an der Durchführung gemäßigter bürgerlicher Reformen beteiligt, die die Festigung des preußischen Staates bezweckten. 365

Stein, Lorenz von (1815—1890) Hegelianer, Professor der Philosophie und des Staatsrechts an der Universität Kiel, Geheimagent der preußischen Regierung. 209 482 517 524—529 531—546 568 569 575

Stirner, Max (Pseudonym von *Johann Caspar Schmidt*) (1806—1856) deutscher Philosoph, Junghegelianer, einer der Ideologen des bürgerlichen Individualismus und Anarchismus; Verfasser des Buches „Der Einzige und sein Eigenthum". 11 15 34—40 47 73 77 81—83 85—89 92—94 102—477 491 495

Strauß, David Friedrich (1808—1874) deutscher Philosoph und Publizist, Junghegelianer; nach 1866 Nationalliberaler. 13 15 172

Sue, Eugène (1804—1857) französischer Schriftsteller, Verfasser spießbürgerlich-sentimentaler Romane über soziale Themen. 300

Süßmayer, Franz Xaver (1766—1803) österreichischer Komponist. 411

Szeliga (Pseudonym von *Franz Szeliga Zychlin von Zychlinsky* (1816 bis 1900) preußischer Offizier, Junghegelianer; Mitarbeiter der „Allgemeinen Literatur-Zeitung" und der „Norddeutschen Blätter". 107 110—113 142—147 148 149 155 167 188—190 223 240 272—274 279 290 301 354—367 381 384 403 415—417 471—473

Tertullian(us), Quintus Septimius Florens (etwa 160 — etwa 220) altchristlicher Theologe, Obskurant. 158

Teste, Charles (gest. 1848) französischer utopischer Kommunist, Anhänger Babeufs, Teilnehmer der republikanischen Bewegung zur Zeit der Julimonarchie. 543

Themistokles (etwa 525 bis etwa 460 v. u. Z.) griechischer Staatsmann und Heerführer aus der Zeit der griechisch-persischen Kriege, Vertreter der radikal-demokratischen Strömung in Athen. 366

Thompson, Sir Benjamin, Count of Rumford (1753—1814) englischer Offizier amerikanischer Abstammung, Abenteurer, stand eine Zeitlang im Dienst der bayrischen Regierung; richtete Arbeitshäuser für Bettler ein und stellte Rezepte für Armenspeisung aus billigen Surrogaten zusammen. 236 275

Thompson, William (etwa 1785 bis 1833) irischer Ökonom, zog aus Ricardos Theorie sozialistische Schlußfolgerungen; Anhänger Owens. 488

Timon von Phlius (etwa 320 bis etwa 230 v. u. Z.) griechischer Philosoph, Skeptiker. 129 135 136

Tizian (Tiziano Vecellio) (1477 bis 1576) italienischer realistischer Maler der Renaissance. 411

Torralva Gestalt aus „Don Quijote" von Cervantes, siehe Dähnhardt, Marie Wilhelmine

Trajan(us), Marcus Ulpius (etwa 53—117) römischer Kaiser (98 bis 117). 449

Turgot, Anne-Robert-Jacques, baron de L'Aulne (1727—1781) französischer Ökonom und Staatsmann, Physiokrat, Schüler Quesnays; Generalkontrolleur der Finanzen (1774—1776). 549 561—564

Tyler, Wat (gest. 1381) Führer des englischen Bauernaufstandes 1381. 202

Ursula Heilige. 287

Vauguyon, Paul-François, duc de la (1746—1828) französischer Staatsmann, Gesandter in Holland (1770) und Spanien (1784—1790). 526

Venedey, Jakob (1805—1871) deutscher radikaler Publizist und Politiker; nach der Revolution von 1848/49 Liberaler. 39

Vernet, Horace (1789—1863) französischer Schlachtenmaler. 411

Villegardelle, François (1810—1856) französischer Publizist, Anhänger Fouriers, später utopischer Kommunist. 567

Vincke, Friedrich Ludwig Wilhelm Philipp Freiherr von (1774—1844) preußischer Staatsmann. 365

Virgil (Publius Vergilius Maro) (70 bis 19 v. u. Z.) römischer Dichter. 444

Voltaire, François-Marie Arouet de (1694—1778) französischer deistischer Philosoph, satirischer Schriftsteller und Historiker; Vertreter der bürgerlichen Aufklärung des 18. Jahrhunderts. 563

Wade, John (1788—1875) englischer Publizist, Ökonom und Historiker. 200

Washington, George (1732—1799) amerikanischer General im Unabhängigkeitskriege und erster Präsident der Vereinigten Staaten von Nordamerika (1789—1796). 526

Watts, John (1818—1887) englischer utopischer Sozialist, Anhänger Owens; später bürgerlicher Liberaler. 210 488

Weitling, Wilhelm Christian (1808 bis 1871) von Beruf Schneider; einer der Theoretiker des utopischen Gleichheitskommunismus. 204 205 488

Wigand, Otto (1795—1870) deutscher Verleger und Buchhändler; seine Leipziger Firma brachte Werke radikaler Schriftsteller heraus. 107

Wischnu (Vishnu) indische Gottheit. 469

Wöniger (Woeniger), August Theodor deutscher bürgerlicher Schriftsteller. 219 232

Zeno(n) (426—491) byzantinischer Kaiser (474—491). 202

Zeno(n) aus Kition (etwa 336—264 v. u. Z.) griechischer Philosoph, Begründer des Stoizismus. 131

Zeus griechischer Gott. 96

Zarathustra (Zoroastre) altiranischer Religionsstifter. 558

Sachregister

abstrahieren
— von wirklichen Voraussetzungen nur in der Einbildung möglich 16 43 70 385 439 455 456 492/493 498 546/547 553 584 585

abstrakt
— sind die Empiriker selbst noch 23
— Gedanken und Vorstellungen 46 86 120/121 172 191 195 238 288 340 512 513
— Individuen 68 267 585
— Ausdruck wirklicher Verhältnisse 85 136 429 430 493 498
— Phrasen 85 285
— Charakter der Stirnerschen Philosophie 167/168
— Kategorien 230 278 309 376 472
— Charakter wirklicher Erscheinungen 266 583
— Denken 267 486 584
— Ideologen 335

Abstraktion
— allgemeinster Resultate 23
— geschichtliche 24 289 451 572 579/580
— sinnlose 85 173 253/254 292/293 299 312/313 532
— von einer Abstraktion 86 149 429/430 499 509 512 574
— scheinbar metaphysische 428/429

Ackerbau
— als Lebensbasis eines Volkes 18
— Ackerland: Verwandlung des A. in Viehweide 19 55
— als naturwüchsiges Produktionsinstrument 66 67

Ackerbau
— und römische Eroberungen 20
— im verfallenden römischen Reich 20
— geringer und roher im Mittelalter 21
— feudaler, parzelliert, erschwerte Arbeitsteilung 21
— und gemeinsame Hauswirtschaft 25/26
— gemeinsamer 25/26
— und Vagabundentum 56
— und Eigentum 56
— Weise des Betriebes des A. nach den Bauernkriegen in Deutschland 193
— und Parzellierung in Irland, Wales und Frankreich 364
— bestimmte Organisation des A. 407
— und Physiokraten 432
— kapitalistische Landwirtschaft 545

Adel
— als feudaler Stand 20 78 222
— grundbesitzender 21/22 52 55 78 438
— als herrschende Klasse 21/22 454
— Kampf des A. mit Demokratie und Monarchie 31 45 63 345
— ideologische Auffassung der Herrschaft des A. 45
— Sturz der Herrschaft des A. 46 64 439
— alter Feudaler in Deutschland 192
— weltlicher und geistlicher feudaler 219

Adel
— setzte zuerst an die Stelle des Genusses des Evangeliums das Evangelium des Weltgenusses 220 438/439
— Macht des A. rückte in Gestalt des Geldes in die Taschen der Bourgeoisie 220
— devote Religiosität des A. 439
— Beweis des A. für seine „Produktivität" 551
— französischer A. und Hungersnot von 1775. 564
siehe auch Feudalität

Akkumulation
— des naturwüchsigen Kapitals 55
— des mobilen Kapitals 57 79 375
— der Arbeit als Kapital 66
— Wachstum der A. 68
— Notwendigkeit der A. 68
— und Erbrecht 377
— ursprüngliche kapitalistische 390
— von Produktivkräften und Verkehrsformen 461
siehe auch Produktion, Zirkulation

Aktiengesellschaften 369 370 377 586 431 436

Allgemeine, das
— angebliche Herrschaft des A. 15 46
— als Resultat geschichtlicher Abstraktion 23 46 432
— als wirklicher Begriff 30 31 46 287 377 425 507 510 511
— als illusorische Form der Gemeinschaftlichkeit 31 46 63 247 276
— als metaphysische Person 151 291 379 421 431 506
— als Feuerbachsche „Gattung" 585

Altertum
— Eigentumsverhältnisse des A. 18—20 62 153 186/187 453
— Ausgangspunkt des A. 20
— Epikur als eigentlicher radikaler Aufklärer des A. 134

Altertum
— identifiziert mit alter Philosophie 135
— als Realismus bei den Deutschen
— als Idealismus bei den Franzosen und Engländern 136
— und Christentum 186/187
— und Neuzeit 434
— als Naivität 495
siehe auch Griechenland, Rom

Amerika 44 56 75 198 216 494
— südamerikanische Republiken 77
siehe auch Vereinigte Staaten von Amerika

Arbeit
— als einseitige Tätigkeit, als Beruf 13 45 49—52 68/69 79 224/225 236 267 294/295 297/298 371 377/378 395 412 419 440 446 472 589 593
— historische Entwicklung der A. 17 21 50—56 60—62 66 67 71 79 202/203 219/220 512/513
— als korporatives Eigentum 21 49 bis 53
— bei Hegel 24 170
— als Produktion des eigenen Lebens 26 79 513
— quantitative und qualitative Verteilung der A. 28 29 66/67 70/71 217—220 487 514 578
— Kommando über fremde A. 30 205 230 402
— als Lebensbedingung des Arbeiters 33 51/52 67 78/79
— sinnliche A. als Basis der Gesellschaft 42
— geistige und materielle 44/45 49 116 409—412 419—432 491
— entfremdete 49/50 53 61—68 71 79 203 216 373
— als ausschließliche Basis des Kapitals 49 67 68 216 546
— Aufhebung der A. 56 71 79 202 bis 203 218
— einfache und zusammengesetzte 55 419

Arbeit
- absolute Naturwüchsigkeit 60
- Organisation der A. 62 408—413 435 447 463 514/515 556
- Austausch der Produkte der A. 66
- abstrakte A. als Gestalt des Privateigentums 67/68 216
- freie 79 203/204
- Lohnarbeit 215/216 374 402/403 519 546
- bei proletarischen Schriftstellern 207/208 513 534 546
- „einzige" und „menschliche" 276 373/374 408—412 420
- Grundrente und Staat 287/288
- Zwangsarbeit 317
- und Arbeitslohn 401—403 409/410
- gesellschaftlich notwendige 409
- „produktive" und „unproduktive" 411
- wertbestimmende 417
- gemeinsames Eigentum an den Produkten der A. 514

Arbeiter
- Taglöhner 21 50 365 402—410
- Lohnarbeiter 33 52 56 60 199 bis 204 221 364 373/374 385 389/390 394/395 401—403 428
- vom Weltmarkt abhängig 44 211
- mittelalterliche 49—53 56/57
- industrielle und nichtindustrielle 61
- Kampf der A. gegen die Kapitalisten 202/203 216 229 297 373 bis 374 385 401—406 429
- einzelner 210
- politische Interessen der A. 216 219 394 401/402 405
- bei Saint-Simon 492 532 535—537
  siehe auch Proletariat

Arbeiterbewegung siehe Kommunismus, Proletariat, Revolution

Arbeitskraft
- Verfügung über fremde A. 29
- massenhaft vom Kapital oder irgendeiner borniertén Befriedigung abgeschnittene A. 33

Arbeitskraft
- auf dem Markt, Preis der A. 405
- eines Individuums 411/412

Arbeitslohn
- bei Stirner 179 199 366 374 382 383 384 385 402 409/410 463
- Abzüge vom A. zugunsten der Bourgeoisie 199 401—403 434
- gleicher A. als angeblicher Kommunismus 215
- Schwankungen des A. 385
- Minimum des A. 384 405 422/423
- gesetzliche Festsetzung des A. 410

Arbeitslosigkeit 33 44 56

Arbeitsteilung
- im internationalen Verkehr 17 44 411
- innerhalb einer Nation 17 29—31 48/49 56 78 194 262 435 461/462 589
- innerhalb der drei Arten der Arbeit 17/18 21 51 59—62 440
- Entwicklungsstufen der A. 18 29 bis 30 62 338 354 385—390 590
- und Stammeigentum 18 404
- und Gemeindeeigentum 18/19
- Weiterentwicklung der A. 18 21 28—31 51/52 59—62 66—68 354 385—390 412
- naturwüchsige 18 27—30 43/44 51 60
- und Feudalismus 21 51—53
- ursprüngliche A. im Geschlechtsakt 28 592
- moderne 28—31 59/60 66/67 75/76 353 370 386—390 412 457 461/462 471 514/515 589—593
- als Trennung der materiellen und geistigen Arbeit 28—30 49 66 411 412 420
- Aufhebung der A. 29 76 396 464 bis 465
- und Distribution 29
- und Interessen 29/30
- Subsumtion unter die A. 29/30 53

655

Arbeitsteilung
67/68 76/77 249 266 297 301 407 419 459—461
— in Indien und Ägypten 37
— innerhalb der herrschenden Klasse 45 53
— als Ausdruck der Allgemeinheit 46
— Folgen der A. 67/68 75—77 353 412 471
— zwischen Stirnerschen Kategorien 112
— und Philosophie 320 378—383 592
— und Staat 352 370 378
— und vorproletarische Revolutionen 396
— in der Kunst 411/412
— und Bildungsverhältnisse der Menschen 411
— und Nützlichkeitstheorie 433/434
— und Gattung 447
— als Voraussetzung persönlicher Verhältnisse 460
— und Wissenschaft 589
Arbeitszeit 294 317 409
Armee
— zusammengelaufene A., ihre Entlassung mit Aufhören der feudalen Gefolgschaften 55/56
— kleine A. der Duodezfürsten 192 bis 193
— und Klassenkampf im Bourgeoisstaat 374/375
— als Mittel des Staatszwangs 510 bis 511
Atom
— bei Demokrit und bei Epikur 133
— bei Hegel 287
— bei den „wahren" Sozialisten 486
Attraktion
— bei Hegel 287
— bei Fourier 548

Babouvismus 208 488
Bankwesen
— Entstehung des B. in der Manufakturperiode 59
— und Bourgeoisstaat 62

Bankwesen
— als Voraussetzung des „Nehmens" des Bankiervermögens 65 400 431/ 432
— und philosophische Kämpfe 80
siehe auch Deutschland, Kredit
Barbarei siehe Gesellschaft
Barbaren
— zerstören alte Zivilisation 19 54
— erobern das römische Reich 19 65
— erobernde B. betreiben den Krieg als regelmäßige Verkehrsform 19
Bauern
— kleine plebejische in Rom 20
— kleine leibeigene 20 55 78/79 408 bis 410 419—422
— als feudaler Stand 21
— Hausindustrie der B. 21 55
— Zersplitterung der B. im Mittelalter und Ohnmacht in der Neuzeit 50/51 193 367
— als mittelalterliche Reservearmee der aufkommenden Manufaktur 55 78/79
— Hörigkeit und Fronlasten der B. 193 364 407—410 419—422
— als aktiv revolutionäre Klasse in Deutschland im 17. und 18. Jahrhundert unmöglich 193
— französische B. in der Revolution 206 530
— als „Gedrückte" bei Stirner 209
— irische 320
— Tiroler 322
— Loskaufung der B. von den Servituten 365
— kleine eigentumslose 365—367
— kleine B. als Eigentümer 425
— fronpflichtige 450
Begriff 15 26/27 29 46 47 73 80 86 92 96 151 153 163—168 177—181 194 207 220 230 234 238 266 275 281 299 322 326 335—337 352/353 376—379 397 451—453 496 515 553 583 589
siehe auch Erkenntnis

656

Belgien
— Lohnkämpfe 375
— Fourierismus 489
— und Karl Grün 519 523/524
Berlin (Berliner, berlinisch) 111 114 148 157 172 176 179/180 182 190 195—198 201—204 208 217 225 228 267 275 305 308 309 313 323 335 340 346 348 356 369 372 374 380 388 403 405 436 456 467 469 495 573
Bestehendes
— philosophische Apologie des B. 40 62 72 76/77 87 192 275 287 299 322 393 395 398 412—417 425 435 bis 439 454 460 593
— „wahrhaft sozialistische" Apologie des B. 498 552 554
— Feuerbachs Lobrede auf das B. 593
Bevölkerung
— Vermehrung der B. 17—20 21 25 28 55 57 441
— Zersplitterung der B. 20 49 51 68 202 367
— Abnahme der B. 20 185
— Teilung der B. in Klassen 49
— Konzentration der B. 49 54
— im Mittelalter 20 21 49 51
— in der Manufakturperiode 51 54 bis 58
— in modernen Ländern 61 74
— Übervölkerung 441
Bewußtsein 9 14—17 23 27—29 33 bis 48 63 71—75 85—88 118/119 125 128/129 147/148 154 181 193 197 212 216 225 238 248 253—255 260/ 261 266 284 286 290 294 296 298 bis 300 303 315 377—381 389—390 394—399 402 430 440 444 452 463 474 482/483 487—489 499 502—504 509—511 550 557 586 589
— religiöses 15 23 147 589
— politisches 15 22—24 27 37 45 85 119 204/205 299 344 358 368 497 589
— juristisches 15 28 368 385 589

Bewußtsein
— moralisches 15 23 28 111 194 214 217 250 252 254 276 289 297—299 343 351 385 388 390 394 399 404 406 413—416 433/434 438—445 459 550 554
— ideologisches 16 23 28 29 40 71 73 87 118/119 125 127 148 154 181 261 266 291 298 300 303 315/316 340 380 390 395 399 440/441 474 482/483 502/503 504 509—511 550 569 586 589
— als Unterscheidungsmerkmal des Menschen von den Tieren 17
— Produktion des B. 22 29 33—49
— und Sein 22/23 27 28 38 39 45 61—62 74 76 88 181 254 267 456
— und Sprache 27 231
— bei Feuerbach 40 238
— kommunistisches 46 71/72 74 212 216 440 487 489/490 498
— bei Hegel 17 149 172 182 586
— redliches Beamtenbewußtsein 194
— Veränderung des B. 35 38 118 254 255 395 444
— kleinbürgerliches 156 194 200 224 232 249 273 286 310 369 383 385 389 395 405 407 410 414 434 438 499
— als Ausgangspunkt der deutschen Philosophie 380 482 550
— bürgerliches 193 206 212 216 228 231 254 290/291 339 388 402 416 427 428/429 589
— individuelles 23 27 35 45 76 85 182 293—297 343 363 440 460 462
— gesellschaftliches 27/28 35 38 72 76 85 119 181 216 248 298 442 483 502/503 511 557 589
siehe auch Denken, Ideologie, Logik
Bildung
— und Eigentumslosigkeit 32 34
— und Eroberung 65
— und Bewußtsein der Revolutionäre 76

Bildung
— Stufe der B. bei jedem Menschen verschieden 76 296 309 493 572
— kleinbürgerliche und bürgerliche 157 182 309/310 439
— Einfluß der B. auf die Produktion 390 553
— literarische 404
— und Arbeitsteilung 411/412
— und Weltverkehr 419 432
— musikalische 463
— Produktion der B. 553

Bourgeoisie
— Entstehung der B. 34 52 56 347 354
— Eroberung der Macht durch die B. 45 46 220 354 429 481
— Aufstieg von Proletariern in die B. 46/47
— absorbiert alle besitzenden Klassen 53 220
— große 57
— internationalisiert die Klassenverhältnisse 60
— organisiert sich national 61 499
— Klasse als Produkt der B. 77
— Gegensatz zum Proletariat 78 199/200 201 374 498
— Ideologie der B. 177 178 229 238 428—435 439/440
— Ohnmacht der deutschen B. 192 bis 196
— Gegensatz zu den kleinen Grundeigentümern 367
— und Staat 373 375 396
— gemeinsame Interessen mit dem Proletariat 492
  siehe auch Adel, Grundbesitzer, Industrielle, Kapitalisten, Kaufleute, Proletariat, Staatsform

Bürger siehe Kleinbürgertum, Staatsbürger

Bürokratie 194 226 345 385 440 441

Chartismus 206 216 403 481 485 bis 487 494 497 520 522 525 530 550/551

China
— und der Weltmarkt 44
— bei Hegel 160 162
— bei Stirner 161 162 166 281 370 383 441
  siehe auch Deutschland

Christentum siehe Religion

Dasein siehe Existenz

Demokratie
— ihr Kampf mit der Aristokratie und Monarchie 31
— Zwiespalt der Interessen in der D. 31
— und Souveränität des Einzelnen 343
— als Repräsentativstaat 365

Denken
— und materielles Verhalten 22 23 45/46 266/267 297 583/584
— bei Hegel 48 87 148 456 569 586
— bei Aristoteles und bei den „wahren" Sozialisten 134/135 511
— dialektisches 191 569
— abstraktes 251 267 584
— reflektierendes 249 267 268 277 315
— als Genuß und Bedürfnis 267/268 296 297

Deutschland 9 13/14 25/26 37 39 44 48 64 75 99/100 179 182 188 192 bis 196 214 232 311/312 365 367 371 372 387 484 494/495 497—499 503 520 524 573 577
— Deutsche 10 24 27 28 37 41 44 75 108 116 195 199 323 383 464 485 bis 490 496—499 521 547 560 561
— Bauern 192 322 364 403
— Bauernkriege 55 192
— Bürger 14 100 119 193 198 200/201 218 220 309 369 416
— Geschichte seit der Reformation 192—196
— Geschichtsschreibung 22/23 26 37 39 43 48 279 310 495 517—569
— Handel 193 518
— historische Rechtsschule 322

Deutschland
— Ideologen (Theoretiker, Kirchenväter) 13 31 34 38 40 47 87/88 94 99 100 102 103 108/109 119 128 134 148 156 172 178 187 188 194 196 200 224 233 235 237 255 275 302 319 343 360 370/371 466—471 477 482 490 494—498 505 520 521 556
— Ideologie (Theorie) 25 99/100 236 477 482
— Industrie 75 193 310 518
— Kleinbürger 108 194—199 239 245 249 255 279 313 317 319 323 365 369 388 407 416 431 452 483 484
— Kritik 15/16 30 35 38 43 80 83 91 93/94 95—104 107 108 134 192 bis 198 208 233 236—241 243 262 bis 264 282 286—288 299 333 353 360 378 389 392 422 448/449 454 466 476 512/513 521 523/524 540/541 546—551
— Kritiker 14 34 38 91 96 100—103 138 476/477
— Leipziger Konzil der Deutschkatholiken 79
— Kosmopolitismus 39 154 192 483 499
— napoleonische Eroberung 44 195
— Nationalismus 38 39 162 192 482 485 495 499 513 520
— Philosophen 9 13—16 24 31 36 bis 43 47 64 70 77 85—88 121 123/124 136 168 169 191 214 238 290 330 393—395 454 460 470 474 483 524
— Philosophie (Spekulation) 9 15 16 22 37 39/40 47 84/85 95 96 100/101 123 124 137 151 158 168 170 182 183 212 235—237 249 262 265 271 279 282 290 305 307 320 381 391 398 423—426 442—445 466 471—474 482/483 485—515 519 523 546 550 591—593
— Preußen 211 340 345 350 364 372 390 421 573
— Preußische Seehandlung 390

Deutschland
— Proletariat 75 203 216 308 483 489 498 524
— Publikum 9 275 330 446 470 481 573
— Rhein 27
— Tugendbündler 195
— Zollverein
 siehe auch China, Ideologen
Dialektik 191 212/213 214 237 238 257 261 264 272 283/284 368 370 569 584 592
 siehe auch Erkenntnis
Distribution
— und Eigentum 29 78 204 215 403
— der Arbeit 29 41 67 71
— der Gedanken 45
— der Gewalt bei Saint-Simon 532
Egoismus
— Stirnerscher E. 93 108/109 122 124 150 169 176 186—190 209 244 bis 246 247—251 252/253 254/255 256—258 264 265 268 270—274 276/277 288—300 304—308 316 318—321 333 342—349 355 367 400 431 435 443 452 457 471 495
— wirklicher 169 245—248 251 252 bis 256 273 291 327 339 431 452 460 470 583
 siehe auch Ideologie
Ehe
— bürgerliche 177 349 417
— Saint-Simons E. 528
— Aufhebung der E. 548
 siehe auch Familie
Eigentum (Besitz)
— als wirkliche Kategorie 18—21 29 32 34 49—55 61—72 78 177 186 187 197 204—208 219 228—233 291 330 361—372 375/376 378 bis 382 390 399 406 414 418 424—426 497—499 514 531 564 568 576 579 590
— Gemeinde- und Staatseigentum 18 bis 21 33/34 61/62 372 378/379 382/383 590

42*

Eigentum (Besitz)
— Grundeigentum 19 21 32 49 61 66 78 139 185 192 204 363—367 381 406 408 410 414 418 432 590
— industrielles 21 33 43 49—67 178 310 364/365 389 400 547 590
— Privateigentum 18 19 20 25 29 34 49 53—70 204—209 215 229 bis 232 256 291 327 338 350 361 bis 363 368—386 425 497—499 548 572 575
— Stammeigentum 18 20 61 378 408
— ständisches 20/21 52—55 61 208
— bei den Ökonomen 29 32 67/68 230 422
— bei Stirner 80 115/116 124 139 175 187 198 204 228—234 242—244 263 291 299—305 311 360—363 365 368 370/371 372—374 375 bis 383 392 408 410 418 422 425/426 442 449 459
— bei Hegel 172 206
— bei Destutt de Tracy 229
siehe auch Feudalität, Stammwesen, Stand
Eisenbahnen 80 154 310/311 369 bis 371 377 413
siehe auch Technik
Empirie 16 22 23 29 32 34 44 48 74 119 120 121 127 129 132 138 148 154 168 173 177 197 202 234 237 238 250 253 266 268 280 285 286 294 309 311 312/313 327 330 335 340 366 368 460 481 578
Energie
— der Individuen 59 73 200 457 527 573
— des Proletariats 70
— göttliche E. als Lebensideal des Aristoteles 130
England siehe Großbritannien
Entdeckungen 16 44 56 250
Erfindungen 44 54 154 310
siehe auch Technik
Erkenntnis (Erklärung) 15 16 35 38 40 41 48 54 65 74 87 92 107 118

119 128 134 137 141 143 145 147 148 154—157 160 170 172 173 176 179 186 191 199—201 206 221 223 231—238 247 248 252 267 269 286 299 315 316 322 325 326 328 329 336 339
siehe auch Begriff, Dialektik, Ideologie
Eroberung
— militärische 18—20 54 65/66 75 185 192 386 390 407
— der politischen Macht 31 46 59 193 429
Erwerb (Akkaparement, Aufkauf) 19 57 61 69 79 194 206 207 218 365 366 372 374—376 390 399 426 442
— bei Stirner 117 187 240 301 426 442
— privater E. bei Hegel 171/172
Erziehung 296—299 390 391
— bei Fourier 548
— bei den Materialisten 583
— der Erzieher 584
Existenz (Dasein)
— menschliche 16/17 24—27 32 40 bis 43 68 294 447 456 461 547
— illusorische 26 29 38 62 74 75 bis 77 124 167 187 232 268 270 286 336 350 451 456 551 566
— wirkliche 27 30 74 196 200 231 268 294 336 340 343 350 367 398 451 456 461 494 548 551
— für sich und für andere 124 168 173 178 202 228 269 271 287 291 294 335 336 343 349 398 433 456 572
— „an sich" 551
Präexistenz
— der Lebensbedingungen für die Individuen 16
— des materiellen gegenüber dem ideellen Zusammenhang der Menschen untereinander 26
— der Materie gegenüber dem „Geist" 27

Existenz (Dasein)
— gesellschaftlicher Verhältnisse gegenüber dem Bewußtsein 27
— vorausgesetzte P. der Natur gegenüber der Geschichte unterstellt Betrachtung des Menschen als von der der Natur unterschieden 43
— der Klasse gegenüber den Individuen bei Stirner 76/77 372
— des Begriffs der Materie gegenüber der Materie bei B. Bauer 93
— der schöpferischen Kategorien bei Hegel 93
— eines massenhaften Lumpenproletariats gegenüber dem modernen Proletariat 200
— der Kategorien bei den „wahren" Sozialisten 507
— der Ideen im gewöhnlichen Bewußtsein 589
siehe auch Sein

Existenzbedingungen
— kleiner und großer Industrie 66 bis 77
— der Individuen unter großer Industrie und Privateigentum 67 77 79
— der Individuen unter großer Industrie und Kommunismus 67/68 76/77 79 367
— der Klassenindividuen 76 229 340 440 504—508 589
— der Arbeit ist die Zersplitterung 67
— der städtischen Bürger 78
— der Proletarier 79
— der Leibeigenen 79
— der Sklaverei im Altertum 153
— des kleinen kommerziellen und industriellen Betrugs 383

Exploitationstheorie
— Stirners 199—202 223—226 276 305 427—435 438 459
— Helvétius' und Holbachs 428—432
— wirklicher Inhalt der E. 431—434

Exploitationstheorie
— bei den Physiokraten 432/433
— in England 431—433
— Vereinigung der E. mit der Ökonomie 432—434
— und Kritik der bestehenden Welt 433/434

Expropriation
— der Exproprianteure 205 217
— des feudalen Grundeigentums in der Französischen Revolution 206
— Stirnersche 366 370 381 400 403 425
— des Großgrundbesitzes durch die eigentumslosen Bauern 366
— kapitalistische 370 380/381

Familie
— unterm Stammeigentum 18 30
— und naturwüchsige Arbeitsteilung 18 26 29 67
— ursprünglich einziges soziales Verhältnis 25 29 33 66
— Begriff der F. 25 177 178
— Begriff der F. bei den Wilden und bei den Nomaden 247
— Eltern und Kinder 25 111 208 377 446
— Auflösung der F. 26 72 129 178 387 584
— Trennung der Gesellschaft in einzelne F. 29 30 33 101 243
— und Eigentum 29 178 407
— bürgerliche 33 129 178 370
— im 18. Jahrhundert 178
— und Recht 377
siehe auch Ehe

Feudalität 19 20/21 53 57 61 66 75 78 192 219 221 322 353 377 430 bis 434 436 438 501 589 596
— Gefolgschaften 20/21 56
— Leibeigenschaft 21 49/50 78/79 219 223 309 315 390 393
— Taglöhnerpöbel 21 50
— Hörigkeit 57 192 510
— Plünderung 57

Feudalität siehe auch Adel, Eigentum, Gesellschaft, Produktionsweisen, Zunft
Fourierismus 436/437 489 513 548 bis 556
— Attraktion bei Fourier 287 549 576
— Serien Fouriers 548/549
Frankreich 13 32 39 44 46 54 58 60 64 74 108 136 170 175 178 192 bis 202 206 216 220 225 232 233 317 330 343—350 359 364—369 372 396 403 412 429—433 440 441 448 468 481/482 485—489 494 499 505 509 514 520—530 545 550 556 561—564 565—569 583 587
— Franzosen 25 37 158 232 432 433 438 464 481 485 486 489 497 499 510 520 521 524 550
— Adel 46 63/64 192 220 221 347 353 359 438 529 563/564
— Aufstände 201 219 232 563
— Bauern 54 202 347 364 412 530
— bourbonische Restauration 359 360 438 529
— Bourgeois 108 195 198 199 202 211/212 233 345 358 364 389 390 430 489 556 564
— Bourgeoisie 46 192 194 345 429 bis 432 481
— Genußphilosophie 441/442
— Geschichtschreibung 25 38 136 412
— Gesetzgebung 200 347 350·358
— Grundeigentum 32 364
— Hungersnot von 1775. 564
— Jacquerie 202
— Julirevolution 195 539
— Kolonialmacht 158 499 520
— Literatur 178 200
— Manufaktur 54 58
— Naturwissenschaft 59 136
— Paris 98 115 129 199 202 226 232 411 432 488 519 524 529 563 566
— Parlamente 345 564
— Philosophie 39 430—434 489
— politische Ökonomie 136

Frankreich
— politische Parteien 522
— Recht 64 330
— römische und fränkische Eroberung 75
— Sozialismus 178 485 497 509 521 523 530
— Sprache 448
— Staat 39 198 211 358 372
siehe auch Fourierismus, Französische Revolution, Proletariat, Saint-Simonismus
Französische Revolution 1789—1794 13 44 47 59 148 170—173 175/176 178 180 182 192 194—198 205 206 317 346 348 364 366 396 421 429 432 527 546 550 566 583 587
— als Entstehungsgeschichte des modernen Staats 47 59 175—178 192 194/195 221 432 549/550 583 587
— und freie Konkurrenz 59 209 549
— bei Hegel 148 170 172
— Girondins 175
— règne de la terreur (Montagnards) 175/176 194 348 366
— Thermidoriens 175
— Menschenrechte 175 197 206 208 bis 209 334—338 422 564 587
— und Abschaffung der Familie 178
— Sansculottes 205 347
— Konstitution von 1793. 421/422
— und Nützlichkeitstheorie 433
— und Genußphilosophie 438
— und Saint-Simon 526/527
— und Fourier 545/546
— Konstitution von 1792. 587
siehe auch Frankreich, Terrorismus
Freiheit 76 108 175 242 243 276 283 284 308—314 316—323 343 388 420 421 423 425 453 458 461 462 486 587
— der Arbeit 203
— bei Hegel 313
— Handelsfreiheit 322
— der individuellen Entwicklung 388 411 419 423 424 462 587

Freiheit
— und politische Organisation 419 462
— als Menschenrecht 587
Fürsten 20 21 56 64 115 116 173 192 195 198 345 383

Gattung 14 34 43 76 89 291 372 446 bis 449 472 486 585

Gegenständlichkeit (Dinglichkeit) 30 67 68 75 78 332 353 389—391 414 460 583

Geist 34 37 40 47/48 58 80 82 83 99 112 113/114 117 119 122/123 129 131 137 138 140—154 164—177 182 184 186 187/188 190 242 258 264 292 293 295 374 430 431 444 482 494 574 575 591
— absoluter 138
— „reiner" 37 142
— heiliger 83 113 114 137 145 151 153 165 292 374 574 575
— bei den Stoikern 131
— christlicher 144 148
— bei Hegel 148 151 164 170—174 182 191 430
— bei Feuerbach 591
siehe auch Ideologie

Geistlichkeit
— als feudaler Stand 20 219
— und Montagnards 175
— als Grundeigentümer 219
— und Sklaverei 315
— indische 469/470 572—580
siehe auch Ideologen, Ideologie, Religion

Geld 52 56 57—59 67 71 178 200 202 210 220 231 253 280 291 301 bis 304 320 332 365 375 382 387 388 392 394 414—417 422/423 426 429 463 464 496/497 519 556
— Papiergeld (Wertzeichen) 59 188 417
— als Zirkulationsmittel 304 414 bis 420
— Geldkrisen 414—416

Geld
— als Maß der Werte 414 463
— als Münze 417
Genuß 29 34 49 70 77 177 217 220 268 332 439—447 468 487 491 493 513 514/515 551 554 576—579
Germanen 20 61 65 185 211 353 377 378 398 407 448
— Heerverfassung 20 66
— Stammeigentum 61 378 407
— Eroberung 66 185 407
— Vandalen 158 409
— Recht 353 377
— germanische Sprachen 448
siehe auch Barbaren
Geschichtsauffassung
— kommunistische 19 22/23 24 35 43 44 72 75 173 250
— deutsch-philosophische 22 33 34 bis 37 41 42—49 76 77/78 99/100 120/121 124/125 151 159 163/164 166 169/170 172 175 188 255 312 bis 313 340 398 448 506
— ideologische 22/23 33 35—38 43 bis 48 76 78 99 121 124 151 159 164 165 170 173 174/175 188 255 312/313 340 397 448 506
— empiristische 24 33 76
Geschichtschreibung 16 22 25 26 37 bis 39 43/44 46 48 279 410—413 495 496 517—569
Gesellschaft
— menschliche 15 505 509
— Entwicklungsstufen der G. 17 18 19 25/26 27 32—36 46 49 52 54 58—61 66—69 70/71 74 75 78 153 187 196 219 231 310 338 353 364 367 368/369 389 407 431 447/448 453 460 511 512 547 552/553 587 590 591
— Gesellschaftsgliederung 18 34 44 70
— Barbarei 18 49 54 65/66 252 406 407/408
— Zivilisation 18 49 67 159/160 178 307 309 353 399 404 587

663

Gesellschaft
— bürgerliche 26 30 33 35 61 64 70 78 178 203 207 253 262 289 298 299 326 353 360 366 370 374 377 388 393 413 420 429—433 436 437 438 439 440/441 452 453 462 506 507 509 511 524 548 551 575 580 584 585 587 589
— Wildheit 25/26 309 407 491
— kommunistische 31 212 217 218 230 412 462
— feudale 52 53 63 78/79 173 377 430 433 438 589
— römische 327
— französische 438 524
  siehe auch Feudalität

Gesetz (Naturgesetz)
— „ewiges" G. von der Teilung der Gewalten 45
— der ungleichmäßigen ökonomischen Entwicklung 58 59 61 73 bis 74
— der Natur 290/291 466
— des Denkens 290
— kommerzielle 401 410 420

Gesetzgebung
— römische 20 64 135 327 378
— Abhängigkeit der G. von den Produktionsverhältnissen 22 63/64 221 338—340 350 377/378 379—381 440 589
— der Zunft 55
— Prohibitionen 56—58
— über Gold- und Silberausfuhr im Mittelalter 57
— über Schiffahrt und Kolonialmonopole in der Manufakturperiode 58
— und Recht 63 336 338—341 589
— und Bourgeois 177/178 220 221 bis 222 291 338/339 589
— englische 200 202 366 380
— französische 200 202 345 346 350 377
— gegen die Arbeiter 202 410
— als Ausdruck der Gesamtinteressen der herrschenden Klasse 222 339 440

Gesetzgebung
— Geschichte der G. 341
— preußische 350
— consuetudines feudorum 354
— leges barbarorum 353
— ursprüngliche 377
  siehe auch Handel

Gewalt
— als angeblich treibende Kraft der Geschichte 19 37 331 334 369 401 425 511
— Raubmord 19
— und Handel 20
— Raub 20 66 355
— polizeilich-militärische 20 49—51 157 199 287 291 342 355—357 372 374
— sachliche G. des Produkts über den Produzenten 30 34 76 78 248 265 353 414
— öffentliche 30 45 49 50 62 64 76 100 116 156 175 194 198 199 222 250 291 339 342 354 355 356 360 367—373 375 377 379 383 418 511
— als Kampfmittel der Arbeiter gegen die Bourgeoisie 202 206
— und Recht 331 334 377 418 587
— Strafe 348—350 353 354
— und Eigentum 368
— angebliche Absorption der G. durch den Staat gegenüber der herrschenden Klasse 369
— und Solidarität 376
— absolute väterliche 377
— organisierte Repulsion der G. durch G. 378
— richterliche G. und das Recht 418 587
— bei Saint-Simon 532
— gesetzgebende und exekutive 587
  siehe auch ökonomische Entwicklung

Gleichheit
— als Reflexionsbestimmung 271 463 509/510
— als Menschenrecht 209 336 587

Gleichheit
— juristische 336 564
— und Konkurrenz 388/389 390
— der Interessen und Bedürfnisse 438 463/464
— als Losung der Masse der Menschheit bei Saint-Simon 532
Gold 56—59
Gott 38 39 80 108 109 113/114 124 143/144 151/152 153 154 201 235 bis 237 242 247 291 398 502
Griechenland 20 558
— Philosophie 127 129 136
— Griechen 129 132—136
— Athen 182
— Republiken 159
  siehe auch Altertum
Großbritannien
— England 32 44 54 56 58—60 64 75/76 85 193 195 202 203 208 330 334 375 380 383 417 431 432 469 482 489 499 564
— Engländer 25 37 41 199 390 436 464 481 489 499 525
— Adel 192 366
— Anti-Corn-Law League 49 334
— Bank of England 431
— Bauernaufstände 202 394
— Bourgeois 108 192 195 199 211 375 431 481
— und Deutschland 194
— East-India-Company 386
— evil may-day 202
— Exploitationstheorie 432
— Friedensrichter 208
— Geldzirkulation 417
— Geschichtschreibung 25 37 136
— Gesetzgebung 64 200 202 208 380
— Grundeigentum 32 85 139 334 364
— Handel 25 59 431
— Industrie 25 42 59 75 192 203 389 432
— industrielle Revolution 202/203 432 439
— Kolonien 56 57 58 526
— Konstitution 208 482

Großbritannien
— Korngesetze 85 334 366
— Literatur 200
— London 115 198
— Magna Charta 366
— Manchester 42 198 389
— Manufaktur 54—60 431
— Mechanik im 18. Jahrhundert 54
— Opiumkrieg 161
— Oregonfrage 84
— Philosophie 168 191 431/432 433
— politische Ökonomie 32 67 136 432 433 558
— Proletarier 119 202 203 373 374 bis 375 403 481
— Recht 64 330
— Revolution von 1640 und von 1688 60 429
— sächsische und normännische Eroberung 74/75
— Seeherrschaft 58 431 499
— Sozialisten 178
— Staat 340 373 374
— Staatsschulden 340 375
— Tories 482
— Schottland 139
— Wales 364
  siehe auch Chartismus, China, Indien, Kommunismus
Grundbesitzer 229 364 367 381 403 404
  siehe auch Bourgeoisie
Grundrente 64 229 230 231 288 334 364 434

Handel 290 291 372 387 392
— Tauschhandel 18
— Seehandel 19 58 63 386 431
— Einfuhr und Ausfuhr 19 56 60
— antiker 19 54
— der mittelalterlichen Städte 21 52 53 364
— und Industrie 21 33 59—61 63/64 198 375
— Geschichte des H. 25
— Austausch 26 32 41/42 50 52 56 66 231 402 460 551

Handel
— Welthandel 31—34 154 193 354 372
— Kauf und Verkauf 50 57 374 391 402/403 412 427
— und Politik 56—58 372
— und Manufaktur 56—58 59
— kapitalistischer 56—60 153 198/199 291 310 354 386 545/546
— krämerhafter 59 193 383 437
— Spekulation 59 156 280/281 375 432 527/528
— Wucher 59 564
— Handelsfreiheit 59 321 323
— Handelskrisen 108
— und Religion 290
— Entwicklungsstufen des H. 364
  siehe auch Gesetzgebung, Recht, Verkehr, Zirkulation
Handwerk 21 50 51 52 60 78
  siehe auch Zunft
Handwerker 22 50 51 52 59 217 489 571 575 578 579
  siehe auch Stand, Zunft
Harmonie
— bei Feuerbach 40/41
— bei den Stoikern 131
— bei Kant 192
— bei den „wahren" Sozialisten 500—502 505 511/512
Hauswirtschaft 26
Hegemonie
— des industriellen Proletariats in der Arbeiterbewegung 61 367
— der Aktiengesellschaften in Handel und Industrie 386
Heilige Allianz 375
Hierarchie
— mittelalterliche 20/21 173
— bei Stirner 47 123 124 155 169—183 220 222 228 248 326 352 363 471
— bei Hegel 171 172—174 327
— theokratische 227 540 576
— bei den Saint-Simonisten 539
— der exekutiven Gewalt und die politische Zentralisation im modernen Staat 587
Holland 193 372 375 389 431 527
Ideal 33 70 130 144 248 263 273 287 298 311 312 440 454 511
Idealismus
— in der Geschichtsauffassung 23 bis 25 34—39 42—48 92 343 440
— Feuerbachs 42
— bei B. Bauer und Hegel 92
— als abstrakte Kategorie 120—127 136 164 191 242 278
— und Materialismus 338 583
— naturwissenschaftlicher 505
— religiöser 572
— bösartige praktische Eigenschaften des I. 573
— und Wirklichkeit 580
  siehe auch Ideologie
Idee
— als spekulative Kategorie 47 64 85 120/121 124 168/169 176 178 181 188 195 255/256 288 299 395 455 471/472 579/580
— Produktion der I. 22 35 44/45 64 181 255/256 299 395 471 482 489 494 573 589
— fixe I. als Kategorie Stirners 123 154 258 324 347 349 353 360 397 439 443 446 464
— absolute 168 502
— liberale 532
— religiöse I. Saint-Simons 539
— und Praxis 573
— des Rechts 589
— des Staats 589
Ideologen 16 30 34 38 44—48 74 76/77 78 85 124 154 168 172 174 181 195 196 229 319 338 352 360 363 368 382/383 440/441 470 474 483 490 497 500 572 589
— religiöse 28 123 174/175 219 316 357 552 571—580 589
— Juristen 48 65 230 338 341 364

368 370 377 382 383 389 410 418 424 569 589
— Politiker 48 341 364 368 377
siehe auch Deutschland, Geistlichkeit, Kunst, Literatur, Religion, Wissenschaft

Ideologie 13 14 22—25 28 43—49 54 60 70 90 91 154 172 177 182 194 196 232 238 250 259 276 285 286 292 295 299 307 310 319 339 340 353 358 360 363 367/368 372 376 377 387 394—396 441 446 452 456 460 472 474 481—484 486 487 495 498/499 550 551 589

siehe auch Idealismus, Kunst, Literatur, Religion, Theologie, Wissenschaft

Indien 37 44 56 192 386 526/527

Industrie
— unter dem antiken Gemeindeeigentum 19
— im sinkenden römischen Reich 20
— im Mittelalter 21
— bäuerliche Hausindustrie 21 54 193
— Geschichte der I. 25/26 27 41/42 63 65/66 365 368 375 385/386
— Wirkungen der I. 42 60 67/68 310
— und Natur 42
— und Naturwissenschaften 42
— und Kommunismus 44 219
— große 54 60/61 62 66 67 178 192 198/199 219 401 433 535/536 545 554/555
— in der Manufakturperiode 56—61 364
— ungleichmäßige Entwicklung der I. 61 75 193 310
— kleine 66/67 68
— extraktive 67 593
siehe auch Arbeit, Handwerk, Manufaktur, Produktion

Industrielle 21 59
— bei Saint-Simon 535—537
siehe auch Bourgeoisie, Kapitalisten

industrielle Revolution 202/203 432 439

Industrialismus
— Föderativwesen und exekutive Gewalt 587

Irland 320 364 380

Italien 19 54 185 407
— Campagna di Roma 42
— pontinische Sümpfe 42
— Amalfi 63
— Neapel 75
— Handelsrepubliken 375
— Florenz und Venedig 411
— Italiener 436
siehe auch Rom

Juden 52 138 178 213 383 583

Juristen siehe Ideologen

Kapital 21 33 36 43 49 51/52 57 58—60 64/65 66 178 310 364 402 546 590
siehe auch Arbeit

Kapitalisten
— römische 42 135
— Manufacturiers 57
— moderne 61 78 225/226 229 374 402 428
— bei Saint-Simon 492 536
siehe auch Arbeiter, Bourgeoisie, Grundbesitzer, Industrielle, Kaufleute, Proletariat

Kategorien
— Hegelsche 14 15 35 40 86 92 96 103 215
— philosophische 15 35/36 40 85 97 115 116 120 124/125 139/140 172 191 215 242 244 260 267 278 285 305 308 309 311 324/325 347 348/349 422 430 457 472 474 506 509
— Feuerbachsche 125

Kaufleute 21 50 52 55 56—59 177 204 383 416
siehe auch Handwerker, Industrielle, Kapitalisten

Kinder 25 29 178 208 210 336 373 391 436 446 593
— als Stirnersche Kategorie 110 117/118 120 124 129 137 148 156 158 165 168 179 187/188 190 242 245 321/322 332/333 338
— Kinderarbeit 210 593

Klasse
— und Staat 21/22 62 63 198 201 339 359 369 371 372 375 377 381 587
— durch die Teilung der Arbeit bedingt 30
— und ihre Ideologie 44—46 147 186/187 299 439/440 441 452 472 481 482 589
— revolutionäre K. tritt als Vertreterin der ganzen Gesellschaft auf 46 177 221 295
— und Stand 63 77/78 193 439
— existiert nur im Klassenkampf 53
— und Individuum 53/54 70 76 248 295 353/354 372 459
— und Freiheit 76/77 453/454
— als Produkt der Bourgeoisie 78
— und ihr juristischer Ausdruck 338 353/354 376—378 589
siehe auch Adel, Bauern, Bourgeoisie, Ideologie, Klassenkampf, Kleinbürgertum, Produktionsweisen, Proletariat

Klassenkampf
— als Grundlage der politischen Kämpfe 31 71/72 75 76
— wird immer radikaler 47 453—455
— zwischen Feudaladel und Bourgeoisie 20/21 45 53 78/79 173 175/176 317 322 355 396 431—434 439 587
— zwischen Feudaladel und Bauern 202 219
— zwischen Kleinbürgertum und Bourgeoisie 57 60
— zwischen Bourgeoisie und Proletariat 53 61 71/72 201/202 212/213 216 218 294 359 374 382 396 405 434 439 498

Kleinbürgertum 53 57 59 78/79 192 218 239 348 373 383 407 414—416 425 430 483/484
— Gegensatz des K. zur großen Bourgeoisie 57
— Ideologie des deutschen K. 108 119 156 198 201 202 216 218 225 230/231 237/238 239 249 259 266/267 268 273 280 286/287 309 310 313 322/323 369 371 374 385 386 388 389 395 406 410 414—416 418/419 425/426 431 435 437 452 464 469 496 499

Kolonien 58 75 316 526 552 564
Kolonisation 56 431
Kommunikation (Verbindung) 28 51/52 53 54 55 60 61 74 194 310/311 367 386 390

Kommunismus
— kommunistische Revolution 31 34/35 36 43 70 71 72 76 79 212 295 297 396 457 461 462 580 584 585
— als sozialökonomische Formation 30 47 72 212 217/218 447 461/462 485 498 564 578
— als Klassenbewegung des Proletariats 33/34 40 71/72 94 200 203—232 250 279 297/298 332 333 367 368 406 412 439 481—484 485—490 494 497 498 519 521/522 556 571 575
— utopischer 36/37 217 225—228 233/234 481—484 485—490 494 497 519 556/557
siehe auch Kontrolle, Parteien, Revolution, Sozialismus

Konkurrenz
— gebundene 20 50 53 55/56 57 58
— freie 31 47 53 54 59 62 64 67 75 78 154 178 195 197 198 203 206 208 256 294 310 339 355 364 365 370 374 382—392 410 411 430 433 450

460 464 490 511 514 536 544 551 554 564
Konstitution 175 196 358 396/397 421/422 481 587
Konsumtion 18 29 58 544 550—555
   siehe auch Genuß, Nachfrage
Kontrolle, gesellschaftliche 30 34 61 77 297 445 446 448
   siehe auch Kommunismus
Konzentration 18 49 54 57 59 193 222 365 448
Kredit 62 290 372 416
   siehe auch Bankwesen
Krieg 18 44 50 54 56 58 62 185 202 501 552
   siehe auch Gewalt
Krisen 108 413 415 498 554
   siehe auch Distribution, Geld, Handel, Produktion, Zirkulation
Kunst (Kunstwerke) 62 80 171 404 405 410/411 412 444 445/446 580
   siehe auch Ideologen, Ideologie, Literatur, Sprache

Land
— Gegensatz zur Stadt 17 19 20 21 26 49 60 367 389/390 419
— im Altertum 18 19 49
— im Mittelalter 20 21 48 49 51/52 55
— in der Manufakturperiode 56 58
— im Kapitalismus 60 366/367 390 400 419
   siehe auch Bauern, Eigentum, Grundbesitzer
Ländereien 17 18 64/65 366/367 406
— Ackerland 19 56 66 139
— Viehweiden 19 42 55 139
   siehe auch Grundrente, Landwirtschaft
Landwirtschaft siehe Ackerbau, Eigentum, Ländereien, Parzellierung, Viehzucht
Leben
— menschliches, gesellschaftliches 16 22—30 34—38 42/43 68/69 72 77/78 130 181 249 250 266/267 293/294 296/297 315 318 338 340 367 387/388 460 462 471 482 502 504 505/506 508 550 554/555 590
— Produktion und Reproduktion des L. 24—27 28 34/35 38 42 68/69 72/73 181 367
— abstraktes 68 267
— und Selbstbetätigung 70 462
— persönliches und zufälliges 72—74 78 267/268 276
— spekulatives 118 148 181 187 268 276 388 442 471 474 502 508
— Ideal des L. bei den Stoikern 130/131
— privates 377 505/506
— bewußtloses 315 504
— „Anschauung" des L. 438/439 460
— Norm des L. für die beherrschte Klasse 440
— Basis des L. bei den „wahren" Sozialisten 504
   siehe auch Existenz, Sein
Lebensäußerung 17 212/213 224/225 254 267 409 420 440 471 506 513
Lebensbedingung 16 36 40 42 43 52/53 54 78 79 80 249 266 291 294 339/340 439 440 510
Lebensmittel 17 24 30 38 68 88 258 259 391 501
Lebensprozeß 22—24 268 590
Leib, menschlicher 27 35 143 264 267 294 296/297 314 315 391 419 445 447 454 460 577—579
Leibeigenschaft siehe Feudalität
Liberalismus 99/100 192 193—200 206 233/234 243 308 322 358 481
   siehe auch Deutschland, Frankreich, Sozialismus
Literatur
— junghegelsche 25 38/39 237 467 481 494/495 496/497 525 543/544 545 546
— politisch-ökonomische 63 156 200 310 322 330/331 343/344 382 bis

384 428—434 481—484 488 489 524/525 568/569
— schöne 178 309 336 404/405 411 427 444/445 467 483 495 517 bis 519
— proletarische 208 481/482 488 489
— als Geschäft 265 372 411 483 553
— der Aufklärung 430—433 438
— kommunistische 481—483 488/489 494 524 555—568 569
— als Geschäft 265 372 411 483 553 557 569

siehe auch Ideologen, Ideologie, Kunst, Sprache

Logik 86 109 111 112 131 141 203 bis 218 222—224 229 242 243 268 274—286 289—312 318 322 326 bis 331 335 352 353 360 380 392 451 454 513

siehe auch Denken, Dialektik, Erkenntnis

Lokalität 32 38 49 52 54 61 62 66 74 119 182 192 195 267/268 322 366 380 385 390 411 412 419 431

siehe auch Nationalität

Mann 25 29 242 350 592

siehe auch Weib

Manufaktur 54—62 193 386 431 590

siehe auch Produktionsweisen, Zunft

Markt 54
— Weltmarkt 33 34 57—60 210 310 390 404

Maschinerie siehe Technik

Masse (Majorität) 31/32 33 37 39 46 58 68—72 173 175 221 263 332 404 412 453 457
— Bauersche 80 86 99 454

Materialismus 40 43 92 136 236 237 314 327 338 445 583—590 591
— bei Feuerbach 43 236/237 583 bis 591
— bei Hegel 327
— mechanischer 445 583/584 591

Materie 27 92 487 488

siehe auch Geist

Mathematik 150 277 548/549

siehe auch Wissenschaft

Menschheit 26 32 108 109 162 448 510 585

Mittelalter 20/21 49—54 62 63 137 149 167 169 171 175 200 219 355 366 386 453—455 495
— Völkerwanderung 20 65 185 407 bis 408

siehe auch Feudalität

Monopol 58 59 208

siehe auch Eigentum, Gesetzgebung

Moral 22 23 28 35 60 111 178 194 214 217 249 251 254 277 289 292 297—299 328 330 343 349 351 368 372 385 388 391 394 395 398 404 406 414—416 427—434 439—440 442 489 492 545 554 589 591

Mystifikation 14 22 34 48 474 502 bis 504 513 522 556 572 579 585 593

Nachfrage 33 55 59 386 401 404 410 411 420 544 551 553

siehe auch Konsumtion

Nahrung 24 301 391 501 502 555
— Kartoffelkrankheit von 1845/46 80
— Kartoffeln 210 320

Nationen 17 29 33 39 44 49 54 56 57 59 60 65 74 173 192 355 412 431 440 448 464 490 497 499

Nationalismus 499 520

Nationalität 34 44 61 71 182 412 447 457 499 520 524 587

Natur 28 35 36 40—43 66 85 92 104 131 184—186 258/259 291 318 460 493 500—513 591
— Naturkräfte 26 60 66 442 501
— und Geschichte 27/28 35/36 37 41 42/43 503—507 510 513

siehe auch Wissenschaft

Naturgesetze 291 465 574

siehe auch Gesetz

Naturwissenschaft siehe Wissenschaft

Naturwüchsigkeit 18 19 28 29 31 44 52 59 60 67 74 75 358 377 387 446 488

Not (Notdurft) 27 32 56 218 453

ökonomische Entwicklung 100 193 195/196 198—203 222/223 263 bis 267 413 417/418 424 430—435 439/ 440 447 461/462 536/537 544 568

Ostindische Kompanie siehe Großbritannien

Partei
— kommunistische 39/40 484 494 522
— proletarische 482
— und Parteichef 489 490
— und Unparteilichkeit 490
— sozialistische 522
— demokratische 522
— politische P. im modernen Staat 587
  siehe auch Französische Revolution 1789—1794, Kommunismus

Parzellierung 21 32 138 193 364 367 407 409
  siehe auch Bauern, Eigentum

Pauperismus
— antiker 19/20 128/129 186 187
— mittelalterlicher 21 199/200
— als Lage des ruinierten Proletariats 200 372/373
— in England und Irland 380
— und Malthus 380
— und Locke 558

Person 27 68 71 78 133 181 183 221 248 263 387—392 571
— ungeschichtliche 39 47/48 89 108 109 112 129 162/163 175 204 239 242 297 299 318 319 368 388 389/390 397/398
— moralische 370 393 406
— bei Hegel 287
— grammatische 468
— identische 472
— und Zweck der P. 571

Persönlichkeit 78/79 86 218 229 237 238 339 391 394 528

Philosophen
— Sophisten 129 139
— Stoiker 130—135 182
— Epikuräer 130—135
— Neuakademiker 130
— Skeptiker 130 133 135
— Aufklärer 130 428 430
— Neuplatoniker 131 135 557
— mittelalterliche 139 557/558
— Cyrenaiker 438
— Genußphilosophen 437—440
— Deisten 523
— Sensualisten 523
— Spiritualisten 571/572
  siehe auch Deutschland, England, Ideologen

Politik siehe Gewalt, Französische Revolution 1789—1794, Ideologen, Ideologie, Krieg, Revolution, Staat

politische Ökonomie 29 33 67 136 198—201 203 230 231 232 381 382—384 402 405—418 422/423 429 430—435 514 536/537 543 544 551—555 568
— Physiokratismus 197 429 433 564

Praxis siehe Arbeit, Tätigkeit, Theorie

Preis 291 373/374 386 401 404 410 507
  siehe auch Arbeitslohn, Geld, Ware, Wert

Preußen siehe Deutschland

Privateigentum siehe Eigentum

Privatrecht siehe Recht, Gesetzgebung

Privileg siehe Recht

Produktion (Erzeugung)
— des Bewußtseins 14 22 28/29 33—48 70 85 129 153 154 177 179 338/339 439 440
— materielle 16—79 85 181 202 249 310 367/368 377/378 414 440 453—455 491 494 550—556
— Reproduktion 17 202 552
— Überproduktion siehe Krisen
  siehe auch Arbeit, Geschichte, Ge-

671

sellschaft, Französische Revolution 1789—1794, Industrie, Kontrolle, Revolution, Staat, Zirkulation, Zufuhr

Produktionsinstrument 66 68 69 366
  siehe auch Technik

Produktionskosten 139 310 386 401 417 552

Produktionsmittel 19 44/45 50

Produktionsverhältnisse (Verkehrsformen) 17—79 147 155 173 181 187 194 196 198 201 207 212 251 298 338 339 368 376 377/378 385 386 400 412/413 414 430 432 436 438 460 462 546 554/555

Produktionsweisen (-stufen) 17—79 178 181 192—194 231 248 337 338 364 368 381 385—387 407 410 bis 416 431 433 440 454 460—462 553

— Patriarchalismus 18 25 51 56 160 194 404 430

— Sklaverei 18—20 29 61 153 510
  siehe auch Feudalität, Industrie, Klasse, Manufaktur, Revolution, Sklaven, Stand, Technik, Verkehr

Produktionszweige 54 55 96 389

Produktivkraft 17—79 153 209 231 294 298 311 339 368 396 432 440 454 460—462 590

Profit 229—231 310 334 364 402 435

Prohibition siehe Gesetzgebung

Proletariat
— Lumpenproletariat 19 199/200 237
— weltgeschichtliche Existenz des P. 32/33 34
— Bewußtsein des P. 38 332 489
— muß die Klassenherrschaft aufheben 40 47 70—72 76—79 212 216 218 295 367
— als Produkt des Kapitalismus 53 61 383
— verändert sich selbst in seiner revolutionären Tätigkeit 71/72 213 457 584

Proletariat
— Familie für das P. aufgelöst 178 387
— Organisation des P. 202/203 386/387 481
— und Individualität 231
— Kinderreichtum des P. 373
— Gegensatz zur Bourgeoisie 381 439 454 459 498 535/536
— gemeinsame Interessen des P. mit der Bourgeoisie 492
  siehe auch Arbeiter, Klasse, Kommunismus

Propaganda
— kommunistische 213 294 297 332 488 489
— kleinbürgerliche 386 400/401 481 bis 484

Prostitution 210

Rasse 74 446

Reaktion (politische) 232 322 358 364 523 555 578

Recht 15 62—66 74 77 138/139 153 175 206 209 243 265 300 304 323—341 353 355/356 367—382 407 418 421 423 432 533 549 564 568 587 589 596
— Vertrag 18 65 133 418 421
— Wahlrecht 31 380 587
— Privileg 57 208 336 438 459/460 579
— Besitzrecht 62 64 65 206 208 330 376 418 578
— römisches 62 64 340 377—380
— Privatrecht 63/64 208 327/328 330 339
— jus utendi et abutendi 64 443
— Strafrecht 339 347 350 351/352
— Faustrecht 353
— jus talionis 353
— Erbrecht 376 377 378 407 422 536 543
  siehe auch Gesetz, Gewalt, Französische Revolution 1789—1794,

Handel, Ideologen, Ideologie, Verkehr
Reformation 192 558
siehe auch Deutschland, Religion Theologie
Reichtum 32 34 128 232 283 284 375 556
Religion 15/16 22 23 27 28 29 35 bis 39 60 64 89 131 134 137 152 154 168 203 208 236 290 291 300 328 422—426 430 438 520 524 539 541 550 572 583—589
— Christentum 16 122 128 129 136 138 147 175 185—188 213 218 219 243 258 259 310 311 320 398 474 477 545 558
— Geistlichkeit 21 28 174/175 219 316 553
— Naturreligion 27/28 148
— Kirche 166 170 189
— Protestantismus 123 125 148 166 bis 169 171 592 593
— Katholizismus 123 124 148 166 bis 170 171 173 592
— Buddhismus 166
— Papst 173
— Congregatio de propaganda fide 213
siehe auch Geistlichkeit, Reformation, Theologie
Reproduktion siehe Produktion, Produktionsverhältnisse
Revolution (Umwälzung)
— philosophische 13 392—396
— in den politischen Eigentums- und Produktionsverhältnissen 36 43 59/60 339 387 392—397 440 453
— kommunistische 31 34 36 43 70 71 76 79 212 295 298 396 457 461 462 579 584 585

Aufstände
— mittelalterliche 51 202 219
— der katalonischen Arbeiter (im Juli 1845) 219
— der Neger von Haiti (1843—1847) 316

Revolution (Umwälzung)
— der Korsikaner 393
— Hungerrevolte in Frankreich (1775) 564
siehe auch Französische Revolution 1789—1794, Großbritannien, Kommunismus, Rußland
Revolutionäre
— in Stirners Vorstellung 395—397
— Verhältnis der R. zur bürgerlichen Gesellschaft 587
Rohstoff (Material) 18 43 58 67 443 552
siehe auch Technik
Rom 19 20 65 158 327/328 371 378 406/407 411 557
— Römer 62 63 132 134 185 557
— und Barbaren 19 20 65 406—408
— Eigentum 19 62 63 371 378
— Plebejer 19 371
— Bürgerkriege 20
— licinisches Ackergesetz 20
— Kapitalisten 42 135
— Campagna di Roma 42
— Recht 64 340 377
— Gesetzgebung 128/129
— Sklavenkrieg 219
siehe auch Altertum, Italien
Rußland
— Russen 159 499 580
— als Staat der Heiligen Allianz 375
— Leibeigenenaufstände 393

Saint-Simonismus 232 498 513 525 bis 548 575 592
siehe auch Frankreich
Schottland siehe Großbritannien
Schweiz 488 575 578
Sein 22 40/41 92 218 253 254 266 302 456 593
— und Bewußtsein 22 253 254 266
— und Wesen 40/41
siehe auch Existenz
Selbstbewußtsein 14 36 37 41 44 48 79 80 83—85 96 103 147 154 243 371 503 586

Sinnlichkeit 24 26 40—43 89 90 174 583—585 586
Sitten 65 156 436—440
Sklaven 18—20 29 135 153 187 208 220 314—318 450 453
Sklavenbesitzer 314—317
 siehe auch Produktionsweisen
Sozialismus 178 289 308 439 485 486 490 495 509 519 521 523 537 547 576
— „wahrer" 208 232 389 481—580
— religiöser 576
— reaktionärer 578
 siehe auch Kommunismus
Spontaneität
— der Beseitigung von Schranken in der Einbildung des deutschen Kleinbürgers 319
— der Beseitigung des Staates 395
Sprache
— als praktisches Bewußtsein 27 470—472 474
— als verbindendes Element 30
— Barbaren nehmen antike S. an 65
— als Voraussetzung des Sprechens 143
— in der Bourgeoisgesellschaft 231 280 299 309 429 439
— und Produktionsverhältnisse 377
— in der Adelsgesellschaft 439
— Nationalsprache und Dialekte 448
— in der kommunistischen Gesellschaft 447
 siehe auch Bewußtsein, Kunst, Literatur
Staat 15 21 31 33/34 35 37 40 49 53 57 62—66 74 75 76 116 133 170—172 179 192—203 208—212 243 279 284 287—289 291 300 339—341 344 345 347 352 353 358/359 360 367—382 383—385 388 390 392 394 397 418—422 424 457 506 512 537/538 564 583 587 589
— Repräsentativstaat 359 587
 siehe auch Ideologie, Klasse

Staatsbürger 18/19 196 214 369 511
 siehe auch Bürger
Staatsform
— monarchische 21/22 193 194 195 221 322 345 359 430 431 438 501 573 589
— demokratische 31 343 359/360 587
— und Klassenkampf 71/72 216
— republikanische 76/77 175 198 359 374
Staatsschuld 59 62 340 375
Stadt
— Gegensatz zum Land 17—21 49 50 60 367 389/390 419
— im Altertum 18 20 49 52 62 185
— mittelalterliche 21 48—55 57 63
— Erbauung der S. 25/26
— und Politik 49
— in der Manufakturperiode 54—59
— kapitalistische 60 61 178 367 400
— und kommunistische Bewegung 61 367
— reichsunmittelbare deutsche 193 409
 siehe auch Bevölkerung, Industrie, Kommunismus, Land
Stammwesen 18 28 30 33 49 62/63 66 74 78 153 407/408
 siehe auch Eigentum, Familie, Germanen, Produktionsweisen
Stand 18 20/21 52 62 72 77 78 79 193 208 211 221 279 439
 siehe auch Eigentum, Ideologen, Kleinbürgertum, Produktionsweisen, Recht
Steuern 49 62 199 432
— lokale S. in England und Irland 380
— auf die notwendigsten Lebensbedürfnisse 543
Strafe siehe Gewalt
Tauschwert siehe Wert
Technik
— Instrumente 18 25 51 52 68 193
— Dampfheizung 26

Technik
— Gasbeleuchtung 26
— Wasserleitung 26
— des Häuserbaus 25/26
— Maschinerie 26 42 43 55 60 71 193 209/210 220/221 230 386 410 593
— Spinnrad 42 193
— Webstuhl 42 193 398
— Eisenbahnen 154 310/311 413
— Hacke und Pflug 210
— künstlerische 411
— Dampfmühlen 552
— Windmühlen 552
— Wassermühlen 552
 siehe auch Eisenbahnen, Erfindungen, Industrie, Kunst, Produktionsinstrument

Terrorismus 176 307 347/348 522
 siehe auch Französische Revolution 1789—1794

Theologie 15 25 28 83 87 103 154/155 172 182 187 236 368 592 593
 siehe auch Ideologie, Religion

Tiere 17 27 40 138 156 319 377 446 464 490 500/501 551

Überbau (Superstruktur) 34
 siehe auch Ideologie

Verbrechen 323 336 340 346—358
— Raubmord 19
— Raub 65 355
— Diebstahl 354/355 399 400 424 bis 425

Vereinigte Staaten von Amerika
— vollendetstes Beispiel des modernen Staats 63 212 359
— als modernes Kolonisationsprodukt 74/75
— Yankees 74 119 160 208 427 464 525
— Börse von New York 198
— Arbeiter 216 374 494
— Eisenbahnen 311

Vereinigte Staaten von Amerika
— Nationalreformer 494
— deutsche Industriewaren in den V. St. 518
— sozialdemokratische Schule 520
 siehe auch Amerika, Bourgeois, Bourgeoisie, Individuen, Kolonisation, Proletariat

Verkehr 17—79 173 201 207 231 235 243 248 251 278 298 310 354 366—369 379 381 388 391 400 404/405 408 411 413 414 428—434 439 454 458—465 591 592
— Weltverkehr 32 47 54 61 195 268 386 419 438 462
— Schiffahrt 58 364 413
 siehe auch Eisenbahnen, Handel, Produktion, Produktionsweisen, Produktivkraft

Verkehrsmittel 60 61 310 366 413
 siehe auch Kommunikation

Viehzucht 18 30 62 163
 siehe auch Ackerbau, Ländereien

Voraussetzungslosigkeit 23 24 237 268—272 456 486

Ware 50 374 386 388 413 414—416 426 554 589
— Depreziation der W. gegenüber dem Geld 414/415
 siehe auch Wert

Weberei 54 398
 siehe auch Technik

Weib 25 29 91 242 350 532/533 592
 siehe auch Mann

Wert 179 231 291 402 430 577—579
— Gebrauchswert 230
— Tauschwert 230 292 414/415 417 554
 siehe auch Geld, Preis, Ware

Wildheit siehe Gesellschaft

Wille 31 49 63 64 177 178 192 194 195 213 248 266 297 319 320 337—341 342—346 360 390 407 418 431 433 462/463
 siehe auch Willkür

675

Willkür 22 49 64 77 128 129 222 260 284 285 339/340 344/345 386 401 407 482 556
 siehe auch Gesetzgebung, Wille
Wissenschaft 23 37 60 131 171 237 403 404 410—413 429 433 464 481 482 485 493 495 519 520 528 531 537 538 589 592
— Geologie 16 493 506
— Naturwissenschaft 41 60 131 184—186 188 315 439 442—444 489 500/501 589
— Chemie 42 133 184 443
— Physik 42 131 133 184 443
— Mechanik 60
— Zoologie 446
Wohnung 24—26 51
Zentralisation 60 310 587
Zirkulation 52 55 56 59 60 113 115

Zirkulation
— Tauschmittel 304 413 414 417
 siehe auch Handel, Verkehr
Zivilisation siehe Gesellschaft
Zölle 57 60
— Schutzzölle 56 57—60 80 195 321
Zufall 28 40 54 333
Zufälligkeit 65 66 70 72 73 76—79 391 454 461
Zufuhr 32 386 401 410 420 544 551—553
 siehe auch Handel, Nachfrage, Produktion
Zunft 21 50 51 53—57 61 221 385
— Gesellen 21 51 56
— Lehrlinge 21 51
— Meister 21 51 56
 siehe auch Arbeit, Deutschland, Feudalität, Handwerk, Handwerker, Mittelalter

Erklärung der Fremdwörter, der fremdsprachigen und seltenen Ausdrücke

Abnormität Regelwidrigkeit; Naturwidrigkeit
absolvieren lossprechen; erledigen; ableisten
absorbieren einsaugen, aufsaugen; gänzlich in Anspruch nehmen
Abstraktum allgemeiner Begriff, der durch Absehen vom Besonderen eines Gegenstandes und Aussonderung seiner wesentlichen Merkmale gebildet wurde
absurd unvernünftig, unsinnig; albern
Adagio langsames Musikstück
adäquat angemessen, übereinstimmend, entsprechend
Administration Verwaltung, Verwaltungsbehörde
adoptieren annehmen
adulterieren verfälschen; ehebrechen
Affektion Erregung; Zuneigung
affizieren angreifen, bewegen
Aggregatzustand der feste, flüssige oder gasförmige Zustand eines Stoffes
Ägide Schild; Schutz, Obhut, Leitung
Agiotage Börsenspekulation, die Preisschwankungen von Geldsorten, Wertpapieren und Waren ausnutzt und oftmals die Kurse zu beeinflussen versucht
Agioteur Börsenspekulant
Akkord Übereinstimmung; Zusammenklang mehrerer Töne verschiedener Höhe

Akteur handelnde Person (in einer politischen Aktion), Schauspieler
Akzent Betonung, Nachdruck
Akzidens äußerlich Hinzukommendes; Zufälliges; unwesentliche Eigenschaft
alias auch ... genannt; eigentlich ...
Alimentation Gewährung von Lebensunterhalt
Allegorie sinnbildliche Darstellung von unanschaulichen Begriffen
alterieren verändern; erregen, aufregen; ärgern
Anachronismus den Zeitläufen nicht Entsprechendes; Zeitwidrigkeit
analog ähnlich, entsprechend
anno im Jahre
antediluvianisch vorsintflutlich
Anthropologie Lehre, die sich mit der Entstehung und Entwicklung des Menschen, der Völker und ihrer Kulturen befaßt
Antipode auf dem entgegengesetzten Standpunkt stehender Mensch; Gegner, Widersacher
antiquiert veraltet
Antistrophe Gegenstrophe; zweiter Teil im Aufbau eines Gedichts, Umwendung der gewöhnlichen Konstruktion
Antizipation Vorwegnahme; vorgefaßte Meinung, die auf abstrakten Überlegungen beruht und die Erfahrungen ignoriert

677

Aphasie Verzicht auf Aussagen über Dinge, von denen man nichts Genaues weiß

Apokalyptiker Verfasser einer religiösen Schrift, die eine Deutung des Weltlaufs und eine Offenbarung des Weltendes zum Inhalt hat

Apologie Verteidigung; Rechtfertigung gegenüber Angriffen

Apostrophe dichterische, feierliche Anrede auch an abwesende Personen oder leblose Dinge

Apotheose Vergötterung; Erhebung eines Menschen zur Gottheit

applizieren anwenden; auch beibringen; verabreichen; (Farben) auftragen

Apposition Beisatz, erklärender Zusatz; Hauptwort, das ein anderes Hauptwort näher bezeichnet

approfondieren erforschen, ergründen, untersuchen

a priori von vornherein; angeblich ohne erfahrungsmäßige Grundlage gegeben, aus dem bloßen Denken stammend

Aquädukt Brücke, auf der in Rohren, Rinnen oder Kanälen Wasser über Täler und Schluchten geleitet wird; altrömische Wasserleitung

Äquivalent Gegenwert, gleichwertiger Ersatz, Entschädigung, Ausgleich

Arabeske rankenförmiges Ornament; Verzierung, Schnörkel

Askese Selbstüberwindung, Entsagung; Bußübung; enthaltsame Lebensweise

Aspekt Ansicht, Anblick, Gesichtspunkt, Blickrichtung

Assekuranz-Kompanie Versicherungsgesellschaft

Assertion bestimmte Behauptung, Versicherung; Feststellung

assortieren (Waren) nach Arten ordnen und vervollständigen; passend zusammenstellen

Assoziation Vereinigung, Genossenschaft; Organisation

Asteroiden = *Planetoiden* kleine Planeten, von denen bis jetzt etwa 4000 beobachtet wurden und die sich vorwiegend zwischen der Mars- und der Jupiterbahn bewegen

Ataraxie Gleichmut, Seelenruhe, Unerschrockenheit, Unerschütterlichkeit

Atheismus wissenschaftlich begründete Verneinung der Religion, des Glaubens an Wunder, an eine jenseitige Welt usw.

Attraktion Anziehung, Anziehungskraft, Anziehungspunkt

Attribut (wesentliches) Merkmal; bleibende Eigenschaft; Kennzeichen eines Dinges

Auditorium Hörsaal, Zuhörerschaft

Augiasstall Bezeichnung für verrottete Zustände — nach dem völlig verschmutzten, von Herkules gereinigten Rinderstall des altgriechischen Königs ~

den Augiasstall reinigen eine mühevolle und unangenehme Arbeit verrichten

Auspizien (unter jemandes) Oberleitung; schützende Obhut

Axiom grundlegender Leitsatz, der keines Beweises bedarf; unumstößliche, einleuchtende Tatsache

Babouvismus Lehre des französischen utopischen Kommunisten Babeuf

biliös gallig; zornig

bizarr seltsam, ungewöhnlich; launenhaft

Bombast Redeschwulst, Wortschwall

Bonhomie Gutmütigkeit, Biederkeit, Einfalt

Bonhomme gutmütiger, einfältiger Mensch

borniert beschränkt, begrenzt. Im vorl. Bd.: lokal beschränkt, unentwickelt

bramarbasieren prahlen, aufschneiden, großtun

brouillieren in Verwirrung bringen; entzweien, verunreinigen

burlesk derbkomisch, possenhaft

Cajus lat. Name, der in der theoretischen Logik als Beispiel für ein beliebiges menschliches Individuum steht. Z. B: Alle Menschen sind sterblich. Cajus ist ein Mensch. Folglich ist Cajus sterblich

Camera obscura dunkle Kammer, Lochkamera, ein in seiner Längsausdehnung veränderlicher dunkler Raum, auf dessen Rückwand (z. B. Mattscheibe) die durch ein Loch oder eine Linse einfallenden Strahlen das umgekehrte Bild eines Gegenstandes erzeugen; Grundbestandteil jedes Photoapparates

Cancan aus Algier stammender ungezügelter Modetanz im 19. Jahrhundert

chargieren übertreiben, ins Lächerliche ziehen; eine Rolle überdeutlich oder übertrieben gestalten

Charte Verfassungsurkunde, Staatsgrundgesetz

Charlatanerie Marktschreierei, Aufschneiderei, Betrügerei; Quacksalberei, Kurpfuscherei

christianisieren für das Christentum gewinnen (durch Missionstätigkeit)

Christologie kirchlich-dogmatische Lehre von Christus

Chronologie Zeitrechnungskunde, Zeitrechnungsforschung; Zeitfolge

Chrysalide goldglänzende Schmetterlingspuppe

contra (ent)gegen, wider

Coup Streich; Kunstgriff

Crédit = Kredit rechte Seite des Buchführungskontos (Habenseite); Guthaben

dato heute

Debet linke Seite eines Buchführungskontos (Sollseite); Schuld, Verbindlichkeit

debonnär gutmütig, sanft(mütig), nachsichtig

debütieren zum ersten Male öffentlich auftreten

dedizieren widmen, zueignen; stiften, schenken

Deduktion Herleitung des Besonderen aus dem Allgemeinen, Denkweg vom Allgemeinen zum Besonderen; Beweis

Deismus religiöse Anschauung der Aufklärung, die einen Gott als Weltschöpfer anerkennt, ihm aber das Einwirken auf den Weltlauf abspricht; Vernunftreligion

Dekomposition Zerlegung, Auflösung in die Bestandteile; allgemeiner Verfall, Erschöpfung, Auflösung

dekretieren verordnen, anordnen, eine Verfügung erlassen

delektieren sich sich ergötzen, sich gütlich tun, sich laben

depreziieren = depretiieren gering schätzen; entwerten, im Preis herabsetzen

Despekt Geringschätzung, Verachtung

Destruktion Zerstörung, Verwüstung, gänzlicher Verfall

detachieren entsenden; absondern; (für besondere Aufgaben) abordnen

devot ergeben; andächtig; unterwürfig, gefügig
Devouement (Devoûment) Ergebenheit; Aufopferung; Hingebung
Diatribe belehrender Vortrag; gelehrte Abhandlung; Streit- und Schmähschrift
disparat ungleichartig; unvereinbar, widersprechend
Disposition Anordnung, Plan; Verfügung
Disputation Meinungsaustausch; wissenschaftliches Streitgespräch
Dissonanz Unstimmigkeit, Mißklang
Distinktion Unterscheidung, Unterscheidungszeichen (deutliche Vorstellung des Unterschieds verwandter Begriffe)
Distribution Verteilung, Austeilung
Dithyrambos ursprünglich griechisches Festlied auf den Gott Dionysos; im übertragenen Sinne: schwärmerisches Loblied, überschwengliche Lobrede
ditto = dito dasselbe, besagt dasselbe
Diversion Abwendung, Ablenkung (veränderte Richtung); unerwarteter Angriff von der Seite oder im Rücken
Doktrin starre Lehrmeinung, die auf die Wirklichkeit keine Rücksicht nimmt
Doyen Ältester, Rangältester und Wortführer
düpieren foppen; betrügen, täuschen
Duodezfürst Herrscher eines Zwergstaates
Dynamik die Wissenschaft von den bewegenden Kräften (Triebkräften)

Edikt Erlaß, Verordnung, öffentliche Bekanntmachung
Effort Anstrengung, Kraftäußerung; Bemühung, Streben, Versuch
eklatant offenkundig, auffallend, glänzend
eklatieren losbrechen; zerspringen; zum Ausbruch kommen
Ekloge Hirtengedicht
Elegie Trauer- und Klagegesang; wehmütiges Lied
Emanation Ausfluß, Ausstrahlung (in religiöser und spät-antiker philosophischer Vorstellung: aus einem höheren Wesen hervorgehende Erscheinung)
Emeute Empörung, Aufruhr, Aufstand
Emphase Nachdruck; Redeschwall
en bloc im ganzen, in Bausch und Bogen
ennuyieren langweilen, lästig fallen, ärgern
Ensemble Ganzes, Gesamtheit; Zusammengehöriges, Zusammenspiel
Enzyklopädie Gesamtwissenskunde; zusammenfassende Darstellung des gesamten praktischen und theoretischen Wissens überhaupt oder eines besonderen Gebietes in lexikalischer Form
enzyklopädisch allgemeinwissenschaftlich, allumfassend
Epigramm Sinn- oder Spottgedicht; geistvoller, oft satirischer Zweizeiler
Episode Einschaltung; Beiwerk; Zwischenspiel
Epode lyrisches Gedicht aus abwechselnd langen und kurzen Strophen
Eskamotage Taschenspielerei, Spitzbüberei
eskamotieren heimlich verschwinden lassen, wegzaubern
esoterisch nur für Eingeweihte bestimmt und verständlich, geheim
etc. = et cetera und so weiter
Ethnograph Völkerkundler (auf dem Gebiet der beschreibenden Völkerkunde)

Etymologie Wortforschung; Lehre von der Ableitung und Herkunft der Wörter
Euthymie Gemüts-, Seelenruhe, Heiterkeit
evident augenscheinlich, offenkundig
exekutieren ausführen, vollziehen
Exerzitien Übungen
Exit (Exitus) Ausgang, Abgang; Ende; Tod
Exklamation Ausruf
exklusiv sich abschließend, sich absondernd; unnahbar
Exkrement Ausscheidungsstoff, Kot
Exkurs gelehrte Abhandlung; einer Abhandlung beigefügte kürzere Ausarbeitung; Anhang
exoterisch für weitere Kreise bestimmt und verständlich, volkstümlich
Expektoration Herzensergießung, Gefühlserguß
Explikation Auslegung, Erläuterung, Erklärung
Exploitation Ausbeutung, Ausnutzung
Exposition Darlegung, Auslegung, Erklärung, Einführung
Expropriation Enteignung
Exzeß Ausschreitung, Ausschweifung, Unmäßigkeit; Gewalttätigkeit

Falsum falsche Angabe; Fälschung, Betrug
Famulus Diener, Gehilfe (eines Gelehrten)
fanfaronieren aufschneiden, prahlen, großsprechen
figurieren erscheinen, auftreten, darstellen; Lückenbüßer sein
Fiktion der Wirklichkeit nicht entsprechende Annahme, die zu einem bestimmten theoretischen oder praktischen wissenschaftlichen Zweck gemacht wird

Fiskus landesherrliche Einkünfte, Staatsvermögen; auch der Staat als Träger von Verbindlichkeiten und Forderungen im öffentlichen und privatrechtlichen Sinne
flanieren umherschlendern, bummeln
forcieren (er)zwingen, übertreiben;
forciert gezwungen, übertrieben
Formation Gestaltung, Gliederung; Bildung; Form
frappieren auffallen, in die Augen fallen, stutzig machen, überraschen
Fixität Bestimmtheit, das Feststehen, Beständigkeit
Fronkote Hütte des leibeigenen Bauern

Galimathias Wortverdrehung, unverständliches, verworrenes Geschwätz, verworrenes Gerede
galvanisieren auf elektrolytischem Wege mit Metall überziehen
Galvanismus Auftreten elektrischer Spannung zwischen verschiedenen in eine Flüssigkeit tauchenden Metallen; Metallreiz auf Nerven und Muskeln
Genesis Ursprung, Erzeugung, Schöpfung, Entwicklung; biblische Schöpfungsgeschichte im 1. Buch Mosis
Girondola Feuerrad beim Feuerwerk; Feuersonne
Gladiatoren römische Sklaven, die bei Zirkusspielen auf Leben und Tod kämpfen mußten
Gnostiker spekulative Schwärmer, die sich einer höheren, verborgenen (Er)kenntnis rühmten; Offenbarungskundige
Gog und Magog barbarische Nordvölker (in der Offenbarung Johannis 20,8)
Grande Mitglied des spanischen hohen Adels

grassieren um sich greifen, sich ausbreiten

Grisette (Pariser) Putzmacherin, Näherin; in entwürdigendem Sinne auch gebraucht für: junges, leichtfertiges Mädchen

Guillotine Fallbeil, Hinrichtungsgerät

Häretiker Ketzer; Irrgläubiger, der abweicht vom kirchlichen Dogma

Hedone (Hedonismus) altgriechische Lebensauffassung, nach der das Genießen als Motiv und Ziel des Handelns, als höchstes Gut gilt; Luststreben

Hegemonie Vormachtstellung, Vorherrschaft, Führung

Helot Staatssklave im alten Sparta, besonders zu Ackerbau und Kriegsdienst gezwungen

Heros (Heroe) Halbgott; göttergleicher Held

Hetäre (griechisch: Gefährtin) altgriechische Bezeichnung für die oft (im Gegensatz zur griechischen Ehefrau) hochgebildete Dirne

heterogen ungleichartig, verschiedenartig, entgegengesetzt

Heteronomie Abhängigkeit von fremden Gesetzen, Herrschaft fremder Gesetze

Hidalgo Angehöriger des spanischen niederen Adels

Hierarchie Priesterherrschaft, strenge Rangordnung der (geistlichen) Gewalten; Gesamtheit der Priester, der Geistlichen

Humanismus Menschlichkeit, Achtung der menschlichen Würde und Sorge um den Menschen

Hydrographie Zweig der Erdkunde, der sich mit dem Wasser auf der Erdoberfläche (Meeren, Flüssen und Seen) befaßt

Hyle Stoff, Urstoff, Materie, das Körperliche in der Natur; auch Bezeichnung für den „Stein der Weisen"

Hypochondrie Trübsinn, Wehleidigkeit, krankhafte Schwermut

Hypothese Voraussetzung; noch unbewiesene als Hilfsmittel der wissenschaftlichen Erkenntnis benutzte Annahme; Vermutung

ibid. = *ibidem* ebenda, ebendort

i. e. = *id est* das ist, heißt, bedeutet

Ignoranz Unwissenheit, Beschränktheit

ignorieren absichtlich nicht beachten, unberücksichtigt oder unbeachtet lassen, übergehen, übersehen, nicht wissen

Imagination (dichterische) Einbildung, Einbildungskraft, (irrige) Vorstellung

immobil nicht beweglich, unbeweglich

impertinent ungehörig, unverschämt, frech, unausstehlich

implizieren mit einschließen; in sich enthalten, in sich begreifen

industriös betriebsam, geschäftig

Infusorien Aufgußtierchen

Ingenium Geistesanlage; Begabung, Talent, Genie

inhärent innewohnend, nicht selbständig existierend; anhaftend

inkarniert verkörpert; fleischgeworden

Inkorporation Einverleibung; Aufnahme in eine Körperschaft (Gesellschaft, Verbindung)

Inkulpat Beschuldigter, Angeklagter

insinuieren beibringen, zu-, einflüstern

Inspiration (göttliche) Eingebung, Einflüsterung; Beeinflussung, Anregung

instruieren vorschreiben, Verhaltungsmaßregeln geben, anweisen; belehren, unterrichten
Insurrektion Empörung, Erhebung, (bewaffneter) Aufstand
Intermezzo (meist) heiteres Zwischenspiel, lustiger Zwischenfall
Interpretation Auslegung eines Textes; Ausdeutung, Erläuterung
Irruption (feindlicher) Einfall

Janitscharenmusik türkische Militärmusik mit Becken, Triangel und Schellenbaum (eine besonders lärmende Musik) und ihre europäische Nachahmung bis ins 19. Jahrhundert (z. B. in Mozarts „Entführung aus dem Serail")
Jeremiade Gejammere; Klagelied (nach dem biblischen Propheten Jeremias)
juste-milieu wörtlich: richtige Mitte; Scheu vor entschiedener Stellungnahme; Schlagwort für das lavierende Regierungssystem Louis-Philippes von Frankreich

kabalieren Ränke schmieden, intrigieren
Kadenz Akkordfolge mit Schlußwirkung; in Instrumentalkonzerten unbegleitetes Phantasieren des Solisten über die Hauptthemen
Kaleidoskop optisches Gerät zur Erzeugung wechselnder farbiger, regelmäßiger Ornamente durch mehrfache Spiegelung farbiger Glasstücke (wird beim Entwerfen von Mustern benutzt)
kaleidoskopisch ständig bunt wechselnd
Kanonisation Heiligsprechung, feierliche Aufnahme in den Kanon (Liste der Heiligen in der katholischen Kirche)
Kapaun = Kapphahn kastrierter, meist gemästeter Hahn

Kapitularien das hergebrachte Volksrecht fortbildende und es ergänzende Verordnungen der fränkischen Könige (nach ihrer Einteilung in Kapitel)
Kasuistik (oft spitzfindige) Anwendung von Moralsätzen auf Gewissenszweifel; Spitzfindigkeit, Wortverdreherei, Haarspalterei
katechisieren durch Frage und Antwort unterweisen, belehren; ausfragen
Kategorie Gruppe oder Klasse, in die etwas eingeordnet wird; allgemeinste Begriffsform, mit deren Hilfe der Mensch seine Erfahrungen ordnet
Kausalnexus ursächlicher Zusammenhang; Verknüpfung von Ursache und Wirkung
Kirgiskaisaken Völkerschaften in Mittelasien
Klassizität Mustergültigkeit; Meisterschaft
Klient von einem Rechtsanwalt Beratener oder Vertretener
Kodex Gesetzbuch, -sammlung; Handschriftensammlung
koexistieren zu gleicher Zeit und am gleichen Ort vorhanden sein
Kohäsion Zusammenhalt; Zusammenhangskraft zwischen gleichartigen Molekülen
Kollektion Sammlung; Mustersammlung (von Waren); Auswahl
kollidieren sich überschneiden, zusammenstoßen, gegeneinanderwirken
Kombination Verknüpfung (von Gedanken, Folgerungen), Herstellung von Beziehungen; vergleichende Berechnung; Vermutung
Komedon = Mitesser verstopfte Hautschleimdrüse
Komment Gesamtheit früherer studentischer Lebensregeln und Um-

gangsformen; Sitte, Brauch, Vorschrift

Kommune Gemeinde; mit bestimmten Freiheiten versehenes Gemeinwesen im Mittelalter

Kommunikation Verbindung, Zusammenhang; (freier) Zugang; Verkehr

kompakt dicht, fest (zusammenhängend), fest gefügt

Kompilation durch (unschöpferisches) Zusammentragen aus anderen Werken entstandene Schrift; Zusammenstoppelung

Kompression das Zusammendrücken (z. B. von Adern); das Zusammenpressen, Verdichten von Gasen oder Dämpfen

konfrontieren zur Klärung von Widersprüchen in den Aussagen (vor Gericht) gegenüberstellen, prüfend vergleichen

Konglomerat Gemenge, Gemisch aus verschiedenen Dingen

Kongregation katholische ordensähnliche Vereinigung mit einfachen Gelübden

Konjektur Vermutung; mutmaßlich richtige Lesart eines Textes; darauf begründete Berichtigung oder Ergänzung eines Textes

Konjunktion Bindewort, das Sätze oder Satzteile beiordnet

Konklusion Schluß(folgerung), Schlußsatz

Konservateur jemand, der am Alten festhält und den Fortschritt hemmt

Konsistenz Beschaffenheit eines Stoffes hinsichtlich des Zusammenhangs seiner Teilchen (z. B. teigartige Konsistenz); Beständigkeit, Zähigkeit

Konskription Aushebung zum Kriegsdienst, die Loskauf oder Stellvertretung zuläßt; Aufzeichnung

Konstellation Stellung; das Zusammentreffen von Umständen; Lage (der Dinge)

Konstituante verfassunggebende Versammlung

Kontemplation (in sich gekehrte) Betrachtung, Beschaulichkeit; (untätiges) Sichversenken (in Übersinnliches)

Konterbande zollgesetzwidrige Ein-, Aus- oder Durchfuhr von Waren und diese Waren selbst

kontrahieren übereinkommen, etwas vereinbaren, einen Vertrag schließen

Kontroverse Streit, Streitfrage, -sache; (gelehrte, wissenschaftliche) Auseinandersetzung

Kontumaz Versäumung eines gerichtlichen Verhandlungstermins durch eine Prozeßpartei

Konvenienz Bequemlichkeit, Rücksicht auf Umstände und Verhältnisse

konvenieren passen, zusagen, annehmbar sein, bequem sein

konzedieren zugeben, zugestehen, gestatten, bewilligen

konzeptiv begriffsbildend, geistig hervorbringend

Konzil Versammlung von geistlichen Würdenträgern zur Regelung gesamtkirchlicher Angelegenheiten

Kopula Satzband; Hilfszeitwort als Verbindung des Satzgegenstands mit der Satzaussage

Korollar (selbständiger) Zusatz, Ergänzung; Folgesatz (im Anschluß an einen Beweis)

Korporation Körperschaft, juristische Person; Innung, Berufsverband

Kosmopolitismus seit dem Altertum eine Denkweise, die den Menschen vornehmlich als Glied der Menschheit und nicht einer Nation betrachtet; heute wird der „heuchlerische, bürgerliche Kosmopolitismus" (Marx) von den Imperialisten ausgenutzt zu ihren Versuchen, die nationale Unabhängigkeit der Völker zu zerstören

Kreatur Wesen, Geschöpf, verächtlicher Mensch; willenloses Werkzeug

Kretin Schwachsinniger, Trottel; körperlicher und geistiger Krüppel

Kriminalkodex Strafgesetzbuch

kristallinisch aus kleinsten Kristallen bestehend, die sich beim Übergang vieler Stoffe aus dem flüssigen oder gasförmigen in den festen Zustand bilden

Kriterium unterscheidendes Merkmal, Kennzeichen; Maßstab; Prüfstein

kulminieren den höchsten Stand erreichen, den Höhepunkt erreichen, gipfeln

kurant gangbar, gängig, umlaufend

Kyrie eleison „Herr, erbarme dich!" Bittruf der christlichen Liturgie

laborieren an etwas arbeiten; sich mit etwas abmühen; an etwas leiden

lancieren werfen, schleudern; jemanden auf einen vorteilhaften Platz stellen

Lapsus Fehler, Versehen, Irrtum

lasziv schlüpfrig (in erotischer Beziehung); unzüchtig, schamlos

latent verborgen, versteckt; vorhanden, aber nicht hervortretend

Lazzarone Armer, Bettler (in Neapel, nach der biblischen Gestalt des Lazarus)

l. c. = *loco citato* am angeführten (zitierten) Ort (eines Textes)

legislativ gesetzgebend

Liberalismus Freisinnigkeit; bürgerlich-individualistische Geisteshaltung

lib. strom. = *liber stromatum* Bücher vermischten Inhalts

Lion (Salon-)Löwe, junger Mann, der in der vornehmen Welt durch Schönheit usw. Aufsehen erregt; Modegeck

Logos schöpferisches Denken, Geist (bei den Gnostikern personifiziert)

Lombard Leihhaus; Darlehnsgeschäft gegen Verpfändung

Machination Machenschaft, Winkelzug, Hinterlist, Anzettelung, Kniff

Majorat Erb- und Nachfolgevorrecht des dem Grade nach nächsten, ältesten Verwandten

Makrobiotik die Kunst, ein hohes Alter zu erreichen, Lebensverlängerungskunst

Malice Bosheit, boshafte Äußerung; Tücke, Arglist

malkontent mißvergnügt, unzufrieden

Mandarin hoher Würdenträger im alten China

Manufaktur Handfertigung; Form der kapitalistischen Produktion, deren Kennzeichen Großbetrieb ohne ausschlaggebende Maschinenanwendung ist; „ein Produktionsmechanismus, dessen Organe Menschen sind" (Marx)

Matador Stierkämpfer, der dem Stier den Todesstoß gibt; hervorragender Mann, Berühmtheit; Hauptkerl, Rädelsführer

Maxime Hauptgrundsatz (der das Denken und Handeln bestimmt); allgemeine Lebensregel

Meditation Nachdenken, sinnendes Betrachten; das Sichvertiefen in Gedanken; religiöse Versenkung

Medium Mittel, Mittelglied; Mittler; physikalisch: die Materie, in der ein physikalischer Vorgang abläuft, z. B. Luft oder Wasser als Medium der Schallwellen

Meeting Zusammenkunft, Treffen; Versammlung, Kundgebung

merkantilisch kaufmännisch, den Handel betreffend

Metamorphose Verwandlung, Gestaltveränderung, Umgestaltung

Miserere „Erbarme dich!", Anfang eines Bußpsalms der katholischen Liturgie

mode = Modus Maß, Art und Weise; philosophisch: Daseinsweise, Bestimmtheit eines Dinges

Modifikation Veränderung, Abwandlung, nähere Bestimmung; auch das Ergebnis einer Veränderung

Modulation Abwandlung; Abwechslung; regelmäßige Abmessung

Monade nach Leibniz: (unteilbare) Einheit von Körper und Geist; Urbestandteil der Weltsubstanz, Urkörperchen

Mystifikation Täuschung, Irreführung, Fopperei

Nomenklatur Namengebung in der Wissenschaft; Gesamtheit der Benennungen in einer Wissenschaft; Namen-, Wörterverzeichnis

Nonchalance Lässigkeit, Nachlässigkeit, Ungezwungenheit, Formlosigkeit

notorisch offenkundig, allbekannt, keines Beweises bedürfend; berüchtigt

obligat herkömmlich, unentbehrlich, erforderlich

Ojibbeway-Indianer (auch Ojibways, Chippewas) nordamerikanischer Indianerstamm, der ehemals zwischen Michigan- und Huronsee saß und später in Reservate vertrieben wurde

Oktroi Gemeindeabgabe auf eingeführte Lebensmittel, Torsteuer (in Deutschland bis 1910 zugelassen)

oktroyieren aufdrängen, aufzwingen, aufnötigen; aus höherer Machtvollkommenheit anordnen

Onanie geschlechtliche Selbstbefriedigung

Opponent Gegner (im Redestreit); Widersacher

Oreaden griechische weibliche Naturgottheiten der Berge, Bergnymphen

Orohydrographie Gebirgs- und Wasserlaufbeschreibung

Orthodoxie Recht-, Strenggläubigkeit; genaue Übereinstimmung mit dem Lehrbegriff einer Kirche; starres Festhalten am Buchstaben einer Lehre

outrieren übertreiben, dick auftragen

p., pag. = pagina Seite, Buchseite, Blattseite, Seitenzahl

Pair Angehöriger des politisch bevorrechteten Hochadels im alten Frankreich

Paladin Gefolgsmann und Ratgeber eines Fürsten, (Hof)ritter; Abenteurer

Palliativ Linderungsmittel ohne Heilwert zur Beseitigung oder Symptome, nicht der Ursache der Krankheit, Hilfe für den Augenblick; Vorbeugungsmittel

Panik plötzlicher Schrecken; Mutlosigkeit; Verwirrung einer Menschenmasse

Pantheismus Weltanschauung, nach der Gott und Welt eins sind

paradieren paradegemäß vorüberziehen, prunken, zur Schau stellen

Paradoxon (wirklich oder scheinbar) widersinnige Behauptung, etwas der Vernunft Entgegenstehendes

Paraphrase (erweiternde, verdeutlichende) Umschreibung, Erklärung, Erläuterung
partikulär einzeln; auf einen Teil bezüglich, abgesondert
Pathologie Lehre vom veränderten, besonders vom krankhaft veränderten Leben, Krankheitslehre
patriarchalisch nach Altväterweise
Patriarchalismus hausväterliches Familienregiment
Patristik Wissenschaft von den Kirchenvätern und ihren Lehren; Kirchenväterkunde
Pauperismus Zustand größter Verelendung; Massenarmut, -elend
pekuniär geldlich, in Geld bestehend
per appos. = *per appositionem* durch Apposition, durch den Beisatz
perfide hinterlistig, heimtückisch; verräterisch
perhorreszieren vor etwas zurückschrecken, mit Abscheu zurückweisen, entschieden ablehnen
Personifikation Darstellung einer Sache als Person
Phänomenologie Lehre von der Erzeugung, Entstehung und Entwicklung von Erscheinungen (spielt in verschiedenen idealistisch-philosophischen Richtungen eine Rolle)
Phantasmagorie Trugbild, Zauber; Vorspiegelung von Scheinbildern
Phantom Schein-, Trugbild, Hirngespinst; Sinnestäuschung
Philanthropie sich auf Hilfe für einzelne beschränkende Menschenfreundlichkeit; bürgerlich individuelle Wohltätigkeit; Menschenliebe
Philippika (heftige) Strafrede, leidenschaftlich angreifende Rede
Phraseologie Lehre oder Sammlung der einer Sprache eigentümlichen Redewendungen

Physiologie Lehre von den Lebensvorgängen der Organismen
Piedestal Fußgestell; Untersatz, Sockel von Säulen und Bildwerken; Grundlage
Plagiarius jemand, der fremdes geistiges Eigentum als eigenes veröffentlicht; Abschreiber
Polemik wissenschaftliche, literarische Auseinandersetzung; heftiger Meinungsstreit
Popanz (vermummte) Schreckgestalt; Trugbild, Vogelscheuche
Postulat Forderung(ssatz); unbewiesene oder unbeweisbare Annahme als praktische (denknotwendige) Voraussetzung
Potenz Macht, Leistungsfähigkeit; Produkt aus mehreren gleichen Zahlen in verkürzter Schreibweise (z. B. 4^2)
P. P. (*praemissis praemittendis*) unter Vorausschickung des Vorauszuschickenden, meist als Formel am Anfang von Briefen statt der Anrede und des Titels gebraucht
pp., *ppp.* = *perge, perge* (fahre fort, fahre fort; auch *pergite* fahret fort); und so weiter
Präambel Einleitung, Vorrede
prädestinieren vorherbestimmen
präexistieren vorherbestehen
pragmatisch praktisch; sachlich; fach-, geschäftskundig; die ursächlichen Zusammenhänge darlegend
Prämisse Voraussetzung; Vordersatz eines logischen Schlusses
präsidieren den Vorsitz führen, leiten
prästieren leisten; für etwas haften
Prätension Anspruch, Anmaßung; Dünkel
Priorität zeitlicher Vorrang; Erstrecht
probat bewährt; vortrefflich

profan unheilig, unkirchlich, weltlich; alltäglich
profanieren entweihen; entheiligen; mißbrauchen
Profession Beruf, Gewerbe, Handwerk
Progression das Fortschreiten; Stufenfolge, Steigerung; gesetzmäßige Aufeinanderfolge von Zahlen
Prohibition Ein- oder Ausfuhrsperre durch sehr hohe Zölle und andere handelspolitische Maßnahmen
Prokonsul römischer Konsul, der nach Ablauf seiner Amtszeit einer römischen Provinz vorstand
Prolog Einleitung, Vorspruch; Vorspiel auf dem Theater
promovieren die Doktorwürde verleihen; sie erlangen
promulgieren veröffentlichen, verkünden
prononciert scharf ausgeprägt, betont
Prophetie Weissagung; Offenbarung
proportional verhältnismäßig, gleichmäßig; in gleichem Verhältnis stehend
Prototyp Urbild; Vorbild, Muster
Prozedur Verfahren, Behandlungsweise
pullulieren wuchern, sich rasch vermehren, wimmeln von ...

Quadratur des Zirkels (Kreises) unlösbare Aufgabe

ralliieren wiedervereinigen; sammeln
Räsonnement Auseinandersetzung; Überlegung, Erwägung, Vernunftschluß
Rationalismus philosophische Lehre, die die Vernunft als einzige Erkenntnisquelle betrachtet

Realisation Verwirklichung, Ausführung
realiter wirklich, tatsächlich
redigieren Texte bearbeiten, überarbeiten
Referendar nach seinem Abschlußexamen im Vorbereitungsdienst stehender Akademiker
reflektieren (zu)rückstrahlen, spiegeln; nachdenken, erwägen
regalieren (reichlich, köstlich) bewirten; beschenken
Regeneration Wiedererzeugung, Wiedergeburt, Erneuerung
Region Gegend, Bereich, Bezirk
Reglement Dienstvorschrift, Vorschrift
Relation Beziehung (z. B. Kausal-, Größenverhältnis), Verbindung
Reminiszenz Erinnerung; Anklang; aus der Erinnerung Geschöpftes
Rendant Kassenverwalter, Rechnungsführer
Renommage Aufschneiderei, eitle Prahlerei
Reperkussion Zurückstoß, Zurückwerfung, Rückprall
Repetition Wiederholung
Replik Erwiderung, Entgegnung; Wiederholung
Repräsentativstaat Staat mit einem Verfassungssystem, nach dem das Volk an der Staatsgewalt durch Volksvertretung mitwirkt
Repressalie Vergeltungsmaßnahme, Druckmittel; gewaltsame Gegenmaßregel
Repulsion Zurückstoßung, Abstoßung; Abweisung
Requiem katholische Totenmesse
resp. = *respektive* beziehungsweise; oder; und
Ressourcen Hilfs-, Rettungs-, Erwerbsmittel; Zuflucht; Erholung(s-ort); Name geselliger Vereine
Restauration Wiederherstellung (z.B.

alter, meist überlebter gesellschaftlicher und politischer Formen, in Frankreich Wiedereinsetzung der Bourbonendynastie nach 1814)

resümieren zusammenfassen; (kurz) wiederholen

Retina die Netzhaut des Auges

Rezensent Beurteiler (einer literarischen oder künstlerischen Leistung), Kritiker

rezeptiv aufnehmend, empfangend; empfänglich, aufnahmefähig

rhetorisch in kunstvoller Rede (abgefaßt); schönrednerisch, phrasenhaft

Rodomontade Prahlerei, Aufschneiderei, Großsprecherei

Rouleau aufrollbarer Vorhang aus Holzstäbchen oder Geweben

rubrizieren mit einer (roten) Überschrift versehen; einordnen, einstufen

Salär Gehalt, Lohn

salvieren retten, in Sicherheit bringen

Schamane Zauberpriester vieler Naturvölker, der angeblich mit unsichtbaren Mächten (den sogenannten Geistern) in Verbindung treten kann

Schemen Schatten(bild)

Schibboleth Erkennungszeichen, Losungswort

Schisma Spaltung der (kirchlichen) Einheit

schockieren bei jemandem Anstoß erregen, ihn in sittliche Entrüstung versetzen

Scholarch Schulleiter, Schulaufseher; Schulvorsteher an mittelalterlichen Klosterschulen

Scholastik Schulweisheit; die von der Theologie abhängige Philosophie des Mittelalters

scholastisch schulmäßig; spitzfindig, ausgeklügelt, schulmeisterlich

sc. = scilicet nämlich

sela! abgemacht! Schluß!

sensitiv sehr empfindlich; leicht reizbar; überempfindlich

sensitive (frz.) Sinn, Empfindungsvermögen

Sentenz (bekannter) Ausspruch, Denkweisheitsspruch, kurz und eindringlich formulierte Lehre oder Erkenntnis

seq. = sequens folgend, die folgende Seite

seqq. = sequentes folgende, die folgenden Seiten

Sermon (langweilige, trockene) Rede oder (Straf-)Predigt

Servitut Dienstbarkeit; dingliches Gebrauchsrecht an einem fremden Grundstück

skandalieren lärmen

sollizitieren an-, aufreizen, erregen

Sonett strenge Form des lyrischen Gedichts von 14 gereimten Versen, meist gegliedert in zwei Vier- und zwei Dreizeiler

Sophistikation Verfälschung

sophistisch spitzfindig, trügerisch, voller Täuschungsabsicht

Sozietät Genossenschaft; Gesellschaft, Handelsgesellschaft

Spekulation über das sinnlich Erfahrbare hinauszielendes, wirklichkeitsfremdes, metaphysisches Denken; Versuch rein gedankenmäßiger Erkenntnis

Spiritualismus metaphysische Lehre, nach deren Annahme der Geist das Wirkliche, das Körperliche nur Erscheinungsform des Geistes oder bloße Vorstellung ist

Spermatozoa männliche Keimzellen

Spezifikation Aufzählung von Einzelheiten, die ein Ganzes bilden

Sporteln für amtliche Dienstleistungen zu entrichtende Gebühren
statuieren (ein Exempel) ein abschreckendes Beispiel aufstellen
Status (Zu)stand, Lage, Beschaffenheit; Staat
Stimulus Reiz, Antrieb
stoisch unerschütterlich, standhaft, selbstbeherrscht
subaltern untergeordnet; unselbständig
Sublimat Ergebnis einer Sublimation
Sublimation unmittelbarer Übergang vom festen in den gasförmigen Zustand (mit Überspringen des flüssigen) und umgekehrt
sublimieren erheben, erhöhen, läutern, verfeinern
Subordination Unterordnung
Subskription Vorher-, Vorausbestellung (durch Namensunterschrift); Ausschreibung; Zeichnung von Anleihen
Substantialität Wesenheit; Stofflichkeit; Eigenschaft und Bereich einer Substanz
Substanz das Bleibende, das im Wechsel Beharrende, das Wesentliche; das Stoffliche, der Stoff, die Materie; der (beständige) Träger von (wechselnden) Erscheinungen
substituieren an die Stelle (von etwas anderem) setzen; ersetzen, austauschen, unterschieben
Substrat Grundlage, der zugrunde liegende unveränderliche Stoff; Nährboden
subsumieren unter einem allgemeinen Begriff zusammenfassen (das Besondere unter das Allgemeine); einordnen, einbeziehen, zusammenfassen
subtil zart, fein, sorgsam; schlau, spitzfindig; schwierig

subversiv zerstörend, zerrüttend, umstürzend
Supernumerar zusätzlich angestellter Beamter im Vorbereitungsdienst, Beamtenanwärter
Supplement Ergänzung, Zusatz; Nachtrag
Surrogat Ersatz, Ersatzmittel; Behelf
Synonymik Lehre von den sinnverwandten Wörtern; ihre Aufzählung und Erklärung
synthetisieren zu einer Einheit verbinden

tabellarisch übersichtlich, in leicht überschaubarer Listen- oder Spaltenform angeordnete Zusammenstellung von Zahlen, Schlagwörtern und ähnlichem
Tapet Tischdecke (besonders in Sitzungszimmern); etwas auf Tapet bringen: etwas zur Sprache, zur Verhandlung bringen
Tautologie Aussage über einen Begriff, die schon im Begriff enthalten ist; überflüssige Wiederholung desselben Gedankens in anderer Form
Teleskop Fernrohr
temporär zeitweilig, vorübergehend
Terminologie Gesamtheit der Fachausdrücke einer Wissenschaft, einer Kunst, eines Handwerks usw.; Fachsprache, Fachwortschatz
Terminus Bezeichnung; Fachwort, -ausdruck
Theismus Glaube an einen persönlichen außerweltlichen Gott
Theodizee die Rechtfertigung Gottes (nach Leibniz: gegen den Vorwurf, daß er auch für das Böse in der Welt verantwortlich sei)
Theokratie Gottesherrschaft (Staats-

form, in der die gesamte gesellschaftliche Ordnung von der Religion her gestaltet wird); Priesterreich; Herrschaft der Kirche über den Staat
tingiert gefärbt
Tirade deklamatorischer, phrasenhafter Worterguß, Wortschwall, Geschwätz
tradieren überliefern, mündlich fortpflanzen
Traktat (wissenschaftliche) Abhandlung; religiöse Flugschrift; Staatsvertrag
Transaktion Übereinkunft, Ausgleichung, Verhandlung
transponieren an eine andere Stelle setzen, fortschaffen, übertragen
Transsubstantiation Stoff-, Wesensverwandlung (nach der katholischen Abendmahlslehre: Umwandlung von Brot und Wein in Christi Leib und Blut)
transzendent die Grenzen von Erfahrung und Bewußtsein überschreitend; jenseitig, überweltlich, übersinnlich
Travestie satirisch-humoristische Dichtung, die einen ernsten Inhalt in unangemessene komische Form (Sprache) kleidet
Trichotomie Dreiteilung; Haarspalterei, ernsthafte Behandlung unbedeutender Dinge
Triumphator feierlich einziehender Sieger: Überwinder
trivial alltäglich; platt, abgedroschen

Universalismus das Streben danach, alles zu umfassen; Vielseitigkeit
Universalität Allseitigkeit, Allgemeinheit; umfassende Bildung, allseitiges Wissen
universell allgemein, gesamt (die ganze Welt) umfassend

Usurpation widerrechtliche, gewaltsame Besitz-, Machtergreifung, Aneignung

vage unbestimmt, ungewiß; verschwommen
Vampyr = Vampir Fledermaus (im nördlichen Südamerika), vermeintliches blutsaugendes Nachtgespenst (besonders in abergläubischen Vorstellungen der Völker der Balkanhalbinsel); Wucherer, Blutsauger
Vandalen ostgermanischer Volksstamm, der 429 nach Afrika zog und dort ein Reich gründete; die ihnen nachgesagte besondere Zerstörungswut ist geschichtlich nicht belegt
veritabel wahrhaft; echt, unverfälscht
vindizieren für sich in Anspruch nehmen; sich zusprechen
Virtuosität meisterhafte, vollkommene Beherrschung einer Kunst
Vision Erscheinung; Trugbild; geistige Schau
Visionär Träumer, Schwärmer; Geisterseher
Volte kreisartige Wendung beim Kunstreiten; Kunstgriff beim betrügerischen Kartenmischen; Art des Ausweichens vor dem gegnerischen Stoß beim Fechten
Volumen Rauminhalt, Raummenge; Umfang
votieren (ab)stimmen; beschließen; für jemanden stimmen

welsch = welsh walisisch, aus Wales (Südwestengland)

Yankee Spitzname für Nordamerikaner englischer Abkunft

Inhalt

Zur vorliegenden Ausgabe 5

I. Band. Kritik der neuesten deutschen Philosophie in ihren Repräsentanten Feuerbach, B. Bauer und Stirner 9

Vorrede 11

I. **Feuerbach** Gegensatz von materialistischer und idealistischer Anschauung [Einleitung] 13
    A) Die Ideologie überhaupt, namentlich die deutsche 14
        1. Geschichte 24
        2. Über die Produktion des Bewußtseins 34
    B) Die wirkliche Basis der Ideologie 49
        1. Verkehr und Produktivkraft 49
        2. Verhältnis von Staat und Recht zum Eigentum 62
        3. Naturwüchsige und zivilisierte Produktionsinstrumente und Eigentumsformen 66
    C) Kommunismus. Produktion der Verkehrsform selbst 72

Das Leipziger Konzil 80

II. Sankt Bruno 83
    1. „Feldzug" gegen Feuerbach 83
    2. Sankt Brunos Betrachtungen über den Kampf zwischen Feuerbach und Stirner 92
    3. Sankt Bruno contra die Verfasser der „Heiligen Familie" 94
    4. Nachruf an „M. Heß" 102

III. Sankt Max 107

1. Der Einzige und sein Eigentum........................... 108
    Altes Testament: Der Mensch 110
        1. Genesis, d. i. Ein Menschenleben 110

2. Ökonomie des Alten Bundes 120
3. Die Alten 127
4. Die Neuen 136

   A) Der Geist (Reine Geistergeschichte) 140
   B) Die Besessenen (Unreine Geistergeschichte) 146
      a) Der Spuk 151
      b) Der Sparren 155

   C) Unreine unreine Geistergeschichte 158
      a) Neger und Mongolen 158
      b) Katholizismus und Protestantismus 166

   D) Die Hierarchie 169

5. Der in seiner Konstruktion vergnügte „Stirner" 183
6. Die Freien 192

   A) Der politische Liberalismus 192
   B) Der Kommunismus 203
   C) Der humane Liberalismus 233

Neues Testament: „Ich" 242
1. Ökonomie des Neuen Bundes 242
2. Phänomenologie des mit sich einigen Egoisten oder die Lehre von der Rechtfertigung 244
3. Offenbarung Johannis des Theologen oder „die Logik der neuen Weisheit" 274
4. Die Eigenheit 308
5. Der Eigner 323

   A) Meine Macht 323
    I. Das Recht 323
      A) Kanonisation im Allgemeinen 323
      B) Aneignung durch einfache Antithese 327
      C) Aneignung durch zusammengesetzte Antithese 330

    II. Das Gesetz 337
    III. Das Verbrechen 346
      A) Einfache Kanonisation von Verbrechen und Strafe 347
      B) Aneignung von Verbrechen und Strafe durch Antithese .. 350
      C) Das Verbrechen im gewöhnlichen und außergewöhnlichen Verstande 354
      5. Die Gesellschaft als bürgerliche Gesellschaft 360

```
        II. Die Empörung ........................................ 392
       III. Der Verein .......................................... 405
            1. Grundeigentum ................................... 406
            2. Organisation der Arbeit ......................... 408
            3. Geld ............................................ 413
            4. Staat ........................................... 418
            5. Empörung ........................................ 421
            6. Religion und Philosophie des Vereins ............ 422
               A. Eigentum .................................... 422
               B. Vermögen .................................... 426
               C. Moral, Verkehr, Exploitationstheorie ........ 427
               D. Religion ................................... 435
               E. Nachträgliches zum Verein .................. 435
      C. Mein Selbstgenuß ...................................... 438
      6. Das hohe Lied Salomonis oder Der Einzige .............. 449

   2. Apologetischer Kommentar ................................. 468

   Schluß des Leipziger Konzils ................................ 476

   II. Band. Kritik des deutschen Sozialismus in seinen verschie-
       denen Propheten ......................................... 479

   Der wahre Sozialismus ....................................... 481

   I. Die „Rheinischen Jahrbücher" oder Die Philosophie des
      wahren Sozialismus ....................................... 485
         A) „Communismus, Socialismus, Humanismus" ............ 485
         B) „Socialistische Bausteine" ........................ 500
            Erster Baustein ................................... 503
            Zweiter Baustein .................................. 507
            Dritter Baustein .................................. 512

   IV. Karl Grün: „Die soziale Bewegung in Frankreich und
       Belgien" (Darmstadt 1845) oder Die Geschichtschreibung
       des wahren Sozialismus .................................. 517
      Saint-Simonismus .......................................... 525
         1. „Lettres d'un habitant de Genève à ses contemporains" ........ 531
         2. „Catéchisme politique des industriels" ............ 534
         3. „Nouveau christianisme" ........................... 537
         4. Saint-simonistische Schule ........................ 538
```

Fourierismus 545
Der „bornierte Papa Cabet" und Herr Grün 555
Proudhon 568

V. „Der Dr. Georg Kuhlmann aus Holstein" oder Die Prophetie des wahren Sozialismus 571

Beilagen

Karl Marx. Thesen über Feuerbach 583
Marx über sein Verhältnis zu Hegel und Feuerbach 586
Karl Marx. Die bürgerliche Gesellschaft und die kommunistische Revolution 587
Karl Marx. Über Feuerbach 588
Karl Marx. Aus I. Feuerbach 589
Friedrich Engels. Feuerbach 593

Register

Anmerkungen 597
Literaturverzeichnis 622
Personenverzeichnis 637
Sachregister 653
Erklärung der Fremdwörter, der fremdsprachigen und seltenen Ausdrücke 677

KARL MARX · FRIEDRICH ENGELS
WERKE

in 36 Bänden

Die vom Institut für Marxismus-Leninismus beim ZK der SED begonnene deutsche Ausgabe fußt auf der vom gleichnamigen Institut beim ZK der KPdSU in Moskau besorgten Ausgabe in russischer Sprache

Bisher sind erschienen:

Band 1 · 1839–1844
4. Auflage · XXXII, 660 Seiten
Mit 3 Bildbeilagen und
5 Faksimiles

Band 5 · März–November 1848
2. Auflage · XV, 620 Seiten
Mit 5 Bildbeilagen, 1 Planskizze
und 4 Faksimiles

Band 2 · 1844–1846
3. Auflage · XI, 732 Seiten
Mit 3 Bildbeilagen, 5 Faksimiles
und 3 Skizzen

Band 6 · November 1848–Juli 1849
XXIII, 742 Seiten
Mit 3 Bildbeilagen, 2 Faksimiles
und 1 Karte

Band 3 · 1845–1846
2. Auflage · XII, 612 Seiten
Mit 3 Bildbeilagen und
2 Faksimiles

Band 7 · August 1849–Juni 1851
XIX, 696 Seiten
Mit 3 Faksimiles und
3 Kartenbeilagen

Band 4 · Mai 1846–März 1848
2. Auflage · XVI, 720 Seiten
Mit 1 Bildbeilage und
5 Faksimiles

Band 8 · August 1851–März 1853
XXIII, 734 Seiten
Mit 3 Bildbeilagen und
4 Faksimiles

Jeder Band in Kunstleder gebunden · Preis Bd. 1–8 je 10,— DM

DIETZ VERLAG BERLIN C 2